青海省统计局
国家统计局青海调查总队 · 编

青海统计年鉴

QINGHAI STATISTICAL YEARBOOK

2011

总第二十七期

中国统计出版社
China Statistics Press

(京)新登字 041 号

图书在版编目(CIP)数据
青海统计年鉴. 2011 :汉英对照 / 青海省统计局,国家统计局青海调查总队编.
— 北京 :中国统计出版社,2011.8
ISBN 978 -7 -5037 -6279 -6

Ⅰ.①青… Ⅱ.①青…②国… Ⅲ.①统计资料 - 青海省 - 2011 - 年鉴 - 汉、英 Ⅳ.①C832.44 -54

中国版本图书馆 CIP 数据核字(2011)第 145582 号

青海统计年鉴 - 2011

作　　者/青海省统计局　国家统计局青海调查总队
责任编辑/佘竞雄　高媛媛
责任校对/杨学文
封面设计/施元杰
出版发行/中国统计出版社
通信地址/北京市西城区月坛南街 57 号
邮　　编/100826
办公地址/北京市丰台区西三环南路甲 6 号
电　　话/(010)63376907
E - mail/yearbook@ gj. stats. cn
印　　刷/青海省统计局印刷厂
经　　销/新华书店
开　　本/880 × 1230 毫米　1/16
字　　数/1100 千字
印　　张/42
版　　别/2011 年 7 月第 1 版
版　　次/2011 年 7 月第 1 次印刷
书　　号/ ISBN 978 -7 -5037 -6279 -6/C·2509
定　　价/320.00 元

编 辑 说 明

《青海统计年鉴2011》是一本全面反映青海省国民经济和社会发展情况的资料工具书。本书收录了2010年青海经济和社会各方面的统计数据，同时又增加了体现经济和社会协调发展的反映资源与环境变化的资料。

全书内容分26个篇目，即：特载、综合、资源与环境、人口、就业人员和职工工资、人民生活、物价、能源、固定资产投资、财政金融和保险、农业、工业、建筑业、交通运输和邮电通信、国内贸易、对外经济贸易和旅游、科技、教育和文化、卫生体育、其他社会活动、城市概况、企业资料、月度资料、全国各地区主要经济指标及排序、民族自治地区和各县主要经济指标。

统计表中使用符号："…"表示数据不足本表最小单位；"空格"表示无该项指标数据或该项指标数据不详；"#"表示总指标的其中项数据。读者在使用统计资料时，凡与本年鉴有出入的，均以本年鉴为准。

本《年鉴》是青海省统计局和国家统计局青海调查总队共同努力的结果，也是全省各条战线上广大统计干部辛勤劳动的成果，是集体智慧的结晶。在编辑出版、印刷、发行过程中，得到了中国统计出版社等许多单位及有关同志的大力支持，在此一并表示衷心感谢！

《青海统计年鉴》公开出版以来，受到了国内外广大读者的关心和支持，对本年鉴的内容和编辑工作提出了许多宝贵的意见，对此我们深表谢意。由于我们水平有限，疏误之处在所难免，欢迎各界人士随时对不足之处给予批评和指正，帮助我们进一步提高和改进统计年鉴的编辑水平，更好地为广大读者服务。

《青海统计年鉴－2011》编辑委员会

Editor's Explanatory Notes

Qinghai Statistical Yearbook 2011 is an annual statistical publication, which reflects comprehensively the economic and social development of Qinghai. It covers data for 2010 in various aspects of economic and social statistics, at the same time, increases information of resources and environmental changes reflected economic and social harmonious development.

The Yearbook contains twenty – six chapters : Special Articles, General Survey, Resources and Environment, Population, Employment and Wages, People's Living Conditions, Price Indices, Energy, Investment in Fixed Assets, Government Finance, Banking and Insurance, Agriculture, Industry, Construction, Transportation, Postal and Telecommunication Services, Domestic Trade, Foreign Trade, Economic Cooperation and Tourism, Science and Technology, Education and Culture, Public Health and Sports, Other Social Activities, General Survey of cities, Records of Enterprises, Monthly Data, Main Economy Indices and Order of the Different Parts of the Country and Main Economic Indicators in Autonomous Regions.

Notations used in the Yearbook: "…" indicates that the figure is not large enough to be measured with the smallest unit in the table; (blank space) indicates data are unknown, or are not available; "#" indicates a major breakdown of the total. When readers use statistical information, they should be based in this Yearbook if there is difference from this Yearbook.

The "Yearbook" is outcome of joint efforts of Qinghai Bureau of Statistics and Survey Organization of National Bureau of Statistics, is fruit of the hard work of majority of statistics cadres on all fronts of the province, and is the crystallization of collective wisdom. In editing and publishing, printing, distribution process, the yearbook has received great support from China Statistics Press, many units and comrades. We acknowledge their help to the book.

Qinghai Statistical Yearbook has received concern and support of the readers at home and abroad for the content and edit of the Yearbook of many valuable suggestions since published, which we are grateful. Because of our limited level, Mistakes are inevitable. Welcome people from all walks of life to give us the criticism and correction for our inadequacies at any time in order to help us further enhance and improve the editorial level of Statistical Yearbook, and served readers better.

Qinghai Statistical Yearbook 2011 **Editorial Board**

《青海统计年鉴－2011》编辑委员会

QINGHAI STATISTICAL YEARBOOK－2011
NAME LIST OF EDITORIAL BOARD

一、特载

Special Articles

二、综合

General Survey

三、资源与环境
Resources and Environment

四、人口

Population

五、就业人员和职工工资

Employment and Wages

六、人民生活
People's Living Conditions

七、物价
Price Indices

八、能源

Energy

九、固定资产投资

Investment in Fixed Assets

十、财政、金融和保险
Government Finance, Banking and Insurance

十一、农业
Agriculture

十二、工业
Industry

十三、建筑业
Construction

十四、交通运输和邮电通信

Transportation, Postal and Telecommunication Services

十五、国内贸易

Domestic Trade

十六、对外经济贸易和旅游
Foreign Trade, Economic Cooperation and Tourism

十七、科技
Science and Technology

十八、教育和文化
Education and Culture

十九、卫生和体育

Public Health and Sports

二十、其他社会活动

Other Social Activities

二十二、企业资料
Records of Enterprises

二十三、月度资料
Monthly Data

二十四、全国各地区主要经济指标及排序
Main Economy Indices and Order of the Different Parts of the Country

二十五、民族自治地区主要经济指标
Main Economic Indicators in Autonomous Regions

二十六、各县主要经济指标
Major Economic Indicators of Counties

特载

Special Articles

第1篇

CHAPTER 1

青海省2010年国民经济和社会发展统计公报

青海省统计局　国家统计局青海调查总队

2011年2月28日

2010年，在省委省政府的坚强领导下，全省上下深入贯彻落实科学发展观，全面贯彻中央加强和改善宏观调控的各项政策措施，努力克服金融危机及玉树地震带来的不利影响，抢抓机遇，开拓进取，全省经济呈现速度加快、质量提高、民生改善的良好态势。

一、综合

经济总量：全年全省生产总值1350.43亿元，按可比价格计算，比上年增长15.3%，是近三十年来最高增速。分产业看，第一产业增加值134.92亿元，增长5.9%；第二产业增加值744.63亿元，增长19.3%；第三产业增加值470.88亿元，增长12.1%。第一、第二和第三产业对生产总值的贡献率分别为3.4%、65.8%和30.8%，拉动生产总值增长0.5、10.1和4.7个百分点。三次产业结构由2009年的9.9∶53.2∶36.9转变为2010年的10.0∶55.1∶34.9。

图1　“十一五”以来生产总值及增长速度

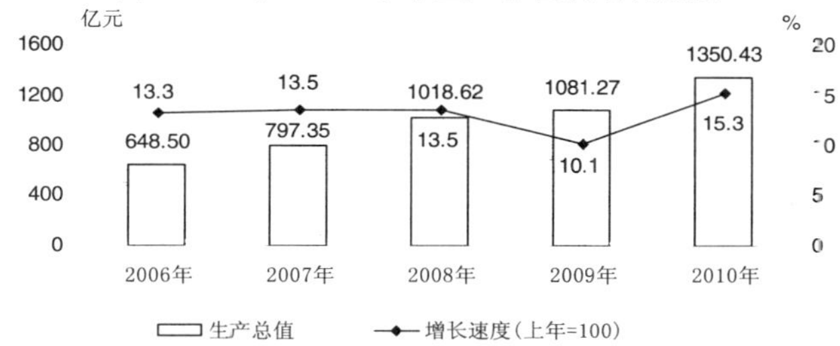

财政：全年全省财政一般预算收入204.97亿元，比上年增长23.1%。其中，地方一般预算收入110.21亿元，增长25.6%；中央一般预算收入94.75亿元，增长20.4%。实现增值税73.26亿元，企业所得税30.67亿元，个人所得税8.64亿元，分别比上年增长16.7%、14.8%和10.9%。全年财政一般预算支出743.40亿元，增长52.7%。其中，社会保障与就业支出189.71亿元，增长1.5倍；教育支出82.39亿元，增长33.3%；医疗卫生支出38.86亿元，增长23.4%；环境保护支出36.44亿元，增长25.7%；农业支出28.85亿元，增长21.8%；文化体育与传媒支出11.51亿元，增长20.2%；科学

图2　“十一五”以来财政收支及增长速度

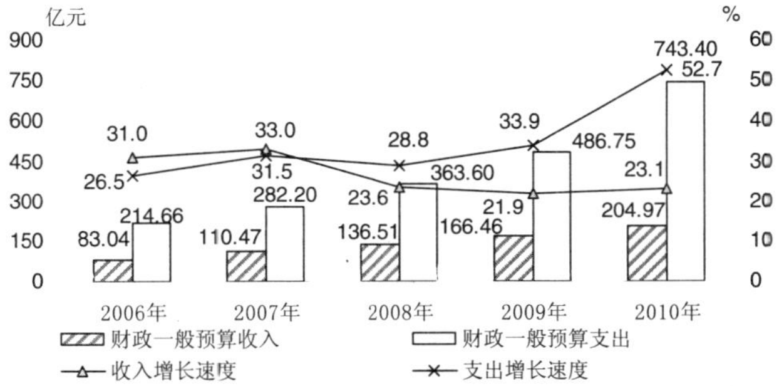

技术支出4.09亿元，增长47.0%；城乡社区事务支出30.29亿元，增长31.5%；一般公共服务支出55.20亿元，增长18.9%。

物价：全省居民消费价格总水平比上年上涨5.4%。分城乡看，城镇居民消费价格上涨5.1%，农村居民消费价格上涨5.8%。

图3　“十一五”以来居民消费价格涨跌幅度

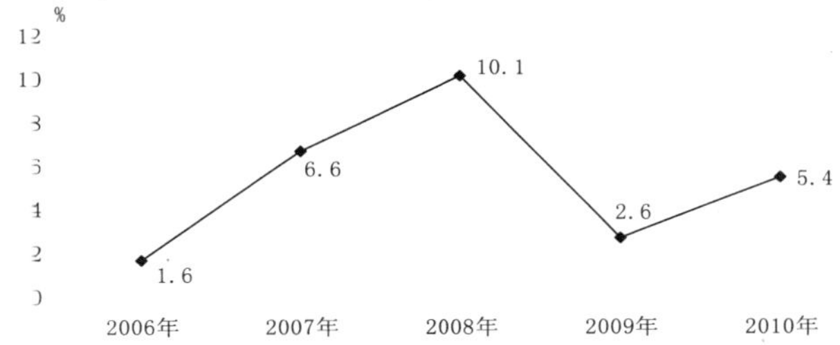

表1　2010年居民消费价格比上年涨跌幅度

单位：%

指标名称	全省	涨幅比上年提高(＋)或下降(－)百分点
居民消费价格	5.4	2.8
食品	8.3	5.3
#粮食	12.7	6.1
肉禽及其制品	4.9	12.1
蛋	7.0	2.9
菜	12.7	－4.1
烟酒及用品	1.1	－0.3
衣着	6.7	－0.3
家庭设备用品及维修服务	1.5	持平
医疗保健和个人用品	4.9	2.4
交通和通信	3.0	3.7
娱乐教育文化用品及服务	4.7	4.3
居住	2.8	－1.6

农业生产资料价格比上年上涨3.5%。工业品出厂价格上涨9.4%，其中生产资料价格上涨9.7%，生活资料价格上涨4.2%。原材料、燃料、动力购进价格上涨8.6%。固定资产投资价格上涨3.8%。西宁市房屋销售价格上涨6.6%，其中，新建住宅上涨8.0%，二手住宅上涨6.3%。西宁市房屋租赁价格上涨6.7%。

二、农业和畜牧业

全年农作物总播种面积516.32千公顷(774.48万亩)，比上年增加2.26千公顷(3.39万亩)，增长0.4%。全年粮食产量102.03万吨，比上年下降0.7%；油料产量36.91万

吨,比上年增长0.9%;蔬菜产量134.43万吨,比上年增长13.1%。

表2　2010年农作物播种面积及农产品产量

指标名称	单位	全省	比上年增长（%）
农作物总播种面积	千公顷	516.32	0.4
#粮食	千公顷	274.51	-0.4
#小麦	千公顷	100.96	-3.0
豆类	千公顷	36.17	-14.5
马铃薯	千公顷	86.71	0.1
玉米	千公顷	12.33	134.9
油料	千公顷	175.05	1.5
#油菜籽	千公顷	172.56	1.4
蔬菜	千公顷	40.08	13.7
瓜果类	千公顷	0.58	23.4
果园面积	千公顷	5.09	12.9
农产品产量			
#粮食	万吨	102.03	-0.7
#小麦	万吨	37.28	-4.5
豆类	万吨	8.53	-21.1
马铃薯	万吨	36.55	-4.6
玉米	万吨	10.73	149.5
油料	万吨	36.91	0.9
#油菜籽	万吨	36.44	0.7
蔬菜	万吨	134.43	13.1
水果	万吨	1.44	-1.4
水产品	吨	1600	93.5

全年全省育活仔畜720.85万头(只),比上年增长2.6%,仔畜成活率90.7%,比上年提高1.4个百分点;成幼畜死亡47.77万头(只),比上年增长18.5%,成幼畜死亡率2.4%,比上年高0.4个百分点;年末草食畜存栏1976.80万头(只),比上年末减少0.1%;出栏663.24万头(只),比上年增长2.1%,出栏率33.5%,提高0.7个百分点;商品率30.6%,比上年提高1.1个百分点。年末猪存栏113.15万头,比上年末增长3.1%;出栏131.39万头,比上年减少2.5%;商品率102.9%,下降8.1个百分点。肉类总产量27.53万吨,比上年增长2.2%。

表3　2010年主要畜产品产量

指标名称	单位	产量	比上年增长(%)
肉类	万吨	27.53	2.2
#猪肉	万吨	9.18	-0.1
牛肉	万吨	8.46	4.4
羊肉	万吨	9.04	2.2
牛奶	万吨	26.22	3.7
羊毛	万吨	1.77	14.9
羊绒	吨	422	22.3
禽蛋	万吨	1.56	2.9

三、工业和建筑业

全年全省全部工业增加值613.65亿元,比上年增长19.3%。规模以上工业增加值571.76亿元,比上年增长20.6%。在规模以上工业中,石油天然气开采业、电力工业、有色金属工业和盐化工业等四大支柱产业增加值397.16亿元,比上年增长18.5%;冶金业、医药制造业、畜产品加工业和建材业等四大优势产业增加值65.92亿元,增长16.4%。从经济类型看,国有企业增长42.8%,股份制企业增长20.6%,外商及港澳台投资企业增长14.1%,集体企业增长0.6%。从轻重工业看,轻工业增长23.0%,重工业增长20.4%。规模以上工业企业产品销售率为97.8%,比上年提高2.1个百分点。

图4　"十一五"以来全部工业增加值及增长速度

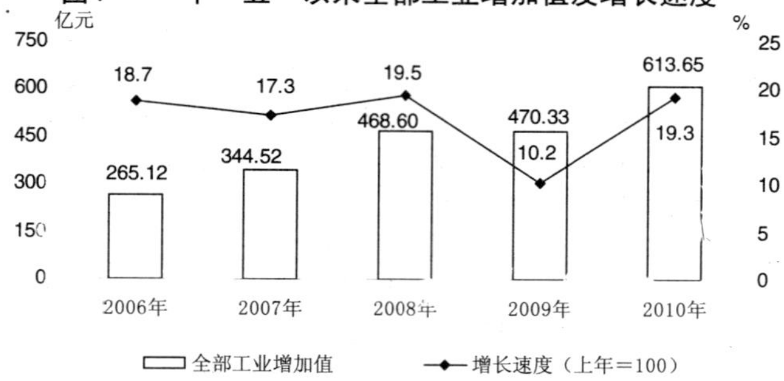

表4　2010年规模以上工业主要行业增加值

单位:亿元

行　　业	增加值	比上年增长(%)
煤炭开采和洗选业	51.81	47.6
石油和天然气开采业	72.66	5.8
有色金属矿采选业	14.99	23.4
石油加工及炼焦业	44.63	31.0
化学原料及化学制品制造业	87.77	8.7
医药制造业	9.67	18.4
非金属矿物制品业	21.85	34.0
黑色金属冶炼及压延加工业	35.37	15.9
有色金属冶炼及压延加工业	116.89	24.6
电力热力的生产和供应业	61.03	30.9
饮料制造业	10.11	35.6
农副食品加工业	4.47	19.8

主要产品产量保持增长。

表5　2010年主要工业产品产量

产品名称	单位	产量	比上年增长(%)
发电量	亿千瓦小时	457.13	23.8
#水电	亿千瓦小时	359.98	34.6
原煤	万吨	1863.19	45.2
天然气	亿立方米	56.10	30.3
原油加工量	万吨	126.50	56.1
粗钢	万吨	137.33	8.4
钢材	万吨	137.91	10.3
生铁	万吨	111.69	2.0
焦炭	万吨	129.76	-8.3
十种有色金属	万吨	159.54	31.6
#原铝(电解铝)	万吨	146.83	36.2
水泥	万吨	811.09	33.0

产品名称	单位	产量	比上年增长(%)
钾肥(折纯)	万吨	311.56	13.7
中成药	吨	1242	16.1
乳制品	万吨	11.90	95.6
食用植物油	万吨	6.18	27.3
饮料酒	万千升	13.71	18.7
机制地毯、挂毯	万平方米	228	429.5

规模以上工业企业主营业务收入1527.22亿元,比上年增长38.7%,实现利润180.69亿元,比上年增长91.8%。

表6　2010年规模以上工业企业利润

单位:亿元

指标名称	全省	比上年增长(%)
规模以上工业企业利润总额	180.69	91.8
#国有及国有控股企业	130.43	98.3
#集体企业	1.28	-35.9
股份制企业	142.68	77.2
外商及港澳台投资企业	21.25	78.4
#私营企业	15.09	94.2

全年全社会建筑业增加值130.98亿元,比上年增长19.4%。具有资质等级的总承包和专业承包建筑企业439个,利润总额5.63亿元,比上年增长1.8%。

图5　"十一五"以来建筑业增加值及增长速度

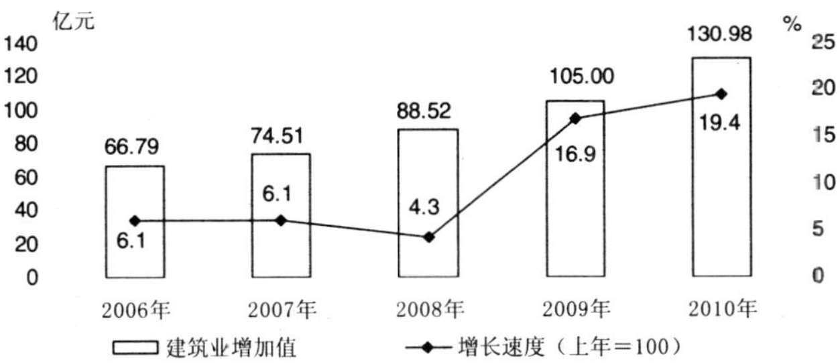

四、固定资产投资与房地产开发

全年全社会固定资产投资1068.73亿元,比上年增长33.5%。分城乡看,城镇投资890.01亿元,增长28.7%;农村投资178.71亿元,增长63.7%。从投资类型看,国有及国有控股投资644.87亿元,增长25.8%;民间投资402.34亿元,增长43.3%;港澳台及外商投资21.52亿元,增长2.0倍。从产业看,三次产业投资分别为77.62亿元、465亿元和526.11亿元,分别增长44.4%、22.3%和43.6%。

图6　"十一五"以来全社会固定资产投资及增长速度

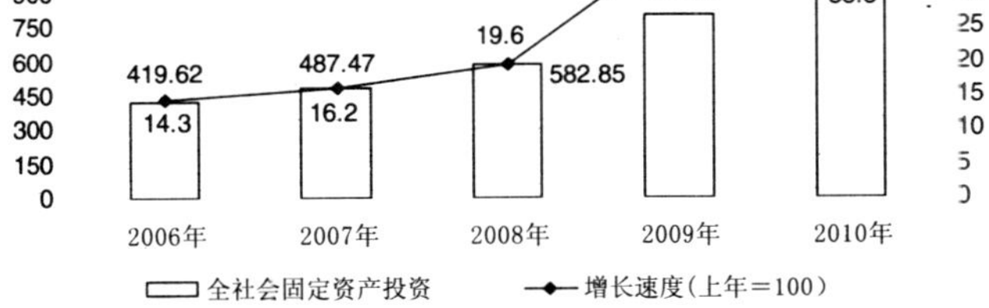

在50万元以上(含50万元)固定资产投资中,四大支柱产业固定资产投资319.94亿元,比上年增长19.2%。四大优势产业固定资产投资57.11亿元,比上年增长6.6%。

全年房地产开发投资108.19亿元,比上年增长48.5%。施工房屋面积1423.97万平方米,增长58.2%;竣工房屋面积267.67万平方米,增长50.3%。商品房销售面积281.04万平方米,增长28.7%;商品房销售额84.40亿元,增长53.7%,其中现房和期房销售额分别占商品房销售额的14.8%和85.2%。

五、国内贸易

全年全社会消费品零售总额346.03亿元,比上年增长16.9%。按销售地区分,城镇消费品零售额299.60亿元,增长17.7%;农村消费品零售额46.43亿元,增长12.4%。按行业分,批发业消费品零售额51.03亿元,增长17.3%;零售业261.65亿元,增长16.1%;住宿和餐饮业33.35亿元,增长23.4%。

在限额以上批发和零售业零售额中,汽车类比上年增长47.9%,石油及制品类增长48.0%,粮油食品类增长9.0%,服装类增长69.3%,金银珠宝类增长57.4%,日用品类增长25.7%,家用电器和音像器材类增长45.3%,中西药品类增长33.5%,体育娱乐用品类增长64.9%。

图7　"十一五"以来社会消费品零售总额及增长速度

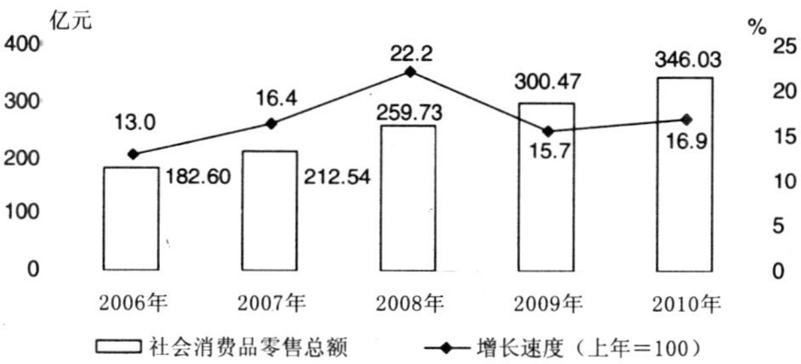

六、对外经济

全年进出口总额7.89亿美元,比上年增长34.7%。其中,出口额4.66亿美元,增长85.8%;进口额3.23亿美元,下降3.6%。主要出口产品中,硅铁出口20655万美元,增长1.5倍;服装及衣着附件出口6701万美元,增长17.8%;纺织纱线、织物及制品出口7423万美元,增长52.3%(其中地毯出口3753万美元,增长48.7%)。主要进口产品中,金属加工机床进口2621万美元,增长3.0倍;纺织机械及零件进口1930万美元,增长3.6倍;氧化铝进口13521万美元,下降23.9%。

图8　"十一五"以来海关进出口总额

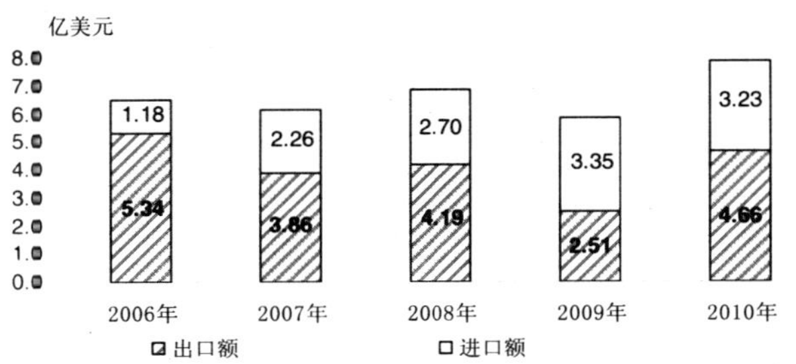

表 7　2010 年主要贸易方式和产品进出口总额

单位:万美元

指标名称	全省	比上年增长%
海关进出口总额	78906	34.7
出口	46630	85.8
#一般贸易	46025	86.9
加工贸易	347	-21.8
#机电产品	2970	64.1
#高新技术产品	87	4.8
进口	32276	-3.6
#一般贸易	31518	-4.0
加工贸易	206	-8.8
#机电产品	17942	19.9
#高新技术产品	3335	281.6

表 8　2010 年主要国家和地区进出口贸易额

单位:万美元

指标名称	全省	比上年增长%
出口	46630	85.8
#美国	3118	103.1
香港地区	3322	5.5
德国	1997	137.7
日本	16348	120.9
英国	934	0.4
韩国	4868	236.4
进口	32276	-3.6
#美国	3411	150.8
澳大利亚	13582	-19.1
德国	5990	136.9
日本	1382	-69.2
韩国	499	158.5

全年批准外商直接投资项目 17 个,其中,农、林、牧、渔业 1 个,采矿业 1 个,制造业 4 个,电力、燃气及水的生产和供应业 3 个,租赁和商务服务业 1 个,住宿餐饮业 3 个,科学研究技术服务和地质勘查业 1 个,居民服务和其他服务业 1 个,卫生、体育和社会福利业 2 个。合同使用外商直接投资金额 3.17 亿美元,比上年增长 2.7%;实际使用外商直接投资金额 2.19 亿美元,比上年增长 2.0%。

七、交通、邮电和旅游

全年交通运输、仓储和邮政业增加值 61.26 亿元,比上年增长 9.7%。年末全省铁路营运里程达 1651 公里;公路通车里程 62185 公里,比上年末增加 2049 公里,其中高速公路里程 235 公里;民航通航里程 32602 公里,比上年末增加 1040 公里。

表 9　2010 年各种运输方式货物运输量

指标名称	单位	全省	比上年增长(%)
货物运输量	万吨	11426.37	13.6
铁路	万吨	3285.53	21.6
公路	万吨	7962.00	11.0
民航	万吨	0.47	88.0
管道	万吨	178.37	-1.9
货物运输周转量	亿吨公里	427.57	14.9
铁路	亿吨公里	192.20	16.1
公路	亿吨公里	227.47	14.5
民航	万吨公里	645.48	55.2
管道	亿吨公里	7.83	-1.9

表 10　2010 年各种运输方式旅客运输量

指标名称	单位	全省	比上年增长(%)
旅客运输量	万人	10997.49	8.9
铁路	万人	473.59	10.0
公路	万人	10439.00	8.7
民航	万人	84.90	24.8
旅客运输周转量	亿人公里	107.21	12.2
铁路	亿人公里	44.62	11.9
公路	亿人公里	50.21	10.2
民航	亿人公里	12.38	22.8

全年邮电业务总量达 122.1 亿元,比上年增长 36.0%。其中,邮政业务量 2.33 亿元,增长 16.1%;电信业务量 119.8 亿元,增长 36.4%。年末移动电话用户 397.8 万户,比上年末增长 28.0%;固定电话用户 103.2 万户,比上年末下降 5.6%。全省互联网用户 35.3 万户,比上年末增长 24.3%,其中宽带用户 34.9 万户,增长 25.1%。

图9　"十一五"以来电话用户数

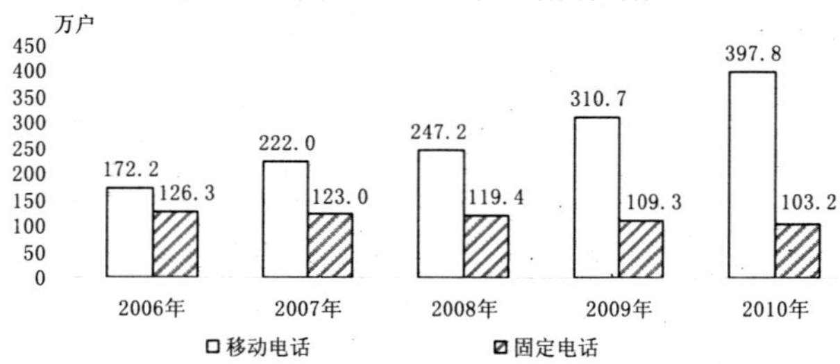

全年接待国内外旅游人数 1226.2 万人次,比上年增长 10.6%,其中,国内旅游人数 1221.5 万人次,增长 10.5%;境外入境人数 4.67 万人次,增长 29.4%,境外人数中外国人占 72.6%。全部旅游人数中,过夜旅游者占 41.3%。国际旅游外汇收入 2044.9 万美元,增长 32.6%,旅游总收入 71.02 亿元,增长 18.1%。

八、金融

年末金融机构人民币各项存款余额 2319.64 亿元,比上年末增长 29.9%,其中,企业存款 644.54 亿元,储蓄存款 868.22 亿元,分别增长 12.1%和 22.1%。金融机构人民币各项贷款余额 1822.65 亿元,比上年末增长 30.3%,其中,短期贷款余额 397.06 亿元,中长期贷款余额 1344.38 亿元,分别增长7.2%和37.9%。

全年保险公司保费收入25.7亿元，比上年增长41.1%，其中，寿险保费收入13.4亿元，增长52.7%；财产险保费收入10.4亿元，增长30.4%。全年保险赔付额6.7亿元，比上年增长10.0%，其中，寿险赔付额1.7亿元，增长8.1%；财产险赔付额4.4亿元，增长10.8%。

九、教育和科学技术

全年全省学龄儿童入学率99.6%，比上年提高0.1个百分点；普通初中毛入学率103.6%，提高3.2个百分点。

全年研究生招生比上年增长15.4%，在校研究生比上年增长17.4%，毕业研究生比上年增长12.6%；普通高等教育院校招生增长1.0%，在校生增长3.2%，毕业生增长2.2%；中等职业教育学校招生下降3.7%，在校生增长3.6%，毕业生增长2.2%；普通中学招生增长0.5%，在校生增长1.4%，毕业生增长0.2%；普通小学招生下降6.5%，在校生下降2.7%，毕业生增长5.7%。

表11　2010年各类教育招生、在校、毕业人数

	学校数（所）	招生数（人）	在校生（人）	毕业生（人）
研究生培养单位	5	841	2143	500
普通高等教育院校	9	17912	58491	14570
成人高校	2	1016	1716	533
中等职业教育学校	40	30713	79105	19773
普通中学	434	115028	327178	100291
普通高中	119	36153	107715	34080
初中学校	315	78875	219463	66211
普通小学	1792	81464	518992	82467
特殊教育学校	11	255	2505	167

全年全省取得省部级以上科技成果240项，比上年增加13项，其中，基础理论成果10项，应用技术成果220项，软科学成果10项。全年专利申请602件，比上年增加103件，授权专利264件。签订技术合同464项，成交金额11.5亿元，比上年增长35.3%。全省有天气雷达观测站点6个，县级以上卫星云图接收站点52个，地震台站49个，地震遥测台网3个。

十、文化、卫生和体育

年末全省共有艺术表演团体17个；文化馆50个，公共图书馆45个，博物馆18个；广播电台4座，中短波广播发射台和转播台9座，广播综合人口覆盖率达到90.0%，比上年提高1.1个百分点；电视台9座，电视综合人口覆盖率达到95.0%，比上年提高0.7个百分点。全年出版杂志、报纸、图书分别为53种、27种和727种，出版量分别为305万册、9272万份和1015万册(张)。

年末全省拥有卫生机构1584个，床位数1.98万张。其中，医院129个，床位数1.59万张；卫生院406个，床位数0.29万张；社区卫生服务中心165个；疾病预防控制中心(防疫站)56个；妇幼保健院(所、站)21个。卫生技术人员2.41万人，其中，执业医师10223人；注册护士7836人。全省突发公共卫生事件及时报告率和有效处置率均为100%。

年末全省优秀运动队2个，优秀运动员299人，比上年末减少3人。在队优秀专业运动员中达到等级的运动员34人，其中国家级运动健将7人，一级运动员23人，二级运动员4人。销售体育彩票2.36亿元。

十一、人民生活和社会保障

全年城镇居民人均可支配收入13854.99元，比上年增长9.2%。城镇居民人均年总收入中，人均工薪收入10061.58元，增长7.7%；人均家庭经营净收入943.96元，增长13.0%；人均财产性收入73.9元，增长61.7%；人均转移性收入4401.37元，增长12.1%。城镇居民人均消费性支出9613.79元，比上年增长9.4%，恩格尔系数为39.4%。城镇居民人均住房建筑面积25.87平方米。

图10　“十一五”以来城镇居民人均可支配收入及增长速度

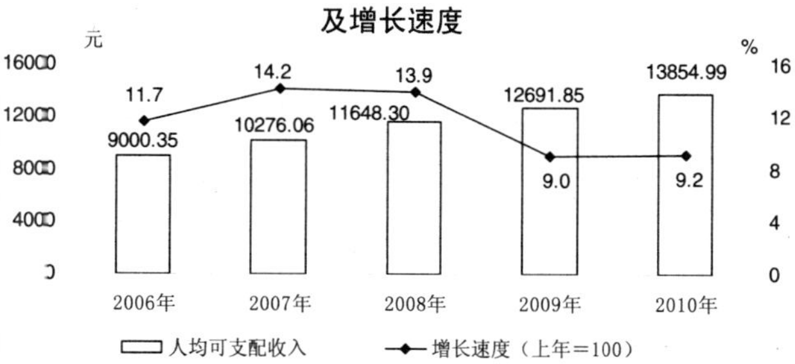

全年农牧民人均纯收入3862.68元，比上年增长15.4%，其中：人均工资性收入1295.26元，增长10.9%；人均家庭经营收入1991.71元，增长16.4%；人均转移和财产性收入575.71元，增长23.4%。农牧民人均生活消费支出3858.50元，比上年增长19.0%，恩格尔系数为39.6%。农牧民人均居住面积21.44平方米。

图11　“十一五”以来农牧民人均纯收入及增长速度

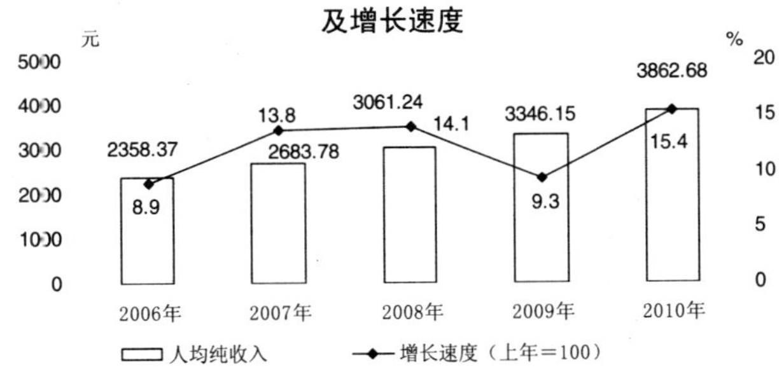

年末参加城镇基本养老保险人数74.43万人，比上年末增长4.3%，其中，在岗职工54.44万人，离退休人员19.99万人，分别增长4.7%和3.5%。参加城镇职工医疗保险人数78.73万人，比上年末增长4.0%，其中，在岗职工53.51万人，离退休人员25.22万人，分别增长4.7%和2.6%；参加城镇居民基本医疗保险人数61.57万人，比上年末增长21.8%；参加农村新型合作医疗的农牧民340.75万人，比上年末增长1.9%，新型农村合作医疗参合率达96.3%，新型农村合作医疗基金累计支出4.56亿元，累计受益272.7万人(次)。城镇参加失业保险人数36.65万人，比上年末增长1.8%，其中农民工0.25万人，增长19.0%。参加城镇工伤保险人数43.23万人，比上年增长7.9%，其中农民工4.69万人，增长17.3%。参加生育保险的人数6.38万人。享受城市最低生活保障的居民22.45万人，享受农村最低生活保障的农牧民38万人。

十二、资源、环境和安全生产

年末全省森林面积370.01万公顷,森林覆盖率5.23%。全省湿地面积412.6万公顷,占全省总面积的5.7%,其中,自然湿地408.8万公顷。国家重点公益林管护面积3067千公顷,天然林保护面积1983千公顷。自然保护区11个,面积2182.22万公顷,其中,国家级自然保护区5个。当年全省治理水土流失面积13.66千公顷。全年全民义务植树1391万株。年末全省有各级环境监测站17个,环境监测人员207人,全年完成环境污染限期治理项目143个,项目总投资6145.52万元,比上年增长53.6%。

全年安全生产事故死亡670人,比上年下降1.0%。道路交通事故1206起,死亡576人,比上年下降0.3%。

注:本公报部分数据为初步统计数。

政 府 工 作 报 告

——2011 年 1 月 17 日在青海省第十一届人民代表大会第四次会议上

省长 骆惠宁

各位代表：

现在，我代表青海省人民政府向大会作工作报告，请予审议，并请省政协委员和列席人员提出意见。

一、2010 年工作回顾

2010 年，是我省极不寻常、极其难忘的一年，是攻坚克难、夺取胜利的一年。玉树强烈地震突如其来，宏观经济环境复杂多变，在党中央、国务院和中共青海省委的坚强领导下，全省各族人民深入贯彻科学发展观，和衷共济，顽强拼搏，战胜了各种重大挑战和考验，全省经济社会发展取得突出成绩，呈现新的亮点。

（一）奋力开展抗震救灾和灾后重建，开启了新玉树建设的新篇章。玉树强烈地震发生后，我们迅速组织开展了一场在高原高寒地带进行的规模最大、成效最显著的救援活动，共搜救被掩埋人员 2008 人，救治伤员 1.1 万多人，其中重伤员 3109 人，安置受灾群众 22.5 万人，夺取了抗震救灾的重大胜利。与此同时，我们迅速展开灾后重建。科学编制专项规划，制定了土地权益处置、住房重建及维修补助等重要政策，建立了七项重建工作机制，为科学、依法、高效、和谐重建奠定了坚实基础。9 月下旬开展了以住房建设为重点的 50 天会战，赢得了灾后重建的宝贵时机。经过艰苦卓绝的努力，不到半年时间，开工建设 298 个重建项目，完成投资 50.1 亿元。大部分需重建的农牧民住房基本建成，大部分需重建的城镇居民住房开工建设，所有需维修加固的城乡住房全面完成修复，部分受灾群众喜迁新居。一些支撑长远发展的项目相继开工或建成。夏季，我们还果断处置、成功化解了格尔木温泉水库严重超水位运行的重大险情，保障了城市安全。

各位代表，玉树强烈地震，既是人世间的一场重大磨难，也是前进中的一场重大考验。在这场波澜壮阔的抗震救灾斗争中，全省党政军民共同谱写了感天动地的英雄赞歌，形成了"大爱同心、坚韧不拔、挑战极限、感恩奋进"的玉树抗震救灾精神。实践一再证明，没有哪一次的历史灾难，不是以历史进步为补偿的。在如火如荼的家园重建中，一个更加美好的社会主义新玉树必将傲然屹立在雪域高原！

（二）大力推动经济提速与结构优化，开创了又好又快发展的新局面。我们把抢抓发展机遇同创新发展理念、转变发展方式结合起来，使经济增长的速度、质量和效益全面提升。预计实现生产总值 1342 亿元，比上年增长 14.5% 以上，为 30 年来的最高增速。财政一般预算收入达到 205 亿元，增长 23.1%；财政支出达到 743 亿元，增长 52.7%，均实现了历史性突破。固定资产投资完成 1068.7 亿元，增长 33.5%，迈上一个大台阶；特别是工业投资增长 21.1%，民间投资增长 43.3%，藏区投资增长 39.2%，投资结构呈现积极变化。拉西瓦、积石峡等水电站建成投产，格尔木大型光伏电站并网投运，西宁西过境高速公路建成通车，兰新铁路第二双线、西格段增建二线、青藏交直流联网工程等 23 项重点基础设施项目加快实施，为支撑长远发展增添了后劲。建设高原现代生态农牧业取得积极进展。启动迄今规模最大的黄河谷地百万亩土地开发整理项目，开展了 15 个国家级小型农田水利重点县建设，加快建设河湟特色农业百里长廊，大力推动农业示范园区建设和设施农业发展，大面积推广全膜双垄栽培等新技术，在 330 个村探索了生态畜牧业生产经营模式，主要农畜产品产量增加，特色农业比重达到 78%，农畜产品加工转换率提高到 27%。工业结构调整和产业升级取得重要突破。出台支持柴达木循环经济发展的政策意见，积极培育市场主体，金属镁一体化、锂电池正极材料、高精铝板带等 28 项重点工业项目加快推进，新能源、新材料、先进装备制造、特色生物医药等新兴产业实现高起点起步，清洁可再生能源产值占到能源工业的 35%。规模以上工业增加值增长 20.6%，预计实现利润 180 亿元，增长 1 倍。第三产业增长 12% 左右，创近年新高。金融、旅游、商贸、物流等快速发展。出台促进消费升级推动经济发展的政策措施，提高"家电、农机、汽车下乡"补贴标准，特别是把住房建设作为投资与消费的结合点，在全面推进城乡保障性住房工程的同时，支持 5 万户农民新建或改造住房，带动了消费较快增长。社会消费品零售总额完成 346 亿元，增长 16.9%，消费拉动增长的作用明显增强。自主创新和节能减排力度加大。完成科技投入 53.2 亿元，增长 50.9%。开展"千家企业节能行动"和"节能减排全民行动"，新建的 12 个污水处理厂基本投入运行。启动了西宁历史遗留铬渣治理项目。"十一五"节能减排目标可以实现。发展中的青海，克服了特殊年份罕见的艰难险阻，踏上了加速发展、加快转型的新征程。

（三）着力加快体制创新与对外开放，增添了奋发进取的新活力。州县行政机构改革全面完成。投资、财税、社会事业等各项改革取得进展。国有企业改革步伐加快。盐湖集团和盐湖钾肥资产重组顺利完成，黎明化工重组成功。以前所未有的政策力度支持金融业加快改革与发展。鼓励各类金融机构开展股权设置、管理模式、产品服务、技术手段创新，加强与省外金融机构的合作，推动青海银行增资扩股，筹建西宁国家低碳产业基金，成功引入央企重组庆泰信托，交通银行进驻青海，新创共和农村合作银行。全年各类金融机构新增贷款423.6亿元，同比增长30.3%，增幅、存贷比分别列全国第3位和6位。同时，保险、证券、期货等均有较快发展。金融对经济社会的支撑力和带动力明显增强。坚持先行先试，自筹资金建立三江源生态补偿机制，制定了相关政策和办法，为统筹生态保护、民生改善和区域发展创造了必要条件。三江源生态保护和建设工程完成投资12亿元，同比增长2.3倍。提出建设东部城市群的战略构想，制定政策意见，编制发展规划，对加快全省城市化将起重要推动作用。积极探索顺应时代潮流、符合青海实际的户籍制度改革之路，建立城乡户口统一登记制度，制定全覆盖、分梯次的城镇户籍政策，实行“蓝印户口”和居住证管理办法，为加快城镇化增添了动力。大力推进集体林权制度改革，当年覆盖957万亩，有力带动了公益林管护和植树造林投资机制创新。完成人工造林4.9万公顷，同比增长65.5%，是“十一五”造林规模最大的一年。支持民营经济发展，预计非公有制经济比重提高到31.5%。创新招商引资机制，探索建立矿产、水电、旅游等资源捆绑式配置机制，实行重点招商项目省厅级领导负责制和联席会议制度。塑造“青洽会”新形象，加强与央企的战略合作和项目对接。招商引资特别是引进大企业实现新突破，与26家央企签署战略投资1230亿元。全省实际引进省外资金189亿元，增长19.4%，增幅同比提高10.6个百分点，创历史新高。创新地质勘查投入机制，社会资金投入比重达到24.5%，地质找矿取得重要进展，两处矿产地列为全国十大新发现的资源接替基地。

精心举办环湖赛、大美青海－台湾行、世博行等活动，提升青海对外形象。扩大对外交流，与美国犹他州、英国兰开夏郡建立友好关系。积极培育外贸市场主体，新增进出口企业149家。进出口总额增长34.7%，其中出口增长85.8%。开放中的青海，正在区域合作与竞争的潮流中，彰显着自己的蓬勃生机。

（四）全面加强社会事业和民生建设，实现了基本公共服务水平的新提升。加大对改善民生为重点的社会建设投入，全年财政用于民生的支出增长61.8%，占财政总支出的70%以上，实施610个社会事业项目，老百姓得到更多实惠。预计城镇居民人均可支配收入13855元，农牧民人均纯收入3863元，分别增长9.16%和15.44%，为近年来最高增幅。制定中长期教育改革发展规划纲要。落实各类教育项目建设投资42亿元，比上年增长2倍。大幅增加藏区义务教育教师编制。

中小学布局调整和校舍安全等工程加快推进，“两基”攻坚如期实现。建立了普通高中困难学生资助政策。高校办学水平不断提高，职业教育适用性明显增强，各级各类教育进入加快发展新阶段。有序推进医药卫生体制改革。基层医疗卫生基础设施进一步改善，公立医院改革试点启动，国家基本药物制度实施范围扩大，基本药物价格平均降幅23.9%。人口自然增长率控制在9‰以内。不断完善公共文化服务体系。乡镇综合文化站、广播电视村村通等重点工程加快推进，成功举办第十五届省运会，黄南国家级热贡文化生态保护实验区建设迈出坚实步伐。新增城镇就业人口3.6万人，高校毕业生初次就业率同比提高近10个百分点。城乡低保、社会救助、失业保险金、最低工资和艰苦边远地区津贴等标准全面提高。企业退休人员养老金保险标准月人均增加到1789元，排全国前列。城镇职工基本养老保险历史遗留问题基本解决。率先在全国实现了新型农村养老保险试点全覆盖。新农合人均筹资标准由上年的104.3元提高到154.3元。建立了城乡高龄老人生活补贴制度。解决了农牧区20万人的饮水安全问题。减少贫困人口19万。出台14项举措，千方百计抑制物价过快上涨。积极创新社会管理，大力推进民族团结进步事业和平安寺院建设活动，健全矛盾纠纷调解机制，加强安全生产管理，整顿规范市场秩序，果断处置问题乳品事件，依法打击各类犯罪活动，平安青海建设取得新成效。国防建设、民兵预备役和优抚安置工作继续加强。奋进中的青海，在改善民生、促进社会和谐上又迈出了坚实的步伐。

各位代表，在省十一届人大三次会议上，我们围绕住房保障、校舍改造、城乡公共服务设施、社会保障、卫生和文化建设等领域，向全省人民承诺办好的十件实事，现可以宣布，已全部兑现！

过去一年，我们坚持把加强政府自身建设作为推进经济社会又好又快发展的重要保障，着力提高推动科学发展、服务各族群众、促进公平正义、加强廉政建设的能力。探索建立分地区考核指标体系和分类别政府部门绩效考核评价体系，促进了比较优势和创造活力的发挥。推进依法行政，实施政务公开，发挥群众主体作用，加强审计和监察，严肃查处了一批违纪违法案件。大力弘扬玉树抗震救灾精神，团结干事，激情干事，踏实干事，完成了特殊年份成倍增加的工作任务。在大事急事难事接踵而至的情况下，我们每前进一步都付出了艰辛探索和努力，也深化了对省情特征和发展规律的认识。实践证明，虽然我省地处西部内陆，但只要树立宽广视野,在工作中注重研判形势、超前谋划、增强前瞻性,注重把握关键、突破重点、增强针对性,注重大胆探索、完善机制、增强创新性,就完全可以把握工作主动权,推动经济社会发展实现历史性跨越!

各位代表,过去一年的成绩,凝聚了党中央、国务院和全国人民对青海的关怀和支持,汇集了全省社会各界、各行各业、各族人民的智慧和力量。在此,我代表省人民政府,向全省广大建设者,向各民主党派、工商联、无党派人士、人民团体、社会团体,向中央驻青各单位,向人民解放军和武警驻青部队,向所有支援玉树抗震救灾和青海发展的海内外人士,表示衷心的感谢和崇高的敬意!

在看到成绩的同时,我们也清醒地认识到,我省经济社会发展和政府工作还存在不少需要高度重视的困难和问题。一是发展不足与结构性矛盾依然突出。矿产资源延伸加工和科技创新能力不足,城乡区域发展很不平衡,资源环境约束增强,节能减排压力加大。二是公共服务供给能力和民生保障水平总体不高。社会事业发展相对滞后,城乡居民收入增长与经济增长还不协调,物价涨幅超过预期目标,部分低收入群众生活比较困难,社会管理尚有不少薄弱环节。三是可持续发展的基础仍然较弱。重大基础设施覆盖程度不高,基础产业尚需巩固和加强,部分地区生态保护和环境污染治理还不到位。四是政务服务水平有待提高。一些地方和部门办事效率不高,特别是利用市场机制推动发展的能力较弱。一些事关群众切身利益的矛盾和问题亟待解决,一些地方和领域腐败现象时有发生。

各位代表,回首去年,我们取得了超出预期的发展成果,积累了在复杂困难局面中推进又好又快发展的新经验;面向未来,我们要进一步正视并大力解决各种矛盾和问题,迎难而上,奋力开辟发展的新天地!

二、2011 年的主要任务

2011 年是实施"十二五"规划的开局之年。做好今年工作,对于深入实施西部大开发战略,加快推动全省"四个发展",顺利实现玉树重建目标,意义重大。

今年的宏观经济形势仍然极其复杂。国内外经济发展相互影响,长期问题和短期问题相互交织,体制性矛盾和结构性难题相互叠加,区域竞争更加激烈,机遇与挑战并存。形势越是复杂,越要有坚韧不拔的勇气;任务越是艰巨,越要有攻坚必胜的信心。我们深知,在青海做成一件事不容易,需要加倍付出努力。但只要我们正确把握方向,善于抢抓机遇,积极开拓创新,就一定能在这片广阔的热土上,走出一条具有青海特色的科学发展之路,不断夺取富裕文明和谐新青海建设的新胜利。

今年政府工作的总体要求是:以邓小平理论和"三个代表"重要思想为指导,深入贯彻落实党的十七大、十七届五中全会和省委十一届九次全会精神,以科学发展为主题,以转变经济发展方式为主线,以"四个发展"为主要路径,正确把握国内外形势新变化新特点,全面贯彻中央宏观调控政策,增强投资和消费协同拉动,加快结构调整和产业升级,推进改革开放和自主创新,实现民生改善和社会和谐,巩固和扩大应对国际金融危机冲击成果,奋力实现"十二五"经济社会发展的良好开局。

综合考虑各方面因素,今年经济社会发展的主要预期目标是:生产总值增长 12%,财政收入增长 15%,全社会固定资产投资增长 20%,全社会消费品零售总额增长 16%,进出口总额增长 10%,城镇居民人均可支配收入增长 10%,农牧民人均纯收入增长 12%,居民消费价格涨幅控制在 5.5% 左右,城镇登记失业率控制在 4.2% 以内,人口自然增长率控制在 9.5‰以内,节能减排指标控制在国家规定目标以内。围绕实现上述目标和要求,重点做好八项工作:

(一)正确把握宏观调控政策,推进经济社会更好更快发展。最大程度释放政策效应。一是用足财政政策。确保财政收入与经济同步增长。抓住国家实施积极财政政策的机遇,争取今年国家转移支付和专项补助资金总量继续增加、中央代发地方政府债券规模超过上年。加大对发展的支持力度,增加对基层的财力转移。进一步提高支出水平,争取年底专项结转比上年压缩一半。严格控制一般性开支,出国、车辆购置及运行费、政务接待费实行零增长。二是用活金融政策。加大金融资源调控力度,积极争取国家各银行对我省实行差别化信贷政策,加快发展地方银行、农信社和保险、证券、产权投资等非银行金融市场,力促信贷增量不低于上年、增幅在全国的位次不后移。力争企业直接融资、对中小企业和"三农"的信贷实现新突破。三是用好西部大开发等重大政策。落实我省深入实施西部大开发战略的政策意见及实施细则,落实支持藏区发展政策,将政策措施转化为发展优势。四是全力稳定物价总水平。这是今年宏观调控的重要任务。全面落实国家和我省出台的物价调控政策。加强"菜篮子"工程建设,提高自给能力。实行政策激励与价格干预相结合的办法,引导重点流通企业在稳定物价中发挥积极作用。严格整顿农贸市场,发展社区直销点,让农牧民和居民多得实惠。密切关注物价走势,建立社会保障标准、困难群众生活救助与物价上涨挂钩机制。青海的特殊区位和经济结构,使得调控物价难度很大,但物价问题事关百姓切身利益,我们已下定决心,尽最大努力,减少物价过快上涨对群众基本生活的影响。

(二)加快灾后重建步伐,为建设新玉树奠定坚实基础。今年是灾后重建的关键之年。计划安排投资 200 亿元左右,力争形成实物量 150 亿元。完成全部重建项目规划设计和农村住房重建,完成大部分城镇住房重建,开工建设大部分公共服务设施和基础设施项目，实现重建任务大头落地。主要采取五项措施：一是抓紧做好冬春各项准备。加强工程、建材和设备的养护，做好项目的规划设计和申报审批工作，组织施工力量，改进建材供应方式，开展干部业务知识培训，强化群众工作和基础工作，为大规模重建做好充分准备。二是进一步完善保障机制。做好建材、运输、电力、施工、现场调度等保障工作。加快项目建设。确保已开工的学校、医院等项目全部建成，结古镇道路、垃圾处理等市政设施基本建成，加快推进震损文物及宗教活动场所的修复。三是强化项目和资金监管。加大审计、监察力度，规范管理灾后重建资金和捐赠款物，确保资金物资使用安全。实行项目施工全程监理。确保工程质量安全、施工安全和参建人员健康安全。四是进一步落实责任。加强现场指挥部、州县以及各援建力量的统筹协调，增强工作合力。强化州县政府主体责任，细化分解任务。及时解决援建工作中的困难和问题，充分发挥援建单位主力军作用。五是全面提高重建水平。在着力推进项目建设的同时，更加注重人才培训和软件支持，为公共服务类建成项目的运营管理创造条件；更加注重生态和环境保护，加强地震、气象和地质等自然灾害监测预警和治理，推广使用光伏能源和节能环保材料，走低碳重建之路；更加注重产业提升，大力发展商贸旅游文化业，着力培育特色资源加工业，加快农牧业发展方式转变；更加注重人文关怀和心灵维护，在重建物质家园中建设精神家园。我们的目标就是要通过卓有成效的灾后重建，让灾区人民生产生活上一个新台阶，让三江源地区生态环境建设上一个新台阶。

（三）坚持投资消费双轮驱动，增强拉动经济增长的合力。把调整需求结构作为加快转变发展方式的重要任务。一方面，继续保持投资强度，着力优化投资结构。全年完成固定资产投资1300亿元。进一步发挥重点项目的投资带动作用。争取工业、民生、藏区的投资增幅均在25%以上。抓紧开工建设格敦铁路、格库铁路、德令哈机场、共和至玉树高速公路等一批重大基础设施项目。安排省财政垫支20亿元以上，科学组织冬春季施工，提前启动西宁南绕城高速公路等27个重点工程。加强项目管理和投资环境建设，着力提高投资的质量和效益。另一方面，大力提升消费能力，拓展消费领域。既立足省内扩大居民消费需求，又面向省外开拓游客消费市场，争取消费对增长的贡献率有新的提高。一是着力增加城乡居民收入。进一步扩大就业，增加工资性收入；加大政府直补，增加转移性收入；支持全民创业，增加经营性和资产性收入。积极推进收入分配制度改革，逐步建立企业职工和农民工工资正常增长机制，健全事业单位以目标考核为主导的工资奖金激励制度，完善公务员工资和津补贴制度。二是积极培育消费热点。继续实施好我省促进消费升级推动经济发展的政策措施。积极发展文化、信用、社区服务和老龄消费。重点实施大规模住房建设等投资促消费工程。大幅增加城乡保障性住房工程，同时成倍扩大农村奖励性住房工程，由去年的5万户增加到10万户。支持城市居民自住型和改善型住房消费。提高公积金缴存比例，深入推进住房分配货币化改革。积极引导房地产市场健康发展。我们有信心通过五年的努力，使城乡困难居民住房条件发生根本性变化，让绝大多数农牧民都住上宽敞明亮的砖瓦房。

（四）夯实“三农”基础，加快推进社会主义新农村建设。加大对“三农”的投入。一是着力加强以水利为重点的农牧业基础设施建设。投入40亿元，统筹推进引大济湟、黄河沿岸水利综合开发、水源建设、东部城市群综合供水网络四大骨干工程，抓紧建设湟水流域、黄河沿岸、柴达木盆地三个百万亩灌区，加快建设湟水北干渠一期、石头峡水利枢纽、扎毛水库等工程，完成北干二期和西干渠前期工作。实施饮水安全、灌区节水改造、小型农田水利、草原水利、农村小水电五项民生水利工程，力争开工松多、大华水库建设和温泉、黑石山等一批病险水库除险加固工程。加快西宁、格尔木等城市防洪工程。二是加快转变农牧业发展方式。建设农牧业示范区和实验区，实施河湟流域八个百里万亩（万头）工程，提升油菜、马铃薯、蚕豆、蔬菜、中藏药、特色果品、牛羊肉、奶牛、皮张和毛绒、饲草料等十大农牧特色产业。建成日光节能温室2万栋、畜用暖棚1.5万栋、畜禽标准化规模养殖小区60个，建设制繁种基地45万亩，支持发展“富硒”产业园区。加强对300个生态畜牧业村的扶持，继续以多种方式促进生态畜牧业发展。建立健全农牧业技术推广服务体系，扩大全膜双垄栽培技术覆盖面，集成、示范和推广一批优良品种和节本增效技术。积极发展无公害绿色产品，着力培育优势品牌，提高农畜产品的市场知名度和竞争力。完善龙头企业扶持机制，农畜产品加工转化率力争提高3-4个百分点。启动绿色证书培训计划，今年培训5万农牧民，使每人掌握一、二项实用新技术。实施务工技能培训转移工程，提高劳务收入水平。三是进一步加大扶贫攻坚力度。完成350个贫困村整村推进和40个村异地扶贫搬迁任务，确保减少贫困人口18万人。我们要更多地关注贫困地区，加大工作力度，让全省所有贫困农牧民，都能分享社会主义新农村建设的丰硕成果。

（五）加快结构调整步伐，提升产业发展水平。把结构调整作为转变经济发展方式的主攻方向。一是深入实施“双百”行动，培育发展十大工业特色优势产业。力争全省规模以上工业增长15%以上，园区工业增加值增长25%以上，循环经济增速高于整体工业。坚持传统产业改造升级与发展新兴产业相结合，培育形成新能源、新材料、盐湖化工、有色金属、油气化工、煤化工、装备制造、特种钢、特色纺织和生物医药等十大特色优势产业。围绕建设百个重点项目，推进大型金属矿采选、锂电池、硅晶片、太阳能及电池组件、铝精深加工、大型多功能锻压机、不锈钢和高端玻璃等对结构调整与产业升级有支撑作用的工业项目。培育百户重点企业。增强西宁和柴达木两个园区引进高新技术、打造产业集群、实施资源精深加工和循环利用的能力。开工建设曹家堡临空综合经济区、格尔木藏青工业园。加快民和工业园、乐都装备制造园、朝阳物流园区的基础设施建设,加强招商引资。二是大力推进自主创新,强化科技人才队伍支撑。以“123”科技支撑工程为载体,组织实施重大科技专项,打造一批创新型企业和各类技术创新平台,争取建设国家级重点实验室,推进产学研结合,提高重大科技成果转化率。实施人才强省战略,充分发挥省内人才的作用,加大科技领军人才引进力度,以项目为带动,逐步打造若干创新团队。深入研究绿色发展指标体系,力争在研发投入、自主创新、制度设计上取得突破。三是不断缓解瓶颈制约,提高要素保障能力。建设西宁热电联产、羊曲水电、柴达木盆地太阳能发电、诺木洪风电场等电源项目,确保电量平衡,努力保持我省低电价优势。抓紧实施木里煤田总体规划。协调解决运力配置中的结构性矛盾。加强燃油仓储设施建设和燃油储备。创新地勘机制,实施大规模投入、大兵团作战,力争地质找矿实现大突破。四是加快发展服务业,全面提升层次与水平。统筹推进生产性服务业与生活性服务业,突出发展金融、物流、科技服务、信息与中介、商贸餐饮、房地产、旅游、文化体育、社区服务和商务会展等十大产业,力争服务业增加值增长12%。加大政策支持力度,加快服务平台建设,培育骨干企业和新型业态,提升专业化和社会化水平,促进服务业转型升级。我们要在服务业大发展中,为全省人民提供丰富多样的产品,让高原大地展现出更具时代魅力的风采。

(六)推进城乡区域和人与自然相协调,增创绿色发展新优势。着力增强发展的平衡性和可持续性。在推进城镇化上实现新突破。编制全省城镇发展规划纲要,协调推进大中小城市和小城镇建设,促进城乡一体化,力争年内城镇化率提高1.5个百分点。推进以西宁为中心的东部城市群建设。按照“一核一带一圈”空间布局,加快交通、水利、城镇基础设施等一体规划与建设,推动产业差异化发展,推进城市群形态逐步形成。提升西宁城市品质,加快西宁火车站改造、海湖新区建设,打造精品街区和地标性建筑,实施“畅通工程”。加快海西城乡一体化进程,提升格尔木、德令哈城市实力,促进功能互补。继续推动玉树县撤县建市,逐步推进有条件的县撤县建市,优化城市布局。认真落实户籍制度改革方案,制定配套改革措施,充分尊重农牧民在进城和留乡问题上的自主选择权,切实把好事办好。在推动区域协调发展上实现新突破。支持西宁和海西率先发展。支持海东、海北、海南、黄南建设多种类型实验区和示范区。制定促进县域经济发展的政策措施,支持有条件的县建设工业园区和农业园区,努力建设若干经济强县。在构建“两型”社会上实现新突破。重点强化四项措施:一是加大生态环境保护建设力度。安排投资10亿元,加快三江源生态保护与建设工程实施步伐。继续推进青海湖流域综治工程,争取实施祁连山水源涵养区综合治理工程和湟水流域百万亩人工造林工程。加强对生态治理工程实施效果的监测。二是深入实施三江源生态补偿机制。把三江源生态补偿机制、国家草原生态保护补助奖励机制和森林湿地生态效益补偿试点有机结合,促进生态保护与民生改善、区域发展共赢。推动三江源保护发展基金健康运转,积极筹建青海环境权益交易平台。三是确保完成节能减排目标。新上载能工业项目的技术装备水平必须高于同行业水平,单位能耗必须符合国家或行业限额标准。实施一批节能减排项目。大力推进建筑节能和公共机构节能。四是加大环境污染整治力度。加强工业污染防控体系建设,严格控制污染排放,加强对有毒有害物污染治理。统筹城乡环保,启动农村清洁工程,加强农村生活污染和面源污染治理。力争用三年时间,在湟水流域推行污染物“全测控、全收集、全处理”,从根本上改善水质。奔流不息的湟水养育了青海各族儿女,我们有责任、也有能力早日还青海人民一条清澈的母亲河。

(七)加快改革开放,进一步增强发展的动力与活力。坚持以改革开放拓展发展空间。统筹推进各项改革。一是深化国有企业改革。完善现代企业制度,探索建立国有资本经营预算和收益分配制度,着力推进联合重组和上下游产业一体化经营。二是推进财税、投融资体制、价格改革。完善财政转移支付制度,建立健全县级基本财力保障机制。规范建设并做大做强政府融资平台,发挥财政资金的引导撬动作用。进一步推进资源税改革、资源配置方式改革。三是稳步实施资源性产品价格和环保收费改革。对若干原生矿产品征收生态补偿费,完善成品油、天然气价格形成机制和电价定价机制,推进水价改革。开展排放权有偿使用和交易试点。四是全面深化农村牧区改革和集体林权制度改革。建立健全覆盖耕地、林地、草原等土地的承包经营制度。完成年度林改任务。五是大力推进社会事业和公共服务领域改革。探索民生工程货币化改革。加快非基本公共服务市场化改革,增强多层次供给能力。六是大力发展非公有制经济。落实国务院支持民营经济发展的新36条,为民营经济大发展营造更有效的政策环境。着力提升开放水平。深化向东开放,加快向西开放。一是突出抓好招商引资。抓住全社会流动性资金充裕和东部地区产业转移的机遇,发挥企业、项目筹备组、工业园区的招商主体作用,强化产业链、产业群招商,推动我省招商引资不断取得重大突破,力争到位资金增长30%。全力落实央企签约项目,力争到位资金200

亿元。二是努力扩大对外贸易。制定促进外贸发展的指导意见。加大对出口千万美元以上企业的扶持力度，加快赋予中小企业进出口经营资格，努力推动特色产品出口实现新突破。鼓励进口关键技术设备和重要原材料，提升我省工业技术装备水平。进一步增强海关、商检、口岸等部门的综合服务能力。三是提升与周边省区合作水平。继续加强与西藏、甘肃、新疆、四川等周边省区的合作，重点在能源及矿产资源开发、区域旅游、劳务经济、文化交流等方面建立长期稳定的合作机制。四是推动对口支援起好步。积极落实国家经济对口援青工作会议精神，充分发挥对口援青干部的作用，力争在项目帮扶、人才培训及发展"飞地"经济等方面取得实质性进展。五是推动会展赛事上水平。精心办好青洽会、藏毯会、清真食品用品国际展览会、国际沙棘产业大会、抢渡黄河极限挑战赛、世界杯攀岩赛、青海湖国际诗歌节和水与生命音乐会等重大活动，进一步扩大影响力。创新"环湖赛"赛事运行模式，依托专业化，走向国际化。我们要让这些独具特色的品牌活动，成为一张张靓丽的名片，使大美青海享誉海内外。

（八）加强以民生为重点的社会建设，完善公共服务体系。面向未来，我们将以实施"十大民生工程"为抓手，进一步提高社会建设的层次和水平。今年，集中办好十个方面的实事：一是教育方面。启动学前教育三年行动计划。在300多所学校实施中小学布局调整及校舍安全工程、中等职业学校基础能力建设、藏区高中基础设施建设、特殊教育学校建设和教师周转房等项目。落实中职和高中困难家庭子女资助政策。加快建设教育园区。优化高校布局，加强优势学科与实验体系建设，帮助高校减轻债务负担。努力在促进教育公平和各级各类学校办学水平上有新提高。二是就业方面。加大劳动力培训投入，建立健全政府投资、重大项目和产业规划共同促进创业就业的机制。着力解决基层服务项目期满毕业生的就业问题，确保困难家庭高校毕业生基本实现就业。把三江源地区草原生态管护公益性岗位试点扩大到青南三州。大力发展农村劳动力转移就业中介组织。年内新增城镇就业5万人。三是社会保障方面。完善社会保障体系，提高社会保险统筹层次和待遇水平。新型农村养老保险参保率提高到70%。企业退休人员养老金再提高10%，探索解决城镇老年无收入居民养老保险问题，提高城镇居民基本医疗保险筹资标准，城镇职工基本医疗保险实现州级统筹，失业保险实现省级统筹。全面推进生育保险。四是医疗卫生方面。大力推进医药卫生体制改革五项重点任务，加快建立覆盖城乡的公共卫生服务、医疗服务、医疗保障和药品供应体系，推进公立医院改革试点工作。新农合筹资标准提高到人均300元，政府基本公共卫生服务补助标准提高到人均20元。加强基层医疗基础设施和医务人才建设，在所有基层卫生医疗机构实施国家基本药物制度。完善利益导向机制，推进人口和计生工作上水平。五是保障性住房建设方面。建设各类城镇保障性住房15万套，推进农村困难群众危旧房改造4万户、游牧民定居2.5万户。六是农牧区基础建设方面。深入实施新农村建设实事工程，推进农牧区水电路等基础设施和新型能源建设进村到户。解决25万人饮水安全问题。启动新一轮农牧区电网改造升级工程。解决7236户农牧民用电问题。实施乡村公路改造和"通达工程"。加快实施移动网和宽带通信工程。七是环境保护方面。推进湟水流域、青海湖流域水环境保护治理，加强西宁、格尔木、德令哈市与河湟沿岸城镇大气、噪声污染综合治理，实施12条中小河流、3条小流域等综合治理工程。加强矿山环境保护与治理。加大西宁和沿湟流域污水管网改造力度，确保污水处理率达到80%以上，实现达标排放。八是藏区集中供热方面。安排资金2.4亿元，在德令哈、贵德、同德、门源、海晏、泽库、甘德、玛多等县城，以多种热源实施集中供热。九是文化方面。建设省民族文化艺术中心等工程，加快喇家遗址、柳湾遗址保护设施建设，实施州级"三馆"、"村村通"、农村电影放映、广播电视西新工程，建设村级文化体育活动场所。十是社会管理方面。启动建设民族团结进步示范区。实施一批州县级政法工作基础设施项目。运用居住证制度，改进流动人口服务管理。开展专项打击整治行动，增加人民群众的社会安全感。我们要通过一件件看得到、摸得着的实事，让全省各族人民享有较高的幸福指数，向着与全国同步实现全面小康奋勇迈进。

三、关于"十二五"规划纲要

根据《中共青海省委关于制定国民经济和社会发展第十二个五年规划的建议》，省政府制定了《青海省国民经济和社会发展第十二个五年规划纲要（草案）》。《纲要（草案）》分析了发展基础和发展环境，提出了未来五年经济社会发展的指导思想、基本原则、发展目标，系统阐述了7个方面、23项重要任务，并就规划实施做出部署。《纲要（草案）》现已提请大会审查。下面，我就一些主要问题作个简要说明。

（一）"十一五"时期全省经济社会发展主要情况。经过五年的努力，"十一五"规划确定的主要目标和任务胜利完成。五年来全省生产总值年均增长13%；人均生产总值达到23900元，年均增长12%；固定资产投资累计完成3359亿元，年均增长20.9%；财政一般预算收入达到205亿元，年均增长26.5%。过去的五年，我们创造了青海历史上发展速度最快、发展质量最好、基础设施建设成效最明显、城乡面貌变化最大、人民得实惠最多的新纪录。

（二）"十二五"规划纲要（草案）的主要特点。回顾"十一五"，我们清醒地看到，纵向比，发展成绩很大，引以自豪；横向比，与全国发展差距拉大，时不我待。正是基于我省发展的阶段性特征和推进跨越发展的任务要求，我们在编制“十二五”规划时着重把握了两个关键：一是在指导思想上提出了“三个为主”，体现了主题、主线和路径的有机统一，体现了发展思路、发展战略和发展方式的有机统一。二是综合考虑未来发展趋势和条件，明确提出了“四二一六”的奋斗目标，不仅体现了发展速度、发展质量和发展目的三者的有机统一，而且体现了纵向比、横向比的有机统一。这是“十二五”规划纲要（草案）最为鲜明的两个特点。

（三）“十二五”时期的战略任务。《纲要（草案）》对“十二五”时期的经济建设、社会发展、改革开放等方面，作出了全面部署，提出了明确的任务和政策措施。集中反映在以下四个方面：

第一，经济发展实现新跨越。全省生产总值年均增长12%，人均经济总量走在西部前列；财政一般预算收入年均增长15%。这两个指标均实现翻一番以上。五年累计完成固定资产投资9000亿元，比“十一五”增长近3倍。交通运输能力和效率全面提高，农牧区生产生活用电得到较好保障，基本解决工程性缺水问题，全面解决农村牧区饮水安全问题，全面实现“358”地勘工程目标，人均投资强度走在西部前列。特色农作物种植面积比重达到80%，全面形成生态农牧业发展格局。打造在西部乃至全国有影响的工业十大特色优势产业，循环经济增加值比重达到80%，可再生能源生产比重达到40%。服务业发展层次和水平明显提高，服务业从业人员比重运到40%。节能减排各项指标均控制在国家下达目标以内。经济社会发展步入创新驱动、内生增长的轨道。

第二，区域发展形成新格局。“四区两带一线”战略深入实施，分工合理、各具特色、相互促进、充满生机的区域发展态势形成。以西宁为中心的东部城市群建设取得突破性进展，全省城镇化率达到50.5%，城乡一体化走在西部地区前列。三江源生态补偿机制试点迈出新步伐，生态环境恶化趋势得到有效遏制，“一屏两带”生态安全格局基本形成。

第三，改革开放呈现新局面。行政管理体制改革、社会事业领域改革、财税金融体制改革、农村牧区综合改革、资源要素价格改革等向纵深推进。非公有制经济占经济总量的比重达到38%。对外开放不断扩大，向西开放取得实质性进展，对外联合协作迈出新步伐。与对口支援省市、国家部委及中央企业的交流合作不断深化，互利共赢长效机制基本建立。引进省外、境外资金年均增幅分别达到20%和10%。外贸进出口总额突破12亿美元。

第四，改善民生取得新突破。城乡居民收入年均增速分别达到10%和12%；基本公共服务逐步均等化，走在西部地区前列。“十二五”期间，重点实施“十大民生工程”。一是教育惠民工程。基本实现十二年免费教育，新增劳动力平均受教育年限达到12年。二是就业创业工程。五年累计新增城镇就业25万人，转移农牧区劳动力500万人次。三是社会保障工程。实现人人享有基本养老、基本医疗等社会保障，覆盖率和保障水平走在西部省区前列，逐步实现基本社会保障制度的统一和城乡衔接。四是全民健康工程。公共体育基础设施服务能力有效提升，公共卫生服务网络建立健全，医疗卫生服务体系进一步完善，突发公共卫生事件应急处置能力明显增强，基本药物供应保障体系全面建立，人民群众健康安全得到保障，看病难、看病贵、看病远问题得到有效缓解。五是保障性住房建设工程。建设城镇保障性住房30万套，农牧区保障及奖励性住房50万套，基本解决城乡困难群众住房问题。六是基础设施延伸工程。基本实现乡村规划、自来水、道路、电力、电话和互联网、文化体育、优美环境、科技服务进村到户。七是家园美化绿化工程。全省饮用水质达标，城市空气质量优良率达到82%以上，人均公共绿地面积达到7.5平方米。八是藏区温暖工程。结合既有建筑节能改造，实现藏区所有县城和重点镇集中供热全覆盖。九是文化惠民工程。覆盖城乡的公共文化服务体系基本建立。十是社会管理创新工程。新型社区管理和服务体系逐步健全，突发事件救援能力明显增强，安全生产监督体系不断完善，平安青海建设的长效机制进一步建立。

各位代表，我省“十二五”规划的蓝图已经绘就。我们深知，把蓝图变为现实，任务异常艰巨，但我们决心大力弘扬“人一之、我十之”的精神，把压力留给自己，把幸福带给人民！

四、切实加强政府自身建设

政府的职责是为人民服务，人民利益至上是政府行为的基本准则。实现今年的目标任务，对我们的行政能力和作风建设提出了新的考验。

对政府公务员来说，最大的挑战是能力的不足，最大的危机是本领的恐慌。去年，我们明确提出了加强“四个”能力建设的要求，今年要着力在深化落实上下功夫。一是深入学习调研。建立学习型政府建设的长效机制。开展“全员读书”活动，组织政府工作人员，进一步学习掌握现代经济、科技、法律、管理等知识，培养战略思维，提高综合素质。实施“岗位培训”工程，分层次、分行业对公务员进行业务培训。做到学以致用，注重深入调研和解决实际问题。二是坚持改革创新。青海发展相对滞后，但我们的观念不能落后。尊重实践，把握规律，拓宽视野，以创新的理念不断破解转方式、调结构、惠民生、保稳定的突出难题。深化行政管理体制改革，推动政企、政资、政事分开，更有效地发挥市场机制作用和群众主体作用。三是推动高效服务。牢固树立服务意识，想群众之所想、急群众之所急，科学合理调节和分配公共资源，让基层和群众多得实惠。进一步减少审批事项、简化办事流程，实行限时办结和全程跟踪服务，推进电子政务，为项目建设和群众办事铺就“绿色通道”。四是崇尚实干苦干。青海省大、事难，唯有实干、苦干，才能干成事。强化责任、质量和效率意识，健全决策目标、执行责任和考核监督体系，着力解决效率不高、工作不细、作风不实等问题。提高执行力，确保工作定一件、成一件。

只有人民群众监督政府，政府才不会懈怠，政府工作人员才不会滥用权力。我们将围绕加强监督，着力抓好三个方面：一是增强接受监督意识，完善监督体系。把各种监督作为资源来看待，高度重视群众投诉、媒体监督、网络舆情，主动研究解决办法，给予积极回应。认真执行向人大常委会汇报工作制度，实行邀请人大代表、政协委员列席政府常务会议制度，完善与人大、政协的联系制度和情况通报制度。认真办理人大代表、政协委员议案、提案和建议，做到件件有回音、事事有着落。把公众参与、专家咨询、风险评估、合法性审查作为行政决策的必经程序，更好地反映民意、集中民智、接受社会监督。二是推进阳光政务，拓展监督渠道。扩大政府信息公开范围，重点推进财政预算、公共资源配置、重大建设项目、社会公益事业等领域的信息公开，让老百姓知道政府花了多少钱、办了什么事、做得怎么样。面向社会服务的政府部门以及医院、学校、公交等公共事业领域，都要做到办事公开，树起接受监督的靶子，让监督有的放矢。三是坚持依法行政，强化行政监督。加强规范政府行为的重要制度建设，增强制度建设的科学性、合理性和可操作性。严格依照法定权限和程序办事，狠抓执法纪律和职业道德教育，坚决杜绝行政不作为、乱作为等现象。相对集中行政处罚权，推进综合执法工作，减少执法层级，提高执法效率。加强审计、监察监督，做到权力运行到哪里，监督就跟踪到哪里。我们深感，当好公务员不容易，但老百姓更不容易。我们一定要把各族群众视为父母，做青海人民的忠诚儿女，既干事，又干净，鞠躬尽瘁，全心为民，努力把青海的事情办好，让全省人民满意！

各位代表，承继“十一五”辉煌，开创“十二五”伟业，是时代赋予我们的光荣使命。让我们紧密团结在以胡锦涛同志为总书记的党中央周围，在中共青海省委的坚强领导下，深入贯彻落实科学发展观，进一步解放思想，开拓创新，扎实工作，全面完成“十二五”开局之年的目标任务，以优异成绩迎接中国共产党成立90周年！

青海省2010年国民经济和社会发展计划执行情况与2011年计划草案的报告

——2011年1月17日在青海省第十一届人民代表大会第四次会议上

青海省发展和改革委员会

受省人民政府委托，现将2010年国民经济和社会发展计划执行情况与2011年计划安排草案提请十一届人大第四次会议审议，并请省政协各位委员和列席会议的同志提出意见。

一、2010年全省国民经济和社会发展基本情况

2010年，面对玉树强烈地震和复杂多变的宏观经济环境，在省委的坚强领导下，全省各地区、各部门以科学发展观为指导，全力推进"四个发展"，一手抓玉树抗震救灾，一手抓科学发展，在挑战中抢抓机遇，在困难中开拓进取，取得了速度加快、结构优化、后劲增强、民生改善、社会和谐的好成绩。2010年全省完成地区生产总值1350.4亿元，同比增长15.3%，超计划5.3个百分点，是30年来的最高增速。各产业均呈快速回升势头，其中，一产增长5.9%，超计划1.9个百分点；二产增长19.3%，超计划8.1个百分点；三产增长12.1%，超计划2.1个百分点。全省财政一般预算收入达到205亿元，增长23.1%，超计划11.1个百分点；财政支出达到743亿元，增长52.7%，均实现了历史性突破。

（一）抗震救灾取得重大胜利，灾后重建扎实有序展开

紧急救援工作取得决定性胜利，累计抢救埋压人员2008人，妥善安置受灾群众22.5万人，救治伤员1.1万人，累计为6.55万人次提供医疗服务，创造了地震救灾史上死亡率、致残率极低的奇迹。紧急从全国调运帐篷、食品、棉衣、药品等救灾物资，全力抢修灾区道路、通讯、水电等设施，全面恢复商业、金融、邮政等秩序。认真做好群众过冬的各项工作，确保各类补助金、抚慰金发放到位。科学有序推进灾后重建。按照国务院《玉树地震灾后恢复重建总体规划》，编制完成了《玉树县结古镇（市）总体规划》等10个专项规划，提出了"苦干三年、跨越二十年"的目标任务，相继出台了土地权益处置、住房重建等一系列配套政策，探索建立了专家规划委员会、民主监督、对口援建承包、运用市场手段、信息公开、项目规范管理、重建供给保障等七项制度，形成了科学、依法、高效、和谐重建的良好格局。统筹推进项目建设，优先安排居民住房、基础设施、公共服务等领域的项目，积极开展"大干五十天"等活动，开工重建项目298个，完成投资50.1亿元，实现了"两个大部、一个全部"的年度重建目标，部分受灾群众喜迁新居，部分学校、医院等公共服务设施主体完工，一批基础设施项目基本完成，为建设新玉树奠定了坚实基础，赢得了民心，极大地增强了各族人民的凝聚力和向心力。

（二）农牧业生产与结构调整协调推进，产出效益不断提升

启动建设黄河谷地百万亩土地开发整理项目，加快建设河湟特色农业百里长廊，大力推动农业示范园区建设和设施农业发展，各项支农、惠农政策措施到位，农牧业产出效益提高，结构进一步优化。全年粮食、油料、蔬菜、肉类产量分别达到103万吨、37万吨、130万吨和28万吨，较上年均有不同程度增长。经济作物生产基地规模达到34万亩，新培育特色产业村132个，特色经济作物种植比重达到78%，同比提高1个百分点。生态畜牧业建设力度加大，在330个村推广生态畜牧业。农牧业产业化进程加速推进，扶持各类专业合作经济组织257家，辐射带动农牧户50.6万户，农牧民从订单农牧业和产业化经营中获得的收入达到5.8亿元，比上年同期增长15%。设施农牧业加快发展，全年建设日光节能温室3万栋，畜用暖棚1.1万栋。加大生态环境保护与建设力度，完成三江源生态保护与建设工程投资12亿元，同比增长2.3倍；完成人工造林4.9万公顷，同比增长65.5%，是"十一五"造林规模最大的一年。

（三）工业经济快速回升，结构调整取得积极成效

通过强化工业经济运行综合协调，优化生产要素配置，积极培育市场主体，努力调整产业产品结构，全省工业保持快速回升态势。全年规模以上工业增加值达到571.8亿元，同比增长20.6%。33个大类行业中有26个实现增长。其中，有色冶金业增长24.6%，石油加工及炼焦化增长31%，电力、热力生产和供应业增长30.9%，煤炭开采和洗选业增长47.6%，黑色冶金业增长15.9%，非金属矿物制品业增长34%。重点产品产量快速增长。其中，原煤增长45.2%，天然气增长30.3%，原油加工量增长56.1%，水力发电量增长34.6%，铁合金增长13.5%，电解铝增长36.2%，水泥增长33%，钾肥增长13.7%，多晶硅增长26.3%，机制地毯挂毯增长4.3倍，乳制品增长95.6%。企业经济效益进一步提高，全省规模以上工业企业实现利润190亿元，增长1倍。

工业结构调整取得成效。大力推进重点产业振兴计划，围绕新能源、新材料、先进装备制造、生物医药、节能环保等战略性新兴产业实施了一批重点产业项目。报请国家批准《柴达木循环经济试验区总体规划》，制定实施了《关于加快

推进柴达木循环经济试验区发展的若干意见》。完成了《柴达木盆地千万千瓦级并网光伏电站规划》、《青海风电场规划》等重点专项规划，小灶火风电厂、中广核10MW并网光伏电站等新能源项目开工建设，清洁可再生能源生产占到能源工业的35%。深入实施“123”科技支撑工程，实现产值157亿元，取得67项国家发明专利和实用新型专利。安排循环经济专项资金4160万元，对53个循环经济项目给予了扶持。以断腕之举推进节能减排，深入开展“千家企业节能行动”和“节能减排全民行动”，淘汰落后产能200万吨，当年节能203万吨标煤，新建的12个污水处理厂基本投入运行，开工建设西宁铬渣治理项目，西宁市餐厨垃圾无害化处理试点工作进展顺利，“十一五”节能减排目标可以完成。

（四）固定资产投资突破千亿元大关，为全省经济迅速回升和民生持续改善提供了强有力支撑

抢抓国家扩大内需和支持藏区发展的“双重机遇”，全力争取国家支持，优化项目布局，开展项目前期“千人百天”攻坚和“投资促进月”活动，掀起了新一轮抓项目、促发展的高潮，投资拉动作用明显增强。全年完成固定资产投资1068.7亿元，增长33.5%，超计划14.5个百分点。投资结构进一步优化，工业投资增长21.1%，民间投资增长43.3%，藏区投资增长39.2%。千方百计筹措建设资金，全年落实中央预算内投资78.5亿元，为近年来最高。安排省级预算内投资7.4亿元，下达地方政府债券资金18亿元，重点支持了一批基础设施、循环经济、社会事业等方面的项目建设及前期工作。

重点项目顺利推进。全力推动项目前期工作，格敦铁路、德令哈机场、湟水北干渠二期等一批重大项目前期工作取得进展。年初在中央资金尚未到位的情况下，预拨31.1亿元提前启动了一批重点项目，对加快工程进度、提高投资效益起到了积极作用。全年62个重点项目累计完成投资345亿元，同比增长48.7%，超额完成年度任务。拉西瓦水电站5台机组、积石峡水电站3台机组全部实现并网发电，格尔木大型光伏电站并网投运，西宁西过境高速公路建成通车，北货场中心应急工程、22所中小学校舍安全工程建成竣工，格尔木至察尔汗公路、兰新铁路第二双线、西格段增建二线、西宁机场二期扩建、格尔木至拉萨直流联网工程、750千伏西宁至格尔木双回线路等项目进展顺利。

（五）城乡消费繁荣活跃，价格调控初见成效

及时出台促进消费升级推动经济发展的政策措施，提高了“家电、农机、汽车下乡”补贴标准，特别是把住房建设作为拉动消费的重点，在全面推进城乡各类保障性住房工程的同时，出台了支持5万户农民新建或改造住房的奖励补助政策，带动了城乡消费大幅增长。全年完成社会消费品零售总额346亿元，增长16.9%，消费拉动作用增强。服务业加快发展，西宁市被列为全国服务业综合改革第一批试点城市，东部农副产品转化服务平台、门源农牧业综合服务体系等4个项目得到国家重点支持。物流业进一步发展，平安物流园配送中心等6个项目得到国家支持。全面落实全省旅游发展大会精神，推进了互助北山国家森林公园、循化孟达国家级自然保护区等景区水、电、路基础设施建设。全年境内外游客人数达到1226.2万人次，实现旅游总收入71亿元，增长18.1%。

综合运用多种手段加强价格调控，审慎出台相关价格政策，积极稳妥推进价格改革，努力缓解价格上涨造成的影响。研究下发了稳定物价保障群众生活的14项政策措施，开展了一系列保供给、稳物价、扶贫困工作，经各地区、各部门的共同努力，保供稳价工作初见成效，全年居民消费价格上涨5.4%。积极做好稳定玉树灾区市场价格工作，确保灾区重要商品和重建物资供应价格稳定。重新调整了政府定价药品目录，基本药物的价格平均降幅达到24%，有效减轻了人民群众就医负担。稳妥疏导电价矛盾，出台了超能耗产品惩罚性电价政策。规范合并了全省成品油价区，减轻了边远地区用油负担。组织开展涉农、涉企、教育、电力、有线电视收费等专项检查和整顿工作，有效维护价格秩序。

（六）改善民生步伐加快，基本公共服务能力显著提高

多方面加大投入，全年财政用于民生的支出增长61.8%，占财政总支出的70%以上。顺利完成了年初确定的民生十件实事，确保了项目早完工、效益早发挥、群众早受益，全面兑现了政府承诺。

社会事业全面发展。全年实施了610个社会事业项目。教育方面，制定实施了《全省中长期教育改革发展规划纲要》；中小学校舍安全、农村初中校舍改造、中等职业教育、特殊教育、“211”重点学科等项目进展顺利，全面完成“两基”攻坚寄宿制学校建设任务；为2.24万名农村困难家庭和涉农专业的中职学生免除学费5000万元。卫生方面，实施了省、州、县级医院，中心乡镇卫生院，村卫生室及社区卫生服务中心等项目；启动了农村订单定向免费培养医学生项目，选聘了1000名医学院校毕业生到基层公共卫生服务机构见习服务；建立城镇居民健康档案24万份、农牧民健康档案115万份。进一步完善计划生育家庭奖励扶助制度，推进了基层计划生育服务体系建设项目，人口自然增长率控制在9‰以内。文化体育方面，组织实施了省民族文化艺术中心、州博物馆、乡镇综合文化站、抢救性文物保护、广播电视基础设施等项目，年底全省广播、电视覆盖率分别达到90%和95%。民政方面，安排实施了省藏区残疾人综合服务中心、州儿童福利院、社区服务站等项目。

千方百计扩大就业。不断完善和拓展各项就业政策，重点扶持零就业家庭、特困家庭、“4050”人员等困难群体就业。开展创建充分就业社区、促进高校毕业生就业活动，建设了一批公共就业服务设施项目。全面实施“农民工就业援助行动”，加大劳动力技能培训力度，组织农民工到新疆摘棉花、赴海西摘枸杞。全年实现城镇新增就业3.6万人，超年度计划目标0.4万人，城镇登记失业率为3.8%，高校毕业生初次就业率提高近10个百分点，农牧民劳务输出规模达到100万人（次）以上。

逐步完善社会保障制度。全面提高城乡低保、社会救助、企业退休人员基本养老金和失业保险金标准，基本解决城镇职工基本养老保险历史遗留问题。年末全省城镇职工参加基本养老保险、医疗保险、失业保险和工伤保险人数分

别达到74.4万人、78.7万人、36.7万人和43.2万人，分别增长4.3%、4%、1.8%和7.9%。城镇居民参加医疗保险人数61.2万人，参保率达到80%。城乡居民低保人数分别为22.5万人和38万人。努力扩大新农保覆盖范围，率先在全国实现了新农保试点全覆盖。提高新农合筹资标准，年底新农合参合人数达到340.8万人，参合率达到96.3%。

稳步提高城乡居民收入。年内提高了最低工资、艰苦边远地区津贴、干部职工住房公积金比例和采暖费补助标准，建立了高龄老人生活补贴制度。推进教育、卫生等事业单位绩效工资改革。研究提出了2010年企业工资指导线。以非公有制企业、中小企业为重点，实施平等协商和集体合同制度"彩虹计划"，指导企业建立职工工资正常增长机制。继续加大农民工工资清欠力度，保证农民工按时足额领到工资。全年城镇居民人均可支配收入达到13855元，同比增长9.2%；农牧民人均纯收入达到3863元，增长15.4%。

加大民生工程投入力度。继续实施小流域治理、人饮安全、灌区续建配套节水改造等工程，解决了农村牧区20万人饮水安全问题，新增节水灌溉面积10.7万亩。新改建县乡公路443公里，完成了280个建制村村道硬化任务，建成便民桥梁336座。完成农村户用沼气2万座。实施345个贫困村的整村推进工程，扶持贫困人口28.9万人，全年实现19万农牧民稳定脱贫。开工建设城镇廉租房4.09万套，国有工矿棚户区改造1.34万户，公租房9350套，林区棚户区改造2700户，游牧民定居2.7万户，实施农村困难家庭危旧房改造3.66万户，农村奖励性住房5万户，超额完成年初确定的目标任务。新农村建设八项实事工程完成投资95.2亿元。

（七）稳步推进改革开放，不断增强经济发展活力

认真贯彻落实国家西部大开发战略部署，研究出台了《关于深入实施西部大开发战略政策意见》和《实施细则》，努力改善和优化我省发展环境。提出建设东部城市群的战略构想，制定了《关于推进以西宁为中心的东部城市群建设意见》及《东部城市群发展总体规划》，加快推进以格尔木、德令哈为中心的海西城乡一体化示范区以及海东、海北、海南、黄南四个农牧业示范区（实验区）建设，进一步明确了"四区两带一线"发展空间布局、目标定位和主要任务。大力推进户籍制度改革，建立城乡户口统一登记制度，实行"蓝印户口"和居住证管理办法，为加快城镇化增添了动力。坚持先行试验，自筹资金建立了三江源生态补偿机制，为统筹生态保护、民生改善和区域发展创造了必要条件。探索建立矿产资源、水电资源、旅游资源综合配置机制，为引进大企业参与我省资源开发、整合资源优势、促进优势互补发挥了重要作用。全面完成州县行政机构改革，加快推行政府绩效管理和行政问责制度，探索建立行政效能考评制度体系。继续深化国有企业改革，盐湖集团与盐湖钾肥资产重组全面完成；重组了地方铁路运营公司，柴木铁路正式投入运营。稳步推进农村牧区综合改革，开展农村土地流转服务体系和承包经营纠纷调解仲裁体系建设，研究拟定了《全省被征地农民社会保障试行办法》。完成集体林权改革957万亩，带动公益林管护和植树造林投资机制的创新。加快财政体制改革步伐，优化财政资源配置。大力推进金融体制改革，出台支持金融加快发展的政策建议，规范有序抓好地方金融平台建设，青海银行增资扩股进展顺利，共和农村合作银行正式运营，筹建西宁国家低碳产业基金，成功引进交通银行入驻我省，进一步增强了金融支持发展的作用。稳步推进医药卫生体制改革，将西宁、海东纳入第二批基本药物制度实施范围，加快推进公立医院改革试点。积极推进非公有制经济发展，非公有制比重达到31.5%。

精心举办绿色经济投资贸易洽谈会、环湖赛、藏毯博览会、清真食品展览会等重大经贸文体活动，积极创新招商引资机制，提升了发展开放型经济的水平。全年实际引入省外资金189亿元，增长19.4%，创历史新高。优化外贸结构，推动对外贸易大幅度增长，新增进出口企业149家，全年完成外贸进出口总额7.9亿美元，同比增长34.7%。其中，出口4.7亿美元，增长85.8%。认真做好对口支援工作，落实并明确了对口支援我省藏区的6个发达省市、25个中央国家机关、13家中央企业，建立了对口帮扶联系、协调制度。与援建方的沟通交流全面展开，对口支援规划加紧编制，一批试点项目加快启动。

二、2011年全省国民经济和社会发展主要目标

2011年是实施"十二五"规划的开局之年，是加快玉树灾后重建的关键之年。做好全年工作，对于深入实施西部大开发战略，加快推动全省"四个发展"，顺利完成玉树重建任务，意义重大。

2011年我省经济社会发展的内外部环境，存在不少有利因素和机遇。从外部环境来看，预计世界经济仍可维持温和复苏态势，加之我国扩大内需政策取得积极成效，全国经济开始由回升向好向稳定增长良性循环转变。党的十七届五中全会明确，今后五年将继续实施扩大内需战略，保持积极稳健的宏观政策。特别是统筹区域协调发展的力度加大，深入实施西部大开发和支持藏区发展政策正在贯彻落实中，还将进一步对玉树灾后重建给予关注支持，这些都为我省经济持续较快增长提供了难得的政策机遇和支撑。从省内来看，我省经济实力明显增强，基础条件持续改善，一批新的经济增长点相继涌现，对经济增长的支撑作用显著增强。围绕加快推进经济结构调整、激发市场主体活力、保障和改善民生、加快城乡一体化等关键领域，积极推进制度创新，相继出台执行了一系列改革措施，这些改革创新既有效促进当前，更有利于长远发展，为经济持续增长注入新的活力。人民生活持续改善，公共服务水平提高，不仅有利于改善收入及消费预期，更有利于进一步增强各族人民加快发展的信心和决心。

在看到发展成绩和有利条件的同时，也应清醒认识到当前经济发展面临的困难和问题也不少，需要高度重视。一是受全球通胀压力、农产品价格走高等多种因素影响，我省居民消费价格涨幅超过预期，价格调控难度加大。虽然已经采取了针对低收入群体的价格补贴等措施，但仍需有效遏制价格的过快上涨，全力避免对群众生活和经济健康运行造成更

大影响。二是发展不足与结构性矛盾依然突出，产业链条较短，产品经济技术附加值不高，节能减排空间狭小，加之国内产能过剩问题有所抬头，市场需求不旺，工业稳定增长面临着较多不确定因素。三是公共服务供给能力和民生保障水平总体不高，城乡居民增收渠道窄，收入增长和经济增长还不协调。

根据省委十一届九次全委会提出的2011年经济工作的总体要求，综合考虑各方面因素，2011年全省经济社会发展的主要预期目标是：生产总值增长12%；财政收入增长15%；全社会固定资产投资增长20%；全社会消费品零售总额增长16%；进出口总额增长10%；城镇居民人均可支配收入增长10%，农牧民人均纯收入增长12%；居民消费价格涨幅控制在5.5%左右；城镇登记失业率控制在4.2%以内；人口自然增长率控制在9.5‰以内；节能减排指标控制在国家规定目标以内。

三、2011年全省国民经济和社会发展的主要任务和措施

（一）扎实推进灾后重建工作，加快社会主义新玉树建设步伐

加快推进重建项目实施。全力开展拆危清墟和征地拆迁工作，为项目实施提前做好场地准备。加快推进项目规划、设计、审核等前期工作，为提前开工打好基础。坚持民生优先，加快推进以城乡居民住房以及公共服务设施为重点的各项工程建设，农村住房重建全部完成，城镇住房重建大部分完成，已开工的州公共卫生服务中心、藏医院、学校等公共服务设施全部建成，城镇道路、垃圾处理等一批市政设施基本建成。紧紧依靠科学手段，制定冬春季节施工方案，加强施工管护，努力克服气候制约因素，在确保质量的前提下延长施工期。加大对灾后重建项目实施进度、质量及资金管理等方面的监督检查力度，配合国家做好灾后重建评估工作，科学调整和充实重建项目规划。

提高灾区长远发展能力。坚持自然修复与人工治理相结合，实施生态修复工程，提高环境质量。狠抓地质灾害防范和隐患治理，增强防灾减灾能力。坚持把产业恢复重建与优化经济布局、转变发展方式结合起来，大力发展特色效益种植业、现代畜牧业和农产品加工业，积极培育具有地域特色的文化旅游品牌和民族手工业，增强自我发展能力。强化对灾区的软件支持，加强在干部挂职、医生教师互派和人才委托培养等方面的交流，建立对口援建长效机制，实现由“输血帮扶”向“造血提升”转变。

强化重建要素保障。认真落实土地权益处置、住房重建、地方贷款、产业扶持、物资供应保障等政策措施，确保重建政策效应的充分发挥。统筹用好国家灾后重建及对口支援资金，做好工作衔接，提高投资效益。进一步搞好项目认捐认建工作，确保捐赠资金安全、合规使用，充分调动全社会参与重建的积极性。精心协调组织好水泥、钢材等建设物资的供应运输，完善价格监测机制，加强市场监管，根据市场供求情况依法采取适当干预措施，稳定建材价格，确保重建项目顺利实施。

（二）全力以赴做好项目和投资工作，努力保持投资对全省经济的持续拉动力

扎实推进项目前期工作。着眼于加快推进工业化、城镇化和我省长远发展，进一步谋划和筛选一批重大项目，力争三江源生态保护与建设二期、祁连山水源涵养区生态保护与综合治理工程、大武机场、格库铁路、玉树330千伏输电线等重大项目前期工作取得积极进展。千方百计筹措建设资金，充分发挥省级政府资金的引导扶持作用，加大省级预算内资金投入力度，重点支持基础设施、民生工程等方面的项目建设和前期工作。加强与金融机构的合作，统筹运用好省级政府信用贷款资金，支持优势企业发行债券，上市融资，扩大直接融资规模。

加强项目组织实施和监督管理。2011年全省安排重点建设项目77项，计划完成投资466亿元，同比增长50.7%。坚持早动手、早安排、早实施，落实好项目建设所需的电、水及道路交通等外部配套条件，特别是抓紧做好新开工项目的建设程序完善工作。坚持打时间差，预安排投资计划，科学组织实施有关项目冬春季施工，提前启动牧民定居、城镇保障性住房等重点项目。着力优化投资结构，提高工业、民生、藏区发展的投资比重，发挥大项目、大企业的带动作用。创新项目管理机制，强化项目资金监督责任，确保项目资金安全、高效运转。严格执行项目建设基本程序，加大对扩大内需、灾后重建、民生、生态保护等政府投资项目的稽察力度，确保项目资金、质量安全。

积极做好招商引资工作。贯彻落实好我省推进西部大开发等一系列优惠政策，在完善招商引资机制、优化引资方式、改善投资环境上下功夫，引导社会资金和民间资本扩大投资，力争2011年全省招商引资资金增长30%。全力落实央企签约项目，力争到位资金200亿元，促使一批大项目、大工程落地开工。紧紧抓住全社会流动性资金过剩和东部地区产业转移的有利时机，注重发挥企业、项目筹备组、工业园区的招商主体作用，在境内外举办大型招商活动，强化产业链、产业群招商。继续强化和完善招商引资目标责任制，加大签约项目跟踪力度，促使项目早日落地投产，推动全省招商引资不断取得重大突破。

（三）着力推进重大基础设施建设，夯实跨越发展的基础

交通基础设施。公路方面，继续实施倒淌河至共和、察尔汗至格尔木、共和至茶卡、察汗诺至德令哈、阿岱至李家峡、湟源至西海等重点续建项目；新开工建设茶卡至格尔木、共和至玉树等高速公路；新改建农村公路5000公里。铁路方面，加快推进西格段增建二线工程、兰新第二双线青海境内工程、西宁站改造及相关工程、西宁火车站综合配套工程建设；开工建设格敦铁路和格库铁路。民航方面，抓好西宁机场二期、德令哈民用机场建设，完成格尔木机场助航灯光项目。

能源基础设施。加快班多、黄丰、石头峡、纳子峡等水电站施工；抓好拉西瓦、积石峡收尾工程；实施西宁热电联产项目。加强主干电网建设，加快推进750千伏西宁至格尔木双回路输变电工程、格尔木至拉萨直流联网工程，继续实施无电地区电力建设和农村电网升级改造工程，提高电网覆盖面和供电可靠性。推动煤矿资源的合理开发利用，抓好木里煤

田总体规划的实施，加快鱼卡一号煤矿建设。加大新能源建设力度，抓好茶卡、格尔木小灶火、德令哈尕海、锡铁山、诺木洪风电场以及柴达木盆地太阳能电站建设，开工建设风电40万千瓦、光伏电站50万千瓦。

水利基础设施。抓紧建设湟水流域、黄河沿岸、柴达木盆地三个百万亩灌区，加快湟水北干渠扶贫灌溉一期、引大济湟调水总干渠建设进度，完成西干渠、北干二期工程前期工作。实施好李家峡、公伯峡、拉西瓦等黄河沿岸水利综合开发利用工程，力争开工松多、大华水库建设及温泉、南门峡、黑石山等一批病险水库除险加固，加快建设西宁、格尔木城市防洪工程和12条中小河流、3条小流域等综合治理项目。继续实施灌区续建配套与节水改造、饮水安全、农田草原节水灌溉等项目，力争解决25万人的饮水安全问题，改善灌溉面积20万亩。完成水土流失治理面积130平方公里。

（四）积极培育消费热点，进一步扩大消费需求

增强城乡居民消费能力。积极推进收入分配制度改革，逐步建立企业职工和农民工工资正常增长机制，探索事业单位以目标考核为主导的工资奖金激励制度，完善公务员工资和津补贴制度。制定相关政策措施，鼓励全民创业，进一步扩大就业，增加低收入群众的收入。提高公积金缴存比例，深入推行住房货币化改革，大力培育二级市场、租赁市场和投资市场，努力增加群众经营性和资产性收入。

实施住房建设等投资促消费工程。把解决好城乡居民的住房问题作为改善民生、拉动投资、促进消费的突破口紧抓不放。2011年大幅增加城乡保障性住房工程，成倍扩大农村奖励性住房工程。全力确保廉租房、棚户区等为主的15万套各类城镇保障性住房建设任务的完成；加快推进4万户农村困难群众危旧房改造、2.5万户游牧民定居、10万户农村奖励性住房工程建设。强化规划引导，试行连片推进，启动千村建设、百村示范工程，确保居住条件和乡村环境同步改善。牧区重点解决定居点基础设施和公用设施配套问题，充分调动牧民建房的积极性，启动实施游牧民定居点通电工程，解决7236户农牧民用电问题。

积极培育消费热点。进一步落实好《促进消费升级推动经济发展的意见》，着力提高消费能力和培育消费热点。深入挖掘旅游、文化、体育等产业的消费潜力，引导发展信用消费、老龄消费、网络消费、健身消费等，拓展群众多样化消费。继续实施好“家电、农机、汽车下乡”补贴政策，努力扩大农村消费需求。积极倡导发展电子商务、网络购物等新型消费业态，着力推动居民消费升级。

（五）努力转变经济发展方式，培育新的经济增长点

加快发展现代生态农牧业。强力推进海东高原特色现代生态农业示范区、海北高原现代生态畜牧业示范区、海南生态畜牧业国家级可持续发展实验区建设，使园区农牧业成为结构调整的重要载体。大力实施河湟流域马铃薯、油菜、蔬菜、核桃、樱桃、奶牛、肉牛羊、仔猪等8个百里万亩（万头）工程，规模比上年有明显增加。加大力度扶持300个生态畜牧业村，以多种方式促进生态畜牧业发展。加快设施农牧业建设，建成2万栋日光温室、1.5万栋畜用暖棚、60个标准化规模养殖小区。继续扶持产业化龙头企业，在主产区培育形成一批加工产业集群，力争农畜产品加工转化率提高3－4个百分点，创立叫响“富硒”品牌。整合资金，继续实施新农村建设实事工程。

推进工业结构调整。积极推动传统产业改造升级，大力发展新兴产业，努力培育形成新能源、新型材料、盐湖化工、有色金属、油气化工、煤化工、装备制造、特种钢、特色纺织、生物产业十大特色优势产业。深入实施“双百”工程，围绕建设百个重点项目，推动实施大型金属矿采选、硅晶片、锂电池、太阳能及电池组件、不锈钢、高端玻璃等一批对全局和长远发展有重要影响的工业项目。围绕培育百户重点企业，年内力争新培育60户规模以上企业。以推进“123”科技支撑工程为切入点，不断增强科技创新能力，加快推进轻金属材料、特种钢、油气化工、装备制造等省级重点试验室建设，力争科技贡献率有较大幅度提高。

大力发展循环经济和园区工业。按照循环经济发展大会的安排部署，科技支撑，政策推动，扎实推进《柴达木循环经济试验区总体规划》的实施。进一步细化落实支持循环经济发展的扶持政策，扩大省级循环经济引导资金规模，积极争取国家专项资金，鼓励金融机构扩大贷款规模，支持循环经济发展和项目建设。以柴达木和西宁两个园区为重点，推进盐湖综合利用二期、乌兰煤化工二期等一批重点项目建设，力促尽早投产达标，使循环经济成为全省工业增长的主要支撑。加快发展园区工业，抓好乐都装备制造园、民和工业园、曹家堡临空综合经济区基础设施建设，开工建设格尔木藏青工业园，提高园区综合承载能力，引导更多产业向园区集中。

积极支持服务业发展。以建设高原旅游名省为目标，依托优势资源，推进青海湖、贵德旅游示范区、黄南热贡艺术保护区等重点景区基础设施建设，完善旅游配套服务功能，力争旅游总收入增长20%。加大政策支持力度，鼓励金融、科技服务、信息与中介、商务会展、文化体育等现代服务业发展，提升专业化和社会化水平，促进服务业转型升级。积极推进生产性服务业发展，加快实施青海装备制造业公共服务体系和装备工业热处理聚能中心项目建设。加快构建现代商贸物流体系，充分发挥西宁、格尔木、德令哈、平安等地区的区位优势，支持建设大型物流中心。继续推进粮油等大宗农产品仓储物流设施和批发市场建设，改善农产品流通基础设施条件。大力发展农畜产品贮藏、保鲜和运销业，增强鲜活农产品的加工配送能力，降低流通成本，提高省内自给率和保障率。推进“万村千乡”和“双百”市场工程，鼓励引导大中型连锁超市、品牌零售企业向县城及农村牧区延伸。

加强经济运行调节。密切关注国内外经济环境及市场情况新变化，及时调整经济调控政策和措施，协调解决好企业生产经营中出现的各种困难，形成动态有效的调控机制。切实做好煤炭产需运衔接，保障发电及煤化工行业的用煤需求。统筹安排天然气资源供给，确保居民用气以及天然气化工等行业用气。加强对电力市场的预测和电力供需状况的分析，推进发供电企业和用电大户联动，优化配置电力资源，

确保电量平衡，保持我省低电价优势。加强铁路运输的综合协调，做好重建物资和重点行业的物资调运，确保运输需求。加强燃油仓储设施建设，加大燃油储备，保障发展需求。创新地勘机制，实施大规模投入、大兵团作战，力争地质地勘工作登上新台阶。

（六）加快推进城镇化，统筹城乡区域协调发展

加快推进城镇化。按照《东部城市群发展总体规划》及"一核一带一圈"的空间布局，加快推进以西宁为中心的东部城市群建设，重点实施好城市片区改造、城镇道路、桥梁、供水、燃气、供热等基础设施建设项目，全面提升基础设施配套水平，增强载体功能，创造有利于产业、人口集聚的条件。西宁市以实施火车站改造为契机，带动周边地区改造建设上水平；打造精品街区和地标性建筑，加快海湖新区建设步伐，进一步提升城市品位。加快大通、湟源、平安、乐都、民和、互助等县城基础设施建设，促进城市形态基本形成。大力推进以格尔木、德令哈为重点的海西城乡一体化建设，继续推动玉树县撤县建市，实施好藏区集中供热温暖工程、城镇道路等项目。认真落实《户籍制度改革方案》，制定配套改革措施，切实把好事办好。

全面落实区域发展战略。深入实施"四区两带一线"发展规划纲要。进一步增强海西和西宁两个重要"增长极"的实力，辐射和带动全省其它地区加快发展。大力支持海东、海北、海南、黄南建设多种类实验区和示范区，推进三江源生态保护综合实验区建设，在推动区域协调发展上取得新成效。把支持县域经济发展摆在突出位置，支持有条件的县建设工业园区和农业园区，强化产业支撑，优化配置资源，促进集中、集群、集约发展，努力建设若干经济强县。

（七）抓好生态保护建设和节能减排工作，着力构建"两型"社会

着力抓好生态保护和建设。按照打造"一屏两带"生态安全格局的要求，加快推进三江源生态保护和建设工程、青海湖流域生态保护与综合治理等重点工程；争取启动实施祁连山水源涵养区综合治理工程和湟水流域百万亩人工造林工程。继续实施退耕还林成果巩固、退牧还草、天然林保护、重点防护林、湿地保护等建设项目，2011 年完成封山育林 111 万亩，人工造林 70 万亩。大力实施三江源生态补偿机制，把三江源生态补偿机制试点与国家草原生态保护补助奖励机制、森林湿地生态效益补偿试点工作有机结合起来，统筹解决草畜平衡、草场管护、农牧民培训、后续产业发展等问题，着力破解"稳人难"和"减畜难"问题，实现生态保护与民生改善、区域发展共赢。完成三江源生态保护发展基金的设立和发行工作，探索建立青海环境权益交易平台，利用市场机制拓宽生态补偿资金渠道。

认真做好节能减排工作。强化节能减排目标责任制，分解落实好国家下达的"十二五"节能减排目标任务，确保目标到位、责任到人。坚决执行建设项目的环评报批制度，加强对新上项目的用能审核和环境影响评价，确保新上载能工业项目的技术装备水平高于同行业水平，单位能耗低于全省控制水平。进一步完善落后产能退出机制，加速淘汰一批落后产能。继续实施一批节能减排项目建设，推广应用新技术、新设备、新工艺和新材料，做到增量绿色、存量改造。抓好西宁市铬渣综合治理项目，推进西宁市餐厨垃圾试点城市相关工作，实施州级污水处理厂、重点城镇垃圾处理场等减排工程。开展住房建筑绿色节能行动，推进专项节能行动，确保完成全年节能减排目标。加快环境污染综合整治力度，健全工业污染防控体系，实行"以奖促治"，严格控制主要污染物排放总量。抓紧启动农村清洁工程，加强农村面源污染治理。加快湟水河污水处理厂、排污管网建设，逐步推行全流域"全测控、全收集、全处理"。做好应对气候变化工作，为推动绿色发展助力。

（八）深化体制改革、扩大对外开放，增强发展的活力和动力

统筹推进各项改革。深化国有企业改革，加快推进桥头铝电上市等工作，组建青海省能源发展集团公司。继续深化成品油、天然气、电价、水价等价格改革，开展排放权有偿使用和交易试点。以完善农牧区基本经营制度为重点，促进土地、草场、林地等要素优化配置。加快集体林权制度改革，落实各项林改配套政策，完成年度林改任务。积极推进财税体制改革，在完善财政转移支付，建立县级基本财力保障机制，推行增值税、资源税、预算管理改革等方面取得新进展。深入贯彻落实全省金融工作会议精神，加大金融资源调控力度，配合各银行实行"差别化"信贷政策，加快发展非银行金融业和地方金融业，力争在促进企业直接融资、增加对中小企业和"三农"的信贷支持上实现新突破。稳步推进医药卫生体制改革工作，建立健全基本药物使用制度，深化公立医院改革，努力实现基本公共卫生服务、基本医疗服务、基本药物全覆盖。贯彻落实国务院新 36 条重大政策和我省深入实施西部大开发战略政策意见及实施细则，确保各项政策措施发挥有效支撑作用。

进一步扩大对外开放。更好地发挥海关、商检、口岸部门的作用，合力促进外贸经济加快发展。加大对出口 1000 万美元以上企业的扶持力度，稳定农畜、机电等传统产品出口，积极扩大新能源、新材料、特色纺织等产品出口，力争在培育外贸主体、增加出口商品上实现新突破。扩大重要资源和关键技术设备及零部件进口，提升我省装备制造业水平。进一步加强与周边省区的合作，推动省区间建立长期稳定的能源及矿产资源开发、区域旅游、经济协作、投资贸易洽谈等方面的合作机制，探索共建开发模式，推动合作共赢发展。搞好对口支援工作，加快落实援建项目和资金，促进学前教育、寄宿制学校生活设施、设施畜牧业等先导性援建项目尽快落地建设。充分发挥对口援青干部的作用，力争在经济帮扶、人才培训等方面取得实质性进展。精心办好绿色经济投资贸易洽谈会、藏毯国际展览会、国际沙棘产业大会、清真食品用品展览会，进一步扩大影响。

（九）大力发展社会事业，提高公共服务水平

继续推进教育优先发展。认真贯彻落实《全省中长期教育改革发展规划纲要》。巩固农村义务教育普及成果，完善义务教育免费政策和经费保障机制，提高农村学生公用经费

和家庭困难寄宿生补助标准，切实缩小义务教育阶段城乡学校间办学条件差距，推进义务教育均衡发展。加强农村留守儿童的教育工作，完善针对进城务工人员子女教育的相关政策。继续完善教育基础设施条件，实施农村学前教育、农村初中校舍改造、中小学校布局结构调整、校舍安全工程、藏区高中建设、教师生活周转房等一批项目。搞好职业教育基础能力建设，保持中等职业学校招生规模，实现普通高中与中等职业教育比例基本均衡。积极推进教育园区建设。抓好高校学科专业结构调整力度，加强高校基础设施建设，努力提高高等教育质量。加快特殊教育学校建设。

加强公共卫生服务体系建设。重点实施好省级医院、州级医院、农村医疗卫生服务体系、精神卫生防治体系、卫生监督体系等建设项目，进一步改善医疗卫生基础设施条件，提升各级医疗机构服务水平。完善利益导向政策，继续实施好计划生育家庭"奖励扶助"和"少生快富"工程，加大计划生育经费投入力度，搞好农村基层计划生育服务体系建设。强化流动人口计划生育管理和服务，完善人口管理政策体系，保持低生育水平的稳定。

大力发展文化体育事业。重点抓好"环湖赛"、抢渡黄河极限挑战赛、世界杯攀岩赛、青海湖国际诗歌节、水与生命音乐会等重大体育赛事及文化活动，努力提升水平。精心组织实施好省民族文化艺术中心、同仁历史文化名城等文化工程，为打造青海文化体育名片提供支撑。改善基层公共文化设施条件，继续实施州地市群艺馆、图书馆、博物馆，广播电视村村通和农村电影放映等工程。加快改善基层群众体育设施条件，重点推进城乡综合性全民健身中心、藏区群众文化体育活动场馆等设施建设。

（十）更加注重包容性增长，认真解决百姓民生问题

继续实施更加积极的就业政策。认真落实近年来出台的相关政策，建立健全政府投资、重大项目和产业规划共同促进就业的机制。突出解决基层服务项目期满毕业生的就业问题，确保困难家庭高校毕业生基本实现就业。把三江源地区草原生态管护公益性岗位试点扩大到青南三州。加强劳务输出基地建设，提高农村劳动力转移就业的组织化水平。深化"订单"和"定向"培训，启动实施绿色证书培训计划，培训农牧民5万名。力争2011年城镇新增就业人数5万人，转移农村牧区劳动力100万人以上，提高劳务收入水平。

加强价格调控和监管。进一步落实"米袋子"省长负责制和"菜篮子"市（州）长负责制，积极做好蔬菜等副食品的生产、调运和储备工作，大力发展"菜篮子"基地，完善"绿色通道"，发展"农超对接"，加强与周边省区和优势产区的协作，提高应季蔬菜自给水平。加强对人民生活必需品以及相关重要商品价格的监测，完善价格应急预案，对引起市场价格异常波动的倾向性、苗头性问题及时进行预警预报。密切注意物价走势对困难群众生活的影响，建立健全社会保障标准、困难群众生活补助与物价上涨挂钩机制，及时发放价格补贴，保障群众基本生活。集中力量开展群众生活必需品市场价格巡查，依法从严从快查处囤积居奇、哄抬物价等扰乱市场的违法违规行为，打击"菜霸"、"肉霸"，加强交通运输、成品油、天然气、医药价格以及涉企收费、教育收费等领域的专项检查，对性质恶劣、影响较大的典型案件予以公开曝光，切实维护市场秩序和群众利益。

健全社会保障制度。继续扩大社会保险制度覆盖面，提高社会保障统筹层次和待遇水平，力争全省城镇职工和居民医保参保率达到80%以上，新农合参合巩固率在95%以上。城镇职工基本医疗保险实现州（地、市）级统筹，进一步提高企业离退休人员养老金标准。新农合筹资标准提高到人均300元。制定实施被征地农民社会养老保险办法和职工生育保险办法。适时提高城乡低保标准，加大临时救助和专项救助力度。完善基层灾害救助应急预案，启动格尔木国家级救灾物资储备库建设。继续抓好城市社区服务站、流浪未成年人救助站、儿童福利院、残疾人服务中心等项目建设，提高社会救助水平。

加大扶贫攻坚力度。认真搞好易地扶贫、整村推进等项目的实施，充分发挥以工代赈项目的激励作用，进一步改善贫困地区生产生活条件，提高贫困地区抗灾防灾和自我发展能力。2011年重点完成40个村的易地扶贫搬迁和350个贫困村的整村推进任务，减少贫困人口18万。

各位代表，完成2011年的经济和社会发展预期目标，任务艰巨，责任重大。让我们在省委的正确领导下，全面贯彻落实科学发展观，加快推进"四个发展"，坚定信心，迎难而上，群策群力，扎实工作，为保持全省经济持续快速健康发展的良好局面，实现"十二五"开好局、起好步而努力奋斗，以优异成绩迎接建党90周年！

青海省2010年财政预算执行情况和2011年财政预算草案的报告

——2011年1月17日在青海省第十一届人民代表大会第四次会议上

青海省财政厅

受省人民政府委托，现将2010年财政预算执行情况和2011年财政预算草案的报告提请省十一届人大四次会议审议，并请政协各位委员和列席会议的同志提出意见。

一、关于2010年全省和省本级预算执行情况

2010年，是极不平凡的一年。面对国际金融危机的滞后影响、玉树强烈地震的特殊考验及经济加速发展、产业加快转型的迫切要求，在省委的坚强领导下，在各级人大及其常委会的监督指导下，全省各级政府及财税部门沉着应对，主动作为，攻坚克难，一手抓财政改革与发展，一手抓抗震救灾和灾后恢复重建，在经济发展的基础上，财政预算执行情况比较好，圆满完成了省十一届人大三次会议确定的财政收支任务。

全省一般预算收入完成205亿元，为预算的109.9%，比上年增收38.5亿元，增长23.1%。其中，中央一般预算收入完成94.8亿元，为预算的107.5%，增长20.3%；地方一般预算收入完成110.2亿元，为预算的112.1%，增长25.6%。

全省一般预算支出完成743.4亿元，为预算的88.8%，比上年增支256.7亿元，增长52.7%。其中，一般公共服务55.2亿元，为预算的94.6%，增长18.9%；国防和公共安全36.3亿元，为预算的86.1%，增长35.6%；教育82.4亿元，为预算的94.4%，增长33.3%；科学技术4.1亿元，为预算的92.8%，增长47%；文化体育与传媒1.5亿元，为预算的93%，增长20.2%；社会保障和就业189.7亿元，为预算的91.7%，增长151.5%；医疗卫生38.8亿元，为预算的91.8%，增长23.4%；环境保护36.4亿元，为预算的89.9%，增长25.7%；城乡社区事务30.3亿元，为预算的92.5%，增长31.5%；农林水事务69.6亿元，为预算的87.8%，增长26.8%；支持经济发展等其他各项支出189.1亿元，为预算的81.8%，增长50.6%。

全省预算执行结果，总财力为837.1亿元，增长38.8%。其中，地方一般预算收入110.2亿元，中央补助收入568.8亿元，地方政府发行债券收入33亿元，调入资金9亿元，上年结余收入116.1亿元。全省一般预算支出完成743.4亿元，安排预算稳定调节基金10亿元，上解支出0.3亿元。收支相抵，年终预算结余83.4亿元，扣除结转下年支出89.1亿元，全省净结余为赤字5.7亿元，比上年略有下降，实现了当年收支平衡。

省本级地方一般预算收入28.3亿元，为预算的102.6%，增长12.8%。

省本级一般预算支出275亿元，为预算的75.4%，比上年增支59.7亿元，增长27.7%。其中，一般公共服务14亿元，为预算的87.2%，增长15.3%；国防和公共安全14.3亿元，为预算的80.4%，增长14.6%；教育12.4亿元，为预算的87.3%，增长39%；科学技术2.6亿元，为预算的87.6%，增长32%；文化体育与传媒3.7亿元，为预算的88.6%，增长35%；社会保障和就业53.2亿元，为预算的78.6%，增长72.9%；医疗卫生10.4亿元，为预算的76.1%，增长30%；环境保护13.3亿元，为预算的72.7%，下降28.6%；城乡社区事务6.9亿元，为预算的55%，增长24.8%；农林水事务15.2亿元，为预算的65.6%，增长25.4%；支持经济发展等其他各项支出129亿元，为预算的74%，增长26.5%。

省本级预算执行结果，总财力365亿元。其中，地方一般预算收入28.3亿元，中央补助收入191.8亿元（中央补助总额568.8亿元减省对下转移支付性支出377亿元），地方政府发行债券收入33亿元，调入资金5.4亿元，上年结余收入106.5亿元。一般预算支出275亿元，安排预算稳定调节基金10亿元，上解支出0.3亿元。收支相抵，年终预算结余79.7亿元，扣除结转下年支出82亿元，省本级净结余为赤字2.3亿元，实现了当年收支平衡。

全省基金收入完成88.6亿元，增长56.4%，中央补助收入8.7亿元，上年结余收入13.6亿元；基金支出完成93.6亿元，增长71.1%，结转下年支出17.3亿元。

省本级基金收入完成50.8亿元，增长30.8%，中央补助收入4.5亿元（中央补助收入8.7亿元减对下转移性补助4.2亿元），上年结余收入8.2亿元；基金支出完成52.9亿元，增长44.6%，结转下年支出10.6亿元。

需要说明的三个问题：一是在全省财力大幅增加的同时，我们虽采取积极有效措施，加快支出进度和资金拨付力度，但结转下年支出仍有89亿元，主要是一些跨年度续建项目结转和中央后两个月下达未安排使用的专项补助资金结转。二是全省财政预算收支完成数比去年初向人代会报告数有了大幅度增长，主要是中央各类补助增加324.1亿元（含玉树灾后恢复重建资金81.5亿元），中央代理发行地方政府债券33亿元。三是省本级新增的可用财力23亿元，主要用于增加省对下转移支付3亿元，启动三江源生态补偿机制5亿元，安排预算稳定调节基金10亿元及玉树抗震救灾等。

各位代表，过去的一年，面对前所未有的困难和挑战，各级财政部门按照省委及财政部的工作部署，切实增强工作的前瞻性和主动性，全力落实“促增长、调结构、保民生、推改革”的一系列政策措施，各项工作都有了新的进展。

（一）进一步加强财政收支管理，努力做大收支总量。面对复杂多变的经济形势和日益增大的支出压力，一方面始终把抓收入、增总量摆在更加突出的位置，狠抓财力增长。通过强化对经济形势的预测分析，支持税务部门强化税收征管，充分挖掘税收潜力，有效增加收入总量。全省一般预算收入突破200亿元，达到205亿元。同时，紧紧抓住国家扩大内需和支持藏区发展等重大机遇，加大组织协调力度，积极跟进汇报，竭力抓好相关政策落实，在各方面的共同努力下，落实中央各类补助资金突破500亿元，达到568亿元；全省总财力突破800亿元，达到837亿元。地方收入、中央补助和总财力均实现了历史性突破。另一方面，针对支出不均衡、结余结转过大等问题，进一步创新财政支出管理机制，大力压缩结余结转，狠抓支出进度。通过采取提前预拨、垫付资金、压缩结转、建立支出进度通报制度、强化支出责任等措施，加快资金拨付和支出进度。全省财政支出突破700亿元，达到743亿元，支出预算执行率比上年提高了8.8个百分点；结余结转规模比上年减少32.9亿元，支出执行率排在全国前列。同时，加大结余结转资金统筹使用力度，确保了省委、省政府确定的重点项目支出需求。

（二）努力创新财政投入方式，积极支持经济发展和发展方式转变。面对加快经济发展和转变发展方式的迫切要求，千方百计筹措资金，努力创新投入方式，保持投资强度，优化投资结构，支持经济增长和发展方式转变。针对我省经济增长对投资依赖性比较强的实际，在加大财政投入力度的基础上，超前谋划、及时出手，先行垫付和预拨资金31.1亿元，提前启动了一批投资项目，重点支持西宁机场二期改扩建、兰新第二双线、西宁火车站改造、保障性住房等重点工程和项目建设；在认真开展政府融资平台清理规范工作的同时，着力支持做大做强，推进支农、中小企业、创业小额贷款等信用担保体系建设，支持开展大型经贸洽谈活动，促进招商引资，政府财政投资对经济增长的拉动作用显著增强。针对我省产业发展水平低和产业转型升级任务重的实际，加大对循环经济、战略性新兴产业、企业自主创新及淘汰落后产能、节能减排等的支持力度，投入资金28.5亿元，增长61.9%。针对消费拉动经济增长能力不足的问题，及时出台了《关于促进消费升级推动经济发展的意见》，努力推进教育、卫生、社会保障等公共服务体系建设，调整和提高家电、农机、汽车下乡补助标准，重点支持住房工程建设，特别是积极支持实施农村奖励性住房建设，促进了城乡消费大幅增长。

（三）健全完善财政政策支持体系，着力推进区域协调发展战略实施。面对促进区域协调发展的新部署，主动跟进，进一步健全完善财政政策体系，加大财政对促进区域协调发展的支持力度。为全面贯彻落实“四区两带一线”发展战略，及时出台财政支持推进“四区两带一线”发展的政策意见，明确了推进东部城市群建设、相关试验区（示范区）建设和服务业、旅游业等十二个方面的资金投向和支持重点。为全面落实支持藏区发展政策，建立了三江源生态补偿机制，并在争取城乡低保、寄宿制学生生活费补助等六项民生政策方面取得了新的突破。为加快推进基层政府基本公共服务能力均等化进程，增强基层政府保障能力，继续坚持财力下移，新增省对下转移支付10.5亿元，使均衡性转移支付补助总量达到45亿元，基层政府保障改善民生、提供公共服务的能力逐步增强。为促进城乡统筹发展，进一步支持县域经济发展，加快推进户籍制度改革和小城镇建设，加大农牧业基础设施建设和农业综合开发投入力度，落实兑现支农奖补机制，改善农牧民生产生活条件，积极推动城乡一体化进程。

（四）努力加大对民生建设的投入力度，提升整体民生保障水平。面对改善民生的新期待，继续把民生建设摆在突出位置，努力加大对民生建设的投入力度，全省财政用于民生的支出达到550亿元，，增长61.8%，占财政支出的74%。为促进教育优先发展，全力保障教育支出需要，投入资金82.4亿元，增长33.3%，重点推进农牧区中小学布局调整、校舍安全工程、教师周转房建设，支持完成“普九”任务，积极化解农村义务教育其他债务。大力支持职业教育、高中教育、高校重点学科建设，促进各类教育协调发展。为全面提高社会保障水平，投入资金189.7亿元，增长151.5%，在全力支持做好玉树灾区抗震救灾工作的同时，提高了城乡低保、优抚、失业保险和企业离退休人员基本养老金水平，支持解决集体企业养老保险历史遗留问题，建立了高龄补贴制度，提前实现新农保全覆盖。实施更加积极的就业政策，重点支持了高校毕业生、农民工和困难群体的培训就业以及就业服务体系建设。为促进城乡居民收入稳步增长，筹措资金6.54亿元，在落实国家4—6类地区艰苦边远地区津贴政策的同时，统筹考虑增加了2—3类地区艰苦边远地区津贴，提高了干部职工住房公积金缴存比例和冬季取暖费补助标准。及时发放临时价格补贴，有效缓解物价上涨对低收入群体和家庭贫困学生带来的困难。为支持医药卫生事业快速发展，投入资金38.8亿元，增长23.4%，支持推进以基本医疗保障、公共卫生服务等五项制度为主要内容的医药卫生体制改革，提高新农合、城市居民医疗保险财政补助水平，完善城乡困难群众医疗救助政策，健全村卫生室管理运转机制。为支持公共文化服务体系建设，投入资金11.5亿元，增长20.2%，支持实施文化惠民、“文化进社区”和全民健身工程。支持广播电视村村通，提高广播电视覆盖率。加大青海湖、贵德、黄南等重点旅游景区设施建设和旅游宣传促销投入，努力打造高原特色文化旅游品牌。为提升乡镇政府整体服务功能，统筹安排资金5.3亿元，强化督导，严格项目和资金管理，经过两年的努力，基本完成了全省乡镇政权机构基础设施建设任务。为促进社会管理，投入资金35.6亿元，增长36.3%，支持完善政法机关经费保障机制，推进社会治安综合治理和“平安青海”建设等。

（五）主动跟进积极作为，全力支持玉树抗震救灾和恢复重建。面对玉树强烈地震的新考验，迅速启动应急预案，按照抗震救灾指挥部的总体部署及要求，竭力做好保障工作。为保障抗震救灾和灾后重建资金需要，全力以赴争取中央支持，落实应急救援综合财力补助15亿元，重建资金316.5亿元。为构建恢复重建政策体系，及时提出了支持玉树地震灾后恢复重建财税政策措施的意见，建立受灾群众生活救助制度和玉树灾区过渡期财力补助政策，完善重建贷款担保平台，保障了受灾群众基本生活需求和机关事业单位正常运转，推进了灾后城乡居民住房建设和产业恢复重建。为加强抗震救灾资金管理，及时跟进，迅速制定了10多项管理制度和办法，搭建信息化管理平台，充实基层管理力量，组织开展应急救援资金清查清算，强化各项救灾资金的日常监管，确保了救灾资金安全、有效、规范使用。

（六）深入推进财政改革，不断强化财政资金监督管理。面对推进财政改革与发展的新要求，在财政体制机制创新等方面继续积极探索和推进。为推进税收制度改革，认真研究制定新一轮西部大开发税收优惠政策，全面落实原油、天然气从价计征政策，完善资源税收入管理制度。为深化财政体制改革，稳步推进“省直管县”管理，探索健全财政管理绩效评价机制，进一步完善省对下均衡性转移支付制度，有针对性地实施专项转移支付。继续推进完善县级基本财力保障机制，基本消化了县级基本财力缺口。加强乡镇财政管理，建立乡镇财政管理联系点。为建立健全公共预算管理体系，推进了公共预算编制改革，试编了2010年社保基金预算，完善了政府性基金预算，提出了试编国有资本经营预算的意见。为深化部门预算编制改革，实行人员经费实名制管理，细化基本支出定员定额标准，加大综合预算编制力度，将部门所有收支全部纳入部门预算管理。为强化预算执行，完善了国库单一账户体系建设，强化了省级部门预算执行动态监控，指导州（地、市）开展预算执行动态监控试点。为提高财政资金使用效益，选择一些社会关注度高、影响面大的公益性项目投资、社会保障、农村危房改造等重大专项资金进行了支出绩效评估。开展了强农惠农专项清查。为深入推进“小金库”治理，认真开展党政机关和事业单位“小金库”治理“回头看”工作，规范银行账户管理，扎实开展社会团体、国有及国有控股企业“小金库”专项治理活动，初步建立了综合治理的长效机制。为推进政务公开，进一步规范内部运行程序和资金管理流程，加大财政政策、预算安排、项目资金的公开力度，努力建设“阳光财政”。

各位代表，经过各级政府及财税部门的艰辛努力和各方面的理解支持，为“十一五”画上了圆满的句号。过去的五年，各级财政部门按照科学发展观和公共财政的要求，着力推进科学发展，努力促进社会和谐，不断壮大财政实力，切实推进体制和机制创新，走出了一条“小财政，大民生”的路子。主要有以下几个方面的体会：

一是必须坚持把支持发展作为第一要务，在努力推动和支持经济发展中奠定财政发展的基础。五年来，我们牢固树立发展是第一要务的理念，创新机制，加大投入，强化财政促进经济发展的职能作用，财政安排用于经济发展方面的投入总量达到561亿元，比“十五”期间的投入增长2.6倍，支持实施了一大批打基础谋长远的重点项目。同时，减免各类企业税费134.6亿元，为企业发展创造了良好的财税环境。

二是必须坚持做大财力总量，为经济社会发展提供必要保障和支撑。五年来，我们牢固树立既要做大经济蛋糕又要做大财政蛋糕的理念，坚定不移地走自力更生和争取国家支持相结合的路子，不断增强项目意识，努力把握不同阶段国家支持的政策方向和重点，深入研究和利用青海特殊性因素，主动组织协调，加强汇报沟通，取得了显著成效。与“十五”期间相比，总财力增长了3.2倍，中央各类补助资金增长了3倍。

三是必须坚持保障和改善民生，更好地彰显公共财政职能。五年来，我们始终坚持把保障和改善民生作为财政工作的出发点和落脚点，坚定不移地走“小财政、大民生”的路子，着力解决事关群众切身利益的问题，让人民群众共享改革发展成果。财政用于民生的投入从2006年的118亿元增加到2010的550亿元，年均增长46.9%，占财政支出的比重连续多年保持在70%以上。

四是必须坚持财政改革和创新体制机制，不断提升财政管理水平。五年来，我们始终把改革作为优化财政资源配置、建立和完善公共财政体系的基本途径，努力创新体制机制，完善省对下财政管理体制、建立县级基本财力保障机制和支农、教育等各类奖补机制，深化以“金财工程”为依托的部门预算、国库集中支付、非税收入管理和政府采购制度等改革，建立健全财政支出绩效考核及财政资金监管机制，使财政管理逐步走上了规范化、法制化和科学化的轨道。

“十一五”财政改革与发展成绩的取得，得益于国家西部大开发和支持藏区发展战略的实施，得益于省委的正确领导和各级人大及其常委会的监督指导，得益于财政部及社会各方面的理解支持。同时，我们也清醒地认识到，财政改革发展中仍存在不少困难和问题，主要是：全省财力仍然拮据，集中财力办大事的能力有限；一些基层财政仍然比较困难，保障基本公共服务的能力有待进一步增强；部分部门和单位的财务管理比较薄弱，基层财政的理财水平总体还不够高，资金监管仍有不到位的地方；有的地区和预算单位截留、挪用财政资金的现象时有发生，铺张浪费问题在一些方面还比较突出；财政干部适应新形势、新任务的理财能力和服务水平有待于进一步提高。我们将正视这些问题，采取有力措施，努力加以解决。

二、关于2011年全省和省本级预算草案

2011年预算编制和财政工作的总体要求是：以邓小平理论和“三个代表”重要思想为指导，深入贯彻落实科学发展观，全面贯彻党的十七届五中全会和省委十一届九次全体会议精神，继续贯彻落实积极财政政策，深化财税制度改革；进一步优化财政支出结构，加大对“三农”、教育、科技、医疗卫生、社会保障和就业、保障性住房、节能环保以及对“四区两带一线”发展的支持力度，促进经济增长、结构调整、地区协调和城乡统筹发展；切实保障和改善民生，深化收入分配制度改革，努力增加城乡居民收入；全力保障玉树地震灾后恢复重建；坚持依法理财、统筹兼顾和增收节支的方针，加强财政科学化管理、继续从严控制一般性支出，提高财政资金使用效益。

根据上述总体要求及全省经济社会发展预期，2011 年主要预算指标安排如下：

全省财政一般预算收入 235.8 亿元，比 2010 年执行数增加 30.8 亿元，增长 15%。其中，地方一般预算收入安排 126.7 亿元，增加 16.5 亿元，增长 15%。在地方一般预算收入中，省本级安排 36.9 亿元，同口径增长 15%；州（地、市）安排 89.8 亿元，同口径增长 15%。

全省年初总财力安排 553.5 亿元，其中，地方一般预算收入安排 126.7 亿元，中央补助收入 372.1 亿元（固定补助 225.8 亿元，提前预告专项 146.3 亿元），地方政府发行债券收入 15 亿元，统筹调入各类资金 39.7 亿元。

省本级年初总财力为 224.5 亿元，其中，地方一般预算收入 36.9 亿元，中央补助收入 132.9 亿元（中央补助总额 372.1 亿元减省对下转移支付性支出 239.2 亿元），地方政府发行债券收入 15 亿元，统筹调入各类资金 39.7 亿元。

按照收支平衡的原则，全省一般预算支出安排 553.2 亿元，增长 61.4%。主要支出项目安排：一般公共服务 43.8 亿元，增长 17.7%；国防和公共安全 24.2 亿元，增长 29.3%；教育 60.7 亿元，增长 39.5%；科学技术 4.3 亿元，增长 32.3%；文化体育与传媒 9.4 亿元，增长 21.3%；社会保障和就业 78.7亿元，增长 31.1%；医疗卫生 19.5 亿元，增长 46.9%；节能保护 55.2 亿元，增长 27%；城乡社区事务 18.8 亿元，增长 24.9%；农林水事务 64.9 亿元，增长 40.7%；支持经济发展等其他各项支出 173.7 亿元，增长 2.2 倍。上解支出 0.3 亿元。

省本级支出安排 224.2 亿元，增长 86.8%。主要支出项目安排：一般公共服务 11.1 亿元，增长 17.3%；国防和公共安全 8.1 亿元，增长 16.6%；教育 23.4 亿元，增长 114.9%；科学技术 3.9 亿元，增长 33.8%；文化体育与传媒 4.1 亿元，增长 83.4%；社会保障和就业 35.1 亿元，增长 20.8%；医疗卫生 14.5 亿元，增长 61.3%；节能保护 9.1 亿元，增长 154.5%；城乡社区事务 9.9 亿元，增长 94.4%；农林水事务 21.3亿元，增长 41.5%；支持经济发展等其他各项支出 83.7 亿元，增长 223.9%。上解支出 0.3 亿元。

全省基金预算收入安排 93 亿元，比上年完成数增长 5%。基金预算支出安排 88 亿元，比上年初预算增长 244%。

省本级基金预算收入安排 53.4 亿元，比上年完成数增长 5%。基金预算支出安排 50.6 亿元，比上年初预算增长 110%。

2011 年，我省财政改革与发展仍然面临着机遇和挑战。收入方面，国家将继续实施积极的财政政策和稳健的货币政策，出台加快经济发展方式转变、促进经济平稳健康发展的一系列重大措施。随着新一轮西部大开发战略的实施和中央支持藏区经济社会发展相关政策措施的逐步落实到位，国家对我省的支持力度包括固定资产投资将进一步加大，一批重点建设项目相继开工建设，将进一步推动全省国民经济的持续快速发展，这都有利于财政收入的增加。同时，国家出台的资源税改革等税收政策，以及去年我省出台的一系列政策措施效应的显现，也将有利于财政收入增长。但是，由于经济发展中还存在一些深层次的矛盾和不确定的因素，企业经济效益提升的基础还不稳固，部分重点税源行业面临产业结构调整影响，以及贯彻积极财政政策和西部大开发战略实施结构性减税政策，在有利于促进经济发展、招商引资的同时，也将影响财政收入的增加。支出方面，今年贯彻落实中央和省委确定的关于支持经济社会发展和改善民生等一系列重大政策措施，需要省级财政在落实中央扩大内需投资项目建设配套、支持玉树灾后恢复重建、推动“四区两带一线”发展及中小学教育结构布局调整、保障性住房建设、建立生态补偿机制、社会保障等方面增加大量的投入，各方面对财政支出需求的期望值很高，财政收支矛盾仍然十分突出。

根据上述财政工作的总体要求及对宏观经济形势的分析和把握，2011 年省本级支出安排的重点和全省财政工作的政策要点是：

（一）加强财政预算管理，合理安排收入预算。认真贯彻落实国家新一轮西部大开发各项税收优惠政策，合理调整资源税收入管理体制。继续清理整顿行政事业性收费、政府性基金项目，将预算外资金（不含教育收费）全部纳入预算管理。进一步提高财政预算编报的完整性，推进和健全政府性基金预算和社会保险基金预算编制，积极试编国有资本经营预算。

（二）努力增加政府公共投资，着力优化投资结构。充分发挥财政资金的引导和撬动作用，调整和优化政府公共投资结构，引导和带动社会投资稳步增长。安排资金 15.2 亿元，增长 50.2%，加大基础设施建设投入，继续支持西格段二线、兰新第二双线和西宁站改造等重点项目建设，加大农村牧区基础设施，教育、卫生、交通、水利和小城镇建设等公共基础设施的支持力度，推动一批重点项目、重大基础设施和公益性项目建设。落实好玉树“4·14”地震灾后重建投资，全力支持恢复重建。

（三）支持科技创新和节能减排，促进经济结构调整和发展方式转变。安排资金 23.1 亿元，增长 268.3%，支持实施振兴工业“双百”行动和培育战略性新兴产业、节能减排、循环经济、工业园区等重点项目建设和中小企业发展，促进经济结构调整；支持生态保护与建设，全面落实草原生态保护补助奖励机制，加快推进和实施三江源生态补偿机制；支持“123”科技发展支撑项目、基础性和公益性科技研发，推动自主创新；支持能源和矿产资源地质勘查工作，加快资源综合开发利用；支持招商引资工作，促进对外开放。

（四）加大“三农”投入力度，促进农牧业稳定发展和农牧民持续增收。安排资金 11.13 亿元，增长 59%，落实好财政支农投入稳定增长机制，支持农业技术推广和农业科技成果转化，促进农业生产结构调整，加快现代农业建设。增加防灾减灾投入，支持中小河流治理、小型病险水库除险加固和山洪地质灾害防治，加快小型农田水利建设。进一步完善粮食直补、农资、良种和农机具购置等补贴政策，提高农牧民发展生产的积极性。落实好汽车、摩托车下乡补贴资金，继续推动农村流通体系建设，繁荣和发展农村消费品市场。加强财政扶贫和农业综合开发工作。完善村级公益事业"一事一议"财政奖补制度，积极稳妥化解乡村公益性债务。

（五）落实财政支持"四区两带一线"的发展政策措施，推动区域协调发展。安排资金23.7亿元，重点支持以西宁为中心的东部城市群，柴达木循环经济试验区和三江源国家生态保护综合试验区，以及海东、海北、海南等地现代农牧业和生态旅游示范区（实验区），建设，推进户籍制度改革。同时，完善相关配套措施，支持银行金融业、融资平台、流通服务业、旅游业、民航业等加快发展，促进生产要素合理有序流动，推动区域协调发展。继续坚持财力下移方针，完善省对下均衡性转移支付制度，继续推进完善县级基本财力保障机制，加大转移支付力度，努力提升基层政府履行基本公共服务的能力，推进基本公共服务均等化。

（六）增加社会事业投入，保障和改善民生。一是促进教育优先发展。安排资金16亿元，增长200.6%，认真落实《青海省中长期教育改革和发展规划纲要（2010—2020年）》，完善义务教育经费保障机制，支持加快推进中小学布局调整和校安工程建设，积极发展学前教育，加快普及高中教育，健全职业教育体系，全面提高高等教育质量，不断提高财政性教育经费占地区生产总值和财政支出的比重。二是深化医药卫生体制改革。安排资金6.4亿元，增长55.1%，健全基本医疗保障、基层医疗卫生服务和药品供应保障体系，努力推动公立医院改革试点，促进基本公共卫生服务均等化。三是完善社会保障制度改革。安排资金4.7亿元，增长11.4%，继续提高企业退休人员基本养老金水平，支持完善新型农村牧区社会养老保险制度，稳步推进事业单位养老保险改革试点，切实做好城乡低保对象等困难群体基本生活保障工作。四是实施更加积极的就业政策。安排资金0.8亿元，增长62%，积极支持和促进就业，促进城镇劳动力特别是高校毕业生、农村牧区富余劳动力和城乡困难群体充分就业。五是加快保障性安居工程建设。安排资金16.1亿元，增长531.4%，继续推进游牧民定居、农牧区困难群众危房改造工程，支持加快农村奖励性住房建设步伐，推进廉租房和公租房建设及城市棚户区改造，缓解低收入群众住房困难。六是支持文体旅游事业发展。安排资金1.95亿元，增长62.3%，支持文化体育体制改革，推进重点文化惠民工程和群众体育活动的开展，促进文化体育产业发展。支持旅游宣传促销活动，加快推进高原旅游名省建设步伐。

（七）大力压缩一般性支出，推进节约型政府建设。认真贯彻落实中央关于进一步落实党政机关厉行节约的相关要求，严格控制公务接待费、因公出国（境）费用、公务用车购置及运行维护费等三项费用规模，2011年三项费用不得超过以前年度压缩后的经费预算规模。继续从严控制楼堂馆所建设和办公楼维修，严禁超预算超标准装修办公用房。严格控制和规范庆典、节会、论坛等方面的经费支出。继续推进党政机关节能减排。

三、锐意进取，扎实工作，确保2011年财政预算任务完成

今年是实施"十二五"规划的开局之年，做好今年的财政工作，对于加快推进"四个发展"、保持经济平稳较快发展意义重大。我们将重点做好以下五个方面的工作：

（一）落实积极财政政策，促进经济平稳较快发展。一是优化政府公共投资结构。统筹安排各类基本建设资金，突出重点、优化投向，加快推进事关全省经济社会发展全局的重大基础设施、生态环境、民生工程项目建设。二是支持优势产业加快发展。充分发挥财政资金引导作用，突出支持重点，创新投入机制，放大政策效应，支持推进柴达木循环经济试验区、工业"双百"、十大产业振兴等的发展，加快推进新型工业化进程。大力支持现代农牧业等多种类实验区和示范区建设，促进优势产业集群发展，增强经济发展后劲。切实落实好减轻企业负担、帮扶企业发展的各项优惠政策措施。三是大力支持科技创新和节能减排。支持科技基础能力建设，加快促进高新技术、科技成果转化。加大节能减排投入，加快构建支持节能减排和淘汰落后产能的长效机制，提升企业可持续发展能力。加大对中小企业的扶持力度，帮助中小企业解决发展中的困难。四是抓好政府投融资工作。进一步创新财政投入方式，通过注入资本金和优良资产等方式，支持做大做强各类政府融资平台，促进规范管理，引导社会投资稳步增长，加快形成多元化投融资格局。

（二）强化收支管理，确保完成年度收支任务。一方面，在科学合理地安排好各地区、各部门收入计划的同时，加强政策研究分析，密切跟踪国家税制改革对我省财政收入的影响，采取切实可行的措施，确保财政收入与经济同步协调增长。支持税务部门依法加强征收管理，加强对重点地区、重点税源和重点企业的税收监控，全面落实资源税收入管理体制改革，强化资源税及原生矿产品生态补偿费征收管理，做到应收尽收。进一步加强非税收入征缴管理，将预算外收入按规定纳入预算管理，保证及时足额入库。另一方面，按照"保基本、保重点、保民生、压一般"的支出安排要求，继续调整和优化支出结构，保障基本支出和重点支出，不断提高财政保障水平。进一步完善支出管理机制，继续通过采取垫付资金、提前预告、强化支出监控和预测分析等措施，切实加快支出进度，努力提高预算执行率，力争结余结转规模低于上年水平。

（三）高度重视争取中央支持工作，确保全省财力稳定增长。紧紧抓住国家实施新一轮西部大开发战略、"十二五"规划、和支持藏区发展等重大机遇，深化省情认识，深入研究青海特殊性因素，准确把握国家政策导向，继续加强中央对我省的财力性转移支付补助和代理发行的地方政府债券争取工作。健全项目滚动推进机制，增加项目前期经费，支持相关部门做好争取中央支持工作，力争中央补助和地方政府债券规模超过去年水平，努力推动全省财力再上新台阶。

（四）调整优化财政支出结构，着力保障和改善民生。一是积极推进社会主义新农村新牧区建设。进一步完善财政支农投入稳定增长机制，加大资金整合力度，确保财政支出、预算内固定资产投资、土地出让收益向“三农”倾斜；继续巩固完善和强化各项强农惠农政策，积极推进农业综合开发和农村基础设施建设；继续扎实推进农村饮水、水利、公路、危房改造、促进农牧区教育、三级医疗卫生服务体系、公共文化服务体系的建设和发展，扩大公共财政覆盖农村范围；大力发展特色农业和现代农牧业，着力支持做好农牧区劳动力培训和转移工作，努力构建农牧民稳定增收的长效机制。二是大力支持各项社会事业协调发展。全面落实中长期教育改革和发展规划纲要，完善教育奖补机制，多渠道筹措教育发展资金，促进各级各类教育均衡发展；加快推进覆盖城乡居民的社会保障体系建设，健全低保标准与物价变动挂钩联动机制，努力在规范管理和提高标准上再下功夫；进一步完善就业、医疗卫生、社会稳定等重要民生领域的财政保障机制，支持做好新型农村合作医疗、新型农村养老保险、医疗卫生体制改革、文化体制改革等重点工作，认真落实城乡低保、粮食直补、农资综合补贴、家电下乡以及汽.车和摩托车下乡等各项民生政策；强化社会保障性住房建设和管理，积极促进文化及其他各项社会事业发展，确保民生保障水平不断提升。三是努力提高城乡居民收入水平。支持推进收入分配制度改革，进一步完善职工工资正常增长机制和支付保障机制；落实好稳定物价的各项补贴政策，保障群众基本生活。四是切实保障为民办实事各项资金需求。建立健全科学高效的资金筹措机制和协调推进机制，上下联动、横向互动、形成合力，确保为民办实事项目落实到位。

(五)深化财政改革，增强财政发展的内生动力。一是深化财税体制改革。结合国家税制改革，合理划分省与州(地、市)的资源税收入管理体制，夯实增收基础；建立健全财力与事权相匹配的财政体制，进一步合理界定省与州(地、市)的事权划分和支出责任，积极探索建立重点支出资金分级负担机制，力争在义务教育、公共卫生、公共安全、社会保障等基本公共服务领域取得重大进展；稳步推进“省直管县”财政管理改革，进一步加大省对县预算编制、预算执行及财政基础管理工作等方面的指导，严格县级部门预算审核，建立健全省对县财政管理绩效考核奖补机制；完善县级基本财力保障机制，进一步规范县级基本支出行为，改进基本财力保障补助资金分配办法，实现由“补缺口”向“以奖代补”转变；继续完善均衡性转移支付制度，积极探索建立重大专项转移支付，集中财力办大事；积极探索乡镇财政管理新模式，强化乡镇财政监管职能，确保各项惠民政策落到实处。二是深化财政管理制度改革。继续深化部门预算编制管理改革，建立和完善定员定额标准体系，提高综合预算编制水平；纵深推进国库集中支付改革，探索建立专项转移支付资金国库集中支付办法，加快建立州、县级预算执行动态监控机制；深入推进非税收入收缴管理改革，将行政事业单位出租收入全部纳入非税收入收缴管理系统；深化政府采购管理，扩大采购范围，加快电子化采购平台建设；加快建立和完善预算执行绩效评价制度和激励机制，逐步建立健全绩效目标设定、绩效跟踪、绩效评价及结果运用的预算管理机制；建立健全预算公开制度，在做好基本收支预算公开的基础上，以民生支出为突破口，加大对关系民生的专项资金的公开力度。三是强化地方政府性债务管理。正确处理支持发展与规范管理的关系，加强政府融资平台规范管理，建立政府性债务风险防范预警机制，合理控制政府债务规模，进一步规范各级政府及其所属部门、机构等举债融资和担保承诺行为，将政府债务收支纳入财政收支管理，逐步形成管理规范、运行高效的地方政府举债融资机制。四是加强财政监督检查。加强对重点部门和州(地、市)县的业务指导，加大对主管领导和财务人员的业务培训，保证支出效益的不断提高。加强各项政策、资金落实的监督检查力度，重点加大对财政支持的重点项目及改善民生方面资金的监督检查。强化预算部门和单位的财务收支、结余结转资金及固定资产管理使用的监管，切实管好用好财政资金，充分发挥资金使用效益。

各位代表，全面完成今年财政收支预算，做好各项财政工作，任务艰巨、责任重大。我们将在省委的坚强领导下，在省人大及其常委会的监督和支持下，认真执行本次大会做出的决议，坚定信心，扎实工作，确保全年各项财政工作任务圆满完成，为加快推进富裕文明和谐新青海建设做出新的贡献！

附：名词解释

积极财政政策：就是扩张性的财政政策，是政府防止经济衰退而采取的重要宏观政策。既要扩大政府公共投资，增加政府支出来扩大社会总需求，如增发国债加大基础设施建设，从而带动社会投资，拉动经济增长；也要实行结构性减税，结合推进税制改革，用减税、退税或抵免的方式减轻税收负担，促进企业投资和居民消费。

政府融资平台：是指由地方政府出资设立，通过划拨土地、股权等资产，或以财政性收入、政府担保等政府信用或其他收入作为还款承诺，具有承担公益性项目投融资功能，由地方政府实际控制、拥有独立法人资格的企事业、机关法人。

预算稳定调节基金：是为了保持预算的稳定性而建立，专门用于弥补短收年份预算执行收支缺口的资金，也是调节预算平衡运行的预算储备资金。按照财政部关于建立预算稳定调节基金的相关精神，预算稳定基金主要从本级一般预算净结余、一般预算新增财力性资金及本级政府批准的其他收入等渠道筹集。下年度预算执行中，应当用于弥补重大减收因素造成的资金缺口，应对不可预见的重大突发公共事件，以及解决党委、政府议定重大事宜所需资金等。

资源税制度改革：为鼓励节约开采和合理利用资源、保护环境，增加资源地区特别是中西部地区的财力，统筹区域协调发展，国家决定改革资源税制度。改革的主要内容是：对部分资源改为从价定率计征；提高部分资源税负水平；扩大征税范围；统一油气资源税费制度。

国有资本经营预算：是国家以所有者身份对国有资本实行存量调整和增量分配而发生的各项收支预算，是政府预算的重要组成部分。建立国有资本经营预算制度，对完善国有企业收入分配制度，增强政府的宏观调控能力，集中解决国有企业发展中的体制性、机制性问题，具有重要意义。

财政支出绩效评价：是指运用一定的评价方法、量化指标及评价标准，对财政部门及财政管理的预算部门为实现其职能所确定的绩效目标的实现程度，以及为实现这一目标所安排预算的执行结果所进行的综合性评价。

完整的政府预算体系：政府各类收入反映政府以行政权力和国有资产所有者身份集中社会资源的规模和份额，都应纳入政府预算体系管理。即：进一步完善公共财政预算、国有资本经营预算、政府性基金预算的编制，在建立社会保险基金预算的基础上逐步建立社会保障预算，形成有机衔接、完整的政府预算体系，以全面反映政府收支总量、结构和管理活动。

村级"一事一议"财政奖补改革：是指农村税费改革后，对村民通过规范的一事一议筹资筹劳方式开展的村内公益性建设项目，由各级财政给予适当奖补。其目的是以政府奖补资金为引导，建立多方投入、共同推进的村级公益事业建设投入新机制。

财政科学化精细化管理：推进财政科学化精细化是一项系统工程，是根据财政改革与发展的形势，确立不同时期的阶段性目标和工作重点，不断提高财政管理水平。其主要任务是加强财政法制建设，建立完整的政府预算体系，加强预算编制管理，强化预算执行管理，加强财政监督，加快财政管理信息化建设，加强管理基础工作和基层建设，加强财政干部队伍建设。

青海省国民经济和社会发展第十二个五年规划纲要

（2011 年 1 月 22 日青海省第十一届人民代表大会第四次会议通过）

“十二五”时期（2011－2015 年），是我省推进跨越发展、绿色发展、和谐发展、统筹发展和全面建设小康社会的关键时期，也是深化改革开放、加快转变经济发展方式的攻坚时期。本规划纲要，根据《中共青海省委关于制定国民经济和社会发展第十二个五年规划的建议》编制，主要明确政府工作重点，引导市场主体行为，是未来五年我省经济社会发展的宏伟蓝图，是全省各族人民共同的行动纲领。

第一章　发展基础和发展环境

第一节　发展基础

“十一五”时期，面对复杂的国内外形势和繁重的改革发展稳定任务，省委、省政府坚定不移地贯彻执行党中央、国务院战略部署，团结带领全省各族人民，树立自信开放创新的青海意识，紧紧围绕科学发展、保护生态、改善民生三大历史任务，牢牢抓住国家实施西部大开发战略和支持青海等省藏区发展的历史机遇，妥善应对国际金融危机巨大冲击，努力克服玉树地震等自然灾害的不利影响，积极探索欠发达地区实践科学发展观的成功之路，胜利完成了“十一五”规划确定的主要目标和任务。

综合经济实力明显增强。2010 年全省生产总值达到 1350 亿元，年均增长 13.1%；人均生产总值达到 24000 元，年均增长 12.4%；全社会固定资产投资五年累计完成 3359 亿元，年均增长 20.9%；财政一般预算收入达到 205 亿元，年均增长 26.5%。高原特色农牧业向区域化、规模化、产业化方向发展。优势工业不断壮大，循环经济试验区建设取得实质性进展。服务业蓬勃发展，高原旅游名省建设取得长足进步。

各项社会事业明显进步。城乡免费义务教育全面实施，“两基”攻坚任务如期完成。省州县三级医疗、公共卫生服务体系基本建立，年均人口自然增长率控制在 9‰以内。建设了青海科技馆、青海大剧院等大型科技文化设施，广播电视综合覆盖率达到 92%。

人民生活水平和质量明显提高。城镇居民人均可支配收入和农牧民人均纯收入分别达到 13855 元和 3863 元。覆盖城乡的社会保障体系基本建立，城乡居民住房条件不断改善。五年新增城镇就业 23.6 万人，农村牧区劳动力转移就业 500 万人次，减少贫困人口 85 万人。

发展基础和条件明显改善。实现了省会到州府通二级、州府到县城通三级及以上等级公路、91% 的乡镇通油路、行政村通公路的目标。青藏铁路格拉段、兰青铁路增建二线、柴木铁路、玉树机场、天然气涩宁兰复线、涩格复线、石油花格复线、拉西瓦、公伯峡水电站、盘道水库等一批重大项目建成投运，兰新铁路第二双线、西宁站改造及相关工程、曹家堡机场二期等工程开工建设。建成了一批城镇基础设施，西宁市、格尔木市获得国家卫生城市称号。

生态环境保护和建设取得明显成效。以三江源、青海湖流域为重点的生态环境综合治理工程加快推进，水土保持和西宁南北山绿化成效显著，全省森林覆盖率达到 5.23%。节能减排取得重要进展，单位生产总值能耗、主要污染物排放总量控制在规划目标以内。

改革开放步伐明显加快。省、州（市）、县三级机构改革顺利完成，农村牧区综合改革取得阶段性成果，投资、财税、金融、教育、卫生、文化等改革取得重大进展。对外开放向多方位、多层次、多领域拓展，招商引资规模和水平不断提高，青洽会、环湖赛等大型经贸文体活动影响力不断扩大，大美青海的知名度、美誉度进一步提升。

表 1　“十一五”规划主要指标实现情况

指　　标		2005 年	规划目标		实现情况	
			2010 年	年均增长（%）	2010 年	年均增长（%）
生产总值	亿元	543.32	900	10% 以上	1350	13.1
人均生产总值	元	10045	15700	8.9	24000	12.4
全社会固定资产投资总额五年累计	亿元	[14[illegible]7]	[2500]		[3359]	20.9
财政一般预算收入	%	63.3	116.8	13	205	26.5
居民消费价格指数	上年＝100	100.8		<103.0	105.4	105.2
五年城镇新增就业	万人	[15.2]	[15]	年均 3 万人	[23.6]	年均 4.72 万人
城镇登记失业率	%	3.9		控制在 5.0 以内	3.8	控制在 3.8
研究与试验发展经费支出占生产总值比重	百分点	0.5	1	上升 0.08 个百分点	0.82	上升 0.044 个百分点

<table>
<tr><th colspan="3" rowspan="2">指　　标</th><th rowspan="2">2005 年</th><th colspan="2">规划目标</th><th colspan="2">实现情况</th></tr>
<tr><th>2010 年</th><th>年均增长(%)</th><th>2010 年</th><th>年均增长(%)</th></tr>
<tr><td colspan="2">十五岁以上人口平均受教育年限</td><td>年</td><td>6.8</td><td>8</td><td>上升 0.24 年</td><td>8.05</td><td>上升 0.25 年</td></tr>
<tr><td colspan="2">万元生产总值能耗降低率</td><td>%</td><td></td><td>下降 17%</td><td>下降 3.66%</td><td>下降 17%</td><td rowspan="3">均控制在国家下达目标以内</td></tr>
<tr><td rowspan="2">主要污染物排放总量</td><td>化学需氧量</td><td>万吨</td><td></td><td>8.5 以内</td><td></td><td>8.5 以内</td></tr>
<tr><td>二氧化硫排放量</td><td>万吨</td><td></td><td>14.6 以内</td><td></td><td>14.6 以内</td></tr>
<tr><td colspan="2">亿元 GDP 生产安全事故死亡率</td><td>人/亿元</td><td></td><td>1.04</td><td>-9</td><td>0.51</td><td>-13.2</td></tr>
<tr><td colspan="2">工矿商贸就业人员生产安全事故死亡率</td><td>人/十万人</td><td></td><td>4.68</td><td>-2.13</td><td>4.17</td><td>-2.3</td></tr>
<tr><td colspan="2">总人口</td><td>万人</td><td>544</td><td>573</td><td>1.07</td><td>562</td><td>0.68</td></tr>
<tr><td colspan="2">人口自然增长率年均控制在</td><td>‰</td><td>9.5</td><td colspan="2">9.8 以内</td><td colspan="2">9.0 以内</td></tr>
<tr><td colspan="2">耕地保有量</td><td>万公顷</td><td>54.22</td><td>54.7</td><td>0.6</td><td>54.0</td><td></td></tr>
<tr><td colspan="2">城镇化水平</td><td>%</td><td>39.2</td><td>44</td><td>提高 0.96 个百分点</td><td>44</td><td>提高 0.96 个百分点</td></tr>
<tr><td colspan="2">森林覆盖率</td><td>%</td><td>4.4</td><td>5.07</td><td>提高 0.13 个百分点</td><td>5.23</td><td>提高 0.162 个百分点</td></tr>
<tr><td colspan="2">城镇居民人均可支配收入</td><td>元</td><td>8058</td><td>12000</td><td>8</td><td>13855</td><td>11.4</td></tr>
<tr><td colspan="2">农牧民人均纯收入</td><td>元</td><td>2165</td><td>3000</td><td>7</td><td>3863</td><td>12.3</td></tr>
</table>

注:[ ]表示五年累计数。

第二节　发展环境

“十二五”时期,我省将进入经济加速发展、产业加快转型、城镇化全面推进的重要战略机遇期,既面临着实现跨越发展的难得历史机遇,又面临着发展环境复杂多变的严峻挑战。

一、发展机遇和有利条件

——经济全球化、信息化迅速推进,国内外经济深度调整和变革,将促进我省加快转变发展方式,大力发展特色优势产业,显著增强自我发展能力。

——国家坚持扩大内需的战略方针,有利于我省集中力量解决基础设施建设、生态环境保护、保障和改善民生等全局性、战略性和关键性重大问题,推动经济社会协调发展。

——国家西部大开发、支持藏区发展和玉树地震灾后重建等政策措施,将为我省实现跨越发展和长治久安提供强有力的支撑。

——多年来的改革和发展,全省基础设施、资本、技术等要素支撑能力增强,民族团结进步、社会和谐稳定局面进一步巩固。特别是近年来,全省上下在推动“四个发展”、探索具有青海特点的科学发展模式上取得了一系列新突破,为今后的发展奠定了坚实基础。

二、面临挑战与困难

——加快发展面临复杂多变的环境。国际金融危机影响深远,国内外经济发展的不确定、不稳定性明显增加,我省总体发展水平低,经济总量小,自身财力弱,抵御风险和波动的能力较差,保持经济持续较快发展的难度增大。

——传统发展方式面临严峻挑战。随着要素成本上升、资源环境约束增强、产业竞争加剧,加快发展与生态保护矛盾突出,实现人口、经济、资源、环境协调发展的任务十分艰巨。

——社会建设面临繁重任务。公共服务供给与人民群众日益增长的物质文化需求矛盾突出,城乡、区域发展不平衡,各种自然灾害和突发公共事件呈增多趋势,维护社会和谐稳定面临新考验。

——改革面临深层次矛盾。制约科学发展的体制机制障碍依然存在,继续深化改革涉及深层次利益关系调整,改革成本明显增大,攻坚更具复杂性和艰巨性。

总体看,机遇与挑战并存,压力与动力共生,机遇大于挑战。必须增强机遇意识和忧患意识,科学判断和准确把握发展趋势,加快解决突出矛盾和问题,更加奋发有为地推进富裕文明和谐新青海建设。

第二章　指导方针和发展目标

第一节　指导思想

高举中国特色社会主义伟大旗帜,以邓小平理论和“三个代表”重要思想为指导,深入贯彻落实科学发展观,顺应全省各族人民过上美好生活新期待,以科学发展为主题,以加快转变经济发展方式为主线,以跨越发展、绿色发展、和谐发展、统筹发展为主要路径,以保障和改善民生为出发点和落脚点,更加注重基础设施建设,更加注重推进工业化、城镇化进程,更加注重统筹城乡、区域协调发展,更加注重生态保护和建设,更加注重保障和改善民生,更加注重推进改革开放,更加注重维护民族团结和社会稳定,为建设富裕文明和谐新青海、与全国同步进入全面小康社会打下更加牢固的基础。

第二节　基本原则

——必须坚持扩大投资,促进消费,实现总量增加与结构优化有机统一,着力推动跨越发展。坚持项目带动,增投资,强基础,扩规模,不断提升综合实力;坚持投资与消费双轮驱动,形成有利于投资消费相互支撑、协调发展的长效机制;坚持以调整需求结构、产业结构、要素投入结构为重点,加快经济发展方式转变,实现速度与质量的双重跨越。

——必须坚持在保护中开发,在开发中保护,实现资源转换与生态立省有机统一,着力推动绿色发展。深入贯彻节约资源和保护环境基本国策,大力实施生态立省战略,建立完善生态补偿机制和资源有偿使用制度,发展循环经济,延伸产业链条,加快特色产业转型升级,推广低碳技术,积极应对气候变化,促进经济社会与人口资源环境协调发展,不断增强可持续发展能力。

——必须坚持以发展惠民生、促民生,实现经济发展与改善民生有机统一,着力推动和谐发展。牢固树立发展是第一要务,不断壮大经济总量和财政实力,夯实改善民生的物质基础。在加快发展中,努力解决好事关各族人民群众切身利益的突出问题,完善保障和改善民生的制度安排,加快发展各项社会事业,努力推进基本公共服务均等化,使发展成果惠及全省各族人民,增强经济社会发展的协调性。

——必须坚持因地制宜、分类指导,实现城乡、区域协调发展有机统一,着力推动统筹发展。以构筑战略新高地和培育经济增长极为目标,以重点产业突破、特色产业集群发展和产业布局优化为抓手,加快特色产业园区、示范区建设,形成"四区两带一线"区域发展格局。统筹城乡发展,推进东部城市群优先发展,加强新农村新牧区建设,加快城乡一体化进程,促进城乡区域良性互动,协调发展。

——必须坚持改革开放,创新驱动,实现制度创新与科技创新有机统一,着力增强"四个发展"的动力和活力。深入实施科教兴青战略和人才强省战略,增强重点领域和优势产业的科技支撑能力。深化改革,扩大开放,加快构建有利于科学发展的体制机制,加快开放型、创新型青海建设,提高市场化水平,增强市场竞争能力,使经济社会发展步入改革引领、创新驱动、开放提升的轨道。

第三节　发展目标

"十二五"时期,全省经济社会发展的总体目标是:综合经济实力上一个大台阶,基础设施不断完善,结构调整取得明显成效,现代特色产业体系基本形成,城市化进程稳步推进,科技支撑能力不断提升,自我发展和可持续发展能力显著增强;人民生活水平上一个大台阶,社会事业全面进步,基本公共服务均等化水平显著提高,扶贫开发取得重要进展,民生保障能力不断增强,同步实现全面小康目标的基础更加坚实;生态环境保护和建设上一个大台阶,建成国家重要的生态安全屏障和高原生态旅游名省,生态环境保护和建设成效更加显著;社会管理水平上一个大台阶,社会管理格局进一步完善,公共安全和社会治安保障能力进一步提升,成为全国民族团结进步的典范,社会更加和谐稳定。经过五年的努力,实现地区生产总值和财政收入翻一番以上,城乡居民收入大幅增加,人均经济总量、人均投资强度、城乡一体化、基本公共服务、绿色发展、生态保护与建设等六个方面走在西部前列。

——经济发展实现新跨越。生产总值年均增长12%,财政一般预算收入年均增长15%,五年累计全社会固定资产投资达到9000亿元。

——改善民生迈出新步伐。城镇登记失业率控制在5%以内,五年新增城镇就业25万人,五年累计转移农村劳动力500万人次。城乡居民收入大幅提高,年均分别增长10%和12%,收入差距比由3.6∶1缩小到3.3∶1。社会保障制度覆盖城乡全体居民,全面解决城乡困难群众住房问题,加快发展各项社会事业,着力推进基本公共服务均等化。保持价格总水平基本稳定。

——生态保护和建设取得新进展。建成三江源生态保护综合试验区,生态补偿机制基本建立,青海湖、祁连山等生态工程取得重大进展,形成"一屏两带"生态安全格局,全省森林覆盖率达到6.28%,中度以上退化草地基本得到治理。

——社会管理水平得到新提升。各族人民思想道德素质和科学文化素质不断提高。社会主义民主法制更加健全,人民权益得到切实保障。社会管理制度趋于完善,"平安青海"建设取得明显成效,社会更加和谐稳定。

——转变发展方式取得新突破。科技研发经费支出占生产总值的比重达到1.5%,非公有制经济比重达到38%,服务业就业人员比重达到40%。循环经济增加值比重达到80%,可再生能源生产比重达到40%,单位生产总值能耗、二氧化碳排放量、主要污染物排放总量均控制在国家下达指标以内。

——区域发展形成新格局。三江源生态保护综合试验区、东部城市群、海西城乡一体化示范区、海东现代农业示范区、海北海南生态畜牧业示范区、黄南生态文化旅游实验区等建设初具规模,"四区两带一线"分工合理、各具特色、优势互补、良性互动发展格局基本形成。城乡发展差距显著缩小,一体化进程明显加快,城镇化率达到50.5%。

表2　"十二五"时期经济社会发展主要指标

类别	指标	单位	2010年预计完成	"十二五"规划目标		指标属性
				2015年	年均增长(%)	
经济发展	生产总值	亿元	1350	2900	12	预期性
	全社会固定资产投资总额五年累计	亿元	[3359]	[9000]	20	
	财政一般预算收入	亿元	205	412	15	
结构调整	非公有制经济比重	%	31	38	共提高7个百分点	预期性
	可再生能源生产比重	%	35	40	共提高5个百分点	
	服务业就业人员比重	%	35	40	共提高5个百分点	
	研究与试验发展经费支出占生产总值比重	%	0.82	1.5	共提高0.68个百分点	
	城镇化率	%	44	50.5	共提高6.5个百分点	

类别	指　　标	单位	2010 年预计完成	"十二五"规划目标		指标属性
				2015 年	年均增长(%)	
民生改善	城镇居民人均可支配收入	元	13855	22300	10	预期性
	农牧民人均纯收入	元	3863	6800	12	
	城镇登记失业率	%	4.3	<5	<5	
	五年城镇新增就业人数	万人	[23.6]	[25]	每年 5 万人	
	五年农村劳动力转移人数	万人次	[500]	[500]	每年 100 万人	
	新增劳动力平均受教育年限	年	10.5	12	共提高 1.5 年	
	广播电视综合覆盖率	%	92	98	共提高 6 个百分点	
	城镇职工参加基本养老保险人数	万人	74.4	80	增加 5.6 万人	约束性
	城乡三项医疗保险参保率	%	92	95	共提高 3 个百分点	
	九年义务教育巩固率	%	97.2	98	共提高 0.8 个百分点	
	城镇保障性住房建设	万套			[30]	
	农牧区保障及奖励性住房建设	万套			[50]	
人口资源环境	森林覆盖率	%	5.23	6.28	共提高 1.05 个百分点	约束性
	人口自然增长率	‰	9		≤9.8	
	耕地保有量	万公顷	54.0	54.0		
	农业灌溉用水有效利用系数		0.4	0.45		预期性
	单位工业增加值用水降低	%		控制在国家下达目标之内		约束性
	单位生产总值能耗降低	%				
	单位生产总值二氧化碳排放降低	%				
	主要污染物排放总量减少	%				

注:[ ]表示五年累计数;三项医疗保险指城镇职工基本医疗保险、城镇居民基本医疗保险、新型农村合作医疗;主要污染物指化学需氧量、氨氮、二氧化硫、氮氧化物。

第三章　基础设施

构建覆盖城乡、功能配套、适度超前、安全高效的现代化基础设施体系,为经济社会实现跨越发展提供有力支撑。

第一节　交　通

完善交通运输网络,提高通畅水平和通达深度,建设综合运输大通道和综合交通枢纽,优化各种运输方式的衔接,全面提高交通运输能力和效率。

铁路。加快构建东连陇海、北接兰新、西通南疆、西南连接拉萨、东南通达成都的铁路网。建成青藏铁路西格增建二线、兰新铁路第二双线、格尔木至敦煌、格尔木至库尔勒、饮马峡至霍布逊、鱼卡至一里坪、塔尔丁至肯德可克铁路,开工建设西宁至成都、格尔木至成都铁路,积极推进西宁至玉树至昆明铁路前期工作。做好建设西宁轨道交通 1 号线的前期工作。到 2015 年,新建铁路 1400 公里,营运里程达到 3000 公里,国铁干线电气化率达到 75%、复线率达到 45%。

公路。加强国道、省道干线公路、出省通道和资源开发、旅游、农村公路建设,增加密度,提高等级,构建"六纵九横二十联"①公路网。实现主要出省通道、西宁至州府通高等级公路,州府至县城基本通二级公路,所有乡镇、主要旅游景区、85%以上行政村(牧委会)通沥青(水泥)路。加强主要城镇道路、交通枢纽、站场等公共交通基础设施建设,提高城镇交通便捷化水平,抓好资源开发地、产业园区连接道路建设,支持产业发展。力争到 2015 年全省公路通车里程突破 7 万公里,高等级公路突破 9000 公里,其中高速公路达到 3000 公里。

民航。加快构建"一主八辅"②机场格局,增辟航线、增加航班密度,全面提升航空运输能力,逐步形成以西宁为中心的区域航空运输格局。完成西宁、格尔木机场扩能改造,建设德令哈、大武、花土沟等机场。

---

①　六纵:乐都－大武、张掖－河南、西宁－甘孜、祁连－昌都、敦煌－囊谦、冷湖－黄瓜梁;

九横:兰州－二指哈拉山口、武威－茫崖、民和－拉萨、临夏－刚察、临夏－共和、阿坝－茫崖、班玛－曲麻莱、玉树－沱沱河、玉树－那曲;

二十联:大通河－西宁、西宁大环线、民和－循化、夏河－贵德、三塔拉－黄沙头、泽库－肃南、河南－玛曲、甘德－久治、久治－若尔盖、久治－甘孜、青石嘴－木里、民和－青海湖羊场、共和－青海湖、黑马河－大水桥、察汗诺－德令哈、乌兰－都兰、德令哈－都兰、冷湖－大柴旦、马海－乌图美仁、清水河－曲麻莱。

②　一主:西宁曹家堡机场;

八辅:格尔木、德令哈、玉树、大武、花土沟、祁连、青海湖、久治(甘德)。

内河航运。建成黄河贵德－李家峡－大河家河段航运工程、青海湖航运二期工程，实现黄河贵德以下分段通航，基本满足水上旅游客运需要。

专栏 1　　综合交通重点建设工程

铁路

▲续建项目

西宁－格尔木增建二线、兰新铁路第二双线、西宁站改造及相关工程。

▲新建项目

格尔木－敦煌、格尔木－库尔勒、格尔木－成都、西宁－成都、钦马峡－霍布逊、鱼卡－一里坪、塔尔丁－肯德可克铁路、西宁火车站综合配套工程。

公路

▲续建项目

京藏高速倒淌河－共和、京藏高速共和－茶卡、柳格高速大柴旦－察尔汗、柳格高速察尔汗－格尔木、张河高速阿岱－李家峡、国道 315 线察汗诺－德令哈。

▲新建项目

京藏高速茶卡－格尔木、西宁南绕城、张河高速牙什尕－同仁、临共高速隆务峡－大力加山、国道 214 线共和－玉树、成香高速香日德－久治、武茫高速小沙河－大通、武茫高速黄瓜梁－石棉矿、玉树－曲麻莱、清水河－治多。

机场

▲续建项目

曹家堡机场二期改扩建工程。

▲新建项目

德令哈民用机场、大武民用机场、花土沟民用机场。

航运

黄河贵德－李家峡河段航运工程、黄河李家峡－大河家河段航运工程。

第二节　能　源

坚持多元发展、多能互补方针，优先发展水电，大力开发太阳能、风能等新能源，配套发展火电，增强水火电及太阳能风能调峰互补能力，积极开发油气、煤炭资源，构建安全、稳定、经济、清洁的现代能源体系。到 2015 年，全省可再生能源生产比重达到 40%。

水电。加快黄河上游水电资源开发，建成羊曲等大中型水电站，开工建设茨哈峡、玛尔挡、宁木特、尔多等水电站，积极推进通天河、扎曲河水电资源开发前期工作，适时开工建设，建成全国重要的水电基地。到“十二五”末，全省水电装机达到 1400 万千瓦。

新能源。加快推进柴达木 2000 万千瓦级太阳能发电项目，把柴达木建成全国最大的太阳能发电基地，推进格尔木“光伏城”建设。建成东部太阳能光伏、光热可再生能源应用示范基地。加快实施海南光伏并网发电项目。建成茶卡、小灶火、尕海等风电场，开工建设锡铁山、诺木洪、贵南、泽库、共和等风电场。到“十二五”末，新能源装机达到 200 万千瓦以上。

火电。加快实施西宁热电联产项目，开工建设乐都热电厂、柴达木千万千瓦级火电基地和西宁、民和火电厂，积极推进华电二期、格尔木、德令哈热电联产项目。到“十二五”末，全省火电装机达到 400 万千瓦以上。其中，到“十二五”中期新增装机 260 万千瓦，努力缓解全省电力紧张局面。

电网。实施青藏、青新电网联网和大电网覆盖全省工程。加快 750 千伏超高压骨干网架建设，加强与西北电网的多点联络，提高省际间电力输送能力。建成格尔木－拉萨 ±400 千伏、西宁－格尔木 750 千伏双回路，西宁－门源－八宝、甘森－花土沟、盐湖－鱼卡 330 千伏输变电工程。开工建设哈密－敦煌－格尔木 750 千伏，海南－玉树、海南－果洛 330 千伏联网工程。推进 750 千伏青川联网、格尔木－玉树联网和 330 千伏玉树－昌都联网工程的前期工作。实施新一轮农网改造升级和无电地区电力建设工程，提升农网供电可靠性和供电能力。到 2015 年，形成以 750 千伏为骨干、330 千伏为支撑的青海大电网，电网县城覆盖率达到 100%，实现主网覆盖全省负荷中心和电源基地、支网到乡村，基本解决无电人口用电问题，全面提高供电保障水平。

石油天然气。加大石油天然气勘探开发力度，“十二五”末，原油产量达到 300 万吨，天然气产量达到 90 亿立方米。开工建设西宁、格尔木液化天然气工程，推广发展车用天然气。实施玉树、果洛、海南、黄南等藏区天然气利用工程，建设格尔木至拉萨管道输气项目。

煤炭。加快柴北缘、祁连山地区煤炭资源开发，推进鱼卡、木里两个大型煤炭基地建设，建成全省主要煤炭生产基地。到“十二五”末，煤炭产能达到 2000 万吨。

专栏2 **能源重点建设工程**

水电

▲续建项目

拉西瓦水电站、积石峡水电站、黄丰水电站、班多水电站、羊曲水电站。

▲新建项目

茨哈峡水电站、玛尔挡水电站、宁木特水电站、尔多水电站。

通天河规划装机350万千瓦，扎曲河规划装机50万千瓦。

新能源

▲续建项目

茶卡、小灶火、尕海风电场，农村牧区清洁能源项目建设。

▲新建项目

锡铁山、诺木洪、贵南、泽库、共和风电场，柴达木太阳能电站，海南州、黄南州光伏能源开发项目。

火电

▲新建项目

西宁市热电联产项目、西宁火电厂、乐都热电厂、民和火电厂、华电二期、格尔木热电联产项目、德令哈热电联产项目。

电网

▲续建项目

750千伏西宁至格尔木双回输变电工程、格尔木至拉萨±400千伏直流联网工程、西格电气化铁路供电工程、农网改造升级工程。

▲新建项目

哈密－敦煌－格尔木750千伏联网工程、甘森－花土沟、西宁－门源－八宝、盐湖－鱼卡、海南－玉树、海南－果洛等330千伏输变电工程、110千伏及以下电网项目、农网改造升级工程、无电地区电力建设工程。

煤炭

▲新建项目

鱼卡矿区、木里矿区。

石油天然气

石油天然气勘探开发、格尔木至拉萨输气管道、通县输气管道建设。

第三节　水　利

统筹推进引大济湟、黄河沿岸水利综合开发、重点水源、东部城市群综合供水网络四大骨干工程，实施饮水安全、灌区节水改造、小型农田水利、草原水利、农村小水电、中小河流治理、重点城镇防洪等水利工程建设，基本解决工程性缺水问题，有效缓解城镇和工农业用水紧张局面，全面解决农牧区人畜饮水安全问题，显著提高水资源保障和防洪抗灾能力。到“十二五”末，全省新增供水能力13亿立方米。

水源工程。建成石头峡、扎毛、下湾等水库，开工建设蓄集峡、夕昌、马什格羊等大中型水库，积极推进三岔河、黄藏寺水库建设前期工作。

灌区工程。建成湟水北干渠一期工程，开工建设西干渠工程、湟水北干渠二期和拉西瓦、李家峡、公伯峡、积石峡水库灌溉工程，大力推进特色农牧业百里长廊水利配套等小型水利设施建设。开工建设湟水流域、柴达木盆地、黄河沿岸三个百万亩节水灌溉工程。“十二五”期间，新增有效灌溉面积50万亩，改善灌溉面积150万亩。

防洪工程。以城市和州府县城为重点，加快建设湟水、格尔木河等重要河段，西宁、格尔木及州府县城等重点城镇防洪工程，完成中小河流治理、易灾地区山洪防治和中小型病险水库除险加固工程。

水资源配置。建成引大济湟调水总干渠工程。编制完成柴达木盆地、青海湖流域和三江源地区水资源综合规划并组织实施。积极配合国家做好南水北调西线工程前期工作，争取先期开工建设调水试验工程。

专栏3 **水利重点建设工程**

▲续建项目

建设石头峡、扎毛、下湾等水库，调水总干渠工程，湟水北干渠一期工程，黄河沿岸李家峡、公伯峡水库灌溉工程，大型灌区续建配套与节水改造工程，农牧区饮水安全工程。

▲新建项目

蓄集峡、夕昌、马什格羊、哇沿等水库工程，拉西瓦、积石峡水库灌区工程、湟水西干渠工程、湟水北干渠二期工程、重点城镇防洪工程、中小河流治理工程、病险水库除险加固、易灾地区山洪灾害防治工程。

第四节　信　　息

构建宽带、泛在、融合、安全的下一代信息基础设施，推动信息化与工业化深度融合，加快党政信息系统和基层综合信息平台建设，推进经济社会各领域信息化，全面提高信息化水平，确保基础信息网络和重要信息系统安全。到2015年，力争实现所有乡镇宽带上网，行政村互联网通达率达到70%。

信息基础设施建设。加快省内干线传输网、新一代移动通信网建设。统筹建设"无线城市"*，实现主要城镇无线宽带全覆盖。加快"数字青海"*进程，强化地理、人口、金融、税收、统计等基础信息资源开发，推进远程教育、远程医疗普及应用。建立东部城市群统一门户网站，推动城市群社会保障、公共交通、社会治安等公共管理系统互联，构建城市群信息高速公路和资源共享平台。推进电信网、广播电视网、互联网"三网"融合，扩大网络覆盖面，完善网络功能，提升服务能力。积极推进交通、物流、生态环保、医疗、城市管理、公共安全、工业、农业等领域物联网研发及应用示范。

党政信息系统建设。以完善设施、信息共享、互联互通为重点，加快建设覆盖省、州(市、地)、县、乡的电子政务内外网，实现政务信息共享和业务协同，整合提升政府公共服务和管理能力，提高工作效率。以促进农牧业产业化经营为重点，建设完善乡级基础性综合信息服务平台和村级综合信息服务站3400个，信息服务站行政村覆盖率达到80%。

企业信息化工程。积极发展电子商务，用信息技术引领工业转型升级，推进生产设备数字化、生产过程智能化、企业管理信息化、产品销售网络化，将西宁经济技术开发区建设成为全国信息化与工业化融合的试点园区。到2015年，全省重点骨干企业信息化应用率达到95%以上，规模以上中小企业信息化应用率达到70%以上。

邮政。加快邮政服务网点设施建设，实现全省所有乡镇通邮，稳步提高行政村通邮率。健全邮政网络，增加服务内容，充分发挥实物流、信息流、资金流优势，提高邮政普遍服务能力和水平。"十二五"期间完成270个乡镇邮政所建设任务，全省营业网点达到448个。

专栏4　　信息重点建设工程

信息传输基础设施工程、社会服务信息资源库群工程、电子政务内外网和业务协同平台、现代远程教育工程和文化信息资源共享工程、食品药品监督信息工程、生态环境监测与管理信息工程、公检法司信息化建设、农村牧区信息服务工程、安全生产监管工程、水利信息工程、企业信息化建设、邮政普遍服务工程。

第四章　产业发展

以推进特色发展、循环发展和培育核心竞争力为目标，加快产业结构战略性调整，促进特色产业扩大规模绿色发展、新兴产业争先进位跨越发展、传统产业改造升级优化发展，推进增长方式由粗放型向集约型转变，生产方式由高耗低效向低耗高效转变，产业链由低端扩张向高端延伸转变，构建结构优化、技术先进、清洁安全、附加值高、吸纳就业能力强的现代产业体系。

第一节　特色生态农牧业

加快转变农牧业发展方式，把发展设施农牧业和产业化经营作为推进农牧业现代化的重要突破口，发展壮大高效设施农牧业，集中力量建设一批农牧业示范园区和种植基地、养殖基地、制种基地，打造一批特色主导产业和品牌，提高农牧业综合生产能力和菜篮子主要产品供给能力，力争基本实现肉、菜、奶、蛋自给，基本实现新型农牧业合作组织全覆盖，全面形成生态农牧业发展新格局。"十二五"期间，全省农牧业增加值年均增长4%以上。

加快农牧业产业结构调整。稳定粮食播种面积，提高粮食综合生产能力，保障农牧区粮食安全。全力打造河湟流域特色农牧业百里长廊，实施8个百里万亩(万头)工程，打造油菜、马铃薯、蚕豆、蔬菜、中藏药、特色果品、牛羊肉、奶牛、毛绒、饲草料等十大农牧特色产业。大力推进环湖地区现代生态畜牧业，积极发展青南地区草地生态畜牧业，促进草场使用权流转，引导牧户规模经营，加快草原畜牧业向集约型转变，提高畜牧业生产效益。积极推进林业产业体系建设，打造沙棘枸杞、高原花卉、经济动物养殖、生物质能源等基地，建设河湟谷地经济林带，发展林下产业。积极发展水产养殖业，充分利用库塘河流水域资源，发展冷水鱼蟹养殖。积极发展蜂产业，利用天然无污染油菜等特色优势生物资源，打造优质蜜源基地，大力发展自养蜂和蜂产品加工业。积极培育农牧业新的增长点，发挥农牧业多种功能，发展观光农业、休闲农业。到2015年，特色农作物种植面积比重达到80%。

加强农牧业设施建设。加快日光节能温室、畜用暖棚、饲草料基地、农区养殖场(小区)建设，新建日光节能温室15万座，建成规模养殖场(小区)630个，畜用暖棚10万座。大力推进农牧业机械化，加大对大型农机具购置补贴力度，推广应用耕作、收获等现代农机具，加快建设农产品保鲜储藏等设施，增强农牧业设施化和装备水平，提高农牧业生产经营效率。

大力推行农牧业产业化经营。依托特色农牧业资源，以规模化、品牌化、集约化为目标，以培育现代产业化龙头企业为载体，积极创建无公害、绿色、有机农畜产品生产基地，大力培育高原绿色农畜产品品牌。以特色农牧业百里长廊及农牧业产业园区为重点，引导农畜产品加工业在产区布局，抓好各种生产要素及企业的整合，扶持现有龙头企业做大做强，加快培育一批新的农牧业产业化龙头企业。积极推广先进生产经营模式，鼓励通过合同订单、股份合作等方式，强化企业与农牧民之间稳定的利益联结机制，实现企业增效、农牧民增收的双赢目标。到"十二五"末，形成年销售收入超亿元的产业化龙头企业20个以上，知名品牌10个以上，订单农业面积达到400万亩，农畜产品加工转化率达到50%以上。

创新农牧业社会化服务体系。鼓励农村基层组织、农技人员、种养大户、农牧民经纪人及企业开展产销合作，发展合作社、协会等专业合作组织，提高农牧业经营组织化程度。创新农牧业生产技术服务体系，在设施农牧业、生态畜牧业、产品精深加工等重点领域加强科技攻关和技术引进，强化先进技术的推广与应用。推进全省农畜产品标准化生产，加快发展保鲜储藏、运销业，搞好农畜产品质量安全、检测、监管体系建设，努力提高农畜产品市场占有率和竞争力。

专栏5　　特色生态农牧业重点建设工程

▲续建项目

特色农牧业"百里长廊"工程、特色农产品基地建设项目、特色农产品制繁种工程、标准化规模养殖小区建设项目、设施农牧业建设项目、高标准农田工程、生态畜牧业建设项目。

▲新建项目

农牧业产业化项目：马铃薯、油菜籽、牛羊肉、蔬菜、饲料、生猪、冷水鱼、核桃等特色产品种植与加工。

现代农业示范园区建设项目：建设国家现代农牧业示范园区4个，省级现代农业示范园区20个。平安、乐都高原富硒农产品基地项目、柴达木枸杞种植及深加工项目、蜂产品基地建设及深加工项目、柴达木牦牛繁育及开发项目、牦牛肉制品加工项目。

第二节　特色工业

紧紧把握低碳、循环、生态、绿色的发展方向，以发展园区经济为载体，以发展循环经济为主要途径，以建设百个项目、培育百家重点企业的"双百"工程为抓手，加快培育战略性新兴产业，发展壮大优势产业，改造提升传统产业，打造在西部乃至全国有影响的十大特色优势产业，全面促进工业结构优化升级。"十二五"期间，全省工业增加值年均增长15%。

一、新能源产业

扩大单晶硅、多晶硅生产规模，带动和构建晶体硅、太阳电池、光伏发电系统集成的光伏产业链。加快建设柴达木太阳能大型并网发电项目、青南牧区光伏电源项目，把青海建成国家重要的太阳能光伏产业基地和太阳能发电基地。抓好风能设备的研发与制造，开发大型风电机组，培育风能产业链，建成集风电整机及附属设备制造、测试、配件供应等为一体的风电装备制造业和服务基地。扩大风能利用规模，选择合适地点建设大规模的风力发电场。建立生物质能技术研发平台，推进生物质能技术研发和产业化。

二、新材料产业

以新型电子材料、新型合金材料、新型化工材料、新型建筑材料等为主要方向，致力发展若干具有快速成长性的产业群，打造特色鲜明、优势突出的全国重要的新材料产业基地。以晶体硅、电子薄膜、锂电池材料为重点，扩大新型电子材料发展规模；以镁合金、铝合金、铜合金等复合材料为重点，积极发展轻质、高强度、耐热、耐磨的新型合金材料；以合成树脂、有机硅、新型改性添加剂等为重点，大力发展高性能的新型化工材料；以高性能玻璃、隔热材料、硅灰石综合利用等为重点，积极发展节能环保的新型建筑材料。

三、盐湖化工产业

以钾资源开发为龙头，大力发展盐湖综合利用和梯级开发，重点开发钾、钠、镁、氯、锂、硼、锶等盐湖资源系列产品，拓展盐湖化工产业群和产业链。加快盐湖综合利用二期、新增百万吨钾肥、盐湖化工－天然气一体化等项目建设，着力推进盐湖化工与石油天然气化工、煤化工、有色金属和新能源、新材料的融合发展，加快盐化产业向规模化、集约化、精细化方向发展，建成全国最大的盐湖化工、大型钾肥及钾盐基地。

四、有色金属产业

加快开发省内资源，充分利用国内外资源，加强铝、镁、铜、铅、锌、镍等有色金属冶炼及精深加工配套能力建设，大力发展各类有色金属合金、管棒材、板带箔材、型材等下游精深加工产品，加快黄金等贵金属开发，提升产业技术和装备水平，延伸产业链。以形成300万吨以上电解铝生产规模为目标，建设新增百万吨以上电解铝、40万吨铝基合金大板锭及炭素阳极、铝型材等重大项目，积极发展铝型材、铝箔、铝基合金等下游产品，加快形成铝合金产业链。加快实施金属镁一体化、镁合金压铸件、电解铜箔等项目，建成全国重要的有色金属生产基地。

五、油气化工产业

以建设千万吨级油田为目标，加大油气勘探开发力度，增加储量，提高产量，完善油气输送网络，进一步提高原油加工和天然气化工技术装备水平，积极推动天然气化工与盐湖化工、有色金属工业融合发展，建成区域性石油天然气化工基地。推进烯烃下游产品开发，支持发展合成氨、聚氯乙烯、甲醇等大宗产品。

六、煤化工产业

充分利用省内外煤炭资源，以煤炭清洁利用为重点，积极发展煤化能源下游产品，积极推进煤制烯烃项目，建设大型焦炭生产基地，综合利用焦炉煤气、煤焦油、粗苯等发展精深加工，构建煤焦化一体化、煤盐化一体化、煤焦化冶金一体化、煤电铝一体化等产业链，实现电、热、液体燃料、化工产品的多联产，建成以煤化、能源、盐化、冶金相结合为特色的新型煤化产业基地。

七、装备制造业

以发展数控机床、专用汽车、环保设备、石油机械、压力容器、非标设备、大型铸锻件及基础零部件为重点，提高加工工艺水平和产业配套能力，建立与装备制造相配套的零部件、原辅材料中心。加快建设5000台专用汽车改装、大型多功能锻压机组、数控机床改扩建、10万吨铸件等项目，培育具有较强市场竞争力和成长性的大型企业，全面提升装备制造业整体水平。

八、钢铁产业

做精做专钢铁工业，支持开发利用低品位、难选冶铁矿资源，加强共伴生铁资源的回收利用，提高资源支撑能力。加快对现有生产工艺的技术改造，促进产品升级换代，稳定和巩固特钢生产能力，规划建设百万吨不锈钢项目。立足省内外资源和市场，加快推进钢铁产业一体化项目，建设西部新的特钢生产基地。加快产品结构调整，淘汰落后产能，推进铁合金企业兼并重组，提高产业集中度。

九、轻工纺织业

以优质矿泉水、沙棘、农畜产品开发等为重点，加快发展饮料和特色食品加工产业，开发绿色环保产品。以藏毯、民族服饰、毛棉纺织为重点，进一步调整结构，扩大规模，增加品种，提高档次，推进纺织产业由劳动密集型向劳动技术复合型转变，加快特色纺织产业实现规模化、精细化、品牌化、集群化，建成集研发、加工、展销和原辅材料交易为一体的国际毛绒纺生产经营集散地。

十、生物产业

充分利用青藏高原气候冷凉、资源丰富和无污染的优势，重点发展生物医药、生化制品、动植物种植利用产业和生态产品，构筑有鲜明地域优势和高原特色的生物产业体系。加快大黄、藏茵陈等中藏药材GAP种植基地、抚育基地建设，创新药物研发及产业化模式，培育壮大中藏药、新特药产业。发展沙棘、枸杞、虫草和牛羊骨血等精深加工。以生物多样性资源的有效保护、持续利用和惠益共享为前提，发展野牦牛、红景天等珍稀野生动植物种质利用，培育面向全国的特色制繁种产业，建成珍稀野生动植物种质利用和农作物制繁制种基地，加快形成以特色生物产业为主导的产业群。打造三江源、青海湖、祁连山三大生态品牌，建设在国内外具有重要影响力的生态产品供给基地，探索碳汇交易和生态保护建设协调推进的路子。

专栏6　十大特色工业重大建设项目

新能源

太阳能光伏组件项目、风力发电设备项目。

新材料

多晶硅项目、单晶硅项目、玻璃项目、锂电池项目。

盐湖化工

昆仑碱业项目、复合肥二期项目、察尔汗钾肥项目、德令哈盐化综合利用项目、金属镁一体化项目、德尔尼尾矿综合利用二期项目。

有色金属

高精铝板带项目、铝箔项目、高档电解铜箔二期项目、600千安大电流电解槽项目、覆铜板项目，卡尔却卡铜矿开发项目、大场金矿开发项目、铝加工园项目。

油气化工

盐湖化工－天然气一体化项目、甲醇下游产品项目。

煤化工

乌兰煤化二期项目、焦化产业园项目、IGCC煤电化－天然气一体化项目。

装备制造业

改装车项目、高性能模具项目、大型多功能锻压机组项目、重大数控机床及相关零部件生产项目。

钢铁

野马泉铁矿开发项目、尕林格铁矿开发项目、百万吨不锈钢项目、千万吨钢铁项目。

轻工纺织业

优质矿泉水项目、无毛绒精梳绒条项目、机织藏毯项目、牛羊绒针织衫项目。

生物产业

高纯度沙棘抗氧化复合物提取及产业化项目、大黄精深加工项目。

第三节　现代服务业

坚持市场化、产业化、社会化发展方向，以增加供给、促进消费、扩大就业为目标，统筹推进生产性服务业与生活性服务业，突出发展金融、现代物流、科技服务、信息与中介、商贸餐饮、房地产、旅游、文化体育、社区服务和商务会展等十大产业。加快现代服务业集聚区建设，培育骨干服务企业和新型业态，推进规模化、品牌化、网络化经营，提升专业化和社会化水平，促进服务业转型升级。“十二五”期间，服务业增加值年均增长12%，服务业从业人员比重达到40%。

一、金融业

发展壮大金融产业，完善金融市场体系，提高金融要素集聚水平和配置能力，增强金融业对经济的支撑力和渗透力。鼓励和支持各政策性银行、国有商业银行、股份制商业银行和地方银行业金融机构开展体制机制创新、组织模式创新、产品服务创新、技术手段创新，切实增强我省金融业的核心竞争能力。加快省内金融市场体系、金融运行机制、金融运行管理等方面的全面对接，拓宽金融服务领域。支持青海银行加快增资扩股步伐，实现跨区经营并推动上市。健全保险组织体系和市场功能，支持各类保险公司到青海设立分支机构，拓宽业务，进一步发展“三农”保险，积极推进保险业务创新，充分发挥保险业在我省经济建设中的作用。通过财政专项资金引导、其它政策支持和加强自身建设，进一步提高地方融资平台规模和风险承担能力，加大对生态保护、节能减排、中小企业、科技创新企业、“三农”事业支持的力度。积极引入省外股份制（外资）银行、证券公司、期货公司、信托公司、基金公司、金融租赁公司等金融机构在我省设立地区总部或分支机构，引导和鼓励各类产权投资机构落户或在青海设立分支机构，推进创新，拓展业务，活跃市场。大力发展资本市场，积极推动优质企业上市融资，支持具备条件的上市公司通过增发、配股等方式进行再融资，推进设立创业投资基金、产业发展基金及生态补偿基金，进一步扩大地方债券、企业债券发行规模，广泛聚集和吸引社会资金。鼓励企业积极参与和利用期货市场增强发展预期，控制成本，稳定生产。加强对金融业发展的指导和支持，推进信用担保、再担保体系和诚信制度建设，优化金融发展环境。到“十二五”末，全省金融业增加值占生产总值的比重达到6%，上市公司发展到18家，融资额达到200亿元以上，使金融业成为我省新的支柱产业。

二、现代物流及中介服务业

培育壮大现代物流业，打造西宁朝阳、格尔木、德令哈、平安四大物流园区，建设玉树、果洛、黄南、海南、海北物流节点，改造提升兰青、青藏铁路物流、重要国省干道公路物流以及航空物流等三大物流通道，逐步形成全省的物流体系骨架，提高物流网络覆盖面。大力发展第三方物流，形成以物流信息平台、连锁配送网络为基础，以大型物流企业为骨干的现代物流服务体系，培育10家骨干物流企业。加快发展速递物流业。积极发展社会服务业，鼓励发展科技服务、产权交易、商务会展、金融理财、职业介绍、文化传播等中介服务行业，规范发展会计、评估、认证、咨询、征信、律师、司法鉴定等服务业。积极引进国内外知名中介组织，完善中介服务网络，拓展服务领域，提升服务水平。

三、商贸餐饮及社区服务业

加强粮食市场建设，培育粮商，推进粮食储备与物流设施建设，保障粮食安全。搞好城镇商贸市场建设，发展城市便利店、综合超市等新型零售网点和配送中心，鼓励发展连锁经营，推进连锁经营向多业态和专营专卖方向发展。继续实施农村牧区“万村千乡”＊市场建设和新农村现代流通服务网络工程，加快现有供销合作社经营网络改造，健全农牧业生产资料、农村日用消费品、农副产品购销和可再生资源回收利用服务体系，鼓励大中型流通企业经营网点向农村牧区延伸和农超对接，推行产销一体化，实现便利消费进社区、便民服务到农家。推进市场监测和应急调控体系建设，及时应对市场异常波动，保障市场供应，稳定市场物价。推动西宁市国家级服务业试点城市建设，增强服务业支撑和带动作用。积极引进国内外知名商贸餐饮企业和品牌，保护和振兴具有地域、民族特色的“老字号”、“名优品牌”，提升商贸餐饮业的整体素质和水平。加强支持和培训，鼓励发展社区服务、家政服务、养老服务和病患陪护等家庭服务业，形成便利、规范的家庭服务体系。

四、房地产业

与加快城市化进程相协调，充分发挥房地产业对投资与消费的拉动作用，进一步健全房地产开发经营体系和物业服务体系。扩大以西宁为中心的东部城市群、重点城镇房地产开发规模，加快新区开发，加强普通商品房、保障性住房、公共租赁房、商务集中区建设，活跃房地产二级市场，实行租赁与购买商品住房相结合的制度，建立健全住房标准体系，倡导租买结合、梯度消费，满足不同群体住房需求。加强对房地产业发展的引导和管理，推广节能环保建筑技术，培育和引进一批具有知名度和品牌效应的房地产创意策划机构、勘测设计机构、专业中介代理机构和物业管理企业，发展家居装潢、租赁经营，延长房地产产业链，促进房地产业绿色发展。

五、旅游业

着力推动旅游业跨越发展。全面提升旅游产业总体规模和整体素质，突出重点，着力打造塔尔寺、青海湖、金银滩－原子城、青海藏医药文化博物馆等国家5A级旅游景区，把我省建设成为全国高原旅游名省和新兴的国际型、复合型旅游目的地，使旅游业成为推动“四个发展”的战略性支柱产业。坚持高起点规划、高层次招商、高品位建设、高水平经营，着力打造大美青海旅游品牌，积极发展生态青海健康之旅、文化青海溯源之旅、神奇青海探险之旅。提升以西宁为中心的夏都旅游圈，西宁－三江源生态旅游线、兰青－青藏铁路观光旅游线、门源－祁连森林草原风光旅游线“一圈三线”旅游发展的水平。加快青海湖国家级风景名胜区、热贡国家级文化生态保护实验区和贵德高原旅游示范区建设，积极申报新的国家A级旅游景区、国家级风景名胜区和历史文化名城，支持红色特色旅游产品开发，提高旅游服务水平。抓住玉树灾后重建机遇，打造藏区深度旅游新亮点。促进跨区合作，推进"大九寨"、"大香格里拉"旅游带发展，丰富旅游发展内涵，拓展旅游业发展空间。加快交通、通信、电力等旅游基础设施、配套服务设施和重点景区建设，全力提升旅游业发展保障水平。到2015年，全省旅游总人数达到2000万人次，旅游总收入年均增长20%以上。

六、文化体育产业

坚持一手抓公益性文化体育事业，一手抓经营性文化体育产业，始终把社会效益放在首位，促进经济效益与社会效益有机统一。统筹文化、旅游、体育等产业发展，加快形成互为依托、相互促进、融合发展的新格局。大力挖掘民族文化资源和历史文化资源，奠定文化产业发展的基础。做大做强青海国际唐卡艺术与文化遗产博览会、青海湖国际诗歌节、中国·青海三江源国际摄影节暨世界山地纪录片节等文化品牌。以深化文化体制改革为动力，积极发展民族歌舞演艺业。培育壮大热贡艺术、藏毯、昆仑玉雕等特色工艺美术产业。促进具有区域特色图书、音像制品出版发行，培育壮大出版发行业。建设青藏影视城和影视外景拍摄基地，发展广播影视制作、文化创意、民族语动漫等产业。集中建设热贡国家级文化生态产业园、康巴文化风情园、昆仑神话园等文化产业基地，培育一批具有浓郁民族特色的文化品牌，建成一批功能全、品位高的公共文化体育服务设施，形成20个年销售收入千万元以上的大型文化骨干企业。打造提升环湖赛、世界攀岩和抢渡黄河极限挑战赛为主的"三大体育品牌"，积极发展竞赛观赏、高原训练、运动体验、健身休闲等产业，形成以多巴高原体育、尖扎水上运动、玉珠峰登山等国家体育训练基地为核心的体育产业链，使文化体育产业成为青海转变经济发展方式的着力点。

专栏7　　现代服务业重点建设工程

物流

装备制造业服务体系建设项目、家居建材物流城、弘天粮油精深加工仓储设施建设项目、青海粮油加工物流仓储区建设项目、西宁朝阳物流园区建设项目、平安临空综合经济区物流项目、格尔木物流园区物流项目、冷链物流体系建设项目。

旅游

青海湖、坎布拉、塔尔寺、祁连山南麓、贵德、互助北山等景区基础设施建设，原子城红色旅游基础设施建设、昆仑神话景区和盐湖城旅游基础设施建设、三江源生态旅游区基础设施及保护设施建设。

文化体育

热贡国家级文化生态保护实验区建设、高原体育训练基地建设。

第四节　园区经济

充分发挥园区经济对结构调整和转型升级的引领、辐射和带动作用，加强园区发展的统筹规划，加强基础设施建设，创新建设管理模式，增强园区经济的聚集效应、规模效应和品牌效应，建设一批主导产业明确、关联产业集聚、基础设施共享、污染治理集中的产业园区，打造支撑全省经济跨越发展的新引擎。

农牧业产业园区。围绕特色，因地制宜，争取建成海东国家级农业科技园，大力推进海东高原现代农业、海北现代生态畜牧业示范区建设，将海东地区建成全省重要的特色农畜产品生产加工基地和集散中心，建成具有国际影响力的高原富硒农产品生产基地和引领全省现代农业发展的先导区；将海北州建成草业与养殖业耦合发展、高寒地区牲畜良种化和现代畜牧业组织方式有机结合的示范区。积极推进海南生态畜牧业可持续发展实验区、黄南有机畜牧业实验区建设，将实验区建设成为全省高寒牧区转变畜牧业生产方式和改善民生的重要示范基地。加快基础设施建设，促进土地、草场、牲畜、资金、技术等生产要素向园区集中，着力提高规模化生产、集约化经营、产业化发展水平。

工业产业园区。加速柴达木循环经济试验区、青海国家高新技术产业开发区和西宁经济技术开发区建设，使其示范带动作用显著增强，循环经济规模显著扩大，努力把青海打造成全国区域循环经济发展的先行区。加快发展平安临空综合经济区、乐都装备工业园、民和下川口工业园等产业园区，启动格尔木藏青工业园建设，打造新的省级产业集聚区。着力推动省级开发区升级为国家级开发区。引导对口帮扶地区和单位在东部城市群建设"承接产业转移示范区"，鼓励青南等地区发展"飞地经济"，培育新的增长极。按照合理布局、集聚发展、节约用地的原则，提升东部地区、州府所在县工业集中区发展水平，支持所有具备条件的县、矿区建设工业集中区，发展具有比较优势的资源精深加工业，使其成为聚集人口、吸纳就业、带动发展的重要载体。到"十二五"末，园区工业增加值占全省规模以上工业增加值的比重达到80%以上。

服务业集聚区。重点建设西宁朝阳、格尔木、德令哈、平安临空等物流园区。抓好教育园区、文化影视产业园区、热贡国家级生态文化产业园区、贵德高原旅游示范区等各类园区建设，提高园区对服务业发展的引领和带动作用。

专栏 8　　产业园区及发展方向

农牧业产业园区

海东高原现代农业示范区：特色生态农牧业产业带，设施农牧业长廊，富硒农畜产品生产等。

海北现代生态畜牧业示范区：现代生态畜牧业生产体系、市场体系和规模化的组织经营体系建设。

黄南有机畜牧业实验区：羊、牦牛有机畜产品加工业和有机肥生产。

海南生态畜牧业可持续发展实验区：草产业及特色农畜产品开发。

工业产业园区

西宁经济技术开发区

青海国家高新技术产业开发区（原生物科技产业园）：生物技术产业、保健食品工业。

东川工业园：新材料、光伏产业、资源精深加工。

甘河工业园：有色金属冶炼、化工等。

南川工业园：藏毯等农畜产品加工、铝型材加工等。

青海装备工业园（含乐都装备工业园）：装备工业、先进制造业等。

民和下川口工业园：有色金属、铁合金等产品。

平安临空综合经济区：发展来料加工、国际贸易、保税仓储等临港经济。

柴达木循环经济试验区

格尔木工业园：盐湖化工、油气化工、有色金属冶炼工业。

德令哈工业园：盐湖化工、油气化工工业。

大柴旦工业园：盐湖化工、能源化工工业。

乌兰工业园：能源化工工业。

格尔木藏青工业园：有色金属冶炼、盐湖化工等。

服务业集聚区

西宁朝阳物流园区、格尔木物流园区、德令哈物流园区、平安临空物流园区：仓储基地和终端配送等体系建设，逐步形成区域性物流中心。

教育园区：发展形成全省职业教育中心和大学科技产业园。

热贡国家级生态文化产业园区：发展形成热贡生态文化和藏区风情旅游基地。

贵德高原旅游示范区：发展形成黄河明珠文化旅游目的地。

第五章　社会发展

按照保障好人民群众的生存权、实现好人民群众的发展权的总体要求，完善劳动就业、收入分配、社会保障、住房保障等改善民生的制度安排，全面提升人民群众的生活质量。建立健全符合省情、覆盖城乡、比较完善、可持续的基本公共服务体系，促进基本公共服务均等化。完善和创新社会管理机制，切实维护社会和谐稳定。统筹规划，整合资金，着力实施“十大”民生工程。

第一节　改善民生

坚持民生优先，着力解决好事关人民群众切身利益的突出问题，使全省各族人民过上更加幸福、更有尊严的生活。加强公共服务能力建设，改进公共服务供给方式，提高政府保障水平，推进基本公共服务均等化。

一、劳动就业

认真落实财政税收、金融、社会保险、用工补贴、高校毕业生创业等积极的就业政策，建立健全政府投资、重大项目和产业规划促进就业的机制，大力发展劳动密集型产业、服务业和小型微型企业，创造更多就业岗位；推进西宁、格尔木创业型城市建设，鼓励劳动者自主择业、市场调节就业、政府促进就业相结合，创造平等就业机会，努力实现充分就业。实施劳动力全员培训工程，整合“阳光”、“雨露”等培训资源，加强对农牧民科技知识、实用技能和转移就业的培训力度，增强转移劳动力就业能力。着力解决好高校毕业生、城镇就业困难人员的就业问题。健全统一规范灵活的人力资源市场，为劳动者提供高效的就业服务。加强劳动执法，提高劳动合同签约率，建立和谐劳动关系，保障劳动者权益。到 2015 年，完成对所有适龄劳动力的培训；五年累计新增城镇就业 25 万人，登记失业率控制在 5% 以内；转移农牧区劳动力 500 万人次以上，其中每年实现农牧民稳定转移就业 25

万人。

二、收入分配

努力增加城乡居民收入，提高居民消费能力。坚持和完善以按劳分配为主体，多种分配方式并存的分配制度，逐步提高居民收入在国民收入分配中的比重、劳动报酬在初次分配中的比重。完善最低工资制度，健全最低工资标准正常调整机制，着力提高低收入人群的收入。建立完善工资指导线、劳动力市场工资指导价、行业人工成本信息发布以及企业职工工资集体协商制度，加快形成职工工资正常增长机制和支付保障机制。建立促进农牧民增收的长效机制，通过改善生产条件、扩大生产规模、健全农产品价格保护制度、完善服务体系等措施，增加农牧民家庭经营收入；通过支农补贴、生态补偿、土地流转、林权改革、征地补偿、宅基地置换等途径，增加农牧民转移性收入和财产性收入；通过积极引导农牧民转移就业，多渠道增加劳务收入；通过增加投入、加快扶贫攻坚等办法，增加贫困农牧民收入。进一步拓宽城乡居民投资渠道，增加居民财产性收入。

三、社会保障

逐步实现基本社会保障制度全覆盖，改善居民消费预期。坚持“广覆盖、保基本、多层次、可持续”的方针，进一步完善以基本养老、基本医疗、最低生活保障制度为重点的社会保障体系。合理提高城乡社保筹资规模、统筹层次和保障补助水平，建立完善同类社会保障关系转移接续制度。加快推进农牧区养老保险，统筹解决好城乡特殊人群养老保险问题。完善城乡基本医疗保障制度，提高统筹层次和水平。加快失业、工伤保险扩面提标和推进计划生育制度改革。完善城乡最低生活保障制度，建立补助标准合理增长机制和专项救助制度，实现城乡救助全覆盖。完善社会福利体系，加强社会福利、残疾人服务设施建设，提升残疾人和孤残儿童福利水平。加强社会保障信息网络建设，推进社会保障卡应用，实现精确管理。到“十二五”末，实现人人享受基本社会保障，覆盖率和保障水平走在西部省区前列。

四、住房保障

全面改善城乡居民住房条件，引导消费结构升级。以城镇低保家庭和低收入家庭为主要对象，加快廉租住房、经济适用房、公共租赁房等保障性住房建设，加大城镇、工矿区棚户区改造力度，扩大保障性住房覆盖面，切实抓好实物配租和租赁补贴等措施的落实，基本解决城镇低收入居民住房困难。深化改革，完善政策，逐步把符合条件的农民工纳入城镇住房保障范围，推进林区、农牧场危旧房改造工程。把改善农村牧区群众居住条件与社会主义新农村新牧区建设结合起来，扎实推进农村困难群众危房改造、牧民定居工程以及农牧民奖励性住房建设，鼓励有条件的农牧民新建或改建住房，大力度改善农牧民住房条件。到“十二五”末，基本解决城乡困难群众住房问题。

五、教　　育

全面贯彻落实国家和青海省中长期教育改革和发展规划纲要，建立健全体制富有活力、能力显著提升、结构基本合理、总量相对充足、内涵和谐发展的现代教育体系。坚持德育为先、能力为重，全面推进素质教育，促进学生德智体美全面发展。进一步巩固提高“普九”成果，调整优化中小学结构布局，加快普及学前教育、高中阶段教育，推进实施十二年免费教育。加强民族教育，加大异地办学力度，稳步推进“双语”教育改革。大力发展职业教育，把加快职业教育发展与繁荣经济、促进就业紧密结合起来，建设一批骨干学校和重点专业，打造特色品牌。鼓励和引导社会力量兴办教育事业，落实民办学校平等发展的政策措施，积极发展民办教育。高等教育要以学科建设为重点，加大高层次人才培养力度，注重产学研结合，着力提高人才培养、科学研究、社会服务的整体水平。加快发展继续教育，支持发展特殊教育，建设全民学习、终身学习的学习型社会。促进教育公平，合理配置公共教育资源，重点向农牧区、贫困地区、民族地区倾斜，加快缩小教育差距。全面落实优先规划教育发展、优先保障教育投入、公共资源优先满足教育需要的政策，稳步提高教育经费占财政支出比重。建立和完善学生资助保障体系，保障经济困难家庭、进城务工人员子女平等接受教育。完成中小学校舍安全工程、农村牧区寄宿制学校和教师周转房建设工程，显著改善办学条件。加强教师队伍建设，扩大农牧区义务教育阶段学校教师岗位规模，加强师德师风建设，提高业务水平和教学质量。到“十二五”末，幼儿学前一年毛入园率达到85%，九年义务教育巩固率达到98%，高等教育毛入学率达到36%。

六、卫　　生

按照“保基本、强基层、建机制”的总体要求，加快医药卫生体制改革步伐，建立健全基本医疗卫生服务体系。加快卫生应急体系建设，完善突发公共卫生应急处置机制。加强公共卫生服务体系建设，确保城乡居民享有疾病预防控制、妇幼保健、健康教育等基本公共卫生服务。完善提高以县医院（含中、藏、蒙医院）为龙头、乡镇卫生院为中心、村卫生室为基础、流动医疗服务为补充的农牧区医疗卫生服务网络和服务水平。建立健全以社区卫生服务和健康管理为基础，以综合医院、专科医院为保障，分级医疗、双向转诊的城镇医疗卫生服务体系。加大医疗卫生学科带头人才培养，提高医疗技术整体水平。加强基层全科医生培养，完善医务人员长期在基层服务的政策，积极防治重大传染病、高原疾病、职业病和精神疾病。建立以国家基本药物制度为基础的药品保障体系，规范药品生产流通秩序，确保人民群众基本用药的可及性和有效性。支持藏、蒙医药技术传承与创新，推进质量认证和标准建设，鼓励发展藏蒙医药服务。以西宁公立医院改革试点为突破口，努力还原公立医院的公益性质。鼓励和引导社会资本发展医疗卫生事业，加快形成多元化办医格局。到“十二五”末，基本医疗卫生制度进一步完善，看病难、看病贵的问题得到有效缓解，婴儿、孕产妇死亡率分别下降到15‰和25/10万，70%以上的城乡居民建立电子健康档案，国民预期寿命提高到73岁。

七、人口与计划生育

坚持计划生育基本国策，统筹解决人口问题，稳定低生育水平。推行优生优育，全面加强计划生育生殖健康服务和出生缺陷干预，改善出生人口素质，优化人口结构，促进人口长期均衡发展。增强家庭发展能力，积极推进“康福家行动”，构建计划生育家庭福利政策体系，完善农牧区计划生育奖励扶助、少生快富、特别扶助“三项制度”，建立全社会计划生育利益导向机制。加大基层计划生育、妇幼保健基础设施建设力度，健全计划生育服务体系，强化人口信息资源的开发利用，重点做好农牧区和流动人口的计划生育工作。促进人口合理流动，推进人口城市化。积极应对人口老龄化，统筹城乡老龄事业发展，推进多层次的养老服务体系和老年教育基础设施建设，鼓励社会力量发展养老服务业，强化社区和居家养老功能，促进老年人的社会参与。依法保障妇女儿童合法权益，加快建设省级妇女儿童发展服务中心，促进妇女儿童事业持续健康发展。

八、文化体育

按照体现公益性、基本性、均等性、便利性的要求，推进重点文化惠民工程，建设覆盖城乡的公共文化服务体系。大力发展公益性文化事业，鼓励社会力量积极参与公益性文化建设，推进省文化馆、美术馆及图书馆二期工程等省级骨干文化设施建设，加强州县公共图书馆、文化(群艺)馆和博物馆以及基层公共文化基础设施建设，改善公共文化设施条件，提高公共文化产品供给能力，满足人民群众基本文化需求。继续实施文化信息资源共享工程、农(牧)家书屋工程、文化进社区工程、广播电视西新工程、村村通工程和农村牧区数字电影放映工程，提高覆盖能力。推进广播影视数字化和数字电影院建设。加快少数民族文化建设，加大少数民族语言新闻网络、图书音像、出版印刷、广播影视节目制作和译制能力建设。加强文物、历史文化名城名镇等文化遗产保护及少数民族古籍整理，鼓励非物质文化遗产的传承。培育独具特色的民族文化，加大对民族特色剧目创作支持和优秀人才的培养力度，提高文化艺术创作水平。推进学科体系、学术观点、科研方法创新，繁荣发展哲学社会科学。实施青海文化“走出去”工程，开展多层次、宽领域的文化交流活动，提升民族文化艺术品牌影响力。加强城乡公共体育设施和民族特色体育场所建设，打造环青海湖民族文化体育圈，促进全民健身运动蓬勃发展。

专栏9　　改善民生十大工程

教育惠民工程：全省中小学布局调整及校舍安全项目、农牧区中小学教师周转房建设项目、青海教育园区项目、示范性高中建设项目、义务教育标准化建设项目、青海教育园区建设。

就业创业工程：每年分批实施劳动力全员培训，规划建设西宁、格尔木青年创业孵化基地，解决好高校毕业生、农牧区转移劳动力、城镇就业困难人员的就业问题。

社会保障工程：建立健全城乡养老保险制度，完善城乡基本医疗保障制度，完善城乡最低生活保障制度。建设省州县乡四级社会保障服务设施。建设州、县级儿童福利院、未成年人救助站等社会福利设施。州、县老年日间照料中心、敬老院、社区养老等服务设施，省老干部大学基础设施建设。

全民健康工程：建设州、县全民健身中心等，省、州级精神卫生防治体系和州、县级卫生监督体系建设工程、州、县、乡、村级基层计划生育服务体系，省、州、县级医院、乡镇卫生院、村卫生室等。

保障性住房建设工程：城镇保障性住房建设、国有林场危旧房改造、国有农场棚户区危房改造、农牧区危房改造、游牧民定居房屋建设、奖励性住房建设。

基础设施延伸工程：乡村规划、人畜饮水安全、农村公路、乡村用电、信息服务、文体设施、农牧民住房、优美环境、科技培训进村入户。

家园美化绿化工程：湟水流域、青海湖流域水环境保护治理，城镇垃圾无害化处理场建设，中小河流域治理工程，沿湟绿化、西宁南北山绿化工程和城镇道路绿化工程。

藏区温暖工程：玉树、果洛、海南、黄南等藏区天然气利用工程，大电网覆盖全省工程和新一轮农村电网改造及无电地区电力建设工程，藏区县城、重点小城镇集中供热工程。

文化惠民工程：省州县乡村文化基础设施建设项目，省文化馆、美术馆，省图书馆二期、省民族文化艺术中心等工程，州(地市)级“三馆”(博物馆、群艺馆、图书馆)建设工程，西新工程和广播电视村村通工程。

社会管理创新工程：社会管理创新、平安青海创建、安全生产建设、防灾减灾体系建设、应急救援体系建设等工程。

第二节　社会建设

加强社会主义民主法制建设，扎实开展文明青海建设活动，加强和创新社会管理，深入推进平安青海建设，确保社会长治久安。

一、民主法制

坚持和完善人民代表大会制度、中国共产党领导的多党合作和政治协商制度、民族区域自治制度。健全基层自治组织和民主管理制度扩大基层民主,保障人民群众依法行使知情权、参与权、表达权、监督权。发挥工会、共青团、妇联等人民团体的桥梁纽带作用。全面落实依法治国基本方略,深入开展社会主义法制宣传教育,努力提高全民法律素质,推进依法治省进程。全面贯彻民族区域自治政策,深入开展民族团结进步创建活动,充分调动各族各界建设新青海的积极性。

二、精神文明

以建设社会主义核心价值体系为重点,打牢全省各族人民团结奋斗的共同思想基础。积极拓展精神文明建设领域和渠道,大力开展“文明青海”建设活动,不断丰富活动内容,创新活动形式,在全社会营造开拓创新的发展环境、廉洁高效的政务环境、公平正义的法制环境、规范守信的市场环境、健康向上的人文环境、安居乐业的生活环境、可持续发展的生态环境。着力提高全省公民思想道德素质和科学文化素质,满足人民群众的精神文化需求,促进人的全面发展,开创全省精神文明建设新局面。

三、社会管理

按照健全“党委领导、政府负责、社会协同、公众参与”的社会管理格局的要求,加强社会管理法律、体制、能力建设。完善地方法规和政策,健全基层管理和服务体系,加强和改进基层党组织工作,发挥群众组织和社会组织作用,提高城乡社区自治和服务功能,形成社会管理和服务合力。进一步改进社会管理方式。推进流动人口、特殊群体、社会组织、网络虚拟空间、寺院社会化管理服务创新,健全新型社区管理和服务体制,把社区建设作为社会管理的重要基础,以建设依法自治、管理有序、服务完善、文明祥和的社会生活共同体为目标,全面开展城市社区建设,积极推进农牧区社区建设,健全新型社区管理和服务体制,推进社会管理重心向基层转移,增强承载政府和企事业单位剥离的社会管理和公共服务职能的能力。加强社会组织建设,改进对民间组织的管理和监督,大力促进民办非企业单位、社会团体、行业组织、社会中介机构、志愿团体等各种社会组织健康有序发展,发挥各类社会组织提供服务、反映诉求、规范行为的积极作用。通过合同外包政府公共服务、政府购买服务等形式,形成多方参与社会管理和社会服务的合力。建立重大工程项目建设和重大政策制定的社会稳定风险评估机制。妥善协调处理各方面利益关系,预防和化解人民内部矛盾。依法加强对宗教事务的管理。改进和完善信访工作,逐步建立用群众工作统揽信访工作新格局,拓宽社情民意表达渠道,推动形成科学有效的利益协调、诉求表达、矛盾调处和权益保障机制。

四、公共安全

强化全社会公共安全意识,加强公共安全预防体系和保障能力建设,提高保障水平,维护人民群众生命财产安全。按照预防与应急兼顾、预防为主,常态与非常态结合、非常态为主的原则,健全社会应急管理体制,有效应对自然灾害、事故灾难、公共卫生、社会安全等突发事件,提高危机处置、管理和抗风险能力。建立健全社会预警体系和应急救援、社会动员机制,推进应急管理工作规范化、制度化、法制化。大力加强公共气象服务,努力提升气象预报预测准确率。加强地震监测预报,强化抗震设防管理,提高各类建设工程、公共基础设施及城乡居民住房防御地震灾害的能力。建立地质灾害预警系统,加强地质灾害防治工作。坚持安全第一、预防为主、综合治理的方针,落实安全生产责任制,健全安全生产监督体系,加强安全监管能力建设,严格安全执法,加强安全生产设施建设。重点抓好矿山、化工、交通运输以及职业卫生、消防等安全工作,有效遏制重特大事故发生。“十二五”末,全省单位工矿商贸就业人员生产安全事故死亡率下降15%,亿元GDP生产安全事故死亡率下降40%。加强食品、药品、餐饮卫生监督,规范市场流通秩序,保障人民群众健康安全。持续开展平安青海建设,构建多层次、全方位的社会治安防控体系,强化社会治安重点地区综合治理,加强基层政法体系和力量建设,提高维稳基础设施和装备水平,加强反分裂、反渗透、反破坏斗争,维护国家安全和藏区和谐稳定。增强全民国防意识,统筹经济建设和国防建设,完善国防动员体制,加强民兵预备役和人民防空基础设施建设,构建平战结合、相互兼容、共建共用的基础平台,提高国防动员和后备力量建设质量。深入开展“双拥共建”活动,巩固和发展军政军民团结。

第六章 区域城乡发展

坚持统筹区域城乡发展的基本方略,构筑主体功能定位清晰、区域经济优势互补、国土空间高效利用、人与自然和谐相处、城乡一体化协调发展的新格局,逐步实现区域、城乡间基本公共服务均等化。

第一节 区域主体功能

按照发展定位明确、开发秩序规范、各类要素协调的总体要求,注重产业、人口、环境三大要素在空间上的合理分布和均衡发展,形成合理的空间开发格局。根据不同区域资源环境承载能力和发展潜力,将全省划分成重点开发区域、限制开发区域和禁止开发区域。

——重点开发区域。我省重点开发区包括以西宁为中心的东部地区和以格尔木、德令哈为重心的柴达木地区,其主体功能定位为,国家兰州－西宁重点开发区的重要组成部分,全国重要的新能源和水电、盐化工、石化、有色金属和农畜产品加工产业基地,区域性新材料和生物医药产业基地,全省工业化和城镇化的重点区域,人口和经济的重要空间载体。

——限制开发区域。我省限制开发区包括国家级三江源草原草甸湿地生态功能区和祁连山地水源涵养生态功能区,其主体功能定位为,全国乃至亚洲大江大河发源地,冰川、雪山及高原生物多样性最集中的地区之一,全国最重要的生态安全屏障，保障省域生态安全主体区域，矿产、水电等特色优势资源点状开发区域。

——禁止开发区域。我省禁止开发区包括国家级自然保护区、重点风景名胜区、森林公园、地质公园等四类17处和省级自然保护区、重点风景名胜区、森林公园、历史文化遗产保护地、重要水源保护地等五类360处。其主体功能定位为，点状分布的生态功能区，重要的水源保护地，基本农田保护区，珍稀动植物基因资源保护地，自然文化资源的重要保护区域。

第二节　空间开发布局

遵循城镇化发展规律，完善城市布局和形态，以现有城镇为基础，强化中心城市的辐射带动作用，积极培育次中心城市和新兴城市，有重点地发展小城镇。加快城镇道路、供排水、污水垃圾处理、燃气、集中供热、园林绿化、公共避险等设施建设，推进建筑节能改造和可再生能源建筑应用。完善公共交通网络，强化新兴城市产业功能，增强小城镇公共服务和居住功能，实现市政设施基本配套，使其成为全省经济和人口的主要空间载体。到2015年，全省城镇化率达到50.5%，城乡一体化走在西部地区前列。

一、东部城市群

加快推进以西宁为中心的东部城市群建设，按照“一核一带一圈”空间布局，强化西宁“核心”城市的聚集辐射带动作用，加快推进平安、乐都、民和、互助沿湟“带”城市化进程，着力提升大通、湟中、湟源等1小时“圈”的城市功能。以中心城市、次中心城市、县城和中心镇为节点，以交通、信息、市政公用设施等为网络，以要素和功能各具特色、有机联系、优势互补为纽带，以城镇融合、共兴共赢为目标，多主体互动、多空间扩展，加大区域城乡统筹，加强区域统规共建，促进区域发展空间集约利用，生产要素有序流动，公共资源配置均衡。大力推进城市群产业合理分工布局，打造西宁夏都、青藏高原区域性现代化中心城市和海东高原现代农业示范区两大区域品牌，加速人口和产业集聚，不断提高民生水平，使其成为欠发达地区践行科学发展观的示范区、引领全省经济社会发展的综合经济区和促进全省协调发展的先导区，最具特色魅力、适宜人居创业的和谐区，承接国内外产业转移、参与国内外市场竞争的重要平台。到2015年，东部城市群地区生产总值达到1400亿元，城市化率达到52%，其中西宁市城市化率达到67%。

二、海西城乡一体化地区

加快海西工业化和城乡一体化进程，打造全国区域循环经济发展示范区和全省统筹城乡一体化发展示范区两大区域品牌。把格尔木建成我国西部重要交通枢纽、电力枢纽和资源加工转换中心，把德令哈建成新型高原绿洲城市和资源加工基地。构建集群发展、循环开放的城乡产业格局，宜业宜居、和谐共荣的城乡空间格局，协调发展、安全持续的城乡生态格局，内部高效、外部通达的城乡交通体系，健全统一、公平均衡的城乡服务保障体系，因地制宜、集约配置的城乡基础支撑体系。加快国家级柴达木循环经济试验区建设，建成全国最大的盐湖化工基地、钾肥生产基地、太阳能发电基地、区域性石油天然气化工基地、国内重要的镁锂深加工生产基地，积极探索高原地区循环经济发展模式，率先实现工业化，率先实现城乡一体化，率先实现全面小康。到2015年，地区生产总值达到800亿元，城镇化率达到75%。

三、环青海湖地区

围绕交通干线、旅游干线，分别把西海等20个重点小城镇打造成为旅游商贸型、资源开发服务型、交通物流型和农牧业服务型精品城镇。以构建环青海湖民族文化旅游体育圈为抓手，加强基础设施和配套设施建设，充分挖掘民族文化内涵，汇集诗歌音乐文化、红色文化、原生态文化、游牧文化等元素，加快形成具有世界品牌和重要影响力的环青海湖大景区、大格局。以海北、海南生态畜牧业示范区建设为着力点，加强基础设施和技术装备建设，优化资源配置和生产布局，提高组织化、专业化、集约化水平，延伸产业链，强化标准化和品牌建设，提高综合生产能力和竞争力，实现人与自然和谐发展，实现农牧民收入跨越式提高。有序开发水电、矿产、太阳能、风能等资源，建设优势工业生产基地。

四、三江源地区

三江源地区要把生态保护和建设作为主要任务，全力推进国家级生态保护综合试验区建设，建立生态补偿机制，创新草原管护体制，强化生态系统自然修复功能，建成全国重要的生态安全屏障。按照全区总体保护、建设重点城镇、两线适度发展、多点特色分工的布局原则，加快结古城市化进程，改善基础设施条件，增强支撑能力，辐射和带动国道214线、省道101线等沿线乡镇，提升城镇功能，适度聚集人口，实现人口、生态、经济、社会协调发展。加快发展生态畜牧业、高原特色旅游业和民族手工业，有序开发水电、矿产等优势资源。

五、玉树灾后恢复重建

按照“上两个大台阶”的总体要求，把国家支持玉树灾后重建的政策与青海藏区跨越式发展的政策结合起来，与建设三江源国家生态保护综合试验区结合起来，认真实施《玉树地震灾后恢复重建总体规划》，用三年的时间，基本完成恢复重建的主要任务，使灾区基本生产生活条件和经济社会发展全面恢复并超过灾前水平。建设更加安全的城乡居民住房、更加完善的公共服务体系、更加健全的基础设施、更加合理的产业结构、更加优美的生态环境、更加繁荣的民族文化、更加和谐的社会秩序。再通过进一步努力，把州府所在地建成高原生态商贸旅游城市、三江源地区中心城市和青海藏区城乡一体发展的先行地区，同步推进其它地区基础设施、生态环境建设和产业发展，实现建设生态美好、特色鲜明、经济发展、安全和谐的社会主义新玉树的宏伟目标。

第三节　新农村新牧区建设

坚持工业反哺农业、城市支持农村和多予少取放活的方针,加大支农惠农强农力度,夯实农牧业发展基础,促进农牧业稳定发展,农牧民稳步增收,农牧区和谐繁荣。以显著改善农村牧区生产生活条件为目标,加快实施“九到农家”工程:统筹规划农牧民生产、生活和公共设施建设及产业布局,建设生产发展、生活富裕、村容整洁、村风文明、管理有序的新农村,实现乡村规划到农家;实施农村牧区饮水安全工程,全面解决人畜饮水困难,实现自来水到农家;实施农村公路改造工程和“通达工程”,实现通路到农家;推进小水电、太阳能、风能、沼气、生物质能等能源惠民工程建设,启动新一轮农村牧区电网改造升级工程,解决无电乡村用电问题,实现送电到农家;实施移动网广覆盖和宽带通信工程,加强村级综合信息站建设,实现电话互联网到农家;实施广播电视、农家书屋、农牧区电影放映、健身设施建设等文体惠民工程,实现文化体育到农家;实施牧民定居和农村危房改造工程,落实农牧民新建和改建住房奖励补助政策,实现安居到农家;实施“千村整治、百村示范”工程,加快改变村容村貌,实现优美环境到农家;实施农牧民全员培训工程,提高农牧民种田养畜水平和创业能力,实现科技服务到农家,全面推进新农村新牧区建设。

第四节　县域经济

扩大县域发展自主权,稳步推进扩权强县改革试点,依法赋予经济发展快、人口吸纳能力强的小城镇在投资审批、工商管理、社会管理等方面的行政管理权限,增加对县的一般性转移支付,促进财力与事权相匹配。把发展县域经济发展作为推动城镇化和新农村建设的重要载体,加大扶持力度,以西宁三县、海东六县及州府所在县工业集中区为抓手,发挥县域资源优势和比较优势,积极培育特色支柱产业,支持产业向县城和中心镇集聚。鼓励中小企业和非公有制经济快速发展,激发县域经济发展活力。

第五节　贫困地区扶贫开发

以基本消除农村牧区绝对贫困现象、明显改善农牧民生产生活条件为目标,将扶贫开发与农村低保制度有机结合起来,与开发优势资源、调整产业结构、保护生态环境和小城镇建设有机结合起来,重点搞好东部干旱山区、青南高寒牧区两大贫困地区扶贫攻坚。加强贫困地区水电路、户用能源、广播电视、通讯等基础设施建设,加快实施东部浅脑山地区易地扶贫搬迁、整村推进、劳动力转移培训、产业化扶贫、以工代赈等重点工程。加大社会帮扶和对口帮扶力度,落实工作责任,引导和鼓励社会各界扶贫济困,着力构建“政府主导、群众主体、部门联动、社会参与”的合力攻坚扶贫开发机制。“十二五”期间,脱贫90万人。

专栏10　　扶贫开发重点工程

以工代赈项目、易地扶贫项目、扶贫开发整村推进项目、集中连片综合开发项目、藏区六州扶贫开发项目、特殊类型贫困地区综合扶贫、产业化扶贫项目。

第七章　资源环境

把建设资源节约型、环境友好型社会放在更加突出的战略位置,加快矿产资源勘查勘探,以节能减排为重点,健全激励和约束机制,树立绿色低碳发展理念,大力发展循环经济,强化生态环境保护和建设,推动形成节约能源资源、保护生态环境的产业结构、增长方式和消费模式,增强可持续发展能力。

第一节　矿产资源勘查

加快矿产资源勘查步伐,以祁连山、柴北缘、东昆仑和三江北段等重要成矿区带为主战场,大力度投入、大兵团作战,加快基础性、公益性地质调查,以能源、黑色、有色金属、贵金属、钾盐等紧缺优势矿种为重点,集中力量加快勘查,查清基本家底,尽快取得重大突破,全面实现“358”地勘工程目标,打造国家战略资源基地。安排使用好青海省地质勘查基金、青藏高原地质矿产调查与评价专项资金、中央地勘基金,积极引进省外地勘力量,鼓励社会投资参与地质勘查,形成公益性地质调查与商业性地质勘查相互促进、共同发展的良好格局。加快天然气水合物、煤层气和盐层气勘查力度,建设国家级冻土地区天然气水合物试验基地,探索建立开发利用工程体系和技术支撑体系。进一步加强基础测绘工作,加强现代测绘基准体系建设,加快国家基本比例尺地图数据生产,推进地理信息公共服务平台建设,提高测绘服务水平。

第二节　资源节约和循环利用

一、资源循环利用

按照“减量化、再利用、资源化”的原则,强化资源节约,推进资源循环利用,形成产业间纵向延伸、横向拓展,资源、产业、产品多层面联动发展的循环型产业格局。大力推进绿色矿山建设,实施矿产资源循环经济发展示范工程,积极引导支持矿山企业引进、推广先进的选矿技术和开采技术及综合回收工艺,重点加强盐湖资源、有色金属、贵金属矿产等共伴生矿产资源的回收利用,提高资源开采利用效率和废弃物的资源化水平,减少储量消耗和矿山废物排放,安全、环保、可持续地发展矿业经济。推广煤矸石发电和建筑垃圾利用的技术和工艺，拓展固体废物综合利用领域。加强水资源节约和管理，大力发展高效节水农业，强力推进高耗水行业节水技术改造，认真做好城镇节水，提高水资源综合利用率。实施节能科技示范工程，坚决淘汰浪费资源、污染环境的落后产能。突出抓好钢铁、有色、煤炭、电力、化工、建材等产业和重点用能企业的节能工作。组织实施好热电联产、省柴节煤灶、建筑节能、公共机构节能等节能重点工程。加强能源制度建设和合同能源管理，实施强制性标准，最大限度地降低单位产品能耗。到2015年，全面淘汰落后产能，低能耗产业形成规模，资源节约型、环境友好型社会建设实现新突破，循环经济增加值占全省工业增加值的80%以上，矿产资源综合利用率在2010年的基础上提高3~5个百分点。

二、土地节约

守住耕地红线，节约集约用地。进一步完善耕地保护、征用补偿机制，严格实行“先补后占”，实现耕地占补平衡。逐步增加土地整治投入，推进土地开发整理，完成黄河谷地百万亩土地开发整理工程，启动湟水流域土地开发整理项目。推进中低产田改造，加快建设高产稳产基本农田，加强土壤污染防治，确保基本农田总量不减少、质量有提高。从严控制建设用地，合理确定新增建设用地规模、结构和时序，积极盘活存量建设用地，充分利用未利用地和工矿废弃地拓展建设用地空间。到2015年，全省耕地保有量保持在54万公顷。

第三节　环境保护和建设

一、生态保护与建设

坚持工程治理与自然修复相结合，加大重点生态功能区保护建设力度，继续实施好退耕还林、退牧还草、天然林保护、三北防护林、野生动物保护工程，进一步巩固和扩大生态保护与建设成果，全面落实草原生态保护补助奖励政策，基本建立覆盖全省的生态环境监测与评估体系，维护生物多样性，促进生态保护与建设从分散治理向集中治理转变、从单一手段向综合措施转变、从事后治理向事前保护转变，探索生态保护的长效机制，形成以三江源草原草甸湿地生态功能区为屏障、以青海湖草原湿地生态带、祁连山水源涵养生态带为骨架的“一屏两带”生态安全格局，为2020年生态系统步入良性循环打下更加牢固的基础。五年累计治理水土流失面积20万公顷、治理退化草场400万公顷，人工造林37万公顷，封山育林75万公顷。

三江源国家生态保护综合试验区建设。继续实施好三江源自然保护区生态保护和建设总体规划，启动三江源生态保护与建设二期工程。加快建立生态补偿机制，完善有利于生态保护的产业政策、财税政策、投资政策、生态环境监测评价体系和考核办法。积极发展后续产业，引导牧民转变畜牧业生产方式，增强转移就业的能力，走出一条生态保护与牧民增收双赢的路子。设立中国三江源保护发展基金，争取发行公益彩票。

青海湖流域及周边地区生态环境保护与综合治理工程。保护好林草植被，加大退化草原、沙化土地治理，采取退牧还草、划区轮牧、舍饲圈养、加快出栏等措施，减轻天然草地超载过牧压力，实现草畜平衡。开展人工增雨，加强青海湖水源地保护，严格限制在入湖河流新建引水工程，控制农牧业灌溉用水，维护青海湖生态平衡。

祁连山水源涵养区生态环境保护和综合治理工程。加大黑河源头生态治理力度，切实保护好黑河、大通河、湟水河、疏勒河、石羊河等水源地林草植被，加强流域水资源统一调配管理，强化水土流失和沙化土地综合治理，努力实现生态系统良性循环。

黄土高原水土流失综合治理工程。继续实施西宁南北两山、湟水河流域百万亩人工造林工程和河湟沿岸绿化工程，巩固退耕还林成果，提高植被覆盖度，控制水土流失，逐步形成以祁连山东段和拉脊山为生态屏障，以河湟沿岸绿色走廊为骨架的生态网络。

柴达木地区生态保护与综合治理工程。依法建立一批封禁保护区，加强沙生植被和天然林、草原、湿地保护；实施沙漠化防治工程，以防风固沙工程为重点，加强水资源保护和节水工程建设，合理分配、高效利用水资源，控制地下水位下降，构建以绿洲防护林、天然林和草原、湖泊、湿地点块状分布的圈带型生态格局。

二、环境污染防治

继续控制主要污染物排放总量，建立健全工业污染防控体系，加大水环境综合治理力度，重点推进湟水流域、青海湖流域水环境保护治理，加强城乡饮用水源保护和水质保障能力建设，确保饮用水安全。加强西宁、格尔木、德令哈市和河湟沿岸城镇环境空气、噪声污染综合治理，基本完成县城生活污水处理以及重点小城镇、主要旅游景点垃圾处理设施建设。大力发展环保型产业，加强环保技术的研发及产业化，加快电动汽车充电站建设，扩大环保专用清洁车生产规模。完善再生资源回收体系，强化综合利用及污染防治，推进资源再生利用产业化。加快处置历史堆存和遗留的危险废物。发展清洁生产，推进排污权有偿使用和市场交易试点工作。加强农村面源污染治理，启动农村清洁工程，改善人居环境。实施好矿山地质环境保护与治理工程，推进矿山环境保护。到2015年，集中式饮用水源水质达标，黄河干流水质达到Ⅲ类以上，湟水流域好于Ⅳ类以上水体达到60%，城市空气质量优良率达到82%以上，人均公共绿地面积达到7.5平方米；二氧化硫、氮氧化物、化学需氧量、氨氮等主要污染物排放减少率均控制在国家下达的指标之内。

三、积极应对全球气候变化

合理控制能源消费总量，提高能源利用效率，有效控制温室气体排放。强化节能目标责任考核，完善节能法规和标准，健全节能市场化机制和对企业的激励与约束，实施重点节能工程，推广先进节能技术和产品，加快推行合同能源管理，抓好工业、建筑、交通运输等重点领域节能。调整能源消费结构，增加非化石能源比重。提高森林覆盖率，增加蓄积量，增强固碳能力。加强适应气候变化特别是应对极端气候事件能力建设。建立温室气体排放和节能减排统计监测制度，加强气候变化科学研究，加快低碳技术研发和应用。

专栏 11　资源环境重大工程

矿产资源勘查

“358”工程：在祁连山、柴北缘、东昆仑、三江北等31片重点成矿区带实施矿产资源勘查17万平方公里。

土地资源保护与利用

黄河谷地百万亩土地开发整理项目、湟水流域土地开发整理项目。

生态保护

三江源生态保护和建设工程、青海湖流域生态环境保护和综合治理工程、三北防护林建设工程、天然林保护工程、退耕还林工程、天然草原退牧还草工程、祁连山水源涵养区生态建设和环境保护工程、青海三江源自然保护区生态保护和建设二期工程、水土保持工程。

环境治理

污水处理工程、城镇垃圾处理场工程、西宁等历史遗留铬渣综合治理项目。

第八章　人才强省与科技创新

积极推进科教兴青和人才强省战略，全面落实我省中长期人才、科技规划纲要，加强人才队伍和创新型青海建设，全面提高科技整体实力和产业技术水平，为加快转变经济发展方式、建设富裕文明和谐新青海奠定坚实的人力资源和科技基础。

第一节　人才队伍建设

坚持党管人才原则，贯彻服务发展、人才优先、以用为本、创新机制、开放融入、盘活资源的指导方针，加强现代化建设需要的各类人才队伍建设。全面组织实施国家重大人才工程、人才创业工程，努力建设一支重点突出、布局合理、结构优化、素质优良、富有创新能力的人才队伍。完善有利于激励人才脱颖而出的引才、选才和薪酬制度，科学合理地使用好现有人才，突出培养创新型科技人才，大力开发经济社会发展重点领域急需紧缺的专门人才。创新人才培养模式，加强科研与教育的有机结合，加快形成知识教育与创新精神相结合，省内培养和国内外交流合作相衔接的开放式人才培养体系。加大国内外高层次科技人才引进力度，有计划、分层次引进一批能够突破关键技术的领军人才和创新团队。吸引国内外科研院所在青设立研发机构，支持我省研发机构和人员广泛参与国内外科技联合攻关，制定并实施好对口支援人才规划，全方位、多形式、大力度地推进创新队伍建设。按照“不求所有、但求所用，不求常住、但求常来”的原则，继续完善柔性引才机制，不断优化人才发展环境，使青海成为各类人才施展才华、建功立业的乐土。完善知识产权制度，加强知识产权保护。发展创新文化，营造竞争择优的制度环境，形成勇于创新、尊重创新、宽容创新、保护创新的社会氛围，着力改善人才生活环境，解决人才居住、子女就学等后顾之忧。

第二节　科技创新

破解技术瓶颈制约，推动重点产业快速发展。把科技引领、创新驱动放在推进转变经济发展方式的突出位置，把科技创新作为推动产业结构优化升级的中心环节，瞄准未来产业发展的制高点，增加研发投入，设立重大科技专项，实施重大科技工程，增强产业关键共性技术原始创新、集成创新和引进消化吸收再创新能力，努力在新能源、新材料、高原医学、高原生物等领域取得科技竞争新优势。开展复杂难采矿床开采、多金属矿分离、尾矿资源综合利用以及采选过程智能控制技术研发，提高矿产资源综合利用技术水平。抓好金属镁、金属锶、氧化锌、镁合金、铝合金、铜合金、特钢等生产工艺和技术研发，推动新材料产业发展。实施好国家“863”计划*磷酸铁锂产业化等各类国家科技计划项目，抓好硅材料节能环保工艺技术、太阳能光伏电池生产技术引进与再创新，突破新能源开发应用技术瓶颈。开展数控机床、数显量具、汽车专用成套设备以及大型液压锻造设备等技术研发和引进，增强装备制造业核心竞争力。开展动植物有效成份分离提取合成技术、新特药研发，推动生物产业快速发展。针对高原农作物培育和综合开发应用，重点开展农作物种质资源发掘保存与创新、病虫害防治、农产品精深加工、农牧业信息化、技术集成与产业化等方面开发研究。

健全科技创新支撑体系，全面提升创新能力。引导和支持资金、人才等创新要素向企业集聚，加快完善以企业为主体、市场为导向、产学研结合的技术创新体系，全面提升企业的自主创新能力。依托循环经济试验区、青海国家高新技术产业开发区、农业科技示范园区，组建一批初具规模的国家级、省级重点实验室。充分发挥大企业在技术创新中的领军作用，支持建设科技孵化器、企业技术中心和工程研发中心，鼓励建立企业、科研机构和高校参与的多种形式的产业技术创新联盟，开展重大产业关键技术研发，推进科技成果产业化。激发中小企业的创新活力，培育一批具有核心技术的创新型中小企业。加大财政投入力度，提高科技研发支出比重，分期分批组织科技攻关专项。鼓励上市企业通过定向增发股票等方式筹集技术研发资金，设立创新投资引导基金，支持科技风险投资，积极引导社会资本对科技创新活动的投入，逐步形成政府引导资金、企业研发资金、金融资金以及配套政策共同支持科技创新的新机制。

专栏 12　　人才与科技创新工程

人才工程

人才竞争力提升计划、人才"小高地"建设工程、青年科技人才培养计划、党政人才能力提升工程、企业经营管理人才推进计划、专业技术人才知识更新工程、"三江源"人才培养使用工程、高技能人才培养工程、万名农牧区实用人才培养计划、高层次人才引进计划、人才信息化法制化建设工程。

科技创新工程

西部矿业股份有限公司国家级企业技术中心、青海中信国安科技发展有限公司盐湖资源综合利用、青藏高原特有草种资源开发及应用、青藏高原有色金属资源高效利用国家地方联合工程研究中心、科技合作创新体系建设、创新型企业建设、重大科技行动工程、技术创新基地构建等工程。

第九章　改革开放

坚持社会主义市场经济改革方向，努力在重要领域和关键环节取得新突破，基本消除制约经济社会发展的体制性障碍，使市场在资源配置中发挥更大作用，形成有利于转变发展方式、推进"四个发展"的体制机制，构建更具活力、更加开放的发展新格局。

第一节　深化改革

一、培育壮大市场主体

努力营造各种所有制经济依法平等使用生产要素、公平参与市场竞争、同等受到法律保护的体制环境，大力培育市场主体。进一步深化国有企业改革，建立和完善现代企业制度，完善国有资产监管体制，健全国有资本经营预算制度和企业经营业绩考核体系，编制地方国有资本经营预算。全面落实促进非公有制经济发展的政策措施，消除制约非公有制经济发展的制度性障碍，鼓励民间资本进入法律法规未明确禁止准入的行业和领域，引导民间资本投资建设重要基础设施，参与土地整治、矿产资源勘探开发、特色经济发展，引导非公有制企业通过参股、控投、资产收购等多种形式参与国有企业改制重组。大力培育创业文化、完善创业体系，深入推动民众创业战略，支持各类创业者发展壮大。

二、行政管理体制改革

深化行政审批制度改革，增强服务意识，规范审批行为，简化审批程序，推行限时审批，提高行政效率。加快推进政企分开，强化社会管理和公共服务。按照政事分开、事企分开和管办分离的原则，加快事业单位分类改革。大力推进行政事业单位人事制度改革。全面推进依法行政，加强法治政府建设，健全科学决策、民主决策、依法决策机制，推进政务公开，增强公共政策制定透明度和公众参与度。加强行政问责制，改进行政复议和行政诉讼，完善政府绩效评估制度，建立健全充分体现科学发展的绩效考核评价体系和用人机制，提高政府执行力和公信力，努力建设法治政府和服务型政府，形成决策科学、分工合理、执行顺畅、运转高效、监督有力的行政管理体制。继续深化投资体制改革，确立企业的投资主体地位，形成市场引导投资、企业自主决策、融资方式多样、中介服务规范、监管调控有效的新型投资体制。

三、社会事业领域改革

积极稳妥推进教育、卫生、文化、科技等事业单位分类改革。培育扶持和依法管理社会组织，支持、引导其参与社会管理和服务。改革基本公共服务提供方式，引入竞争机制，扩大购买服务，实现提供主体和提供方式多元化。推进非基本公共服务市场化改革，增强多层次供给能力，满足群众多样化需求。坚持教育公益性质，创新办学体制和教育管理体制。加快推进医疗卫生体制改革，完善基本药物制度，改革公立医院运营模式，妥善处理公立医院公益性与提高效率的关系。深化文化体制改革，加快推进出版发行单位转企改制和兼并重组，进一步深化文艺院团改革，推动广播电视制播分离，组建广电传媒集团。创新科技服务体系和运行机制，提高科技资源配置和运行效率。

四、财税金融体制改革

积极构建有利于转变经济发展方式的财税体制,在合理界定事权基础上,按照财力与事权相匹配的要求,进一步理顺各级政府间财政分配关系,提高基层政府提供公共服务的能力,加速推进基本公共服务均等化。健全财政转移支付制度、完善均衡性转移支付和基本财力保障机制,稳步推行"省直管县"的财政体制。建立完善促进藏区发展、循环经济、园区建设的财税体制和政策体系,形成有利于东部城市群建设和推进城乡一体化的体制机制,提高优惠政策的配套性和协调性。稳妥推进资源税、消费税、企业所得税、房产税、个人所得税等税费改革。健全地方国有金融资产管理体制,加快普惠金融和县域金融发展,深化农信社改革,在稳定县域法人机构的基础上,将符合条件的法人社改制为农商合作银行。加快培植新的地方金融机构,探索设立地方保险公司、金融租赁公司、基金管理公司、财务公司,形成金融业多元发展新局面。

五、农村牧区改革

继续推进青南地区农牧区综合改革,巩固改革成果。稳定和完善农牧区基本经营制度,按照"依法、自愿、有偿"的原则,进一步完善土地、草场承包经营权流转等使用权流转办法。加快农村集体土地所有权、宅基地使用权、集体建设用地使用权等确权登记颁证工作,完善农村宅基地制度,依法保障农户宅基地使用和收益物权。探索建立城乡统一的建设用地市场,促进土地增值收益主要用于农牧区。建立森林资源资产评估制度,健全重点公益林生态补偿机制,继续推进林改带动公益林家庭合同制管护等具有青海特色的林权制度改革。深化水管体制和小型水利工程产权制度改革。

六、资源性产品价格和环保收费改革

理顺煤、电、油、气、水、矿产等资源类价格关系,推进形成灵活反映市场供求关系、资源稀缺程度以及环境损害成本的价格形成机制。健全统一、开放、竞争、有序的资源要素市场,促进资源产权的自由流动和资源产品的合理配置。完善水资源费征收管理办法。推行居民用电阶梯电价和企业用电峰谷电价制度。推动形成合理输配电价机制,疏导电价矛盾。完善油价与运价联动、煤电价格联动、天然气价格与可替代能源价格挂钩机制。建立可再生能源发电定价和费用分摊机制。积极推进城镇供热体制改革,逐步实行用热计量收费制度。全面落实污染者付费原则,提高排污费征收率。改革垃圾处理费征收方式,适度提高垃圾处理费标准和财政补贴水平。完善污水处理收费制度。积极推进环境税费改革。

专栏 13　　重大改革任务

培育市场主体:进一步创造有利于非公有制经济发展的法治、政策和市场环境;深化国有企业改革,建立完善现代企业制度;完善国有资产监管体制,健全地方国有资本经营预算制度。

行政管理体制改革:转变政府职能,健全科学、民主、决策机制,减少规范行政审批事项,建立健全行政审批运行、管理、监督长效机制;深化干部人事制度和事业单位分类改革;继续推进投资体制改革。

社会事业领域改革:全面推进教育体制、科技体制、医疗卫生体制、文化体制、收入分配制度改革,完善就业、社保、环保政策,改革基本公共服务提供方式,实现提供主体和提供方式多元化,推进基本公共服务均等化。

财税金融体制改革:健全完善财政转移支付制度,推进"省直管县"财政管理体制改革;加强政府预算绩效评价和审计监督;推进资源税、消费税、所得税、城镇土地税、环保收费等税费改革;深化农信社改革;积极推进非银行金融机构改革重组;加快培植新的地方金融机构。

农村牧区改革:完成农村牧区综合配套改革;推进城镇化,推进土地、草场承包经营权流转改革;健全重点公益林生态补偿机制,规范集体林权流转。

资源产品价格和环保收费改革:推进资源要素价格形成机制改革;完善水资源费征收管理办法;积极推进电价改革,推进电力直购;建立可再生能源发电定价和费用分摊机制。改革垃圾处理费征收方式,适度提高垃圾处理费标准和财政补贴水平。完善污水处理收费制度。积极推进环境税费改革。

第二节　扩大开放

一、推进招商引资

紧紧围绕循环经济、高新技术产业、特色旅游业、现代服务业等重点领域,创新招商引资方式,强化企业在招商引资中的主体作用,以大项目、大投入、好资源、选好商为理念,进行定向招商,推进整体招商,鼓励以商引商、中介招商,拓展招商领域,提高招商质量。积极承接东中部地区产业转移,吸引中央企业、跨国公司和优势民企来我省发展,放手引进具有资金、品牌、技术、管理等优势的各类企业,真正引进一批能够促进青海优势资源、特色产业与东部地区资本、技术、人才等要素对接的战略投资者、大型企业集团,迅速扩大全省市场主体的规模,实现我省和东中部地区的优势互补、合作共赢。顺应经济全球化发展趋势,多方式、多渠道吸引外资。进一步加强与世行、亚行等国际金融机构的战略合作,扩大使用外国政府贷款规模。加大智力和技术的引进力度，促进我省利用外资从引进资金为主向引进资金技术管理并重转变，从引进粗加工项目向精深加工综合利用转变。加强对外宣传，精心组织好“青洽会”、藏毯国际展览会、国际清真食品用品展览会等大型会展经贸活动，积极打造会展国际品牌。进一步改善投资软环境，为投资者提供主动优质服务。

二、扩大对外贸易

立足服务全省结构调整的战略方向，把扩大进出口与培育特色优势产业紧密结合起来，加强出口基地建设，培育新的出口增长点，不断提高出口对经济增长的贡献率。优化进出口主体结构、产品结构、贸易结构和市场结构，加快外贸发展方式转变。稳定农畜产品、机电等传统出口产品，积极扩大新能源、新材料、特色纺织等产品出口，提高出口商品档次和附加值。扩大省内急需的先进技术装备、关键零部件及重要原材料进口。建立和完善对外贸易服务支持体系，加快建设平安临空保税区，积极做好西宁口岸建设和管理工作，实现海关、检验检疫等方面的贸易便利化。到2015年，外贸进出口总额达到12亿美元以上，年均增长10%以上。

三、加强对外联合协作

加快兰西经济区发展，推进黄河上游经济区上升为国家战略。加强与周边省区在能源、矿产资源开发、基础设施、旅游等多方面的联合协作。依托西藏、新疆边境口岸扩大对外贸易，在向西开放方面取得实质性进展。支持鼓励有能力的企业走出去，到省外、境外投资兴业，拓展发展空间，全面提升我省对外开放水平。“十二五”期间引进省外、境外资金年均分别增长20%和10%。

四、做好对口支援工作

认真贯彻落实中央各项扶持政策，主动加强与对口支援省市、国家部委及中央企业的联系和沟通，规划建设管理好援青项目，积极做好人才、技术、管理等方面的交流，不断提升自我发展能力和内生动力。搭建与对口支援地区在产业发展、技术合作、干部教育等方面的合作平台，构建互利共赢的长效机制，推动援青工作向更宽领域、更深层次发展。

第十章　规划实施

本规划经过全省人民代表大会审议批准，具有法律效力。要举全省之力，集全民之智，实现未来五年发展宏伟蓝图。

第一节　完善规划实施和评估机制

推动规划顺利实施，主要依靠发挥市场配置资源的基础性作用；各级政府要正确履行职责，合理配置公共资源，调控引导社会资源，保障规划目标和任务的完成。

一、明确规划实施责任

本规划提出的预期性指标和产业发展、结构调整等任务，主要依靠市场主体的自主行为实现。各级政府要通过完善市场机制和利益导向机制，创造良好的政策环境、体制环境和法制环境，打破市场分割和行业垄断，激发市场主体的积极性和创造性，引导市场主体行为与政府战略意图相一致。

本规划确定的约束性指标和公共服务领域的任务，是政府对全省人民的承诺。约束性指标要分解落实到各地区、各部门。公共服务特别是促进基本公共服务均等化的任务，要明确工作责任和进度，主要运用公共资源全力完成。

二、强化政策措施统筹协调

围绕规划提出的目标和任务，加强经济社会发展政策和重大举措的统筹协调，注重落实政策与推进重大举措的衔接配合。按照公共财政服从和服务于公共政策的原则，优化财政支出结构和政府投资结构，重点投向民生和社会事业、农牧业农牧区、科技创新、生态环保、资源节约等领域。

三、完善绩效评价考核体系

完善有利于推动“四个发展”、加快转变经济发展方式的绩效评价考核体系和具体考核办法，强化对结构优化、民生改善、资源节约、环境保护和基本公共服务等目标任务完成情况的综合评价考核，考核结果作为各级政府领导班子调整和领导干部选拔任用、奖励惩戒的重要依据。

四、加强监测评估

完善监测评估制度，加强监测评估能力建设，加强服务业、节能减排、劳动就业、收入分配、房地产等薄弱环节统计工作，强化对规划实施情况跟踪分析。省级有关部门要加强对规划相关领域实施情况的评估，接受省人民代表大会及其常务委员会的监督检查。规划主管部门要对约束性指标和主要预期性指标完成情况进行评估，并向省政府提交规划实施年度进展情况报告，以适当方式向社会公布。在规划实施的中期阶段，由省政府组织开展全面评估，并将中期评估报告提交省人民代表大会常务委员会审议。需要对本规划进行修订时，要报省人民代表大会常务委员会批准。

第二节　加强规划协调管理

以国民经济和社会发展总体规划为统领，以主体功能区规划为基础，以专项规划、区域规划、城市规划和土地利用规划为支撑，形成各类规划定位清晰、功能互补、统一衔接的规划体系，完善科学化、民主化、规范化的编制程序，健全责任明确、分类实施、有效监督的实施机制。

省政府有关部门要组织编制一批省级重点专项规划，细化落实本规划提出的主要任务。省级重点专项规划，要围绕经济社会发展关键领域和薄弱环节，着力解决突出问题，形成落实本规划的重要支撑和抓手。

专栏14 **重点专项规划**

序号	目录	牵头单位	审批部门
1	青海省特色农牧业发展规划	省农牧厅	省人民政府
2	青海省林业发展规划	省林业局	省人民政府
3	青海省水利发展规划	省水利厅	省人民政府
4	青海省工业发展规划	省经委	省人民政府
5	青海省能源发展规划	省发展改革委	省人民政府
6	青海省服务业发展规划	省发展改革委	省人民政府
7	青海省综合交通发展规划	省发展改革委	省人民政府
8	青海省教育发展规划	省教育厅	省人民政府
9	青海省卫生发展规划	省卫生厅	省人民政府
10	青海省文化发展规划	省文化厅、广电局	省人民政府
11	青海省科技发展规划	省科技厅	省人民政府
12	青海省矿产资源勘探开发规划	省国土资源厅	省人民政府
13	青海省土地利用规划	省国土资源厅	省人民政府
14	青海省城镇发展规划	省住房城乡建设厅	省人民政府
15	青海省环境保护规划	省环保厅	省人民政府
16	青海省就业和社会保障发展规划	省人社厅	省人民政府
17	青海省旅游业发展规划	省旅游局	省人民政府
18	青海省扶贫开发规划	省扶贫开发局	省人民政府
19	青海省信息化发展规划	省政府信息办	省人民政府
20	青海省安全生产发展规划	省安监局	省人民政府

地区规划要结合当地实际，突出区域特色。要做好地区规划与本规划明确的发展战略、主要目标和重点任务的协调，特别是要加强约束性指标的衔接。地区规划与本规划总体要求不一致的，应在地区年度计划中做出相应调整。

加强年度计划与本规划的衔接，对主要指标应当设置年度目标，充分体现本规划提出的发展目标和重点任务。年度计划报告要分析本规划的实施进展情况，特别是约束性指标的完成情况。

全省各族人民要更加紧密地团结在以胡锦涛为总书记的党中央周围，在省委的领导下，高举中国特色社会主义伟大旗帜，解放思想、实事求是、与时俱进、开拓创新，为胜利完成"十二五"规划目标和任务，全面推进富裕文明和谐新青海建设事业而努力奋斗。

2010年统计工作大事记

▲1月

1月6日，青海省投入产出调查工作协调领导小组办公室编制完成《全省2007年投入产出表》。

1月7日，青海省代省长骆惠宁听取省统计局关于2009年全省发展情况和2010年发展趋势预测的专题汇报。

1月8日，青海省统计局召开中心组学习会议，学习传达省委十一届七次全体会议精神并就贯彻会议精神提出明确要求。

1月12日，省统计局与省旅游局召开旅游统计工作座谈会，共同分析2009年全省旅游业发展情况，研究部署2010年的旅游统计重点工作。

1月14日，2009年全省公路运输能源消费调查培训工作会议在西宁召开。

1月18日，青海省第六次全国人口普查网站正式开通。

1月19日，青海省统计局完成境外来中国大陆工作专家调查。

1月20日，青海省编委批准省统计局农牧业统计处由挂牌机构调整为单设机构。

1月21日，省政府新闻办召开2009年度全省经济运行情况新闻发布会，青海省统计局局长侯碧波发布2009年度全省经济运行情况。

同日，青海省统计局在全省政府系统2009年度政务信息工作评比中再次荣获信息报送工作先进单位称号。

1月22日，青海省统计局和发改委召开全省固定资产投资统计工作联席会议。

1月25日-27日，青海省统计局为全省十一届人大三次会议、十届政协三次会议提供统计信息服务，这是省统计局自1998年以来连续第十三年为省"两会"提供信息服务。

▲2月

2月3日，青海省人民政府下发《关于2009年度全省统计违法典型案件的通报》(青政〔2010〕8号)，对四起典型统计违法案件进行了通报，开创了青海省人民政府通报统计违法案件的先河。

同日，青海省统计局确定2010年统计法制工作要点。

2月4日，青海省统计工作会议召开。会议传达贯彻了全国统计工作会议精神，总结了2009年全省统计工作，全面部署2010年任务。青海省统计局局长侯碧波在会上作了题为《创新思路锐意进取为推进新青海建设提供统计服务保障》的讲话

同日，青海省政府召开2010年统计工作座谈会。省委常委、副省长徐福顺要求认真贯彻落实新《统计法》，继续履行好统计职能，依法保障统计数据的真实性和政府统计的公信力。

2月5日，青海省统计系统行风建设工作会议召开。

2月22日，青海省统计局固定资产投资统计处正式挂牌。

2月26日，青海省统计局副局长赵玉华带领青海省统计局、国家统计局青海调查总队有关处室负责人参加"青海政风行风热线"直播节目。

▲3月

3月1日，青海省万名干部下乡宣讲中央和省委1号文件启动，本次活动将第六次全国人口普查知识纳入《"1号文件"宣讲提纲》，并发放70万份《致全省农牧民朋友的一封信》。

3月8日，青海省统计局和省发改委召开第二次全省固定资产投资统计工作联席会议，对3月份各地区和有关部门固定资产投资工作进行了安排部署；并通报2010年1-2月全省投资完成情况。

同日，青海省统计局召开建设领域数据质量及协调性评估培训会议，对《青海省建设领域数据质量及协调评估方案》和应用程序进行讲解培训。

3月9日，青海省统计局召开社会统计部门年报工作会议。会议总结了2009年度全省社会统计工作，表彰了2009年度省直部门社会统计工作先进单位和个人。

3月10日，青海省第六次全国人口普查领导小组第一次会议在西宁召开。省委常委、常务副省长、省第六次人口普查领导小组组长徐福顺到会作重要讲话；省人口普查领导小组副组长、省统计局局长侯碧波汇报人口普查前期准备工作情况；会议讨论通过《青海省第六次全国人口普查领导小组成员单位职责分工》。

3月16日，青海省人民政府新闻办召开青海省第二次经济普查主要成果发布会，青海省第二次全国经济普查领导小组副组长、省统计局局长侯碧波发布青海省第二次经济普查主要成果。

3月22至24日，青海省第二次R&D资源清查领导小组办公室主任、省统计局副局长陈伟一行到西宁市所辖企事业单位督查R&D资源清查工作。

3月23日，青海省统计局召开全省部门能源统计工作会议。会议总结了2009年部门能源统计工作，布置2010年任务。

同日，青海省统计局业务人员赴西宁市、海东地区、黄南州检查劳动工资统计年报工作。

本月起青海省统计局在全省统计系统推行《能源统计数据签字反馈制度》。

▲4月

4月1日，青海省统计局正式启动全省统计系统"统计数据质量年"活动。

4月2日，青海省统计局下发《关于开展统计"五五"普法检查验收工作的通知》，安排部署全省统计"五五"普法依法治理检查验收工作。

4月1-2日，青海省统计局配合完成国家节能目标责任现场评价考核工作组对青海节能情况考核工作。

4月7日，青海省统计局与国家统计局青海调查总队联合召开一季度全省经济形势分析会，就一季度全省经济运行情况进行深入研讨，认真分析了经济运行中存在的问题。

4月12日，青海省统计局印发《关于认真落实2010年统计方法制度改革重点目标任务的通知》，确立全省统计方法制度改革的十一项目标。

4月14日，青海省玉树藏族自治州玉树县发生7.1级地震，青海省统计局和国家统计局青海调查总队迅速启动《青海省统计系统快速应急机制工作方案》，成立局队抗震救灾领导小组，安排部署抗震救灾工作。

同日，国家统计局发来《慰问电》，向玉树地震灾区广大统计工作者表示亲切慰问。

4月15日起，由青海省统计局和青海调查总队紧急向玉树地震灾区统计系统提供的各类救灾物资陆续运出。

4月16日，青海省统计局共收到省局干部职工、离退休老同志为玉树地震灾区捐款50280元，省局机关党员自愿多交纳党费35699元。

4月20日，青海省统计局召开党风廉政建设和反腐败工作会议。部署2010年党风廉政建设和反腐败工作并签订《党风廉政建设目标责任书》。

同日，《青海省服务业统计报表制度》通过国家统计局审批。

4月19日，省政府新闻办召开一季度全省经济运行情况新闻发布会。

同日，《玉树地震灾害损失统计制度》编制完成。

4月21日10时，青海省统计局、国家统计局青海调查总队全体干部职工举行默哀仪式，哀悼在在玉树地震中遇难的同胞。

同日，青海局队贯彻国家统计局马建堂局长关于"抓紧灾后与统计工作有关的统计信息工作机制的建立，向各级党委政府及国家统计局及时报送相关信息"的重要批示精神，建立灾区重要统计信息报送机制。

4月24－26日，局、队抗震救灾领导小组组长侯碧波、张小军带队赴玉树灾区察看统计系统受灾情况，指导统计系统抗震救灾工作，并向玉树州统计局和玉树县统计局发放应急办公设备和生活用品。

▲5月

5月6日，青海省统计局机关团委组织团员青年开展"放飞心中理想畅想青春旋律"主题演讲活动。

5月8日，国家体育总局授予青海省统计局全国体育及相关产业专项调查先进集体称号。

5月12日，青海省统计局开始对全省统计部门"五五"普法工作进行检查验收。

5月13日，国家统计局党组书记、局长马建堂率天津市统计调查系统代表来青，向玉树地震灾区统计系统捐款1000万元。青海省副省长、省玉树抗震救灾指挥部常务副总指挥徐福顺出席捐赠仪式。随后马建堂一行赴玉树灾区检查指导统计工作，并亲切看望慰问统计系统干部职工。青海省统计局局长侯碧波、国家统计局青海调查总队总队长张小军陪同。

5月18日，青海省统计局召开"认清形势，统一思想，全力以赴做好统计工作"专题会议，会议贯彻国务院《关于进一步加大工作力度确保实现"十一五"节能减排目标的通知》和5月17日省政府常务会议精神，对全省节能降耗统计工作作出部署。

5月20日，青海统计信息外网网站（www. qhtjj. gov. cn）改版完成并试运行。

5月21至31日，青海省统计局按照玉树灾后重建前线指挥部的要求，组织人员赴玉树开展震后常住人口住房需求调查。

5月26日，青海省统计局、青海调查总队组织副处级以上干部收看"全国统计基层基础建设经验交流暨表彰视频会议"。

5月28日，青海省统计局召开全省重点耗能企业能源统计业务培训会议。

▲6月

6月1日，青海省统计局组织相关人员收看国家统计局、监察部、司法部联合召开的全国统计执法大检查电视电话会议，召开全省电视电话会议，对统计执法大检查工作进行了再动员和部署。

同日，青海省统计局召集相关人员收看国家统计局楼市调控政策对房地产企业影响情况问卷调查视频会议，安排部署全省楼市调控政策对房地产企业影响情况问卷调查工作。

6月2日，青海省统计局组织召开全省工业生产指数试算暨1－4月数据质量控制及协调性评估会议。

同日，青海省统计局召开全省服务业统计调查业务培训会议。

6月3日，青海省统计局召开全省2009年能源核算数据联审及节能降耗统计工作会议。

6月4日，省统计局召开全省重点耗能企业能源统计业务培训及2010年规模以上工业企业能源统计数据联审会议。

6月5日，青海省第六次人口普查办公室组织召开省级综合试点工作布置会。

6月8日，青海省第六次全国人口普查省、州地市、县三级普查办公室主任暨区域划分和地图绘制培训会议在西宁召开。

6月21至29日，青海省第六次全国人口普查综合业务培训会议在西宁召开。

6月22日，青海省统计局召开全省煤炭生产、销售调查布置和培训会议。

6月23日，青海省统计局党组书记、局长侯碧波在局党组中心组学习会上作了题为《深入学习宣传统计法保障统计法顺利实施》的专题讲座。

6月28日，青海省副省长徐福顺对省统计局上半年主要工作完成情况作出批示："很好，请克服困难抓紧完成重建现场指挥部安排的工作，下半年进一步做好节能统计，精心组织人口普查"。

同日，青海省统计局"五五"普法依法治理工作通过省级考核验收。

6月份青海省统计局建立能源统计进度监测制度，采取有力措施加强节能监测预警分析。

▲7 月

7 月 1 日，青海省统计局召开深入开展创先争优活动暨庆祝建党 89 周年大会。

7 月 5 日，全省统计系统按照《关于联合开展统计法和统计违法违纪行为处分规定贯彻执行情况大检查的通知》要求开展统计执法大检查工作。

7 月 10 日，青海省第六次人口普查前户口整顿工作全面开展。

7 月 16 日，青海省召开第六次全国人口普查工作电视电话会议，贯彻落实国务院第六次全国人口普查工作电视电话会议精神。

7 月 22－23 日，国务院第六次人口普查领导小组副组长、国家统计局局长马建堂、国务院第六次人口普查领导小组办公室主任、国家统计局副局长张为民一行督导检查青海第六次人口普查前期准备工作。

7 月 22 日－23 日，全国统计系统办公室工作会议在青海省西宁市召开，国家统计局局长马建堂、国家统计局副局长张为民出席会议并分别作了重要讲话，青海省委常委、常务副省长徐福顺出席会议并致辞。

7 月 22－23 日，全省房地产联网直报培训暨表彰会议在西宁召开。

7 月 29 日，2010 年部分省市第二期妇女儿童数据库培训班在青海西宁召开，至此全国 31 个省及全部地市统计局的相关人员均接受过 Devinfo 数据库培训。

7 月 30 日，省统计局、国家统计局青海调查总队召开上半年全省统计系统经济形势分析会。

▲8 月

8 月 10 日，青海省召开节能降耗有关成员单位协调会议。通报上半年能耗数据及国家统计局对青海省能源消费、单位 GDP 能耗预考核情况。

8 月 11 日，青海省统计执法大检查重点检查工作全面启动。由省统计局、国家统计局青海调查总队和省司法厅联合组成 3 个工作组，分赴省内各地开展检查。

同日，青海省人口普查办公室召开第四次人口普查办公室主任会议，通报省级综合试点工作开展情况。

8 月 13 日，青海省统计局向甘肃省舟曲县泥石流灾区捐款 2 万元人民币协助舟曲县统计局救灾。

8 月 23－24 日，全国劳动工资统计年报季报工作布置会议在西宁召开。

8 月 25 日，全国资产负债核算研讨会在西宁召开。

8 月 27 日，青海、甘肃两省人口普查办公室负责人共赴敦煌市协调青海油田公司人口普查工作。

8 月 26 日至 27 日，青海省上半年能源核算数据联审及节能情况分析会议在西宁召开。

同日，青海省统计局副局长赵玉华前往综合治理联点单位德令哈市指导工作。

▲9 月

9 月 2 日，部分省（区、市）统计局资料中心主任座谈会暨部分统计资料收集工作联系人座谈会在西宁召开。

同日，青海省统计局配合国务院节能减排第五督查组完成对全省节能减排工作的考核督查。

9 月 7 日、9 日，青海省统计局根据《青海省统计局巡查工作办法》对省教育厅和省农牧厅两部门进行统计巡查。

9 月 15 日，青海省统计局局长侯碧波出席西北五省暨新疆生产建设兵团统计局局长联席会议。

9 月上旬，青海省人普办检查验收玉树州、黄南州区域划分与地图绘制工作。

9 月 13 至 16 日，青海省劳动工资统计年报暨业务培训会议召开。会议传达了全国劳动工资统计工作会议精神，总结了全省 2010 年度劳动工资统计工作，安排布置了今年劳动统计年报和明年劳动统计定期报表。

9 月 17 至 20 日，国家统计局人口和就业统计司来青检查大城市月度劳动力调查工作。

9 月 28 日青海省人口普查办公室举行“青海省第六次全国人口普查宣传月启动仪式”，青海省第六次全国人口普查领导小组组长，省委常委、常务副省长徐福顺宣布宣传月启动仪式正式开始。省人口普查领导小组副组长、省统计局局长侯碧波作动员讲话。省人口普查领导小组成员单位及部分省直机关负责人，省、西宁市、各区普查办、部分街道、社区普查机构工作人员及普查员代表共计 1000 余人参加了启动仪式。

▲10 月

10 月 9 日，青海省统计局、国家统计局青海调查总队召开前三季度全省经济形势分析会。

10 月 13 日，青海省统计局面向省内媒体记者、省直各有关部门业务人员举办“统计和您在一起”和“走向公开透明的青海统计”主题讲座，庆祝和宣传“中国统计开放日”和“世界统计日”。

10 月 15 日，青海省第六次全国人口普查摸底工作全面展开。省、州（地市）、县（市、区、行委）三级普查办公室集中人员力量赴一线进行督导检查。

10 月 22 日，青海省政府新闻办召开前三季度全省经济运行情况新闻发布会，省统计局副局长王玫林发布前三季度经济运行情况。

10 月 24 日，青海省 2010 年全国统计专业技术资格考试分别在西宁市和格尔木市举行。

10 月 28 日，青海省 2010 年农牧业综合统计年报暨 2011 年季报会议召开。会议安排布置了今年农业统计年报以及明年农业定期报表。

10 月 29 日，青海省人口普查办公室下发《迅速贯彻落实第六次全国人口普查入户登记动员视频会议精神全力搞好普查登记工作的紧急通知》，要求全省统计系统把人口普查作为当前的头等大事，摆在突出的位置，抓紧抓好抓实。

10 月 30 日，青海省常务副省长徐福顺在省内主要媒体发表题为《全省人民行动起来打好人口普查攻坚战》的讲话。

▲11 月

11 月 1 日，青海省委书记强卫、省长骆惠宁参加第六次全国人口普查登记。

同日，青海省副省长、省第六次全国人口普查领导小组组长徐福顺深入普查登记一线指导人口普查登记工作，侯碧波等陪同。

11 月 9 日，青海省统计局召开党组务虚（扩大）会议，总结近年来全省统计工作，分析统计发展面临的形势和任务，研究十二五期间统计工作的发展方向和工作思路，讨论部署2011年全省统计发展改革任务和要点。

同日，由青海省统计局研究开发的“领导决策信息支持系统”正式投入运行。

11月15日，青海省副省长骆玉林在省统计局报送《前三季度全省单位GDP能耗情况》一文上批示：“省统计局在能耗统计工作中做了大量富有成效的工作，为全省节能减排做出了重要贡献。向省统计局领导和同志们表示衷心的感谢”。

11月22日，青海省统计局迁入海晏路43号新办公楼办公。

11月22日－23日，青海省统计局召开全省工业统计工作会议，安排布置2010年工业年报及2011年工业统计工作。

11月22－24日，青海省统计局领导班子成员及有关处室负责人共7人参加省政府党组务虚会，受骆惠宁省长委托，侯碧波局长通报了1－9月全省各地区目标责任考核主要指标完成情况。

11月24日，青海省公路运输能源消费调查工作会议召开。会议安排布置了2010年公路运输能源消费调查工作，并表彰了全省公路运输能源消费调查先进单位和个人。

11月25日，青海省2010年贸易科技统计年报暨数据处理程序会议在西宁召开，布置2010年贸易统计年报以及2011年贸易定期报表。

11月29日，青海省综合治理考评组在对省统计局进行考评验收后指出：青海省统计局综合治理工作扎实、制度健全、措施落实，群众安全感调查和平安稳定工作有特色。

11月30日，青海省统计局被青海省文明委评为省级文明单位标兵。这是青海省统计局第三次荣膺省级文明单位称号。

同日，青海省第二次全国R&D资源清查领导小组办公室召开第二次全国R&D资源清查公报数据部门协调会议，对《青海省第二次全国R&D资源清查主要数据公报(征求意见稿)》进行了集中审议。

▲12月

12月7日，《青海统计年鉴(2009)》荣获全国地方志系统第二届年鉴评选专业年鉴组二等奖。

12月8日，青海省社科联授予青海省统计学会社会科学类一级学会称号。

12月10日，青海省人口普查办公室向国务院人口普查办公室上报青海省第六次人口普查登记快速汇总数据。

12月13日，青海省委常委、常务副省长徐福顺对青海省统计局撰写的《2009年全省妇女和儿童发展规划监测评估报告》上作出批示，肯定两纲监测工作成绩并要求用适当方式宣传青海妇儿事业已取得的成绩。

12月16日，青海省省长骆惠宁在专门听取青海省统计局、国家统计局青海调查总队工作情况汇报后，充分肯定了省统计局近年来的工作，并要求统计调查部门进一步加快统计方法制度改革，更加全面及时准确反映全省经济社会发展现状，为青海经济社会发展服务。

12月19至21日，青海省统计局召开全省能源统计工作及数据处理程序培训会议。对2010年能源统计年报和2011年能源统计定期报表数据处理程序进行了培训。

12月22日，国家统计局局长马建堂在《青海省统计局关于2010年主要工作完成情况的报告》上作出重要批示，高度肯定青海省统计局2010工作所取得的成绩，并对下一年度工作提出殷切期望。

国家统计局青海调查总队2010年大事记

▲1月

1月5日

总队长张小军主持召开考核领导小组会议，安排布置青海调查队系统2009年度考核和廉政考核工作。自11日起，总队领导分5组带队陆续赴6个市级调查队、16个县级调查队开展2009年度考核和廉政考核工作。

同日，总队组织召开全省调查队系统财务决算编制及资产管理信息系统培训会议，总队长张小军参加会议并讲话。

1月14日

总队组织召开2010年全省企业景气调查暨采购经理调查工作会议，总队长张小军参加会议并讲话。

1月15日

总队长张小军列席省政府第52次常务会议，参加“审议《政府工作报告（送审稿）》、审议《青海省2009年国民经济和社会发展执行情况与2010年计划草案的报告（送审稿）》、审议《青海省2009年财政预算执行情况和2010年财政预算草案的报告（送审稿）》”三项议题讨论。

1月18日

青海调查总队荣获2009年度全省党委系统信息工作先进单位。

1月19日

副总队长李积文参加2010年全省工业和信息化工工作会议。

1月20日

总队领导班子全体成员赴定点扶贫平安县沙沟乡开展扶贫慰问活动。

1月21日

总队长张小军参加省委常委（扩大）会议。

同日，总队长张小军主持总队党组扩大会，听取国家统计局青海地区市县级调查队17名领导干部任职试用期满考察情况汇报，听取国家统计局大通、乐都、互助、循化、共和、同仁调查队队长选拔考察情况汇报。

同日，副总队长杨瑶等参加全省经济运行新闻发布会。

1月22日

总队长张小军主持召开2009年度总队党组民主生活会。

同日，总队和省局联合召开全省规模以下工业抽样调查工作暨应用程序业务培训会，李积文副总队长参加会议并讲话。

1月25日

国家统计局马建堂局长对青海调查总队2009年工作作出批示：“2009年国家统计局青海调查总队在省委、省政府的大力支持和地方统计部门的密切配合下，狠抓调查数据质量，加强队伍执行力建设，各项调查工作取得了新的进步。2010年统计调查改革和发展的任务十分繁重。希望同志们深入贯彻落实科学发展观，按照国家统计局的统一部署，进一步强化国家队意识，发挥自身优势，努力在提高统计能力、提高统计数据质量、提高统计公信力上有新作为、新创造、新突破，不断开创青海统计调查工作新局面。”

同日，总队长张小军列席青海省人大十一届三次会议。

同日，总队举办2009年度机关党建和精神文明建设工作考核大会，省直机关工委副书记程晋义等参加考核大会，副总队长李积文汇报总队机关党建和精神文明建设工作，副总队长王晓军主持会议。

1月27日

总队长张小军就《马建堂局长对国家统计局青海调查总队的批示》作出批示：请总队领导和各处（室）负责人阅，并将马局长批示传达到总队每一位职工和各市、县队全体职工。马局长再次对青海调查工作作出批示，充分体现了国家统计局党组和领导对青海统计调查工作的关怀和支持，对我们青海调查队系统全体同志是莫大的鼓舞。2010年青海统计调查工作一定要按照马局长的批示精神，深入贯彻落实科学发展观，按照国家统计局的统一部署，进一步强化国家队意识，结合青海实际，努力在提高统计能力、提高统计数据质量、提高统计公信力上有新作为、新创新、新突破，努力开创青海统计调查工作新局面。

同日，总队长张小军赴北京参加全国统计工作会议。

同日，副总队长李积文代表总队领导班子慰问厅级退休老干部。

1月28日

副总队长李积文主持召开2010年第1次队务会，传达省委十一届七次全委会精神、学习省委书记强卫、原省长宋秀岩讲话；传达国家统计局马建堂局长对青海调查总队工作批示和张小军总队长批示。

同日，青海调查总队荣获2009年度全省政府系统信息工作先进单位。

1月31日

总队长张小军在京参加中国统计学会第八次全国会员代表大会。

▲2月

2月1日

副总队长李积文代表总队参加省政府全体会议。

2月3日

总队长张小军主持召开第2次队务会，传达学习全国统计工作会议精神和省政府全体会议精神。

2月9日

总队长张小军主持召开总队机关2009年度考核民主测评会。

同日，总队机关举办2010年新春联谊会。

2月21日

副总队长王晓军主持召开总队机关党委会，研究2009年度总队机关先进党支部、优秀党务工作者和优秀党员人选。

2月22日

总队长领导班子成员与来青参加省统计局固定资产投资统计处成立挂牌仪式的国家统计局固定资产投资司汲凤翔司长一行座谈。

同日，总队长张小军分别主持召开第一次总队长办公会和第3次队务会，研究2010年度全省统计调查工作会议筹备事项。

2月23日－24日

纪检组长朱万参加省纪委十一届四次会议。

2月24日

总队长张小军主持召开2009年度考核领导小组会议，研究确定2009年度本系统优秀公务员，总队机关先进处室，基层调查队目标管理综合考核等次、分专业考核等次和系统内调研课题、分析文章评选结果。

2月25日

总队长张小军主持召开2010年度公务员招录面试工作会。

2月28日

总队纪检组长朱万等赴深圳市参加全国统计系统党风廉政建设工作会议。

▲3月

3月2日

总队组织召开2010年全省统计调查工作会议及党风廉政建设和反腐败工作专题会议。

3月3日－5日

总队组织开展2010年公务员招录面试。

3月4日

副总队长李积文和总队综合处有关人员应邀参加青海省人大财经委员会组织召开的对口部门工作联系会议。

3月7日

副总队长李积文参加国家统计局组团赴法国考察。

3月8日

总队妇委会组织开展纪念“三八”国际劳动妇女节100周年活动。

3月10日

副总队长王晓军参加省政府办公厅组织召开的青海省第六次全国人口普查领导小组第一次会议。

3月11日

总队长张小军主持召开第4次队务会，研究国家统计局考核组赴青考核工作，并安排总队近期工作。

同日，副总队长王晓军等代表总队赴定点帮扶的平安县沙沟乡送化肥。15日将总队机关干部职工扶贫捐款送到贫困户家中。

3月15日

国家统计局副局长许宪春一行5人考核组来青对总队领导班子和厅局级领导干部进行2009年度考核和廉政考核。16日，总队组织召开“2009年度领导班子及成员考核大会”，国家统计局副局长、考核组组长许宪春作考核动员讲话，副组长王跃新作填表说明，张小军总队长主持大会并代表班子述职述廉，总队机关全体干部职工参加考核大会和民主测评。会后，国家统计局考核组进行分组个别谈话。17日，考核组向总队领导班子反馈初步考核意见。

3月17日

青海省委常委、常务副省长徐福顺会见国家统计局副局长许宪春等考核组一行，并就青海统计调查工作进行座谈。

3月18日

总队领导班子成员慰问病故的国家统计局格尔木调查队原队长甘国芳同志家人，并转达国家统计局马建堂局长、国家统计局办公室和人事司的问候。

3月22日

总队组织召开部分市、县级调查队干部任前集体谈话会。总队长张小军、纪检组长朱万讲话，总队人教处、纪检监察室、机关党委负责人参加会议。

3月24日

总队长张小军会见湟源县人民政府主管统计工作副县长田海峰和县统计局局长靳伟一行，并与他们座谈湟源统计调查工作。

同日，总队与西宁市公安局交通警察支队城西大队签订《西宁市道路交通安全目标管理责任书》，并与省统计局联合邀请辖区交警为局队机关驾驶员开展道路交通安全法规培训讲座。

3月25日

总队发文任命市级调查队8名副处级干部和县级调查队6名县队长。

同日，总队分别发文部署青海调查队系统2010年度课题招标和分解安排2010年机关各处室主要工作目标任务。

3月26日

总队长张小军主持召开中心组党风廉政建设专题学习会，会议学习中共中央、国家统计局党组、总队党组有关文件和《中国共产党党员领导干部廉洁从政若干准则》；总队党组纪检组长朱万传达全国统计系统党风廉政建设工作会议精神、马建堂局长讲话、罗兰组长工作报告主要内容和中共青海省第十一届纪律检查委员会第四次全体会议精神、省委书记强卫讲话、省纪委书记仁青加工作报告主要内容；总队机关各处（室）主要负责人与总队党组签订了2010年度《党风廉政建设和反腐败工作承诺书》。张小军就进一步加强政治理论学习，认真做好党风廉政建设工作提出五点要求。

3月28日

副总队长杨瑶等赴武汉市参加全国组织工作满意度民意调查工作总结研讨会。

3月29日－31日

总队长张小军、副总队长王晓军、纪检组长朱万分别带队赴西宁、海东、海南、海北、黄南5个市级调查队和大通、同仁、循化、共和互助、乐都6个县级调查队宣布干部任职情况并调研相关工作。

3月31日

副总队长杨瑶等赴南宁市参加全国统计法制工作暨培训会议。

▲4月

4月2日

青海调查总队荣获青海省2009年度省直机关“机关党建工作先进单位”荣誉称号。

同日，副总队长王晓军、纪检组长朱万和总队机关党委专职副书记李延华参加省直工委2010年党的工作会议。

4月6日

纪检组长朱万参加省政府第三次廉政工作会议。

4月7日

国家统计局马建堂局长对总队上报的《青海调查总队领导班子2009年度述职述廉报告》作出批示：“青海调查总队一年来在业务建设和党风廉政建设上都做了不少工作，工作有新进展、党风有新增强、水平有新提高。2010年，国家统计局调查队系统工作任务很重，望你们务必不断增强国家队意识，强化国家调查职能，不断提高数据质量，不断提高业务水平。在此前提下，为各级党委和政府服好务。”

4月9日

总队领导班子成员赴西宁市南西山文峰碑参加由省绿化委、省直工委联合组织的主题为“大力开展身边增绿活动、努力营造绿色生态家园”的“青海省厅局长林”植树活动。

同日，总队长张小军会见海西州州委副书记、州长诺卫星一行，并座谈海西统计调查工作。

4月10日

总队长张小军等四人参加由青海省游泳运动协会主办的“江苏伟业香格里拉杯”青海省2010年春季游泳比赛，张小军总队长夺得厅级男子乙组30米自由泳第一名、30米蛙泳第二名的好成绩；秦飞获得处级以下男子甲组30米自由泳第三名。

4月12日

总队组织机关全体干部参加全省第八次普法统一考试。

同日，总队内网开设“保密工作”专栏，加强保密宣教工作。

4月13日

副总队长杨瑶主持召开总队机关党委(扩大)会议。

同日，副总队长李积文参加省政府一季度经济形势分析会。

4月15日

总队长张小军主持召开第5次队务会，专题研究部署玉树抗震救灾工作。会议同时安排了“五五”普法验收、干部培训和近期有关业务工作。

同日，省局、总队联合成立抗震救灾领导机构，并发文安排有关抗震救灾工作。总队内网开设“玉树抗震救灾”专栏，向全系统发出为玉树地震灾区爱心捐助倡议书。

同日，总队制发《市级调查队党组纪检组长工作职责》。

4月16日

总队举办为期两个月的统计调查基层知识培训，总队机关各处室、西宁调查队40岁以下在职人员、军队复转军人等28人参加培训，总队长张小军在开班仪式上讲话。

同日，总队和省局联合组织机关全体干部职工为玉树地震灾区献爱心捐款活动。

4月18日

副总队长王晓军等赴南京市参加全国农村抽样调查样本轮换工作布置会暨农作物调查样本抽选培训会。

4月21日

总队干部职工参加省垣及西宁地区各族各界群众悼念玉树地震遇难同胞大会和默哀活动。

4月22日

总队机关党委积极响应省委组织部倡议组织机关60名党员自愿多交党费支持玉树地震灾区。

4月24日

总队长张小军和省局侯碧波局长等赴玉树地震灾区慰问州、县统计工作人员，了解灾区统计调查工作恢复情况，送去笔记本电脑、打印机、发电机等救灾急需工作物资，并从省局、总队各选派1名业务人员驻玉树灾区协助恢复开展当地统计调查工作。同时，局队领导与玉树州委常委、常务副州长王勇，玉树县委常委、常务副县长高波就灾区统计调查工作恢复情况进行座谈。

4月30日

纪检组长朱万与市级调查队新任纪检组长谈话。

▲5月

5月2日

省局总队抗震救灾领导小组召开会议，研究进一步支援玉树统计调查系统抗震救灾有关工作。

5月4日

副总队长王晓军赴国家行政学院参加国家统计局调查队系统厅局级干部任职培训班。

5月8日

总队长张小军列席省政府第56次常务会议，听取省发改委当前经济形势分析，研究部署下一步工作。

5月10日

总队长张小军主持召开第二次总队长办公会，研究安排本系统干部教育培训工作。

5月11日

副总队长杨瑶带领总队法规处负责人等赴海东、平安、互助一地两县调查队，检查“五五”普法验收自查工作。

5月12日

副总队长王晓军受张小军总队长委托主持召开总队农村抽样调查样本轮换工作领导小组会议，学习贯彻国家统计局有关工作部署和领导讲话，安排布置青海农村抽样调查样本轮换工作。

5月13日

局队处级以上干部在西宁胜利宾馆参加国家统计局慰问团“向青海省玉树地震灾区统计调查系统捐款仪式”，国家统计局党组书记、局长马建堂,青海省委常委、常务副省长徐福顺分别致词。天津市统计局局长杜西平、国家统计局天津调查总队总队长董顺榕代表天津统计调查系统向青海玉树地震灾区统计调查系统捐款1000万元,青海省统计局局长侯碧波、国家统计局青海调查总队总队长张小军代表玉树地震灾区统计调查系统接收捐款,省政府副秘书长姚海瑜主持捐款仪式。随后,侯碧波、张小军陪同马建堂、毛有丰、张仲梁,杜西平、董顺榕等一行6人飞抵玉树,慰问地震灾区统计调查系统工作人员。

5月14日

总队组织召开部分服务业抽样调查工作业务培训会,副总队长杨瑶参加会议并讲话。

5月17日

总队长张小军赴省政府参加节能减排会议。

5月21日

副总队长杨瑶带领总队法规处负责人赴大通调查队对"五五"普法工作进行考核验收。

5月26日

总队长张小军主持召开第三次总队长办公会,研究2010年度经费预算。

5月28日

总队召开机关党员大会,举行机关党委换届选举。总队党组书记、总队长张小军参加会议并讲话,省直机关工委副书记陈卫泉等应邀出席会议并讲话。会议由总队党组成员、副总队长王晓军主持。总队党组成员、副总队长李积文宣读了省直工委批复;会议听取并通过了总队党组成员、副总队长、机关党委书记杨瑶同志和总队党组成员、纪检组长、机关纪委书记朱万同志分别代表第一届机关党委、机关纪委作的工作报告。大会选举出王晓军、朱伟庆、沈宏、杨成福、宋海祥、吴建宁、李延华7名同志为第二届机关党委委员;旦正项杰、刘文斌、刘春环、杨成福、李西彦5名同志为第二届机关纪委委员。总队机关51名党员参加了会议和选举。

5月30日

副总队长王晓军等赴兰州市参加2010年全国城镇住户基本情况抽样调查工作布置会。

5月31日

副总队长李积文带领部分机关处室和县级调查队同志赴安徽、浙江考察学习。

同日,总队党组成立创先争优活动领导小组。

▲6月

6月1日

在新一轮全省文明单位申报评比,总队机关荣获青海省省直机关文明单位荣誉称号(2010-2012年度)。

6月2日

总队长张小军被国家统计局评选为调查队系统2009年度厅级优秀公务员。

同日,副总队长王晓军主持召开总队机关第二届党委第一会议,研究新一届机关党委委员、机关纪委委员分工,报经省直工委审批。

6月3日

副总队长杨瑶带领部分机关处室和基层调查队同志赴福建、广东考察学习。

同日,总队与省统计局、省监察厅、省司法厅联合发文,安排部署统计法和统计违法违纪行为处分规定贯彻执行情况大检查工作。

6月7日

总队长张小军主持召开第6次队务会,研究部署开展统计执法大检查工作。

同日,总队发文部署学习贯彻《党政领导干部选拔任用工作责任追究办法(试行)》、《党政领导干部选拔任用工作有关事项报告办法(试行)》、《地方党委常委会向全委会报告干部选拔任用工作并接受民主评议办法(试行)》、《市县党委书记履行干部选拔任用工作职责离任检查办法(试行)》"四项监督制度"。

6月8日

总队纪检组长朱万带领纪检监察室和基层调查队同志赴吉林、辽宁考察学习。

同日,总队党组印发《深入开展创先争优活动实施方案》。

6月9日

局队玉树抗震救灾领导小组召开会议,研究玉树州统计局、国家统计局玉树调查队办公用房重建事宜。

同日,总队印发调查队系统统计执法大检查实施方案。

同日,局队联合举办机关职工乒乓球比赛,总队机关旦正项杰、吴栋仁分别获得男子第二名和第四名。

6月10日

总队召开深入开展创先争优活动动员大会,副总队长王晓军主持会议并宣读总队机关《深入开展创先争优活动实施方案》,总队长张小军作动员讲话。

6月12日

按照青海省国家保密局安排,总队组织31名保密承诺书签订人员参加《全国保密承诺书签订人员知识竞赛》试卷答题活动。

6月14日

副总队长王晓军赴省政府参加骆玉林副省长召集会议,研究1-5月工业经济运行情况及节能减排工作。

6月21日

总队长张小军主持第四次总队长办公会,研究抽选25名同志赴玉树地区帮助开展灾后住房普查工作。

6月22日

总队长张小军会见格尔木市副市长丁宝忠等,座谈城镇住户调查及有关工作。

同日,总队召开"五五"普法考核验收汇报会,省直单位"五五"普法第十四考核组对总队"五五"普法工作进行考核验收,副总队长王晓军主持汇报会,总队长张小军作汇报,总队机关各处室负责人和西宁调查队有关同志参加汇报会。

同日,总队组织机关党员参加"省直机关'严守准则、勤廉履职'主题教育宣传月活动《党员领导干部廉洁从政若干准则》知识"竞答。

6月23日

总队长张小军主持青海省玉树灾区城乡居民住房受损情况普查工作动员暨培训会。次日，总队纪检组长和青海调查队系统抽选的24名同志赴玉树州所属6县开展普查工作。

6月25日

总队组织召开全省城镇住户和农村抽样调查样本轮换工作暨业务培训会议。总队长张小军参加会议并讲话，副总队长王晓军主持大会，来自基层调查队、统计局近130余名工作人员参加大会并分组培训。

6月29日

总队组织举办庆祝建党89周年暨表彰大会，副总队长王晓军主持大会，副总队长李积文宣读表彰决定，总队长张小军讲话。

6月30日

总队长张小军赴玉树检查督导地震灾区住房普查工作。

同日，副总队长李积文参加省政府第61次常务会议暨青海省玉树地震灾后重建工作第7次会议。

▲7月

7月1日

副总队长、总队机关党委书记王晓军主持召开党委会，研究总队机关党支部合并重组有关工作。

7月5日

副总队长杨瑶、总队机关党委副书记李延华带领局队乒乓球代表队赴京参加全国统计系统乒乓球邀请赛，荣获团体并列第九名。

7月7日

总队长张小军分别主持召开第五次总队长办公会和第7次队务会，研究近期拟召开基层基础工作经验交流会、青海调查队系统首届职工运动会、办公室业务培训会事项，安排上半年工作总结，布置下半年工作。

7月8日

总队向国家统计局报告格尔木市重大汛情事项。

7月9日

国家统计局人事司副司长刘彦武、杨力童一行赴青，组织总队副巡视员人选公推工作，确定杨成福同志为考察对象并进行考察谈话。

7月14日

总队长张小军和侯碧波局长赴省政府向省委常委、常务副省长徐福顺汇报工作。

同日，国家统计局纪检监察局巡视员赵桂芳一行2人赴总队和西宁调查队检查调研纪检监察工作，总队纪检组长、纪检监察室主任朱万主持汇报会并汇报工作，总队长张小军会见赵桂芳一行并座谈。

7月15日

总队机关全体党员参加"全省党员干部学习贯彻《廉政准则》知识"统一测试。

7月16日

总队组织全体干部参观西路军纪念馆。

7月16日－18日

总队长张小军列席青海省委十一届八次全体会议和省委专题研讨会。

7月19日

总队长张小军参加青海调查队系统2010年度新录用公务员任前培训会并讲话，2010年度10名新考录公务员全部到岗工作。

7月20日

总队组织青海调查队系统办公室工作业务培训会议，特邀国家统计局办公室副主任雷小武等就公文处理、保密保卫、政务信息写作等知识进行授课培训，总队长张小军出席开班式并讲话。

7月22日

总队长张小军等在西宁参加全国统计系统办公室工作会议。总队荣获2009年度考核公文处理、保密工作两项三等奖；海南州调查队参加国家统计局办公室组织的"紧紧围绕三个提高'，做好新形势下办公室工作"一篇征文荣获一等奖。

7月22日－23日

国务院第六次全国人口普查领导小组副组长、国家统计局局长马建堂率国务院第六次全国人口普查督查组赴青督查人口普查准备工作。总队长张小军等参加青海省第六次全国人口普查工作汇报会，并陪同马建堂局长、张为民副局长等赴西宁市、海东地区现场督查第六次全国人口普查有关准备工作。

7月26日

总队长张小军主持召开第8次队务会，专题传达学习国家统计局国统字〔2010〕65号文件，进一步强调据实调查上报统计信息有关工作。

同日，北京市统计局、国家统计局北京调查总队刘亚平总队长一行来青调研考察统计宣传工作，张小军总队长、王晓军副总队长、省局赵玉华副局长等会见并座谈。

7月27日

总队长张小军、副总队长王晓军等赴西宁市城北区和城东区抽中居民户家中，实地检查指导西宁市城镇居民基本情况抽样调查工作。

同日，副总队长李积文带领总队生价处、专项处有关人员赴海南州调研工作。

7月28日

总队长张小军赴北戴河参加国家统计局召开的加强市县调查队管理工作座谈会。

▲8月

8月3日－5日

总队长张小军等赴郑州市参加国家统计局召开的调查队系统节能减排工作会议。

8月4日

副总队长杨瑶主持召开专题会议，研究布置统计执法大检查抽查工作。

同日，总队党组纪检组长朱万等与来青考察的厦门调查队党组纪检组长方忠志一行座谈。

8月5日

调查队系统在2010年度全省统计系统优秀文章评选中，荣获一等奖1篇，二等奖3篇，三等奖4篇。8月6日总队党组中心组召开专题会议，组织副处级以上干部集体观看职务犯罪警示教育片《珍惜岗位远离犯罪》。

8月9日

总队长张小军主持召开第9次队务会，传达国家统计局关于加强市县调查队管理工作座谈会和国家统计局调查队系统节能减排工作会议精神，安排部署近期工作。

8月10日

副总队长王晓军等参加局队农牧业统计调查业务分工调整及交接工作会议。

8月12日

总队法规处处长杨成福同志拟任总队副巡视员公示。

8月13日

总队在青海省黄南藏族自治州同仁县举办青海调查队系统基层基础建设经验交流暨现场观摩会。总队长张小军莅临会议讲话，并传达了国家统计局"加强市县调查队管理工作座谈会"和"国家调查队系统节能减排工作会议"精神，副总队长杨瑶作大会总结，副总队长李积文、王晓军分别主持会议，同仁县委常委、常务副县长韩华到会致词，七个市、县级调查队从分别从八个专业介绍了统计调查工作的经验，民和调查队辅助调查员汪秉祥同志介绍了从事辅助调查员工作的感受和经验。

8月15日

总队长张小军等与赴青考察的国家统计局福建调查总队魏晓光总队长一行座谈。

8月16日

副总队长杨瑶等与省统计局、省司法厅有关同志分赴海东地区、化隆县、循化县有关单位开展省级统计执法大检查重点检查工作。

同日，总队印发《保密法》学习宣传活动方案。

8月19日

总队长张小军等分别赴西宁市、湟源县、海东地区、平安县检查督导组工调查工作。

8月20日

总队长张小军主持中心组学习会，并集体收看《预防职务犯罪－公安厅长的蜕变》警示教育纪录片。

同日，副总队长杨瑶等分别赴黄南州同仁县、海北州海晏县检查督导组工调查工作。

8月23日

副总队长王晓军带领农业处、农村住户处负责同志赴都兰县检查指导统计调查基层基础工作、样本轮换、"五五"普法验收和统计执法大检查等工作。

8月25日

副总队长王晓军等应邀赴海西州德令哈市参加全国少数民族自治州首府城市第十八届统计信息网络年会。

8月26日

总队长张小军主持召开第六次总队长办公会，研究乐都调查队队长蒲元海同志病逝善后处理事项。

同日，总队长张小军应邀与来青参加"资产负债核算研讨会"的国家统计局国民经济核算司司长彭志龙一行座谈。

同日，受总队长张小军委托，副总队长王晓军代表总队看望病逝的乐都调查队队长蒲元海同志家属，并转达马建堂局长的慰问。

同日，总队机关全体干部职工为甘肃舟曲灾区捐款。

8月27日

总队组织召开学习宣传《保密法》大会，总队长张小军莅临会议并讲话，副总队长杨瑶主持会议，纪检组长朱万及总队机关全体干部参加会议。会议集体学习了国家统计局关于在统计系统学习宣传《保密法》活动通知、方案、宣传提纲和青海调查总队学习宣传《保密法》活动方案。

8月28日

总队长张小军、副总队长杨瑶等与赴青考察的黑龙江调查总队、贵州调查总队同仁座谈。

8月29日

副总队长李积文带领总队生价处、消价处有关同志赴陕西省西安市参加国家统计局举办的全国价格统计工作会议。

▲9月

9月2日

总队长张小军应邀参加在西宁市召开的部分省、自治区、直辖市统计局资料中心主任座谈会暨部分统计资料收集工作联系人座谈会，并陪同莅临会议的国家统计局党组成员、党组纪检组长罗兰到总队机关看望全体职工，考察了解总队纪检工作开展情况。并深入湟中县考察县调查队工作情况。

9月3日

总队在青海多巴国家高原体育训练基地举办国家统计局青海调查队系统首届职工运动会，国家统计局党组纪检组组长罗兰、资料中心主任翟艳，青海省直机关工委副书记陈卫泉、青海省体育局副局长郭玉京、青海省统计局局长侯碧波等领导应邀参加开幕式，罗兰组长代表国家统计局致辞。

9月4日

总队党组纪检组长朱万陪同国家统计局党组成员、党组纪检组长罗兰等赴互助县考察。

9月6日

副总队长杨瑶参加全省"纪念抗日战争胜利65周年"女厅级领导干部红歌会。

9月8日

总队长张小军主持总队机关全体干部大会，陈宏、吴建宁、朱德发、颜力、王平、谢丽萍2名正处、4名副处同志作任职试用期满考核述职，并进行民主测评、个别谈话，发布考察预告。

同日，总队长张小军等省局、总队领导视察局队付家寨绿化点，并召开第二期绿化工作现场办公会。

9月9日

总队长张小军等参加局队统计联系协调会议。

同日，副总队长杨瑶等赴共和县检查指导海南州调查队“五五”普法、统计法制建设、统计执法大检查及规上企业统计调查数据质量检查、评估等工作。

同日，副总队长王晓军等赴湟中县开展数据质量检查工作。

9 月 10 日

总队长张小军、副总队长王晓军等应邀赴互助县参加西宁调查队样本轮换工作表彰会。

9 月 12 日

总队长张小军与来青参加“青海绿色经济高峰论坛”的国家统计局许宪春副局长一行座谈，并陪同赴贵德县考察。

9 月 13 日

副总队长王晓军等参加省政府副省长骆玉林召集的节能减排工作专题会议。

9 月 14 日

张小军总队长主持召开第七次总队长办公会，研究互助调查队干部黄得录同志病故善后处理事项。

9 月 15 日

副总队长杨瑶、副巡视员杨成福参加全省统计执法大检查情况汇报会。9 月 16 日

总队在国家统计局 2009 - 2010 年度统计设计管理系统评比中，荣获“统计标准管理专项”三等奖；“统计基层基础建设专项”三等奖。

9 月 17 日

张小军总队长主持召开总队创先争优领导小组专题会议，总结前阶段创先争优工作，研究部署下阶段工作。并按照省创先争优领导小组和省直机关工委的要求，评选出创先争优活动中涌现出的先进党支部和优秀党员。

9 月 19 日

自 9 月 19 日开始至 21 日，总队消费价格调查处按照国家统计局城市司的要求，在青海大学等 6 所大专院校开展“大学生消费情况调查”工作。

9 月 25 日

总队长张小军等应邀赴西安参加“西北五省、区统计学会会长联席会议”。

同日，总队班子成员王晓军、朱万、杨成福以及副处级以上干部参加国家统计局召开的贯彻落实四项监督制度视频会议。

9 月 27 日

副总队长王晓军主持召开中心组会议。会上，认真学习了中共青海省委创先争优活动领导小组印发的青创〔2010〕9 号文件（齐玉同志在省创先争优第二次会议上的讲话）和青创〔2010〕10 号文件（李源潮同志在中央国家机关创先争优活动第二次会议上的讲话）；对总队机关前阶段创先争优活动开展情况进行了通报，同时，对下阶段创先争优活动提出了四点具体要求。

9 月 28 日

国家统计局人事司齐占林处长、纪检监察局白凤民副调研员来青对朱万组长使用期一年来的工作情况进行考察。

▲10 月

10 月 9 日

组织总队全体干部职工聆听青海省国家保密局业务处李勇处长关于学习宣传《保密法》专题讲座。

10 月 10 日

总队长张小军参加省政府骆玉林副省长召开的全省 1 - 9 月份工业经济运行情况和节能减排工作完成情况汇报会。

10 月 10 日 - 23 日

总队党组纪检组长朱万参加国家统计局举办的第 29 期省（区、市）统计局长总队长研究班。

10 月 12 日

张小军总队长赴海西、格尔木和都兰调查队检查指导工作。

10 月 15 日

召开青海调查总队赴玉树抗震救灾工作事迹报告会，总队全体干部职工参加会议。

10 月 19 日

总队召开中心组学习会，机关各党支部汇报开展争先创优活动阶段情况，副总队长王晓军主持会议并对总队机关争先创优活动进行阶段总结，总队长张小军点评。副总队长杨瑶及总队机关各处室负责人参加会议。

同日，总队党组中心组召开专题学习讨论会，传达了国家统计局人事司和纪检监察局《关于转发中纪委、中组部 < 坚决刹住用人上的不正之风 - - 关于 12 起违规违纪用人典型案例的通报 > 的通知》、中共中央纪律检查委员会和中共中央组织部《印发 < 坚决刹住用人上的不正风 - 关于 12 起违规违纪用人典型案件的通报 > 的通知》精神，专题学习了《关于 12 起违规违纪用人典型案件的通报》。总队长张小军作题为《认真贯彻落实干部选拔任用四项监督制度营造更加风清气正的选人用人环境》的讲话，总队党组成员、副总队长杨瑶、王晓军以及中心组全体成员参加会议。

10 月 20 日

总队长张小军参加全省领导干部会议，会议传达学习党的十七届五中全会精神。

同日，青海调查队系统视频收看“世界统计日”庆祝活动直播，并组织机关全体干部完成统计及法制知识测试活动，以庆祝“世界统计日”和“中国统计开放日”活动。

10 月 22 日

张小军总队长等与赴青考察的江西调查总队副总队长邓祖龙一行座谈。

同日，副总队长王晓军带队赴湖北、湖南考察学习。

10 月 27 日

总队向省领导提供《青海居民消费价格涨幅与西部部分省区比较》约稿。

10 月 29 日

总队组织召开全省卷烟零售客户满意度调查工作会议，总队长张小军参加会议并讲话，副巡视员杨成福参加会议。

▲11 月

11月3日

总队召开中心组学习会，组织中心组成员集体学习《中共青海省委关于认真学习贯彻党的十七届五中全会精神的通知》（青发〔2010〕21号）、《胡锦涛同志在党的十七届五中全会上的讲话》和《强卫同志在全省党员领导干部大会上的讲话》精神。张小军总队长就学习贯彻好五中全会精神提出五点要求，副总队长杨瑶、纪检组长朱万，副巡视员杨成福以及总队机关各处（室）副处以上干部参加了学习会。副总队长王晓军主持会议。

同日，张小军总队长主持党组中心组专题会议，传达学习省委书记强卫在全省领导干部电视电话会议上的讲话精神，就进一步贯彻全省教育大会精神，做好当前维稳工作提出要求。

同日，副总队长李积文带领工业调查处负责人分别赴西宁市、湟中县、大通县督查规模以下工业企业清查工作。

11月4日

总队长张小军主持召开第八次总队长办公会，研究总队机关车辆购置、系统内计算机设备购置及办公楼装修等事项。

同日，总队派员参加青海省省直机关第二届职工计算机技能大赛，在58个参赛单位中荣获团体第三名，在174名参赛选手中张炜维、马莉分别获得个人总分第三名和第四名的好成绩。

11月9日

副总队长李积文参加全省工业经济运行和节能减排工作专题会议。

11月10日

总队长张小军主持党组中心组专题学习会，传达省直工委《关于认真学习省委书记强卫玉树抗震救灾形势报告的通知》，学习《青海日报》全文刊发的强卫书记《玉树不倒青海常青－－关于玉树抗震救灾的形势报告》。

同日，副总队长杨瑶主持召开海东、海北、海西、黄南、果洛、玉树六个州级调查队居民消费价格调查方案及权数计算培训会。

同日，总队组织调查队系统全体干部参加青海省国家保密局举办的"金益杯"保密法知识竞赛答题。

11月12日

总队张小军总队长、王晓军副总队长、省统计局副局长陈伟和总队、省局有关处室同志在西宁参加国家统计局组织召开的"中国参加新一轮国际比较项目（ICP）工作部署视频会议"。

同日，总队机关工会召开会议，研究工会小组重组等事项。

11月15日

总队长张小军主持第九次总队长办公会，研究确定办公楼装修外立面设计方案。

11月16日－23日

副总队长王晓军赴江西省井冈山市参加2010年第12期厅局级领导干部"加强党性修养、坚定理想信念、保持优良作风"专题培训班学习。

11月18日

副总队长杨瑶、副巡视员杨成福和总队法规处人员赴西宁市中心广场参加由省法治办组织的"12·4"法制宣传日系列户外宣传活动。

11月21日－24日

总队长张小军参加省政府党组务虚会（扩大），深入学习贯彻党的十七届五中全会精神，回顾总结2010年全省经济社会发展情况，分析当前形势，研讨"十二五"规划纲要指标，谋划2011年发展目标及重要举措。

11月21日

副总队长杨瑶代表总队赴省政府参加由张光荣副省长主持召开的价格形式分析会，并作会议发言。

11月22日

总队长张小军应邀参加省统计局新办公楼启用揭牌仪式。

11月25日

总队长张小军列席省政府第70次常务会议，听取省发改委汇报当前物价形势，研究稳定市场物价保障群众生活相关措施。

11月28日

总队长张小军陪同国家统计局人口司冯乃林司长等赴西宁市督查人口普查工作。

▲12月

12月1日

总队祁瑞芳同志参加国家统计局机关团委"青春的使命：我为统计科学发展献一言"征文活动，并荣获三等奖。

12月2日

副总队长杨瑶参加省政府召开的部门工作汇报会，向国务院稳定物价保障基本生活督查组汇报青海物价工作。

同日，总队党组纪检组长朱万赴广西参加国家统计局监察局召开的纪检监察工作座谈会。

12月7日

张小军总队长主持召开第十次总队长办公会，研究民和调查队办公用房置换等事项。

12月12日

总队长张小军参加省政府平抑物价工作专题会。

12月13日

总队长张小军参加省委常委扩大会，会议传达学习中央经济工作会议精神。

同日，副总队长李积文参加省政府"全省1－11月份工业运行和节能减排工作"专题会议。

12月14日

副总队长王晓军等赴安徽省黄山市参加国家统计局召开的ICP居民消费价格调查培训会。

同日，纪检组长朱万在西宁第二分会场参加全国党的基层组织党务公开工作电视电话会议。

12月16日

副总队长李积文等参加省政府关于分析农牧民人均纯

收入工作专题会。

12 月 17 日

总队在国家统计局 2010 年度农村统计调查工作考核评比中，荣获“农产品生产价格调查”单项三等奖；“区域经济统计”单项三等奖；“农民工监测调查”单项三等奖。

12 月 19 日

总队长张小军参加省政府物价调控专题会议。

12 月 20 日

国家统计局局长马建堂在《青海调查总队 2010 年工作总结及 2011 年工作思路的报告》上作出批示“2010 年，青海调查总队面对突如其来的玉树地震，坚持一手抓抗震救灾，一手抓常规业务，及时组织开展了一系列统计调查工作，为抗震救灾提供了扎实可靠的基础统计资料和信息服务，充分展示了统计调查系统良好的精神风貌。希望在新的一年，更加牢固树立两个意识'，以规范统一、改革创新、公开透明为主线，着力在建设四大工程'上积极作为、开拓进取，取得新成绩、实现新突破，继续抓好组织、文化、人才队伍和党风廉政等各项建设，努力开创青海调查工作的新局面。”

12 月 21 日

总队长张小军主持召开第十一次总队长办公会，研究办公楼装修公开招标等工作事项。

12 月 21 日－25 日

总队长张小军赴京参加干部工作会议和全国统计工作会议。

12 月 22 日－24 日

副总队长李积文列席中共青海省委十一届九次全体会议。

同日，副总队长王晓军等参加省政府物价调控专题会议。

12 月 27 日

总队长张小军主持召开第十二次总队长办公会，通报规范工资改革工作有关事项。

同日，副总队长王晓军参加 2011 年全省发展和改革工作会议。

12 月 28 日

总队长张小军陪同省长骆惠宁赴青海大学调研稳定物价保障群众基本生活政策措施落实情况。

同日下午，总队长张小军陪同省委书记强卫视察西宁地区节日市场供应和冬季供暖情况。

同日，副总队长王晓军等参加青海省省直机关创先争优活动经验交流暨理论研讨会。

12 月 29 日

总队组织召开 2010 年调查队系统纪检、财务、人事工作培训会议，总队长张小军参加会议并讲话，纪检组长朱万主持会议。

同日下午，总队长张小军陪同省长骆惠宁赴乐都县调研稳定物价保障群众基本生活政策措施落实情况。

同日，总队在 2010 年度全国统计系统办公室工作考评中，荣获综合二等奖；公文处理单项二等奖；保密工作单项二等奖。

12 月 31 日

总队长张小军主持召开第 10 次队务会，传达全国统计工作会议精神，副总队长李积文、王晓军，纪检组长朱万，副巡视员杨成福及总队机关各处室主要负责人参加会议。

综　合

General Survey

第2篇
CHAPTER 2

地区生产总值增长速度

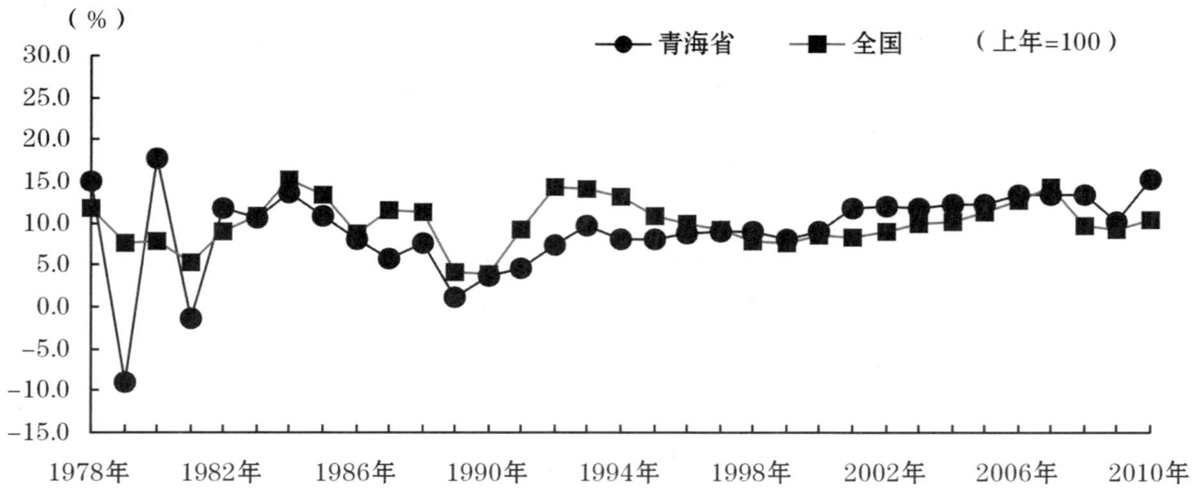

生产总值构成（%）

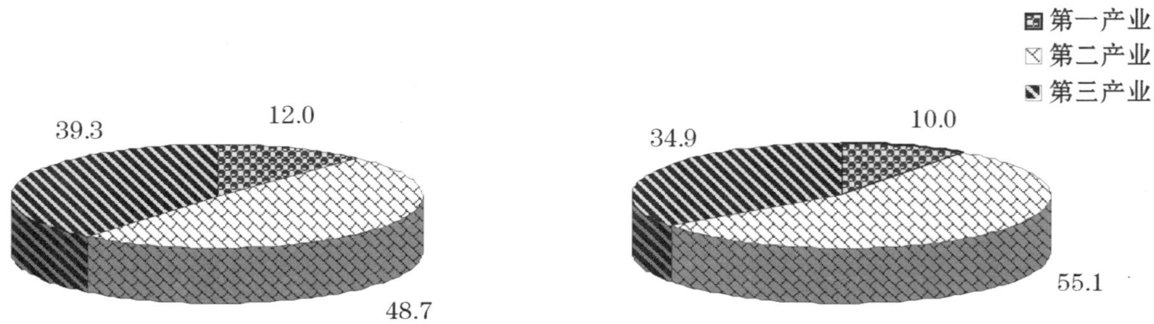

最终消费构成（%）

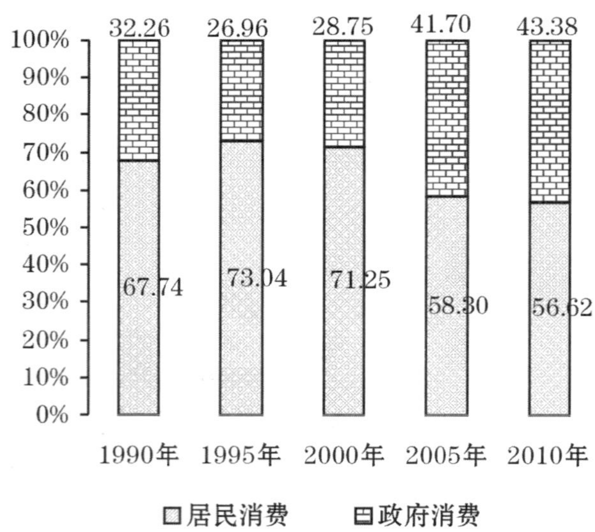

生产总值构成比重（%）

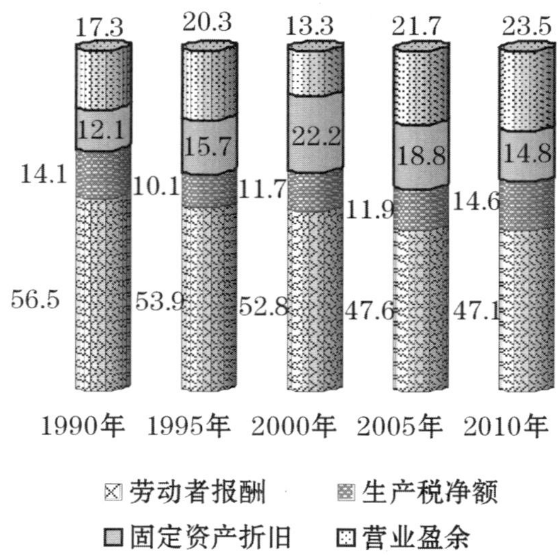

2-1 各部门机构数
Grass-roots Units in Various Sectors

单位：个 (unit)

部门	Sector	机构数 Grass-roots Units 2009	2010	2010年比2009年增长(%) Increase Rate % in 2010 over 2009
农村基层单位	**Rural Grass-roots Units**			
乡政府	Township Governments	234	232	减少2个
镇政府	Town Governments	132	133	增加1个
村民委员会	Village Committees	4163	4163	持平
牧业	Animal Husbandry	889	888	减少1个
乡村户数（万户）	Number of Rural Households (10 000 units)	85.1	87.5	2.82
国有及规模以上非国有工业企业	**Industrial Enterprises of State-owned and Non-state-owned above Designated Size**	**523**	**555**	**6.12**
大型企业	Large Industrial Enterprises	12	12	持平
中型企业	Medium-sized Industrial Enterprises	71	106	49.30
小型企业	Small Industrial Enterprises	440	437	-0.68
国有及国有控股企业	State-owned and State-holding Enterprises	137	135	-1.46
集体企业	Collective-owned Enterprises	9	6	-33.33
外商及港澳台商投资企业	Enterprises with Funds from Hong Kong ,Macao, Taiwan and Foreign Countries	26	28	7.69
建筑业企业	**Construction Enterprises and Units**	**440**	**439**	**-0.23**
卫生事业	**Health Care**	**1598**	**1569**	**-1.81**
医院、卫生院	Hospital and Health Centers	535	534	-0.19
疾病预防控制中心	Center for Diseasa Control and Prevention	56	56	持平
妇幼保健院(所、站)	Materbity and Child Care Centers	21	21	持平
社会福利事业	**Social Welfare Services**	**172**	**174**	**1.16**
收养类单位数	Residential Institutions	142	144	1.41
福利企业单位数	Number of Welfare Enterprises	17	17	持平
其他福利单位数	Other Social Welfare Units	13	13	持平
教育事业	**Education**	**3020**	**2885**	**-4.47**
普通高等学校	Regular Inststutions of Higher Education	9	9	持平
中等职业教育	Medium-scale Vocational Education	39	40	2.56
普通中学	Regular Secondary Schools	449	434	-3.34
高中	Senior Secondary Schools	126	119	-5.56
初中	Junior Secondary Schools	323	315	-2.48
普通小学	Primary Schools	2047	1792	-12.46
学前教育	Pre-school Education	466	599	28.54
特殊教育	Special Schools	10	11	10.00
科技机构	**Science and Technology Institutions**	**51**	**54**	**5.88**
艺术事业	**Art**	**13**	**14**	**7.69**
艺术表演团体	Art Performing Troupes	13	14	7.69
公共图书馆	**Public Libraries**	**44**	**44**	**持平**
群众文化事业	**Mass Culture**	**282**	**282**	**持平**
群众艺术馆	Mass Are Centers	8	8	持平
文化馆	Cultural Cebters	44	44	持平
文化站	Cultural Stations	230	230	持平
艺术教育事业	**Art Education**	**1**	**1**	**持平**
其他文化事业	**Other Cultural Units**	**11**	**11**	**持平**
艺术研究机构	Art Research Institutions	1	1	持平
文物事业	**Cultural Relics**	**44**	**44**	**持平**
博物馆	Museums	18	18	持平
文物机构	Cultural Relics Institutions	26	26	持平
广播电视台站	**Radio and Television Broadcasting Stations**	**12**	**12**	**持平**
广播电台	Radio Stations	4	4	持平
电视台	Television Stations	8	8	持平

2-2 主要年份国民经济和社会发展总量与速度指标

指　标		Item	1995	2000
人口与就业		**Population and Employment**		
人口	**(万人)**	**Population(10 000 persons)**		
常住人口		Population and Year-end	481.20	516.50
市镇人口		Urban	163.13	179.54
乡村人口		Rural	318.07	336.96
男性人口		Male	246.37	267.03
女性人口		Female	234.83	249.47
就业	**(万人)**	**Employment(10 000 persons)**		
从业人员数		Employment	261.71	283.91
职工人数		Stff and Workers	65.78	46.87
城镇登记失业人数		Registration Unemployment in Urban Areas	1.51	1.80
宏观经济		**Macro Economy**		
国民经济核算	**(亿元)**	**National Accounting(100 million yuan)**		
生产总值		Gross Domestic Product	167.80	263.68
第一产业		Primary Industry	39.62	40.12
第二产业		Secondary Industry	64.58	108.83
第三产业		Tertiary Industry	63.60	114.73
支出法生产总值		Gross Domestic Product by Expenditure Approach	167.80	263.68
最终消费		Government Final Consumption Expenditure	113.40	171.70
居民消费		Household Consumption Expenditures	82.83	122.33
政府消费		Government Consumption Expenditure	30.57	49.37
资本形成总额		Gross Capital Formation	77.67	160.46
固定资本形成		Gross Fixed Capital Formation	57.48	156.97
存货增加		Changes in Inventories	20.19	3.49
固定资产投资	**(亿元)**	**Investment in Fixed Assets(100 million yuan)**		
全社会固定资产投资总额		Total Investment in Fixed Asssets	55.58	154.83
国有经济		State-owned Economy	45.15	102.83
集体经济		Collective-owned Economy	5.34	6.61
个体私营经济		Individual and Private Economies	4.34	13.08
财政	**(亿元)**	**Government Finance(100 million yuan)**		
地方财政收入		Local Government Revenue	8.60	16.58
地方财政支出		Local Government Expenditures	28.80	68.26
物价总指数	**(上年=100)**	**Price Indices (preceding year=100)**		
商品零售价格总指数		Retail Price Index	116.30	99.00
居民消费价格总指数		Consumer Price Index	118.00	99.50
农业生产资料价格总指数		Price Indices of Agricultural Means of Production	123.90	100.70
利用外资	**(亿美元)**	**Utilization of Foreign Capital(USD 100 million)**		
签订利用外资协议额		Signed an Agreement for Use of Foreign Capital	0.54	1.53
能源生产与消费	**(万吨标准煤)**	**Production and Consumption of Energy(10 000 tons of SCE)**		
能源生产总量		Total Energy Production	571.57	937.90
能源消费总量		Total Energy Consumption	687.71	897.23

Principal Aggregate Indicators on National Economic and Social Development and Growth Rates in Main Years

总量指标 Aggregate Data				速度指标(%) Indices and Growth Rates						
				指数（2010年为以下各年） Index (2010 as percentage of the following years)				平均增长速度 Average Annual Groeth Rata		
2005	2008	2009	2010	1995	2000	2005	2009	1996–2000	2001–2005	2006–2010
543.20	554.30	557.30	563.47	117.10	109.09	103.73	101.11	1.43	1.01	0.74
213.21	226.49	233.51	251.98	154.47	140.35	118.18	107.91	1.94	3.50	3.40
329.99	327.81	323.79	311.49	97.93	92.44	94.39	96.20	1.16	-0.42	-1.15
277.58	279.33	280.26	297.79	120.87	111.52	107.28	106.25	1.62	0.78	1.42
265.62	274.97	277.04	271.68	115.69	108.90	102.28	98.07	1.22	1.26	0.45
297.80	317.18	321.58	330.13	126.14	116.28	110.86	102.66	1.64	0.96	2.08
40.92	44.55	47.80	50.30	76.47	107.32	122.92	105.23	-6.55	-2.68	4.21
3.63	3.87	4.07	4.24	280.79	235.56	116.80	104.18	3.58	15.06	3.16
543.32	1018.62	1081.27	1350.43	497.24	326.98	185.34	115.33	8.75	12.02	13.13
65.34	105.57	107.40	134.92	168.18	156.14	124.74	105.90	1.50	4.59	4.52
264.61	557.12	575.33	744.63	724.66	434.64	205.93	119.28	10.76	16.11	15.54
213.37	355.93	398.54	470.88	471.57	291.04	178.39	112.14	10.13	10.28	12.27
543.32	1018.62	1081.27	1350.43	497.25	326.98	185.33	115.33	8.75	12.02	13.13
360.72	593.51	616.15	715.38	393.56	296.44	153.96	110.10	5.83	14.30	9.01
210.29	322.40	360.98	405.07	306.16	239.24	149.66	106.60	5.04	10.29	8.40
150.43	271.11	255.17	310.31	634.54	437.69	160.05	115.10	7.72	22.66	9.86
369.28	643.19	798.24	1086.99	938.41	494.85	237.59	128.00	13.67	17.25	18.90
364.08	583.20	791.80	1057.86	1268.27	490.90	234.27	125.50	20.90	18.02	18.56
5.20	59.99	6.44	29.13	112.24	710.02	467.56	419.90	-30.77	-7.44	36.13
367.15	582.85	800.51	1068.73	1922.87	690.26	291.09	133.51	25.30	20.90	20.90
175.64	255.48	398.01	515.92	1142.68	501.72	293.74	129.62	22.00	15.10	20.00
14.50	23.79	14.33	16.01	299.81	242.21	110.41	111.72	0.80	6.50	11.20
42.76	41.52	84.76	147.83	3406.22	1130.20	345.72	174.41	32.00	29.30	17.10
33.82	71.57	87.74	110.22	1281.63	664.78	325.90	125.62	14.03	15.32	26.65
169.75	363.60	486.75	743.40	2581.25	1089.07	437.94	152.73	18.84	19.99	34.36
100.70	110.60	101.60	104.30	141.30	130.92	126.72	104.30	1.52	0.65	4.85
100.80	110.10	102.60	105.40	166.25	143.61	128.95	105.40	2.97	2.18	5.22
106.50	124.20	97.80	103.50	181.79	159.25	138.76	103.50	2.68	2.79	6.77
3.56	3.09	3.08	3.17	581.20	206.75	89.02	102.67	22.96	18.40	-2.30
1731.91	2635.91	2967.76	3633.29	635.67	387.39	209.79	122.43	10.41	13.05	15.97
1670.36	2279.15	2348.17	2568.26	373.45	286.24	153.75	109.37	5.46	13.24	8.98

2-2 续表 1

指 标		Item	1995	2000
产业		**Industry**		
农业		**Agriculture**		
农林牧渔业从业人员	(万人)	Employed Persons of Agriculture,Forestry, Animal Husbandry and Fishery (10 000 persons)	131.83	142.25
农林牧渔业总产值	(亿元)	Gross Output Value of Agriculture,Forestry, Animal Husbandry and Fishery(100 million yuan)	55.10	56.99
主要农产品产量	(万吨)	Output of Major Farm Products(10 000 tons)		
粮食		Grain	114.19	82.70
油料		Oil-bearing Crops	16.21	19.40
水果		Fruits	2.68	2.24
肉类		Meat	18.37	20.83
牛肉		Beef	6.29	6.35
羊肉		Mutton	6.13	7.00
水产品		Aquatic Products	0.24	0.12
工业		**Industry**		
主要工业产品产量		Output of Major Industrial Products		
原煤	(万吨)	Coal(10 000 tons)	278	145
原油	(万吨)	Crude Oil(10 000 tons)	122	200
发电量	(亿千瓦小时)	Electricity(100 million kwh)	66	134
钢	(万吨)	Steel(10 000 tons)	36	43
成品钢材	(万吨)	Rolled Steel(10 000 tons)	31	36
铝	(万吨)	Aluminum(10 000 tons)	11	28
原盐	(万吨)	Salt(10 000 tons)	76	68
化肥	(万吨)	Fertilizers(10 000 tons)	21	67
水泥	(万吨)	Cement(10 000 tons)	64	124
全部国有及规模以上非国有工业企业主要指标	(亿元)	Principal Indicators of Industrial Enterprises of State-owned and Non-state-owned above Designated Size (100 million yuan)		
固定资产原价		Original Value of Fixed Assets	236.53	505.81
固定资产净值年平均余额		Annual Averagr Balance of Net Value of Fixed Assets	143.04	361.62
利润总额		Total Profits	-5.65	0.79
建筑业		**Construction**		
建筑业总产值	(亿元)	Gross Output Value(100 million yuan)	20.49	44.72
施工房屋面积	(万平方米)	Floor Space of Building under Construction (10 000 sq.m)	183.73	339.43
竣工房屋面积	(万平方米)	Floor Space of Building Completed(10 000 sq.m)	97.29	192.90
交通运输		**Transport**		
货运量	(万吨)	Total Freight Traffic(10 000 tons)	3529	5076
铁路		Railways	532	833
公路		Highways	2887	4050
管道		Petroleum and Gas Pipelines	110	193
空运		Civil Aviation		
客运量	(万人)	Total passsnger Traffic(10 000 persons)	2388	3612
铁路		Railways	220	352
公路		Highways	2165	3250
空运		Civil Aviation	3	10
公路通车里程	(公里)	Total Lenth of Highways(km)	17223	18679

Continued

总量指标 Aggregate Data				速度指标(%) Indices and Growth Rates						
				指数（2010年为以下各年） Index (2010 as percentage of the following years)				平均增长速度 Average Annual Groeth Rata		
2005	2008	2009	2010	1995	2000	2005	2009	1996-2000	2001-2005	2006-2010
128.73	120.61	121.46	120.99	91.78	85.05	93.99	99.61	1.53	-1.98	-1.23
94.04	153.40	157.30	201.32	170.55	152.10	124.02	106.65	2.32	4.17	4.40
93.26	101.80	102.70	102.03	89.35	123.37	109.40	99.35	-6.25	2.43	1.81
31.85	35.22	36.60	36.91	227.70	190.26	115.89	100.85	3.66	10.42	2.99
1.48	1.32	1.46	1.44	53.73	64.29	97.30	98.63	-3.52	-7.95	-0.55
25.75	25.54	26.91	27.53	149.86	132.17	106.91	102.30	2.55	4.33	1.35
7.44	7.28	8.10	8.46	134.50	133.23	113.71	104.44	0.19	3.22	2.60
9.16	8.67	8.85	9.04	147.47	129.14	98.69	102.15	2.69	5.53	-0.26
0.09	0.21	0.08	0.16	66.67	133.33	182.23	200.00	-12.94	-5.59	12.75
555	1183	1284	1863	670.14	1284.83	335.68	145.09	-12.15	30.79	27.40
221	220	186	186	152.46	93.00	84.16	100.00	10.44	2.02	-3.39
213	306	361	457	692.42	341.04	214.55	126.59	17.23	9.71	16.50
51	115	127	137	380.56	318.60	268.63	107.87	3.84	3.47	21.85
48	115	125	138	445.16	383.33	287.50	110.40	3.42	5.92	23.52
67	102	91	147	1336.36	525.00	219.40	161.54	19.85	19.06	17.02
112	236	71	124	163.16	182.35	110.71	174.65	-2.33	10.49	2.06
159	247	278	313	1490.48	467.16	196.86	112.59	26.20	18.87	14.51
371	458	610	811	1267.19	654.03	218.60	132.95	14.16	24.51	16.93
844.71	1315.94	1575.12	2026.10	856.59	400.57	239.86	128.63	16.42	10.80	19.12
560.46	878.85	1104.40	1448.67	1012.77	400.61	258.48	131.17	20.38	9.16	20.92
72.82	177.17	100.02	182.02		23040.51	249.96	181.98		147.13	20.11
90.93	143.00	204.34	279.61	1364.62	625.25	307.50	136.84	16.89	15.25	25.19
407.55	404.50	490.98	693.12	377.25	204.20	170.07	141.17	13.06	3.73	11.21
194.02	189.18	211.71	273.16	280.77	141.61	140.79	129.03	14.67	0.12	7.08
7152	9318	10057	11426	323.77	225.10	159.76	113.61	7.54	7.10	9.82
1453	2310	2702	3286	617.67	394.48	226.15	121.61	9.38	11.77	17.73
5491	6805	7173	7962	275.79	196.59	145.00	111.00	7.00	6.28	7.71
208	202	182	178	161.82	92.23	85.58	97.80	11.90	1.51	-3.07
0.33	0.60	0.64	0.47			142.42	73.44			7.33
4920	9447	10101	10997	460.51	304.46	223.52	108.87	8.63	6.38	17.45
368	404	430	474	215.45	134.66	128.80	110.23	9.86	0.89	5.19
4525	8996	9603	10439	482.17	321.20	230.70	108.71	8.46	6.84	18.20
27	47	68	85	2833.33	850.00	314.81	125.00	27.23	21.98	25.78
29719	56642	60136	62185	361.06	332.91	209.24	103.41	1.64	9.73	15.91

2-2 续表 2

指 标		Item	1995	2000
邮电通信业		**Postal and Telecommunication Services**		
邮电业务总量	(亿元)	Bussiness Voluem of Postal and Telecommunication Services(100 million yuan)	1.56	4.92
函件	(万件)	Number of Letters Delivered(10 000 pieces)	3354	2762
报刊期发数	(万份)	Number of Newspaper and Magazines Distributed(10 000 copies)	262	47
邮路总长度	(公里)	Length of Postal Routes(km)	17849	26978
本地(固定)电话年末用户	(万部)	Number of Fixed Telephone Subscribers at Year-end(10 000 subscirbers)	9.40	36.87
移动电话用户	(万户)	Number of Mobile Telephone Subscribers(10 000 subscribers)	0.26	21.07
国内商业		**Domestic Trade**		
社会消费品零售总额	(亿元)	Total Retail Sales of Comsumer Goods(100 million yuan)	70.63	100.26
对外经济贸易		**Foreign Trade**		
进出口总额	(亿美元)	Total Value of Exports and Imports(USD 100 million)	1.62	1.60
出口额		Exports	1.38	1.12
进口额		Inports	0.24	0.48
旅游		**Tourism**		
旅游人数	(万人次)	Domestic Tourists(10 000 person-times)	42	321
旅游外汇收入	(万美元)	Foreign Exchange Earnings from International Tourism(USD 10 000)	231	740
金融保险	**(亿元)**	**Financial Intermediation and Insurance(100 million yuan)**		
金融机构人民币各项存款余额		Deposits of National Banking System	126.96	280.17
金融机构人民币各项贷款余额		Loans of National Banking System	213.30	348.57
保险公司保费收入		Insurance Premium of Insurance Companies	1.70	5.13
保险公司赔款及给付金额		Indemnity Expenditure and Payment of Insurance Companies	0.84	1.19
教育、科技、文化		**Education,Science and Technology and Culture**		
教育		**Education**		
专任教师数	(人)	Full-time Thachers(person)	45673	47821
普通高等学校		Institutions of Higher Education	1410	2107
中等职业学校		Middle School	1691	1363
普通中学		Secondary School	15691	16645
小学		Primary School	26881	27706
在校学生数	(万人)	Students Enrollment(10 000 persons)	66.28	75.62
普通高等学校		Institutions of Higher Education	0.73	1.33
中等职业学校		Middle School	1.36	1.34
普通中学		Secondary School	19.39	22.47
小学		Primary School	44.80	50.48
科技		**Science and Technology**		
研究与开发经费支出	(万元)	Expenditures on Research and Development (10 000 yuan)	7267.4	13142.4
技术合同成交额	(万元)	Volume of Transaction in Technical Markets (10 000 yuan)	1054.8	5096.0
文化		**Culture**		
出版数量		Number of Published		
图书	(万册.张)	Books(10 000 copies)	1227	586
杂志	(万册)	Magazine(10 000 copies)	79	91
报纸	(万份)	News Paper(10 000 copies)	5677	4800

Continued

总量指标 Aggregate Data				速度指标(%) Indices and Growth Rates						
				指数（2010年为以下各年） Index (2010 as percentage of the following years)				平均增长速度 Average Annual Groeth Rata		
2005	2008	2009	2010	1995	2000	2005	2009	1996-2000	2001-2005	2006-2010
31.43	69.95	91.67	122.13	7828.85	2482.32	388.58	133.23	25.83	44.90	31.19
1886	566	440	472	14.07	17.09	25.03	107.27	-3.81	-7.35	-24.20
51	47	37	47	17.94	100.00	92.16	127.03	-29.04	1.60	-1.62
23721	24508	33586	43484	243.62	161.18	183.31	129.47	8.61	-2.54	12.89
113.50	119.40	109.30	103.20	1097.87	279.90	90.93	94.42	31.43	25.22	-1.88
121.36	247.20	310.70	397.80	153000.00	1887.99	327.79	128.03	140.85	41.93	26.80
161.59	259.73	300.47	346.03	489.92	345.13	214.14	115.16	7.26	10.02	16.45
4.13	6.88	5.86	7.89	487.07	493.16	191.06	134.65	-0.25	20.88	13.82
3.23	4.19	2.51	4.66	337.90	416.34	144.37	185.78	-4.09	23.59	7.62
0.90	2.70	3.35	3.23	1344.83	672.42	358.62	96.35	14.87	13.40	29.10
637	905	1109	1226	2919.05	381.93	192.46	110.55	50.19	14.69	13.99
1102	1015	1542	2045	886.82	276.35	185.57	132.62	26.26	8.29	13.16
733.05	1383.68	1785.78	2319.64	1827.06	827.94	316.44	129.90	17.15	21.21	25.91
638.59	1025.63	1399.02	1822.65	854.50	522.89	285.42	130.28	10.32	12.87	23.34
7.86	14.11	18.21	25.70	1511.76	500.97	326.97	141.13	24.72	8.91	26.74
1.99	6.00	6.05	6.66	792.62	559.50	334.57	110.05	7.21	10.83	27.32
52167	54259	54339	58477	128.03	122.28	112.10	107.62	0.92	1.75	2.31
3051	3368	3757	3731	264.61	177.08	122.29	99.31	8.37	7.69	4.11
1588	2379	2480	2444	144.53	179.31	153.90	98.55	-4.22	3.10	9.01
20050	21194	21308	21875	139.41	131.42	109.10	102.66	1.19	3.79	1.76
27478	27318	26794	26584	98.90	95.95	96.75	99.22	0.61	-0.17	-0.66
89.34	97.73	99.03	80.68	121.73	106.70	90.31	81.47	2.67	3.39	-2.02
3.44	5.58	5.82	6.04	827.18	454.02	175.53	103.75	12.75	20.93	11.91
2.47	6.79	7.64	7.91	581.62	590.30	320.24	103.53	-0.30	13.01	26.21
32.75	31.54	32.27	32.72	168.75	145.62	99.91	101.39	2.99	7.83	-0.02
50.68	53.82	53.33	51.90	115.85	102.81	102.41	97.32	2.42	0.08	0.48
20652.0	34920.0	35893.0	83323.0	493.92	634.00	403.46	232.14	12.58	9.46	32.18
11811.6	77462.9	85424.2	114643.9	10868.78	2249.68	970.60	134.21	37.03	18.31	57.55
840	987	843	1003	81.74	171.14	119.39	118.97	-13.74	7.47	3.61
204	281	353	323	408.23	354.40	158.09	91.36	2.87	17.52	9.59
4486	8859	9172	9770	172.09	203.54	217.78	106.52	-3.30	-1.34	16.84

2-2 续表 3

指 标		Item	1995	2000
家庭、生活、环境		**Family,People's Living Conditions and Environment**		
家庭		**Family**		
家庭总户数	(万户)	Total Number of Family (10 000 households)	101.59	115.24
城镇居民平均每户家庭人口	(人)	Average Household Size in Urban Areas(person)	3.50	3.24
农村居民平均每户家庭人口	(人)	Average Household Size in Rural Areas(person)	5.97	5.32
婚姻		**Marriages and Divorces**		
结婚登记数	(对)	Register Number of Marrizges(couple)	40046	37119
离婚登记数	(对)	Number of Divorces(couple)	1863	2115
居住		**Housing**		
城市居民人均使用面积	(平方米)	The Use of Urban Residents Per Capita Area(sq.m)	9.63	12.06
农村居民人均居住面积	(平方米)	Per Capita net Floor Space of Rural Residents(sq.m)	14.98	15.32
生活		**People's Lining Conditions**		
城镇居民人均可支配收入	(元)	Per Capita Annual Disposable income of Urban Households(yuan)	3379.85	5169.96
农村居民人均纯收入	(元)	Per Capita net income of Rural Residents(yuan)	1029.77	1490.49
城乡储蓄存款余额	(亿元)	Outstanding Amount of Saving Deposits in Urban and Rural Areas(100 million yuan)	76.89	146.28
工资		**Wages**		
工资总额	(亿元)	Total Wages(100 million yuan)	38.02	49.76
职工平均工资	(元)	Average Wage of Staff and Workers(yuan)	5753	10050
卫生		**Health**		
医疗机构	(个)	Number of Hospitals(unit)	592	577
卫生技术人员	(万人)	Health Professionals(10 000 persons)	2.02	2.15
床位数	(万张)	Number of Hospital Beds(10 000 units)	1.72	1.65
市政建设		**Municipal Works**		
自来水供水总量	(万吨)	Annual Supply of Tap Water(10 000 tons)	14971	14239
排水管道长度	(公里)	Length of Sewer Pipelines(km)	179	263
城市(市区)煤气和天然气供气量	(万立方米)	Voluem of Coal Gas and Natural Gas(10 000cu.m)	1260	15815
城市(市区)液化石油气供气量	(吨)	Voluem of Liquefied Petroleum Gas(ton)	6890	13290
铺装道路长度	(公里)	Length of Paved Roads(km)	363	438
园林绿地面积	(公顷)	Areas of Green Land(hectares)	1149	1503
环境、灾害		**Environment and Disaster**		
工业污染源治理施工项目完成投资额	(万元)	Actual Investment in Implementation of Projects for Pollution Treatment in the Year(100 million yuan)	4297	3833
治理废水		Waste Water	590	548
治理废气		Waste Gas	3624	3285
治理固体废物		Solid Wastes	71	
治理噪声		Noise Pollution	7	
其他		Other	5	
火灾发生数	(起)	Fire Accidents(times)	273	670
火灾损失	(万元)	Economic Loss of Fire Accidents(10 000 yuan)	252	475
交通事故发生数	(起)	Number of Traffic Accidents(times)	1542	1579
交通事故损失	(万元)	Economic Loss of Traffic Accidents(10 000 yuan)	739	667

Continued

总量指标 Aggregate Data				速度指标(%) Indices and Growth Rates						
				指数（2010年为以下各年） Index (2010 as percentage of the following years)				平均增长速度 Average Annual Groeth Rata		
2005	2008	2009	2010	1995	2000	2005	2009	1996-2000	2001-2005	2006-2010
131.93	150.89	157.91	161.85	159.32	140.45	122.68	102.50	2.55	2.74	4.17
3.00	3.00	3.00	3.00	85.71	92.59	100.00	100.00	-1.53	-1.53	持平
5.16	5.04	5.02	4.97	83.25	93.42	96.32	99.00	-2.28	-0.65	-0.75
28659	33796	29718	29613	73.95	79.78	103.33	99.65	-1.51	-5.04	0.66
3855	3549	3622	4006	215.03	189.41	103.92	110.60	2.57	12.76	0.77
18.35	24.80	25.78	25.90	268.95	214.76	141.14	100.47	4.60	8.76	7.14
17.95	19.78	20.28	21.44	143.12	139.95	119.44	105.72	0.45	3.22	3.62
8057.85	11648.30	12691.85	13854.99	409.93	267.99	171.94	109.16	8.87	9.28	11.45
2165.11	3061.24	3346.15	3862.68	375.10	259.16	178.41	115.44	7.68	7.75	12.27
361.51	610.38	754.33	943.78	1227.44	645.19	261.07	125.12	13.73	19.84	21.16
78.03	136.90	159.78	185.91	488.98	373.61	238.25	116.35	5.53	9.41	18.96
19084	30983	33561	37182	646.31	369.97	194.83	110.79	11.80	13.68	14.27
562	713	734	734	123.99	127.21	130.60	100.00	-0.51	-0.53	5.49
2.08	2.20	2.34	2.39	118.11	111.14	115.05	101.95	1.22	-1.32	2.84
1.60	1.79	1.91	2.01	116.82	121.37	125.05	104.88	-0.76	-0.49	4.57
19569	17068	16357	15505	103.57	108.89	79.23	94.79	-1.00	6.57	-4.55
1010	868	907	921	514.53	350.46	91.19	101.54	7.98	30.90	-1.83
63606	118383	152572	162570	12902.38	1027.95	255.59	106.55	65.86	32.09	20.64
14338	65442	7627.9	6382.0	92.63	48.02	44.51	83.67	14.04	1.53	-14.95
1232	650	690	711	195.87	162.33	57.71	103.04	3.83	22.98	-10.41
4092	3130	3290	3387	294.78	225.35	82.77	102.95	5.52	22.18	-3.71
4670	11165	29439	9747	226.84	254.30	208.72	33.11	-2.26	4.03	15.85
206	2194	3885	1019	172.64	185.88	494.47	26.22	-1.47	-17.77	37.67
4073	7493	25544	8729	240.86	265.71	214.30	34.17	-1.95	4.39	16.47
12	478									
	1000	10								
379										
900	1352	1357	1623	594.51	242.24	180.33	119.60	19.67	6.08	12.52
415	704	755	926	367.46	194.95	223.13	122.65	13.52	-2.66	17.41
952	1121	1146	1206	78.21	76.38	126.68	105.24	0.48	-9.62	4.84
411	370	393	390	52.83	58.53	94.99	99.39	-2.03	-9.23	-1.02

2-3 主要年份国民经济和社会发展结构指标
Structural Indicators on National Economic and Social Development in Main Years

单位：% (%)

指　标	Item	1990	1995	2000	2005	2009	2010
人口与就业	**Population and Employment**						
人口	**Population**						
城乡结构	Urban and Rural Compostition						
城镇	Urban	34.23	33.90	34.76	39.25	41.90	44.72
乡村	Rural	65.77	66.10	65.24	60.75	58.10	55.28
性别结构	Sexual Compostition						
男	Male	51.24	51.20	51.70	51.10	50.29	51.78
女	Demale	48.76	48.80	48.30	48.90	49.71	48.22
就业	**Employment**						
产业结构	Industrial Compostition						
第一产业	Primary Industry	60.00	56.10	55.80	49.50	43.00	41.40
第二产业	Secondary	18.80	16.90	12.60	17.40	21.90	22.60
第三产业	Tertiary Industry	21.20	27.00	31.60	33.10	35.10	36.00
宏观经济	**Macro Economy**						
国民经济核算	**National Accounting**						
生产总值产业结构	Industrial Compostition						
第一产业	Primary Industry	25.30	23.60	15.20	12.00	9.90	10.00
第二产业	Secondary	38.40	38.50	41.30	48.70	53.20	55.10
第三产业	Tertiary Industry	36.30	37.90	43.50	39.30	36.90	34.90
投资	**Investment**						
全社会固定资产投资经济结构	Composition of Tatal Investment in Fixd Assets						
国有经济	State-owned Economy	89.53	81.23	66.41	47.84	49.72	48.27
集体经济	Collective Economy	2.43	9.61	4.27	3.94	1.79	1.50
私营个体经济	Private Individual Economy	8.04	7.81	8.45	11.65	10.59	13.83
其他经济	Other		1.35	20.87	36.57	37.90	36.40
资金到位来源结构	Composition of Funding Sources						
国家预算内资金	State Budget	26.92	6.17	17.04	15.79	16.27	13.56
国内贷款	Domestic Loans	19.69	39.55	24.33	16.87	18.59	17.11
利用外资	Foreign Investment	7.15	0.65	1.39	0.55	1.05	0.50
自筹和其他投资	Self-raising Funds and Other Investments	46.24	53.63	56.96	66.38	64.06	68.82
财政	**Government Finance**						
财政收入结构	Composition of Government Revenue						
中央	Central Government	57.37	68.92	79.60	84.53	85.31	87.22
地方	Local Government	42.63	31.08	20.40	15.47	14.69	12.78
能源生产与消费	**Enery**						
能源生产总量结构	Composition of Total Energy Production						
原煤	Coal	32.28	29.74	16.79	25.78	37.96	39.10
原油	Crude Oil	19.08	30.41	30.46	18.27	8.97	7.32
天然气	Natural Gas	1.02	1.36	5.06	17.09	19.30	19.65
水电	Hydro-power	47.62	38.49	47.69	38.86	33.77	33.94
能源消费总量结构	Composition of Total Energy Consumption						
煤炭	Coal	51.54	41.64	30.18	43.34	41.46	32.77
石油	Crude Oil	12.47	8.42	18.96	9.45	8.53	8.34
天然气	Natural Gas	1.03	1.13	4.83	8.77	13.91	11.75
水电	Hydro-power	32.97	48.81	46.03	38.44	36.10	47.14

2-3 续表 1 Continued

单位：% (%)

指 标	Item	1990	1995	2000	2005	2009	2010
产 业	**Industry**						
农业	**Agriculture**						
农林牧渔业产值结构	Compostition of Gross Output Value of Agriculture						
农业	Farming	48.22	48.25	46.66	38.75	38.98	45.74
林业	Forestry	3.35	2.61	3.70	1.86	1.46	1.87
牧业	Animal Husbandry	43.02	48.84	49.48	54.97	57.27	50.40
渔业	Fishery	0.15	0.30	0.16	0.07	0.05	0.06
农林牧渔服务业	Services of Agriculture				4.35	2.24	1.93
工业	**Industrty**						
规模以上工业总产值结构	Compostition of Gross Output Industrial Enterprises						
大型企业	Large Enterprises	30.86	60.48	58.97	73.97	50.91	51.30
中型企业	Medinm-sized Enterprises	25.94	11.61	4.35	11.51	26.65	30.22
小型企业	Small Enterprises	43.20	27.91	36.68	14.52	22.44	18.48
建筑业	**Construction**						
建筑业总产值结构	Compostition of Gross Output Value of Construction Industry						
房屋土木工程建筑业	Civil Engineering Construction		83.35	85.53	90.13	91.57	85.78
建筑安装业	Installation Industry		15.30	13.45	8.06	6.44	8.68
建筑装饰业	Decoration Industry		1.35	1.02	1.02	0.86	5.54
交通运输业	**Transportation**						
货运量结构	Composition of Freight Traffic						
按运输方式分	By Mode of Transport						
铁路	Railways	18.65	15.08	16.41	20.32	26.86	28.76
公路	Highways	80.40	81.80	79.79	76.78	71.32	69.68
民用航空	Civil Aviation					0.01	0.00
管道输油(气)	Pipelines	0.95	3.12	3.80	2.90	1.81	1.56
商业	**Business**						
社会消费品零售总额构成	Composition of Retail Sales of Consumer Goods						
批发零售贸易业	Wholesale and Retail Trade	88.53	74.05	69.30	82.33	83.00	90.36
住宿餐饮业	Hotels and Catering Services	4.82	7.23	13.76	15.20	15.65	9.64
其他行业	Others	6.65	18.72	16.94	2.47	1.35	
对外经济贸易	**Foreign Trade and Economic Cooperation**						
进出口总值结构	Total Value of Imports and Exports						
出口	Total Exports	96.84	85.09	70.00	78.21	42.84	59.10
进口	Total Imports	3.16	14.91	30.00	21.79	57.16	40.90
国际旅游	**International Tourism**						
来华旅游人次结构	Number of Overseas Visitor Arrivals						
外国人	Foreigners	74.83	73.90	33.33	50.00	75.00	60.00
港澳台同胞	Chinese Compatriots from Hong Kong, Macao and Taiwan Province	25.17	26.10	66.67	50.00	25.00	40.00

2-3 续表 2 Continued

单位：% (%)

指 标	Item	1990	1995	2000	2005	2009	2010
教育	**Education**						
在校学生结构	Composition of Student Enrollment in Regular School						
大学生	College and University Students	3.22	3.09	4.40	3.85	5.88	6.29
中专生	Secondary School Students	3.66	3.70	2.85	2.76	7.71	8.01
中学生	Secondry School Students	35.08	34.36	34.81	36.66	32.58	33.14
小学生	Primary School Students	58.04	58.85	57.94	56.73	53.83	52.56
专任教师结构	Composition of Full-time Teachers in Regular Schools						
大 学	Colleges and Universities	0.85	1.10	1.76	5.85	6.91	7.10
中 专	Secondary	1.56	2.05	1.77	3.04	4.56	4.46
中 学	Secondary	29.98	29.26	29.71	38.44	39.21	39.92
小 学	Primary	67.61	67.59	66.76	52.67	49.32	48.52
生活、环境	**People's Living Conditions and Environment**						
生活	**People's Living Conditions**						
城镇居民消费结构	Consumption Compostition of Urban Reidents						
食品类	Food	56.28	51.43	40.88	36.31	40.39	39.37
衣着类	Clothing	14.87	13.95	10.96	11.06	11.88	12.33
用品及其他	Household Appliances and Service	27.72	32.12	41.60	41.96	38.73	38.69
居 住	Residence	1.13	3.50	6.56	10.67	9.00	9.61
农村居民消费结构	Consumption Compostition of Rural Reidents						
食品类	Food	59.53	64.99	57.89	45.14	38.05	39.57
衣着类	Clothing	12.97	9.36	7.67	8.49	6.93	6.62
用品及其他	Household Appliances and Service	14.94	15.93	24.08	30.58	30.82	29.34
居 住	Residence	12.57	9.72	10.36	15.79	24.20	24.47
卫生	**Health Care**						
卫生机构技术人员结构	Composition of Medical and Technical Personnel						
执业医师	Certified Doctors				34.38	34.53	34.36
执业助理医师	Assistant Doctors				8.40	6.40	5.91
注册护士	Registered Nures				33.53	36.16	37.34
卫生机构病床结构	Beds Inhealth Institutions						
医 院	Hospitals	83.74	81.70	84.50	83.54	67.16	78.91
卫生院	Health Centers	11.48	12.38	11.26	13.60	12.59	14.77
其 他	Other	4.78	5.92	4.24	2.86	20.25	6.32
环境、灾害	**Environment and Disaster**						
工业治理污染源施工项目投资结构	Composition of Investment in the Treatment of Industrial Pollution						
治理废水	Waste Water	46.07	13.73	13.42	4.41	13.20	10.45
治理废气	Waste Gas	40.92	84.36	80.46	87.22	86.77	89.55
治理固体废物	Solid Wastes	4.86	1.64		0.26		
治理噪声	Noise Pollution	0.06	0.16			0.03	
其 他	Other	8.09	0.11	6.12	8.11		

2-4 主要年份国民经济和社会发展比例和效益指标
Indicators on Proportions and Efficiency on National Economy and Social Development in Main Years

指 标	Item	1990	1995	2000	2005	2009	2010
人口与就业	**Population and Employment**						
人口 (‰)	**Population(‰)**						
出生率	Brith Rate	24.34	22.01	19.25	15.70	14.51	14.94
死亡率	Death Rate	7.47	6.89	6.15	6.21	6.19	6.31
自然增长率	Natural Growth Rate	16.87	15.12	13.10	9.49	8.32	8.63
就业	**Employment**						
就业者负担人口 (人)	Number of Dependents per Employee (person)	2.17	1.81	1.82	1.82	1.73	1.71
三次产业从业者比例 (以第一产业为100)	Proportion of Employed Persons (Primary Industry = 100)						
第一产业	Primary Industry	100.00	100.00	100.00	100.00	100.00	100.00
第二产业	Secondary Industry	31.41	30.14	22.58	35.15	50.90	54.59
第三产业	Tertiary Industry	35.31	48.22	56.55	66.87	81.63	86.96
城镇登记失业率 (%)	Registered Unemployment Rate in Urban Areas(%)	4.88	2.18	2.40	3.93	3.80	3.80
宏观经济	**Macro Economy**						
国民经济核算	**National Accounting**						
三次产业增加值比例 (以第一产业为100)	Proportion of The Added Value (Primary Industry=100)						
第一产业	Primary Industry	100.00	100.00	100.00	100.00	100.00	100.00
第二产业	Secondary Industry	158.18	162.30	271.26	404.97	535.69	551.90
第三产业	Tertiary Industry	143.63	160.52	285.97	326.55	371.08	349.01
全社会劳动生产率 (元/人.年)	Labor Productivity(yuan/person.year)	3164	6464	9363	18281	33854	40906
第一产业	Primary Industry	1333	2716	2583	4367	7553	9872
第二产业	Secondary Industry	6442	14771	28579	52523	80742	99803
第三产业	Tertiary Industry	5430	9087	13020	21954	32179	39620
人均生产总值 (元)	Per Capita GDP	1558	3513	5138	10045	19454	24115
固定资产投资	**Investment in Fixed Assets**						
全社会固定资产投资相当于生产总值比例 (%)	Proportion of Investment in Fixed Assets to GDP(%)	31.81	33.12	58.72	67.58	74.03	79.14
基本建设房屋建筑面积竣工率 (%)	Rate of Total Floor Space of Buildings Completed in Construction (%)	52.00	55.79	55.81	49.05	37.52	34.20
财政	**Government Finance**						
地方财政收入相当于生产总值比例 (%)	Local of Government Revenue to GDP (%)	10.35	5.12	6.29	6.22	8.11	8.16
财政支出相当于生产总值比例 (%)	Local of Government Ecpenditures to GDP (%)	24.50	17.16	25.90	31.24	45.02	55.05
地方财政收入相当于全年财政支出比例 (%)	Local of Government Revenue to Ecpenditures (%)	42.27	29.85	24.30	19.92	18.03	14.83
能源生产与消费	**Energy**						
能源生产弹性系数 (%)	Elasticity Ratio of Energy Production(%)	4.63		0.65	3.38	1.24	1.46
能源消费弹性系数 (%)	Elasticity Ratio of Electricity Production(%)	1.83	1.25		1.84	0.30	0.61
每万元生产总值能耗 (吨标准煤)	Energy Consumption per 10 000 yuan of GRP (ton of SCE)	7.21	4.16	3.40	3.07	2.69	2.55
每万元工业增加值能耗(吨标准煤)	Energy Consumption per 10 000 yuan of value-added to Gross Industrial Output Vaule (ton of SCE)			5.65	3.44	2.94	2.59

2-4 续表 1 Continued

指 标	Item	1990	1995	2000	2005	2009	2010
产 业	**Industry**						
农业	**Agriculture**						
农林牧渔业从业者人均农产品产量 (公斤)	Output of Farm Products Per Hectare (kg)						
粮 食	Grain Crops	952	854	577	724	846	843
油 料	Oil-bearing Crops	100	121	135	247	301	305
肉 类	Meat	128	139	146	203	221	228
水产品	Aquatic Products	3	2	1	1	1	1
每公顷播种面积农产品产量 (公斤)	Output of Farm Products Per Hectare (kg)						
粮 食	Grain Crops	2865	2972	2563	3798	3725	3717
油 料	Oil-bearing Crops	1050	1083	1013	1968	2123	2109
工业企业效益	**Economic Benefit of Industrial Enterprises**						
规模以上企业总资产贡献率(%)	Ratio of Total Assets to Industrial Output Value (%)			5.04	11.07	8.53	11.57
规模以上企业资产负债率 (%)	Assets-Liability Ratio (%)			71.67	67.54	62.19	63.74
规模以上企业流动资产周转次数 (次/年)	Number of Times of Annual of Turnover Circulating Funds (times/year)	1.81	0.98	0.77	1.40	1.56	1.64
规模以上企业全员劳动生产率(按增加值计算) (元/人.年)	All-personnel Labor Productivity (yuan/person.year)		15142	26404	134656	223977	292203
建筑业	**Construction**						
技术装备率 (元/人)	Value of Machinery per Laborer (yuan/person)	2209	4356	9153	14655	18260	23068
产值利润率 (%)	Ratio of Pre-tax Profits to Gross Output Value (%)	3.37		0.85	0.63	2.64	2.20
全员劳动生产率(按总产值计算) (元/人)	Overall Labor Productivity (yuan/person)	12557	33406	42284	86988	169924	221885
交通运输业	**Transportation**						
铁路网密度(公里/万平方公里)	Railway Density (km/10000 sq.km)	15.21	15.28	15.28	15.24	22.92	22.92
公路网密度(公里/万平方公里)	Highway Density (km/10000 sq.km)	232.39	239.21	259.43	412.76	835.22	862.24
铁路货运密度 (吨/公里)	Railway Density of Freight Transport (ton/km)	4146	4836	7573	13245	16366	19903
公路货运密度 (吨/公里)	Highway Density of Freight Transport (ton/km)	1170	1676	2168	1848	1193	1280
邮电通信业	**Post and Telecommunication Services**						
电话普及率(含移动电话) (部/百人)	Access to Telephones (include mobile phone) (set/100 persons)	0.61	2.00	11.22	46.00	75.80	89.90
固定电话普及率	Access to Fixed telephone	0.61	1.95	7.14	22.00	19.70	19.20
移动电话普及率	Access to Mobile Phones		0.05	4.08	24.00	56.10	70.70
国内商业	**Domestic Trade**						
人均社会消费品零售额 (元)	Per Capita Retail Sales of Consumer Goods (yuan)	647	1480	1954	2967	5406	6179
对外经济贸易	**Foreign Trade**						
进出口总额相当于生产总值比例 (%)	Proportion of Total Value of Imports & Exports to GDP (%)	4.82	8.20	5.03	6.23	3.70	3.89
国际旅游	**International Tourism**						
每一来青游客花费 (美元)	Expenditure per International Tourist in Qinghai (USD)	401	173	227	313	427	409

2-4 续表 2 Continued

指 标	Item	1990	1995	2000	2005	2009	2010
金融保险	**Finance and Insurance**						
金融机构存款相当于生产总值比例(%)	Bank Deposits as Percentage of GDP (%)	84.79	82.30	117.25	147.23	165.16	171.77
金融机构贷款相当于生产总值比例(%)	Bank Loans as Percentage of GDP(%)	105.13	134.03	138.69	128.04	129.39	134.97
银行现金支出相当于收入比例(%)	Proportion of Cash Outlay to Cash Receipt in Bank(%)	106.74	105.42	107.22	104.21	105.62	104.12
教育、科技、文化	**Education, Science and Culture**						
教育	**Education**						
学龄儿童入学率(%)	Rate of School-age Children Enrollment(%)	81.50	87.40	94.20	97.00	99.50	99.60
小学毕业生升学率(%)	Rate of Primary School Graduates(%)	88.90	86.50	88.70	97.30	99.90	95.60
初中毕业生升学率(%)	Rate of Junior Middle School Graduates(%)	48.40	52.50	66.40	74.60	85.90	86.50
平均每一专任教师负担学生数(人)	The Average Full-time Teachers in Each of the Burden of Students(person)						
高等学校	Regular Institutions of Higher Education	4.20	5.20	6.30	11.30	15.50	14.40
普通中学	Regular Secondary Schools	13.60	12.40	13.50	16.30	15.14	14.96
小学学校	Primary Schools	18.50	16.70	18.20	18.40	19.90	19.50
科技	**Science and Technology**						
县以上研究与开发经费支出相当于生产总值比例(%)	R&D and Above County Level Expenditures as Percentage of GDP(%)	0.67	0.44	0.50	0.38	0.33	0.62
文化	**Culture**						
每百万人有艺术表演团体(个)	Millions of People Have Every Art Performance Troupes(unit)	3.13	2.91	2.71	2.21	2.34	2.50
每百万人有公共图书馆(个)	Millions of People Have Every Public Libraries(unit)	9.16	8.52	7.36	7.92	7.92	7.86
每百万人有博物馆(个)	Millions of People Have Museums(unit)	1.34	1.67	2.71	2.76	3.24	3.21
家庭、生活、环境	**Family,People's Living Conditions and Environment**						
家庭	**Family**						
少儿抚养比(%)	Children Dependency Ratio(%)	46.47	41.70	39.15	34.52	30.45	28.74
老年抚养比(%)	Old Dependency Ratio(%)	4.64	5.25	6.65	8.65	9.09	8.66
生活	**People's Living Conditions**						
城镇与农村居民收入增长率比例(1984=100)	Urban and Rural Residents Rate of Income growth (1984=100)						
(以农村居民收入指数为1)	(The Income of Rural Residents Index for the 1)	0.79	0.86	0.88	0.97	1.03	0.98
卫生	**Health Care**						
每万人医疗机构数(个)	10 000 People Have Every Health Institutions(unit)	1.00	1.23	1.12	1.04	1.32	1.31
每万人卫生技术人员数(人)	10 000 People Have Every Medical Technical Personnel(person)	44.44	42.05	41.63	38.40	42.17	42.66
每万人医疗床位数(张)	10 000 People Have Every Beds in Health Institutions(unit)	35.07	35.67	31.98	29.65	40.54	35.80
医疗机构病床使用率(%)	Rate of Beds in Health Institutions(%)		70.60	61.67	58.88	72.56	74.48
市政建设	**Municipal Works**						
城市自来水普及率(%)	Percentage of Population with Access to Tap Water(%)	95.50	99.79	97.29	100.00	99.45	99.87
城市燃气普及率(%)	Percentage of City Population with Access to Gas(%)		2.57	48.88	64.00	91.49	90.79
人均拥有公共绿地面积(平方米)	Per Capita Public Green Areas (sq.m)	1.40	3.00	3.74	5.03	8.13	8.53
环境、灾害	**Environment and Disaster**						
平均每起火灾损失(元)	The Average Loss Per Fires(%)	22478	9231	7090	4606	5565	5705
平均每起交通事故损失(元)	The Average Loss Per Traffic Accidents(%)	1674	4792	4224	4316	3428	3237

2-5 西部大开发以来国民经济和社会发展主要指标以及"十一五"规划完成情况

指　标		Item		1999	2000
人口与就业		**Population and Employment**			
人　口		**Population**			
总人口	(万人)	Total Population	(10 000 persons)	509.8	516.5
人口自然增长率	(‰)	Natural Growth Rate	(‰)	13.90	13.10
少数民族	(万人)	Population of Ethnic Minorities	(10 000 persons)	218.0	235.1
少数民族占总人口比重	(%)	Percentage of Ethnic Minorities in Total Population	(%)	42.8	45.5
在总人口中城镇人口所占比重	(%)	Percentage of Urban Population in Total Population	(%)	34.6	34.8
就　业		**Employment**			
就业人员	(万人)	Employment Persons	(10 000 persons)	279.3	283.9
年末城镇登记失业率	(%)	Registration Unemployment in Urban Ar at Year-end	(%)	2.6	2.4
宏观经济		**Macro Economy**			
国民经济核算		**National Accounting**			
地区生产总值	(亿元)	Gross Domestic Product	(100 million yuan)	239.4	263.7
第一产业		Primary Industry		42.0	40.1
第二产业		Secondary Industry		94.0	108.8
工业		Industry		68.6	78.8
建筑业		Construction		25.4	30.0
第三产业		Tertiary Industry		103.3	114.7
人均生产总值	(元)	Per Capita GDP	(yuan)	4728.0	5138.0
固定资产投资		**Investment in Fixed Assets**			
全社会固定资产投资	(亿元)	Total Investment in Fixed Assets in the Whole Country	(100 million yuan)	128.1	154.8
财　政		**National Government**			
财政一般预算收入	(亿元)	Government Budgeted Revenue	(100 million yuan)	23.0	26.1
地方财政一般预算收入		Local Government Budgeted Revenue		14.2	16.6
财政一般预算支出		Government Budgetary Expenditure		55.7	68.3
物　价(上年=100)		**Price Indices (preceding year=100)**			
居民消费价格指数		Consumer Price Index		99.5	99.5
能　源		**Energy**			
每万元生产总值能耗	(吨标准煤)	Energy consumption per 10 000 yuan of GRP	(ton of SCE)		
每万元工业增加值能耗	(吨标准煤)	Energy consumption per 10 000 yuan of value-added to Gross Industrial Output Vaule	(ton of SCE)		
产　业		**Industry**			
农村经济		**Rural Economy**			
农作物总播种面积	(千公顷)	Total Sown Areas of Farm Crops	(1 000 hectares)	571.0	553.7
主要农产品产量	(万吨)	Output of Major Farm Products	(10 000 tons)		
粮食		Grain		103.6	82.7
油料		Oil-bearing Crops		28.5	19.4
蔬菜		Vegetables		56.6	60.3
牛奶		Cow Milk		19.0	20.6
肉类		Meat		20.1	20.8

Main Indicators on National Economic and Social Development Since The Great Western Development and Completion of "Eleventh Five-Year Plan"

2005	2010	西部大开发实施以来 Since The Great Western Development		"十一五"规划目标完成情况 Completion of "Eleventh Five-Year Plan"	
		累计增长 (%) Cumulative Increase	年均增长 (%) Average Annual Increase	目标任务 Objectives and Tasks	实际完成 Actual Completion
543.2	563.5	10.53	0.91	573万人以内	少增加9.5万人
9.49	8.63	下降 5.27个千分点		年均控制在9.8‰以内	均控制在9.0‰以内
251.6	264.7	21.42	1.78		年均增长1.0%
46.3	47.0	上升4.2百分点			上升0.7个百分点
39.3	44.7	上升10.1百分点		达到44%	超过0.7百分点
297.8	330.1	18.20	1.53	城镇累计新增就业15万人	累计新增就业29.9万人
3.9	3.8	上升1.2百分点		控制在5.0%以内	均控制在3.9%以内
543.3	1350.4	256.21	12.24	年均增长10%以上	年均增长13.1%
65.3	134.9	49.90	3.75	年均增长3.5%	年均增长4.5%
264.6	744.6	385.48	15.45		年均增长15.5%
203.9	613.7	431.22	16.39	年均增长15%	年均增长16.9%
60.7	131.0	254.53	12.19		年均增长10.4%
213.4	470.9	224.76	11.30	年均增长10%	年均增长12.3%
10045.0	24115.0	222.05	11.22	年均增长8.9%	年均增长12.4%
367.2	1068.7	734.10	20.00	五年累计达到2500亿元	实际达到3359.2亿元
63.4	205.0	789.59	21.98	年均增长13%	年均增长26.5%
33.8	110.2	677.61	20.50		年均增长26.7%
169.8	743.4	1234.20	26.56		年均增长34.4%
100.8	105.4	42.89	3.30	年均控制在3%以内	年均增长5.2%
	2.6	十年下降25%	下降2.84%	五年下降17%	五年下降17.04%
	2.6	十年下降54%	下降7.50%	五年下降20%	五年下降24.71%
476.7	516.3	-9.58	-0.91		年均增长1.6%
93.3	102.3	-1.25	-0.11		年均增长1.8%
31.9	36.9	29.47	2.38		年均增长3.0%
84.5	134.4	137.46	8.18		年均增长9.7%
23.6	26.2	37.89	2.96		年均增长2.1%
25.8	27.5	36.82	2.89		年均增长1.3%

2–5 续表

指　　标		Item		1999	2000
工　业(规模以上)		**Industry(Enterprises**			
工业企业利润总额	(亿元)	Total Profits	(100 million yuan)	-1.3	0.8
主要工业产品产量		Output of Major Industrial Products			
原油	(万吨)	Crude Oil	(10 000 tons)	189.6	200.0
原盐	(万吨)	Salt	(10 000 tons)	48.9	68.0
原煤	(万吨)	Coal	(10 000 tons)	214.3	145.0
发电量	(亿千瓦时)	Electricity	(100 million kwh)	114.4	134.0
钢	(万吨)	Steel	(10 000 tons)	44.7	43.0
电解铝	(万吨)	Electrolytic Aluminum	(10 000 tons)	26.3	28.0
水泥	(万吨)	Cement	(10 000 tons)	116.8	124.0
运输、邮电业		**Transport and Post**			
铁路营业里程	(公里)	Length of Railways in Operation	(km)	1100.0	1100.0
公路通车里程	(公里)	Length of Highways in Operation	(km)	18268.0	18679.0
民用航空航线里程	(公里)	Civil Aviation Routes	(km)	14700.0	16490.0
货运量	(万吨)	Total Freight Traffic	(10 000 tons)	4654.0	5076.0
客运量	(万人次)	Total Passenger Traffic	(10 000 person-time)	3359.0	3612.0
民用汽车保有量	(万辆)	Possession of Civil Vehicles	(10 000 units)	8.4	8.7
邮电业务总量	(亿元)	Business Volume of Postal and Telecommunication Services	(100 million yuan)	6.8	4.9
年末固定电话用户	(万户)	Number of Fixed Telephone Subscribers at Year-end	(10 000 households)	27.6	36.9
年末移动电话用户	(万户)	Number of Mobile Telephone Subscribers at Year-end	(10 001 households)	6.6	21.1
商　业		**Domestic Trade**			
社会消费品零售总额	(亿元)	Total Retail Sales of Comsumer Goods	(100 million yuan)	91.8	100.3
对外贸易		**Foreign Trade**			
海关进出口总额	(万美元)	Total Value of Exports and Imports	(10000 USD)	10785.0	15973.0
出口	(万美元)	Exports	(10000 USD)	8686.0	11200.0
金　融		**Financial Intermediation**			
金融机构人民币存款余额	(亿元)	Deposits of National Banking System	(100 million yuan)	242.2	280.2
金融机构人民币贷款余额	(亿元)	Loans of National Banking System	(100 million yuan)	290.7	348.6
居　住		**Housing**			
城镇居民人均住房建筑面积	(平方米)	Per Capita Construction Area of Urban Residents	(sq.m)	11.4	12.1
农牧民人均住房面积	(平方米)	Per Capita net Floor Space of Rural Residents	(sq.m)	14.2	15.3
生　活		**People's Living Conditions**			
城镇居民人均可支配收入	(元)	Per Capita Annual Disposable income of Urban Households	(yuan)	4703.5	5170.0
农牧民人均纯收入	(元)	Per Capita net income of Rural Residents	(yuan)	1486.3	1490.5
城镇居民恩格尔系数	(%)	Engle Coefficient of Urban Households	(%)	42.4	40.9
农村居民恩格尔系数	(%)	Engle Coefficient of Rural Households	(%)	61.7	57.9
城乡居民人均年末人民币储蓄存款余额	(元)	Outstanding Amount of RMB Saving Deposits in Urban and Rural Areas	(yuan)	2595.1	2850.7

注：城镇居民人均住房建筑面积在2007年(含本年)之前统计口径为人均住房使用面积，故不可比。

Continued

2005	2010	西部大开发实施以来 Since The Great Western Development		“十一五”规划目标完成情况 Completion of "Eleventh Five-Year Plan"	
		累计增长 (%) Cumulative Increase	年均增长 (%) Average Annual Increase	目标任务 Objectives and Tasks	实际完成 Actual Completion
72.8	182.0				年均增长20.1%
221.0	186.0	-1.9	-0.2	产量达到300万吨	年均下降3.4%
112.0	124.0	153.4	9.7		年均增长2.1%
555.0	1863.0	769.5	24.1	产能达到1400万吨	年均增长27.4%
213.0	457.0	299.6	14.9		年均增长16.5%
51.0	137.0	206.6	11.9		年均增长21.9%
67.0	147.0	459.6	18.8		年均增长17.0%
371.0	811.0	594.6	21.4		年均增长16.9%
1097.0	1651.0	50.1	4.1	达到1644公里	年均增长8.5%
29719.0	62185.0	240.4	13.0	达到39500公里	年均增长15.9%
21458.0	32602.0	121.8	8.3		年均增长8.7%
7152.0	11426.0	145.5	9.4		年均增长9.8%
4920.0	10997.0	227.4	12.6		年均增长17.5%
12.6	33.7	303.6	15.0		年均增长21.7%
31.4	122.1	1704.0	33.5		年均增长31.2%
113.5	103.2	274.6	14.1		年均下降1.9%
121.4	397.8	5936.4	50.7		年均增长26.8%
161.6	346.0	276.9	14.2	年均增长10%	年均增长16.4%
41338.0	78906.0	631.6	22.0	达到7亿美元、年均增长11%	年均增长13.8%
32324.0	46630.0	436.8	18.3		年均增长7.6%
733.1	2319.6	857.6	25.3		年均增长25.9%
638.6	1822.7	527.1	20.2		年均增长23.3%
18.4	25.9	127.2	8.6	达到27平方米	增加7.5个平方米
18.0	21.4	50.3	4.2		增加3.4个平方米
8057.9	13855.0	194.6	11.4	年均增长8%	年均增长11.4%
2165.1	3862.7	159.9	10.0	年均增长7%	年均增长12.3%
36.3	39.4		下降2.0个百分点		提高3.1个百分点
45.1	39.6		下降23.7个百分点		降低5.5个百分点
6683.4	16841.6	549.0	20.6		年均增长20.3%

a) Befor 2007 (include 2007), the Data of Per Capita Construction Area of Urban Residents was per capita use area of urban residents. The two are not comparable.

2-6 主要年份平均每天主要社会经济活动
Selected Indicators on Average Daliy Social and Economic Activities in Main Years

指　标	Item	1990	1995	2000	2005	2009	2010
每天创造的财富	**The wealth created each day**						
生产总值(万元)	Gross Regional Product(10 000 yuan)	1916	4529	7222	14882	29624	36998
第一产业	Primary Industry	484	1063	1056	1720	2942	3696
第二产业	Secondary Industry	737	1796	3123	7250	15762	20401
工业	Industry	582	1426	2207	5587	12886	16812
建筑业	Construction	155	370	916	1662	2877	3589
第三产业	Tertiary Industry	695	1670	3043	5912	10919	12901
交通运输仓储和邮电通信业	Transport,Postal and Telecommunication Services	112	235	479	873	1351	1678
批发和零售贸易住宿餐饮业	Wholesale and Retail Trades, Hotels and Catering Services	193	404	585	1170	2210	2678
地方财政收入(万元)	Government Revenue(10 000 yuan)	198	236	454	927	2404	3020
财政支出(万元)	Government Expenditure(10 000 yuan)	469	789	1870	4651	13336	20367
粮　食(吨)	Grain Crops(ton)	3139	3128	2266	2555	2814	2795
油　料(吨)	Oil-bearing Crops(ton)	330	444	512	873	1003	1011
肉　类(吨)	Meat(ton)	420	503	571	706	737	754
牛肉	Beef(ton)	143	173	174	204	222	232
羊肉	Muttom	152	168	192	251	241	248
牛　奶(吨)	Cow Milk(ton)	552	548	565	647	694	718
羊　毛(吨)	Wool(ton)	48	49	45	48	42	49
原　煤(吨)	Coal(ton)	8767	7616	3972	15205	35178	51041
发电量(万千瓦时)	Electricuty(10 000 kwh)	1945	1808	3671	5836	9890	12521
原　油(吨)	Crude Oil(ton)	2219	3342	5480	6055	5096	5096
钢　材(吨)	Rolled Steel(ton)	767	849	986	1315	3425	3781
原　盐(吨)	Salt(ton)	2849	2082	1863	3069	1945	3397
水　泥(吨)	Cement(ton)	1397	1753	3397	10164	16712	22219
每天消费量	**Daily consumption**						
最终消费(万元)	Final consumption(10 000 yuan)	1474	2963	4141	9883	16881	19600
居民消费	People's consumption	998	2177	3000	5761	9890	11098
农村居民	Rural	484	996	1308	1758	3056	3204
城镇居民	Urban	514	1181	1692	4004	6834	7894
政府消费	Government consumption	476	786	1141	4121	6991	8502
能源消费量(万吨标准煤)	Consumption of Energy(10 000 tons of SCE)	1.38	1.88	2.46	4.58	6.43	7.04
社会消费品零售总额(万元)	Retail Sales of Consumer Goods(10 000 yuan)	787	1935	2747	4398	8232	9480
每天其他经济活动	**Other Economic Activities**						
资本形成总额(万元)	Gross Capital Formation(10 000 yuan)	784	2128	4397	10117	21870	29781
固定资本形成	Gross Fixed Capital Formation	560	1575	4301	9975	21693	28983
存货增加	Changes in Inventories	224	553	96	142	177	798
城镇新建住宅面积(万平方米)	New Residential Area of Urban(10 000sq.m)	0.06	0.06	0.14	0.20	0.44	0.66
农民个人新建住宅面积(万平方米)	New Residential Area of Individual Farmers(10 000sq.m)	0.31	0.32	0.54	0.55	0.83	1.81
货运量(万吨)	Freight Traffic(10 000 tons)	6.67	9.67	13.91	19.59	27.55	31.30
客运量(万人)	Passenger Traffic(10 000 person)	5.05	6.54	9.90	13.48	27.67	30.13
邮电业务总量(万元)	Bussiness Volume of Postal and Telecommunication Services(10 000 yuan)	9.47	42.73	134.74	861.18	2511.37	3346.10
进出口总额(万美元)	Total Value of Imports and Exports(10 000 USD)	19.25	44.46	43.83	113.25	160.52	216.18
出口总额	Total Exports	18.64	37.83	30.68	88.56	68.76	127.75
进口总额	Total Imports	0.61	6.63	13.15	24.70	91.76	88.43
利用外资合同金额(万美元)	Total Amount of Contracted Foreign Investment (10 000 USD)		6.70	30.19	97.43	84.48	86.73
国际旅游者人数(人次)	Number of International Tourists	15	37	82	110	110	137
居民新增储蓄额(万元)	Residents of The New Savi(10 000 yuan)	178	536	444	1349	394	5190
每天人口变动和婚姻	**Daily population changes and marriage**						
出　生(人)	Birth(person)	300	288	271	233	221	229
死　亡(人)	Death(person)	91	90	86	92	94	132
结　婚(对)	Number of Marriages(couple)	84	110	102	79	81	81
离　婚(对)	Number of Divorces(couple)	4	5	6	11	10	11

2-7 主要年份人均主要工农业产品产量
Per Capita Output of Major Industrial and Agricultural Products in Main Years

单位：公斤 (kg)

年 份 Year	粮 食 Grain	油 料 Oil-bearing	水 果 Fruits	牛 奶 Cow Milk	肉 类 Meat	牛羊肉 Beef and Mutton	羊 毛 Woll	水产品 Aquatic Products
1978	250.3	12.5	1.8	34.7	16.6		4.5	0.9
1980	255.3	18.9	2.0	30.9	22.7	17.3	4.6	0.9
1981	210.3	16.7	2.7	32.3	22.2	15.9	4.5	0.8
1982	239.4	19.0	3.5	32.1	22.5	16.7	4.4	0.7
1983	246.7	18.4	3.0	33.2	23.0	17.4	4.1	1.0
1984	261.0	19.2	4.5	34.0	24.3	18.2	4.0	1.0
1985	248.0	24.5	4.9	38.2	27.6	20.2	3.8	1.1
1986	237.4	25.0	4.7	37.4	27.8	19.7	3.6	1.1
1987	245.3	24.4	5.0	41.2	26.8	18.4	3.6	0.5
1988	245.5	24.2	6.0	42.1	27.6	18.5	3.4	0.6
1989	253.5	24.1	5.2	45.3	28.8	18.7	3.5	0.6
1990	258.1	27.1	5.0	45.4	34.6	24.2	4.0	0.8
1991	254.2	29.3	4.7	45.1	34.9	24.1	4.0	0.9
1992	258.8	30.7	5.7	45.5	35.7	25.1	4.0	0.9
1993	255.7	31.7	5.9	40.7	34.3	23.6	3.8	0.8
1994	248.4	39.2	5.5	41.2	37.9	26.2	3.8	0.8
1995	239.1	27.1	5.6	41.9	38.5	26.0	3.7	0.5
1996	255.4	35.3	6.0	37.4	38.6	26.2	3.4	0.5
1997	259.2	37.3	5.5	37.3	40.3	26.8	3.3	0.4
1998	256.8	42.1	5.0	39.3	41.1	26.7	3.3	0.3
1999	204.6	56.3	4.8	37.6	39.8	25.1	3.1	0.3
2000	161.1	37.8	4.4	40.2	40.6	26.0	3.2	0.2
2001	198.5	44.2	3.3	41.7	42.5	28.1	3.2	0.4
2002	173.6	44.5	3.1	41.9	43.3	28.6	3.2	0.3
2003	163.4	49.3	2.7	41.6	44.6	29.4	3.3	0.2
2004	165.0	53.9	2.7	42.4	46.3	30.1	3.3	0.2
2005	172.4	58.1	2.7	43.7	47.6	30.7	3.3	0.2
2006	182.8	44.7	2.4	43.6	44.8	29.3	3.2	0.4
2007	180.2	58.3	2.5	45.5	44.3	29.1	2.8	0.3
2008	184.1	63.7	2.4	45.7	46.2	28.8	2.8	0.4
2009	184.8	65.9	2.6	45.5	48.4	30.4	2.8	0.1
2010	182.6	65.9	2.6	46.8	49.1	31.3	3.2	0.3

2-7 续表 Continued

单位：公斤 (kg)

年 份 Year	原 盐 Salt	机制纸及纸板 Machine-made Paper and Paperboard	原 煤 Coal	铝 Aluminun	原 油 Crude Petroleum Oil	发电量 (千瓦小时) Electricity (kwh)	钢 Steel	水 泥 Cement
1978	108.0	1.5	679		37.8	180.7	50.4	50.5
1980	80.8	1.0	670		40.2	219.6	47.9	79.7
1981	33.7	1.0	504		44.0	203.5	45.7	57.2
1982	66.6	0.3	535		44.6	202.5	47.0	72.4
1983	65.2	1.2	558		44.7	196.1	48.7	93.2
1984	85.9	1.4	602		46.6	206.0	49.9	106.9
1985	90.2	1.6	685		49.4	281.3	51.7	119.7
1986	165.6	1.7	657		84.5	353.4	54.3	118.3
1987	338.2	1.6	645		42.1	526.5	56.7	115.9
1988	256.3	1.9	622	5.4	148.5	1063.8	67.9	125.0
1989	280.4	1.7	691	7.3	165.8	1331.2	71.2	123.5
1990	235.0	1.6	721	10.3	182.5	1591.1	72.7	115.8
1991	315.6	1.7	636	13.0	226.2	1326.2	80.4	128.1
1992	201.4	1.5	616	15.3	230.4	1088.5	83.5	154.0
1993	208.8	1.2	498	19.8	233.7	1466.7	92.4	167.0
1994	197.1	1.7	561	24.3	240.4	1554.6	97.5	133.9
1995	159.4	3.0	582	24.0	254.9	1265.1	74.4	133.6
1996	140.8	3.4	613	25.9	289.0	1273.7	84.0	157.0
1997	32.4	2.2	669	37.8	325.6	1712.6	87.7	160.8
1998	78.7	3.1	641	47.2	352.8	2013.0	87.2	206.3
1999	96.6	3.1	423	51.9	374.5	2258.4	88.2	230.6
2000	131.8	0.7	283	55.2	389.7	2607.0	83.6	241.1
2001	148.3	0.9	445	56.8	396.4	2650.4	85.2	319.4
2002	118.3	0.7	475	66.0	407.0	2652.6	79.4	502.0
2003	124.9	0.4	585	75.4	414.2	2437.5	89.9	577.9
2004	147.3	0.3	766	105.2	414.1	3134.0	88.1	636.0
2005	207.1		1026	123.9	408.6	3937.9	94.3	685.9
2006	262.2	1.6	1085	150.3	408.8	5078.4	146.7	680.2
2007	294.7	…	1630	172.8	402.1	5403.4	209.2	795.1
2008	426.8	0.4	2139	184.5	397.9	5534.0	208.0	828.3
2009	127.7		2310	163.7	334.7	6495.1	224.9	1097.5
2010	221.3		3325	262.3	331.9	8155.1	244.5	1447.2

2-8 主要年份总产出
Gross Output in Main Years

按当年价格计算

Data in this table are calculated at current prices

单位：亿元 (100 million yuan)

年 份 Year / 地 区 Region		总产出 Total Output	第一产业 Primary Industry	第二产业 Secondary Industry	工 业 Industry	建筑业 Construction	第三产业 Tertiary Industry
1952		2.39	1.61	0.32	0.26	0.06	0.46
1957		6.96	2.80	2.50	1.27	1.23	1.66
1965		9.93	4.15	3.41	2.42	0.99	2.36
1970		14.96	4.37	7.28	4.74	2.54	3.31
1975		23.96	5.63	13.35	10.16	3.19	4.98
1978		32.06	5.99	19.54	13.56	5.98	6.53
1980		37.18	7.77	21.51	14.33	7.18	7.90
1981		34.75	7.30	18.85	12.25	6.60	8.60
1982		37.84	8.36	22.71	14.73	7.98	6.77
1983		43.34	8.67	24.14	15.37	8.77	10.53
1984		50.22	10.48	27.55	17.92	9.63	12.19
1985		62.18	12.25	35.27	22.65	12.62	14.66
1986		71.17	14.11	39.49	26.79	12.70	17.57
1987		81.13	15.94	45.11	31.30	13.81	20.08
1988		101.76	19.49	59.08	42.51	16.57	23.19
1989		123.31	21.60	68.76	54.18	14.58	32.95
1990		144.62	24.53	71.29	55.25	16.04	48.80
1991		155.73	25.24	78.08	60.51	17.57	52.41
1992		183.24	28.03	95.07	68.22	26.85	60.14
1993		235.33	31.99	126.62	92.76	33.86	76.72
1994		295.40	45.99	155.88	123.49	32.38	93.53
1995		350.97	56.44	181.35	143.21	38.14	113.19
1996		392.40	57.68	199.48	147.68	51.80	135.23
1997		446.96	60.85	242.05	174.94	67.11	144.06
1998		502.96	62.87	283.07	196.81	86.26	157.03
1999		544.05	61.39	309.48	209.88	99.60	173.18
2000		621.44	59.51	362.94	240.08	122.86	198.99
2001		701.50	66.39	402.93	243.48	159.45	232.18
2002		814.12	69.34	482.26	270.61	211.65	262.53
2003		954.90	71.77	584.00	329.78	254.22	299.13
2004		1130.85	86.65	704.50	422.80	281.70	339.70
2005		1314.62	94.04	829.50	536.09	293.41	391.08
2006		1524.79	97.64	977.39	696.40	280.99	449.76
2007		1868.88	121.26	1212.88	927.57	285.31	534.74
2008		2365.80	153.40	1568.47	1260.92	307.55	643.93
2009		2465.21	157.30	1581.64	1216.82	364.82	726.27
2010		3187.75	201.30	2127.85	1653.61	474.24	858.60
西宁市	Xining City	1565.99	45.10	1043.23	845.20	198.03	477.66
海东地区	Haidong Prefecture	379.17	58.09	210.92	164.82	46.10	110.16
海北州	Haibei Zang A.P	116.08	14.98	69.30	52.46	16.84	31.80
黄南州	Huangnan Zang A.P	78.94	15.54	44.48	26.13	18.35	18.92
海南州	Hainan Zang A.P	150.75	26.58	94.15	46.56	47.59	30.02
果洛州	Golog Zang A.P	36.20	5.20	20.09	11.54	8.55	10.91
玉树州	Yushu Zang A.P	80.48	20.31	43.41	0.98	42.43	16.76
海西州	Haixi Mongolian & Zang A.P	766.83	15.50	630.14	516.30	113.84	121.19

注：1.1992—2004年、2005—2008年数据分别根据第一次和第二次经济普查数据进行调整和修订。
2.1990—1993年的总产出依据第三产业普查作了统一调整。
3.1997年工业总产出等于按新口径计算工业总产值加销项税。
4.2006年第一产业数据根据农业普查数据进行了调整。

a) Data in 1992-2004 were adjusted and revised based on economic census data.
b) The total output in 1990-1993 were made a uniform adjustment based on the census of tertiary industry.
c) Industrial output in 1997 equaled to the total industrial output value calculated with new caliber added output tax.
d) Data on the primary industry in 2006 have been adjusted according to agricultural census data.

2-9 主要年份总产出指数
Indices of Gross Output in Main Years

以上年为100

preceding year=100

单位：% (%)

年份 地区	Year Region	总产出 Total Output	第一产业 Primary Industry	第二产业 Secondary Industry	工业 Industry	建筑业 Construction	第三产业 Tertiary Industry
1952		100.00	100.00	100.00	100.00	100.00	100.00
1957		91.26	100.31	70.97	104.01	57.83	122.58
1965		109.47	111.00	103.78	129.21	137.64	115.89
1970		118.56	100.02	131.31	142.33	123.41	105.56
1975		114.41	99.12	121.92	115.65	132.09	104.70
1978		123.27	99.38	129.77	116.26	146.96	117.81
1980		99.83	111.02	95.95	97.48	94.74	111.38
1981		91.77	93.05	89.05	85.46	91.99	102.63
1982		117.48	107.80	120.05	119.00	120.84	113.94
1983		108.27	102.48	106.25	101.39	109.88	119.60
1984		119.47	108.94	111.61	114.23	109.81	117.75
1985		106.89	111.11	106.77	119.72	97.48	105.32
1986		102.72	104.68	101.60	111.33	93.03	105.27
1987		106.82	103.86	106.54	113.01	99.73	109.26
1988		109.16	100.27	112.30	120.57	102.41	103.43
1989		95.69	102.43	96.34	108.09	79.82	93.71
1990		116.52	104.86	102.07	103.17	99.96	173.17
1991		107.95	102.34	99.98	105.74	88.65	126.19
1992		113.60	104.10	113.70	105.30	133.50	115.70
1993		107.29	100.18	110.00	113.47	103.27	106.98
1994		106.41	103.60	105.06	112.70	88.80	110.10
1995		107.97	99.80	109.38	109.00	110.40	109.80
1996		111.12	103.90	114.31	109.70	126.60	109.40
1997		110.82	105.70	113.46	110.50	120.30	108.70
1998		111.61	104.50	115.36	110.20	126.30	108.20
1999		108.45	100.20	110.36	109.90	111.20	108.30
2000		109.54	97.40	109.56	105.60	116.80	114.00
2001		113.07	105.40	115.28	109.40	125.00	111.60
2002		112.38	103.40	114.50	108.90	122.60	111.20
2003		113.35	97.80	117.52	120.10	114.20	109.80
2004		111.93	103.80	113.58	120.30	104.50	110.60
2005		114.35	105.53	117.54	127.51	102.01	109.78
2006		110.91	103.73	111.28	118.59	97.91	111.85
2007		113.20	104.76	113.95	119.52	101.63	113.49
2008		112.93	104.26	114.31	119.66	100.38	111.81
2009		110.92	105.77	111.31	110.66	113.62	110.39
2010		119.51	106.62	123.30	123.01	124.17	113.61
西宁市	Xining City	115.30	107.20	116.70	118.20	111.10	113.20
海东地区	Haidong Prefecture	116.50	106.70	130.10	135.30	112.40	108.90
海北州	Haibei Zang A.P	122.16	120.20	129.08	128.52	130.82	110.78
黄南州	Huangnan Zang A.P	122.73	104.57	132.26	117.37	170.88	113.92
海南州	Hainan Zang A.P	123.90	107.40	130.80	156.50	113.40	116.50
果洛州	Golog Zang A.P	114.68	101.90	124.99	137.81	110.45	100.13
玉树州	Yushu Zang A.P	160.68	96.19	372.12	96.72	400.00	98.01
海西州	Haixi Mongolian & Zang A.P	122.80	121.80	123.80	123.00	127.40	118.50

注：1.1995年工业指数与工业普查数有差距。
2.1992—2004年、2005—2008年数据分别根据第一次和第二次经济普查数据进行调整和修订。
3.2006年第一产业数据根据农业普查数据进行了调整。

a) There is a gap between the industrial indices in 1995 and the data of industrial census.
b) Data in 1992-2004 were adjusted and revised based on economic census data.
c) Data on the primary industry in 2006 have been adjusted according to agricultural census data.

2-10 主要年份总产出指数
Indices of Gross Output in Main Years

以1952年为100

year of 1952=100

单位：%　(%)

年份 Year	总产出 Total Output	第一产业 Primary Industry	第二产业 Secondary Industry	工业 Industry	建筑业 Construction	第三产业 Tertiary Industry
1952	100.00	100.00	100.00	100.00	100.00	100.00
1957	282.38	147.46	659.48	386.33	1333.53	513.51
1965	374.18	187.14	921.11	789.04	2162.28	670.27
1970	717.21	196.56	2847.38	1805.23	5392.36	924.32
1975	1089.75	252.60	4669.44	3839.48	6677.47	1264.86
1978	1541.39	267.56	7165.41	5037.37	12347.61	1627.03
1980	1683.20	285.25	7782.74	4903.07	14814.51	1851.35
1981	1544.67	265.42	6930.53	4190.16	13627.87	1900.00
1982	1814.76	286.13	8320.10	4986.29	16467.91	2164.84
1983	1964.75	293.22	8840.10	5055.60	18094.94	2589.19
1984	2211.48	319.44	9866.44	5775.01	19870.06	3048.64
1985	2363.93	354.93	10534.40	6913.85	19369.33	3210.81
1986	2428.28	371.54	10702.95	7697.18	18019.29	3386.49
1987	2593.85	385.88	11402.93	8698.59	17970.64	3700.00
1988	2831.56	386.92	12805.49	10487.79	18403.72	3827.03
1989	2728.69	396.32	12336.81	11336.25	14689.85	3586.49
1990	3179.47	415.58	12592.17	11695.61	14683.97	6210.81
1991	3432.22	425.30	12589.65	12366.94	13017.34	7837.84
1992	3899.00	442.74	14314.43	13022.39	17378.15	9068.38
1993	4183.40	443.53	15745.44	14776.50	17946.41	9701.35
1994	4451.55	459.50	16542.14	16653.12	15936.42	10681.19
1995	4806.20	458.58	18093.51	18151.90	17593.80	11727.95
1996	5340.67	476.47	20682.50	19912.63	22273.75	12830.37
1997	5918.38	503.63	23466.37	22003.46	26795.33	13946.62
1998	6605.55	526.29	27069.88	24247.81	33842.50	15090.24
1999	7163.59	527.34	29873.19	26648.35	37632.86	16342.73
2000	7846.69	513.63	32728.22	28140.66	43955.18	18630.71
2001	8872.56	541.37	37727.83	30785.88	54943.97	20791.87
2002	9971.21	559.77	43196.76	33525.82	67361.31	23120.56
2003	11301.97	547.46	50764.65	40264.51	76926.62	25386.38
2004	12650.15	568.26	57660.98	48438.21	80388.31	28077.34
2005	14465.45	599.68	67774.72	61765.82	82004.12	30822.40
2006	16043.53	622.06	75413.27	73249.34	80293.66	34475.05
2007	18160.81	651.69	85933.67	87544.11	81604.45	39125.41
2008	20509.09	679.46	98232.89	104751.53	81917.47	43744.26
2009	22748.69	718.66	109343.03	115918.05	93074.63	48289.29
2010	27186.96	766.24	134819.96	142590.79	115570.77	54861.46

注：1.1992-2004年、2005-2008年数据分别根据第一次和第二次经济普查数据进行调整和修订。
2.2006年第一产业数据根据农业普查数据进行了调整。

a) Data in 1992-2004 were adjusted and revised based on economic census data.

b) Data on the primary industry in 2006 have been adjusted according to agricultural census data.

2-11 主要年份生产总值
Gross Domestic Product in Main Years

按当年价格计算

Data in this table are calculated at current prices

单位：亿元 (100 million yuan)

年 份 Year 地 区 Region	生产总值 Gross Domestic Product	第一产业 Primary Industry	第二产业 Secondary Industry	工 业 Industry	建筑业 Construction	第三产业 Tertiary Industry	人均生产总值（元） Per Capita GDP (yuan)
1952	1.63	1.20	0.12	0.10	0.02	0.31	101
1957	3.95	2.13	0.78	0.40	0.38	1.04	193
1965	6.14	3.36	1.28	0.96	0.32	1.50	271
1970	8.15	3.36	2.79	2.02	0.77	2.00	303
1975	12.42	4.64	4.76	3.78	0.98	3.02	371
1978	15.54	3.67	7.71	5.57	2.14	4.16	428
1980	17.79	5.00	7.83	5.67	2.16	4.96	473
1981	17.49	4.63	7.23	5.21	2.02	5.63	459
1982	19.95	5.56	8.03	5.62	2.41	6.36	513
1983	22.45	5.90	8.98	6.38	2.60	7.57	569
1984	26.42	7.35	10.15	7.19	2.96	8.92	662
1985	33.01	8.64	13.39	8.90	4.49	10.98	808
1986	38.44	10.47	15.40	11.06	4.34	12.57	916
1987	43.38	11.74	16.61	12.09	4.52	15.03	1018
1988	54.96	14.36	23.30	17.33	5.97	17.30	1260
1989	60.37	15.73	25.29	20.07	5.22	19.35	1365
1990	69.94	17.67	26.89	21.23	5.66	25.38	1558
1991	75.10	17.96	29.84	23.49	6.35	27.30	1647
1992	87.52	19.90	36.31	26.69	9.62	31.31	1912
1993	109.68	22.21	48.13	36.67	11.46	39.34	2364
1994	138.40	32.40	57.78	46.13	11.65	48.22	2942
1995	167.80	39.62	64.58	51.62	12.96	63.60	3513
1996	184.17	40.41	70.00	53.27	16.73	73.75	3799
1997	202.79	41.80	76.64	56.90	19.73	84.36	4122
1998	220.92	42.94	85.44	62.40	23.04	92.54	4426
1999	239.38	42.03	94.03	68.63	25.41	103.32	4728
2000	263.68	40.12	108.83	78.80	30.03	114.73	5138
2001	300.13	44.74	125.09	87.02	38.07	130.29	5774
2002	340.65	47.31	144.51	97.48	47.03	148.83	6478
2003	390.20	48.47	171.92	117.18	54.74	169.81	7346
2004	466.10	60.70	211.70	153.50	58.20	193.70	8693
2005	543.32	65.34	264.61	203.94	60.67	213.37	10045
2006	648.50	67.55	331.91	265.12	66.79	249.04	11889
2007	797.35	83.41	419.03	344.52	74.51	294.91	14507
2008	1018.62	105.57	557.12	468.60	88.52	355.93	18421
2009	1081.27	107.40	575.33	470.33	105.00	398.54	19454
2010	1350.43	134.92	744.63	613.65	130.98	470.88	24115
西宁市 Xining City	628.28	24.47	320.76	275.40	45.36	283.05	28428
海东地区 Haidong Prefecture	173.31	35.83	67.37	51.72	15.65	70.11	10790
海北州 Haibei Zang A.P	54.53	10.42	27.49	18.24	9.25	16.62	19358
黄南州 Huangnan Zang A.P	43.68	12.81	17.62	14.44	3.18	13.25	17888
海南州 Hainan Zang A.P	69.89	18.73	30.86	18.53	12.33	20.30	15690
果洛州 Golog Zang A.P	20.43	4.40	8.52	6.41	2.11	7.51	11243
玉树州 Yushu Zang A.P	31.86	17.98	7.28	0.45	6.83	6.60	8531
海西州 Haixi Mongolian & Zang A.P	365.49	10.28	288.97	260.04	28.93	66.24	78180

注：1.1992—2004年、2006—2008年数据分别根据第一次和第二次经济普查数据进行调整和修订。
2.2006年第一产业数据根据农业普查数据进行了调整。

a) Data in 1992-2004 and 2006-2008 were adjusted and revised based on the first and the second economic census data separately.

b) Data on the primary industry in 2006 have been adjusted according to agricultural census data.

2-12 主要年份生产总值构成
Composition of Gross Domestic Product in Main Years

按当年价格计算

Data in this table are calculated at current prices

单位：%　　　　(%)

年 份 / 地 区	Year / Region	生产总值 Gross Domestic Product	第一产业 Frimary Industry	第二产业 Secondary Industry	工 业 Industry	建筑业 Construction	第三产业 Tertiary Industry
1952		100.0	73.6	7.4	6.2	1.2	19.0
1957		100.0	53.9	19.7	10.1	9.6	26.4
1965		100.0	54.7	20.8	15.6	5.2	24.5
1970		100.0	41.2	34.2	24.8	9.4	24.6
1975		100.0	37.4	38.3	30.4	7.9	24.3
1978		100.0	23.6	49.6	35.8	13.8	26.8
1980		100.0	28.1	44.0	31.9	12.1	27.9
1981		100.0	26.5	41.3	29.8	11.5	32.2
1982		100.0	27.9	40.3	28.2	12.1	31.8
1983		100.0	26.3	40.0	28.4	11.6	33.7
1984		100.0	27.8	38.4	27.2	11.2	33.8
1985		100.0	26.2	40.6	27.0	13.6	33.2
1986		100.0	27.2	40.1	28.8	11.3	32.7
1987		100.0	27.1	38.3	27.9	10.4	34.6
1988		100.0	26.1	42.4	31.5	10.9	31.5
1989		100.0	26.1	41.9	33.2	8.6	32.0
1990		100.0	25.3	38.4	30.4	8.0	36.3
1991		100.0	23.9	39.7	31.3	8.4	36.4
1992		100.0	22.7	41.5	30.5	11.0	35.8
1993		100.0	20.3	43.9	33.4	10.5	35.9
1994		100.0	23.4	41.7	33.3	8.4	34.8
1995		100.0	23.6	38.5	30.8	7.7	37.9
1996		100.0	21.9	38.0	28.9	9.1	40.0
1997		100.0	20.6	37.8	28.1	9.7	41.6
1998		100.0	19.4	38.7	28.2	10.4	41.9
1999		100.0	17.6	39.3	28.7	10.6	43.2
2000		100.0	15.2	41.3	29.9	11.4	43.5
2001		100.0	14.9	41.7	29.0	12.7	43.4
2002		100.0	13.9	42.4	28.6	13.8	43.7
2003		100.0	12.4	44.1	30.0	14.0	43.5
2004		100.0	13.0	45.4	32.9	12.5	41.6
2005		100.0	12.0	48.7	37.5	11.2	39.3
2006		100.0	10.4	51.2	40.9	10.3	38.4
2007		100.0	10.5	52.5	43.2	9.3	37.0
2008		100.0	10.4	54.7	46.0	8.7	34.9
2009		100.0	9.9	53.2	43.5	9.7	36.9
2010		100.0	10.0	55.1	45.4	9.7	34.9
西宁市	Xining City	100.0	3.9	51.0	43.8	7.2	45.1
海东地区	Haidong Prefecture	100.0	20.7	38.9	29.9	9.0	40.5
海北州	Haibei Zang A.P	100.0	19.1	50.4	33.4	17.0	30.5
黄南州	Huangnan Zang A.P	100.0	29.3	40.3	33.0	7.3	30.4
海南州	Hainan Zang A.P	100.0	26.8	44.2	26.5	17.7	29.0
果洛州	Golog Zang A.P	100.0	21.5	41.7	31.4	10.3	36.8
玉树州	Yushu Zang A.P	100.0	56.4	22.9	1.4	21.5	20.7
海西州	Haixi Mongolian & Zang A.P	100.0	2.8	79.1	71.2	7.9	18.1

注：1.1992—2004年、2006—2008年数据分别根据第一次和第二次经济普查数据进行调整和修订。

2.2006年第一产业数据根据农业普查数据进行了调整。

a) Data in 1992-2004 were adjusted and revised based on economic census data.

b) Data on the primary industry in 2006 have been adjusted according to agricultural census data.

2-13 主要年份生产总值指数

Indices of Gross Domestic Product in Main Years

按可比价格计算

Data in this table are calculated at constant prices

(1952=100) (year of 1952=100)

年 份 Year	生产总值 Gross Domestic Product	第一产业 Primary Industry	第二产业 Secondary Industry	工 业 Industry	建筑业 Construction	第三产业 Tertiary Industry	人 均 生产总值 Per Capita GDP
1952	100.00	100.00	100.00	100.00	100.00	100.00	100.00
1957	216.67	151.20	591.67	330.00	1900.00	335.48	172.86
1965	312.26	203.62	1001.62	847.14	1600.00	493.60	224.87
1970	445.69	203.60	2460.10	2111.84	3848.76	689.74	260.14
1975	665.06	278.85	4075.30	3639.41	4899.10	959.28	324.06
1978	825.92	234.54	6501.60	5435.19	10687.83	1326.01	371.37
1980	884.25	243.25	6539.41	5465.59	10796.77	1389.94	477.00
1981	871.87	230.60	6048.95	5049.11	10097.64	1690.17	464.98
1982	974.75	261.17	6672.00	5398.00	12045.89	1901.44	509.99
1983	1078.07	279.04	7279.15	5921.07	12995.10	2203.77	555.99
1984	1224.69	318.10	8123.54	6551.07	14794.92	2547.55	623.98
1985	1357.45	343.87	9358.31	7782.02	15845.36	2751.36	675.96
1986	1467.40	375.85	10006.00	8547.77	16095.72	2968.72	714.36
1987	1551.05	387.50	10362.60	9255.53	14246.32	3295.28	743.50
1988	1670.48	385.14	12755.62	11678.62	16045.63	3183.57	782.68
1989	1690.52	395.00	12717.35	12357.15	12595.82	3255.85	781.67
1990	1753.47	411.47	12797.35	12415.23	13745.82	3433.62	798.78
1991	1835.64	415.50	13556.07	13105.52	13565.75	3707.62	824.59
1992	1971.30	432.16	14586.27	13838.11	15877.35	4062.07	872.41
1993	2161.55	429.26	16720.59	15970.56	17777.87	4564.95	943.95
1994	2337.11	444.72	18038.85	17663.44	17475.65	5072.32	1006.53
1995	2524.14	442.49	19716.25	19341.47	18961.07	5667.10	1070.55
1996	2744.23	458.87	21809.12	20695.37	23720.30	6213.50	1146.77
1997	2992.38	474.93	24121.69	22557.96	27539.27	6856.88	1232.21
1998	3259.19	491.55	26893.16	24588.17	32909.43	7482.17	1322.59
1999	3523.52	496.47	29429.73	26801.11	36430.74	8228.94	1409.81
2000	3838.50	476.61	32872.05	29481.22	42478.24	9182.54	1515.41
2001	4288.09	504.25	37846.51	32724.15	53692.50	10163.04	1671.19
2002	4806.09	526.94	44074.27	37665.50	64269.92	11229.29	1851.51
2003	5376.12	546.96	51357.37	44106.30	74038.95	12328.25	2050.18
2004	6035.77	567.96	59887.83	53831.74	77259.64	13596.83	2280.21
2005	6772.13	596.59	69380.05	65157.94	78913.00	14980.98	2536.28
2006	7670.12	617.23	80328.22	77329.44	83687.24	16949.49	2848.50
2007	8703.28	644.14	92329.26	90707.43	88767.05	19349.53	3207.41
2008	9880.84	669.26	107582.05	108359.10	92548.53	21706.31	3619.56
2009	10882.76	702.73	119781.86	119379.22	108198.49	23831.35	3966.31
2010	12551.09	744.19	142875.80	142371.66	129156.54	26724.48	4541.42

注：1992—2004年、2006—2008年数据分别根据第一次和第二次经济普查数据进行调整和修订。

a) Data in 1992-2004 and 2006-2008 were adjusted and revised based on the first and the second economic census data separately.

2-14 主要年份生产总值指数

Indices of Gross Domestic Product in Main Years

按可比价格计算

Data in this table are calculated at constant prices

(上年=100) (preceding year=100)

年份 地区	Year Region	生产总值 Gross Domestic Product	第一产业 Primary Industry	第二产业 Secondary Industry	工业 Industry	建筑业 Construction	第三产业 Tertiary Industry	人均生产总值 Per Capita GDP
1952		100.00	100.00	100.00	100.00	100.00	100.00	100.00
1957		97.33	100.53	74.74	100.00	61.83	114.29	91.28
1965		112.45	110.49	127.00	121.79	145.45	106.12	107.59
1970		119.57	100.34	162.50	183.59	103.31	106.87	114.79
1975		107.83	99.78	116.23	113.41	128.95	108.13	104.82
1978		114.93	96.91	128.08	116.32	173.98	122.61	111.87
1980		117.78	97.74	123.20	131.40	105.88	129.89	115.87
1981		98.60	94.80	92.50	92.38	93.52	121.60	97.48
1982		111.80	113.30	110.30	106.91	119.30	112.50	109.68
1983		110.60	106.80	109.10	109.69	107.88	115.90	109.02
1984		113.60	114.00	111.60	110.64	113.85	115.60	112.23
1985		110.84	108.10	115.20	118.79	107.10	108.00	108.33
1986		108.10	109.30	107.50	109.84	101.58	107.90	105.68
1987		105.70	103.10	103.00	108.28	88.51	111.10	104.08
1988		107.70	99.39	123.10	126.18	112.63	96.61	105.27
1989		101.20	102.56	99.74	105.81	78.50	102.27	99.87
1990		103.72	104.17	102.23	100.47	109.13	105.46	102.19
1991		104.69	100.98	104.29	105.56	98.69	107.98	103.23
1992		107.39	104.01	107.61	105.59	117.04	109.56	105.80
1993		109.65	99.33	114.63	115.41	111.97	112.38	108.20
1994		108.12	103.60	107.88	110.60	98.30	111.11	106.63
1995		108.00	99.50	109.30	109.50	108.50	111.73	106.36
1996		108.72	103.70	110.61	107.00	125.10	109.64	107.12
1997		109.04	103.50	110.60	109.00	116.10	110.35	107.45
1998		108.92	103.50	111.49	109.00	119.50	109.12	107.33
1999		108.11	101.00	109.43	109.00	110.70	109.98	106.59
2000		108.94	96.00	111.70	110.00	116.60	111.59	107.49
2001		111.71	105.80	115.13	111.00	126.40	110.68	110.28
2002		112.08	104.50	116.46	115.10	119.70	110.49	110.79
2003		111.86	103.80	116.52	117.10	115.20	109.79	110.73
2004		112.27	103.84	116.61	122.05	104.35	110.29	111.22
2005		112.20	105.04	115.85	121.04	102.14	110.18	111.23
2006		113.26	103.46	115.78	118.68	106.05	113.14	112.31
2007		113.47	104.36	114.94	117.30	106.07	114.16	112.60
2008		113.53	103.90	116.52	119.46	104.26	112.18	112.85
2009		110.14	105.00	111.34	110.17	116.91	109.79	109.58
2010		115.33	105.90	119.28	119.26	119.37	112.14	114.50
西宁市	Xining City	118.20	105.80	121.20	123.10	110.00	116.10	117.20
海东地区	Haidong Prefecture	115.20	106.60	127.20	131.70	112.40	108.10	113.70
海北州	Haibei Zang A.P	119.50	104.40	136.30	143.10	125.10	107.30	118.50
黄南州	Huangnan Zang A.P	112.64	104.13	118.26	119.07	114.58	112.03	106.20
海南州	Hainan Zang A.P	117.70	104.80	128.00	150.60	100.30	112.40	117.10
果洛州	Golog Zang A.P	117.40	102.30	146.00	171.70	110.40	107.30	109.70
玉树州	Yushu Zang A.P	120.40	102.10	189.20	102.00	200.50	118.00	113.50
海西州	Haixi Mongolian & Zang A.P	118.30	119.70	120.30	120.30	120.50	110.00	112.10

注：1992-2004年、2006-2008年数据分别根据第一次和第二次经济普查数据进行调整和修订。

a) Data in 1992-2004 and 2006-2008 were adjusted and revised based on the first and the second economic census data separately.

2-15 主要年份第三产业增加值

单位：亿元

年 份 Year / 地 区 Region		总 计 Total	交通运输、仓储及邮政业 Transport, Storage and Post	信息传输、计算机服务和软件业 Information Transmission, Computer Services and Software	批发、零售贸易业 Wholesale and Retail Trades	住宿和餐饮业 Hotels and Catering Services
1992		31.31	5.34	0.46	7.33	1.34
1993		39.34	6.17	0.51	9.07	1.73
1994		48.22	6.69	0.69	11.28	2.08
1995		63.60	8.59	1.02	15.73	2.36
1996		73.75	9.90	1.60	15.26	2.71
1997		84.36	11.36	2.08	16.09	3.83
1998		92.54	12.73	2.64	16.94	4.53
1999		103.32	15.45	3.12	17.37	5.36
2000		114.73	17.49	4.74	19.40	5.79
2001		130.29	19.50	7.46	21.22	6.37
2002		148.83	23.06	9.53	24.31	6.54
2003		169.81	26.87	12.26	27.21	7.85
2004		193.70	30.00	14.70	31.50	8.60
2005		213.37	31.88	14.20	35.63	9.38
2006		249.04	34.92	17.41	39.10	11.11
2007		294.91	40.59	22.30	45.67	12.33
2008		355.93	42.97	27.54	55.82	13.73
2009		398.54	49.32	35.00	66.13	14.54
2010		470.88	61.26	43.15	81.44	16.30
西宁市	Xining City	283.05	27.16	25.84	59.21	7.87
海东地区	Haidong Prefecture	70.11	11.90	4.24	7.22	3.61
海北州	Haibei Zang A.P	16.62	1.51	0.74	1.51	0.88
黄南州	Huangnan Zang A.P	13.25	0.42	0.57	0.92	0.90
海南州	Hainan Zang A.P	20.30	2.74	0.97	2.01	1.40
果洛州	Golog Zang A.P	7.51	0.73	0.71	0.36	0.14
玉树州	Yushu Zang A.P	6.60	0.40	0.13	0.94	0.28
海西州	Haixi Mongolian & Zang A.P	66.24	21.03	5.54	5.50	2.53

注：1.本表按当年价格计算。

2.1992—2004年、2006—2008年数据分别根据第一次和第二次经济普查数据进行调整和修订。

Value-added of the Tertiary Industry in Main Years

(100 million yuan)

金融业 Financial Intermediation	房地产业 Real Estate	租赁和商务服务业 Rental and Business Services	科学研究、技术服务和地质勘查业 Scientific Research, Technical Services and Geological Prospecting	水利、环境和公共设施管理业 Management of Water, Environment and Public Facilities	居民服务和其他服务业 Residents Services and Other Services	教育 Education	卫生、社会保障和社会福利业 Health, Social Security and Social Welfare	文化、体育和娱乐业 Culture, Sports and Entertainment	公共管理和社会组织 Public Administration and Social Organizations
5.83	0.49	0.04	1.03	0.42	0.60	2.20	0.95	0.74	4.54
8.27	0.76	0.05	1.17	0.46	0.60	2.64	1.20	0.85	5.86
10.82	1.10	0.08	1.42	0.53	0.68	3.16	1.54	0.98	7.17
14.62	1.58	0.12	1.90	0.68	0.81	4.22	2.04	1.26	8.67
17.29	2.55	0.17	2.32	0.80	0.87	5.29	2.53	1.51	10.96
18.92	3.35	0.28	2.68	0.89	1.06	5.96	3.10	1.64	13.14
19.23	4.25	0.42	3.20	1.01	1.23	6.38	3.46	1.68	14.82
18.70	5.39	0.59	3.81	1.16	1.33	7.75	4.01	1.97	17.31
16.98	6.53	1.26	4.25	1.24	2.13	8.73	4.63	2.13	19.44
16.10	7.40	1.91	4.63	1.29	2.48	10.55	5.82	2.47	23.09
16.75	9.74	2.73	5.12	1.37	2.69	11.43	6.72	2.57	26.26
17.98	11.41	3.72	6.04	1.55	2.79	12.57	7.64	2.71	29.19
19.00	13.00	5.60	6.90	1.70	3.20	14.00	8.70	2.90	33.90
20.36	14.10	6.34	7.37	1.87	3.90	15.98	9.73	3.32	39.31
23.69	15.17	7.36	9.15	2.22	3.36	19.07	11.46	4.33	50.69
27.67	16.98	8.69	10.82	2.94	3.51	23.50	13.95	5.60	60.36
36.54	19.96	11.03	15.22	3.80	3.72	29.07	17.40	8.06	71.07
45.63	23.05	14.73	14.59	3.51	3.91	28.37	17.52	10.03	72.21
54.53	25.41	16.98	16.33	3.91	4.51	31.76	19.61	11.53	84.16
44.16	15.18	11.87	11.36	3.11	3.56	19.33	13.34	5.53	35.53
2.69	3.51	0.44	4.84	1.83	0.99	11.05	2.14	0.69	14.96
0.44	0.70	0.36	0.56	0.06	0.26	1.99	0.94	0.47	6.20
0.57	0.51	0.13	0.32	0.15	0.15	1.34	0.88	0.51	5.88
0.97	0.99	0.21	0.36	0.19	0.22	2.47	1.17	0.29	6.31
0.21	0.27	0.04	0.17		0.07	0.64	0.44	0.12	3.61
0.12	0.04	0.85	0.02	0.02	1.04	0.35	0.23	0.12	2.06
5.26	2.21	2.72	1.89	0.29	1.64	2.63	2.47	1.45	11.08

a) Data in this table are calculated at current prices.
b) Data in 1992-2004 and 2006-2008 were adjusted and revised based on the first and the second economic census data separately.

2–16 主要年份第三产业增加值构成及指数

年 份 Year	总 计 Total	交通运输、仓储及邮政业 Traffic, Transport, Storage and Post	信息传输、计算机服务和软件业 Information Transmission, Computer Services and Software	批发、零售贸易业 Wholesale and Retail Trades	住宿和餐饮业 Hotels and Catering Services	金融业 Financial Intermediation	房地产业 Real Estate
构成(%) Composition(%)							
1992	100.0	17.1	1.5	23.4	4.3	18.6	1.6
1993	100.0	15.7	1.3	23.1	4.4	21.0	1.9
1994	100.0	13.9	1.4	23.4	4.3	22.4	2.3
1995	100.0	13.5	1.6	24.7	3.7	23.0	2.5
1996	100.0	13.4	2.2	20.7	3.7	23.4	3.5
1997	100.0	13.5	2.5	19.1	4.5	22.4	4.0
1998	100.0	13.8	2.8	18.3	4.9	20.8	4.6
1999	100.0	15.0	3.0	16.8	5.2	18.1	5.2
2000	100.0	15.2	4.1	16.9	5.0	14.8	5.7
2001	100.0	15.0	5.7	16.3	4.9	12.4	5.7
2002	100.0	15.5	6.4	16.3	4.4	11.3	6.5
2003	100.0	15.8	7.2	16.0	4.6	10.6	6.7
2004	100.0	15.5	7.6	16.3	4.4	9.8	6.7
2005	100.0	14.9	6.7	16.7	4.4	9.5	6.6
2006	100.0	14.0	7.0	15.7	4.5	9.5	6.1
2007	100.0	13.8	7.5	15.5	4.2	9.4	5.7
2008	100.0	12.1	7.7	15.7	3.8	10.3	5.6
2009	100.0	12.4	8.8	16.6	3.6	11.4	5.8
2010	100.0	13.0	9.2	17.3	3.5	11.6	5.4
发展速度(上年=100) Speed of Development (preceding year=100)							
1992	109.6	122.5	136.7	109.7	109.7	104.6	111.6
1993	112.4	104.0	131.4	108.7	108.7	125.7	127.1
1994	111.1	106.0	99.8	98.1	98.1	122.6	126.2
1995	111.7	107.6	115.1	102.7	92.9	116.8	120.8
1996	109.6	112.4	91.4	102.2	100.5	113.0	135.5
1997	110.4	108.4	181.3	101.4	137.6	107.0	120.6
1998	109.1	106.8	157.7	102.4	130.4	102.2	120.4
1999	110.0	125.7	56.0	103.6	115.6	97.3	119.7
2000	111.6	109.7	262.5	110.3	109.6	89.8	113.7
2001	110.7	112.0	158.1	106.8	113.0	92.9	106.2
2002	110.5	105.7	152.2	109.3	116.5	100.7	122.7
2003	109.8	113.8	114.9	111.2	110.6	104.7	109.3
2004	110.3	105.3	131.0	109.7	109.3	102.0	104.0
2005	110.2	106.3	115.6	112.3	108.4	105.6	106.4
2006	113.1	102.9	123.4	107.6	115.4	113.8	103.1
2007	114.2	112.4	124.1	110.2	104.6	110.8	107.7
2008	112.2	103.8	123.0	110.5	98.7	115.7	109.4
2009	109.8	109.0	128.5	116.6	101.8	122.7	113.8
2010	112.1	109.7	123.3	118.1	106.0	114.4	105.2

注：1992–2004年、2006–2008年数据分别根据第一次和第二次经济普查数据进行调整和修订。

Composition and Indices of Value-added of the Tertiary Industry in Main Years

租赁和商务服务业 Rental and Business Services	科学研究、技术服务和地质勘查业 Scientific Research, Technical Services and Geological Prospecting	水利、环境和公共设施管理业 Management of Water, Environment and Public Facilities	居民服务和其他服务业 Residents Services and Other Services	教育 Education	卫生、社会保障和社会福利业 Health, Social Security and Social Welfare	文化、体育和娱乐业 Culture, Sports and Entertainment	公共管理和社会组织 Public Administration and Social Organizations
0.1	3.3	1.3	1.9	7.0	3.0	2.4	14.5
0.1	3.0	1.2	1.5	6.7	3.0	2.2	14.9
0.2	2.9	1.1	1.4	6.6	3.2	2.0	14.9
0.2	3.0	1.1	1.3	6.6	3.2	2.0	13.6
0.2	3.1	1.1	1.2	7.2	3.4	2.1	14.9
0.3	3.2	1.1	1.3	7.1	3.7	1.9	15.6
0.5	3.5	1.1	1.3	6.9	3.7	1.8	16.0
0.6	3.7	1.1	1.3	7.5	3.9	1.9	16.8
1.1	3.7	1.1	1.9	7.6	4.0	1.9	16.9
1.5	3.6	1.0	1.9	8.1	4.5	1.9	17.7
1.8	3.4	0.9	1.8	7.7	4.5	1.7	17.6
2.2	3.6	0.9	1.6	7.4	4.5	1.6	17.2
2.9	3.6	0.9	1.7	7.2	4.5	1.5	17.5
3.0	3.5	0.9	1.8	7.5	4.6	1.6	18.4
3.0	3.7	0.9	1.3	7.7	4.6	1.7	20.4
2.9	3.7	1.0	1.2	8.0	4.7	1.9	20.5
3.1	4.3	1.1	1.0	8.1	4.9	2.3	20.0
3.7	3.7	0.9	1.0	7.1	4.4	2.5	18.1
3.6	3.5	0.8	0.9	6.7	4.2	2.4	17.9
107.3	105.5	107.3	107.3	109.4	109.6	109.4	113.0
103.4	118.2	103.4	103.4	106.7	105.5	106.7	121.7
112.2	110.4	110.8	112.2	113.6	117.7	113.6	139.7
113.9	113.4	117.5	113.9	117.8	113.3	117.8	127.0
104.3	116.4	109.1	104.3	114.6	110.9	114.6	105.3
114.2	106.3	114.4	114.2	109.8	116.9	109.8	117.7
112.4	111.8	120.5	112.4	107.7	109.6	107.7	116.2
109.7	107.8	114.8	109.7	116.3	108.8	116.3	122.8
165.7	112.2	111.0	165.7	113.7	114.1	113.7	117.4
121.2	110.1	104.1	121.2	108.6	120.4	108.6	119.7
113.6	110.3	105.8	113.6	103.9	108.2	103.9	110.0
109.4	108.3	117.9	109.4	104.0	110.2	104.0	109.0
118.8	108.7	110.4	118.8	106.8	106.8	106.8	117.7
110.9	104.7	109.5	119.4	111.9	109.6	112.3	113.7
114.7	122.4	117.3	85.2	117.5	116.1	128.6	122.3
114.9	111.0	123.7	101.5	115.6	114.2	126.4	119.9
123.0	132.1	121.7	103.0	116.5	117.2	139.4	106.3
131.3	93.4	90.0	103.5	95.0	98.0	122.3	99.8
109.3	106.4	106.7	109.2	106.2	106.3	109.2	110.7

a) Data in 1992-2004 and 2006-2008 were adjusted and revised based on the first and the second economic census data separately.

2-17 三次产业贡献率

Share of the Contribution of the Three Strata of Industry to the Increase of GDP

按可比价格计算

Data in this table are calculated at constant prices.

单位：% (%)

年份 Year	生产总值 Gross Domestic Product	第一产业 Primary Industry	第二产业 Secondary Industry	工业 Industry	第三产业 Tertiary Industry
1990	100.00	27.34	26.56	4.69	46.09
1991	100.00	5.60	35.60	37.68	58.80
1992	100.00	14.02	40.40	24.24	45.59
1993	100.00	-1.74	59.79	50.32	41.95
1994	100.00	10.04	41.65	43.29	48.30
1995	100.00	-1.36	47.80	40.27	53.55
1996	100.00	8.49	48.12	27.61	43.40
1997	100.00	7.39	48.29	33.69	44.33
1998	100.00	7.11	53.24	34.16	39.65
1999	100.00	2.21	50.21	37.58	47.58
2000	100.00	-7.20	56.40	38.20	50.80
2001	100.00	8.29	52.68	27.48	39.03
2002	100.00	5.93	56.98	36.37	37.09
2003	100.00	4.76	60.35	43.08	34.88
2004	100.00	4.27	61.28	56.34	34.45
2005	100.00	5.22	61.09	58.81	33.69
2006	100.00	3.14	57.96	52.87	38.90
2007	100.00	3.56	55.22	50.51	41.22
2008	100.00	2.91	61.57	58.49	35.52
2009	100.00	4.56	57.85	42.89	37.59
2010	100.00	3.40	65.80	53.80	30.80

注：1.产业贡献率指各产业增加值增量与GDP增量之比。
2.2006年第一产业数据根据农业普查数据进行了调整。

a) The contribution rate of industry refers to the ratio of increment of industrial added value to incremental of GDP.

b) Data on the primary industry in 2006 have been adjusted according to agricultural census data.

2-18 三次产业对生产总值增长的拉动

Contribution of the Three Strata Industry to GDP Growth

按可比价格计算

Data in this table are calculated at constant prices.

单位：百分点 (percentage points)

年份 Year	生产总值 Gross Domestic Product	第一产业 Primary Industry	第二产业 Secondary Industry	工业 Industry	第三产业 Tertiary Industry
1990	3.70	1.01	0.98	0.17	1.71
1991	4.69	0.26	1.67	1.77	2.76
1992	7.39	1.04	2.99	1.79	3.37
1993	9.65	-0.17	5.77	4.86	4.05
1994	8.12	0.82	3.38	3.52	3.92
1995	8.00	-0.11	3.83	3.22	4.29
1996	8.72	0.74	4.20	2.41	3.78
1997	9.04	0.67	4.37	3.05	4.01
1998	8.92	0.63	4.75	3.05	3.54
1999	8.11	0.18	4.07	3.05	3.86
2000	8.94	-0.64	5.04	3.41	4.54
2001	11.71	0.97	6.17	3.22	4.57
2002	12.08	0.72	6.88	4.39	4.48
2003	11.86	0.57	7.16	5.11	4.14
2004	12.27	0.52	7.52	6.91	4.23
2005	12.20	0.64	7.45	7.18	4.11
2006	13.26	0.42	7.69	7.01	5.15
2007	13.47	0.48	7.44	6.81	5.55
2008	13.53	0.39	8.33	7.91	4.81
2009	10.14	0.46	5.87	4.35	3.81
2010	15.33	0.52	10.09	8.25	4.72

注：1.产业拉动指GDP增长速度与各产业贡献率之乘积。
2.2006年数据根据农业普查数据进行调整和修订。
a) Industry driven means the product of GDP growth rate and contribution rate of industry.
b) Data in 2006 have been adjusted according to agricultural census data.

2–19 1990–2010年生产总值构成项目
Components of Gross Domestic Product (1990-2010)

(按当年价格计算)

Data in this table are calculated at current prices.

单位：亿元 (100 million yuan)

年份 Year	生产总值 Gross Domestic Product	劳动者报酬 Compensation of Employees	生产税净额 Net Taxes on Production	固定资产折旧 Depreciation of Fixed Assets	营业盈余 Operating Surplus
1990	69.94	39.50	8.48	9.86	12.10
1991	75.10	43.75	9.54	10.34	11.47
1992	87.52	50.21	10.87	14.34	12.10
1993	109.68	62.58	12.16	14.67	20.27
1994	138.40	76.06	14.29	19.49	28.56
1995	167.80	90.48	16.85	26.38	34.09
1996	184.17	109.03	16.46	26.03	32.66
1997	202.79	119.93	22.05	32.46	28.36
1998	220.92	124.44	21.30	35.31	39.86
1999	239.38	134.20	25.79	39.11	40.29
2000	263.68	139.39	30.74	58.48	35.07
2001	300.13	156.77	34.23	54.68	54.44
2002	340.65	172.31	40.59	59.57	68.19
2003	390.20	189.75	46.80	70.29	83.35
2004	466.10	220.30	55.00	84.70	106.10
2005	543.32	258.53	64.53	102.17	118.09
2006	648.50	314.39	80.13	103.72	150.26
2007	797.35	405.93	101.45	114.45	175.52
2008	1018.62	536.60	129.01	133.69	219.32
2009	1081.27	581.69	158.49	180.66	160.43
2010	1350.43	635.34	197.71	199.80	317.58

注：1.1992–2004年、2006–2008年数据分别根据第一次和第二次经济普查数据进行调整和修订。
2.2006年数据根据农业普查数据进行了调整和修订。
a) Data in 1992-2004 and 2006-2008 were adjusted and revised based on the first and the second economic census data separately.
b) Data in 2006 have been adjusted according to agricultural census data.

2–20 1990–2010年支出法生产总值

Gross Domestic Product by Expenditure Approach(1990-2010)

按当年价格计算

Data in value terms in this table are calculated at current prices

单位：亿元 (100 million yuan)

年份 Year	支出法生产总值 Gross Domestic Product by Expenditure Approach	最终消费 Final Consumption Expenditures	资本形成总额 Gross Capital Formation 固定资产形成 Gross Fixed Capital Formation	资本形成总额 Gross Capital Formation 库存增加 Change in Inventories	货物和服务净出口 Net Exports of Goods and Services	资本形成率 Capital Formation Rate (%)	最终消费率 Final Consumption Rate (%)
1990	69.94	53.79	20.44	8.16	-12.45	40.89	76.91
1991	75.10	60.76	23.91	9.45	-19.02	44.42	80.90
1992	87.52	65.18	29.04	8.99	-15.69	43.45	74.47
1993	109.68	73.06	41.03	10.46	-14.87	46.95	66.61
1994	138.40	92.83	47.76	12.34	-14.54	43.43	67.08
1995	167.80	113.40	57.48	20.19	-23.27	46.29	67.58
1996	184.17	130.71	79.24	11.50	-37.28	49.27	70.97
1997	202.79	135.53	101.55	12.64	-46.92	56.31	66.83
1998	220.92	142.88	116.38	13.07	-51.41	58.59	64.68
1999	239.38	155.17	131.12	9.17	-56.07	58.60	64.82
2000	263.68	171.70	156.97	3.49	-68.48	60.85	65.12
2001	300.13	202.88	202.17	5.22	-110.14	69.10	67.60
2002	340.65	227.58	244.00	10.09	-141.02	74.59	66.81
2003	390.20	257.75	282.13	9.02	-158.75	74.63	66.06
2004	466.10	309.76	314.93	8.72	-167.31	69.44	66.46
2005	543.32	360.72	364.08	5.20	-186.68	67.97	66.39
2006	648.50	423.49	411.68	15.95	-202.62	65.94	65.30
2007	797.35	509.45	480.43	16.28	-208.81	62.30	63.89
2008	1018.62	593.51	583.20	59.99	-218.08	63.14	58.27
2009	1081.27	616.15	791.80	6.44	-333.12	73.82	56.98
2010	1350.43	715.38	1057.86	29.13	-451.94	80.49	52.97

注：1.历年数据根据经济普查数据进行调整和修订。
2.2006年数据根据农业普查数据进行调整和修订。
a) Data in past year were adjusted and revised based on economic census data.
b) Data in 2006 have been adjusted according to agricultural census data.

2–21 1990–2010年生产总值消费额及构成

Consumption Expenditure and Its Composition of GDP(1990-2010)

按当年价格计算

Data in value terms in this table are calculated at current prices.

年 份 Year	总消费（亿元）Final Consumption Expenditure (100 million yuan)	居民消费（亿元）Household Consumption (100 million yuan)		政府消费（亿元）Government Consumption (100 million yuan)	以总消费为100 Final Consumption Expenditures=100		人均消费水平（元/人）Per Capita Consumption Expenditure (yuan/person)		
		农村居民 Rural Household	城镇居民 Urban Household		居民消费 Household Consumption	政府消费 Government Consumption	全体居民 All Household	农村居民 Rural Household	城镇居民 Urban Household
1990	53.79	17.68	18.76	17.35	67.74	32.26	821	606	1235
1991	60.76	19.29	21.08	20.39	66.44	33.56	895	650	1367
1992	65.18	22.07	24.87	18.24	72.00	27.98	1026	732	1592
1993	73.06	24.76	29.85	18.45	74.75	25.25	1177	809	1893
1994	92.83	30.34	39.12	23.38	74.82	25.18	1477	976	2453
1995	113.40	34.82	48.01	30.57	73.04	26.96	1734	1103	2964
1996	130.71	37.56	58.80	34.35	73.72	26.28	1988	1175	3563
1997	135.53	38.98	61.51	35.03	74.15	25.85	2043	1209	3630
1998	142.88	39.75	67.09	36.04	74.78	25.22	2140	1213	3911
1999	155.17	40.79	73.64	40.73	73.75	26.25	2260	1227	4238
2000	171.70	41.74	80.60	49.37	71.25	28.75	2384	1245	4530
2001	202.88	44.06	91.00	67.82	66.57	33.43	2598	1315	4925
2002	227.58	46.33	102.36	78.89	65.34	34.66	2828	1399	5261
2003	257.75	48.70	116.22	92.83	63.98	36.02	3105	1477	5768
2004	309.76	52.33	132.28	125.15	59.60	40.40	3443	1583	6432
2005	360.72	64.15	146.14	150.43	58.30	41.70	3888	1941	6947
2006	423.49	70.51	160.18	192.80	54.47	45.53	4229	2128	7481
2007	509.45	81.36	192.28	235.81	53.71	46.29	4978	2453	8819
2008	593.51	102.75	219.65	271.11	54.32	45.68	5830	3121	9816
2009	616.15	111.55	249.43	255.17	58.59	41.41	6495	3424	10845
2010	715.38	116.95	288.12	310.31	56.62	43.38	7234	3684	11878

注：历年数据根据经济普查数据进行调整和修订。

a) Data in past year were adjusted and revised based on economic census data.

2-22 三大需求对生产总值增长的贡献率和拉动
Share and Contribution of the Three Components of GDP by Expenditure Approach to the Growth of GDP

按可比价格计算

Data in value terms in this table are calculated at constant prices

年 份 Year	最终消费支出 Final Consumption Expenditure		资本形成总额 Gross Capital Formation		货物和服务净出口 Net Exports of Goods and Services	
	贡献率 (%) Share (%)	拉动 (百分点) Contribution (percentage points)	贡献率 (%) Share (%)	拉动 (百分点) Contribution (percentage points)	贡献率 (%) Share (%)	拉动 (百分点) Contribution (percentage points)
1990	328.12	12.14	453.13	16.77	-681.20	-25.20
1991	126.43	5.94	60.06	2.82	-86.50	-4.07
1992	-9.45	-0.70	-3.45	-0.26	112.90	8.35
1993	19.71	1.91	27.37	2.65	52.90	5.13
1994	56.26	4.56	29.96	2.43	13.80	1.12
1995	18.47	1.48	58.31	4.66	23.20	1.90
1996	41.48	3.61	45.29	3.94	13.20	1.15
1997	-6.96	-0.63	92.84	8.36	14.10	1.27
1998	28.68	2.55	76.32	6.79	-5.00	-0.45
1999	57.89	4.69	46.22	3.74	-4.10	-0.33
2000	68.97	6.14	66.14	5.89	-35.10	-3.12
2001	75.48	8.83	140.64	16.45	-116.10	-13.58
2002	66.33	8.03	111.89	13.54	-78.20	-9.46
2003	61.29	7.29	65.31	7.77	-26.63	-3.17
2004	85.79	10.55	52.30	6.43	-38.10	-4.69
2005	91.85	11.21	75.77	9.24	-67.60	-8.25
2006	76.31	10.12	65.98	8.75	-42.29	-5.61
2007	65.76	8.86	62.77	8.45	-28.53	-3.84
2008	30.05	4.06	76.10	10.30	-6.15	-0.83
2009	7.21	0.73	165.54	16.79	-72.76	-7.38
2010	38.06	5.83	143.54	22.00	-81.60	-12.50

注：1.三大需求指支出法国内生产总值的三大构成项目，即最终消费支出、资本形成总额、货物和服务净出口。
2.贡献率指三大需求增量与支出法国内生产总值增量之比。
3.拉动指国内生产总值增长速度与三大需求贡献率的乘积。
4.2006年数据根据第一次农业普查数据进行了调整。
5.历年数据根据经济普查数据进行调整和修订。

a) The three major demands means the three major items of GDP by expenditure approach, namely, final consumption expenditure,capital formation, net exports of goods and services.

b) The contribution rate refers to the ratio of increment of the three major demands to the increment of GDP by expenditure approach.

c) Driven by the three major demands Means the product of the growth rate of GDP and the contribution rate of the three major demands.

d) Data in 2006 have been adjusted according to agricultural census data.

e) Historical data were adjusted and revised based on the economic census data.

2-23 非公有制经济基本情况

指标	Item	户数(个) Number of Enterprises(unit)				从业人员(人) Employed Person(person)			
		2007	2008	2009	2010	2007	2008	2009	2010
按经济类型分	**By Economic Type Groups**	**152016**	**176100**	**195911**	**200316**	**598304**	**612806**	**645722**	**693275**
股份合作企业	Cooperative Enterprises	113	131	135	165	12661	4549	4688	6124
联营企业	Joint Ownership Enterprises	1	27	22	194	15	629	428	3993
有限责任公司	Limited Liability Corporations	844	1550	1572	1921	58795	91897	94118	126594
股份有限公司	Share-holding Corporations Limited	74	253	209	329	9303	17401	18278	20402
私营企业	Private Enterprises	9186	6158	6339	7419	228570	132254	128336	140835
个体经济	Self-employed Individual Economy	141689	167731	187084	189758	277893	339652	367729	365414
港澳台商投资企业	Enterprises with Funds from Hong Kong, Macao and Taiwan	55	46	46	35	4709	5132	5006	1978
外商企业	Foreign Funded Enterprises	49	70	66	80	6247	18727	19436	20213
其他企业	Other Enterprises	5	134	438	415	111	2565	7703	7722
按行业类别分	**Grouped by Sector**	**152016**	**176100**	**195911**	**200316**	**598304**	**612806**	**645722**	**693275**
第一产业	Primary Industry	803	710	856	1097	15864	12148	13535	16081
农林牧渔业	Agriculture,Forestry,Animal Husbandry and Fishery	803	710	856	1097	15864	12148	13535	16081
第二产业	Secondary Industry	21438	23664	24563	19919	177821	239209	224622	241745
工业	Industry	20289	18403	19192	14215	103515	156226	136717	139713
建筑业	Construction	1149	5261	5371	5704	74306	82983	87905	102032
第三产业	Tertiary Industry	129775	151726	170492	179300	404619	361449	407565	435449
交通运输、仓储及邮政业	Transport,Storage and Post	31869	29833	31141	31629	46493	41036	49180	49910
信息传输、计算机服务和软件业	Information transmission, Computer services and software industry	1358	707	479	1039	5729	8720	9018	9219
批发和零售业	Wholesale and Retail Trades	58036	81720	93921	100594	201720	165687	185804	201874
住宿和餐饮业	Hotels and Catering Services	15086	16270	17350	17562	80126	70039	75705	82998
金融业	Financial Intermediation		50	50	50		82	82	82
房地产业	Real Estate	354	780	806	805	7049	13623	13711	14304
租赁和商务服务业	Leasing and Business Services	1115	2382	2983	2943	5519	15784	18525	18668
科学研究、技术服务和地质勘查业	Scientific research, technical services and geological prospecting industry	41	232	271	116	1292	4405	5071	5121
水利、环境和公共设施管理业	Management of Water Conservancy, Environment and Public Facilities	19	73	83	115	302	642	940	948
居民服务和其他服务业	Services to Households and Other Services	13892	14014	16805	17584	36021	28885	32489	33769
教育	Education	254	229	927	949	4479	1532	6076	6330
卫生、社会保障和社会福利业	Health, Social Security and Social Welfare	4259	3351	3665	3712	6599	6173	7428	7769
文化、体育和娱乐业	Culture, Sports and Entertainment	3492	2070	1996	2187	9290	4801	3496	4417
公共管理和社会组织	Public Management and Social Organizations		15	15	15		40	40	40

注:2007年非公有制总产出、增加值根据2008年经济普查数据进行了修订。

Basic Conditions on Non-public Economy

注册资金(万元) Registered Capital(10 000 yuan)				销售收入或营业收入(万元) Revenue from Principal Business(10 000 yuan)				总产出(万元) Gross Industrial(10 000 yuan)			
2007	2008	2009	2010	2007	2008	2009	2010	2007	2008	2009	2010
3586347	**3536812**	**4148551**	**6185845**	**6358007**	**11665104**	**12706980**	**17362166**	**5591719**	**8909360**	**9848277**	**13015344**
89492	30570	27374	81435	720634	45898	163088	143536	718069	34084	140202	124323
372	3382	1277	250195	6640	3356	1710	247107	7781	3595	699	21239
505357	1011415	1024510	1571221	853493	3009665	3428282	5540294	636087	2386812	2893699	4440934
102579	145480	146826	657738	309261	496429	567430	936065	237218	257075	269427	337767
2315611	1378245	1646401	2672548	2557620	2550216	2832922	3843712	2012831	1750828	2110474	3099431
231709	267732	508516	342375	1555646	3032250	2686957	3438859	1697082	2209079	2367120	2806600
129715	163854	152548	30733	110567	442529	499162	444786	83544	305829	320158	416632
210236	523138	608475	559530	243848	2052332	2473100	2691817	188629	1602221	1722264	1720389
1276	12996	32624	20070	298	32429	54329	75990	10478	359837	24234	48029
3586347	**3536815**	**4148551**	**6185845**	**6358007**	**11665106**	**12706980**	**17362166**	**5591719**	**8909360**	**9848277**	**13015344**
81419	72232	88344	136071	82827	77577	125834	164977	372639	423239	507974	625274
81419	72232	88344	136071	82827	77577	125834	164977	372639	423239	507974	625274
1383640	2029831	2094893	3009596	3036136	6580098	6935141	10139842	3607462	6485327	7084849	9746860
926984	1592013	1640742	2248224	2452567	5513321	5679816	8597598	2780111	5351263	5809300	8168235
456656	437818	454151	761372	583569	1066777	1255325	1542244	827351	1134064	1275549	1578625
2121288	1434752	1965314	3040178	3239044	5007431	5646005	7057347	1611618	2000794	2255454	2643210
88182	54333	84725	81657	340639	469845	503853	513084	350978	469845	503853	513084
19017	110815	121319	157472	72373	245958	296357	342378	72376	245958	280392	315441
951216	423199	693598	1482169	1894415	3342350	3782005	4641143	462374	556571	640361	771982
171170	118263	129164	196462	211803	301690	326246	364124	192159	301109	321388	357522
510562	486552	645606	715774	406986	341768	357953	764041	79536	121491	136823	260253
109343	122024	132032	171660	48051	146465	174651	186076	48051	146465	174651	186076
128640	50763	58386	75984	7388	46046	52995	59614	41098	46046	52953	59572
33122	10200	15912	20717	1471	1952	3045	3426	27575	1952	3045	2196
63860	40047	50281	84409	163302	87027	104303	135557	160176	87027	104303	135557
12357	2391	14059	11729	6296	1668	12419	13882	21163	1668	12193	13654
18779	6990	9921	17483	27430	2948	12623	13782	97242	2948	5925	7026
15040	9175	10311	24662	58890	19714	19555	20240	58890	19714	19567	20847

a) Gross industrial and value added of non-public economic in 2007 were adjusted according to the Second National Economic Census in 2008.

2–24 非公有制经济增加值构成项目

单位:万元

指标	Item	增加值 Value added				劳动者报酬 Workers Compensation			
		2007	2008	2009	2010	2007	2008	2009	2010
按经济类型分	**By Economic Type Groups**	**2174373**	**3046941**	**3320960**	**4262255**	**930391**	**1715033**	**1775282**	**1855747**
股份合作企业	Cooperative Enterprises	297707	10326	61700	45791	11836	7833	9245	7608
联营企业	Joint Ownership Enterprises	6554	1505	292	4938	3904	1275	112	1967
有限责任公司	Limited Liability Corporations	194453	804251	874396	1242292	72920	311831	322097	272180
股份有限公司	Share-holding Corporations Limited	97568	67402	60797	68271	18149	27337	32319	25251
私营企业	Private Enterprises	657630	587639	667733	913620	305143	274692	294621	336310
个体经济	Self-employed Individual Economy	794289	841594	947030	1201663	486306	735318	821178	1046353
港澳台商投资企业	Enterprises with Funds from Hong Kong, Macao and Taiwan	36050	123790	130558	185344	15089	35018	37978	37826
外商企业	Foreign Funded Enterprises	86760	471204	564671	577399	15859	185320	248248	113763
其他企业	Other Enterprises	3362	139230	13783	22937	1185	136409	9484	14489
按行业类别分	**Grouped by Sector**	**2174373**	**3046941**	**3320960**	**4262255**	**930391**	**1715033**	**1775282**	**1855747**
第一产业	Primary Industry	143002	161391	188433	225980	139284	157558	181548	210951
农林牧渔业	Agriculture,Forestry,Animal Husbandry and Fishery	143002	161391	188433	225980	139284	157558	181548	210951
第二产业	Secondary Industry	1223917	1883933	1999745	2672213	365791	918764	876624	839478
工业	Industry	1017997	1605578	1694936	2292654	203041	697771	636811	549805
建筑业	Construction	205920	278355	304809	379559	162750	220993	239813	289673
第三产业	Tertiary Industry	807454	1001617	1132782	1364062	425316	638711	717110	805318
交通运输、仓储及邮政业	Transport,Storage and Post	185066	196162	212164	216283	25729	188688	199310	202572
信息传输、计算机服务和软件业	Information transmission, Computer services and software industry	19541	122289	139409	156836	13169	30181	34406	38707
批发和零售业	Wholesale and Retail Trades	256230	355300	400023	503066	199703	187838	216049	260917
住宿和餐饮业	Hotels and Catering Services	81878	128477	136955	152068	65834	116636	124300	138658
金融业	Financial Intermediation								
房地产业	Real Estate	68735	72370	84880	156111	11040	17888	19422	26779
租赁和商务服务业	Leasing and Business Services	15934	62113	75124	79434	8195	50762	62041	65235
科学研究、技术服务和地质勘查业	Scientific research, technical services and geological prospecting industry	12887	21154	24327	27368	9522	8493	9766	10987
水利、环境和公共设施管理业	Management of Water Conservancy, Environment and Public Facilities	16354	795	1240	894	8846	364	568	410
居民服务和其他服务业	Services to Households and Other Services	70566	28086	32992	41850	32051	24337	28656	35892
教育	Education	13028	1497	10763	11970	11915	921	8339	9628
卫生、社会保障和社会福利业	Health, Social Security and Social Welfare	36169	1404	3021	5287	25609	1831	3562	4174
文化、体育和娱乐业	Culture, Sports and Entertainment	31066	11970	11884	12895	13703	10772	10691	11359
公共管理和社会组织	Public Management and Social Organizations								

注:2007年非公有制总产出、增加值根据2008年经济普查数据进行了修订

Components of Non-public Economy Value-Added

(10 000 yuan)

固定资产折旧 Depreciation for Fixed Asset				生产税净额 Production Tax Net				营业盈余 Operating Surplus			
2007	2008	2009	2010	2007	2008	2009	2010	2007	2008	2009	2010
331230	**289493**	**394763**	**475099**	**311215**	**403456**	**588435**	**639842**	**601538**	**638959**	**562480**	**1291567**
37591	1379	1697	2293	52075	1024	45617	2304	208105	90	5141	33586
324	78	69	610	670	43	32	1854	1657	109	79	507
27996	72494	115522	134804	37218	140743	212205	229062	66320	279183	224572	606246
15562	14324	8324	16114	17989	12200	16228	17761	55868	13541	3926	9145
80168	83067	120524	83502	97074	86115	122034	196414	143346	143765	130554	297394
123672	50000	60000	98000	68190	56276	65852	57310	116119			
4079	25755	29044	31560	11769	13627	16790	13212	5113	49390	46746	102746
41451	41685	58584	106893	24537	91179	105989	117281	4913	153020	151850	239462
387	711	999	1323	1693	2249	3688	4644	97	-139	-388	2481
331230	**289493**	**394763**	**475099**	**311215**	**403456**	**588435**	**639842**	**601538**	**638959**	**562480**	**1291567**
141	103	187	411	4245	3125	5599	12198	-668	605	1099	2420
141	103	187	411	4245	3125	5599	12198	-668	605	1099	2420
220469	180177	268015	299458	177435	260272	426626	446798	460222	524720	428480	1086479
202970	163618	252139	276307	155315	233619	391458	399912	456671	510570	414528	1066630
17499	16559	15876	23151	22120	26653	35168	46886	3551	14150	13952	19849
110620	109213	126561	175230	129535	140059	156210	180846	141984	113634	132901	202668
37891	154	971	1092	46701	6640	7598	7798	74745	680	4285	4821
1581	25825	29440	33121	1609	7371	8402	9453	3182	58912	67161	75555
7704	12570	14503	17035	36060	84872	96815	108859	12763	70020	72656	116255
2416	6199	6551	7122	11318	8560	9118	9594	2310	-2918	-3014	-3306
47184	54532	63570	103955	9392	20458	19697	29574	1120	-20508	-17809	-4197
3273	5839	6306	7094	5025	6356	7688	8129	-558	-844	-911	-1024
1698	2426	2790	3139	1500	2254	2592	2916	167	7981	9179	10326
280	19	29	21	2753	99	154	111	4475	313	489	352
5615	1134	1296	1450	8142	2057	2409	2597	24758	558	631	1911
203	123	626	668	337	93	350	330	573	360	1448	1344
395	150	235	261	2871	229	324	351	7294	-806	-1100	501
2380	242	244	272	3827	1070	1063	1134	11156	-114	-114	130

a) Gross industrial and value added of non-public economic in 2007 were adjusted according to the Second National Economic Census in 2008.

2-25 第二次全国经济普查法人单位及产业活动单位综合表
Juridical Entity and Industrial Activity Units Consolidated Table in the Second National Economic Census

单位：个 (unit)

指标	Item	法人单位 Juridical Entity	单产业 Single-Industry	多产业 Multi-Industry	产业活动单位 Industrial Activity Units	多产业所属 Multi-Industry Owned
总　计	**Total**					
按国民经济行业分组	**By Sector**	**28327**	**25830**	**2497**	**38021**	**12191**
农、林、牧、渔业	**Agriculture, Forestry, Animal Husbandry and Fishery**	**1159**	**1126**	**33**	**1478**	**352**
采矿业	Mining	651	631	20	695	64
制造业	Manufacturing	2493	2421	72	2597	176
电力、燃气及水的生产和供应业	Production and Supply of Electricity, Gas and Water	278	266	12	425	159
建筑业	Construction	831	776	55	1017	241
交通运输、仓储和邮政业	Transport, Storage and Post	471	407	64	692	285
信息传输、计算机服务和软件业	Information Transmission, Computer Services and Software	403	366	37	585	219
批发和零售业	Wholesale and Retail Trades	4080	3852	228	5172	1320
住宿和餐饮业	Hotels and Catering Services	595	567	28	720	153
金融业	Financial Intermediation	213	125	88	1213	1088
房地产业	Real Estate	856	817	39	937	120
租赁和商务服务业	Leasing and Business Services	1075	1028	47	1291	263
科学研究、技术服务和地质勘查业	Scientific Research, Technical Service and Geologic Prospecting	915	863	52	1171	308
水利、环境和公共设施管理业	Management of Water Conservancy, Environment and Public Facilities	304	293	11	395	102
居民服务和其他服务业	Services to Households and Other Services	297	288	9	365	77
教育	Education	1236	1018	218	3491	2473
卫生、社会保障和社会福利业	Health, Social Security and Social Welfare	769	675	94	1874	1199
文化、体育和娱乐业	Culture, Sports and Entertainment	394	374	20	494	120
公共管理和社会组织	Public Management and Social Organization	11307	9937	1370	13409	3472
按地区分组	By Region					
青海省	Qinghai Province	28327	25830	2497	38021	12191
西宁市	Xining City	11409	10713	696	14372	3659
海东地区	Haidong Prefecture	6419	6116	303	8685	2569
海北州	Haibei Zang A.P	2050	1837	213	2878	1041
黄南州	Huangnan Zang A.P	1081	915	166	1637	722
海南州	Hainan Zang A.P	2121	1514	607	3327	1813
果洛州	Golog Zang A.P	786	638	148	1287	649
玉树州	Yushu Zang A.P	1202	1089	113	1650	561
海西州	Haixi Mongolian & Zang A.P	3259	3008	251	4185	1177
按机构类型分组	By Mechanism Type					
企业	Enterprise	13225	12524	701	16574	4050
事业	Institution	3693	3195	498	7997	4802
机关	Organ	2769	1897	872	4027	2130
社会团体	Social Organizations	1558	1531	27	1672	141
民办非企业单位	Private Non-enterprise Units	485	476	9	476	
基金会	Foundation	1	1		1	
居委会	Residents Committee	336	334	2	343	9
村委会	Village Committee	4164	3786	378	4164	378
其他组织机构	Other Organizations	2096	2086	10	2767	681

主要统计指标解释

国内生产总值(GDP) 指按市场价格计算的一个国家(或地区)所有常住单位在一定时期内生产活动的最终成果。国内生产总值有三种表现形态,即价值形态、收入形态和产品形态。从价值形态看,它是所有常住单位在一定时期内生产的全部货物和服务价值超过同期投入的全部非固定资产货物和服务价值的差额,即所有常住单位的增加值之和;从收入形态看,它是所有常住单位在一定时期内创造并分配给常住单位和非常住单位的初次收入之和;从产品形态看,它是所有常住单位在一定时期内最终使用的货物和服务价值减去货物和服务进口价值。在实际核算中,国内生产总值有三种计算方法,即生产法、收入法和支出法。三种方法分别从不同的方面反映国内生产总值及其构成。

三次产业 三产业的划分是世界上较为常用的产业结构分类,但各国的划分不尽一致。我国的三次产业划分是:

第一产业是指农业、林业、畜牧业、渔业和农林牧渔服务业。

第二产业是指采矿业,制造业,电力、煤气及水的生产和供应业,建筑业。

第三产业是指除第一、二产业以外的其他行业。

劳动者报酬 指劳动者因从事生产活动所获得的全部报酬。包括劳动者获得的各种形式的工资、奖金和津贴,既包括货币形式的,也包括实物形式的,还包括劳动者所享受的公费医疗和医药卫生费、上下班交通补贴、单位支付的社会保险费、住房公积金等。对于个体经济来说,其所有者所获得的劳动报酬和经营利润不易区分,这两部分统一作为劳动者报酬处理。

生产税净额 指生产税减生产补贴后的余额。生产税指政府对生产单位从事生产、销售和经营活动以及因从事生产活动使用某些生产要素(如固定资产、土地、劳动力)所征收的各种税、附加费和规费。生产补贴与生产税相反,指政府对生产单位的单方面转移支出,因此视为负生产税,包括政策亏损补贴、价格补贴等。

固定资产折旧 指一定时期内为弥补固定资产损耗按照规定的固定资产折旧率提取的固定资产折旧,或按国民经济核算统一规定的折旧率虚拟计算的固定资产折旧。它反映了固定资产在当期生产中的转移价值。各类企业和企业化管理的事业单位的固定资产折旧是指实际计提的折旧费;不计提折旧的政府机关、非企业化管理的事业单位和居民住房的固定资产折旧是按照统一规定的折旧率和固定资产原值计算的虚拟折旧。原则上,固定资产折旧应按固定资产当期的重置价值计算,但是目前我国尚不具备对全社会固定资产进行重估价的基础,所以暂时只能采用上述办法。

营业盈余 指常住单位创造的增加值扣除劳动者报酬、生产税净额和固定资产折旧后的余额。它相当于企业的营业利润加上生产补贴,但要扣除从利润中开支的工资和福利等。

支出法国内生产总值 是从最终使用的角度反映一个国家(或地区)一定时期内生产活动最终成果的一种方法,包括最终消费支出、资本形成总额及货物和服务净出口三部分。计算公式为:

支出法国内生产总值 = 最终消费支出 + 资本形成总额 + 货物和服务净出口

最终消费支出 指常住单位为满足物质、文化和精神生活的需要,从本国经济领土和国外购买的货物和服务的支出。它不包括非常住单位在本国经济领土内的消费支出。最终消费支出分为居民消费支出和政府消费支出。

居民消费支出 指常住住户在一定时期内对于货物和服务的全部最终消费支出。居民消费支出除了直接以货币形式购买的货物和服务的消费支出外,还包括以其他方式获得的货物和服务的消费支出,即所谓的虚拟消费支出。居民虚拟消费支出包括如下几种类型:单位以实物报酬及实物转移的形式提供给劳动者的货物和服务;住户生产并由本住户消费了的货物和服务,其中的服务仅指住户的自有住房服务;金融机构提供的金融媒介服务;保险公司提供的保险服务。

政府消费支出 指政府部门为全社会提供的公共服务的消费支出和免费或以较低的价格向居民住户提供的货物和服务的净支出,前者等于政府服务的产出价值减去政府单位所获得的经营收入的价值,后者等于政府部门免费或以较低价格向居民住户提供的货物和服务的市场价值减去向住户收取的价值。

资本形成总额 指常住单位在一定时期内获得减去处置的固定资产和存货的净额,包括固定资本形成总额和存货增加两部分。

固定资本形成总额 指常住单位在一定时期内获得的固定资产减处置的固定资产的价值总额。固定资产是通过生产活动生产出来的,且其使用年限在一年以上、单位价值在规定标准以上的资产,不包括自然资产。可分为有形固定资本形成总额和无形固定资本形成总额。有形固定资本形成总额包括一定时期内完成的建筑工程、安装工程和设备工器具购置(减处置)价值,以及土地改良、新增役、种、奶、毛、娱乐用牲畜和新增经济林木价值。无形固定资本形成总额包括矿藏的勘探、计算机软件等获得减处置。

存货增加 指常住单位在一定时期内存货实物量变动的市场价值,即期末价值减期初价值的差额,再扣除当期由于价格变动而产生的持有收益。存货增加可以是正值,也可以是负值,正值表示存货上升,负值表示存货下降。存货包括生产单位购进的原材料、燃料和储备物资等存货,以及生产单位生产的产成品、在制品和半成品等存货。

货物和服务净出口 指货物和服务出口减货物和服务进口的差额。出口包括常住单位向非常住单位出售或无偿转让的各种货物和服务的价值;进口包括常住单位从非常住单位购买或无偿得到的各种货物和服务的价值。由于服务活动的提供与使用同时发生,一般把常住单位从非常住单位得到的服务作为进口,非常住单位从常住单位得到的服务作为出口。货物的出口和进口都按离岸价格计算。

机构单位 指有权拥有资产和承担负债,能够独立地从事经济活动并与其他实体进行交易的经济实体。

机构部门 将相同性质的机构单位归并在一起,就形成机构部门。资金流量核算将常住机构单位划分为以下四个机构部门:非金融企业部门、金融机构部门、政府部门、住户部门。与常住单位发生经济往来关系的非常住单位组成国外部门,在资金流量核算中也视同机构部门。

非金融企业与非金融企业部门 非金融企业指主要从事市场货物生产和提供非金融市场服务的常住企业,它主要包括从事上述活动的各类法人企业。所有非金融企业归并在一起,就形成非金融企业部门。

金融机构与金融机构部门 金融机构指主要从事金融媒介以及与金融媒介密切相关的辅助金融活动的常住单位,它主要包括中央银行、商业银行和政策性银行、非银行信贷机构和保险公司。所有金融机构归并在一起,就形成金融机构部门。

政府单位与政府部门 政府单位指在我国境内通过政治程序建立的、在一特定区域内对其他机构单位拥有立法、司法和行政权的法律实体及其附属单位。政府单位的主要职能是利用征税和其他方式获得的资金向社会和公众提供公共服务。通过转移支付,对社会收入和财产进行再分配。它主要包括各种行政单位和非营利性事业单位。所有政府单位归并在一起,就形成政府部门。

住户与住户部门 住户指共享同一生活设施、部分或全部收入和财产集中使用、共同消费住房、食品和其他消费品与消费服务的常住个人或个人群体。所有住户。

初次分配总收入 初次分配是生产活动形成的净成果在参与生产活动的生产要素的所有者及政府之间的分配。生产活动的净成果是增加值。生产要素包括劳动力、土地、资本。劳动力所有者因提供劳动而获得劳动报酬;土地所有者因出租土地而获得地租;资本的所有者因资本的形态不同而获得不同形式的收入:借贷资本所有者获得利息收入;股权所有者获得红利或未分配利润;政府因直接或间接介入生产过程而获得生产税或支付补贴。初次分配的结果形成各个机构部门的初次分配总收入。各部门的初次分配总收入之和就等于国民总收入,亦即国民生产总值。

经常转移 转移是一个机构单位向另一个机构单位提供货物、服务或资产,而同时并没有从后一机构单位获得任何货物、服务或资产作为回报的一种交易。经常转移包括扣除资本转移外的所有转移。其形式有收入税、社会保险付款、社会补助和其他经常转移。

可支配总收入 在初次分配总收入的基础上,通过经常转移的形式对初次分配总收入进行再次分配。再分配的结果形成各个机构部门的可支配总收入。各部门的可支配总收入之和称为国民可支配总收入。

总储蓄 指可支配总收入用于最终消费后的余额。各部门的总储蓄之和称为国民总储蓄。

资本转移 指一个部门无偿地向另一个部门支付用于非金融投资的资金,是一种不从对方获取任何对应物作为回报的交易。资本转移具有不同于经常转移的两个特征,一是转移的目的是用于投资,而不是用于消费;二是资本转移其实物形式往往涉及除存货和现金以外资产所有权的转移;其现金形式往往涉及除存货以外的资产的处置。资本转移包括投资性补助和其他资本转移。

Explanatory Notes on Main Statistical Indicators

Gross Domestic Product (GDP) refers to the final products at market prices produced by all resident units in a country (or a region) during a certain period of time. Gross domestic product is expressed in three different perspectives, namely value, income, and products respectively. GDP in its value perspective refers to the total value of all goods and services produced by all resident units during a certain period of time, minus the total value of input of goods and services of the nature of non - fixed assets; in other words, it is the sum of the value - added of all resident units. GDP from the perspective of income includes the primary income created by all resident units and distributed to resident and non - resident units. GDP from the perspective of products refers to the value of all goods and services for final demand by all resident units minus the imports of goods and services during a given period of time. In the practice of national accounting, gross domestic product is calculated from three approaches, namely production approach, income approach and expenditure approach, which reflect gross domestic product and its composition from different angles.

Three Strata of Industry Classification of economic activities into three strata of industry is a common practice in the world, although the grouping varies to some extent from country to country. In China economic activities are categorized into the following three strata of industry:

Primary industry refers to agriculture, forestry, animal husbandry and fishery and services in support of these industries.

Secondary industry refers to mining and quarrying, manufacturing, production and supply of electricity, water and gas, and construction.

Tertiary industry refers to all other economic activities not included in the primary or secondary industries.

Compensation of Employees refers to the total payment of various forms to employees for the productive activities they are engaged in. It includes wages, bonuses and allowances, which the employees earn in cash or in kind. It also includes the free medical services provided to the employees and the medicine expenses, transport subsidies and social insurance, and housing fund paid by the employers. As regards the individual economy, since compensation of employees is not easily distinguishable from the operating surplus, both parts are treated as compensation of employees.

Net Taxes on Production refers to taxes on production less subsidies on production. The taxes on production refers to the various taxes, extra charges and fees levied on the production units on their production, sale and business activities as well as on the use of some factors of production, such as fixed assets, land and labour in the production activities they are engaged in. In contrast to taxes on production, subsidies on production refer to the unilateral government transfer to the production units and are therefore regarded as negative taxes on production. They include subsidies on the loss due to implementation of government policies, price subsidies, etc.

Depreciation of Fixed Assets refers to the depreciation of fixed assets in a given period, drawn in accordance with the stipulated depreciation rate for the purpose of compensating the wear - and - tear loss of the fixed assets or the depreciation of fixed assets imputed in accordance with the stipulated unified depreciation rate in the national economic accounting system. It reflects the value of transfer of the fixed assets in the production of the current period. The depreciation of fixed assets in various enterprises and institutions managed as enterprises refers to the depreciation expenses actually drawn. In government agencies and institutions not managed as enterprises which do not draw the depreciation expenses, as well as for the houses of residents, the depreciation of fixed assets is the imputed depreciation, which is calculated in accordance with the stipulated unified depreciation rate. In principle, the depreciation of fixed assets should be calculated on the basis of the re - purchased value of the fixed assets. However, currently the conditions in China do not facilitate the revaluation of all the fixed assets. Therefore, only the above - mentioned methods can be adopted at present.

Operating Surplus refers to the balance of the value added created by the resident units after deducting the labourers remuneration, net taxes on production and the depreciation of fixed assets. It is equivalent to the business profit of the enterprises plus subsidies to production, but the wages and welfare expenses paid from the profits should be deducted.

GDP by Expenditure Approach refers to the method of measuring the final results of production activities of a country (region) during a given period from the perspective of final uses. It includes final consumption expenditure, gross capital formation and net export of goods and services. The formula for computation is. :

GDP by expenditure approach = final consumption expenditure + gross capital formation + net export of goods and services

Final Consumption Expenditure refers to the total expenditure of resident units for purchases of goods and services from both the domestic economic territory and abroad to meet the needs of material, cultural and spiritual life. It does not include the expenditure of non - resident units on consumption in the economic territory of the country. The final consumption expenditure is broken down into household consumption expenditure and government consumption expenditure.

Household Consumption Expenditure refers to the total expenditure of resident households on the final consumption of goods and services. In addition to the consumption of goods and services bought by the households directly with money, the household consumption expenditure also includes expenditure on goods and services obtained by the households in other ways, i. e. the so - called imputed consumption expenditure, which includes the following: (a) the goods and services provided to households by employers in the form of payment in kind and transfer in kind; (b) goods and services produced and consumed by the households themselves, in which the services refer only to the owner - occupied housing; (c) financial intermediate services provided by financial institutions; (d) insurance services provided by insurance companies.

Government Consumption Expenditure refers to the consumption expenditure spent for the provision of public services provided by the government to the whole country and the net expenditure on the goods and services provided by the government to households free of charge or at reduced prices. The former equals to the output value of the government services minus the value of operating income obtained by the government departments. The latter equals to the market value of the goods and services provided by the government free of charge or at reduced prices to the households minus the value received by the government from the households.

Gross Capital Formation refers to the fixed assets acquired less disposals and the net value of inventory, thus including gross fixed capital formation and changes in inventories.

Gross Fixed Capital Formation refers to the value of acquisitions less those disposals of fixed assets during a given period. Fixed assets are the assets produced through production activities with unit value above a specified amount and which could be used for over one year. Natural assets are not included. Gross fixed capital formation can be categorized into total tangible fixed capital formation and total intangible fixed capital formation. Total tangible fixed capital formation includes the value of the construction projects and installation projects completed and the equipment, apparatus and instruments purchased (less those disposed) as well as the value of land improved, the value of draught animals, breeding stock and animals for milk, for wool and for recreational purposes and the newly increased forest with economic value. Total intangible fixed capital formation includes the prospecting of minerals and the acquisition of computer software minus the disposal of them.

Changes in Inventories refers to the market value of the change in the physical volume of inventory of resident units during a given period, i. e. the difference between the values at the beginning and at the end of the period minus the gains due to the change in prices. The changes in inventories can have a positive or a negative value. A positive value indicates an increase in inventory while a negative value indicates a decrease in inventory. The inventory includes raw materials, fuels and reserve materials purchased by the production units as well as the inventory of finished products, semi - finished products and work - in - progress.

Net Export of Goods and Services refers to the exports of goods and services subtracting the imports of goods and services. Exports include the value of various goods and services sold or gratuitously transferred by resident units to non - resident units. Imports include the value of various goods and services purchased or gratuitously acquired resident units from non - resident units. Because the provision of services and the use of them happen simultaneously, the acquisition of services by resident units from abroad is usually treated as import while the acquisition of services by non - resident units in this country is usually treated as export. The exports and imports of goods are calculated at FOB.

Institutional Units refer to economic entities that are in a position to own assets and incur liabilities; to engage independently in economic activities; and to conduct transactions with other entities.

Institutional Sectors refer to groups of institutional units that are homogenous in nature and have been grouped together. The following 4 institutional sectors are identified in the flow of funds accounts: non - financial corporations, financial institutions, general government and households. Also treated as an institutional sector is the rest of the world, which is composed of non - resident units that have economic relations with resident units.

Non - Financial Corporations and the Sector of Non - Financial Corporations Non - financial corporations refer to resident corporations that are engaged in the production of goods and the provision of non financial services in the market, mainly covering corporate enterprises of various types engaged in the above - mentioned activities. All non - financial corporations make up the sector of non - financial corporations.

Financial Institutions and the Sector of Financial Institutions Financial institutions refer to resident institutions that are engaged in the financial intermediary services or auxiliary financial activities that are closely related with financial intermediary services, mainly covering the Central Bank, commercial banks, policy banks, non - banking credit institutions and insurance companies. All financial institutions together make up the sector of financial institutions.

General Government and the Sector of General Governments General government refer to legal entities and their auxiliary units within the territory of China that are established through the political process and are empowered with legislative, administrative or judicial rights over other institutional within specific regions. The main function of general government is to acquire funds through taxation or other means in order to provide public services to society and households, and to conduct redistribution of income and properties of society through transfer payment. General government cover mainly administrative and non - profit institutional units of various types. All general government together make up the sector of general governments.

Households and the Sector of Households Households refer to resident individuals or groups of resident individuals who share common living facilities, pool together entire or part of their income and properties for their common disposal, and share their housing, food and other consumer goods and services. All households together make up the sector of households.

Total Income from Primary Distribution Primary distribution refers to the distribution of net results from production activities among the owners of factors of production and the governments. The net results from production activities is the value - added. Factors of production include labour force, land and capital. Owners of labour force gain remuneration by providing labour. Owners of land receive rents from leasing of land. Owners of capitals get income of various forms depending on the type of capital: owners of loan capital receive income from interests. Share holders receive dividends or non - distributed profits. Government either obtains production tax or pays subsidies in participating directly or indirectly in the production processes. Results of primary distribution generate the total income from primary distribution of each sector, and the sum of the total income of primary distribution of all sectors make up the Gross National Income, or the Gross National Product.

Current Transfers Transfer refers to the transaction in the form of provision of goods, services or assets by an institutional unit to another institutional unit without receiving any goods, services or assets in return from the recipient. Current transfers refer to all kinds of transfers other than capital transfers. They include income tax, payment to social securities, social allowances and other current transfers.

Total Disposable Income Total income from primary distribution is re - distributed through current transfer, resulting in the total disposable income of various institutional sectors. The sum of total disposable income of all institutional sectors makes up the total national disposable income.

Total Savings refer to total disposable income subtracting final consumption. Total savings of all sectors make up the total national savings.

Capital Transfer refers to the free payment from one sector to another sector of non - financial investment capital, and is a transaction that seeks no return from the recipient. Capital transfer differs from current transfer in 2 aspects: 1) The purpose of the capital transfer is investment rather than consumption. 2) Capital transfer features the transfer of the ownership of assets other than inventory and cash, and capital transfer in its monetary form involves the disposal of assets other than inventory. Capital transfer includes investment subsidies and other capital transfers.

资源与环境

Resources and Environment

第3篇

CHAPTER 3

2010年分行政区矿山企业数

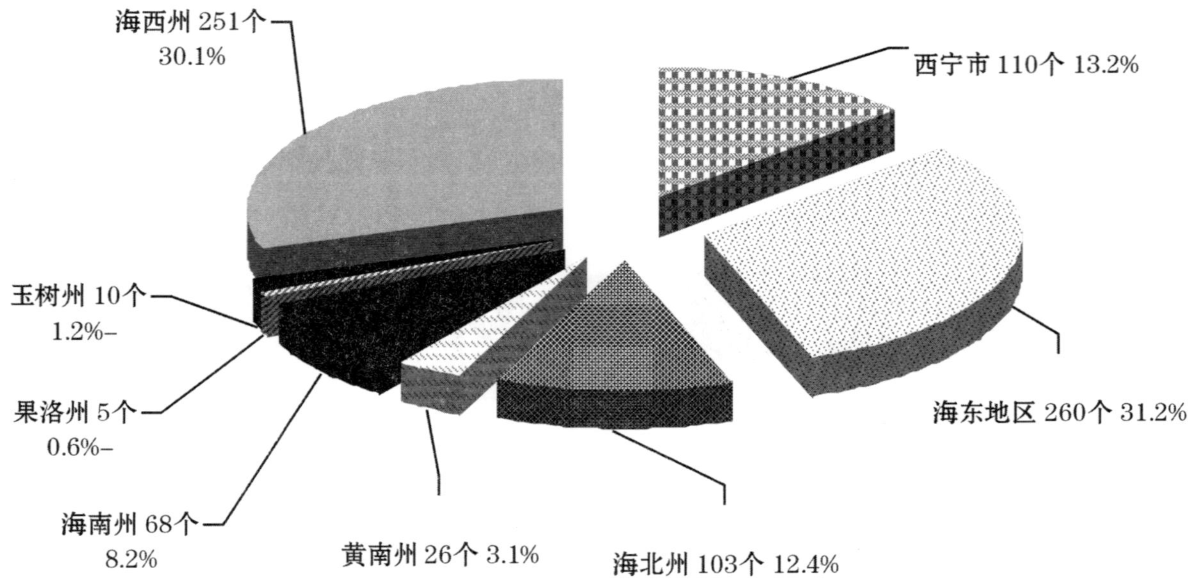

主要矿产资源年产矿量（万吨）

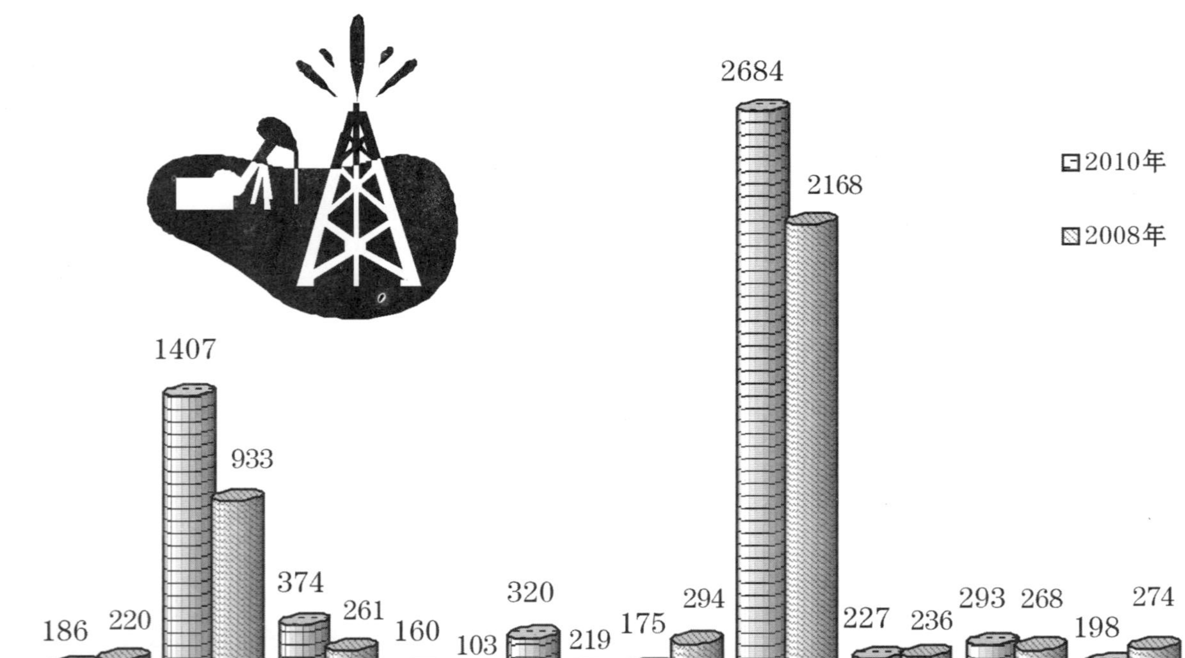

3-1 全省行政区划(2009年底)
Administrative Divisions of the Province (End of 2009)

地 区 Region	县级区划数 Number of Counites	县级行政单位(地区)名称 Names of Cities and Counties (Districts under Cities)	乡镇数 Number of Townships and Towns 合计 Total	街道办事处 Urban Subdi-strict Office	镇 Town	乡 Town-ship	民族乡 National Town-ship	行委 Execu-tive Council	村级数 Number of village Levels 村(牧)民委员会 Village Committees	社区居民委员会 Urban Neighborhood Committees
全省 Total Provinces	**46**		**399**	**30**	**137**	**201**	**28**	**3**	**4169**	**361**
西宁市 Xining City	7	城东区、城中区、城西区、城北区、大通回族土族自治县、湟中县、湟源县 Chengdong Area、Chengzhong Area、Chengxi Area、Chengbei Area、Datong Hui&Tu County、Huangzhong County、Huangyuan County	72	22	27	17	6		931	143
海东地区行政公署 Haidong Prefe-cture	6	平安县、民和回族土族自治县、乐都县、互助土族自治县、化隆回族自治县、循化撒拉族自治县 Pingan County、Minhe Hui&Tu County、Ledu County、Huzhu Tu County、Hualong Hui County、Xunhua Salar County	94		35	40	19		1587	62
海北藏族自治州 Haibei Zang A.P	4	门源回族自治县、祁连县、海晏县、刚察县 Menyuan Hui County、Qilian County、Haiyan County、Gangcha County	30		11	17	2		214	14
黄南藏族自治州 Huangnan Zang A.P	4	同仁县、尖扎县、泽库县、河南蒙古族自治县 Tongren County、Jianzha County、Zeku County、Henan Mengolian A.C.	32		8	24			262	13
海南藏族自治州 Hainan Zang A.P	5	共和县、同德县、贵德县、兴海县、贵南县 Gonghe County、Tongde County、Guide County、Xinghai County、Guinan County	36		15	20	1		423	28
果洛藏族自治州 Golog Zang A.P	6	玛沁县、班玛县、甘德县、达日县、久治县、玛多县 Maqin County、Banma County、Gande County、Dari County、Jiuzhi County、Maduo County	44		8	36			189	9
玉树藏族自治州 Yushu Zang A.P	6	玉树县、杂多县、称多县、治多县、囊谦县、曲麻莱县 Yushu County、Zadou County、Chengduo County、Zhiduo County、Nangqian County、Qumalai County	45		12	33			258	25
海西蒙古族藏族自治州 Haixi Mong-olian & Zang A.P	8	格尔木市、德令哈市、乌兰县、都兰县、天峻县、大柴旦行政委员会、冷湖行政委员会、茫崖行政委员会 Geermu City、Delingha City、Wulan County、Dulan County、Tianjun County、Dachaidan、Lenghu、Mangya	46	8	21	14		3	305	67

3-2 各级政府驻地海拔高程
Altitude of the Government Locations by Region

县(市、行委)名称	Names of Cities and Counties	海拔高程(米) Altitude(m)	驻地名称 Names of Locations	备注 Remarks
西宁市	**Xining City**			
西宁市	Xining City	2250	西宁市	省政府驻地
大通县	Datong Hui&Tu County	2720	桥头镇	
湟中县	Huangzhong County	2645	鲁沙尔	
湟源县	Huangyuan County	2666	城关镇	
海东地区	**Haidong Prefecture**			
平安县	Pingan County	2114	平安镇	海东行署驻地
民和县	Minhe Hui&Tu County	1800	川口镇	
乐都县	Ledu County	2000	碾伯镇	
互助县	Huzhu Tu County	2520	威远镇	
化隆县	Hualong Hui County	2848	巴燕镇	
循化县	Xunhua Salar County	1860	积石镇	
海北州	**Haibei Zang A.P**			
海晏县	Haiyan County	3000	西海镇	海北州驻地
门源县	Menyuan Hui County	2880	浩门	
祁连县	Qilian County	2810	八宝	
海晏县	Haiyan County	3000	三角城	
刚察县	Gangcha County	3300	沙柳滩	
黄南州	**Huangnan Zang A.P**			
同仁县	Tongren County	2480	隆务镇	黄南州驻地
尖扎县	Jianzha County	1990	马克唐	
泽库县	Zeku County	3660	乃亥	
河南县	Henan Mengolian A.C.	3510	优干宁	
海南州	**Hainan Zang A.P**			
共和县	Gonghe County	2880	恰卜恰镇	海南州驻地
同德县	Tongde County	2980	尕巴松多	
贵德县	Guide County	2205	河阴镇	
兴海县	Xinghai County	3306	子科滩	
贵南县	Guinan County	3100	茫拉	
果洛州	**Golog Zang A.P**			
玛沁县	Maqin County	3730	大武镇	果洛州驻地
班玛县	Banma County	3560	赛来塘	
甘德县	Gande County	4020	吾勒	
达日县	Dari County	3970	吉迈	
久治县	Jiuzhi County	3628	智青松多	
玛多县	Maduo County	4300	玛查里	
玉树州	**Yushu Zang A.P**			
玉树县	Yushu County	3710	结古	玉树州驻地
杂多县	Zadou County	4080	萨呼腾	
称多县	Chengduo County	3825	周筠	
治多县	Zhiduo County	4193	加吉博洛格	
囊谦县	Nangqian County	3660	香达	
曲麻莱县	Qumalai County	4223	约改滩	
海西州	**Haixi Mongolian & Zang A.P**			
德令哈市	Delingha City	2980	德令哈市	海西州驻地
格尔木市	Geermu City	2850	格尔木市	
乌兰县	Wulan County	2960	西里沟镇	
都兰县	Dulan County	3180	察汗乌苏镇	
天峻县	Tianjun County	3408	新源	
大柴旦行委	Dachaidan	3176	大柴旦	
冷湖行委	Lenghu	2755	冷湖镇	
茫崖行委	Mangya	2940	花土沟镇	

3–3 主要旅游景点海拔高程
Altitude of the Main Senics in the Province

旅游景点名称 Names of Scenic Spots	海拔高程(米) Altitude(m)	地理位置 Geography of Place
东关清真大寺	2230	西宁市
塔尔寺	2680	湟中县
青海湖	3190	共和、刚察县交界处
瞿坛寺	2458	乐都县
坎布拉国家森林公园	2630	尖扎县
十世班禅故居	2530	循化县
孟达天池	2506	循化县
隆宝滩黑颈鹤自然保护区	4352	玉树县
长江源头	6564	格尔木市管辖区
察尔汗盐湖	2670	格尔木市
鸟岛	3228	青海湖
互助北山国家森林公园	2290	互助县
黄河源头	4780	曲麻莱县
阿尼玛卿山	6282	玛沁县
金银滩草原风光	3150	海晏县
布喀达坂峰(昆仑山最高点)	6860	新疆与玉树交界处
昆仑山口	4771	格尔木市与曲麻莱、治多县交界处
北禅寺	2330	西宁市
青海博物馆	2270	西宁市
老爷山	2928	大通县
互助北山国家森林公园	2740(场部2290)	互助县
街子清真大寺	1940	循化县
文都寺	2540	循化县
夏宗寺	2795	平安县
夏琼寺	2900	化隆县
佑宁寺	2640	互助县
日月山	3520	湟源县
倒淌河	3280	青海湖旅游区
龙羊峡	2480	龙羊峡工委
青海湖度假村	3190	青海湖旅游区
玉皇阁	2219	贵德县
茶卡盐湖	3061	乌兰县
原子城	3010	海晏县
李家峡	2060	李家峡工委
南宗寺	2320	尖扎县
隆务寺	2480	尖扎县
麦秀林场	2910	同仁县
土蕃葬墓	3225	都兰县
都兰国际狩猎场	4930	都兰县
可可西里无人区	5863--4750	格尔木市

3–3 续表 Continued

旅游景点名称 Names of Scenic Spots	海拔高程(米) Altitude(m)	地理位置 Geography of Place
万丈盐桥	2670	格尔木市
巴颜喀拉山	5267	玛多、称多县交界处
文城公主庙	4250	玉树县
西王母瑶池	4470	格尔木市
结古寺	3780	玉树县
骆驼泉撒拉族风情	1920	循化县
凤凰山公园	2420	西宁市
金塔寺	2253	西宁市
苏家堡城	2560	大通县
南佛山	3265	湟中县
哈城	3150	湟源县
城隍庙	2666	湟源县
七里寺药水泉	2465	民和县
官亭古文化遗址	2150	民和县
白马寺	2105	互助县
五峰寺	2860	互助县
却藏寺	3023	互助县
西海度假村	2155	平安县
十四世达赖故居	2850	平安县
古雷寺	2630	循化县
二郎剑	3190	青海湖旅游区
三块石	3211	青海湖旅游区
海心山	3266	青海湖旅游区
三角城	3215	青海湖旅游区
沙岛	3252--3195	青海湖旅游区
祁连山原始森林	3020	祁连县
祁连山鹿场	2870	祁连县
仙米寺	2990	门源县
珠固寺	2590	门源县
热贡艺术馆	2520	同仁县
二郎洞	3580	天峻县
石油城	2940	茫崖行委
扎陵湖	4610	玛多县
鄂陵湖	4309	玛多县
囊谦猕猴自然保护区	3974	囊谦县
晒经台	4120	玉树县
敦科尔寺	3170	湟源县
魔鬼城	2980	德令哈市
柳湾墓地	2060	乐都县

3-4　青海省对外开放山峰
Main Mountain Peaks Opened to the Outside

山峰名称 Names of Mountain Peak	海拔高程(米) Altitude(m)	所属山系 Mountain Range	地理位置 Geography of Place
阿尼玛卿峰	6282.0	昆仑山脉	果洛州玛沁县
格拉丹东峰	6621.0	唐古拉山脉	格尔木市
雅拉达则峰	5214.8	昆仑山脉	果洛州玛多县
新青峰	6860.0	昆仑山脉	海西州与新疆交界处
年保玉则峰	5369.0	昆仑山脉	果洛州久治县
错日尕则峰	4610.0	昆仑山脉	果洛州玛多县
玉珠峰	6178.6	昆仑山脉	格尔木市
玉虚峰	5933.1	昆仑山脉	格尔木市
马阑山	6056.0	昆仑山脉	玉树州治多县
湖北冰峰	5769.3	昆仑山脉	海西州与玉树州交界处
五雪峰	5805.0	昆仑山脉	玉树州治多县
大雪峰	5863.4	昆仑山脉	玉树州治多县
唐古拉山	6205.0	唐古拉山脉	格尔木市管辖区
龙亚拉峰	6104.0	唐古拉山脉	格尔木市管辖区

3–5 主要地区平均气温(2010年)

Average Temperature of Major Districts (2010)

单位：摄氏度 (°C)

月 份 Month	地 区 Region	西 宁 Xining	海 东 Haidong	门 源 Menyuan	黄 南 Huangnan	海 南 Hainan	果 洛 Golog	玉 树 Yushu	海 西 Haixi
年平均	**Annual Average**	**6.4**	**8.0**	**2.1**	**7.5**	**5.8**	**0.8**	**4.9**	**5.0**
一 月	Jan.	-5.6	-3.8	-9.7	-3.1	-5.4	-9.9	-5.0	-7.2
二 月	Feb.	-3.2	-1.4	-6.8	-1.2	-2.5	-6.3	-1.3	-4.1
三 月	Mar.	2.5	3.5	-2.0	3.9	2.5	-2.8	2.3	0.6
四 月	Apr.	7.2	8.1	2.4	7.7	7.2	1.2	5.2	5.8
五 月	May.	12.4	13.9	7.6	12.7	11.9	6.5	9.5	11.5
六 月	June.	15.4	17.2	11.9	15.3	13.8	8.4	11.8	13.6
七 月	July.	18.8	20.4	14.9	18.9	17.9	12.4	15.6	19.0
八 月	Aug.	17.5	19.3	13.0	17.8	17.0	10.7	14.6	18.5
九 月	Sept.	13.5	14.9	9.6	14.2	13.2	7.7	10.7	12.7
十 月	Oct.	6.0	7.7	1.8	6.9	5.1	1.0	4.5	4.4
十一月	Nov.	-0.9	1.5	-5.3	1.0	-2.4	-7.0	-1.7	-3.9
十二月	Dec.	-7.3	-5.5	-11.8	-4.5	-8.3	-12.8	-7.2	-10.6

3–6 主要地区降水量(2010年)

Monthly Precipitation of Major Districts (2010)

单位：毫米 (millimeters)

月 份 Month	地 区 Region	西 宁 Xining	海 东 Haidong	门 源 Menyuan	黄 南 Huangnan	海 南 Hainan	果 洛 Golog	玉 树 Yushu	海 西 Haixi
全 年	**Annual Total**	**405.0**	**331.8**	**557.6**	**431.8**	**328.8**	**482.8**	**424.1**	**265.1**
一 月	Jan.	1.2	0.1	0.5	0.0	0.0	0.5	0.0	0.0
二 月	Feb.	1.2	0.2	4.6	2.1	0.8	0.5	0.0	0.3
三 月	Mar.	4.2	2.7	25.1	5.2	0.1	4.0	1.4	2.7
四 月	Apr.	17.6	11.0	22.1	19.2	7.8	9.2	5.3	0.0
五 月	May.	99.0	68.9	80.0	96.3	48.8	45.6	80.4	71.9
六 月	June.	50.8	42.5	50.8	45.3	90.0	126.3	82.2	57.2
七 月	July.	58.2	52.3	82.3	54.0	58.6	159.2	83.2	52.1
八 月	Aug.	65.4	69.3	195.1	82.3	82.6	61.6	82.6	16.0
九 月	Sept.	72.6	63.2	56.1	105.2	31.4	61.1	50.1	44.6
十 月	Oct.	33.2	21.3	37.3	22.0	7.8	14.5	38.2	18.3
十一月	Nov.	0.4	0.0	0.0	0.0	0.0	0.2	0.7	0.0
十二月	Dec.	1.2	0.3	3.7	0.2	0.9	0.1	0.0	2.0

3-7 主要地区平均日照时数(2010年)

Average Sunshine Hours of Major Districts (2010)

单位：小时 (hours)

月 份 地 区 Month Region		西 宁 Xining	海 东 Haidong	门 源 Menyuan	黄 南 Huangnan	海 南 Hainan	果 洛 Golog	玉 树 Yushu	海 西 Haixi
全 年	**Annual Total**	**2782.1**	**2740.9**	2547.3	2595.0	2949.4	2631.7	2509.2	2899.9
一 月	Jan.	223.2	235.5	212.6	232.3	242.4	242.0	185.4	236.1
二 月	Feb.	200.0	212.0	190.0	193.8	204.1	165.2	132.9	199.5
三 月	Mar.	237.3	242.3	207.2	200.0	259.1	231.6	201.4	227.2
四 月	Apr.	270.5	256.3	230.7	225.6	289.7	240.6	230.5	269.9
五 月	May.	262.8	251.6	227.2	216.7	252.0	229.9	225.7	269.6
六 月	June.	231.9	229.4	197.4	194.5	182.6	132.6	209.3	198.5
七 月	July.	242.9	239.0	237.2	227.3	256.9	249.7	272.2	261.8
八 月	Aug.	251.4	248.8	190.3	223.4	267.7	212.6	208.2	254.5
九 月	Sept.	188.1	189.9	172.3	203.6	246.7	216.9	210.7	235.2
十 月	Oct.	218.5	207.3	215.3	214.8	239.6	222.3	198.8	248.7
十一月	Nov.	245.9	222.2	248.7	241.1	264.8	242.4	211.5	262.9
十二月	Dec.	209.6	206.6	218.4	221.9	243.8	245.9	222.6	236.0

3-8 主要地区平均风速(2010年)

Average Wind Speed of Major Districts (2010)

单位：米/秒 (m/second)

月 份 地 区 Month Region		西 宁 Xining	海 东 Haidong	门 源 Menyuan	黄 南 Huangnan	海 南 Hainan	果 洛 Golog	玉 树 Yushu	海 西 Haixi
全 年	**Annual Total**	**1.1**	**2.1**	**1.6**	**1.3**	**1.8**	**1.9**	**1.2**	**1.6**
一 月	Jan.	0.9	2.1	1.4	1.0	1.6	2.2	1.1	1.0
二 月	Feb.	1.0	2.2	1.5	1.2	1.3	2.5	1.5	1.3
三 月	Mar.	1.5	2.6	2.1	1.5	3.1	2.6	1.5	1.7
四 月	Apr.	1.8	2.5	2.5	1.6	3.5	2.4	1.6	2.4
五 月	May.	1.4	2.0	2.1	1.4	1.9	2.1	1.3	2.1
六 月	June.	1.1	1.9	1.6	1.2	1.4	1.6	1.2	1.8
七 月	July.	0.7	1.8	1.3	1.3	1.5	1.5	1.0	2.0
八 月	Aug.	0.9	1.9	1.3	1.3	1.4	1.3	1.1	1.9
九 月	Sept.	0.8	1.8	1.4	1.3	1.6	1.4	0.9	1.5
十 月	Oct.	0.8	1.8	1.0	1.2	1.1	1.5	0.9	1.4
十一月	Nov.	0.8	1.9	1.2	1.2	1.4	1.5	1.0	1.0
十二月	Dec.	1.0	2.2	1.3	1.4	1.8	1.7	1.1	1.1

3-9 土地利用现状(2008年)

Land Characteristics of Qinghai(2008)

单位：亩 (acreage)

指 标	Item	年初面积 Land at Year-beginning	年内减少面积 Newly Decreased Land in Current Year	年内增加面积 Newly Increased Land in Current Year	年末面积 Land at Year-end
耕地	**Cultivated Land**	**8133029.8**	**11417.6**	**19176.7**	**8140788.9**
水浇地	Paddy Fields	2648872.8	8827.7	18547.5	2658592.6
旱地	Dry Fields	5362102.0	526.8	583.4	5362158.6
菜地	Vegetable Fields	122055.0	2231.6	214.3	120037.7
园地	**Garden Land**	**110987.4**	**135.3**	**83.2**	**110935.3**
果园	Orchard	88370.3	115.7		88254.6
其它园地	Others	22617.1	19.6	83.2	22680.7
林地	**Wood Land**	**39907840.3**	**4589.8**	**66780.6**	**39970031.1**
有林地	Wood Land	6634254.4	1332.1	584.2	6633506.5
灌木林地	Bush Woodland	25906104.0	1424.2	2000.0	25906679.8
疏林地	Sparse Woodland	3763813.6	411.1		3763402.5
未造成林林地	Not Caused by Forest Woodland	3570408.7	1380.0	64192.9	3633221.6
迹地	Forestry Slash	187.0			187.0
苗圃	Seedling Nursery	33072.6	42.4	3.5	33033.7
牧草地	**Grazing and Pasture Land**	**605239322.3**	**80534.0**	**53335.5**	**605212123.8**
天然草地	Natural Meadow	599768704.4	77510.0		599574100.6
改良草地	Improved Grassland	2484960.4	2498.2		2482462.2
人工草地	Artificial Pasture	2985657.5	525.8	53335.5	3155561.0
居民点及工矿用地	**Land for Inhabitation, Mining and Manufacturing**	**3695201.7**	**5081.6**	**19805.0**	**3709925.1**
城市	Cities	165487.8		3115.0	168602.8
建制镇	Towns	131841.5	97.5	3221.9	135865.9
农村居民点	Land for Inhabitation in Rural Area	989471.6	2342.8	4705.6	990934.4
独立工矿用地	Absolute Land for Industrial and Mining Use	316016.1	3404.2	9481.9	322093.8
盐田	Saltern	656941.0			656941.0
特殊用地	Special Use Area	1435443.7	12.5	56.0	1435487.2
交通运输用地	**Land for Transport Facilities**	**463046.9**	**53.7**	**16618.4**	**479665.3**
铁路	Railways	85480.4		12062.1	97542.5
公路	Highways	370920.3	53.7	4610.0	375476.6
管道运输	Pipeline Transport	164.2			164.2
民用机场	Civil Airports	6432.1			6432.1
港口码头	Ports	49.9			49.9
水利设施用地	**Land for Water Conservancy Facilities**	**710972.2**		**6009.1**	**716981.3**
水库水面	Reservoir Surface	673690.2		5724.0	679414.2
水工建筑用地	Land for Hydraulic Construction	37282.0		285.1	37567.1
未利用土地	**Land yet to be Used**	**369077420.8**	**91261.4**	**319.0**	**368986478.4**
荒草地	Wild Grass Ground	15334213.3	36905.9		15297307.4
盐碱地	Alkaline Soil	58659383.7	359.2		58659024.5
沼泽地	Everglade	4273019.2	29.9		4272989.3
沙地	Dene	91778591.5	53598.3		91724993.2
裸土地	Bare Ground	23361512.5	242.5		23361270.0
裸岩石砾地	Bare Rock and Gravel Ground	157502619.8	114.9	319.0	157502823.9
其他未利用土地	Other Unutilized Land	18168080.8	10.7		18168070.1

注：全省总面积为1076220784.4亩。

a)Total provinces land area are1076220784.4 acreages.

3-10 西宁市土地利用现状(2008年)
Land Characteristics of Xining City (2008)

单位：亩 (acreage)

指 标	Item	年初面积 Land at Year-beginning	年内减少面积 Newly Decreased Land in Current Year	年内增加面积 Newly Increased Land in Current Year	年末面积 Land at Year-end
总计	**Total**	**11136171.5**	**11785.7**	**11785.7**	**11136171.5**
耕地	Cultivated Land	2192944.2	8212.5	2060.0	2186791.8
园地	Garden Land	4369.0	79.2		4289.8
林地	Wood Land	1688014.5	468.2	3.5	1687549.8
牧草地	Grazing and Pasture Land	4960172.5	538.2		4959634.3
居民点及工矿用地	Land for Inhabitation, Mining and Manufacturing	418913.0	95.2	8479.2	427297.0
交通运输用地	Land for Transport Facilities	42839.0		900.6	43739.6
水利设施用地	Land for Water Conservancy Facilities	13462.5		12.7	13475.2
未利用土地	Land yet to be Used	1093677.5	1180.9		1092496.6

3-11 海东地区土地利用现状(2008年)
Land Characteristics of Haidong Prefecture (2008)

单位：亩 (acreage)

指 标	Item	年初面积 Land at Year-beginning	年内减少面积 Newly Decreased Land in Current Year	年内增加面积 Newly Increased Land in Current Year	年末面积 Land at Year-end
总计	**Total**	**19565992.6**	**22206.7**	**22206.7**	**19565992.6**
耕地	Cultivated Land	3019643.4	1560.6	1664.6	3019747.4
园地	Garden Land	76339.2	54.9		76284.3
林地	Wood Land	4120638.4	1445.7	17482.5	4136675.2
牧草地	Grazing and Pasture Land	7636699.2	24.1		7636675.1
居民点及工矿用地	Land for Inhabitation, Mining and Manufacturing	365066.1		2962.1	368028.2
交通运输用地	Land for Transport Facilities	56108.2		19.6	56127.8
水利设施用地	Land for Water Conservancy Facilities	78506.7			78506.7
未利用土地	Land yet to be Used	3040192.8	17927.1		3022265.7

3-12 海北州土地利用现状(2008年)
Land Characteristics of Haibei Zang A.P (2008)

单位：亩 (acreage)

指 标	Item	年初面积 Land at Year-beginning	年内减少面积 Newly Decreased Land in Current Year	年内增加面积 Newly Increased Land in Current Year	年末面积 Land at Year-end
总计	**Total**	**50024990.0**	**37332.3**	**37333.3**	**50024990.0**
耕地	Cultivated Land	721157.7	693.4	15336.0	735800.3
园地	Garden Land				
林地	Wood Land	3284221.1	19.9	19731.7	3303932.9
牧草地	Grazing and Pasture Land	33846320.5	20553.3		33825767.2
居民点及工矿用地	Land for Inhabitation, Mining and Manufacturing	1402917.5	104.3	395.1	1403208.3
交通运输用地	Land for Transport Facilities	49026.8		1869.5	50896.3
水利设施用地	Land for Water Conservancy Facilities	6996.0			6996.0
未利用土地	Land yet to be Used	6340851.0	15338.8		6325512.2

3-13 黄南州土地利用现状(2008年)
Land Characteristics of Huangnan Zang A.P (2008)

单位：亩 (acreage)

指 标	Item	年初面积 Land at Year-beginning	年内减少面积 Newly Decreased Land in Current Year	年内增加面积 Newly Increased Land in Current Year	年末面积 Land at Year-end
总计	**Total**	**26863328.6**	**502.3**	**503.3**	**26863328.6**
耕地	Cultivated Land	294474.7	110.6	70.2	294434.3
园地	Garden Land	2124.2			2124.2
林地	Wood Land	2584999.5			2584999.5
牧草地	Grazing and Pasture Land	22599904.7	321.5		22599583.2
居民点及工矿用地	Land for Inhabitation, Mining and Manufacturing	48323.7		110.6	48434.3
交通运输用地	Land for Transport Facilities	16006.6		321.5	16328.1
水利设施用地	Land for Water Conservancy Facilities	21936.8			21936.8
未利用土地	Land yet to be Used	1099933.0	70.2		1099862.8

3-14 海南州土地利用现状(2008年)

Land Characteristics of Hainan Zang A.P (2008)

单位：亩 (acreage)

指 标	Item	年初面积 Land at Year-beginning	年内减少面积 Newly Decreased Land in Current Year	年内增加面积 Newly Increased Land in Current Year	年末面积 Land at Year-end
总计	**Total**	**65065667.9**	**29197.4**	**29198.4**	**65065667.9**
耕地	Cultivated Land	1159989.4	225.7		1159763.7
园地	Garden Land	9053.8	1.2		9052.6
林地	Wood Land	3461525.2	1187.0	19726.6	3480064.8
牧草地	Grazing and Pasture Land	50479696.0	24683.9		50455012.1
居民点及工矿用地	Land for Inhabitation, Mining and Manufacturing	200082.8	126.2	3539.9	203496.5
交通运输用地	Land for Transport Facilities	37116.8		31.6	37148.4
水利设施用地	Land for Water Conservancy Facilities	576225.6		5899.3	582124.9
未利用土地	Land yet to be Used	5050585.4	2815.3		5047770.1

3-15 果洛州土地利用现状(2008年)

Land Characteristics of Golog Zang A.P (2008)

单位：亩 (acreage)

指 标	Item	年初面积 Land at Year-beginning	年内减少面积 Newly Decreased Land in Current Year	年内增加面积 Newly Increased Land in Current Year	年末面积 Land at Year-end
总计	**Total**	**114663576.4**	**9419.5**	**9419.5**	**114663576.4**
耕地	Cultivated Land	14877.0			14877.0
园地	Garden Land	12450.0			12450.0
林地	Wood Land	6077406.1		6046.9	6083453.0
牧草地	Grazing and Pasture Land	98051677.1	9081.0		98042596.1
居民点及工矿用地	Land for Inhabitation, Mining and Manufacturing	54268.3		201.1	54469.4
交通运输用地	Land for Transport Facilities	36714.4		283.1	36997.5
水利设施用地	Land for Water Conservancy Facilities	678.5			678.5
未利用土地	Land yet to be Used	6560761.2	55.4		6560705.8

3-16 玉树州土地利用现状(2008年)

Land Characteristics of Yushu Zang A.P (2008)

单位：亩 (acreage)

指 标	Item	年初面积 Land at Year-beginning	年内减少面积 Newly Decreased Land in Current Year	年内增加面积 Newly Increased Land in Current Year	年末面积 Land at Year-end
总计	**Total**	**296930555.9**	**23144.3**	**23144.3**	**296930555.9**
耕地	Cultivated Land	206014.1	138.4	45.8	205921.5
园地	Garden Land	130.8			130.8
林地	Wood Land	8665747.2	216.0	2225.7	8667756.9
牧草地	Grazing and Pasture Land	231220614.2	17477.0	3328.0	231206465.2
居民点及工矿用地	Land for Inhabitation, Mining and Manufacturing	148743.4	4745.8	2178.3	146175.9
交通运输用地	Land for Transport Facilities	84180.3		3954.2	88134.5
水利设施用地	Land for Water Conservancy Facilities	3695.1		97.1	3792.2
未利用土地	Land yet to be Used	44747366.8	563.1	319.0	44747122.7

3-17 海西州土地利用现状(2008年)

Land Characteristics of Haixi Mongolian &Zang A.P (2008)

单位：亩 (acreage)

指 标	Item	年初面积 Land at Year-beginning	年内减少面积 Newly Decreased Land in Current Year	年内增加面积 Newly Increased Land in Current Year	年末面积 Land at Year-end
总计	**Total**	**491970501.5**	**63005.6**	**63005.6**	**491970501.5**
耕地	Cultivated Land	523929.3	476.4		523452.9
园地	Garden Land	6520.4		83.2	6603.6
林地	Wood Land	10025288.3	1253.0	1563.7	10025599.0
牧草地	Grazing and Pasture Land	156444238.1	7855.0	50007.5	156486390.6
居民点及工矿用地	Land for Inhabitation, Mining and Manufacturing	1056886.9	10.1	1938.7	1058815.5
交通运输用地	Land for Transport Facilities	141054.8		9238.3	150293.1
水利设施用地	Land for Water Conservancy Facilities	9471.0			9471.0
未利用土地	Land yet to be Used	301144053.1	53310.6		301090742.5

3-18 矿产及产地数(2008年)

Number of Mineral and Habitats (2008)

矿产类别 Mineral Names	矿产总类 Total Mineral	单矿种产地数 Number Habitats				备注 Remarks
		合计 Total	矿床规模 Deposit Scale			
			大型 Large	中型 Medium-sized	小型 Small	
能源矿产小计 Subtotal of Energy Minerals	**4**	**112**	**19**	**13**	**80**	
煤 Coal	1	85	15	6	64	
石油 Petroleum	1	17	1	6	10	
天然气 Natural Gas	1	9	3	1	5	
油页岩 Oil Shale	1	1			1	
金属矿产小计 Subtotal of Metal Minerals	**32**	**250**	**22**	**65**	**163**	
黑色金属 Ferrous Metals	2	34		7	27	氯化镁和
有色金属 Nonferrous Metals	15	111	7	26	78	硫酸镁分
贵金属 Precious Metals	5	66	2	21	43	别统计矿
稀有、稀土、分散元素矿产 Unusual、Rare Eaths、 Element Scatter of Minerals	10	39	13	11	15	产地
非金属矿产小计 Subtotal of NonMetal Minerals	**48**	**274**	**86**	**78**	**110**	
冶金辅助原料非金属矿产 Supplemental Raw Material in Metallurgical Industry	5	24	1	12	11	
化工原料非金属矿产 Chemical Raw Material	17	163	61	35	67	
建筑材料及其它非金属矿产 Construction Material and Others	26	87	24	31	32	
水气矿产小计 Subtotal of Steam Minerals	**3**	**52**	**7**	**18**	**27**	
矿泉水 Mineral Water	1	20	1	2	17	
地下水 Groundwater	1	27	6	16	5	
地下热水 Thermal Spring	1	5			5	
总计 Total	**87**	**688**	**134**	**174**	**380**	

3–19 青海省保有资源储量在全国占前十位的矿种(2007年)
Mineral Kinds of Qinghai Mineral Ensured Reserves Within the Top Ten Places in China (2007)

位次 Rank	矿种名称 Name	矿种数 Number
第一位 First	锂矿、锶矿、电石用灰岩、钾盐*、镁盐、石棉*、芒硝*、化肥用蛇坟岩、玻璃用石英岩*、冶金用石英岩 Lithium Ore、Strontium Ore、Limestone Used for Calcium Carbide、Sylvite*、Magnesium Salts、Asbestos*、Mirabilite*、Serpentinite Used Chenical Fertilzer、Quartzite Used for Glass*、Quartzite Used for Metallurgy	10
第二位 Second	盐矿*、溴矿、压电水晶、铸石用玄武岩、铌钽矿 Salt Ore*、Bromine Ore、Rock Crystal For Piezoelectricity、Piezoelectric Crystal、Basalt Used for Stone Casting、Niobium-tantalum Ore	5
第三位 Third	镁矿(炼镁白云岩)、自然硫、硼矿*、硅灰石、滑石*、水泥配料用板岩、饰面用蛇纹岩、碘矿、轻稀土矿、陶粒用粘土、石膏* Magnesium Ore (Dolomite for Mg Metal Smelting)、Natural Sulfur、Boron Rock*、Scale Stone、Talcum*、Slate Used for Ingredients of Cement、Serpentinite Used for Facing、Iodine Ore、Light Rare Earth、Clay Used for Haydite、Gesso*	11
第四位 Fourth	伴生硫、天然硫*、泥炭、长石、透辉石、铂钯矿 Associated Sulfur、Native Sulfur*、Turf、Feldspar、Diopside、Platinum-palladium Ore	6
第五位 Fifth	汞矿、铷矿、硒矿、制碱用灰岩、砖瓦用粘土、铟矿 Hydrargyrum Ore、Rubidium Ore、Selenium Ore、Limestone Used for Making Alkali、Clay Used for Tile、Indium Ore	6
第六位 Sixth	铬矿*、熔炼水晶、玉石、岩棉用玄武岩、钴矿、水泥配料用黄土、天然气*、铂矿、钯矿、砖瓦用粘土、 Chrome Ore*、Smelting Crystal、Bowlder、Basalt Used for Rock Wool、Cobalt Ore、Loess Used for Ingredients of Cement、Natural Gas*、Platinum Ore、Palladium Ore	10
第七位 Seventh	镍矿*、锡矿*、建筑用砂 Nickel Ore*、Stannum Ore*、Sand Used for Construction	3
第八位 Eighth		
第九位 Ninth	铅矿*、镉矿、磷矿*、铂族金属*、菱镁矿*、云母(片云母) Lead Ore、Cadmium Ore、Phosphorus Ore*、Platinum Group Metals*、Magnesite*、Mica (Fragmental Mica)	6
第十位 Tenth	砷矿 Arsenic Ore	1
合计 Total		**58**

注：*为该矿种列入在国民经济建设中占主要地位的45种矿产之中。

a) * shows that the minerals is included among the 45 kinds of mineral what hold a major position in the national economic construction.

3-20 分矿种矿产资源开发利用情况(2010年)

Utilization Situation of Mineral Resources (2010)

矿产名称	Name of Minerals	矿山企业数(个) Mining Enterprises (unit)	从业人数(人) Employees (person)	年产矿量 Output of Minerals (万吨) (10 000 tons)	(万立方米) (10 000 cu. m)	工业总产值(万元) Gross Industrial Output Value (10 000yuan)	综合利用产值(万元) Output Value of Comprehensive Utilization (10 000yuan)	利润总额(万元) Total Profit (10 000yuan)
合计	**Total**	**833**	**69506**	**7297**	**561017**	**3912999**	**23422**	**845860**
煤炭	Coal	52	12717	1407.24		616901.62	3560	182076.71
石油、天然气	Petroleum and Natural Gas	1	22105	186.06	561017	1737101		180300
地下热水	Geothermal Water	3	57	14.08		150		19.5
铁矿	Iron Ore	42	3520	94.24		9777.29	5108	348.66
锰矿	Manganese Ore	4	188	11.2		700	300	
铬矿	Chrome Ore	1	21	0.31		155		11
铜矿	Copper Ore	20	2379	374.28		163246.31	55	72105.03
铅矿	Lead Ore	24	1219	140.18		143022.88	309.3	39223.5
锌矿	Zinc Ore	3	387	12.58		2140	30	205
镍矿	Nickel Ore	5	770	25.34		10180.98	282	5161.5
钨矿	Tungsten Ore	1	46					
锑矿	Antimony Ore	1	43	0.15		123.5		
金矿	Gold Ore	21	1248	160.46		116253.39	2147.2	34004.91
锂矿	Lithium Ore	1	1404	320		70124		5289.83
锶矿	Strontium Ore	1	16	1.9		600		118
普通萤石	Common Fluorite	10	167	1.3		130.9		11.5
冶金用白云岩	Dolomite Used for Metallurgy	5	51	2.78		40.5		8.1
冶金用石英岩	Quartzite Used for Metallurgy	45	744	74.5		2004.55		269.96
自然硫	Native Sulfur	1	30					
芒硝	Mirabilite	3	19	1.2		180		
电石用灰岩	Limestone Used for Calcium Carbide	1	30					
制碱用灰岩	Limestone Used for Making Alkali	15	262	88.2		2386.43		142.89
含钾岩石	Rock with Potassium	4	33	0.13		24		-190
盐矿	Salt Ore	14	1800	174.61		26087.96		477.86
镁盐	Magnesium Salts	4	198	50		1372.4		82.51
钾盐	Kali Salt	13	5524	2684.3		854326.32	5742	312376.74
硼矿	Boron Rock	1	114	4.78		5900	580	1500
硅灰石	Scale Stone	1	2					
滑石	Talcum	2	18					
石棉	Asbestos	7	2135	226.71		16508	431	73.3
长石	Feldspar	4	11					

3–20 续表 Continued

矿产名称	Name of Minerals	矿山企业数（个）Mining Enterprises (unit)	从业人数（人）Employees (person)	年产矿量 Output of Minerals（万吨）(10 000 tons)	年产矿量 Output of Minerals（万立方米）(10 000 cu. m)	工业总产值（万元）Gross Industrial Output Value (10 000yuan)	综合利用产值（万元）Output Value of Comprehensive Utilization (10 000yuan)	利润总额（万元）Total Profit (10 000yuan)
石榴子石	Garnet	2	4					
叶蜡石	Pyrophylite	1	1					
石膏	Gesso	25	170	18.5		359	73	45.1
方解石	Calcite	2	5					
玉石	Bowlder	6	265	0.82		31844	1624	302
水泥用灰岩	Limestone Used for Cement	16	580	292.81		48154.37	297.5	4171.46
建筑石料用灰岩	Limestone Used for Building Stone	13	120	14.15		524.71	1	72.3
饰面用灰岩	Limestone Used for Facing	2	30					
制灰用石灰岩	Limestone Used for Making Lime	4	27	102		2030	600	203.6
玻璃用白云岩	Dolomite Used for Glass	1	12	2		70		12
建筑用白云岩	Dolomite Used for Construction	4	35	42		557.5	150	50.31
玻璃用石英岩	Quartzite Used for Glass	7	80	4.02		218	60	21.5
建筑用砂岩	Sandstone Used for Construction	1	50	8		120		15
建筑用砂	Sand Used for Construction	111	969	198.06		4634.24	418	590.03
水泥标准砂	Cement Standard Sand	2	27	6		240		30
陶粒页岩	Haydite Shale	1	30	10		250	75	25
高岭土	Kaoline	1	12					
膨润土	Bentonite	1	2					
砖瓦用粘土	Clay Used for Tile	207	8119	237.14		18115.3	1362.2	2231.28
陶粒用粘土	Clay Used for Haydite	5	190	2.25		405.3	68.6	4
水泥配料用粘土	Clay Used for Ingredients of Cement	8	60	6		421.5	48	21.3
建筑用橄榄岩	Peridotite Used for Construction	1	3					
饰面用蛇纹岩	Serpentinite Used for Facing	20	182	0.02		69.31		1.4
建筑用玄武岩	Basalt Used for Construction	2	8	3.1		20		4
建筑用角闪岩	Amphibolite Used for Construction	1	3					
饰面用辉绿岩	Diabase Used for Facing	1	7					
建筑用辉长岩	Gabbro Used for Constrution	4	33	31.77		483.25		8
建筑用闪长岩	Diorite Used for Constrution	1	10	3.2		38		1
建筑用花岗岩	Granite Used for Constrution	33	416	117.82		1221.02	86	174.3
饰面用花岗岩	Granite Used for Facing	5	85	2.16		110		11.9
玻璃用凝灰岩	Tuff Used for Glass	1	6					
建筑用凝灰岩	Tuff Used for Construction	1	7					
饰面用大理岩	Marble Used for Facing	10	49			0.5		
建筑用大理岩	Marble Used for Construction	8	66	1.08		150		1
水泥用大理岩	Marble Used for Cement	7	207	119.9		14520		4238
饰面用板岩	Slate Used for Facing	1	5					
水泥配料用板岩	Slate Used for Ingredients of Cement	2	20	1.6		49	14.3	4.8
矿泉水	Mineral Water	5	353	16.01		8957.33		3.35

3-21 各地区矿产开发基本情况(2010年)

Mineral Utilization by Region (2010)

地区	Region	矿产企业数 (个) Mining Enterprises (unit)	从业人数 (人) Employees (person)	年产矿量 Output of Minerals (万吨) (10 000 tons)	(万立方米) (10 000 cu. m)	工业总产值 (万元) Gross Industrial Output Value (10 000yuan)	综合利用产值 (万元) Output Value of Comprehensive Utilization (10 000yuan)	利润总额 (万元) Total Profit (10 000yuan)
总计	**Total**	**833**	**69506**	**7297**	**561017**	**3912999**	**23422**	**845860**
西宁市	Xining City	110	7922	465		84205	1861	5166
海东地区	Haidong Prefecture	260	6074	710		52516	3353	11889
海北州	Haibei Zang A.P	103	4318	169		55934	661	1480
黄南州	Huangnan Zang A.P	26	757	11		1048	249	202
海南州	Hainan Zang A.P	68	2419	157		30293	105	9257
果洛州	Golog Zang A.P	5	884	284		122524		63227
玉树州	Yushu Zang A.P	10	240	4		1868		213
海西州	Haixi Mongolian & Zang A.P	251	46892	5496	561017	3564611	17193	754425

3-22 矿产资源开发利用情况(按经济类型分)(2010年)

Utilization Situation of Mineral Resources (by Economic Type)(2010)

项目	Item	矿山企业数 (个) Mining Enterprises (unit)	从业人员 (人) Employees (person)	年产矿量 Output of Minerals (万吨) (10 000 tons)	(万立方米) (10 000 cu. m)	工业总产值 (万元) Gross Industrial Output Value (10 000yuan)	综合利用产值 (万元) Output Value of Comprehensive Utilization (10 000yuan)	利润总额 (万元) Total Profit (10 000yuan)
总计	Total	**833**	**69506**	**7297**	**561017**	**3912999**	**23422**	**845860**
内资企业	Domestic Funds	819	66655	6824	561017	3625224	20297	765670
国有企业	State-owned Enterprises	31	24448	370	561017	1763614	2991	182651
集体企业	Collective-owned Enterprises	69	2572	88		9404	276	610
股份合作企业	Cooperative Enterprises	11	191	69		2052	112	130
联营企业	Joint Enterprises	3	61	1		99		52
国有独资公司	State Sole funded Enterprises	4	7195	455		63780	1780	344
有限责任公司	Limited Liability Enterprises	161	11888	1880		450860	8463	87208
股份有限公司	Share-holding Enterprises	42	4028	2284		949626	1154	428204
私营企业	Private Enterprises	397	15007	1470		380702	4746	65714
其他企业	Other Enterprises	101	1265	207		5086	776	758
港、澳、台商投资企业	Enterprises with Funds from Hong Kong, Macao and Taiwan	7	361	94		14711	3125	65
外商投资企业	Foreign Funded Enterprises	7	2490	379		273064		80125

3-23 矿产资源储量(按矿种统计)(2008年)
Reserves of Mineral Resources (Statistics by Minerals) (2008)

项目		Item		矿区数 Number of Mine Areas	资源储量 Reserves of Mineral Resources 保有 Inventory	累计查明 Found Add Up
煤炭	(千吨)	Coal	(1 000 tons)	85	5444734	5631716
油页岩	(千吨)	Oil Shale	(1 000 tons)	1	16572	16572
铁矿	(矿石 千吨)	Iron Ore	(ore 1 000 tons)	28	241317	245604
铬矿	(矿石 千吨)	Chrome Ore	(ore 1 000 tons)	6	413	620
铜矿	(铜 吨)	Copper Ore	(copper ton)	26	1706863	1905972
铅矿	(铅 吨)	Lead Ore	(lead ton)	32	1934795	3108233
锌矿	(锌 吨)	Zinc Ore	(zinc ton)	29	2713022	4014850
镁矿	(矿石 千吨)	Magnesium Ore	(ore 1 000 tons)	4	35437	35437
镍矿	(镍 吨)	Nickel Ore	(nickel ton)	4	166791	180630
钴矿	(钴 吨)	Cobalt Ore	(cobalt ton)	6	36096	38484
钨矿	(W03吨)	Tungsten Ore	(W03 ton)	3	18529	19640
锡矿	(锡 吨)	Stannum Ore	(W04 ton)	5	39779	39788
铋矿	(铋 吨)	Bismuth Ore	(W05 ton)	1	4229	4229
钼矿	(钼 吨)	Molybdenum Ore	(W06 ton)	2	95330	95330
汞矿	(汞 吨)	Hydrargyrum Ore	(W07 ton)	4	4376	4557
锑矿	(锑 吨)	Antimony Ore	(W08 ton)	1	173	713
铂族金属	(金属 千克)	Platinum Group Metals	(metal kg)	1	114	129
铂矿	(铂 千克)	Platinum Ore	(platinum kg)	3	249	257
钯矿	(钯 千克)	Palladium Ore	(palladium kg)	1	351	352
金矿	(岩金 金 千克)	Gold Ore	(rock gold gold kg)	21	83245	108681
金矿	(砂金 金 千克)	Gold Ore	(placer gold gold kg)	16	28452	34445
金矿	(伴生金 金 千克)	Gold Ore	(associated gold gold kg)	6	54965	71359
银矿	(银 吨)	Argentine Ore	(Argentine ton)	20	4694	5943
铌钽矿	(Nb+Ta)2O5 吨	Niobium-Tantalum ore	(Nb+Ta)2O5 ton	1	2145	2145
锂矿	(LiCl 吨)	Lithium Ore	(LiCl ton)	10	17785722	18382156
锶矿	(天青石 吨)	Strontium Ore	(celestine ton)	4	26493455	26818254
铷矿	(Rb20 吨)	Rubidium Ore	(Rb20 ton)	1	38748	39989
轻稀土矿	(轻稀土氧 吨)	Light Rare Earth	(light rare earth ton)	2	346136	346136
锗矿	(锗 吨)	Germanium Ore	(germanium ton)	1	160	160
镓矿	(镓 吨)	Gallium Ore	(gallium ton)	4	940	956
铟矿	(铟 吨)	Indium Ore	(indium ton)	3	988	1156
镉矿	(镉 矿)	Cadmium Ore	(cadmium ton)	7	11571	13339
硒矿	(硒 吨)	Selenium Ore	(selenium ton)	3	1185	1531
菱镁硫	(矿石 千吨)	Magnesium Sulfur	(ore 1 000 tons)	1	1869	1869
普通萤石	(萤石或CAF2千吨)	Common Fluorite	fluorite or CAF2 1 000 tons)	5	435	454
熔剂用灰岩	(矿石 千吨)	Limestone Used for Flux	(ore 1 000 tons)	2	31843	31843
冶金用白云岩	(矿石 千吨)	Dolomite Used for Metallurgy	(ore 1 000 tons)	6	43443	43467
冶金用石英岩	(矿石 千吨)	Quartzite Used for Metallurgy	(ore 1 000 tons)	10	306996	307491
自然硫	(硫 千吨)	Native Sulfur	(sulfur 1 000 tons)	6	259	640
硫铁矿	(矿石 千吨)	Pyrites	(ore 1 000 tons)	6	19956	21134
硫铁矿	(伴生硫 硫 千吨)	Pyrites	ated sulfur sulfur 1 000 tons)	12	25581	30728

3-23 续表 Continued

项 目		Item		矿区数 Number of Mine Areas	资源储量 Reserves of Mineral Resources 保 有 Inventory	累计查明 Found Add Up
芒硝	(Na_2SO_4千吨)	Mirabilite	(Na_2SO_4 1 000 tons)	12	9828069	9828682
重晶石	(矿石 千吨)	Barytes	(ore 1 000 tons)	2	1163	1172
天然碱	(千吨)	Natural Soda	(1 000 tons)	3	482	482
电石用灰岩	(矿石 千吨)	Limestone Used for Tourmaline	(ore 1 000 tons)	3	1382826	1382973
制碱用灰岩	(矿石 千吨)	Limestone Used for Making Alkali	(ore 1 000 tons)	1	177725	179874
化肥用蛇纹岩	(矿石 千吨)	Serpentinite Used for Chemical Fertilizer	(ore 1 000 tons)	7	8199527	8200172
泥炭	(矿石 万吨)	Turf	(ore 10 000 tons)	2	17682	17682
盐矿	(NaCl 千吨)	Salt Ore	(NaCl 1 000 tons)	27	321381030	321490167
镁盐	($MgSO_4$ 千吨)	Magnesium Salts	($MgSO_4$ 1 000 tons)	14	1634161	1635257
镁盐	(MgC_{12} 千吨)	Magnesium Salts	(MgC_{12} 1 001 tons)	21	3964137	4275235
钾盐	(KCl 千吨)	Kali Salt	(KCl 1 000 tons)	23	734254	760306
碘矿	(碘 吨)	Iodine Ore	(iodine ton)	2	12674	14005
溴矿	(溴 吨)	Bromine Ore	(bromine ton)	3	249549	282748
砷矿	(砷 吨)	Arsenic Ore	(arsenic ton)	4	70317	71264
硼矿	(B_2O_3千吨)	Boron Rock	(B_2O_3 1 000 tons)	13	15835	16567
磷矿	(矿石 千吨)	Phosphorite	(ore 1 000 tons)	2	511280	511280
石墨	(晶质石墨 千吨)	Graphite	caly graphite 1 000 tons)	1	128	128
压电水晶	(单晶 千克)	Piezoelectric Crystal	(single crystals kg)	1	29382	29698
熔炼水晶	(矿物 吨)	Smelting Crystal	(mineral ton)	1	352	357
硅灰石	(矿石 千吨)	Scale Stone	(ore 1 000 tons)	1	17578	17578
滑石	(矿石 千吨)	Talcum	(ore 1 000 tons)	2	42222	42222
石棉	(石棉 千吨)	Asbestos	(asbestos 1 000 tons)	7	57435	59786
云母	(吨)	Mica	(ton)	1	1054	1054
碎云母	(碎云母 吨)	Fragmental Mica	(fragmental mica ton)	1	367754	367800
长石	(矿石 千吨)	Feldspar	(ore 1 000 tons)	2	62651	62657
透辉石	(矿石 千吨)	Diopside	(ore 1 000 tons)	1	4017	4017
石膏	(矿石 千吨)	Gesso	(ore 1 000 tons)	7	3055790	3058106
玉石	(矿石 吨)	Bowlder	(ore ton)	3	31592	32630
水泥用灰	(矿石 千吨)	Ash Used for Cement	(ore 1 000 tons)	18	1314148	1335905
玻璃用石	(矿石 千吨)	Stone Used for Glass	(ore 1 000 tons)	5	1646257	1646890
建筑用砂	(矿石 千吨)	Sand Used for Construction	(ore 1 000 tons)	1	17042	17790
粉石英	(矿石 千吨)	Konilite	(ore 1 000 tons)	1	6341	6342
陶瓷土	(矿石 千吨)	Ceramic Clay	(ore 1 000 tons)	1	2146	2146
砖瓦用粘土	(矿石 千立方米)	Clay Used for Tile	(ore 1 000 cu.m)	2	17132	17600
陶粒用粘土	(矿石 千吨)	Clay Used for Haydite	(ore 1 000 tons)	1	9433	9433
水泥配料用粘土	(矿石 千吨)	Clay Used for Ingredients of Cement	(ore 1 000 tons)	10	63376	63825
水泥配料用黄土	(矿石 千吨)	Loess Used for Ingredients of Cement	(ore 1 000 tons)	3	18382	19410
水泥配料用泥岩	(矿石 千吨)	Mudstone Used for Ingredients of Cement	(ore 1 000 tons)	2	4250	4660
饰面用蛇纹岩	(矿石 千立方米)	Serpentinite Used for Facing	(ore 1 000 cu.m)	1	5490	5490
铸石用玄武岩	(矿石 千吨)	Basalt Used for Stone Casting	(ore 1 000 tons)	2	20810	20810
岩棉用玄武岩	(矿石 千吨)	Basalt Used for Rock Wool	(ore 1 000 tons)	1	1100	1160
饰面用花岗岩	(矿石 千立方米)	Granite Used for Facing	(ore 1 000 cu.m)	3	18063	18073
饰面用大理岩	(矿石 千立方米)	Marble Used for Facing	(ore 1 000 cu.m)	2	24140	24264
水泥用大理岩	(矿石 千吨)	Marble Used for Cement	(ore 1 000 tons)	4	55433	57962
水泥配料用板岩	(矿石 千吨)	Slate Used for Ingredients of Cement	(ore 1 000 tons)	1	7640	7640

3–24 环境基本情况(2007–2010年)

Basic Statistics on Environment (2007-2010)

指 标		Item		2007	2008	2009	2010
水环境		**Water**					
废水排放总量	(万吨)	Waste Water Discharge	(10 000 tons)	19948	19998	22171	22609
工业废水排放量		Industry		7318	7098	8404	9031
生活污水排放量		Non-industrial		12630	12900	13767	13578
化学需氧量(COD)排放量	(吨)	Discharge Amount of COD	(ton)	75796	74567	76133	83100
工业废水中COD排放量		Industry		38159	37305	39252	44714
生活污水中COD排放量		Non-industrial		37637	37262	36880	38386
氨氮排放量	(吨)	Ammonia Nitrogen Discharge	(ton)	7029	6942	7107	8257
工业废水中氨氮排放量		Industry		1480	1627	1706	2271
生活污水中氨氮排放量		Non-industrial		5549	5316	5402	5986
工业废水排放达标量	(万吨)	Industrial Waste Water Meeting Discharge Standards	(10 000 tons)	3677	3767	4692	5411
工业废水排放达标率	(%)	Percentage of Industrial Waste Water Meeting Discharge Standards	(%)	50.25	53.07	55.83	60.00
大气环境		**Atmosphere Environment**					
二氧化硫(SO_2)排放量	(吨)	Sulphur Dioxide Emission	(ton)	133923	134807	135698	143431
工业SO_2排放量		Industry		125259	126081	127275	133149
生活SO_2排放量		Non-industrial		8664	8726	8423	10282
烟尘排放量	(吨)	Soot Emission	(ton)	74479	76643	76236	76529
工业烟尘排放量		Industry		49561	54311	54410	51896
生活烟尘排放量		Non-industrial		24918	22332	21826	24633
工业粉尘排放量	(吨)	Industrial Dust Emission	(ton)	76272	76473	68757	97520
工业SO_2排放达标量	(吨)	Industrial Sulphur Dioxide Meeting Emission Standards	(ton)	63614	77151	85784	100849
工业SO_2排放达标率	%	Percentage of Industrial Sulphur Dioxide Meeting Emission Standards	(%)	50.79	61.19	67.40	75.74
工业烟尘排放达标量	(吨)	Industrial Soot Meeting Emission Standards	(ton)	19315	19357	19501	20194
工业烟尘排放达标率	(%)	Percentage of Industrial Soot Meeting Emission Standards	(%)	38.97	35.64	35.84	38.91
工业粉尘排放达标量	(吨)	Industrial Dust Meeting Emission Standards	(ton)	16762	32960	36032	56686
工业粉尘排放达标率	(%)	Percentage of Industrial Dust Meeting Emission Standards	(%)	21.98	43.1	52.41	58.13
固体废物		**Solid Wastes**					
工业固体废物产生量	(万吨)	Industrial Solid Wastes Produced	(10 000 tons)	1129.27	1337.14	1347.62	1783.00
危险废物产生量		Hazardous Wastes		74.98	76.45	83.31	86.45
工业固体废物排放量	(万吨)	Industrial Solid Wastes Discharged	(10 000 tons)	0.82	1.75	1.39	2.17
工业固体废物综合利用量	(万吨)	Industrial Solid Wastes Utilized	(10 000 tons)	337.89	416.31	508.21	758.62
危险废物综合利用量		Hazardous Wastes Utilized		0.69	3.43	11.22	10.88
综合利用往年贮存量		Storage Capacity Utilization in Previous Years		4.48	6.42	13.62	14.10

资料来源：省环保厅、省住房建设厅、省林业局、省国土资源厅、省爱卫会。

a) Data come from the provincial Environmental Protection Department, provincial Housing and Urban-Rural Development Deaprtment, Provincial Forestry Bureau, Provincial Land and Resources Office, Provincial Patriotic Health Committee.

3-24 续表 1 Continued

指 标		Item		2007	2008	2009	2010
工业固体废物综合利用率	(%)	Ratio of Industrial Solid Wastes Utilized	(%)	29.76	30.99	37.33	42.21
工业固体废物处置量	(万吨)	Volume of Industrial Solid Wastes Treated	(10 000 tons)	0.77	3.71	1.47	1.25
危险废物处置量	(吨)	Hazardous Wastes	(ton)	168	100		1640
工业固体废物处置率	(%)	Ratio of Industrial Solid Wastes Treated	(%)	0.07	0.27	0.11	0.07
"三废"综合利用产品产值	(万元)	Output Value of Products Made from Waste Gas, Wastewater & Solid Wastes	(10 000 yuan)	20431.2	46889.7	26311.1	55187.8
生态环境		**Eco-Environment Protection**					
人均耕地面积	(亩)	Per Capita Area of Cultivated Land	(acreage)	1.47	1.47	1.46	
森林面积	(万公顷)	Forest Area	(10 000 hectares)	317.20	370.01	370.01	370.01
森林覆盖率	(%)	Forest Coverage Rate	(%)	4.4	5.2	5.2	5.2
人均森林面积	(公顷)	Per Capita Forest Area	(hectare)	0.58	0.68	0.67	0.67
活立木蓄积量	(万立方米)	Total Standing Forest Stock	(10 000 cu.m)	4101.40	5405.54	5405.54	5405.54
森林蓄积量	(万立方米)	Woodland Stock Volume	(10 000 cu.m)	3592.60	4423.10	4423.10	4423.10
当年营造林面积	(万公顷)	Total Area of Afforestation of the Year	(10 000 hectares)	4.52	5.36	14.07	11.78
当年造林		Area of Approach of the Year		3.00	3.20	3.25	3.37
本年新封山育林		Area without Forest or of Sparse Forest of the Year		1.51	2.16	10.82	8.41
自然保护区数	(个)	Number of Nature Reserves	(unit)	11	11	11	11
国家级		National Level		5	5	5	5
自然保护区面积	(万公顷)	Area of Nature Reserves	(10 000 hectares)	2182.2	2182.2	2182.2	2182.22
湿地面积	(千公顷)	Area of Wetland	(1 000 hectares)	4126.0	4126.0	4126	5568.89
自然灾害		**Natural Disaster**					
受灾面积	(公顷)	Area of Suffer from Disaster	(hectare)	309880	231000	299650	224500
旱灾		Drought		108400	142000	77330	158400
洪涝灾		Damage or Crop Failure Caused by Waterlogging		10500	10690	34460	22200
风雹灾		Disaster Caused by Windstorm and Hail		45000	31620	99020	42900
雪灾低温冷冻		Disaster Caused by Snow、Low Temperature and Refrigeration		137800	31200	88840	
受灾人次	(万人次)	Personnel of Suffer from Disaster	(10 000 person times)	148.0	238.6	245.2	261.2
直接经济损失	(亿元)	Direct Economic Losses	(1 000 million yuan)	15.1	33.8	18.3	241.9
环境污染事故次数	(次)	Number of Pollution and Destruction Accidents	(time)				2
直接经济损失	(万元)	Direct Economic Losses	(10 000 yuan)				8

3-24 续表 2 Continued

指 标		Item		2007	2008	2009	2010
城市环境		**Urban Environment**					
城市面积	(平方公里)	**City Areas**	**(sq.km)**	512.28	512.28	512.28	512.28
建成区面积		Developed Areas		110.65	110.65	112.39	113.88
城市建设用地面积	(平方公里)	Urban Construction Land Areas	(sq.km)	108.99	108.99	111.96	113.45
城市供水总量	(万立方米)	Annual Volume of Tap Water Supply	(10 000 cu.m)	15641.2	17067.0	16834.7	18572.3
生活用水量		Water Consumption for Residential use		5195.4	5661.2	5778.5	6208.4
城市用水普及率	(%)	Coverage Rate of Urban Population with Access to Tap Water	(%)	100.00	100.00	99.45	99.87
城市污水排放量	(万立方米)	Consumption Waste Water Discharge	(10 000 cu.m)	9560	11686	10872	12889
城市污水处理量	(万立方米)	Consumption Waste Water Disposal	(10 000 cu.m)	3066	4662	5046	5611
城市污水处理率	(%)	Treatment Rate of Consumption Waste Water	(%)	32.07	39.89	46.41	43.53
城市生活垃圾清运量	(万吨)	Volume of Garbage Disposal	(10 000 tons)	64.71	63.55	87.35	86.31
城市生活垃圾无害化处理量	(万吨)	Volume of Wastes Disposed	(10 000 tons)	61.40	56.80	56.87	58.07
城市生活垃圾无害化处理率	(%)	Treatment Rate of Consumption Wastes	(%)	94.88	89.38	65.11	67.28
城市用气普及率	(%)	Coverage Rate of Urban Population with Access to Gas	(%)	89.41	94.78	91.49	90.79
城市集中供热面积	(万平方米)	Area of Centralized Heating	(100 million sq.m)	127.5	135.1	196.1	208.3
每万人拥有公共交通车辆	(标台)	Number of Public Transportation Vehicles Per 10 000 Population	(unit)	18.73	17.66	12.22	10.60
人均公共绿地面积	(平方米)	Per Capita Park Green Area	(sq.m)	8.47	8.53	8.13	8.53
建成区绿化覆盖率	(%)	Green Covered Area as % of Completed Area	(%)	27.47	28.17	29.02	29.38
农村环境		**Rural Environment**					
农村改水受益率	(%)	Beneficial Rate of the Water Renovation in Rural Areas	(%)	80.49	84.18	80.12	85.01
农村自来水普及率	(%)	Popularity Rate of Tap Water in Rural Areas	(%)	73.93	76.62	73.81	76.94
农村卫生厕所普及率	(%)	Popularity Rate of Sanitation Toilets	(%)	40.46	42.64	45.53	58.30
农村化肥施用量	(万吨)	Consumption of Chemical Fertilizers	(10 000 tons)	7.56	8.25	7.96	8.17
农药使用量	(吨)	Consumption of Pesticide	(ton)	1891.50	1953.90	2025.5	2061.9
农用塑料薄膜使用量	(吨)	Consumption of Agricultural Films	(ton)	958.60	1070.20	2113.8	3113.4
地膜使用量		Consumption of Ground Films		439.30	519.90	1277.3	2425.2
有效灌溉面积	(千公顷)	Effective Irrigated Area	(1 000 hectares)	176.59	177.24	154.97	

3–25 环境污染治理投资情况(2007–2010年)
Treatment of Environment Pollution(2007-2010)

单位：万元、个 (10 000 yuan、unit)

指 标	Item	2007	2008	2009	2010
环境污染治理投资总额	**Total Investment in the Treatment of Environmental Pollution**	**106450.6**	**134244.2**	**122270.5**	**170258.8**
工业污染源治理投资	**Investment in the Treatment of Industrial Pollution**	**7912.6**	**11165.3**	**29438.8**	**9747.2**
本年施工项目数	Number of Projects under Construction of The Year	21	43	28	12
施工项目本年完成投额	Completed Investment for the Current Year	7912.6	11165.3	29438.8	9747.2
治理废水	Waste Water	1056.4	2193.5	3885.2	1018.6
治理废气	Waste Gas	6856.2	7493.4	25543.6	8728.6
治理固体废物	Solid Wastes		478.4		
治理噪声	Noise Pollution		1000.0	10.0	
治理其他	Others				
“三同时”项目环保投资	**Investment in "Three Simultaneity" Projects**	**51458**	**62433.9**	**56155.7**	**97073.6**
城市环境基础设施建设投资	**Investment in Urban Environmental Infrastructure**	**47080**	**60645**	**36676**	**63438**
燃气	Gas Supply	3660	4105	168	3729
集中供热	Centralized Heating	2260		6800	433
排水	Drainage Works	5822	12767	15654	32691
污水处理	Volume of Waste Water	3675		12280	18840
园林绿化	Gardening and Greening	28757	32196	12349	17796
市容环境卫生	Environmental Sanitation	6851	11577	1705	8789
垃圾处理	Volume of Garbage Disposal	5389	1440		7950

注：1.工业污染源治理投资、新改扩建“三同时”项目环保投资来自青海省环保厅，城市环境基础设施建设投资来自省住房建设厅。
2.按照国家统计局统一口径，城市环境基础设施建设投资仅为设市城市数据。

a) Data of Investment in the treatment of industrial pollution and "Three Simultaneities" environmental investment for new project are from Environmental Protection Department of Qinghai Province, data of investment in urban environmental infrastructure are from the Housing and Urban-Rural Development Department of Qinghai Province.

b) In accordance with the National Bureau of Statistics, investment in urban environmental infrastructure are data of cities already founded.

3-26 2007-2010年城镇生活及其他污染情况
Discharge of Pollutants from Urban Daily Life(2007-2010)

指 标		Item		2007	2008	2009	2010
生活及其他煤炭含硫率	(%)	Sulfur Content of Coal of Life and Other	(%)	0.5	0.5	0.6	0.5
生活及其他煤炭灰份	(%)	Ash Content of Coal of Life and Other	(%)	28.0	28.0	23.4	24.5
城镇生活污水排放量	(万吨)	Municipal Waste Water Discharge Amount	(10 000 tons)	12630.5	12898.9	13767.0	13578.4
城镇生活污水中COD产生系数	(克/人.日)	Producing Coefficient of COD in the Municipal Waste	(g/person. day)	60	60	60	60
城镇生活污水中COD产生量	(吨)	Producing Amount of COD in the Municipal Waste Water	(%)	48856.7	50177.3	50943.8	52577.8
城镇生活污水中COD排放量	(吨)	Discharge Amount of COD in the Municipal Waste Water	(ton)	37637.4	37261.6	36880.2	38386.4
城镇生活污水中COD去除量	(吨)	Removing Amount of COD in the Municipal Waste Water	(ton)	11219.3	12915.7	14063.6	14191.4
城镇生活污水中氨氮产生系数	(克/人.日)	Producing Coefficient of Ammonia Nitrogen in the Municipal Waste Water	(g/person. day)	7	7	7	7
城镇生活污水中氨氮产生量	(吨)	Ammonia Nitrogen Producing in the Municipal Waste Water	(ton)	5699.9	5854.1	5945.8	6134.2
城镇生活污水中氨氮排放量	(吨)	Ammonia Nitrogen Discharge in the Municipal Waste Water	(ton)	5548.9	5315.6	5401.8	5986.2
生活及其他二氧化硫排放量	(吨)	Sulfur Dioxide Discharge of Life and Other	(ton)	8664	8726	8423	10282
生活及其他烟尘排放量	(吨)	Soot Discharge of Life and Other	(ton)	24918	22332	21826	24633
生活及其他氮氧化物排放量	(吨)	Discharge Amount of Nitrogen Oxides of Life and Other	(ton)	30247	29362	29298	32727
公路交通氮氧化物排放量	(吨)	Highway Traffic	(ton)	21077	19080	20107	22578

3-27 2006-2010年城市污水处理情况
Sewage Treatment in Urban Areas (2006-2010)

指 标		Item		2006	2007	2008	2009	2010
污水处理厂	(座)	Sewage Disposal Work	(unit)	1	3	3	4	10
污水处理厂处理能力	(万吨/日)	Handling Capacity of Sewage Disposal Work	(10 000 tons/day)	8.50	17.75	17.75	18.19	32.90
当年新增	(万吨/日)	Newly Increased in Current Yea	(10 000 tons/day)		9.25			12.90
污水年处理量	(万吨)	Sewage Disposal Amount	(10 000 tons)	2600	3406	4702	5467	5580
处理生活污水量	(万吨)	Domestic Sewage Disposal Amount	(10 000 tons)	2600	3406	4702	5467	5575
化学需氧量去除量	(吨)	Removing Amount of Chemical Oxygen Demand	(ton)	7826	11219	12916	14063	14160
氨氮去除量	(吨)	Removing Amount of Ammonia Nitrogen	(ton)		151	539	545	165
总磷去除量	(吨)	Removing Amount of Total Phosphorus	(ton)		24	112	61	81
污泥产生量	(吨)	Producing Amount of Sludge	(ton)	2817	17929	28490	64096	40514
污泥利用量	(吨)	Utilizing Amount of Sludge	(ton)			8150	720	561
污泥排放量	(吨)	Discharge Amount of Sludge	(ton)	2817	13799	8070		357
本年运行费用	(万元)	Running Expense in This Year	(10 000 yuan)	1500	1701	1973	4225	5007

主要统计指标解释

耕地面积 指经过开垦用以种植农作物并经常进行耕耘的土地面积。包括种有作物的土地面积、休闲地、新开荒地和抛荒未满三年的土地面积。

林业用地面积 指生长乔木、竹类、灌木、沿海红树林等林木的土地面积,包括有林地、灌木林、疏林地、未成林造林地、迹地、苗圃等。

草地面积 指牧区和农区用于放牧牲畜或割草,植被盖度在5%以上的草原、草坡、草山等面积。包括天然的和人工种植或改良的草地面积。

森林资源 指森林、林木、林地以及依托森林、林木、林地生存的野生动物、植物和微生物。林木指树木和竹子。森林指以乔木为主体的植物群落,是集生的乔木及与共同作用的植物、动物、微生物和土壤、气候等的总体。

森林面积 指由乔木树种构成,郁闭度0.2以上(含0.2)的林地或冠幅宽度10米以上的林带的面积,即有林地面积。森林面积包括天然起源和人工起源的针叶林面积、阔叶林面积、针阔混交林面积和竹林面积,不包括灌木林地面积和疏林地面积。

森林覆盖率 指一个国家或地区森林面积占土地总面积的百分比。森林覆盖率是反映森林资源的丰富程度和生态平衡状况的重要指标。在计算森林覆盖率时,森林面积包括郁闭度0.2以上的乔木林地面积和竹林地面积,国家特别规定的灌木林地面积、农田林网以及四旁(村旁、路旁、水旁、宅旁)林木的覆盖面积。

水资源总量 指评价区内降水形成的地表和地下产水总量,即地表产流量与降水入渗补给地下水量之和,不包括过境水量。

矿产资源 矿产资源指由地质作用形成的,具有利用价值的,呈固态、液态、气态的自然资源,是社会生产发展的重要物质基础。目前我国已发现矿种有170多种,按其特点和用途,可分为能源矿产(如煤炭、石油、天然气、地热)、金属矿产(如铁矿、锰矿、铜矿、铅矿、铝土矿)、非金属矿产(如金刚石、石灰岩、粘土)和水气矿产(如地下水、矿泉水、二氧化碳气)四大类。其中:金属矿产按其物质成份和性质又可分为:黑色金属矿产、有色金属矿产、贵金属矿产、稀有金属矿产、稀土金属矿产、分散元素金属矿产六类。

气温 指空气的温度,我国一般以摄氏度(℃)为单位表示。气象观测的温度表是放在离地面约1.5米处通风良好的百叶箱里测量的,因此,通常说的气温指的是离地面1.5米处百叶箱中的温度。

降水量 指从天空降落到地面的液态或固态(经融化后)水,未经蒸发、渗透、流失而在地面上积聚的深度。

日照时数 指太阳实际照射地面的时间。其统计方法与降水量相同。

工业废水排放量 指经过企业厂区所有排放口排到企业外部的工业废水量。包括生产废水、外排的直接冷却水、超标排放的矿井地下水和与工业废水混排的厂区生活污水,不包括外排的间接冷却水(清污不分流的间接冷却水应计算在内)。

工业废水排放达标量 指报告期内废水中各项污染物指标都达到国家或地方排放标准的外排工业废水量,包括未经处理外排达标的,经废水处理设施处理后达标排放的,以及经污水处理厂处理后达标排放的。

工业废气排放量 指报告期内企业厂区内燃料燃烧和生产工艺过程中产生的各种排入大气的含有污染物的气体的总量,以标准状态(273K,101325Pa)计算。测算公式为:

$$\text{工业废气排放量} = \text{燃料燃烧过程中废气排放量} + \text{生产工艺过程中废气排放量}$$

工业烟尘排放量 指企业厂区内燃料燃烧过程中产生的烟气中夹带的颗粒物排放量。

工业粉尘排放量 指企业在生产工艺过程中排放的能在空气中悬浮一定时间的固体颗粒物排放量。如钢铁企业的耐火材料粉尘、焦化企业的筛焦系统粉尘、烧结机的粉尘、石灰窑的粉尘、建材企业的水泥粉尘等。不包括电厂排入大气的烟尘。

Explanatory Notes on Main Statistical Indicators

Area of Cultivated Land refers to area of land reclaimed for the regular cultivation of various farm crops, including crop - cover land, fallow, newly reclaimed land and land laid idle for less than 3 years.

Area of Afforested Land refers to area for land for trees bamboo, bushes and mangrove, including forest - covered land, bush - covered land, sparse forest land, land planned for afforestation and nurseries of young trees.

Area of Grassland refers to area of grassland, grass - slopes and grass - covered hills with a vegetation - covering rate of over 5% that are used for animal husbandry or harvesting of grass. It includes natural, cultivated and improved grassland areas.

Forest Resource refers to forests, trees, forestland and wild animals, plants and microorganism that live on forest and trees. Trees include trees and bamboo. Forest refers to the population of clusters of trees and other plants, animals and microorganism as well as the earth and climate that have interactions with the trees.

Forest Area refers to the area of forest where trees and bamboo grow with canopy density above 0. 2, including land of natural woods and planted woods, but excluding bush land and thin forest land. It reflects the total areas of afforestation.

Forest Coverage Rate refers to the ratio of area of afforested land to total land area. It is a very important indicator that reflects the status of abundance of forest resource and balance of the ecosystem. Forest area includes the area of trees and bamboo grow with canopy density above 0. 2, the area of shrubby tree according to regulations of the government, the area of forest land inside farm land and the area of trees planted by the side of villages, farm houses and along roads and rivers.

Total Water Resources refers to total volume of water resources measured as run - off for surface water from rainfall and recharge for groundwater in a given area, excluding transit water.

Mineral Resources refer to useful minerals, with solid state, liquid state, gaseity, due to the geological process. Minerals are important natural resources, and important material base for social development. At present, there are more than 170 types of minerals discovered in China. They can be categorized into four groups: energy producing minerals (including coal, petroleum, natural gas and terrestrial heat), metallic minerals (including iron, manganese, copper, lead and bauxite), non metallic minerals (including diamond, limestone and clay), and water/gas related minerals (including ground water, mineral water and carbon dioxide). Metallic minerals can be further classified as ferrous, non - ferrous, noble metal, rare metal, rare earth metal and dispersed metals.

Temperature refers to the air temperature. China uses centigrade as the unit. The thermometry used for weather observation is put in a breezy shutter, which is 1. 5 meters high from the ground. Therefore, the commonly used temperature refers to the temperature in the breezy shutter 1. 5 meters away from the ground.

Volume of Precipitation refers to the deepness of liquid state or solid state (thawed) water falling from the sky to the ground that has not been evaporated, infiltrated or run off.

Sunshine Hours refer to the actual hours of sun irradiating the earth. The calculation method is the same as that of the precipitation.

Waste Water Discharged by Industry refers to the volume of waste water discharged by industrial enterprises through all their outlets, including waste water from production process, directly cooled water, groundwater from mining wells which does not meet discharge standards and sewage from households mixed with waste water produced by industrial activities, but excluding indirectly cooled water discharged (It should be included if the discharge is not separated from waste water).

Industrial Waste Water Meeting Discharge Standards refers to volume of industrial waste water discharge which, with or without treatment, reaches national or local standards with regard to all pollutants.

Industrial Waste Air Emission refers to the discharge into atmosphere of waste air containing pollutants generated from fuel burning and production processes in enterprises within a given period of time. It is calculated at standard status (273K, 101325Pa) as:

$$\text{Industrial waste air emission} = \text{emission through fuel burning} + \text{emission through production process}$$

Industrial Soot Emission refers to the volume of soot in smoke emitted in the process of fuel burning in the premises of enterprises.

Industrial Dust Emission refers to volume of dust emitted by production process of enterprises and suspended in the air for a given period of time, including dust from refractory material of iron and steel works, dust from coke - screening systems and sintering machines of coke plants, dust from lime kilns and dust from cement production in building material enterprises, but excluding soot and dust emitted from power plants.

人 口

Population

第4篇

CHAPTER 4

2010年各民族人口构成

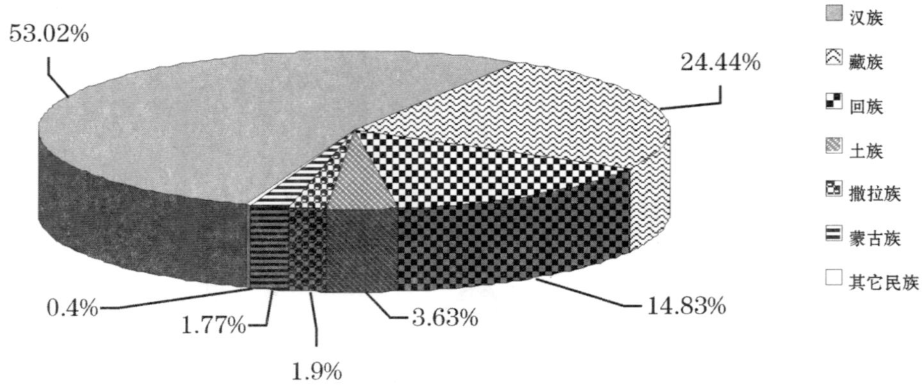

年末常住人口（万人）

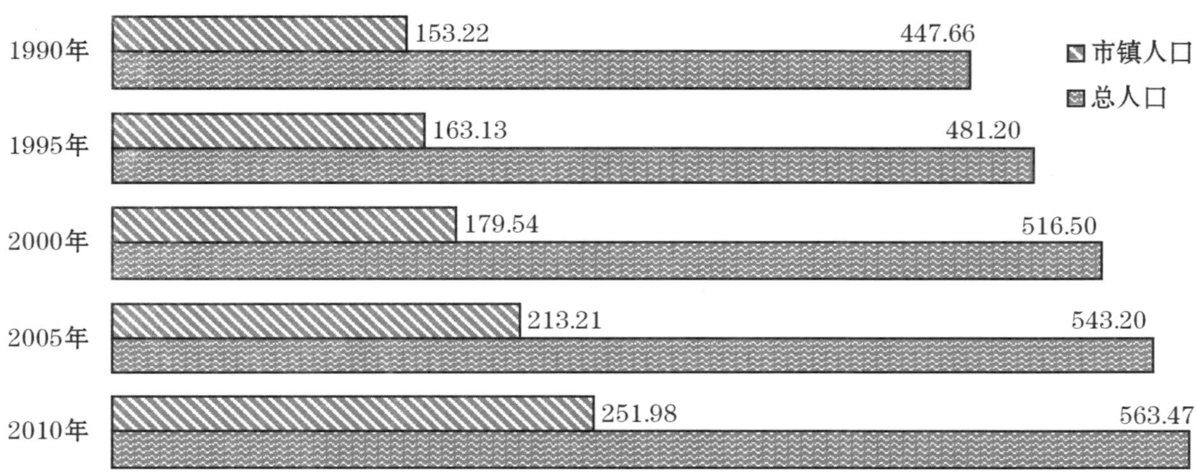

人口自然变动情况

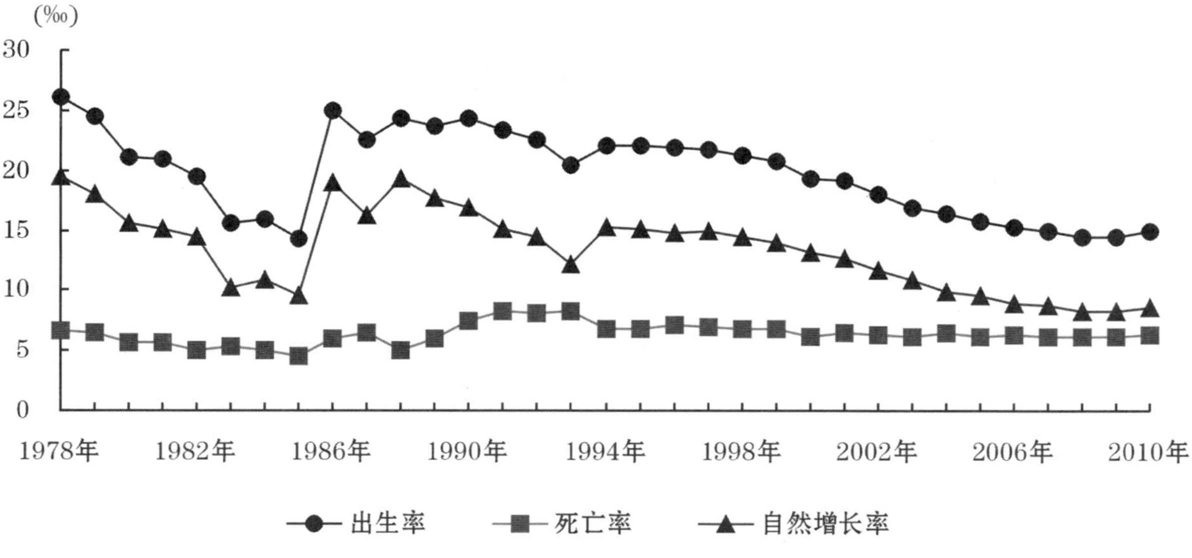

4-1 主要年份常住人口及自然变动情况

Population and Natural Changes in Main Years

年份 Year	常住人口（万人） Total Population (10 000 persons)	自然变动情况 Changes in the natural					
		出生 Births		死亡 Deaths		自然增加 Natural Growth	
		人数（人） Population (person)	出生率 Birth Rate (‰)	人数（人） Population (person)	死亡率 Death Rate (‰)	人数（人） Population (person)	自然增长率 Natural Growth Rate (‰)
1952	161.38	48052	30.25	22207	13.98	25845	16.27
1954	173.24	74469	44.16	22427	13.30	52042	30.86
1957	204.64	65094	32.20	21037	10.40	44057	21.78
1965	230.45	109596	48.72	20371	9.06	89225	39.66
1970	282.73	111111	40.06	20863	7.52	90248	32.54
1975	337.49	106448	31.95	27457	8.24	78991	23.71
1978	364.86	94353	26.15	24030	6.66	70322	19.49
1980	376.90	79167	21.14	21015	5.61	58152	15.53
1985	407.38	57471	14.24	18533	4.58	38938	9.63
1990	447.66	108052	24.34	33162	7.47	74890	16.87
1991	454.43	105409	23.37	37662	8.35	67747	15.02
1992	461.02	103171	22.54	37259	8.14	65912	14.40
1993	466.70	95091	20.50	38315	8.26	56776	12.24
1994	474.00	103759	22.06	32078	6.82	71681	15.24
1995	481.20	105000	22.01	33000	6.89	72000	15.12
1996	488.30	106000	21.89	35000	7.20	71000	14.69
1997	495.60	107000	21.80	34000	6.95	73000	14.85
1998	502.80	106130	21.25	33850	6.78	72280	14.48
1999	509.80	104703	20.63	34327	6.78	70376	13.90
2000	516.50	98781	19.25	31559	6.15	67222	13.10
2001	523.10	99074	19.06	33475	6.44	65599	12.62
2002	528.60	94916	18.05	33391	6.35	61525	11.70
2003	533.80	89985	16.94	32350	6.09	57635	10.85
2004	538.60	87508	16.32	34585	6.45	52923	9.87
2005	543.20	84921	15.70	33590	6.21	51331	9.49
2006	547.70	83127	15.24	34200	6.27	48927	8.97
2007	551.60	82063	14.93	33694	6.13	48369	8.80
2008	554.30	80122	14.49	33951	6.14	46171	8.35
2009	557.30	80647	14.51	34404	6.19	46243	8.32
2010	563.47	83721	14.94	35360	6.31	48361	8.63

4-2 主要年份人口变化情况
Changes of Population in Main Years

单位：万人 (10 000 persons)

年 份 Year	年末常住人口 Total Population (Year-end)	按性别分 By Sex		按城乡分 By Residence		按农业、非农业分 By Agricultural or Non-agricultural	
		男 Male	女 Female	市镇人口 Urban	乡村人口 Rural	农业人口 Agricultural Population	非农业人口 Non-agricultural Population
1952	161.38	81.82	79.56	8.38	153.00	145.08	16.30
1978	364.86	189.30	175.56	67.84	297.02	277.40	87.46
1979	372.02	192.25	179.77	71.06	300.96	279.70	92.32
1980	376.90	194.18	182.72	74.71	302.19	280.38	96.52
1981	381.60	196.62	184.98	76.78	304.82	284.12	97.48
1982	392.79	201.92	190.87	79.82	312.97	294.39	98.40
1983	392.57	201.64	190.93	77.25	315.32	292.96	99.61
1984	401.61	205.98	195.63	128.63	272.98	294.20	107.41
1985	407.38	208.43	198.95	137.75	269.63	291.24	116.14
1986	421.12	216.26	204.86	140.75	280.37	298.90	122.22
1987	427.90	219.16	208.74	143.00	284.90	303.50	124.40
1988	434.20	222.18	212.02	146.86	287.34	307.93	126.27
1989	440.20	225.27	214.93	150.69	289.51	313.46	126.74
1990	447.66	229.36	218.30	153.22	294.44	321.19	126.47
1991	454.43	232.80	221.63	155.11	299.32	329.76	124.67
1992	461.02	235.95	225.07	157.34	303.68	334.57	126.45
1993	466.70	238.95	227.75	158.04	308.66	341.70	125.00
1994	474.00	242.74	231.26	160.90	313.10	347.61	126.39
1995	481.20	246.37	234.83	163.13	318.07	352.72	128.48
1996	488.30	250.01	238.29	166.93	321.37	357.88	130.42
1997	495.60	252.76	242.84	171.94	323.66	363.81	131.79
1998	502.80	252.13	250.67	174.18	328.62	369.43	133.37
1999	509.80	259.29	250.51	176.33	333.47	374.57	135.23
2000	516.50	267.03	249.47	179.54	336.96	379.47	137.03
2001	523.10	266.09	257.01	190.00	333.10	382.91	140.19
2002	528.60	271.12	257.48	199.16	329.44	385.09	143.51
2003	533.80	272.33	261.47	203.80	330.00	387.06	146.74
2004	538.60	276.43	262.17	207.51	331.09	389.30	149.30
2005	543.20	277.58	265.62	213.21	329.99	391.76	151.44
2006	547.70	278.52	269.18	215.02	332.68	393.30	154.40
2007	551.60	279.50	272.10	221.02	330.58	395.83	155.77
2008	554.30	279.33	274.97	226.49	327.81	396.93	157.37
2009	557.30	280.26	277.04	233.51	323.79	399.08	158.22
2010	563.47	291.79	271.68	251.98	311.49	397.58	165.89

注：1990年以前数据为公安户籍统计数，其余年份数据为人口变动抽样调查推算数。1990、2000年数据根据人口普查数据进行了调整，
a)Data before 1990 were taken from the statistics of household registration.Data in the remaining years have been estimated on the basis of the annual national sample surveys on population changes. Data in 1990、2000 were adjusted on the basis of National Population Census.

4—3 主要年份人口机械变动情况

Mechanical Changes of Popualtion in Main Years

单位：人、%　　　　(person，%)

年　份 Year	迁　入 Move Into		迁　出 Move Out		机 械 增 加 Machinery to Increase	
	人　数 Population	迁入率 Move Into Rate	人　数 Population	迁出率 Move Out Rate	人　数 Population	增长率 Growth Rate
1952	57027	3.59	32270	2.03	24757	1.56
1955	47126	2.62	37611	2.09	9515	0.53
1957	79101	3.91	75298	3.72	3803	0.19
1965	132814	5.90	115107	5.12	17707	0.79
1970	151266	5.45	130879	4.72	20387	0.74
1975	102755	3.08	95082	2.85	7673	0.23
1978	105991	2.94	95264	2.64	10727	0.30
1980	121385	3.24	124151	3.32	-2766	-0.07
1985	52358	1.29	33172	0.82	19186	0.47
1986	24530	0.59	27113	0.65	-2583	-0.06
1987	17493	0.41	26730	0.63	-9237	-0.22
1988	13204	0.31	33330	0.77	-20126	-0.46
1989	11910	0.27	27357	0.63	-15447	-0.36
1990	10306	0.23	24491	0.55	-14185	-0.32
1991	11201	0.25	26295	0.58	-15094	-0.33
1992	12040	0.27	27665	0.62	-15626	-0.35
1993	10824	0.23	25059	0.54	-14235	-0.31
1994	10871	0.24	19464	0.43	-8593	-0.19
1995	11439	0.25	17156	0.38	-5717	-0.13
1996	11209	0.24	17219	0.37	-6010	-0.13
1997	11043	0.24	14550	0.31	-3507	-0.08
1998	7687	0.16	12734	0.27	-5047	-0.11
1999	6872	0.15	12057	0.26	-5185	-0.11
2000	8749	0.17	17782	0.35	-9033	-0.18
2001	9789	0.19	20231	0.39	-10442	-0.20
2002	10601	0.22	19534	0.40	-8933	-0.18
2003	13736	0.28	22527	0.46	-8791	-0.18
2004	15809	0.32	22652	0.46	-6843	-0.14
2005	18097	0.36	26365	0.53	-8268	-0.17
2006	21875	0.43	24261	0.48	-2386	-0.05
2007	27418	0.53	25435	0.49	1983	0.04
2008	27365	0.52	25086	0.48	2279	0.04
2009	28328	0.51	25753	0.46	2575	0.05
2010	27719	0.49	23305	0.42	4414	0.07

注：1.本表数据系省公安厅年报数据。
2.1985年以后的迁入迁出人口均为省际间迁入迁出。
3.1952年数据根据《中国财经出版社》出版的《中国人口·青海分册》的有关资料推算。

a) Date in this table are Annual Report data of Qinghai Provincial Public Security Department.
b)After the year of 1985,the population of move into and move out have been the population of provincial move into and move out.
c)1952 data were estimated based on "China's population in Qinghai branch" published in China Financial Publishing House.

4-4 分地区户籍统计人口数及变动情况(2010年)

单位：户、人

地 区	Region	年末数 The Number of The Year-end					
		总户数 Total Number of Households	总人口 The Total Population			总人口中 In The Total Population	
			合计 Total	男 Male	女 Female	非农业人口 Non-agricultural Population	未落常住户口的人员 Non-resident Accounts Staff
全省	**Provincial Total**	**1618491**	**5499718**	**2798026**	**2701692**	**1654812**	**10951**
西宁市	**Xining City**	**571012**	**1960060**	**992941**	**967119**	**912581**	**1068**
城东区	Chengdong District	75671	248652	124713	123939	215005	
城中区	Chengzhong District	74394	230836	113969	116867	190824	
城西区	Chengxi District	63385	210001	102793	107208	190968	
城北区	Chengbei District	66234	213365	107425	105940	152446	
大通县	Datong Hui & Tu County	119209	452987	233002	219985	93061	534
湟中县	Huangzhong County	131565	467386	240903	226483	38777	
湟源县	Huangyuan County	40554	136833	70136	66697	31500	534
海东地区	**Haidong Prefecture**	**444922**	**1617835**	**830235**	**787600**	**202340**	**274**
平安县	Ping'an County	39512	121766	61470	60296	36837	120
民和县	Minhe Hai & Tu County	104497	413999	213596	200403	42649	
乐都县	Ledu County	88995	282448	144995	137453	48568	154
互助县	Huzhu Tu County	104936	382686	200647	182039	34723	
化隆县	Hualong Hui County	70234	276056	138945	137111	24532	
循化县	Xunhua Salar A.C.	36748	140880	70582	70298	15031	
海北州	**Haibei Zang A.P**	**80327**	**283230**	**144032**	**139198**	**68255**	**3**
门源县	Menyuan Hui County	38970	155207	79477	75730	26172	
祁连县	Qilian County	15578	49259	24514	24745	12986	
海晏县	Haiyan County	11538	35008	17797	17211	15236	3
刚察县	Gangcha County	14241	43756	22244	21512	13861	
黄南州	**Huangnan Zang A.P**	**77758**	**254033**	**127142**	**126891**	**50402**	**1228**
同仁县	Tongren County	28477	90473	45004	45469	25035	
尖扎县	Jianzha County	18781	57278	28661	28617	12421	
泽库县	Zeku County	19929	69433	34895	34538	7037	50
河南县	Henan Mongolian A.C.	10571	36849	18582	18267	5909	1178

注：本表数据系省公安厅年报数。

Household Registration Statistics and Changes in Population by Region (2010)

(household，person)

年内人口变动 Demographic Changes During The Year					
出生 Birth	死亡 Death	迁入 Move Into		迁出 Move Out	
		省内 Within the Province	省外 Outside the Province	省内 Within the Province	省外 Outside the Province
136912	**60395**	**38297**	**27719**	**46750**	**23305**
25034	**13868**	**8361**	**16637**	**6244**	**12473**
1574	1451	2185	5910	1302	1856
1994	1480	1509	2177	877	2118
1609	1065	1746	2767	1369	2240
1897	1426	1239	2560	1109	2138
8276	3824	595	1009	682	1257
8205	3563	830	1511	702	1761
1479	1059	257	703	203	1103
36257	**19129**	**8380**	**4243**	**19746**	**5334**
2118	912	391	463	1055	789
9251	2785	663	492	2064	1195
3362	6826	3785	1301	7612	1450
6033	5629	576	1225	5655	1256
10532	1941	1153	190	1989	212
4961	1036	1812	572	1371	432
7020	**4653**	**4072**	**866**	**3359**	**810**
4344	3030	2242	396	1539	459
1114	640	474	215	563	112
421	324	457	128	474	125
1141	659	899	127	783	114
9717	**2885**	**1764**	**451**	**1387**	**498**
3869	934	639	248	463	137
1512	475	298	73	379	215
2782	913	695	19	403	55
1554	563	132	111	142	91

a) Data in this table are Annual Report data of Qinghai Provincial Public Security Department.

4-4 续表

单位：户、人

地区	Region	总户数 Total Number of Households	总人口 The Total Population 合计 Total	男 Male	女 Female	总人口中 In The Total Population 非农业人口 Non-agricultural Population	未落常住户口人员 Non-resident Accounts Staff
海南州	**Hainan Zang A.P**	**142158**	**446849**	**225409**	**221440**	**101352**	**18**
共和县	Gonghe County	40138	130622	65972	64650	44164	
同德县	Tongde County	15870	58563	29468	29095	10717	18
贵德县	Guide County	34659	108748	54598	54150	18700	
兴海县	Xinghai County	30331	73114	37525	35589	10138	
贵南县	Guinan County	21160	75802	37846	37956	17633	
果洛州	**Golog Zang A.P**	**52288**	**173541**	**88031**	**85510**	**30420**	**1048**
玛沁县	Maqin County	14746	46503	23612	22891	14065	533
班玛县	Banma County	7294	26074	13251	12823	4387	72
甘德县	Gande County	9373	32888	16809	16079	2865	407
达日县	Dari County	10114	31039	15688	15351	3682	14
久治县	Jiuzhi County	5753	23411	11681	11730	2352	
玛多县	Maduo County	5008	13626	6990	6636	3069	22
玉树州	**Yushu Zang A.P**	**106904**	**373427**	**189677**	**183750**	**51128**	**5121**
玉树县	Yushu County	30795	99716	49755	49961	22741	
杂多县	Zaduo County	12388	57306	28773	28533	5635	
称多县	Chengduo County	19291	56168	30935	25233	5100	2806
治多县	Zhiduo County	10049	31433	15799	15634	4642	162
囊谦县	Nangqian County	24420	98295	49046	49249	8988	1374
曲麻莱县	Qumalai County	9961	30509	15369	15140	4022	779
海西州	**Haixi Mongolian & Zang A.P**	**143122**	**390743**	**200559**	**190184**	**238334**	**2191**
格尔木市	Geermu City	47332	123137	63480	59657	97405	
德令哈市	Delingha City	25839	73331	37714	35617	43291	
乌兰县	Wulan County	40304	101913	52238	49675	78302	46
都兰县	Dulan County	22793	71633	36758	34875	12944	2145
天峻县	Tianjun County	6854	20729	10369	10360	6392	

Continued

(household, person)

年内人口变动 Demographic Changes During The Year					
出生 Birth	死亡 Death	迁入 Move Into		迁出 Move Out	
		省内 Within the Province	省外 Outside the Province	省内 Within the Province	省外 Outside the Province
13521	**5586**	**8190**	**1456**	**10262**	**960**
2262	1164	2585	424	7764	445
1684	515	992	89	409	36
3826	2084	2023	786	965	348
3704	618	2195	68	431	41
2045	1205	395	89	693	90
5824	**3056**	**837**	**165**	**1067**	**139**
1379	267	315	66	377	58
826	156	125	36	299	13
742	594	125	29	70	8
1390	1353	132	16	175	20
1087	497	65	8	64	24
400	189	75	10	82	16
34769	**8672**	**913**	**104**	**618**	**85**
5715	1580	266	39	42	34
5181	1063	95	30	35	3
2010	4467	66			
588	200	189	17	261	5
19877	914	238	2	223	34
1398	448	59	16	57	3
4770	**2546**	**5780**	**3797**	**4067**	**3006**
1479	512	2215	1919	1228	1469
755	381	1899	485	973	384
970	731	973	1228	1370	929
1092	752	479	130	437	200
474	170	214	35	59	24

4-5 主要年份少数民族人口数

Population of Ethnic Minorities in Main Years

单位:人、% (person、%)

民 族	Ethnic Name	1982	1990	2000	2005	2006	2007	2008	2009	2010
少数民族人口总计	Total Population of Ethnic Minorities	1535780	1885100	2350592	2516102	2544176	2569573	2589690	2610951	2646954
占全省人口的比重	Percentage to Total Population of The Province	39.50	42.10	45.50	46.32	46.45	46.58	46.72	46.85	46.98
藏 族	Tibetan	753897	915900	1130618	1192867	1229915	1266032	1299834	1334176	1377012
占全省人口的比重	Percentage to Total Population of The Province	19.40	20.40	21.89	21.96	22.46	22.95	23.45	23.94	24.44
回 族	Hui	533859	641700	820719	864231	859560	853766.5	845862	838737	835481
占全省人口的比重	Percentage to Total Population of The Province	13.70	14.30	15.89	15.91	15.69	15.48	15.26	15.05	14.83
土 族	Tu	129194	163800	198852	224885	221161	217110	212297	207873	204703
占全省人口的比重	Percentage to Total Population of The Province	3.30	3.60	3.85	4.14	4.04	3.94	3.83	3.73	3.63
撒拉族	Salar	60981	77300	95553	119504	117208	114733	111969	109231	107241
占全省人口的比重	Percentage to Total Population of The Province	1.60	1.70	1.85	2.20	2.14	2.08	2.02	1.96	1.90
蒙古族	Mongolian	50454	71800	88322	95060	96067	96971	97557	98642	99956
占全省人口的比重	Percentage to Total Population of The Province	1.30	1.60	1.71	1.75	1.75	1.76	1.76	1.77	1.77
其它民族	Others	7395	14600	16528	19555	20155	20740	21063	21735	22561
占全省人口的比重	Percentage to Total Population of The Province	0.20	0.30	0.32	0.36	0.37	0.38	0.38	0.39	0.40

注:2000年是第五次人口普查数据，2005年是1%人口抽样调查数，2006年—2009年数据根据第六次人口普查数据进行了调整，

a):Data in 2000 were from the fifth national census.Data in 2005 were the data of 1% population sample survey. Data in 2006- 2009 are estimated from the Sixth National Population Census.

4-6 人口计划生育情况(2010年)

Family Planning (2010)

单位：人、%　　　　　　　　　　　　　　　　　　　　　　　　　　　　　　　　　　　　(person，%)

指　标	Item	合　计 Total	西宁市 Xining City	海东地区 Haidong Prefecture	海北州 Haibei Zang A.P	黄南州 Huangnan Zang A.P	海南州 Hainan Zang A.P	果洛州 Golog Zang A.P	玉树州 Yushu Zang A.P	海西州 Haixi Mongolian & Zang A.P
计划生育率	Family Planning Rate	97.91	97.98	98.52	96.78	98.74	98.12	96.68	96.04	97.76
领取独生子女证的人数	The Number of People Receiving one-child certificate	112621	54472	17708	6515	3385	5987	2349	3047	19158
期末已婚育龄妇女人数	The Number of Married Women of Childbearing Age at the End of the Period	1171151	423627	327045	65687	53812	98264	33982	60202	108532
采取各种节育措施人数	The Number of People Taken Birth Control Measures	994173	364559	281752	57387	42887	79707	27097	47158	93626
男性绝育	Male Sterilization	1073	482	293	10	4	17	5	1	261
女性绝育	Female Sterilization	409609	153080	159704	34271	8932	16852	8210	2752	25808
放置宫内节育器	IUD Placement	481738	187807	110905	19380	29751	51200	8217	29464	45014
皮下埋植	Subcutaneous Implants	5116	741	925	555	195	1258	539	78	825
口服及注射避孕药	Oral and Injectied Contraceptives	39573	5966	6237	977	2358	5819	6641	5850	5725
避孕套	Condoms	50200	16088	3434	1505	1500	3256	2972	6570	14875
外用药	External Medicine	5791	395	253	490	101	936	513	2406	697
其他	Others	1073		1	199	46	369		37	421
节育率	Birth Control Rate	84.89	86.06	86.15	87.36	79.70	81.12	79.74	78.33	86.27

注：本表数据系省人口与计划生育委员会年报数据。

a) Data in this table are Annual Report data of the Department of Provincial Population and Family Planning Commission.

4-7 第六次人口普查分地区常住人口和性别比

Resident Population and Sex Ratio by Region in the Sixth National Population Census

地区	Region	常住人口(人)			占常住人口比重(%)		性别比 (女=100)
		合计 Total	男 Male	女 Female	男 Male	女 Female	Sex Ratio (Female=100)
全省	**Provincial Total**	**5626722**	**2913791**	**2712931**	**51.78**	**48.22**	**107.40**
西宁市	**Xining City**	**2208708**	**1136779**	**1071929**	**51.47**	**48.53**	**106.05**
城东区	Chengdong District	359688	186721	172967	51.91	48.09	107.95
城中区	Chengzhong District	296987	149025	147962	50.18	49.82	100.72
城西区	Chengxi District	242627	123629	118998	50.95	49.05	103.89
城北区	Chengbei District	299002	155066	143936	51.86	48.14	107.73
大通县	Datong Hui & Tu County	435937	223746	212191	51.33	48.67	105.45
湟中县	Huangzhong County	437835	228532	209303	52.20	47.80	109.19
湟源县	Huangyuan County	136632	70060	66572	51.28	48.72	105.24
海东地区	**Haidong Prefecture**	**1396846**	**717020**	**679826**	**51.33**	**48.67**	**105.47**
平安县	Ping'an County	102975	52454	50521	50.94	49.06	103.83
民和县	Minhe Hai & Tu County	350118	181138	168980	51.74	48.26	107.19
乐都县	Ledu County	260185	133143	127042	51.17	48.83	104.80
互助县	Huzhu Tu County	356437	185777	170660	52.12	47.88	108.86
化隆县	Hualong Hui County	203317	102123	101194	50.23	49.77	100.92
循化县	Xunhua Salar A.C.	123814	62385	61429	50.39	49.61	101.56
海北州	**Haibei Zang A.P**	**273304**	**141316**	**131988**	**51.71**	**48.29**	**107.07**
门源县	Menyuan Hui County	147710	76439	71271	51.75	48.25	107.25
祁连县	Qilian County	46473	23869	22604	51.36	48.64	105.60
海晏县	Haiyan County	37788	19227	18561	50.88	49.12	103.59
刚察县	Gangcha County	41333	21781	19552	52.70	47.30	111.40
黄南州	**Huangnan Zang A.P**	**256716**	**130194**	**126522**	**50.72**	**49.28**	**102.90**
同仁县	Tongren County	92601	47207	45394	50.98	49.02	103.99
尖扎县	Jianzha County	55325	27825	27500	50.29	49.71	101.18
泽库县	Zeku County	69416	35038	34378	50.48	49.52	101.92
河南县	Henan Mongolian A.C.	39374	20124	19250	51.11	48.89	104.54

4-7 续表

Continued

单位:人、%

地区		常住人口 Resident Population			占常住人口比重 Percentage to Resident Population		性别比 (女=100) Sex Ratio
		合计 Total	男 Male	女 Female	男 Male	女 Female	Female=100
海南州	**Hainan Zang A.P**	**441689**	**225963**	**215726**	**51.16**	**48.84**	**104.75**
共和县	Gonghe County	122966	62675	60291	50.97	49.03	103.95
同德县	Tongde County	64367	33243	31124	51.65	48.35	106.81
贵德县	Guide County	101771	51849	49922	50.95	49.05	103.86
兴海县	Xinghai County	76025	39427	36598	51.86	48.14	107.73
贵南县	Guinan County	76560	38769	37791	50.64	49.36	102.59
果洛州	**Golog Zang A.P**	**181682**	**95385**	**86297**	**52.50**	**47.50**	**110.53**
玛沁县	Maqin County	51245	27439	23806	53.54	46.46	115.26
班玛县	Banma County	27185	14138	13047	52.01	47.99	108.36
甘德县	Gande County	34840	18282	16558	52.47	47.53	110.41
达日县	Dari County	30995	16109	14886	51.97	48.03	108.22
久治县	Jiuzhi County	26081	13485	12596	51.70	48.30	107.06
玛多县	Maduo County	11336	5932	5404	52.33	47.67	109.77
玉树州	**Yushu Zang A.P**	**378439**	**194762**	**183677**	**51.46**	**48.54**	**106.04**
玉树县	Yushu County	120447	62085	58362	51.55	48.45	106.38
杂多县	Zaduo County	58268	29714	28554	51.00	49.00	104.06
称多县	Chengduo County	55619	28988	26631	52.12	47.88	108.85
治多县	Zhiduo County	30037	15118	14919	50.33	49.67	101.33
囊谦县	Nangqian County	85325	44307	41518	51.62	48.38	106.72
曲麻莱县	Qumalai County	28243	14550	13693	51.52	48.48	106.26
海西州	**Haixi Mongolian & Zang A.P**	**489338**	**272372**	**216966**	**55.66**	**44.34**	**125.54**
格尔木市	Geermu City	215213	117950	97263	54.81	45.19	121.27
德令哈市	Delingha City	78184	41427	36757	52.99	47.01	112.71
乌兰县	Wulan County	38273	21683	16590	56.65	43.35	130.70
都兰县	Dulan County	76623	41265	35358	53.85	46.15	116.71
天峻县	Tianjun County	33923	20897	13026	61.60	38.40	160.43
大柴旦行委	Dachaidan Executive Council	13671	9523	4148	69.66	30.34	229.58
冷湖行委	Lenghu Executive Council	2434	1743	691	71.61	28.39	252.24
茫崖行委	Mang'ai Executive Council	31017	17884	13133	57.66	42.34	136.18

4-8 第六次人口普查分地区家庭户、集体户人数和户规模

Population and Household Size of Family Household and Collective Household by Region in the Sixth National Population Census

地区	Region	常住人口(人) Resident Population	家庭户 Family Household		集体户人口数(人) Collective Household Popualtion (person)	家庭户人口占总人口比重(%) Family Household to Total Population	平均家庭户规模(人/户) Average Family Size (person/household)
			户数(户) Number (household)	人口数(人) Popualtion (person)			
全省	Total	5626722	1529040	5284525	342197	93.92	3.46
西宁市	Xining City	2208708	646837	2050905	157803	92.86	3.17
海东地区	Haidong Prefecture	1396846	346534	1346899	49947	96.42	3.89
海 北 州	Haibei Zang A.P	273304	74354	262316	10988	95.98	3.53
黄 南 州	Huangnan Zang A.P	256716	62950	243593	13123	94.89	3.87
海 南 州	Hainan Zang A.P	441689	115358	424787	16902	96.17	3.68
果 洛 州	Golog Zang A.P	181682	51383	173834	7848	95.68	3.38
玉 树 州	Yushu Zang A.P	378439	92091	367121	11318	97.01	3.99
海 西 州	Haixi Mongolian & Zang A.P	489338	139533	415070	74268	84.82	2.97

4-9 第六次人口普查分地区人口密度

Population Density by Region in the Sixth National Population Census

地 区	Agion	常住人口(人) Resident Population (person)	比重(%) Percentage (%)	人口密度(人/平方公里) Population Density (person/sq.km)
全省	Total	5626722	100.00	7.87
西宁市	Xining City	2208708	39.25	295.60
海东地区	Haidong Prefecture	1396846	24.82	106.14
海北州	Haibei Zang A.P	273304	4.86	6.94
黄南州	Huangnan Zang A.P	256716	4.56	14.32
海南州	Hainan Zang A.P	441689	7.85	9.62
果洛州	Golog Zang A.P	181682	3.23	2.38
玉树州	Yushu Zang A.P	378439	6.73	2.00
海西州	Haixi Mongolian & Zang A.P	489338	8.70	1.50

4—10 第六次人口普查分地区年龄构成

Age Composition by Region in the Sixth National Population Census

单位：人，%　　　　(person, %)

地区	Agaion	常住人口 Reisident Population	年龄构成 Age Composition 0—14岁 Aged 0-14	15—64岁 Aged 15-64	65岁及以上 Aged 65 and over	占常住人口比重 Percentage to Reisident Population 0—14岁 Aged 0-14	15—64岁 Aged 15-64	65岁及以上 Aged 65 and over
全省	Total	5626722	1177107	4094933	354682	20.92	72.78	6.30
西宁市	Xining City	2208708	375318	1667262	166128	16.99	75.49	7.52
海东地区	Haidong Prefecture	1396846	305939	999083	91824	21.90	71.52	6.57
海北州	Haibei Zang A.P	273304	60151	199494	13659	22.01	72.99	5.00
黄南州	Huangnan Zang A.P	256716	67071	174658	14987	26.13	68.04	5.84
海南州	Hainan Zang A.P	441689	109262	309217	23210	24.74	70.01	5.25
果洛州	Golog Zang A.P	181682	51127	121751	8804	28.14	67.01	4.85
玉树州	Yushu Zang A.P	378439	120574	238453	19412	31.86	63.01	5.13
海西州	Haixi Mongolian & Zang A.P	489338	87665	385015	16658	17.91	78.68	3.40

4—11 第六次人口普查分地区民族构成

Ethnic Composition by Region in the Sixth National Population Census

单位：人，%　　　　(person, %)

地区		常住人口（人） Resident Population (person)	汉族 Han 人口数 Population	占常住人口比重 Percentage to Resident Population	少数民族 Ethnic Minorities 人口数 Population	占常住人口比重 Percentage to Resident Population
全省	Total	5626722	2983516	53.02	2643206	46.98
西宁市	Xining City	2208708	1635217	74.04	573491	25.96
海东地区	Haidong Prefecture	1396846	778305	55.72	618541	44.28
海北州	Haibei Zang A.P	273304	98068	35.88	175236	64.12
黄南州	Huangnan Zang A.P	256716	15617	6.08	241099	93.92
海南州	Hainan Zang A.P	441689	109694	24.84	331995	75.16
果洛州	Golog Zang A.P	181682	11934	6.57	169748	93.43
玉树州	Yushu Zang A.P	378439	11685	3.09	366754	96.91
海西州	Haixi Mongolian & Zang A.P	489338	322996	66.01	166342	33.99

4–12 第六次人口普查分地区城镇化率

Urbanization by Region in the Sixth National Population Census

单位：人、%　　(person, %)

地 区	Region	城镇人口 Urban	乡村人口 Rural	城镇化率 Urbanization
全省	**Provincial Total**	**2516258**	**3110464**	**44.72**
西宁市	**Xining City**	**1406894**	**801814**	**63.7**
城东区	Chengdong District	354869	4819	98.66
城中区	Chengzhong District	283612	13375	95.5
城西区	Chengxi District	242113	514	99.79
城北区	Chengbei District	272823	26179	91.24
大通县	Datong Hui & Tu County	144484	291453	33.14
湟中县	Huangzhong County	73792	364043	16.85
湟源县	Huangyuan County	35201	101431	25.76
海东地区	**Haidong Prefecture**	**318918**	**1077928**	**22.83**
平安县	Ping'an County	50494	52481	49.04
民和县	Minhe Hai & Tu County	80600	269518	23.02
乐都县	Ledu County	69942	190243	26.88
互助县	Huzhu Tu County	57489	298948	16.13
化隆县	Hualong Hui County	39212	164105	19.29
循化县	Xunhua Salar A.C.	21181	102633	17.11
海北州	**Haibei Zang A.P**	**89597**	**183707**	**32.78**
门源县	Menyuan Hui County	36727	110983	24.86
祁连县	Qilian County	20652	25821	44.44
海晏县	Haiyan County	20910	16878	55.34
刚察县	Gangcha County	11308	30025	27.36
黄南州	**Huangnan Zang A.P**	**65960**	**190756**	**25.69**
同仁县	Tongren County	28829	63772	31.13
尖扎县	Jianzha County	16114	39211	29.13
泽库县	Zeku County	10164	59252	14.64
河南县	Henan Mongolian A.C.	10853	28521	27.56

4-12 续表

Continued

单位：人、% (person, %)

地 区	Region	城镇人口 Urban	乡村人口 Rural	城镇化率 Urbanization
海南州	**Hainan Zang A.P**	**125742**	**315947**	**28.47**
共和县	Gonghe County	45519	77447	37.02
同德县	Tongde County	15644	48723	24.3
贵德县	Guide County	27210	74561	26.74
兴海县	Xinghai County	19774	56251	26.01
贵南县	Guinan County	17595	58965	22.98
果洛州	**Golog Zang A.P**	**44920**	**136762**	**24.72**
玛沁县	Maqin County	24100	27145	47.03
班玛县	Banma County	4370	22815	16.08
甘德县	Gande County	3840	31000	11.02
达日县	Dari County	6593	24402	21.27
久治县	Jiuzhi County	2859	23222	10.96
玛多县	Maduo County	3158	8178	27.86
玉树州	**Yushu Zang A.P**	**121521**	**256918**	**32.11**
玉树县	Yushu County	56802	63645	47.16
杂多县	Zaduo County	20671	37597	35.48
称多县	Chengduo County	4644	50975	8.35
治多县	Zhiduo County	12293	17744	40.93
囊谦县	Nangqian County	18358	67467	21.39
曲麻莱县	Qumalai County	8753	19490	30.99
海西州	**Haixi Mongolian & Zang A.P**	**342706**	**146632**	**70.03**
格尔木市	Geermu City	186341	28872	86.58
德令哈市	Delingha City	54844	23340	70.15
乌兰县	Wulan County	17944	20329	46.88
都兰县	Dulan County	25851	50772	33.74
天峻县	Tianjun County	15610	18313	46.02
大柴旦镇	Dachaidan Executive Council	8676	4995	63.46
冷湖镇	Lenghu Executive Council	2434		100
茫崖地区	Mang'ai Executive Council	31006	11	99.96

4-13 第六次人口普查分地区各种受教育程度人口

Population by Region, Educational Attainment in the Sixth National Population Census

单位：人 (person)

地区		小学 Primary School	初中 Junior Secondary School	高中 Senior Secondary School	大专及以上 College and Higher Level
全省	Total	**1984287**	**1427738**	**586714**	**484794**
每万人拥有	Every Million People Have	3527	2537	1043	862
西宁市	Xining City	644619	733269	316536	286285
每万人拥有	Every Million People Have	2919	3320	1433	1296
海东地区	Haidong Prefecture	506748	352661	117159	66059
每万人拥有	Every Million People Have	3628	2525	839	473
海北州	Haibei Zang A.P	130124	57321	20611	16730
每万人拥有	Every Million People Have	4761	2097	754	612
黄南州	Huangnan Zang A.P	113687	25137	14166	14341
每万人拥有	Every Million People Have	4429	979	552	559
海南州	Hainan Zang A.P	195070	69350	27824	22526
每万人拥有	Every Million People Have	4416	1570	630	510
果洛州	Golog Zang A.P	88457	18721	6012	10354
每万人拥有	Every Million People Have	4869	1030	331	570
玉树州	Yushu Zang A.P	152966	27456	10259	12520
每万人拥有	Every Million People Have	4042	726	271	331
海西州	Haixi Mongolian & Zang A.P	152616	143823	74147	55979
每万人拥有	Every Million People Have	3119	2939	1515	1144

4-14 第六次人口普查分地区15岁及以上文盲人口
Illiterate Population Aged 15 and Over by Region in the Sixth National Population Census

单位：人，% (person,%)

地区		常住人口 Resident Population	文盲人口 Illiteiate Population	文盲率 Illiterate Rate
全省	Total	5626722	575773	10.23
西宁市	Xining City	2208708	75978	3.44
海东地区	Haidong Prefecture	1396846	223072	15.97
海北州	Haibei Zang A.P	273304	24250	8.87
黄南州	Huangnan Zang A.P	256716	57420	22.37
海南州	Hainan Zang A.P	441689	77092	17.45
果洛州	Golog Zang A.P	181682	21697	11.94
玉树州	Yushu Zang A.P	378439	67534	17.85
海西州	Haixi Mongolian & Zang A.P	489338	28730	5.87

主要统计指标解释

人口数 指一定时点、一定地区范围内有生命的个人总和。

年度统计的年末人口数指每年12月31日24时的人口数。

城镇人口和乡村人口 城镇人口是指居住在城镇范围内的全部常住人口；乡村人口是除上述人口以外的全部人口。

出生率(又称粗出生率) 指在一定时期内(通常为一年)一定地区的出生人数与同期内平均人数(或期中人数)之比，用千分率表示。本资料中的出生率指年出生率，其计算公式为：

$$出生率 = \frac{年出生人数}{年平均人数} \times 1000‰$$

式中：出生人数指活产婴儿，即胎儿脱离母体时(不管怀孕月数)，有过呼吸或其他生命现象。年平均人数指年初、年底人口数的平均数，也可用年中人口数代替。

死亡率(又称粗死亡率) 指在一定时期内(通常为一年)一定地区的死亡人数与同期内平均人数(或期中人数)之比，用千分率表示。本资料中的死亡率指年死亡率，其计算公式为：

$$死亡率 = \frac{年死亡人数}{年平均人数} \times 1000‰$$

人口自然增长率 指在一定时期内(通常为一年)人口自然增加数(出生人数减死亡人数)与该时期内平均人数(或期中人数)之比，用千分率表示。计算公式为：

$$人口自然增长率 = \frac{本年出生人数 - 本年死亡人数}{年平均人数} \times 1000‰$$

$$= 人口出生率 - 人口死亡率$$

Explanatory Notes on Main Statistical Indicators

Total Population refers to the total number of people alive at a certain point of time within a given area.

The annual statistics on total population is taken at midnight, the 31st of December.

Urban Population and Rural Population Urban population refers to all people residing in cities and towns, while rural population refers to population other than urban population.

Birth Rate (or Crude Birth Rate) refers to the ratio of the number of births to the average population (or mid - period population) during a certain period of time (usually a year), expressed in ‰. Birth rate in the chapter refers to annual birth rate. The following formula is used:

$$\text{Birth Rate} = \frac{\text{Number of Births}}{\text{Annual Average Population}} \times 1000‰$$

Number of births in the formula refers to live births, i. e. when a baby has breathed or showed any vital phenomena regardless of the length of pregnancy.

Annual average population is the average of the number of population at the beginning of the year and that at the end of the year. Sometimes it is substituted by the mid - year population.

Death Rate (or Crude Death Rate) refers to the ratio of the number of deaths to the average population (or mid - period population) during a certain period of time (usually a year), expressed in ‰. Death rate in the chapter refers to annual death rate. The following formula is used:

$$\text{Death Rate} = \frac{\text{Number of Deaths}}{\text{Annual Average Population}} \times 1000‰$$

Natural Growth Rate of Population refers to the ratio of natural increase in population (number of births minus number of deaths) in a certain period of time (usually a year) to the average population (or mid - period population) of the same period, expressed in ‰. The following formula is applied:

$$\text{Natural Growth Rate of Population} = \frac{\text{Number of Births} - \text{Number of Deaths}}{\text{Annual Average Population}} \times 1000‰$$

Natural Growth Rate of Population = Birth Rate - Death Rate

就业人员和职工工资

Employment and Wages

第5篇
CHAPTER 5

职工平均工资指数（上年=100）

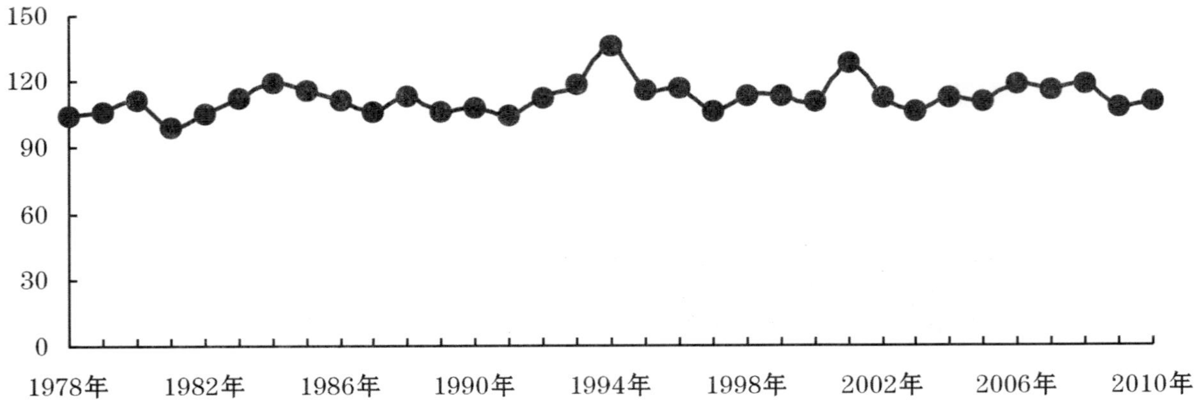

城镇单位就业人员中（万人）

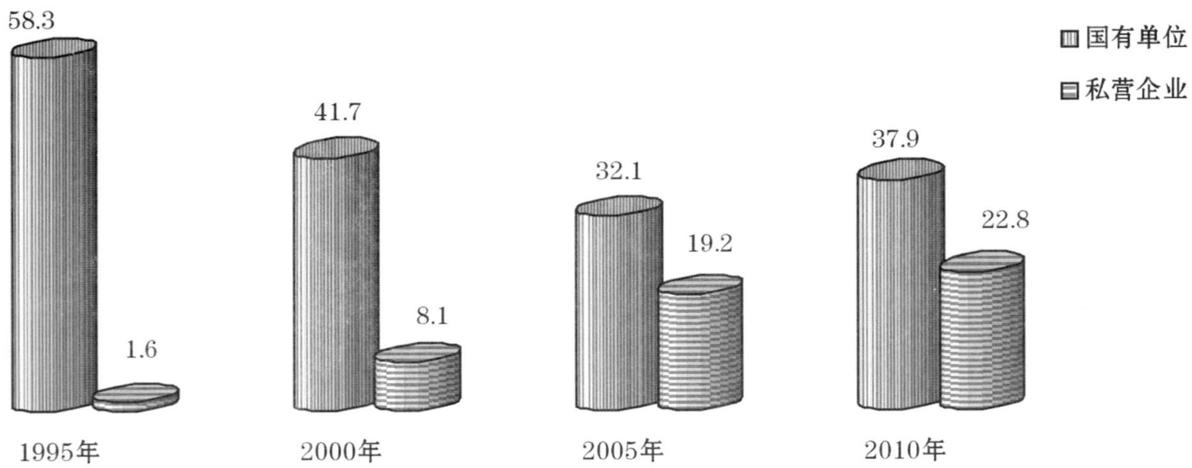

三次产业就业结构

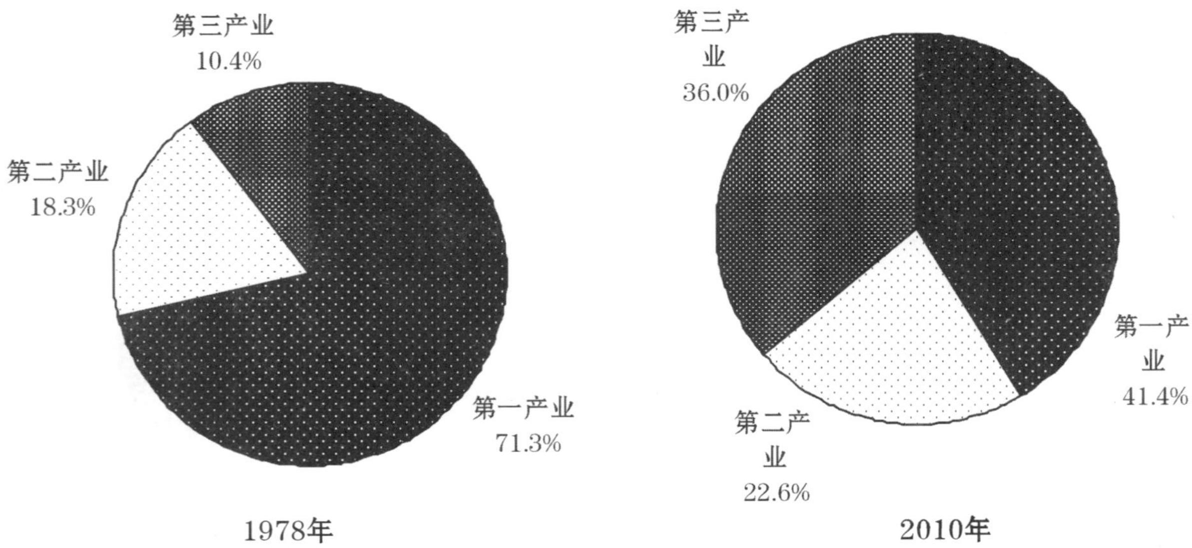

5-1 主要年份就业基本情况

Employment in Main Years

项　目	Item	2000	2005	2007	2008	2009	2010
就业人员总计 (万人)	**Total Number of Employed Persons (10 000 persons)**	**283.9**	**297.8**	**312.4**	**317.2**	**321.6**	**330.13**
第一产业	Primary Industry	158.5	147.4	138.5	141.3	138.3	136.67
第二产业	Secondary Industry	35.8	51.8	64.2	67.6	70.4	74.61
第三产业	Tertiary Industry	89.6	98.6	109.7	108.3	112.9	118.85
就业人员构成 (合计=100)	**Composition of Employed Persons (total=100)**						
第一产业	Primary Industry	55.8	49.5	44.3	44.5	43.0	41.4
第二产业	Secondary Industry	12.6	17.4	20.6	21.3	21.9	22.6
第三产业	Tertiary Industry	31.6	33.1	35.1	34.2	35.1	36.0
按城乡分就业人员 (万人)	**Number of Employed Persons by Urban and Rural Areas (10 000persons)**						
城镇就业人员	Urban Employed Persons	81.5	98.1	109.2	113.8	118.1	128.0
国有单位	State-owned Units	41.7	32.1	33.5	34.3	36.8	37.9
城镇集体单位	Urban Collective-owned Units	4.2	2.2	2.2	2.2	1.8	1.7
股份合作单位	Cooperative Units	0.3	0.7	0.7	0.7	0.8	0.6
有限责任公司	Limited Liability Corporations	0.5	4.7	5.9	6.0	7.9	8.4
股份有限公司	Share-holding Corporations Ltd.	0.4	2.6	2.9	3.0	1.8	1.9
私营企业	Private Enterprises	8.1	19.2	23.6	16.8	20.2	22.8
外商投资单位	Foreign Funded Units			0.1	0.4	1.2	1.0
港澳台商投资单位	Units with Funds from Hong Kong,Macao & Taiwan	0.1	0.2	0.1	0.2	0.2	0.4
个体	Self-employed Individuals	10.5	19.7	18.0	19.3	19.2	20.4
乡村就业人员	Rural Employed Persons	202.4	199.7	203.2	203.4	203.5	202.13
#私营企业	Private Enterprises	3.1	8.7	13.0	14.0	11.0	11.4
个体	Self-employed Individuals	5.3	10.5	4.2	4.6	6.7	5.8
职工人数 (万人)	**Number of Staff and Workers (10 000 persons)**	**46.9**	**40.9**	**43.1**	**44.6**	**47.8**	**50.3**
国有单位	State-owned Units	40.8	30.9	31.9	32.6	34.6	36
城镇集体单位	Urban Collective-owned Units	4.5	2.0	2.0	2.1	1.6	1.6
其他单位	Units of Other Types of Ownership	1.6	8.0	9.2	9.9	11.6	12.7
城镇单位女性就业人员 (万人)	**Number of Female Employed Urban Units (10 000 persons)**	**17.3**	**15.5**	**16.6**	**17.2**	**18.9**	**18.6**
城镇登记失业人数 (万人)	**Number of Registered Unemployed Persons in Urban Areas (10 000 persons)**	**1.8**	**3.6**	**3.7**	**3.9**	**4.1**	**4.2**
城镇登记失业率 (%)	**Registered Unemployment Rate in Urban Areas (%)**	**2.4**	**3.9**	**3.8**	**3.8**	**3.8**	**3.8**

注：1.就业人员总计及城镇和乡村就业人员小计资料是根据人口普查和人口、劳动力抽样调查推算数。分经济类型、分行业的就业人员相加不等于总计。

2.城镇单位就业人员、职工人数统计口径详见本篇指标解释。

a)Total employment and employment of urban and rural Subtotal information is based on census and the projected number of population and labor force sample survey. The sum of the employment by economic types and by sector is not equal to the total.

b)The statistical caliber of employment in urban units and the nuber of employees is detailed in the indicators explanation notes of this chapter.

5-2 主要年份按三次产业分的年末就业人员数

Number of Employed Persons at Year-end by Three Strata of Industry in Main Years

年 份 Year	就业人员（万人）Total Employed Persons (10 000 persons)	第一产业 Primary Industry	第二产业 Secondary Industry	第三产业 Tertiary Industry	构 成（合计=100）Composition in Percentage (Total=100) 第一产业 Primary Industry	第二产业 Secondary Industry	第三产业 Tertiary Industry
1952	71.66	62.41	1.07	8.18	87.1	1.5	11.4
1957	96.10	72.56	5.72	17.82	75.5	6.0	18.5
1965	102.49	86.65	7.32	8.52	84.5	7.1	8.3
1970	124.35	102.01	14.92	7.42	82.0	12.0	6.0
1975	136.31	105.47	21.27	9.57	77.4	15.6	7.0
1978	144.71	103.21	26.44	15.06	71.3	18.3	10.4
1980	157.62	108.31	28.24	21.07	68.7	17.9	13.4
1982	171.17	113.87	29.58	27.72	66.5	17.3	16.2
1983	174.31	115.42	30.04	28.85	66.2	17.2	16.6
1984	177.35	115.46	30.79	31.10	65.1	17.4	17.5
1985	182.70	112.20	36.70	33.80	61.4	20.1	18.5
1986	189.20	111.20	38.49	39.51	58.8	20.3	20.9
1987	193.70	113.90	38.09	41.71	58.8	19.7	21.5
1988	197.83	115.90	38.64	43.29	58.6	19.5	21.9
1989	200.83	120.43	38.02	42.38	60.0	18.9	21.1
1990	241.25	144.70	45.45	51.10	60.0	18.8	21.2
1991	245.21	147.28	45.49	52.44	60.1	18.6	21.3
1992	249.24	150.53	45.65	53.06	60.4	18.3	21.3
1993	253.33	142.69	43.10	67.54	56.3	17.0	26.7
1994	257.49	145.05	43.22	69.22	56.3	16.8	26.9
1995	261.71	146.73	44.22	70.76	56.1	16.9	27.0
1996	266.01	151.03	43.42	71.56	56.8	16.3	26.9
1997	270.38	151.47	40.41	78.50	56.0	15.0	29.0
1998	274.81	153.10	40.36	81.35	55.7	14.7	29.6
1999	279.32	152.15	40.36	86.81	54.5	14.4	31.1
2000	283.91	158.49	35.79	89.63	55.8	12.6	31.6
2001	287.32	171.36	38.14	77.82	59.6	13.3	27.1
2002	291.32	164.18	39.67	87.47	56.4	13.6	30.0
2003	295.38	159.82	46.79	88.77	54.1	15.8	30.1
2004	296.59	151.85	48.94	95.80	51.2	16.5	32.3
2005	297.80	147.41	51.82	98.57	49.5	17.4	33.1
2006	303.93	143.79	58.43	101.71	47.3	19.2	33.5
2007	312.44	138.47	64.24	109.73	44.3	20.6	35.1
2008	317.18	141.28	67.56	108.34	44.5	21.3	34.2
2009	321.58	138.28	70.43	112.87	43.0	21.9	35.1
2010	330.13	136.67	74.61	118.85	41.4	22.6	36.0

注：为了保持与《中国统计年鉴》口径一致，与历史数据有可比性，1990年及以后的就业人员总数是根据人口普查、人口和劳动力抽样调查的推算数，分产业就业人数按全面报表结构推算。

a)In order to accord with the statistical caliber of "China Statistical Yearbook" and comparable with the historical data, the total number of employed persons are derived from the census, a sample survey of population and labor force since 1990,the number of employment by sector are derived from comprehensive statement of structure.

5-3 2009－2010年按城乡分的年末就业人员数

Number of Employed Persons at Year-end in Urban and Rural Areas(2009－2010)

单位：万人 (10 000 persons)

项 目	Item	2009 合 计 Total	2009 城 镇 Urban	2009 乡 村 Rural	2010 合 计 Total	2010 城 镇 Urban	2010 乡 村 Rural
就业人员	**Employed Persons**	**321.58**	**118.14**	**203.44**	**330.13**	**128.00**	**202.13**
按经济类型分组	**By Economic Type**						
国有经济	The state-owned Economy	36.77	36.77		37.94	37.94	
集体经济	Collective Economy	181.45	1.83	179.62	182.83	1.71	181.12
股份合作制经济	Cooperative Economy	0.75	0.75		0.63	0.63	
联营经济	Joint Ownership Economy	0.01	0.01		0.32	0.32	
有限责任公司	Limited Liability Corporations	7.87	7.87		8.36	8.36	
股份有限公司	Share-holding Corporations Ltd.	1.77	1.77		1.92	1.92	
私营经济	Private Economy	31.21	20.21	11.00	34.23	22.83	11.40
外商投资经济	Foreign Funded Economy	1.20	1.20		1.04	1.04	
港、澳、台投资经济	Economy with Funds from Hong Kong, Macao & Taiwan	0.15	0.15		0.36	0.36	
其他经济	Other Economy	0.33	0.33		0.32	0.32	
个体经济	Self-employed Individuals	25.88	19.20	6.68	26.15	20.33	5.82
按国民经济行业分组	**By National Economic Sectors**						
农林牧渔业	Agriculture,Forestry,Animal Husbandry and Fishery	123.47	2.52	120.95	121.89	2.38	119.51
采矿业	Mining	4.19	2.86	1.33	4.4	3	1.4
制造业	Manufacturing	23.97	13.44	10.53	25.97	14.92	11.05
电力、燃气及水的生产和供应业	Production and Distribution of Electricity,Gas and Water	1.99	1.49	0.50	2.03	1.5	0.53
建筑业	Construction	32.97	8.41	24.56	34.03	8.86	25.17
交通运输、仓储及邮政业	Traffic, Transport, Storage and Post	11.95	4.90	7.05	11.81	4.75	7.06
信息传输、计算机服务和软件业	Information transmission, Computer Services and Software	1.56	1.23	0.33	1.6	1.25	0.35
批发和零售业	Wholesale and Retail Trades	24.57	16.98	7.59	26.72	18.8	7.92
住宿和餐饮业	Hotels and Catering Services	14.53	5.77	8.76	15.55	6.15	9.4
金融业	Financial Intermediation	1.84	1.84		1.99	1.99	
房地产业	Real Estate	1.75	1.39	0.36	1.77	1.4	0.37
租赁和商务服务业	Leasing and Business Services	1.61	1.48	0.13	1.62	1.48	0.14
科学研究、技术服务和地质勘查业	Scientific Research, Technical Service and Geologic Prospecting	2.18	2.17	0.01	2.43	2.42	0.01
水利、环境和公共设施管理业	Management of Water Conservancy, Environment and Public Facilities	1.04	1.03	0.01	1.19	1.18	0.01
居民服务和其他服务业	Services to Households and Other Services	17.28	2.97	14.31	17.7	3.13	14.57
教育	Education	7.43	7.43		7.54	7.54	
卫生、社会保障和社会福利业	Health, Social Security and Social Welfare	3.17	3.13	0.04	3.39	3.36	0.03
文化、体育和娱乐业	Culture, Sports and Entertainment	3.44	2.60	0.84	3.56	2.74	0.82
公共管理和社会组织	Public Management and Social Organization	8.45	8.45		8.91	8.91	

5-4 各地区按行业分全部单位就业人员数(2010)

Number of Employed Persons in All Units at Year-end by Sector and Region(2010)

单位：人 (person)

项 目	Item	合计 Total	西宁市 Xining City	海东地区 Haidong Prefecture	海北州 Haibei Zang A.P	黄南州 Huangnan Zang A.P	海南州 Hainan Zang A.P	果洛州 Golog Zang A.P	玉树州 Yushu Zang A.P	海西州 Haixi Mongolian & Zang A.P
全省	**Province**	**671118**	**377618**	**82748**	**31536**	**19953**	**33273**	**12952**	**17598**	**95440**
农林牧渔业	Agriculture,Forestry,Animal Husbandry and Fishery	20361	3758	3212	3533	549	5637	1017	901	1754
采矿业	Mining	28646	6803	1389	3048	60	895	701	6	15744
制造业	Manufacturing	150418	96754	19093	2927	940	2675	178	315	27536
电力、燃气及水的生产和供应业	Production and Distribution of Electricity,Gas and Water	14230	5655	2065	1585	1764	964	175	294	1728
建筑业	Construction	56792	44226	4627	1141	1454	574	161	91	4518
交通运输、仓储和邮政业	Traffic, Transport, Storage and Post	35514	26978	1554	713	346	449	725	388	4361
信息传输、计算机服务和软件业	Information Transmission, Computer Services and Software	9360	6962	323	255	259	278	186	167	930
批发和零售业	Wholesale and Retail Trades	39343	31624	2371	595	218	815	129	709	2882
住宿和餐饮业	Hotels and Catering Services	15483	11176	1011	513	292	564	116	77	1734
金融业	Financial Intermediation	19800	12576	2349	831	602	923	307	352	1860
房地产业	Real Estate	15345	13004	1218	208	26	190	34	152	513
租赁和商务服务业	Leasing and Business Services	16410	11401	420	203	63	137	5	19	4162
科学研究、技术服务和地质勘查业	Scientific Research, Technical Service and Geologic Prospecting	26145	16684	1449	574	364	386	144	115	6429
水利、环境和公共设施管理业	Management of Water Conservancy, Environment and Public Facilities	11744	6784	2411	425	638	588	5	61	832
居民服务和其他服务业	Services to Households and Other Services	4716	1787	186	12	58	178		27	2468
教育	Education	76750	30041	19248	4488	4282	7900	2414	3160	5217
卫生、社会保障和社会福利业	Health, Social Security and Social Welfare	32952	18115	4298	1585	1608	2500	1148	1104	2594
文化、体育和娱乐业	Culture, Sports and Entertainment	8045	4917	692	436	352	419	212	259	758
公共管理和社会组织	Public Management and Social Organization	89064	28373	14832	8464	6078	7201	5295	9401	9420

注：本表含私营单位。
a) In this talbe, private units are included.

5-5 分登记注册类型和行业年末全部单位就业人数(2010年)

Number of Employed Persons at Year-end by Status of Registration and Sector(2010)

单位：人 (person)

项目	Item	合计 Total	国有单位 State-owned Units	城镇集体单位 Urban Collective-owned units	其他单位 Units of Other Types of Ownership
全省	**Province**	**671118**	**379408**	**17160**	**274550**
农林牧渔业	Agriculture,Forestry,Animal Husbandry and Fishery	20361	14084	110	6167
采矿业	Mining	28646	8097	282	20267
制造业	Manufacturing	150418	28293	5757	116368
电力、燃气及水的生产和供应业	Production and Distribution of Electricity,Gas and Water	14230	9695	10	4525
建筑业	Construction	56792	20641	4284	31867
交通运输、仓储和邮政业	Traffic, Transport, Storage and Post	35514	27598	106	7810
信息传输、计算机服务和软件业	Information Transmission, Computer Services and Software	9360	6429		2931
批发和零售业	Wholesale and Retail Trades	39343	6625	1215	31503
住宿和餐饮业	Hotels and Catering Services	15483	2150	521	12812
金融业	Financial Intermediation	19800	14839	1787	3174
房地产业	Real Estate	15345	1833	593	12919
租赁和商务服务业	Leasing and Business Services	16410	5191	1409	9810
科学研究、技术服务和地质勘查业	Scientific Research, Technical Service and Geologic Prospecting	26145	20975	288	4882
水利、环境和公共设施管理业	Management of Water Conservancy, Environment and Public Facilities	11744	10695	109	940
居民服务和其他服务业	Services to Households and Other Services	4716	2361	394	1961
教育	Education	76750	73077	8	3665
卫生、社会保障和社会福利业	Health, Social Security and Social Welfare	32952	30578	198	2176
文化、体育和娱乐业	Culture, Sports and Entertainment	8045	7183	89	773
公共管理和社会组织	Public Management and Social Organization	89064	89064		

注：本表含私营单位。

a) In this talbe, private units are included.

5-6 分登记注册类型和行业年末城镇单位就业人数(2010年)

Number of Employed Persons in Urban Units at Year-end by Status of Registration and Sector(2010)

单位：人 (person)

项目	Item	合计 Total	国有单位 State-owned Units	城镇集体单位 Urban Collective-owned units	其他单位 Units of Other Types of Ownership
合计	**Total**	**526042**	**379408**	**17160**	**129474**
按企、事业和机关分组	**Grouped by Enterprises, Institutions and Agencies**				
企业	Enterprises	277754	135566	16720	125468
事业	Institutions	158285	157654	440	191
机关	Agencies & Organizations	86094	86094		
民间非营利组织	Folk Non-profit Organizations	2812			2812
其他	Others	1097	94		1003
按国民经济行业分组	**Grouped by Sector**				
农林牧渔业	Agriculture,Forestry,Animal Husbandry and Fishery	17453	14084	110	3259
采矿业	Mining	20022	8097	282	11643
制造业	Manufacturing	97600	28293	5757	63550
电力、燃气及水的生产和供应业	Production and Distribution of Electricity,Gas and Water	12350	9695	10	2645
建筑业	Construction	40593	20641	4284	15668
交通运输、仓储和邮政业	Traffic, Transport, Storage and Post	32740	27598	106	5036
信息传输、计算机服务和软件业	Information Transmission, Computer Services and Software	7827	6429		1398
批发和零售业	Wholesale and Retail Trades	17408	6625	1215	9568
住宿和餐饮业	Hotels and Catering Services	4749	2150	521	2078
金融业	Financial Intermediation	19648	14839	1787	3022
房地产业	Real Estate	6322	1833	593	3896
租赁和商务服务业	Leasing and Business Services	8304	5191	1409	1704
科学研究、技术服务和地质勘查业	Scientific Research, Technical Service and Geologic Prospecting	23101	20975	288	1838
水利、环境和公共设施管理业	Management of Water Conservancy, Environment and Public Facilities	11328	10695	109	524
居民服务和其他服务业	Services to Households and Other Services	3048	2361	394	293
教育	Education	75170	73077	8	2085
卫生、社会保障和社会福利业	Health, Social Security and Social Welfare	31984	30578	198	1208
文化、体育和娱乐业	Culture, Sports and Entertainment	7331	7183	89	59
公共管理和社会组织	Public Management and Social Organization	89064	89064		

注：本表不含私营单位。

a) In this talbe, private units are not included.

5-7　分行业分地区城镇单位年末女性就业人员(2010年)

Number of Female Employees in Urban Units at Year-end by Sector and Region(2010)

单位：人　　　　(person)

项　目	Item	全省合计 Province Total	西宁市 Xining City	海东地区 Haidong Prefecture	海北州 Haibei Zang A.P	黄南州 Huangnan Zang A.P	海南州 Hainan Zang A.P	果洛州 Golog Zang A.P	玉树州 Yushu Zang A.P	海西州 Haixi Mongolian & Zang A.P
合计	**Total**	**186419**	**102381**	**20043**	**10213**	**6666**	**11060**	**4344**	**5933**	**25779**
农林牧渔业	Agriculture,Forestry,Animal Husbandry and Fishery	5781	475	697	978	196	2322	322	289	502
采矿业	Mining	4484	549	59	430	2	70	138		3236
制造业	Manufacturing	23986	16305	1043	395	50	371	42	59	5721
电力、燃气及水的生产和供应业	Production and Distribution of Electricity,Gas and Water	3657	1517	449	360	505	222	49	63	492
建筑业	Construction	9081	8014	327	30	156	99	23	21	411
交通运输、仓储和邮政业	Traffic, Transport, Storage and Post	11949	9343	461	243	144	149	231	85	1293
信息传输、计算机服务和软件业	Information Transmission, Computer Services and Software	3587	2918	87	64	75	62	36	44	301
批发和零售业	Wholesale and Retail Trades	7995	6501	466	127	71	79	37	248	466
住宿和餐饮业	Hotels and Catering Services	2432	1804		67	21	178	62	31	269
金融业	Financial Intermediation	9648	6562	1033	346	218	413	91	128	857
房地产业	Real Estate	2343	2046	204	26	9	3	18	33	4
租赁和商务服务业	Leasing and Business Services	3302	1841	84	47	16	14	2	5	1293
科学研究、技术服务和地质勘查业	Scientific Research, Technical Service and Geologic Prospecting	6718	4254	333	221	116	114	45	24	1611
水利、环境和公共设施管理业	Management of Water Conservancy, Environment and Public Facilities	4076	2355	766	223	274	140		5	313
居民服务和其他服务业	Services to Households and Other Services	1062	180	6	2	9	47			818
教育	Education	34809	15220	6956	2371	1916	2903	993	1539	2911
卫生、社会保障和社会福利业	Health, Social Security and Social Welfare	19142	11307	2222	902	864	1152	604	643	1448
文化、体育和娱乐业	Culture, Sports and Entertainment	3153	1817	233	200	185	173	97	113	335
公共管理和社会组织	Public Management and Social Organization	29214	9373	4617	3181	1839	2549	1554	2603	3498

5-8 分行业分地区城镇单位年末企业就业人员(2010年)

Number of Employees of Enterprises in Urban Units at Year-end by Sector and Region(2010)

单位：人 (person)

项 目	Item	全省合计 Province Total	西宁市 Xining City	海东地区 Haidong Prefecture	海北州 Haibei Zang A.P	黄南州 Huangnan Zang A.P	海南州 Hainan Zang A.P	果洛州 Golog Zang A.P	玉树州 Yushu Zang A.P	海西州 Haixi Mongolian & Zang A.P
合计	**Total**	**277754**	**189366**	**13429**	**8614**	**4302**	**8799**	**1849**	**1980**	**49415**
农林牧渔业	Agriculture,Forestry,Animal Husbandry and Fishery	6778	414		1409	4	3884		44	1023
采矿业	Mining	20022	3870	559	2304	22	889	694		11684
制造业	Manufacturing	96934	72202	4436	1824	209	1104	100	173	16886
电力、燃气及水的生产和供应业	Production and Distribution of Electricity,Gas and Water	12191	5071	1701	1099	1705	704	171	263	1477
建筑业	Construction	40326	33974	2214	228	1364	491	161	82	1812
交通运输、仓储和邮政业	Traffic, Transport, Storage and Post	25985	22325	430	296	155	270	182	298	2029
信息传输、计算机服务和软件业	Information Transmission, Computer Services and Software	7635	5792	246	180	171	203	135	113	795
批发和零售业	Wholesale and Retail Trades	17218	13884	1183	282	156	188	89	482	954
住宿和餐饮业	Hotels and Catering Services	4574	3799		103	12	184	44	61	371
金融业	Financial Intermediation	18568	12291	2157	651	485	710	229	269	1776
房地产业	Real Estate	6043	5423	358	73			34	152	3
租赁和商务服务业	Leasing and Business Services	7286	4214	8	88		72	5	9	2890
科学研究、技术服务和地质勘查业	Scientific Research, Technical Service and Geologic Prospecting	8965	4045	4	59	5				4852
水利、环境和公共设施管理业	Management of Water Conservancy, Environment and Public Facilities	851	771	80						
居民服务和其他服务业	Services to Households and Other Services	2874	612		5	14	87			2156
教育	Education	148	148							
卫生、社会保障和社会福利业	Health, Social Security and Social Welfare	990	296		6					688
文化、体育和娱乐业	Culture, Sports and Entertainment	366	235	53	7		13	5	34	19
公共管理和社会组织	Public Management and Social Organization									

5—9　主要年份分行业私营单位就业人员数

Number of Employed Persons in Private Enterprises by Sector in Main Years

行　业	Item	2000	2005	2006	2007	2008	2009	2010
总计　（万人）	**Total　(10 000 persons)**	**11.16**	**27.89**	**35.17**	**36.63**	**30.75**	**31.21**	**34.23**
按城乡分(万人)	**By urban and Rural Areas(10 000 persons)**							
城　镇	Urban	8.07	19.21	22.02	23.60	16.75	20.21	22.83
乡　村	Rural	3.09	8.68	13.15	13.03	14.00	11.00	11.40
按行业分　（人）	**By Sector　(person)**							
农、林、牧、渔业	Agriculture, Forestry, Animal Husbandry and Fishery	6988	30157	15009	16292	12738	14340	16241
采掘业	Mining	3438	10431	16464	17060	15532	15304	16811
制造业	Manufacturing	33988	66133	109957	112381	84742	87946	90899
建筑业	Construction	20412	26555	3873	38715	49046	49464	53398
交通运输、仓储及邮电通信业	Traffic, Transport, Storage and Post	876	4099	36004	4216	3686	3908	4173
批发和零售贸易	Wholesale and Retail Trades,	36917	68033	79756	72786	60410	67953	81085
住宿和餐饮业	Hotels and Catering Services		17005	20959	31830	13523	18984	20823
其　他	Others	8945	56439	69671	73039	67870	54244	58842

注：本表是工商部门统计数。
a) Data in this table are from the Commercial and Industrial department.

5—10　主要年份分行业分城乡个体就业人员数

Number of Employed Persons Self-employed Individuals in Urban and Rural Areas by Sector in Main Years

行　业	Item	2000	2005	2006	2007	2008	2009	2010
总计　（万人）	**Total　(10 000 persons)**	**15.85**	**30.27**	**25.54**	**22.22**	**23.89**	**25.88**	**26.15**
城　镇	Urban	10.51	19.73	17.15	17.95	19.28	19.2	20.33
乡　村	Rural	5.34	10.54	8.39	4.27	4.61	6.68	5.82
城镇按行业分(人)	**Cities and towns by Sector(person)**	**105106**	**197328**	**171444**	**179474**	**192794**	**191960**	**203296**
农、林、牧、渔业	Agriculture, Forestry, Animal Husbandry and Fishery	7	826	651	606	133	74	161
采掘业	Mining	82	1005	938	773	790	641	557
制造业	Manufacturing	8350	16540	12935	13545	14836	13058	15226
建筑业	Construction	57	351	590	351	350	368	416
交通运输、仓储及邮电通信业	Traffic, Transport, Storage and Post	9236	3261	11283	13800	12821	13337	11587
批发和零售贸易业	Wholesale and Retail Trades,	71357	107399	82715	90577	93460	98211	105257
住宿和餐饮业	Hotels and Catering Services		35643	33697	33069	37013	35139	37421
其　他	Others	16017	32303	28635	26753	33391	31132	32671

注：本表是工商部门统计数。
a) Data in this table are from the Commercial and Industrial department.

5-11 全部单位就业人员劳动报酬和平均劳动报酬(2010年)

Earning and Average Earning of Employed Persons in All units(2010)

年份 Year / 地区 Region		劳动报酬(万元) Earning(10 000 yuan)				平均劳动报酬(元) Average Earning(yuan)			
		合计 Total	国有单位 State-owned Units	城镇集体单位 Urban Collective-owned units	其他单位 Units of Other Types of Ownership	合计 Total	国有单位 State-owned Units	城镇集体单位 Urban Collective-owned units	其他单位 Units of Other Types of Ownership
全省	**Province**	**2173744.90**	**1554173.20**	**34566.30**	**585005.40**	**31775**	**41417**	**20289**	**20046**
西宁市	Xining City	1090254.60	680138.40	22015.70	388100.50	28240	38637	17700	19641
海东地区	Haidong Prefecture	284184.00	212005.60	5470.90	66707.50	33365	41710	24445	20776
海北州	Haibei Zang A.P	97425.60	79186.30	1334.70	16904.60	30200	36567	29334	16655
黄南州	Huangnan Zang A.P	69748.10	59724.10	1075.90	8948.10	34513	38946	19597	20689
海南州	Hainan Zang A.P	111127.00	90130.50	1389.50	19607.00	31708	39136	41602	16783
果洛州	Golog Zang A.P	52596.00	46815.20	432.70	5348.10	41168	40702	45073	45400
玉树州	Yushu Zang A.P	66485.40	64202.90	303.40	1979.10	39752	41574	30040	16758
海西州	Haixi Mongolian & Zang A.P	401924.20	321970.20	2543.50	77410.50	41930	52417	30793	23035

注：本表含私营单位。

a) In this talbe, private units are included.

5-12 分地区按登记注册类型分全部单位就业人员平均劳动报酬(2010年)

Average Earning of Employed Persons in All units by Status of Registration and Sector(2010)

单位：元 (yuan)

年份 Year / 地区 Region		合计 Total	国有单位 State-owned Units	城镇集体单位 Urban Collective-owned units	股份合作单位 Cooper-ative Units	有限责任公司 Limited Liability Corpora-tions	股份有限公司 Share-holding Corporati-ons Ltd.	私营单位 Private Enterprises	外商投资单位 Foreign Funded Units	港澳台商投资单位 Units with Funds from Hong Kong, Macao & Taiwan
全省		**31775**	**41417**	**20289**	**24847**	**22457**	**27481**	**17444**	**24019**	**25941**
西宁市	Xining City	28240	38637	17700	24167	21803	28170	16580	23508	22335
海东地区	Haidong Prefecture	33365	41710	24445	27351	25084	24778	19730	25486	
海北州	Haibei Zang A.P	30200	36567	29334	14645	20336	27240	12694	28660	
黄南州	Huangnan Zang A.P	34513	38946	19597	23113	21220	29951	12596	32921	
海南州	Hainan Zang A.P	31708	39136	41602	23182	16492	29843	15628		
果洛州	Golog Zang A.P	41168	40702	45073		57034	41794	13792		
玉树州	Yushu Zang A.P	39752	41574	30040	21652	16411	28007	11611		
海西州	Haixi Mongolian & Zang A.P	41930	52417	30793	27757	34717	17868	20253	24990	49530

注：本表含私营单位。

a)In this talbe,private units are included

5−13 各地区按行业分全部单位就业人员劳动报酬(2010年)
Earning of Employed Persons in All Units by Sector and Region(2010)

单位：万元 (10 000 yuan)

项目	Item	全省合计 Province Total	西宁市 Xining City	海东地区 Haidong Prefecture	海北州 Haibei Zang A.P	黄南州 Huangnan Zang A.P	海南州 Hainan Zang A.P	果洛州 Golog Zang A.P	玉树州 Yushu Zang A.P	海西州 Haixi Mongolian & Zang A.P
合计	**Total**	**2173744.9**	**1090254.6**	**284184.0**	**97425.6**	**69748.1**	**111127.0**	**52596.0**	**66485.4**	**401924.2**
农林牧渔业	Agriculture,Forestry,Animal Husbandry and Fishery	51156.9	8106.3	10131.2	8146.1	2214.0	9806.7	4124.2	3865.2	4763.2
采矿业	Mining	95901.6	14995.0	2520.0	6461.2	124.9	2644.5	4201.3	5.8	64948.9
制造业	Manufacturing	381085.9	223633.6	41223.1	4710.9	1246.9	4787.8	153.1	436.8	104893.7
电力、燃气及水的生产和供应业	Production and Distribution of Electricity,Gas and Water	62468.3	27874.8	10252.2	5762.4	5062.7	3628.6	372.9	808.8	8705.9
建筑业	Construction	156720.4	118970.4	13229.1	1913.0	2566.4	4543.1	613.4	141.1	14743.9
交通运输、仓储和邮政业	Traffic, Transport, Storage and Post	147158.7	114319.4	4648.7	2225.9	1353.8	998.9	2931.7	825.6	19864.7
信息传输、计算机服务和软件业	Information Transmission, Computer Services and Software	34081.4	24556.7	1018.3	759.5	1050.9	636.0	735.0	427.2	4897.8
批发和零售业	Wholesale and Retail Trades	80511.9	63125.8	5400.8	1453.0	702.5	1658.5	421.7	1167.9	6581.7
住宿和餐饮业	Hotels and Catering Services	26045.0	18916.3	1499.5	746.4	339.2	748.3	287.5	168.3	3339.5
金融业	Financial Intermediation	80498.9	49161.2	9015.2	3255.4	2493.4	4294.6	1505.3	1524.6	9249.2
房地产业	Real Estate	29419.8	24604.3	2972.3	354.4	52.1	387.6	48.2	131.0	869.9
租赁和商务服务业	Leasing and Business Services	51599.8	25725.4	1216.3	386.6	158.4	226.6	9.0	33.1	22844.4
科学研究、技术服务和地质勘查业	Scientific Research, Technical Service and Geologic Prospecting	117752.3	60403.8	5712.3	2014.8	1335.6	1504.9	834.4	448.7	45497.8
水利、环境和公共设施管理业	Management of Water Conservancy, Environment and Public Facilities	28962.2	15553.6	6518.9	863.3	1594.6	2014.4	24.6	99.0	2293.8
居民服务和其他服务业	Services to Households and Other Services	12915.9	4021.8	488.9	23.0	74.3	315.6		28.6	7963.7
教育	Education	317666.2	112547.2	90902.4	16907.0	17528.9	32537.1	8480.7	13782.2	24980.7
卫生、社会保障和社会福利业	Health, Social Security and Social Welfare	117368.2	56655.5	15556.7	6345.7	6090.3	9290.2	5119.0	5009.9	13300.9
文化、体育和娱乐业	Culture, Sports and Entertainment	28225.8	16144.5	2761.3	1394.1	1391.6	1444.5	884.1	1112.1	3093.6
公共管理和社会组织	Public Management and Social Organization	354195.7	109939.0	59116.8	33702.9	24367.6	29659.1	21849.9	36469.5	39090.9

5-14 按登记注册类型和行业分全部单位就业人员平均劳动报酬(2010年)
Average Earning of Employed Persons in All Units by Status of Registration and Sector(2010)

单位：元 (yuan)

项目	Item	合计 Total	国有单位 State-owned Units	城镇集体单位 Urban Collective-owned units	其他单位 Units of Other Types of Ownership
合计	**Total**	**31775**	**41417**	**20289**	**20046**
农林牧渔业	Agriculture,Forestry,Animal Husbandry and Fishery	23207	29956	16382	11224
采矿业	Mining	33285	58692	13124	23700
制造业	Manufacturing	24341	43163	15832	20393
电力、燃气及水的生产和供应业	Production and Distribution of Electricity,Gas and Water	41386	48626	18400	25034
建筑业	Construction	23884	31903	19682	20219
交通运输、仓储和邮政业	Traffic, Transport, Storage and Post	41373	48101	17991	18546
信息传输、计算机服务和软件业	Information Transmission, Computer Services and Software	36917	43652		22509
批发和零售业	Wholesale and Retail Trades	20379	32848	14451	18010
住宿和餐饮业	Hotels and Catering Services	16823	21239	16948	16059
金融业	Financial Intermediation	41454	41997	39263	40170
房地产业	Real Estate	18380	26128	26685	16993
租赁和商务服务业	Leasing and Business Services	31465	56715	14366	21265
科学研究、技术服务和地质勘查业	Scientific Research, Technical Service and Geologic Prospecting	45889	50499	16705	27197
水利、环境和公共设施管理业	Management of Water Conservancy, Environment and Public Facilities	25191	25307	21143	24378
居民服务和其他服务业	Services to Households and Other Services	26713	33153	42490	15360
教育	Education	42132	43244	24750	15482
卫生、社会保障和社会福利业	Health, Social Security and Social Welfare	36562	37886	23307	19359
文化、体育和娱乐业	Culture, Sports and Entertainment	36477	39007	32611	12281
公共管理和社会组织	Public Management and Social Organization	40648	40648		

5-15 主要年份职工工资总额和指数

Total Wages Bill of Staff and Workers and Related Indices in Main Years

年 份 Year / 地 区 Region		工资总额(万元) Total wages Bill (10 000yuan)				指 数(上年=100) Indices (preceding year=100)			
		合 计 Total	国有单位 State-owned Units	城镇集体单位 Urban Collective-owned units	其他单位 Units of Other Types of Ownership	合 计 Total	国有单位 State-owned Units	城镇集体单位 Urban Collective-owned units	其他单位 Units of Other Types of Ownership
1978		42928.97	39490.58	3438.39		116.51	117.25	108.57	
1980		57663.80	52032.71	5631.09					
1981		58892.79	52547.95	6344.84		102.13	100.99	112.68	
1982		63473.65	56398.55	7075.10		107.78	107.33	111.51	
1983		72821.90	64590.50	8231.40		114.73	114.53	116.34	
1984		88791.30	78482.80	10308.50		121.93	121.51	125.23	
1985		105034.00	93009.40	12016.80	7.80	118.29	118.51	116.57	
1986		121877.47	108385.92	13454.48	37.07	116.04	116.53	111.96	475.26
1987		131633.70	117302.42	14292.48	38.80	108.00	108.23	106.23	104.67
1988		149116.90	133290.30	15753.90	72.70	113.28	113.63	110.23	187.37
1989		160348.27	144330.50	15937.07	80.70	107.53	108.28	101.16	111.00
1990		173045.12	156406.08	16566.01	73.03	107.92	108.37	103.95	90.50
1991		184656.32	166116.63	18433.59	106.10	106.71	106.21	111.27	145.28
1992		209226.34	188042.65	21010.47	173.22	113.31	113.20	113.98	163.26
1993		243829.16	223340.61	20127.57	360.98	116.54	118.77	95.80	208.39
1994		327134.75	304604.01	21693.99	836.75	134.17	136.39	107.78	231.80
1995		380242.65	354554.31	24226.21	1462.13	116.23	116.40	111.67	174.74
1996		442899.48	413836.58	26867.96	2194.94	116.48	116.72	110.90	150.12
1997		459073.08	429768.50	25869.21	3435.37	103.65	103.85	96.28	156.51
1998		461574.07	428709.22	26231.45	6633.40	100.54	99.75	101.40	193.09
1999		486047.29	452903.20	25031.56	11292.22	102.38	102.36	90.81	139.19
2000		497630.44	463606.71	22731.51	11292.22	107.81	108.14	86.66	170.23
2001		573591.69	517030.47	23392.32	33168.90	115.26	111.52	102.91	293.73
2002		614001.50	544899.40	22328.30	46773.80	107.05	105.39	95.45	141.02
2003		634734.70	557899.90	20380.50	56454.30	103.38	102.39	91.28	120.70
2004		697129.50	612568.90	22446.30	62114.30	109.83	109.80	110.14	110.03
2005		780295.80	648092.30	20597.60	111605.90	111.93	105.80	91.76	179.68
2006		930521.40	774798.00	22496.60	133226.80	119.25	119.55	109.22	119.37
2007		1120644.00	934132.50	26933.10	159578.40	120.43	120.56	119.72	119.78
2008		1368950.60	1144330.00	31084.70	193535.90	122.16	122.50	115.41	121.28
2009		1597793.00	1334416.50	30248.80	233127.70	116.72	116.61	97.31	120.46
2010		1859058.80	1524032.40	32731.90	302294.50	116.35	114.21	108.21	129.67
西宁市	Xining City	913756.60	666412.60	21605.00	225739.00	119.19	114.97	103.21	135.94
海东地区	Haidong Prefecture	224953.80	205360.20	4686.00	14907.60	114.28	113.67	126.66	119.44
海北州	Haibei Zang A.P	90601.40	79186.30	1332.40	10082.70	107.48	109.54	107.92	93.58
黄南州	Huangnan Zang A.P	67526.40	59610.30	1075.90	6840.20	112.96	110.10	105.26	148.23
海南州	Hainan Zang A.P	103918.70	90115.70	1389.50	12413.50	115.61	114.34	127.14	124.41
果洛州	Golog Zang A.P	52225.00	46815.20	432.70	4977.10	116.06	115.61	124.52	119.75
玉树州	Yushu Zang A.P	65444.80	63870.60	303.40	1270.80	120.94	121.33	104.19	107.54
海西州	Haixi Mongolian & Zang A.P	340632.10	312661.50	1907.00	26063.60	113.07	113.39	117.20	109.14

注：1.1998年及以后工资总额为在岗职工工资总额，1998年及以后指数按可比口径计算(以下各表同)。
2.不含私营单位

a)Data on tatal wages bill since 1998 refer to wages of fully employed staff and workers, and the indices since 1998 have been calculated on the basis of constant coverage. The same applies to the tables following.

b) In this talbe, private units are not included.

5-16 主要年份职工平均工资和指数
Average Wage of Staff and Workers and Related Indices in Main Years

年份 Year / 地区 Region	平均工资(元) Average Wage (yuan) 合计 Total	国有单位 State-owned Units	城镇集体单位 Urban Collective-owned units	其他单位 Units of Other Types of Ownership	指数(上年=100) Indices (preceding year=100) 合计 Total	国有单位 State-owned Units	城镇集体单位 Urban Collective-owned units	其他单位 Units of Other Types of Ownership
1978	907	938	654		104.49	105.39	95.20	
1980	1065	1100	823		111.05	111.00	113.73	
1981	1059	1103	796		99.44	100.27	97.07	
1982	1111	1155	848		104.91	104.71	106.53	
1983	1246	1301	933		112.15	112.64	110.02	
1984	1490	1565	1091		119.58	120.29	116.93	
1985	1719	1811	1233	765	115.37	115.72	113.02	
1986	1917	2021	1353	1278	111.52	111.60	109.73	167.06
1987	2041	2143	1469	1470	106.47	106.04	108.57	115.02
1988	2305	2421	1644	1731	112.93	112.97	111.91	117.76
1989	2438	2580	1628	2028	105.77	106.57	99.03	117.16
1990	2632	2789	1722	1799	107.96	108.10	105.77	88.66
1992	3098	3290	2036	2892	112.57	112.79	111.44	160.31
1993	3658	3891	2201	3006	118.08	118.27	108.10	103.94
1994	4976	5348	2512	5642	136.03	137.45	114.13	187.69
1995	5753	6161	2928	5452	115.61	115.20	116.56	96.63
1996	6687	7146	3373	6176	116.24	115.99	115.20	113.28
1997	7091	7623	3419	4326	106.04	106.68	101.36	70.05
1998	8011	8511	4249	6187	112.97	111.65	124.28	143.02
1999	9081	9664	4570	6851	113.36	113.55	107.55	110.73
2000	10050	10744	4785	6989	110.67	111.18	104.70	102.01
2001	12906	14028	6101	8841	128.42	130.57	127.50	126.50
2002	14472	15816	7211	9585	112.13	112.75	118.19	108.42
2003	15356	16692	8306	10341	106.11	105.54	115.19	107.89
2004	17229	18686	10302	11291	112.20	111.95	124.03	109.19
2005	19084	21158	10080	13591	110.77	113.23	97.84	120.37
2006	22679	24984	11322	16588	118.84	118.08	112.32	122.05
2007	26166	29683	13228	17118	115.38	118.81	116.83	103.20
2008	30983	35454	15342	19857	118.41	119.44	115.98	116.00
2009	33561	38876	18283	20046	108.32	109.65	119.17	100.95
2010	37182	42906	20672	23442	110.79	110.37	113.07	116.94
西宁市 Xining City	32989	40161	17811	22819	114.55	113.99	111.33	121.75
海东地区 Haidong Prefecture	42389	44914	30116	25747	110.48	110.77	116.48	109.64
海北州 Haibei Zang A.P	33702	36567	29478	21111	102.14	104.33	120.82	86.54
黄南州 Huangnan Zang A.P	36689	39228	19597	25715	104.26	103.95	83.98	122.71
海南州 Hainan Zang A.P	34150	39154	41602	17533	105.95	104.90	112.30	113.81
果洛州 Golog Zang A.P	41757	40702	45073	54754	113.78	113.33	106.36	119.09
玉树州 Yushu Zang A.P	40931	41699	30040	22256	97.52	96.79	99.03	108.86
海西州 Haixi Mongolian & Zang A.P	51835	54991	30958	31623	108.42	108.88	116.44	103.33

5-17 分行业分地区职工工资总额(2010年)

Total Wages Bill of Staff and Workers by Sector and Region(2010)

单位：千元 (10 00 yuan)

项目	Item	全省合计 Province Total	西宁市 Xining City	海东地区 Haidong Prefecture	海北州 Haibei Zang A.P	黄南州 Huangnan Zang A.P	海南州 Hainan Zang A.P	果洛州 Golog Zang A.P	玉树州 Yushu Zang A.P	海西州 Haixi Mongolian & Zang A.P
合计	**Total**	**18590588**	**9137566**	**2249538**	**906014**	**675264**	**1039187**	**522250**	**654448**	**3406321**
农林牧渔业	Agriculture,Forestry,Animal Husbandry and Fishery	442306	29447	90557	80029	22068	96725	41152	38124	44204
采矿业	Mining	771804	98976	8616	50874	708	26342	41929		544359
制造业	Manufacturing	2762579	1805321	104589	33906	2022	13791	594	2588	799768
电力、燃气及水的生产和供应业	Production and Distribution of Electricity,Gas and Water	580289	263273	93563	48210	50363	32443	3729	7957	80751
建筑业	Construction	1096280	917738	24577	3387	22444	35244	6134	1307	85449
交通运输、仓储和邮政业	Traffic, Transport, Storage and Post	1407313	1107619	37760	21641	13538	8741	29209	8210	180595
信息传输、计算机服务和软件业	Information Transmission, Computer Services and Software	297068	209240	7677	6813	9888	5474	7085	3966	46925
批发和零售业	Wholesale and Retail Trades	428519	326003	30125	11257	6265	8241	3624	8951	34053
住宿和餐饮业	Hotels and Catering Services	85984	69465		1965	464	3404	2712	1523	6451
金融业	Financial Intermediation	775048	471816	86875	32531	24934	42946	15053	15246	85647
房地产业	Real Estate	133922	118570	11521	861	445	210	482	1310	523
租赁和商务服务业	Leasing and Business Services	338554	123592	7996	3188	1281	1674	90	240	200493
科学研究、技术服务和地质勘查业	Scientific Research, Technical Service and Geologic Prospecting	1096808	541011	51245	19658	12748	14704	8344	4344	444754
水利、环境和公共设施管理业	Management of Water Conservancy, Environment and Public Facilities	263914	137160	60529	8633	15946	19746	246	514	21140
居民服务和其他服务业	Services to Households and Other Services	102156	23451	1675	185	454	2346			74045
教育	Education	3112256	1113062	883240	168449	173963	324332	83553	137770	227887
卫生、社会保障和社会福利业	Health, Social Security and Social Welfare	1131809	541609	145587	63457	60267	92161	50974	49797	127957
文化、体育和娱乐业	Culture, Sports and Entertainment	271113	153545	27060	13941	13916	14109	8841	11111	28589
公共管理和社会组织	Public Management and Social Organization	3492866	1086667	576346	337029	243550	296554	218499	361490	372731

5-18 分行业分地区职工平均工资(2010年)

Average Wage of Staff and Workers by Sector and Region(2010)

单位：元 (yuan)

项 目	Item	全省合计 Province Total	西宁市 Xining City	海东地区 Haidong Prefecture	海北州 Haibei Zang A.P	黄南州 Huangnan Zang A.P	海南州 Hainan Zang A.P	果洛州 Golog Zang A.P	玉树州 Yushu Zang A.P	海西州 Haixi Mongolian & Zang A.P
合计	**Total**	**37182**	**32989**	**42389**	**33702**	**36689**	**34150**	**41757**	**40931**	**51835**
农林牧渔业	Agriculture,Forestry,Animal Husbandry and Fishery	27003	25040	39963	23400	40791	17670	40988	46043	26454
采矿业	Mining	41169	26535	24067	22722	22125	29631	63819		50208
制造业	Manufacturing	28970	25267	24494	18995	9675	9624	5940	19029	50057
电力、燃气及水的生产和供应业	Production and Distribution of Electricity,Gas and Water	46018	48700	54460	42252	28845	46547	21309	28418	55806
建筑业	Construction	27202	26374	27522	13027	14471	31217	38099	17197	59546
交通运输、仓储和邮政业	Traffic, Transport, Storage and Post	44372	44859	32806	33500	39127	23883	40624	24076	52255
信息传输、计算机服务和软件业	Information Transmission, Computer Services and Software	44658	44387	40405	35119	47768	25579	42681	28329	56741
批发和零售业	Wholesale and Retail Trades	25232	23813	26425	40639	40160	43374	41182	18884	35179
住宿和餐饮业	Hotels and Catering Services	18906	18964		16513	15467	13508	24881	24565	20610
金融业	Financial Intermediation	43591	42498	41488	39432	41836	46782	49516	43810	53765
房地产业	Real Estate	22346	22525	26546	11329	24722	42000	14176	8618	52300
租赁和商务服务业	Leasing and Business Services	43244	27428	36511	21836	37676	17082	18000	24000	71324
科学研究、技术服务和地质勘查业	Scientific Research, Technical Service and Geologic Prospecting	50236	41148	41901	37091	40599	40065	57944	47736	73929
水利、环境和公共设施管理业	Management of Water Conservancy, Environment and Public Facilities	30093	29333	33112	20653	24994	35073	49200	36714	33662
居民服务和其他服务业	Services to Households and Other Services	32900	32845	34184	23125	13353	28963			33369
教育	Education	43386	39598	50039	38697	42722	41795	36791	44615	51442
卫生、社会保障和社会福利业	Health, Social Security and Social Welfare	38688	34068	43304	40061	39965	38067	45635	48441	54753
文化、体育和娱乐业	Culture, Sports and Entertainment	39400	38599	41695	32572	39090	35901	41703	46685	45596
公共管理和社会组织	Public Management and Social Organization	41825	41351	42460	39961	40477	41303	41730	41632	45971

5-19 按登记注册类型和行业分职工平均工资(2010年)

Average Wage of Staff and Workers by Status of Registration and Sector(2010)

单位：元 (yuan)

项　目	Item	合　计 Total	国有单位 State-owned Units	城镇集体单位 Urban Collective-owned units	其他单位 Units of Other Types of Ownership
全省	**Total**	**37182**	**42906**	**20672**	**23442**
按企、事业和机关分组	**Grouped by Enterprises, Institutions and Agencies**				
企业	Enterprises	34123	46050	20514	23608
事业	Institutions	40370	40427	26504	27847
机关	Agencies & Organizations	42448	42448		
民间非营利组织	Folk Non-profit Organizations	15572			15572
其他	Others	24297	37516		23100
按国民经济行业分组	**Grouped by Sector**				
农林牧渔业	Agriculture,Forestry,Animal Husbandry and Fishery	27003	31478	16382	8893
采矿业	Mining	41169	59175	19442	28491
制造业	Manufacturing	28970	45200	15640	23451
电力、燃气及水的生产和供应业	Production and Distribution of Electricity,Gas and Water	46018	49864	18400	31145
建筑业	Construction	27202	33230	20226	21816
交通运输、仓储和邮政业	Traffic, Transport, Storage and Post	44372	49260	17991	19476
信息传输、计算机服务和软件业	Information Transmission, Computer Services and Software	44658	47501		33314
批发和零售业	Wholesale and Retail Trades	25232	33161	14477	21082
住宿和餐饮业	Hotels and Catering Services	18906	22248	16948	16103
金融业	Financial Intermediation	43591	43940	41433	43172
房地产业	Real Estate	22346	27000	27513	19522
租赁和商务服务业	Leasing and Business Services	43244	57697	14375	24473
科学研究、技术服务和地质勘查业	Scientific Research, Technical Service and Geologic Prospecting	50236	51881	18163	34858
水利、环境和公共设施管理业	Management of Water Conservancy, Environment and Public Facilities	30093	30040	21143	33446
居民服务和其他服务业	Services to Households and Other Services	32900	33064	42490	16182
教育	Education	43386	44220	24750	14338
卫生、社会保障和社会福利业	Health, Social Security and Social Welfare	38688	39542	25006	19774
文化、体育和娱乐业	Culture, Sports and Entertainment	39400	39738	32611	11220
公共管理和社会组织	Public Management and Social Organization	41825	41825		

5–20 主要年份城镇登记失业人员变化情况

Changes of Urban Registered Unemployed Persons in Main Years

单位：万人、% (10 000 persons、%)

年份 Year	失业人员总数 Total Number of Unemployed Persons	上年结转人数 Number of Carry-over Last Year	本年新增加人数 Number of New Increase This Year	由就业转失业人数 From Employment into Unemployment	本年度安排失业人员就业的人数 Number of Arrangements for Employment of Unemployed Persons This Year	除安排就业外因其他原因减少的人数 Number of Decrease for Other Reasons in Addition to Arrangements for Employment	本年末实有失业人员数 Number of Actual Unemployed Persons at Year-end	女性 Female	城镇登记失业率 Registered Unemployment Rate in Urban Area
1980	4.89				1.64		3.25		5.68
1982	6.70	4.45	2.25		4.05		2.65		4.34
1983	6.96	2.65	4.31	0.10	2.39	0.11	4.46	1.74	6.97
1984	9.52	4.46	5.06	1.07	2.61	0.09	6.82	2.31	10.02
1985	10.66	6.82	3.84	0.48	5.18	0.09	5.39	1.99	7.67
1986	8.21	5.39	2.82	0.73	4.06	0.61	3.54	1.22	4.98
1987	7.45	3.54	3.91	1.15	2.84	0.25	4.36	1.99	5.94
1988	8.74	4.36	4.38	1.38	2.63	0.26	5.85	2.61	7.72
1989	8.45	5.85	2.60	0.34	3.60	0.51	4.34	2.07	5.65
1990	7.82	4.34	3.48	0.99	3.35	0.30	4.17	1.99	4.88
1992	6.68	3.32	3.36	0.76	3.65	0.39	2.64	1.36	3.35
1993	5.11	2.64	2.47	0.35	2.97	0.30	1.84	1.04	2.49
1994	4.40	1.84	2.56	0.27	2.61	0.15	1.64	0.98	2.21
1995	4.14	1.64	2.50	0.28	2.53	0.10	1.51	0.75	2.18
1996	4.39	1.51	2.88	0.41	2.93	0.12	1.34	0.80	1.87
1997	3.89	1.34	2.55	0.47	2.30	0.09	1.50	0.79	2.10
1998	3.84	1.50	2.34	0.59	1.95	0.07	1.82	0.86	2.50
1999	4.49	1.82	2.67	0.48	2.13	0.43	1.93	1.01	2.64
2000	4.54	1.93	2.61	1.13	2.38	0.36	1.80	0.94	2.40
2001	6.66	1.80	4.86	1.48	4.21		2.45	1.03	3.50
2002	6.92	2.45	4.47	1.37	3.98	0.09	2.85	1.46	3.60
2003	7.61	2.85	4.76	2.64	4.54		3.07	1.71	3.80
2004	8.58	3.07	5.51	3.17	5.10		3.48	1.79	3.92
2005	8.31	3.48	4.83	1.80	4.68		3.63	2.32	3.93
2006	8.60	3.63	4.97	2.01	4.87		3.73	1.89	3.90
2007	10.10	3.73	6.37	1.84	6.38		3.72	1.52	3.75
2008	8.73	3.73	5.00	2.20	4.86		3.87	1.89	3.80
2009	9.46	3.87	5.59	2.43	5.39		4.07	1.72	3.80
2010	10.33	4.06	6.27	2.08	6.09		4.24	1.63	3.80

5-21　2005-2010年基本养老保险情况
Statistics on Basic Pension Insurance(2005-2010)

单位：人、万元　　(person，10 000 yuan)

指　　标	Item	2005	2006	2007	2008	2009	2010
参保职工期末人数	Contributors of Staff and Workers at Year-end	430463	451017	472020	496678	520245	544406
实际缴费人员期末人数	Contributors at Year-end	357053	381642	389011	426015	433978	464632
离休、退休、退职人员期末人数	Retired at Year-end	169340	173621	179709	186348	193210	199886
离　休	Retired	3150	2931	2728	2523	2334	2146
退　休	Retirement	166190	170690	176981	183825	190876	197740
应发养老金金额	Amount of Pension Should be issued	167606	221480	255151	311382	365474	429648
实发养老金金额	Actual Amount of Pension	167606	221480	255151	311382	365474	429648

5-22　2005－2010年失业保险基本情况
Statistics of Unemployment Insurance(2005－2010)

项　　目	Item	2005	2006	2007	2008	2009	2010
参保人数 (万人)	Contributors (10 000 persons)	33.23	34.02	34.72	35.43	36.02	36.43
企业	Enterprises	21.64	22.36	22.67	23.17	21.68	23.98
事业	Institutions	11.20	11.19	11.52	11.51	11.5	11.33
其他	Others	0.39	0.47	0.53	0.75	2.84	1.12
在参保人数中：	In Contributors:			0.21	0.21	0.06	0.25
农民合同制工人	Farmers Contract Workers						

5–23　2005–2010年参加生育保险人员情况
Number of Contributors of Maternity Insurance (2005-2010)

单位：人、人次　　(person，person-times)

指　标	Item	2005	2006	2007	2008	2009	2010
参保人员	**Contributors**	**65191**	**70813**	**61836**	**62778**	**63455**	**63840**
女性	Female	29024	29187	24207	25080	25985	26114
本期享受生育保险待遇人次	**Beneficiaries of Maternity Insurance**	**1433**	**1568**	**1619**	**1449**	**1482**	**1381**
按待遇类别分	By Treatment Category						
本期生育人数	Number of Childbirths at Year-end	693	645	753	606	734	718
计划生育手术人次	Number of Family Planning Operations	740	923	866	843	748	663

5–24　2007–2010年参加工伤保险人员
Number of Contributors of Work Injury Insurance(2007-2010)

单位：户、人　　(household，person)

指　标	Item	2007	2008	2009	2010
参保单位户数	Contributors of Units	2521	5418	6551	7093
参保人员	Contributors	253186	299290	400741	432255
农民工人数	Farmer worker	31831	34640	40685	46948
享受工伤保险待遇的受伤或致残人数	Beneficiaries of Injured and Being Disabled	2913	2654	4594	4885
因公死亡人数	Deaths for Official Reason	92	128	104	159
供养亲属人数	Number of Dependent Relatives	1405	1791	1824	1856

5–25 2006–2010年城镇职工参加基本医疗保险人员及特殊人员情况

Number of Urban Staff and Workers contributors on Basic Medical Care Insurance and Statistics of Specials(2006-2010)

单位：人 (person)

项　目	Item	2006	2007	2008	2009	2010
城镇职工参加医疗保险人数	Number of Urban Staff and Workers Contributors	645258	701325	721191	756857	787277
实施统帐结合	Integration Co-ordination Fund with Personal Account	616237	655577	677781	694364	722041
期末职工人数	Number of Staff and Workers Contributors at Year-end	397456	426572	434033	450491	472288
年平均职工人数	Average Number of Staff and Workers	377914	407030	368031	439422	381302
期末退休人员	Number of Retirement at Year-end	218781	229005	243748	243873	249753
年平均退休人员	Average Number of Retirement	198810	209034	201060	240394	216665
单建统筹基金	Separate Co-ordination Fund	29021	45748	43410	62493	65236
期末职工人数	Number of Staff and Workers Contributors at Year-end	28018	44650	42355	60630	62778
年平均职工人数	Average Number of Staff and Workers	28018	44650	42355	59942	57136
期末退休人员	Number of Retirement at Year-end	1003	1098	1055	1863	2458
年平均退休人员	Average Number of Retirement	1003	1098	1055	1860	2439
特殊人员人数	Number of Specials	8185	7875	7499	6671	6256
离休及老红军	Retired and Red Army Soldier	7929	7627	7235	6425	6008
1–6级革命伤残军人	1-6 Level Revolution Disabled Soldiers	256	248	264	246	248

5–26 2006–2010年新型农村合作医疗情况

Statistics on New Type of Rural Cooperative Medical Care(2006-2010)

项　目		Item	2006	2007	2008	2009	2010
开展合作医疗的乡(镇)数	(个)	Number of Townships (unit)	387	368	392	382	382
开展合作医疗的行政村数	(个)	Number of Administrative Villages(unit)	4161	4186	4169	4174	4175
参加合作医疗的户数	(户)	Number of Households(household)	696842	734550	780251	841106	834744
参加合作医疗的人数	(万人)	Number of persons(10 000 persons)	293.05	317.96	331.28	334.29	340.75

5–27 2006–2010年城市居民最低生活保障情况

Minimum Living Allowance in Urban Areas(2006-2010)

项　目		Item	2006	2007	2008	2009	2010
保障对象户数	(户)	Number of Households of Security Object(household)	89359	94447	97696	98951	101778
年末保障对象人数	(人)	Number of Security Object at Year-end (person)	211617	219809	220153	220595	224470
在职职工		Staff and Workers	6428	6129	5551	5880	5590
学生		Students	51938	52089	52248	50423	51439
三无对象		Object of Three Non-target	3527	3702	4159	3338	3568
其他人员		Others	149724	157889	158195	160954	163873
全年资金支出	(万元)	Capital expenditures throughout the year(10 000yuan)	26233	30152	43388	48705	52638
月人均补助水平	(元)	Amount of subsidy Every Month One Person (yuan)	102	117	165	188	197
低保标准	(元)	Minimum Living Allowance Standards (yuan)	175	175	190	200	210

主要统计指标解释

经济活动人口　指在16周岁及以上，有劳动能力，参加或要求参加社会经济活动的人口。包括就业人员和失业人员。

就业人员　指在16周岁及以上，从事一定社会劳动并取得劳动报酬或经营收入的人员。这一指标反映了一定时期内全部劳动力资源的实际利用情况，是研究我国、我省基本国情国力的重要指标。

单位就业人员　指在各级国家机关、政党机关、社会团体及企业、事业单位中工作，取得工资或其他形式的劳动报酬的全部人员。包括在岗职工、再就业的离退休人员、民办教师以及在各单位中工作的外方人员和港澳台方人员、兼职人员、借用的外单位人员和第二职业者。不包括离开本单位仍保留劳动关系的职工。各单位的就业人员反映了各单位实际参加生产或工作的全部劳动力。

城镇私营和个体就业人员　城镇私营就业人员指在工商管理部门注册登记，其经营地址设在县城关镇(含县城关镇)以上的私营企业就业人员，包括私营企业投资者和雇工。城镇个体就业人员指在工商管理部门注册登记，并持有城镇户口或在城镇长期居住，经批准从事个体工商经营的就业人员，包括个体经营者和在个体工商户劳动的家庭帮工和雇工。

职工　指在国有、城镇集体、联营、股份制、外商和港、澳、台投资、其他单位及其附属机构工作，并由其支付工资的各类人员。不包括下列人员：(1)乡镇企业就业人员；(2)私营企业就业人员；(3)城镇个体劳动者；(4)离休、退休、退职人员；(5)再就业的离、退休人员；(6)民办教师；(7)在城镇单位中工作的外方及港、澳、台人员；(8)其他按有关规定不列入职工统计范围的人员。(1998年及以后的数据均为在岗职工数据，其他相关指标如职工工资总额，职工平均工资等指标也从1998年按此口径进行了相应调整)。

国有单位　指资产归国家所有的经济组织。包括按《中华人民共和国企业法人登记管理条例》规定登记注册的非公司制的经济组织，以及中央、地方各级国家机关、事业单位和社会团体。

集体单位　指生产资料归集体所有，并按《中华人民共和国企业法人登记管理条例》规定登记注册的经济组织。

其他单位　包括股份合作单位、联营单位、有限责任公司、股份有限公司、港澳台商投资单位以及外商投资单位等其他登记注册类型单位。

在岗职工　指在本单位工作并由单位支付工资的人员，以及有工作岗位，但由于学习、病伤产假等原因暂未工作，仍由单位支付工资的人员。

工资总额　指各单位在一定时期内直接支付给本单位全部职工的劳动报酬总额。工资总额的计算原则应以直接支付给职工的全部劳动报酬为根据。各单位支付给职工的劳动报酬以及其他根据有关规定支付的工资，不论是计入成本的还是不计入成本的，不论是按国家规定列入计征奖金税项目的，还是未列入计征奖金税项目的，不论是以货币形式支付的还是以实物形式支付的，均包括在工资总额内。

平均工资　指企业、事业、机关单位的职工在一定时期内平均每人所得的货币工资额。它表明一定时期职工工资收入的高低程度，是反映职工工资水平的主要指标。计算公式为：

$$平均工资=\frac{报告期实际支付的全部职工工资总额}{报告期全部职工平均人数}$$

平均工资指数　指报告期职工平均工资与基期职工平均工资的比率，是反映不同时期职工货币工资水平变动情况的相对数。计算公式为：

$$平均工资指数=\frac{报告期职工平均工资}{基期职工平均工资}\times 100\%$$

平均实际工资指数　职工平均实际工资指扣除物价变动因素后的职工平均工资。职工平均实际工资指数是反映实际工资变动情况的相对数，表明职工实际工资水平提高或降低的程度。计算公式为：

$$平均实际工资指数=\frac{报告期职工平均工资指数}{报告期城镇居民消费价格指数}\times 100\%$$

城镇单位就业人员劳动报酬　指各单位在一定时期内直接支付给本单位全部就业人员的劳动报酬总额。包括职工工资总额和其他就业人员劳动报酬总额。

平均劳动报酬　指企业、事业、机关等单位的全部就业人员在一定时期内平均每人所得的货币工资额。

计算公式为：

$$平均劳动报酬=\frac{报告期实际支付的全部就业人员劳动报酬}{报告期全部就业人员平均人数}$$

按照公务员管理或参照公务员管理的人员不统计为专业技术人员。

城镇登记失业人员　指有非农业户口，在一定的劳动年龄内(16周岁至退休年龄)，有劳动能力，无业而要求就业，并在当地就业服务机构进行求职登记的人员。

城镇登记失业率　城镇登记失业人员与城镇单位就业人员(扣除使用的农村劳动力、聘用的离退休人员、港澳台及外方人员)、城镇单位中的不在岗职工、城镇私营业主、个体户主、城镇私营企业和个体就业人员、城镇登记失业人员之和的比。计算公式为：

$$城镇登记失业率=\frac{城镇登记失业人数}{(城镇单位就业人员-使用的农村劳动力-聘用的离退休人员-聘用的港澳台及外方人员)+不在岗职工+城镇私营业主+城镇个体户主+城镇私营企业及个体就业人员+城镇登记失业人数}\times 100\%$$

Explanatory Notes on Main Statistical Indicators

Economically Active Population refers to the population aged 16 and over who are capable of working, are participating in or willing to participate in economic activities, including employed persons and unemployed persons.

Employed Persons refer to persons aged 16 and over who are engaged in gainful employment and thus receive remuneration payment or earn business income. This indicator reflects the actual utilization of total labour force during a certain period of time and is often used for the research on China's and Qinghai's economic situation and national power.

Persons Employed in Various Units refer to all the persons working in government agencies of various levels, political and party organizations, social organizations, enterprises and institutions, and receiving wages or other forms of payment. They include fully - employed staff and workers, re - employed retirees, teachers in the schools run by the local people, foreigners and Chinese compatriots from Hong Kong, Macao, and Taiwan working in various units, part - time employees, employees of other units working temporarily at current posts, and employees holding the second job, but do not include persons who have left their working units while keeping their labour contract (employment relation) unchanged. This indicator reflects the total number of laborers actually engaged in production or other operations in various units.

Persons Employed in Private Enterprises and Self - Employed Individuals in Urban Areas Persons employed in private enterprises refer to the persons employed in the private enterprises which have been registered at the departments of industrial and commercial administration for which the business operation are situated at a county town (i. e. a town where the county government is located), or at urban areas with administrative hierarchy higher than a county town. The self - employed individuals in urban areas refer to persons who hold the certificates of residence in urban areas or have resided in the urban areas for a long time and have been registered at the departments of industrial and commercial administration and approved to be engaged in individual industrial or commercial business, including self - employed persons as well as helpers and hired labourers who work in individual households.

Staff and Workers refer to persons working in, and receive payment from units of state ownership, collective ownership, joint ownership, share holding ownership, foreign ownership, and ownership by entrepreneurs from Hong Kong, Macao, and Taiwan, and other types of ownership and their affiliated units. They do not include 1) persons employed in township enterprises, 2) persons employed in private enterprises, 3) urban self - employed persons, 4) retirees, 5) re - employed retirees, 5) teachers in the schools run by the local people, 7) foreigners and persons from Hong Kong, Macao and Taiwan who work in urban units, and 8) other persons not to be included by relevant regulations. (Data since 1998 refer to fully employed staff and workers. Other related statistics indicators, such as total wage bill and average wage are adjusted since 1998 accordingly).

State - owned Units refer to economic units whose assets are owned by the state, including non - corporation units registered according to Regulation of the People's Republic of China on the Registration of Enterprises and Corporations, state organs, institutions and social organizations at the central - level and local levels.

Collective - owned Units refer to economic units registered according to Regulation of the People's Republic of China on the Registration of Enterprises and Corporations where the means of production are collectively owned.

Units of Other Types of Ownership refer to units registered with other types of ownership, including cooperative units, joint ownership units, limited liability corporations, share holding corporations, units funded by entrepreneurs from Hong Kong, Macao, and Taiwan, and foreign - funded units.

Employed Staff and Workers refer to persons who work in, and receive wages from their working units, including persons who have their work posts but are temporarily absent from work for reasons of study or on sick, injury or maternal leave and still receive wages from their working units.

Total Wage Bill refers to the total remuneration payment to staff and workers in various units during a certain period of time. The calculation of total wage bill is based on the total remuneration payment to the staff and workers. Therefore, all the wages and salaries and other payments to staff and workers are included in the total wage bill regardless of sources, reckoning the cost of production or not, category, listing as items of premium taxation or not, and forms, paying in cash or in kind.

Average Wage refers to the average wage in money terms per person during a certain period of time for staff and workers in enterprises, institutions, and government agencies, which reflects the general level of wage income during a certain period of time and is calculated as follows:

$$\text{Average Wage} = \frac{\text{Total Wage Bill of Staff and Workers at Reference Time}}{\text{Average Number of Staff and Workers at Reference Time}}$$

Average Wage Indices refers to the ratio of average wage of staff and workers at the reference period to that at the base period, which reflects the change of wage of staff and workers at the different period. It is calculated as follows:

$$\text{Average Wage Indices} = \frac{\text{Average Wage of Staff and Workers at Reference Time}}{\text{Average Wage of Staff and Workers at Base Period}} \times 100\%$$

Average Real Wage Indices average real wage of staff and workers refers to the average wage of staff and workers after removing the effects of the price changes and average real wage indices of staff and workers refers to the change of real wage, which reflects the relative increasing or decreasing level of real wage of staff and workers, which is calculated as follows:

$$\text{Average Real Wage Indices} = \frac{\text{Average Wage Indices of Staff and Workers at the Reference Time}}{\text{Urban Consumer Price Indices at Reference Time}} \times 100\%$$

Earning refer to total remuneration payment to all employees in various units in urban areas (did not include urban private units and self - employed individuals) during a certain period of time, including staff and workers and other employees (i. e., re-employed retirees or those who are from Hong Kong, Macao, Taiwan province or other countries).

Average Earning refer to average earning level in money terms per employee in the enterprise, institution and government organ during a certain period of time, it is calculated as follows:

$$\text{Average Earning of Employees} = \frac{\text{Total Earnings of Employees at Reference Period}}{\text{Average Number of Employees at Reference Period}}$$

Registered Unemployed Persons in Urban Areas refer to the persons with non - agricultural household registration at certain working ages (16 years old to retirement age), who are capable of working, unemployed and willing to work, and have been registered at the local employment service agencies to apply for a job.

Registered Unemployment Rate in Urban Areas refers to the ratio of the number of the registered unemployed persons to the sum of the number of persons employed in various units (minus the employed rural labour force, re - employed retirees, and Hong Kong, Macao, Taiwan or foreign employees), laid - off staff and workers in urban units, owners of private enterprises in urban areas, owners of self - employed individuals in urban areas, employees of private enterprises in urban areas, employee of self - employed individuals in urban areas, and the registered unemployed persons in urban areas. The formula is as follows:

$$\text{Registered unemployment ratein urban areas} = \frac{\text{number of registered urban unemployed persons}}{\text{number of persons employed in urban units} - \text{employed rurallabour force re} - \text{employed retirees} - \text{Hong Kong, Macao, Taiwan or foreign employees} + \text{laid} - \text{off staff and workers} + \text{owners of urban private enterprises} + \text{owners of urban self} - \text{employed individuals} + \text{employees of urban private enterprises} + \text{employees of urban self} - \text{employed individuals} + \text{registered unemployed persons in urban areas}} \times 100\%$$

人民生活

People's Living Conditions

第6篇

CHAPTER 6

城乡居民家庭恩格尔系数

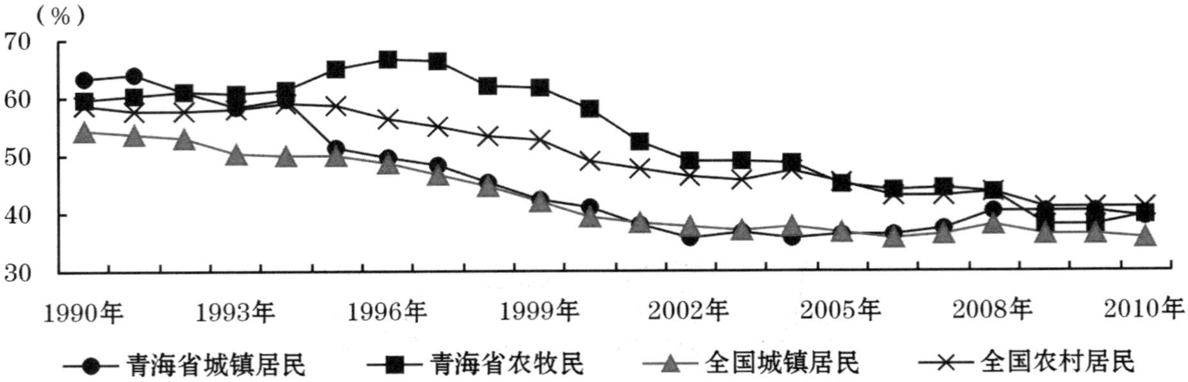

城镇居民每百户耐用消费品拥有量

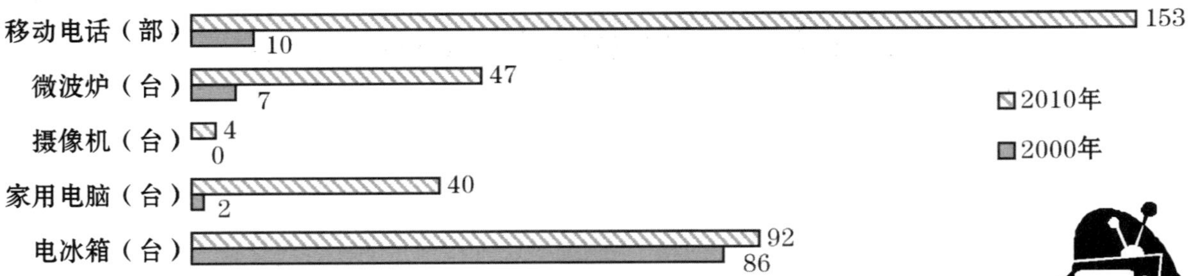

农牧民每百户耐用消费品拥有量

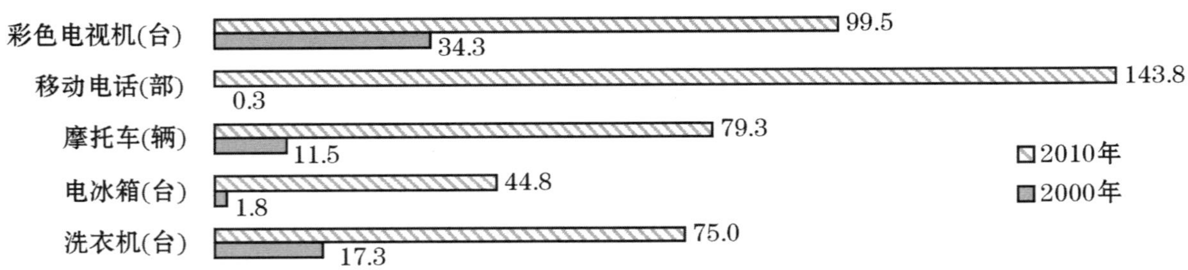

城乡居民家庭人均收入（元）

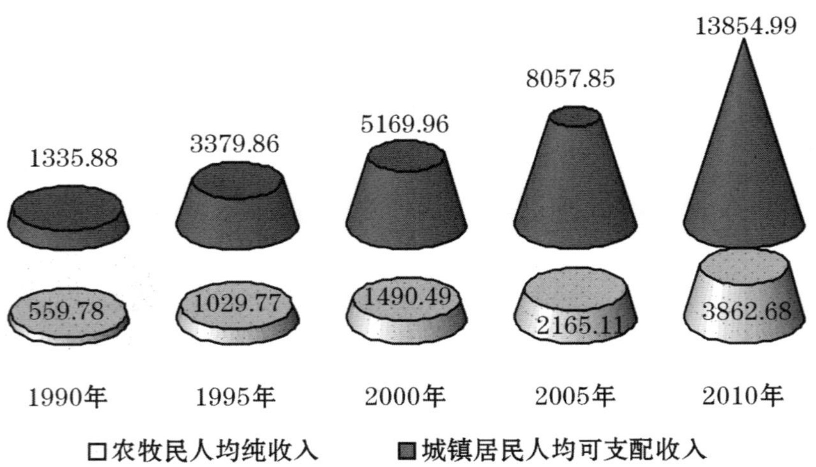

6—1 主要年份人民物质文化生活情况
Material and Cultural of People's Living Conditions in Main Years

项　　目		Item	2000	2005	2007	2009	2010
就业		**Employment**					
每一农村劳动力负担人数	(人)	Number of Dependents per Laborer of Rural Household (person)	1.6	1.7	1.7	1.7	1.7
每一城镇就业者负担人数	(人)	Number of Dependents per Employee of Urban Household (person)	2.1	2.3	2.2	2.3	2.3
城镇登记失业率	(%)	Registered Urban Unemployment Rate (%)	2.4	3.9	3.8	3.8	3.8
收入		**Income**					
农村居民家庭人均纯收入	(元)	Annual Per Capita Net Income of Rural Households (yuan)	1490.5	2165.1	2683.8	3346.2	3862.7
农村居民人均纯收入指数	(1980=100)	Index of Annual Per Capita Net Income (1980=100)	264.3	343.8	383.3	418.5	456.6
城镇居民家庭人均可支配收入	(元)	Annual Per Capita Disposable Income of Urban Households (yuan)	5170.0	8057.9	10276.1	12691.9	13855.0
城镇居民人均可支配收入指数	(1984=100)	Index of Annual Per Capita Disposable Income (1984=100)	174.5	249.6	318.3	393.2	429.2
职工年平均工资	(元)	Average Wage (yuan)	10050	19084	26166	33561	37182
消费水平		**Consumption Level**					
农村居民	(元)	Rural Households (yuan)	1218.2	2085.5	2475.8	3243.6	3858.5
城镇居民	(元)	Urban Households (yuan)	4185.7	6245.3	7512.4	8786.5	9613.8
储蓄		**Savings**					
城乡居民年底储蓄存款余额	(亿元)	Balance at Year-end in Urban and Rural Areas (100 million yuan)	146.3	361.5	468.7	754.3	943.8
平均每人储蓄存款余额	(元)	Average Balance of Savings Deposits (yuan)	2850.7	6683.4	8527.6	13572.0	16848.7
住房面积		**Per Capita Floor Space of Houses**					
农村平均每人居住	(平方米)	Per Capita Floor Space of Residential Building in Rural Areas (sq.m)	15.3	18.0	19.3	20.3	21.4
城市平均每人使用	(平方米)	Per Capita Floor Space of Residential Building in Urban Areas (sq.m)	12.1	18.4	18.6	25.8	25.9
交通		**Transport**					
城镇每百户拥有家庭汽车	(辆)	Number of Automobile Per 100 Urban Households (units)	9.0	6.7	4.0	3.6	6.0
城市每万人拥有公共车辆	(辆)	Number of Public Transportation Vehicles per 10 000 Population in City (units)	13.9	11.2	12.0	13.0	16.4
城市公用事业		**City Public Utility Rate**					
自来水普及率	(%)	Percentage of Population with Access to Tap Water (%)	97.3	98.6	100.0	99.5	99.9
用气普及率	(%)	Percentage of Population with Access to Gas (%)	48.9	53.9	59.8	91.5	90.8
人均拥有公共绿地	(平方米)	Per Capita Public Green Area (sq.m)	3.7	5.0	6.4	8.1	8.5
文化		**Culture**					
城镇每百户有彩色电视机	(台)	Number of Color TV per 100 Urban Households (unit)	112.0	111.7	116.1	105.0	106.0
农村每百户有电视机	(台)	Number of TV per 100 Rural Households (unit)	75.2	93.8	100.2	103.3	104.7
广播人口综合覆盖率	(%)	Rate of Radio Broadcast Coverage of the Population (%)	63.0	86.5	88.0	88.9	90.0
电视人口综合覆盖率	(%)	Rate of TV Coverage of the Population (%)	86.0	92.5	93.5	94.3	95.0
教育		**Education**					
学龄儿童入学率	(%)	Net Enrollment Rate of School-Age Children (%)	94.2	97.0	98.6	99.5	99.6
每万人口中在校大学生数	(人)	Total Enrollment of Colleges and Universities per 10 000 Population (person)	25.7	63.3	92.4	104.5	107.4
卫生		**Health**					
每万人有医院、卫生院病床数	(张)	Number of Hospital Beds per 10 000 Population (bed)	32.0	29.7	29.8	32.2	35.8
每万人有卫生技术人员数	(人)	Number of Medical and Technical Personnel per 10 000 Population (person)	41.6	38.4	37.0	42.1	42.7

6-2 1984－2010年城镇居民人均收支及恩格尔系数

Per Capita Annual Income, Expenditure and Engle Coefficient of Urban Households(1984-2010)

年份 地区 Year Region	可支配收入(元) Disposable Income (yuan)	指数(上年=100) Index (preceding year=100)	指数(上年=100)(扣除物价因素) Indices (preceding year=100)	定基指数(1984=100) Fixed-base Indices (1984=100)	消费性支出(元) Consumption Expenditure (yuan)	食品(元) Food (yuan)	恩格尔系数(%) Engle Coefficient (%)
1984	684.80	100.00	100.00	100.00	581.19	299.11	51.5
1985	849.20	124.00	112.01	124.00	678.70	348.50	55.1
1988	1153.80	106.40	89.71	168.50	1048.06	526.59	55.0
1989	1274.90	115.50	98.13	186.20	1069.44	603.03	62.5
1990	1335.90	104.80	100.29	195.10	1117.84	629.21	63.4
1991	1486.60	111.30	104.70	217.10	1260.58	723.94	64.1
1992	1756.03	118.30	111.18	256.70	1488.66	802.39	61.0
1993	2078.87	118.38	104.58	303.90	1817.68	949.03	58.2
1994	2769.36	133.21	109.37	404.40	2392.44	1225.57	59.7
1995	3379.85	122.04	103.42	493.50	2930.10	1507.10	51.4
1996	3829.78	113.31	102.26	559.20	3305.25	1641.00	49.7
1997	3999.36	104.43	99.65	586.30	3300.48	1593.48	48.3
1998	4240.08	106.02	105.28	621.70	3580.44	1625.88	45.4
1999	4703.52	110.93	111.49	690.30	3903.84	1654.68	42.4
2000	5169.96	109.91	110.46	758.80	4185.70	1711.10	40.9
2001	5853.72	113.23	110.36	859.10	4698.60	1790.30	38.1
2002	6199.88	111.11	108.61	950.70	5045.00	1799.00	35.7
2003	6731.88	108.58	106.45	1042.80	5389.40	1982.60	36.8
2004	7319.67	108.73	105.36	1136.70	5759.00	2056.00	35.7
2005	8057.85	110.08	109.99	1145.79	6245.26	2267.36	36.3
2006	9000.35	111.70	109.72	1279.83	6530.10	2366.40	36.2
2007	10276.06	114.18	107.41	1461.31	7512.39	2803.35	37.3
2008	11648.30	113.90	103.64	1664.43	8203.20	3315.60	40.4
2009	12691.85	108.96	105.58	1813.56	8786.52	3548.85	40.3
2010	13854.99	109.16	104.28	1979.69	9613.79	3784.81	39.4
西宁市 Xining City	14085.24	109.09	103.84	2058.96	9420.84	3863.12	41.0
海东地区 Haidong Prefecture	13255.63	110.81	105.43	1959.90	10359.96	4039.49	39.0
海北州 Haibei Zang A.P	15843.21	112.08	106.64	2318.08	12495.66	4258.14	34.1
黄南州 Huangnan Zang A.P	14602.94	110.04	104.70	2134.78	10095.56	3849.30	38.1
海南州 Hainan Zang A.P	12554.21	109.59	104.27	1835.40	9659.57	3456.10	35.8
果洛州 Golog Zang A.P	13759.80	112.11	106.67	2011.54	13199.25	4481.92	34.8
玉树州 Yushu Zang A.P	16305.89	125.12	119.05	2383.74	9205.76	5768.52	62.7
海西州 Haixi Mongolian & Zang A.P	16758.64	111.15	105.76	2453.08	13568.49	4436.58	32.7

6—3 主要年份城镇居民家庭基本情况
Basic Statistics of Urban Households in Main Years

项目	Item	1985	1995	2000	2005	2009	2010
调查户数	**(户) Number of Households (household)**	**490**	**450**	**550**	**550**	**600**	**600**
平均每户家庭人口	**(人) Average Household Size (person)**	**4.5**	**3.5**	**3.2**	**3.0**	**3.0**	**3.0**
平均每户就业人口	**Average household employment (人) Employment Size (person)**	**2.1**	**1.8**	**1.5**	**1.3**	**1.3**	**1.3**
平均每户就业面	**Proportion of Employment per (%) Household (%)**	**45.9**	**50.0**	**46.8**	**44.0**	**44.0**	**44.0**
平均每一就业者负担人数(包括就业者本人)	**Number of Dependents per Employee (人) (Including employment) (person)**	**2.2**	**2**	**2.14**	**2.3**	**2.3**	**2.3**
平均每人全部年收入	**(元) Annual Per Capita Net Income (yuan)**	**849.20**	**3379.86**	**5196.60**	**8766.68**	**14150.25**	**15480.81**
其中:可支配收入	Disposable Income		3111.60	5169.96	8057.85	12691.85	13854.99
人均工薪收入	Per Capita Income from Wages and Salaries	768.00	2862.25	3607.00	5613.80	9341.26	10061.60
人均经营净收入	Per Capita Net Business Income	44.60	29.67	160.90	513.40	835.48	943.96
人均财产性收入	Per Capita Income from Properties	5.60	10.03	29.30	62.10	45.70	73.90
人均转移性收入	Per Capita Income from Transfer	31.00	477.80	1399.40	2577.40	3927.81	4401.37
平均每人消费性支出	**Per Capita Annual Consumption (元) Expenditure (yuan)**	**678.70**	**2930.07**	**4185.73**	**6245.30**	**8786.52**	**9613.79**
食品	Food	348.40	1507.06	1711.05	2267.40	3548.85	3784.81
衣着	Clothing	112.90	408.79	458.57	690.76	1043.40	1185.56
家庭设备用品及服务	Household Facilities, Articles and Services	55.40	195.63	334.90	356.50	505.32	644.01
医疗保健	Health Care and Medical Services	6.70	162.03	307.24	554.10	701.37	718.78
交通通讯	Transport and Communication		138.62	297.72	691.30	975.91	1116.56
娱乐教育文化服务	Education, Cultural and Recreation Services	72.40	231.97	495.34	803.10	889.32	908.07
居住	Residence	6.20	102.67	274.47	666.40	790.5	923.52
杂项商品与服务	Miscellaneous Goods and Services	76.70	183.30	306.44	215.80	331.86	332.49
平均每人消费性支出构成(人均消费支出=100)	**Composition of Per Capita Annual Consumption Expenditure (%)**	**100.0**	**100.0**	**100.0**	**100.0**	**100.0**	**100.0**
食品	Food	51.3	51.4	40.9	36.2	40.4	39.4
衣着	Clothing	16.6	14.0	11.0	11.1	11.9	12.2
家庭设备用品及服务	Household Facilities, Articles and Services	8.2	6.7	8.0	5.7	5.8	6.7
医疗保健	Health Care and Medical Services	1.0	5.5	7.3	8.9	8.0	7.5
交通通讯	Transport and Communication		4.7	7.1	11.1	11.1	11.6
娱乐教育文化服务	Education, Cultural and Recreation Services	10.7	7.9	11.8	12.9	10.1	9.5
居住	Residence	1.0	3.5	6.6	10.7	8.9	9.6
杂项商品与服务	Miscellaneous Goods and Services	11.2	6.2	7.3	3.4	3.8	3.5

6-4 城镇居民家庭基本情况(2010年)

项目	Item	全省 Province Total
调查户数 (户)	**Number of Households Surveyed (household)**	**600**
比重 (%)	**Proportion (%)**	**100.0**
平均每户家庭人口 (人)	**Average Household Size (person)**	**3.0**
平均每户就业人口 (人)	**Average Number of Employed Persons Per Household (person)**	**1.3**
平均每户就业面 (%)	**Proportion of Employment per Household (%)**	**43.3**
每一就业者负担人数 (人)	**Number of Dependents per Employee (person)**	**2.3**
平均每人可支配收入 (元)	**Annual Per Capita Disposable Income (yuan)**	**13855.0**
平均每人消费性支出 (元)	**Annual Per Capita Consumption Expenditure (yuan)**	**9613.8**
食　品	Food	3784.8
粮　油	Grain and Oil-bearing Crops	632.1
肉禽蛋及水产品	Poultry Eggs and Aquatic Products	859.2
蔬菜类	Vegetables	405.4
糖、烟 、酒饮料类	Sugar, Tobacco, Alcohol Beverage Category	448.3
奶及奶制品	Milk and Processed Products	187.5
衣　着	Clothing	1185.6
服　装	Garments	854.4
家庭设备用品及服务	Household Facilities, Articles and Services	644.0
耐用消费品	Durable Consumer Goods	266.2
医疗保健	Health Care and Medical Services	718.8
交通通讯	Transport and Communications	1116.6
娱乐教育文化服务	Education, Culture and Recreation Services	908.1
文化娱乐用品	Consumer Goods for Recreational Use	274.9
居　住	Residence	923.5
住　房	Housing	164.0
杂项商品与服务	Miscellaneous Goods and Services	332.5
消费性支出构成 (%)	**Total Consumption Expenditures (%)**	**100.0**
食　品	Food	**39.4**
衣　着	Clothing	12.2
家庭设备用品及服务	Household Facilities, Articles and Services	6.7
医疗保健	Health Care and Medical Services	7.5
交通通讯	Transport and Communications	11.6
娱乐教育文化服务	Education, Culture and Recreation Services	9.5
居　住	Residence	9.6
杂项商品与服务	Miscellaneous Goods and Services	3.5

Basic Statistics of Urban Households(2010)

按收入等级分 Grouped by Percentile of Households							
最低收入户 (10%) Lowest Income Households (first decile group)	更低户 (5%) Poor Households (first five percent group)	低收入户 (10%) Low Income Households (second decile group)	中等偏下户 (20%) Lower Middle Income Households (second quintile group)	中等收入户 (20%) Middle Income Households (third quintile group)	中等偏上户 (20%) Upper Middle Income Households (fourth quintile group)	高收入户 (10%) High Income Households (ninth decile group)	最高收入户 (10%) Highest Income Households (tenth decile group)
60	**30**	**60**	**120**	**120**	**120**	**60**	**60**
10.0	**5.0**	**10.0**	**20.0**	**20.0**	**20.0**	**10.0**	**10.0**
3.8	**4.0**	**3.6**	**3.2**	**3.0**	**2.7**	**2.6**	**2.1**
1.2	**1.2**	**1.3**	**1.3**	**1.2**	**1.4**	**1.5**	**1.3**
31.5	**30.0**	**36.1**	**40.1**	**40.0**	**51.6**	**57.7**	**68.2**
3.2	**3.3**	**2.8**	**2.5**	**2.5**	**1.9**	**1.7**	**1.6**
3361.6	**2528.2**	**5830.1**	**8706.9**	**13320.7**	**18930.1**	**25315.3**	**38029.4**
3933.2	**3278.0**	**5187.4**	**6937.3**	**9943.4**	**12094.8**	**16701.2**	**20292.7**
1806.1	1521.3	2425.6	2940.3	3945.1	4811.5	5620.3	7185.4
407.9	371.1	533.4	556.0	651.3	725.4	771.1	1003.2
441.9	367.1	623.9	729.4	932.6	1051.2	1108.2	1463.0
246.6	223.6	301.4	338.5	439.1	481.3	504.6	688.4
210.0	159.0	280.6	347.1	486.6	586.1	636.7	817.2
90.6	80.1	143.5	149.9	189.9	227.5	277.3	344.5
364.1	247.5	595.2	822.7	1186.7	1527.7	2221.6	2720.5
236.2	139.2	373.3	575.0	842.4	1094.1	1738.6	2038.8
170.6	134.9	336.9	419.4	654.6	894.1	1193.4	1424.2
19.8	13.0	147.7	162.3	237.7	381.4	669.1	538.4
483.8	508.4	446.3	653.4	837.7	731.4	960.1	1166.5
308.9	231.0	370.0	650.5	986.9	1264.4	3150.8	2793.4
290.0	217.9	449.7	576.3	967.5	1237.2	1619.9	2027.7
49.0	46.6	117.2	128.1	303.0	405.6	480.9	779.4
431.2	363.0	464.8	641.2	1099.3	1171.9	1352.9	1894.3
21.3	7.5	10.9	31.1	296.9	196.9	268.4	549.3
78.6	54.1	99.0	233.6	265.7	456.4	582.4	1080.7
100.0	**100.0**	**100.0**	**100.0**	**100.0**	**100.0**	**100.0**	**100.0**
45.9	46.4	46.7	42.4	39.6	39.8	33.6	35.4
9.3	7.6	11.5	11.9	11.9	12.6	13.3	13.4
4.3	4.1	6.5	5.0	6.6	7.4	7.2	7.5
12.3	15.5	8.6	9.4	8.4	4.0	5.8	5.7
6.0	7.1	7.2	9.4	9.9	10.3	18.8	13.4
7.4	6.6	8.7	8.3	9.8	10.2	9.7	10.0
11.0	11.1	8.9	9.2	11.1	11.9	8.1	9.3
2.1	1.6	1.9	3.4	2.7	3.8	3.5	5.3

6-5 2009-2010年城镇居民年人均现金收支平衡表
Balance of Per Capita Cash Income and Expenditure of Urban Households(2009-2010)

单位：元 (yuan)

指　标	Item	2009	2010	2010比2009 增减%
期初手存现金	**Spot Cash at the Beginning of Period**	**151.13**	**171.11**	**13.2**
家庭总收入	**Annual Total Income**	**14150.25**	**15480.81**	**9.4**
工薪收入	Income from Wages and Salaries	9341.26	10061.58	7.7
工资及补贴收入	Wage and Income Subsidies	9031.99	9685.24	7.2
其它劳动收入	Other Income	309.27	376.34	21.7
经营净收入	Net Business Income	835.48	943.96	13.0
财产性收入	Income from Properties	45.7	73.9	61.7
股息与红利收入	Capital Bonus Income	11.88	14.36	20.9
转移性收入	Income from Transfer	3927.81	4401.37	12.1
养老、离退休金	Retirees Revenue	3476.39	3908.61	12.4
赡养收入	Support Income	97.18	110.27	13.5
捐赠收入	Donation Income	63.97	79.01	23.5
记帐补贴	Investigate Subsidy	118.93	118.47	-0.4
出售财物收入	**The Sale of Property Income**	**313.39**	**1.02**	
借贷收入	**Lending Income**	**8155.3**	**9130.54**	**12.0**
提取储蓄存款	Extraction of Savings Deposits	7948.47	9049.03	13.9
借入款	Borrow or Lend Money	129.27	55.81	-56.8
住房贷款	Housing Loans	67.31	2.55	-96.2
其它借贷收入	Other Lending Income	2.34	4.63	97.9
家庭总支出	**Total Expenditure**	**12117.92**	**13604.38**	**12.3**
消费性支出	Consumption Expenditure	8786.52	9613.79	9.4
食品	Food	3548.85	3784.81	6.7
衣着	Clothing	1043.4	1185.56	13.6
教育文化娱乐	Education, Cultural and Recreation Services	889.32	908.07	2.1
居住	Residence	790.5	923.52	16.8
转移性支出	Expenses on Transfers	1192.53	1498.17	25.6
捐赠支出	Gift Expenditures	701.53	854.86	21.9
赡养支出	Support Expenditures	382.65	507.05	32.5
财产性支出	Expenses on Properties	60.1	43.91	-26.9
社会保障支出	Social Security Insurance	1309.34	1463.59	11.8
个人交纳养老金	Annuities	489	528.5	8.1
个人交纳的住房公积金	Housing Accumulation Fund	617.02	692.4	12.2
个人交纳医疗基金	Iatrical Accumulation Fund	160.92	196.12	21.9
借贷支出	**Debit and Credit Expenditure**	**10479.1**	**11003.14**	**5.0**
存入储蓄款	Deposit Money in Bank	9986.67	10539.4	5.5
归还借款	Returning Loans	133.34	59.61	-55.3
归还住房贷款	Return Housing Loans	239.13	224.49	-6.1
期末手存现金	**Spot Cash at the End of the Period**	**172.9**	**174.26**	**0.8**

6–6 主要年份城镇居民家庭人均年购买的主要商品数量
Per Capita Annual Purchases of Major Commodities of Urban Households in Main Years

项目		Item		1985	1990	1995	2000	2005	2006	2009	2010
粮食	(千克)	Grain	(kg)	126.00	187.51	140.59	93.04	80.69	76.38	64.95	68.3
鲜菜	(千克)	Vegetables	(kg)	112.68	155.96	132.84	88.63	100.89	96.88	105.92	104
食用植物油	(千克)	Edible Vegetable Oil	(kg)	7.44	9.77	8.50	9.59	9.40	8.74	9.33	9.3
猪肉	(千克)	Pork	(kg)	10.98	15.56	15.45	11.54	11.31	11.70	14.31	12.98
牛肉	(千克)	Beef	(kg)	3.73	4.70	3.43	3.95	4.37	4.87	4.38	4.95
羊肉	(千克)	Mutton	(kg)	8.70	11.10	10.10	9.26	8.18	8.42	5.88	5
家禽	(千克)	Poultry	(kg)	1.02	0.71	2.05	3.24	4.26	4.25	4.58	5.1
鲜蛋	(千克)	Fresh Eggs	(kg)	4.92	4.00	7.96	8.37	7.96	7.32	8.14	7.55
鱼	(千克)	Fish	(kg)	3.10	3.03	4.41	3.35	3.41	3.24	3.89	3.63
虾	(千克)	Shrimp	(kg)			0.11	0.25	0.49	0.45	0.47	0.58
白酒	(千克)	Liquor	(kg)	2.53	3.89	3.41	3.25	2.06	2.12	1.93	2.28
果酒	(千克)	Fruit Wine	(kg)	1.50	0.89	0.78	0.12	0.19	0.19	0.17	0.12
啤酒	(千克)	Beer	(kg)	1.21	2.70	2.65	2.30	2.14	2.30	2.14	1.8
茶叶	(千克)	Tea	(kg)	0.70	0.76	0.51	0.60	0.23	0.22	0.32	0.32
鲜奶	(千克)	Milk	(kg)	5.79	13.11	15.64	16.20	26.57	24.72	22.77	22.05
奶粉	(千克)	Milk Powder	(kg)				0.37	0.25	0.21	0.08	0.66
酸奶	(千克)	Yogurt	(kg)				1.10	2.51	3.21	6.75	6.17
鲜瓜果	(千克)	Fresh Melons & Fruits	(kg)	31.40	41.67	42.82	43.34	37.10	45.00	46.2	43.8
糕点	(千克)	Cake	(kg)	3.08	2.99	2.79	1.86	3.36	3.37	4.34	4.55
鞋	(双)	Shoes	(pair)	2.06	1.30	1.35	1.15	2.36	2.36	2.51	2.92
服装	(件)	Clothing	(piece)			4.34	4.89	6.11	5.87	7.37	7.57

6－7 主要年份城镇居民家庭平均每百户年底耐用消费品拥有量
Ownership of Major Durable Consumer Goods Per 100 Urban Households at Year-end in Main Years

项　目	Item	1985	1990	1995	2000	2005	2006	2009	2010
摩托车　(辆)	Motorcycle (unit)		3	6	9	7	7	4	4
家用汽车　(辆)	Automobile (unit)					2	2	4	6
洗衣机　(台)	Washing Machine (unit)	58	86	96	101	98	99	96	97
电冰箱　(台)	Refrigerator (unit)	3	15	47	86	87	92	91	92
彩色电视机 (台)	Color Television Set (set)	47	78	94	112	112	113	105	106
空调器　(台)	Air Conditioner (unit)						1	2	2
家用电脑　(台)	Computer (set)				2	22	31	36	40
组合音响　(套)	Hi-Fi Stereo Component System (set)			7	22	21	20	12	11
摄像机　(台)	Video Camera (set)						3	3	4
照相机　(台)	Camera (set)	10	17	35	43	42	38	25	25
微波炉　(台)	Microwave Oven (unit)				7	38	43	47	47
钢琴　(台)	Piano (set)						2	2	2
健身器　(台)	Health Equipment (unit)						2	2	2
移动电话　(部)	Mobile Telephone (unit)				10	126	148	148	153
淋浴热水器 (台)	Water Heater for Shower (unit)			7	18	44	48	43	44

6-8 按收入等级分城镇居民家庭每百户消费品拥有量(2010年)
Ownership of Consumer Goods Owned Per 100 Urban Households at Year-end by Level of Income(2010)

项 目		Item		总平均 Average	最低收入户 Lowest Income Households	更低户 Poor Households	低收入户 Low Income Households	中等偏下户 Lower Middle Income Households	中等收入户 Middle Income Households	中等偏上户 Upper Middle Income Households	高收入户 High Income Households	最高收入户 Highest Income Households
摩托车	(辆)	Motorcycle	(unit)	4			2	2	4	5	2	5
家用汽车	(辆)	Automobile	(unit)	6				4	3	9	12	8
洗衣机	(台)	Washing Machine	(unit)	97	90	84	92	93	99	99	100	101
电冰箱	(台)	Refrigerator	(unit)	92	79	70	78	85	95	99	99	102
彩色电视机	(台)	Color Television Set	(set)	106	100	98	104	102	108	107	106	115
空调器	(台)	Air Conditioner	(unit)	2				1	1	4		2
家用电脑	(台)	Computer	(set)	40	6	5	14	23	34	62	71	74
组合音响	(套)	Hi-Fi Stereo Component System	(set)	11	8	6	7	4	12	14	19	20
摄像机	(台)	Video Camera	(set)	4					3	6	14	5
照相机	(台)	Camera	(set)	25	2	2	10	6	24	42	46	49
微波炉	(台)	Microwave Oven	(unit)	47	11	8	16	36	45	62	77	80
钢琴	(台)	Piano	(set)	2				1		4	4	8
健身器	(台)	Health Equipment	(unit)	2					2	3	2	7
移动电话	(部)	Mobile Telephone	(unit)	153	92	81	117	132	158	189	173	189
淋浴热水器	(台)	Water Heater for Shower	(unit)	44	7	4	21	30	41	63	72	75

6-9 城镇居民住房情况(2010年)
Housing Conditions of Urban Households (2010)

项 目	Item	调查户数(户) Households Surveyed (Household)	比 重(%) Percentage (%)
按住宅建筑式样分	**By Style of House Construction**	**600**	**100.00**
单栋住宅	Individual Storied Building		
四居室	Four-bedroom	29	4.90
三居室	Three-bedroom	132	22.03
二居室	Two-bedroom	338	56.39
一居室	One-bedroom	15	2.44
普通楼房	Ordinary Storied Building	22	3.67
平房及其他	Single-story Building and other	64	10.57
按房屋产权分	**By Building Property Right**	**600**	**100.00**
租赁公房	Public House Rented	13	2.16
租赁私房	Private House Rented	30	4.98
原有私房	Private House Formerly Owned	38	6.34
房改私房	Private House from Housing Reform	336	55.99
商品房	Commercial House	177	29.50
其他	Others	6	1.02
按饮水情况分	**By Water Drinking**	**600**	**100.00**
自来水	Tap Water	597	99.51
纯净水	Purified Water	1	0.21
河水	River-water	2	0.28
其他	Others		
按用水情况分	**By Water Using**	**600**	**100.00**
独用自来水	Tap Water for Separate Use	592	98.73
公用自来水	Public Tap Water	6	0.89
河水	River-water	2	0.38
按取暖设备分	**By Possession of Heating Equipment**	**600**	**100.00**
无取暖设备	No heating Equipment	1	0.08
空调设备	Air Conditioner	1	0.08
暖气	Central Heating	455	76.00
其他	Others	143	23.85
按用燃料使用情况分	**By Using of Cooking Fuel**	**600**	**100.00**
管道天然气	Pipeline Gas	91	15.18
液化石油气	Liquefied Petroleum Gas	52	8.70
煤	Coal	56	9.32
其他	Others	401	66.80
按信息化使用情况分	**By Using of Informationization**	**600**	**100.00**
接入有线电视网络的电视机	TV Sets Accessing to Cable TV Network	572	95.39
固定电话	Fixed Line Telephones	495	82.53
接入使用互联网的计算机	Computers Accessing to Internet	203	33.79
按卫生设备分	**By Possession of Sanitary Equipment**	**600**	**100.00**
无卫生设备	No Sanitary Equipment	6	1.04
有浴室厕所	Having Bathroom and Lavatory	267	44.50
有厕所无浴室	Having Lavatory and No Bathroom	287	47.86
公用	Public Sanitary Equipment	40	6.61

6-10 主要年份农村居民家庭基本情况

Basic Conditions of Rural Households in Main Years

项目	Item	1990	1995	2000	2005	2008	2009	2010
调查户数 (户)	**Number of Households Surveyed (household)**	**460**	**600**	**600**	**600**	**600**	**600**	**600**
调查户常住人口 (人)	**Number of Residents Surveyed (person)**	**2878**	**3579**	**3190**	**3094**	**3023**	**3010**	**2981**
平均每户常住人口	Average Number of Permanent Residents Per Household	6.3	6.0	5.3	5.2	5.0	5.0	5.0
平均每户整半劳力	Average Number of Full/Semi Labour Force Per Household	3.5	3.5	3.3	3.1	3.0	3.0	3.0
平均每个劳动力负担人口	Average Number of Dependents per Labour Force	1.8	1.7	1.6	1.7	1.7	1.7	1.7
平均每人年收入 (元)	**Per Capita Annual Income (yuan)**							
总收入	**Total Income**	**782.7**	**1382.2**	**2000.3**	**2955.5**	**4126.4**	**4430.6**	**5042.2**
工资性收入	Income from Wages and Salaries	73.0	96.7	312.3	561.3	1067.3	1168.4	1295.3
家庭经营收入	Income from Household Operations	664.2	1253.5	1597.0	2198.0	2682.0	2770.5	3074.7
财产性收入	Income from Properties	27.3	3.0	24.7	40.2	81.7	69.6	76.6
转移性收入	Income from Transfers	18.1	29.0	66.3	156.0	295.4	422.0	595.7
现金收入	**Cash Income**	**541.1**	**733.2**	**1365.7**	**2296.0**	**3130.0**	**3750.1**	**4102.6**
工资性收入	Income from Wages and Salaries	71.6	96.5	311.0	561.2	1066.9	1168.4	1295.3
家庭经营收入	Income from Household Operations	403.2	573.9	974.1	1566.4	1701.7	2098.6	2158.7
财产性收入	Income from Properties	48.2	21.1	24.7	34.2	72.4	66.9	58.6
转移性收入	Income from Transfers	18.1	41.7	55.9	134.2	289.0	416.2	590.0
平均每人年支出 (元)	**Per Capita Annual Expenditures (yuan)**							
总支出	**Total Expenditure**	**683.0**	**1306.4**	**1928.1**	**3075.4**	**4334.5**	**4660.7**	**5270.8**
家庭经营费用支出	Expenditure for Household Operations	120.6	258.3	348.1	643.0	879.5	880.0	898.2
购置生产性固定资产	Purchase of Productive Fixed Assets	40.4	69.5	136.4	145.3	260.6	232.2	145.1
税费支出	Taxes and Fees	23.6	39.2	46.9	4.4	0.4	2.0	
生活消费支出	Expenses on Household Consumption	474.8	913.8	1218.2	2085.5	2974.9	3243.6	3858.5
转移性和财产性支出	Expenses on Properties and Expenses on Transfers	23.7	25.6	96.2	196.8	219.1	300.2	368.4
现金支出	**Cash Expenditure**	**486.5**	**779.8**	**1327.2**	**2386.8**	**3408.3**	**3898.9**	**4331.5**
家庭经营费月支出	Expenditure for Household Operations	126.6	165.6	285.2	496.4	722.4	724.0	726.2
购买生产性固定资产	Purchase of Productive Fixed Assets	40.4	69.5	136.4	145.3	260.6	232.2	145.1
税费支出	Taxes and Fees	23.3	38.8	46.9	4.4	0.4	2.0	
生活消费支出	Expenses on Household Consumption	256.6	458.7	765.5	1545.6	2208.1	2639.3	3093.9
转移性和财产性支出	Expenses on Properties and Expenses on Transfers	39.6	47.2	93.2	194.7	216.8	298.6	365.6
平均每人年纯收入 (元)	**Per Capita Annual Net Income (yuan)**	**559.8**	**1029.8**	**1490.5**	**2165.1**	**3061.2**	**3346.2**	**3862.7**
工资性收入	Income from Wages and Salaries	73.0	96.7	312.3	561.3	1067.3	1168.4	1295.3
家庭经营纯收入	Income from Household Operations	448.8	908.2	1119.8	1428.5	1641.2	1711.2	1991.7
财产性收入	Income from Properties	19.9	3.0	24.7	40.2	81.7	69.6	76.6
转移性收入	Income from Transfers	18.1	21.9	33.8	135.1	271.0	396.9	499.1

6–11 主要年份农村居民按纯收入分组的户数占调查户比重
Percentage of Rural Households Grouped by Per Capita Annual Net Income

项目	Item	1985	1990	1995	2000	2005	2006	2008	2009	2010
按纯收入分组户数	**Percentage of Households Grouped**	**450**	**460**	**600**	**600**	**600**	**600**	**600**	**600**	**600**
占调查户比重(%)	**by Per Capita Annual Net Income (%)**	**100**	**100**	**100**	**100**	**100**	**100**	**100**	**100**	**100**
1000元以下	Less Than1000元以下	97.4	89.8	57.3	39.5	13.3	11.2	9.9	7.5	6.6
1000–1200元	1000-1200 Yuan		8.0	15.3	11.5	7.0	8.5	2.7	2.8	1.7
1200–1300元	1200-1300 Yuan		1.5	3.5	5.0	4.5	4.2	1.8	2.3	1.0
1300–1500元	1300-1500 Yuan	2.2	0.7	7.8	9.5	8.2	8.5	2.5	3.5	2.7
1500–1700元	1500-1700 Yuan	0.4		5.2	6.5	10.5	7.0	4.7	3.8	3.8
1700–2000元	1700-2000 Yuan			4.5	6.3	11.2	12.2	7.7	5.5	5.8
2000–2500元	2000-2500 Yuan			2.8	8.2	14.3	13.0	12.0	12.2	8.2
2500–3000元	2500-3000 Yuan			2.2	5.2	9.5	12.5	13.2	10.8	10.0
3000–3500元	3000-3500 Yuan			0.2	2.3	7.5	6.5	11.1	8.8	8.7
3500–4000元	3500-4000 Yuan				1.2	5.0	4.2	9.1	10.3	7.3
4000–4500元	4000-4500 Yuan			0.3	0.7	2.8	3.8	6.3	6.4	6.7
4500–5000元	4500-5000 Yuan			0.2	0.8	1.5	1.2	4.8	6.4	7.8
5000元以上	5000 Yuan and over			0.7	3.3	4.7	7.2	14.2	19.7	29.7

6-12 主要年份农村居民家庭平均每人纯收入及构成
Composition of Per Capita Net Income of Rural Households in Main Years

单位：元、% (yuan，%)

项 目	Item	1990	1995	2000	2005	2006	2008	2009	2010
按收入来源分	**By Source**								
农村居民人均纯收入	**Per Capita Annual Net Income of Rural Households**	**559.8**	**1029.8**	**1490.5**	**2165.1**	**2358.4**	**3061.2**	**3346.2**	**3862.7**
工资性收入	Wages Income	73.0	96.7	312.3	561.3	710.5	1067.3	1168.4	1295.3
家庭经营纯收入	Net Income from Household Operations	448.3	908.2	1119.8	1428.5	1429.1	1641.2	1711.2	1991.7
农业收入	Farming	243.9	508.8	398.3	605.7	605.9	744.9	775.1	1000.1
林业收入	Forestry	2.0	4.0	4.4	10.1	10.7	9.9	21.0	19.9
牧业收入	Animal Husbandry	150.9	258.1	519.2	589.9	597.3	652.7	660.0	670.0
渔业收入	Fishery	0.3		18.9	3.5	7.0	8.7	1.4	10..3
工业收入	Industry	6.1	6.7	13.6	8.1	9.7	20.3	10.0	21.4
建筑业收入	Construction	4.6	8.6	9.0	28.8	7.4	22.7	30.4	6.6
交通运输邮电业收入	Transport, Postal and Telecommunication Services	22.0	28.4	73.3	76.2	62.2	35.9	65.6	93.3
批发零售贸易及餐饮业收入	Wholesale and Retail Trades and Catering Services	10.5	30.5	27.7	64.4	80.0	106.3	110.2	122.0
社会服务业收入	Social Services	5.8	7.5	2.8	17.7	6.7	5.0	8.6	11.3
文教卫生业收入	Culture, Education and Health Care			11.6	7.5	18.8	20.2	20.1	17.9
其他收入	Others	2.7	55.7	41.0	16.9	23.5	14.6	9.0	19.0
转移性和财产性收入	Property and Transfer Income	38.0	24.8	58.5	175.3	218.8	352.7	466.5	575.7
农村居民人均纯收入构成	**Composition of Per Capita Net Income of Rural Households**	**100.0**	**100.0**	**100.0**	**100.0**	**100.0**	**100.0**	**100.0**	**100.0**
工资性收入	Wages Income	13.0	9.4	21.0	25.9	30.1	34.9	34.9	33.5
家庭经营纯收入	Net Income from Household Operations	80.2	88.2	75.1	66.0	60.6	53.6	51.2	51.6
农业收入	Farming	54.3	56.0	35.6	28.0	25.7	24.3	23.2	25.9
林业收入	Forestry	0.4	0.4	0.4	0.5	0.5	0.3	0.6	0.5
牧业收入	Animal Husbandry	3[illegible].6	28.4	46.4	27.2	25.3	21.3	19.7	17.3
渔业收入	Fishery	0.1	0.0	1.7	0.2	0.3	0.3		0.3
工业收入	Industry	1.4	0.7	1.2	0.4	0.4	0.7	0.3	0.6
建筑业收入	Construction	1.0	1.0	0.8	1.3	0.3	0.7	0.9	0.2
交通运输邮电业收入	Transport, Postal and Telecommunication Services	4.9	3.1	6.5	3.5	2.6	1.2	2.0	2.4
批发零售贸易及餐饮业收入	Wholesale and Retail Trades and Catering Services	2.3	3.4	2.5	3.0	3.4	3.5	3.3	3.2
社会服务业收入	Social Services	1.3	0.8	0.3	0.8	0.3	0.1	0.3	0.3
文教卫生业收入	Culture, Education and Health Care	0.0	0.0	1.0	0.3	0.8	0.7	0.6	0.5
其他收入	Others	0.6	6.1	3.7	0.8	1.0	0.5	0.3	0.5
转移性和财产性收入	Property and Transfer Income	5.8	2.4	3.9	8.1	9.3	11.5	13.9	14.9

6−13 主要年份农村居民家庭平均每人生活消费总支出及构成

Composition of Per Capita Consumption Expenditure of Rural Households in Main years

单位：元、% (yuan，%)

指 标	Item	1985	1990	1995	2000	2005	2006	2008	2009	2010
生活消费总支出	**Consumption Expenditure**	**274.7**	**474.8**	**913.8**	**1218.2**	**2085.5**	**2214.9**	**2974.9**	**3243.6**	**3858.5**
食品	Food	176.1	282.6	593.9	705.2	941.3	978.0	1298.3	1234.2	1526.9
衣着	Clothing	37.9	61.6	85.5	93.4	177.1	170.8	200.2	224.7	255.2
居住	Residence	30.9	59.7	88.8	126.2	329.3	362.8	568.8	784.9	944.2
家庭设备用品及服务	Household Facilities, Articles and Services	10.6	30.2	34.3	44.8	84.2	94.7	110.4	132.5	193.6
医疗保健	Health Care and Medical Services	6.3	18.4	34.7	78.2	172.2	192.8	270.0	291.3	307.9
交通通讯	Transport and Communication	2.5	4.0	22.5	53.2	208.4	255.8	316.8	341.1	369.6
文教娱乐用品及服务	Education, Cultural and Recreation Services	7.5	17.8	33.7	79.4	109.5	118.7	148.9	173.8	198.5
其他商品及服务	Miscellaneous Goods and Services	3.0	0.3	20.5	37.9	63.4	41.3	61.5	61.0	62.6
生活消费总支出构成	**Composition of Per Capita Consumption Expenditure**	**100.0**	**100.0**	**100.0**	**100.0**	**100.0**	**100.0**	**100.0**	**100.0**	**100.0**
食品	Food	64.1	59.5	65.0	57.9	45.1	44.2	43.6	38.0	39.6
衣着	Clothing	13.8	13.0	9.4	7.7	8.5	7.7	6.7	6.9	6.6
居住	Residence	11.3	12.6	9.7	10.3	15.8	16.4	19.1	24.2	24.5
家庭设备用品及服务	Household Facilities, Articles and Services	3.8	6.4	3.7	3.7	4.0	4.3	3.7	4.1	5.0
医疗保健	Health Care and Medical Services	2.3	3.9	3.8	6.4	8.3	8.7	9.1	9.0	8.0
交通通讯	Transport and Communication	0.9	0.8	2.5	4.4	10.0	11.5	10.7	10.5	9.6
文教娱乐用品及服务	Education, Cultural and Recreation Services	2.7	3.7	3.7	6.5	5.3	5.3	5.0	5.4	5.1
其他商品及服务	Miscellaneous Goods and Services	1.1	0.1	2.2	3.1	3.0	1.9	2.1	1.9	1.6

6-14 主要年份农村居民家庭平均每人主要消费品消费量
Per Capita Consumption of Major Consumer Goods of Rural Households in Main Years

单位：公斤 (kg)

品 名	Name	1985	1990	1995	2000	2005	2006	2008	2009	2010
粮食(原粮)	**Grain**	**226.1**	**247.8**	**240.8**	**270.8**	**236.9**	**222.8**	**214.8**	**186.7**	**191.4**
小麦	Wheat	174.0	176.2	196.2	222.7	199.6	182.7	177.8	155.7	160.0
豆类及豆制品	**Beans and Soybean Products**			**1.8**	**1.4**	**2.0**	**2.8**	**3.1**	**3.1**	**3.0**
蔬菜及制品	**Vegetables and Products**	**49.3**	**54.4**	**35.0**	**42.6**	**43.8**	**42.6**	**38.5**	**41.8**	**36.5**
食油	**Edible Oil**	**5.7**	**6.4**	**8.5**	**9.1**	**10.0**	**9.9**	**10.6**	**9.9**	**10.4**
植物油	Vegetable Oil	4.6	5.5	8.1	8.7	9.8	9.7	10.3	9.7	10.2
肉禽及制品	**Meats And products**	**15.7**	**16.2**	**12.2**	**20.1**	**24.0**	**26.4**	**20.5**	**20.6**	**23.6**
猪肉	Pork	7.0	8.1	7.1	8.6	10.4	11.2	9.7	8.9	10.4
牛肉	Beef	3.6	3.7	2.0	4.5	5.1	5.1	3.7	3.8	5.2
羊肉	Mutton	5.0	4.0	3.0	6.5	7.4	8.7	5.6	6.2	6.2
家禽	Poultry	0.1	0.5	0.2	0.4	0.6	0.8	1.1	1.2	1.2
蛋类及蛋制品	**Eggs and Processed Products**	**0.5**	**0.7**	**0.5**	**0.7**	**0.5**	**0.9**	**0.8**	**0.9**	**1.2**
奶和奶制品	**Milk and Processed Products**	**25.5**	**17.3**	**12.8**	**21.7**	**27.9**	**23.1**	**21.6**	**19.0**	**14.9**
水产品	**Aquatic Products**	**0.0**	**0.1**	**0.1**	**0.8**	**0.4**	**0.3**	**0.3**	**0.6**	**0.4**
鱼类	Fish	0.0	0.1	0.1	0.2	0.3	0.2	0.3	0.6	0.3
糖类	**Sugar**	**0.7**	**0.6**	**1.1**	**1.1**	**1.5**	**1.5**	**1.6**	**1.4**	**1.4**
水果及制品	**Fruits and Processed Products**	**1.2**	**1.6**	**2.4**	**6.0**	**6.6**	**5.8**	**5.2**	**6.1**	**5.8**
坚果及制品	**Nuts and Processed Products**	**0.1**	**0.3**	**0.3**	**0.6**	**1.3**	**1.5**	**1.2**	**1.3**	**1.4**

6−15 主要年份农村居民家庭平均每百户年底耐用消费品拥有量 Ownership of Durable Consumer Goods Owned Per 100 Rural Households at Year-end in Main Years

品 名	Name	1985	1990	1995	2000	2005	2006	2007	2008	2009	2010
洗衣机 (台)	Washing Machine (set)	0.7	6.1	8.8	17.3	44.0	45.8	56.7	63.2	68.2	75.0
电冰箱 (台)	Refrigerator (set)			0.8	1.8	18.0	20.5	27.8	32.0	37.0	44.8
抽油烟机 (台)	Exhaust Fan (unit)					1.3	0.5	0.3	1.3	1.7	2.2
自行车 (辆)	Bicycle (unit)	41.3	77.6	82.7	58.8	39.3	37.0	37.7	37.5	37.0	38.5
摩托车 (辆)	Motorcycle (unit)	0.2	2.2	3.3	11.5	52.8	56.8	65.5	71.5	73.3	79.3
电话机 (部)	Telephone (unit)				4.0	46.7	56.5	60.5	67.0	63.2	63.5
移动电话 (部)	Mobile Telephone (unit)				0.3	46.2	53.0	76.3	98.5	123.5	143.8
黑白电视机 (台)	Black and white Television Set (set)	6.0	32.0	43.2	40.8	12.7	10.8	9.7	7.5	6.2	5.2
彩色电视机 (台)	Color Television Set (set)	0.9	4.1	12.7	34.3	81.2	86.5	90.5	94.0	97.2	99.5
影碟机 (台)	Video Disc Player (set)					29.8	34.8	39.7	43.2	46.3	44.7
照相机 (架)	Camera (set)	0.4	1.7	1.7	2.2	2.5	2.3	3.3	1.7	2.3	3.2

6−16 主要年份农村居民家庭平均每百户年底拥有主要固定资产 Ownership of Main Fixed Assets Owned Per 100 Rural Households at Year-end in Main Years

品 名	Name	1985	1990	1995	2000	2005	2006	2008	2009	2010
汽车 (辆)	Vehicles (unit)	0.1	1.0	1.0	2.8	3.8	2.2	3.2	4.3	3.5
大中型拖拉机 (台)	Large and Medium-sized Tractors (unit)	1.6	2.0		1.1	1.0	3.5	4.5	3.2	4.2
小型和手扶拖拉机 (台)	Small and Walking Tractor (unit)	7.9	18.0	29.0	41.7	58.8	52.8	58.9	56.3	56.8
机动脱粒机 (台)	Mobile Thresher (unit)	6.9	4.0	2.0	3.3	3.5	3.5	5.8	6.8	6.1
收割机 (台)	Harvester (unit)				0.7	0.5	1.0	0.7	2.0	1.5
农用动力机械 (台)	Farm Power Machinery (unit)				1.8	11.2	2.8	5.2	6.0	6.2
胶轮大车 (辆)	Rubber tire Crane (unit)	18.4	16.0	16.0	24.0	3.5	3.2	4.2	3.7	3.5
水泵 (台)	Pump (unit)	0.2	1.0	1.0	1.0	0.2	0.3	0.5	0.5	0.3
役畜 (头)	Draught Animals (head)	212.6	201.0	181.0	123.7	52.7	50.5	51.3	61.5	44.8
产品畜 (头)	Animal products (head)	186.3	144.0	161.0	135.7	111.7	145.0	136.2	121.8	157.0

6-17 主要年份农村居民家庭住房情况
Housing Conditions of Rural Households in Main Years

项　目	Item	1985	1990	1995	2000	2005	2008	2009	2010
本年新建房屋	**Houses Newly Built This Year**								
住房面积　(平方米/人)	Per Capita Floor Space of Houses (sq.m/person)	0.49	0.34	0.38	0.62	0.86	0.97	1.20	2.03
住房价值　(元/平方米)	Value of Houses (yuan/sq.m)				130.11	269.72	379.20	607.50	664.08
住房结构　(平方米/人)	Structure of Houses (sq.m/person)								
钢筋混凝土结构	Reinforced Concrete Structure			0.03		0.18	0.19	0.29	0.67
砖木结构	Brick and Wood Structure	0.16	0.08	0.10	0.29	0.63	0.65	0.86	1.19
年末住房情况	**Houses at the End of Year**								
住房面积　(平方米/人)	Per Capita Floor Space of Houses (sq.m/person)	10.54	12.77	14.98	15.32	17.95	19.78	20.28	21.44
住房价值　(元/平方米)	Value of Houses (yuan/sq.m)	18.97	26.87	40.16	94.98	157.84	182.16	211.00	262.72
住房结构　(平方米/人)	Structure of Houses (sq.m/person)								
钢筋混凝土结构	Reinforced Concrete Structure			0.10	0.19	0.99	1.41	1.74	2.34
砖木结构	Brick and Wood Structure	0.73	1.15	1.58	1.75	4.71	6.47	7.52	9.17

注：本表为农村住户抽样调查资料。
a) Data in this table are obtained form the sample surveys on rural households.

6-18 2000-2010年分地区(县县调查数据)农村居民人均纯收入
Per Capita Net Income of Rural Households by Region(2000-2010)

单位：元　　(yuan)

地　区	Region	2000	2001	2002	2003	2004	2005	2006	2007	2008	2009	2010
全省	**Province**	**1490.5**	**1610.9**	**1710.8**	**1817.4**	**2004.6**	**2165.1**	**2358.4**	**2683.8**	**3061.2**	**3346.2**	**3862.7**
西宁市	Xining City	1513.1	1671.4	1839.1	2054.0	2321.1	2592.8	2951.0	3397.7	3943.6	4698.6	5521.1
海东地区	Haidong Prefecture	1120.2	1248.2	1393.5	1547.2	1764.0	2011.2	2315.2	2727.5	3219.2	3826.8	4574.0
海北州	Haibei Zang A.P	1357.4	1477.8	1580.7	1705.1	1848.9	2083.6	2269.0	2697.9	3386.2	4023.1	4812.7
黄南州	Huangnan Zang A.P	1253.3	1347.8	1434.1	1537.9	1659.4	1806.5	2002.9	2187.9	2369.3	2633.1	3031.7
海南州	Hainan Zang A.P	1577.7	1748.6	1915.9	2083.9	2258.3	2442.1	2640.1	2904.4	3216.3	3822.2	4490.4
果洛州	Golog Zang A.P	1387.3	1491.2	1591.7	1697.0	1807.9	1916.9	2038.9	2161.5	2291.2	2429.5	2629.4
玉树州	Yushu Zang A.P	1203.7	1335.8	1398.8	1495.9	1662.4	1793.9	1922.8	2047.6	2176.6	2335.3	3663.0
海西州	Haixi Mongolian & Zang A.P	1924.8	2050.9	2189.9	1972.0	2120.3	2302.7	2586.9	3058.6	3724.8	4544.4	5434.0

注：从2003年开始海西州农牧民人均纯收入含移民人口收入。
a) Since 2003 the per capita Annual net income of farmers and herdsmen of Haixi Mongolian & Zang A.P has included income of immigrant population.

6–19 1980－2010年农村居民家庭人均收支及恩格尔系数
Per Capita Annual Income, Expenditure and Engle Coefficient of Rural Households (1980－2010)

年 份 Year	纯收入 (元) Net Income (yuan)	指 数 (上年=100) Indices (preceding year=100)	指数 (上年=100) (扣除物价因素) Indices (preceding year=100)	定基指数 (1980年=100) Fixed-base Indices (1980=100)	消费性支出 (元) Consumption Expenditure (yuan)	食 品 (元) Food (yuan)	恩格尔系数 (%) Engle Coefficient (%)
1980	204.31	100.00	100.00	100.00			
1981	191.56	93.76	93.32	93.32			
1982	223.39	116.62	116.15	108.39			
1983	252.45	113.01	112.53	121.97			
1984	281.22	111.39	109.39	133.43	225.2	141.2	62.71
1985	342.94	121.95	118.37	157.94	274.7	176.1	64.11
1986	369.15	107.64	104.21	164.59	313.5	193.1	61.58
1987	392.15	106.23	103.45	170.27	344.9	199.5	57.84
1988	492.82	125.67	114.19	194.43	399.5	223.7	56.00
1989	463.52	94.05	86.04	167.29	413.3	244.4	59.13
1990	559.78	120.77	106.12	177.53	474.8	282.6	59.52
1991	555.56	99.25	96.73	171.72	486.3	293.8	60.42
1992	603.40	108.61	105.67	181.46	495.9	302.3	60.95
1993	672.56	111.46	103.77	188.30	585.2	354.4	60.56
1994	869.34	129.26	106.63	200.78	745.7	456.8	61.25
1995	1029.77	118.45	102.30	205.40	913.8	593.9	64.99
1996	1173.80	113.99	104.00	213.62	1052.3	700.8	66.59
1997	1320.63	112.51	104.40	223.02	1085.4	719.5	66.29
1998	1426.00	107.98	109.70	244.65	1117.8	694.6	62.14
1999	1486.31	104.23	107.60	263.25	1133.6	699.4	61.70
2000	1490.49	100.28	100.40	264.30	1218.2	705.2	57.89
2001	1610.87	108.08	106.03	280.24	1345.6	704.7	52.37
2002	1710.80	106.20	108.79	304.87	1411.7	690.3	48.90
2003	1817.38	106.23	102.95	313.86	1572.0	771.4	49.07
2004	2004.59	110.30	103.82	325.85	1676.4	813.4	48.52
2005	2165.11	108.01	105.50	343.77	2085.5	941.3	45.13
2006	2358.37	108.93	107.10	368.18	2214.9	978.0	44.16
2007	2683.78	113.80	104.11	383.31	2475.8	1098.3	44.36
2008	3061.24	114.06	101.57	389.33	2974.9	1298.3	43.64
2009	3346.15	109.31	107.48	418.45	3243.6	1234.2	38.05
2010	3862.68	115.44	109.11	456.57	3858.5	1526.9	39.57

6-20 2005-2010年农村贫困监测调查户人均收支情况
Per Capita Annual Net Income and Expenditure of Surveyed Indigent Rural Households(2005－2010)

指 标		Item		2005	2006	2007	2008	2009	2010
调查村数	**（个）**	**Number of Villages Surveyed**	**(unit)**	**116**	**116**	**116**	**116**	**116**	**116**
调查户数	**（户）**	**Number of Households Surveyed**	**(household)**	**840**	**840**	**840**	**840**	**840**	**840**
调查人数	**（人）**	**Number of Residents Surveyed**	**(person)**	**4404**	**4374**	**4319**	**4294**	**4309**	**4281**
整、半劳动力	**（人）**	**The whole, Semi-labor**	**(person)**	**2665**	**2608**	**2685**	**2668**	**2681**	**2679**
全年总收入	**（元）**	**Total Income**	**(yuan)**	**2293.40**	**2521.47**	**2877.46**	**3262.90**	**3550.25**	**4218.76**
工资性收入		Income from Wages and Salaries		488.54	603.74	706.42	851.99	973.57	1148.35
家庭经营收入		Income from Household Operations		1628.96	1730.33	1940.76	2147.28	2199.24	2399.30
农业收入		Income from Agriculture		839.02	864.90	926.63	1048.47	1046.16	1286.32
牧业收入		Income from Animal Husbandry		518.52	557.66	660.86	652.37	704.70	687.38
二、三产业收入		Income from Secondary and Tertiary		261.55	299.59	339.71	434.12	427.40	407.18
转移性收入		Income from Transfers		134.77	113.03	152.56	207.84	323.27	590.33
财产性收入		Income from Properties		41.12	74.38	77.72	55.80	54.17	80.78
全年总支出	**（元）**	**Expenditure**	**(yuan)**	**2136.11**	**2314.60**	**2493.49**	**3035.08**	**3374.66**	**3801.66**
家庭经营生产费用		Family-run Production Costs		399.39	460.75	510.37	615.34	565.87	571.51
农业支出		Expenditure of Agricultural		174.58	176.04	198.70	215.37	203.59	225.01
牧业支出		Expenditure of Animal Husbandry		144.92	164.04	165.89	241.07	218.07	218.23
二、三产业费用支出		Expenditure of Secondary and Tertiary		79.17	116.82	143.36	157.42	140.67	124.27
购买生产性固定资产		Purchase of Productive Fixed Assets		106.85	89.21	46.18	115.52	167.61	132.97
税费支出		Taxes and Fees		1.80	1.42	0.60	0.42	0.13	0.09
生活消费支出		Consumption Expenditure		1522.09	1648.22	1810.10	2166.55	2464.92	2885.93
食品消费支出		Food		816.48	841.58	954.50	1131.06	1154.62	1219.98
衣着消费支出		Clothing		122.53	130.56	149.89	134.71	154.86	171.07
居住消费支出		Residence		201.77	210.12	206.09	320.00	527.31	748.22
家庭设备用品及服务消费		Household Facilities, Articles and Services		45.07	64.54	66.35	65.93	100.61	146.65
医疗保健支出		Health Care and Medical Services		102.72	121.56	143.21	167.36	185.45	218.04
交通通讯支出		Transport and Communications		120.93	178.22	177.63	194.32	196.62	220.85
文化教育、娱乐用品及服务		Education, Cultural and Recreation and Services		81.22	64.77	71.44	106.23	100.05	115.42
其他商品及服务支出		Miscellaneous Goods and Services		31.38	36.86	40.99	46.94	45.40	45.69
转移性支出		Expenses on Transfers		89.18	108.60	120.78	133.65	164.98	202.87
财产性支出		Expenses on Properties		16.82	6.40	5.46	3.59	10.45	7.54
生产性固定资产折旧	**（元）**	**Production of Depreciation of Fixed Assets**	**(yuan)**	**115.85**	**114.87**	**106.57**	**107.78**	**111.77**	**121.80**
全年纯收入	**（元）**	**Annual Net Income**	**(yuan)**	**1742.80**	**1929.10**	**2241.01**	**2527.44**	**2854.92**	**3464.83**

6–21 主要年份城乡居民储蓄存款年末余额
Savings Deposit of Urban and Rural Areas at Year-end in Main Years

单位：万元 (10 000 yuan)

年份 Year	合计 Total	城镇 Urban	农牧民储蓄 Farmers and Herdsmen Savings	城乡居民人均储蓄（元/人） Per Capita Savings of Urban and Rural Residents (yuan/person)
1952	128	128		0.81
1957	3662	2453	1209	18.10
1965	10448	4274	6174	46.44
1970	15790	6195	9595	56.94
1975	27028	10617	16411	81.14
1978	34176	14874	19302	94.72
1980	46588	25782	20806	124.41
1985	96999	75904	21095	239.80
1990	274222	246249	27973	617.71
1995	768898	754251	14647	1609.92
1996	890603	874877	15726	1837.24
1997	1033223	1016854	16369	2100.26
1998	1188728	1168088	20640	2381.27
1999	1313892	1286714	27178	2595.09
2000	1462849	1424066	38783	2850.72
2001	1774555	1696971	77584	3413.92
2002	2073077	2008176	64901	3942.34
2003	2415404	2350585	64819	4547.07
2004	3122740	2992865	129875	5823.83
2005	3615052	3489389	125663	6683.40
2006	4223541	4062721	160820	7743.22
2007	4687191	4422987	264204	8527.59
2008	6103847	5804726	299121	11038.70
2009	7543309	7112860	430449	13571.98
2010	9437783	8682177	755606	16848.67

主要统计指标解释

城镇家庭人口 指居住在一起，经济上合在一起共同生活的家庭成员。凡计算为家庭人口的成员其全部收支都包括在本家庭中。

城镇就业者负担人数 指家庭人口与就业人口之比。

城镇家庭总收入 指家庭成员得到的工薪收入、经营净收入、财产性收入、转移性收入之和，不包括出售财物收入和借贷收入。

城镇家庭可支配收入 指家庭成员得到可用于最终消费支出和其它非义务性支出以及储蓄的总和，即居民家庭可以用来自由支配的收入。它是家庭总收入扣除交纳的个人所得税、个人交纳的社会保障支出以及记账补贴后的收入。

城镇家庭总支出 指除借贷支出以外的全部家庭支出。包括消费性支出、购房建房支出、转移性支出、财产性支出、社会保障支出。

城镇家庭消费性支出 指家庭用于日常生活的支出，包括食品、衣着、居住、家庭设备用品及服务、医疗保健、交通和通信、娱乐教育文化服务、其他商品和服务等八大类支出。

城镇家庭服务性消费支出 指家庭用于支付社会提供的各种非商品性服务费用。

恩格尔系数 指食物支出金额在消费性总支出金额中所占的比例。

农村住户 指农村常住户。农村常住户指长期（一年以上）居住在乡镇（不包括城关镇）行政管理区域内的住户，以及长期居住在城关镇所辖行政村范围内的农村住户。户口不在本地而在本地居住一年及以上的住户也包括在本地农村常住户范围内；有本地户口，但举家外出谋生一年以上的住户，无论是否保留承包耕地都不包括在本地农村住户范围内。

整、半劳动力 整劳动力指男子18周岁到50周岁，女子18周岁到45周岁；半劳动力指男子16周岁到17周岁，51周岁到60周岁；女子16周岁到17周岁，46周岁到55周岁，同时具有劳动能力的人。虽然在劳动年龄之内，但已丧失劳动能力的人，不应算为劳动力；超过劳动年龄，但能经常参加劳动，计入半劳动力数内。常住人口中的职工，若这些职工为劳动力，就包括在本户的整半劳动力中。

总收入 指调查期内农村住户和住户成员从各种来源渠道得到的收入总和。按收入的性质划分为工资性收入、家庭经营收入、财产性收入和转移性收入。

工资性收入 指农村住户成员受雇于单位或个人，靠出卖劳动而获得的收入。

家庭经营收入 指农村住户以家庭为生产经营单位进行生产筹划和管理而获得的收入。农村住户家庭经营活动按行业划分为农业、林业、牧业、渔业、工业、建筑业、交通运输业邮电业、批发和零售贸易餐饮业、社会服务业、文教卫生业和其他家庭经营。

财产性收入 指金融资产或有形非生产性资产的所有者向其他机构单位提供资金或将有形非生产性资产供其支配，作为回报而从中获得的收入。

转移性收入 指农村住户和住户成员无须付出任何对应物而获得的货物、服务、资金或资产所有权等，不包括无偿提供的用于固定资本形成的资金。一般情况下，是指农村住户在二次分配中的所有收入。

现金收入 指农村住户和住户成员在调查期内得到以现金形态表现的收入。按来源分成工资性收入、家庭经营现金收入、财产性收入、转移性收入。

纯收入 指农村住户当年从各个来源得到的总收入相应地扣除所发生的费用后的收入总和。计算方法：

纯收入＝总收入－税费支出－家庭经营费用支出－生产性固定资产折旧－赠送农村亲友支出

总支出 指农村住户用于生产、生活和再分配的全部支出。家庭经营费用支出、购置生产性固定资产支出、生产性固定资产折旧、税费支出、生活消费支出、财产性支出和转移性支出。

Explanatory Notes on Main Statistical Indicators

Population of Urban Households refer to members of households living and sharing economically together in the urban areas. All the income and expenditure of all the members of such households are included in the income and expenditure of the household.

Number of Dependents per Urban Employee refers to the ratio between number of persons in an urban household and the number of employed persons.

Total Income of Urban Households refers to the sum of wage and salary; net business income; income from properties; and income from transfers of members of the households. Income from selling of properties and income from borrowing are not included.

Disposable Income of Urban Households refers to the actual income at the disposal of members of the households which can be used for final consumption, other non – compulsory expenditure and savings. This equals to total income minus income tax, personal contribution to social security and subsidy for keeping diaries in being a sample household.

Total Expenditure of Urban Households refers to all expenditure of households except expenditure on lending. It includes expenditure on consumption; on purchasing or building houses; on transfers; on properties; and on social security.

Consumption Expenditure of Urban Households refers to total expenditure of households for consumption in daily life, including expenditure on the eight categories of food; clothing; housing; household appliances and services; health care and medical services; transport and communications; recreation, education and cultural services; and miscellaneous goods and services.

Expenditure of Urban Households on Consumption of Services refers to expenditure of households on various kinds of non – commercial services provided by society.

Engel's Coefficient refers to the percentage of expenditure on food in the total consumption expenditure.

Rural Households refer to usual resident households in rural areas. Usual resident households in rural areas are households residing on a long term basis (for more than one year) in the areas under the administration of township governments (not including county towns), and in the areas under the administration of villages in county towns. Households residing in the current addresses for over one year with their household registration in other places are still considered as resident households of the locality. For households with their household registration in one place but all members of the households having moved away to make a living in another place for over one year, they will not be included in the rural households of the area where they are registered, irrespective of whether they still keep their contracted land.

Full/Semi Labour Force Full labour force refers to persons capable of work, aged 18 – 50 for males and 18 – 45 for females. Semi labour force refers to persons capable of work, aged 16 – 17 and 51 – 60 for males and 16 – 17 and 46 – 55 for females. Persons at their working ages but not capable of work are not to be included as labour force. Persons not at working ages but participating regularly in work are included in semi labour force. For staff and workers who are usual residents, are included as full or semi labour force of the household if they are in the labour force.

Total Income refers to the sum of income earned from various sources by the rural households and their members during the reference period, and is classified as income from wages and salaries, income from household operations, income from properties and income from transfers.

Income from Wages and Salaries refers to income from labour earned by the members of rural households employed by other units or individuals.

Income from Household Operations refers to income by the rural households as units of production and operation. Operations by rural households are classified according to their economic activities namely agriculture, forestry, animal husbandry, fishery, manufacturing, construction, transportation, post and telecommunications, wholesale, retail and catering, social service, culture, education, health, and other household operations.

Income from Properties refers to the income received as returns by owners of financial assets or tangible non – productive assets by providing capitals or tangible non – productive assets to other institutional units.

Income from Transfers refers to the receipt by rural households and their members of goods, services, capital or rights of assets without giving or repaying accordingly, excluding capital provided to them for the formation of fixed assets. In general, it refers to all income received by rural households through redistribution.

Cash Income refers to income received by rural households and their members in the form of cash during the reference period. It is classified, by source of income, into income from wages and salaries, cash income from household operations, income from properties and income from transfers.

Net Income refers to the total income of rural households from all sources minus all corresponding expenses. The formula for calculation is as follows:

Net income = total income – taxes and fees paid – household operation expenses – taxes and fees depreciation of fixed assets for production – gifts to non – rural relatives

Total Expenditure refers to total expenses of rural households on production, consumption and redistribution, including expenditure on household operations,; purchase of productive fixed assets; depreciation of productive fixed assets; taxes and fees; expenses on household consumption; expenses on properties; and expenses on transfers.

物价

Price Indices

第7篇

CHAPTER 7

各种物价总指数（以上年为100）

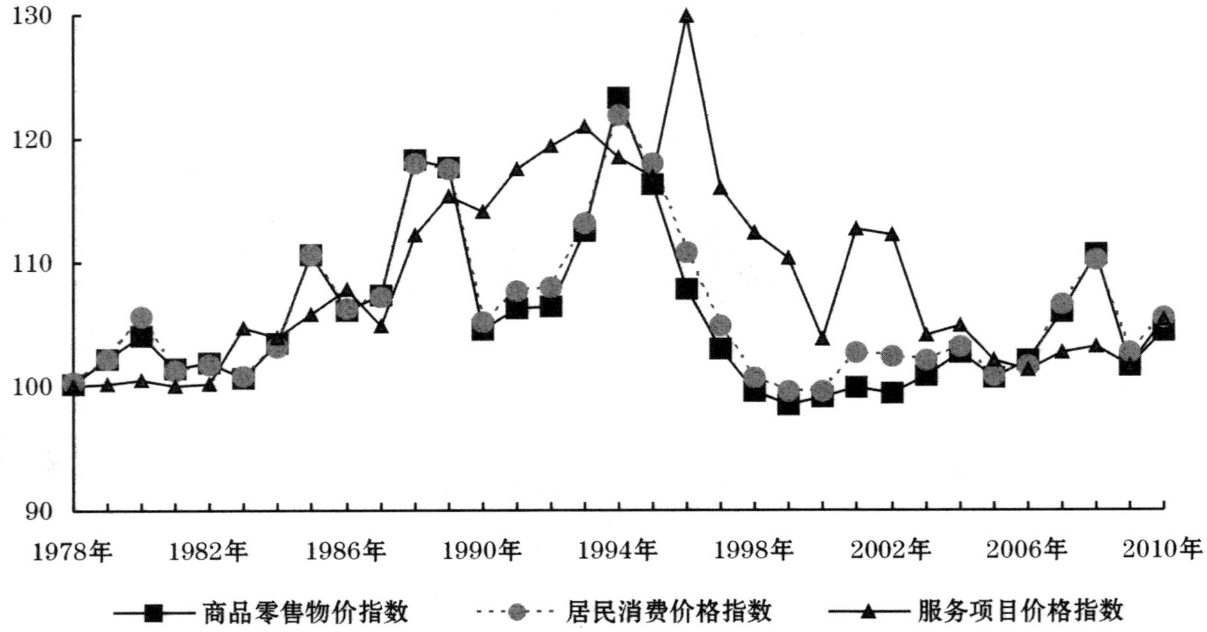

各种物价总指数（以1978年价格为100）

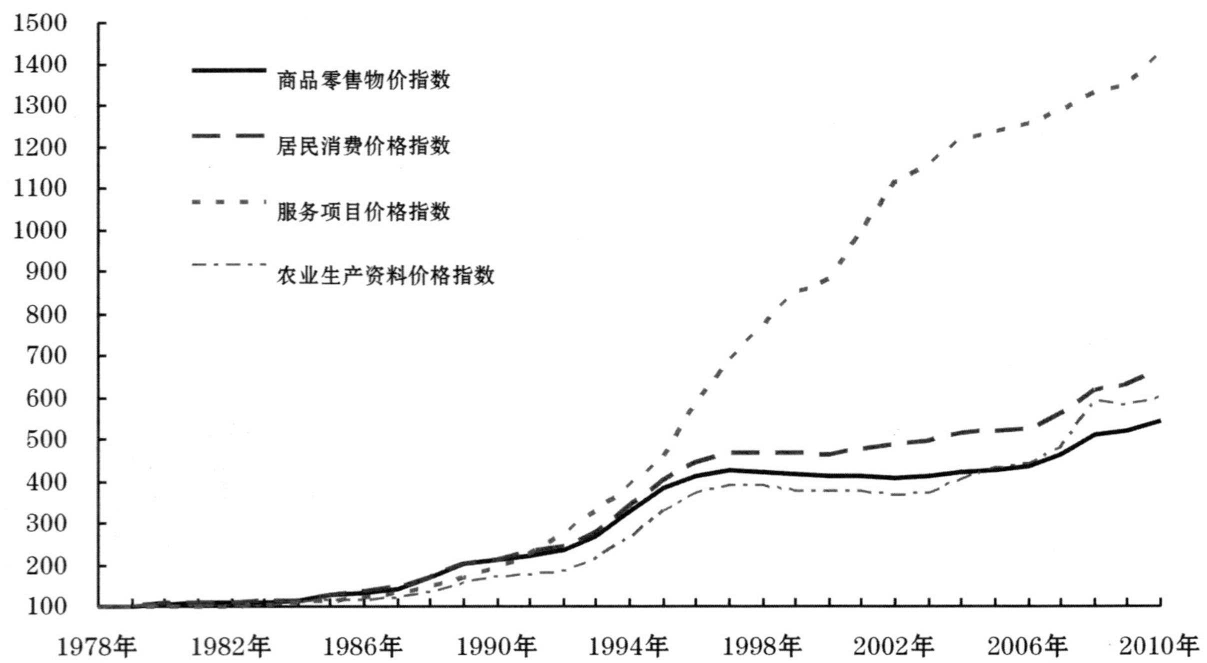

7-1 1978-2010年各种价格指数

Price Indices (1978-2010)

(上年=100) (preceding year=100)

年 份 Year	商品零售价格指数 Retail Price Index	居民消费价格指数 Consumer Price Index	城市居民消费价格指数 Urban Areas	农村居民消费价格指数 Rural Areas	服务项目价格指数 Service Price Index	农业生产资料价格指数 Price Index for Means of Agricultural Production
1978	100.22	100.35	100.23	100.50	100.00	100.04
1979	102.22	102.15	103.38	100.31	100.11	99.16
1980	104.08	105.59	105.59	101.30	100.44	99.23
1981	101.37	101.30	101.30	100.67	100.00	100.52
1982	101.80	101.77	102.07	100.88	100.20	100.88
1983	100.65	100.74	100.62	101.40	104.73	100.36
1984	103.40	103.10	103.10	102.40	103.86	107.90
1985	110.70	110.70	111.80	106.20	105.80	103.70
1986	106.10	106.20	106.40	105.70	107.80	102.60
1987	107.30	107.20	107.80	105.20	104.80	104.10
1988	118.30	118.00	118.60	116.20	112.20	111.00
1989	117.70	117.50	117.30	118.00	115.30	116.40
1990	104.50	105.10	104.70	107.60	114.10	108.70
1991	106.30	107.60	108.70	105.20	117.50	104.10
1992	106.40	108.00	108.60	106.60	119.30	103.80
1993	112.50	113.20	114.00	110.50	121.00	117.60
1994	123.30	121.80	123.20	120.70	118.50	124.10
1995	116.30	118.00	119.70	115.70	116.80	123.90
1996	107.80	110.80	111.40	108.80	129.90	112.60
1997	103.00	104.80	105.10	104.20	116.00	105.00
1998	99.60	100.70	100.60	101.00	112.30	100.30
1999	98.50	99.50	99.50	99.60	110.30	95.60
2000	99.00	99.50	99.60	99.40	103.80	100.70
2001	99.90	102.60	103.00	101.20	112.70	99.60
2002	99.30	102.30	102.10	102.90	112.20	98.00
2003	100.80	102.00	101.80	102.50	104.00	101.10
2004	102.60	103.20	102.10	105.50	104.80	109.20
2005	100.70	100.80	99.70	103.10	102.00	106.50
2006	102.00	101.60	101.80	101.10	101.30	102.10
2007	106.00	106.60	106.30	107.30	102.70	108.10
2008	110.60	110.10	108.90	112.30	103.20	124.20
2009	101.60	102.60	103.20	101.70	101.50	97.80
2010	104.30	105.40	105.10	105.80	105.30	103.50

7-2 1978-2010年各种价格定基指数

Fixed Base Price Indices (1978-2010)

(1978年=100) (year of 1978=100)

年份 Year	商品零售价格指数 Retail Price Index	居民消费价格指数 Consumer Price Index	城市居民消费价格指数 Urban Areas	农村居民消费价格指数 Rural Areas	服务项目价格指数 Service Price Index	农业生产资料价格指数 Price Index for Means of Agricultural Production
1978	100.00	100.00	100.00	100.00	100.00	100.00
1979	102.22	102.15	103.38	100.31	100.11	99.16
1980	106.39	107.86	109.16	101.61	100.55	98.40
1981	107.85	109.26	110.58	102.29	100.55	98.91
1982	109.79	111.20	112.87	103.20	100.75	99.78
1983	110.50	112.02	113.57	104.64	105.52	100.14
1984	114.26	115.49	117.09	107.15	109.59	108.05
1985	126.49	127.85	130.90	113.79	115.95	112.05
1986	134.20	135.78	139.28	120.28	124.99	114.96
1987	144.00	145.55	150.15	126.54	130.99	119.67
1988	170.35	171.75	178.07	147.03	146.97	132.84
1989	200.50	201.81	208.88	173.50	169.46	154.62
1990	209.52	212.10	218.70	186.69	193.35	168.07
1991	222.72	228.22	237.30	196.39	227.19	174.97
1992	236.98	246.48	258.17	209.36	271.03	181.61
1993	266.60	279.01	294.31	231.34	327.95	213.58
1994	328.72	339.84	362.59	279.23	388.62	265.05
1995	381.99	401.01	434.02	323.06	453.91	328.40
1996	412.12	444.32	483.50	351.49	589.63	369.78
1997	424.48	465.65	508.16	366.25	683.97	388.27
1998	422.79	468.91	511.21	369.92	768.10	389.43
1999	416.44	466.57	508.65	368.44	847.21	372.29
2000	412.28	464.24	506.62	366.23	879.41	374.90
2001	411.87	476.31	521.82	370.62	991.09	373.40
2002	408.98	487.25	532.77	381.37	1112.00	365.93
2003	412.25	497.00	542.36	390.90	1156.48	369.96
2004	422.97	512.90	553.75	412.40	1211.99	404.00
2005	425.93	517.00	552.09	412.41	1236.23	430.26
2006	434.45	525.27	562.03	416.95	1252.30	439.30
2007	460.52	559.94	597.44	447.39	1286.11	474.88
2008	509.34	616.49	650.61	502.42	1327.27	589.80
2009	517.49	632.52	671.43	510.96	1347.18	576.82
2010	539.74	666.68	705.67	540.60	1418.58	597.01

7—3 居民消费价格分类指数(2010年)

Consumer Price Indices by Category (2010)

(上年=100) (preceding year=100)

项目	Item	全省 Province	城市 Urban	农村 Rural
居民消费价格总指数	**General Index**	**105.4**	**105.1**	**105.8**
非食品价格指数	**Non-food Price Index**	**103.9**	**103.9**	**103.9**
服务项目价格指数	**Service Price Index**	**105.3**	**105.6**	**104.9**
工业品价格指数	**Consumer Price Index of Industrial Production**	**103.1**	**103.0**	**103.4**
扣除食品和能源价格指数	**Excluding Food and Energy Price Index**	**103.8**	**103.8**	**103.7**
扣除鲜菜鲜果总指数	**Excluding Fresh Vegetables and Fresh Fruit Price Index**	**104.9**	**104.6**	**105.5**
消费品价格指数	**Consumer Price Index**	**105.4**	**105.0**	**106.1**
食品	Food	108.3	107.6	109.6
粮食	Grain	112.7	114.6	110.6
油脂	Oil or Fat	102.3	100.7	105.7
肉禽及其制品	Meat, Poultry and Processed Products	104.9	104.5	105.8
蛋	Eggs	107.0	106.9	107.7
水产品	Aquatic Products	104.6	103.9	108.4
菜	Vegetables	112.7	112.5	113.1
鲜菜	Fresh Vegetables	110.9	111.7	109.3
干鲜瓜果	Dried and Fresh Melons and Fruits	113.1	114.7	110.2
鲜瓜果	Fresh Fruits	113.2	114.6	110.1
液体乳及乳制品	Milk and Its Products	105.6	105.6	105.4
在外用膳食品	Dining Out	107.4	106.4	109.6
炒菜	Fried Dishes	106.0	105.3	108.0
烟酒及用品	Tobacco, Liquor and Articles	101.1	100.8	101.6
衣着	Clothing	106.7	107.7	104.6
服装	Garments	107.7	108.9	104.9
家庭设备用品及维修服务	Household Facilities, Articles and Services	101.5	101.6	101.4
耐用消费品	Durable Consumer Goods	99.8	99.6	100.2
家庭日用杂品	Daily Use Household Articles	101.1	100.6	102.3
医疗保健和个人用品	Health Care and Personal Articles	104.9	104.8	105.1
医疗保健	Health Care	104.0	103.0	105.4
中药材及中成药	Traditional Chinese Medicine	110.4	112.9	107.2
西药	Western Medicine	102.0	100.7	103.5
医疗保健服务	Health Care Services	103.3	101.3	106.3
交通和通讯	Transportation and Communication	103.0	103.7	101.8
交通	Transportation	107.6	109.5	104.7
通信	Communication	98.0	98.1	97.7
娱乐教育文化用品及服务	Recreation, Education and Culture Articles	104.7	103.7	106.5
教育	Education	105.3	103.8	108.3
旅游	Touring and Outing	102.3	104.1	101.0
居住	Residence	102.8	102.2	103.9
建房及装修材料	Building and Building Decoration Materials	99.7	97.8	102.2
租房	Renting	104.8	103.9	109.4
自有住房	Private Housing	102.9	104.2	100.5
水、电、燃料	Water, Electricity and Fuels	104.6	103.6	106.5

7-4 2001-2010年居民消费价格分类指数

(2000年=100)

项　目	Item	2001	2002
居民消费价格总指数	**General Index**	**103.8**	**105.6**
非食品价格指数	**Non-food Price Index**	**104.6**	**107.5**
服务项目价格指数	**Service Price Index**	**120.0**	**131.2**
扣除鲜菜鲜果总指数	**Excluding Fresh Vegetables and Fresh Fruit Price Index**	**104.2**	**105.8**
消费品价格指数	**Consumer Price Index**	**99.3**	**98.6**
食品	Food	102.0	101.7
粮食	Grain	94.8	91.3
油脂	Oil or Fat	91.7	93.3
肉禽及其制品	Meat, Poultry and Processed Products	115.6	112.4
蛋	Eggs	113.9	110.3
水产品	Aquatic Products	97.7	101.7
菜	Vegetables	94.2	103.2
鲜菜	Fresh Vegetables	94.1	105.3
干鲜瓜果	Dried and Fresh Melons and Fruits	93.8	96.0
鲜瓜果	Fresh Melons and Fruits	94.5	96.8
液体乳及乳制品	Milk and Its Products	100.6	99.8
在外用膳食品	Dining Out	102.5	102.0
炒菜	Fried Dishes	102.4	101.2
烟酒及用品	Tobacco, Liquor and Articles	99.2	99.5
衣着	Clothing	98.2	99.8
服装	Garments	97.1	99.9
家庭设备用品及维修服务	Household Facilities, Articles and Services	95.5	94.8
耐用消费品	Durable Consumer Goods	94.6	94.1
家庭日用杂品	Daily Use Household Articles	92.9	89.4
医疗保健和个人用品	Health Care and Personal Articles	99.0	108.2
医疗保健	Health Care	99.3	112.1
中药材及中成药	Traditional Chinese Medicine	101.0	98.7
西药	Western Medicine	94.5	88.2
医疗保健服务	Health Care Services	109.8	263.6
交通和通讯	Transportation and Communication	102.2	103.4
交通	Transportation	105.3	110.6
通信	Communication	98.0	95.1
娱乐教育文化用品及服务	Recreation, Education and Culture Articles	124.8	128.6
教育	Education	148.6	156.2
旅游	Touring and Outing	107.0	116.8
居住	Residence	102.2	103.1
建房及装修材料	Building and Building Decoration Materials	100.0	98.1
租房	Renting	100.0	100.0
自有住房	Private Housing	101.4	95.3
水、电、燃料	Water, Electricity and Fuels	104.9	113.1

Consumer Price Indices by Category(2001-2010)

(year of 2000=100)

2003	2004	2005	2006	2007	2008	2009	2010
108.8	**111.2**	**112.4**	**116.7**	**124.1**	**130.0**	**134.4**	**144.8**
108.2	**110.8**	**111.4**	**114.5**	**115.5**	**121.3**	**123.8**	**130.2**
133.9	**140.6**	**144.3**	**147.8**	**149.7**	**150.5**	**156.1**	**164.4**
108.3	**111.6**	**112.0**	**116.3**	**123.4**	**129.5**	**132.6**	**142.7**
101.9	**103.2**	**103.8**	**108.1**	**116.8**	**123.8**	**127.8**	**138.9**
110.2	112.2	114.8	121.6	143.2	149.4	158.3	179.3
101.5	108.2	111.1	118.5	129.1	130.2	144.6	166.2
119.4	113.3	103.5	119.2	139.0	128.2	120.8	130.6
123.7	132.6	126.8	141.3	199.1	197.1	191.0	224.1
122.3	130.9	121.2	149.2	125.9	132.0	138.6	164.6
103.3	117.1	125.0	122.2	139.0	160.7	164.3	183.7
124.6	107.2	130.8	137.1	149.9	152.6	205.0	198.4
128.4	108.3	133.7	140.3	154.9	153.2	211.1	196.2
102.7	96.7	101.1	103.6	114.0	123.7	122.1	171.8
105.7	94.4	95.9	95.8	109.2	114.9	109.3	163.5
104.3	107.6	106.2	106.2	122.7	139.8	142.1	150.1
102.3	104.4	107.0	109.0	122.7	136.4	141.2	160.1
99.7	99.5	100.0	101.4	113.1	122.8	126.6	139.0
99.3	101.9	101.9	105.2	104.5	109.7	110.6	112.0
104.8	106.0	101.5	106.7	102.5	109.2	116.3	127.3
105.5	106.9	101.6	108.6	102.8	111.0	119.5	130.8
94.8	95.1	94.5	94.3	97.4	100.6	100.2	103.0
93.4	91.3	89.4	88.7	89.5	90.6	88.7	89.4
88.0	91.1	92.0	91.8	99.0	109.2	108.7	110.5
106.7	112.6	114.5	119.5	123.2	126.7	130.1	137.0
110.1	116.5	116.9	121.9	126.3	129.9	131.3	138.0
99.3	93.3	90.6	99.0	109.3	117.1	120.8	139.7
83.4	81.9	80.6	80.3	83.9	87.4	87.4	89.9
270.0	327.3	338.9	359.6	357.4	358.6	361.5	373.9
101.8	100.1	90.0	92.1	89.9	89.2	90.6	92.1
110.2	111.3	112.2	118.5	114.7	118.3	126.5	131.6
92.4	87.6	67.1	65.6	64.8	60.6	58.3	57.5
131.3	132.3	140.6	138.8	139.6	140.8	142.5	151.4
166.5	171.5	195.7	183.2	201.9	212.4	217.8	234.7
115.7	109.3	110.0	130.5	113.0	107.7	106.1	109.2
102.6	108.4	115.1	120.4	126.3	144.7	145.8	153.7
93.4	97.7	107.3	113.6	119.6	143.9	138.0	142.7
100.2	100.2	100.2	100.2	121.9	132.9	149.3	159.6
95.2	99.1	102.1	104.6	110.9	103.2	107.8	112.9
117.6	128.0	134.9	140.8	143.8	167.6	169.2	180.6

7-5 1994-2010年居民消费价格分类指数
Consumer Price Indices by Category (1994-2010)

(上年=100) (preceding year=100)

项 目 Item	总指数 General Index	食品 Food	烟酒及用品 Tobacco, Liquor and Articles	衣着 Clothing	家庭设备用品及维修服务 Household Facilities, Articles and Services	医疗保健和个人用品 Health Care and Personal Articles	交通和通信 Transportation and Communication	娱乐教育文化用品及服务 Recreation, Education and Culture Articles	居住 Residence
1994	121.8	128.5		116.1	113.6	118.3	108.1	115.3	121.3
1995	118.0	125.0		113.3	111.5	111.8	100.3	117.9	108.8
1996	110.8	107.3		111.0	106.1	110.1	99.8	128.3	110.2
1997	104.8	102.0		106.7	101.8	102.6	99.8	112.2	112.6
1998	100.7	98.3		100.4	99.7	104.6	97.4	98.6	112.5
1999	99.5	97.8		98.5	98.4	102.3	95.6	98.9	103.8
2000	99.5	97.8		99.5	98.5	101.6	96.3	99.4	107.3
2001	102.6	102.2	98.6	99.4	96.2	98.6	102.4	115.3	101.2
2002	102.3	99.5	101.6	100.2	98.9	105.3	101.5	110.2	101.3
2003	102	104.1	99.0	101.9	100.1	104.8	98.7	100.9	99.9
2004	103.2	106.5	102.4	102.4	99.4	102.0	98.6	102.6	102.4
2005	100.8	101.0	100.0	97.3	99.8	102.0	91.8	103.6	106.3
2006	101.6	102.9	101.7	99.4	99.4	103.5	99.3	98.3	104.3
2007	106.6	114.8	102.6	103.7	102.2	104.5	99.7	99.8	106.9
2008	110.1	119.0	105.6	104.4	102.9	106.1	99.8	101.0	115.8
2009	102.6	103.0	101.4	107.0	101.5	102.5	99.3	100.4	104.4
2010	105.4	108.3	101.1	106.7	101.5	104.9	103.0	104.7	102.8

注：1994-2000年烟酒归在食品类中；2001年方法制度改革，烟酒从食品类中分出。

a) In 1994-2000,The category of Tobacco, Liquor and Articles was included in the Food category. It was Separated from the Food category When Met Treatment Reformed in 2001.

7−6　2006−2010年食品类居民消费价格指数
Food Consumer Price Indices(2006-2010)

(上年=100)　　(preceding year=100)

分类名称	Iten	2006	2007	2008	2009	2010
食品类价格指数	**Food**	**102.9**	**114.8**	**119.0**	**103.0**	**108.3**
粮食	Grain	104.6	108.1	111.6	106.6	112.7
大米	Rice	114.2	109.5	100.0	105.1	127.0
面粉	Flour	99.9	105.0	111.3	105.3	105.0
淀粉	Starches and Tubers	104.3	109.1	110.7	110.7	102.2
干豆类及豆制品	Beans and Bean Products	99.3	110.3	144.4	100.3	109.5
油脂	Oil or Fat	96.2	124.8	126.8	83.5	102.3
食用植物油	Edible Vegetable Oil	98.6	122.0	127.1	85.0	103.6
植物油制品	Vegetable Oil Products	91.3	125.2	125.4	81.8	99.0
肉禽及其制品	Meat, Poultry and Processed Products	96.0	137.9	128.1	92.8	104.9
猪肉	Pork	90.2	158.3	122.5	79.1	106.2
牛肉	Beef	99.1	130.8	136.3	98.5	101.7
羊肉	Mutton	97.5	134.3	129.5	99.8	109.8
鸡	Dorking	97.7	120.1	106.0	98.2	105.2
蛋	Eggs	96.2	120.1	104.9	104.1	107.0
鲜蛋	Fresh Eggs	95.1	122.3	103.5	104.2	107.7
水产品	Aquatic Products	101.7	102.7	123.1	103.5	104.6
菜	Vegetables	115.0	104.7	118.6	116.8	112.7
鲜菜	Fresh Vegetables	116.0	104.4	118.3	118.2	110.9
调味品	Flavoring	107.2	107.1	104.8	102.3	127.0
糖	Carbohydrate	115.9	103.3	107.3	105.2	107.7
茶及饮料	Tea and Beverages	102.5	110.3	115.5	101.1	101.8
干鲜瓜果	Dried and Fresh Melons and Fruits	112.0	105.4	112.6	112.8	113.1
鲜瓜果	Fresh Melons and Fruits	113.1	105.1	111.2	113.0	113.2
糕点饼干	Cake and Biscuit	100.3	108.6	111.9	100.1	101.5
液体乳及乳制品	Milk and Its Products	98.8	103.9	127.3	100.0	105.6
巴氏杀菌奶或消毒奶	Pasteurized Milk	98.5	103.7	129.6	97.5	107.1
酸奶	Acidophilus Milk	99.8	104.5	120.1	103.2	102.6
在外用膳食品	Dining Out	102.2	109.0	114.7	105.1	107.4
主食	Staple Food	101.2	107.4	112.5	104.5	103.8
炒菜	Fried Dishes	101.3	107.9	111.0	105.2	106.0
地方小吃	Local Snack	105.0	112.6	123.7	105.4	113.8
其他食品	Other foods	99.6	99.6	108.9	103.3	102.8

7-7 商品零售价格分类指数(2010年)

Retail Price Indices by Category (2010)

(上年=100) (preceding year=100)

项 目	Item	全 省 Province	城 市 Urban	农 村 Rural
商品零售价格总指数	**Retail Price Index**	**104.3**	**104.0**	**105.0**
食品类	**Food**	**108.6**	**107.9**	**110.2**
饮料、烟酒	**Beverages, Tobacco and Liquor**	**100.8**	**100.6**	**101.2**
服装、鞋帽类	**Garments, Shoes and Hats**	**106.2**	**108.5**	**104.9**
纺织品类	**Textiles**	**105.6**	**106.8**	**103.3**
家用电器及音像器材	**Household Appliances, Music and Video Equipment**	**97.3**	**96.6**	**98.9**
家庭设备	Household Equipment	99.1	98.9	99.7
文娱用耐用消费品	Culture and Entertainment with Consumer Durable Goods	94.4	92.4	97.9
音像器材类	Music and Video Equipment	98.8	95.5	100.0
文化办公用品	**Cultural and Office Appliances**	**96.9**	**96.6**	**100.3**
日用品	**Articles for Daily Use**	**102.1**	**102.4**	**101.2**
日用百货	General Merchandise for Daily Use	103.7	105.4	98.4
日用杂品	Miscellaneous for Daily Use	103.2	102.9	104.0
洗涤用品	Cleaning Products	100.4	100.1	101.7
体育娱乐用品	**Sports and Recreation Articles**	**100.7**	**101.0**	**99.5**
交通、通信用品	**Transportation and Communication Appliances**	**97.0**	**97.6**	**95.6**
交通运输机械	Transport Machinery	99.3	98.7	102.1
通信器材类	Communications Equipment	90.8	92.2	89.3
家具	**Furniture**	**100.7**	**100.6**	**100.9**
化妆品类	**Cosmetics**	**101.1**	**101.3**	**100.2**
金银珠宝类	**Gold, Silver and Jewelry**	**112.8**	**112.3**	**113.2**
中西药品及医疗保健用品类	**Traditional Chinese and Western Medicines and Health Care Articles**	**105.3**	**105.8**	**103.9**
书报杂志及电子出版物类	**Books, Newspapers, Magazines and Electronic Publications**	**103.5**	**103.6**	**103.4**
教材及参考书	Textbooks and Reference Books	107.9	107.5	108.6
书报杂志	Books, Newspapers Magazines	101.1	101.5	100.2
电子音像制品	Electronic Audio-video Products	98.1	98.0	98.3
燃料类	**Fuels**	**109.6**	**109.6**	**109.5**
煤炭及制品类	Coal and Coal Products	103.8	101.0	107.3
石油及制品类	Petroleum and Petroleum Products	112.2	112.4	111.6
建筑材料及五金电料类	**Building Materials and Hardware**	**101.1**	**100.9**	**101.7**
建筑装潢材料	Building Decoration Materials	101.6	101.2	102.5
五金电料类	Hardware	99.8	100.1	98.4

7-8 调查市、县商品零售价格指数(2010年)

Retail Price Indices of Surveyed Cities and Counties(2010)

(上年=100) (preceding Year=100)

项 目	Ietm	西宁市 Xining City	大通县 Datong Hui & Tu County	乐都县 Ledu County	共和县 Gonghe County	格尔木市 Geermu City
商品零售价格总指数	**Retail Price Index**	**104.6**	**105.2**	**105.7**	**103.9**	**105.3**
食品类	**Food**	**108.1**	**110.7**	**110.7**	**108.9**	**106.8**
饮料、烟酒	**Beverages, Tobacco and Liquor**	**100.4**	**102.8**	**100.3**	**100.9**	**101.5**
服装、鞋帽类	**Garments, Shoes and Hats**	**108.4**	**103.0**	**110.0**	**101.9**	**108.9**
纺织品类	**Textiles**	**105.8**	**106.7**	**101.2**	**102.2**	**112.4**
家用电器及音像器材	**Household Appliances, Music and Video Equipment**	**96.4**	**98.9**	**99.0**	**98.3**	**97.8**
家庭设备	Household Equipment	99.0	99.2	100.6	99.8	98.7
文娱用耐用消费品	Culture and Entertainment with Consumer Durable Goods	91.1	98.2	98.0	95.9	97.1
音像器材类	Music and Video Equipment	95.5	100.0	100.0		
文化办公用品	**Cultural and Office Appliances**	**95.9**	**99.4**	**100.6**	**100.4**	**99.9**
日用品	**Articles for Daily Use**	**102.1**	**101.7**	**100.6**	**101.2**	**105.1**
日用百货	General Merchandise for Daily Use	105.9	99.6	97.1	99.4	101.4
日用杂品	Miscellaneous for Daily Use	101.5	101.6	107.5	104.0	122.4
洗涤用品	Cleaning Products	99.8	102.1	100.0	101.9	103.4
体育娱乐用品	**Sports and Recreation Articles**	**100.3**	**99.3**	**100.4**	**98.7**	**109.7**
交通、通信用品	**Transportation and Communication Appliances**	**97.1**	**97.4**	**100.8**	**88.1**	**99.8**
交通运输机械	Transport Machinery	98.6	99.8	105.2	100.7	99.7
通讯器材类	Communications Equipment	88.8	94.5	94.4	81.8	100.0
家具	**Furniture**	**100.8**	**100.0**	**101.3**	**103.0**	**95.9**
化妆品类	**Cosmetics**	**101.4**	**99.8**	**100.7**	**100.7**	**99.7**
金银珠宝类	**Gold, Silver and Jewelry**	**114.0**	**112.8**	**115.2**	**110.8**	**108.3**
中西药品及医疗保健用品类	**Traditional Chinese and Western Medicines and Health Care Articles**	**105.9**	**103.1**	**105.0**	**102.6**	**105.1**
书报杂志及电子出版物类	**Books, Newspapers, Magazines and Electronic Publications**	**103.5**	**104.1**	**102.1**	**104.0**	**103.9**
教材及参考书	Textbooks and Reference Books	107.8	109.5	104.5	114.4	104.2
书报杂志	Books, Newspapers Magazines	100.4	100.0	101.0	100.0	107.8
电子音像制品	Electronic Audio-video Products	97.4	100.0	93.6	100.0	99.3
燃料类	**Fuels**	**109.3**	**111.1**	**110.9**	**107.9**	**114.5**
煤炭及制品类	Coal and Coal Products	100.8	111.1	108.1	100.6	105.2
石油及制品类	Petroleum and Petroleum Products	112.1	110.9	112.9	111.5	117.2
建筑材料及五金电料类	**Building Materials and Hardware**	**100.7**	**102.5**	**101.8**	**100.4**	**103.7**
建筑装潢材料	Building Decoration Materials	101.0	103.7	102.0	101.8	104.8
五金电料类	Hardware	100.1	99.3	100.0	95.2	100.0

7-9 调查市、县居民消费价格指数(2010年)
Consumer Price Indices of Surveyed Cities and Counties(2010)

(上年=100) (preceding Year=100)

项 目	Item	西宁市 Xining City	大通县 Datong Hui & Tu County	乐都县 Ledu County	共和县 Gonghe County	格尔木市 Geermu City
居民消费价格总指数	**General Index**	**104.5**	**106.6**	**105.5**	**104.3**	**107.0**
非食品价格指数	**Non-food Price Index**	**102.9**	**104.9**	**103.6**	**102.1**	**107.0**
服务项目价格指数	**Service Price Index**	**103.7**	**106.9**	**102.5**	**102.9**	**110.4**
工业品价格指数	**Consumer Price Index of Industrial Production**	**102.4**	**103.7**	**104.2**	**101.7**	**105.3**
扣除食品和能源价格指数	**Excluding Food and Energy Price Index**	**102.9**	**104.5**	**103.5**	**102.0**	**106.6**
扣除鲜菜鲜果总指数	**Excluding Fresh Vegetables and Fresh Fruit Price Index**	**103.9**	**106.3**	**105.4**	**103.9**	**106.6**
消费品价格指数	**Consumer Price Index**	**104.8**	**106.5**	**106.3**	**104.7**	**105.9**
食品	Food	107.9	110.2	109.2	108.7	106.8
粮食	Grain	113.8	111.4	111.3	109.7	113.9
油脂	Oil or Fat	100.1	111.5	99.8	102.8	103.3
肉禽及其制品	Meat, Poultry and Processed Products	105.0	104.4	104.7	108.6	103.8
蛋	Eggs	107.5	107.8	109.0	105.6	101.5
水产品	Aquatic Products	105.6	114.6	98.4	102.8	98.8
菜	Vegetables	112.3	115.4	111.2	109.7	114.9
鲜菜	Fresh Vegetables	111.0	111.8	105.6	107.4	115.7
干鲜瓜果	Dried and Fresh Melons and Fruits	116.2	107.2	109.7	119.1	114.5
鲜瓜果	Fresh Fruits	114.9	108.2	105.9	120.5	113.3
液体乳及乳制品	Milk and Its Products	106.4	107.5	104.1	102.8	101.0
在外用膳食品	Dining Out	106.9	107.7	113.8	107.0	104.3
炒菜	Fried Dishes	105.8	106.1	113.6	105.4	103.2
烟酒及用品	Tobacco, Liquor and Articles	100.4	102.4	100.3	101.1	102.3
衣着	Clothing	107.1	103.3	109.3	102.3	109.0
服装	Garments	109.2	102.8	112.7	100.9	107.7
家庭设备用品及维修服务	Household Facilities, Articles and Services	100.8	100.9	101.5	102.3	103.1
耐用消费品	Durable Consumer Goods	100.1	99.5	100.5	101.4	96.7
家庭日用杂品	Daily Use Household Articles	99.4	100.6	104.0	105.0	105.7
医疗保健和个人用品	Health Care and Personal Articles	104.9	106.1	106.2	102.0	105.9
医疗保健	Health Care	103.2	107.0	105.9	101.6	104.7
中药材及中成药	Traditional Chinese Medicine	113.0	96.7	114.1	117.3	115.8
西药	Western Medicine	100.8	106.9	104.5	94.3	99.0
医疗保健服务	Health Care Services	100.4	109.9	100.3	102.0	105.0
交通和通讯	Transportation and Communication	100.2	103.2	101.7	99.2	114.2
交通	Transportation	102.3	107.1	104.3	101.9	128.8
通信	Communication	98.1	98.3	98.3	94.7	100.0
娱乐教育文化用品及服务	Recreation, Education and Culture Articles	103.3	108.3	102.7	105.3	103.4
教育	Education	104.4	110.1	101.7	110.5	103.3
旅游	Touring and Outing	104.3	101.5	101.2	99.3	105.7
居住	Residence	101.0	105.8	101.7	102.1	106.6
建房及装修材料	Building and Building Decoration Materials	97.3	104.1	100.4	101.4	103.1
租房	Renting	103.6	100.1	100.0	140.3	104.4
自有住房	Private Housing	104.0	100.5	100.9	100.2	100.6
水、电、燃料	Water, Electricity and Fuels	100.9	110.4	103.7	100.2	109.9

7—10 全省及调查县农业生产资料价格指数(2010年)
Price Indices for Means of Agricultural Production in the Province and Counties Surveyed(2010)

(上年=100) (preceding year=100)

项目	Item	全省 Province Total	大通县 Datong Hui & Tu County	乐都县 Ledu County	共和县 Gonghe County
农业生产资料价格指数	**Price Indices of Agricultural Means**	**103.5**	**101.9**	**104.2**	**105.6**
农用手工工具	**Farm Handtools**	**99.9**	**98.1**	**100.0**	**105.2**
饲料	**Forage**	**115.6**	**118.4**	**113.1**	**115.8**
混合饲料	Mixed Forage	114.2	118.8	111.3	113.8
产品畜	**Production Livestock**	**104.1**	**114.7**	**94.0**	**90.0**
半机械化农具	**Semi-mechanized Farm Tools**	**96.7**	**89.7**	**100.3**	**104.9**
机械化农具	**Mechanized Farm Machinery**	**95.5**	**90.7**	**100.4**	**103.1**
化学肥料	**Chemical Fertilizer**	**102.6**	**101.4**	**103.6**	**102.6**
氮肥	Nitrogen	99.9	101.1	96.7	100.1
磷肥	Phosphate	104.4	99.0	107.4	106.7
钾肥	Potassium	102.1	101.4		
复合肥料	Compound fertilizer	100.7	100.7	102.4	
农药及农药械	**Pesticide and Its Appliances**	**101.8**	**101.9**	**100.0**	**98.7**
化学农药	Chemical Pesticides	102.0	102.1	100.0	98.0
农药器械	Pesticide Equipment	100.5	100.0	100.0	104.8
农用机油	**Oil for Farm Machinery**	**108.0**	**107.8**	**109.6**	**107.5**
其他农业生产资料	**Other Means of Agricultural Production**	**105.6**	**106.2**	**101.1**	**109.9**
农用种子	Farm Seeds	109.1	114.2	99.0	114.3
农业生产服务	**Service for Agricultural Production**	**116.3**	**108.5**	**123.6**	**114.2**

7-11 城乡居民消费价格定基指数(2010年)

Fixed Base Consumer Price Indices in Urban and Rural Areas(2010)

(2005年=100) (year of 2005=100)

项 目	Item	全 省 Province	城 市 Urban	农 村 Rural
居民消费价格总指数	**General Index**	**134.9**	**133.5**	**137.7**
非食品价格指数	**Non-food Price Index**	**120.7**	**119.6**	**123.1**
服务项目价格指数	**Service Price Index**	**118.1**	**116.4**	**122.5**
工业品价格指数	**Consumer Price Index of Industrial Production**	**122.2**	**121.6**	**123.1**
扣除食品和能源价格指数	**Excluding Food and Energy Price Index**	**118.2**	**117.6**	**119.5**
扣除鲜菜鲜果总指数	**Excluding Fresh Vegetables and Fresh Fruit Price Index**	**132.2**	**130.6**	**135.3**
消费品价格指数	**Consumer Price Index**	**140.6**	**139.7**	**142.1**
食品	Food	168.6	165.4	174.7
粮食	Grain	161.8	166.6	156.6
油脂	Oil or Fat	138.0	132.9	148.0
肉禽及其制品	Meat, Poultry and Processed Products	184.7	184.4	184.9
蛋	Eggs	150.2	154.3	141.1
水产品	Aquatic Products	143.9	145.3	132.2
菜	Vegetables	192.4	186.3	206.4
鲜菜	Fresh Vegetables	191.5	189.5	196.7
干鲜瓜果	Dried and Fresh Melons and Fruits	193.8	194.5	198.5
鲜瓜果	Fresh Fruits	195.5	196.4	201.3
液体乳及乳制品	Milk and Its Products	140.5	139.1	143.8
在外用膳食品	Dining Out	154.9	150.5	167.6
炒菜	Fried Dishes	141.5	133.9	161.2
烟酒及用品	Tobacco, Liquor and Articles	113.9	117.1	109.5
衣着	Clothing	131.8	147.9	103.0
服装	Garments	138.5	158.1	98.3
家庭设备用品及维修服务	Household Facilities, Articles and Services	108.9	107.9	110.9
耐用消费品	Durable Consumer Goods	99.0	97.1	103.2
家庭日用杂品	Daily Use Household Articles	120.6	118.1	124.1
医疗保健和个人用品	Health Care and Personal Articles	126.9	125.6	129.0
医疗保健	Health Care	125.4	123.8	128.4
中药材及中成药	Traditional Chinese Medicine	164.6	178.9	133.6
西药	Western Medicine	112.5	110.2	115.5
医疗保健服务	Health Care Services	122.5	114.3	134.9
交通和通信	Transportation and Communication	101.7	95.7	112.2
交通	Transportation	124.1	122.8	124.0
通信	Communication	78.0	76.4	85.6
娱乐教育文化用品及服务	Recreation, Education and Culture Articles	107.1	109.4	99.8
教育	Education	117.5	123.3	106.0
旅游	Touring and Outing	117.4	118.8	99.5
居住	Residence	143.3	130.4	163.8
建房及装修材料	Building and Building Decoration Materials	144.4	125.4	159.7
租房	Renting	159.4	131.0	183.3
自有住房	Private Housing	113.6	117.6	108.1
水、电、燃料	Water, Electricity and Fuels	145.0	134.8	175.6

7-12 城乡商品零售价格定基指数(2010年)

Fixed Base Retail Price Indices in Urban and Rural Areas(2010)

(2005年=100) (year of 2005=100)

项 目	Item	全 省 Province	城 市 Urban	农 村 Rural
商品零售价格总指数	**Retail Price Index**	**131.3**	**131.0**	**132.2**
食品	**Food**	**168.6**	**166.0**	**173.9**
饮料、烟酒	**Beverages, Tobacco and Liquor**	**115.0**	**116.4**	**112.5**
服装、鞋帽	**Garments, Shoes and Hats**	**123.6**	**151.4**	**98.8**
纺织品	**Textiles**	**118.0**	**123.6**	**108.2**
家用电器及音像器材	**Household Appliances, Music and Video Equipment**	**83.1**	**82.0**	**85.3**
家庭设备	Household Equipment	96.5	96.8	95.7
文娱用耐用消费品	Culture and Entertainment with Consumer Durable Goods	65.8	60.7	74.4
音像器材	Music and Video Equipment	98.9	94.9	100.1
文化办公用品	**Cultural and Office Appliances**	**80.5**	**74.2**	**105.6**
日用品	**Articles for Daily Use**	**117.3**	**118.6**	**114.0**
日用百货	General Merchandise for Daily Use	118.3	121.6	107.6
日用杂品	Miscellaneous for Daily Use	113.2	110.1	122.5
洗涤用品	Cleaning Products	118.5	118.9	117.9
体育娱乐用品	**Sports and Recreation Articles**	**96.1**	**97.3**	**93.4**
交通、通信用品	**Transportation and Communication Appliances**	**83.9**	**86.1**	**77.9**
交通运输机械	Transport Machinery	101.9	100.0	109.4
通信器材	Communications Equipment	49.7	43.2	55.2
家具	**Furniture**	**98.7**	**94.5**	**107.0**
化妆品	**Cosmetics**	**100.9**	**103.3**	**91.1**
金银珠宝	**Gold, Silver and Jewelry**	**199.0**	**234.9**	**173.3**
中西药品及医疗保健用品	**Traditional Chinese and Western Medicines and Health Care Articles**	**129.6**	**134.3**	**119.4**
书报杂志及电子出版物	**Books, Newspapers, Magazines and Electronic Publications**	**112.3**	**108.9**	**117.0**
教材及参考书	Textbooks and Reference Books	114.2	107.4	123.3
书报杂志	Books, Newspapers Magazines	114.4	110.6	121.7
电子音像制品	Electronic Audio-video Products	99.2	102.4	97.0
燃料	**Fuels**	**163.7**	**156.9**	**181.3**
煤炭及制品	Coal and Coal Products	194.7	178.6	211.6
石油及制品	Petroleum and Petroleum Products	150.1	148.8	154.4
建筑材料及五金电料	**Building Materials and Hardware**	**126.5**	**119.6**	**142.1**
建筑装潢材料	Building Decoration Materials	135.2	127.8	149.2
五金电料	Hardware	104.8	102.1	113.9

7-13 全省及调查县农业生产资料价格定基指数(2010年)
Fixed Base Price Indices of Means of Agricultural Production in the Province and Counties Surveyed(2010)

(2005年=100) (year of 2005=100)

项 目	Item	全 省 Province Total	大通县 Datong Hui & Tu County	乐都县 Ledu County	共和县 Gonghe County
农业生产资料价格指数	**Price Indices of Agricultural Means**	**143.0**	**145.3**	**138.6**	**132.1**
农用手工工具	**Farm Handtools**	**111.3**	**90.9**	**115.2**	**149.2**
饲料	**Forage**	**149.9**	**151.4**	**147.6**	**159.7**
混合饲料	Mixed Feed	149.4	148.6	148.2	156.4
产品畜	**Production Livestock**	**201.9**	**276.3**	**149.9**	**241.5**
半机械化农具	**Semi-mechanized Farm Tools**	**113.2**	**114.0**	**103.0**	**127.4**
机械化农具	**Mechanized Farm Machinery**	**129.4**	**126.3**	**130.9**	**136.6**
化学肥料	**Chemical Fertilizer**	**124.5**	**132.9**	**124.6**	**105.4**
氮肥	Nitrogen	122.9	130.5	121.4	103.4
磷肥	Phosphate	110.7	117.2	113.1	91.8
钾肥	Potassium	152.8	154.1	128.6	
复合肥料	Compound fertilizer	127.1	114.5	134.3	132.5
农药及农药械	**Pesticide and Its Appliances**	**125.2**	**130.7**	**109.5**	**110.7**
化学农药	Chemical Pesticides	127.4	133.4	114.0	103.5
农药器械	Pesticide Equipment	112.6	103.4	100.0	178.6
农用机油	**Oil for Farm Machinery**	**167.6**	**162.1**	**163.7**	**173.9**
其他农业生产资料	**Other Means of Agricultural Production**	**131.1**	**136.9**	**117.3**	**130.1**
农用种子	Farm Seeds	137.8	154.7	119.2	122.2
农业生产服务	**Service for Agricultural Production**	**198.8**	**177.4**	**193.3**	**229.5**

7-14 调查市、县居民消费价格定基指数(2010年)

Fixed Base Consumer Price Indices of Cities and Counties Surveyed (2010)

(2005年=100) (year of 2005=100)

项 目	Item	西宁市 Xining City	大通县 Datong Hui & Tu County	乐都县 Ledu County	共和县 Gonghe County	格尔木市 Geermu City
居民消费价格总指数	**General Index**	**130.6**	**137.3**	**129.6**	**125.1**	**141.1**
非食品价格指数	**Non-food Price Index**	**116.0**	**123.0**	**111.8**	**107.7**	**129.2**
服务项目价格指数	**Service Price Index**	**111.2**	**126.7**	**103.9**	**108.2**	**136.1**
工业品价格指数	**Consumer Price Index of Industrial Production**	**119.1**	**120.6**	**116.5**	**107.4**	**125.3**
扣除食品和能源价格指数	**Excluding Food and Energy Price Index**	**114.5**	**119.5**	**107.9**	**104.5**	**128.0**
扣除鲜菜鲜果总指数	**Excluding Fresh Vegetables and Fresh Fruit Price Index**	**127.6**	**134.4**	**126.7**	**122.6**	**138.1**
消费品价格指数	**Consumer Price Index**	**138.1**	**140.9**	**138.9**	**131.1**	**142.7**
食品	**Food**	164.6	172.0	176.3	170.0	168.8
粮食	Grain	167.0	159.4	156.3	146.9	159.3
油脂	Oil or Fat	131.4	158.1	127.0	163.1	139.5
肉禽及其制品	Meat, Poultry and Processed Products	188.6	176.6	184.5	186.5	165.1
蛋	Eggs	157.3	137.3	142.9	141.9	136.8
水产品	Aquatic Products	143.0	133.2	120.0	130.9	155.9
菜	Vegetables	185.9	201.7	206.6	200.8	196.7
鲜菜	Fresh Vegetables	186.1	190.9	202.3	203.3	202.0
干鲜瓜果	Dried and Fresh Melons and Fruits	190.4	196.2	204.9	199.6	245.4
鲜瓜果	Fresh Fruits	191.7	207.4	204.1	181.6	224.3
液体乳及乳制品	Milk and Its Products	139.5	147.6	152.4	125.6	138.1
在外用膳食品	Dining Out	146.9	163.9	179.5	160.0	160.6
炒菜	Fried Dishes	133.4	159.5	167.0	151.7	138.4
烟酒及用品	Tobacco, Liquor and Articles	117.8	113.7	101.4	114.2	108.0
衣着	Clothing	144.2	107.4	108.0	86.1	151.6
服装	Garments	157.4	104.0	107.2	76.1	152.0
家庭设备用品及维修服务	Household Facilities, Articles and Services	106.1	111.3	108.7	115.1	117.0
耐用消费品	Durable Consumer Goods	96.9	100.3	101.1	114.2	105.3
家庭日用杂品	Daily Use Household Articles	123.9	126.4	116.4	133.6	118.3
医疗保健和个人用品	Health Care and Personal Articles	126.0	127.6	125.8	115.3	126.3
医疗保健	Health Care	125.6	130.1	125.2	116.4	120.5
中药材及中成药	Traditional Chinese Medicine	180.8	121.3	186.1	145.7	161.1
西药	Western Medicine	111.5	130.6	100.0	92.1	99.6
医疗保健服务	Health Care Services	113.0	139.2	117.9	126.5	122.4
交通和通信	Transportation and Communication	87.8	107.9	115.4	103.1	116.6
交通	Transportation	108.1	125.5	138.9	123.6	156.9
通信	Communication	73.3	89.7	89.5	77.2	88.5
娱乐教育文化用品及服务	Recreation, Education and Culture Articles	102.7	121.0	83.0	94.0	131.9
教育	Education	117.6	143.3	76.4	91.7	142.6
旅游	Touring and Outing	106.3	98.6	92.5	106.1	155.1
居住	Residence	122.1	153.6	145.5	137.0	130.7
建房及装修材料	Building and Building Decoration Materials	122.0	187.4	127.7	134.9	132.6
租房	Renting	122.0	135.2	144.1	268.8	126.5
自有住房	Private Housing	113.4	101.4	124.1	103.1	105.6
水、电、燃料	Water, Electricity and Fuels	132.0	161.8	163.3	150.4	135.3

7-15 调查市、县商品零售价格定基指数(2010年)

Fixed base Retail Price Indices of Cities and Counties Surveyed (2010)

(2005年=100) (year of 2005=100)

项　目	Item	西宁市 Xining City	大通县 Datong Hui& Tu County	乐都县 Ledu County	共和县 Gonghe County	格尔木市 Geermu City
商品零售价格总指数	**Retail Price Index**	**133.0**	**133.1**	**130.2**	**130.2**	**135.1**
食品	**Food**	**165.7**	**173.1**	**177.7**	**169.1**	**168.8**
饮料、烟酒	**Beverages, Tobacco and Liquor**	**118.6**	**114.2**	**105.2**	**115.8**	**107.2**
服装、鞋帽	**Garments, Shoes and Hats**	**151.5**	**107.2**	**106.6**	**83.4**	**150.9**
纺织品	**Textiles**	**121.6**	**114.8**	**102.4**	**108.6**	**133.8**
家用电器及音像器材	**Household Appliances, Music and Video Equipment**	**79.9**	**83.8**	**90.8**	**81.8**	**93.3**
家庭设备	Household Equipment	95.4	96.2	99.0	92.8	107.6
文娱用耐用消费品	Culture and Entertainment with Consumer Durable Goods	54.5	66.5	86.1	67.0	83.7
音像器材	Music and Video Equipment	94.9	100.0	100.5		
文化办公用品	**Cultural and Office Appliances**	**68.7**	**100.7**	**91.4**	**113.4**	**104.4**
日用品	**Articles for Daily Use**	**117.7**	**116.9**	**109.2**	**114.4**	**126.0**
日用百货	General Merchandise for Daily Use	121.0	112.6	104.9	106.9	125.4
日用杂品	Miscellaneous for Daily Use	109.1	120.7	129.1	116.0	126.9
洗涤用品	Cleaning Products	118.0	112.4	113.0	128.6	127.6
体育娱乐用品	**Sports and Recreation Articles**	**96.6**	**85.4**	**100.5**	**103.1**	**106.8**
交通、通信用品	**Transportation and Communication Appliances**	**82.8**	**86.4**	**90.0**	**55.6**	**100.0**
交通运输机械	Transport Machinery	98.6	107.0	109.1	111.3	108.2
通信器材	Communications Equipment	30.9	66.7	66.8	38.2	84.9
家具	**Furniture**	**93.5**	**104.3**	**100.1**	**134.7**	**107.6**
化妆品	**Cosmetics**	**103.0**	**84.9**	**99.4**	**96.6**	**107.0**
金银珠宝	**Gold, Silver and Jewelry**	**164.2**	**175.0**	**171.8**	**168.8**	**397.1**
中西药品及医疗保健用品	**Traditional Chinese and Western Medicines and Health Care Articles**	**136.9**	**123.3**	**118.4**	**109.1**	**123.4**
书报杂志及电子出版物	**Books, Newspapers, Magazines and Electronic Publications**	**109.9**	**121.8**	**116.3**	**107.9**	**104.1**
教材及参考书	Textbooks and Reference Books	107.1	119.7	126.8	121.5	105.6
书报杂志	Books, Newspapers Magazines	109.0	125.7	111.0	110.4	119.8
电子音像制品	Electronic Audio-video Products	116.1	100.1	84.0	97.6	87.4
燃料	**Fuels**	**157.3**	**190.7**	**166.3**	**174.7**	**150.4**
煤炭及制品	Coal and Coal Products	180.0	204.7	197.6	233.5	144.2
石油及制品	Petroleum and Petroleum Products	148.8	155.0	142.1	155.1	151.4
建筑材料及五金电料	**Building Materials and Hardware**	**118.8**	**158.2**	**127.5**	**146.2**	**135.2**
建筑装潢材料	Building Decoration Materials	127.2	181.6	130.0	142.7	145.3
五金电料	Hardware	102.0	100.9	104.8	156.1	104.2

7-16 1991-2010年固定资产投资价格指数
Price Indices for Investment in Fixed Assets (1991-2010)

(上年=100) (preceding year=100)

年 份 Year	固定资产投资价格总指数 Price Indices for Investment in Fixed Assets	建筑安装、装饰工程 Construction and Installation	设备、工器具购置 Purchase of Equipment and Instruments	其他费用 Others
1991	119.5	123.5	109.5	114.2
1992	115.1	114.5	111.2	124.8
1993	125.9	129.6	120.2	112.5
1994	108.4	107.6	111.2	107.9
1995	105.3	104.3	106.7	108.7
1996	103.5	104.4	99.6	102.1
1997	103.0	104.5	97.9	100.6
1998	98.5	99.0	95.9	98.7
1999	100.1	101.0	96.2	100.0
2000	101.6	102.7	97.9	100.3
2001	100.3	101.0	97.3	100.0
2002	103.2	104.7	97.3	101.5
2003	102.0	102.9	97.8	101.9
2004	102.8	103.2	100.1	104.4
2005	102.1	102.1	100.7	104.2
2006	102.4	102.6	101.8	102.0
2007	104.2	104.6	102.9	102.6
2008	110.5	113.3	101.5	104.1
2009	100.9	101.1	99.4	102.1
2010	103.8	104.5	101.5	102.3

7-17 1991-2010年固定资产投资价格定基指数
Fixed Base Price Indices for Investment in Fixed Assets(1991-2010)

(1990年=100) (year of 1990=100)

年 份 Year	固定资产投资价格总指数 Price Indices for Investment in Fixed Assets	建筑安装、装饰工程 Construction and Installation	设备、工器具购置 Purchase of Equipment and Instruments	其他费用 Others
1991	119.5	123.5	109.5	114.2
1992	137.5	141.4	121.8	142.5
1993	173.2	183.3	146.4	160.3
1994	187.7	197.2	162.8	173.0
1995	197.7	205.7	173.7	188.1
1996	204.6	214.7	172.9	192.0
1997	210.7	224.4	169.3	193.2
1998	207.6	222.1	162.4	190.6
1999	207.8	224.4	156.2	190.6
2000	211.1	230.4	152.9	191.2
2001	211.7	232.7	148.8	191.2
2002	218.5	243.6	144.8	194.1
2003	222.9	250.7	141.6	197.8
2004	229.1	258.7	141.7	206.5
2005	233.9	264.1	142.7	215.2
2006	239.5	271.0	145.3	219.5
2007	249.6	283.5	149.5	225.2
2008	275.8	321.2	151.7	234.4
2009	278.3	324.7	150.8	239.3
2010	288.9	339.3	153.1	244.8

7-18 1997-2010年西宁市区房地产价格总指数

Price Indices for Real Estate in Xining(1997-2010)

(上年=100) (preceding year=100)

年份 Year	房地产价格总指数 Price Indices for Real Estate	房屋销售价格指数 Sales Price Indices of Houses	新建房 Commer-cialized Houses	二手房 Second-hand House	房地产租赁价格指数 Renting Price Indices of Houses	住宅 Residential Buildings	办公用房 Office Buildings	商业用房 Business Buildings	土地交易价格指数 Transactions Price Indices of Land
1997	114.7	110.7	100.4	100.0	136.7	197.6	105.1	100.9	100.8
1998	104.0	101.5	100.8	100.7	117.9	146.2	100.0	100.5	99.4
1999	100.9	101.0	99.2	100.5	100.5	100.0	99.5	96.8	94.4
2000	103.0	101.1	99.9	99.3	114.3	133.4	99.2	116.2	100.4
2001	102.3	100.5	100.8	102.5	112.2	126.4	102.1	103.4	99.7
2002	103.0	102.2	101.2	111.2	107.3	117.4	104.2	99.8	102.7
2003	102.1	101.9	102.1	106.1	103.1	106.5	104.2	98.9	106.2
2004	103.5	104.0	104.2	100.0	100.4	100.0	99.2	100.5	106.1
2005	102.7	103.2	102.4	104.3	99.9	100.9	97.7	100.2	102.9
2006	102.4	102.8	102.3	103.4	101.1	100.7	102.6	100.3	102.5
2007	103.8	103.8	104.1	103.3	104.2	104.6	102.2	105.4	103.2
2008	106.7	107.5	107.5	107.6	102.4	101.4	100.6	104.4	103.2
2009	104.0	104.4	104.3	104.6	101.9	100.7	101.9	102.9	104.0
2010	106.6	106.6	107.1	105.6	106.7	107.6	102.4	108.7	104.4

7-19 1989-2010年工业品出厂价格分行业、类别指数

(上年=100)

年 份 Year	总指数 General Index	轻工业 Light Industry	重工业 Heavy Industry	生产资料 Means of Production	采掘工业 Mining & Quarrying Industry	原料工业 Raw Materials Industry	加工工业 Processing Industry	煤炭开采和洗选业 Mining and Washing of Coal
1989	112.66	112.40	113.22	113.16	113.30	107.71	126.82	111.08
1990	109.48	114.89	107.75	107.76	105.92	108.49	107.53	103.58
1991	108.70	108.98	109.19	109.11	124.93	109.57	101.33	121.29
1992	103.64	107.73	101.88	102.03	104.17	100.24	104.19	106.38
1993	124.37	112.94	127.94	127.58	122.17	128.58	128.07	108.74
1994	124.86	121.30	126.00	125.54	143.65	126.02	115.57	144.19
1995	114.58	119.76	112.23	112.55	123.49	108.68	110.75	124.55
1996	106.66	107.21	106.06	106.74	103.31	107.92	107.70	109.91
1997	103.54	102.08	103.78	103.77	102.18	104.65	102.04	113.69
1998	100.67	97.32	101.26	101.27	99.31	102.11	100.16	105.86
1999	102.81	98.74	104.05	103.99	111.34	101.08	102.04	102.36
2000	108.05	92.21	111.09	110.89	137.85	102.05	95.04	103.03
2001	93.74	94.96	93.50	93.60	94.33	93.02	96.38	112.05
2002	97.57	100.91	97.23	97.29	97.11	96.24	102.18	101.81
2003	105.46	99.99	106.19	105.84	114.10	101.65	101.95	102.45
2004	111.23	102.99	112.54	111.83	116.98	106.48	113.56	103.80
2005	110.24	101.02	111.73	111.05	130.73	100.34	102.77	120.66
2006	109.49	99.97	110.41	109.86	118.87	110.38	100.22	114.33
2007	104.15	104.19	104.15	104.07	106.35	102.86	104.69	103.96
2008	107.60	111.56	107.22	107.50	107.27	97.87	124.00	118.23
2009	91.30	102.44	90.21	90.89	88.97	89.36	94.62	114.97
2010	109.35	104.02	110.13	109.73	122.42	110.99	102.16	105.54

PPI by Sector and Categroy(1989-2010)

(preceding year=100)

石油和天然气开采业 Extraction of Petroleum and Natural Gas	有色金属矿采选业 Mining and Processing of Non-Ferrous Metal Ores	电力、热力的生产和供应业 Production and Supply of Electric Power and Heat Power	生活资料 Consumer Goods	食品类 Food	衣着类 Clothing	一般日用品 Articles for Daily Use	耐用消费品 Durable Consumer Goods
114.01			112.48	104.58	125.31	124.88	
119.79			114.96	116.63	116.49	100.81	
122.77			109.25	108.08	112.06	103.85	
105.88	114.78		107.72	114.86	102.44	103.43	
135.08	121.66		113.33	122.09	104.2	110.44	
173.75	106.54		122.4	123.29	126.45	114.91	
133.09	133.28		119.41	122.74	117.95	114.63	
95.7	96.3		106.52	112.5	100.99	104.28	
97.74	98.85	125.92	102.1	104.53	99.54	97.27	
100.31	89.46	121.68	97.12	97.19	97.58	97.5	
121.61	93.75	101.41	98.73	99.05	99.67	97.64	
171.81	108.41	95.18	91.65	88.34	99.99	97.21	94.48
79.75	109.61	94.21	94.46	92.94	92.93	101.04	93.89
91.67	102.27	98.6	100.67	99.16	103.67	101.75	98.08
116.74	106.52	99.47	100.67	100.13	95.27	105.4	100
113.83	150.07	99.9	104.79	104.55	101.52	108.37	101.15
133.91	121.07	97.37	101.79	102.11	98.54	103.87	105.75
117.94	134.11	97.12	101.48	100.97	99.97	103.9	98.37
105.46	114.69	100.84	106.46	111.14	99.81	101.53	99.9
115.53	68.6	100.45	110.39	113.22	102.61	110.81	103.55
76.83	94.15	99.47	101.22	98.42	104.03	102.88	116.38
130.85	130.84	100.74	104.24	104.24	101.55	107.02	100.54

7-20 1989-2010年原材料、燃料、动力购进价格指数

Purchasing Price Indices for Raw Materials，Fuels and Power(1989-2010)

(上年=100) (preceding year=100)

年份 Year	总指数 General Index	燃料、动力类 Fuel and Power	黑色金属材料类 Ferrous Metals	有色金属材料类 Nonferrous Metals	化工原料类 Raw Chemical Materials	木材及纸浆类 Timber and Paper Pulp	建材及非金属矿类 Building materials and non-metallic mineral	其它工业原材料及半成品类 Other Categories of Industrial Raw Materials and Semi-finished Products	农副产品类 Agricultural Products	纺织原料类 Textile Material
1989	123.81	121.91	136.38		126.79	114.68				
1990	113.87	119.42	107.38		96.46	106.66				
1991	112.76	113.92	115.67		95.22	105.49				
1992	108.43	134.60	109.08	116.76	90.41	99.85			102.80	98.57
1993	138.86	129.35	164.77	121.67	135.72	131.97			120.33	99.29
1994	112.33	115.65	102.84	112.66	108.10	113.72			121.73	102.25
1995	110.22	112.76	98.63	126.60	124.53	109.12			129.02	145.69
1996	108.81	112.62	97.47	96.12	111.44	108.33			111.80	104.49
1997	110.93	121.15	100.67	101.90	103.21	104.33	104.87	106.54	97.10	90.26
1998	101.32	105.08	95.48	101.26	104.55	102.42	96.53	99.93	89.48	98.48
1999	99.06	100.50	96.46	95.60	95.04	98.49	99.66	98.48	96.79	100.00
2000	98.93	100.26	101.06	129.35	105.55	99.30	100.15	100.92	90.34	103.51
2001	99.09	102.70	97.94	85.60	99.71	102.23	107.01	105.11	88.68	100.00
2002	102.75	102.07	100.63	92.45	96.63	112.70	95.88	99.24	106.39	99.59
2003	101.84	101.63	107.57	111.48	98.80	107.81	96.04	97.26	98.04	94.21
2004	108.51	104.36	128.64	138.23	101.80	100.50	112.83	99.75	110.35	99.64
2005	105.28	104.56	104.05	101.00	106.04	110.67	105.03	100.02	108.26	99.96
2006	102.76	102.26	94.46	112.25	102.43	102.38	143.75	100.13	97.46	100.04
2007	104.44	104.10	102.11	97.13	109.70	109.18	101.44	104.71	108.76	96.61
2008	110.43	108.38	119.55	97.74	107.53	115.92	111.27	113.36	132.60	99.37
2009	99.83	101.26	92.00	81.20	101.97	101.23	105.90	101.61	97.47	97.72
2010	108.58	105.75	110.27	120.53	101.52	99.71	110.18	104.38	108.43	117.56

主要统计指标解释

居民消费价格指数　是反映一定时期内城乡居民所购买的生活消费品价格和服务项目价格变动趋势和程度的相对数,是对城市居民消费价格指数和农村居民消费价格指数进行综合汇总计算的结果。该指数可以观察和分析消费品的零售价格和服务项目价格变动对城乡居民实际生活费支出的影响程度。

城市居民消费价格指数　是反映一定时期内城市居民家庭所购买的生活消费品价格和服务项目价格变动趋势和程度的相对数。该指数可以观察和分析消费品的零售价格和服务项目价格变动对城镇职工货币工资的影响,作为研究职工生活和确定工资政策的依据。

农村居民消费价格指数　是反映一定时期内农村居民家庭所购买的生活消费品价格和服务项目价格变动趋势和程度的相对数。该指数可以观察农村消费品的零售价格和服务项目价格变动对农村居民生活消费支出的影响,直接反映农村居民生活水平的实际变化情况,为分析和研究农村居民生活问题提供依据。

商品零售价格指数　是反映一定时期内城乡商品零售价格变动趋势和程度的相对数。商品零售价格的变动直接影响到城乡居民的生活支出和国家的财政收入,影响居民购买力和市场供需的平衡,影响到消费与积累的比例关系。因此,该指数可以从一个侧面对上述经济活动进行观察和分析。

农业生产资料价格指数　指反映一定时期内农业生产资料价格变动趋势和程度的相对数。其编制目的是了解农业生产中物质资料投入价格的变动状况,服务于国民经济核算。1994 年以前,农业生产资料价格指数仅仅是商品零售价格指数的一个类别,此后,从商品零售价格指数中分离出来,单独编制。

农产品生产价格指数　是反映一定时期内,农产品生产者出售农产品价格水平变动趋势及幅度的相对数。该指数可以客观反映全国农产品生产价格水平和结构变动情况,满足农业与国民经济核算需要。其中某代表品生产价格指数是通过对全部有出售该产品行为的调查单位的个体指数进行几何平均求得的,类价格指数是通过对其所属的类(或代表品)的价格指数进行加权平均求得的。季度累计价格指数的计算方法与分季指数的计算方法相同。

工业品出厂价格指数　是反映一定时期内全部工业产品出厂价格总水平的变动趋势和程度的相对数,包括工业企业售给本企业以外所有单位的各种产品和直接售给居民用于生活消费的产品。该指数可以观察出厂价格变动对工业总产值及增加值的影响。

原材料、燃料和动力购进价格指数　是反映工业企业作为生产投入,而从物资交易市场和能源、原材料生产企业购买原材料、燃料和动力产品时,所支付的价格水平变动趋势和程度的统计指标,是扣除工业企业物质消耗成本中的价格变动影响的重要依据。

目前,我国编制的原材料、燃料和动力购进价格指数所调查的产品包括燃料动力、黑色金属、有色金属、化工、建材等九大类的近 1800 种产品。

固定资产投资价格指数　是反映一定时期内固定资产投资品及取费项目的价格变动趋势和程度的相对数。固定资产投资额是由建筑安装工程投资完成额、设备工器具购置投资完成额和其他费用投资完成额三部分组成的。编制固定资产投资价格指数应首先分别编制上述三部分投资的价格指数,然后采用加权算术平均法求出固定资产投资价格总指数。

该指数可以准确地反映固定资产投资中涉及的各类投资品和取费项目价格变动趋势和变动幅度,消除按现价计算的固定资产投资指标中的价格变动因素,真实地反映固定资产投资的规模、速度、结构和效益,为国家科学地制定、检查固定资产投资计划并提高宏观调控水平,为完善国民经济核算体系提供科学的、可靠的依据。

房地产价格指数　是反映一定时期内房地产价格变动趋势和程度的相对数,包括房屋销售价格指数、房屋租赁价格指数、土地交易价格指数和物业管理价格指数。这四套指数的计算方法相似,均采用由下到上逐级汇总的方法。

Explanatory Notes on Main Statistical Indicators

Consumer Price Indices reflect the trend and degree of changes in prices of consumer goods and services purchased by urban and rural households during a given period. They are obtained by combining Consumer Price Indices of Urban Household and Consumer Price Indices of Rural Household. The Indices enable the observation and analysis of the degree of impact of the changes in the prices of retailed goods and services on the actual living expenses of urban and rural residents.

Consumer Price Indices of Urban Household reflect the trend and degree of changes in prices of consumer goods and services purchased by urban households during a given period. It can be used to observe and analyze the impact of price changes in consumer goods and services on wages (in monetary terms) of urban staff and workers, and provide a basis for research on the livelihood of staff and workers and policy - making concerning wages.

Consumer Price Indices of Rural Household reflect the trend and degree of changes in prices of consumer goods and services purchased by rural households during a given period. It can be used to observe the impact of change in retail prices of consumer goods and service prices in rural areas on living expenditure of rural households, and to show the changes in the living standard of rural households. It provides a basis for analysis and research on the condition of life in rural areas.

Retail Price Indices reflect the trend and degree of change in retail prices of commodities during a given period. The change in retail prices of commodities directly affect the living expenses of urban and rural residents, government revenue, purchasing power of residents and the equilibrium of market supply and demand, and the ratio of consumption to accumulation. Therefore, the retail price indices are useful from an oblique perspective for observing and analyzing the changes of the above economic activities.

Price Indices for Means of Agricultural Production reflect the trend and degree of changes in the prices of the means of agricultural production during a given period. Compilation of these indices helps to understand the changes in prices of input into agricultural production and facilitate the compilation of national accounts statistics. Before 1994, price indices for means of agricultural production were a sub - category in the retail price indices for commodities, and it has been compiled separately since 1994.

Producer Prices Indices for Farm Products reflect the trend and degree of changes in producers' prices received by farmers when they sell farm products during a given period. These indices depict the change in the level and structure of producer prices for farm products of the country and meet the needs of agricultural statistics and national accounts statistics. The producer price index for a given product is calculated as the geometrical mean of individual indices for all surveyed units which sell such product, and the indices for a product category is obtained as the weighted mean of price indices for all products in the category. Method for calculating accumulative quarterly indices is the same as for calculating the individual quarterly indices.

Producer Price Indices for Manufactured Goods reflect the trend and degree of changes in general ex - factory prices of all manufactured goods during a given period, including sales of manufactured goods by an industrial enterprise to all units outside the enterprise, as well as sales of consumer goods to residents. It can be used to analyze the impact of ex - factory prices on gross output value and value - added of the industrial sector.

Purchasing Price Indices for Raw Materials, Fuels and Power reflect changes in the level and degree of prices paid by industrial enterprises when they purchase production input such as raw materials, fuels and power from the market or from other energy or raw materials producing enterprises. These indices provide an important basis for measuring the material consumption of industrial enterprises after removing the influence of price changes.

At present, close to 1,800 products in 9 categories, including fuels and power, ferrous metals, non - ferrous metals, chemicals, building materials, are covered in China for the survey to produce indices for purchasing prices of raw materials, fuels and power.

Price Indices for Investment in Fixed Assets reflect the trend and degree of changes in prices of investment goods and projects in fixed assets during a given period. The investment in fixed assets consists of three components, namely the investment in construction and installation, the investment in purchases of equipment and instrument, and the investment in other items. Price indices for investment in fixed assets are calculated as the weighted arithmetic mean of the price indices for the three components of investment in fixed assets.

Removing the factor of price change in the aggregates of investment at current prices, this indicator shows the changes in the prices of commodities and fees involved in the investment of fixed assets, and can be used to observe the actual size, growth, structure, and efficiency of investment in fixed assets and provides reliable and scientific data for government planning, management, decision - making, and further improving the current national accounting system.

Price Indices for Real Estate reflect the trend and degree of changes in prices of real estate during a given period, including sale price indices for houses, price indices for renting houses, price indices for land transactions and price indices for management of properties. The methods for the compilation of these four sets of indices are similar in that they all use the bottom - up approach under which data are reported from lower level to higher level.

能 源

Energy

第8篇

CHAPTER 8

能源生产消费情况（万吨标准煤）

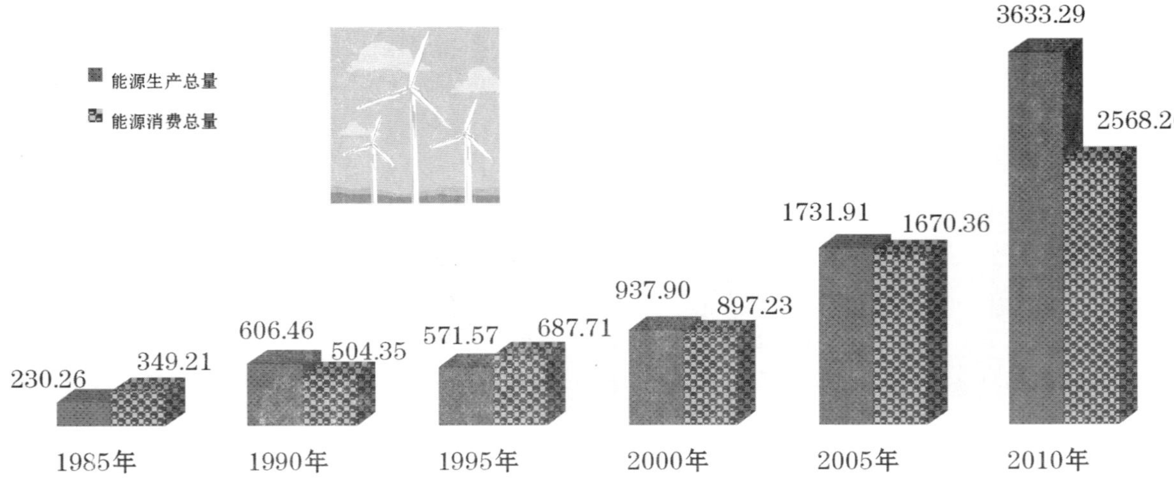

能源消费构成（%）

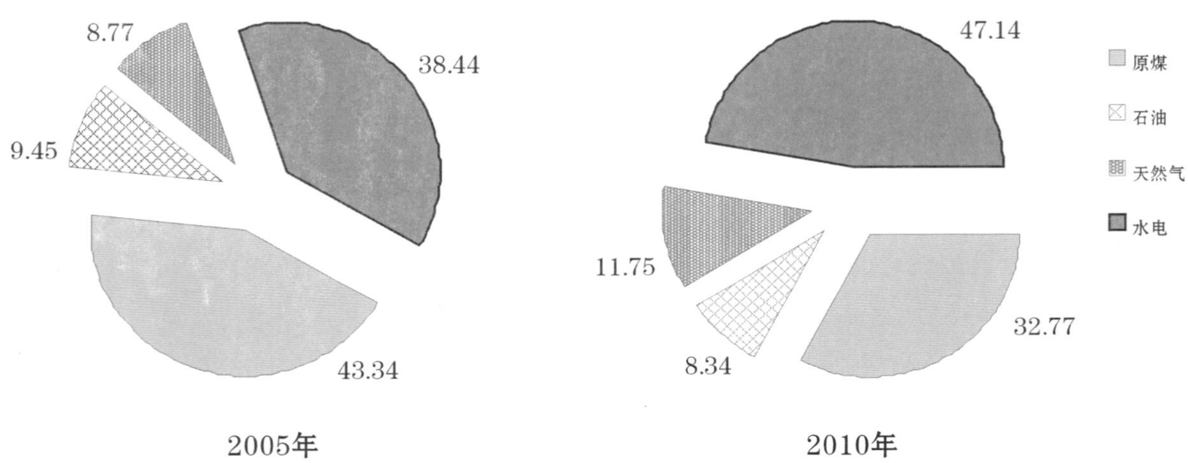

能源自给率

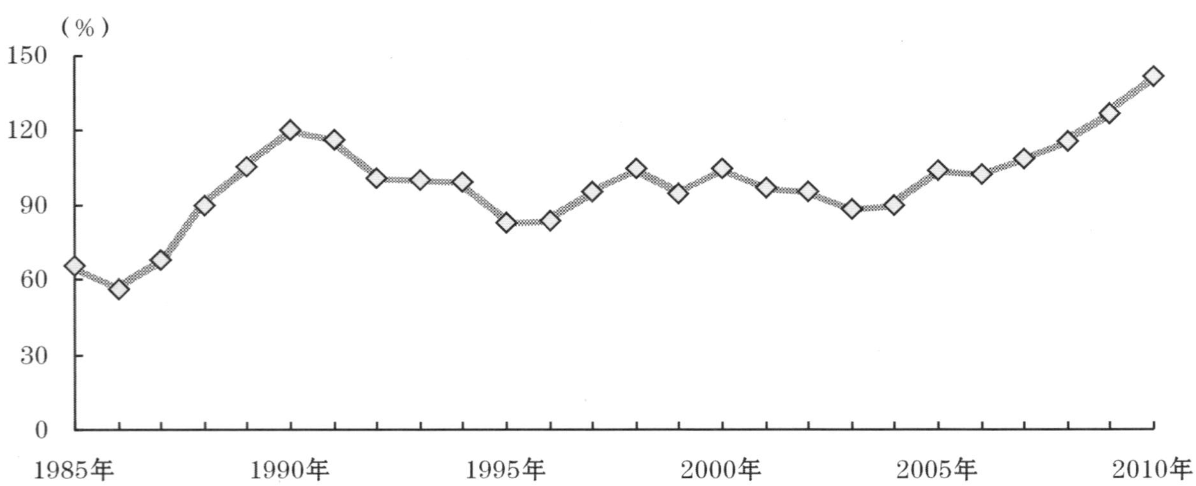

8-1 1990-2010年能源生产总量及构成

Total Production and Composition of Energy(1990-2010)

年份 Year	能源生产总量(万吨标准煤) Total Energy Production (10 000 tons of SCE)	占能源生产总量的比重(%) As Percentage of Total Energy Production(%) 原煤 Coal	原油 Crude Oil	天然气 Natural Gas	水电 Hydropower
1990	606.46	32.28	19.08	1.02	47.62
1991	552.26	31.82	26.39	1.65	40.14
1992	504.85	34.32	30.00	1.25	34.43
1993	559.17	25.29	27.69	1.00	46.01
1994	619.47	26.12	26.06	1.31	46.50
1995	571.57	29.74	30.41	1.36	38.49
1996	584.71	35.34	33.32	2.49	28.85
1997	672.89	28.79	34.02	3.97	33.22
1998	771.00	24.90	32.63	4.22	38.25
1999	885.89	23.00	30.57	4.76	41.67
2000	937.90	16.79	30.46	5.06	47.69
2001	907.05	13.31	32.44	8.76	45.49
2002	974.46	18.31	31.38	14.34	35.97
2003	990.14	22.40	31.75	18.90	26.95
2004	1226.30	23.92	25.86	17.76	32.46
2005	1731.91	25.78	18.27	17.09	38.86
2006	1949.69	24.61	16.34	15.72	43.33
2007	2272.09	31.00	13.87	20.08	35.05
2008	2635.91	35.06	11.94	22.02	30.98
2009	2967.76	37.96	8.97	19.30	33.77
2010	3633.29	39.10	7.32	19.65	33.93

注：1. 电力折算标准煤的系数根据当年平均发电煤耗计算。
2. 生产、消费量按等价值计算。下表同。

a) The coefficient for conversion of electric power into SCE (standard coal equivalent) is calculated on the basis of the data on average coal consumption in generating electric power in the same year.

b) The indices of enery production and consumption in this table is at equalance prices. The same applies to the tables following.

8-2 1990-2010年能源消费总量及构成

Total Consumption and Composition of Energy(1990-2010)

年 份 Year	能源消费总量 (万吨标准煤) Total Energy Consumption (10 000 tons of SCE)	占能源消费总量的比重(%) As Percentage of Total Energy Consumption(%)			
		原 煤 Coal	原 油 Crude Oil	天然气 Natural Gas	水 电 Hydropower
1990	504.35	51.54	12.47	1.03	32.97
1991	474.29	44.08	11.25	2.24	42.43
1992	499.29	42.53	7.80	1.85	47.82
1993	559.98	38.57	8.69	1.00	51.74
1994	625.38	40.27	8.24	1.30	50.19
1995	687.71	41.64	8.42	1.13	48.81
1996	698.25	40.75	8.57	2.07	48.61
1997	706.78	45.45	19.15	3.77	31.63
1998	738.88	39.78	17.92	4.40	37.90
1999	938.68	37.29	16.84	4.38	41.49
2000	897.23	30.18	18.96	4.83	46.03
2001	939.33	28.02	18.05	7.52	46.41
2002	1018.83	26.42	15.77	13.25	44.56
2003	1122.70	28.72	13.47	15.07	42.74
2004	1364.38	27.56	14.07	15.79	42.58
2005	1670.36	43.34	9.45	8.77	38.44
2006	1903.39	44.60	8.49	9.27	37.64
2007	2095.02	46.82	8.86	9.08	35.24
2008	2279.15	42.49	9.81	13.36	34.34
2009	2348.17	41.46	8.53	13.91	36.10
2010	2568.26	32.77	8.34	11.75	47.14

注：2005-2008年能耗及相关数据根据第二次经济普查结果进行调整。

a) Energy consumption and related data in 2005-2008 were adjusted based on the result of the second economic census.

8-3 综合能源平衡表

Overall Energy Balance Sheet

单位：万吨标准煤 (10 000 tons of SCE)

项 目	Item	2005	2006	2007	2008	2009	2010
可供本地区消费的能源量	**Total Energy Available for Consumption**	**1667.25**	**1902.16**	**2095.99**	**2278.22**	**2347.07**	**2568.36**
年初库存量	Early stocks	35.44	28.13	94.16	121.20	156.79	165.04
一次能源生产量	Primary Energy Output	1731.91	1949.69	2272.09	2635.91	2967.76	3633.29
回收能					23.56	26.57	20.15
外省(区、市)调入量	Inflow from other Provinces	497.91	631.80	664.71	567.75	469.33	555.40
进口量	Imports						
本省(区、市)调出量(-)	Outflow(-)	-570.76	-613.29	-815.37	-913.41	-1112.89	-1620.39
出口量(-)	Exports (-)						
年末库存量(-)	The End of Inventories	-27.25	-94.16	-119.60	-156.79	-160.50	-185.13
加工转换投入(-)产出(+)量	**Losses During the Process of Energy Conversion**	**-19.42**	**-5.18**	**-18.41**	**-32.35**	**-26.02**	**-59.89**
火力发电	Thermal Power						
供 热	Heating						-6.41
煤炭洗选	Coal Washing	-0.19		-0.10	-21.44	-12.81	-38.74
炼 焦	Coking	-0.84	-1.51	-15.52	-5.63	-5.00	-2.95
炼 油	Petroleum Refining	-14.76	-2.76	-2.78	-5.28	-8.21	-11.79
制 气	Gas Production	-3.63	-0.90				
煤制品加工	Coal Goods of Process			-0.01			
回收能							20.15
终端消费量	**End-use Consumption**	**1607.11**	**1856.19**	**2040.82**	**2191.67**	**2269.15**	**2447.64**
第一产业	Primary Industry	14.67	15.19	15.22	15.42	17.86	18.14
农、林、牧、渔业	Agriculture, Forestry, Animal Husbandry, Fishery and Water Conservancy	14.67	15.19	15.22	15.42	17.86	18.14
第二产业	Secondary Industry	1236.77	1477.35	1639.41	1759.79	1808.83	1977.11
工 业	Industry	1215.65	1454.96	1615.78	1735.20	1782.62	1948.72
用于原材料	For Raw and Processed Material	46.65	48.76	54.41	136.12	144.84	104.62
建筑业	Construction	21.12	22.39	23.64	24.59	26.21	28.39
第三产业	Tertiary Industry	194.36	200.50	218.52	236.54	256.02	276.27
交通运输、仓储和邮政业	Transport, Storage and Post	82.81	83.12	89.10	91.41	101.72	112.86
批发、零售业和住宿、餐饮业	Wholesale and Retail Trades, Hotels and Catering Services	35.00	37.39	40.19	42.53	46.03	48.87
其 他	Others	76.56	80.00	89.23	102.60	108.26	114.54
生活消费	Household Consumption	161.30	163.15	167.67	179.92	186.45	196.27
城 镇	Urban	89.68	92.20	96.10	107.54	111.45	116.02
乡 村	Rural	71.62	70.95	71.57	72.38	75.00	80.25
消费量合计	**Total consumption**	**1670.36**	**1903.39**	**2095.02**	**2279.15**	**2348.17**	**2568.26**

注：1. 电力、热力按等价热值折算。
2. 村办工业包括在工业中。

a) Electric power and heat are converted on the basis of equal caloric value.
b) Energy consumption of industry include that of village industry

8-4　1990-2010年能源生产弹性系数
Elasticity Ratio of Energy Production(1990-2010)

年　份 Year	能源生产比上年增长(%) Growth Rate of Energy Production over Preceding Year (%)	电力生产比上年增长(%) Growth Rate of Electricity Production over Preceding Year (%)	生产总值比上年增长(%) Growth Rate of Gross Domestic Product (GDP) over Preceding Year (%)	能源生产弹性系数 Elasticity Ratio of Energy Production	电力生产弹性系数 Elasticity Ratio of Electricity Production
1990	17.24	21.30	3.72	4.63	5.73
1991	-8.94	-15.40	4.69		
1992	-8.58	-16.70	7.39		
1993	10.76	36.50	9.61	1.12	3.80
1994	10.80	7.40	8.20	1.32	0.90
1995	-7.70	-17.40	8.00		
1996	2.30	2.20	8.60	0.27	0.26
1997	15.08	36.45	9.00	1.68	4.05
1998	14.60	19.26	9.00	1.62	2.14
1999	14.90	13.80	8.20	1.82	1.68
2000	5.87	17.00	9.00	0.65	1.89
2001	-3.29	2.90	12.00		0.24
2002	7.40	-4.10	12.10	0.61	
2003	1.60	-14.90	12.10	0.13	
2004	23.85	41.23	12.30	1.94	3.35
2005	41.23	27.85	12.20	3.38	2.28
2006	12.57	28.51	13.26	0.95	2.15
2007	16.54	8.99	13.47	1.23	0.67
2008	16.01	6.64	13.53	1.18	0.49
2009	12.59	17.78	10.14	1.24	1.75
2010	22.43	24.35	15.33	1.46	1.59

注：生产总值增长速度按可比价格计算，下表同。
a) The growth rates of GDP are calculated at constant prices. The same applies to the tables following.

8-5　1990-2010年能源消费弹性系数
Elasticity Ratio of Energy Consumption(1990-2010)

年　份 Year	能源消费比上年增长(%) Growth Rate of Energy Consumption over Preceding Year (%)	电力消费比上年增长(%) Growth Rate of Electricity Consumption over Preceding Year (%)	生产总值比上年增长(%) Growth Rate of Gross Domestic Product (GDP) over Preceding Year (%)	能源消费弹性系数 Elasticity Ratio of Energy Consumption	电力消费弹性系数 Elasticity Ratio of Electricity Consumption
1990	6.81		3.72	1.83	
1991	-5.96		4.69		
1992	5.27		7.39	0.71	
1993	12.16		9.61	1.27	
1994	11.68	9.78	8.20	1.42	1.19
1995	9.97	3.59	8.00	1.25	0.45
1996	1.53	4.40	8.60	0.18	0.51
1997	1.22	21.68	9.00	0.14	2.41
1998	4.54	7.61	9.00	0.50	0.85
1999	27.04	13.66	8.20	3.30	1.67
2000	-4.42	8.13	9.00		0.90
2001	4.69	-3.58	12.00	0.39	
2002	8.46	18.15	12.40	0.68	1.46
2003	10.19	19.65	12.10	0.84	1.62
2004	21.53	26.36	12.30	1.75	2.14
2005	22.43	4.09	12.20	1.84	0.34
2006	13.95	18.40	13.26	1.05	1.39
2007	10.07	16.69	13.47	0.75	1.24
2008	8.79	9.10	13.53	0.65	0.67
2009	3.03	7.67	10.14	0.30	0.76
2010	9.37	37.94	15.33	0.61	2.47

8-6 分行业终端能源消费总量和主要能源品种消费量(2010年)
Terminal Consumption of Energy and Major Variety Energy Consumption by Sector(2010)

行业	Sector	能源消费总量(万吨标准煤) Total Energy Consumption (10 000 tons of SCE)	原煤消费量(万吨) Coal Consumption (10 000 tons)	汽油消费量(万吨) Gasoline Consumption (10 000 tons)	电力消费量(亿千瓦小时) Electricity Consumption (100 million kw·h)
消费总量	**Total Consumption**	**2467.79**	**461.50**	**26.15**	**448.87**
农林牧渔业	**Agriculture, Forestry, Animal Husbandry, Fishery and Water Conservancy**	**18.14**	**4.33**	**1.74**	**1.13**
工业	**Industry**	**1948.72**	**254.44**	**0.91**	**412.95**
采掘业	**Mining**	**206.15**	**32.70**	**0.32**	**14.48**
煤炭采选业	Mining and Washing of Coal	16.17	4.04	0.05	1.15
石油和天然气开采业	Extraction of Petroleum and Natural Gas	131.18	0.27	0.16	2.00
黑色金属矿采选业	Mining and Processing of Ferrous Metal Ores	3.92	0.38	0.01	1.03
有色金属矿采选业	Mining and Processing of Non-Ferrous Metal Ores	31.38	25.77	0.02	4.19
非金属矿采选业	Mining and Processing of Non-metal Ores	22.14	2.20	0.07	5.71
其他矿采选业	Mining of Other Ores	1.36	0.04	0.01	0.40
制造业	**Manufacturing**	**1695.15**	**216.39**	**0.55**	**385.83**
食品加工业	Processing of Food	4.43	2.09	0.02	0.88
食品制造业	Manufacture of Foods	1.56	0.56	0.02	0.22
饮料制造业	Manufacture of Beverages	1.72	1.32	0.05	0.21
纺织业	Manufacture of Textile	1.81	1.18	0.01	0.32
服装及其他纤维制品制造	Manufacture of Textile Wearing Apparel, Footwear and Caps	0.50	0.04		0.08
皮革毛皮羽绒及其制品业	Manufacture of Leather, Fur, Feather and Related Products	0.02	0.02		
家具制造业	Manufacture of Furniture	0.36	0.01		0.09
造纸及纸制品业	Manufacture of Paper and Paper Products	0.07	0.01		0.02
印刷业记录媒介的复制	Printing, Reproduction of Recording Media	0.39	0.03	0.01	0.06
文教体育用品制造业	Manufacture of Articles For Culture, Education and Sport Activities				
石油加工及炼焦业	Processing of Petroleum, Coking, Processing of Nuclear Fuel	27.76	0.96		2.75
化学原料及制品制造业	Manufacture of Raw Chemical Materials and Chemical Products	110.54	76.91	0.19	9.53
医药制造业	Manufacture of Medicines	3.24	2.07	0.01	0.44
橡胶制品业	Manufacture of Rubber	0.10	0.05		
塑料制品业	Manufacture of Plastics	0.64	0.08		0.18
非金属矿物制品业	Manufacture of Non-metallic Mineral Products	128.96	102.94	0.05	15.71
黑色金属冶炼压延加工业	Smelting and Pressing of Ferrous Metals	577.78	16.65	0.02	120.41
有色金属冶炼压延加工业	Smelting and Pressing of Non-ferrous Metals	825.03	7.71	0.03	232.92
金属制品业	Manufacture of Metal Products	2.24	0.95	0.02	0.47
普通机械制造业	Manufacture of General Purpose Machinery	4.44	1.84	0.03	0.84
专用设备制造业	Manufacture of Special Purpose Machinery	0.10	0.06	0.01	
交通运输设备制造业	Manufacture of Transport Equipment	0.61	0.24	0.05	0.05
电气机械及器材制造业	Manufacture of Electrical Machinery and Equipment	0.36	0.35	0.01	0.01
仪器仪表文化办公用机械	Manufacture of Measuring Instruments and Machinery for Cultural Activity and Office Work	0.39		0.01	0.10
其他制造业	Other manufacturing industries	1.97	0.32	0.01	0.50
废弃资源和废旧材料回收加工业	Recycling and Disposal of Waste	0.13			0.04
电力煤气水生产供应业	**Electric Power, Gas and Water Production and Supply**	**47.42**	**5.35**	**0.04**	**12.64**
电力蒸汽热水生产供应业	Production and Supply of Electric Power and Heat Power	42.20	5.32	0.03	11.11
煤气的生产和供应业	Production and Supply of Gas	2.10			0.63
自来水的生产和供应业	Production and Supply of Water	3.12	0.03	0.01	0.90
建筑业	**Construction**	**28.39**	**4.21**	**1.87**	**4.13**
交通运输仓储邮电通信业	**Transport, Storage and Post**	**112.86**	**12.49**	**8.35**	**1.77**
批发和零售贸易餐饮业	**Wholesale and Retail Trades, Hotels and Catering Services**	**48.87**	**13.10**	**2.54**	**4.05**
其他行业	**Others**	**114.54**	**58.06**	**6.23**	**8.82**
生活消费	**Household Consumption**	**196.27**	**114.87**	**4.51**	**16.02**

注：工业能源消费量中包括村办工业。
a) Energy consumption of industry include that of village industry.

8-7 1990-2010年能源自给率

Energy Self-sufficiency Rate(1990-2010)

单位：万吨标准煤 (10 000 tons of SCE)

年 份 Year	能源生产总量 Total Energy Production	能源消费总量 Total Energy Consumption	能源自给率(%) Energy self-sufficiency rate(%)
1990	606.46	504.35	120.24
1991	552.26	474.29	116.44
1992	504.85	499.29	101.11
1993	559.17	559.98	99.85
1994	619.47	625.38	99.05
1995	571.57	687.71	83.11
1996	584.71	698.25	83.74
1997	672.89	706.78	95.21
1998	771.00	738.88	104.35
1999	885.89	938.68	94.38
2000	937.90	897.23	104.53
2001	907.05	939.33	96.56
2002	974.46	1018.83	95.65
2003	990.14	1122.70	88.19
2004	1226.30	1364.38	89.88
2005	1731.91	1670.36	103.68
2006	1949.69	1903.39	102.43
2007	2272.09	2095.02	108.45
2008	2635.91	2279.15	115.65
2009	2967.76	2348.17	126.39
2010	3633.29	2568.26	141.47

主要统计指标解释

能源生产总量 指一定时期内，一个国家或地区一次能源生产量的总和。该指标是观察全省能源生产水平、规模、构成和发展速度的总量指标。一次能源生产量包括原煤、原油、天然气、水电、核能及其他动力能（如风能、地热能等）发电量，不包括低热值燃料生产量、生物质能、太阳能等的利用和由一次能源加工转换而成的二次能源产量。

能源消费总量 指一定时期内，一个国家或地区各行业和居民生活消费的各种能源的总和。该指标是观察能源消费水平、构成和增长速度的总量指标。能源消费总量包括原煤和原油及其制品、天然气、电力，不包括低热值燃料、生物质能和太阳能等的利用。能源消费总量分为终端能源消费量、能源加工转换损失量和能源损失量三部分。

（1）终端能源消费量：指一定时期内，一个国家或地区生产和生活消费的各种能源在扣除了用于加工转换二次能源消费量和损失量以后的数量。

（2）能源加工转换损失量：指一定时期内，一个国家或地区投入加工转换的各种能源数量之和与产出各种能源产品之和的差额。该指标是观察能源在加工转换过程中损失量变化的指标。

（3）能源损失量：指一定时期内，能源在输送、分配、储存过程中发生的损失和由客观原因造成的各种损失量，不包括各种气体能源放空、放散量。

能源生产弹性系数 是研究能源生产增长速度与国民经济增长速度之间关系的指标。计算公式：

$$能源生产弹性系数=\frac{能源生产总量年平均增长速度}{国民经济年平均增长速度}$$

国民经济年平均增长速度，可根据不同的目的或需要，用国民生产总值、国内生产总值等指标来计算，本年鉴是采用国内生产总值指标计算的。

电力生产弹性系数 是研究电力生产增长速度与国民经济增长速度之间关系的指标。一般来说，电力的发展应当快于国民经济的发展，也就是说电力应超前发展。计算公式为：

$$电力生产弹性系数=\frac{电力生产量年平均增长速度}{国民经济年平均增长速度}$$

能源消费弹性系数 反映能源消费增长速度与国民经济增长速度之间比例关系的指标。计算公式为：

$$能源消费弹性系数=\frac{能源消费量年平均增长速度}{国民经济年平均增长速度}$$

电力消费弹性系数 反映电力消费增长速度与国民经济增长速度之间比例关系的指标。计算公式为：

$$电力消费弹性系数=\frac{电力消费量年平均增长速度}{国民经济年平均增长速度}$$

能源加工转换效率 指一定时期内，能源经过加工、转换后，产出的各种能源产品的数量与同期内投入加工转换的各种能源数量的比率。该指标是观察能源加工转换装置和生产工艺先进与落后、管理水平高低等的重要指标。计算公式为：

$$能源加工转换效率=\frac{能源加工转换产出量}{能源加工转换投入量}\times 100\%$$

单位国内生产总值能耗 指一定时期内，一个国家或地区每生产一个单位的国内生产总值所消耗的能源。计算公式为：

$$单位国内生产总值能耗=\frac{能源消费总量}{国内生产总值}$$

单位国内生产总值电耗 指一定时期内，一个国家或地区每生产一个单位的国内生产总值所消耗的电力。计算公式为：

$$单位国内生产总值电耗=\frac{全社会用电量}{国内生产总值}$$

单位工业增加值能耗 指一定时期内，一个国家或地区每生产一个单位的工业增加值所消耗的能源。计算公式为：

$$单位工业增加值能耗=\frac{工业能源消费量}{工业增加值}$$

Explanatory Notes on Main Statistical Indicators

Total Energy Production refers to the total production of primary energy by all energy producing enterprises in the province in a given period of time. It is acomprehensive indicator to show the level, scale, composition and pace of development of energy production of the country. The production of primary energy includes that of coal, crude oil, natural gas, hydro – power and electricity generated by nuclear energy and other means such as wind power and geothermal power. However, it does not include the production of fuels of low calorific value, bio – energy, solar energy and secondary energy converted from primary energy.

Total Energy Consumption refers to the total consumption of energy of various kinds by the production sectors and the households in the province in a given period of time. It is a comprehensive indicator to show the scale, composition and pace of increase of energy consumption. Total energy consumption includes that of coal, crude oil and their products, natural gas and electricity. However, it does not include the consumption of fuel of low calorific value, bio – energy and solar energy. Total energy consumption can be divided into three parts: end – use energy consumption; loss during the process of energy conversion; and energy loss.

(1) End – use Energy Consumption: It refers to the total energy consumption by the production sectors and the households in the province (region) in a given period of time. It does not include the consumption during the conversion of primary energy into secondary energy and the loss in the process of energy conversion.

(2) Loss During the Process of Energy Conversion: It refers to the total input of various kinds of energy for conversion, minus the total output of various kinds of energy in the province in a given period of time. It is an indicator to show the loss that occurs during the process of energy conversion.

(3) Energy Loss: It refers to the total of the loss of energy during the course of energy transport, distribution and storage and the loss caused by any objective reason in a given period of time. The loss of various kinds of gas due to gas discharges and stocktaking is not included.

Elasticity Ratio of Energy Production is an indicator to show the relationship between the growth rate of energy production and the growth rate of the national economy. The formula is:

$$\text{Elasticity Ratio of Energy Production} = \frac{\text{Average Annual Growth Rate of Energy Production}}{\text{Average Annual Growth Rate of National Economy}}$$

The average annual growth rate of the national economy can be measured by indicators such as the Gross National Product and the Gross Domestic Product, depending on the purposes or needs. The Gross Domestic Product has been used in the calculation of the ratio in this Yearbook.

Elasticity Ratio of Electricity Production is an indicator to show the relationship between the growth rate of electricity production and the growth rate of the national economy. Generally speaking, the growth rate of electricity production should be higher than that of the national economy.

Its formula is:

$$\text{Elasticity Ratio of Electricity Production} = \frac{\text{Average Annual Growth Rate of Electricity Production}}{\text{Average Annual Growth Rate of National Economy}}$$

Elasticity Ratio of Energy Consumption is an indicator to show the relationship between the growth rate of energy consumption and the growth rate of the national economy. The formula is:

$$\text{Elasticity Ratio of Energy Consumption} = \frac{\text{Average Annual Growth Rate of Energy Consumption}}{\text{Average Annual Growth Rate of National Economy}}$$

Elasticity Ratio of Electricity Consumption is an indicator to show the relationship between the growth rate of electricity consumption and the growth rate of the national economy. The formula is:

$$\text{Elasticity Ratio of Electricity Consumption} = \frac{\text{Average Annual Growth Rate of Electricity Consumption}}{\text{Average Annual Growth Rate of National Economy}}$$

Efficiency of Energy Processing and Conversion refers to the ratio of the total output of energy products of various kinds after processing and conversion to the total input of energy of various kinds for processing and conversion in the same reference period. It is an important indicator to show the current conditions of energy processing and conversion equipment, production technique and management. The formula is:

$$\text{Efficiency of Energy Processing \& Conversion} = \frac{\text{Output of Energy After Processing \& Conversion}}{\text{Input of Energy for Processing \& Conversion}} \times 100\%$$

Energy Consumption per Unit of GDP refers to the energy consumption per unit of Gross Domestic Product in a province or the Gross Regional Product in a region in the same reference period. The formula is:

$$\text{Energy Consumption per Unit of GDP} = \frac{\text{Total Energy Consumption}}{\text{Gross Domestic Product}}$$

Electricity Consumption per Unit of GDP refers to the electricity consumption per unit of Gross Domestic Product in a province or the Gross Regional Product in a region in the same reference period. The formula is:

$$\text{Electricity Consumption per Unit of GDP} = \frac{\text{Total Electricity Consumption}}{\text{Gross Domestic Product}}$$

Energy Consumption per Unit of Industrial Value – added refers to the energy consumption per unit of industrial value – added in a province or region in the same reference period. The formula is:

$$\text{Energy Consumption per Unit of Industrial Value – added} = \frac{\text{Total Energy Consumption}}{\text{Industrial Value – added.}}$$

固定资产投资

Investment in Fixed Assets

第9篇

CHAPTER 9

全社会固定资产投资总额及增速

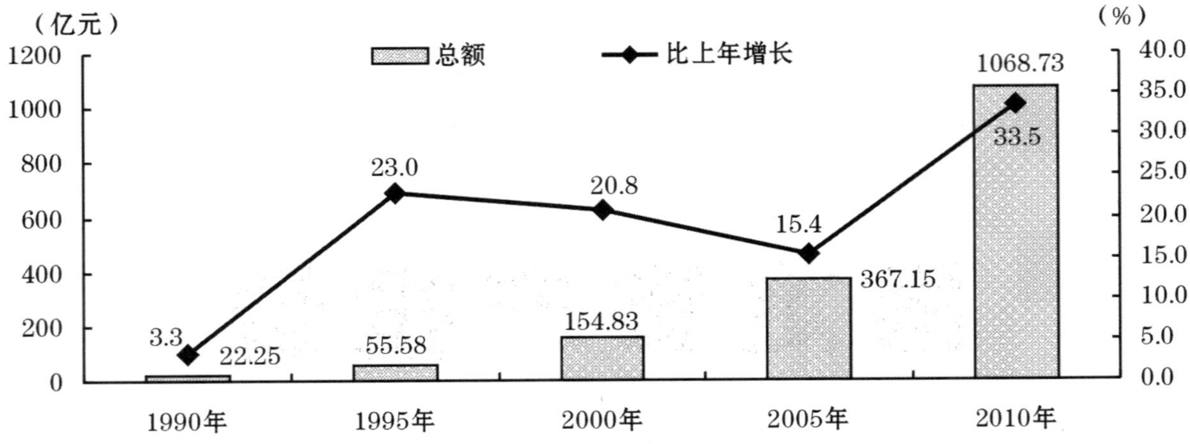

全社会固定资产投资构成（%）

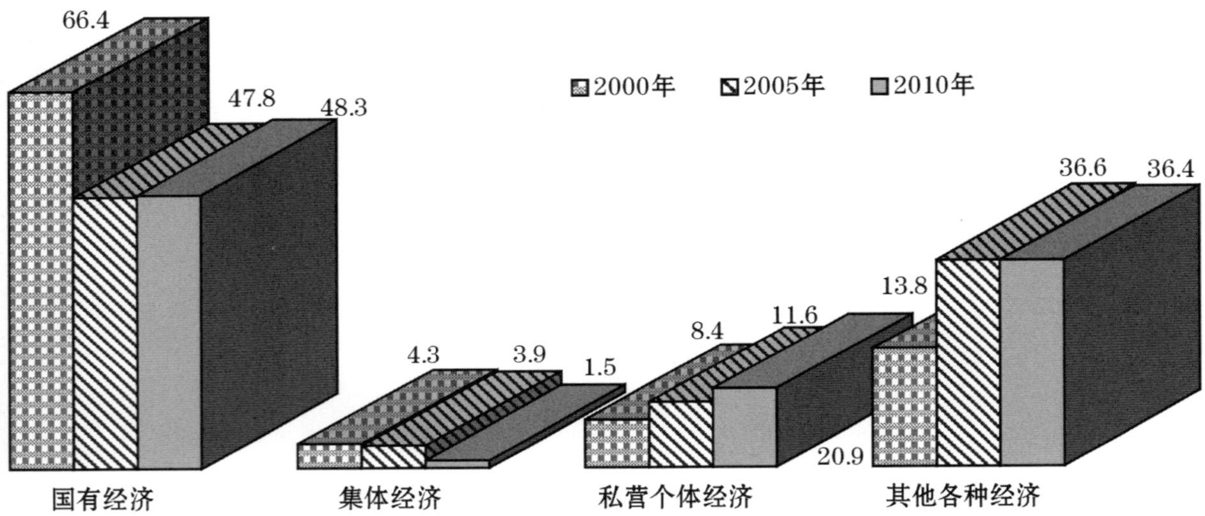

资金来源投资额比重（%）

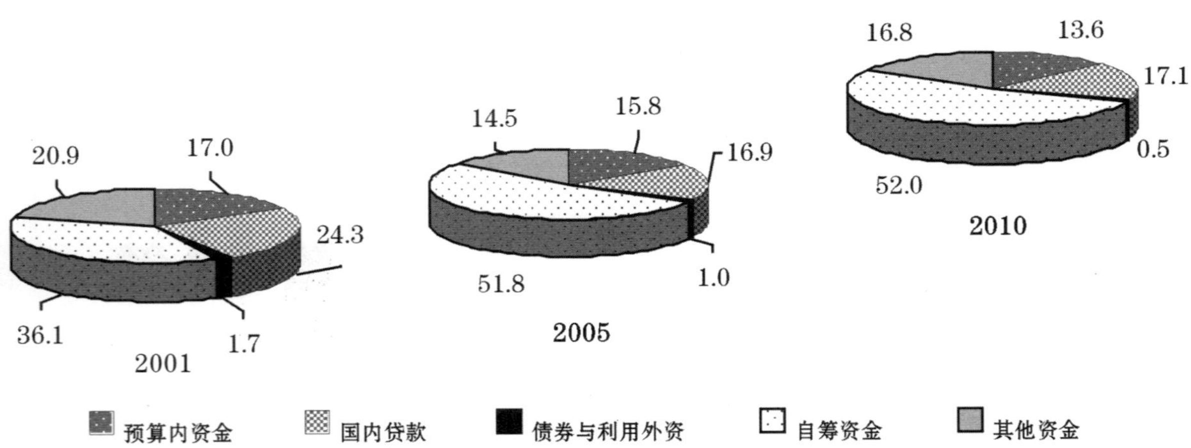

9–1 2005–2010年全社会固定资产投资

Total Investment in Fixed Assets(2005-2010)

单位：亿元 (100 million yuan)

指 标	Item	2005	2006	2007	2008	2009	2010
投资总额	**Total Investment**	**367.15**	**419.62**	**487.47**	**582.85**	**800.51**	**1068.73**
按经济类型分	**Grouped By Economic Type Groups**						
国有经济	The state-owned Economy	175.64	196.73	201.21	255.48	398.01	515.92
集体经济及私营个体投资	Collective-owned, Private and Self-employed Individual	57.26	61.95	62.98	63.98	99.09	163.84
联营经济	Joint Ownership Economy	0.53	1.79	1.81	1.02	0.70	0.54
股份经济	Share Economy	121.55	140.81	201.74	242.21	281.00	349.25
港、澳、台投资	Economy with Funds from Hong Kong, Macao and Taiwan	1.11	3.11	1.84	1.92	1.61	1.30
外商投资经济	Foreign Funded Economy	8.32	5.07	8.51	9.57	10.41	21.96
其他投资	Others	2.74	10.16	9.38	8.67	9.69	15.92
按产业分	**Grouped By Three Strata of Industry**						
第一产业	Primary Industry	31.37	38.49	39.70	40.87	53.81	76.44
第二产业	Secondary Industry	175.63	206.44	251.44	297.21	380.92	465.23
工业	Industry	164.29	198.90	242.18	288.49	368.02	444.93
第三产业	Tertiary Industry	160.15	174.69	196.33	244.77	365.78	527.06
按构成分	**Grouped by Structure**						
建筑安装工程	Construction and Installation	266.14	312.85	363.41	440.46	588.36	855.33
设备工具器具购置	Purchase of Equipment and Instruments	69.14	69.87	76.72	87.38	123.99	129.44
其他费用	Others	31.87	36.89	47.35	55.01	88.16	83.96
本年资金到位按来源分	**Grouped by Sources of Funds**	**378.42**	**401.20**	**479.14**	**563.89**	**800.72**	**1043.17**
国家预算内资金	State Budget	59.75	59.10	61.93	81.98	130.45	141.50
国内贷款	Domestic Loans	63.84	67.35	66.05	93.29	148.87	178.51
债券	Bond						0.07
利用外资	Foreign Investment	2.09	2.03	7.49	8.70	8.44	5.21
自筹资金	Self-raising Funds	196.15	189.84	263.34	298.95	387.27	542.75
其他资金	Others	55.05	82.89	80.33	80.96	125.69	175.13
房屋建筑面积（万平方米）	**Floor Space of Buildings (10 000 sq.m)**						
施工面积	Floor Space under Construction	1165.74	1203.86	1414.78	1695.03	2542.26	4310.18
住宅	Residential Buildings	724.02	739.21	927.39	1048.34	1571.05	3093.19
竣工面积	Floor Space Completed	571.79	650.64	622.05	679.77	953.91	1474.19
住宅	Residential Buildings	367.99	391.34	461.71	505.91	663.21	1297.02

9-2 1990-2010年全社会固定资产投资(按经济类型分)

Total Investment in Fixed Assets by Econmic Type(1990-2010)

指 标 Item	总 计 Total	国有经济 State-owned	集体经济 Collective-owned	私营个体经济 Private and Self-employed Individual	其他经济 Others
投资额(亿元) Investment(100 million yuan)					
1990	22.25	19.92	0.54	1.79	
1991	23.94	21.49	0.56	1.89	
1992	30.27	27.46	0.68	2.13	
1993	44.73	40.02	1.07	3.50	0.14
1994	45.20	39.45	1.48	3.49	0.78
1995	55.58	45.15	5.34	4.34	0.75
1996	77.66	64.42	5.08	4.62	3.54
1997	97.66	76.24	4.60	10.24	6.58
1998	116.38	89.01	3.99	10.89	12.49
1999	128.13	94.09	7.05	15.02	11.97
2000	154.83	102.83	6.61	13.08	32.31
2001	201.61	125.18	3.50	17.90	55.03
2002	245.02	153.88	2.72	21.26	67.16
2003	285.12	176.31	9.03	31.57	68.21
2004	318.06	168.39	10.38	37.24	102.05
2005	367.15	175.64	14.50	42.76	134.25
2006	419.62	196.73	20.12	41.82	160.95
2007	487.47	201.21	26.52	36.46	223.28
2008	582.85	255.48	23.79	41.52	262.06
2009	800.51	398.01	14.33	84.76	303.41
2010	1068.73	515.92	16.01	147.83	388.97
增长速度(上年=100) Growth Rate(preceding year=100)					
1990	3.34	5.79	-19.40	-11.82	
1991	7.60	7.88	3.70	5.59	
1992	26.44	27.78	21.43	12.70	
1993	47.77	45.74	57.35	64.32	
1994	1.05	-1.42	38.32	-0.29	457.14
1995	22.96	14.45	260.81	24.36	-3.85
1996	39.73	42.68	-4.87	6.45	372.00
1997	25.75	18.35	-9.45	121.65	85.88
1998	19.17	16.75	-13.26	6.35	89.82
1999	10.10	5.71	76.69	37.92	-4.16
2000	20.84	9.29	-6.24	-12.92	170.43
2001	30.21	21.73	-45.45	36.85	70.32
2002	21.53	2.93	77.71	18.77	22.04
2003	16.37	14.58	231.99	48.49	1.56
2004	11.55	-4.49	15.00	17.96	49.61
2005	15.43	4.31	39.60	14.82	31.55
2006	14.29	12.01	38.76	-2.20	19.89
2007	16.17	2.28	-37.67	20.61	38.73
2008	19.57	26.97	-10.29	13.88	17.37
2009	37.34	55.79	-39.76	104.14	15.78
2010	33.51	29.62	11.72	74.41	28.20

备注：其他经济为除国有、集体、私营个体经济以外的经济类型。

a) Others mean economic types except state-owned, collective-owned, private and self-employed individual.

9−3 2000−2010年全社会固定资产投资构成及资金来源

Structrue and Sourses of Funds of Total Investment in Fixed Assets (2000-2010)

单位：亿元、% (100 million yan，%)

年 份 Year	按构成分 By Structure of Funds 建筑安装工程 Construction	设备工具器具购置 Purchase of Equipment and Instruments	其他费用 Others	按资金来源分 By Source of Funds 资金来源总额 Total Funds This Year	国家预算内资金 State Budget	国内贷款 Domestic Loans	债券 Financial Bond	利用外资 Foreign Investment	自筹 Self-raising Fund	其他资金 Others
投资额 Investment										
2000	117.00	25.47	12.36	148.99	25.38	36.25	0.41	2.07	53.78	31.09
2001	146.39	34.55	20.67	191.21	33.36	43.19	0.10	1.51	77.72	35.34
2002	192.49	35.16	17.37	250.92	55.17	68.18	0.01	2.56	77.59	47.40
2003	222.87	41.34	20.91	257.82	59.04	29.89	0.21	3.44	119.31	45.94
2004	251.46	47.46	19.14	312.88	42.58	33.22	0.28	2.98	177.60	56.23
2005	266.14	69.14	31.87	378.43	59.75	63.84	1.54	2.09	196.15	55.05
2006	312.86	69.87	36.89	401.20	59.10	67.35		2.03	189.84	82.89
2007	363.41	76.72	47.35	479.14	61.93	66.05		7.49	263.34	80.33
2008	440.46	87.38	55.01	563.89	81.98	93.29		8.70	298.95	80.96
2009	588.36	123.99	88.16	800.72	130.45	148.87		8.44	387.27	125.69
2010	855.33	129.44	83.96	1043.17	141.50	178.51	0.07	5.21	542.75	175.13
构 成 Percentage										
2000	75.57	16.45	7.98	100	17.04	24.33	0.27	1.39	36.09	20.87
2001	72.61	17.14	10.25	100	17.45	22.59	0.05	0.79	40.64	18.48
2002	78.56	14.35	7.09	100	21.99	27.17	…	1.02	30.92	18.89
2003	78.17	14.50	7.33	100	22.90	11.59	0.08	1.33	46.27	17.82
2004	79.06	14.92	6.02	100	13.61	10.62	0.09	0.95	56.76	17.97
2005	72.49	18.83	8.68	100	15.79	16.87	0.41	0.55	51.83	14.55
2006	74.56	16.65	8.79	100	14.73	16.79		0.51	47.32	20.66
2007	74.56	15.74	9.70	100	12.93	13.78		1.56	54.96	16.77
2008	75.57	14.99	9.44	100	14.54	16.54		1.54	53.02	14.36
2009	73.50	15.49	11.01	100	16.27	18.59	0.03	1.05	48.36	15.70
2010	80.03	12.11	7.86	100	13.56	17.11	0.01	0.50	52.03	16.79

9−4 2000−2010年分地区固定资产投资

Actually Completed Investment in Fixed Assets by Region(2000-2010)

单位：亿元 (100 million yuan)

年 份 Year	西宁市 Xining City	海东地区 Haidong Prefe-cture	海北州 Haibei Zang A.P	黄南州 Huangnan Zang A.P	海南州 Hainan Zang A.P	果洛州 Golog Zang A.P	玉树州 Yushu Zang A.P	海西州 Haixi Mong-olian & Zang A.P
2000	53.82	14.12	4.27	3.31	5.81	1.85	3.01	28.25
2001	69.30	26.39	6.10	4.80	10.90	4.70	3.60	39.70
2002	77.70	32.79	7.50	4.70	14.09	2.20	4.30	49.00
2003	85.40	39.54	8.80	7.50	17.29	3.70	4.80	54.70
2004	98.50	43.55	10.60	11.70	21.79	3.00	5.80	57.30
2005	115.60	43.69	12.60	11.50	24.68	3.70	7.30	66.90
2006	141.04	45.93	15.65	10.61	28.13	6.13	8.76	87.30
2007	178.91	45.41	19.50	12.25	21.05	6.46	10.58	119.82
2008	221.98	54.62	25.60	15.28	24.94	7.50	14.02	125.53
2009	248.20	73.92	28.63	17.54	53.52	10.88	16.98	132.30
2010	403.02	98.01	39.48	22.53	45.88	16.60	39.50	178.23

注：本表未包括跨地区项目。
a) Data in this table do not include trans-regional items.

9-5 按地区分全社会固定资产投资(2010年)
Total Investment in Fixed Assets by Region(2010)

单位：万元、平方米 (10 000 yuan，sq.m)

类 型	Type	西宁市 Xining City	海东地区 Haidong Prefecture	海北州 Haibei Zang A.P	黄南州 Huangnan Zang A.P	海南州 Hainan Zang A.P	果洛州 Golog Zang A.P	玉树州 Yushu Zang A.P	海西州 Haixi Mongolian & Zang A.P
投资总额	**Investment**	**4030156**	**1130236**	**394805**	**225274**	**530829**	**165956**	**394958**	**1782296**
按登记注册类型分	**By Registration type**								
国有投资	State-owned Investment	1385740	489860	184005	170377	314293	160641	360467	472106
集体投资	Collective-owned Investment	91664	97505	527	8341	10635		3891	
股份合作企业	Cooperative Investment	43156		1063					11385
私营个体投资	Private and Self-employed Individuals Investment	518697	92250	10217	11406	52102	1704	30590	248477
联营经济投资	Joint Ownership				380				4980
有限责任公司	Limited Liability Corporations	1358293	390643	183971	8568	128410	3561	10	413843
股份有限公司	Share Holding Corporations Ltd.	350881	32703	12518	8	12463			590384
港澳台投资	Funds from Hong Kong, Macao and Taiwan	12624							350
外商投资	Foreign Funded	189262		1450		1030			27883
其他投资	Others	79839	27275	1054	26194	11896	50		12888
按资金来源分	**By Sources of Funds**	**4227836**	**1107235**	**443723**	**283084**	**574010**	**170397**	**384504**	**1782188**
国家预算内资金	State Budget	270656	235274	99994	119125	175734	138884	202470	133261
国内贷款	Domestic Loans	672340	153476	71710	37374	130328		1662	263117
债券	Bond			118		383	204		20
利用外资	Foreign Investment	46968		700	134	2982		1350	
自筹资金	Self-raising Fund	2691774	563897	235077	73940	173108	28009	75401	972669
其他资金	Others	546098	154588	36124	52511	91475	3300	103621	413121
按构成分	**By Structure of Funds**								
建筑安装工程	Construction and Installation	3133433	846599	308360	186270	426460	163428	338935	1334952
设备、工具、器具购置	Purchase of Equipment and Instruments	535776	115003	44097	16368	49810	745	53433	335867
其他费用	Others	360947	168634	42348	22636	54559	1783	2590	111477
本年新增固定资产	**Add Fixed Assets of This Year**	**1594712**	**1338613**	**287774**	**149319**	**255283**	**122921**	**275489**	**630753**
房屋建筑面积	**Floor Space of Buildings**								
施工面积	Floor Space under Construction	20763879	4274601	1308034	1171324	1877717	754667	3567383	1626131
竣工面积	Floor Space Completed	3019788	1696870	455004	267278	522807	149968	746070	338840
住宅	Residential Buildings	2262451	1530981	403145	193478	515697	86000	589390	298342

注：本表未含跨省区项目,按资金来源分为财务拨款数。
a) Data in this table do not include trans-provincial items. The data divided by source of funds are financial appropriating funds.

9-6 2004-2010年城镇固定资产投资
Total Investment in Fixed Assets in Urban Area(2004-2010)

单位：亿元、万平方米 (100 million yuan，10 000 sq.m)

指 标	Item	2004	2005	2006	2007	2008	2009	2010
投资总额	**Total Investment**	**273.77**	**310.83**	**384.61**	**443.69**	**514.05**	**616.27**	**731.82**
按经济类型分	**By Economic Type**							
国有经济	State-owned Investment	151.42	154.58	192.07	183.86	220.36	331.46	373.54
集体经济	Collective-owned Investment	3.83	4.86	6.94	5.76	2.62	3.78	4.26
联营经济	Joint Ownership	0.16	0.82	1.79	1.81	0.70	0.67	0.54
有限责任公司	Limited Liability Corporations	56.05	79.91	88.72	145.17	161.29	171.12	179.49
股份制经济	Share Holding Corporations Ltd.	34.71	41.00	51.52	54.31	73.64	71.94	96.67
私营个体	Private and Self-employed Individuals Investment	17.35	17.58	28.75	35.41	38.91	23.08	46.06
其他投资	Others	1.26	2.65	6.80	7.02	5.18	5.10	10.44
外商投资经济	Foreign Funded	5.77	8.32	3.08	8.51	9.43	7.60	20.39
港澳台投资经济	Funds from Hong Kong, Macao and Taiwan	3.22	1.11	4.93	1.84	1.92	1.52	0.43
按隶属关系分	**By Jurisdiction of Management**							
中央项目	Central	71.20	79.65	99.52	81.12	102.83	149.95	129.76
地方项目	Local	202.57	231.18	285.10	362.57	411.22	466.32	602.06
按资金来源分	**By Sources of Funds**							
国家预算内资金	State Budget	27.11	46.48	55.75	50.54	56.56	90.78	89.60
国内贷款	Domestic Loans	31.94	52.30	66.09	61.70	88.82	129.07	143.59
债券	Bond							0.05
利用外资	Foreign Investment	2.88	1.90	1.98	7.44	8.64	7.82	2.27
自筹资金	Self-raising Fund	151.07	153.92	161.18	236.64	262.12	283.21	387.57
其他资金	Others	55.32	52.68	80.80	78.52	74.74	86.51	111.64
按构成分	**By Structure of Funds**							
建筑安装工程	Construction and Installation	198.47	228.69	299.41	334.67	386.36	449.01	556.31
设备、工具、器具购置	Purchase of Equipment and Instruments	47.46	55.66	53.77	67.51	77.95	109.48	117.87
其他费用	Others	27.84	26.48	31.43	41.51	49.74	57.78	57.64
按建设性质分	**By Construction of nature**							
新 建	New Construction	156.58	172.93	218.68	289.31	327.88	367.77	452.25
扩 建	Extension	61.02	61.63	70.24	74.66	99.97	125.77	116.47
改建和技术改造	Reconstruction	24.73	43.06	59.85	71.71	76.09	108.92	127.60
房屋建筑面积	**Floor Space of Buildings**							
施工面积	Floor Space under Construction	771.11	816.27	896.68	1121.72	1369.61	942.43	1505.45
住宅	Residential Buildings	439.51	433.77	534.04	685.96	783.42	280.91	648.95
竣工面积	Floor Space Completed	300.76	269.63	360.53	352.21	384.08	275.76	280.35
住宅	Residential Buildings	172.84	240.14	196.47	234.59	259.71	99.39	180.86
竣工房屋价值	Cost of Buildings Completed	32.85	31.48	41.32	43.58	55.24	27.20	36.92
住宅	Residential Buildings	17.02	12.33	21.02	29.29	37.87	10.43	18.12

注：按资金来源分为财务拨款数；除房地产外投资均为50万元以上项目。

a) The data divided by source of funds are financial appropriating funds. All the investment projects are above 500 000 yuan in addition to real estate.

9-7 按各种口径分50万元以上项目固定资产投资(2010年)
Completion of Investment in Fixed Assets of Projects over 500 Thousand Yuan by Various Calibres (2010)

单位：万元 (10 000yuan)

指标	Item	合计 Total	地方 Local	城镇 Urban	地方 Local	非农户 Non-farmer	地方 Local
总计	**Total**	**8592504**	**7294185**	**7318236**	**6020617**	**1274268**	**1273568**
按登记注册类型分	**By Registration Type**						
内资	Domestic Funds	8379777	7086348	7108031	5815302	1271746	1271046
国有	State-owned	4583154	3919764	3735455	3072765	847699	846999
集体	Collective-owned	104518	104518	25340	25340	79178	79178
股份合作	Cooperative	17247	17247	17247	17247		
联营	Joint	5360	5360	5360	5360		
国有联营	State-owned Joint	4980	4980	4980	4980		
集体联营	Collective-owned Joint						
国有与集体联营	State-owned and Collective Joint						
其他联营	Others	380	380	380	380		
有限责任公司	Limited Liability	2012803	1771888	1794860	1553945	217943	217943
国有独资公司	State-owned Sole Proprietorship	50069	50069	50069	50069		
其他有限责任公司	Others	1962734	1721819	1744791	1503876	217943	217943
股份有限公司	Share-holding	978549	589425	966669	577545	11880	11880
私营	Private	520400	520400	458681	458681	61719	61719
其他内资	Others	157746	157746	104419	104419	53327	53327
港澳台投资	Funds from Hong Kong, Macao and Taiwan	4350	350	4350	350		
合资经营企业(港或澳、台资)	Joint-venture Enterprises						
合作经营企业(港或澳、台资)	Cooperation Enterprises						
港、澳、台商独资经营企业	Enterprises with Sole Envestment	4000		4000			
港、澳、台商投资股份有限公司	Share-holding Corporations Ltd.	350	350	350	350		
外商投资	Foreign Investment	204955	204065	203925	203035	1030	1030
中外合资经营企业	Joint-venture Enterprises	175222	175222	174192	174192	1030	1030
中外合作经营企业	Cooperation Enterprises	560	560	560	560		
外资企业	Enterprises with Sole Funds	400	400	400	400		
外商投资股份有限公司	Share-holding Corporations Ltd.	28773	27883	28773	27883		
个体经营	Self-employed Individual	3422	3422	1930	1930	1492	1492
个体户	Self-employed	3242	3242	1750	1750	1492	1492
个人合伙	Individual Partners	180	180	180	180		
按隶属关系分	**By Jurisdiction of Management**						
中央	Central	1298319		1297619		700	
地方	Local	7294185	7294185	6020617	6020617	1273568	1273568
省	Province	1443933	1443933	1367874	1367874	76059	76059
地市县属	Region, City and County	5850252	5850252	4652743	4652743	1197509	1197509
地区	Region	1357976	1357976	1340546	1340546	17430	17430
县	County	2880259	2880259	1878639	1878639	1001620	1001620
乡镇	Township						
其他	Others	1612017	1612017	1433558	1433558	178459	178459

9-7 续表 1 Continued

单位：万元 (10 000yuan)

指 标	Item	合 计 Total	地方 Local	城 镇 Urban	地方 Local	非农户 Non-farmer	地方 Local
按建设性质分	**By Character of Construction**						
新建	New Construction	5176700	4653056	4522513	3998869	654187	654187
扩建	Extension	1357691	630246	1164666	437221	193025	193025
改建和技术改造	Reconstruction	1577503	1542808	1276021	1242026	301482	300782
单纯建造生活设施	The Construction of Living Facilities	34021	34021	31739	31739	2282	2282
迁建	Moving	30344	30344	20850	20850	9494	9494
恢复	Resumption	290526	282671	196142	188287	94384	94384
单纯购置	Purchase	125719	121039	106305	101625	19414	19414
按建设阶段分	**By Construction Phase**						
筹建	Prepare to Build	31395	21224	31195	21024	200	200
本年正式施工	Started to Work This Year	8423659	7140191	7173670	5890902	1249989	1249289
本年收尾	Wind up This Year	4766	4766	4766	4766		
全部停缓建	Full Stop Postponed	6965	6965	2300	2300	4665	4665
单纯购置	Purchase	125719	121039	106305	101625	19414	19414
按注册控股类型分	**By Registration Categories**						
国有控股	State-holding	5751866	4457547	4893700	3600081	858166	857466
集体控股	Collective-Holding	249772	249772	166289	166289	83483	83483
私人控股	Private-holding	2350681	2350681	2033023	2033023	317658	317658
港澳台商控股	Hong Kong, Macao and Taiwan-holding	4688	688	4000		688	688
外商控股	Foreign-holding	187262	187262	175739	175739	11523	11523
其他	Others	48235	48235	45485	45485	2750	2750
按国民经济行业分	**By Sector**						
农、林、牧、渔业	Agriculture, Forestry, Animal Husbandry and Fishery	719147	717147	267103	265103	452044	452044
农业	Farming	63269	63269	24066	24066	39203	39203
林业	Forestry	55414	55414	18811	18811	36603	36603
畜牧业	Animal Husbandry	66348	66348	23667	23667	42681	42681
渔业	Fishery	1367	1367	845	845	522	522
农、林、牧、渔服务业	Services in Support of Agriculture	532749	530749	199714	197714	333035	333035
采矿业	Mining	710852	321736	600026	210910	110826	110826
煤炭开采和洗选业	Mining and Washing of Coal	125665	125665	94052	94052	31613	31613
石油和天然气开采业	Extraction of Petroleum and Natural Gas	429986	40870	394436	5320	35550	35550
黑色金属矿采选业	Mining and Processing of Ferrous Metal Ores	60453	60453	46950	46950	13503	13503
有色金属矿采选业	Mining and Processing of Non-Ferrous Metal Ores	76949	76949	47920	47920	29029	29029
非金属矿采选业	Mining and Processing of Nonmetal Ores	15799	15799	14668	14668	1131	1131
其他采矿业	Mining of Other Ores	2000	2000	2000	2000		
制造业	Manufacturing	2809805	2802005	2661783	2653983	148022	148022
农副食品加工业	Processing of Food from Agricultural Products	97181	97181	88176	88176	9005	9005
食品制造业	Manufacture of Foods	25135	25135	24923	24923	212	212
饮料制造业	Manufacture of Beverages	8166	8166	7236	7236	930	930
烟草制品业	Manufacture of Tobacco						
纺织业	Manufacture of Textile	48967	48967	48967	48967		
纺织服装、鞋、帽制造业	Manufacture of Textile Wearing Apparel, Footwear and Caps	9120	9120	8440	8440	680	680
皮革、毛皮、羽毛(绒)及其制品业	Manufacture of Leather, Fur, Feather and Related Products						
木材加工及木、竹、藤、棕、草制品业	Processing of Timber, Manufacture of Wood, Bamboo, Rattan, Palm and Straw Products						
家具制造业	Manufacture of Furniture	530	530	530	530		
造纸及纸制品业	Manufacture of Paper and Paper Products	600	600	600	600		

9-7 续表 2 Continued

单位：万元 (10 000yuan)

指标	Item	合计 Total	地方 Local	城镇 Urban	地方 Local	非农户 Non-farmer	地方 Local
印刷业和记录媒介的复制	Printing, Reproduction of Recording Media	540	540	540	540		
文教体育用品制造业	Manufacture of Articles For Culture, Education and Sport Activities						
石油加工、炼焦及核燃料加工业	Processing of Petroleum, Coking, Processing of Nuclear Fuel	56422	56422	55787	55787	635	635
化学原料及化学制品制造业	Manufacture of Raw Chemical Materials and Chemical Products	1139982	1139982	1066618	1066618	73364	73364
医药制造业	Manufacture of Medicines	37635	37635	37635	37635		
化学纤维制造业	Manufacture of Chemical Fibers						
橡胶制品业	Manufacture of Rubber						
塑料制品业	Manufacture of Plastics	42677	42677	42177	42177	500	500
非金属矿物制品业	Manufacture of Non-metallic Mineral Products	414848	414848	391913	391913	22935	22935
黑色金属冶炼及压延加工业	Smelting and Pressing of Ferrous Metals	101988	101988	99488	99488	2500	2500
有色金属冶炼及压延加工业	Smelting and Pressing of Non-ferrous Metals	570051	562251	559238	551438	10813	10813
金属制品业	Manufacture of Metal Products	24976	24976	19388	19388	5588	5588
通用设备制造业	Manufacture of General Purpose Machinery	142687	142687	134540	134540	8147	8147
专用设备制造业	Manufacture of Special Purpose Machinery	18261	18261	8515	8515	9746	9746
交通运输设备制造业	Manufacture of Transport Equipment	4973	4973	4973	4973		
电气机械及器材制造业	Manufacture of Electrical Machinery and Equipment	22326	22326	22326	22326		
通信设备、计算机及其他电子设备制造业	Manufacture of Communication Equipment, Computers and Other Electronic Equipment	7040	7040	5040	5040	2000	2000
仪器仪表及文化、办公用机械制造业	Manufacture of Measuring Instruments and Machinery for Cultural Activity and Office Work	2644	2644	2644	2644		
工艺品及其他制造业	Manufacture of Artwork and Other Manufacturing	24256	24256	23289	23289	967	967
废弃资源和废旧材料回收加工业	Recycling and Disposal of Waste						
电力、燃气及水的生产和供应业	Production and Supply of Electricity, Gas and Water	928650	384300	896431	352781	32219	31519
电力、热力的生产和供应业	Production and Supply of Electric Power and Heat Power	867182	322832	837783	294133	29399	28699
燃气生产和供应业	Production and Supply of Gas	32642	32642	32642	32642		
水的生产和供应业	Production and Supply of Water	28826	28826	26006	26006	2820	2820
建筑业	Construction	202376	202376	149061	149061	53315	53315
房屋和土木工程建筑业	Construction of Buildings and Civil Engineering	195959	195959	144001	144001	51958	51958
建筑安装业	Building Installation	736	736	736	736		
建筑装饰业	Building Decoration	1300	1300			1300	1300
其他建筑业	Other Construction	4381	4381	4324	4324	57	57
交通运输、仓储和邮政业	Transport, Storage and Post	1413181	1085437	1266481	938737	146700	146700
铁路运输业	Railway Transport	247280	12610	247280	12610		
道路运输业	Road Transport	1009611	1001756	863521	855666	146090	146090
城市公共交通业	Urban Public Transport	1139	1139	1039	1039	100	100
水上运输业	Water Transport	137	137	137	137		
航空运输业	Air Transport	95749	10530	95749	10530		
管道运输业	Transport Via Pipelines	900	900	900	900		
装卸搬运和其他运输服务业	Loading, Unloading and Other Transport Services	3100	3100	3100	3100		
仓储业	Storage	55265	55265	54755	54755	510	510
邮政业	Post						
信息传输、计算机服务和软件业	Information Transmission, Computer Services and Software	24702	7212	21847	4357	2855	2855
电信和其他信息传输服务业	Telecommunications and Other Information Transmission Services	24702	7212	21847	4357	2855	2855
计算机服务业	Computer Services						
软件业	Software						

9-7 续表 3 Continued

单位：万元 (10 000yuan)

指标	Item	合计 Total	地方 Local	城镇 Urban	地方 Local	非农户 Non-farmer	地方 Local
批发和零售业	Wholesale and Retail Trades	73972	73964	68856	68848	5116	5116
批发业	Wholesale Trade	37561	37561	34655	34655	2906	2906
零售业	Retail Trade	36411	36403	34201	34193	2210	2210
住宿和餐饮业	Hotels and Catering Services	73247	73247	65943	65943	7304	7304
住宿业	Hotels	49668	49668	45088	45088	4580	4580
餐饮业	Catering Services	23579	23579	20855	20855	2724	2724
金融业	Financial Intermediation	11625	5115	11625	5115		
银行业	Bank	11625	5115	11625	5115		
证券业	Security Activities						
保险业	Insurance						
其他金融活动	Other Financial Activities						
房地产业	Real Estate	274579	274579	170808	170808	103771	103771
房地产业	Real Estate	274579	274579	170808	170808	103771	103771
租赁和商务服务业	Leasing and Business Services	24990	24990	24040	24040	950	950
租赁业	Leasing						
商务服务业	Business Services	24990	24990	24040	24040	950	950
科学研究、技术服务和地质勘查业	Scientific Research, Technical Service and Geologic Prospecting	49067	49067	28884	28884	20183	20183
研究与试验发展	Research and Experimental Development	19077	19077	19077	19077		
专业技术服务业	Professional Technical Services	9693	9693	6893	6893	2800	2800
科技交流和推广服务业	Services of Science and Technology Exchanges and Promotion	6645	6645	2070	2070	4575	4575
地质勘查业	Geologic Prospecting	13652	13652	844	844	12808	12808
水利、环境和公共设施管理业	Management of Water Conservancy, Environment and Public Facilities	531002	528002	436214	433214	94788	94788
水利管理业	Management of Water Conservancy	110924	110924	84082	84082	26842	26842
环境管理业	Environmental Management	87639	87639	37795	37795	49844	49844
公共设施管理业	Management of Public Facilities	332439	329439	314337	311337	18102	18102
居民服务和其他服务业	Services to Households and Other Services	16018	16018	11765	11765	4253	4253
居民服务业	Services to Households	14768	14768	10765	10765	4003	4003
其他服务业	Other Services	1250	1250	1000	1000	250	250
教育	Education	220423	220423	208171	208171	12252	12252
教育	Education	220423	220423	208171	208171	12252	12252
卫生、社会保障和社会福利业	Health, Social Security and Social Welfare	76862	76712	68470	68320	8392	8392
卫生	Health	65525	65525	64121	64121	1404	1404
社会保障业	Social Security	6667	6667	435	435	6232	6232
社会福利业	Social Welfare	4670	4520	3914	3764	756	756
文化、体育和娱乐业	Culture, Sports and Entertainment	104425	104425	95457	95457	8968	8968
新闻出版业	Journalism and Publishing Activities						
广播、电视、电影和音像业	Broadcasting, Movies, Television and Audiovisual Activities	5202	5202	5034	5034	168	168
文化艺术业	Cultural and Art Activities	38059	38059	34710	34710	3349	3349
体育	Sports Activities	28478	28478	28478	28478		
娱乐业	Entertainment	32686	32686	27235	27235	5451	5451
公共管理和社会组织	Public Management and Social Organization	327581	327430	265271	265120	62310	62310
中国共产党机关	Organs of Communist Party of China	4691	4691	3115	3115	1576	1576
国家机构	Government Agencies	298551	298400	249427	249276	49124	49124
人民政协和民主党派	People's Political Consultative Conference and Democratic Parties						
群众团体、社会团体和宗教组织	Non-Governmental Organizations, Social Organizations and Religion Organizations	21818	21818	12366	12366	9452	9452
基层群众自治组织	Grass Roots Self-governing Organizations	2521	2521	363	363	2158	2158
国际组织	International Organizations						

9-8 2002-2010年分行业和四大支柱城镇固定资产投资

Investment in Fixed Assets in Urban Area by Sector and Four Pillar Industries(2002-2010)

单位：亿元 (100 million yuan)

指 标	Item	2002	2003	2004	2005	2006	2007	2008	2009	2010
总计	**Total**	**195.2**	**212.9**	**247.5**	**281.72**	**366**	**409.49**	**462.86**	**616.27**	**731.82**
按行业分	**By Sector**									
农林牧渔业	Agriculture, Forestry, Animal Husbandry and Fishery	12.88	11.26	9.79	8.21	15.99	12.67	10.96	20.12	26.77
采矿业	Mining	19.63	23.76	33.72	37.46	49.48	47.78	58.19	49.93	60.00
制造业	Manufacturing	25.01	45.46	55.84	68.89	71.51	115.49	142.17	182.25	266.18
电力、煤气及水的生产和供应业	Production and Supply of Electricity, Gas and Water	35.75	32.01	52.40	55.62	77.91	73.50	76.02	115.87	89.64
建筑业	Construction	7.32	8.77	6.14	8.24	7.54	8.71	7.31	8.86	14.90
交通运输、仓储及邮政业	Traffic, Transport, Storage and Post	47.24	41.11	48.65	54.79	70.89	77.78	86.98	103.80	126.65
信息传输、计算机服务和软件业	Information Transmission, Computer Services and Software Industry	5.32	5.09	4.09	1.72	4.29	3.00	2.69	2.91	2.18
批发和零售业	Wholesale and Retail Trades	3.45	4.09	4.74	4.84	5.68	6.86	7.20	5.87	6.89
住宿、餐饮业	Hotels and Catering Services	1.90	1.54	2.11	1.69	4.25	3.84	2.62	3.11	6.59
金融业	Financial Intermediation	0.42	0.38	0.48	0.54	1.01	0.56	0.30	2.30	1.16
房地产业	Real Estate	0.38	0.31	0.47	1.70	0.86	2.53	2.18	5.72	17.08
租赁和商务服务业	Rental and Business Services	0.20	0.16	0.04	1.00	1.62	2.44	1.33	1.72	2.40
科学研究、技术服务和地质勘查业	Scientific Research, Technical Services and Geological Prospecting Industry	0.49	0.93	0.71	1.19	1.64	2.84	1.32	3.58	2.89
水利、环境和公共设施管理业	Water, Environment and Public facilities Management Industries	13.59	15.63	10.59	11.33	21.38	24.70	27.68	56.35	43.62
居民服务和其他服务业	Residents Services and Other Services	0.70	0.12	0.15	0.15	1.53	1.81	1.49	0.54	1.18
教育	Education	3.58	3.43	3.80	5.39	7.66	4.62	6.85	12.58	20.82
卫生、社会保障和社会福利业	Health, Social Security and Social Welfare Sector	1.39	1.49	1.42	1.70	1.81	0.95	2.33	5.16	6.85
文化、体育和娱乐业	Culture, Sports and Entertainment	0.52	0.76	0.71	1.65	2.75	3.70	7.06	13.00	9.55
公共管理和社会组织	Public Administration and Social Organizations	15.44	16.64	11.68	15.61	18.13	15.71	18.18	22.60	26.53
国际组织	International Organizations									
四大支柱产业总计	**Total of Four Pillar Industries**	**65.02**	**63.54**	**109.12**	**107.34**	**112.02**	**182.45**	**206.98**	**257.91**	**290.68**
石油天然气开采业	Extraction of Petroleum and Natural Gas	17.78	19.09	28.74	26.19	27.84	29.41	38.13	33.95	40.52
水利发电	Hydropower Industry	34.57	20.39	46.01	37.69	36.61	73.48	73.34	113.04	82.51
有色金属业	Non-Ferrous Metal Ores	5.00	15.79	21.36	21.93	19.90	32.67	44.10	45.91	60.72
盐湖化工	Salt Chemical Industry	7.67	8.27	13.01	21.53	27.67	46.89	51.42	65.01	106.93

注：本表为50万元以上项目投资完成情况。2006年含非农户50万元以上项目投资完成情况。2007年以后四大支柱水力发电为电力行业。

a) Data in this table are completion condition of investment projects above 500 000 yuan. Data in 2006 included projects above 500 000 yuan of non-farmer. Since 2007, hydropower in the four pillar industries is power industry.

9-9 分地区分行业城镇固定资产投资(2010年)

Investment in Fixed Assets in Urban Area by Sector and Region (2010)

单位：万元 (10 000 yuan)

指 标	Item	西宁市 Xining City	海东地区 Haidong Prefecture	海北州 Haibei Zang A.P	黄南州 Huangnan Zang A.P	海南州 Hainan Zang A.P	果洛州 Golog Zang A.P	玉树州 Yushu Zang A.P	海西州 Haixi Mongolian & Zang A.P
总计	**Total**	**2699366**	**531379**	**258961**	**162253**	**282923**	**165836**	**245188**	**1622299**
按行业分	**By Sector**								
农林牧渔业	Agriculture, Forestry, Animal Husbandry and Fishery	12034	76395	6831	34116	17281	58883	37320	24193
采矿业	Mining	16200	9070	96394	123	4189	10401		463649
制造业	Manufacturing	1547043	253936	21988	5059	38144	199	30590	738045
电力、煤气及水的生产和供应业	Production and Supply of Electricity, Gas and Water	92175	10477	54917	17529	91629	19163	37802	89419
建筑业	Construction	126646	1920			981	1286		18228
交通运输、仓储及邮政业	Traffic, Transport, Storage and Post	231654	40689	5535	27667	34406	40399	39462	13927
信息传输、计算机服务和软件业	Information Transmission, Computer Services and Software Industry	16600		930	641	3086	480		110
批发和零售业	Wholesale and Retail Trades	53322	2072	646	4487	2665	403	200	5061
住宿、餐饮业	Hotels and Catering Services	42418	900	3868	5410	11215	2122	10	
金融业	Financial Intermediation	10787		591		67	130	50	
房地产业	Real Estate	45105	1835	20222	5826	37886	3608	10233	46093
租赁和商务服务业	Rental and Business Services	23290				750			
科学研究、技术服务和地质勘查业	Scientific Research, Technical Services and Geological Prospecting Industry	9550	5633	383	385			200	12733
水利、环境和公共设施管理业	Water, Environment and Public facilities Management Industries	254186	44267	13821	12771	12639	2570	23140	65620
居民服务和其他服务业	Residents Services and Other Services	9059			564	400			1742
教育	Education	42931	11759	25209	2726	14482	5422	49830	55812
卫生、社会保障和社会福利业	Health, Social Security and Social Welfare Sector	32225	3748	2789	4965	6549	4172	4631	9391
文化、体育和娱乐业	Culture, Sports and Entertainment	44721	23592	3030	10902	1444	2611	130	9027
公共管理和社会组织	Public Administration and Social Organizations	89360	45086	1807	29082	5110	13987	11590	69249
国际组织	International Organizations								
四大支柱产业总计	**Total of Four Pillar Industries**	**978447**	**123966**	**79686**	**17685**	**91131**	**25794**	**20379**	**1086353**
石油天然气开采业	Extraction of Petroleum and Natural Gas	1500	3820	10764					389116
电力工业	Hydropower Industry	82598	5577	51147	14685	87022	16033	20379	64304
有色金属业	Non-Ferrous Metal Ores	442238	113272	17060	3000	4109	9761		17718
盐湖化工	Salt Chemical Industry	452111	1297	715					615215

注：本表为50万元以上项目投资完成情况未含省直报项目，未含跨地区直报项目。

a) Data in this table are completion condition of investment projects above 500 000 yuan, and do not include provincial and trans-regional items reporting directly.

9-10 2005-2010年城镇固定资产投资项目新增主要生产能力

Newly Increased Production Capacity of Investment in Fixed Assets in Urban Area(2005-2010)

能力名称		Item		2005	2006	2007	2008	2009	2010
原煤开采	(万吨/年)	Coal Mining	(10 000 tons/year)	281	274	155	210	160	284
洗　煤	(万吨/年)	Coal washing	(10 000 tons/year)						
天然原油	(万吨/年)	Petroleum Extraction	(10 000 tons/year)	26	26	38	35		
天然气开采	(亿立方米/年)	Extraction of Petroleum and Natural Gas	(10 000 cu.m/year)	9	10	15	21		
铁矿开采(原矿)	(万吨/年)	Iron Ore Mining	(10 000 tons/year)	11	21	1	2		
铁矿石成品矿	(万吨/年)	Finished Products of Iron Ore Mine	(10 000 tons/year)		5				
炼　铁	(万吨/年)	Iron-making	(10 000 tons/year)						
炼　钢	(万吨/年)	Steel-making	(10 000 tons/year)						
初　轧	(万吨/年)	Rolling Early	(10 000 tons/year)						
铁合金	(万吨/年)	Iron Alloy	(10 000 tons/year)	11	1.77	3.05	0.47	683.50	212800
热轧钢材	(万吨/年)	Hot-rolled Steel	(10 000 tons/year)		5				
钢　丝	(万吨/年)	Wire Steel	(10 000 tons/year)	400					
铜采矿(原矿)	(万吨/年)	Copper Ore Mining	(10 000 tons/year)	1.0	53.0	26.0	70.0	244.0	34.5
铜选矿:处理原矿	(万吨/年)	Copper Ore Dressing:Crude Ore Dressing	(10 000 tons/year)		5.0				1.5
铜含量	(吨/年)	Copper Content	(ton/year)						1032
铜冶炼	(吨/年)	Copper Smelting	(ton/year)						
其中:电解铜	(吨/年)	Electrolytic Copper	(ton/year)						
铅锌采矿(原矿)	(万吨/年)	Plumbum/Zinc Ore Mining	(10 000 tons/year)		67.0	5.0	1.4	0.2	25.0
铅锌选矿:处理原矿	(万吨/年)	Plumbum and Zinc Ore Dressing:Crude Ore Dressing	(10 000 tons/year)	12		10		30	30
铅含量	(吨/年)	Plumbum Content	(ton/year)					280	243
锌含量	(吨/年)	Zinc Content	(ton/year)					500	463
铅冶炼	(吨/年)	Plumbum Smelting	(ton/year)			10000		71000	
其中:电解铅	(吨/年)	Electrolytic Plumbum	(ton/year)						
镍采矿	(吨/年)	Nickel Ore Mining	(ton/year)	1	2				
氧化铝	(吨/年)	Aluminum Oxide	(ton/year)						
锌冶炼	(吨/年)	Zinc Smelting	(ton/year)						
电解铝	(吨/年)	Electrolytic Aluminum	(ton/year)	50000	235000			30000	10000
粗　铅	(吨/年)	Crude Plumbum	(ton/year)	15000					
铝加工	(吨/年)	Aluminum Processing	(ton/year)	1000	26928	10000		100000	
金采矿(原矿)	(万吨/年)	Gold Ore Mining	(10 000 tons/year)						
金选矿:处理原矿	(吨/年)	Gold Ore Dressing: Crude Ore Dressing	(10 000 tons/year)	240					
金含量	(公斤/年)	Gold Content	(kg/year)	30					
黄　金	(公斤/年)	Gold	(kg/year)						
矿山成品金	(公斤/年)	Gold finished	(kg/year)						160
水力发电	(万千瓦)	Hydraulic Power	(10 000 kw)	71	50	65	30	321	185
火力发电	(万千瓦)	Fire Power	(10 000 kw)		30	10	27		3
输电线路长度(11万伏及以上)	(公里)	Length of Transmission Line	(km)	275	384	309	259	477	818
变电设备能力(11万伏及以上)	(万千伏安)	Substation Equipment Capacity	(10 000kVA)	232					

9–10 续表 continued

能力名称		Item		2005	2006	2007	2008	2009	2010
水　泥	(万吨/年)	Cement	(10 000 tons/year)	128	90	141	20	105	0.25
胶合板	(万立方米/年)	Plywood	(10 000 cu.m/year)	7					
刨花板	(万立方米/年)	Flakeboard	(10 000 cu.m/year)	4					
平板玻璃	(万重量箱/年)	Plate Glass	(10 000 Weight-box/year)		1				
硫　酸	(吨/年)	Sulphuric Acid	(ton/year)						
烧　碱	(吨/年)	Caustic Soda	(ton/year)						
纯　碱	(吨/年)	Soda Ash	(ton/year)	900000					
电　石	(吨/年)	Calcium Carbide	(ton/year)	4800		396	396		60000
磷　肥	(吨/年)	Phosphate Fertilizer	(ton/year)					30000	
钾　肥	(吨/年)	Potash Fertilizer	(ton/year)	32500	395000	221450	20000		50050
塑料树脂及共聚物	(吨/年)	Plastic Colophony and Polymer	(ton/year)	800	2				15000
化学原料药	(吨/年)	Chemical Medicinal Materials	(ton/year)		150				
中成药	(吨/年)	Traditional Chinese medicine	(ton/year)	35					
毛纺锭	(锭)	Wool Spindles	(unit)	30			3	3000	
原　盐	(吨/年)	Salt	(ton/year)	3000					
机制纸	(万吨/年)	Machine-made Paper	(10 000 cu.m/year)	1	2				
移动通信基站设备	(个/年)	Mobile Communicating Base Station Equipment	(unit/year)	4	1295	20			
程控交换机	(万线/年)	Program-Controlled Telephone Exchange	(10 000 lines/year)						
新建公路	(公里)	Length of New Highways	(km)	1627	326	1612	257	1242	1205
其中:高速公路	(公里)	Express Way	(km)			44			
一级公路	(公里)	First Class	(km)		28			11	
二级公路	(公里)	Second Class	(km)		29			36	
改建公路	(公里)	Length of Reconstructed Highways	(km)	2751	4227	3623	3929	1951	1031
其中:高速公路	(公里)	Express Way	(km)						
一级公路	(公里)	First Class	(km)						
二级公路	(公里)	Second Class	(km)	893	920	103		44	43
新建独立公路桥梁	(延长米)	New-Built Seoarate	(Extended Length)	2010	2475	5875	1748	3909	4314
	(座)	Highway and Bridge	(unit)	45	66	124	41	38	109
新(扩)建客、货运站	(个)	Number of newly-Built or Expanded	(unit)	2	4	2		2	3
	(平方米)	Passenger and Freight Stations	(sq.m)	2850	2115	1783		5930	24673

9-11 1995-2010年城镇50万元以上固定资产投资

Investment in Fixed Assets over 500 Thousand Yuan in Urban Area(1995-2010)

年份 Year / 地区 Region	施工项目(个) Number of Projects under Construction (unit)	新开工项目(个) Number of Projects Started This Year (unit)	全部建成投产项目(个) Number of Projects Completed and Put into Use (unit)	项目建成投产率 Rate of Construction Projects Completed and Put into Use (%)	固定资产投资额(亿元) Investment in Fixed Assets (100 million yuan)	新增固定资产(亿元) Newly Increased Fixed Assets (100 million yuan)	交付使用率 Rate of Projects of Fixed Assets Completed and Put into Use (%)
1995	1122	788	748	66.7	44.97	32.92	73.2
1996	1243	985	841	67.7	66.80	50.14	75.1
1997	1227	855	742	60.5	77.55	72.78	93.9
1998	1419	1026	785	55.3	91.94	62.30	67.8
1999	1544	998	901	58.4	94.85	77.72	81.9
2000	1646	1215	970	58.9	122.42	59.15	48.3
2001	1932	1459	1155	59.8	163.65	113.03	69.1
2002	2106	1588	1285	61.0	195.22	92.24	47.2
2003	2287	1802	1261	55.1	212.94	74.17	34.8
2004	2275	1681	1427	62.7	247.53	147.54	59.6
2005	2550	1695	1548	60.7	281.72	151.46	53.8
2006	2472	1757	1758	71.1	353.43	290.78	82.3
2007	2238	1601	1363	60.9	409.49	219.80	53.7
2008	2394	1617	1527	63.8	462.86	286.28	61.9
2009	2678	1774	1608	60.0	616.27	257.88	41.8
2010	2900	1516	1398	48.2	731.82	279.68	38.2
西宁市 Xining City	456	233	237	52.0	269.94	86.93	32.2
海东地区 Haidong Prefecture	432	299	298	69.0	53.14	33.06	62.2
海北州 Haibei Zang A.P	223	135	121	54.3	25.90	14.24	55.0
黄南州 Huangnan Zang A.P	220	160	113	51.4	16.23	10.13	62.4
海南州 Hainan Zang A.P	225	163	142	63.1	28.29	14.51	51.3
果洛州 Golog Zang A.P	278	188	203	73.0	16.58	12.29	74.1
玉树州 Yushu Zang A.P	186	126	105	56.5	24.52	21.82	89.0
海西州 Haixi Mongolian & Zang A.P	315	210	174	55.2	162.23	52.69	32.5
不分地区 Not Classified by Region	565	2	5	0.9	135.00	34.02	25.2

注：本表为50万元以上项目投资完成情况。

a) Data in this table are completion condition of investment projects above 500 000 yuan.

9−12 城镇主要产品建设规模(2010年)

Construction Size of Main Production in Urban Area (2010)

能力名称		Item		建设规模 Total Construction Size	本年施工规模 Under Construction This Year	本年新开工 Started This Year	累计新增 Accumulated Newly Increased	本年新增 Newly Increased This Year
原煤开采	(万吨 / 年)	Coal Mining	(10 000 tons/year)	1835	657	101	1269	284
天然原油开采	(万吨 / 年)	Petroleum Extraction	(10 000 tons/year)					
天然气开采	(亿立方米 / 年)	Extraction of Petroleum and Natural Gas	(10 000 cu.m/year)					
铁矿开采(原矿)	(万吨 / 年)	Iron Ore Mining	(10 000 tons/year)	100284.03	34.03	20	100064.03	
铁矿选矿处理量	(万吨 / 年)	Iron Ore Dressing Crude Ore Dressing	(10 000 tons/year)	472	422	32	52	2
铁合金	(折标吨 / 年)	Iron Alloy	(10 000 tons/year)	292808.5	292800	15000	212800	212800
铜采矿(原矿)	(万吨 / 年)	Copper Ore Mining	(10 000 tons/year)	628.5	628.5	84.5	334.5	34.5
铜选矿:处理原矿	(万吨 / 年)	Copper Ore Dressing Crude Ore Dressing	(10 000 tons/year)	31.5	31.5	31.5	1.5	1.5
铅锌采矿(原矿)	(万吨 / 年)	Plumbum/Zinc Ore Mining	(10 000 tons/year)	128.21	88.21	10	128.08	25
电解铝	(吨 / 年)	Electrolytic Aluminum	(ton/year)	10000	10000	10000	10000	10000
铝加工	(吨 / 年)	Aluminum Processing	(ton/year)	712000	562000	500000		
水力发电	(万千瓦)	Hydraulic Power	(10 000 KW)	709.79	225.29	12.66	638.51	185.01
火力发电	(万千瓦)	Fire Power	(10 000 KW)	8	8	3	3	3
其他发电	(万千瓦)	Other Power	(10 000 KW)	74.34	59.34	56.34	41.34	13.34
输电线路长度 (11万伏及以上)	(公里)	Length of Transmission Line (110 000V)	(km)	3660.93	2926.93	890.2	1417	818
水　泥	(万吨 / 年)	Cement	(10 000 tons/year)	988.25	760.25	100.25	0.25	0.25
磷　肥	(吨/年)	Phosphate Fertilizer	(ton/year)	120000			100000	
钾　肥	(吨 / 年)	Potash Fertilizer	(ton/year)	915100	190098	175002	790052	50050
毛纺锭	锭	Wool Spindles	(unit)	2400	2400			
新建公路	(公里)	Length of New Highways	(km)	2044.9	2016.2	1687.7	1251.3	1205.3
改建公路	(公里)	Length of Reconstructed Highways	(km)	3442.12	3238.44	2106.48	1237.47	1031.17
新建独立公路	(延长米)	New-Built Separate	(Extended Length)	7916.38	7916.38	5441.08	4865.38	4314.38
桥梁	(座)	Highway and Bridge	(unit)	448	448	398	131	109
新(扩)建客、货运站	(个)	Number of newly-Built or Expanded Passenger and Freight Stations	(unit)	4	4	2	3	3
新(扩)建客、货运站	(平方米)	Number of newly-Built or Expanded Passenger and Freight Stations	(sp.m)	29844	29844	306	24673	24673
城市自来水	(万吨/日)	Tap Water Supply Capacity		4.79	4.79	4.5	0.29	0.29
供水能力			(10 000 tons/day)	4.6	4.6	2.7	1.9	0.7

9-13 按行业分城镇50万元施工、投产项目个数(2010年)

Number of Construction Projects over 500 Thousand Yuan under Construction and Projects Completed and Projects Put into Use in Urban Area by Sector(2010)

单位：个、% (unit, %)

行业	Sector	施工项目 Number of Projects under Construction	新开工 Started This Year	全部建成投产项目 Number of Projects Completed and Put into Use	项目建成投产率 Rate of Projects Completed and Put into Use
总计	**Total**	**2900**	**1516**	**1398**	**48.2**
农、林、牧、渔业	**Agriculture, Forestry, Animal Husbandry and Fishery**	**313**	**248**	**248**	**79.2**
农业	Agriculture	40	34	30	75.0
采矿业	**Mining**	**72**	**34**	**27**	**37.5**
煤炭开采和洗选业	Mining and Washing of Coal	29	10	7	24.1
石油和天然气开采业	Extraction of Petroleum and Natural Gas	3	1	1	33.3
黑色金属矿采选业	Mining and Processing of Ferrous Metal Ores	11	6	3	27.3
有色金属矿采选业	Mining and Processing of Non-Ferrous Metal Ores	20	11	10	50.0
制造业	**Manufacturing**	**274**	**144**	**132**	**48.2**
农副食品加工业	Processing of Food from Agricultural Products	39	30	27	69.2
食品制造业	Manufacture of Foods	18	12	11	61.1
饮料制造业	Manufacture of Beverages	7	4	3	42.9
烟草制品业	Manufacture of Tobacco				
纺织业	Manufacture of Textile	10	1	4	40.0
纺织服装、鞋、帽制造业	Manufacture of Textile Wearing Apparel, Footwear and Caps	4	4	3	75.0
皮革、毛皮、羽毛(绒)及其制品业	Manufacture of Leather, Fur, Feather and Related Products				
木材加工及木、竹、藤、棕、草制品业	Processing of Timber, Manufacture of Wood, Bamboo, Rattan, Palm and Straw Products	2	2		
家具制造业	Manufacture of Furniture	1	1		
造纸及纸制品业	Manufacture of Paper and Paper Products	1			
印刷业和记录媒介的复制	Printing, Reproduction of Recording Media	1		1	100.0
文教体育用品制造业	Manufacture of Articles For Culture, Education and Sport Activities				
石油加工、炼焦及核燃料加工业	Processing of Petroleum, Coking, Processing of Nuclear Fuel	7	3	3	42.9
化学原料及化学制品业	Manufacture of Raw Chemical Materials and Chemical Products	40	17	13	32.5
医药制造业	Manufacture of Medicines	8	5	3	37.5
化学纤维制造业	Manufacture of Chemical Fibres				
橡胶制品业	Manufacture of Rubber				
塑料制品业	Manufacture of Plastics	10	7	7	70.0
非金属矿物制品业	Manufacture of Non-metallic Mineral Products	32	18	11	34.4
黑色金属冶炼及压延加工业	Smelting and Pressing of Ferrous Metals	30	11	17	56.7
有色金属冶炼及压延加工业	Smelting and Pressing of Non-ferrous Metals	22	7	5	22.7

9—13 续表 continued

单位：个、% (unit，%)

行业	Sector	施工项目 Number of Projects under Construction	新开工 Started This Year	全部建成投产项目 Number of Projects Completed and Put into Use	项目建成投产率 Rate of Projects Completed and Put into Use
金属制品业	Manufacture of Metal Products	8	5	6	75.0
通用设备制造业	Manufacture of General Purpose Machinery	11	7	4	36.4
专用设备制造业	Manufacture of Special Purpose Machinery	2	1	1	50.0
交通运输设备制造业	Manufacture of Transport Equipment	3		2	66.7
电气机械及器材制造业	Manufacture of Electrical Machinery and Equipment	7	4	6	85.7
通信设备、计算机及其他电子设备制造业	Manufacture of Communication Equipment, Computers and Other Electronic Equipment	2		2	100.0
仪器仪表及文化、办公用机械制造业	Manufacture of Measuring Instruments and Machinery for Cultural Activity and Office Work	2		2	100.0
工艺品及其他制造业	Manufacture of Artwork and Other Manufacturing	7	5	1	14.3
废弃资源和废旧材料回收加工业	Recycling and Disposal of Waste				
电力燃气水的生产供应业	**Production and Supply of Electricity, Gas and Water**	**137**	**77**	**70**	**51.1**
电力、热力的生产和供应业	Production and Supply of Electric Power and Heat Power	91	43	39	42.9
建筑业	**Construction**	**84**	**60**	**59**	**70.2**
交通运输、仓储和邮政业	**Transport, Storage and Post**	**752**	**115**	**125**	**16.6**
仓储业	Storage	5	3	3	60.0
邮政业	Post				
信息传输、计算机服务和软件业	**Information Transmission, Computer Services and Software**	**17**	**13**	**10**	**58.8**
批发和零售业	**Wholesale and Retail Trades**	**31**	**16**	**21**	**67.7**
住宿和餐饮业	**Hotels and Catering Services**	**52**	**44**	**41**	**78.8**
金融业	**Financial Intermediation**	**6**	**4**	**5**	**83.3**
房地产业	**Real Estate**	**124**	**81**	**54**	**43.5**
租赁和商务服务业	**Leasing and Business Services**	**8**	**3**	**2**	**25.0**
科学研究、技术服务和地质勘查业	**Scientific Research, Technical Service and Geologic Prospecting**	**29**	**22**	**20**	**69.0**
水利、环境和公共设施管理业	**Management of Water Conservancy, Environment and Public Facilities**	**278**	**172**	**166**	**59.7**
居民服务和其他服务业	**Services to Households and Other Services**	**8**	**6**	**5**	**62.5**
教育	**Education**	**225**	**148**	**128**	**56.9**
卫生、社会保障和社会福利业	**Health, Social Security and Social Welfare**	**107**	**61**	**62**	**57.9**
文化、体育和娱乐业	**Culture, Sports and Entertainment**	**93**	**65**	**48**	**51.6**
公共管理和社会组织	**Public Management and Social Organization**	**290**	**203**	**175**	**60.3**
国际组织	**International Organizations**				

9-14 1985-2010年农村个人固定资产投资和建房

Individual Investment in Fixed Assets and Building Construction in Rural Area(1985-2010)

年 份 Year	投资总额 (万元) Total Investment (10 000yuan)	按投资来源分 By Sources of Funds			按投资方向分 By Investment orientation			施工房屋建筑面积 (万平方米) Floor Space of Buildings under Construction (10 000 sq.m)	竣工房屋建筑面积 (万平方米) Floor Space of Buildings Completed (10 000 sq.m)		竣工房屋造价 (元/平方米) Value of Buildings Completed (yuan/sq.m)	
		国内贷款 Domestic Loans	自筹资金 Self-raising Funds	其他资金 Others	第一产业 Primary Industry	第二产业 Secondary Industry	第三产业 Tertiary Industry			住宅 Residential Buildings		住宅 Resid-ential Buildings
1985	9567							211.77	214.63	206.04		
1986	9467							109.31	109.31	109.31		
1987	11388							596.78	192.13	160.11		
1988	19950							167.82	167.82	126.60		
1989	17508							151.95	148.98	140.04		
1990	14747							124.64	121.60	112.48		
1991	16079							197.36	197.36	181.94		
1992	18259							113.00	113.00	113.00		
1993	31972							208.66	189.69	145.43		
1994	30580							176.25	176.25	163.96		
1995	35128							122.50	122.50	115.65		
1996	37359							150.41	150.41	122.90		
1997	36965							149.00	147.93	130.90		
1998	41852							198.09	198.09	172.37		
1999	40441							142.00	137.00	129.00	138.58	140.57
2000	77197	9124	62334	5739	11970	2085	63142	197.07	197.07	197.07	158.76	164.39
2001	81595	3509	74823	3264	18992	4018	58585	181.89	180.70	160.56	163.36	170.58
2002	98620	30474	63215	4931	19261	408	78951	141.45	141.28	127.05	181.06	176.11
2003	93563	9833	76727	7002	47676		45887	233.72	217.53	196.92	175.70	175.38
2004	97231	3563	87921	5748	46519	1685	49027	171.02	168.86	154.07	208.87	212.46
2005	101134	2899	85496	12739	30844	544	69746	252.74	252.74	201.03	217.44	250.72
2006	114113	1740	108697	3676	37755	393	75965	281.56	276.15	184.81	252.75	323.32
2007	140144	9198	126411	4536	41455	781	97908	257.34	252.80	219.70	328.79	361.00
2008	173472	13076	150996	9400	40129	652	132691	225.56	224.68	180.67	374.68	433.68
2009	229781	20083	209698		39770	689	189322	378.71	370.15	302.98	446.10	506.52
2010	494295	27300	404675	62320	45276	566	448453	710.42	707.52	661.72	559.97	578.32

注：本表为抽样调查数。

a) Data in this table are taken from sample survey.

9-15　2005-2010年房地产开发主要指标

Main Indicators of Real Estate Development(2005-2010)

指　标	Item	2005	2006	2007	2008	2009	2010
企业个数　(个)	**Number of Enterprises　(unit)**	**249**	**288**	**299**	**370**	**383**	**395**
内　资	Domestic Funded	219	273	285	356	369	382
国　有	State-owned Enterprises	11	11	11	13	14	14
集　体	Collective-owned Enterprises	10	12	5	1	1	1
港、澳、台投资	Enterprises with Funds from Hong Kong, Macao and Taiwan	11	12	11	10	10	10
外商投资	Foreign Funded	19	3	3	4	4	3
平均从业人数　(人)	**Average Number of Employed Persons　(persons)**	**5381**	**6557**	**6279**	**8469**	**6748**	**4422**
内　资	Domestic Funded	5099	6393	5979	8182	6431	4258
国　有	State-owned Enterprises	420	560	523	324	296	249
集　体	Collective-owned Enterprises	533	272	152	22	22	2
港、澳、台投资	Enterprises with Funds from Hong Kong, Macao and Taiwan	219	275	204	136	138	174
外商投资	Foreign Funded	63	101	96	151	179	119
土地开发及购置　(万平方米)	**Land Development and Purchase　(10 000 sq.m)**						
本年土地开发面积	Land Space Developed This Year	65.49	52.26	97.10	119.70	142.97	
本年土地购置面积	Land Space Purchased This Year	112.24	47.50	91.55	111.24	178.16	
本年完成投资额　(亿元)	**Investment Completed This Year　(100 million yuan)**	**29.11**	**31.18**	**34.21**	**51.19**	**72.85**	**108.19**
住　宅	Residential Buildings	16.57	22.94	28.06	42.88	54.57	75.2
经济适用房屋	Economically Affordable Housing	2.68	1.49	2.73	2.58	0.61	1.95
资金来源小计　(亿元)	**Sources of Funds　(100 million yuan)**	**3.09**	**35.77**	**44.34**	**59.93**	**88.74**	**124.84**
国内贷款	Domestic Loans	2.08	3.53	8.25	10.26	13.13	24.9
利用外资	Foreign Investment	0.04	0.03				2.32
自筹资金	Self-raising Fund	18.53	23.99	21.85	41.09	47.07	56.78
房屋建筑面积　(万平方米)	**Floor Space of Buildings　(10 000 sq.m)**						
施工面积	Floor Space under Construction	422.87	457.81	584.22	698.21	900.39	1424.2
竣工面积	Floor Space Completed	104.11	133.08	171.21	225.30	181.98	267.67
住　宅	Residential Buildings	74.62	111.94	148.58	205.19	160.40	242.12
商品房销售面积　(万平方米)	**Floor Space of Commercialized Buildings Sold　(10 000 sq.m)**	**121.04**	**119.69**	**154.53**	**147.89**	**216.82**	**281.04**
住　宅	Residential Buildings	108.46	110.96	147.34	141.23	208.02	266.43
商品房平均销售价格　(元/平方米)	**Selling Price of Commercialized Buildings　(yuan/sq.m)**	**1832**	**1921**	**2311**	**2460**	**2517**	**3328**
住　宅	Residential Buildings	1681	1861	2206	2384	2442	3456
实收资本合计　(亿元)	**Total Capital Held　(100 million yuan)**	**58.26**	**69.74**	**74.19**	**54.62**	**68.30**	**532.61**
国家资本金	State Capital	2.56	1.62	2.93	8.09	2.68	9.63
资产负债率　(%)	Ratio of Liabilities to Assets　(%)	49.94	47.66	52.84	68.97	69.20	16.38
经营总收入　(亿元)	**Total Revenue　(100 million yuan)**	**19.00**	**18.12**	**30.71**	**32.42**	**38.01**	**475.83**
土地转让收入	Land Transferred		0.04	0.02	0.14		

9-16 2000-2010年按用途分房地产开发企业(单位)投资额
Investment Actually Completed by Enterprises for Real Estate Development by Use (2000-2010)

单位：万元 (10 000 yuan)

年份 地区 Year Region	本年完成投资额 Investment Completed This Year	住宅 Residential Buildings	经济适用房 Economically Affordable Housing	办公室 Office	商业营业用房 Houses for Business Use	其他 Others
2000	134990	81416	21979	8369	24031	21174
2001	153558	85985	41919	11482	28707	27384
2002	169171	94830	49297	14657	13913	45771
2003	223121	154604	53412	21610	21205	25702
2004	262394	166081	37770	27476	35841	32996
2005	291130	165786	26836	19280	43828	62236
2006	311794	229397	14854	7414	48459	26524
2007	342057	280506	27333	7094	31633	22824
2008	511881	428812	25848	5227	38627	39215
2009	728499	545720	6144	7221	40297	135261
2010	1081887	752005	19540	21522	158326	150034
西宁市 Xining City	954048	641092	19340	21472	147569	143915
海东地区 Haidong Prefecture	90680	80611	200		6450	3619
海北州 Haibei Zang A.P	5123	3950			1173	
海南州 Hainan Zang A.P	12332	11694		50	588	
海西州 Haixi Mongolian & Zang A.P	19704	14658			2546	2500

注：本表2004年数据为常规报表数。
a) Data in 2004 in this table were taken from routine account.

9-17 2000-2010年房地产开发企业(单位)的资金来源
Sources of Funds of Enterprises for Real Estate Development(2000-2010)

单位：万元 (10 000 yuan)

年份 地区 Year Region	本年资金来源小计 Total Funds This Year	国家预算内资金 State Budget	国内贷款 Domestic Loans	债券 Bonds	利用外资 Foreign Investment	外商直接投资 Foreign Direct Investment	自筹资金 Self-raising Funds	其他资金来源 Others
2000	128862		21719		3105	3105	85719	18319
2001	164288		27458		2239	2239	98673	35918
2002	179958		25469		5001	3241	93406	56032
2003	230688		41998	2100	3550	3550	97984	85056
2004	409130	2826	59935	78	3175	3175	187639	155477
2005	309008		20764		375	375	185255	102614
2006	357658		35338		250		239909	82161
2007	443366		82493				218491	142382
2008	599312		102594				410936	85782
2009	887388		131286				470715	285387
2010	1248374		269021		23248	23248	567846	388259
西宁市 Xining City	795430		129306				406461	259663
海东地区 Haidong Prefecture	63877		200				51757	11920
海北州 Haibei Zang A.P	4411		550				3237	624
海南州 Hainan Zang A.P	12477						6417	6060
海西州 Haixi Mongolian & Zang A.P	11193		1230				2843	7120

注：本表2004年数据为第一次经济普查数。在分地区中未包括直报单位数据。
a) Data in 2004 in this table were taken from the first economic census. Data by region does not include data of unit reporting directly.

9-18 2000-2010年房地产开发建设房屋建筑面积和造价 Floor Space and Cost of Buildings Developed for Real Estate Development(2000-2010)

年份 地区 Year Region	施工房屋面积(万平方米) Floor Space of Buildings under Construction (10 000 sq.m)	竣工房屋面积(万平方米) Floor Space of Buildings Completed (10 000 sq.m)	房屋建筑面积竣工率 Rate of Floor Space of Buildings Completed (%)	竣工房屋价值(万元) Value of Buildings Completed (10 000 yuan)	竣工房屋造价(元/平方米) Cost of Buildings Completed (yuan/sq.m)
2000	218.64	74.26	34.0	74089	997.70
2001	267.58	105.99	39.6	92126	869.19
2002	342.38	133.60	39.0	133285	997.64
2003	412.08	156.99	38.1	152522	971.50
2004	511.02	240.60	47.1	267381	1111.31
2005	422.87	104.[illegible]1	24.6	126588	1215.90
2006	457.81	133.08	29.07	174446	1310.81
2007	584.22	171.21	29.30	248771	1453.02
2008	698.21	225.30	32.27	359510	1595.69
2009	900.39	181.98	20.20	285579	1569.29
2010	1424.23	267.67	18.79	498434	1862.12
西宁市 Xining City	1146.00	195.75	17.08	400922	2048.13
海东地区 Haidong Prefecture	230.74	59.29	25.70	81211	1369.73
海北州 Haibei Zang A.P	15.37	8.52	55.43	7942	932.16
海南州 Hainan Zang A.P	19.61	4.12	21.01	8359	2028.88
海西州 Haixi Mongolian & Zang A.P	12.50		12.50		

注：本表2004年数据为第一次经济普查数。
a) Data in 2004 in this table were taken from the first economic census.

9-19 2000-2010年按用途分房地产开发企业(单位)新开工房屋面积 Floor Space of Buildings Started This Year by Enterprises for Real Estate Development by Use(2000-2010)

单位：万平方米 (10 000 sq.m)

年份 地区 Year Region	本年新开工房屋面积 Floor Space Started This Year	住宅 Residential Buildings	经济适用房 Economically Affordable Housing	办公楼 Office Buildings	商业营业用房 Houses for Business Use	其他 Others
2000	127.88	96.44		7.51	21.40	2.53
2001	127.62	84.29		12.43	30.19	0.71
2002	168.08	135.14		16.34	13.91	2.69
2003	236.34	185.34	69.04	17.00	30.84	3.15
2004	199.86	169.78	47.50	8.42	17.60	4.07
2005	243.06	201.04	45.50	11.56	26.43	4.03
2006	209.89	173.44	6.98	8.06	25.38	3.01
2007	273.99	242.04	13.46	7.69	18.05	6.21
2008	299.11	274.96	21.86	1.40	19.45	3.30
2009	505.13	423.61	1.00	3.53	57.28	20.71
2010	700.67	568.91	13.59	17.26	69.48	45.03
西宁市 Xining City	552.06	441.26	13.60	17.22	49.13	44.44
海东地区 Haidong Prefecture	132.91	114.72			17.61	0.60
海北州 Haibei Zang A.P	6.39	4.36			2.03	
海南州 Hainan Zang A.P	5.13	5.09		0.03		
海西州 Haixi Mongolian & Zang A.P	4.18	3.47			0.71	

注：本表2004年数据为第一次经济普查数。
a) Data in 2004 in this table were taken from the first economic census.

9–20 2000–2010年按用途分的商品房屋实际销售面积
Actually Floor Space of Commercialized Buildings Sold by Use(2000-2010)

单位：万平方米 (10 000 sq.m)

年 份 地 区 Year Region	房屋销售面积 Floor Space of Commercialized Buildings Sold	住 宅 Residential Buildings	经济适用房 Economically Affordable Housing	办公楼 Office Buildings	商业营业用房 Houses for Business Use	其 他 Others
2000	39.91	36.84		0.37	2.50	0.20
2001	33.66	31.86		0.08	1.57	0.15
2002	68.04	61.17		1.08	3.24	2.54
2003	83.51	70.34	20.99	4.14	8.27	0.76
2004	145.76	125.05	43.10	8.65	11.18	0.87
2005	121.04	108.46	14.96	8.73	3.57	0.28
2006	119.69	110.96	5.15	1.87	6.21	0.66
2007	154.53	147.34	2.44	1.60	5.26	0.34
2008	147.89	141.23	1.17	0.94	5.55	0.18
2009	216.82	208.02	6.80	1.38	6.63	0.79
2010	281.04	266.43	0.29	1.00	13.21	0.41
西宁市 Xining City	217.10	206.78	0.29	1.00	8.92	0.41
海东地区 Haidong Prefecture	51.42	49.43			1.99	
海北州 Haibei Zang A.P	6.45	4.83			1.62	
海南州 Hainan Zang A.P	5.40	4.72			0.68	
海西州 Haixi Mongolian & Zang A.P	0.67	0.67				

注：本表2004年数据为第一次经济普查数。在分地区中未包括直报单位数据。
a) Data in 2004 in this table were taken from the first economic census. Data by region does not include data of unit reporting directly.

9–21 2000–2010年按用途分的商品房屋实际销售额
Actually Sale of Commercialized Buildings by Use(2000-2010)

单位：万元 (10 000 yuan)

年 份 地 区 Year Region	房屋销售额 Total Sale of Buildings	住 宅 Residential Buildings	经济适用房 Economically Affordable Housing	办公楼 Office Buildings	商业营业用房 Houses for Business Use	其 他 Others
2000	49413	41847		1395	5633	538
2001	40670	35796		167	4452	255
2002	87898	71375		1420	11845	3258
2003	835083	703417		41427	82702	7537
2004	241004	183485	53384	22682	33500	1337
2005	221768	182320	18916	24132	14706	610
2006	229877	204230	7248	4689	20267	691
2007	357123	324986	3417	4924	26783	430
2008	363745	336669	1417	3083	23531	462
2009	545761	508048	8000	4949	31882	882
2010	844416	770999	300	2183	69964	1270
西宁市 Xining City	722465	660954	300	2183	58058	1270
海东地区 Haidong Prefecture	100455	94265			6190	
海北州 Haibei Zang A.P	10451	7346			3105	
海南州 Hainan Zang A.P	10459	7848			2611	
海西州 Haixi Mongolian & Zang A.P	586	586				

注：本表2004年数据为第一次经济普查数。
a) Data in 2004 in this table were taken from the first economic census.

9-22 2000-2010年按用途分的商品房屋平均销售价格

Average Selling Price of Commercialized Buildings by Use (2000-2010)

单位：元/平方米 (yuan/sq.m)

年份 地区 Year Region	房屋平均销售价格 Average Selling Price of Buildings	住宅 Residential Buildings	经济适用房 Economically Affordable Housing	办公楼 Office Buildings	商业营业用房 Houses for Business Use	其他 Others
2000	1238.16	1135.89		3770.27	2257.26	2662.05
2001	1208.33	1123.54		2174.48	2840.92	1700.00
2002	1291.85	1166.90		1310.69	3650.56	1004.10
2003	1465.30	1341.99		2125.91	2275.64	451.11
2004	1653.40	1460.29	1238.67	7330.96	2995.16	1536.78
2005	1832.19	1681.03	1264.27	2765.62	2801.87	1636.23
2006	1920.56	1840.50	1408.61	2511.52	3266.03	1054.16
2007	2311.00	2205.75	1403.05	3075.00	5093.08	1278.62
2008	2459.56	2383.83	1211.11	3279.79	4239.82	2566.67
2009	2517.10	2442.36	1176.47	3581.04	4805.27	111.79
2010	3328.26	2893.83	1044.93	2273.25	5295.73	3137.35
西宁市 Xining City	3327.74	3196.42	1044.93	2193.09	6507.94	3112.75
海东地区 Haidong Prefecture	1953.64	1906.92			3116.19	
海北州 Haibei Zang A.P	1620.79	1521.51			1916.67	
海南州 Hainan Zang A.P	1936.49	1663.73			3817.81	
海西州 Haixi Mongolian & Zang A.P	873.19	873.19				

注：本表2004年数据为第一次经济普查数。

a) Data in 2004 in this table were taken from the first economic census.

9–23 在建大中型项目基本情况(2010年)

Basic Situation of Large and Medium-sized Projects under Construction(2010)

单位：万元 (10 000 yuan)

单位名称 Unit Name	项目名称 Project Name	开工时间 On-stream Time	投产时间 Time of Going into Production	计划总投资 Total Investment of Planning	累计完成投资 Total Investment	本年完成投资 Investment This Year
省交通厅	西过境高速公路	200704	201012	170351	170351	22886
青海宁北铝电有限责任公司	青海桥头老厂2*13.5万千瓦改扩建工程	200704		118080	102128	21701
青海黄河水电开发公司 青海新能源分公司	年产2500吨多晶硅生产线	200703		1500000	237910	42926
西宁市城建局	西宁火车站综合改造项目	201003		508699	17010	17010
青海省交通厅	当金山至大柴旦	200806		227000	171582	67000
甘河工业园青海桂鲁化工有限公司	天然气制40万吨/年二甲醚项目	200909		400000	109060	86060
青海泰丰先行锂能科技有限公司	磷酸铁锂及相关新型储能材料产业基地	201004		300000	30345	30345
亚洲硅业青海有限公司	年产8000吨多晶硅	200703		1000000	360126	174192
青海西北铝合金股份有限公司	年产50万吨高强度、超轻型、铝基合金板及铝锻件加工生产线	201004		780486	21870	21870
青海瑞合铝业有限公司	2400万平方米高性能中高压化成箔生产线	200811		125931	104618	72283
黄河上游水电开发有限责任公司	拉西瓦水电站	200403		1498565	1288888	61814
黄河上游水电开发有限责任公司	积石峡水电站	200903		721700	515657	150120
青海省交通厅	柴达尔至木里地方铁路	200606	201011	258210	258210	12610
青海中信国安科技发展有限公司	西台钾锂硼综合开发	200303		300000	338427	23581
青海省引大济黄工程建设管理局	青海省湟水北干渠扶贫灌溉一期工程	200512		100000	86200	7200
青海省电力公司	750KV电网建设项目	200701		1241845	440577	182988
青海省电力公司	330KV电网建设项目	200606		389152	290586	72017
青藏铁路公司	西格二线	200802		1061728	948437	170000
青海省投资公司	高精铝扳带项目	200508		286000	274524	101042
百万吨综合利用项目二期指挥部	综合利用项目二期	200706		507163	299399	108403
百万吨综合利用项目指挥部	百万吨综合利用	200505		382548	375584	45646
青海中浩天然气化工有限公司	甲醇项目	200505		202250	224070	52989
青海西部水电有限公司	年产40万吨铝基合金大板锭项目	200909		584485	34493	10493
中国石油天然气股份有限公司 青海油田分公司	油气田勘探开发	200701		392023	421966	289116

主要统计指标解释

全社会固定资产投资 是以货币形式表现的在一定时期内全社会建造和购置固定资产的工作量以及与此有关的费用的总称。该指标是反映固定资产投资规模、结构和发展速度的综合性指标，又是观察工程进度和考核投资效果的重要依据。全社会固定资产投资按登记注册类型可分为国有、集体、个体、联营、股份制、外商、港澳台商、其他等。

城镇固定资产投资 指城镇各种登记注册类型的企业、事业、行政单位及个体户进行的计划总投资（或实际需要总投资）50万元及50万元以上的建设项目投资和房地产开发投资。县城及以上区域内发生的投资，县及县以上各级政府及主管部门直接领导、管理的建设项目和企业事业单位的投资均为城镇固定资产投资。

房地产开发投资 指各种登记注册类型的房地产开发公司、商品房建设公司及其他房地产开发法人单位和附属于其他法人单位实际从事房地产开发或经营活动的单位统一开发的包括统代建、拆迁还建的住宅、厂房、仓库、饭店、宾馆、度假村、写字楼、办公楼等房屋建筑物和配套的服务设施，土地开发工程（如道路、给水、排水、供电、供热、通讯、平整场地等基础设施工程）的投资；不包括单纯的土地交易活动。

农村投资 包括在农村区域范围内进行固定资产投资活动的企业、事业、行政单位及农户投资。

建设总规模 是指在报告期内所有施工项目的计划总投资。这个指标和施工项目相对应。

在建总规模 是指在报告期末所有在建项目的计划总投资。

在建净规模 是指报告期末所有在建项目建成投产尚需的投资总量。

在建净规模 = 在建总规模 − 未投产项目（期末在建）累计完成投资。

固定资产投资的资金来源 根据固定资产投资的资金来源不同，分为国家预算内资金、国内贷款、利用外资、自筹资金和其他资金。

（1）国家预算内资金：分为财政拨款和财政安排的贷款两部分。包括中央财政的基本建设基金（分经营性基金和非经营性基金两部分）、专项支出（如煤代油专项等）、收回再贷、贴息资金，财政安排的挖潜改造和新产品试制支出、城建支出、商业部门简易建筑支出、不发达地区发展基金等资金中用于固定资产投资的资金；地方财政中由国家统筹安排的资金等。

（2）国内贷款：指报告期固定资产投资单位向银行及非银行金融机构借入的用于固定资产投资的各种国内借款，包括银行利用自有资金及吸收的存款发放的贷款、上级主管部门拨入的国内贷款、国家专项贷款、地方财政专项资金安排的贷款、国内储备贷款、周转贷款等。

（3）利用外资：指报告期收到的用于固定资产建造和购置的国外资金（包括设备、材料、技术在内）。包括对外借款（外国政府、国际金融组织贷款、出口信贷、外国银行商业贷款、对外发行债券和股票）、外商直接投资及外商其他投资。不包括我国自有外汇资金（国家外汇、地方外汇、留成外汇、调剂外汇和中国银行自有资金发行的外汇贷款等）。计算利用外资时，需要折算成人民币，折算中所使用的外汇汇率按现汇计算，即按使用外汇时的汇率计算。

（4）自筹资金：指固定资产投资单位报告期收到的，由各地区、各部门及企、事业单位筹集用于固定资产投资的预算外资金，包括中央各部门、各级地方和企、事业单位的自筹资金。

（5）其他资金：指在报告期收到的除以上各种资金之外其他用于固定资产投资的资金，包括企业或金融机构通过发行各种债券筹集到的资金、群众集资、个人资金、无偿捐赠的资金及其他单位拨入的资金等。

固定资产投资按国民经济行业分 根据建设项目建成投产后的主要产品或主要用途及社会经济活动性质来确定国民经济行业。一般情况下，一个建设项目或一个企业、事业单位只能属于一种国民经济行业。

固定资产投资按隶属关系分 是按建设单位或企业、事业、行政单位的主管上级机关确定的。

（1）中央：是指中共中央、人大常委会和国务院各部、委、局、总公司以及直属机构直接领导的建设项目和企业、事业、行政单位。这些单位的固定资产投资计划由国务院各部门直接编制和下达，建设中所需物资、主要设备以及建设中的问题都由中央有关部门安排和解决。

（2）地方：是由省（自治区、直辖市）、地区（州、盟、省辖市）、县（旗、县级市）三级政府及业务主管部门直接领导和管理的建设项目、企业、事业、行政单位。地方项目还包括不隶属以上各级政府及主管部门的建设项目和企业、事业单位，如外商投资企业和无主管部门的企业等。

固定资产投资按建设性质分 根据整个建设项目情况来确定。建设项目的性质一般分为新建、扩建、改建和技术改造、迁建、恢复。房地产开发单位、农村投资、城镇工矿区私人建房投资不划分建设性质。

（1）新建：一般指从无到有开始建设的企业、事业和行政单位或建设项目。现有企业、事业、行政单位一般不属于新建。但如有的单位原有基础很小，经过建设后新增的固定资产价值超过该企、事业、行政单位原有固定资产价值（原值）三倍以上的也应作为新建。

（2）扩建：指在厂内或其他地点，为扩大原有产品的生产能力（或效益）或增加新的产品生产能力，而增建主要的生产车间（或主要工程）、分厂、独立的生产线。行政、事业单位在原单位增建业务用房（如学校增建教学用房、医院增建门诊部、病房等）也作为扩建。

现有企、事业单位为扩大原有主要产品生产能力或增加新的产品生产能力，增建一个或几个主要生产车间（或主要工程）、分厂，同时进行一些更新改造工程的，也应作为扩建。

（3）改建和技术改造：指现有企业、事业单位，对原有设施进行技术改造或更新（包括相应配套的辅助性生产、生活福利设施）的建设项目。现有企业、事业单位为适应市场变化的需要，而改变企业的主要产品种类（如军工企业转产民用品等）的建设项目，应作为改建。原有产品生产作业线由于各工序（车间）之间能力不平衡，为填平补齐充分发挥原有生产能力而增建不增加本企业主要产品设计能力的车间，也应作为改建。技术改造是指企业、事业单位在现有基础上，用先进的技术代替落后的技术，用先进的工艺和装备代替落后的工艺和装备，以改变企业落后的技术经济面貌，实现以内涵为主的扩大再生产，达到提高产品质量、促进产品更新换代、节约能源、降低消耗、扩大生产规模、全面提高社会经济效益的目的。技术改造具体包括以下内容:机器设备和工具的更新改造;生产工艺改革、节约能源和原材料的改造;厂房建筑和公共设施的改造;劳动条件和生产环境的改造等。

固定资产投资按构成分 固定资产投资活动按其工作内容和实现方式分为建筑安装工程,设备、工具、器具购置,其他费用三个部分。

(1)建筑安装工程(建筑安装工作量):指各种房屋、建筑物的建造工程和各种设备、装置的安装工程。包括各种房屋建造工程;各种用途设备基础和各种工业窑炉的砌筑工程及金属结构工程;为施工而进行的各种准备工作和临时工程以及完工后的清理工作等;铁路、道路的铺设,矿井的开凿及石油管道的架设等;水利工程;防空地下建筑等特殊工程;列入房屋工程预算内的暖气、卫生、通风、照明、煤气等设备的价值及装设油饰工程;列入建筑工程预算内的各种管道(蒸汽、压缩空气、石油、给排水等管道)、电力、电讯电缆导线等的敷设工程;以及各种机械设备的安装工程;为测定安装工程质量,对设备进行的试运工作;房地产开发单位进行的商品房屋开发建设工程、土地开发工程。

在安装工程中,不包括被安装设备本身的价值。

(2)设备、工具、器具购置:指建设单位或企、事业单位购置或自制的,达到固定资产标准的设备、工具、器具的价值。新建单位及扩建单位的新建车间,按照设计或计划要求购置或自制的全部设备、工具、器具,不论是否达到固定资产标准均计入"设备、工具、器具购置"中。

(3)其他费用:指在固定资产建造和购置过程中发生的,除上述几项内容以外的各种应分摊计入固定资产的费用。

施工项目 指报告期内进行过建筑或安装施工活动的项目。凡是报告期内施过工的建设项目,不论施工时间长短,均作为施工项目统计。施工项目个数可以反映一定时期固定资产投资的实际规模,与同期全部建成投产项目个数相比,可以从建设速度的角度反映固定资产投资的效果。根据建设项目施工活动的不同性质,施工项目又分为:本年正式施工项目、本年收尾项目和以前年度全部停缓建项目。

全部建成投产项目 工业项目指设计文件规定形成生产能力的主体工程及其相应配套的辅助设施全部建成,经负荷试运转,证明具备生产设计规定合格产品的条件,并经过验收鉴定合格或达到竣工验收标准,与生产性工程配套的生活福利设施可以满足近期正常生产的需要,正式移交生产的建设项目。非工业项目指设计文件规定的主体工程和相应的配套工程全部建成,能够发挥设计规定的全部效益,经验收鉴定合格或达到竣工验收标准,正式移交使用的建设项目。

新增生产能力(或工程效益) 指通过固定资产投资活动而增加的设计能力(或工程效益),该指标是以实物形态表现的反映固定资产投资成果的指标,也是考核投资经济效果的重要依据之一。

新增生产能力(或工程效益)一般有以下几种表现形式:

(1)用产品数量表示,以工程在单位时间内(一般是一年)所能生产的产品数量(即年产量)表示。如原煤开采用万吨/年表示,化学农药用吨/年表示,拖拉机制造用台/年表示等。某些化工产品由于含量差别较大,按其设计含量计算折合量表示,如硫酸、纯碱、烧碱等。

(2)用单位时间内所能处理的原料数量表示,以工程每天(或小时)所能处理原料的数量表示。如机制糖工程日处理原料吨,食用植物油日处理原料吨,城市污水处理能力用万吨/日表示等。

(3)用新增加的主要设备的数量或容量表示,如新增棉布织机、丝织机等台数,毛纺锭等锭数,发电厂新增发电机组容量用千瓦表示等。

(4)用建筑物容积、容量、面积、长度表示,是非工业项目或工程新增效益的一种表现形式。如铁路投产里程、新建公路、水库容量、粮食仓库、学校学生席位、医院病床、有效灌溉面积等。

根据工程的特点,有时需要用两种或两种以上的复合计量单位表示新增生产能力(或工程效益),如新增内燃机生产能力同时用年产台数、千瓦数表示等。

为了规范新增生产能力(或工程效益)的名称和计算单位,国家统计局制订了《新增生产能力(或工程效益)目录及代码》。各固定资产投资单位在统计新增生产能力(或工程效益)时,必须按目录中规定的名称、计量单位和代码填报。

房屋建筑面积 指房屋建筑物勒脚以上外墙外围的水平截面面积,包括房屋建筑物的有效面积和结构面积。该指标是从实物形态上反映建设规模和建设成果的重要指标之一,也是检查工程形象进度、计算工程造价、分析投资效果、研究施工任务和建筑材料之间平衡情况的重要依据。

住宅建筑面积 指施工和竣工房屋建筑面积中供居住用的房屋建筑面积。

施工面积 指报告期内施工的全部房屋建筑面积。包括本期新开工的面积和上期开工跨入本期继续施工的房屋面积,以及上期已停建在本期恢复施工的房屋面积。本期竣工和本期施工后又停缓建的房屋,其建筑面积仍计入本期房屋施工面积中。

竣工面积 指在报告期内房屋建筑按照设计要求已经全部完工,达到住人和使用条件,经验收鉴定合格(或达到竣工验收标准),正式移交使用单位的各栋房屋建筑面积的总和。

房屋建筑面积竣工率 指一定时期内房屋竣工面积占同期房屋施工面积的比率。

新增固定资产 指报告期内已经完成建造和购置过程,并已交付生产或使用单位的固定资产价值。该指标是表示固定资产投资成果的价值指标,也是反映建设进度,计算固定资产投资效果的重要指标。

项目建成投产率 指一定时期内全部建成投产项目个数与同期施工项目个数的比率。该指标是从建设单位建设速度的角度反映投资效果的指标。

固定资产交付使用率 指一定时期新增固定资产与同期完成投资额的比率。该指标是反映固定资产动用速度,衡量建设过程中宏观投资效果的综合指标。由于新增固定资产是较长时期内形成的结果,而投资额则是当年完成的,因此,该指标一般适宜于反映较长时期内固定资产的动用情况。

商品房销售面积 指报告期内出售商品房屋的合同总面积(即双方签署的正式买卖合同中所确定的建筑面积)。由现房销售建筑面积和期房销售建筑面积两部分组成。

商品房销售额 指报告期内出售商品房屋的合同总价款(即双方签署的正式买卖合同中所确定的合同总价)。该指标与商品房销售面积同口径,由现房销售额和期房销售额两部分组成。

经济适用房 指根据经济适用房计划安排建设的政策性住宅。经济是指房屋建筑造价和销售价格低于一般商品住宅;适用是指适合中低收入家庭购买使用。经济适用房主要是由国家统一下达投资计划,房地产公司开发,对外销售;用地一般采用行政划拨或招标投标方式,免收土地出让金;对各种经批准的收费减半征收,开发利润不超过3%;销售价格实行政府指导价。该指标可以分析房地产投资结构,反映中低收入家庭商品住宅的供求平衡情况。

Explanatory Notes on Main Statistical Indicators

Total Investment in Fixed Assets in the Whole Country refers to the volume of activities in construction and purchases of fixed assets of the whole country and related fees, expressed in monetary terms during the reference period. It is a comprehensive indicator which shows the size, structure and growth of the investment in fixed assets, providing a basis for observing the progress of construction projects and evaluating results of investment. Total investment in fixed assets in the whole country includes, by type of ownership, the investment by State – owned units, collective – owned units, individuals, joint ownership units, share – holding units, as well as investments by entrepreneurs from foreign countries and from Hong Kong, Macao and Taiwan, and by other units.

Urban Investment in Fixed Assets refers to construction projects involving a total planned (or required) investment of 500,000 yuan and over by enterprises of various types of ownership, institutions, administrative units and individuals in urban areas, investment in real estate development. In other words, all investments that take place in county towns and urban areas, investment in construction projects under the direct leadership and management of government agencies at and above county levels and investments by enterprises and institutions at and above county levels are covered in urban investment in fixed assets.

Investment in Real Estate Development refers to investment by real estate development companies, commercialized buildings construction companies and other real estate development units of various types of ownership in the construction of buildings, such as residential buildings, factory buildings, warehouses, hotels, guesthouses, holiday villages, office buildings, and the complementary service facilities and land development projects, such as roads, water supply, water drainage, power supply, heating supply, telecommunications, land leveling and other infrastructural projects. It does not include activities in pure land transactions.

Investment in Rural Areas refers to investment in fixed assets by enterprises, institutions, administrative units and households in rural areas.

Total Size of Construction refers to the planned total investment for all construction projects during the reference period. This item should correspond with projects under work.

Total Size of Investment in Projects under Construction refers to the planned total investment of all projects under construction at the end of the reference period.

Net Size of Investment in Projects under Construction refers to the outstanding requirement of investment of all projects under construction at the end of the reference period.

Net size of investment in projects under construction = Total size of investment – Accumulated completed investment of projects under construction

Sources of Funds for Investment in Fixed Assets are categorized as funds from the State budget, domestic loans, foreign investment, self – raised funds, and others, depending on the sources of investment.

(1) Fund from the State budget consists of budgetary appropriation and loans from the State budget. More specifically, it includes, from the budget of the central government, capital construction fund (operation fund and non – operational fund), special expenses (e. g. expenses on substituting petroleum with coal), loans from repayment, discount fund, expenses on innovation and trial production of new products, expenses on urban construction, expenses on temporary construction from business departments, development fund for less developed areas, as well as local budgetary fund transferred from the central budget.

(2) Domestic loans refer to loans of various forms borrowed by investing units from banks and non – bank financial institutions during the reference period for the purpose of investment in fixed assets, including loans issued by banks from their self – owned funds and deposit, loans appropriated by higher authorities, special loans by government, loans arranged by local government from special funds, domestic reserve loan, and working loan.

(3) Foreign investment refers to foreign funds received during the reference period for the construction and purchase of investment in fixed assets (covering equipment, materials and technology), including foreign borrowings (loans from foreign governments and international financial institutions, export credit, commercial loans from foreign banks, issue of bonds and stocks overseas), foreign direct investment and other foreign investments. Excluded from this category is capital in foreign exchanges owned by China (foreign exchanges owned by the central and local governments, foreign exchanges retained by enterprises, foreign exchanges by enterprises through the regulating mechanism, loans in foreign exchanges issued by the Bank of China with its own fund, etc.). In calculating the utilization of foreign capital, foreign currencies are converted into Chinese Renminbi applying the current exchange rate when the foreign capitals are actually used.

(4) Self – raised funds refer to extra – budgetary funds for investment in fixed assets received during the reference period by investing units from central government ministries, local governments, enterprises and institutions, including their self – raised funds.

(5) Others refer to funds for investment in fixed assets received from sources other than those listed above, including cap-

ital raised through issuing bonds by enterprises or financial institutions, funds raised from individuals and through donations, and funds transferred from other units.

Investment in Fixed Assets by Sector The classification of construction projects by sector is determined by the major products or the purpose of the projects when they are put into production or use, and by the nature of their social economic activities. In general, one project or one enterprise or institution can only be classified into one sector.

Investment in Fixed Assets by Jurisdiction of Management refers to the classification of investment by the competent authorities under which investment is made by construction units, enterprises, institutions or administrative units.

(1) Central investment refers to the investment in projects or by enterprises, institutions or administrative units which are under the direct leadership and management of the State Council and of the national commissions, ministries, agencies and State – owned large corporations. Various ministries and departments of the State Council prepare and implement plans for investment in fixed assets by those departments, and arrange and ensure the supply of materials and key equipment required for the projects.

(2) Local investment refers to the investment in projects or by enterprises, institutions or administrative units which are under the direct leadership and management of departments under the provincial, prefecture and county governments. Also included are projects by foreign – invested enterprises and enterprises without competent managing authorities.

Investment in Fixed Assets by Type of Construction Construction projects in general can be classified, by the type of construction, into new construction, expansion, reconstruction and technical transformation, moving and restoration. However, investment by type of construction is not applied to investment by real – estate development units, investment in rural areas and private investment in housing construction in urban areas and in industrial and mining areas.

(1) New construction in general refers to construction projects, which start from scratch, of enterprises, institutions, administrative agencies. Construction in existing enterprises, institutions or agencies is generally not considered as new construction. In case the size of the existing unit is quite small, and the value of newly added fixed assets is more than three times of the the original value, the expansion will be considered as new construction.

(2) Expansion refers to construction of new major production workshop, branch factory or independent production line within a factory or in other locations, for the purpose of increasing the production capacity (or improving efficiency) or adding new production capacity. Newly constructed accommodation for the operation of institutions and administrative organizations (such as newly constructed buildings for teaching in schools, buildings for clinics or wards in hospitals, etc.) are also classified as expansion.

Also included in expansion are investments by existing enterprises or institutions in building major production line(s) or branch factory(ies) along with some work on innovation, for the purpose of expanding the production capacity of original products or producing new products.

(3) Reconstruction and technical transformation refers to construction projects by existing enterprises or institutions in innovation or technical transformation of the old facilities (including auxiliary production equipment and welfare facilities). Also considered as reconstruction is the construction of new workshops by the existing enterprises or institutions to change the variety of products to meet the market demand (such as the production of civil products by defence industries), or to bring the designed production capacity into full play through a more balanced production process on production lines. Technical transformation refers to replacement of old technology or equipment by new technology or equipment, in order to expand the reproduction through improvement of technology contents in production, to improve product quality, to promote new products, to save energy, to reduce consumption, to expand the production scale and to improve overall social – economic efficiency. Contents of technical transformation include: updating of machinery, equipment and tools; reforming production process by using energy or materials saving technology; construction of factory workshops and transformation of public facilities; improvement of working conditions and environment, etc.

Investment in Fixed Assets by Structure By their contents and the mode of implementation, investment activities are classified into 3 categories, i. e. construction and installation, purchase of equipment and instrument, and other expenses.

(1) Construction and installation (work volume of construction and installation) refers to the construction of houses and buildings and the installation of various kinds of equipment and instruments. They include construction of houses; equipment foundations, industrial kilns and stoves, and metal structure work; preparation works and temporary works for project construction, and clearing up works post project construction; pavement of railways and roads, drilling of mines and putting up of oil pipes; construction of water conservancy; construction of underground air – raid shelters and construction of other special projects; value of equipment for heating, sanitation, ventilation, lighting, gas, painting, etc. that are covered by the budget of housing projects; laying out of various pipelines (for steam, compressed air, petroleum, tap water and sewage) and wiring and cabling for electric power and for communications; installation of various machinery and equipment; testing operation for pre – testing the quality of installation projects, and land and other development work conducted by real estate developers for commercialized housing. The value of equipment installed is itself not included in the value of installation projects.

(2) Purchase of equipment and instruments refers to the total value of equipment, tools, and instruments purchased or self – produced which come up to the cut – off point for fixed assets by the construction units or investing enterprises or institutions.

Equipment, tools and instruments purchased or self – produced for new workshops by newly established or expanded units are categorized as "purchase of equipment and instruments" no matter whether they come up to the cut – off point for fixed assets.

(3) Other expenses refer to expenses arising during the construction or purchase of fixed assets other than those mentioned above.

Projects under Construction refer to projects with construction and installation activities undertaken in the reference period. All projects that have construction activities undertaken during the reference period are reported as projects under construction irrespective of the length of construction work. The number of projects under construction can reflect the actual size of investment in fixed assets during a given period, and when compared with the number of projects completed and put into use during the same period, it demonstrates the results of investment in fixed assets from the angle of the speed of the construction. Depending on the nature of construction activities, projects under construction can also be classified into projects beginning construction in current year, winding – up projects in current year and stopped or suspended projects in previous years (with resumption of work in current year).

Projects Completed and Put into Use Industrial projects refer to the major projects and anxilliary facilities having been completed in accordance with the design documents, resulting in forming production capacity and having checked and accepted after relevant tests. while the living and welfare facilities having been completed and being capable of ensuring normal production. Non – industrial projects refer to the major projects and anxilliary facilities which have been completed in accordance with the design documents ; have been checked, accepted after relevant examination; and have been formally delivered for use.

Newly Increased Production Capacity (or Project Efficiency) refers to the increase in design capacity (or project efficiency) through investment in fixed assets, which reflects the accomplishment of investment in fixed assets in physical form and serves as an important basis for evaluating the economic efficiency of investment.

The newly increased production capacity (project efficiency) are usually expressed in one of the following forms:

(1) volume of output of products, i. e. the volume of output that the project can produce during a given period (usually a year). For instance, the capacity in coal mining is expressed in 10,000 tons/year. the capacity in producing chemical pesticides expressed in ton/year, the capacity in producing tractors in tractor/year, etc. For some chemical products where the effective contents differ significantly, the production capacity is expressed as the designed effective content equivalent, such as in the case of sulphuric acid, soda ash, caustic soda, etc;

(2) volume of raw materials processed per unit of time, i. e. the volume of raw materials that could be processed by the project per day (or per hour), such as tons of materials processed per day by a sugar refining project or edible vegetable oil project, or tons of urban sewage processed per day;

(3) number or capacity of major equipment increased, such as number of cotton or silk looms increased, wool spindles increased, or capacity (in kilowatts) of power generators increased; and

(4) physical measures (volume, capacity, area, and length) of construction, which is typical for non – industrial projects, for instance, the length of railways put into operation, the length of highways, the capacity of reservoirs, the capacity of warehouses, the floor space of housing projects, capacity for new students in schools or beds in hospitals, areas under new irrigation project, etc.

The special features of projects may sometimes call for the combined use of two or more measurements to reflect the increase in production capacity (or project efficiency); for instance, the new capacity for the production of internal combustion engines is expressed in sets per year and kilowatts per year simultaneously.

To standardize the nomenclature and unit of measurement for newly increased production capacity (or project efficiency), the National Bureau of Statistics has developed the Nomenclature and Codes for New Production Capacity (Project Efficiency). All reporting units with investment activities are required to follow these two nomenclatures in reporting statistics on new production capacity (project efficiency).

Floor Space of Buildings under Construction refers to the total floor space of the horizontal section of outer walls above the plinth of the building, including the effective area and the area occupied by the structure. This indicator is one of the important indicators in physical terms to reflect the scale and accomplishment of the construction industry and also an important basis for monitoring the progress, calculating the cost, analyzing the efficiency and studying the supply of building materials in relation to the construction projects.

Floor Space of Residential Buildings refers to the floor space of the residential buildings among the total space of buildings under construction or completed.

Floor Space under Construction refers to total floor space of all buildings under construction during the reference period, including floor space of newly started buildings during the reference period, floor space of construction extended from the previous period to the current period, and floor space of construction suspended during the previous period and resumed in the current period. Floor space of construction completed in the current period and floor space of construction started and then suspended in the current period are also included in the floor space under construction of the current year.

Floor Space Completed refers to the floor space of all buildings completed in the reference period, which have been appraised and accepted (or come up to the designed standards) and have been transferred to owner units.

Completion Rate of Floor Space of Buildings refers to the ratio of the floor space of buildings completed in a certain period of time to the floor space of buildings under construction in the same period.

Newly Increased Fixed Assets refer to the newly increased value of fixed assets, constructed or purchased, that have been transferred to the investors. This is an indicator that demonstrates the results of investment in fixed assets in monetary terms, and an important indicator to reflect the speed of construction and to calculate the efficiency of investment.

Rate of Construction Projects Completed and Put into Use refers to the ratio of the number of construction projects completed and put into use in a certain period of time to the number of projects under construction in the same period. This reflects the investment efficiency from the perspective of the speed of projects construction.

Rate of Projects of Fixed Assets Completed and Put into Operation refers to the ratio of the newly increased fixed assets to the total investment made in the same period. This is a comprehensive indicator reflecting the speed of the employment of fixed assets and the investment efficiency at the macro – level. As the newly increase fixed assets is the result of a long period while the investment is completed in the current year, this indicator is expected to be used to reflect the employment of fixed assets over a long period of time.

Area of Commercialized Housing Sold refers to total contracted area of commercialized housing (i. e. area of floor space as designated in the formal contracts signed by both sides) during the reference time. It constitutes floor space of completed housing and floor space of future housing.

Value of Commercialized Housing Sold refers to the total contracted value (i. e. value of sales/purchase for selling/purchase of commercialized housing as designated in the contract signed by both sides) during the reference time. This indicator has the same coverage as the area of commercialized housing sold, which constitutes floor space of completed housing and floor space of housing yet to be completed.

Economically Affordable Housing refers to housing constructed according to the State Plan for economically affordable housing. The features of houses of this category are low cost of construction and low prices, and therefore are affordable to mid – income and low income households. Economically affordable housing projects are developed by real estate companies under the State Investment Plan, with the land provided through government allocation or tendering procedures. Developers are exempted from land utilization fees and enjoy another 50% exemption of all other legitimate fees, while their profits are limited to less than 3%, and the completed houses are sold under government – guided prices. This indicator helps to analyze the investment structure of the real estate industry and the demand and supply of housing for mid – income and low income households.

财政、金融和保险

Government Finance, Banking and Insurance

第10篇

CHAPTER 10

财政收支情况（亿元）

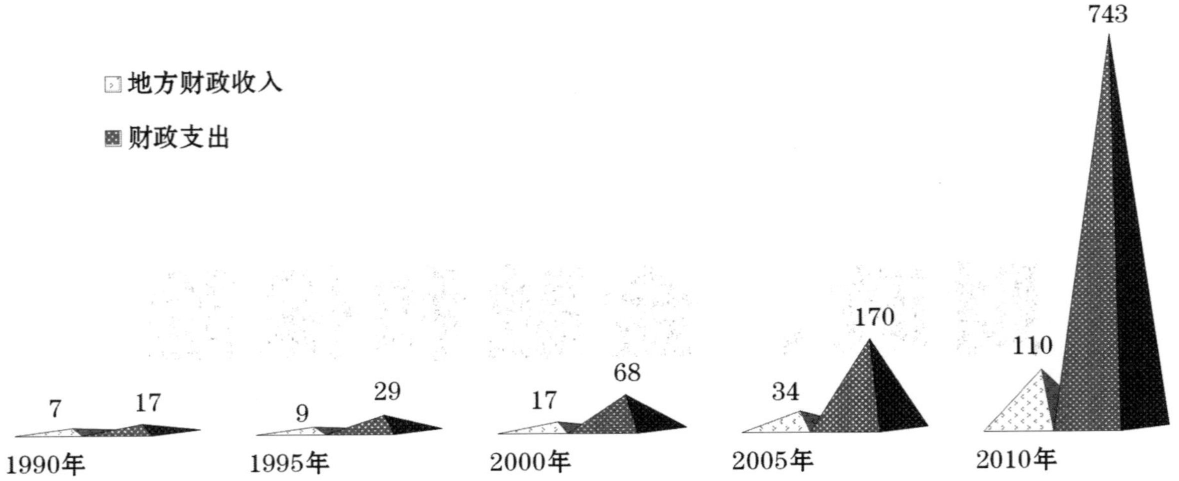

金融机构人民币存款余额（亿元）

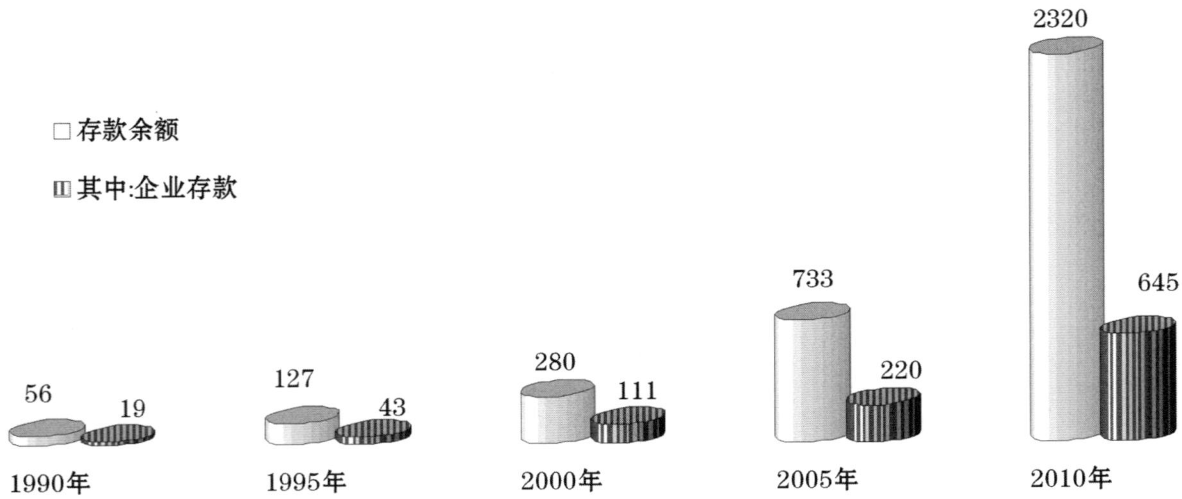

金融机构人民币贷款余额（亿元）

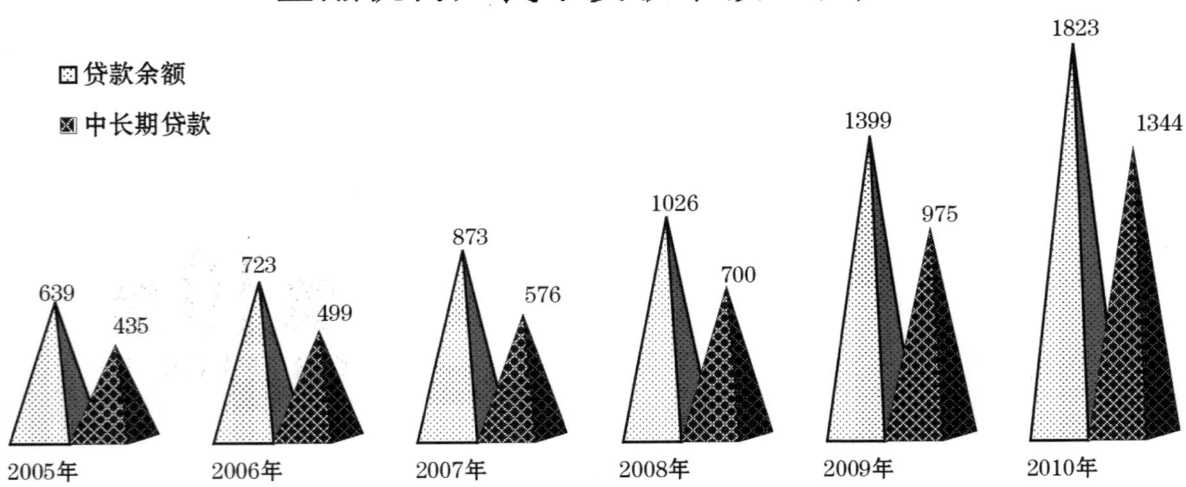

10-1 主要年份财政收支情况

Financial Revenue and Expenditure in Main Years

单位：万元、%　　(10 000 yuan，%)

年 份 / 地 区	Year / Region	财政总收入 Total Government Revenue	国家财政补贴及其他收入 State Financial Subsidies and Other Revenue	财政一般预算收入 The General Budget Revenues	中央 Central Government	地方 Local Government	财政支出 Government Expenditure	地方一般预算收入 Revenue of Local Governments: 占收入合计的比重 The Proportion of Total Revenue	地方一般预算收入 Revenue of Local Governments: 占支出合计的比重 The Proportion of Total Expenditure
1957		16358	10187	6171		6171	16212	37.7	38.1
1965		17585	7008	10577		10577	18738	60.1	56.4
1970		26228	14254	11975		11975	27105	45.7	44.2
1975		47928	27450	20478		20478	45173	42.7	45.3
1978		70301	41261	29040		29040	68010	41.3	42.7
1980		63684	47191	16493		16493	58841	25.9	28.0
1985		105053	81082	23971		23971	100911	22.8	23.8
1986		123875	91763	32112		32112	122231	25.9	26.3
1987		141025	100936	40088		40088	122555	28.4	32.7
1988		143165	92481	50684		50684	142802	35.4	35.5
1989		162836	95929	66906		66906	156668	41.1	42.7
1990		169745	97375	72369		72369	171334	42.6	42.2
1991		184729	96821	87908		87908	182272	47.6	48.2
1992		179833	98275	81558		81558	186197	45.4	43.8
1993		215325	101643	113682		113682	225395	52.8	50.4
1994		241980	171906	151899	81825	70074	253649	29.0	28.0
1995		276662	190686	170820	84844	85976	288021	31.1	29.9
1996		314159	218361	177073	81275	95798	327145	30.5	29.3
1997		353100	243900	198143	88943	109200	364713	30.9	29.9
1998		457668	329950	212742	85024	127718	440914	27.9	29.0
1999		667176	525440	230407	88671	141736	557191	21.2	25.4
2000		813082	647239	260944	95101	165843	682614	20.4	24.3
2001		1283790	1085549	325603	127362	198241	1012951	15.4	19.6
2002		1416571	1205606	381441	170476	210965	1187280	14.9	17.8
2003		1425380	1184969	436935	196524	240411	1220438	16.9	19.7
2004		1663816	1393856	512939	242979	269960	1373363	16.2	19.7
2005		2186018	1847796	633937	295715	338222	1697547	15.5	19.9
2006		2669398	2246961	830409	407972	422437	2146628	15.8	19.7
2007		3411001	2843918	1104683	537600	567083	2821993	16.6	20.1
2008		4466049	3750357	1365148	649456	715692	3635950	16.0	19.7
2009		5974197	5096816	1664598	787217	877381	4867457	14.7	18.0
2010		8622451	7520298	2049689	947536	1102153	7434033	12.8	14.8
西宁市	Xining City	1130464	785245			345219	1086976	30.5	31.8
海东地区	Haidong Prefecture	707647	660019			47628	699866	6.7	6.8
海北州	Haibei Zang A.P	291665	269592			22073	291619	7.6	7.6
黄南州	Huangnan Zang A.P	244089	232022			12067	252326	4.9	4.8
海南州	Hainan Zang A.P	364646	334307			30339	376863	8.3	8.1
果洛州	Golog Zang A.P	241133	232661			8472	217595	3.5	3.9
玉树州	Yushu Zang A.P	1156849	1148463			8386	1140889	0.7	0.7
海西州	Haixi Mongolian & Zang A.P	617693	272775			344918	618187	55.8	55.8

注：1.1992年财政收支为调整后口径。
　　2.1994年以后的数据是按照财税体制改革后的口径计算的。

a) Revenue and expenditure for 1992, adjusted caliber.

b) Data since 1994 calculated by new caliber after the taxation system reform.

10-2 主要年份财政收入占国内生产总值的比重

Percentage of Financial Revenue on GDP in Main Years

单位：万元、%　　(10 000 yuan，%)

年 份 / 地 区	Year / Region	财政收入合计 Total Financial Revenue	地方财政收入 Revenue of Local Governments	生产总值 Gross Domestic Product	财政收入合计占生产总值的比重 Percentage of Financial Revenue on GDP	地方财政收入占生产总值的比重 Percentage of Revenue of Local Governments on GDP
1957		16358	6171	39500	41.4	15.6
1965		17585	10577	61400	28.6	17.2
1970		26228	11975	81500	32.2	14.7
1975		47928	20478	124200	38.6	16.5
1978		70301	29040	155400	45.2	18.7
1980		63684	16493	177900	35.8	9.3
1985		105053	23971	330100	31.8	7.3
1986		123875	32112	384400	32.2	8.4
1987		141025	40088	433800	32.5	9.2
1988		143165	50684	549600	26.0	9.2
1989		162836	66906	603700	27.0	11.1
1990		169745	72369	699400	24.3	10.3
1991		184729	87908	751000	24.6	11.7
1992		179833	81558	875200	20.5	9.3
1993		215325	113682	1096800	19.6	10.4
1994		241980	70074	1384000	17.5	5.1
1995		276662	85976	1678000	16.5	5.1
1996		314159	95798	1841700	17.1	5.2
1997		353100	109200	2027900	17.4	5.4
1998		457668	127718	2209200	20.7	5.8
1999		667176	141736	2393800	27.9	5.9
2000		813082	165843	2636800	30.8	6.3
2001		1283790	198241	3001300	42.8	6.6
2002		1416571	210965	3406500	41.6	6.2
2003		1425380	240411	3902000	36.5	6.2
2004		1663816	269960	4661000	35.7	5.8
2005		2186018	338222	5433200	40.2	6.2
2006		2669398	422437	6485000	41.2	6.5
2007		3411001	567083	7973500	42.8	7.1
2008		4466049	715692	10186200	43.8	7.0
2009		5974197	877381	10812700	55.3	8.1
2010		8622451	1102153	13504300	63.8	8.2
西宁市	Xining City	1130464	345219	6282800	18.0	5.5
海东地区	Haidong Prefecture	707647	47628	1733088	40.8	2.7
海北州	Haibei Zang A.P	291665	22073	545291	53.5	4.0
黄南州	Huangnan Zang A.P	244089	12067	436827	55.9	2.8
海南州	Hainan Zang A.P	364646	30339	698923	52.2	4.3
果洛州	Golog Zang A.P	241133	8472	204302	118.0	4.1
玉树州	Yushu Zang A.P	1156849	8386	318579	363.1	2.6
海西州	Haixi Mongolian & Zang A.P	617693	344918	3654918	16.9	9.4

注：生产总值按当年价格计算。1992—2004年数据根据经济普查数据进行调整和修订。

a) GDP is calculated at current prices. Data in 1992-2004 were adjusted and revised based on economic census data.

10-3 2006-2010年财政收支情况

Financial Revenue and Expenditure(2006-2010)

单位：万元 (10 000 yuan)

收 入	Revenue	2006	2007	2008	2009	2010
税收收入	**Taxes Revenue**	**331192**	**432855**	**558966**	**701653**	**889426**
增值税	Value Added Tax	97547	124811	145676	149733	175153
营业税	Business Tax	112690	147086	184903	252611	344433
企业所得税	Company Income Tax	36065	47526	71292	88601	109833
企业所得税退税	Tax Rebate to Company Income Tax		-47			-4
个人所得税	Personal Income Tax	14538	21406	25850	31166	34577
资源税	Resource Tax	19422	27063	39363	68229	95821
固定资产投资方向调节税	Fixed Assets Investment Adjustment Tax	5				
城市维护建设税	Tax on City Maintenance and Construction	26547	34507	38685	44724	56920
房产税	Tax on Real Estates	9576	10194	11897	14925	15807
印花税	Stamp Tax	3771	5296	6865	10462	10888
城镇土地使用税	Tax on the Use of Urban Land	903	2431	17376	18686	18294
土地增值税	Land Value Added Tax	401	1454	1334	1992	4454
车船税	Tax on the Use of Vehicles and Ships	458	909	2488	3345	4030
耕地占用税	Tax on the Occupancy of Cultivated Land	2351	2008	2928	4082	4808
契税	Contract Tax	6872	8211	10309	13097	14412
其他税收收入	Other Revenues	46				
非税收入	**Non-tax Revenue**	**91245**	**134228**	**156726**	**175728**	**212727**
专项收入	Special Revenue	37407	69465	82850	76993	132977
行政事业性收费收入	Revenue of Administrative and Institutional Units	23713	30419	37229	31842	30471
罚没收入	Confiscation of Revenue	10394	13754	16736	16508	21588
国有资本经营收入	State-owned Capital Operating Revenue	2737	4066	2475	9479	5646
国有资源(资产)有偿使用收入	Revenue Paid Use of State-owned Resources (Assets)	5300	7938	9825	13629	16892
其他收入	Other Revenues	11694	8586	7611	27277	5153
本年收入合计	**Total Revenue of This Year**	**422437**	**567083**	**715692**	**877381**	**1102153**

10–3 续表 continued

单位：万元 (10 000 yuan)

支　出	Expenditure	2006	2007	2008	2009	2010
一般公共服务	Expenditure for General Public Services	419921	579441	694155	548781	552025
外交	Expenditure for Foreign Affairs	2	8		35	36
国防	Expenditure for National Defense	3739	3147	5178	8272	7864
公共安全	Expenditure for Public Security	124321	159854	203753	260796	354814
教育	Expenditure for Education	274702	348523	488084	618159	824664
科学技术	Expenditure for Science and Technology	14347	25239	39664	47804	40805
文化体育与传媒	Expenditure for Culture, Sport and Media	36363	69447	98912	155803	115731
社会保障和就业	Expenditure for Social Safety Net and Employment Effort	439478	511790	655673	941401	1895035
医疗卫生	Expenditure for Medical and Health Care	121230	195046	246615	324830	389381
环境保护	Expenditure for Environment Protection	165503	189838	195484	289845	361484
城乡社区事务	Expenditure for Urban and Rural Community Affairs	78408	96861	204838	229323	305952
农林水事务	Expenditure for Agriculture, Forestry and Water Conservancy	255293	292656	424407	578489	695047
交通运输	Expenditure for Transportation	89962	159886	110455	433452	466819
资源勘探电力信息等事务	Exploration, Power of Information, Etc.				146854	232704
商业服务业等事务	Business Services, Etc.					78490
金融监管等事务	Financial Supervision, Etc				2	5527
地震灾后恢复重建	Earthquake Recovery and Reconstruction			50		1249
国土资源气象等事务	Land Resources Meteorology, Etc					223935
住房保障	Housing Security					610881
粮油物资储备管理事物	Oil Material Reserve Management				72371	44344
预备费	Prearrangement Expense					
国债还本付息	Expenditure for Debt Service of Government Loan				113210	53432
其他	Others	60964	66694	86708	98030	173814
本年支出合计	**Total Government Expenditure of This Year**	**2146628**	**2821993**	**3635950**	**4867457**	**7434033**

10−4　各时期地方财政收入主要项目

Main Items of Local Financial Revenue in Different Periods

单位：万元　　(10 000 yuan)

时期(年份) Period(Year)	地方财政收入合计 Total Revenue Local Covernments	企业收入 Revenue of Enterprises	国企所得税调节税 State-owned Enterprises of Income and Regulate Tax	税收收入 Tax Revenue	工商税收 Industrial and Commercial Taxes	农牧业税 Agricultural and Livestock Taxes	其他 Others
"恢复"时期	1358	168		779	656	123	411
1952	958	128		430	430		400
"一五"时期	18879	3315		14070	9608	4462	1494
1953	1061	227		560	453	107	274
1957	6171	1169		4551	3329	1222	451
"二五"时期	84133	45598		30410	24586	58240	8125
"三年"调整	29813	9241		15679	12627	3051	4893
1965	10577	3394		5628	4586	1042	1516
"三五"时期	50247	14925		30938	24350	6588	4384
1970	11975	4033		7478	5946	1532	464
"四五"时期	76897	19614		55626	48019	7607	1657
1975	20478	6314		13887	12316	1571	227
"五五"时期	106032	18866		80348	72906	7442	6818
1978	29040	9361		17322	15734	1588	393
1980	16493	-1803		16679	15384	1295	471
"六五"时期	79583	-31663	27226	103440	96503	6937	7806
1985	23971	-6666	11051	29561	28031	1530	1076
"七五"时期	262159	-23221	54199	258095	246002	12093	27285
1986	32112	-3267	9877	33798	32110	1688	1581
1990	72369	-6336	9603	67833	64553	3280	10872
"八五"时期	439198	-20180	39339	398643	369399	29244	60735
1991	87908	-2981	10804	71741	68419	3322	19148
1995	85976	-1379	7007	73313	64477	8836	14042
"九五"时期	640295	41413	62402	491057	430528	60529	107825
1996	95798	-2381	5991	80826	69519	11307	17353
1997	109200	3659	8824	89154	76885	12269	16387
1998	127718	5677	11939	97514	84146	13368	24503
1999	141736	12121	13402	106629	95565	11064	22986
2000	165843	22337	22246	116934	104413	12521	26572
"十五"时期	1257799	117763	96853	928300	863340	64960	211736
2001	198241	32562	28928	132185	123665	8520	33494
2002	210965	19340	13412	158181	141381	16800	33444
2003	240411	17021	12177	184095	166374	17721	39295
2004	269960	20197	16940	205194	191791	13403	44569
2005	338222	28643	25396	248645	240129	8516	60934
"十一五"时期							
2006	422437	39652	36066	295126	285903	9223	87659
2007	567083	47479	47526	385376	375157	10219	134228
2008	715692	71292	71292	487674	474437	13237	156726
2009	877381	88601	88601	613052	595873	17179	175728
2010	1102153	109833	109833	779593	760373	19220	212727

注：1.企业收入系企业所得税，国有企业上缴利润，国有企业计划亏损补贴及所得税退税之和。
　　2.各项税收按1988年口径整理，工商税收中包括盐税、建筑税等，农牧业税中包括耕地占用税和契税。
　　3.国家从1994年起取消调节税。

a)Revenue of enterprises,namely enterprise income tax, is the sum of profit delivery, plan subsidies to loss-making and the tax rebate of state-owned enterprises.

b) Revenues are arranged according to the caliber in 1988. Industrial and commercial tax include Salt tax, construction tax,and soon. Agriculture and livestock tax include arable land occupation tax and deed tax.

c) The nation abolished regulatory tax in 1994.

10-5 2009-2010年银行系统机构、人员数

Number of Institutions and Employees in Bank System(2009-2010)

项 目	Item	机构数(个) Number of Institutions(unit)		年末人数(人) Number of Employees(person)	
		2009	2010	2009	2010
全省金融机构合计	**Total Financial Institutions throughout the Province**	**992**	**995**	**13994**	**15374**
中国人民银行	People's Bank of China	18	18	1105	1232
中国工商银行	Industrial and Commercial Bank of China	82	84	2067	2087
中国农业银行	Agricultural Bank of China	170	170	2839	2901
中国银行	Bank of China	42	48	898	1091
中国建设银行	China Construction Bank	103	103	2799	2819
中国农业发展银行	Agricultural Development Bank of China	26	26	415	452
国家开发银行	China Development Bank	1	1	124	122
青海银行	Qinghai Bank	48	51	828	900
农村信用社	Rural Credit Cooperatives	340	338	2207	2967
邮储银行	Postal Savings Bank	161	154	682	709
交通银行	Bank of Communications		1		60
村镇银行	Rural Bank	1	1	30	34

10−6　2010年末金融机构人民币信贷收支

RMB Credit Balance of Payments Financial Institutions at Year-end (2010)

单位：亿元

项　目	Item	2010
各项存款	Total Deposits	2319.64
企业存款	Deposits by Enterprises	644.54
活期存款	Demand Deposits	554.58
定期存款	Regular Deposits	89.97
财政存款	Fiscal Deposits	130.75
机关团体存款	Deposits of Government Departments & Organizations	544.56
城镇储蓄存款	Urban Household Savings Deposits	868.22
活期储蓄	Demand Savings	482.22
定期储蓄	Regular Savings	386.00
农业存款	Agricultural Deposits	75.56
信托存款	Deposit in Trust	
委托存款	Entrusted Deposits	0.69
其他存款	Other Deposits	55.33
各项贷款	Total Loans	1822.65
境内贷款	Domestic Loans	1822.65
短期贷款	Short-term Loans	3970.64
个人贷款及透支	Individual Loans and Overdrafts	63.66
个人消费贷款	Individual Consumer Loans	2.76
单位贷款及透支	Per Unit Loans and Overdrafts	318.46
经营贷款	Busines Loans	303.11
固定资产贷款	Fixed Asset Loans	12.35
普通并购贷款	General M & A Loans	
银团贷款	Syndicated Loans	0.55
贸易融资	Trade Finance	14.39
中长期贷款	Medium and Long-term Loans	1344.38
个人贷款	Individual Loans	73.92
个人消费贷款	Individual Consumer Loans	53.06
单位贷款	Per Unit Loans	1194.36
经营贷款	Busines Loans	315.61
固定资产贷款	Fixed Asset Loans	878.75
普通并购贷款	General M & A Loans	5.00
银团贷款	Syndicated Loans	71.10
贸易融资	Trade Finance	
其他	Others	81.21
境外贷款	Foreign Loans	

注：本表统计口径同金融机构人民币信贷收支表。2010年全面调整“短期贷款”和“中长期贷款”统计指标，同期数不可比。

a) Statistical caliber in this table is the same as RMB loans of financial institutions balance sheet. "short-term loans" and "long-term loans" of statistical indicators were fully adjusted in 2010, the number can not be compared with the same period.

10-7 主要年份金融机构人民币存款余额
RMB Deposits Balance of Financial Institutions in Main Years

单位：万元 (10 000 yuan)

年份 Year / 地区 Region	合计 Total	企业存款 Deposits by Enterprises	财政性存款 Fiscal Deposits	城镇储蓄存款 Urban and Rural Household Savings Deposits Deposits	农村牧区存款 The Rural and Pastoral Areas Deposits	其他存款 Other Deposits
1952	2099	217	1749	128		5
1957	8953	2588	2697	2453	1209	6
1965	46481	13535	22498	4274	6174	
1970	57131	14406	26935	6195	9595	
1975	82110	22364	32718	10617	16411	
1978	100339	33516	32647	14874	19302	
1980	136134	38969	50577	25782	20806	
1985	266332	106574	52570	75904	21095	10189
1990	560559	193233	75295	246249	27973	17809
1995	1269563	426289	69016	754251	14647	5360
1996	1509996	545665	70922	874877	15726	2806
1997	1833930	697237	80226	1016854	16369	23244
1998	2120501	815584	84040	1168088	20640	32149
1999	2422371	923216	121434	1286714	27178	63829
2000	2801666	1111325	144392	1424066	38783	83100
2001	3470085	1257920	308811	1696971	77584	128799
2002	4194101	1540601	331618	2008176	64901	248805
2003	4805055	1708327	365941	2350585	64819	315383
2004	6017480	2125645	273306	2992865	129875	495789
2005	7330545	2203810	552647	3489389	125663	959036
2006	8967816	2746067	685471	4062721	160820	1312737
2007	10926494	3610464	716479	4422987	264204	1912360
2008	13836757	4305114	1017749	5804726	299121	2410048
2009	17857812	5749151	1379039	7112860	430449	3186313
2010	23196433	6445437	1307481	8682177	755606	6005733
西宁市 Xining City	16232104	4791261	1171767	5761104	195859	4312115
海东地区 Haidong Prefecture	1643614	315679	24955	945130	137088	220762
海北州 Haibei Zang A.P	528990	106766	2402	190110	55301	174411
黄南州 Huangnan Zang A.P	354470	58173	8692	152740	13087	121778
海南州 Hainan Zang A.P	606026	47812	5296	285263	82329	185326
果洛州 Golog Zang A.P	284655	49684	33487	92100	13680	95704
玉树州 Yushu Zang A.P	1104146	282067	8537	202989	124388	486165
海西州 Haixi Mongolian & Zang A.P	2442428	793996	52343	1052741	133873	409475

注：1.由于口径变动，2003年(包括2003年)以前表中人民币存款余额为信贷收支表中国家银行存款余额.
2.1984年以前的财政性存款中包括基本建设存款、机关团体、部队存款，自1985年起建设银行信贷资金全部纳入国家信贷计划，基本建设存款项目予以取消。
3.历年存款余额均按当年口径整理。财政性存款中包括机关团体存款，其他存款中包括部队、委托存款等。
4.分地区数据为当年年度数，以下各表同。

a) Because of the changing of caliber, Before 2003 (including 2003) , the balance of RMB deposits in this table is the balance of national bank deposits in the Balance sheet credit.

b) Before 1984, the fiscal deposits included capital construction deposits, deposits of government agencies and organizations, troop deposits. Since 1985, all of China Construction Bank credit funds have been brought into the national credit schemes, capital construction deposit project have been scrapped.

c) The balance of deposits over the years were arranged by the year caliber. Fiscal deposits include Organization deposits, other deposits include force,entrusted deposits.

d) Sub-regional data are annual number of years ago. The same applies to the tables following.

10−8 主要年份金融机构人民币贷款余额

RMB Loans Balance of Financial Institutions in Main Years

单位：万元 (10 000 yuan)

年 份 Year / 地 区 Region		合 计 Total	短期贷款 Short-term Loans	个人贷款及透支 Individual Loans and Overdrafts	经营贷款 Busines Loans	固定资产贷款 Fixed Asset Loans	中长期贷款 Medium & Long-term Loans
2010		18226541	3970635	636622	3031126	123480	13443826
西宁市	Xining City	15420840	2963988	303814	2369517	113000	11688725
海东地区	Haidong Prefecture	535867	261846	129248	131648		255721
海北州	Haibei Zang A.P	160894	55710	34986	20723		101185
黄南州	Huangnan Zang A.P	111705	28420	17107	11313		83285
海南州	Hainan Zang A.P	147849	101519	86765	14754		45831
果洛州	Golog Zang A.P	29832	13302	11865	1437		16531
玉树州	Yushu Zang A.P	74030	25563	19102	6461		48467
海西州	Haixi Mongolian & Zang A.P	1745523	520288	33735	475273	10480	1204081

注：2010年全面调整“短期贷款”和“中长期贷款”统计指标 同期数不可比 。
a) "short-term loans" and "long-term loans" of statistical indicators were fully adjusted in 2010, the number can not be compared with the same perioc

10−9 2010年末农村信用社人民币存、贷款余额

RMB Deposits and Loans Balance of Rural Credit Cooperatives at Year-end (2010)

单位：万元 (10 000 yuan)

项 目	Item	2010
各项存款	**Total Depsits**	**1864098**
企业存款	Deposits by Enterprises	29548
活期存款	Demand Savings	
定期存款	Regular savings	29548
机关团体存款	Deposits of Government Departments & Organizations	89332
储蓄存款	Savings Deposits	1002077
活期储蓄	Demand Savings	668935
定期储蓄	Regular Savings	333142
农业存款	Agricultural Deposits	732314
其他存款	Other Deposits	10827
各项贷款	Total Loans	**1269719**
短期贷款	Short-term Loans	544944
中长期贷款	**Medium & Long-term Loans**	591191

注：本表统计口径同金融机构人民币信贷收支表。
a) Statistical caliber in this table is the same as RMB loans of financial institutions balance sheet.

10-10 主要年份金融机构人民币现金收支情况

Cash Income and Expenditure of Financial Institutions in Main Years

单位：万元 (10 000 yuan)

年份 地区	Year Region	收入合计 Total Income	商品销售收入 Income from Commodity Sales	货币投放或回笼 Currency Issue and Cash Withdrawn	支出合计 Total Expenditure	工资性支出 Wages
1954		11125	6360	655	11780	1947
1957		36128	19779	3390	39518	13875
1965		38351	21003	3514	41865	18614
1970		49005	28672	1760	50765	22736
1975		65085	40687	6805	71890	31258
1978		78641	47563	9540	88181	38012
1980		111379	63273	14250	125629	50606
1985		263420	128824	24484	287904	91559
1990		615664	225256	41468	657132	162513
1991		702506	246830	49219	751725	282791
1995		2320186	506652	125809	2445995	568831
1996		2678687	534585	207880	2886567	610895
1997		3344125	514491	292803	3636928	610811
1998		3716018	503063	313150	4029168	629626
1999		4367183	506174	338177	4705360	645902
2000		5244030	606005	378372	5622402	677493
2001		6414717	702681	349264	6763981	721022
2002		7850012	872998	431295	8281307	1144744
2003		9629703	1031051	378255	10007958	1111979
2004		12996898	1192521	518881	13515779	1236884
2005		13853968	1151968	582915	14436883	1136975
2006		14738098	1162074	771986	15510084	1165399
2007		19159872	1322129	700062	19859933	1292024
2008		20482657	1546337	843671	21326328	1396317
2009		2628965	252270	147625	2776591	204217
2010		31063550	2387255	1280910	32344460	1559007
西宁市	Xining City	20581941	1700339	182364	20764305	849509
海东地区	Haidong Prefecture	3089317	199620	311891	3401208	140468
海北州	Haibei Zang A.P	740460	45816	103896	844356	43407
黄南州	Huangnan Zang A.P	624570	28631	87857	712427	40949
海南州	Hainan Zang A.P	1213334	69414	96464	1309798	47491
果洛州	Golog Zang A.P	384811	52239	101540	486351	49253
玉树州	Yushu Zang A.P	777257	53835	196119	973376	201968
海西州	Haixi Mongolian & Zang A.P	3651860	237362	200778	3852638	185962

10－11 2006－2010年保险业务基本情况

Basic Statistics of Insurance Business(2006－2010)

单位：万元 (10 000 yuan)

项目	Item	2006	2007	2008	2009	2010
财产保险公司保费收入	**Premium of Property Insurance Companies**	**42733**	**55852**	**66131**	**84024**	**109279**
企业财产保险	Enterprise Property Insurance	5863	7606	8904	8968	9509
家庭财产保险	Family Property Insurance	177	134	147	184	153
机动车辆保险	Motor Vehicle Insurance	29307	37977	45793	60385	82472
责任保险	Liability Insurance	2231	3098	3559	3968	4700
工程保险	Engineering Insurance	2259	2140	2329	4482	4821
保证保险	Guarantee Insurance	36	24	50	86	65
船舶保险	Ship Insurance	30	34	16	25	32
货运险	Freight Transport Insurance	692	649	596	619	739
特殊风险保险	Special Risks Insurance		27	23	25	25
农业保险	Agriculture Insurance		1014	1356	880	1245
短期健康险	Short-term Health Insurance	355	183	1053	963	1146
意外伤害保险	Accident Injury Insurance	1705	2965	2306	3439	4338
其　他	Other Insurance	78				35
人寿保险公司保费收入	**Premium of Life Insurance Companies**	**44509**	**51592**	**74933**	**98056**	**147689**
意外险	Personal Accident Insurance	1461	1629	1960	2338	3106
健康险	Health Insurance	4818	5104	6231	7846	10377
寿险	Life Insurance	38230	44859	66741	87872	134209
财产保险公司赔款支出	**Claim of Property Insurance Companies**	**18472**	**26874**	**34672**	**41513**	**45331**
企业财产保险	Enterprise Property Insurance	2372	4568	4544	3765	3495
家庭财产保险	Family Property Insurance	35	47	80	71	51
机动车辆保险	Motor Vehicle Insurance	13853	18242	24811	28652	34009
责任保险	Liability Insurance	643	1302	2152	2355	2230
工程保险	Engineering Insurance	650	791	805	3008	2793
保证保险	Guarantee Insurance	116	3		10	
船舶保险	Ship Insurance		2	7	6	1
货运险	Freight Transport Insurance	145	180	296	195	105
特殊风险保险	Special Risks Insurance		0	4		
农业保险	Agriculture Insurance		791	368	1589	1235
短期健康险	Short-term Health Insurance	146	149	519	623	558
意外伤害保险	Accident Injury Insurance	501	798	1088	1239	852
其　他	Other Insurance	11				2
人寿保险公司赔款支出与给付	**Claim of Life Insurance Companies**	**12756**	**19374**	**25303**	**19026**	**21249**
意外险	Personal Accident Insurance	497	709	666	592	857
健康险	Health Insurance	1525	1732	2209	2784	3481
寿险	Life Insurance	10734	16933	22428	15650	16911

注：本资料为中保、平安保险公司业务之和。

a) Data in this table is the sum of People's Insurance Company of China and Ping An Insurance Company of China.

10－12 2008年资金流量表(实物交易)

单位：亿元

交易项目	Transaction Item	非金融企业部门 Non-financial Enterprises Departments					
		运用小计 Subtotal Use	来源小计 Subtotal Source	工业企业部门 Industrial Enterprise		其他非金融企业部门 Other non-financial Enterprises	
				运用 Use	来源 Source	运用 Use	来源 Source
一、净出口	Net Exports						
二、增加值	Added Value		680.12		455.59		224.53
三、劳动者报酬	Worker's Reward	412.23		152.52		259.71	
(一)工资及工资性收入	Wage and Salary Income	386.55		143.02		243.53	
(二)单位社会保险付款	Unit Social Security Payment	25.68		9.5		16.18	
四、生产税净额	Net Taxes on Production	116.6		81.74		34.86	
(一)生产税	Production Tax	116.6		81.74		34.86	
(二)生产补贴	Production Subsidies						
五、财产收入	Property Income	54.24	20.66	36.15	13.77	18.09	6.89
(一)利息	Interest	54.24	20.66	36.15	13.77	18.09	6.89
(二)红利	Bonus						
(三)土地租金	Land Rent						
(四)其他	Others						
六、初次分配总收入	Initial Distribution of Income		117.71		198.95		-81.24
七、经常转移	Current Transfers	7.5	1.48	5.71	0.77	1.79	0.71
(一)收入税	Income Tax	7.45		5.69		1.76	
(二)社会保险缴款	Social Insurance Contributions						
(三)社会保险福利	Social Insurance Benefits						
(四)社会补助	Social Assistance	0.05		0.02		0.03	
(五)其他	Others		1.48		0.77		0.71
八、可支配总收入	Total Disposable Income		111.69		194.01		-82.32
九、最终消费	Final Consumption						
(一)居民消费	Household Consumption						
(二)政府消费	Government Consumption						
十、总储蓄	Total Savings		111.69		194.01		-82.32
十一、资本转移	Capital Transfers		55.62		33.21		22.41
(一)投资性补助	Investment Grant		55.62		33.21		22.41
(二)其他	Others						
十二、资本形成总额	Gross Capital Formation	526.2		367.25		158.95	
(一)固定资产形成总额	Gross Fixed Capital Formation	466.21		317.77		148.44	
(二)存货增加	Increase in Inventories	59.99		49.48		10.51	
十三、其他非金融资产获得减处置	Other Non-financial Assets Gets Minus the Disposal						
十四、净金融投资	Net Financial Investment	167.31		227.22		-59.91	
十五、统计误差	Statistical Error						

Flow of Funds Accounts in 2008 (Barter)

(100 million yuan)

金融企业部门 Financial Enterprise Departments									
运用小计 Subtotal Use	来源小计 Subtotal Source	银行部门 Banks		证券部门 Securities Department		保险部门 Insurance Sector		其他非金融企业部门 Other Financial Enterprise Departments	
		运用 Use	来源 Source	运用 Use	来源 Source	运用 Use	来源 Source	运用 Use	来源 Source
	36.54		31.26		2.52		2.73		0.03
14.65		13.42		0.26		0.97			
13.73		12.58		0.24		0.91			
0.92		0.84		0.02		0.06			
6.5		4.16		1.94		0.4			
6.5		4.16		1.94		0.4			
28.23	68.34	28.23	68.34						
28.23	68.34	28.23	68.34						
	55.5		53.79		0.32		1.36		0.03
5.91	0.06	0.15				5.76			
0.15		0.15							
5.76	0.06		0.05			5.76	0.01		
	49.65		53.64		0.32		-4.4		0.03
	49.65		53.64		0.32		-4.4		0.03
0.34		0.34							
0.34		0.34							
49.65		53.64		0.32		-4.4		0.03	

10-12 续表

单位：亿元

交易项目	Transaction Item	政府部门 Governments 运用 Use	政府部门 Governments 来源 Source	住户部门 Households 运用小计 Subtotal Use	住户部门 Households 来源小计 Subtotal Source	城镇住户部门 Urban Households 运用 Use	城镇住户部门 Urban Households 来源 Source
一、净出口	Net Exports						
二、增加值	Added Value		129.34		172.62		55.15
三、劳动者报酬	Worker's Reward	82.18			509.06		26.60
(一)工资及工资性收入	Wage and Salary Income	82.18			482.46		
(二)单位社会保险付款	Unit Social Security Payment				26.6		26.6
四、生产税净额	Net Taxes on Production	0.63	99.84	-23.89		-23.89	
(一)生产税	Production Tax	0.63	99.84	-23.89		-23.89	
(二)生产补贴	Production Subsidies						
五、财产收入	Property Income	2.06	0.77	5.53	0.29	5.52	0.28
(一)利息	Interest	2.06	0.77	5.53	0.29	5.52	0.28
(二)红利	Bonus						
(三)土地租金	Land Rent						
(四)其他	Others						
六、初次分配总收入	Initial Distribution of Income		145.08		700.33		100.4
七、经常转移	Current Transfers	49.68	337.12	19.56	53.73	18.89	50.42
(一)收入税	Income Tax		11.04	3.44		3.44	
(二)社会保险缴款	Social Insurance Contributions		16.12	16.12		15.45	
(三)社会保险福利	Social Insurance Benefits	45.58			45.58		45.52
(四)社会补助	Social Assistance	4.1			4.15		0.9
(五)其他	Others		309.96		4.00		4
八、可支配总收入	Total Disposable Income		432.52		734.5		131.93
九、最终消费	Final Consumption	271.11		322.4		219.65	
(一)居民消费	Household Consumption			322.4		219.65	
(二)政府消费	Government Consumption	271.11					
十、总储蓄	Total Savings		432.52		734.5		131.93
十一、资本转移	Capital Transfers	55.62					
(一)投资性补助	Investment Grant	55.62					
(二)其他	Others						
十二、资本形成总额	Gross Capital Formation	65.63		51		51.02	
(一)固定资产形成总额	Gross Fixed Capital Formation	65.63		51.02		51.02	
(二)存货增加	Increase in Inventories			-0.02			
十三、其他非金融资产获得减处置	Other Non-financial Assets Gets Minus the Disposal						
十四、净金融投资	Net Financial Investment	376.9		734.5		131.93	
十五、统计误差	Statistical Error						

Continued

(100 million yuan)

农村住户部门 Rural Households		省内合计 Total Province		国内省外 Domestic and out of Province		国外部门 Foreign		合计 Total	
运用 Use	来源 Source	运用小计 Subtotal Use	来源小计 Subtotal Source	运用 Use	来源 Source	运用 Use	来源 Source	运用 Use	来源 Source
					218.08				218.08
	117.47		1018.62						1018.62
		509.06	509.06					509.06	509.06
		482.46	482.46					482.46	482.46
		26.60	26.60					26.60	26.60
		99.84	99.84					99.84	99.84
		99.84	99.84					99.84	99.84
0.01	0.01	90.06	90.06					90.06	90.06
0.01	0.01	90.06	90.06					90.06	90.06
	117.47		1018.62						1018.62
0.67	3.31	82.65	392.39	309.74				392.39	392.39
		11.04	11.04					11.04	11.04
0.67		16.12	16.12					16.12	16.12
	0.06	45.58	45.58					45.58	45.58
	3.25	4.15	4.15					4.15	4.15
		5.76	315.50	309.74				315.50	315.50
	120.11		1328.36						1328.36
102.75		593.51						593.51	
102.75		322.40						322.40	
		271.11						271.11	
	120.11		1328.36						1328.36
		55.62	55.62					55.62	55.62
		55.62	55.62					55.62	55.62
-0.02		643.17						643.17	
		583.20						583.20	
-0.02		59.97						59.97	
120.11		1328.36						1328.36	

10－13 青海省2009年资金流量表(实物交易)

单位：亿元

交易项目	Transaction Item	非金融企业部门 Non-financial Enterprises Departments					
		运用小计 Subtotal Use	来源小计 Subtotal Source	工业企业部门 Industrial Enterprise		其他非金融企业部门 Other non-financial Enterprises	
				运用 Use	来源 Source	运用 Use	来源 Source
一、净出口	Net Exports						
二、增加值	Added Value		721.52		455.99		265.53
三、劳动者报酬	Worker's Reward	454.85		168.96		285.89	
(一)工资及工资性收入	Wage and Salary Income	424.64		157.74		266.9	
(二)单位社会保险付款	Unit Social Security Payment	30.21		11.22		18.99	
四、生产税净额	Net Taxes on Production	144.86		104.15		40.71	
(一)生产税	Production Tax	144.86		104.15		40.71	
(二)生产补贴	Production Subsidies						
五、财产收入	Property Income	84.79	61.33	57.57	41.63	27.22	19.7
(一)利息	Interest	84.79	61.33	57.57	41.63	27.22	19.7
(二)红利	Bonus						
(三)土地租金	Land Rent						
(四)其他	Others						
六、初次分配总收入	Initial Distribution of Income		98.35		166.94		-68.59
七、经常转移	Current Transfers	9.27	1.78	5.91	0.77	3.36	1.01
(一)收入税	Income Tax	8.44		5.51		2.93	
(二)社会保险缴款	Social Insurance Contributions						
(三)社会保险福利	Social Insurance Benefits						
(四)社会补助	Social Assistance	0.83		0.4		0.43	
(五)其他	Others		1.78		0.77		1.01
八、可支配总收入	Total Disposable Income		90.86		161.8		-70.94
九、最终消费	Final Consumption						
(一)居民消费	Household Consumption						
(二)政府消费	Government Consumption						
十、总储蓄	Total Savings		90.86		161.8		-70.94
十一、资本转移	Capital Transfers		96.45		54.47		41.98
(一)投资性补助	Investment Grant		96.45		54.47		41.98
(二)其他	Others						
十二、资本形成总额	Gross Capital Formation	603.85		413.05		190.8	
(一)固定资产形成总额	Gross Fixed Capital Formation	597.41		405.5		191.91	
(二)存货增加	Increase in Inventories	6.44		7.55		-1.11	
十三、其他非金融资产获得减处置	Other Non-financial Assets Gets Minus the Disposal						
十四、净金融投资	Net Financial Investment	187.31		216.27		-28.96	
十五、统计误差	Statistical Error						

Flow of Funds Accounts in 2009 (Barter)

(100 million yuan)

金融企业部门 Financial Enterprise Departments									
运用小计 Subtotal Use	来源小计 Subtotal Source	银行部门 Banks		证券部门 Securities Department		保险部门 Insurance Sector		其他非金融企业部门 Other Financial Enterprise Departments	
		运用 Use	来源 Source	运用 Use	来源 Source	运用 Use	来源 Source	运用 Use	来源 Source
	45.63		39.35		2.65		3.59		0.04
16.79		15.24		0.27		1.28			
15.51		14.23		0.09		1.19			
1.28		1.01		0.18		0.09			
6.92		4.4		2.04		0.48			
6.92		4.4		2.04		0.48			
91.35	121.11	91.35	121.11						
91.35	121.11	91.35	121.11						
	51.68		49.47		0.34		1.83		0.04
7.36	0.08	1.41				5.95			
1.41		1.41							
5.95	0.08		0.07			5.95	0.01		
	44.4		48.06		0.34		-4.12		0.04
	44.4		48.06		0.34		-4.12		0.04
2.68		2.68							
2.68		2.68							
44.4		48.06		0.34		-4.12		0.04	

10-13 续表

单位：亿元

交易项目 Transaction Item		政府部门 Governments		住户部门 Households			
						城镇住户部门 Urban Households	
		运用 Use	来源 Source	运用小计 Subtotal Use	来源小计 Subtotal Source	运用 Use	来源 Source
一、净出口	Net Exports						
二、增加值	Added Value		130.14		183.98		74.38
三、劳动者报酬	Worker's Reward	110.04			581.68		31.49
(一)工资及工资性收入	Wage and Salary Income	110.04			550.19		
(二)单位社会保险付款	Unit Social Security Payment				31.49		31.49
四、生产税净额	Net Taxes on Production	0.58	158.49	6.13		6.13	
(一)生产税	Production Tax	0.58	158.49	6.13		6.13	
(二)生产补贴	Production Subsidies						
五、财产收入	Property Income	2.06	0.77	5.59	0.58	5.58	0.56
(一)利息	Interest	2.06	0.77	5.59	0.58	5.58	0.56
(二)红利	Bonus						
(三)土地租金	Land Rent						
(四)其他	Others						
六、初次分配总收入	Initial Distribution of Income		176.72		754.52		94.72
七、经常转移	Current Transfers	58.72	429.77	24.18	63.41	23.59	58.85
(一)收入税	Income Tax		13.67	3.82		3.82	
(二)社会保险缴款	Social Insurance Contributions		20.36	20.36		19.77	
(三)社会保险福利	Social Insurance Benefits	54.23			54.23		54.16
(四)社会补助	Social Assistance	4.49			5.32		0.83
(五)其他	Others		395.74		3.86		3.86
八、可支配总收入	Total Disposable Income		547.77		793.75		129.98
九、最终消费	Final Consumption	255.17		360.98		249.43	
(一)居民消费	Household Consumption			360.98		249.43	
(二)政府消费	Government Consumption	255.17					
十、总储蓄	Total Savings		547.77		793.75		129.98
十一、资本转移	Capital Transfers	96.45					
(一)投资性补助	Investment Grant	96.45					
(二)其他	Others						
十二、资本形成总额	Gross Capital Formation	117.92		73.56		73.79	
(一)固定资产形成总额	Gross Fixed Capital Formation	117.92		73.79		73.79	
(二)存货增加	Increase in Inventories			-0.23			
十三、其他非金融资产获得减处置	Other Non-financial Assets Gets Minus the Disposal						
十四、净金融投资	Net Financial Investment	451.32		793.75		129.98	
十五、统计误差	Statistical Error						

Continued

(100 million yuan)

农村住户部门 Rural Households 运用 Use	农村住户部门 Rural Households 来源 Source	省内合计 Total Province 运用小计 Subtotal Use	省内合计 Total Province 来源小计 Subtotal Source	国内省外 Domestic and out of Province 运用 Use	国内省外 Domestic and out of Province 来源 Source	国外部门 Foreign 运用 Use	国外部门 Foreign 来源 Source	合计 Total 运用 Use	合计 Total 来源 Source
					333.12				333.12
	109.6		1081.27						1081.27
		581.68	581.68					581.68	581.68
		550.19	550.19					550.19	550.19
		31.49	31.49					31.49	31.49
		158.49	158.49					158.49	158.49
		158.49	158.49					158.49	158.49
0.01	0.02	183.79	183.79					183.79	183.79
0.01	0.02	183.79	183.79					183.79	183.79
	109.61		1081.27						1081.27
0.59	4.56	99.53	495.04	395.51				495.04	495.04
		13.67	13.67					13.67	13.67
0.59		20.36	20.36					20.36	20.36
	0.07	54.23	54.23					54.23	54.23
	4.49	5.32	5.32					5.32	5.32
		5.95	401.46	395.51				401.46	401.46
	113.58		1476.78						1476.78
111.55		616.15						616.15	
111.55		360.98						360.98	
		255.17						255.17	
	113.58		1476.78						1476.78
		96.45	96.45					96.45	96.45
		96.45	96.45					96.45	96.45
-0.23		798.01						798.01	
		791.80						791.80	
-0.23		6.21						6.21	
113.58		1476.78						1476.78	

主要统计指标解释

财政收入　指国家财政参与社会产品分配所取得的收入,是实现国家职能的财力保证。主要包括:

(1)各项税收:包括国内增值税、国内消费税、进口货物增值税和消费税、出口货物退增值税和消费税、营业税、企业所得税、个人所得税、资源税、城市维护建设税、房产税、印花税、城镇土地使用税、土地增值税、车船税、船舶吨税、车辆购置税、关税、耕地占用税、契税、烟叶税等。

(2)非税收入:包括专项收入、行政事业性收费、罚没收入和其他收入。

财政支出　指国家财政将筹集起来的资金进行分配使用,以满足经济建设和各项事业的需要。主要包括:

(1)一般公共服务:指政府提供基本公共管理与服务的支出,包括人大事务、政协事务、政府办公厅(室)及相关机构事务、发展与改革事务、统计信息事务、财政事务、税收事务、审计事务、海关事务、人力资源事务、纪检监察事务、人口与计划生育事务、商贸事务、知识产权事务、工商行政管理事务、国土资源事务、海洋管理事务、测绘事务、地震事务、气象事务、民族事务、宗教事务、港澳台侨事务、档案事务、共产党事务、民主党派事务及工商联事务、群众团体事务、彩票事务等。

(2)外交:指政府外交事务支出,包括外交行政管理、驻外机构、对外援助、国际组织、对外合作与交流、边界勘界联检等方面的支出。

(3)国防:指政府用于国防方面的支出,包括用于现役部队、预备役部队、民兵、国防科研事业、专项工程、国防动员等方面的支出。

(4)公共安全:指政府维护社会公共安全方面的支出,包括武装警察、公安、国家安全、检察、法院、司法行政、监狱、劳教、国家保密、缉私警察等。

(5)教育:指政府教育事务支出,包括教育行政管理、学前教育、小学教育、初中教育、普通高中教育、普通高等教育、初等职业教育、中专教育、技校教育、职业高中教育、高等职业教育、广播电视教育、留学生教育、特殊教育、干部继续教育、教育机关服务等。

(6)科学技术:指用于科学技术方面的支出,包括科学技术管理事务、基础研究、应用研究、技术研究与开发、科技条件与服务、社会科学、科学技术普及、科技交流与合作等。

(7)文化教育与传媒:指政府在文化、文物、体育、广播影视、新闻出版等方面的支出。

(8)社会保障和就业:指政府在社会保障与就业方面的支出,包括社会保障和就业管理事务、民政管理事务、财政对社会保险基金的补助、补充全国社会保障基金、行政事业单位离退休、企业改革补助、就业补助、抚恤、退役安置、社会福利、残疾人事业、城市居民最低生活保障、其他城镇社会救济、农村社会救济、自然灾害生活救助、红十字事务等。

(9)医疗卫生:指政府医疗卫生方面的支出,包括医疗卫生管理事务支出、医疗服务支出、医疗保障支出、疾病预防控制支出、卫生监督支出、妇幼保健支出、农村卫生支出等。

(10)环境保护:指政府环境保护支出,包括环境保护管理事务支出、环境监测与监察支出、污染治理支出、自然生态保护支出、天然林保护工程支出、退耕还林支出、风沙荒漠治理支出、退牧还草支出、已垦草原退耕还草、能源节约利用、污染减排、可再生能源和资源综合利用等支出。

(11)城乡社区事务:指政府城乡社区事务支出,包括城乡社区管理事务支出、城乡社区规划与管理支出、城乡社区公共设施支出、城乡社区住宅支出、城乡社区环境卫生支出、建设市场管理与监督支出等。

(12)农林水事务:指政府农林水事务支出,包括农业支出、林业支出、水利支出、扶贫支出、农业综合开发支出等。

(13)交通运输:指政府交通运输和邮政业方面的支出,包括公路运输支出、水路运输支出、铁路运输支出、民用航空运输支出、邮政业支出等。

地方财政收入　指按现行分税制财政体制划分的地方本级收入。包括营业税(不含铁道部门、各银行总行、各保险公司总公司集中交纳的营业税),地方企业上交利润,城市维护建设税(不含铁道部门、各银行总行、各保险公司总公司集中交纳的部分),房产税,城镇土地使用税,土地增值税,车船税,耕地占用税,契税,烟叶税,印花税,增值税25%部分,纳入共享范围的企业所得税40%部分,个人所得税40%部分,证券交易印花税3%部分,海洋石油资源税以外的其他资源税,地方非税收入等。

存款　指企业、机关、团体或居民根据资金必须收回的原则,把货币资金存入银行或其他信贷机构保管并取得一定利息的一种信用活动形式。根据存款对象或性质的不同可划分为企业存款、财政存款、机关团体存款、城乡储蓄存款、农业存款、信托及委托类存款、其他存款等科目。它是银行信贷资金的主要来源。

贷款　指银行或其他信贷机构根据资金必须归还的原则,按一定利率,为企业、个人等提供资金的一种信用活动形式。我国银行贷款分为短期贷款、委托及信托类贷款、其他类贷款等。

保险金额　指保险人承担赔偿或者给付保险金责任的最高限额。

保费　指投保人为取得保险人在约定范围内所承担赔偿责任而支付给保险人的费用。

赔款　指保险人根据保险合同的规定,向被保险人支付的赔偿保险责任损失的金额。

给付　包括死伤医疗给付和满期给付。死伤医疗给付是指保险人根据人寿保险及长期健康保险合同的规定,因被保险人在保险期内发生保险责任范围内的保险事故支付给被保险人(或受益人)的金额。满期给付是指被保险人生存期满,保险人按人寿保险合同规定支付给被保险人的满期保险金额。

Explanatory Notes on Main Statistical Indicators

Government Revenue refers to income for the government finance through participating in the distribution of social products. It is the financial guarantee to ensure government functioning. The contents of government revenue include the following main items:

(1) Various tax revenues, including domestic value added tax (VAT), domestic consumption tax, VAT and consumption tax from imports, VAT and consumption tax rebate for exports, business tax, corporate income tax, individual income tax, resource tax, city maintenance and construct tax, house property tax, stamp tax, urban land use tax, land appreciation tax, tax on vehicles and boat operation, ship tonnage tax, vehicle purchase tax, tariffs, farm land occupation tax, deed tax, and tobacco leaf tax, etc.

(2) Non - tax revenue, including special program receipts, charge of administrative and institutional units, penalty receipts and others non - tax receipts.

Government Expenditure refers to the distribution and use of the funds which the government finance has raised, so as to meet the needs of economic construction and various causes. It includes the following main items:

(1) Expenditure for general public services: It refers to the spending on the basic public management and services which provided by governments, including the expense on affairs of People's Congress, affairs of People's Political Consultative Conference, affairs of government general office and relative institutions, affairs of development and reform, affairs of statistics, affairs of finance, affairs of taxation, affairs of audit, affairs of customs, affairs of human resources and social security, affairs of discipline inspection and supervision, affairs of population and family planning, affairs of commerce and trade, affairs of intellectual property, affairs of administration for industry and commerce, affairs of land and resources, affairs of oceanic administration, affairs of surveying and mapping, affairs of earthquake, ethnic affairs, religious affairs, affairs of Hong Kong, Macao, Taiwan, and Overseas Chinese, affairs of archives administration, affairs of Chinese Communist Party, affairs of democratic parties and federation of industry and commerce, affairs of mass organization, and affairs of lottery, etc.

(2) Expenditure for foreign affairs: It refers to the spending of government on foreign affairs, including the expense on administration of foreign affairs, missions overseas, external assistance, international organizations, foreign cooperation and communication, surveying and joint inspection on borderline, etc.

(3) Expenditure for national defence: It refers to the spending of government on national defence, including the expense on active force, reserve force, militia, scientific research on national defence, special projects, mobilization of national defence, etc.

(4) Expenditure for public security: It refers to the spending of government on maintaining social and public security, including the expense on armed police force, public security, state security, prosecution, courts, justice, prison, labour education and rehabilitation, protection of state secrecy, anti - smuggling police, etc.

(5) Expenditure for education: It refers to the spending of government on education, including the expense on the administration of education, pre - primary education, primary education, secondary education, high school education, regular higher education, primary vocational education, secondary vocational education, technical school education, vocational high school education and higher vocational education, radio and television education, student abroad education, special education, on the job training of cadres, education authorities services, etc.

(6) Expenditure for science and technology: It refers to the spending of government on science and technology (S&T), including the expense on the administration of S&T, basic research, applied research, research and development, conditions and services of S&T, popularization of social science, science and technology, exchanges and cooperation of S&T, etc.

(7) Expenditure for culture, sport and media: It refers to the spending of government on culture, cultural heritage, sports, radio, film, television, press and publication, etc.

(8) Expenditure for social safety net and employment effort: It refers to the spending of government on social safety net and employment, including the expense on administration of social safety net and employment, civil affairs, budgetary subsidy on the social insurance funds, subsidy on National Social Security Fund, retirees of administrative units and institutions, subsidy on enterprise reform, subsidy on employment effort, pension, placement of ex - serviceman, social welfare, the handicapped undertakings, the system of cost of living allowances for urban residents, other urban social relief, rural social relief, living relief of natural disasters, affairs of Red Cross Society, etc.

(9) Expenditure for medical and health care: It refers to the spending of government on medical and health care, including the expense on administration of medical and health care, medical services, health care, disease prevention and control, health inspection and supervision, women and children's health, rural health care, etc.

(10) Expenditure for environment protection: It refers to the spending of government on environment protection, including the expense on administration of environment protection, environment monitoring and supervision, pollution control, natural e-

cology protection, project of virgin forests protection, reforesting farmland, controlling the sources of dust storms, returning pastureland to grassland, returning pastureland to grassland, returning cultivated land to grassland, energy conservation, emissions reduction, comprehensive utilization of renewable energy and resources, etc.

(11) Expenditure for urban and rural community affairs: It refers to the spending of government on urban and rural community affairs, including the expense on administration of urban and rural community, planning and management of urban and rural community, public facilities of urban and rural community, housing of urban and rural community, sanitation of urban and rural community, management and supervision on the construction market, etc.

(12) Expenditure for agriculture, forestry and water conservancy: It refers to the spending of government on agriculture, forestry and water conservancy, including the expense on agriculture, forestry, water conservancy, poverty alleviation, comprehensive agricultural development, etc.

(13) Expenditure for transportation: It refers to the spending of government on transportation and postal services, including the expense on road transportation, waterway transportation, railway transportation, civil aviation transportation, and postal services.

Revenue of the Local Governments refers to the revenue collected that by the local governments as defined by the decentralized taxation system. The revenue of the local governments includes business tax (excluding the part of the Ministry of Railways, head offices of banks, head offices of insurance company, which are handed over to the government in a centralized way), profit handed in by the local enterprises, city maintenance and construct tax (excluding the part of the Ministry of Railways, head offices of banks, head offices of insurance company, which are handed over to the government in a centralized way), house property tax, urban land use tax, land appreciation tax, tax on vehicles and boat operation, farm land occupation tax, deed tax, and tobacco leaf tax, stamp tax, 25% of the value added tax, 40% the share part of the corporate income tax, 40% of individual income tax, 3% of stamp tax on securities transactions, resource tax other than the tax on offshore petroleum resources, local non - tax revenue, etc.

Deposit is a form of credit by which enterprises, institutions, organizations or households can put money into banks and other credit institutions for safekeeping and interest earning under the principle of free withdrawal. According to different depositors, deposits are divided into enterprise deposits, fiscal deposits, deposits of government agencies and organizations, savings deposits of rural and urban households, agricultural savings deposits, entrusted deposits and other deposits. Deposits are major sources of the credit funds of banks.

Loan is a form of credit by which banks and other credit institutions provide funds at certain interest rate to enterprises and individuals in the light of the principle of unconditional repayment. Loans from Chinese banks include short - term loan, medium - term and long - term loans, entrusted loans, and other loans.

Amount Insured refers to the maximum that the insurant will get for the claim of the case insured.

Premium is the fee paid by the insurant to the insurer to obtain the obligation of compensation from the insurance within the agreed terms.

Settled Claim is the compensation paid by the insurer to the insurant in accordance with the insurance contract.

Payment includes payment for death, injury or medical treatment and payment at maturity. Payment for death, injury or medical treatment refers to the money paid to the insurant (or the beneficiary) in accordance with the life or health insurance contract when the insurant encounters accidents within the insured period covered in the contract. Payment at maturity refers to the payment to the insurant in accordance with the life insurance contract at the end of the insured period.

农 业

Agriculture

第11篇

CHAPTER 11

农业总产值（当年价·亿元）

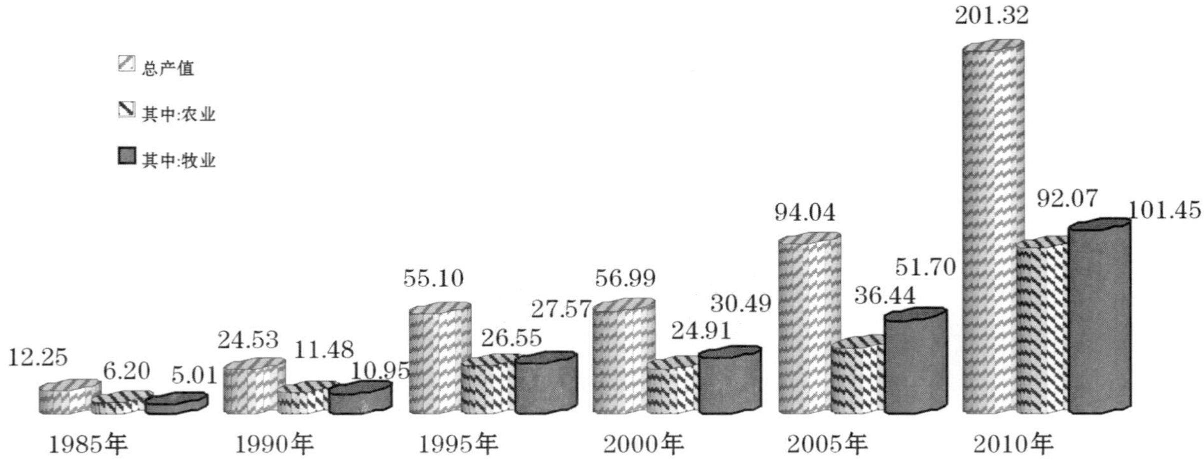

主要牲畜出栏数（万头、只）

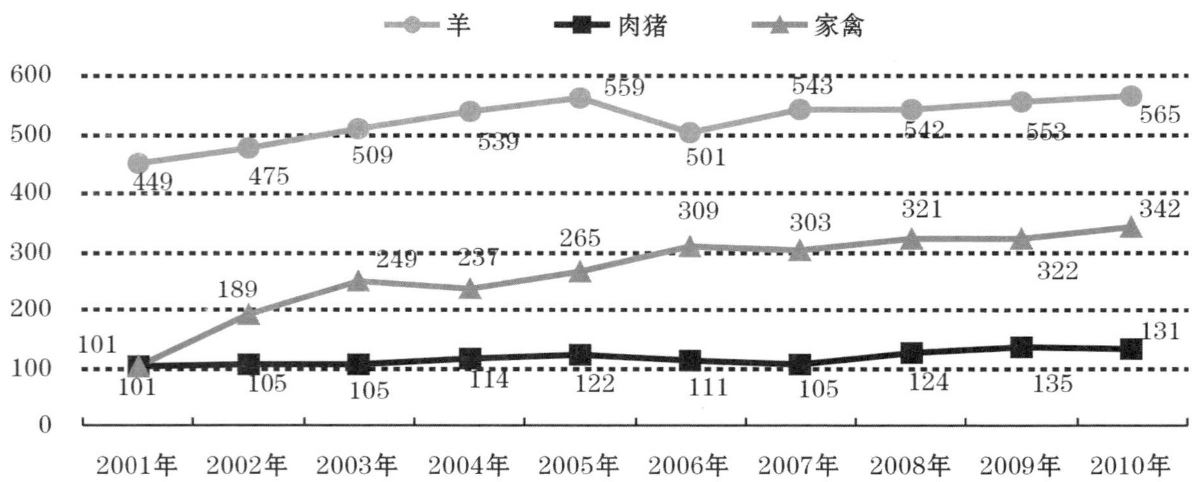

主要农牧产品产量（万吨）

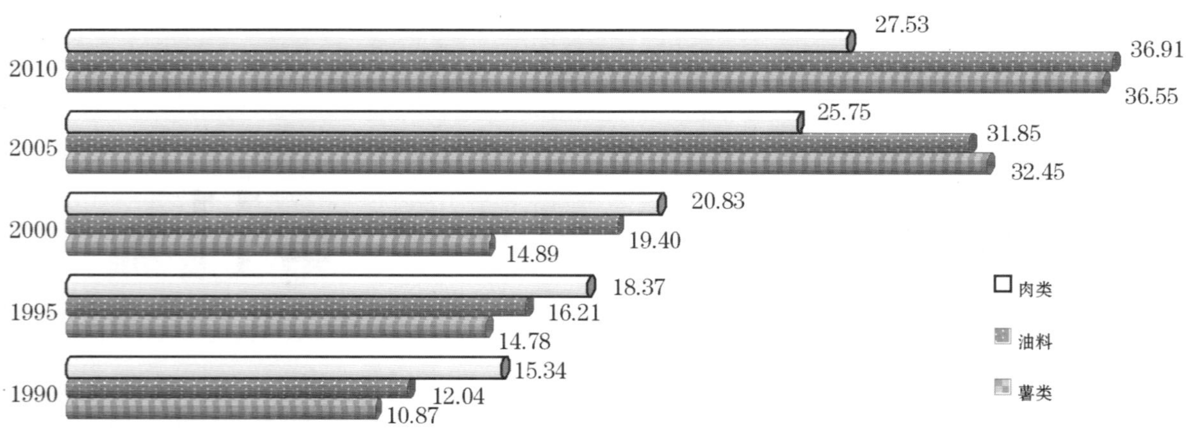

11-1 农村基本情况及乡村从业人员

Basic Statistics of Rural Area and Laborers

指 标	Item	2005	2006	2007	2008	2009	2010
农村基层组织情况 （个）	**Basic Conditions of Rural Grass-root Units (unit)**						
乡镇数	Number of Township and Town Governments	392	369	367	366	366	365
镇数	Number of Town Governments	109	128	129	132	132	133
村民委员会	Number of Villagers' Committees	4161	4162	4173	4161	4163	4163
牧业	Animal Husbandry	879	878	885	889	889	888
户数及人口情况	**The Number and Situation of the Population**						
乡村户数 （万户）	Number of Rural Households (10 000 units)	77.6	77.8	80.2	82.9	85.1	87.5
乡村人口数 （万人）	Number of Rural population (10 000 persons)	357.3	353.3	359.5	367.0	372.0	378.2
乡村从业人员 （万人）	**Number of Rural Laborers (10 000 persons)**						
乡村劳动力资源数	Number of Rural Labor Resources	201.3	201.5	205.3	211.6	215.9	218.0
乡村从业人员	Number of Rural Laborers	186.0	185.3	189.4	193.7	197.3	198.3
按性别分	By sex						
男	Male	98.2	98.8	101.0	103.6	105.3	106.7
女	Female	87.8	86.6	88.4	90.1	92.0	91.6
按国民经济行业分	By National Economic Sectors						
农林牧渔业	Agriculture, Forestry, Animal Husbandry & Fishery	128.7	124.0	119.8	120.6	121.5	121.0
工 业	Industry	10.1	11.4	11.9	12.0	12.4	13.0
建筑业	Construction	15.2	17.7	21.1	23.2	24.6	25.2
交通运输、仓储及邮政业	Transport, Storage and Post	5.7	6.2	6.5	6.7	7.0	7.0
信息传输、计算机服务和软件业	Information Transmission, Computer Services and Software Industry			0.3	0.2	0.3	0.3
批发与零售业	Wholesale and Retail Trades	5.9	6.8	7.2	7.5	7.6	7.9
住宿和餐饮业	Hotels and Catering Services	5.3	5.7	8.0	8.9	8.8	9.4
其他行业	Others	15.1	13.5	14.6	14.6	15.2	14.5

11−2 1978−2010年农村基层组织及从业人员
Basic Conditions of Rural Grass-roots Units and Laborers (1978-2010)

年 份 Year / 地 区 Region		乡镇数 (个) Number of Township and Town Governments (unit)	乡 Township	镇 Town	村民委员会 (个) Number of Villagers' Committees (unit)	乡村户数 (万户) Number of Rural Households (10 000 units)	乡村人口数 (万人) Number of Rural population (10 000 persons)	乡村从业人员 (万人) Number of Rural Laborers (10 000 persons)	男 Male	女 Female
1978		399			3545	46.35	263.77	97.15		
1980		403			3688	47.70	271.80	103.63	51.53	52.10
1981		418			3743	48.75	276.77	109.59	54.54	55.05
1982		420			3729	49.13	282.23	112.89	56.74	56.15
1983		422			3749	49.52	284.67	116.25	60.55	55.70
1984		428			3880	50.30	286.56	118.47	60.77	57.70
1985		428	403	25	3933	50.72	286.17	120.17	61.31	58.86
1986		429	404	25	3940	51.44	287.67	121.65	61.85	59.80
1987		429	404	25	3970	52.52	291.11	124.60	63.41	61.19
1988		429	403	26	3977	53.55	294.43	127.81	64.93	62.88
1989		430	403	27	4022	54.81	297.95	131.79	67.36	64.43
1990		430	403	27	4021	57.35	304.13	135.88	69.00	66.88
1991		430	403	27	4027	58.70	308.38	139.80	71.34	68.46
1992		430	403	27	4039	59.93	314.60	143.74	73.38	70.36
1993		431	404	27	4002	61.01	316.15	146.02	74.55	71.47
1994		431	404	27	4002	62.19	319.65	150.02	76.56	73.46
1995		432	404	28	4008	63.34	322.86	152.65	78.01	74.64
1996		432	404	28	4008	64.80	325.99	158.33	81.21	77.12
1997		432	404	28	4046	65.73	328.30	161.40	82.93	78.47
1998		432	402	30	4054	67.08	331.11	162.38	83.33	79.05
1999		430	390	40	4056	68.48	334.06	173.25	88.60	84.65
2000		430	390	40	4120	69.90	336.59	171.97	88.68	83.29
2001		422	349	73	4123	71.16	339.48	174.01	89.75	84.26
2002		392	285	107	4129	72.50	342.89	177.32	91.66	85.66
2003		392	285	107	4133	73.82	347.28	180.55	94.60	85.95
2004		392	285	107	4158	75.88	354.10	184.55	97.52	87.03
2005		392	283	109	4161	77.60	357.33	186.04	98.24	87.80
2006		369	241	128	4162	77.82	353.30	185.34	98.76	86.58
2007		367	238	129	4173	80.19	359.48	189.35	100.96	88.39
2008		366	234	132	4161	82.85	367.01	193.74	103.64	90.10
2009		366	234	132	4163	85.06	372.02	197.30	105.34	91.96
2010		365	232	133	4163	87.49	378.20	198.34	106.70	91.64
西宁市	Xining City	50	23	27	931	24.73	104.42	60.13	32.72	27.41
海东地区	Haidong Prefecture	96	61	35	1587	30.85	137.13	70.55	37.87	32.68
海北州	Haibei Zang A.P	29	19	10	214	5.13	22.05	11.95	6.70	5.25
黄南州	Huangnan Zang A.P	32	24	8	256	4.23	20.03	10.32	5.35	4.97
海南州	Hainan Zang A.P	36	21	15	424	7.48	33.90	16.83	8.83	8.00
果洛州	Golog Zang A.P	44	36	8	188	3.30	13.02	6.14	3.11	3.04
玉树州	Yushu Zang A.P	46	34	12	258	7.80	31.06	15.00	7.90	7.09
海西州	Haixi Mongolian & Zang A.P	32	14	18	305	3.97	16.59	7.42	4.22	3.20

11-2 续表 Continued

单位：万人 (10 000 persons)

年份 Year 地区 Region		农林牧渔业 Agriculture, Forestry, Animal Husbandry & Fishery	工业 Industry	建筑业 Construction	交通运输，仓储及邮政业 Transport, Storage and Post	信息传输、计算机服务和软件业 Information Transmission, Computer Services and Software Industry	批发，零售贸易业 Wholesale and Retail Trades	住宿和餐饮业 Hotels and Catering Services	其他行业 Others
1978		95.67	1.47						
1980		101.49	1.31						
1981		108.21	0.90						
1982		108.89	0.67						
1983		110.44	0.65	0.45	0.43		0.42		0.22
1984		109.68	0.72	0.89	0.69		0.68		1.79
1985		107.09	3.48	2.77	1.83		1.10		2.34
1986		106.13	3.60	3.49	2.33		1.35		3.01
1987		109.09	3.37	3.05	2.52		1.43		3.45
1988		111.87	3.67	2.77	2.67		1.62		3.51
1989		116.50	3.79	2.38	2.62		1.61		3.30
1990		119.65	3.94	2.47	2.92		1.69		3.64
1991		123.10	3.98	2.78	2.97		1.87		3.54
1992		126.59	4.03	2.79	3.15		1.92		3.70
1993		127.01	4.66	3.21	3.34		2.43		5.35
1994		130.18	5.11	3.02	3.68		2.60		5.43
1995		131.83	5.62	3.39	3.82		2.81		5.18
1996		137.09	5.67	3.07	3.52		2.82		6.16
1997		138.20	6.04	3.38	3.84		3.00		6.94
1998		138.16	6.09	3.65	3.85		3.01		7.62
1999		144.03	6.09	4.43	4.45		3.61		10.64
2000		142.25	6.14	5.01	3.93		3.63		11.01
2001		141.57	6.27	5.33	4.31		4.07		12.46
2002		136.50	6.94	6.86	5.11		4.99		16.92
2003		134.80	8.87	9.98	5.14		5.64		16.12
2004		131.85	9.74	13.29	5.62		5.32	4.17	14.56
2005		128.73	10.09	15.17	5.73		5.89	5.34	15.09
2006		124.03	11.35	17.69	6.21		6.82	5.73	13.50
2007		119.82	11.92	21.13	6.46	0.25	7.21	7.96	14.60
2008		120.61	12.04	23.17	6.72	0.20	7.50	8.88	14.62
2009		121.46	12.37	24.56	7.05	0.32	7.59	8.76	15.18
2010		120.99	12.98	25.17	7.06	0.35	7.92	9.40	14.49
西宁市	Xining City	26.77	7.36	10.66	3.56	0.03	3.70	3.32	4.72
海东地区	Haidong Prefecture	39.02	4.11	10.39	2.30	0.30	2.84	4.80	6.80
海北州	Haibei Zang A.P	7.77	0.78	1.39	0.25	0.00	0.34	0.32	1.09
黄南州	Huangnan Zang A.P	8.53	0.26	0.45	0.31	0.00	0.26	0.30	0.21
海南州	Hainan Zang A.P	12.45	0.22	1.83	0.32	0.01	0.39	0.50	1.10
果洛州	Golog Zang A.P	5.88			0.04		0.07	0.00	0.15
玉树州	Yushu Zang A.P	14.39	0.01	0.07	0.09		0.10	0.04	0.30
海西州	Haixi Mongolian & Zang A.P	6.18	0.23	0.38	0.19		0.22	0.11	0.11

注：1.工业劳动力中包括村及村以下办的工业的劳动力。

2.本表分行业劳动力是按从事的主行业划分的，如以农业为主、兼营商业的，仍作为农林牧渔业劳动力。

3.2004年新增加了两个行业，把“住宿、餐饮业”从“批发零售贸易餐饮业”中分出，把“信息传输计算机服务和软件业”从“交通运输仓储和邮电业”中分出，与历史资料的口径有所不同。

a) Industrial labor force include industrial workforce run by village and below.

b) Laborers Grouped by sector in this table is based on the division of the main industries, such as agricultural, run concurrently commercial , is still as agriculture, forestry, animal husbandry and fishery workers.

c) 2004,two new industry increased, "hotels and catering services" separated from the "wholesale and retail trades" , "information transmission, computer services and software" separated from the "traffic, transport, storage and post". There is a different caliber from the historical data.

11-3 2005-2010年农业机械年末拥有量

Number of Agricultural Machinery at Year-end(2005-2010)

指 标	Item	2005	2006	2007	2008	2009	2010
农业机械总动力 （万千瓦）	**Total Agricultural Machinery Power (10 000 KW)**	**327.3**	**335.1**	**348.6**	**362.4**	**400.7**	**421.3**
柴油发动机动力	Diesel Engine	273.4	282.3	294.3	305.7	343.3	361.0
汽油发动机动力	Gasoline Engine	23.7	22.2	24.0	25.6	25.9	25.3
电动机动力	Motor	27.4	28.2	28.2	28.8	29.7	33.1
其他机械动力	Other Machinery Power	2.8	2.4	2.1	2.3	1.8	1.9
主要农业机械与设备	**Major Agricultural Machinery and Equipment**						
大中型拖拉机 (台)	Number of Large and Medium-sized Tractors (unit)	2745	3063	3002	3417	3875	4747
(万千瓦)	(10 000 KW)	10.4	10.9	10.4	12.9	16.8	18.6
小型拖拉机 (万台)	Number of Small Tractors (10 000 unit)	22.2	23.1	24.5	25.2	26.4	27.6
(万千瓦)	(10 000 KW)	204.4	215.4	228.6	232.3	248.7	261.0
大中型拖拉机配套农具(台)	Number of Large and Medium-sized Tractor Towing Farm Machinery (unit)	3055	3263	3424	3561	4439	5263
小型拖拉机配套农具(万台)	Small Tractor Towing Farm Machinery (10 000 unit)	15.5	16.3	18.1	18.7	20.9	21.9
农用排灌动力 (台)	Capacity of Engines (unit)	2129	2965	3018	2975	2405	2529
(万千瓦)	(10 000 KW)	8.7	9.9	10.1	10.1	9.6	9.5
联合收割机 (台)	Combine Harvesters (unit)	657	667	736	886	856	1113
(万千瓦)	(10 000 KW)	4.6	4.5	5.0	5.9	5.2	6.3
机动脱粒机 (台)	Motorized Threshing Machines (unit)	12289	13187	13763	15603	18178	22633
农用运输车 (辆)	Trucks for Agricultural Use (unit)	27762	27724	27996	27330	29970	31661
渔用机动船 (艘)	Number of Motorized Fishing Boats (unit)	70	70	73	69	93	93
(千瓦)	(KW)	812	812	892	795	1130	1130
农用排灌设施	Machinery for Agricultural Drainage and Irrigation						
机电井 (眼)	Motor-pumped Set (unit)	295	229	228	233	373	490
节水灌溉机械 (套)	Water-saving Irrigation Machinery (unit)	1972	1984	2012	1931	8035	9281
农用水泵 (台)	Pumps (unit)	3548	3348	3284	5144	5004	5173

11-4 主要年份农业机械年末拥有量

Number of Agricultural Machinery at Year-end in Main Years

年份 Year 地区 Region		农机总动力（万千瓦）Total Power of Agricultural Machinery (10 000 KW)	大中型拖拉机 Large and Medium-sized Agricultural Tractors		小型和手扶拖拉机 Small and Walking Tractor		排灌动力机械 Machinery for Agricultural Drainage and Irrigation		联合收割机（台）Combine Harvesters (unit)	农用运输车（辆）Trucks for Agricultural Use (unit)
			（混合台）(mixed unit)	（万千瓦）(10 000 KW)	（台）(unit)	（万千瓦）10 000 KW	（台）(unit)	（万千瓦）10 000 KW		
1957			138	0.48			24	0.05	6	
1965			775	2.66	6	0.01	127	0.50	100	
1970			1296	3.02	749	1.12	263	1.40	98	
1975		30.47	3434	12.02	5776	4.26	1716	4.41	113	
1980		69.62	6364	23.07	13933	12.48	4552	8.46	363	
1985		88.03	5018	17.91	28589	25.21	3117	7.77	439	
1990		126.86	4232	15.44	63143	56.91	2919	7.01	479	
1995		188.47	3149	11.89	112907	100.67	2963	8.53	533	
1996		199.21	2980	11.25	124629	111.12	3081	8.87	541	
1997		207.85	2772	10.92	127796	111.45	4922	9.05	549	
1998		219.43	2750	11.06	138187	122.01	5074	9.38	626	
1999		241.94	2548	11.02	158867	135.97	2974	8.71	650	
2000		256.18	2409	10.46	167830	150.66	2725	8.65	670	8906
2001		264.66	2469	10.69	178638	160.66	2858	8.89	676	13433
2002		281.39	2787	11.04	190581	174.77	3080	9.06	651	16320
2003		292.43	2808	10.53	200714	177.24	2874	8.80	665	21192
2004		328.77	2861	10.94	230496	196.65	3066	10.03	632	25862
2005		327.34	2745	10.35	221664	204.41	2876	9.81	657	27762
2006		335.07	3063	10.85	230866	215.42	2965	9.92	667	27724
2007		348.57	3002	10.44	245443	228.63	3018	10.12	736	27996
2008		362.41	3417	12.95	251531	232.32	2975	10.08	886	27330
2009		400.73	3875	16.83	263728	248.71	2405	9.57	856	29970
2010		421.31	4747	18.56	276168	261.03	2529	9.54	1113	31661
西宁市	Xining City	139.98	627	2.27	108152	100.85	195	0.88	154	9651
海东地区	Haidong Prefecture	139.86	1080	1.91	98972	93.26	1308	5.27	85	13476
海北州	Haibei Zang A.P	40.66	644	2.93	16895	14.86	65	0.13	271	155
黄南州	Huangnan Zang A.P	12.74	50	0.22	6639	6.18	123	0.93	15	1839
海南州	Hainan Zang A.P	36.65	520	2.70	22411	21.39	620	1.86	446	3037
果洛州	Golog Zang A.P	3.49			1608	1.80				340
玉树州	Yushu Zang A.P	10.82	42	4.01	2734	4.32	15	0.09	4	934
海西州	Haixi Mongolian & Zang A.P	37.12	1784	4.51	18757	18.38	203	0.36	138	2229

11-5 2006-2010年农村电力、农田水利建设和物资消耗
Rural Electric Power, Construction of Farmland Irrigation Water Conservancy and Material Consumption(2006-2010)

指 标	Item	2006	2007	2008	2009	2010
农村电力	**Rural Electrific Power**					
乡村办水电站 （个）	Hydropower Station in Rural Areas (unit)	51	46	43	43	42
发电能力 （万千瓦）	Generating Capacity (10 000 kw)	4.28	2.70	2.65	2.40	1.44
发电量 （万千瓦时）	Amount of Electric Power Generation (10 000 kw·h)	49696	10598	10676	9647	5987
农村用电量 （万千瓦时）	Electricity Consumed in Rural Areas (10 000 kw·h)	31838	34533	36939	37782	38342
农田水利建设情况 （千公顷）	**Construction of Farmland Irrigation** Water Conservancy (10 000 hectares)					
有效灌溉面积	Effective Irrigated Area	176.32	176.59	177.24		
旱涝保收面积	Farmland with Stable Yields Despite of Drought or Waterlogging	53.10	57.30	58.42	62.79	57.03
机电排灌面积	Pumping Irrigation and Drainage Area	17.32	22.08	23.46	28.29	22.85
农用化肥施用量(折纯) （万吨）	**Consumption of Chemical Fertilizer (100% Purity)** (10 000 tons)	**7.17**	**7.56**	**8.25**	**7.96**	**8.17**
氮肥(实物量)	Nitrogenous Fertilizer	7.10	7.15	7.18	7.45	7.64
折纯量	(100% Purity)	3.20	3.23	3.30	3.45	3.49
磷肥(实物量)	Phosphate Fertilizer	6.77	6.88	6.55	7.03	7.17
折纯量	(100% Purity)	1.52	1.47	1.31	1.27	1.29
钾肥(实物量)	Potash Fertilizer	0.54	0.59	0.49	0.51	0.67
折纯量	(100% Purity)	0.26	0.27	0.27	0.27	0.35
复合肥(实物量)	Compound Fertilizer	5.10	5.17	5.86	6.07	6.30
折纯量	(100% Purity)	2.19	2.58	3.72	2.97	3.04
农用塑料薄膜使用量 （吨）	**Consumption of Agricultural Plastic Film (ton)**	**1123.50**	**958.62**	**1070.24**	**2113.79**	**3113.36**
地膜使用量 （吨）	Consumption of Plastic Mulching (ton)	375.10	439.30	519.91	1277.55	2425.20
地膜覆盖面积 （公顷）	Area of Plastic Mulching (hectare)	6253	6901	6865	15203	26163
农用柴油使用量 （万吨）	**Consumption of Agricultural Diesel Oil (10 000 tons)**	**5.47**	**5.60**	**5.56**	**5.87**	**6.12**
农药使用量 （吨）	**Consumption of Pesticide (ton)**	**1856.7**	**1891.5**	**1953.92**	**2025.55**	**2061.91**

11-6 1978-2010年农村电力、灌溉面积、化肥施用量

Rural Electric Power, Irrigated Area and Consumption of Chemical Fertilizers (1978-2010)

年份 / 地区	Year / Region	乡村办水电站 Hydropower Station in Rural Areas		农村用电量(万千瓦时) Electricity Consumed in Rural Areas	化肥施用量(实物吨) Consumption of Chemical Fertilizer	有效灌溉面积(千公顷) Irrigated Area
		个数 Number	装机容量(万千瓦) Installed Capacity (10 000 KW)	(10 000 KW·h)	(material ton)	(1 000 hectares)
1978		128	0.55	7442	158394	164.33
1980		138	0.77	8664	159014	159.62
1985		93	1.18	8292	117845	160.15
1990		67	0.76	14758	158840	171.56
1991		52	0.59	14856	160662	175.36
1992		43	0.48	15730	165501	175.05
1993		40	0.56	18647	171517	176.65
1994		41	0.69	21563	167100	176.99
1995		46	0.73	20377	179250	177.31
1996				20952	175006	176.12
1997		47	1.21	21446	181104	176.12
1998		48	1.26	21144	179885	187.43
1999		49	1.28	21420	185318	189.72
2000		57	1.64	23005	182439	211.42
2001		56	1.84	24427	182397	208.33
2002		54	2.73	22468	176458	193.55
2003		52	4.23	28789	171386	181.73
2004		49	4.07	29486	170655	180.33
2005		50	4.26	29923	176088	176.54
2006		51	4.28	31838	195053	176.32
2007		46	2.70	34533	197809	176.59
2008		43	2.65	36939	200804	177.24
2009		43	2.40	37782	210686	
2010		42	1.44	38342	217853	
西宁市	Xining City	10	0.95	12166	80550	
海东地区	Haidong Prefecture			13674	79332	
海北州	Haibei Zang A.P			1934	11853	
黄南州	Huangnan Zang A.P			954	2405	
海南州	Hainan Zang A.P	12	0.15	7213	25110	
果洛州	Golog Zang A.P			130	6	
玉树州	Yushu Zang A.P	14	0.06	387	691	
海西州	Haixi Mongolian & Zang A.P	6	0.28	1884	17906	

11–7 2005–2008年各地区耕地面积及占全省的比重

Area of Cultivated Land and Its Ratio of Whole Province by Region(2005-2008)

单位：公顷 (hectares)

地　区	Region	耕地面积总资源 Cultibated Land(Total Area)			
		2005	2006	2007	2008
全省	**Total**	**542245.95**	**542151.05**	**542201.99**	**542719.26**
西宁市	Xining City	146462.82	146448.36	146196.28	145786.12
海东地区	Haidong Prefecture	201501.18	201405.09	201309.56	201316.49
海北州	Haibei Zang A.P	47696.94	47692.19	48077.18	49053.35
黄南州	Huangnan Zang A.P	19539.23	19640.99	19631.65	19628.95
海南州	Hainan Zang A.P	77352.54	77290.73	77332.63	77317.58
果洛州	Golog Zang A.P	991.80	991.80	991.80	991.80
玉树州	Yushu Zang A.P	13757.51	13753.28	13734.27	13728.10
海西州	Haixi Mongolian & Zang A.P	34943.93	34928.62	34928.62	34896.86

11–8 2005－2008年耕地面积增减变动情况

Changing Situation of Increased and Decreased Cultivated Land(2005－2008)

单位：千公顷 (1 000 hectares)

指　标	Item	2005	2006	2007	2008
年初耕地总资源	**Total Area of Cultivated Land in Early Year**	**542.0**	**542.2**	**542.1**	**542.2**
年内增加	During the Year Increased	8.0	0.5	0.8	1.3
新开发地	Newly Reclaimed Wildland Land	2.0	0.5	0.5	
年内减少	During the Year Decreased	7.8	0.6	0.7	0.8
国家基建占地	National Capital Construction Occupied	2.9	0.5	0.7	
其他基建占地	Other Capital Construction Occupied	0.1			
退耕还林还草占地	Grain for Green Occupied	2.8			
耕地改为园地	Arable Land to Garden				
年末耕地总资源	**Total Area of Cultivated Land Year-and**	**542.2**	**542.1**	**542.2**	**542.7**
常用耕地面积	Cultivated Land Often Used	340.7	340.6	340.7	371.2
水浇地	Irrigable Land	176.5	176.3	176.6	177.2
临时性耕地	Temporary Cultivated Land	201.5	201.5	201.5	201.5

11-9 主要年份农业机械化与草原建设

Agricultural Mechanization and Grassland Construction in Main Years

单位：千公顷 (1 000 hectares)

指　标	Item	1995	2000	2005	2006	2007	2008	2009	2010
农业机械化情况	**Agricultural Mechanization**								
当年实际机耕面积	Machine-ploughed Area	256	274	207	215	247	262	299	310
当年机械播种面积	Machine-sown Area	233	257	176	178	198	189	239	270
当年机械收割面积	Machine-harvested Area	101	90	62	68	81	93	125	140
草原建设情况	**Grassland Construction**								
围栏草场面积	Area of Fenced Grassland	1453	3153	5921	6719	7259	8211	7177	7891
当年新围面积	New Fenced in This Year	251	280	934	952	704	813	719	713
人工种草面积	Area of Artificially Sown Grass	208	1626	682	667	691	724	300	310
当年新种面积	New Sown in This Year	41	55	116	75	85	76	127	177
年内鼠害发生面积	Area with Rats	6433	6834	7464	8853	9090	6355	7240	8067
年内灭鼠面积	Deratization Area	554	1282	2727	4050	3248	1835	2915	1956
年内虫害发生面积	Area with Pests	630	677	615	1166	941	1096	2179	2095
年内灭虫面积	Disinfestation Area	75	32	169	420	339	307	301	415

注:2008年以后草原建设情况用农牧厅数据。
a) Grassland Construction since 2008 have been from Agriculture and Animal Husbandry Department.

11-10 2005－2010年水果、渔业生产情况

Production of Fruit and Fishery(2005－2010)

指　标	Item	2005	2006	2007	2008	2009	2010
水果	**Fruit**						
水果产量合计 (吨)	Total Output of Fruit (ton)	14772	13308	13846	13241	14575	14387
苹果	Apple	7316	5939	5804	5823	5729	5738
梨	Pear	5105	4912	4894	4680	4835	4428
葡萄	Grape	80	114	112	106	109	117
年末实有果园面积 (公顷)	Orchard Area at Year-end(hectare)	4298	4055	4282	4127	4507	5087
苹果园	Apple Orchard	2806	2924	2658	2518	2490	2075
梨园	Pear Orchard	1226	1065	1049	848	847	821
葡萄园	Grapery	7	66	17	23	26	63
年末实有零星果树 (万株)	Sporadic Fruit Trees at Year-end (10 000 trees)	312	325	319	320	324	357
苹果树	Apple Trees	171	174	176	168	170	177
梨树	Pear Trees	87	100	102	95	99	121
渔业	**Fishery**						
水产品总产量 (吨)	Total Aquatic Products (ton)	878	1985	1780	2129	827	1600
养殖产量	Cultured Output	816	1924	1704	2090	784	1600
养殖面积 (千公顷)	Culture Area (1 000 hectares)	43	43	43	44	44	45

11-11 农作物播种面积及种植结构

Total Sown Areas of Farm Crops and Its Planting Structure

单位：千公顷、% (1 000 hectares，%)

指 标	Item	播种面积 Sown Areas					种植结构 Planting Structure				
		2006	2007	2008	2009	2010	2006	2007	2008	2009	2010
农作物总播种面积	**Total Sown Area**	**517.20**	**516.70**	**513.63**	**514.06**	**516.32**	**100.00**	**100.00**	**100.00**	**100.00**	**100.00**
粮食作物	**Grain Crops**	**278.81**	**274.94**	**271.99**	**275.73**	**274.51**	**53.91**	**53.21**	**52.95**	**53.64**	**53.17**
谷物	Cereal	151.29	148.30	147.28	146.76	151.63	54.26	53.94	54.15	53.23	55.24
小麦	Wheat	104.87	105.00	104.40	104.13	100.96	69.32	70.80	70.89	70.95	66.58
青稞	Highland Barley	43.35	40.87	38.97	34.04	35.91	28.65	27.56	26.46	23.19	23.68
玉米	Corn	1.03	0.83	2.06	5.25	12.33	0.68	0.56	1.40	3.58	8.13
其它	Others	2.04	1.60	1.85	3.33	2.44	1.35	1.08	1.26	2.27	1.61
豆类	Soybeans	41.88	40.54	39.11	42.31	36.17	15.02	14.75	14.38	15.34	13.18
蚕豆	Horsebean	29.35	28.57	28.23	29.77	24.95	70.08	70.47	72.18	70.36	68.98
豌豆	Pea	12.53	11.97	10.88	12.55	11.22	29.92	29.53	27.82	29.66	31.02
薯类	Tubers	85.64	86.10	85.60	86.65	86.71	30.72	31.32	31.47	31.43	31.59
经济作物	**Economic Crops**	**170.23**	**174.57**	**177.16**	**173.08**	**175.54**	**32.91**	**33.79**	**34.49**	**33.67**	**34.00**
油料	Oil-bearing Crops	168.42	172.40	172.73	172.41	175.05	98.94	98.76	97.50	99.61	99.72
油菜籽	Rapeseeds	165.57	169.53	169.80	170.27	172.56	98.31	98.34	98.30	98.76	98.58
胡麻	Benne	2.85	2.87	2.93	2.15	2.49	1.69	1.66	1.70	1.25	1.42
其它	Others	1.81	2.17	4.43	0.67	0.49	1.06	1.24	2.50	0.39	0.28
药材	Medicinal Materials	1.57	1.80	4.24	0.45	0.29	86.74	82.95	95.71	67.16	59.18
蔬菜	Vegetables	27.71	30.12	34.16	35.24	40.08	5.36	5.83	6.65	6.86	7.76
瓜类	Melon	0.36	0.50	0.44	0.47	0.59	0.07	0.10	0.09	0.09	0.11
其他农作物	Other Farm Crops	40.09	36.57	29.88	29.53	25.60	7.75	7.08	5.82	5.74	4.96
青饲料	Succulence	38.73	35.82	28.68	28.21	23.91	96.61	97.95	95.98	95.53	93.40
果园面积	Area of Orchard	4.18	4.28	4.13	4.51	5.09	—	—	—	—	

注：2006年数据根据农业普查结果进行了修正。
a) Data in 2006 has been amended based on the results of the census of agriculture.

11-12 主要年份农作物总播种面积

Total Sown Areas of Farm Crops in Main Years

单位：千公顷 (1 000 hectares)

年份 Year 地区 Region		总播种面积 Total Sown Area	粮食作物 Grain Crops	小麦 Wheat	杂粮 Cereal Crops	薯类 Tubers	经济作物 Economic Crops	油料 Oil-bearing Crops	蔬菜 Vegetables
1978		514.58	434.76	207.03	190.39	37.00	62.11	61.18	7.19
1980		508.73	411.96	201.14	174.47	36.35	78.89	78.77	5.58
1985		500.46	386.57	200.69	154.87	31.01	95.19	94.89	4.49
1986		507.81	386.98	200.98	154.41	31.59	100.74	100.53	4.95
1987		507.79	384.46	201.37	152.04	31.05	102.89	102.57	5.27
1988		514.30	385.72	204.78	149.07	31.87	106.69	106.43	5.43
1989		532.22	395.21	209.99	151.53	33.69	110.24	109.75	6.89
1990		544.71	400.33	213.46	152.51	34.36	114.39	113.91	6.89
1991		543.46	401.95	217.62	149.01	35.33	117.38	117.01	7.36
1992		546.55	401.26	220.74	143.21	37.31	118.05	117.75	8.19
1993		548.17	389.83	209.92	143.23	36.68	129.20	129.02	10.18
1994		562.10	386.85	204.99	143.55	38.31	144.67	144.60	10.11
1995		568.81	384.25	205.98	140.56	37.71	149.88	149.77	12.44
1996		564.37	394.79	210.58	146.29	37.92	136.04	135.93	11.61
1997		567.96	394.72	213.46	144.00	37.26	137.89	137.76	12.61
1998		566.93	384.85	211.91	135.44	37.50	147.95	147.78	12.48
1999		571.02	344.83	182.89	117.81	44.13	192.45	192.36	13.94
2000		553.68	322.72	165.54	110.91	46.27	192.23	191.58	15.78
2001		526.72	309.87	149.75	100.94	59.18	154.67	168.74	17.81
2002		494.36	284.74	142.50	81.54	60.70	159.35	152.93	20.61
2003		466.80	248.00	107.00	75.30	65.70	155.90	152.10	24.11
2004		473.70	244.70	102.20	74.70	67.80	164.95	159.80	25.05
2005		476.73	245.57	96.30	73.44	75.33	165.68	161.86	25.83
2006		517.20	278.81	104.37	88.30	85.64	170.23	168.42	27.71
2007		516.70	274.93	105.00	83.83	86.10	174.57	172.40	30.12
2008		513.63	271.99	104.40	81.99	85.60	177.16	172.73	34.16
2009		514.06	275.73	104.13	84.93	86.65	173.08	172.41	35.24
2010		516.32	274.51	100.96	86.85	86.71	175.54	175.05	40.08
西宁市	Xining City	124.13	61.33	28.07	15.65	17.60	39.69	39.54	19.31
海东地区	Haidong Prefecture	208.51	118.10	34.10	27.74	56.26	64.42	64.22	20.66
海北州	Haibei Zang A.P	52.62	12.30	1.28	9.56	1.46	28.33	28.30	0.46
黄南州	Huangnan Zang A.P	14.71	7.64	4.64	1.54	1.46	2.17	2.17	0.27
海南州	Hainan Zang A.P	87.21	36.48	13.78	21.17	1.53	37.08	36.96	1.53
果洛州	Golog Zang A.P	0.60	0.50	0.05	0.40	0.05	0.08	0.08	0.00
玉树州	Yushu Zang A.P	11.45	9.32	0.11	8.54	0.68	0.42	0.42	0.24
海西州	Haixi Mongolian & Zang A.P	36.23	17.17	7.20	6.39	3.58	16.62	6.18	1.00

注：2006年数据根据农业普查结果已作了修正。

a) Data in 2006 has been amended based on the results of the census of agriculture.

11-13 主要年份主要农产品产量

年份 地区	Year Region	粮食(万吨) Grain (10 000 tons)	小麦 Wheat	杂粮 Cereal Crops	薯类 Tubers
1978		90.30	53.30	28.77	8.24
1980		95.60	56.31	31.67	7.62
1985		100.32	62.96	28.96	8.40
1986		98.35	60.89	28.26	9.20
1987		104.15	67.60	27.72	8.83
1988		105.82	68.40	27.10	10.32
1989		110.84	70.59	29.24	11.01
1990		114.56	74.18	29.51	10.87
1991		114.63	76.92	29.41	8.30
1992		118.50	74.90	31.41	12.19
1993		118.63	73.92	32.69	12.02
1994		116.84	68.64	33.59	14.61
1995		114.19	69.49	29.92	14.78
1996		123.83	76.66	33.36	13.81
1997		127.55	78.29	35.24	14.02
1998		128.20	79.94	33.41	14.85
1999		103.61	59.37	29.46	14.78
2000		82.70	47.58	20.23	14.89
2001		103.20	52.70	23.89	26.61
2002		91.28	45.20	21.68	24.40
2003		86.80	36.80	21.80	28.20
2004		88.47	37.11	22.33	29.03
2005		93.26	39.32	21.49	32.45
2006		95.17	41.06	21.10	33.01
2007		99.02	41.76	23.10	34.16
2008		101.80	42.03	23.59	36.18
2009		102.70	39.04	25.35	38.30
2010		102.03	37.28	28.20	36.55
西宁市	Xining City	24.36	10.42	5.08	8.85
海东地区	Haidong Prefecture	54.13	14.59	14.80	24.74
海北州	Haibei Zang A.P	4.15	0.52	2.88	0.75
黄南州	Huangnan Zang A.P	2.91	1.84	0.39	0.68
海南州	Hainan Zang A.P	11.30	5.35	5.20	0.76
果洛州	Golog Zang A.P	0.15	0.02	0.12	0.01
玉树州	Yushu Zang A.P	1.73	0.02	1.52	0.19
海西州	Haixi Mongolian & Zang A.P	10.08	4.06	3.62	2.39

注：1. 全省粮食、油料总产量为抽样调查数，故各州、地、市数相加不等于全省合计数。
2. 2006年数据根据农业普查结果已作了修正。

Output of Major Farm Products in Main Years

油 料 (万吨) Oil-bearing Crops (10 000 tons)	油菜籽 Rapeseeds	蔬 菜 (万吨) Vegetables (10 000 tons)	水 果 (吨) Fruits (ton)	苹 果 Apple	梨 Pear	葡 萄 Grape	水产品产量 (吨) Output of Aquatic Products (ton)
4.53	4.18	19.77					
7.07	6.81	14.33	7434	4281	3014	22	3245
9.92	9.57	16.15	19825	11552	6880	41	4350
10.36	10.01	15.71	19281	11571	4885	58	4580
10.38	9.98	16.46	21154	12770	6830	37	2260
10.45	10.14	19.01	25717	15974	8090	138	2380
10.55	10.26	22.48	22679	12971	7299	70	2781
12.04	11.74	22.85	22019	14431	6210	95	3356
13.21	12.92	23.34	21365	14471	5148	77	3943
14.03	13.68	28.59	26049	17388	6632	127	3994
15.21	14.69	30.45	27180	18677	6236	69	3886
18.44	18.05	34.00	25704	17444	6460	56	3602
16.21	15.82	38.31	26831	17446	7116	72	2444
17.09	16.56	39.26	29062	18935	7807	159	2213
18.36	17.80	42.37	27179	18884	5891	189	1752
21.04	20.42	46.26	24766	16138	6585	67	1416
28.50	27.85	56.63	24144	15897	5931	106	1488
19.40	19.08	60.28	22415	14144	5963	106	1166
23.00	22.60	63.72	17252	9661	5525	117	1989
23.40	22.66	67.63	16301	9078	5228	106	1796
26.20	25.70	77.11	14503	8246	4418	74	1253
28.89	28.26	78.44	14586	7198	5362	102	1058
31.85	31.57	84.46	14772	7316	5105	80	878
27.94	27.67	90.44	13308	5939	4912	114	1985
32.03	31.63	98.27	13846	5804	4894	112	1780
35.22	34.80	110.08	13241	5823	4680	106	2129
36.60	36.20	118.86	14575	5729	4835	109	827
36.91	36.44	134.43	14387	5738	4428	117	1600
10.27	9.90	68.41	3040	1096	159	1	200
13.51	13.40	62.44	6798	2738	2507	94	200
3.99	3.95	0.46					
0.68	0.68	0.78	1240	631	434	5	
4.43	4.40	3.55	3183	1273	1328		1000
0.01	0.01	0.01					
0.05	0.05	0.17					
2.01	1.34	4.96	126			17	200

a) The grain and oil production of total province are data from sample survey, it states that the sum of regional data is not equal to provincial total.
b) Data in 2006 has been amended based on the results of the census of agriculture.

11-14 2005-2010年主要农作物产品产量
Output of Major Farm Products (2005-2010)

单位：吨 (ton)

指 标	Item	2005	2006	2007	2008	2009	2010
粮食 （万吨）	**Grain (10 000 tons)**	**93.26**	**95.17**	**99.02**	**101.80**	**102.70**	**102.03**
谷物	Cereal	49.06	52.66	53.94	54.74	53.59	56.95
小麦	Wheat	39.32	41.06	41.76	42.03	39.04	37.28
青稞	Highland Barley	8.46	10.72	11.35	10.78	10.13	8.86
其它	Others	1.28	0.88	0.83	1.93	4.42	10.81
豆类	Soybeans	11.75	9.50	10.92	10.88	10.80	8.53
蚕豆	Horsebean	8.94	8.22	8.81	9.10	9.00	7.05
豌豆	Pea	2.81	1.28	2.11	1.78	1.81	1.48
薯类	Tubers	32.45	33.01	34.16	36.18	38.30	36.55
油料 （万吨）	**Oil-bearing Crops (10 000 tons)**	**31.85**	**27.95**	**32.03**	**35.22**	**36.60**	**36.91**
油菜籽	Rapeseeds	31.57	27.67	31.63	34.80	36.20	36.44
胡麻	Benne	0.28	0.28	0.40	0.42	0.40	0.47
麻类	Fiber Crops	12		5			
甜菜	Beetroots	437	3341	6859			
烟叶	Tobacco	733	717	941	741		
蔬菜	Vegetables	844618	904432	982673	1100799	1188635	1344321
瓜果	Melons	11249	10395	19135	19396	18824	24011
水果	Fruits	14772	13308	13846	13241	14575	14387

注：2006年数据根据农业普查结果已作了修正。

a) Data in 2006 has been amended based on the results of the census of agriculture.

11-15 2005-2010年林业生产情况
Basic Statistics of Afforestation(2005-2010)

单位：千公顷 (1 000 hectares)

指 标	Item	2005	2006	2007	2008	2009	2010
营林情况	**Forest Management**						
当年造林面积	Planting Area in the Current Year	46.75	5.39	45.18	31.96	32.45	33.72
按主要林种用途分	By Function of Forest						
用材林	Timber Forest						
经济林	Economic Forest						
防护林	Windbreak	46.42	5.39	45.18	31.96	32.45	33.72
薪炭林	Firewood Forest	0.4					
其他林	Others						
迹地更新面积	Renewing Area in Slash						
人工更新面积	Renewing manually Area						
封山(沙)育林面积	Area Fenced Off for Afforestation	457.22	425.24	555.29	579.22	687.4	771.51
本年新封面积	Newly Increased Area This Year	64.44	16.3	15.14	23.9	108.18	84.09
零星(四旁)植树 (万株)	Fragmentary Planting (10 000 trees)	1263.45	1174.93	1237.93	1093.2	1210.4	1124.3
育苗面积	Actual Sapling Breeding Area	2.98	2.82	2.34	2.3	2.4	2.8
本年新育面积	Newly Breeded Area This Year	0.84	0.85	0.93	0.9	1.1	0.9
幼林抚育作业面积	Tending Area of Young Growth	95.4	63.48	67.27	78.35	58.5	51.34
成林抚育面积	Tending Area of Full Growth		18.16	12		6.03	3.49
木材采伐量 (万立方米)	**Timber Felling Output in** Village or Below (10 000 cu.m)	**2.4**	**2.54**	**2.12**	**2.2**	**2.1**	**1.8**

11-16　2005—2010年畜牧业生产情况及主要畜产品产量
Livestock and Its Major Products(2005-2010)

单位：万头只　(10 000 heads)

指　标	Item	2005	2006	2007	2008	2009	2010
牲畜年末头数	**Number of Animals at year-end**						
草食畜合计	Total of Herbivores	2219.1	1987.9	1976.0	1981.2	1978.4	1976.8
大牲畜	Large Animals	453.5	486.1	478.9	484.2	480.7	471.64
牛	Cattle and Buffaloes	406.2	450.3	447.1	445.4	444.6	436.1
羊	Sheep and Goats	1765.7	1501.8	1497.1	1496.9	1497.8	1505.2
绵羊	Sheep	1435.2	1265.9	1266.4	1267.5	1270.2	1310.8
猪	Hogs	105.1	89.0	88.8	107.2	109.8	113.2
肉用畜出栏数	**Slanghtered Fattened Animals**						
草食畜合计	Total of Herbivores	655.9	616.5	638.6	637.8	649.1	663.24
大牲畜	Large Animals	96.8	115.4	96.0	95.8	96.2	98.49
牛	Cattle and Buffaloes	95.1	111.4	92.7	92.1	92.5	94.75
羊	Sheep and Goats	559.1	501.1	542.6	542.0	552.9	564.75
绵羊	Sheep	497.6	434.2	463.4	461.8	471.8	483.1
猪	Hogs	121.8	111.3	105.3	123.6	134.8	131.39
肉类产量(万吨)	**Output of Meat (10 000 tons)**	**25.8**	**24.4**	**24.3**	**25.5**	**26.9**	**27.5**
猪肉	Pork	8.6	7.9	7.6	8.7	9.2	9.18
牛肉	Beef	7.4	7.7	7.3	7.3	8.1	8.46
羊肉	Mutton	9.2	8.3	8.7	8.7	8.8	9.04
奶类　(万吨)	**Milk (10 000 tons)**	**25.0**	**25.6**	**26.5**	**27.2**	**26.8**	**27.8**
牛奶	Cow Milk	23.6	23.8	25.0	25.3	25.3	26.22
羊毛　(吨)	**Wool (tons)**	**17652**	**17661**	**15378**	**15369**	**15378**	**17749**
绵羊毛	Sheep Wool	16501	16505	14551	14560	14573	16666
羊绒　(吨)	**Cashmere (tons)**	**355**	**357**	**355**	**347**	**345**	**417**
禽蛋　(吨)	**Poultry Eggs (tons)**	**13884**	**14631**	**13865**	**14913**	**15151**	**15600**

注：2006年数据根据农业普查结果已作了修订。
a) Data in 2006 has been amended based on the results of the census of agriculture.

11-17 主要年份牲畜饲养情况

Number of Livestock in Main Years

单位：万头(只) (10 000 heads)

年份 Year / 地区 Region		大牲畜年末存栏 Large Animals (year-end)	牛 Cattle and Buffaloes	马 Horses	羊年末存栏 Sheep and Goats	绵羊 Sheep	猪年末存栏 Hogs
1978		568.8	497.3	46.6	1645.0	1475.2	84.5
1980		553.9	486.8	41.9	1612.8	1447.0	68.3
1985		589.4	515.9	44.0	1328.2	1197.4	83.0
1990		612.3	538.6	44.8	1608.3	1404.7	96.5
1992		622.6	550.7	41.7	1648.1	1436.7	97.7
1993		575.1	509.1	38.2	1635.1	1421.7	102.6
1994		587.4	524.2	37.2	1677.1	1463.3	101.6
1995		559.0	500.9	34.6	1666.3	1466.2	108.9
1996		505.5	443.2	37.3	1569.5	1368.6	107.1
1997		481.3	421.7	37.4	1601.2	1372.9	108.9
1998		451.7	394.3	36.9	1638.9	1378.8	113.3
1999		431.4	378.2	35.1	1639.5	1372.5	109.2
2000		441.4	390.5	33.8	1642.0	1369.5	103.6
2001		454.3	400.7	28.9	1676.2	1396.7	103.2
2002		462.2	410.7	27.3	1732.9	1437.7	104.8
2003		455.9	405.6	26.8	1761.7	1446.0	101.0
2004		452.8	403.8	27.1	1763.7	1434.9	106.4
2005		453.5	406.2	24.5	1765.7	1435.2	105.1
2006		486.1	450.3	18.5	1501.8	1265.9	89.0
2007		487.8	447.1	22.2	1497.1	1266.4	88.8
2008		484.2	445.4	21.8	1496.9	1267.5	107.2
2009		480.7	444.6	21.4	1497.8	1270.2	109.8
2010		471.6	436.1	21.5	1505.2	1310.8	113.2
西宁市	Xining City	33.4	28.7	2.1	81.2	78.5	42.2
海东地区	Haidong Prefecture	36.6	27.5	0.9	142.7	120.8	61.7
海北州	Haibei Zang A.P	54.8	50.5	3.9	280.8	277.0	2.7
黄南州	Huangnan Zang A.P	58.3	53.9	2.9	161.7	153.8	0.5
海南州	Hainan Zang A.P	66.4	62.8	3.2	394.7	328.4	2.9
果洛州	Golog Zang A.P	98.3	95.4	2.8	80.7	80.3	
玉树州	Yushu Zang A.P	131.3	128.6	2.7	127.6	104.3	0.1
海西州	Haixi Mongolian & Zang A.P	20.9	17.0	3.0	218.2	147.2	3.8

注：1.全省大牲畜、羊年末存栏数为抽样调查数，与各州、地、市相加数不等。
2.2006年数据根据农业普查结果已作了修订。

a) The number of livestock of large animals, sheep and Goats of total province are data from sample survey, it states that the sum of regional data is not equal to provincial total.

b) Data in 2006 has been amended based on the results of the census of agriculture.

11-18 2005—2010年畜牧业生产及经济效益指标

Production and Main Economic Benefit Indicators of Livestock (2005-2010)

单位：万头(只) (10 000 heads)

指 标	Item	2005	2006	2007	2008	2009	2010
年末能繁殖母畜数	**Fertile Female Animals at Year-end**						
草食畜合计	Total of Herbivores	1110.44	994.94	998.97	991.18	991.27	983.84
大牲畜	Large Animals	175.38	189.77	187.18	193.44	193.19	189.3
羊	Sheep and Goats	935.06	805.17	801.79	797.74	798.08	794.54
猪	Hogs	9.16	7.09	7.08	10.06	11.03	10.87
当年繁殖仔畜数	**Newborn Animals This Year**						
草食畜合计	Total of Herbivores	849.78	782.62	786.66	788.38	786.79	794.87
大牲畜	Large Animals	106.74	98.70	91.42	95.26	94.90	97.45
羊	Sheep and Goats	743.04	683.93	695.24	693.12	691.89	697.42
猪	Hogs	70.15	73.00	73.07	106.93	120.94	130.67
当年育活仔畜数	**Newborn Animals Survived**						
草食畜合计	Total of Herbivores	753.94	696.22	701.77	693.38	702.92	720.85
大牲畜	Large Animals	93.08	87.70	81.40	84.98	84.97	86.65
羊	Sheep and Goats	660.86	608.52	620.38	608.40	617.95	634.2
猪	Hogs	65.09	69.88	69.77	100.74	115.51	125.35
成幼畜死亡数	**Deaths of Young Animals**						
草食畜合计	Total of Herbivores	51.85	40.37	38.37	59.74	40.32	47.77
大牲畜	Large Animals	10.50	6.21	5.90	12.78	7.57	14
羊	Sheep and Goats	41.35	34.16	32.47	46.96	32.75	33.76
猪	Hogs	1.12	2.89	2.91	2.09	2.68	3.48
牲畜出栏数	**Slanghtered Fattened Animals**						
草食畜合计	Total of Herbivores	693.02	634.68	670.73	673.65	688.40	723.51
大牲畜	Large Animals	98.81	118.35	98.69	102.18	102.88	110.28
羊	Sheep and Goats	594.21	516.33	572.04	571.47	585.52	613.23
猪	Hogs	131.75	119.39	113.34	136.57	155.61	161.39
出售牲畜数	**Livestock Sold**						
草食畜合计	Total of Herbivores	571.23	539.05	562.10	570.80	583.92	604.77
大牲畜	Large Animals	81.00	107.83	88.17	91.02	92.24	95.96
羊	Sheep and Goats	490.23	431.22	473.93	479.47	491.68	508.81
猪	Hogs	95.25	85.72	83.75	101.03	119.06	123.72

注：2006年数据根据农业普查结果已作了修正。

a) Data in 2006 has been amended based on the results of the census of agriculture.

11-18 续表 Continued

单位：% (%)

指 标	Item	2005	2006	2007	2008	2009	2010
牲畜总增率	**Gross Rate of Increase of Livestock**						
草食畜合计	Total of Herbivores	31.68	32.92	33.37	31.92	33.44	34.02
大牲畜	Large Animals	18.24	15.98	15.53	14.80	15.98	15.11
羊	Sheep and Goats	35.13	38.75	39.15	37.50	39.09	40.09
猪	Hogs	60.13	70.40	75.10	110.79	105.24	101.39
牲畜出栏率	**Rate of Livestock for Sale**						
草食畜合计	Total of Herbivores	31.27	32.70	33.74	33.94	34.75	36.57
大牲畜	Large Animals	21.82	23.26	20.30	20.95	21.25	22.94
羊	Sheep and Goats	33.69	35.12	38.09	38.17	39.11	40.94
猪	Hogs	123.85	125.46	127.33	153.38	145.15	134.27
牲畜商品率	**Rate of Commercialization of Livestock**						
草食畜合计	Total of Herbivores	25.77	27.06	28.28	28.76	29.47	30.57
大牲畜	Large Animals	17.89	21.14	18.14	18.66	19.05	19.96
羊	Sheep and Goats	27.80	29.09	31.56	32.03	32.85	33.97
猪	Hogs	89.54	90.08	94.09	113.47	111.05	102.93
能繁母畜比重	**Proportion of Fertile Female Animals**						
草食畜合计	Total of Herbivores	50.04	50.05	50.05	50.05	50.10	49.77
大牲畜	Large Animals	38.68	39.04	39.09	40.03	40.19	40.14
羊	Sheep and Goats	52.89	53.61	53.56	53.26	53.29	52.79
猪	Hogs	8.71	7.97	7.97	11.83	10.05	9.61
母畜繁殖率	**breeding rateof Female Animals**						
草食畜合计	Total of Herbivores	78.19	78.49	79.07	79.36	79.38	80.12
大牲畜	Large Animals	63.74	50.67	48.17	48.44	49.06	50.22
羊	Sheep and Goats	80.82	85.74	86.35	86.45	86.73	87.39
猪	Hogs	806.32	959.26	1029.96	1534.15	953.79	1025.67
母畜繁殖成活率	**Survival Rate of Breeding of Female Animals**						
草食畜合计	Total of Herbivores	69.37	69.82	70.53	69.80	70.92	72.66
大牲畜	Large Animals	55.59	43.96	42.89	43.21	43.93	44.66
羊	Sheep and Goats	71.88	76.29	77.05	75.88	77.46	79.47
猪	Hogs	748.16	918.27	984.06	1445.34	910.96	983.91
仔畜成活率	**Survival Rate of Newborn Animals**						
草食畜合计	Total of Herbivores	88.72	88.96	89.21	87.95	89.34	90.69
大牲畜	Large Animals	87.20	88.86	89.04	89.21	89.54	88.92
羊	Sheep and Goats	88.94	88.97	89.23	87.78	89.31	90.94
猪	Hogs	92.79	95.73	95.49	94.21	95.91	95.93
成幼畜死亡率	**Death Rate of Young Animals**						
草食畜合计	Total of Herbivores	2.34	2.03	1.93	3.01	2.04	2.41
大牲畜	Large Animals	2.32	1.22	1.21	2.62	1.56	2.91
羊	Sheep and Goats	2.34	2.30	2.16	3.14	2.19	2.25
猪	Hogs	1.05	3.04	3.27	2.35	2.50	2.9

11−19 主要年份主要畜产品产量

单位：吨

年 份 Year / 地 区 Region		肉类总产量 Total Output of Meat Products	猪肉 Pork	牛肉 Beef	羊肉 Mutton	其他 Others
1978		59900				
1980		84857	19635	24920	39696	606
1985		111602	27825	35790	45783	2204
1990		153442	43985	52088	55518	1851
1991		157360	45787	52611	56120	2842
1992		163405	45994	57173	57790	2448
1993		159082	46725	54768	54633	2956
1994		178407	51688	58186	64946	3587
1995		183743	56114	62922	61346	3361
1996		187226	57813	63378	63834	2201
1997		198382	64047	68514	63211	2610
1998		205296	68022	68735	64325	4214
1999		201493	69923	60529	66508	4533
2000		208323	69530	63529	70011	5253
2001		220692	70419	69973	76269	4031
2002		227885	71703	70293	80001	5888
2003		236651	74195	70932	84919	6605
2004		248077	80136	72893	88438	6610
2005		257522	85506	74356	91581	6079
2006		244100	79000	77000	83000	5100
2007		243316	75777	73201	86814	7524
2008		255445	87409	72767	86723	8546
2009		269078	91920	81000	88466	7692
2010		275300	91800	84600	90400	8500
西宁市	Xining City	67579	33267	21185	10343	2784
海东地区	Haidong Prefecture	89808	54545	16035	14553	4675
海北州	Haibei Zang A.P	39848	3298	12495	23950	105
黄南州	Huangnan Zang A.P	34677	755	19014	14790	118
海南州	Hainan Zang A.P	52750	3525	19378	29463	384
果洛州	Golog Zang A.P	24840		19552	5288	
玉树州	Yushu Zang A.P	34901	14	26219	8668	
海西州	Haixi Mongolian & Zang A.P	23052	3350	4582	14748	372

注：1.部分数据为抽样调查数，与各州、地、市相加数不等。
2.2006年数据根据农业普查结果已作修订。

Output of Major Livestock Products in Main Years

(ton)

奶类 Milk	牛奶 Cow Milk	羊毛 Sheep and Goat Wool	绵羊毛 Sheep Wool	羊绒 Cashmere	牛毛绒 Beef Hair Down	蜂蜜 Honey	禽蛋 Poultry Eggs
125260	116030						
119179	115614	17040	16662	113	1742	203	
159108	154527	15293	14956	107	1874	119	9160
209610	201312	17575	17155	157	2048	73	10690
210296	203234	18237	17736	189	2125	19	11068
214454	208438	18515	17887	190	2287	70	11132
195945	188922	17578	17044	173	1950	80	11281
201233	193769	17974	17390	209	2236	60	12394
205951	200184	17907	17302	211	2263	97	12444
185641	181421	16481	15974	195	2098	109	11739
190638	186035	16398	15861	225	2041	103	13284
204596	198677	16463	15904	221	2087	94	13683
196435	190405	15593	14980	281	1890	96	13495
212852	206132	16333	15588	310	1897	51	13392
228289	216514	16566	15775	313	1836	48	12941
235277	220342	16740	15930	314	1868	480	13672
235113	221398	17349	16483	319	2090	484	14005
240950	227500	17734	16629	341	2243	746	14062
250233	236166	17652	16501	355	2097	548	13884
255545	238000	17661	16505	357	2058	546	14631
265054	249826	15378	14551	355	2040	561	13865
272283	252757	15369	14560	347	2076	1030	14913
267841	253142	15378	14573	345	2214	1043	15151
278043	262200	17749	16666	417	2356	1059	15600
113075	113075	1184	1148	5	124	2	5398
46132	46084	2816	2589	39	49	48	10338
40391	40391	4174	4146	5	283	1000	364
44542	44257	1018	933	3	389		
43030	43030	4871	4526	116	389	9	247
35068	35068	578	578		505		
64913	53689	784	716	45	506		
15319	10623	2552	2258	204	111		71

a) Some data are from sample survey, it states that the sum of regional data is not equal to provincial total.
b) Data in 2006 has been amended based on the results of the census of agriculture.

11–20 主要年份主要牲畜出栏情况

Major Livestock Slaughtered in Main Years

单位：万头(只) (10 000 heads)

年 份 地 区	Year Region	肉用畜出栏数 Slaughtered Fattened Animals		肉猪出栏头数 Slaughtered Fattened Hogs	家禽出栏数 Poultry
		大牲畜 Large Animals	羊 Sheep and Goats		
1978		33.12	184.94	37.62	
1980		36.48	248.14	35.67	
1985		47.98	294.61	42.39	
1990		61.87	326.35	61.59	
1991		63.51	349.93	62.64	
1992		76.44	366.79	63.56	
1993		71.31	351.40	66.27	
1994		61.29	385.29	73.10	
1995		82.68	397.20	80.65	
1996		81.41	399.46	85.17	
1997		87.81	393.84	89.04	
1998		90.06	397.33	95.03	
1999		73.37	400.10	98.53	
2000		75.57	417.01	99.72	
2001		89.01	448.97	101.36	100.71
2002		91.69	475.35	104.55	188.56
2003		95.91	508.58	105.35	248.82
2004		94.44	538.99	114.24	236.71
2005		96.79	559.08	121.75	264.68
2006		115.40	501.10	111.30	309.17
2007		95.96	542.59	105.25	302.59
2008		95.81	542.02	123.58	320.81
2009		96.47	552.91	134.78	322.20
2010		98.49	564.75	131.39	342.27
西宁市	Xining City	19.84	62.26	42.77	93.06
海东地区	Haidong Prefecture	15.18	85.77	74.2	245.78
海北州	Haibei Zang A.P	15.94	142.39	4.24	6.06
黄南州	Huangnan Zang A.P	24.34	79.56	0.94	
海南州	Hainan Zang A.P	26.35	187.45	4.82	3.83
果洛州	Golog Zang A.P	23.86	32.83		
玉树州	Yushu Zang A.P	35.2	56.51	0.02	
海西州	Haixi Mongolian & Zang A.P	6.4	96.35	4.4	6.43

注：1.全省肉用畜出栏数为抽样调查数，与各州、地、市相加数不等。
2.2006年数据根据农业普查结果已作了修订。

a) The number of slaughtered fattened animals of total province are data from sample survey, it states that the sum of regional data is not equal to provincial total.

b) Data in 2006 has been amended based on the results of the census of agriculture.

11−21 主要年份农林牧渔业总产值
Gross Output Value of Farming, Forestry, Animal Husbandry and Fishery in Main Years

单位：万元 (10 000 yuan)

年份 Year / 地区 Region		农林牧渔业总产值 Total	农业 Farming	林业 Forestry	牧业 Animal Husbandry	副业 Sideline	渔业 Fishery	农林牧渔服务业 Output Value of Services for Farming, Animal Husbandry and Fishery
		按当年现行价格计算 Data in value terms in this table are calculated at current prices						
1952		16071						
1978		59898	29069	545	29218	940	126	
1980		77772	47170	683	28725	1085	109	
1981		72958	40265	685	30736	1148	124	
1985		122515	61968	4709	50091	5220	527	
1990		245270	114837	6944	109548	13271	670	
1991		252406	115579	6787	116486	12762	792	
1992		272619	120585	6839	129816	14580	799	
1993		309975	151834	7463	149779		899	
1994		448723	218100	7699	221601		1323	
1995		550982	265469	8630	275705		1178	
1996		561574	299864	9099	251409		1220	
1997		590148	306163	9735	273363		887	
1998		607924	314152	9993	283127		652	
1999		590200	293093	13840	282361		906	
2000		569850	249055	15056	304939		800	
2001		632975	289023	18206	324693		1053	
2002		655019	285919	26555	341463		1082	
2003(旧)		681200	297347	27617	355361		875	
2003(新)		769492	297384	26377	407062		875	37795
2004		866478	342201	17980	464983		695	40618
2005		940416	364408	17521	516985		620	40881
2006		976369	386153	19919	540833		1043	28421
2007		1212521	491608	19608	670122		1105	30077
2008		1534004	587381	20477	891517		1439	33190
2009		1572984	613081	23051	900931		714	35207
2010		2013173	920725	37745	1014535		1236	38932
西宁市	Xining City	450995	247682	4979	192937		14	5383
海东地区	Haidong Prefecture	580929	380823	9239	180882		325	9660
海北州	Haibei Zang A.P	149812	47937	1504	96592			3779
黄南州	Huangnan Zang A.P	155421	38713	772	110453			5483
海南州	Hainan Zang A.P	265847	89177	6872	163970		303	5525
果洛州	Golog Zang A.P	52045	8016	208	42414			1407
玉树州	Yushu Zang A.P	203095	40869	5370	154084			2772
海西州	Haixi Mongolian & Zang A.P	155029	67507	8801	73203		594	4923

注：2006年数据根据农业普查结果已作了修订。
a) Data in 2006 has been amended based on the results of the census of agriculture.

11–22 主要年份农业总产值构成及环比指数(按可比价格计算)

Structure of Gross Output Value of Agriculture and Its Chain Indices in Main Years

单位：% (%)

年 份 Year	农业总产值构 成 Total	农 业 Farming	林 业 Forestry	牧 业 Animal Husbandry	渔 业 Fishery	农林牧渔服务业 Output Value of Services for Farming, Animal Husbandry and Fishery
1952	100	43.50	0.15	49.52	0.10	
1978	100	48.53	0.91	48.78	0.21	
1980	100	50.29	0.90	47.23	0.16	
1985	100	47.96	4.26	42.75	0.17	
1990	100	48.22	3.35	43.02	0.15	
1995	100	48.25	2.61	48.84	0.30	
1996	100	51.92	2.64	45.17	0.27	
1997	100	52.08	2.57	45.20	0.15	
1998	100	51.53	2.51	45.83	0.13	
1999	100	50.15	3.48	46.24	0.13	
2000	100	46.66	3.70	49.48	0.16	
2001	100	47.15	3.53	49.08	0.24	
2002	100	44.91	4.97	49.89	0.23	
2003	100	38.65	3.43	52.90	0.11	4.91
2004	100	39.73	2.78	52.66	0.12	4.71
2005	100	38.75	1.86	54.97	0.07	4.35
2006	100	39.55	2.04	55.39	0.11	2.91
2007	100	40.54	1.62	55.27	0.09	2.48
2008	100	38.29	1.34	58.12	0.09	2.16
2009	100	38.98	1.46	57.27	0.05	2.24
2010	100	45.74	1.87	50.40	0.06	1.93

注：2006年数据根据农业普查结果已作了修订。

a) Data in 2006 has been amended based on the results of the census of agriculture.

11-22 续表 Continued

上年=100 (Preceding year=100)

年份 Year	农业总产值环比指数 Total	农业 Farming	林业 Forestry	牧业 Animal Husbandry	渔业 Fishery	农林牧渔服务业 Output Value of Services for Farming, Animal Husbandry and Fishery
1952	111.86	112.27	216.67	110.21	114.29	
1978	99.38	103.39	88.78	95.51	86.86	
1980	111.02	119.12	114.88	105.82	91.59	
1985	111.11	104.73	123.76	109.77	111.32	
1990	104.86	105.21	87.49	105.77	127.34	
1995	99.78	97.20	102.30	102.49	78.74	
1996	103.91	111.81	105.22	96.11	93.07	
1997	105.69	106.03	102.60	105.76	60.33	
1998	104.52	103.43	102.31	105.97	88.30	
1999	100.23	97.54	138.88	101.13	105.30	
2000	97.46	90.67	103.65	104.30	117.16	
2001	105.38	106.51	100.30	104.51	159.18	
2002	103.45	98.52	145.31	105.17	98.53	
2003	102.96	102.33	82.70	106.07	73.60	98.36
2004	103.70	104.32	71.76	105.58	77.32	106.02
2005	105.37	104.07	97.45	107.14	89.18	99.95
2006	100.36	97.88	113.68	104.11	168.14	68.29
2007	104.79	105.29	98.44	104.93	105.95	99.56
2008	104.51	108.90	104.43	101.40	130.28	101.33
2009	105.80	106.03	112.57	105.69	49.62	102.79
2010	106.65	109.40	129.04	104.09	173.04	105.01

注：2006年数据根据农业普查结果已作了修订。

a) Data in 2006 has been amended based on the results of the census of agriculture.

11-23 分项目农业总产值

Gross Output Value of Agriculture by Project

单位：万元 (10 000 yuan)

指 标	Item	按当年价格计算 Data in this table are calculated at current prices		按可比价格计算 Data in this table are calculated at constant prices	
		2009	2010	2009	2010
农林牧渔业总产值	**Total**	**1572983.8**	**2013172.8**	**1622904.3**	**1677633.4**
农业产值	**Farming**	**613080.5**	**920724.9**	**622786.6**	**663917.8**
谷物及其他作物	Cereal and Other Crops	365716.7	571882.0		
谷物	Cereal	100102.1	115505.7		
薯类	Tubers	98354.2	215066.7		
油料	Oil-bearing	127110.7	142924.9		
豆类	Soybeans	23458.3	37748.6		
棉花	Cotton				
麻类	Fiber Crops				
糖料	Sugar Crops	48.0	15.8		
烟草	Tobacco	698.4	272.7		
其他农作物	Other Farm Crops	15945.0	60347.6		
蔬菜园艺作物	Vegetables and Horticulture Crops	136104.0	208813.9		
蔬菜	Vegetables	133324.9	202150.7		
花卉	Flowers and Plants	2335.1	3303.4		
其他园艺作物	Other Horticulture Crops	444.0	523.3		
水果	Fruits	5763.5	8657.6		
中药材	Medicinal Meterials	10524.5	129792.6		
林业产值	**Forestry**	**23051.0**	**37744.8**	**23051.0**	**37744.8**
林木的培育和种植	Forest of Cultivate and Raise				
育种育苗	Breeding of Seedlings	2133.7	4843.6		
造林	Forestation	10700.5	17081.9		
抚育和管理	Foster and Control	2726.3	7346.9		
竹木采运	Forest of Fell and Transport	1241.6	1301.5		
林产品	Forest Products	372.3	7170.9		
牧业产值	**Animal Husbandry**	**900930.7**	**1014535.1**	**942236.9**	**937762.3**
牲畜饲养	Number of Livestock	723665.5	830895.5		
牛的饲养	Cattle and Buffaloes	283425.1	333384.0		
羊的饲养	Sheep and Goats	282168.2	316170.9		
其他牲畜饲养	Other Livestock	5976.4	5772.2		
奶产品	Milk Products	131203.5	149804.5		
毛绒产品	Down Products	20892.3	25763.9		
其他牲畜副产品	Other by-products				
猪的饲养	Hogs	153201.9	155478.7		
家禽饲养	poultry	21014.0	25840.5		
狩猎和捕捉动物	Hunting Animal		391.4		
其他畜牧业	Other Animal Husbandry	3049.3	1929.0		
渔业产值	**Fishery**	**714.2**	**1235.8**	**714.2**	**1235.8**
农林牧渔服务业	**Output Value of Services for Farming,** Forestry, Animal Husbandry and Fishery	**35207.4**	**38932.2**	**34115.7**	**36972.7**

11-24 2005－2010年农业增加值(按当年价格计算)

Value-added of Agriculture (Calculated at Current Prices)(2005－2010)

单位：万元 (10 000 yuan)

指 标	Item	2005	2006	2007	2008	2009	2010
农业总产值	**Gross Output Value of Agriculture**	**940416**	**976369**	**1212521**	**1534004**	**1572984**	**2013173**
农业	Farming	364408	386153	491608	587380	613081	920725
种植业	Cultivate	284996	299227	390451	477439	518109	810637
林 业	Forestry	17521	19919	19608	20477	23051	37745
牧 业	Animal Husbandry	516985	540833	670122	891517	900931	1014535
渔 业	Fishery	620	1043	1105	1439	714	1236
农林牧渔服务业	Output Value of Services for Farming, Forestry, Animal Husbandary and Fishery	40881	28421	30077	33190	35207	38932
中间消耗	**Between Consume**	**287057**	**300868**	**378467**	**478264**	**499026**	**664012**
农 业	Farming	131843	142833	183522	224029	242534	369713
种植业	Cultivate	129231	141340	176915	217381	231580	357430
林 业	Forestry	8204	8558	9163	8805	10379	12434
牧 业	Animal Husbandry	131224	137819	173421	231748	231798	265903
渔 业	Fishery	324	316	326	407	231	409
农林牧渔服务业	Output Value of Services for Farming, Forestry, Animal Husbandary and Fishery	15462	11342	12035	13276	14083	15553
增加值	**Value-added**	**653359**	**675500**	**834054**	**1055739**	**1073958**	**1349161**
农 业	Farming	232565	243320	308086	363352	370546	551012
种植业	Cultivate	155765	157887	213537	260058	286529	453207
林 业	Forestry	9317	11361	10445	11673	12672	25311
牧 业	Animal Husbandry	385762	403014	496702	659769	669133	748632
渔 业	Fishery	296	727	779	1033	483	827
农林牧渔服务业	Output Value of Services for Farming, Forestry, Animal Husbandary and Fishery	25419	17078	18043	19914	21124	23379

注：2006年数据根据农业普查结果已作了修订。
a) Data in 2006 has been amended based on the results of the census of agriculture.

11-25 2008-2010年乡镇企业主要经济指标

Main Economic Indicators of Township Enterprises(2008-2010)

单位：个、人、万元 (unit,person,10 000 yuan)

指 标	企业个数 Number of Enterprises			从业人员年末数 Number of Employees Persons Year-end			总产值 Total Output Value			增加值 Value-added		
	2008	2009	2010	2008	2009	2010	2008	2009	2010	2008	2009	2010
总 计	**7606**	**8106**	**8126**	**79866**	**89462**	**89218**	**1054248**	**1056576**	**1224528**	**249245**	**283335**	**344784**
按注册登记类型分组												
内资企业	7604	8105	8125	79700	89412	89168	1049646	1055780	1223717	247911	283176	344638
集体企业	347	198	201	8151	6456	5696	62524	58839	41500	14083	14366	10011
股份合作企业	71	75	74	1865	1888	1874	6335	5767	5769	1393	1531	1545
联营企业	46	45	45	1008	948	948	8915	11000	13616	2454	3003	4476
有限责任公司	269	233	281	15309	13627	13945	450197	409640	500709	94526	114988	141660
股份有限公司	288	293	288	3670	4536	4489	65009	54199	71980	17702	14570	20028
私营企业	6583	7261	7236	49697	61957	62216	456666	516335	590143	117753	134718	166918
港、澳、台商投资企业	1		1	39			180			51		
外商投资企业	1	1		127	50	50	4422	796	811	1283	159	146
按国民经济行业分组												
农林牧渔业	86	82	103	1025	1029	1602	3670	4431	5658	1019	1321	1775
工业	3479	3120	3120	53264	50035	61477	910484	811715	1041703	208857	219983	292367
建筑业	128	169	155	7676	8697	8304	42452	69104	77612	11606	17630	20249
交通运输仓储业	696	770	596	2911	3599	2985	18067	33279	20552	6345	8737	5768
批发与零售业	1787	2030	2124	6635	7906	7279	31188	48737	35881	8430	12970	10868
住宿及餐饮业	1154	1113	1566	5049	4676	5281	34338	36597	33348	9463	9380	9421
社会服务业	263	276	450	3087	2684	2154	7271	6344	7224	3181	2460	2554
其他	13	546	12	219	10836	136	6778	46369	2550	344	10854	1782

注：总产值、增加值为现价；2008年不包括个体工商户。

a) Output value and added value were calculated at current prices, privately or individually-owned business were not included in 2008.

11-25 续表 Continued

单位：万元 (10 000 yuan)

指 标	营业收入 Business Income			利润总额 Total Profits			上缴税金 Turn over to the Higher Authorities Tax			劳动者报酬 Earmings of Employed Persons		
	2008	2009	2010	2008	2009	2010	2008	2009	2010	2008	2009	2010
总 计	**951870**	**987284**	**1158206**	**42369**	**41684**	**53036**	**23569**	**27315**	**30125**	**62426**	**73246**	**74091**
按注册登记类型分组												
内资企业	948062	986488	1157395	42262	41465	52833	23498	27315	30125	62218	73194	74017
集体企业	54122	52808	39350	4078	4467	3251	1593	1370	1442	5070	4638	3848
股份合作企业	4816	5264	5249	277	279	305	160	154	148	595	680	699
联营企业	8482	10286	12931	227	224	262	278	215	366	538	768	967
有限责任公司	411398	400488	516705	17337	4327	12801	8559	10569	11570	18407	21994	21254
股份有限公司	54150	57511	73085	2280	2678	3676	2324	2372	1951	2875	3772	5137
私营企业	415094	460131	510075	18063	29490	32538	10584	12635	14648	34733	41342	42112
港、澳、台商投资企业	160			20						21		
外商投资企业	3648	796	811	87	219	203	71			187	52	74
按国民经济行业分组												
农林牧渔业	3248	4115	5372	438	677	1116	82	91	235	461	761	882
工业	820052	767904	986576	33149	25728	39791	18986	21419	24491	47066	47057	55339
建筑业	37670	64557	69333	2776	3277	4002	1388	1548	2011	6333	9303	6714
交通运输仓储业	16608	29875	20350	1454	1783	1528	593	784	599	1503	3237	2321
批发与零售业	32183	50111	38874	1669	3429	3063	881	1103	1332	2593	3619	3535
住宿及餐饮业	31732	31392	30969	2072	2284	2657	1088	1121	1096	2430	3996	3527
社会服务业	6403	4811	5257	457	639	821	247	217	322	1858	1771	1433
其他	3974	34519	1475	354	3867	58	304	1032	39	192	3502	340

11-26 主要年份农业经济效益主要指标

Major Indicators of Agriculture Economy Benefit in Main Years

年份 Year	人均粮食产量（千克/人） Per Output of Grain (kg/person)			人均油料产量（千克/人） Per Output of Oil-bearing Corps (kg/person)			人均农业总产值（元/人） Per Output of Gross Output Value of Agriculture (yuan/person)		
	按总人口 By Total Population	按乡村人口 By Rural Population	按农业从业人员 By Rural Laborers	按总人口 By Total Population	按乡村人口 By Rural Population	按农业从业人员 By Rural Laborers	按总人口 By Total Population	按乡村人口 By Rural Population	按农业从业人员 By Rural Laborers
1952	231	258	595	10	11	26	383	425	972
1957	285	354	806	10	12	28	462	566	1285
1965	291	373	752	15	19	39	527	718	1367
1970	230	292	651	9	12	26	429	545	1192
1975	276	362	904	13	16	40	486	637	1569
1978	248	326	875	12	16	44	476	626	1663
1980	254	341	883	19	25	65	492	658	1701
1985	246	343	894	25	34	88	585	808	2109
1990	258	361	952	27	38	100	576	806	2127
1995	239	362	854	34	51	121	591	854	2111
1996	254	371	886	35	51	122	601	880	2099
1997	257	383	911	37	55	131	626	930	2214
1998	255	379	908	42	62	149	645	957	2295
1999	203	303	706	56	84	194	637	951	2212
2000	160	244	577	38	57	135	613	933	2210
2001	197	298	714	44	66	159	638	962	2309
2002	173	261	656	44	67	168	653	987	2478
2003	163	250	644	49	75	194	662	1017	2620
2004	164	250	671	54	82	219	680	1034	2777
2005	172	261	724	59	89	247	1731	2632	7305
2006	174	269	768	51	79	225	1783	2764	7874
2007	180	275	827	58	89	267	2198	3373	10121
2008	184	277	844	64	96	292	2767	4180	12719
2009	184	276	846	66	98	301	2823	4228	12951
2010	183	270	843	66	98	305	3592	5323	16638

注：人均产值2004年以前按1990年不变价格计算，2005年后为当年现行价格。

a) Per output of gross output value of agriculture was calculated at 1990 constant prices before 2004, and calculated at the current price since 2005.

11-27 主要年份农产品生产价格总指数

Producer's Prices Indices for Farm Products in Main Years

年 份	农产品生产价格指数 Producer's Price Index for Farm Products	
	环比指数(上年=100) Linked Index(preceding year=100)	定基指数(1952=100) Fixed-base Index(1952=100)
1952	106.90	100.00
1957	101.90	99.30
1965	98.60	96.30
1970	110.93	100.01
1975	100.13	128.53
1978	99.76	128.47
1980	101.19	166.32
1985	106.90	189.47
1986	104.40	202.54
1987	111.70	226.24
1988	136.90	309.72
1989	110.70	342.86
1990	100.70	345.26
1991	103.30	356.65
1992	109.40	390.18
1993	123.10	480.31
1994	148.60	713.74
1995	115.40	823.66
1996	95.40	785.77
1997	91.90	722.12
1998	93.70	676.62
1999	94.60	640.08
2000	100.70	644.56
2001	103.20	665.19
2002	101.16	672.90
2003	105.75	711.60
2004	108.75	773.86
2005	103.28	799.24
2006	104.54	835.53
2007	118.95	993.86
2008	114.93	1142.24
2009	94.61	1080.67
2010	124.28	1343.06

注：2001年以前数据为农产品收购价格指数。
a)Number of 2001 Before to be Sprocurement Price Index for Farm Product.

11-28 2003-2010年主要农产品生产价格指数
Producer's Prices Indices for Major Farm Products(2003-2010)

(上年=100) (preceding year=100)

指 标	Item	2003	2004	2005	2006	2007	2008	2009	2010
总指数	**General Index**	**105.75**	**108.75**	**103.28**	**104.54**	**118.95**	**114.93**	**94.61**	**124.28**
种植业产品	**Planting Products**	**110.05**	**111.51**	**102.24**	**108.32**	**121.57**	**109.76**	**97.78**	**130.75**
谷物及其他作物	Cereal and Other Crops	116.80	111.12	99.70	106.71	114.07	111.17	99.54	124.97
谷物(原粮)	Cereal	101.21	115.63	105.57	103.89	101.63	111.44	105.65	117.16
小麦	Wheat	98.41	118.27	104.05	103.75	104.76	109.57	103.30	114.17
杂粮	Grains	103.71	113.27	106.93	104.17	96.54	114.49	109.48	122.97
薯类	Tubers	117.22	91.07	105.41	133.39	105.44	109.69	101.35	194.07
豆类	Beans	103.72	115.82	104.37	103.80	121.40	113.16	103.56	138.93
油料	Oil-bearing Crops	123.58	111.28	97.07	105.65	141.86	111.75	87.19	121.21
蔬菜	Vegetable	99.01	100.30	103.92	111.35	114.11	114.61	119.53	133.20
中药材	Chinese Herbal Medicines	103.75	114.43	106.34	110.40	167.65	98.99	65.64	140.43
畜牧业产品	**Animal Husbandry Products**	**102.10**	**106.67**	**104.07**	**101.68**	**116.97**	**118.83**	**92.22**	**119.39**
牲畜的饲养	Number of Livestock	101.99	105.10	104.27	102.39	115.61	117.02	93.87	121.17
牛(毛重)	Cattle and Buffaloes (gross weight)	105.11	101.80	106.48	102.08	122.55	131.63	99.98	105.87
羊(毛重)	Sheep and Goats (gross weight)	101.15	103.27	103.04	101.06	121.76	129.65	98.83	112.19
奶类	Milk	98.85	100.48	102.48	101.19	104.39	118.70	104.47	115.16
毛绒类	Cashmere	102.15	110.02	105.50	104.87	102.91	88.96	81.94	143.69
猪(毛重)	Pig (gross weight)	103.61	123.90	101.44	94.77	131.30	137.21	74.95	102.27
家禽(毛重)	Poultry (gross weight)	98.54	103.52	103.15	104.38	111.59	112.67	103.67	109.79
禽蛋	Eggs	101.21	108.21	108.54	91.03	123.97	98.87	106.10	109.52

主要统计指标解释

农林牧渔业总产值 指以货币表现的农、林、牧、渔业全部产品和对农林牧渔业生产活动进行的各种支持性服务活动的价值总量，它反映一定时期内农林牧渔业生产总规模和总成果。1957年以前的农林牧渔业总产值中包括了厩肥和农民自给性手工业（如农民自制衣服、鞋、袜，自己从事粮食初步加工等）。1958年及以后，林业中增加了村及村以下竹木采伐产值；牧业中取消了厩肥产值；副业中取消了农民自给性手工业产值，增加了村及村以下办的工业产值；渔业中增加了海洋捕捞水产品产值。1980年及以后，在副业中增加了农民家庭兼营工业商品部分的产值。从1984年起村及村以下工业产值划归工业。从1993年起取消副业，将野生动物的捕猎划入牧业，野生植物采集和农民家庭兼营商品性工业划归农业。从2003年起，执行新的国民经济行业分类标准，农林牧渔业总产值中包括了农林牧渔服务业产值。林业中增加了森林采运业产值。农业中取消了家庭兼营商品性工业产值，将野生林产品的采集划归林业。第一次农业普查以后，由于畜牧业产品年报数据与普查数据之间存在一定的差距，国家统计局农调总队对畜牧业年报数据与普查数据进行衔接，对畜牧业产值进行相应调整。

农林牧渔业总产值的计算方法通常是按农、林、牧、渔业产品及其副产品的产量分别乘以各自单位产品价格求得；少数生产周期较长，当年没有产品或产品产量不易统计的，则采用间接方法匡算其产值；然后将四业产品产值及农林牧渔服务业产值相加即为农林牧渔业总产值。

粮食产量 指全社会的产量。包括国有经济经营的、集体统一经营的和农民家庭经营的粮食产量，还包括工矿企业办的农场和其他生产单位的产量。粮食除包括稻谷、小麦、玉米、高粱、谷子及其他杂粮外，还包括薯类和豆类。其产量计算方法，豆类按去豆荚后的干豆计算；薯类（包括甘薯和马铃薯，不包括芋头和木薯）1963年以前按每4公斤鲜薯折1公斤粮食计算，从1964年开始改为按5公斤鲜薯折1公斤粮食计算。城市郊区作为蔬菜的薯类（如马铃薯等）按鲜品计算，并且不作粮食统计。其他粮食一律按脱粒后的原粮计算。1989年以前全国粮食产量数据主要靠全面报表取得，1989年开始使用抽样调查数据。

油料产量 指全部油料作物的生产量。包括花生、油菜籽、芝麻、向日葵籽、胡麻籽（亚麻籽）和其他油料。不包括大豆、木本油料和野生油料。花生以带壳干花生计算。

猪、牛、羊肉产量 指当年出栏并已屠宰、除去头蹄下水后带骨肉（即胴体重）的重量。包括全社会范围内的产量。1996年前为各级逐级上报数据。1996年第一次农业普查以后，由于畜牧业产品年报数据与普查数据之间存在一定的差距，国家统计局农调总队对畜牧业年报数据与普查数据进行衔接。1999年以后，国家统计局在部分地区开展了猪、牛、羊、禽等主要畜禽品种的抽样调查，并用抽样数据作为国家定案数据使用。未开展抽样调查的地区和品种，仍使用各级统计部门逐级上报数据。

期初（末）畜禽存栏头（只）数 指报告期初（末）农村各种合作经济组织和国营农场、农民个人、机关、团体、学校、工矿企业、部队等单位以及城镇居民饲养的大牲畜、猪、羊、家禽等畜禽的存栏数。数据上报方式及数据调整情况同猪、牛、羊肉产量。

农作物播种面积 指实际播种或移植有农作物的面积。凡是实际种植有农作物的面积，不论种植在耕地上还是种植在非耕地上，均包括在农作物播种面积中。在播种季节基本结束后，因遭灾而重新改种和补种的农作物面积，也包括在内。它是反映我国耕地面积利用情况的一个重要指标。目前，农作物播种面积主要包括粮食、棉花、油料、糖料、麻类、烟叶、蔬菜和瓜类、药材和其他农作物九大类。

有效灌溉面积 指具有一定的水源，地块比较平整，灌溉工程或设备已经配套，在一般年景下，当年能够进行正常灌溉的耕地面积。在一般情况下，有效灌溉面积应等于灌溉工程或设备已经配备，能够进行正常灌溉的水田和水浇地面积之和。它是反映我国耕地抗旱能力的一个重要指标。

农用化肥施用量 指本年内实际用于农业生产的化肥数量，包括氮肥、磷肥、钾肥和复合肥。化肥施用量要求按折纯量计算数量。折纯量是指把氮肥、磷肥、钾肥分别按含氮、含五氧化二磷、含氧化钾的百分之百成份进行折算后的数量。复合肥按其所含主要成分折算。公式为：

折纯量 = 实物量 × 某种化肥有效成份含量的百分比

农业机械总动力 指主要用于农、林、牧、渔业的各种动力机械的动力总和。包括耕作机械、排灌机械、收获机械、农用运输机械、植物保护机械、牧业机械、林业机械、渔业机械和其他农业机械〔内燃机按引擎马力折成瓦(特)计算、电动机按功率折成瓦(特)计算〕。不包括专门用于乡、镇、村、组办工业、基本建设、非农业运输、科学试验和教学等非农业生产方面用的动力机械与作业机械。这个指标的统计数据主要来源于农机部门。

Explanatory Notes on Main Statistical Indicators

Gross Output Value of Agriculture, Forestry, Animal Husbandry and Fishery refers to the total value of products of agriculture, forestry, animal husbandry and fishery, and total value of services in support of agriculture, forestry, animal husbandry and fishery activities. It reflects the total scale and results of agricultural production during a given period. Prior to 1957, China's gross agricultural output value included barnyard manure and handicraft products for self – consumption (clothes, shoes, stockings, and initial grain processing undertaken by peasants). Since 1958, cutting and felling of bamboo and trees by villages and other cooperative organizations under villages have been included in forestry; value of barnyard manure has been excluded from animal husbandry; self consumed handicrafts have not been included from sideline occupations, while the output value of industries run by villages and cooperative organizations under village has been included in sideline occupations; and the output value of fish catches by motor fishing boats has been added to fishery. Since 1980, the value of handicraft products made for sale by individuals in households has been added to sideline occupations. Since 1984, industries run by villages and under villages have been included in the sector of industry. Since 1993, the subdivision of sideline occupations has been cancelled, and the hunting of wild animals has been classified into animal husbandry, and the gathering of wild plants and commodity industry run by rural household have been included in farming. A new industrial classification of economic activities was introduced in 2003. Under the new classification, value of services to agriculture, forestry, animal husbandry and fishery is included in the gross output value of agriculture, value of wood felling and transport is included in forestry, value of industrial output by rural households is not included in agriculture, and the collection of wild forest products is taken from agriculture and included in forestry. The First Agriculture Census of China revealed some discrepancy between the production of animal products from the annual reports and that from the census. Efforts were made by the Rural Survey of NBS to adjust the output value of animal husbandry to make the figures from the annual reports consistent with the census data.

Gross output value of agriculture is obtained by multiplying the output of each product or by – product by its price, resulting in the output value of each single item. For a small number of products, annual output of which is not available or difficult to get due to the long production (growing) process involved, the output value is estimated through an indirect approach. The sum of output values of all products of agriculture, forestry, animal husbandry and fishery and services in support to those industries is then equal to the gross output value of agriculture.

Grain Output refers to the total output in the whole country including grains produced by State farms, collective units, rural households, as well as by farms affiliated to industrial and mining enterprises and other production units. Grain includes rice, wheat, corn, sorghum, millet and other miscellaneous grains as well as tubers and beans. Output of beans refers to dry beans without pods. The output of tubers (sweet potatoes and potatoes, not including taros and cassava) are converted into that of grain at the ratio 4:1, i. e. 4 kilograms of fresh tubers were equivalent to 1 kilogram of grain up to 1963. Since 1964 the ratio for conversion has been 5:1. Tubers supplied as vegetables (such as potatoes) in cities and suburbs are calculated as fresh vegetables and their output is not included in the output of grain. Output of all other grains refers to husked grain. Data on grain production before 1989 were obtained through the Comprehensive Statistical Reporting System. Since 1989, data from sample surveys are used.

Output of Oil – bearing Crops refers to the total production of oil – bearing crops of various kinds, including peanuts (dry, in shell), rapeseeds, sesame, sunflower seeds, flax seeds, and other oil – bearing crops. Soybeans, oil – bearing woody plants, and wild oil – bearing crops are not included.

Output of Pork, Beef, and Mutton refers to the meat of slaughtered hogs, cattle, sheep and goats with head, feet, and offal taken away. Data refers to the production of the whole country. The First Agricultural Census of China in 1996 revealed some discrepancy between the production of animal products from the annual reports and that from the census. Efforts were made by the Rural Survey Organization of the NBS to adjust the output value of animal husbandry to make the figures from the annual reports consistent with the census data. Since 1999, the NBS conducted sample surveys for the major animal husbandry products, such as hogs, cattle, sheep and goats and fowls, and the data from sample surveys are used as national finalized data. Those products, which are not covered by the sample survey, are still reported by statistical agencies level by level.

Number of Livestock or Poultry in Stock at Beginning (or End) of Period refers to the total number of large animals, pigs, sheep, fowls, etc. raised by rural cooperative organizations, State farms, rural individuals, government agencies, schools, industrial and mining enterprises, army, and urban residents at the beginning (or end) of the reference period. Data reporting system and data adjustment are the same as that in the output of pork, beef and mutton.

Sown Area of Crops refers to area of land sown or transplanted with crops regardless of being in cultivated area or non – cultivated area. Area of land re – sown due to natural disasters is also included. This is an important indicator that can reflect the utilization condition of the cultivated land in China. At present, the sown area of crops mainly include the following 9 categories of crops: grain, cotton, oil – bearing crops, sugar crops, flax crops, tobacco, vegetables and melons, medicinal materials and other farm crops.

Irrigated Area refers to area of land that are effectively irrigated, i. e. relatively level land, where there are water sources or complete sets of irrigation facilities to lift and move adequate water for irrigation purpose under normal conditions. Under normal situations, irrigated area is the sum of watered fields and irrigated fields where irrigation systems or equipment have been installed for regular irrigation purpose. This important indicator reflects drought resistance capacity of the cultivated land in China.

Consumption of Chemical Fertilizers in Agriculture refers to the quantity of chemical fertilizers applied in agriculture in the year, including nitrogenous fertilizer, phosphate fertilizer, potash fertilizer, and compound fertilizer. The consumption of chemical fertilizers is calculated in terms of volume of effective components by means of converting the gross weight of the respective fertilizers into weight containing effective component (e. g. nitrogen content in nitrogenous fertilizer, phosphorous pentoxide contents in phosphate fertilizer, and potassium oxide contents in potash fertilizer). Compound fertilizer is converted in regard to its major components. The formula is:

Volume of effective component = physical quantity × effective component of certain chemical fertilizer (%)

Total Power of Agricultural Machinery refers to total mechanical power of machinery used in agriculture, forestry, animal husbandry and fishery, including machinery for ploughing, irrigation and drainage, harvesting, transport, plant protection, animal husbandry, forestry and fishery and other agricultural machineries. (For the power of internal combustion engines, it is converted from its horsepower into watts while for electric motors the output power is converted into watts.) Machinery employed for non – agricultural purposes, such as the machines used in township – run and village – run industry, construction, non – agricultural transport, scientific experiments and teaching, are not included. Data are mainly from agricultural machinery agencies.

工 业

Industry

第12篇

CHAPTER 12

规模以上轻、重工业增加值比重

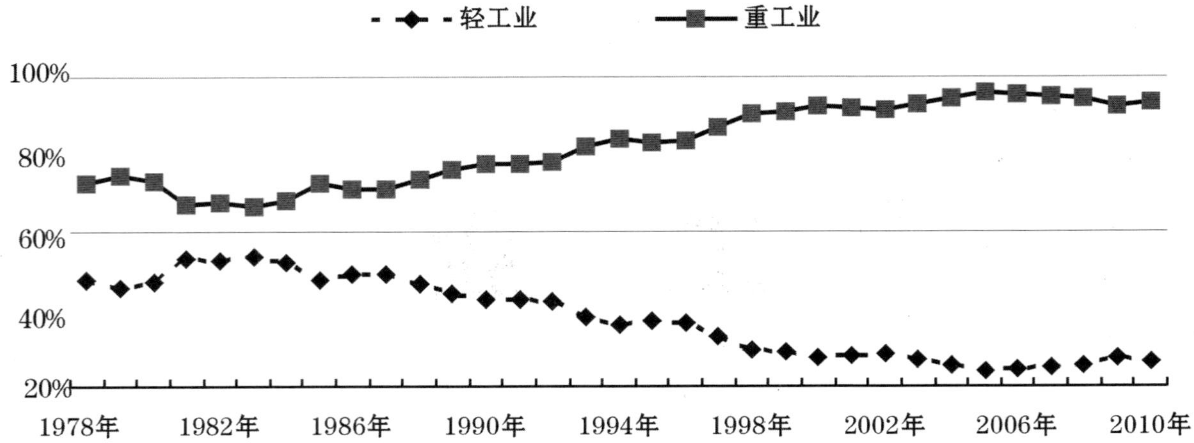

大中小企业产值构成（%）

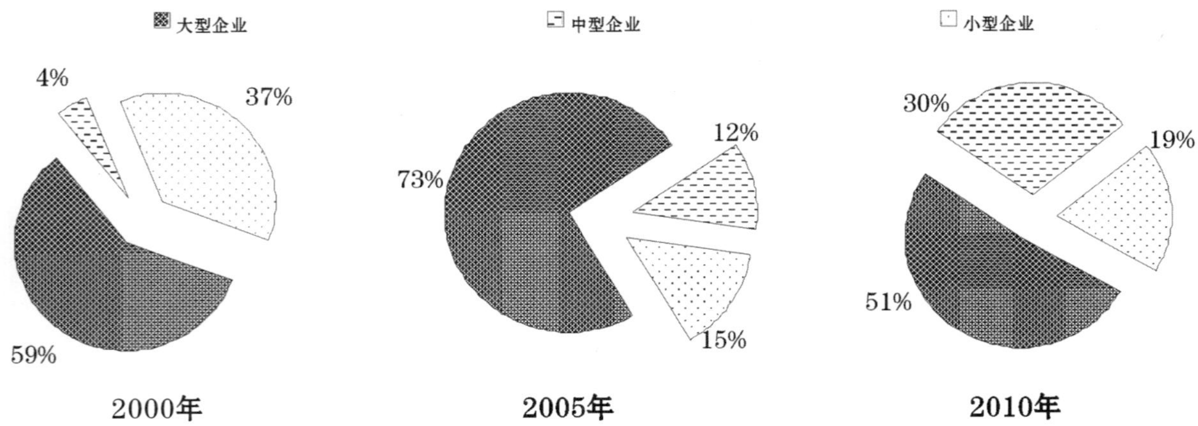

主要工业产品产量

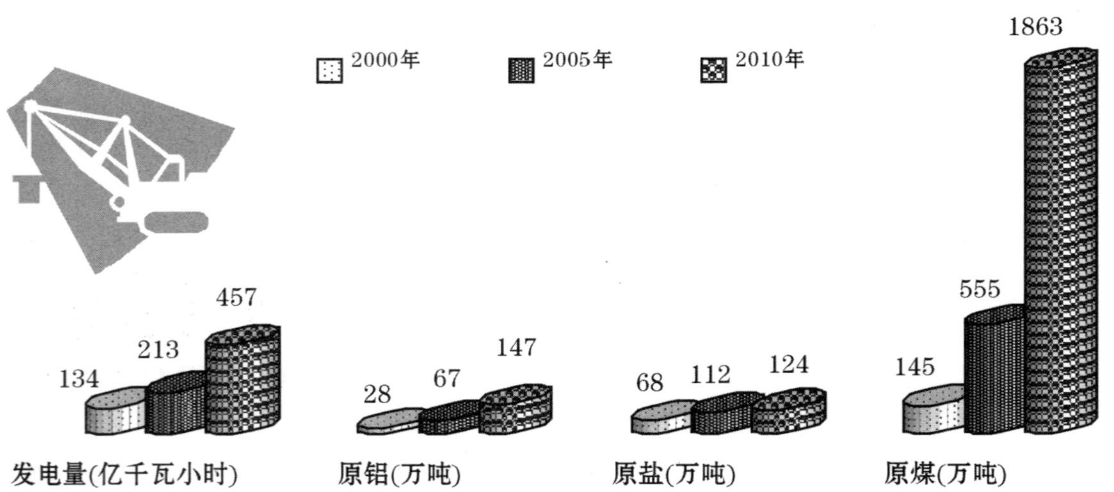

12-1 2009-2010年工业企业单位数和总产值

Number of Industry Enterprises and Its Gross Output Value (2009-2010)

指标	Item	2009		2010	
		企业单位数(个) Number of Enterprises (unit)	工业总产值(万元) Gross Industrial Output Value (10 000 yuan)	企业单位数(个) Number of Enterprises (unit)	工业总产值(万元) Gross Industrial Output Value (10 000 yuan)
全部工业企业总计	**Total of All Industrial Enterprises**	**20514**	**11674688**	**15032**	**15704693**
#规模以上工业企业(下同)	**Industrial Enterprises above Designated Size**	**523**	**10803488**	**555**	**14819893**
按登记注册类型分组:	**By Status of Registration**			**555**	**14819893**
内资企业	Domestic Funded	497	9540473	527	13154777
国有企业	State-owned Enterprises	75	1889072	69	2604976
中央企业	Central	5	926834	4	172875
地方企业	Local	70	962238	65	2432101
集体企业	Collective-owned Enterprises	9	85330	6	89672
股份合作企业	Cooperative Enterprises	9	127102	9	92197
有限责任公司	Limited Liability Corporations	207	3338197	228	4934790
国有独资公司	State Sole funded Corporations	8	106835	6	148134
其他有限责任公司	Other Limited Liability Corporations	199	3231362	222	4786655
股份有限公司	Share-holding Corporations Limited	34	2868849	35	3449788
私营企业	Private Enterprises	160	1227672	176	1954915
私营独资企业	Private-funded Enterprises	24	67094	21	88772
私营合伙企业	Private Partnership Enterprises	3	827	4	1684
私营有限责任公司	Private Limited Liability Corporations	120	1050411	135	1716765
私营股份有限公司	Private Share-holding Corporations Ltd.	13	109340	16	147694
其他企业	Other Eenterprises	3	4252	4	28441
港、澳、台商投资企业	Enterprises with Funds from Hong Kong, Macao and Taiwan	7	36832	10	79699
合资经营企业(港或澳、台资)	Joint-ventures Enterprises	5	34474	5	45609
港澳台商独资经营企业	Enterprises with Sole Investment	1	285	3	31978
港澳台商投资股份有限公司	Share-holding Corporations Ltd.	1	2073	2	2111
外商投资企业	Foreign Funded Enterprises	19	1226183	18	1585417
中外合资经营企业	Joint-venture Enterprises	10	979753	7	1274436
中外合作经营企业	Cooperation Enterprises	1	61518	1	79156
外资企业	Enterprises with Sole Funds	8	184912	10	231826
亏损企业	**Loss-making Enterprises**	**178**	**2096369**	**133**	**1043335**
国有控股企业	**State-holding Enterprises**	**137**	**6737414**	**135**	**8613605**
按轻重工业分	**Grouped by Light & Heavy Industries**				
轻工业	Light Industry	144	875634	154	1176739
重工业	Heavy Industry	379	9927854	401	13643154
按企业规模分	**Grouped by Size of Enterprises**				
大型企业	Large Enterprises	12	5500186	12	7602190
中型企业	Medium-sized Enterprises	71	2879117	106	4479514
小型企业	Small Enterprises	440	2424185	437	2738189

注：1.规模以上工业企业是指主营业务收入在500万元以上的工业企业(下同)。
2.工业总产值按当年价格计算。

a)Industrial enterprises above designated size are those with annual revenue from principal business over 5 million yuan. The same applies to thetables following.

b)Gross industrial output value is calculated at current prices.

12-2 2006-2010年规模以上工业企业工业增加值

Value-added of Industry of Industrial Enterprises above Designated Size(2006-2010)

本表绝对数按当年价格计算，比上年增长数按不变价格计算。
Absolute data in this table are calculated at current prices while the indicator growth over the previous year at constant prices.

单位：亿元 (100 million yuan)

类 型	Type	2006	2007	2008	2009	2010
工业增加值	**Value-added of Industry**	**240.34**	**315.39**	**438.83**	**440.10**	**571.76**
比上年增长 (%)	**Growth over the previous year (%)**	**20.40**	**18.40**	**21.50**	**11.00**	**20.6**
在总计中：	Categories of the Total					
轻工业	Light Industry	14.17	20.06	30.18	40.52	45.35
比上年增长 (%)	Growth over the previous year (%)	31.50	18.90	18.40	26.20	23
重工业	Heavy Industry	226.17	295.33	408.65	399.58	526.4
比上年增长 (%)	Growth over the previous year (%)	19.70	18.40	21.80	9.80	20.4
在总计中：	Categories of the Total					
国有企业	State-owned Enterprises	19.85	24.89	57.54	31.13	45.71
比上年增长 (%)	Growth over the previous year (%)	14.50	16.00	34.00	12.90	42.8
集体企业	Collective-owned Enterprises	0.95	1.58	1.34	2.74	2.59
比上年增长 (%)	Growth over the previous year (%)	-17.90	46.60	-1.10	102.60	0.6
股份合作企业	Cooperative Enterprises	2.07	3.09	2.42	2.84	5.95
比上年增长 (%)	Growth over the previous year (%)	10.50	55.50	9.30	99.40	-15.6
股份制企业	Joint-stock Enterprises	207.99	270.21	358.39	381.90	494.24
比上年增长 (%)	Growth over the previous year (%)	20.10	16.60	20.40	9.60	20.6
外商及港澳台投资企业	Enterprises with Funds from Hong Kong,Macao and Taiwan and Foreign Funded Enterprises	6.44	12.12	13.93	18.43	17.77
比上年增长 (%)	Growth over the previous year (%)	41.10	72.10	16.10	39.20	14.1
其他经济类型	Other Enterprises	3.04	3.49	5.22	3.06	5.49
比上年增长 (%)	Growth over the previous year (%)	90.60	24.70	18.40	-20.70	29.2
在总计中：	Categories of the Total					
国有控股企业	State-holding Enterprises	190.69	230.98	269.77	227.13	357.55
比上年增长 (%)	Growth over the previous year (%)	16.70	13.00	13.20	3.00	17.9
在总计中：	Categories of the Total					
非公有工业	Non-public-owned Industries	44.79	66.39	117.51	133.14	165.23
比上年增长 (%)	Growth over the previous year (%)	39.00	51.50	37.00	15.30	27.1
在总计中：	Categories of the Total					
大中型工业企业	Large and Medium-sized Industrial Enterprises	188.08	224.77	270.32	252.30	386.99
比上年增长 (%)	Growth over the previous year (%)	15.70	9.80	9.90	2.20	15.9
国有企业	State-owned Enterprises	16.52	20.33	19.89	19.24	28.17
比上年增长 (%)	Growth over the previous year (%)	12.90	9.60	15.40	8.50	35.6
在总计中：	Categories of the Total					
私营企业	Private Enterprises	16.71	30.81	51.63	61.14	65.18
比上年增长 (%)	Growth over the previous year (%)	34.30	31.70	25.50	25.80	23.7

注：本表均为快报数据。
a) Data in this table are from express report forms.

12-3 四大支柱工业企业主要指标(2010年)
Main Indicators of Four Pillar Industries Enterprises(2010)

本表按当年价格计算。
Data in this table are calculated at current prices.

单位：万元 (10 000 yuan)

指标	Item	工业总产值 Gross Industrial Output Value	工业增加值 Value-added of Industry	主营业务收入 Revenue from Principal Business	利润总额 Total Profits	利税总额 Total Profits and Taxes
总计	**Total**	**9827242**	**3980033**	**10242480**	**1271405**	**2165288**
一、石油和天然气开采业	Extraction of Petroleum and Natural Gas	1737624	1182974	1374457	425399	796473
天然原油和天然气开采业	Crude Oil and Natural Gas Exploitation Industry	1737624	1182974	1374457	425399	796473
二、电力工业	Power Industry	2314771	498833	2278335	35128	172372
电力生产	Power Production	935486	189529	916816	29954	106808
电力供应	Power Supply	1379285	308960	1361520	5174	65564
三、有色金属工业	Non-ferrous Metals Industry	4183471	1479275	5211944	407598	602431
有色金属矿采选业	Mining and Processing of Non-Ferrous Metal Ores	1160554	458071	2191901	223353	325715
有色金属冶炼及压延加工业	Smelting and Pressing of Non-ferrous Metals	3022917	1023257	3020043	184245	276716
四、盐化工业	Salt Industry	1591377	829426	1377744	403280	594012
化学原料及化学制品制造业	Manufacture of Raw Chemical Materials and Chemical Products	1557088	813734	1343876	399681	587800
采盐	Mining of Salt	23725	11637	27848	2231	3994
盐加工	Salt Processing	10564	4479	6019	1367	2218

注：表中工业增加值是成本费用调查年报资料，是按照生产企业主要产品填写的行业，运用收入法计算的。
a) Added-value Industry in this table is the annual survey data of cost, is calculated by production method. Sectors are filled in accordance with main products of enterprises.

12-4 四大优势工业企业主要指标(2010年)
Main Indicators of Four Competitive Industries Enterprises(2010)

本表按当年价格计算。
Data in this table are calculated at current prices.

单位：万元 (10 000 yuan)

指标	Item	工业总产值 Gross Industrial Output Value	工业增加值 Value-added of Industry	主营业务收入 Revenue from Principal Business	利润总额 Total Profits	利税总额 Total Profits and Taxes
总计	**Total**	**2607797**	**877784**	**2686361**	**205118**	**333625**
冶金业	Metallurgical Industry	1516833	485387	1624692	111906	188680
黑色金属矿采选业	Mining and Processing of Ferrous Metal Ores	88193	22454	93603	11691	20321
黑色金属冶炼及压延加工业	Smelting and Pressing of Ferrous Metals	1428639	461593	1531089	100215	168359
医药制造业	Manufacture of Medicines	209976	86993	190997	9452	18971
畜产品加工业	Animal Products Processing Industry	135309	51052	137568	8983	11505
屠宰及肉、蛋类加工业	Slaughtering and Processing of Meat and Egg	53984	17043	55093	3425	4323
乳制品制造业	Manufacture of Dairy Products	81325	33392	82475	5558	7181
建材业	Building Materials Industry	745679	264343	733104	74777	114471
非金属矿物制品业	Manufacture of Non-metallic Mineral Products	688692	240560	705955	73869	110901
土砂石开采	Soil Gravel Mining	4693	2330	3841	29	183
石棉及其他非金属矿采选业	Mining and Processing of Asbestos and Other Non-metal Ores	52294	23930	23308	879	3387

注：表中工业增加值是成本费用调查年报资料，是按照生产企业主要产品填写的行业，运用收入法计算的。
a)Added-value Industry in this table is the annual survey data of cost, is calculated by production method. Sectors are filled in accordance with main products of enterprises.

12-5 2007-2010年按行业分规模以上工业企业工业增加值

行业名称	Sector	2007 工业增加值(万元) Added Value of Industry (10 000yuan)	2007 比上年增长(%) Growth Over the Previous Year (%)	2007 占总量(%) Percentage of Total (%)
合计	**Total**	**3153918**	**18.40**	**100**
煤炭开采和洗选业	Mining and Washing of Coal	85532	52.00	2.71
石油和天然气开采业	Extraction of Petroleum and Natural Gas	500401	2.70	15.87
黑色金属矿采选业	Mining and Processing of Ferrous Metal Ores	6602	-14.20	0.21
有色金属矿采选业	Mining and Processing of Non-Ferrous Metal Ores	145367	45.90	4.61
非金属矿采选业	Mining and Processing of Nonmetal Ores	25781	4.80	0.82
其他采矿业	Mining of Other Ores			
农副食品加工业	Processing of Food from Agricultural Products	18996	-16.10	0.60
食品制造业	Manufacture of Foods	13291	-3.30	0.42
饮料制造业	Manufacture of Beverages	42781	50.20	1.36
纺织业	Manufacture of Textile	14178	-3.80	0.45
纺织服装、鞋、帽制造业	Manufacture of Textile Wearing Apparel, Footwear and Caps	13093	81.20	0.42
皮革、毛皮、羽毛(绒)及其制品业	Manufacture of Leather, Fur, Feather and Related Products	793	39.90	0.03
木材加工及木、竹、藤、棕、草制品业				
家具制造业	Manufacture of Furniture	1027	550.30	0.03
造纸及纸制品业	Manufacture of Paper and Paper Products	365	-30.10	0.01
印刷业和记录媒介的复制	Printing, Reproduction of Recording Media	6443	69.60	0.20
石油加工、炼焦及核燃料加工业	Processing of Petroleum, Coking, Processing of Nuclear Fuel	224325	14.80	7.11
化学原料及化学制品制造业	Manufacture of Raw Chemical Materials and Chemical Products	424377	27.90	13.46
医药制造业	Manufacture of Medicines	64091	12.80	2.03
化学纤维制造业	Manufacture of Chemical Fibers	78	-32.90	…
橡胶制品业	Manufacture of Rubber	564.60	-52.00	0.02
塑料制品业	Manufacture of Plastics	2152	47.40	0.07
非金属矿物制品业	Manufacture of Non-metallic Mineral Products	108933	38.90	3.45
黑色金属冶炼及压延加工业	Smelting and Pressing of Ferrous Metals	276861	32.70	8.78
有色金属冶炼及压延加工业	Smelting and Pressing of Non-ferrous Metals	613595	19.10	19.46
金属制品业	Manufacture of Metal Products	27651	113.80	0.88
通用设备制造业	Manufacture of General Purpose Machinery	32155	-16.00	1.02
专用设备制造业	Manufacture of Special Purpose Machinery	8377	-5.20	0.27
交通运输设备制造业	Manufacture of Transport Equipment	5905	-19.50	0.19
电气机械及器材制造业	Manufacture of Electrical Machinery and Equipment	20493	52.40	0.65
通信设备、计算机及其他电子设备制造业	Manufacture of Communication Equipment, Computers and Other Electronic Equipment			
仪器仪表及文化、办公用机械制造业	Manufacture of Measuring Instruments and Machinery for Cultural Activity and Office Work	7836	46.20	0.25
工艺品及其他制造业	Manufacture of Artwork and Other Manufacturing	10528	49.20	0.33
废弃资源和废旧材料回收加工业	Recycling and Disposal of Waste	752	16.20	0.02
电力、热力的生产和供应业	Production and Supply of Electric Power and Heat Power	436174	10.50	13.83
燃气生产和供应业	Production and Supply of Gas	3155	9.70	0.10
水的生产和供应业	Production and Supply of Water	11261	11.10	0.36

注：1.本表为年快报数据。
2.表中的工业增加值是生产企业的各种产品归属的行业按当年价格计算。
3.增长速度均按可比价格计算(价格缩减法)，根据当年的企业增减变动后的行业数计算的。

Value-added of Industrial Enterprises above Designated Size by Industrial Sector(2007-2010)

2008			2009			2010		
工 业 增加值 (万元) Added Value of Industry (10 000yuan)	比上年 增 长 (%) Growth Over the Previous Year (%)	占总量 (%) Percentage of Total (%)	工 业 增加值 (万元) Added Value of Industry (10 000yuan)	比上年 增 长 (%) Growth Over the Previous Year (%)	占总量 (%) Percentage of Total (%)	工 业 增加值 (万元) Added Value of Industry (10 000yuan)	比上年 增 长 (%) Growth Over the Previous Year (%)	占总量 (%) Percentage of Total (%)
4388280	**21.50**	**100**	**4401003**	**11.0**	**100**	**5717576**	**20.6**	**100**
231986	118.20	5.29	291205	9.5	6.62	518060	47.6	9.06
640051	9.80	14.59	415883	-13.0	9.45	726575	5.8	12.71
16430	12.40	0.37	13184	15.1	0.30	33444	4.9	0.58
176381	67.80	4.02	131808	5.8	2.99	149946	23.4	2.62
35292	38.30	0.80	40180	38.1	0.91	38098	6.1	0.67
1966	53.70	0.04	3533	9.6	0.08	2669	58.2	0.05
39317	22.80	0.90	43727	21.8	0.99	44734	19.8	0.78
24903	14.20	0.57	40724	41.6	0.93	37094	47.1	0.65
51080	11.10	1.16	62482	20.1	1.42	101069	35.6	1.77
34338	121.50	0.78	69143	52.8	1.57	63396	18.6	1.11
20540	35.50	0.47	26114	20.9	0.59	19329	-3.1	0.34
431	-39.60	0.01	536	-5.9	0.01	583	-51.2	0.01
						189	--	0.00
590	-51.70	0.01	424	-28.0	0.01	500	1.8	0.01
541	48.10	0.01	117	-65.2	0.00	89	-32.8	0.00
12636	23.90	0.29	25251	66.8	0.57	11886	-12.8	0.21
329492	11.00	7.51	282178	-10.0	6.41	446270	31.0	7.81
754141	22.50	17.19	899316	26.6	20.43	877748	8.7	15.35
86411	6.60	1.97	107533	22.4	2.44	96722	18.4	1.69
154	160.80	…		-99.9			-100.0	
272.80	-35.10	0.01	214	11.9	0.00	204	-6.1	0.00
3267	14.60	0.07	3073	13.3	0.07	1952	19.9	0.03
150049	12.00	3.42	163053	13.8	3.70	218510	34.0	3.82
466771	19.80	10.64	354654	3.2	8.06	353683	15.9	6.19
675725	21.40	15.40	720319	21.8	16.37	1168901	24.6	20.44
23666	-6.10	0.54	26542	21.1	0.60	26851	11.0	0.47
50549	30.00	1.15	66306	23.5	1.51	44061	5.9	0.77
7916	-9.70	0.18	5706	-6.6	0.13	11852	48.2	0.21
8404	122.10	0.19	8488	20.8	0.19	9226	-9.8	0.16
36775	12.00	0.84	37859	11.5	0.86	22822	-3.1	0.40
1734	56.50	0.04	3398	92.9	0.08	3895	14.1	0.07
11405	12.40	0.26	7895	-35.0	0.18	4338	11.7	0.08
15093	-2.00	0.34	14394	-18.8	0.33	68146	38.3	1.19
795	-0.20	0.02	276	-60.5	0.01			
467504	11.40	10.65	527385	11.5	11.98	610257	30.9	10.67
2666	-3.30	0.06	2196	24.8	0.05			
9006	25.00	0.21	5904	3.5	0.13	4480	6.6	0.08

a)Data in this table are annual express report data.

b)Added-value of industry in the table are calculated by current prices. Sectors are sorted by mail products of enterprise.

c)Growth rate is calculated according to comparable prices (price reduction method), according to the number of sector after industrial enterprises changes increase or decrease in the same year.

12-6 规模以上工业企业主要指标(2010年)

单位：万元

项 目	Item	企业单位数(个) Number of Enterprises (unit)	亏损企业 Loss-making Enterprises
总计	**Total**	**555**	**133**
国有控股企业	State-holding Enterprises	135	32
轻工业	Light Industry	154	30
重工业	Heavy Industry	401	103
大型企业	Large Enterprises	12	
中型企业	Medium-sized Enterprises	106	16
小型企业	Small Enterprises	437	117
按登记注册类型分组	By Status of Registration		
集体企业	Collective-owned Enterprises	6	2
股份合作企业	Cooperative Enterprises	9	3
有限责任公司	Limited Liability Corporations	228	56
股份有限公司	Share-holding Corporations Limited	35	6
私营企业	Private Enterprises	176	39
其他企业	Other Enterprises	4	
港、澳、台商投资企业	Enterprises with Funds from Hong Kong, Macao and Taiwan	10	6
外商投资企业	Foreign Funded Enterprises	18	2
按工业行业分组	Grouped by Sector		
采掘业	**Mining**	**72**	**15**
煤炭开采和洗选业	Mining and Washing of Coal	25	6
石油和天然气开采业	Extraction of Petroleum and Natural Gas	2	1
黑色金属矿采选业	Mining and Processing of Ferrous Metal Ores	14	3
有色金属矿采选业	Mining and Processing of Non-Ferrous Metal Ores	18	3
非金属矿采选业	Mining and Processing of Nonmetal Ores	11	1
其他采矿业	Mining of Other Ores	2	1
制造业	**Manufacture**	**412**	**99**
农副食品加工业	Processing of Food from Agricultural Products	42	5
食品制造业	Manufacture of Foods	21	1
饮料制造业	Manufacture of Beverages	10	2
纺织业	Manufacture of Textile	10	3
纺织服装、鞋、帽制造业	Manufacture of Textile Wearing Apparel, Footwear and Caps	5	
皮革、毛皮、羽毛(绒)及其制品业	Manufacture of Leather,Fur,Feather and Related Products	2	1
木材加工及木、竹、藤、棕、草制品业	Processing of Timber, Manufacture of Wood,Bamboo, Rattan, Palm and Straw Products	1	
家具制造业	Manufacture of Furniture	1	
印刷业和记录媒介的复制	Printing, Reproduction of Recording Media	10	1
石油加工、炼焦及核燃料加工业	Processing of Petroleum,Coking,Processing of Nuclear Fuel	2	
化学原料及化学制品制造业	Manufacture of Raw Chemical Materials and Chemical Products	72	25
医药制造业	Manufacture of Medicines	26	3
橡胶制品业	Manufacture of Rubber	1	
塑料制品业	Manufacture of Plastics	5	
非金属矿物制品业	Manufacture of Non-metallic Mineral Products	72	18
黑色金属冶炼及压延加工业	Smelting and Pressing of Ferrous Metals	41	15
有色金属冶炼及压延加工业	Smelting and Pressing of Non-ferrous Metals	36	8
金属制品业	Manufacture of Metal Products	18	6
通用设备制造业	Manufacture of General Purpose Machinery	9	1
专用设备制造业	Manufacture of Special Purpose Machinery	5	2
交通运输设备制造业	Manufacture of Transport Equipment	6	2
电气机械及器材制造业	Manufacture of Electrical Machinery and Equipment	9	4
通信设备、计算机及其他电子设备制造业	Manufacture of Communication Equipment, Computers and Other Electronic Equipment	1	
仪器仪表及文化、办公用机械制造业	Manufacture of Measuring Instruments and Machinery for Cultural Activity and Office Work	1	
工艺品及其他制造业	Manufacture of Artwork and Other Manufacturing	6	2
电力、燃气及水的生产和供应业	**Production and Distribution of Electricity, Gas and Water**	**71**	**19**
电力、热力的生产和供应业	Production and Supply of Electric Power and Heat Power	51	10
燃气生产和供应业	Production and Supply of Gas	1	
水的生产和供应业	Production and Supply of Water	19	9

Main Indicators of Industrial Enterprises above Designated Size(2010)

(10 000 yuan)

工 业 总产值 Gross Industrial Output Value	资 产 总 计 Total Assets	流动资产合计 Total Working Capitals	固定资产合计 Total Fixed Assets	固定资产原价 Original Value of Fixed Assets	累计折旧 Accumulated Depreciation	固定资产净值 Net Value of Fixed Assets
14819893	**30536134**	**9324211**	**16570593**	**20260979**	**5771481**	**14486692**
8613605	21539841	5344098	13054361	16456678	4919739	11534133
1176739	1371665	538237	559797	645334	141383	503951
13643154	29164468	8785974	16010796	19615645	5630098	13982741
7602190	18149561	4167826	11521052	14709138	4501765	10204566
4479514	7814327	3261613	3064539	3112811	639174	2473637
2738189	4572246	1894772	1985001	2439030	630541	1808489
89672	128898	98822	26845	35472	10217	25255
92197	56397	24018	15124	19058	5359	13699
4934790	11325478	2891362	7251207	8257522	2073270	6184252
3449788	6935545	2120510	3309468	4870440	1862713	3007727
1954915	3009002	1528550	1027589	1034513	218925	815588
28441	217074	30548	10377	11442	2784	8658
79699	281187	55882	172915	169850	13880	155970
1585417	3624567	1370859	1495345	1917811	531521	1383484
3959936	**7433651**	**2824009**	**3239678**	**4958335**	**1797982**	**3157547**
874866	1827256	939179	313416	564608	269064	295544
1737624	2598914	534747	2064167	3220558	1198537	2022022
88193	82297	49962	28959	40411	16172	24239
1160554	2742385	1222868	771598	1045227	282797	759624
84690	175902	74000	57891	86299	31179	55121
14009	6898	3252	3646	1232	234	998
8520935	**14692514**	**5817097**	**5833939**	**6666972**	**1726472**	**4940501**
226327	205111	102027	90802	108242	22176	86066
184583	138155	74998	46768	55253	10567	44686
159442	188614	80818	74708	87530	13496	74034
210323	247326	85970	80951	98403	18901	79502
66399	46427	23093	19070	22730	4019	18710
1080	4974	2411	2563	2645	183	2463
522	456	286	167	189	22	167
1382	3550	2089	1462	1515	246	1269
45774	33787	13439	19818	25077	6410	18666
206792	338163	119668	172245	174381	7346	167035
1557088	6364620	2609382	1804411	1820357	435847	1384509
209976	297803	108692	113314	121030	31240	89790
926	1509	991	431	597	165	431
9107	9273	5522	3683	4225	651	3573
688692	937069	446756	380840	398007	96282	301725
1428639	1914736	753429	949535	1082333	260009	822324
3022917	3376509	1038808	1926112	2474701	760966	1713735
73067	75570	55123	18653	21333	5638	15694
198974	272321	165415	55843	79048	34024	45025
23026	20152	13101	5004	6639	2001	4638
48936	74786	42415	8925	10010	1588	8423
96108	83165	38473	36649	42652	6587	36065
12804	6113	4307	1807	1922	115	1807
10260	16879	9538	6087	10291	4204	6087
37794	35449	20348	14093	17865	3788	14077
2339023	**8409968**	**683105**	**7496976**	**8635671**	**2247027**	**6388644**
2317541	8248920	668279	7399808	8531233	2218195	6313038
21482	161048	14827	97168	104439	28833	75606

12-6 续表 1

单位：万元

项 目	Item	负债合计 Total Liabilities	流动负债合计 Total Working Liabilities
总计	**Total**	**19462632**	**10658648**
国有控股企业	State-holding Enterprises	14076939	6861294
轻工业	Light Industry	726021	504498
重工业	Heavy Industry	18736611	10154150
大型企业	Large Enterprises	11961137	5772756
中型企业	Medium-sized Enterprises	4658359	3049233
小型企业	Small Enterprises	2843136	1836659
按登记注册类型分组	**By Status of Registration**		
集体企业	Collective-owned Enterprises	101660	80480
股份合作企业	Cooperative Enterprises	19002	17854
有限责任公司	Limited Liability Corporations	8108325	3473861
股份有限公司	Share-holding Corporations Limited	3955103	2248343
私营企业	Private Enterprises	1845618	1373095
其他企业	Other Enterprises	159510	75174
港、澳、台商投资企业	Enterprises with Funds from Hong Kong, Macao and Taiwan	262790	126284
外商投资企业	Foreign Funded Enterprises	1924484	1429940
按工业行业分组	**Grouped by Sector**		
采掘业	**Mining**	**3845206**	**2826297**
煤炭开采和洗选业	Mining and Washing of Coal	918983	837211
石油和天然气开采业	Extraction of Petroleum and Natural Gas	1435077	772219
黑色金属矿采选业	Mining and Processing of Ferrous Metal Ores	46878	33094
有色金属矿采选业	Mining and Processing of Non-Ferrous Metal Ores	1339758	1125563
非金属矿采选业	Mining and Processing of Nonmetal Ores	101131	54890
其他采矿业	Mining of Other Ores	3380	3320
制造业	**Manufacture**	**9098295**	**5962583**
农副食品加工业	Processing of Food from Agricultural Products	105122	88878
食品制造业	Manufacture of Foods	67630	56263
饮料制造业	Manufacture of Beverages	105079	100708
纺织业	Manufacture of Textile	134824	65576
纺织服装、鞋、帽制造业	Manufacture of Textile Wearing Apparel, Footwear and Caps	21338	18900
皮革、毛皮、羽毛(绒)及其制品业	Manufacture of Leather,Fur,Feather and Related Products	3334	110
木材加工及木、竹、藤、棕、草制品业		416	416
家具制造业	Manufacture of Furniture	2836	1996
印刷业和记录媒介的复制	Printing, Reproduction of Recording Media	18763	15201
石油加工、炼焦及核燃料加工业	Processing of Petroleum,Coking,Processing of Nuclear Fuel	215788	125288
化学原料及化学制品制造业	Manufacture of Raw Chemical Materials and Chemical Products	3764691	2165886
医药制造业	Manufacture of Medicines	109936	77092
橡胶制品业	Manufacture of Rubber	337	337
塑料制品业	Manufacture of Plastics	4769	3855
非金属矿物制品业	Manufacture of Non-metallic Mineral Products	628341	510296
黑色金属冶炼及压延加工业	Smelting and Pressing of Ferrous Metals	1257257	1000527
有色金属冶炼及压延加工业	Smelting and Pressing of Non-ferrous Metals	2347001	1475069
金属制品业	Manufacture of Metal Products	40397	39017
通用设备制造业	Manufacture of General Purpose Machinery	135796	119337
专用设备制造业	Manufacture of Special Purpose Machinery	14287	12297
交通运输设备制造业	Manufacture of Transport Equipment	39343	19623
电气机械及器材制造业	Manufacture of Electrical Machinery and Equipment	57734	50424
通信设备、计算机及其他电子设备制造业	Manufacture of Communication Equipment, Computers and Other Electronic Equipment	3547	1802
仪器仪表及文化、办公用机械制造业	Manufacture of Measuring Instruments and Machinery for Cultural Activity and Office Work	2996	2996
工艺品及其他制造业	Manufacture of Artwork and Other Manufacturing	16734	10690
电力、燃气及水的生产和供应业	**Production and Distribution of Electricity, Gas and Water**	**6519132**	**1869768**
电力、热力的生产和供应业	Production and Supply of Electric Power and Heat Power	6392301	1814110
燃气生产和供应业	Production and Supply of Gas		
水的生产和供应业	Production and Supply of Water	126830	55658

Continued

(10 000 yuan)

长期负债合计 Total Long-term Liabilities	所有者权益合计 Total Owners' Equity	实收资本 Paid-up Capital	主营业务收入 Revenue from Principal Business	主营业务成本 Cost of Principal Business	主营业务税金及附加 Taxes and Other Charges on Principal Business	其他业务利润 Other Operating Profit
8617600	**10841158**	**4829610**	**15250844**	**11822732**	**400729**	**-25377**
7144786	7285200	3127696	9279034	6933207	322991	-45709
146757	641808	361773	1130081	972087	15171	2792
8470843	10199351	4467836	14120763	10850645	385558	-28168
6174248	6053524	2302683	8353925	6446073	285871	-50547
1552429	3088323	1541380	4397474	3280632	77906	19502
890924	1699312	985547	2499445	2096027	36952	5669
21180	26737	17627	138904	117993	4604	38
505	35695	12413	89647	77977	289	
4578447	3185375	1879650	4919096	3893824	49468	7333
1675083	2954403	642207	3090507	1761469	253303	-61521
393627	1162686	563209	1623065	1311104	44687	15292
83901	57556	52050	30945	24639	96	
136406	18397	76054	75219	49295	333	261
491520	1601239	538189	2521836	2221538	12496	4346
998502	**3498018**	**529187**	**4639367**	**3115995**	**228671**	**-58125**
67919	893171	159421	909167	534754	14464	1622
662858	1163597	10486	1374457	626156	200907	-64655
13634	35419	11311	93603	73501	1325	1560
211181	1327841	289015	2191901	1838152	10364	3347
42912	74471	57266	56705	31027	1559	
	3518	1688	13535	12404	51	
3016741	**5460386**	**2943559**	**8312681**	**6768644**	**151869**	**27567**
14963	97659	52073	227430	209927	1477	53
11020	69755	36101	176563	156734	1529	879
4371	83535	47499	157642	107062	5235	227
29069	111857	39287	202162	188834	1526	1173
1742	25089	9380	52393	51224	229	96
1670	1640	1280	2442	2173	11	
	40	220	939	807	4	2
840	621	3000	1918	1382	1	6
3491	15024	8997	44090	40299	166	109
90500	122375	70000	166088	117812	12738	224
1566748	2562991	1108123	1343876	676640	88337	1183
27781	187867	112605	190997	159122	3256	-500
	1172	408	985	940	104	
904	4504	2284	9827	9124	513	
112224	308402	193448	705955	584760	4177	2644
256128	619457	356834	1531089	1419848	10285	12653
842170	1000672	761459	3020043	2636712	12619	5108
1280	33265	17291	71898	62245	520	97
16385	112560	71052	191783	161545	6900	2850
1990	5864	4169	12372	8250	109	
19709	35444	17338	41442	35720	145	50
6043	25431	20232	91197	86156	372	91
1744	2567	1000	12804	10589		
	13883	1500	9129	6925	71	17
5969	18715	7980	37619	33817	1547	604
4602357	**1882754**	**1356863**	**2298796**	**1938093**	**20189**	**5182**
4558184	1848536	1307489	2281798	1926690	20030	5129
44173	34218	49374	16998	11403	159	54

12-6 续表 2

单位：万元

项目	Item	营业费用 Operating Expenses	营业利润 Operating Profit
总计	**Total**	**446450**	**2116958**
国有控股企业	State-holding Enterprises	199318	1283229
轻工业	Light Industry	73257	93656
重工业	Heavy Industry	373193	2023302
大型企业	Large Enterprises	153644	983884
中型企业	Medium-sized Enterprises	183072	810492
小型企业	Small Enterprises	109734	322582
按登记注册类型分组	**By Status of Registration**		
集体企业	Collective-owned Enterprises	2158	12499
股份合作企业	Cooperative Enterprises	2364	34771
有限责任公司	Limited Liability Corporations	163095	650227
股份有限公司	Share-holding Corporations Limited	131420	781252
私营企业	Private Enterprises	67246	239023
其他企业	Other Enterprises	955	4495
港、澳、台商投资企业	Enterprises with Funds from Hong Kong, Macao and Taiwan	29256	-13494
外商投资企业	Foreign Funded Enterprises	32240	245370
按工业行业分组	**Grouped by Sector**		
采掘业	**Mining**	**99842**	**935181**
煤炭开采和洗选业	Mining and Washing of Coal	50510	261401
石油和天然气开采业	Extraction of Petroleum and Natural Gas	6568	426843
黑色金属矿采选业	Mining and Processing of Ferrous Metal Ores	8262	11158
有色金属矿采选业	Mining and Processing of Non-Ferrous Metal Ores	27757	229078
非金属矿采选业	Mining and Processing of Nonmetal Ores	6444	2602
其他采矿业	Mining of Other Ores	302	4099
制造业	**Manufacture**	**335537**	**1144967**
农副食品加工业	Processing of Food from Agricultural Products	4769	21215
食品制造业	Manufacture of Foods	7417	20440
饮料制造业	Manufacture of Beverages	36370	-8160
纺织业	Manufacture of Textile	2516	13339
纺织服装、鞋、帽制造业	Manufacture of Textile Wearing Apparel, Footwear and Caps	1559	5484
皮革、毛皮、羽毛(绒)及其制品业	Manufacture of Leather,Fur,Feather and Related Products	99	81
家具制造业	Manufacture of Furniture	40	100
造纸及纸制品业	Manufacture of Paper and Paper Products	42	556
印刷业和记录媒介的复制	Printing, Reproduction of Recording Media	1108	6014
石油加工、炼焦及核燃料加工业	Processing of Petroleum,Coking,Processing of Nuclear Fuel	4003	36136
化学原料及化学制品制造业	Manufacture of Raw Chemical Materials and Chemical Products	142120	335262
医药制造业	Manufacture of Medicines	17295	20294
橡胶制品业	Manufacture of Rubber	47	-7
塑料制品业	Manufacture of Plastics	634	371
非金属矿物制品业	Manufacture of Non-metallic Mineral Products	23498	78454
黑色金属冶炼及压延加工业	Smelting and Pressing of Ferrous Metals	22131	124738
有色金属冶炼及压延加工业	Smelting and Pressing of Non-ferrous Metals	52498	439422
金属制品业	Manufacture of Metal Products	4104	3491
通用设备制造业	Manufacture of General Purpose Machinery	8735	7825
专用设备制造业	Manufacture of Special Purpose Machinery	850	4513
交通运输设备制造业	Manufacture of Transport Equipment	1848	4715
电气机械及器材制造业	Manufacture of Electrical Machinery and Equipment	2120	15951
通信设备、计算机及其他电子设备制造业	Manufacture of Communication Equipment, Computers and Other Electronic Equipment	77	4329
仪器仪表及文化、办公用机械制造业	Manufacture of Measuring Instruments and Machinery for Cultural Activity and Office Work	552	1053
工艺品及其他制造业	Manufacture of Artwork and Other Manufacturing	1108	9352
电力、燃气及水的生产和供应业	**Production and Distribution of Electricity, Gas and Water**	**11071**	**36810**
电力、热力的生产和供应业	Production and Supply of Electric Power and Heat Power	10125	37490
燃气生产和供应业	Production and Supply of Gas		
水的生产和供应业	Production and Supply of Water	945	-679

Continued

(10 000 yuan)

利润总额 Total Profits	应交所得税 Income Tax Payable	亏损企业亏损总额 The Total Loss of Loss-making Enterprises	利税总额 Total Profits and Taxes	本年应交增值税 Value Added Tax Payable	全部从业人员年平均人数(人) Annual Average Employed Persons (person)
1820167	**185585**	**109248**	**3027511**	**806615**	**200893**
1209954	126709	42284	2116993	584048	116989
39974	9131	35963	84174	29030	27486
1780193	176454	73285	2943337	777586	173407
988130	81346		1769081	495081	88975
658592	77561	44147	956587	220089	69551
173445	26679	65101	301842	91446	42367
10873	1683	577	21723	6246	3534
4854	964	33	5719	576	997
446535	47247	34572	740201	244198	66242
775099	50997	13004	1291042	262640	49895
208621	14421	12064	314399	61091	29393
2578	447		3085	411	1256
-22076	1118	31251	-15388	6355	1497
239890	36718	1138	353157	100771	18034
922345	**63019**	**18229**	**1519808**	**368792**	**53392**
257542	29321	14537	368026	96019	12799
425399		109	796473	170167	22613
11691	2323	252	20321	7305	1262
223353	30344	3055	325715	91997	11956
3857	1031	81	8435	3018	4683
502		196	838	285	79
863242	**116366**	**82709**	**1334598**	**319487**	**129733**
13279	913	1059	18073	3317	3047
12960	415	11	19056	4567	2875
-7678	4807	28679	5496	7940	2977
6247	1000	1583	9585	1812	6069
3549	59		5575	1797	3298
107	36	36	136	17	96
100			114	10	20
21			29	7	40
1841	450	6	3425	1419	1241
37749	388		58699	8212	1300
399681	56876	28608	587800	99782	28067
9452	1026	2112	18971	6262	4477
69	17		177	5	67
207	29		934	215	487
73869	11645	8706	110901	32855	16104
100215	12586	4335	168359	57859	22559
184245	23311	6038	276716	79852	23126
4710	424	126	7854	2624	2016
7871	398	66	20819	6048	6054
4500	562	165	5494	885	664
1527	56	43	2721	1048	1355
4276	1252	1058	6317	1669	1446
280			280		50
2229			2757	456	618
1937	118	76	4314	830	1680
34579	**6200**	**8311**	**173105**	**118337**	**17768**
35118	5847	6801	172429	117281	16252
-539	353	1510	676	1056	1516

12-7　地方规模以上工业企业主要指标(2010年)

单位：万元

项　目	Item	企业单位数(个) Number of Enterprises (unit)	亏损企业 Loss-making Enterprises
总计	**Total**	**545**	**130**
国有控股企业	State-holding Enterprises	125	29
轻工业	Light Industry	154	30
重工业	Heavy Industry	391	100
大型企业	Large Enterprises	9	
中型企业	Medium-sized Enterprises	102	14
小型企业	Small Enterprises	434	116
按工业行业分组	**Grouped by Sector**		
采掘业	**Mining**	**70**	**15**
煤炭开采和洗选业	Mining and Washing of Coal	25	6
石油和天然气开采业	Extraction of Petroleum and Natural Gas	1	1
黑色金属矿采选业	Mining and Processing of Ferrous Metal Ores	13	3
有色金属矿采选业	Mining and Processing of Non-Ferrous Metal Ores	18	3
非金属矿采选业	Mining and Processing of Nonmetal Ores	11	1
其他采矿业	Mining of Other Ores	2	1
制造业	**Manufacture**	**406**	**97**
农副食品加工业	Processing of Food from Agricultural Products	42	5
食品制造业	Manufacture of Foods	21	1
饮料制造业	Manufacture of Beverages	10	2
纺织业	Manufacture of Textile	10	3
纺织服装、鞋、帽制造业	Manufacture of Textile Wearing Apparel, Footwear and Caps	5	
皮革、毛皮、羽毛(绒)及其制品业	Manufacture of Leather,Fur,Feather and Related Products	2	1
家具制造业	Manufacture of Furniture	1	
造纸及纸制品业	Manufacture of Paper and Paper Products	1	
印刷业和记录媒介的复制	Printing, Reproduction of Recording Media	10	1
石油加工、炼焦及核燃料加工业	Processing of Petroleum,Coking,Processing of Nuclear Fuel	2	
化学原料及化学制品制造业	Manufacture of Raw Chemical Materials and Chemical Products	70	24
医药制造业	Manufacture of Medicines	26	3
橡胶制品业	Manufacture of Rubber	1	
塑料制品业	Manufacture of Plastics	5	
非金属矿物制品业	Manufacture of Non-metallic Mineral Products	71	18
黑色金属冶炼及压延加工业	Smelting and Pressing of Ferrous Metals	41	15
有色金属冶炼及压延加工业	Smelting and Pressing of Non-ferrous Metals	33	7
金属制品业	Manufacture of Metal Products	18	6
通用设备制造业	Manufacture of General Purpose Machinery	9	1
专用设备制造业	Manufacture of Special Purpose Machinery	5	2
交通运输设备制造业	Manufacture of Transport Equipment	6	2
电气机械及器材制造业	Manufacture of Electrical Machinery and Equipment	9	4
通信设备、计算机及其他电子设备制造业	Manufacture of Communication Equipment, Computers and Other Electronic Equipment	1	
仪器仪表及文化、办公用机械制造业	Manufacture of Measuring Instruments and Machinery for Cultural Activity and Office Work	1	
工艺品及其他制造业	Manufacture of Artwork and Other Manufacturing	6	2
电力、燃气及水的生产和供应业	**Production and Distribution of Electricity, Gas and Water**	**69**	**18**
电力、热力的生产和供应业	Production and Supply of Electric Power and Heat Power	49	9
燃气生产和供应业	Production and Supply of Gas	1	
水的生产和供应业	Production and Supply of Water	19	9

Main Indicators of Local Industrial Enterprises Above Designated Size (2010)

(10 000 yuan)

工 业 总产值 Gross Industrial Output Value	资 产 总 计 Total Assets	流动资 产合计 Total Working Capitals	固定资产 合计 Total Fixed Assets	固定资 产原价 Original Value of Fixed Assets	累计折旧 Accumulated Depreciation	固定资产 净值 Net Value of Fixed Assets
11564641	**21666852**	**8175443**	**8984012**	**10573820**	**2737094**	**7833920**
5358353	12670559	4195330	5467781	6769519	1885352	4881361
1176739	1371665	538237	559797	645334	141383	503951
10387902	20295186	7637206	8424215	9928486	2595711	7329969
4604463	10069507	3179793	4429661	5622892	1627983	3992103
4315983	7257193	3127119	2775201	2763240	533163	2230078
2644195	4340152	1868531	1779150	2187687	575947	1611740
2215332	**4830720**	**2282841**	**1177915**	**1741855**	**599554**	**1139495**
874866	1827256	939179	313416	564608	269064	295544
523	10762	2746	8016	7311	1441	5870
80690	67518	40795	23347	37178	14840	22339
1160554	2742385	1222868	771598	1045227	282797	759624
84690	175902	74000	57891	86299	31179	55121
14009	6898	3252	3646	1232	234	998
7825918	**13741041**	**5525674**	**5307821**	**5781396**	**1314523**	**4466873**
226327	205111	102027	90802	108242	22176	86066
184583	138155	74998	46768	55253	10567	44686
159442	188614	80818	74708	87530	13496	74034
210323	247326	85970	80951	98403	18901	79502
66399	46427	23093	19070	22730	4019	18710
1080	4974	2411	2563	2645	183	2463
522	456	286	167	189	22	167
1382	3550	2089	1462	1515	246	1269
45774	33787	13439	19818	25077	6410	18666
206792	338163	119668	172245	174381	7346	167035
1495410	5995965	2508952	1612711	1616029	419803	1196225
209976	297803	108692	113314	121030	31240	89790
926	1509	991	431	597	165	431
9107	9273	5522	3683	4225	651	3573
656446	835693	423281	347980	362374	93508	268866
1428639	1914736	753429	949535	1082333	260009	822324
2421823	2895067	871291	1624554	1829086	367835	1461250
73067	75570	55123	18653	21333	5638	15694
198974	272321	165415	55843	79048	34024	45025
23026	20152	13101	5004	6639	2001	4638
48936	74786	42415	8925	10010	1588	8423
96108	83165	38473	36649	42652	6587	36065
12804	6113	4307	1807	1922	115	1807
10260	16879	9538	6037	10291	4204	6087
37794	35449	20348	14093	17865	3788	14077
1523392	**3095090**	**366927**	**2498276**	**3050569**	**823016**	**2227553**
1501910	2934042	352100	2401108	2946130	794184	2151947
21482	161048	14827	97168	104439	28833	75606

12—7 续表 1

单位：万元

项 目	Item	负 债 合 计 Total Liabilities	流动负债 合 计 Total Working Liabilities
总计	**Total**	**12745701**	**8689863**
国有控股企业	State-holding Enterprises	7360008	4892509
轻工业	Light Industry	726021	504498
重工业	Heavy Industry	12019680	8185365
大型企业	Large Enterprises	5896879	4046065
中型企业	Medium-sized Enterprises	4243940	2890559
小型企业	Small Enterprises	2604882	1753239
按工业行业分组	**Grouped by Sector**		
采掘业	**Mining**	**2400665**	**2046448**
煤炭开采和洗选业	Mining and Washing of Coal	918983	837211
石油和天然气开采业	Extraction of Petroleum and Natural Gas	510	510
黑色金属矿采选业	Mining and Processing of Ferrous Metal Ores	36904	24955
有色金属矿采选业	Mining and Processing of Non-Ferrous Metal Ores	1339758	1125563
非金属矿采选业	Mining and Processing of Nonmetal Ores	101131	54890
其他采矿业	Mining of Other Ores	3380	3320
制造业	**Manufacture**	**8366087**	**5631064**
农副食品加工业	Processing of Food from Agricultural Products	105122	88878
食品制造业	Manufacture of Foods	67630	56263
饮料制造业	Manufacture of Beverages	105079	100708
纺织业	Manufacture of Textile	134824	65576
纺织服装、鞋、帽制造业	Manufacture of Textile Wearing Apparel, Footwear and Caps	21338	18900
皮革、毛皮、羽毛(绒)及其制品业	Manufacture of Leather,Fur,Feather and Related Products	3334	110
家具制造业	Manufacture of Furniture	416	416
造纸及纸制品业	Manufacture of Paper and Paper Products	2836	1996
印刷业和记录媒介的复制	Printing, Reproduction of Recording Media	18763	15201
石油加工、炼焦及核燃料加工业	Processing of Petroleum,Coking,Processing of Nuclear Fuel	215788	125288
化学原料及化学制品制造业	Manufacture of Raw Chemical Materials and Chemical Products	3509602	2111987
医药制造业	Manufacture of Medicines	109936	77092
橡胶制品业	Manufacture of Rubber	337	337
塑料制品业	Manufacture of Plastics	4769	3855
非金属矿物制品业	Manufacture of Non-metallic Mineral Products	553462	474887
黑色金属冶炼及压延加工业	Smelting and Pressing of Ferrous Metals	1257257	1000527
有色金属冶炼及压延加工业	Smelting and Pressing of Non-ferrous Metals	1944761	1232859
金属制品业	Manufacture of Metal Products	40397	39017
通用设备制造业	Manufacture of General Purpose Machinery	135796	119337
专用设备制造业	Manufacture of Special Purpose Machinery	14287	12297
交通运输设备制造业	Manufacture of Transport Equipment	39343	19623
电气机械及器材制造业	Manufacture of Electrical Machinery and Equipment	57734	50424
通信设备、计算机及其他电子设备制造业	Manufacture of Communication Equipment, Computers and Other Electronic Equipment	3547	1802
仪器仪表及文化、办公用机械制造业	Manufacture of Measuring Instruments and Machinery for Cultural Activity and Office Work	2996	2996
工艺品及其他制造业	Manufacture of Artwork and Other Manufacturing	16734	10690
电力、燃气及水的生产和供应业	**Production and Distribution of Electricity, Gas and Water**	**1978949**	**1012350**
电力、热力的生产和供应业	Production and Supply of Electric Power and Heat Power	1852119	956692
燃气生产和供应业	Production and Supply of Gas		
水的生产和供应业	Production and Supply of Water	126830	55658

Continued

(10 000 yuan)

长期负债合计 Total Long-term Liabilities	所有者权益合计 Total Owners' Equity	实收资本 Paid-up Capital	主营业务收入 Revenue from Principal Business	主营业务成本 Cost of Principal Business	主营业务税金及附加 Taxes and Other Charges on Principal Business	其他业务利润 Other Operating Profit
3884540	**8724620**	**3948384**	**12335892**	**10003117**	**186732**	**34966**
2411726	5168662	2246470	6364082	5113592	108994	14633
146757	641808	361773	1130081	972087	15171	2792
3737782	8082813	3586611	11205811	9031031	171561	32175
1836681	4037727	1591790	5735723	4876324	72785	12773
1311768	2981421	1387753	4225138	3147343	77768	18372
736090	1705472	968841	2375032	1979451	36179	3821
333811	**2339627**	**526606**	**3227916**	**2453462**	**27739**	**5123**
67919	893171	159421	909167	534754	14464	1622
	10012	10486	450	485	1	
11800	30614	8730	56159	36639	1299	154
211181	1327841	289015	2191901	1838152	10364	3347
42912	74471	57266	56705	31027	1559	
	3518	1688	13535	12404	51	
2631136	**5276934**	**2713383**	**7608720**	**6158662**	**148564**	**25787**
14963	97659	52073	227430	209927	1477	53
11020	69755	36101	176563	156734	1529	879
4371	83535	47499	157642	107062	5235	227
29069	111857	39287	202162	188834	1526	1173
1742	25089	9380	62393	51224	229	96
1670	1640	1280	2442	2173	11	
	40	220	939	807	4	2
840	621	3000	1918	1382	1	6
3491	15024	8997	44090	40299	166	109
90500	122375	70000	166088	117812	12738	224
1365559	2485238	1017742	1277660	633873	88307	1734
27781	187867	112605	190997	159122	3256	-500
	1172	408	985	940	104	
904	4504	2284	9827	9124	513	
72753	281905	169544	670871	566113	4072	2633
256128	619457	356834	1531089	1419848	10285	12653
697226	921469	645568	2417382	2088144	9449	2789
1280	33265	17291	71898	62245	520	97
16385	112560	71052	191783	161545	6900	2850
1990	5864	4169	12372	8250	109	
19709	35444	17338	41442	35720	145	50
6043	25431	20232	91197	86156	372	91
1744	2567	1000	12804	10589		
	13883	1500	9129	6925	71	17
5969	18715	7980	37619	33817	1547	604
919592	**1108059**	**708395**	**1499256**	**1390994**	**10429**	**4056**
875419	1073841	659021	1482258	1379591	10270	4002
44173	34218	49374	16998	11403	159	54

12-7 续表 2

单位：万元

项 目	Item	营业费用 Operating Expenses	营业利润 Operating Profit
总计	**Total**	**412628**	**1634887**
国有控股企业	State-holding Enterprises	165496	801159
轻工业	Light Industry	73257	93656
重工业	Heavy Industry	339370	1541232
大型企业	Large Enterprises	125658	507246
中型企业	Medium-sized Enterprises	177396	802323
小型企业	Small Enterprises	109574	325318
按工业行业分组	**Grouped by Sector**		
采掘业	**Mining**	**93114**	**507222**
煤炭开采和洗选业	Mining and Washing of Coal	50510	261401
石油和天然气开采业	Extraction of Petroleum and Natural Gas		-109
黑色金属矿采选业	Mining and Processing of Ferrous Metal Ores	8101	10151
有色金属矿采选业	Mining and Processing of Non-Ferrous Metal Ores	27757	229078
非金属矿采选业	Mining and Processing of Nonmetal Ores	6444	2602
其他采矿业	Mining of Other Ores	302	4099
制造业	**Manufacture**	**317864**	**1099108**
农副食品加工业	Processing of Food from Agricultural Products	4769	21215
食品制造业	Manufacture of Foods	7417	20440
饮料制造业	Manufacture of Beverages	36370	-8160
纺织业	Manufacture of Textile	2516	13339
纺织服装、鞋、帽制造业	Manufacture of Textile Wearing Apparel, Footwear and Caps	1559	5484
皮革、毛皮、羽毛(绒)及其制品业	Manufacture of Leather,Fur,Feather and Related Products	99	81
家具制造业	Manufacture of Furniture	40	100
造纸及纸制品业	Manufacture of Paper and Paper Products	42	556
印刷业和记录媒介的复制	Printing, Reproduction of Recording Media	1108	6014
石油加工、炼焦及核燃料加工业	Processing of Petroleum,Coking,Processing of Nuclear Fuel	4003	36136
化学原料及化学制品制造业	Manufacture of Raw Chemical Materials and Chemical Products	139739	335703
医药制造业	Manufacture of Medicines	17295	20294
橡胶制品业	Manufacture of Rubber	47	-7
塑料制品业	Manufacture of Plastics	634	371
非金属矿物制品业	Manufacture of Non-metallic Mineral Products	22379	66642
黑色金属冶炼及压延加工业	Smelting and Pressing of Ferrous Metals	22131	124738
有色金属冶炼及压延加工业	Smelting and Pressing of Non-ferrous Metals	38325	404932
金属制品业	Manufacture of Metal Products	4104	3491
通用设备制造业	Manufacture of General Purpose Machinery	8735	7825
专用设备制造业	Manufacture of Special Purpose Machinery	850	4513
交通运输设备制造业	Manufacture of Transport Equipment	1848	4715
电气机械及器材制造业	Manufacture of Electrical Machinery and Equipment	2120	15951
通信设备、计算机及其他电子设备制造业	Manufacture of Communication Equipment, Computers and Other Electronic Equipment	77	4329
仪器仪表及文化、办公用机械制造业	Manufacture of Measuring Instruments and Machinery for Cultural Activity and Office Work	552	1053
工艺品及其他制造业	Manufacture of Artwork and Other Manufacturing	1108	9352
电力、燃气及水的生产和供应业	**Production and Distribution of Electricity, Gas and Water**	**1650**	**28557**
电力、热力的生产和供应业	Production and Supply of Electric Power and Heat Power	704	29237
燃气生产和供应业	Production and Supply of Gas		
水的生产和供应业	Production and Supply of Water	945	-679

Continued

(10 000 yuan)

利润总额 Total Profits	应交所得税 Income Tax Payable	亏损企业亏损总额 The Total Loss of Loss-making Enterprises	利税总额 Total Profits and Taxes	本年应交增值税 Value Added Tax Payable	全部从业人员年平均人数(人) Annual Average Employed Persons (person)
1348738	**175742**	**97445**	**2087148**	**551679**	**163234**
738525	116866	30481	1176631	329112	79330
39974	9131	35963	84174	29030	27486
1308764	166611	61482	2002974	522649	135748
519750	74453		841795	249261	55566
651953	74895	36947	943014	213293	65853
177035	26384	60498	302339	89125	41815
495825	**62724**	**18229**	**722092**	**198529**	**30520**
257542	29321	14537	368026	96019	12799
-109		109	-57	51	17
10679	2028	252	19136	7159	986
223353	30344	3055	325715	91997	11956
3857	1031	81	8435	3018	4683
502		196	838	285	79
827513	**109383**	**75509**	**1269358**	**293280**	**121029**
13279	913	1059	18073	3317	3047
12960	415	11	19056	4567	2875
-7678	4807	28679	5496	7940	2977
6247	1000	1583	9585	1812	6069
3549	59		5575	1797	3298
107	36	36	136	17	96
100			114	10	20
21			29	7	40
1841	450	6	3425	1419	1241
37749	388		58699	8212	1300
400952	55988	25318	587583	98324	26401
9452	1026	2112	18971	6262	4477
69	17		177	5	67
207	29		934	215	487
62048	9866	8706	96937	30817	15592
100215	12586	4335	168359	57859	22559
159066	18993	2128	225657	57141	16600
4710	424	126	7854	2624	2016
7871	398	66	20819	6048	6054
4500	562	165	5494	885	664
1527	56	43	2721	1048	1355
4276	1252	1058	6317	1669	1446
280			280		50
2229			2757	456	618
1937	118	76	4314	830	1680
25400	**3635**	**3707**	**95698**	**59870**	**11685**
25939	3282	2198	95022	58814	10169
-539	353	1510	676	1056	1516

12-8 规模以上国有及国有控股工业企业主要经济指标(2010年)

单位：万元

项目	Item	企业单位数(个) Number of Enterprises (unit)	亏损企业 Loss-making Enterprises
总计	**Total**	**135**	**32**
国有控股企业	State-holding Enterprises	135	32
轻工业	Light Industry	33	11
重工业	Heavy Industry	102	21
大型企业	Large Enterprises	10	
中型企业	Medium-sized Enterprises	34	9
小型企业	Small Enterprises	91	23
按工业行业分组	**Grouped by Sector**		
采掘业	**Mining**	**21**	**5**
煤炭开采和洗选业	Mining and Washing of Coal	10	4
石油和天然气开采业	Extraction of Petroleum and Natural Gas	1	
黑色金属矿采选业	Mining and Processing of Ferrous Metal Ores	1	
有色金属矿采选业	Mining and Processing of Non-Ferrous Metal Ores	4	1
非金属矿采选业	Mining and Processing of Nonmetal Ores	5	
制造业	**Manufacture**	**68**	**13**
农副食品加工业	Processing of Food from Agricultural Products	6	1
食品制造业	Manufacture of Foods	1	
纺织服装、鞋、帽制造业	Manufacture of Textile Wearing Apparel, Footwear and Caps	1	
印刷业和记录媒介的复制	Printing, Reproduction of Recording Media	3	
石油加工、炼焦及核燃料加工业	Processing of Petroleum,Coking,Processing of Nuclear Fuel	1	
化学原料及化学制品制造业	Manufacture of Raw Chemical Materials and Chemical Products	19	6
医药制造业	Manufacture of Medicines	4	2
非金属矿物制品业	Manufacture of Non-metallic Mineral Products	9	2
黑色金属冶炼及压延加工业	Smelting and Pressing of Ferrous Metals	1	
有色金属冶炼及压延加工业	Smelting and Pressing of Non-ferrous Metals	12	1
通用设备制造业	Manufacture of General Purpose Machinery	6	
交通运输设备制造业	Manufacture of Transport Equipment	3	1
电气机械及器材制造业	Manufacture of Electrical Machinery and Equipment	1	
工艺品及其他制造业	Manufacture of Artwork and Other Manufacturing	1	
电力、燃气及水的生产和供应业	**Production and Distribution of Electricity, Gas and Water**	**46**	**14**
电力、热力的生产和供应业	Production and Supply of Electric Power and Heat Power	28	6
水的生产和供应业	Production and Supply of Water	18	8

Main Economic Indicators of State-owned and State-holding Industrial Enterprises(2010)

(10 000 yuan)

工 业 总产值 Gross Industrial Output Value	资 产 总 计 Total Assets	流动资 产合计 Total Working Capitals	固定资产 合计 Total Fixed Assets	固定资 产原价 Original Value of Fixed Assets	累计折旧 Accumulated Depreciation	固定资产 净值 Net Value of Fixed Assets
8613605	**21539841**	**5344098**	**13054361**	**16456678**	**4919739**	**11534133**
8613605	21539841	5344098	13054361	16456678	4919739	11534133
71920	238609	57398	128375	137620	41799	95821
8541684	21301233	5286700	12925986	16319059	4877941	11438312
6980105	17219758	3988925	11010474	14165951	4469156	9693989
1256484	2771242	952540	1213346	1384239	317455	1066784
377016	1548841	402633	830541	906488	133128	773360
3104043	**5832504**	**1989172**	**2981634**	**4433506**	**1509947**	**2920753**
357731	659352	310969	206734	254512	52616	201896
1737101	2588152	532001	2056152	3213247	1197095	2016152
7503	14779	9167	5612	3233	1333	1901
956893	2442660	1098546	667749	895851	235959	657086
44815	127561	38490	45387	66662	22944	43718
3228639	**7683772**	**2730355**	**2856836**	**3704662**	**1209780**	**2494882**
15088	7601	3933	3256	4052	796	3256
710	681	424	257	263	6	257
8386	10607	9030	1578	2852	1347	1505
6571	12844	6678	6162	9976	3814	6162
941175	4335450	1595263	988450	1201514	283051	918463
19923	54272	20528	30321	26848	7447	19401
106257	211458	79234	75546	108539	35541	72997
610033	1336764	432695	730460	834677	201550	633127
1302881	1442991	429197	967988	1433919	645916	788002
179412	227138	141148	38967	65959	28100	37859
4078	19946	2259	1078	1597	519	1078
32900	17857	7191	9387	10667	1280	9387
1228	6164	2776	3388	3802	414	3388
2280923	**8023565**	**624571**	**7215891**	**8318511**	**2200013**	**6118499**
2259485	7862575	609763	7118764	8214133	2171200	6042933
21438	160990	14809	97127	104378	28812	75566

12-8 续表 1

单位：万元

项 目	Item	负债合计 Total Liabilities	流动负债合计 Total Working Liabilities
总计	**Total**	**14076939**	**6861294**
国有控股企业	State-holding Enterprises	14076939	6861294
轻工业	Light Industry	166886	83921
重工业	Heavy Industry	13910052	6777373
大型企业	Large Enterprises	11278737	5315989
中型企业	Medium-sized Enterprises	1651201	931752
小型企业	Small Enterprises	1147001	613554
按工业行业分组	**Grouped by Sector**		
采掘业	**Mining**	**3008518**	**2079726**
煤炭开采和洗选业	Mining and Washing of Coal	338536	295909
石油和天然气开采业	Extraction of Petroleum and Natural Gas	1434567	771709
黑色金属矿采选业	Mining and Processing of Ferrous Metal Ores	9973	8140
有色金属矿采选业	Mining and Processing of Non-Ferrous Metal Ores	1146641	953663
非金属矿采选业	Mining and Processing of Nonmetal Ores	78801	50306
制造业	**Manufacture**	**4800983**	**3003999**
农副食品加工业	Processing of Food from Agricultural Products	4432	4432
食品制造业	Manufacture of Foods	297	297
纺织服装、鞋、帽制造业	Manufacture of Textile Wearing Apparel, Footwear and Caps	3474	2593
印刷业和记录媒介的复制	Printing, Reproduction of Recording Media	8989	8517
石油加工、炼焦及核燃料加工业	Processing of Petroleum,Coking,Processing of Nuclear Fuel		
化学原料及化学制品制造业	Manufacture of Raw Chemical Materials and Chemical Products	2456494	1296879
医药制造业	Manufacture of Medicines	25247	14064
非金属矿物制品业	Manufacture of Non-metallic Mineral Products	137968	94339
黑色金属冶炼及压延加工业	Smelting and Pressing of Ferrous Metals	889513	724829
有色金属冶炼及压延加工业	Smelting and Pressing of Non-ferrous Metals	1149451	750148
通用设备制造业	Manufacture of General Purpose Machinery	108438	91980
交通运输设备制造业	Manufacture of Transport Equipment	2846	2846
电气机械及器材制造业	Manufacture of Electrical Machinery and Equipment	11951	11951
工艺品及其他制造业	Manufacture of Artwork and Other Manufacturing	1882	1127
电力、燃气及水的生产和供应业	**Production and Distribution of Electricity, Gas and Water**	**6267437**	**1777569**
电力、热力的生产和供应业	Production and Supply of Electric Power and Heat Power	6140616	1721920
水的生产和供应业	Production and Supply of Water	126821	55648

Continued

(10 000 yuan)

长期负债合计 Total Long-term Liabilities	所有者权益合计 Total Owners' Equity	实收资本 Paid-up Capital	主营业务收入 Revenue from Principal Business	主营业务成本 Cost of Principal Business	主营业务税金及附加 Taxes and Other Charges on Principal Business	其他业务利润 Other Operating Profit
7144786	**7285200**	**3127696**	**9279034**	**6933207**	**322991**	**-45709**
7144786	7285200	3127696	9279034	6933207	322991	-45709
57466	71722	74510	65188	50653	326	720
7087320	7213477	3053185	9213846	6882554	322666	-46430
5962748	5806121	2101683	7683491	5841076	283190	-51924
695420	1084172	659021	1198538	769898	35016	3480
486618	394907	366992	397005	322232	4785	2735
923550	**2749235**	**383123**	**3845255**	**2576439**	**221821**	**-58556**
40362	320817	86062	377123	192507	10687	1317
662858	1153585		1374007	625671	200906	-64655
1834	4806	2580	37444	36862	26	1407
192978	1221269	262980	2008011	1695407	8818	3375
25519	48759	31500	48670	25991	1383	
1778123	**2784253**	**1464514**	**3194901**	**2458705**	**81204**	**7991**
	3168	3218	14914	14623	58	
	384	384	526	492	1	
882	7133	3000	8086	4605	31	47
472	3856	2040	6237	4805	42	108
1158869	1842545	758424	864524	369423	64188	933
11184	29024	25542	18836	15101	28	
41630	73490	47961	113862	74132	794	21
164684	411066	278900	687858	663055	6480	2440
383263	291563	281555	1269720	1131263	6548	3422
16385	94734	55052	173477	146007	2791	508
	17100	438	3561	3340	12	
	5907	7000	32242	31319	216	
756	4282	1000	1058	541	16	512
4443113	**1751712**	**1280059**	**2238878**	**1898063**	**19966**	**4856**
4398940	1717542	1230732	2221924	1886725	19808	4803
44173	34170	49327	16954	11338	158	54

12-8 续表 2

单位：万元

项 目	Item	营业费用 Operating Expenses	营业利润 Operating Profit
总计	**Total**	**199318**	**1283229**
国有控股企业	State-holding Enterprises	199318	1283229
轻工业	Light Industry	3521	758
重工业	Heavy Industry	195797	1282472
大型企业	Large Enterprises	134919	949646
中型企业	Medium-sized Enterprises	54439	310667
小型企业	Small Enterprises	9961	22917
按工业行业分组	**Grouped by Sector**		
采掘业	**Mining**	**41639**	**725179**
煤炭开采和洗选业	Mining and Washing of Coal	8782	95200
石油和天然气开采业	Extraction of Petroleum and Natural Gas	6568	426952
黑色金属矿采选业	Mining and Processing of Ferrous Metal Ores	160	1007
有色金属矿采选业	Mining and Processing of Non-Ferrous Metal Ores	19733	200410
非金属矿采选业	Mining and Processing of Nonmetal Ores	6396	1609
制造业	**Manufacture**	**147251**	**529808**
农副食品加工业	Processing of Food from Agricultural Products	391	969
食品制造业	Manufacture of Foods		27
纺织服装、鞋、帽制造业	Manufacture of Textile Wearing Apparel, Footwear and Caps	155	555
印刷业和记录媒介的复制	Printing, Reproduction of Recording Media	51	-122
石油加工、炼焦及核燃料加工业	Processing of Petroleum,Coking,Processing of Nuclear Fuel		
化学原料及化学制品制造业	Manufacture of Raw Chemical Materials and Chemical Products	101336	266837
医药制造业	Manufacture of Medicines	1996	288
非金属矿物制品业	Manufacture of Non-metallic Mineral Products	5093	21330
黑色金属冶炼及压延加工业	Smelting and Pressing of Ferrous Metals	4180	52442
有色金属冶炼及压延加工业	Smelting and Pressing of Non-ferrous Metals	25248	177953
通用设备制造业	Manufacture of General Purpose Machinery	7828	7284
交通运输设备制造业	Manufacture of Transport Equipment	17	14
电气机械及器材制造业	Manufacture of Electrical Machinery and Equipment	949	2203
工艺品及其他制造业	Manufacture of Artwork and Other Manufacturing	8	29
电力、燃气及水的生产和供应业	**Production and Distribution of Electricity, Gas and Water**	**10428**	**28243**
电力、热力的生产和供应业	Production and Supply of Electric Power and Heat Power	9483	28905
水的生产和供应业	Production and Supply of Water	945	-662

Continued

(10 000 yuan)

利润总额 Total Profits	应交所得税 Income Tax Payable	亏损企业亏损总额 The Total Loss of Loss-making Enterprises	利税总额 Total Profits and Taxes	本年应交增值税 Value Added Tax Payable	全部从业人员年平均人数(人) Annual Average Employed Persons (person)
1209954	**126709**	**42284**	**2116993**	**584048**	**116989**
1209954	126709	42284	2116993	584048	116989
-268	310	3581	2631	2573	4253
1210222	126399	38703	2114362	581475	112736
959730	81273		1722531	479612	83712
225930	41992	28480	347245	86300	24078
24294	3445	13804	47216	18137	9199
718711	**52944**	**17406**	**1240629**	**300097**	**45569**
94565	22087	14503	146555	41303	9206
425508			796531	170116	22596
1013	295		1185	146	276
194647	29530	2903	289480	86014	9484
2979	1031		6879	2517	4007
464916	**68886**	**17928**	**714261**	**168141**	**54858**
829		11	1257	370	173
27			37	10	16
651			1086	404	535
56	2		490	393	597
326779	48451	11439	464585	73618	19369
-1106		2077	-787	290	789
23343	3949	466	31872	7735	2922
51999	7771		92568	34089	10666
54626	8305	3910	105216	44043	13323
6667	398		15479	6021	5372
15	11	24	140	112	160
923			2059	920	270
108			261	137	666
26326	**4880**	**6950**	**162103**	**115810**	**16562**
26848	4527	5457	161412	114755	15057
-522	353	1493	691	1055	1505

12-9 规模以上集体工业企业主要经济指标(2010年)

单位：万元

项目	Item	企业单位数(个) Number of Enterprises (unit)	亏损企业 Loss-making Enterprises
总计	**Total**	**6**	**2**
#重工业	Heavy Industry	6	2
#中型企业	Medium-sized Enterprises	3	2
小型企业	Small Enterprises	3	
按工业行业分组	**Grouped by Sector**		
采掘业	**Mining**	**1**	
有色金属矿采选业	Mining and Processing of Non-Ferrous Metal Ores	1	
制造业	**Manufacture**	**5**	**2**
化学原料及化学制品制造业	Manufacture of Raw Chemical Materials and Chemical Products	1	
塑料制品业	Manufacture of Plastics	1	
非金属矿物制品业	Manufacture of Non-metallic Mineral Products	2	1
有色金属冶炼及压延加工业	Smelting and Pressing of Non-ferrous Metals	1	1

Main Indicators of Collective Industrial Enterprises(2010)

(10 000 yuan)

工业总产值 Gross Industrial Output Value	资产总计 Total Assets	流动资产合计 Total Working Capitals	固定资产合计 Total Fixed Assets	固定资产原价 Original Value of Fixed Assets	累计折旧 Accumulated Depreciation	固定资产净值 Net Value of Fixed Assets
89672	**128898**	**98822**	**26845**	**35472**	**10217**	**25255**
89672	128898	98822	26845	35472	10217	25255
61489	52309	34383	14909	21441	7944	13497
28183	76589	64439	11937	14031	2273	11758
3040	**5808**	**4696**	**1112**	**1211**	**98**	**1112**
3040	5808	4696	1112	1211	98	1112
86632	**123089**	**94126**	**25733**	**34262**	**10119**	**24143**
24268	69384	58775	10396	12316	2099	10217
875	1396	968	429	505	76	429
58392	47125	30876	13232	19764	6967	12798
3097	5184	3507	1677	1677	977	700

12-9 续表 1

单位：万元

项 目	Item	负 债 合 计 Total Liabilities	流动负债 合 计 Total Working Liabilities
总计	**Total**	**101660**	**80480**
#重工业	Heavy Industry	101660	80480
#中型企业	Medium-sized Enterprises	37793	37793
小型企业	Small Enterprises	63868	42687
按工业行业分组	**Grouped by Sector**		
采掘业	**Mining**	**4081**	**4081**
有色金属矿采选业	Mining and Processing of Non-Ferrous Metal Ores	4081	4081
制造业	**Manufacture**	**97580**	**76399**
化学原料及化学制品制造业	Manufacture of Raw Chemical Materials and Chemical Products	58775	37725
塑料制品业	Manufacture of Plastics	1012	882
非金属矿物制品业	Manufacture of Non-metallic Mineral Products	35323	35323
有色金属冶炼及压延加工业	Smelting and Pressing of Non-ferrous Metals	2469	2469

Continued

(10 000 yuan)

长期负债合计 Total Long-term Liabilities	所有者权益合计 Total Owners' Equity	实收资本 Paid-up Capital	主营业务收入 Revenue from Principal Business	主营业务成本 Cost of Principal Business	主营业务税金及附加 Taxes and Other Charges on Principal Business	其他业务利润 Other Operating Profit
21180	**26737**	**17627**	**138904**	**117993**	**4604**	**38**
21180	26737	17627	138904	117993	4604	38
	14516	9779	111962	107797	1044	38
21180	12221	7848	26942	10196	3561	
	1727	**810**	**3040**	**1985**	**42**	
	1727	810	3040	1985	42	
21180	**25010**	**16817**	**135864**	**116007**	**4563**	**38**
21050	10109	6543	22231	6554	3516	
130	385	495	1671	1656	2	
	11801	8764	105912	103095	996	38
	2714	1016	5049	4702	48	

12-9 续表 2

单位：万元

项 目	Item	营业费用 Operating Expenses	营业利润 Operating Profit
总计	**Total**	**2158**	**12499**
#重工业	Heavy Industry	2158	12499
#中型企业	Medium-sized Enterprises	1471	2177
小型企业	Small Enterprises	687	10322
按工业行业分组	**Grouped by Sector**		
采掘业	**Mining**		**695**
有色金属矿采选业	Mining and Processing of Non-Ferrous Metal Ores		695
制造业	**Manufacture**	**2158**	**11803**
化学原料及化学制品制造业	Manufacture of Raw Chemical Materials and Chemical Products	686	9469
塑料制品业	Manufacture of Plastics		158
非金属矿物制品业	Manufacture of Non-metallic Mineral Products	1471	2522
有色金属冶炼及压延加工业	Smelting and Pressing of Non-ferrous Metals		-345

Continued

(10 000 yuan)

利润总额 Total Profits	应交所得税 Income Tax Payable	亏损企业亏损总额 The Total Loss of Loss-making Enterprises	利税总额 Total Profits and Taxes	本年应交增值税 Value Added Tax Payable	全部从业人员年平均人数(人) Annual Average Employed Persons (person)
10873	**1683**	**577**	**21723**	**6246**	**3534**
10873	1683	577	21723	6246	3534
-231	122	577	4345	3533	3145
11104	1561		17378	2714	389
695			**737**		**38**
695			737		38
10177	**1683**	**577**	**20986**	**6246**	**3496**
10408	1561		16620	2696	270
			20	18	81
99	86	247	4526	3431	2545
-330	36	330	-181	101	600

12–10 大中型企业主要经济指标(2010年)

单位：万元

项 目	Item	企业单位数(个) Number of Enterprises (unit)	亏损企业 Loss-making Enterprises
总计	**Total**	**118**	**16**
国有控股企业	State-holding Enterprises	44	9
轻工业	Light Industry	19	1
重工业	Heavy Industry	99	15
大型企业	Large Enterprises	12	
中型企业	Medium-sized Enterprises	106	16
按工业行业分组	**Grouped by Sector**	**118**	**16**
采掘业	**Mining**	**18**	**4**
煤炭开采和洗选业	Mining and Washing of Coal	9	3
石油和天然气开采业	Extraction of Petroleum and Natural Gas	1	
有色金属矿采选业	Mining and Processing of Non-Ferrous Metal Ores	6	1
非金属矿采选业	Mining and Processing of Nonmetal Ores	2	
制造业	**Manufacture**	**96**	**12**
农副食品加工业	Processing of Food from Agricultural Products	1	
食品制造业	Manufacture of Foods	2	
饮料制造业	Manufacture of Beverages	2	
纺织业	Manufacture of Textile	5	
纺织服装、鞋、帽制造业	Manufacture of Textile Wearing Apparel, Footwear and Caps	3	
印刷业和记录媒介的复制	Printing, Reproduction of Recording Media	1	
石油加工、炼焦及核燃料加工业	Processing of Petroleum,Coking,Processing of Nuclear Fuel	1	
化学原料及化学制品制造业	Manufacture of Raw Chemical Materials and Chemical Products	16	4
医药制造业	Manufacture of Medicines	4	1
非金属矿物制品业	Manufacture of Non-metallic Mineral Products	19	3
黑色金属冶炼及压延加工业	Smelting and Pressing of Ferrous Metals	14	1
有色金属冶炼及压延加工业	Smelting and Pressing of Non-ferrous Metals	18	3
金属制品业	Manufacture of Metal Products	2	
通用设备制造业	Manufacture of General Purpose Machinery	4	
专用设备制造业	Manufacture of Special Purpose Machinery	1	
交通运输设备制造业	Manufacture of Transport Equipment	1	
电气机械及器材制造业	Manufacture of Electrical Machinery and Equipment	1	
仪器仪表及文化、办公用	Manufacture of Measuring Instruments and Machinery for	1	
电力、燃气及水的生产和供应业	**Production and Distribution of Electricity, Gas and Water**	**4**	
电力、热力的生产和供应业	Production and Supply of Electric Power and Heat Power	3	
水的生产和供应业	Production and Supply of Water	1	

Main Indicators of Large and Medium-sized Industrial Enterprises(2010)

(10 000 yuan)

工业总产值 Gross Industrial Output Value	资产总计 Total Assets	流动资产合计 Total Working Capitals	固定资产合计 Total Fixed Assets	固定资产原价 Original Value of Fixed Assets	累计折旧 Accumulated Depreciation	固定资产净值 Net Value of Fixed Assets
12081704	**25963888**	**7429439**	**14585591**	**17821949**	**5140940**	**12678203**
8236588	19991000	4941466	12223820	15550190	4786611	10760773
472646	547151	204952	240406	281557	65296	216260
11609058	25416737	7224486	14345185	17540392	5075644	12461942
7602190	18149561	4167826	11521052	14709138	4501765	10204566
4479514	7814327	3261613	3064539	3112811	639174	2473637
12081704	**25963888**	**7429439**	**14585591**	**17821949**	**5140940**	**12678203**
3489583	**6707990**	**2447737**	**3035061**	**4494539**	**1521217**	**2970516**
645059	1371546	711472	189546	226237	49534	176703
1737101	2588152	532001	2056152	3213247	1197095	2016152
1066972	2630669	1169840	749850	994486	253533	738147
40452	117622	34425	39514	60569	21055	39514
6457644	**11982189**	**4406430**	**4945355**	**5701395**	**1511592**	**4189803**
24900	34774	11928	19432	21813	2381	19432
20064	11395	5401	5017	7411	2399	5011
75704	88886	48093	27377	33360	6495	26865
182637	207942	73653	70322	80848	11667	69181
59856	44426	22124	18509	21667	3518	18150
29000	15397	4779	10618	12065	1447	10618
206792	338163	119668	172245	174381	7346	167035
1182532	5157387	1953840	1450964	1458550	347848	1110702
66613	77030	33461	27343	42605	16434	26172
433337	628944	247981	287821	295002	72980	222022
1234032	1812211	694905	909691	1029829	243655	786174
2674272	3218780	955508	1870963	2419182	755158	1664024
26967	29885	26786	2907	3939	1262	2677
167034	221562	145622	46760	68756	31766	36990
10787	10295	6813	2999	3759	894	2865
28960	41389	31497	4287	4287	502	3785
23900	26845	14833	12012	13650	1638	12012
10260	16879	9538	6087	10291	4204	6087
2134476	**7273710**	**575272**	**6605175**	**7626015**	**2108131**	**5517884**
2120603	7206408	569759	6543387	7564227	2087174	5477053
13873	67301	5514	61788	61788	20957	40831

12−10 续表 1

单位：万元

项　目	Item	负债合计 Total Liabilities	流动负债合计 Total Working Liabilities
总计	**Total**	**16619496**	**8821989**
国有控股企业	State-holding Enterprises	12929937	6247740
轻工业	Light Industry	262019	158844
重工业	Heavy Industry	16357477	8663145
大型企业	Large Enterprises	11961137	5772756
中型企业	Medium-sized Enterprises	4658359	3049233
按工业行业分组	**Grouped by Sector**	**16619496**	**8821989**
采掘业	**Mining**	**3527705**	**2581316**
煤炭开采和洗选业	Mining and Washing of Coal	737447	685650
石油和天然气开采业	Extraction of Petroleum and Natural Gas	1434567	771709
有色金属矿采选业	Mining and Processing of Non-Ferrous Metal Ores	1280926	1075688
非金属矿采选业	Mining and Processing of Nonmetal Ores	74764	48269
制造业	**Manufacture**	**7443826**	**4727540**
农副食品加工业	Processing of Food from Agricultural Products	16509	16509
食品制造业	Manufacture of Foods	7634	7421
饮料制造业	Manufacture of Beverages	18473	17467
纺织业	Manufacture of Textile	113284	56072
纺织服装、鞋、帽制造业	Manufacture of Textile Wearing Apparel, Footwear and Caps	20429	18697
印刷业和记录媒介的复制	Printing, Reproduction of Recording Media	7196	4126
石油加工、炼焦及核燃料加工业	Processing of Petroleum,Coking,Processing of Nuclear Fuel	215788	125288
化学原料及化学制品制造业	Manufacture of Raw Chemical Materials and Chemical Products	2987730	1628239
医药制造业	Manufacture of Medicines	27310	22717
非金属矿物制品业	Manufacture of Non-metallic Mineral Products	398394	304411
黑色金属冶炼及压延加工业	Smelting and Pressing of Ferrous Metals	1180855	934542
有色金属冶炼及压延加工业	Smelting and Pressing of Non-ferrous Metals	2254298	1428243
金属制品业	Manufacture of Metal Products	23706	23706
通用设备制造业	Manufacture of General Purpose Machinery	114780	105995
专用设备制造业	Manufacture of Special Purpose Machinery	6419	5119
交通运输设备制造业	Manufacture of Transport Equipment	26506	8824
电气机械及器材制造业	Manufacture of Electrical Machinery and Equipment	21520	17170
仪器仪表及文化、办公用机械制造业	Manufacture of Measuring Instruments and Machinery for Cultural Activity and Office Work	2996	2996
电力、燃气及水的生产和供应业	**Production and Distribution of Electricity, Gas and Water**	**5647965**	**1513132**
电力、热力的生产和供应业	Production and Supply of Electric Power and Heat Power	5596780	1497296
水的生产和供应业	Production and Supply of Water	51185	15836

Continued

(10 000 yuan)

长期负债合计 Total Long-term Liabilities	所有者权益合计 Total Owners' Equity	实收资本 Paid-up Capital	主营业务收入 Revenue from Principal Business	主营业务成本 Cost of Principal Business	主营业务税金及附加 Taxes and Other Charges on Principal Business	其他业务利润 Other Operating Profit
7726676	**9141847**	**3844063**	**12751400**	**9726705**	**363777**	**-31045**
6658168	6890293	2760704	8882029	6610975	318206	-48444
73053	285132	136577	456041	366115	7603	252
7653623	8856715	3707486	12295359	9360589	356174	-31298
6174248	6053524	2302683	8353925	6446073	285871	-50547
1552429	3088323	1541380	4397474	3280632	77906	19502
7726676	**9141847**	**3844063**	**12751400**	**9726705**	**363777**	**-31045**
938193	**3102421**	**438513**	**4204115**	**2790868**	**223473**	**-59765**
49532	630985	130567	705681	406681	11289	1543
662858	1153585		1374007	625671	200906	-64655
202284	1274993	277945	2079549	1735068	9975	3347
23519	42858	30000	44880	23448	1304	
2653651	**4413681**	**2332717**	**6449778**	**5143307**	**121474**	**24431**
	18265	17274	24402	23473	88	
209	3761	2862	15329	12752	325	
1006	70414	20500	84310	41097	4766	83
27165	94658	28568	176827	163590	1441	73
1732	23997	9300	56952	47401	168	96
3000	8201	5357	28420	27301	113	
90500	122375	70000	166088	117812	12738	224
1358745	2133788	889472	1045029	478045	68928	1074
4593	49720	37962	59021	43513	633	
91982	230549	138410	481117	378981	2624	2412
246248	593371	331561	1369455	1262792	9946	12612
796354	937621	716518	2690163	2334315	12400	4972
	6179	1770	29184	26405	217	95
8785	82817	41680	161334	132620	6770	2771
1300	3876	2300	9840	6145	85	
17682	14883	13900	19756	17011	70	
4350	5325	3784	23422	23131	93	
	13883	1500	9129	6925	71	17
4134833	**1625745**	**1072833**	**2097506**	**1792530**	**18830**	**4289**
4099484	1609628	1058078	2086727	1785541	18761	4289
35348	16117	14755	10779	6989	69	

12-10 续表 2

单位：万元

项 目	Item	营业费用 Operating Expenses	营业利润 Operating Profit
总计	**Total**	**336716**	**1794377**
国有控股企业	State-holding Enterprises	189357	1260312
轻工业	Light Industry	24247	45713
重工业	Heavy Industry	312469	1748664
大型企业	Large Enterprises	153644	983884
中型企业	Medium-sized Enterprises	183072	810492
按工业行业分组	**Grouped by Sector**	**336716**	**1794377**
采掘业	**Mining**	**83960**	**856278**
煤炭开采和洗选业	Mining and Washing of Coal	45115	209242
石油和天然气开采业	Extraction of Petroleum and Natural Gas	6568	426952
有色金属矿采选业	Mining and Processing of Non-Ferrous Metal Ores	26196	218571
非金属矿采选业	Mining and Processing of Nonmetal Ores	6081	1514
制造业	**Manufacture**	**242721**	**913297**
农副食品加工业	Processing of Food from Agricultural Products	1152	2167
食品制造业	Manufacture of Foods	1610	1569
饮料制造业	Manufacture of Beverages	7338	13614
纺织业	Manufacture of Textile	2436	13854
纺织服装、鞋、帽制造业	Manufacture of Textile Wearing Apparel, Footwear and Caps	1523	3685
印刷业和记录媒介的复制	Printing, Reproduction of Recording Media	901	2203
石油加工、炼焦及核燃料加工业	Processing of Petroleum,Coking,Processing of Nuclear Fuel	4003	36136
化学原料及化学制品制造业	Manufacture of Raw Chemical Materials and Chemical Products	118261	290181
医药制造业	Manufacture of Medicines	8673	8173
非金属矿物制品业	Manufacture of Non-metallic Mineral Products	15013	65388
黑色金属冶炼及压延加工业	Smelting and Pressing of Ferrous Metals	20103	122504
有色金属冶炼及压延加工业	Smelting and Pressing of Non-ferrous Metals	51386	340098
金属制品业	Manufacture of Metal Products	158	1437
通用设备制造业	Manufacture of General Purpose Machinery	7638	6512
专用设备制造业	Manufacture of Special Purpose Machinery	668	2273
交通运输设备制造业	Manufacture of Transport Equipment	378	2160
电气机械及器材制造业	Manufacture of Electrical Machinery and Equipment	929	291
仪器仪表及文化、办公用机械制造业	Manufacture of Measuring Instruments and Machinery for Cultural Activity and Office Work	552	1053
电力、燃气及水的生产和供应业	**Production and Distribution of Electricity, Gas and Water**	**10035**	**24801**
电力、热力的生产和供应业	Production and Supply of Electric Power and Heat Power	9421	24352
水的生产和供应业	Production and Supply of Water	614	448

continued

(10 000 yuan)

利润总额 Total Profits	应交所得税 Income Tax Payable	亏损企业亏损总额 The Total Loss of Loss-making Enterprises	利税总额 Total Profits and Taxes	本年应交增值税 Value Added Tax Payable	全部从业人员年平均人数(人) Annual Average Employed Persons (person)
1646722	**158906**	**44147**	**2725669**	**715170**	**158526**
1185659	123264	28480	2069777	565911	107790
35596	7058	187	56328	13129	14671
1611126	151848	43960	2669341	702041	143855
988130	81346		1769081	495081	88975
658592	77561	44147	956587	220089	69551
1646722	**158906**	**44147**	**2725669**	**715170**	**158526**
848915	**51341**	**17202**	**1408905**	**336516**	**48899**
207611	20538	14299	294122	75222	11325
425508			796531	170116	22596
212914	29772	2903	311849	88961	11195
2883	1031		6403	2217	3783
774087	**103343**	**26945**	**1165741**	**270181**	**94838**
929			1622	606	360
1479	29		2670	866	798
16071	4733		24843	4006	1623
7689	988		10851	1721	5186
2474	20		4363	1720	3185
1119	280		1942	710	400
37749	388		58699	8212	1300
341669	49116	19470	495007	84411	20054
5261	701	187	8686	2792	2263
67308	9991	1196	93862	23930	10427
100504	12447	1127	165705	55255	19126
175678	23297	4966	264760	76682	21359
2687	223		4744	1840	742
7447	342		19231	5015	5482
2248	562		3146	813	365
1254			1913	588	870
291	227		943	559	680
2229			2757	456	618
23720	**4223**		**151023**	**108473**	**14789**
23146	3915		149671	107764	13933
573	308		1351	709	856

12-11 规模以上非公有工业企业主要指标(2010年)

单位：万元

项 目	Item	企业单位数（个） Number of Enterprises (unit)	亏损企业 Loss-making Enterprises
总计	**Total**	**396**	**95**
轻工业	Light Industry	116	18
重工业	Heavy Industry	280	77
大型企业	Large Enterprises	2	
中型企业	Medium-sized Enterprises	65	5
小型企业	Small Enterprises	329	90
按登记注册类型分组	**By Status of Registration**		
股份合作企业	Cooperative Enterprises	6	2
有限责任公司	Limited Liability Corporations	178	44
股份有限公司	Share-holding Corporations Limited	16	5
私营企业	Private Enterprises	173	39
其他企业	Other Enterprises	2	
港、澳、台商投资企业	Enterprises with Funds from Hong Kong, Macao and Taiwan	7	4
外商投资企业	Foreign Funded Enterprises	14	1
按工业行业分组	**Grouped by Sector**		
采掘业	**Mining**	**49**	**10**
煤炭开采和洗选业	Mining and Washing of Coal	15	2
石油和天然气开采业	Extraction of Petroleum and Natural Gas	1	1
黑色金属矿采选业	Mining and Processing of Ferrous Metal Ores	13	3
有色金属矿采选业	Mining and Processing of Non-Ferrous Metal Ores	12	2
非金属矿采选业	Mining and Processing of Nonmetal Ores	6	1
其他采矿业	Mining of Other Ores	2	1
制造业	**Manufacture**	**325**	**80**
农副食品加工业	Processing of Food from Agricultural Products	36	4
食品制造业	Manufacture of Foods	19	1
饮料制造业	Manufacture of Beverages	10	2
纺织业	Manufacture of Textile	10	3
纺织服装、鞋、帽制造业	Manufacture of Textile Wearing Apparel, Footwear and Caps	4	
皮革、毛皮、羽毛(绒)及其制品业	Manufacture of Leather,Fur,Feather and Related Products	1	
木材加工及木、竹、藤、棕、草制品业	Processing of Timber, Manufacture of Wood,Bamboo, Rattan, Palm and Straw Products	1	
家具制造业	Manufacture of Furniture	1	
造纸及纸制品业	Manufacture of Paper and Paper Products		
印刷业和记录媒介的复制	Printing, Reproduction of Recording Media	6	1
石油加工、炼焦及核燃料加工业	Processing of Petroleum, Coking, Processing of Nuclear Fuel	1	
化学原料及化学制品制造业	Manufacture of Raw Chemical Materials and Chemical Products	51	18
医药制造业	Manufacture of Medicines	20	1
橡胶制品业	Manufacture of Rubber	1	
塑料制品业	Manufacture of Plastics	4	
非金属矿物制品业	Manufacture of Non-metallic Mineral Products	58	13
黑色金属冶炼及压延加工业	Smelting and Pressing of Ferrous Metals	39	15
有色金属冶炼及压延加工业	Smelting and Pressing of Non-ferrous Metals	22	6
金属制品业	Manufacture of Metal Products	18	6
通用设备制造业	Manufacture of General Purpose Machinery	3	1
专用设备制造业	Manufacture of Special Purpose Machinery	4	2
交通运输设备制造业	Manufacture of Transport Equipment	2	1
电气机械及器材制造业	Manufacture of Electrical Machinery and Equipment	8	4
通信设备、计算机及其他电子设备制造业	Manufacture of Communication Equipment, Computers and Other Electronic Equipment	1	
工艺品及其他制造业	Manufacture of Artwork and Other Manufacturing	5	2
电力、燃气及水的生产和供应业	**Production and Distribution of Electricity, Gas and Water**	**22**	**5**
电力、热力的生产和供应业	Production and Supply of Electric Power and Heat Power	20	4
燃气生产和供应业	Production and Supply of Gas	1	
水的生产和供应业	Production and Supply of Water	1	1

Main Indicators of Non-public Industrial Enterprises Above Designated Size (2010)

(10 000 yuan)

工业总产值 Gross Industrial Output Value	资产总计 Total Assets	流动资产合计 Total Working Capitals	固定资产合计 Total Fixed Assets	固定资产原价 Original Value of Fixed Assets	累计折旧 Accumulated Depreciation	固定资产净值 Net Value of Fixed Assets
5983622	**8705464**	**3795448**	**3433751**	**3692482**	**819346**	**2873136**
1076805	1101863	459986	422051	491755	92046	399708
4906818	7603601	3335462	3011700	3200727	727300	2473427
622086	929803	178901	510578	543187	32609	510578
3112963	4939278	2241955	1819844	1679028	301853	1377175
2248573	2836384	1374593	1103329	1470267	484884	985383
91482	53581	23451	14081	17511	4854	12657
3313765	4096633	1807219	1486351	1820446	439731	1380715
221598	828377	245529	492890	349642	83282	266360
1946614	3002862	1524864	1027146	1033187	218042	815145
17572	11687	8640	3047	1625	296	1329
52029	90616	38209	30455	36142	8910	27232
340562	621708	147536	379781	433929	64231	369698
796453	**1545039**	**805141**	**246741**	**512291**	**286801**	**225491**
517135	1167904	628210	106682	310096	216448	93648
523	10762	2746	8016	7311	1441	5870
80690	67518	40795	23347	37178	14840	22339
144221	243617	94626	92546	136837	45603	91234
39875	48341	35511	12504	19637	8235	11402
14009	6898	3252	3646	1232	234	998
5133439	**6797025**	**2937037**	**2923416**	**2886279**	**491290**	**2394989**
211239	197510	98094	87546	104190	21380	82810
173309	130335	70373	44160	50609	8525	42083
159442	188614	80818	74708	87530	13496	74034
210323	247326	85970	80951	98403	18901	79502
58013	35819	14063	17492	19878	2673	17205
976	2639	816	1822	1745	22	1722
522	456	286	167	189	22	167
1382	3550	2089	1462	1515	246	1269
39203	20942	6761	13656	15101	2596	12505
205792	338163	119668	172245	174381	7346	167035
587614	1948708	949758	800074	601035	150313	450722
172708	221812	73108	76714	83504	18451	65054
926	1509	991	431	597	165	431
8232	7876	4554	3254	3720	576	3145
517690	670020	332111	290003	266352	52481	213872
815561	576867	320582	218635	246343	57586	188757
1715939	1928335	606104	956448	1039105	114073	925033
73067	75570	55123	18653	21333	5638	15694
19562	45184	24267	16876	13090	5924	7166
12239	9857	6288	2005	2880	1107	1773
34126	45230	32054	6339	6810	973	5837
63208	65308	31282	27263	31986	5307	26678
12804	6113	4307	1807	1922	115	1807
36566	29285	17572	10705	14063	3374	10689
53731	**363399**	**53271**	**263595**	**293912**	**41256**	**252656**
53686	363341	53253	263554	293851	41235	252616
44	58	18	40	61	20	40

12—11 续表 1

单位：万元

项 目	Item	负债合计 Total Liabilities	流动负债合计 Total Working Liabilities
总计	**Total**	**5190121**	**3648655**
轻工业	Light Industry	550169	415091
重工业	Heavy Industry	4639953	3233565
大型企业	Large Enterprises	682400	456768
中型企业	Medium-sized Enterprises	2954352	2066188
小型企业	Small Enterprises	1553370	1125700
按登记注册类型分组	**By Status of Registration**		
股份合作企业	Cooperative Enterprises	17744	16595
有限责任公司	Limited Liability Corporations	2381555	1737617
股份有限公司	Share-holding Corporations Limited	584851	311953
私营企业	Private Enterprises	1841942	1369621
其他企业	Other Enterprises	9257	7357
港、澳、台商投资企业	Enterprises with Funds from Hong Kong,Macao and Taiwan	83875	73675
外商投资企业	Foreign Funded Enterprises	270898	131837
按工业行业分组	**Grouped by Sector**		
采掘业	**Mining**	**790806**	**709511**
煤炭开采和洗选业	Mining and Washing of Coal	580447	541302
石油和天然气开采业	Extraction of Petroleum and Natural Gas	510	510
黑色金属矿采选业	Mining and Processing of Ferrous Metal Ores	36904	24955
有色金属矿采选业	Mining and Processing of Non-Ferrous Metal Ores	147236	134840
非金属矿采选业	Mining and Processing of Nonmetal Ores	22329	4585
其他采矿业	Mining of Other Ores	3380	3320
制造业	**Manufacture**	**4161836**	**2851796**
农副食品加工业	Processing of Food from Agricultural Products	100690	84446
食品制造业	Manufacture of Foods	62745	51591
饮料制造业	Manufacture of Beverages	105079	100708
纺织业	Manufacture of Textile	134824	65576
纺织服装、鞋、帽制造业	Manufacture of Textile Wearing Apparel, Footwear and Caps	17864	16307
皮革、毛皮、羽毛(绒)及其制品业	Manufacture of Leather,Fur,Feather and Related Products	1780	110
木材加工及木、竹、藤、棕、草制品业	Processing of Timber, Manufacture of Wood,Bamboo, Rattan, Palm and Straw Products	416	416
家具制造业	Manufacture of Furniture	2836	1996
造纸及纸制品业	Manufacture of Paper and Paper Products		
印刷业和记录媒介的复制	Printing, Reproduction of Recording Media	9774	6685
石油加工、炼焦及核燃料加工业	Processing of Petroleum, Coking, Processing of Nuclear Fuel	215788	125288
化学原料及化学制品制造业	Manufacture of Raw Chemical Materials and Chemical Products	1241921	823782
医药制造业	Manufacture of Medicines	81865	61917
橡胶制品业	Manufacture of Rubber	337	337
塑料制品业	Manufacture of Plastics	3757	2973
非金属矿物制品业	Manufacture of Non-metallic Mineral Products	451614	377922
黑色金属冶炼及压延加工业	Smelting and Pressing of Ferrous Metals	367168	275122
有色金属冶炼及压延加工业	Smelting and Pressing of Non-ferrous Metals	1195080	722453
金属制品业	Manufacture of Metal Products	40397	39017
通用设备制造业	Manufacture of General Purpose Machinery	27357	27357
专用设备制造业	Manufacture of Special Purpose Machinery	7869	7179
交通运输设备制造业	Manufacture of Transport Equipment	28495	10779
电气机械及器材制造业	Manufacture of Electrical Machinery and Equipment	45784	38473
通信设备、计算机及其他电子设备制造业	Manufacture of Communication Equipment, Computers and Other Electronic Equipment	3547	1802
工艺品及其他制造业	Manufacture of Artwork and Other Manufacturing	14851	9563
电力、燃气及水的生产和供应业	**Production and Distribution of Electricity, Gas and Water**	**237479**	**87349**
电力、热力的生产和供应业	Production and Supply of Electric Power and Heat Power	237469	87339
燃气生产和供应业	Production and Supply of Gas		
水的生产和供应业	Production and Supply of Water	10	10

Continued

(10 000 yuan)

长期负债合计 Total Long-term Liabilities	所有者权益合计 Total Owners' Equity	实收资本 Paid-up Capital	主营业务收入 Revenue from Principal Business	主营业务成本 Cost of Principal Business	主营业务税金及附加 Taxes and Other Charges on Principal Business	其他业务利润 Other Operating Profit
1429002	**3461528**	**1651179**	**5693963**	**4653573**	**72284**	**20056**
88277	547858	275680	1039003	906065	14335	2071
1340725	2913670	1375500	4654960	3747509	57949	17985
211500	247403	201000	670434	604997	2681	1377
855499	1953151	858596	3043963	2376077	41189	15967
362003	1260975	591583	1979565	1672500	28414	2713
505	34138	12075	88895	77399	283	
614064	1687498	756510	3320264	2784608	22516	2944
272896	243526	135436	263273	207265	1614	613
393499	1160488	562077	1616394	1305692	44661	15292
1901	2421	1050	16852	14303	66	
10100	6741	19815	51370	36920	331	250
136037	326716	164217	336915	227386	2813	958
66132	**738555**	**139954**	**724052**	**469581**	**6729**	**431**
27557	572355	73359	532044	342247	3777	305
	10012	10486	450	485	1	
11800	30614	8730	56159	36639	1299	154
9383	96345	19925	113830	72769	1424	-28
17393	25711	25766	8035	5036	176	
	3518	1688	13535	12404	51	
1212991	**2600659**	**1438160**	**4914071**	**4145956**	**65353**	**19471**
14963	94491	48855	212516	195303	1419	53
10810	66820	33856	170018	152673	1220	879
4371	83535	47499	157642	107062	5235	227
29069	111857	39287	202162	188834	1526	1173
860	17956	6380	54307	46619	198	49
1670	859	280	935	788	3	
	40	220	939	807	4	2
840	621	3000	1918	1382	1	6
3019	11168	6957	37853	35495	124	1
90500	122375	70000	166088	117812	12738	224
386829	706760	338785	453717	296910	20633	250
15793	139948	78341	153797	133607	3035	-500
	1172	408	985	940	104	
774	4119	1790	8156	7468	510	
70466	218346	133745	480946	404630	2355	2585
91444	207861	77784	841082	754713	3804	10214
458907	706394	478889	1745274	1500747	6024	1686
1280	33265	17291	71898	62245	520	97
	17826	16000	18306	15538	4109	2341
690	1988	1869	2532	2105	25	
17705	16735	15713	24683	21577	81	
6043	19524	13232	58955	54836	156	91
1744	2567	1000	12804	10589		
5213	14433	6980	36561	33276	1531	92
149879	**122314**	**73065**	**55840**	**38037**	**203**	**155**
149879	122265	73018	55796	37972	202	155
	48	47	44	65	1	

12-11 续表 2

单位：万元

项 目	Item	营业费用 Operating Expenses	营业利润 Operating Profit
总计	**Total**	**240537**	**806390**
轻工业	Light Industry	68028	86746
重工业	Heavy Industry	172510	719644
大型企业	Large Enterprises	18725	34239
中型企业	Medium-sized Enterprises	124281	488102
小型企业	Small Enterprises	97532	284049
按登记注册类型分组	**By Status of Registration**	**240537**	**806390**
股份合作企业	Cooperative Enterprises	2364	34796
有限责任公司	Limited Liability Corporations	110272	471121
股份有限公司	Share-holding Corporations Limited	25839	447
私营企业	Private Enterprises	67038	238193
其他企业	Other Enterprises	19	2484
港、澳、台商投资企业	Enterprises with Funds from Hong Kong,Macao and Taiwan	27997	-14481
外商投资企业	Foreign Funded Enterprises	7010	73830
按工业行业分组	**Grouped by Sector**		
采掘业	**Mining**	**58161**	**204628**
煤炭开采和洗选业	Mining and Washing of Coal	41727	166200
石油和天然气开采业	Extraction of Petroleum and Natural Gas		-109
黑色金属矿采选业	Mining and Processing of Ferrous Metal Ores	8101	10151
有色金属矿采选业	Mining and Processing of Non-Ferrous Metal Ores	7982	23294
非金属矿采选业	Mining and Processing of Nonmetal Ores	48	993
其他采矿业	Mining of Other Ores	302	4099
制造业	**Manufacture**	**181735**	**594264**
农副食品加工业	Processing of Food from Agricultural Products	4378	20247
食品制造业	Manufacture of Foods	6367	19046
饮料制造业	Manufacture of Beverages	36370	-8160
纺织业	Manufacture of Textile	2516	13339
纺织服装、鞋、帽制造业	Manufacture of Textile Wearing Apparel, Footwear and Caps	1404	4929
皮革、毛皮、羽毛(绒)及其制品业	Manufacture of Leather,Fur,Feather and Related Products	74	144
木材加工及木、竹、藤、棕、草制品业	Processing of Timber, Manufacture of Wood,Bamboo, Rattan, Palm and Straw Products	40	100
家具制造业	Manufacture of Furniture	42	556
造纸及纸制品业	Manufacture of Paper and Paper Products		
印刷业和记录媒介的复制	Printing, Reproduction of Recording Media	1056	6137
石油加工、炼焦及核燃料加工业	Processing of Petroleum, Coking, Processing of Nuclear Fuel	4003	36136
化学原料及化学制品制造业	Manufacture of Raw Chemical Materials and Chemical Products	40097	59648
医药制造业	Manufacture of Medicines	14666	15159
橡胶制品业	Manufacture of Rubber	47	-7
塑料制品业	Manufacture of Plastics	634	213
非金属矿物制品业	Manufacture of Non-metallic Mineral Products	16832	54763
黑色金属冶炼及压延加工业	Smelting and Pressing of Ferrous Metals	17951	72237
有色金属冶炼及压延加工业	Smelting and Pressing of Non-ferrous Metals	27250	261814
金属制品业	Manufacture of Metal Products	4104	3491
通用设备制造业	Manufacture of General Purpose Machinery	906	541
专用设备制造业	Manufacture of Special Purpose Machinery	181	2240
交通运输设备制造业	Manufacture of Transport Equipment	469	4294
电气机械及器材制造业	Manufacture of Electrical Machinery and Equipment	1170	13748
通信设备、计算机及其他电子设备制造业	Manufacture of Communication Equipment, Computers and Other Electronic Equipment	77	4329
工艺品及其他制造业	Manufacture of Artwork and Other Manufacturing	1101	9323
电力、燃气及水的生产和供应业	**Production and Distribution of Electricity, Gas and Water**	**642**	**7499**
电力、热力的生产和供应业	Production and Supply of Electric Power and Heat Power	642	7516
燃气生产和供应业	Production and Supply of Gas		
水的生产和供应业	Production and Supply of Water		-17

Continued

(10 000 yuan)

利润总额 Total Profits	应交所得税 Income Tax Payable	亏损企业亏损总额 The Total Loss of Loss-making Enterprises	利税总额 Total Profits and Taxes	本年应交增值税 Value Added Tax Payable	全部从业人员年平均人数(人) Annual Average Employed Persons (person)
583501	**55583**	**64731**	**867564**	**211779**	**76548**
34227	8120	32346	73102	24539	21834
549274	47463	32385	794462	187240	54714
28400	73		46550	15469	5263
422369	34184	15090	590628	127070	40038
132732	21326	49641	230386	69240	31247
583501	**55583**	**64731**	**867564**	**211779**	**76548**
4878	964	9	5685	524	907
294853	23747	9689	442755	125385	36413
-1350	576	12826	10342	10079	4275
207787	14229	12064	313474	61026	29120
246			533	221	366
-23071	886	29192	-19662	3078	1181
100159	15182	951	114438	11467	4286
198254	**10076**	**822**	**273097**	**68115**	**7535**
162977	7234	33	221471	54716	3593
-109		109	-57	51	17
10679	2028	252	19136	7159	986
23326	814	151	30154	5403	2184
879		81	1556	501	676
502		196	838	285	79
378173	**44296**	**62548**	**584915**	**141389**	**68121**
12450	913	1048	16816	2947	2874
11566	415	11	16801	4016	2377
-7678	4807	28679	5496	7940	2977
6247	1000	1583	9585	1812	6069
2898	59		4488	1393	2763
144	36		164	17	60
100			114	10	20
21			29	7	40
1785	448	6	2935	1027	644
37749	388		58699	8212	1300
63186	6864	16476	107287	23468	8250
5875	325	35	13507	4597	2807
69	17		177	5	67
207	29		914	197	406
50588	7418	7065	74459	21515	10232
48156	4815	4335	75709	23749	11833
129949	14970	1798	171680	35707	9203
4710	424	126	7854	2624	2016
1204		66	5340	27	682
2252		165	2348	71	299
1235		19	1923	607	962
3353	1252	1058	4258	749	1176
280			280		50
1828	118	76	4052	693	1014
7074	**1211**	**1361**	**9552**	**2275**	**892**
7091	1211	1344	9567	2274	881
-17		17	-15	1	11

12-12 2009-2010年规模以上工业企业主要经济效益指标

指 标	Item	工 业 增加值率 (%)收入法 Ratio of Value Added to Gross Industrial Output Value (%) By Income Approach	
		2009	2010
总计	**Total**	**35.12**	**39.61**
国有控股企业	State-holding Enterprises	37.56	42.03
轻工业	Light Industry	30.29	35.99
重工业	Heavy Industry	35.46	39.86
大型企业	Large Enterprises	38.03	39.78
中型企业	Medium-sized Enterprises	29.87	39.96
小型企业	Small Enterprises	34.36	37.62
按登记注册类型分组	**By Status of Registration**		
集体企业	Collective-owned Enterprises	39.54	36.66
股份合作企业	Cooperative Enterprises	45.15	43.69
有限责任公司	Limited Liability Corporations	30.02	35.15
股份有限公司	Share-holding Corporations Limited	46.62	55.83
私营企业	Private Enterprises	23.88	33.51
其他企业	Other Enterprises	55.37	29.14
港、澳、台商投资企业	Enterprises with Funds from Hong Kong, Macao and Taiwan	50.58	52.99
外商投资企业	Foreign Funded Enterprises	29.74	35.63
按工业行业分组	**Grouped by Sector**		
采掘业	**Mining**	**53.65**	**56.28**
煤炭开采和洗选业	Mining and Washing of Coal	51.82	55.41
石油和天然气开采业	Extraction of Petroleum and Natural Gas	68.40	68.08
黑色金属矿采选业	Mining and Processing of Ferrous Metal Ores	38.86	25.46
有色金属矿采选业	Mining and Processing of Non-Ferrous Metal Ores	33.74	39.47
非金属矿采选业	Mining and Processing of Nonmetal Ores	49.92	47.07
其他采矿业	Mining of Other Ores	19.05	40.95
制造业	**Manufacture**	**30.95**	**36.97**
农副食品加工业	Processing of Food from Agricultural Products	22.19	30.93
食品制造业	Manufacture of Foods	29.29	34.44
饮料制造业	Manufacture of Beverages	50.63	38.36
纺织业	Manufacture of Textile	23.51	30.83
纺织服装、鞋、帽制造业	Manufacture of Textile Wearing Apparel, Footwear and Caps	30.16	33.88
皮革、毛皮、羽毛(绒)及其制品业	Manufacture of Leather,Fur,Feather and Related Products	41.75	32.96
家具制造业	Manufacture of Furniture	36.16	43.89
造纸及纸制品业	Manufacture of Paper and Paper Products	35.31	52.02
印刷业和记录媒介的复制	Printing, Reproduction of Recording Media	26.72	36.47
石油加工、炼焦及核燃料加工业	Processing of Petroleum,Coking,Processing of Nuclear Fuel	16.43	35.19
化学原料及化学制品制造业	Manufacture of Raw Chemical Materials and Chemical Products	45.62	52.26
医药制造业	Manufacture of Medicines	27.93	41.43
橡胶制品业	Manufacture of Rubber		31.29
塑料制品业	Manufacture of Plastics	22.08	42.60
非金属矿物制品业	Manufacture of Non-metallic Mineral Products	32.17	34.93
黑色金属冶炼及压延加工业	Smelting and Pressing of Ferrous Metals	26.09	32.31
有色金属冶炼及压延加工业	Smelting and Pressing of Non-ferrous Metals	25.84	33.85
金属制品业	Manufacture of Metal Products	19.05	27.74
通用设备制造业	Manufacture of General Purpose Machinery	21.51	28.68
专用设备制造业	Manufacture of Special Purpose Machinery	37.15	33.74
交通运输设备制造业	Manufacture of Transport Equipment	23.98	32.56
电气机械及器材制造业	Manufacture of Electrical Machinery and Equipment	24.49	37.35
通信设备、计算机及其他电子设备制造业	Manufacture of Communication Equipment, Computers and Other Electronic Equipment	30.42	35.64
仪器仪表及文化、办公用机械制造业	Manufacture of Measuring Instruments and Machinery for Cultural Activity and Office Work	42.28	44.20
工艺品及其他制造业	Manufacture of Artwork and Other Manufacturing	56.03	45.40
电力、燃气及水的生产和供应业	**Production and Distribution of Electricity, Gas and Water**	**20.31**	**21.75**
电力、热力的生产和供应业	Production and Supply of Electric Power and Heat Power	20.27	21.56
燃气生产和供应业	Production and Supply of Gas	28.36	
水的生产和供应业	Production and Supply of Water	20.78	46.01

注：工业增加值率是采用企业成本费用调查资料。下表同。

Main Indicators on Economic Benefit of All Industrial Enterprises above Designated Size(2009-2010)

总资产贡献率 (%) Ratio of Total Assets to Industrial Output Value (%)		资产负债率 (%) Assets-Liability Ratio (%)		流动资产周转率 (次/年) Number of Times of Annual of Turnover Working Capitals (times/year)		成本费用利润率 (%) Ratio of Profits to Industrial Cost (%)		全员劳动生产率 (元/人·年) Overall Labour Productivity (yuan/person·yaer)		产品销售率 (%) Proportion of Products Sold (%)	
2009	2010	2009	2010	2009	2010	2009	2010	2009	2010	2009	2010
8.53	**11.57**	**62.19**	**63.74**	**1.56**	**1.64**	**10.36**	**13.34**	**213215**	**292203**	**96.02**	**98.24**
7.58	11.58	65.00	65.35	1.75	1.74	10.58	15.17	234275	309456	95.63	99.96
6.83	6.81	45.59	52.93	1.80	2.10	4.69	3.46	100416	154081	97.53	96.48
8.62	11.80	63.06	64.24	1.55	1.61	10.86	14.26	232312	313607	95.88	98.39
7.54	11.64	65.51	65.90	1.91	2.00	10.28	13.51	261005	339888	96.46	100.90
10.20	13.63	60.57	59.61	1.28	1.35	9.10	16.87	165855	257367	96.46	97.20
10.23	7.78	51.65	62.18	1.22	1.32	12.20	7.17	181242	243139	94.50	92.53
								213215	**292203**		
18.55	17.21	63.81	78.87	1.13	1.41	20.79	8.37	92209	93021	87.19	96.46
132.02	11.57	18.06	33.69	7.31	3.73	3.48	5.70	560962	404020	99.17	100.55
7.00	9.05	70.48	71.59	1.52	1.70	9.45	9.58	166685	261855	98.26	97.31
12.06	19.38	57.86	57.03	1.28	1.46	23.89	36.18	301401	386014	93.44	101.98
7.59	11.76	56.87	61.34	0.79	1.06	9.72	13.93	133331	222873	91.69	91.11
12.29	1.42	43.02	73.48	1.20	1.01	19.90	9.51	79270	65984	99.77	103.23
15.66	-2.59	60.74	93.46	0.90	1.35	7.12	-22.50	177258	282113	95.54	101.05
8.29	10.89	53.41	53.10	2.61	1.91	5.46	9.86	212944	313233	98.66	99.24
12.97	**21.18**	**49.85**	**51.73**	**1.69**	**1.64**	**15.42**	**26.01**	**323000**	**417413**	**97.93**	**98.08**
18.94	20.97	50.60	50.29	0.89	0.97	30.15	38.54	281736	378751	99.02	97.44
14.99	30.78	56.52	55.22	2.12	2.57	36.88	58.76	472232	523139	100.80	102.00
12.18	26.23	52.13	56.96	1.04	1.87	9.48	13.03	106232	177924	82.00	74.28
8.75	13.07	42.23	48.85	2.20	1.79	6.97	11.17	258076	383130	95.73	97.38
4.48	6.00	55.13	57.49	0.49	0.77	3.16	7.57	65974	85124	72.12	58.95
11.64	12.18	76.29	49.00	5.19	4.16	0.76	3.64	132985	726147	94.10	96.24
9.68	**10.37**	**59.00**	**61.92**	**1.29**	**1.43**	**11.23**	**11.00**	**177952**	**242821**	**94.42**	**98.13**
4.02	9.45	58.99	51.25	1.60	2.23	2.06	5.76	123586	229744	94.42	94.75
5.61	14.34	23.01	48.95	2.88	2.35	5.05	7.24	122254	221114	94.00	97.72
43.37	3.21	45.50	55.71	3.38	1.95	17.94	-4.73	274301	205448	111.10	101.86
3.93	4.89	55.27	54.51	1.45	2.35	2.93	3.10	57880	106842	99.14	97.85
8.78	13.37	47.38	45.96	2.80	2.70	5.81	6.06	56153	68211	96.80	96.91
11.40	2.73	77.02	67.04	1.04	1.01	1.77	4.51	83254	37077	99.44	130.20
2.15	24.93	66.11	91.20	0.78	3.29	1.14	10.77	70895	114575	117.41	103.08
-1.71	1.65	96.50	79.89	0.35	0.92	-20.50	1.32	9753	179690	93.51	138.81
10.37	10.78	49.06	55.53	2.49	3.28	3.64	3.87	87729	134519	95.44	96.01
8.93	18.95	63.71	63.81	1.29	1.39	6.03	28.70	212515	559769	95.40	104.64
13.31	10.45	53.94	59.15	0.60	0.52	56.99	39.57	311222	289926	80.73	92.88
4.31	6.91	28.60	36.92	1.49	1.76	3.93	4.65	107600	194311	93.79	90.63
3.04	11.75	23.69	22.33	1.01	0.99	0.98	6.55		43241	95.95	102.29
3.37	10.36	62.85	51.43	1.82	1.78	1.07	1.81	37111	79662	89.01	97.71
12.02	13.09	58.17	67.05	1.51	1.58	10.24	11.18	99910	149379	97.99	97.04
5.27	10.69	65.02	65.66	1.98	2.03	-0.09	6.47	154515	204616	99.79	101.40
7.34	9.57	70.32	69.51	2.05	2.91	2.90	6.31	247845	442470	99.93	99.73
6.62	11.03	39.06	53.46	2.24	1.30	3.68	6.59	106885	100539	95.37	97.12
4.61	8.30	62.41	49.87	1.39	1.16	-0.11	3.93	66282	94261	93.71	96.93
3.57	28.43	66.42	70.90	0.71	0.94	0.51	43.39	78286	117002	93.04	96.26
2.49	4.27	64.96	52.61	0.81	0.98	-5.61	3.74	87138	117590	104.67	105.60
4.66	8.32	59.18	69.42	1.61	2.37	1.71	4.32	165672	248245	98.67	97.81
46.92	5.32	47.57	58.02	1.79	2.97	20.78	2.58	482752	912669	100.00	100.00
4.66	16.92	25.08	17.75	1.00	0.96	2.04	25.97	57793	73379	94.38	100.00
26.06	12.39	66.91	47.21	1.14	1.85	1.83	4.98	124692	102134	99.77	98.81
2.96	**5.19**	**77.69**	**77.52**	**4.74**	**3.37**	**-1.69**	**1.54**	**167641**	**286322**	**99.95**	**98.91**
3.03	5.26	78.01	77.49	5.18	3.41	-1.61	1.58	183914	307446	99.99	98.92
10.85		20.46		1.15		19.25		189802		100.00	
-0.22	1.15	68.38	78.75	0.57	1.15	-14.06	-3.19	21176	65196	96.90	97.55

a) Ratio of value added to gross industrial output value are based on business costs surveyed. The same applies to the tables following.

12-13 2009-2010年地方规模以上工业企业经济效益指标

指 标	Item	工业增加值率(%) Ratio of Value Added to Gross Industrial Output Value (%) 2009	2010
总计	**Total**	**32.26**	**36.95**
国有控股企业	State-holding Enterprises	33.91	38.49
轻工业	Light Industry	30.29	35.99
重工业	Heavy Industry	32.44	37.05
大型企业	Large Enterprises	33.32	33.83
中型企业	Medium-sized Enterprises	30.02	40.06
小型企业	Small Enterprises	34.37	38.56
按工业行业分组	**Grouped by Sector**		
采掘业	**Extractive Industries**	**40.91**	**45.33**
煤炭开采和洗选业	Mining and Washing of Coal	51.82	55.41
石油和天然气开采业	Extraction of Petroleum and Natural Gas	28.25	57.44
黑色金属矿采选业	Mining and Processing of Ferrous Metal Ores	43.02	24.64
有色金属矿采选业	Mining and Processing of Non-Ferrous Metal Ores	33.74	39.47
非金属矿采选业	Mining and Processing of Nonmetal Ores	49.92	47.07
其他采矿业	Mining of Other Ores	19.05	40.95
制造业	**Manufacture**	**31.69**	**37.53**
农副食品加工业	Processing of Food from Agricultural Products	22.19	30.93
食品制造业	Manufacture of Foods	29.29	34.44
饮料制造业	Manufacture of Beverages	50.63	38.36
纺织业	Manufacture of Textile	23.51	30.83
纺织服装、鞋、帽制造业	Manufacture of Textile Wearing Apparel,Footwear and Caps	30.16	33.88
皮革、毛皮、羽毛(绒)及其制品业	Manufacture of Leather,Fur,Feather and Related Products	41.75	32.96
家具制造业	Manufacture of Furniture	36.16	43.89
造纸及纸制品业	Manufacture of Paper and Paper Products	35.31	52.02
印刷业和记录媒介的复制	Printing, Reproduction of Recording Media	26.72	36.47
石油加工、炼焦及核燃料加工业	Processing of Petroleum,Coking,Processing of Nuclear Fuel	16.43	35.19
化学原料及化学制品制造业	Manufacture of Raw Chemical Materials and Chemical Products	45.64	52.89
医药制造业	Manufacture of Medicines	27.93	41.43
橡胶制品业	Manufacture of Rubber		31.29
塑料制品业	Manufacture of Plastics	22.08	42.60
非金属矿物制品业	Manufacture of Non-metallic Mineral Products	31.14	33.93
黑色金属冶炼及压延加工业	Smelting and Pressing of Ferrous Metals	26.09	32.31
有色金属冶炼及压延加工业	Smelting and Pressing of Non-ferrous Metals	27.46	34.91
金属制品业	Manufacture of Metal Products	19.05	27.74
通用设备制造业	Manufacture of General Purpose Machinery	21.51	28.68
专用设备制造业	Manufacture of Special Purpose Machinery	37.15	33.74
交通运输设备制造业	Manufacture of Transport Equipment	23.98	32.56
电气机械及器材制造业	Manufacture of Electrical Machinery and Equipment	24.49	37.35
通信设备、计算机及其他电子设备制造业	Manufacture of Communication Equipment,Computers and Other Electronic Equipment	30.42	35.64
仪器仪表及文化、办公用机械制造业	Manufacture of Measuring Instruments and Machinery for Cultural Activity and Office Work	42.28	44.20
工艺品及其他制造业	Manufacture of Artwork and Other Manufacturing	56.03	45.40
电力、燃气及水的生产和供应业	**Production and Supply of Electric Power,Gas and Water**	**23.24**	**23.92**
电力、热力的生产和供应业	Production and Supply of Electric Power and Heat Power	23.25	23.65
燃气生产和供应业	Production and Supply of Gas	28.36	
水的生产和供应业	Production and Supply of Water	20.78	46.01

Local Industrial Enterprises above Designated Size(2009-2010)

总资产贡献率(%) Ratio of Total Assets to Industrial Output Value (%)		资产负债率(%) Assets-Liability Ratio (%)		流动资产周转率(次/年) Number of Times of Annual of Turnover Working Capitals (times/year)		成本费用利润率(%) Ratio of Profits to Industrial Cost (%)		全员劳动生产率(元/人·年) All-personnel Labour Productivity (yuan/person·yaer)		产品销售率(%) Proportion of Products Sold (%)	
2009	2010	2009	2010	2009	2010	2009	2010	2009	2010	2009	2010
9.95	**10.90**	**55.87**	**58.83**	**1.33**	**1.51**	**11.64**	**11.82**	**188146**	**261780**	**94.34**	**97.62**
8.96	10.42	57.57	58.09	1.37	1.52	12.97	12.85	198313	259981	91.84	99.68
6.83	6.81	45.59	52.93	1.80	2.10	4.69	3.46	100416	154081	97.53	96.48
10.21	11.18	56.75	59.22	1.29	1.47	12.49	12.76	206883	283519	93.94	97.75
9.30	9.64	56.53	58.56	1.45	1.80	12.74	9.67	216844	280331	92.05	101.08
10.65	14.41	58.60	58.48	1.26	1.35	9.72	17.44	168154	262552	96.37	97.24
10.24	7.97	51.65	60.02	1.22	1.27	12.20	7.72	182023	243836	94.50	92.23
11.67	**16.01**	**45.58**	**49.70**	**1.58**	**1.41**	**10.95**	**17.80**	**224464**	**329033**	**95.59**	**94.94**
18.94	20.97	50.60	50.29	0.89	0.97	30.15	38.54	281736	378751	99.02	97.44
	-0.53	9.94	4.73	0.23	0.16	-11.52	-19.50	122672	176679	84.74	15.83
12.18	30.20	52.13	54.66	1.04	1.38	9.48	20.58	122395	201644	82.00	70.73
8.75	13.07	42.23	48.85	2.20	1.79	6.97	11.17	258076	383130	95.73	97.38
4.48	6.00	55.13	57.49	0.49	0.77	3.16	7.57	65974	85124	72.12	58.95
11.64	12.18	76.29	49.00	5.19	4.16	0.76	3.64	132985	726147	94.10	96.24
9.80	**10.52**	**58.18**	**60.88**	**1.24**	**1.38**	**12.08**	**11.55**	**179667**	**242675**	**93.95**	**98.04**
4.02	9.45	58.99	51.25	1.60	2.23	2.06	5.76	123586	229744	94.42	94.75
5.61	14.34	23.01	48.95	2.88	2.35	5.05	7.24	122254	221114	94.00	97.72
43.37	3.21	45.50	55.71	3.38	1.95	17.94	-4.73	274301	205448	111.10	101.86
3.93	4.89	55.27	54.51	1.45	2.35	2.93	3.10	57880	106842	99.14	97.85
8.78	13.37	47.38	45.96	2.80	2.70	5.81	6.06	56153	68211	96.80	96.91
11.40	2.73	77.02	67.04	1.04	1.01	1.77	4.51	83254	37077	99.44	130.20
2.15	24.93	66.11	91.20	0.78	3.29	1.14	10.77	70895	179690	117.41	103.08
-1.71	1.65	96.50	79.89	0.35	0.92	-20.50	1.32	9753		93.51	138.81
10.37	10.78	49.06	55.53	2.49	3.28	3.64	3.87	87729	134519	95.44	96.01
8.93	18.95	63.71	63.81	1.29	1.39	6.03	28.70	212515	559769	95.40	104.64
13.47	11.04	53.89	58.53	0.60	0.51	58.45	42.31	329774	299581	80.69	92.84
4.31	6.91	28.60	36.92	1.49	1.76	3.93	4.65	107600	194311	93.79	90.63
3.04	11.75	23.69	22.33	1.01	0.99	0.98	6.55		43241	95.95	102.29
3.37	10.36	62.85	51.43	1.82	1.78	1.07	1.81	37111	79662	89.01	97.71
12.25	12.89	58.05	66.23	1.59	1.58	9.13	9.73	95695	142850	97.91	96.84
5.27	10.69	65.02	65.66	1.98	2.03	-0.09	6.47	154515	204616	99.79	101.40
7.26	9.13	68.54	67.18	1.87	2.77	3.09	6.87	267070	509312	99.61	99.75
6.62	11.03	39.06	53.46	2.24	1.30	3.68	6.59	106885	100539	95.37	97.12
4.61	8.30	62.41	49.87	1.39	1.16	-0.11	3.93	66282	94261	93.71	96.93
3.57	28.43	66.42	70.90	0.71	0.94	0.51	43.39	78286	117002	93.04	96.26
2.49	4.27	64.96	52.61	0.81	0.98	-5.61	3.74	87138	117590	104.67	105.60
4.66	8.32	59.18	69.42	1.61	2.37	1.71	4.32	165672	248245	98.67	97.81
46.92	5.32	47.57	58.02	1.79	2.97	20.78	2.58	482752	912669	100.00	100.00
4.66	16.92	25.08	17.75	1.00	0.96	2.04	25.97	57793	73379	94.38	100.00
26.06	12.39	66.91	47.21	1.14	1.85	1.83	4.98	124692	102134	99.77	98.81
4.78	**4.58**	**68.35**	**63.94**	**1.28**	**4.09**	**7.89**	**1.74**	**186884**	**311849**	**99.44**	**99.41**
6.01	4.77	69.03	63.13	1.55	4.21	10.60	1.80	216602	349298	99.82	99.43
10.85		20.46		1.15		19.25		189802		100.00	
-0.22	1.15	68.38	78.75	0.57	1.15	-14.06	-3.19	21176	65196	96.90	97.55

12-14 2009-2010年规模以上国有及国有控股工业企业主要经济效益指标

指标	Item	工业增加值率(%) Ratio of Value Added to Gross Industrial Output Value (%) 2009	2010
总计	**Total**	**37.56**	**42.03**
国有控股企业	State-holding Enterprises	37.56	42.03
轻工业	Light Industry	30.03	39.96
重工业	Heavy Industry	37.61	42.04
大型企业	Large Enterprises	38.13	40.70
中型企业	Medium-sized Enterprises	30.21	52.06
小型企业	Small Enterprises	42.74	31.10
按工业行业分组	**Grouped by Sector**	**37.56**	**42.03**
采掘业	**Extractive Industries**	**55.08**	**59.23**
煤炭开采和洗选业	Mining and Washing of Coal	53.02	58.75
石油和天然气开采业	Extraction of Petroleum and Natural Gas	68.43	68.08
黑色金属矿采选业	Mining and Processing of Ferrous Metal Ores	31.29	31.13
有色金属矿采选业	Mining and Processing of Non-Ferrous Metal Ores	30.74	43.23
非金属矿采选业	Mining and Processing of Nonmetal Ores	48.27	47.50
制造业	**Manufacture**	**34.75**	**40.41**
农副食品加工业	Processing of Food from Agricultural Products	21.36	26.89
食品制造业	Manufacture of Foods		
纺织服装、鞋、帽制造业	Manufacture of Textile Wearing Apparel,Footwear and Caps	46.23	46.17
印刷业和记录媒介的复制	Printing, Reproduction of Recording Media	41.69	35.48
石油加工、炼焦及核燃料加工业	Processing of Petroleum,Coking,Processing of Nuclear Fuel		
化学原料及化学制品制造业	Manufacture of Raw Chemical Materials and Chemical Products	48.06	57.93
医药制造业	Manufacture of Medicines	46.27	46.89
非金属矿物制品业	Manufacture of Non-metallic Mineral Products	47.73	44.69
黑色金属冶炼及压延加工业	Smelting and Pressing of Ferrous Metals	31.24	34.04
有色金属冶炼及压延加工业	Smelting and Pressing of Non-ferrous Metals	24.97	33.05
金属制品业	Manufacture of Metal Products	33.04	27.48
通用设备制造业	Manufacture of General Purpose Machinery	21.79	
交通运输设备制造业	Manufacture of Transport Equipment		
电气机械及器材制造业	Manufacture of Electrical Machinery and Equipment	19.96	28.66
工艺品及其他制造业	Manufacture of Artwork and Other Manufacturing		
电力、燃气及水的生产和供应业	**Production and Supply of Electric Power,Gas and Water**	**20.16**	**21.49**
电力、热力的生产和供应业	Production and Supply of Electric Power and Heat Power	20.15	21.29
水的生产和供应业	Production and Supply of Water	20.78	46.01

Main Indicators on Ecocomic Benefit of State-owned and State-holding Industrial Enterprises Above Designated Size(2009-2010)

总资产贡献率(%) Ratio of Total Assets to Industrial Output Value (%)		资产负债率(%) Assets-Liability Ratio (%)		流动资产周转率(次/年) Number of Times of Annual of Turnover Working Capitals (times/year)		成本费用利润率(%) Ratio of Profits to Industrial Cost (%)		全员劳动生产率(元/人·年) All-personnel Labour Productivity (yuan/person·yaer)		产品销售率(%) Proportion of Products Sold (%)	
2009	2010	2009	2010	2009	2010	2009	2010	2009	2010	2009	2010
7.58	**11.58**	**65.00**	**65.35**	**1.75**	**1.74**	**10.58**	**15.17**	**234275**	**309456**	**95.63**	**99.96**
7.58	11.58	65.00	65.35	1.75	1.74	10.58	15.17	234275	309456	95.63	99.96
1.41	1.79	60.58	69.94	0.87	1.14	-0.72	-0.39	47484	67574	95.15	96.11
7.67	11.69	65.07	65.30	1.76	1.74	10.69	15.30	242092	318525	95.63	100.00
7.56	11.86	65.51	65.50	1.92	1.93	10.36	14.50	269351	339366	96.41	100.99
4.34	13.63	65.99	59.58	1.22	1.26	1.69	23.45	104140	271669	93.07	94.88
13.18	4.78	57.31	74.06	1.17	0.99	25.70	6.17	238081	127462	91.47	98.00
	11.58		**65.35**		**1.74**		**15.17**	**234275**	**309456**		**99.96**
11.37	**21.93**	**49.91**	**51.58**	**2.10**	**1.93**	**11.37**	**25.05**	**292277**	**403459**	**99.66**	**100.87**
12.87	22.90	52.14	51.34	1.15	1.21	14.13	40.97	126408	228293	97.28	100.14
15.06	30.91	56.74	55.43	2.13	2.58	36.94	58.83	472663	523375	100.82	102.02
13.53	8.11	56.97	67.48	3.37	4.08	3.79	2.68	76264	84626	94.20	112.51
7.05	13.05	40.95	46.94	2.35	1.83	4.32	10.62	229791	436171	98.82	99.33
4.10	6.40	54.48	61.78	1.13	1.26	-1.32	6.77	44021	53125	91.88	92.61
9.54	**10.37**	**62.57**	**62.48**	**1.18**	**1.17**	**17.30**	**15.95**	**213249**	**237831**	**91.29**	**99.87**
3.16	16.54	56.98	58.32	2.07	3.79	0.47	4.79	94607	234521	99.65	99.42
8.83	5.44	50.96	43.65	4.36	1.24	3.09	5.37	52500	72368	100.00	100.00
11.28	10.24	29.56	32.75	0.91	0.90	20.63	8.69			97.01	89.87
3.06	3.82	69.65	69.98	0.89	0.93	1.29	0.85	41798	39050	90.23	93.50
13.75	11.50	52.77	56.66	0.67	0.54	64.36	55.94	330692	281492	80.04	101.34
4.12	-0.48	36.59	46.52	0.80	0.92	6.02	-5.54	90195	118399	89.30	95.89
15.74	16.19	60.14	65.25	1.22	1.44	23.86	25.33	151948	162512	99.95	98.28
6.07	9.25	64.80	66.54	1.51	1.59	1.93	7.20	202546	194689	95.04	100.96
4.92	8.18	77.78	79.66	2.14	2.96	3.48	4.41	192530	323202	99.77	99.00
22.17	7.59	75.18	47.74	1.18	1.23	18.95	3.64	167010		100.00	97.16
4.62	0.70	63.63	14.27	1.48	1.58	-0.47	0.42	69487	91776	93.68	100.00
1.59		52.74		1.97		-0.67				100.00	
7.54	11.53	69.53	66.92	2.23	4.48	2.39	2.42	156792	349227	95.98	98.00
3.80	4.24	69.35	30.54	0.20	0.38	3.71	6.72			100.00	100.00
2.81	**5.20**	**78.12**	**78.11**	**5.30**	**3.58**	**-1.95**	**1.20**	**172497**	**295961**	**99.95**	**98.88**
2.89	5.29	78.38	78.10	5.77	3.64	-1.82	1.23	190428	319482	99.99	98.89
-0.22	1.16	68.40	78.78	0.57	1.14	-14.12	-3.10	21197	65537	96.90	97.54

12-15 2009-2010年规模以上集体工业企业经济效益指标

指　标	Item	工业增加值率 (%) Ratio of Value Added to Gross Industrial Output Value (%)	
		2009	2010
总计	**Total**	**39.54**	**36.66**
重工业	Heavy Industry	39.54	36.66
中型企业	Medium-sized Enterprises	30.77	30.94
小型企业	Small Enterprises	52.26	50.65
按工业行业分组	**Grouped by Sector**		
采掘业	**Mining**	**39.54**	
有色金属矿采选业	Mining and Processing of Non-Ferrous Metal Ores	39.54	
制造业	**Manufacture**	**39.54**	**36.66**
化学原料及化学制品制造业	Manufacture of Raw Chemical Materials and Chemical Products	53.66	51.41
塑料制品业	Manufacture of Plastics		29.83
非金属矿物制品业	Manufacture of Non-metallic Mineral Products	30.02	30.60
有色金属冶炼及压延加工业	Smelting and Pressing of Non-ferrous Metals	40.77	37.35

Main Indicators on Economic Benefit of Collective Industrial Enterprises Above Designated Size(2009-2010)

总资产贡献率(%) Ratio of Total Assets to Industrial Output Value (%)		资 产负债率(%) Assets-Liability Ratio (%)		流动资产周转率(次/年) Number of Times of Annual of Turnover Working Capitals (times/year)		成本费用利润率(%) Ratio of Profits to Industrial Cost (%)		全员劳动生产率(元/人·年) All-personnel Labour Productivity (yuan/person·yaer)		产 品销售率(%) Proportion of Products Sold (%)	
2009	2010	2009	2010	2009	2010	2009	2010	2009	2010	2009	2010
18.55	**17.21**	**63.81**	**78.87**	**1.13**	**1.41**	**20.79**	**8.37**	**92209**	**93021**	**87.19**	**96.46**
18.55	17.21	63.81	78.87	1.13	1.41	20.79	8.37	92209	93021	87.19	96.46
7.65	8.83	66.63	72.25	1.91	3.26	2.47	-0.20	49784	60491	88.93	98.21
26.18	22.94	61.83	83.39	0.63	0.42	90.18	87.97	277156	366964	84.97	92.63
2.34	**12.69**	**77.26**	**70.26**	**0.50**	**0.65**	**5.89**	**30.84**			**99.47**	**100.00**
3.71	12.69	74.81	70.26	0.53	0.65	9.05	30.84			100.00	100.00
19.24	**17.43**	**63.23**	**79.28**	**1.16**	**1.44**	**21.11**	**7.98**	**92185**	**90845**	**86.92**	**96.33**
31.38	24.23	58.78	84.71	0.62	0.38	131.09	119.66	614548	462088	83.57	91.61
1.37	1.45	73.18	72.45	2.37	1.73		0.01	11915	32224	99.90	95.54
7.30	10.19	69.99	74.96	1.82	3.46	1.90	0.09	55746	70208	90.37	98.35
7.60	-3.49	39.80	47.63	3.81	1.44	8.94	-5.99	22610	19278	68.71	95.58

12-16　2009-2010年大中型工业企业经济效益指标

指　　标	Item	工　业 增加值率 (%) Ratio of Value Added to Gross Industrial Output Value (%) 2009	2010
总计	**Total**	**35.23**	**39.84**
国有控股企业	State-holding Enterprises	37.23	42.35
轻工业	Light Industry	29.57	35.90
重工业	Heavy Industry	35.51	40.00
大型企业	Large Enterprises	38.03	39.78
中型企业	Medium-sized Enterprises	29.87	39.96
按工业行业分组	**Grouped by Sector**		
采掘业	**Extractive Industries**	**53.98**	**57.68**
煤炭开采和洗选业	Mining and Washing of Coal	50.60	55.53
石油和天然气开采业	Extraction of Petroleum and Natural Gas	68.43	68.08
有色金属矿采选业	Mining and Processing of Non-Ferrous Metal Ores	33.88	40.93
非金属矿采选业	Mining and Processing of Nonmetal Ores	48.19	47.30
制造业	**Manufacture**	**30.98**	**36.77**
农副食品加工业	Processing of Food from Agricultural Products	22.54	33.97
食品制造业	Manufacture of Foods	31.77	40.32
饮料制造业	Manufacture of Beverages	57.17	44.32
纺织业	Manufacture of Textile	21.75	30.65
纺织服装、鞋、帽制造业	Manufacture of Textile Wearing Apparel,Footwear and Caps	30.64	33.34
印刷业和记录媒介的复制	Printing, Reproduction of Recording Media	20.08	30.89
石油加工、炼焦及核燃料加工业	Processing of Petroleum,Coking,Processing of Nuclear Fuel	16.60	35.19
化学原料及化学制品制造业	Manufacture of Raw Chemical Materials and Chemical Products	46.60	52.69
医药制造业	Manufacture of Medicines	26.57	39.83
非金属矿物制品业	Manufacture of Non-metallic Mineral Products	36.23	36.13
黑色金属冶炼及压延加工业	Smelting and Pressing of Ferrous Metals	26.67	32.40
有色金属冶炼及压延加工业	Smelting and Pressing of Non-ferrous Metals	25.49	32.80
金属制品业	Manufacture of Metal Products	13.63	24.01
通用设备制造业	Manufacture of General Purpose Machinery	21.19	28.85
交通运输设备制造业	Manufacture of Transport Equipment	22.36	29.96
电气机械及器材制造业	Manufacture of Electrical Machinery and Equipment	19.96	27.03
仪器仪表及文化、办公用机械制造业	Manufacture of Measuring Instruments and Machinery for Cultural Activity and Office Work	42.28	44.20
电力、燃气及水的生产和供应业	**Production and Supply of Electric Power,Gas and Water**	**19.61**	**20.88**
电力、热力的生产和供应业	Production and Supply of Electric Power and Heat Power	19.64	20.70
水的生产和供应业	Production and Supply of Water	16.71	48.35

Main Indicators on Economic Benefit of Large and Medium-sized Industrial Enterprises(2009-2010)

总资产贡献率(%) Ratio of Total Assets to Industrial Output Value (%)		资产负债率(%) Assets-Liability Ratio (%)		流动资产周转率(次/年) Number of Times of Annual of Turnover Working Capitals (times/year)		成本费用利润率(%) Ratio of Profits to Industrial Cost (%)		全员劳动生产率(元/人·年) All-personnel Labour Productivity (yuan/person·yaer)		产品销售率(%) Proportion of Products Sold (%)	
2009	2010	2009	2010	2009	2010	2009	2010	2009	2010	2009	2010
8.19	**12.24**	**64.30**	**64.01**	**1.66**	**1.72**	**9.91**	**14.68**	**223650**	**303632**	**96.46**	**99.53**
7.17	12.10	65.57	64.68	1.82	1.80	9.36	15.64	234902	323610	96.03	100.05
9.82	11.10	53.79	47.89	1.99	2.23	5.66	8.27	81941	115657	99.07	97.11
8.16	12.27	64.52	64.36	1.65	1.70	10.11	14.93	240883	322799	96.33	99.63
7.54	11.64	65.51	65.90	1.91	2.00	10.28	13.51	261005	339888	96.46	100.90
10.20	13.63	60.57	59.61	1.28	1.35	9.10	16.87	165855	257367	96.46	97.20
12.70	**21.73**	**50.42**	**52.59**	**1.84**	**1.72**	**14.64**	**26.77**	**325798**	**411622**	**99.11**	**99.59**
17.44	22.30	56.97	53.77	0.80	0.99	29.05	40.24	213432	316292	100.11	99.47
15.06	30.91	56.74	55.43	2.13	2.58	36.94	58.83	472663	523375	100.82	102.02
8.94	13.08	41.16	48.69	2.25	1.78	6.87	11.25	276329	390095	96.41	95.94
4.31	6.44	56.34	63.56	1.11	1.30	-0.65	7.14	41968	50578	92.12	93.23
9.39	**11.17**	**62.32**	**62.12**	**1.29**	**1.46**	**11.41**	**12.92**	**184403**	**250372**	**94.17**	**99.74**
2.96	5.01	57.13	47.48	2.40	2.05	1.69	3.41	128866	234959	98.17	98.00
12.53	23.60	44.90	66.99	2.08	2.84	6.50	8.88	104759	101373	85.87	95.31
68.00	28.39	44.50	20.78	4.15	1.75	22.23	28.98	260314	206728	120.75	110.92
4.27	6.08	56.93	54.48	1.53	2.40	3.13	4.40	60524	107941	99.73	98.88
7.65	11.29	55.37	45.98	2.66	2.57	4.02	4.53	50732	62656	96.72	96.67
7.04	13.99	48.49	46.74	4.27	5.95	2.90	3.48	96784	223953	96.13	98.00
9.46	18.95	61.58	63.81	1.43	1.39	6.75	28.70	228464	559769	100.11	104.64
12.34	11.02	53.48	57.93	0.56	0.53	62.84	44.76	326319	310699	79.98	98.46
4.51	12.06	42.35	35.45	1.09	1.76	-0.90	8.75	55347	117242	78.19	76.15
11.96	16.31	59.91	63.34	1.46	1.94	16.56	15.65	96489	150153	96.06	97.07
6.05	11.13	64.97	65.16	1.85	1.97	0.76	7.26	170033	209049	98.21	102.30
6.95	9.57	75.49	70.04	2.19	2.82	2.81	6.74	227747	410675	99.80	99.85
4.79	16.15	44.14	79.32	4.46	1.09	0.70	9.71	130600	87260	96.42	100.00
4.85	9.48	66.22	51.80	1.32	1.11	-0.52	4.55	57995	87905	93.06	96.67
2.67	4.97	67.56	64.04	0.67	0.63	-6.93	6.42	96792	99727	105.39	99.38
7.54	4.12	69.53	80.16	2.23	1.58	2.39	1.06	156792	95003	95.98	98.00
4.66	16.92	25.08	17.75	1.00	0.96	2.04	25.97	57793	73379	94.38	100.00
2.73	**5.25**	**78.65**	**77.65**	**5.84**	**3.65**	**-2.48**	**1.15**	**180291**	**301358**	**100.00**	**98.83**
2.77	5.27	78.86	77.66	6.16	3.66	-2.38	1.13	189890	315054	100.00	98.82
-0.24	2.90	62.27	76.05	0.69	1.96	-16.26	6.00	24019	78360	100.00	100.00

12-17 2009-2010年规模以上非公有工业企业经济效益指标

指 标	Item	工 业 增加值率 (%) Ratio of Value Added to Gross Industrial Output Value (%)	
		2009	2010
总计	**Total**	**29.83**	**35.41**
#轻工业	Light Industry	31.41	35.29
重工业	Heavy Industry	29.48	35.44
#大型企业	Large Enterprises	26.76	29.42
中型企业	Medium-sized Enterprises	30.06	34.99
小型企业	Small Enterprises	29.42	40.14
按登记注册类型分组			
股份合作企业	Cooperative Enterprises	45.15	43.69
有限责任公司	Limited Liability Corporations	31.00	36.30
股份有限公司	Share-holding Corporations Limited	20.51	22.31
私营企业	Private Enterprises	23.90	33.54
其他企业	Other Enterprises		26.37
港、澳、台商投资企业	Enterprises with Funds from Hong Kong,Macao and Taiwan	50.58	56.80
外商投资企业	Foreign Funded Enterprises	37.06	41.52
按工业行业分组	**Grouped by Sector**		
采掘业	**Mining**	**48.23**	**44.41**
煤炭开采和洗选业	Mining and Washing of Coal	51.18	52.88
石油和天然气开采业	Extraction of Petroleum and Natural Gas	28.25	57.44
黑色金属矿采选业	Mining and Processing of Ferrous Metal Ores	43.02	24.64
有色金属矿采选业	Mining and Processing of Non-Ferrous Metal Ores	44.15	12.05
非金属矿采选业	Mining and Processing of Nonmetal Ores	66.61	43.81
其他采矿业	Mining of Other Ores	19.05	40.95
制造业	**Manufacture**	25.84	34.13
农副食品加工业	Processing of Food from Agricultural Products	22.34	31.45
食品制造业	Manufacture of Foods	27.48	33.68
饮料制造业	Manufacture of Beverages	50.63	38.36
纺织业	Manufacture of Textile	27.02	30.83
纺织服装、鞋、帽制造业	Manufacture of Textile Wearing Apparel, Footwear and Caps	28.44	32.10
皮革、毛皮、羽毛(绒)及其制品业	Manufacture of Leather, Fur, Feather and Related Products	29.29	31.26
家具制造业	Manufacture of Furniture	36.16	43.89
造纸及纸制品业	Manufacture of Paper and Paper Products	35.31	52.02
印刷业和记录媒介的复制	Printing, Reproduction of Recording Media	25.64	36.54
石油加工、炼焦及核燃料加工业	Processing of Petroleum, Coking, Processing of Nuclear Fuel	16.43	35.19
化学原料及化学制品制造业	Manufacture of Raw Chemical Materials and Chemical Products	32.85	36.46
医药制造业	Manufacture of Medicines	26.99	39.41
橡胶制品业	Manufacture of Rubber		31.29
塑料制品业	Manufacture of Plastics	26.13	44.11
非金属矿物制品业	Manufacture of Non-metallic Mineral Products	27.78	32.86
黑色金属冶炼及压延加工业	Smelting and Pressing of Ferrous Metals	19.78	30.69
有色金属冶炼及压延加工业	Smelting and Pressing of Non-ferrous Metals	27.53	34.53
金属制品业	Manufacture of Metal Products	17.19	27.74
通用设备制造业	Manufacture of General Purpose Machinery	17.65	39.68
专用设备制造业	Manufacture of Special Purpose Machinery	37.09	33.74
交通运输设备制造业	Manufacture of Transport Equipment	22.36	32.56
电气机械及器材制造业	Manufacture of Electrical Machinery and Equipment	28.27	43.12
通信设备、计算机及其他电子设备制造业	Manufacture of Communication Equipment,Computers and Other Electronic Equipment	30.42	35.64
工艺品及其他制造业	Manufacture of Artwork and Other Manufacturing	56.03	45.40
电力、燃气及水的生产和供应业	**Production and Distribution of Electricity, Gas and Water**	**34.53**	**38.66**
电力、热力的生产和供应业	Production and Supply of Electric Power and Heat Power	39.05	38.66
燃气生产和供应业	Production and Supply of Gas	28.36	
水的生产和供应业	Production and Supply of Water		

Main Indicators on Economic Benefit of Non-public Industrial Enterprises Above Designated Size(2009-2010)

总资产贡献率(%) Ratio of Total Assets to Industrial Output Value (%)		资产负债率(%) Assets-Liability Ratio (%)		流动资产周转率(次/年) Number of Times of Annual of Turnover Working Capitals (times/year)		成本费用利润率(%) Ratio of Profits to Industrial Cost (%)		全员劳动生产率(元/人·年) All-personnel Labour Productivity (yuan/person·yaer)		产品销售率(%) Proportion of Products Sold (%)	
2009	2010	2009	2010	2009	2010	2009	2010	2009	2010	2009	2010
11.70	**11.43**	**52.56**	**59.62**	**1.28**	**1.50**	**9.95**	**10.80**	**186463**	**276794**	**96.89**	**95.52**
8.34	7.32	40.88	49.93	2.04	2.26	5.44	3.22	117563	174043	98.14	96.34
12.36	12.03	54.88	61.02	1.17	1.40	11.22	12.66	218929	317830	96.59	95.34
2.28	7.67	63.56	73.39	1.38	3.75	0.32	4.08	45438	347744	101.58	100.00
15.02	13.52	56.29	59.81	1.28	1.36	13.02	15.14	239748	272048	98.06	98.07
8.52	9.03	48.56	54.77	1.27	1.44	6.68	6.92	156915	288852	95.40	90.76
154.65	12.11	14.83	33.12	7.88	3.79	3.41	5.78		440666	99.79	100.55
13.53	12.11	47.88	58.13	1.63	1.84	10.20	9.23	206580	330348	99.61	97.99
4.16	4.33	62.43	70.60	1.25	1.07	1.45	-0.50	79290	115646	95.17	86.67
7.62	11.76	56.83	61.34	0.78	1.06	9.84	13.93	133977	224208	91.67	91.11
0.93	4.56	54.95	79.21	0.39	1.95	1.10	1.66		126607	105.79	99.95
24.61	-21.27	53.64	92.56	1.15	1.34	9.89	-30.61	191163	250234	98.33	101.47
15.27	19.71	53.32	43.57	1.75	2.28	20.04	36.81	294051	329914	99.08	100.01
19.58	**18.72**	**49.52**	**51.18**	**0.82**	**0.90**	**42.82**	**32.72**	**556786**	**469416**	**91.84**	**85.75**
23.13	19.88	49.54	49.70	0.77	0.85	42.07	37.25	1423112	761094	100.11	95.57
	-0.53	9.94	4.73	0.23	0.16	-11.52	-19.50	122672	176679	84.74	15.83
11.79	30.20	50.70	54.66	0.55	1.38	17.90	20.58	122395	201644	78.08	70.73
18.03	13.76	48.78	60.44	1.33	1.20	54.48	24.50	368389	79573	85.83	76.04
5.07	4.96	55.70	46.19	0.15	0.23	22.63	12.58	287053	258417	42.11	21.12
11.64	12.18	76.29	49.00	5.19	4.16	0.76	3.64	132985	726147	94.10	96.24
9.84	10.15	52.45	61.23	1.44	1.67	5.44	7.97	150657	257196	97.72	96.99
4.12	9.18	59.23	50.98	1.56	2.17	2.25	5.84	128299	231157	93.80	94.42
4.55	13.47	21.76	48.14	3.02	2.42	4.13	6.68	127784	245563	96.24	98.01
43.37	3.21	45.50	55.71	3.38	1.95	17.94	-4.73	274301	205448	111.10	101.86
4.27	4.89	52.73	54.51	1.31	2.35	5.04	3.10	55912	106842	99.72	97.85
8.26	14.30	51.03	49.87	3.82	3.86	4.85	5.67	56665	67398	96.78	97.92
2.72	6.22	70.65	67.46	0.86	1.15	10.50	15.57	60618	50850	68.28	95.80
2.15	24.93	66.11	91.20	0.78	3.29	1.14	10.77	70895	114575	117.41	103.08
-1.71	1.65	96.50	79.89	0.35	0.92	-20.50	1.32	9753	179690	93.51	138.81
14.83	15.05	37.49	46.67	3.62	5.60	4.43	4.35	150908	222436	96.51	96.43
8.93	18.95	63.71	63.81	1.29	1.39	6.03	28.70	212515	559769	95.40	104.64
11.14	7.70	57.34	63.73	0.46	0.48	33.82	15.29	216279	259690	81.08	79.49
3.97	6.54	27.88	36.91	1.86	2.10	3.71	3.45	139051	242480	94.13	88.44
3.04	11.75	23.69	22.33	1.01	0.99	0.98	6.55		43241	95.95	102.29
4.08	11.94	59.23	47.70	1.62	1.79	1.64	2.12	46823	89436	86.82	97.94
12.13	12.47	53.17	67.40	1.60	1.45	9.26	11.17	98030	166256	100.20	96.64
3.27	14.03	65.64	63.65	2.61	2.62	-1.56	5.84	108131	211783	104.42	101.71
14.21	10.65	49.33	61.97	1.88	2.88	1.59	7.76	439839	644202	100.27	100.29
4.87	11.03	35.00	53.46	2.59	1.30	1.98	6.59	97589	100539	94.88	97.12
4.59	11.87	51.10	60.55	0.62	0.75	7.51	6.91	36150	113815	94.13	94.84
4.61	24.03	68.58	79.83	0.71	0.40	0.81	81.08	99114	138107	94.55	92.96
2.67	4.72	67.56	63.00	0.67	0.77	-6.93	5.07	96792	115502	105.39	99.47
4.04	7.44	56.94	70.10	1.36	1.88	1.35	5.52	179061	231762	99.99	97.71
46.92	5.32	47.57	58.02	1.79	2.97	20.78	2.58	482752	912669	100.00	100.00
31.83	14.11	66.28	50.71	1.50	2.08	1.69	4.90	128842	163717	99.75	98.77
6.66	**4.54**	**67.30**	**65.35**	**0.90**	**1.05**	**9.68**	**14.51**	**136771**	**232873**	**99.84**	**100.00**
6.50	4.54	69.09	65.36	0.85	1.05	8.37	14.56	142280	235586	99.81	100.00
10.85		20.46		1.15		19.25		189802		100.00	
5.69	-26.21	19.91	16.55	2.53	2.50	3.62	-25.94			100.00	100.00

12-18 地区规模以上工业企业主要经济指标(2010年)

单位：万元

指 标	Item	企业单位数(个) Number of Enterprises	亏损企业 Loss-making Enterprises
西宁市	**Xining City**	**242**	**61**
国有控股企业	State-holding Enterprises	55	13
轻工业	Light Industry	96	17
重工业	Heavy Industry	146	44
集体企业	Collective-owned Enterprises	4	2
股份合作企业	Cooperative Enterprises	5	2
有限责任公司	Limited Liability Corporations	123	32
股份有限公司	Share-holding Corporations Limited	13	5
私营企业	Private Enterprises	52	13
其他企业	Other Enterprises	3	
港、澳、台商投资企业	Enterprises with Funds from Hong Kong,Macao and Taiwan	5	2
外商投资企业	Foreign Funded Enterprises	13	1
海东地区	**Haidong Prefecture**	**104**	**25**
国有控股企业	State-holding Enterprises	8	1
轻工业	Light Industry	20	2
重工业	Heavy Industry	84	23
股份合作企业	Cooperative Enterprises	2	
有限责任公司	Limited Liability Corporations	50	14
股份有限公司	Share-holding Corporations Limited	6	
私营企业	Private Enterprises	40	9
港、澳、台商投资企业	Enterprises with Funds from Hong Kong, Macao and Taiwan	1	1
外商投资企业	Foreign Funded Enterprises	1	1
海北藏族自治州	**Haibei Zang A.P**	**61**	**9**
国有控股企业	State-holding Enterprises	16	4
轻工业	Light Industry	9	
重工业	Heavy Industry	52	9
集体企业	Collective-owned Enterprises	1	
有限责任公司	Limited Liability Corporations	15	2
股份有限公司	Share-holding Corporations Limited	6	
私营企业	Private Enterprises	30	4
外商投资企业	Foreign Funded Enterprises	1	
黄南藏族自治州	**Huangnan Zang A.P**	**8**	
国有控股企业	State-holding Enterprises	1	
重工业	Heavy Industry	8	
有限责任公司	Limited Liability Corporations	6	
股份有限公司	Share-holding Corporations Limited	1	
外商投资企业	Foreign Funded Enterprises	1	
海南藏族自治州	**Hainan Zang A.P**	**25**	**9**
国有控股企业	State-holding Enterprises	5	2
轻工业	Light Industry	15	5
重工业	Heavy Industry	10	4
股份合作企业	Cooperative Enterprises	1	1
有限责任公司	Limited Liability Corporations	8	3
私营企业	Private Enterprises	12	3
外商投资企业	Foreign Funded Enterprises	1	
果洛藏族自治州	**Golog Zang A.P**	**13**	**5**
国有控股企业	State-holding Enterprises	13	5
轻工业	Light Industry	7	3
重工业	Heavy Industry	6	2
有限责任公司	Limited Liability Corporations	2	
玉树藏族自治州	**Yushu Zang A.P**	**8**	
国有控股企业	State-holding Enterprises	8	
轻工业	Light Industry	2	
重工业	Heavy Industry	6	
海西蒙古族藏族自治州	**Haixi Mongolian & Zang A.P**	**94**	**24**
国有控股企业	State-holding Enterprises	29	7
轻工业	Light Industry	5	3
重工业	Heavy Industry	89	21
集体企业	Collective-owned Enterprises	1	
股份合作企业	Cooperative Enterprises	1	
有限责任公司	Limited Liability Corporations	24	5
股份有限公司	Share-holding Corporations Limited	9	1
私营企业	Private Enterprises	42	10
其他企业		1	
港、澳、台商投资企业	Enterprises with Funds from Hong Kong,Macao and Taiwan	4	3
外商投资企业	Foreign Funded Enterprises	1	

Main Economic Indicators of Industrial Enterprises Above Designated Sizeby Region (2010)

(10 000 yuan)

工业总产值 Gross Industrial Output Value	资产总计 Total Assets	流动资产合计 Total Working Capitals	固定资产原价 Original Value of Fixed Assets	累计折旧 Accumulated Depreciation	固定资产净值 Net Value of Fixed Assets
8780873	**17707926**	**4502462**	**13238180**	**3571867**	**9663507**
5405919	14068245	3035823	11565527	3316722	8245999
962754	1068568	404543	500758	106999	393760
7818118	16639358	4097919	12737422	3464868	9269747
62364	53705	35351	21946	8020	13926
78539	40499	16744	11676	3886	7791
3275836	8125448	1547514	[illegible]0967	1661318	5089649
883405	970558	379732	765057	370995	394062
629572	655998	325513	191067	33437	157631
22722	18258	12241	4787	1153	3633
51200	183125	16816	139947	8837	131109
1460152	3295972	1280250	1662547	482912	1176829
901278	**952662**	**396442**	**469193**	**83265**	**385929**
41159	84020	40459	37276	10717	26560
121834	138372	75944	39021	8927	30095
779444	814290	320498	430172	74338	355834
420809	460375	197210	260537	52352	208185
33129	16236	9370	7862	3832	4030
438939	449204	176603	197423	25457	171966
3260	23667	11780	244	50	194
3936	1937	917	1555	683	873
410103	**771365**	**300155**	**633808**	**300773**	**333035**
78030	303427	68514	206195	28096	178098
32205	27461	4802	32367	11073	21294
377898	743904	295352	601441	289700	311741
3040	5808	4696	1211	98	1112
297899	529490	226264	412962	233624	179337
38951	71234	35755	29819	3307	26512
49019	62627	17268	96080	54179	41900
42621	**173056**	**21135**	**172890**	**32057**	**140833**
488	2557	529	2389	362	2027
42621	173056	21135	172890	32057	140833
26555	46148	15650	34213	13327	20885
488	2557	529	2389	362	2027
15578	124351	4955	136288	18368	117920
133275	**312719**	**85083**	**226438**	**28635**	**197803**
15605	116402	2331	114481	11055	103426
35942	51894	25931	25223	4141	21082
97333	260825	59152	201216	24494	176721
1635	1744	1528	261	45	216
42157	199706	32265	168917	13753	155164
62548	56866	39062	18052	4351	13702
26596	53370	11899	38365	10290	28075
121684	**145156**	**66492**	**75737**	**17257**	**58480**
121684	145156	66492	75737	17257	58480
347	5559	2222	4319	1067	3252
121337	139597	64271	71417	16190	55228
120859	136047	63979	67887	15879	52008
4430059	**10473251**	**3952442**	**5444733**	**1737628**	**3707105**
2950720	6820035	2129949	4455074	1535530	2919543
23656	79812	24795	43645	9177	34469
4406403	10393439	3927647	5401088	1728452	3672636
24268	69384	58775	12316	2099	10217
12024	14153	5745	7121	1428	5693
750675	1828264	808479	562040	83017	479023
2493815	5874961	1695123	4065313	1484217	2581096
774836	1784308	970105	531891	101501	430389
5719	198816	18307	6655	1630	5025
25239	74396	27286	29659	4993	24666
79156	148936	72838	79057	19269	59788

12-18 续表 1

单位：万元

指 标	Item	负债合计 Total Liabilities	流动负债合计 Total Working Liabilities
西宁市	**Xining City**	**12243429**	**5943940**
国有控股企业	State-holding Enterprises	10040309	4463301
轻工业	Light Industry	548246	366698
重工业	Heavy Industry	11695183	5577241
集体企业	Collective-owned Enterprises	38804	38674
股份合作企业	Cooperative Enterprises	15264	14158
有限责任公司	Limited Liability Corporations	6323667	2070501
股份有限公司	Share-holding Corporations Limited	683819	431822
私营企业	Private Enterprises	398655	302226
其他企业	Other Enterprises	11403	9067
港、澳、台商投资企业	Enterprises with Funds from Hong Kong,Macao and Taiwan	169989	49789
外商投资企业	Foreign Funded Enterprises	1774237	1375142
海东地区	**Haidong Prefecture**	**554930**	**451397**
国有控股企业	State-holding Enterprises	45075	37165
轻工业	Light Industry	57729	46234
重工业	Heavy Industry	497200	405163
股份合作企业	Cooperative Enterprises		
有限责任公司	Limited Liability Corporations	250229	220513
股份有限公司	Share-holding Corporations Limited	10498	10132
私营企业	Private Enterprises	270624	204870
港、澳、台商投资企业	Enterprises with Funds from Hong Kong, Macao and Taiwan	19495	12190
外商投资企业	Foreign Funded Enterprises	3242	3242
海北藏族自治州	**Haibei Zang A.P**	**393439**	**284832**
国有控股企业	State-holding Enterprises	188481	119518
轻工业	Light Industry	7321	5257
重工业	Heavy Industry	386118	279574
集体企业	Collective-owned Enterprises	4081	4081
有限责任公司	Limited Liability Corporations	282222	208201
股份有限公司	Share-holding Corporations Limited	41276	35958
私营企业	Private Enterprises	24798	19603
外商投资企业	Foreign Funded Enterprises		
黄南藏族自治州	**Huangnan Zang A.P**	**101832**	**29059**
国有控股企业	State-holding Enterprises	1011	1011
重工业	Heavy Industry	101832	29059
有限责任公司	Limited Liability Corporations	19478	14706
股份有限公司	Share-holding Corporations Limited	1011	1011
外商投资企业	Foreign Funded Enterprises	81343	13343
海南藏族自治州	**Hainan Zang A.P**	**213333**	**165654**
国有控股企业	State-holding Enterprises	95182	94682
轻工业	Light Industry	28425	12079
重工业	Heavy Industry	184908	153575
股份合作企业	Cooperative Enterprises	89	89
有限责任公司	Limited Liability Corporations	154526	121267
私营企业	Private Enterprises	35747	26900
外商投资企业	Foreign Funded Enterprises	22567	17214
果洛藏族自治州	**Golog Zang A.P**	**42655**	**39156**
国有控股企业	State-holding Enterprises	42655	39156
轻工业	Light Industry	2428	518
重工业	Heavy Industry	40227	38639
有限责任公司	Limited Liability Corporations	37850	37850
玉树藏族自治州	**Yushu Zang A.P**		
国有控股企业	State-holding Enterprises		
轻工业	Light Industry		
重工业	Heavy Industry		
海西蒙古族藏族自治州	**Haixi Mongolian & Zang A.P**	**5913015**	**3744611**
国有控股企业	State-holding Enterprises	3664227	2106462
轻工业	Light Industry	81872	73712
重工业	Heavy Industry	5831143	3670899
集体企业	Collective-owned Enterprises	58775	37725
股份合作企业	Cooperative Enterprises	3649	3607
有限责任公司	Limited Liability Corporations	1040353	800823
股份有限公司	Share-holding Corporations Limited	3218500	1769419
私营企业	Private Enterprises	1115793	819496
其他企业		148107	66107
港、澳、台商投资企业	Enterprises with Funds from Hong Kong,Macao and Taiwan	73306	64306
外商投资企业	Foreign Funded Enterprises	43094	20999

Continued

(10 000 yuan)

长期负债合计 Total Long-term Liabilities	所有者权益合计 Total Owners' Equity	实收资本 Paid-up Capital	主营业务收入 Revenue from Principal Business	主营业务成本 Cost of Principal Business	主营业务税金及附加 Taxes and Other Charges on Principal Business	其他业务利润 Other Operating Profit
6188018	**5261188**	**3176470**	**9965079**	**8763530**	**64785**	**20350**
5531491	3857223	2311728	6467961	5667590	43315	14736
109870	518462	298851	942847	851918	10097	1371
6078148	4742727	2877619	9022233	7911612	54688	18979
130	14901	10274	113633	109453	1046	38
505	23535	6335	75989	72208	166	
4218380	1795120	1407823	3290846	2748834	22472	4626
224796	262772	192463	889825	783732	5440	1470
50353	257212	105135	644672	588642	3891	2016
1901	6847	2050	24544	19300	96	
120100	13136	56260	44971	33415	4	104
399025	1422891	471891	2498503	2160460	11865	4266
102649	**397236**	**197666**	**807523**	**662779**	**10602**	**2904**
7783	38888	18909	44839	29891	253	28
10799	80643	23928	116778	65604	3655	132
91850	316593	173738	690745	597175	6947	2772
29528	209850	83175	398702	312768	5311	180
365	5739	5185	13749	12930	60	
65058	178380	103870	385596	328100	5219	2716
7306	4171	3579	3477	2782		
	-1304	849	4702	5071		9
74689	**361052**	**95320**	**403372**	**303107**	**4336**	**637**
49163	112155	56651	74572	47766	1710	91
883	18164	3271	28661	25182	24	
73806	342888	92049	374712	277925	4311	637
	1727	810	3040	1985	42	
53947	233345	56121	300245	223667	3306	414
5318	27885	7619	33169	20597	96	223
3802	37728	16077	50767	44323	739	
72773	**68081**	**47421**	**45150**	**31120**	**50**	
	1546	1418	488	436	1	
72773	68081	47421	45150	31120	50	
4773	23527	8003	29060	23034	49	
	1546	1418	488	436	1	
68000	43008	38000	15602	7650		
44725	**95286**	**48472**	**99121**	**74528**	**1384**	**10337**
500	17621	10828	15679	4802	221	31
16345	23468	15236	25275	20158	1003	1261
28379	71817	33236	73846	54370	380	9076
	1656	78	616	527	1	
33259	41081	21506	35179	21045	1155	73
8846	21119	18269	43354	41601	221	10206
2400	30802	7965	19558	11055	1	27
3196	**102501**	**17077**	**128070**	**34572**	**2525**	**108**
3196	102501	17077	128070	34572	2525	108
1611	3131	3474	440	372	8	20
1585	99370	13603	127630	34201	2517	89
	98196	12000	127210	33807	2504	19
2131552	**4555814**	**1247183**	**3802529**	**1953095**	**317048**	**-59713**
1552654	3155267	711085	2547426	1148149	274967	-60703
7249	-2060	17013	16081	8853	383	8
2124303	4557874	1230171	3786449	1944242	316665	-59721
21050	10109	6543	22231	6554	3516	
	10504	6000	13042	5242	121	
238560	784256	291023	737853	530668	14672	2022
1444604	2656461	435522	2153277	943773	247706	-63214
265570	668248	319858	498676	308437	34617	354
82000	50709	50000	6401	5339		
9000	1091	16215	26771	13097	328	158
22095	105842	19484	83471	37303	630	44

12−18 续表 2

单位：万元

指 标	Item	营业费用 Operating Expenses	营业利润 Operating Profit
西宁市	**Xining City**	**166059**	**802714**
国有控股企业	State-holding Enterprises	76278	401339
轻工业	Light Industry	37749	97261
重工业	Heavy Industry	128310	705453
集体企业	Collective-owned Enterprises	1471	2335
股份合作企业	Cooperative Enterprises	923	30955
有限责任公司	Limited Liability Corporations	74926	313057
股份有限公司	Share-holding Corporations Limited	30253	105496
私营企业	Private Enterprises	15265	56533
其他企业	Other Enterprises	330	3827
港、澳、台商投资企业	Enterprises with Funds from Hong Kong,Macao and Taiwan	436	11497
外商投资企业	Foreign Funded Enterprises	31295	199836
海东地区	**Haidong Prefecture**	**25132**	**98567**
国有控股企业	State-holding Enterprises	3364	4279
轻工业	Light Industry	6334	19007
重工业	Heavy Industry	18798	79559
股份合作企业	Cooperative Enterprises		
有限责任公司	Limited Liability Corporations	14796	40713
股份有限公司	Share-holding Corporations Limited	131	1032
私营企业	Private Enterprises	8897	59606
港、澳、台商投资企业	Enterprises with Funds from Hong Kong, Macao and Taiwan	994	-1896
外商投资企业	Foreign Funded Enterprises	314	-946
海北藏族自治州	**Haibei Zang A.P**	**11360**	**51840**
国有控股企业	State-holding Enterprises	1983	8394
轻工业	Light Industry	193	1584
重工业	Heavy Industry	11167	50256
集体企业	Collective-owned Enterprises		695
有限责任公司	Limited Liability Corporations	9696	41141
股份有限公司	Share-holding Corporations Limited	405	7924
私营企业	Private Enterprises	911	1590
外商投资企业	Foreign Funded Enterprises		
黄南藏族自治州	**Huangnan Zang A.P**	**203**	**8507**
国有控股企业	State-holding Enterprises		37
重工业	Heavy Industry	203	8507
有限责任公司	Limited Liability Corporations	203	4929
股份有限公司	Share-holding Corporations Limited		37
外商投资企业	Foreign Funded Enterprises		3541
海南藏族自治州	**Hainan Zang A.P**	**2039**	**29510**
国有控股企业	State-holding Enterprises	90	4416
轻工业	Light Industry	1182	3300
重工业	Heavy Industry	858	26210
股份合作企业			-2
有限责任公司	Limited Liability Corporations	359	5588
私营企业	Private Enterprises	1006	12878
外商投资企业	Foreign Funded Enterprises	626	11076
果洛藏族自治州	**Golog Zang A.P**	**5963**	**77850**
国有控股企业	State-holding Enterprises	5963	77850
轻工业	Light Industry	64	-88
重工业	Heavy Industry	5899	77939
有限责任公司	Limited Liability Corporations	5878	77988
玉树藏族自治州	**Yushu Zang A.P**		
国有控股企业	State-holding Enterprises		
轻工业	Light Industry		
重工业	Heavy Industry		
海西蒙古族藏族自治州	**Haixi Mongolian & Zang A.P**	**235693**	**1047970**
国有控股企业	State-holding Enterprises	111641	786914
轻工业	Light Industry	27735	-27409
重工业	Heavy Industry	207958	1075379
集体企业	Collective-owned Enterprises	686	9469
股份合作企业	Cooperative Enterprises	1441	3819
有限责任公司	Limited Liability Corporations	57236	166812
股份有限公司	Share-holding Corporations Limited	100632	666763
私营企业	Private Enterprises	41167	108416
其他企业		625	668
港、澳、台商投资企业	Enterprises with Funds from Hong Kong,Macao and Taiwan	27826	-23096
外商投资企业	Foreign Funded Enterprises	4	31862

Continued

(10 000 yuan)

利润总额 Total Profits	应交所得税 Income Tax Payable	亏损企业亏损总额 The Total Loss of Loss-making Enterprises	利税总额 Total Profits and Taxes	本年应交增值税 Value Added Tax Payable	全部从业人员年平均人数(人) Annual Average Employed Persons (person)
433619	**55943**	**28471**	**861986**	**363581**	**115282**
264096	43093	15288	587438	280027	67266
44438	3780	3960	77696	23162	21962
389181	52163	24512	784289	340420	93320
-231	122	577	4366	3550	3226
939		33	1668	563	739
105523	12167	16398	251323	123328	44135
42085	5724	1859	74922	27398	11884
30051	1865	3794	45824	11881	12549
1589	204		2096	411	712
3762	344	243	7353	3587	686
180238	23443	187	288969	96865	16498
98878	**12218**	**10045**	**141671**	**32192**	**16864**
6279	1145	1890	9058	2527	1671
19867	4835	1905	27559	4037	2840
79010	7383	8139	114113	28156	14024
44103	7949	3285	64220	14806	8516
1048			2077	970	704
56510	4269	3918	77979	16251	7360
-1890		1890	-1890		126
-951		951	-826	126	96
53688	**4802**	**1775**	**78066**	**20043**	**5832**
10325	34	1294	17201	5166	2610
1514	39		1581	43	376
52174	4763	1775	76485	20000	5456
695			737		38
41882	3949	1135	62576	17389	3399
8860	576		9976	1020	353
1758	244	193	3320	823	1487
8501	**1238**		**10264**	**1713**	**493**
44			76	30	30
8501	1238		10264	1713	493
4913	972		5552	590	387
44			76	30	30
3544	266		4636	1092	76
19846	**886**	**1258**	**26444**	**5215**	**2882**
4417	328	22	5838	1201	220
2504	476	356	4040	533	1178
17342	410	902	22404	4682	1704
			15	14	38
5334	566	486	7925	1436	756
3388	321	750	4749	1140	1203
11147			13753	2606	812
78111	**11756**	**194**	**98294**	**17659**	**927**
73111	11756	194	98294	17659	927
-89		111	-60	21	73
78200	11756	83	98355	17638	854
78230	11756		98357	17624	760
1127524	**98742**	**67505**	**1810785**	**366213**	**58613**
846682	70354	23596	1399088	277439	44265
-28261		29631	-26642	1236	1057
1155785	98742	37874	1837427	364977	57556
10408	1561		16620	2696	270
3915	964		4036		220
166551	9888	13268	250247	69025	8289
723063	44698	11146	1203991	233222	36924
116914	7722	3410	182527	30996	6794
989	243		989		544
-23947	773	29118	-20851	2768	685
45912	13009		46625	83	552

12–19 2006–2010年规模以上工业主要产品生产能力
Production Capacity of Major Industrial Products of Industrial Enterprises above Designated Size(2006-2010)

能力名称		Item		年末生产能力 Production Capacity at Year-end					能力利用率(%) Capacity Utilization Ratio (%)				
				2006	2007	2008	2009	2010	2006	2007	2008	2009	2010
原煤开采	(万吨)	Coal Mining	(10 000 tons)	1044	1215	1344	1445	2042	56.3	73.8	97.6	93.6	94.8
天然原油开采	(万吨)	Petroleum Extraction	(10 000 tons)	25.84	227	224	204	191	98.7	97.4	98.6	87.1	94.2
原油加工能力	(万吨)					100	150	150			100.0	64.8	84.3
发电设备容量	(万千瓦)	Generating Capacity	(10 000 kw)	665.4	698	726	1003	1236	47.1	47.2	47.9	47.6	46.0
其中：火电设备容量							178	177				63.9	62.7
水电设备容量							826	1059				43.2	43.0
棉纺锭(环锭纺)	(万锭)	Cotton Spindles	(10 000 unit)	6	6	10	10	7					
焦炭	(万吨)	Coke	(10 000 tons)	70	160	156	156	156	49.2	52.4	91.3	90.7	83.2
电石(折300升/千克)	(万吨)	Calcium Carbide	(10 000 tons)	11.7	10.9	25	6	19	80.4	75.3	90.9	70.1	45.9
农用氮磷钾肥料(折纯)	(万吨)	Chemical Fertilizers	(10 000 tons)	34.90	364	374	443	463	87.3	67.2	66.2	67.1	69.7
水泥熟料	(万吨)	Cement Chamotte	(10 000 tons)		306	440	608	906		74.9	83.5	70.9	59.7
预分解窑熟料	(万吨)	Decompose Cellar Chamotte	(10 000 tons)		181					72.7			
窑外分解窑熟料		Decompose Chamotte out of Cellar				327	436	792			84.9	63.4	56.6
立窑熟料	(万吨)	Cellar Chamotte	(10 000 tons)		156	93	142			82.3	69.8	84.4	
湿法窑熟料	(万吨)	Wet Cellar Chamotte	(10 000 tons)			20	21				87.2	101.6	
水泥	(万吨)	Cement	(10 000 tons)	02.83	569	563	857	1212	75.5	76.8	82.7	80.8	71.5
平板玻璃	(万重量箱)	Plate Glass	(10 000 Weight-box)	98	98	110	114	141	99.0	94.9	99.0	44.9	117.9
生铁	(万吨)	Pig Iron	(10 000 tons)	106	107	107	107	130	46.9	84.2	86.3	102.4	97.1
粗钢	(万吨)	Steel-making	(10 000 tons)	130	130	130	130	150	61.2	88.2	88.5	97.5	98.1
钢材	(万吨)	Rolled Steel	(10 000 tons)	131.1	137	163	144	150	58.9	79.9	76.3	81.7	93.8
铁合金	(万吨)	Iron Alloy	(10 000 tons)	67.78	88.8	107	102	131	61.0	57.4	68.1	79.7	76.5
电解铝	(万吨)	Electrolytic Aluminum	(10 000 tons)	87.46	96	103	95	191	92.7	98.6	67.9	90.9	82.1
金属切削机床	(台)	Metal-cutting Machine Tools	(unit)	1057	1105	1324	1264		75.7	67.9	75.8	67.9	

注：2008年能力利用率进行了修订。

a) Capacity Utilization Ratio in 2008 has been amended

12－20　主要年份主要工业产品产量

Output of Major Industrial Products in Main Years

产品名称	Item	1990	1995	2000	2006	2007	2008	2009	2010
原煤 (万吨)	Coal (10 000 tons)	320	278	145	592	896	1183	1284	1863
原油 (万吨)	Crude Petroleum Oil (10 000 tons)	81	122	200	223	221	220	186	186
天然气 (亿立方米)	Natural Gas (100 million cu.m)			4	25	34	44	43	56
铜选矿含铜 (吨)	Content of Cuprum in Cuprum Concentration (ton)	1336	1536	1079	5128	17629	22739	34170	38934
锌精矿含锌 (万吨)	Content of Zinc in Zinc Concentrate (10 000 tons)	2	4	6	8	8	9	7	8
铅精矿含铅 (万吨)	Content of Lead in Lead Concentrate (10 000 tons)	2	3	5	6	6	6	6	9
碳酸钠(纯碱) (万吨)	Soda Ash (10 000 tons)			1	71	102	116	120	75
原盐 (万吨)	Salt (10 000 tons)	104	76	68	143	162	236	71	124
碳化钙(电石) (万吨)	Raw Coal (10 000 tons)	1	1		9	8	22	5	9
发电量 (亿千瓦小时)	Electricity (100 million kwh)	71	66	134	277	289	306	361	457
水电	Hydropower	57	43	108	205	197	203	259	360
火电	Thermal Power	13	18	26	72	92	103	102	97
食用植物油 (万吨)	Refined Edible Vegetable Oil (10 000 tons)	3	4	1	1	1	3	5	6
乳制品 (吨)	Dairy Products (ton)			1152	15676	45981	66076	60812	118951
饮料酒 (万吨)(千升)	Alcohol Beverage (10 000 tons)			22280	49344.00	69624	104619	115483	137085
白酒 (千升)	Liquor (kilo-liter)	7100	15263	16639	7544	8225	10399	10639	12047
啤酒 (万吨)(千升)	Beer (10 000 tons)			5641	41800	61399	94220	104844	125038
棉纱 (吨)	Pure Cotton Yarn (ton)	5145	6830	3025	5404	562	3194	2899	5681
毛线 (吨)	Knitting Wool (ton)	1436	501	267	450	4473	1261		845
轻革 (万平方米)	Light Leather (10 000 sq.m)			3	19	22		6	1
皮鞋 (万双)	Leather Shoes (10 000 pairs)	76	56	3	4	5		4	4
机制纸及纸板 (吨)	Machine-made Paper and Paperboard (ton)	7100	14310	3657	8989	230	1991		
原油加工量 (万吨)	Processed Crude Oil (10 000 tons)	15	84	62	100	105	100	81	127
汽油	Gasoline			21	32	33	31	24	41
柴油	Diesel Oil			23	48	50	47	37	57
硫酸(折100%) (万吨)	Sulfuric Acid (10 000 tons)	2	4	2	7	11	15	14	25
氢氧化钠(烧碱) (万吨)	Caustic Soda (10 000 tons)	1	1	1	1	1	1	1	2
农用化肥 (万吨)	Chemical Fertilizers (10 000 tons)	7	21	67	205	245	247	278	313
钾肥(实物量) (万吨)	Potash Fertilizer (10 000 tons)				337	405	399	473	533
中成药 (吨)	Traditional Chinese Medicine (ton)			310	266	460	908	883	1242
水泥 (万吨)	Cement (10 000 tons)	51	64	124	371	437	458	610	811
平板玻璃 (万重量箱)	Plain Glass (10 000 weight cases)			100	97	93	103	50	150
粗钢 (万吨)	Crude Steel (10 000 tons)	32	36	43	80	115	115	127	137
钢材 (万吨)	Rolled Steel (10 000 tons)	28	31	36	77	109	115	125	138
焦炭 (万吨)	Coke (10 000 tons)				34	84	144	141	130
铁合金 (万吨)	Ferroalloy (10 000 tons)	8	18	15	42	51	70	80	97
十种有色金属 (万吨)	Ten Kinds of Nonferrous Metals (10 000 tons)			30	89	108	114	107	160
铅	Lead				3	5	1	1	3
锌	Zinc			1	4	8	11	13	9
原铝(电解铝)	Electrolyzed Aluminum	5	11	28	82	95	102	91	147
黄金 (千克)	Gold (kg)			689	176	3912	3713	3347	4695
铝材 (万吨)	Aluminum Material (10 000 tons)				4	7	4	20	14
金属切削机床 (台)	Metal-cutting Machine Tools (unit)	1297	453	192	793	1025	920	879	1004
数控机床 (台)	Numerical Control Machine (unit)			60	395	529	461	458	653
粮食加工机械 (台)	Grain-processing Machines (unit)				110007	99837	95319	99575	123000
环境保护专用设备 (台(套))	Environmental Protection Equipment (unit)				1008	734	739	259	410
变压器 (千伏安)	Transformer (kva)				49470	26211	23738	24572	23621

主要统计指标解释

工业 指从事自然资源的开采，对采掘品和农产品进行加工和再加工的物质生产部门。具体包括：(1)对自然资源的开采，如采矿、晒盐等(但不包括禽兽捕猎和水产捕捞)；(2)对农副产品的加工、再加工，如粮油加工、食品加工、缫丝、纺织、制革等；(3)对采掘品的加工、再加工，如炼铁、炼钢、化工生产、石油加工、机器制造、木材加工等，以及电力、自来水、煤气的生产和供应等；(4)对工业品的修理、翻新，如机器设备的修理、交通运输工具(如汽车)的修理等。

工业统计调查单位为独立核算法人工业企业。

独立核算法人工业企业指从事工业生产经营活动的单位。独立核算法人工业企业应同时具备以下条件：①依法成立，有自己的名称、组织机构和场所，能够承担民事责任；②独立拥有和使用资产，承担负债，有权与其他单位签订合同；③独立核算盈亏，并能够编制资产负债表。

本年鉴中涉及的企业登记注册类型：

国有及国有控股企业 指国有企业加上国有控股企业。国有企业(即原全民所有制工业或国营工业)指企业全部资产归国家所有，并按《中华人民共和国企业法人登记管理条例》规定登记注册的非公司制的经济组织。包括国有企业、国有独资公司和国有联营企业。1957年以前的公私合营和私营工业，后均改造为国营工业，1992年改为国有工业，这部分工业的资料不单独分列时，均包括在国有企业内。国有控股企业是对混合所有制经济的企业进行的“国有控股”分类。它是指这些企业的全部资产中国有资产(股份)相对其他所有者中的任何一个所有者占资(股)最多的企业。该分组反映了国有经济控股情况。

集体企业 指企业资产归集体所有，并按《中华人民共和国企业法人登记管理条例》规定登记注册的经济组织。是社会主义公有制经济的组成部分。包括城乡所有使用集体投资举办的企业，以及部分个人通过集资自愿放弃所有权并依法经工商行政管理机关认定为集体所有制的企业。

股份合作企业 指以合作制为基础，由企业职工共同出资入股，吸收一定比例的社会资产投资组建，实行自主经营，自负盈亏，共同劳动，民主管理，按劳分配与按股分红相结合的一种集体经济组织。

联营企业 指两个及两个以上相同或不同所有制性质的企业法人或事业单位法人，按自愿、平等、互利的原则，共同投资组成的经济组织。联营企业包括：

国有联营企业指国有企业与国有企业间的联营；

集体联营企业指集体企业与集体企业间的联营；

国有与集体联营企业指国有企业与集体企业间的联营。

有限责任公司 指根据《中华人民共和国公司登记管理条例》规定登记注册，由两个以上，五十个以下的股东共同出资，每个股东以其所认缴的出资额对公司承担有限责任，公司以其全部资产对其债务承担责任的经济组织。

有限责任公司包括国有独资公司以及其他有限责任公司。

股份有限公司 指根据《中华人民共和国企业法人登记管理条例》规定登记注册，其全部注册资本由等额股份构成并通过发行股票筹集资本，股东以其认购的股份对公司承担有限责任，公司以其全部资产对其债务承担责任的经济组织。

私营企业 指由自然人投资设立或由自然人控股，以雇佣劳动为基础的营利性经济组织。包括按照《公司法》、《合伙企业法》、《私营企业暂行条例》规定登记注册的私营有限责任公司、私营股份有限公司、私营合伙企业和私营独资企业。

港、澳、台商投资企业 指企业注册登记类型中的港、澳、台资合资、合作、独资经营企业和股份有限公司之和。

外商投资企业 指企业注册登记类型中的中外合资、合作经营企业、外资企业和外商投资股份有限公司之和。

轻工业 指主要提供生活消费品和制作手工工具的工业。按其所使用的原料不同，可分为两大类：(1)以农产品为原料的轻工业，是指直接或间接以农产品为基本原料的轻工业。主要包括食品制造、饮料制造、烟草加工、纺织、缝纫、皮革和毛皮制作、造纸以及印刷等工业；(2)以非农产品为原料的轻工业，是指以工业品为原料的轻工业。主要包括文教体育用品、化学药品制造、合成纤维制造、日用化学制品、日用玻璃制品、日用金属制品、手工工具制造、医疗器械制造、文化和办公用机械制造等工业。

重工业 指为国民经济各部门提供物质技术基础的主要生产资料的工业。按其生产性质和产品用途，可以分为下列三类：(1)采掘(伐)工业，是指对自然资源的开采，包括石油开采、煤炭开采、金属矿开采、非金属矿开采等工业；(2)原材料工业，指向国民经济各部门提供基本材料、动力和燃料的工业。包括金属冶炼及加工、炼焦及焦炭、化学、化工原料、水泥、人造板以及电力、石油和煤炭加工等工业；(3)加工工业，是指对工业原材料进行再加工制造的工业。包括装备国民经济各部门的机械设备制造工业、金属结构、水泥制品等工业，以及为农业提供的生产资料如化肥、农药等工业。

根据上述划分原则，修理业中以重工业产品为修理作业对象的划为重工业，反之划为轻工业。

工业总产值

(1)定义：

工业总产值是以货币形式表现的，工业企业在一定时期内生产的工业最终产品或提供工业性劳务活动的总价值量。它反映一定时间内工业生产的总规模和总水平。

(2)计算原则：

工业生产的原则，即凡是企业在报告期生产的经检验合格的产品，不管是否在报告期销售，均包括在内。

最终产品的原则，即凡是计入工业总产值的产品，必须是本企业生产的经检验合格的，不需要再进行任何加工的最终产品。如果企业有中间产品(半成品)对外销售，则对外销售的中间产品应视为企业的最终产品。

工厂法原则，即工业总产值是以工业企业作为基本计算（核算）单位，即按企业的最终产品计算工业总产值。按这种方法计算的工业总产值，不允许同一产品价值在企业内部重复计算，不能把企业内部各个车间（分厂）生产的成果相加，但允许企业间的重复计算。

（3）内容及计算方法：

1995 年全国工业普查对工业总产值（原规定）的内容及计算原则和方法做了某些修订，修订后的工业总产值（新规定）包括三项内容：即本期生产成品价值、对外加工费收入、在制品半成品期末期初差额价值三部分。

本期生产成品价值：指企业本期生产，并在报告期内不再进行加工，经检验、包装入库的全部工业成品（半成品）价值合计，包括企业生产的自制设备及提供给本企业在建工程、其他非工业部门和福利部门等单位使用的成品价值。本期生产成品价值为按自备原材料生产的产品的数量乘以本期不含增值税（销项税额）的产品实际销售平均单价计算；会计核算中按成本价格转帐的自制设备和自产自用的成品，按成本价格计算生产成品价值。生产成品价值中不包括用定货者来料加工的成品（半成品）价值。

对外加工费收入：指企业在报告期内完成的对外承接的工业品加工（包括用定货者来料加工产品）的加工费收入和对外工业修理作业所取得的加工费收入。对外加工费收入按不含增值税（销项税额）的价格计算，可根据会计“产品销售收入”科目的有关资料取得。

对于本企业对内非工业部门提供的加工修理、设备安装的劳务收入，如果企业会计核算基础较好，能取得这部分资料，而且这部分价值所占比重较大，应包括在对外加工费收入中。

自制半成品在制品期末期初差额价值：指企业报告期在制品期末减期初的差额价值，本指标一般可以从会计核算资料中取得。如果会计产品成本核算中不计算半成品、在制品的成本，则总产值中也不包括这部分价值，反之则包括。

（4）工业总产值统计范围变化和计算方法修订情况：

1984 年以前工业总产值不包括村办工业，村办工业总产值划归农业。1984 年以后工业总产值包括村办工业。

1995 年工业普查对工业总产值计算方法做了修订，即从 1995 年始按新修订（新规定）方法计算工业总产值。新规定与原规定的区别如下：

全价与加工费的计算原则不同：新规定为凡自备原材料，不论其生产繁简程度如何，一律按全价计算工业总产值；凡来料加工，允许按加工费计算工业总产值。原规定则视生产加工的繁简程度不同，规定哪些行业按全价，哪些行业按加工费计算工业总产值。

自制半成品、在产品期末期初差额价值的计算原则不同：新规定要求，凡会计产品成本核算时计算了成本的差额价值，总产值中就应包括，否则可不包括；原规定则按生产周期六个月的界限区分，凡生产周期六个月以上的企业，总产值计算中应包括这部分差额价值，否则可不包括。

计算价格不同：新规定按不含增值税（销项税额）的价格计算；原规定则按含增值税（销项税额）的价格计算。

工业增加值　指工业企业在报告期内以货币表现的工业生产活动的最终成果。

工业增加值有两种计算方法：一是生产法，即工业总产出减去工业中间投入加上应交增值税；二是收入法，即从收入的角度出发，根据生产要素在生产过程中应得到的收入份额计算，具体构成项目有固定资产折旧、劳动者报酬、生产税净额、营业盈余，这种方法也称要素分配法。本年鉴中的工业增加值是以生产法计算的。

生产法工业增加值的计算方法为：

工业增加值 = 工业总产出 - 工业中间投入 + 应交增值税

（1）工业总产出：指工业企业在一定时期内工业生产活动的总成果。工业总产出包括：成品生产价值，对外加工费收入，自制半成品、在产品期末期初差额价值。1995 年后用新规定计算的工业总产值代替。

（2）工业中间投入：指工业企业在工业生产活动中消耗的外购物质产品和对外支付的服务费用。服务费用包括支付给物质生产部门（工业、农业、批发零售贸易业、建筑业、运输邮电业）的服务费用和支付给非物质生产部门（如保险、金融、文化教育、科学研究、医疗卫生、行政管理等）的服务费用。工业中间投入的确定须遵循以下原则：必须从外部购入的，并已计入工业总产出的产品和服务价值；必须是本期投入生产，并一次性消耗掉（包括本期摊销的低值易耗品等）的产品和服务价值。

工业中间投入包括直接材料费用、制造费用中的工业中间投入、管理费用中的工业中间投入、销售费用中的工业中间投入和利息支出五部分。

资产总计　指企业拥有或控制的能以货币计量的经济资源，包括各种财产、债权和其他权利。资产按流动性分为流动资产、长期投资、固定资产、无形资产、递延资产和其他资产。该指标根据企业会计“资产负债表”中“资产总计”项目的期末数填列。

流动资产　指企业可以在一年内或者超过一年的一个生产周期内变现或者耗用的资产，包括现金及各种存款、短期投资，应收及预付款项、存货等。

流动资产平均余额　指企业在报告期内全部流动资产的平均余额。

固定资产原价　指企业在建造、购置、安装、改建、扩建、技术改造某项固定资产时所支出的全部货币总额。它一般包括买价、包装费、运杂费和安装费等。

固定资产净值年平均余额　指固定资产净值在报告期内余额的平均数。计算公式为：

$$\text{固定资产净值年平均余额} = \frac{\text{1 至 12 月各月月初、月末固定资产净值之和}}{24}$$

该指标根据“资产负债表”中“固定资产原价”、“累计折旧”指标的期初、期末数计算填列。

固定资产净值指固定资产原价减去历年已提折旧额后的净额。计算公式为：

固定资产净值 = 固定资产原价 - 累计折旧

负债合计　指企业所承担的能以货币计量，将以资产或劳务偿付的债务，偿还形式包括货币、资产或提供劳务。负债一般按偿还期长短分为流动负债和长期负债。根据会计“资产负债表”中“负债合计”的年末数填列。

所有者权益　指企业投资人对企业净资产的所有权。企业净资产等于企业全部资产减去全部负债后的余额，包括企业投资人对企业的最初投入的实际到位的资产及资本公积金、盈余公积金和未分配利润。所有者权益合计数小于零,表示企业资不抵债。

主营业务收入 指会计“利润表”中对应指标的本年累计数。未执行2001年《企业会计制度》的企业,用“产品销售收入”的本期累计数代替。

主营业务成本 指会计“利润表”中对应指标的本年累计数。未执行2001年《企业会计制度》的企业,用“产品销售成本”的本期累计数代替。

主营业务税金及附加 指会计“利润表”中对应指标的本年累计数。未执行2001年《企业会计制度》的企业,用“产品销售税金及附加”的本期累计数代替。

利润总额 指企业生产经营活动的最终成果,是企业在一定时期内实现的盈亏相抵后的利润总额(亏损以“-”号表示),它等于营业利润加上补贴收入加上投资收益加上营业外净收入再加上以前年度损益调整。

本年应交增值税 指企业在报告期内应交纳的增值税额。它等于本年销项税额加上出口退税加上进项税额转出数减去本年进项税额。小规模纳税企业直接按全年计税销售额乘以征收率计算取得。

从业人员平均人数 是指报告期内每天拥有的从业人员人数。其计算公式为:

$$月平均人数=\frac{报告月内每天实有人数和}{报告月日历日数}$$

$$季平均人数=\frac{季内各月平均人数之和}{3}$$

$$年平均人数=\frac{年内各月平均人数之和}{12}$$

总资产贡献率 反映企业全部资产的获利能力,是企业经营业绩和管理水平的集中体现,是评价和考核企业盈利能力的核心指标。计算公式为:

$$总资产贡献率(\%)=\frac{利润总额+税金总额+利息支出}{平均资金总额}\times100\%$$

公式中:税金总额为产品销售税金及附加与应交增值税之和;平均资产总额为期初期末资产之和的算术平均值。

资产负债率 该指标既反映企业经营风险的大小,也反映企业利用债权人提供的资金从事经营活动的能力。计算公式为:

$$资产负债率(\%)=\frac{负债总额}{资产总额}\times100\%$$

资产与负债均为报告期期末数。

流动资产周转次数 指一定时期内流动资产完成的周转次数,反映投入工业企业流动资金的周转速度。计算公式为:

$$流动资产周转次数=\frac{产品销售收入}{全部流动资产平均余}$$

公式中:全部流动资产平均余额为期初和期末的流动资产之和的算术平均值。

成本费用利润率 反映企业投入的生产成本及费用的经济效益,同时也反映企业降低成本所取得的经济效益。计算公式为:

$$成本费用利润率(\%)=\frac{利润总额}{成本费用总额}\times100\%$$

公式中:成本费用总额为产品销售成本、销售费用、管理费用、财务费用之和。

产品销售率 该指标反映工业产品已实现销售的程度,是分析工业产销衔接情况,研究工业产品满足社会需求的指标。计算公式为:

$$产品销售率(\%)=\frac{现价工业销售产值}{现价工业总产值}\times100\%$$

Explanatory Notes on Main Statistical Indicators

Industry refers to the material production sector which is engaged in the extraction of natural resources and processing and reprocessing of minerals and agricultural products, including (1) extraction of natural resources, such as mining, salt production (but not including hunting and fishing); (2) processing and reprocessing of farm and sideline produces, such as rice husking, flour milling, wine making, oil pressing, silk reeling, spinning and weaving, and leather making; (3) manufacture of industrial products, such as steel making, iron smelting, chemicals manufacturing, petroleum processing, machine building, timber processing; water and gas production and electricity generation and supply; (4) repairing of industrial products such as the repairing of machinery and means of transport (including cars).

In industrial statistics surveys, the units of enquiry are corporate industrial enterprises with independent accounting systems.

Corporate industrial enterprises with independent accounting systems refer to enterprises engaging in industrial production activities, which meet the following requirements: (1) They are established legally, having their own names, organizations, location and able to take civil liability; (2) They possess and use their assets independently, assume liabilities and are entitled to sign contracts with other units; (3) They are financially independent and compile their own balance sheets.

Enterprises covered in the industrial statistics in the Yearbook include the following categories by their registration:

State – owned and State – holding Enterprises refer to state – owned enterprises plus State – holding enterprises. State – owned enterprises (originally known as State – run enterprises with ownership by the whole society) are non – corporate economic entities registered in accordance with the Regulation of the People's Republic of China on the Management of Registration of Legal Enterprises, where all assets are owned by the State. Included in this category are State – owned enterprises, State – funded corporations and State – owned joint – operation enterprises. Joint State – private industries and private industries, which existed before 1957, were transformed into state – run industries since 1957, and into State – owned industries after 1992. Statistics on those enterprises are included in the State – owned industries instead of being grouped them separately. State – holding enterprises are a sub – classification of enterprises with mixed ownership, referring to enterprises where the percentage of State assets (or shares by the State) is larger than any other single share holder of the same enterprise. This sub – classification illustrates the control of the State over a particular industry.

Collective – owned Enterprises refer to economic entities registered in accordance with the Regulation of the People's Republic of China on the Management of Registration of Legal Enterprises, where assets are owned collectively. Collective enterprises constitute an integral part of the socialist economy with public ownership. They include urban and rural enterprises invested collectively, and some enterprises registered in industrial and commercial administration agency as collective units where funds are pooled together by individuals who voluntarily give up their right of ownership.

Cooperative Enterprises refer to economic units set up on a cooperative basis, with funding partly from employees of the enterprise and partly from outside investment, where the operation and management is decided by all the members who also participate in the production, and the distribution of income is based both on work (labour input) and on shares (capital input).

Joint Ownership Enterprises refer to economic units that are established by joint investment by two or more corporate enterprises or institutions of the same or different types of ownership on voluntary, equal and mutual – beneficial basis. They include:

a) State – owned joint – operation enterprises (joint operation between State – owned enterprises);

b) Collective joint – operation enterprises (joint operation between collective enterprises; and

c) State – collective joint – operation enterprises (joint operation between state and collective enterprises).

Limited Liability Corporations refer to economic units registered in accordance with the Regulation of the People's Republic of China on the Management of Registration of Corporations, with capital from 2 to 49 investors, each investor bears limited liability to the corporation depending on his/her holding of shares, and the corporation bears liability to its debt to the maximum of its total assets.

Limited liability corporations include state sole funded corporations and other limited liability corporations.

Share – holding Corporations Ltd. refer to economic units registered in accordance with the Regulation of the People's Republic of China on the Management of Registration of Corporate Enterprises, with total registered capital divided into equal shares and raised through issuing stocks. Each investor bears limited liability to the corporation depending on the holding of shares, and the corporation bears liability to its debt to the maximum of its total assets.

Private Enterprises refer to economic units invested or controlled (by holding the majority of the shares) by natural persons who hire labours for profit – making activities. Included in this category are private limited liability corporations, private share – holding corporations Ltd., private partnership enterprises and private sole investment enterprises registered in accordance with the Corporation Law, Partnership Enterprise Law and Tentative Regulation on Private Enterprises.

Enterprises with Funds from Hong Kong, Macao and Taiwan refers to all industrial enterprises registered as the joint - venture, cooperative, sole (exclusive) investment industrial enterprises and limited liability corporations with funds from Hong Kong, Macao and Taiwan.

Foreign Funded Enterprises refer to all industrial enterprises registered as the joint - venture, cooperative, sole (exclusive) investment industrial enterprises and limited liability corporations with foreign funds.

Light Industry refers to the industry that produces consumer goods and hand tools. It consists of two categories, depending on the materials used:

(1) Industries using farm products as raw materials. These are the branches of light industry which directly or indirectly use farm products as basic raw materials, including the manufacture of food and beverages, tobacco processing, textile, clothing, fur and leather manufacturing, paper making, printing, etc.

(2) Industries using non - farm products as raw materials. These are the branches of light industry which use manufactured goods as raw materials, including the manufacture of cultural, educational articles and sports goods, chemicals, synthetic fibre, chemical products for daily use, glass products for daily use, metal products for daily use, hand tools, medical apparatus and instruments, and the manufacture of cultural and office machinery.

Heavy Industry refers to the industry which produces capital goods, and provides various sectors of the national economy with necessary material and technical basis for production. It consists of the following three branches according to the purpose of production or the use of products:

(1) Mining, quarrying and logging industry, which refers to the industry that extracts natural resources, including extraction of petroleum, coal, metal and non - metal ores.

(2) Raw materials industry refers to the industry that provides various sectors of the national economy with raw materials, fuels and power. It includes smelting and processing of metals, coking and coke chemistry, chemical materials and building materials such as cement, plywood, and power, petroleum refining and coal dressing.

(3) Manufacturing industry which refers to the industry that processes raw materials. It includes machine - building industries which equip sectors of the national economy; industries producing metal structure and cement products; and industries producing means of agricultural production, such as chemical fertilizers and pesticides.

In accordance with the above principles of classification, the repairing trades, which are engaged primarily in repairing products of heavy industry, are classified as heavy industry while those which are engaged in repairing products of light industry are classified as light industry.

Gross Industrial Output Value

(1) Definition: Gross industrial output value is the total volume of final industrial products produced and industrial services provided during a given period. It reflects the total achievements and overall scale of industrial production during a given period.

(2) Principles for calculation:

Statistics on industrial production follow the principle that all products produced by the enterprises and accepted through quality check during the reference period are to be included no matter whether they are sold or not during the reference period.

Determination of final products follows the principle that all products that are included in the calculation of gross industrial output value are the final products of the enterprise which have been accepted through quality check and require no further processing. If an enterprise has intermediate (semi - finished) products to sell, these intermediate products are considered as the final products of the enterprise.

Gross industrial output value is calculated following the principle of factory approach, i. e. industrial enterprise is used as the basic accounting unit in calculating the gross industrial output value. By this approach, value of the same product is not to be double - counted, and the output value of different workshops (branch factories) within the enterprise should not be added. However, this approach allows the possibility of double counting between enterprises.

(3) Content and method of calculation: The old definition of gross industrial output value was modified during the 1995 National Industrial Census. The revised (new) definition of gross industrial output value consists of 3 components: value of the finished products during the reference period, income from processing for external parties, and value of change in semi - finished products between the end and the beginning of the reference period.

Value of finished products during the reference period: refers to the value of all finished (semi - finished) industrial products that are produced during the reference period without the need for further processing, checked for acceptance, packed and put into the warehouse of the enterprise, including the value of own - produced equipment and the value of products provided to the projects under construction of the enterprise, and to other non - industrial or welfare units. Value of finished products during the reference period is calculated by the quantity of products produced using own materials multiplied by the average unit prices at which products are sold (excluding value - added tax). Own - produced equipment and products produced for own use are valued at cost prices as in the case of enterprise accounting. Value of finished products does not include the value of finished products (semi - finished products) that are produced using the materials from the clients who place the orders.

Income from external processing: refers to income from contracted external processing of industrial products (including processing of industrial products using materials from the clients), and the income from industrial repairing work provided to other parties. Income from external processing is calculated using information from the item "products sales income" in the enterprise accounting at the prices with value - added tax excluded.

For income from services such as processing, repairing and installation of equipment provided to non - industrial units within the enterprise, if the accounting work of the enterprise is good enough to separate it from other records, and the share of such services is significant, it should also be included in the income from external processing.

Value of change in semi – finished products between the end and the beginning of the reference period: refers to the value of change in semi – finished products between the end and the beginning of the reference period, which generally can be obtained from accounting records of enterprises. If the enterprise accounting excludes the cost of semi – finished products, then it should not be included in the gross industrial output value, and the reverse if otherwise.

(4) Changes in the scope and method of calculation of the gross industrial output value

Prior to 1984, the value of rural industry run by villages was classified into agriculture instead of industry. Since 1984, it has been included in the gross industrial output value. Method of calculation for the gross industrial output value was modified in the industrial census in 1995. The difference in the new method as compared with the old one is outlined below:

Principle in using full value vs. processing fee: The new method stipulates that all products produced using own materials are to be calculated with full value in reporting the gross industrial output value irrespective of the complexity of production, and for external processing, it allows calculation using processing fee. In the old method, however, the use of full value or processing fee was determined by the degree of complexity of production in different branches of industries.

Principle in determining the value of change in semi – finished products: The new method requires that value of change in semi – finished products should be included in the gross industrial output value if it is included in the accounting record of the enterprise, otherwise it should not be included. In the old method, it is determined by the type of enterprises in terms of production cycle. If the production cycle is over 6 months, the value of change in semi – finished products is included in the gross industrial output value, otherwise it is not.

Difference in prices: The new method uses prices excluding value – added tax in the calculation of gross industrial output value, while the old method used prices including value – added tax.

Value – added of Industry refers to the final results of industrial production of industrial enterprises in money terms during the reference period.

Industrial value – added can be calculated by two approaches: the production approach, i. e. gross industrial output value minus intermediate input plus value – added tax, and the income approach, i. e. income for various factors used in the course of production, including depreciation of fixed assets, remuneration of labourers, net of production tax, and operating surplus. Value – added of industry in the Yearbook is calculated by the production approach as follows:

Value – added of industry = gross industrial output – industrial intermediate input + value – added tax

(1) Gross industrial output: refers to the total achievements of industrial production activities during a given period. Gross industrial output includes value of finished products, income from external processing, and value of change in semi – finished products between the end and the beginning of the reference period. Since 1995, the gross industrial output value obtained by the new method is used in the calculation.

(2) Industrial intermediate input: refers to purchased goods and paid services consumed during the industrial production of enterprises. Fees paid for services include fees paid for the services provided by material production sectors (industry, agriculture, wholesale and retail trade, construction, transport, post and telecommunications) and by non – material production sectors (insurance, banking, culture, education, scientific research, health and medical care, public administration, etc.). The determination of industrial intermediate input follows the principle that the goods and services must be purchased from outside and included in the gross industrial output, and that the goods and services are inputted into production and consumed (include low – value consumables) during the reference period.

Industrial intermediate input includes 5 components, namely direct consumption of materials, industrial intermediate input in manufacturing cost, industrial intermediate input in management cost, industrial intermediate input in marketing cost and expenditure on interest.

Total Assets refer to all economic resources, in monetary term, these are owned or controlled by enterprises, including properties, creditor's equity and other economic rights of all forms. Classified by the degree of liquidity, total assets include working capitals, long – term investment, fixed assets, intangible assets, deferred assets and other assets. Data on this indicator can be obtained by the year – end figures of total assets in the Assets and Liability Table of accounting records of enterprises.

Working Capital refers to capital that an enterprise can cash or use during one year or one production cycle that may exceed one year, including cash and savings deposits of various forms, short – term investment, money receivable and prepaid money, inventories, etc.

Annual Average Value of Working Capital refers to the average value of all working capital of the enterprise during the reference period.

Original Value of Fixed Assets refers to the total value, in monetary terms, that an enterprise spent on fixed assets, through construction, purchase, installation, transformation, expansion or technical upgrading. Generally, it covers cost of purchase, packing, transportation and installation, etc.

Annual Average of Net Value of Fixed Assets refers to the average of the net value of fixed assets during the reference period, calculated with the following formula:

$$\text{Annual Average of Net Value of Fixed Assets} = \frac{\text{sum of net value of fixed assets at the beginning and at the end of each month from January to December}}{24}$$

Information on this indicator can be obtained from the beginning and ending figures of the original value of fixed assets and cumulative depreciation from the Assets and Liability Table of enterprises.

Net value of fixed assets refers to the original value of fixed assets minus depreciation over the years, i. e.:

Net value of fixed assets = original value of fixed assets − cumulative depreciation

Total Liabilities refer to payable liabilities of enterprises that have to be repaid in terms of money, assets or labour services. In terms of payment, it can be divided into liquid liabilities and long – term liabilities. Data on this item is obtained from the ending figures on total liabilities from the Assets and Liability Table from the enterprises.

Owner's Equity refers to the ownership of net assets of enterprise by its investors. Net assets equal total assets minus total liabilities of the enterprise, including the actual assets invested into the enterprise by investors, accumulation of capital and operating surplus and non – distributed profits. The enterprise's assets are less than its liabilities if the sum of owner's equity is smaller than zero.

Revenue from Principal Business refers to the annual accumulation of the corresponding item in the "profit table" of the accountant. For enterprises that do not follow the 2001 Enterprise Accounting Standards, the year – end accumulation of revenue from the sales of products is used as a substitute.

Cost of Principal Business refers to the annual accumulation of the corresponding item in the "profit table" of the accountant. For enterprises that do not follow the 2001 Enterprise Accounting Standards, the .year – end accumulation of cost for the sales of products is used as a substitute.

Tax and Extra Charges from Principal Business refer to the annual accumulation of the corresponding item in the "profit table" of the accountant. For enterprises that do not follow the 2001 Enterprise Accounting Standards, the year – end accumulation of tax and extra charges from the sales of products is used as a substitute.

Total Profits refer to the final achievement of production and operation activities of the enterprises, represented by total profits after deducting losses (loss is expressed by the negative figure). It is the sum of profits from operation, income from subsidies, investment earnings, net income from activities other than operation, and adjustment of profits and losses of previous years.

Value – added Tax Payable in the Current Year refers to the amount of the value – added tax which should be paid by the enterprises during the reference period. It is the sum of tax on sales, export rebate, and transferred tax on purchases of the current year, minus the tax on purchases of the current year. Value – added tax payable of small – size enterprises is determined by the taxable sales of the year multiplied by the tax rate.

Average Annual Number of Employed Persons Employed persons refer to all those who are employed in enterprises and receive remunerations there from, including currently working employees, retirees who are re – employed, teachers of local – run schools, as well as foreigners, staff from Hong Kong, Macao and Taiwan, part – time employees and persons with second job who are employed by the enterprise, and employees of other units temporarily working in the enterprises, but excluding former employees who left the enterprise with their employment records still being kept by the enterprises.

Average number of employed persons refers to the number of employee everyday during the reference period, calculated with the following formula:

$$\text{Monthly average number} = \frac{\text{sum of actual employees everydayin reference month}}{\text{number of calendar dates in reference month}}$$

$$\text{Quarterly average number} = \frac{\text{sum of monthly average number in reference quarter}}{3}$$

$$\text{Annual average number} = \frac{\text{sum of monthly average number in reference year}}{12}$$

Ratio of Profits, Taxes and Interests to Average Assets reflects the profit – making capability of all assets of the enterprise and is a key indicator manifesting the performance and management and evaluating the profit – making potential of the enterprise. It is calculated as follows:

$$\text{Ratio of Profits, Taxes and Interests to Average Assets(\%)} = \frac{\text{total profits + total taxes + interest payment}}{\text{average assets}} \times 100\%$$

In the above formula, total taxes is the sum of tax and extra charges on the sales of products and value – added tax payable; and average assets is the arithmetic mean of the sum of beginning assets and ending assets.

Ratio of Debts to Assets reflects both the operation risk and the capability of the enterprise in making use of the capital from the creditors. It is calculated as follows:

$$\text{Ratio of Debts to Assets(\%)} = \frac{\text{total debts}}{\text{total assets}} \times 100\%$$

Both assets and debts are figures at the end of the reference period. Turnover of Working Capital refers to the number of times of turnover of working capital in a given period of time, which reflects the speed of the turnover of working capital of industrial enterprises, and is calculated as follows:

$$\text{Turnover of Working Capital} = \frac{\text{sales revenue of products}}{\text{average balance of total working capital}}$$

In the above formula, average balance of total working capital refers to the arithmetic mean of the sum of working capital at the beginning and at the end of the reference period.

Ratio of Profits to Total Industrial Costs refers to the ratio of profits realized in a given period to the total costs in the same period, which reflects the economic efficiency of input cost and is calculated as follows:

$$\text{Ratio of Profits to Total Industrial Cost(\%)} = \frac{\text{total profits}}{\text{total costs}} \times 100\%$$

Total costs in the above formula are the sum of cost of products sold, marketing cost, management cost and financial cost.

Sales Ratio of Products is an indicator reflecting the actual sale of industrial products, analyzing the production – selling and supply – demand relations. It is calculated as:

$$\text{Sales Ratio of Products(\%)} = \frac{\text{value of industrial sales}}{\text{gross industrial output value(current prices)}} \times 100\%$$

建 筑 业

Construction

第13篇

CHAPTER 13

建筑安装企业单位数（个）

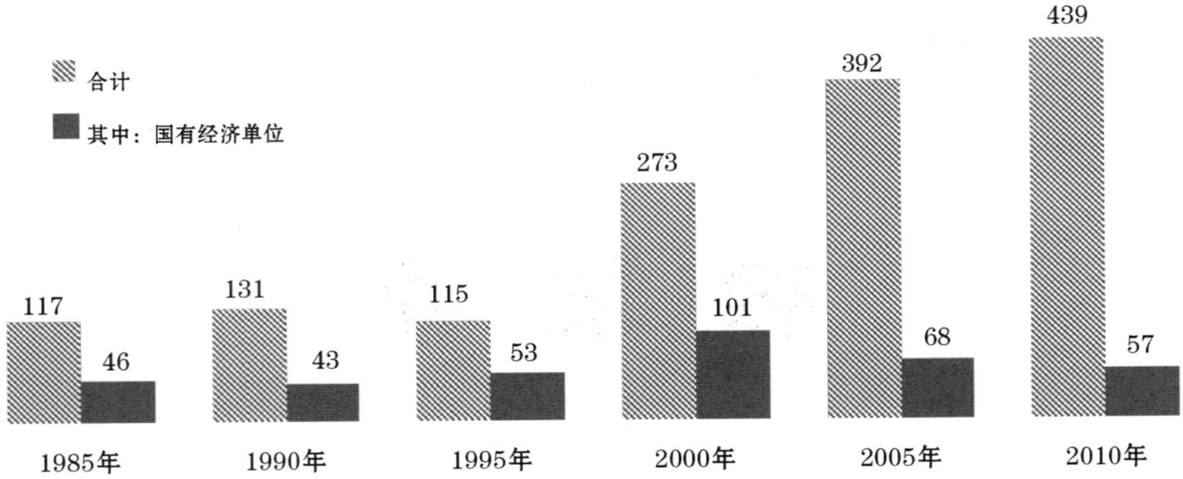

建筑业总产值构成（%）

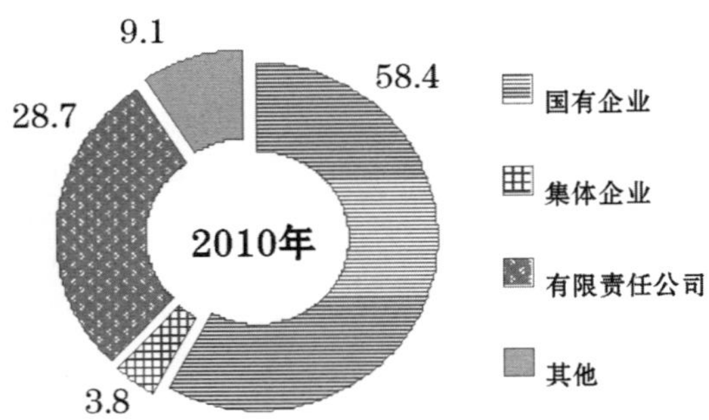

建筑业总产值280亿元

房屋建筑面积（万平方米）

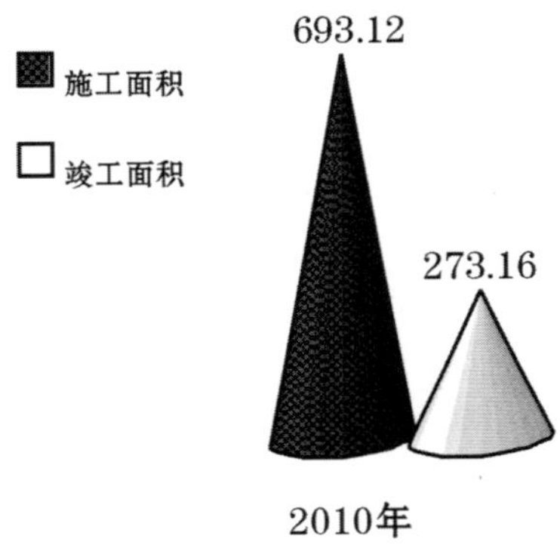

建筑业安装施工企业从业人员（人）

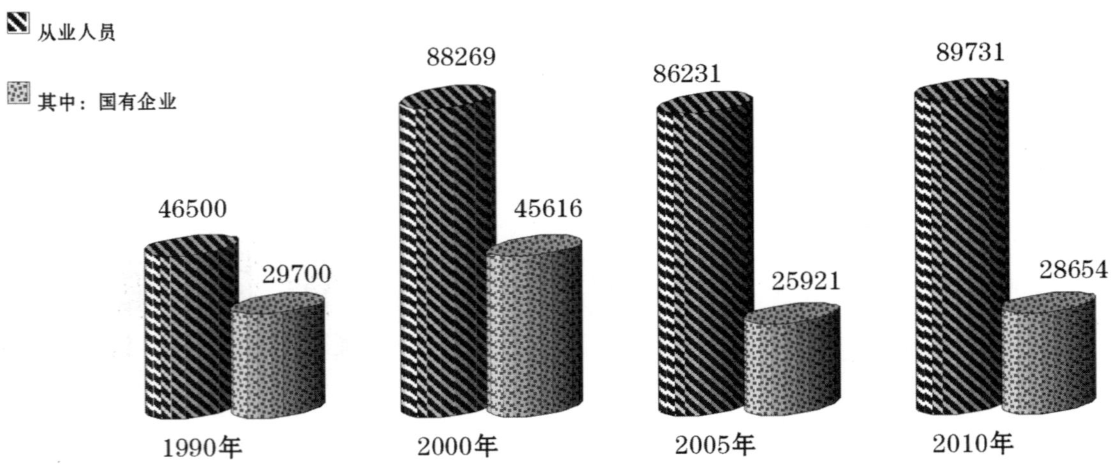

13-1 主要年份建筑安装施工企业概况
Main Indicators on Construction Enterprises in Main Years

年份 Year	总计 Total	国有企业 State-owned	集体企业 Collective-owned	有限责任公司 Limited Liability Corporation	股份有限公司 Share-holding Corporations Limited	私营企业 Private Enterprise	港澳台及外商投资企业 Funded from Hong Kong, Macao, Taiwan and Foreign
企业单位数(个) Number of Enterprises (unit)							
1985	117	46	71				
1990	131	43	88				
1995	115	53	62				
1996	212	84	109		9	3	4
1998	215	78	100	13	11	10	3
1999	214	75	98	15	13	12	1
2000	273	101	104	25	16	25	2
2001	270	75	86	64	11	31	2
2002	374	83	75	91	39	84	2
2003	373	79	70	105	36	81	2
2004	399	74	51	133	6	131	3
2005	392	68	47	133	12	128	3
2006	417	67	49	137	14	147	3
2007	425	64	48	138	16	156	2
2008	459	60	39	171	10	177	2
2009	440	58	39	156	9	176	2
2010	439	57	37	157	9	177	2
从业人员(人) Number of Persons Employed (person)							
1985	80066	65558	14508				
1990	46500	29700	16800				
1998	355576	267658	60818	13442	7327	5992	339
1999	81376	45662	24179	4646	4539	2300	50
2000	88269	45616	25873	7277	5236	4193	74
2001	86023	33927	23379	21939	1426	5153	78
2002	97294	35680	17262	19415	10753	14125	59
2003	101501	38509	18705	22887	9378	11847	175
2004	93847	28307	12480	31359	1109	20071	211
2005	86231	25921	10549	30018	3133	16454	144
2006	92565	30496	9619	29936	4035	18233	246
2007	95190	32046	7500	32204	3377	20012	51
2008	78936	24825	7162	28903	933	17082	31
2009	92625	34813	7305	31754	1208	17513	32
2010	89731	28654	6634	35441	1440	17535	27
建筑业总产值(万元) Gross Output Value (10 000 yuan)							
1985	69714	61674	8040				
1990	65492	50981	14511				
1995	204865	180731	24134				
1996	277727	227313	47292		1131	201	349
1998	355576	267658	60818	13442	7327	5992	339
1999	396528	299034	60490	16890	13652	6264	198
2000	447163	329320	68189	23110	14862	11457	225
2001	543383	292003	81499	142010	10171	17167	248
2002	733830	427401	101675	81562	50946	72145	101
2003	747325	431290	70417	134071	48198	62009	1340
2004	886406	448422	46145	278362	6031	104731	1339
2005	909337	495063	47415	257143	20541	87864	1311
2006	1083718	617117	61000	291618	21878	91124	981
2007	1254431	718053	79896	318459	24104	113863	56
2008	1429970	778884	79537	411936	26421	132607	585
2009	2043419	1173359	95438	569258	22914	182120	330
2010	2796060	1633263	105009	802596	40803	214133	256

注：本表1985年至1992年数据为全民和集体所有制建筑业企业数据；1993年至1995年数据为各种经济成分的建制镇以上建筑业企业数据；1996年至2001年数据为资质等级(旧资质)四级及四级以上建筑业企业数据；2002年及以后数据为具有资质等级的施工总承包、专业承包建筑业企业(不含劳务分包建筑业企业)数据，(以下各表同)。(此表中集体企业含股份合作企业)

a) Data from 1985 to 1992 are the figures of State-owned and collective-owned construction enterprises. Data from 1993 to 1995 are the figures of construction enterprises of all economic types above town level. Data from 1996 to 2001 included construction enterprises at fourth or higher quality grades(old classification of grades). Data since 2002 included all general construction contractors and professional contractors (not including construction enterprises of worker subcontractors) which possess qualification grades.The same applies to the following tables. In this table, the Collective-owned enterprises include cooperative enterprises.

13-2 主要年份建筑业企业主要经济指标

Main Economic Indicators on Construction Enteprises in Main Years

指 标	Item	2000	2005	2006	2008	2009	2010
企业单位数 (个)	Number of Construction Enterprises (unit)	273	392	417	459	440	439
期末从业人员 (人)	Number of Employed Persons (persons)	88269	86231	92565	78936	92625	89731
建筑业总产值 (万元)	Gross Output Value of Construction (10 000 yuan)	447163	909337	1083718	1429970	2043419	2796060
自有固定资产原值 (万元)	Fixed Assets Owned (original value) (10 000 yuan)	256152	493369	534104	571739	735685	668726
本年提取固定资产折旧 (万元)	Depreciation of Fixed Assets (10 000 yuan)	18096	30910	40552	35250	37805	45843
自有机械设备台数 (台)	Number of Machinery and Equipment Owned (set)	32302	47889	53948	38012	34906	1082108
自有机械设备净值 (万元)	Net Value of Machinery and Equipment Owned (10 000 yuan)	80796	152819	164240	177577	219584	206988
自有机械设备总功率 (千瓦)	Total Power of Machinery and Equipment Owned (KW)	499349	923933	1055721	965551	1007814	680652
工程结算税金及附加 (万元)	Taxes and Extra Charges on Project Settle Accounts (10 000 yuan)	13311	27212	28989	57729	74240	89407
管理费用中的税金 (万元)	Taxes in Management Expenses (10 000 yuan)	1189	2502	2915	1930	2659	2946
工程结算利润 (万元)	Profits of Project Settlement Accounts (10 000 yuan)	51717	67866	66628	119796	157608	134857
应付工资总额 (万元)	Wages Payable from Principal Business(10 000 yuan)	66524	103878	135564	191711	234293	289504
应付福利费总额 (万元)	Welfare Expenses Payable from Principal Business(10 000 yuan)	9964	19978	13989	10005	15308	18071
利润总额 (万元)	Total Profits (10 000 yuan)	3812	5685	8623	35840	54045	61719
税金总额 (万元)	Total Tax (10 000 yuan)	14500	29714	34891	59659	76899	100001
施工面积 (万平方米)	Floor Space of Buildings under Construction (10 000 sq.m)	339.43	407.55	346.80	404.50	490.98	693.12
竣工面积 (万平方米)	Floor Space of Buildings Completed (10 000 sq.m)	192.90	194.02	160.56	189.18	211.71	273.16
劳动生产率	Overall Labor Productivity						
按总产值计算 (元/人)	In Terms of Gross Output Value (yuan/person)	42284	87203	103128	144721	169924	221885
技术装备率 (元/人)	Value of Machines per Laborer (yuan/person)	9153	14655	15629	17972	18260	23068
动力装备率 (千瓦/人)	Power of Machines per Laborer (KW/person)		8.86	10.05	9.77	8.38	7.59
房屋建筑面积竣工率 (%)	Rate of Floor Space of Buildings Completed (%)	56.83	47.60	46.30	46.77	43.12	39.41
产值利润率 (%)	Ratio of Profit to Gross Output Value (%)	0.85	0.60	0.80	2.50	2.64	2.20
产值利税率 (%)	Ratio of Pre-tax Profit to Gross Output Value (%)	3.24	3.90	3.22	4.20	3.76	3.58

注：建筑业总产值为现价。本表为所有具有资质等级的施工总承包、专业承包建筑业企业(不含劳务分包建筑业企业)数据。

a) Gross output value of construction is calculated at current prices. Data in this table included all general construction contractors and professional contractors (not including construction enterprises of worker subcontractors) which possess qualification grades.

13-3 1978-2010年建筑业企业概况

Basic Situation of Construction Enterprises（1978-2010）

年份 Year	建筑业企业单位数（个）Number of Construction Enterprises (unit)	#国有 State-owned	#集体 Collective -owned	建筑业企业从业人员（万人）Number of Persons Employed (10 000 persons)	#国有 State-owned	#集体 Collective -owned	建筑业企业总产值（亿元）Gross Output Value (100 million yuan)	#国有 State-owned	#集体 Collective -owned
1978	67	33	34	4.71	4.27	0.44	2.06	1.87	0.19
1979	57	33	24	5.19	4.72	0.47	2.37	2.15	0.22
1980	67	38	29	5.70	5.09	0.61	2.75	2.44	0.31
1981	73	41	32	5.29	4.73	0.56	3.65	3.36	0.29
1982	77	45	32	9.63	9.01	0.62	4.33	3.98	0.35
1983	79	46	33	8.38	7.69	0.69	5.49	5.09	0.40
1984	87	49	38	9.62	7.43	2.19	6.63	5.66	0.97
1985	117	46	71	8.01	6.56	1.45	7.47	6.17	1.30
1986	113	46	67	9.28	7.23	2.05	7.39	6.25	1.13
1987	136	47	89	9.36	6.94	2.42	8.12	6.63	1.49
1988	145	46	99	9.09	6.47	2.62	8.04	6.37	1.67
1989	130	45	85	8.20	6.25	1.95	7.77	6.34	1.43
1990	131	43	88	4.65	2.97	1.68	9.01	7.55	1.46
1991	81	43	38	6.35	5.10	1.25	9.29	8.14	1.14
1992	87	46	41	6.75	5.15	1.60	11.35	9.75	1.60
1993	111	52	59	7.49	5.90	1.59	13.25	11.14	2.11
1994	115	53	62	8.20	5.54	2.66	16.44	14.29	2.14
1995	115	53	62	7.15	5.41	1.74	20.49	18.07	2.41
1996	212	84	109	13.32	10.15	2.98	27.77	22.73	4.73
1997	202	82	94	9.56	6.42	2.68	30.93	25.33	4.87
1998	215	78	100	8.39	4.86	2.64	35.56	26.77	6.08
1999	214	75	98	8.14	4.57	2.42	39.65	29.90	6.05
2000	273	101	104	8.83	4.56	2.59	44.72	32.93	6.82
2001	270	75	86	8.60	3.39	2.34	54.34	29.20	8.15
2002	374	83	75	9.73	3.57	1.73	73.38	42.74	10.17
2003	373	79	70	10.15	3.85	1.87	74.73	43.13	7.04
2004	399	74	51	9.38	2.83	1.25	88.78	44.84	4.61
2005	392	68	47	8.62	2.59	1.05	91.01	49.51	4.75
2006	417	67	49	9.26	3.05	0.96	108.42	61.71	6.11
2007	425	64	48	9.52	3.20	0.75	125.53	71.81	8.00
2008	500	61	51	7.89	2.48	0.72	143.47	77.89	7.96
2009	479	58	37	9.39	3.48	0.71	204.70	117.34	9.22
2010	439	57	37	8.97	2.87	0.66	279.61	163.33	10.50

注：1992年数据为全民和集体所有制建筑业企业数据；1993年至1995年数据为各种经济成分的建制镇以上建筑业企业数据；1996年至2001年数据为资质等级(旧资质)四级及四级以上建筑业企业数据；2002年及以后数据为所有具有资质等级的施工总承包、专业承包建筑业企业（含劳务分包建筑业企业)数据。

a) Data before 1992 are the figures of State-owned and collective-owned construction enterprises. Data from 1993 to 1995 are the figures of construction enterprises of all economic types above town level. Data from 1996 to 2001 included construction enterprises at fourth or higher quality grades(old classification of grades). Data since 2002 included all general construction contractors and professional contractors (not including construction enterprises of worker subcontractors) which possess qualification grades.

13−4 1978−2010年建筑业企业主要指标

Main Indicators on Construction Enterprises（1978-2010）

年份 Year	建筑业企业增加值(亿元) Total Value-added of Construction Enterprises (100 million yuan)	资产合计 (亿元) Total Assets (100 million yuan)	利润总额 (亿元) Total Profits (100 million yuan)	税金总额 (亿元) Total Tax (100 million yuan)	按总产值计算劳动生产率 (元/人) Overall Labor Productivity by Gross Output Value (yuan/person)	房屋建筑面积(万平方米) Floor Space of Building Construction (10 000 sq.m) 施工面积 Under Construction	竣工面积 Completed
1978	2.14				4372	138.76	67.14
1979	2.04				4564	169.17	77.39
1980	2.16				4832	176.72	87.37
1981	2.02				6903	166.25	87.24
1982	2.41				4500	197.53	92.79
1983	2.60		0.38	0.10	6553	163.13	94.98
1984	2.96		0.30	0.07	6889	209.32	123.58
1985	4.49		0.22	0.12	7542	282.04	139.08
1986	4.34		0.12	0.14	1897	261.36	136.90
1987	4.52		-0.09	0.10	8744	189.41	137.26
1988	5.97		0.07	0.16	8952	251.17	164.03
1989	5.22		0.08	0.19	9518	130.82	148.82
1990	5.66		0.04	0.23	11395	214.22	127.86
1991	6.35		-0.03	0.26	13363	183.54	100.25
1992	9.62		-0.03	0.27	16009	194.70	107.80
1993	11.46	17.03	-0.09	0.40	18883	188.65	87.83
1994	11.65	21.56	-0.72	5.05	25803	174.18	86.82
1995	12.96	24.89	-0.08	0.65	33407	183.73	97.29
1996	16.73	36.38	-0.07	0.88	22395	250.02	139.01
1997	19.73	38.37	-0.08	0.96	39426	283.05	149.39
1998	23.04	44.25	-0.16	1.14	44169	428.81	190.09
1999	25.41	51.28	-0.39	1.28	39027	386.95	223.82
2000	30.03	61.67	0.38	1.45	42284	339.43	192.90
2001	38.07	20.44	0.52	0.10	51904	375.16	183.66
2002	47.03	89.11	1.38	2.64	58626	451.32	244.09
2003	54.74	95.82	1.36	2.61	61046	556.64	242.88
2004	58.20	114.22	0.58	2.63	84295	438.00	263.31
2005	60.67	113.81	0.57	2.97	87203	407.55	194.02
2006	66.04	123.19	0.86	3.49	103128	346.80	160.56
2007	73.26	147.95	2.39	4.54	120027	384.67	173.97
2008	88.52	179.96	3.58	5.97	144721	404.50	189.18
2009	105.00	203.24	5.41	7.71	168323	490.98	211.71
2010	130.98	227.71	6.17	9.24	221885	693.12	273.16

注：1.自2002年起，建筑业增加值核算口径有所调整。
2.从2004年第一次全国经济普查开始，建筑业增加值按新核算方法核算。

a) Since 2002, the statistical coverage of value added of construction have been adjusted accordingly.

b) New accounting methods were applied in 2004 during the First Economic Census in calculating the value-added of the construction industry.

13-5 各种分组总专包企业生产汇总表(2010年)
Production Summary of General and Professional Contractors with Diversified Grouping (2010)

单位：个、万元 (unit,10 000 yuan)

指 标	Item	建筑业企业个数 Number of Construction Enterprises	有工作量的 Having Workload	合同情况 Total Value of Contracts	建筑业总产值 Gross Output Value of Construction	在外省完成的产值 Completed in Other Provinces	竣工产值 Completed Output Value
总计	**Total**	**439**	**369**	**5052622**	**2796060**	**1003858**	**920233**
国有及国有控股企业	**Stated-owned and State-holding Enterprises**	**73**	**66**	**3634523**	**1906938**	**982262**	**407951**
按登记注册类型分组	**By Status of Registration**						
内资企业	Domestic Funded	437	368	5052366	2795804	1003858	919977
国有企业	State-owned Enterprises	57	52	3073154	1633263	919657	364323
集体企业	Collective-owned Enterprises	35	31	161618	103534		45129
股份合作企业	Cooperative Enterprises	2	2	1660	1475		1419
有限责任公司	Limited Liability Corporations	157	137	1441764	802596	84201	367279
股份有限公司	Share-holding Corporations Limited	9	7	30776	40803		
私营企业	Private Enterprises	177	139	343395	214134		141827
港、澳、台商投资企业	Enterprises with Funds from Hong Kong, Macao and Taiwan	1					
外商投资企业	Foreign Funded Enterprises	1	1	256	256		256
按国民经济行业分组	**By Sector**						
房屋和土木工程建筑业	Construction of Building & Civil Engineering	280	239	4825948	2588927	958504	799999
房屋工程建筑业	Building	160	130	861665	525563	832	374722
土木工程建筑业	Civil Engineering	120	109	3964283	2063364	957672	425278
建筑安装业	Construction Installation	78	71	182975	166090	29255	90641
建筑装饰业	Construction Decoration	62	45	18937	17468		10554
其他建筑业	Other Construction	19	14	24761	23575	16099	19039
按隶属关系分组	**By Jurisdiction of Management**						
中央	Central	12	12	2707669	1253787	887177	208830
地方	Local	427	357	2344953	1542273	116681	711403
按企业资质等级分组	**By Qualification Criteria of Enterprises**						
施工总承包	General Contractors	279	241	4718619	2559770	949418	842749
特级	Special Grade	1	1	2045657	894125	779750	87060
一级	First Grade	14	13	1018473	497445	127141	130464
二级	Second Grade	98	97	1319693	929445	42527	477913
三级及以下	Third Grade and below	166	130	334796	238755		147312
专业承包	Professional Contractors	160	128	334003	236290	54440	77483
一级	First Grade	1	1	15600	16099	16099	16099
二级	Second Grade	52	46	228631	148363	37688	42670
三级及以下	Third Grade and below	107	81	89772	71827	652	18714

13–6 总承包和专业承包建筑业企业财务情况(2010年)

单位：万元

指 标	Item	企业单位数(个) Number of Construction Enterprises (unit)	资产合计 Total Assets
总计	**Total**	**439**	**2277054**
按行业中类分组	**By Sector sub-categories**		
房屋和土木工程建筑业	Construction of Building & Civil Engineering	280	2049362
房屋工程建筑业	Building	160	554510
土木工程建筑业	Civil Engineering	120	1494851
建筑安装业	Construction Installation	78	165118
建筑装饰业	Construction Decoration	62	31820
其他建筑业	Other Construction	19	30755
工程准备	Project Preparation	11	15464
提供施工设备服务	Provision of Construction Equipment Services	2	7459
其他未列明的建筑活动	Other Not Listed Construction Activities	6	7831
按登记注册类型分组	**By Status of Registration**		
内资企业	Domestic Funded	437	2276457
国有企业	State-owned Enterprises	57	974623
集体企业	Collective-owned Enterprises	35	133609
股份合作企业	Cooperative Enterprises	2	4109
有限责任公司	Limited Liability Corporations	157	744505
股份有限公司	Share-holding Corporations Limited	9	43100
私营企业	Private Enterprises	177	376512
港、澳、台商投资企业	Enterprises with Funds from Hong Kong,Macao and Taiwan	1	275
外商投资企业	Foreign Funded Enterprises	1	322
按控股情况分组	**By Shareholdings**		
国有控股	State-holding	72	1166294
集体控股	Collective-holding	43	160147
私人控股	Private-holding	274	773235
港澳台商控股	Hong Kong,Macao and Taiwan-holding	1	275
外商控股	Foreign-holding	1	322
其他控股	Other-holding	48	176781
按企业资质等级分组	**By Qualification Criteria of Enterprises**		
施工总承包	General Contractors	279	1993847
特级	Special Grade	1	540144
一级	First Grade	14	390800
二级	Second Grade	98	759288
三级及以下	Third Grade and below	166	303616
专业承包	Professional Contractors	160	283207
一级	First Grade	1	10021
二级	Second Grade	52	146112
三级及以下	Third Grade and below	107	127074
按隶属关系分组	**By Jurisdiction of Management**		
中央	Central	12	739164
地方	Local	427	153789

Financial Affairs Condition of Enterprises of General and Professional Contractors (2010)

(10 000 yuan)

流动资产合计 Total Current Assets	存货 Inventory	长期投资 Long-term Investment	固定资产合计 Total Fixed Assets	固定资产原价 Original Value of Fixed Assets	累计折旧 Accumulated Depreciation	本年折旧 Depreciation of Fixed Assets	在建工程 Construction in Progress
1572088	**286418**	**140453**	**484468**	**668726**	**241772**	**45843**	**38525**
1425004	261104	127216	422814	574371	205050	40196	35645
366537	66344	27851	135891	158939	42192	7960	15838
1058468	194760	99365	286923	415432	162857	32236	19807
102133	13873	11072	47620	74937	29959	4380	2350
20964	4327	1750	7681	10256	3493	527	530
23987	7114	415	6354	9161	3271	739	
11721	4652		3743	5487	2206	421	
5655	2194	415	1390	1827	437	125	
6611	269		1220	1847	627	193	
1571788	286408	140453	484170	668287	241631	45829	38525
666248	134136	73720	215323	317682	125910	20095	9898
95462	45265	13238	19927	28473	8978	1329	49
3513	1649		596	604	146	145	
537360	61076	36886	139106	194225	69802	16936	13251
26185	1351	7204	8758	14358	5758	683	
243019	42933	9404	100460	112946	31038	6641	15328
			275	322	46	8	
300	10		22	117	95	5	
813302	141766	83920	235928	349568	138283	22408	10990
115752	50051	13238	26174	37247	11871	2545	70
512485	78443	34306	191919	232491	70636	18636	25646
			275	322	46	8	
300	10		22	117	95	5	
130249	16149	8988	30149	48981	20840	2240	1819
1364578	263583	130588	425865	580439	209355	41892	36980
354000	108256	67005	106763	141657	44133	9668	9221
272214	29199	13676	65367	81759	31720	6490	15288
545841	104651	41441	158147	238316	101391	20337	7502
192524	21478	8467	95589	118707	32111	5396	4969
207510	22835	9865	58603	88286	32418	3950	1545
8644	4551		1377	2540	1162	280	
107997	10049	5246	31561	51720	20549	1873	169
90868	8235	4619	25664	34027	10706	1797	1376
509193	116162	68998	142321	208320	75672	14912	9654
106290	17026	7145	34215	46041	16610	3093	2887

13-6 续表1

单位：万元

指　标	Item	无形及递延资产小计 Intangible and Deferred Asscts	无形资产 Intangible Assets
总计	**Total**	**74641**	**62349**
按行业中类分组	**By Sector sub-categories**		
房屋和土木工程建筑业	Construction of Building & Civil Engineering	68995	57495
房屋工程建筑业	Building	23138	21936
土木工程建筑业	Civil Engineering	45857	35559
建筑安装业	Construction Installation	4220	3627
建筑装饰业	Construction Decoration	1426	1226
其他建筑业	Other Construction	0	0
工程准备	Project Preparation		
提供施工设备服务	Provision of Construction Equipment Services		
其他未列明的建筑活动	Other Not Listed Construction Activities	0	0
按登记注册类型分组	**By Status of Registration**		
内资企业	Domestic Funded	74641	62349
国有企业	State-owned Enterprises	17736	13744
集体企业	Collective-owned Enterprises	4605	4525
股份合作企业	Cooperative Enterprises		
有限责任公司	Limited Liability Corporations	28190	20594
股份有限公司	Share-holding Corporations Limited	949	949
私营企业	Private Enterprises	23161	22536
港、澳、台商投资企业	Enterprises with Funds from Hong Kong,Macao and Taiwan		
外商投资企业	Foreign Funded Enterprises		
按控股情况分组	**By Shareholdings**		
国有控股	State-holding	29904	25908
集体控股	Collective-holding	4605	4525
私人控股	Private-holding	32906	24959
港澳台商控股	Hong Kong,Macao and Taiwan-holding		
外商控股	Foreign-holding		
其他控股	Other-holding	7227	6956
按企业资质等级分组	**By Qualification Criteria of Enterprises**		
施工总承包	General Contractors	67432	55933
特级	Special Grade	10987	8369
一级	First Grade	37490	31196
二级	Second Grade	12954	11567
三级及以下	Third Grade and below	6001	4801
专业承包	Professional Contractors	7209	6416
一级	First Grade		
二级	Second Grade	1308	1108
三级及以下	Third Grade and below	5901	5308
按隶属关系分组	**By Jurisdiction of Management**		
中央	Central	15718	12761
地方	Local	58923	49588

Continued

(10 000 yuan)

负 债 合 计 Total Liabilities	流动负债 合 计 Total Liquid Liabilities	长期负债 合 计 Total Long-term Liabilities	所有者权益 合 计 Total Owners' Equity	实 收 资 本 Paid-in Capitals	工程结算 收 入 Revenue of Project Settlement Accounts	工程结算 税金及附加 Taxes and Extra Charges on Project Settlement Accounts	工程结算 利 润 Profits of Project Settlement Accounts
1436249	**1274275**	**161973**	**840806**	**668955**	**2752273**	**89407**	**134857**
1334764	1175161	159603	714598	553795	2548591	83716	116647
268718	254669	14048	285793	251289	513631	15609	30011
1066046	920492	145555	428805	302506	2034960	68107	86636
72736	72191	545	92382	85707	162910	4499	14651
10630	9344	1286	21190	19307	15319	461	1816
18119	17579	540	12636	10146	25453	731	1744
9320	8780	540	6144	5502	19123	500	1177
2781	2781		4679	2500	1133	39	246
6018	6018		1813	2144	5196	192	322
1436183	1274209	161973	840275	668385	2752016	89399	134827
761097	652235	108862	213526	156923	1618180	49284	60308
82902	67816	15086	50707	36653	106137	4785	13748
1573	1021	552	2536	2290	1530	63	89
415745	390571	25174	328760	251455	779360	26915	40349
25256	16396	8860	17844	26907	25737	916	1483
149610	146170	3439	226902	194157	221072	7437	18851
			275	270			
66	66		256	300	256	8	31
875567	755567	120000	290728	211774	1857500	58810	66066
94413	78565	15848	65734	50139	132703	5599	15340
367194	344014	23180	406041	345055	641290	21024	45484
			275	270			
66	66		256	300	256	8	31
99009	96063	2945	77772	61418	120524	3966	7937
1303049	1146780	156270	690798	561434	2518327	81707	116313
451025	346008	105017	89119	36151	915361	25632	21464
218793	203381	15412	172007	128800	474198	18153	19071
496715	475567	21148	262573	257001	880382	29881	56742
136516	121824	14692	167100	139482	248387	8041	19037
133199	127496	5704	150008	107521	233945	7700	18544
7725	7436	290	2296	1800	16099	398	510
69842	67405	2438	76269	56207	145657	4738	7585
55632	52655	2977	71443	49515	72189	2565	10449
568970	462449	106521	170193	63407	1277613	37308	36710
867278	811826	55453	670612	605548	1474660	52099	98147

13-6 续表2

单位：万元

指 标	Item	其他业务收入 Revenue from Other Businesses	管理费用 Management Expenses	税金 Taxes
总计	**Total**	**38412**	**73945**	**2946**
按行业中类分组	**By Sector sub-categories**			
房屋和土木工程建筑业	Construction of Building & Civil Engineering	28880	60690	2532
房屋工程建筑业	Building	738	15722	838
土木工程建筑业	Civil Engineering	28142	44968	1694
建筑安装业	Construction Installation	9204	9875	293
建筑装饰业	Construction Decoration	327	1682	70
其他建筑业	Other Construction		1699	52
工程准备	Project Preparation		917	33
提供施工设备服务	Provision of Construction Equipment Services		243	0
其他未列明的建筑活动	Other Not Listed Construction Activities		539	19
按登记注册类型分组	**By Status of Registration**			
内资企业	Domestic Funded	38412	73915	2946
国有企业	State-owned Enterprises	30473	32341	978
集体企业	Collective-owned Enterprises	448	3691	137
股份合作企业	Cooperative Enterprises	5	51	2
有限责任公司	Limited Liability Corporations	6668	24482	1000
股份有限公司	Share-holding Corporations Limited	288	1472	114
私营企业	Private Enterprises	528	11877	716
港、澳、台商投资企业	Enterprises with Funds from Hong Kong,Macao and Taiwan			
外商投资企业	Foreign Funded Enterprises		30	0
按控股情况分组	**By Shareholdings**			
国有控股	State-holding	32731	37850	1173
集体控股	Collective-holding	604	4741	251
私人控股	Private-holding	4252	24917	1379
港澳台商控股	Hong Kong,Macao and Taiwan-holding			
外商控股	Foreign-holding		30	0
其他控股	Other-holding	826	6407	145
按企业资质等级分组	**By Qualification Criteria of Enterprises**			
施工总承包	General Contractors	34851	60829	2335
特级	Special Grade	21148	11973	407
一级	First Grade	2908	14734	430
二级	Second Grade	9202	22169	748
三级及以下	Third Grade and below	1594	11954	750
专业承包	Professional Contractors	3560	13116	612
一级	First Grade		389	12
二级	Second Grade	2329	6045	208
三级及以下	Third Grade and below	1232	6681	392
按隶属关系分组	**By Jurisdiction of Management**			
中央	Central	30875	22039	526
地方	Local	7537	51906	2420

Continued

(10 000 yuan)

营业利润 Operating Profit	利润总额 Total Profits	劳动、失业保险费 Labor, Unemployment Insurance	住房公积金及住房补贴 Housing Provident Funds and Housing Subsidies	本年应付工资总额 Total Wages Payable	本年应付福利费总额 Total Welfare Expenses Payable	应收工程款 Receivable Project Funds	竣工工程 Completed Projects
60900	**61719**	**19495**	**9233**	**289504**	**18071**	**434624**	**203291**
55789	56393	18290	7507	258232	16372	371338	146746
13295	12797	813	1041	84406	4813	97910	74713
42494	43596	17478	6466	173825	11559	273429	72033
5009	5170	1184	1634	25962	1478	57962	53470
68	126	9	24	2870	129	3934	1890
36	30	12	68	2441	93	1390	1185
259	257	8	61	1936	93	544	428
3	2	0	3	128		674	674
		4	4	378		172	83
60900	61719	19495	9233	289448	18071	434601	203268
27231	27135	16475	6663	136082	10622	243183	71888
9900	9907	200	182	14950	841	7642	1541
41	41			142		1556	
17590	18490	2442	2175	97146	4978	116833	86653
249	260	218	111	5237	18	5729	2890
5888	5887	160	102	35892	1612	59659	40295
1	1			56		23	23
28701	28773	18161	7815	160723	11677	272037	95392
10478	10476	327	188	19212	1004	17845	5055
19796	20158	898	1098	95096	4877	131231	91890
1	1			56		23	23
1925	2312	110	132	14417	513	13488	10930
54388	54221	19272	8980	267127	16817	380717	183807
10033	10148	12518	2622	58188	4612	138155	6385
5298	5185	3194	2655	51499	3088	82933	60691
31463	31112	3079	3120	116795	6933	115600	86515
7593	7776	481	583	40644	2184	44030	30216
6513	7498	224	253	22378	1254	53907	19484
123	124	6	39	1247	39		
2231	2707	68	170	11889	889	38571	10775
4159	4667	150	44	9242	326	15336	8710
16264	16355	15932	5366	95193	7963	201900	64890
44636	45364	3563	3867	194311	10108	232725	138402

13−7 按行业分建筑企业主要指标(2010年)

Main Indicators of Construction Enterprises by Sector(2010)

类 别	Item	企业数(个) Number of Enterprises (unit)	从业人员(人) Number of Employed Persons (person)	建筑业总产值(万元) Gross Output Value of Construction (10 000 yuan)	建筑工程 Output Value of Construc-tion	安装工程 Output Value of Installa-tion
总计	**Total**	**439**	**89731**	**2796060**	**2398327**	**242625**
房屋和土木工程建筑业	Construction of Building & Civil Engineering	280	78422	2588927	2355794	149933
房屋工程建筑	Building	160	38635	525563	508111	14345
土木工程建筑	Civil Engineering	120	39787	2063364	1847683	135588
建筑安装业	Construction Installation	78	9013	166090	30334	90555
建筑装饰业	Construction Decoration	62	1563	17468	6786	2070
其他建筑业	Other Construction	19	733	23575	5413	66
工程准备	Project Preparation	11	486	19116	2308	
提供工程设备服务	Provision of Construction Equipment Services	2	78	1133	765	
其他未列明的建筑活动	Other Not Listed Construction Activities	6	169	3326	2340	66

注：本表数据为具有资质等级的施工总承包、专业承包建筑业企业(不含劳务分包建筑业企业)数据。

a)Data in this table included all general construction contractors and professional contractors (not including construction enterprises of worker subcontractors) which possess qualification grades.

13−7 续表 Continued

类 别	Item	竣工产值(万元) Output Value of Completed (10 000 yuan)	房屋建筑面积(平方米) Floor Space of Buildings(sq.m) 施工面积 Floor Space under Con-struction	竣工面积 Floor Space Completed	年末自有机械设备 Machinery and Equipment Owned 总台数(台) Total Number (set)	总功率(千瓦) Total Power (KW)
总计	**Total**	**920233**	**6807113**	**2690093**	**1078471**	**614170**
房屋土木工程建筑业	Construction of Building & Civil Engineering	799999	6440300	2641947	17240	261615
房屋工程建筑业	Building	374722	366813	48146	1061231	352555
土木工程建筑业	Civil Engineering	425278	118583	41535	2086	49137
建筑安装业	Construction Installation	90641			703	7766
建筑装饰业	Construction Decoration	10554	5475		848	9579
其他建筑业	Other Construction	19039	5475		700	7961
工程准备	Project Preparation	18789.2			53	263
提供工程设备服务	Provision of Construction Equipment Services				95	1355
其他未列明的建筑活动	Other Not Listed Construction Activities	250				

13−8　2005−2010年建筑业企业房屋竣工面积
Floor Space of Buildings Completed in Construction Enterprises(2005-2010)

项　目	Item	房屋建筑竣工面积(平方米) Floor Space of Buildings Completed (sq.m)					
		2005	2006	2007	2008	2009	2010
总计	**Total**	**1940163**	**1605557**	**1739663**	**1891814**	**2117063**	**2731628**
按房屋主要用途分	By Purpose of Housing						
厂　房	Workshop	88722	198741	107262	97664	47521	61330
住　宅	Residential Buildings	1242154	761649	927091	1153854	1403177	1582692
办公用房	Office	225465	190832	297757	250707	209872	478501
批发零售用房	Wholesale and Retail	21794	30992	28334	12305	7666	11739
住宿和餐饮用房	Hotel and Catering	16896	18720	4771	11272	25479	22756
居民服务业用房	Services to Households	27481	48109	15367	20443	37506	22567
教育用房	Education	146357	219379	183269	186786	252472	243689
文化、体育娱乐用房	Culture, Sports and Entertainment	17996	16449	23166	10222	13287	14692
医疗用房	Medical	15551	30055	19056	47364	57607	28824
科研用房	Research	4615			3380	100	4807
其他用房	Others	133132	90631	133590	97817	62376	260031

13−9　2005−2010年建筑业经济效益指标
Main Indicators on Economic Benefit of Construction Enterprises (2005-2010)

指　标	Item		2005	2006	2007	2008	2009	2010
按总产值计算的劳动生产率	(元/人) Overall Labor Proc in Terms of Gross Output Value	(yuan/person)	86988	102960	120027	145192	168323	221885
房屋建筑面积竣工率	(%) Rate of Floor Space	(%)	47.60	46.30	45.20	46.77	43.12	39.41
产值利润率	(%) Ratio of Profit to G	(%)	0.63	0.80	1.91	2.44	2.64	2.21
人均竣工产值	(元/人) Gross Output Value	(yuan/person)	48736	42692	43259	66023	69185	73026
人均施工面积	(平米/人) Floor Space under (	(sq.m/person)	39.08	33.00	36.81	40.94	40.83	77.24
人均竣工面积	(平米/人) Floor Space Compl	(sq.m/person)	18.61	15.28	16.65	19.15	17.60	21.68
人均利润	(元/人) Profits Per Capita	(yuan/person)	545.00	818.56	2288.58	3536.09	4450.08	6878.25
资产负债率	(%) Assets-liability Rati	(%)	61.04	59.22	58.40	61.79	63.57	63.07
技术装备率	(元/人) Value of Machines	(yuan/person)	14655	15629	15061	17972	18260	23068

注：本表2004年为经济普查数据，其他年份为年报。本表包含劳务分包企业

a)Data in this table in 2004 are data of economic gerneral survey, in other year are data of annual report. This table contain construction enterprises of worker subcontractors.

13—10 按资质等级分的建筑业主要经济指标(2010年)

Main Economic Indicators of Construction Enterprises by Qualification Grade(2010)

指 标	Item	企业数(个) Number of Enterprises (unit)	有工作量的 Having Workload	年末从业人员 Number of Employed Persons (person)	工程技术人员 Engineering and Technical Personnel (person)	计算劳动生产率的平均人数 Average Number of Calculating Labor Productivity (person)	签订合同额 Total Value of Contracts (10 000 yuan)
按资质等级关系分组	**By Qualification Criteria of Enterprises**	**439**	**369**	**89731**	**16007**	**126014**	**5052622**
施工总承包	General Contractors	279	241	79167	13999	113792	4718619
特级	Special Grade	1	1	9772	3782	8837	2045657
一级	First Grade	14	13	9129	1056	19004	1018473
二级	Second Grade	98	97	39803	6018	60531	1319693
三级及以下	Third Grade and below	166	130	20463	3143	25420	334796
专业承包	Professional Contractors	160	128	10564	2008	12222	334003
一级	First Grade	1	1	148	30	650	15600
二级	Second Grade	52	46	4525	1008	5239	228631
三级及以下	Third Grade and below	107	81	5891	970	6333	89772

13—10 续表 1 Continued

单位：万元 (10 000 yuan)

指 标	Item	建筑业总产值 Total Gross Output Value	建筑工程产值 Output Value of Construction	安装工程产值 Output Value of Installation	其他产值 Output Value of Others	竣工产值 Output Value of Completed	企业总收入 Total Income of Enterprises
按资质等级关系分组	**By Qualification Criteria of Enterprises**	**2796060**	**2398327**	**242625**	**155109**	**920233**	**3418914**
施工总承包	General Contractors	2559770	2248819	189279	121672	842749	3180433
特级	Special Grade	894125	850749	10900	32476	87060	926596
一级	First Grade	497445	334502	129793	33151	130464	1026753
二级	Second Grade	929445	880130	14548	34767	477913	950837
三级及以下	Third Grade and below	238755	183438	34038	21279	147312	276247
专业承包	Professional Contractors	236290	149508	53345	33437	77483	238481
一级	First Grade	16099			16099	16099	16099
二级	Second Grade	148363	129467	11950	6946	42670	150372
三级及以下	Third Grade and below	71827	20041	41396	10391	18714	72010

13-10 续表 2 Continued

项　目	Item	税金总额 Total Taxes (10 000 yuan)	利润总额 Total Profits (10 000 yuan)	自有施工机械设备年末净值 Net Value of Machinery and Equipment Owned (10 000 yuan)	自有施工机械设备年末总台数（台） Number of Machinery and Equipment Owned (set)	自有施工机械设备年末总功率（千瓦） Total Power of Machinery and Equipment Owned (KW)
按企业资质等级分组	**By Qualification Criteria of Enterprises**	**100001**	**61719**	**206988**	**1082108**	**680652**
施工总承包	General Contractors	90838	54221	188106	1078384	597509
特级	Special Grade	27742	10148	69301	1051120	6741
一级	First Grade	18925	5185	28796	4621	111382
二级	Second Grade	34451	31112	63012	13366	343429
三级及以下	Third Grade and below	9721	7776	26997	9277	135957
专业承包	Professional Contractors	9164	7498	18882	3724	83143
一级	First Grade	418	124	1377	520	4383
二级	Second Grade	5316	2707	11562	2072	64355
三级及以下	Third Grade and below	3430	4667	5943	1132	14405

13-10 续表 3 Continued

项　目	Item	房屋建筑施工面积（平方米） Floor Space of Buildings Under Construction (sq.m)	房屋建筑竣工面积（平方米） Floor Space of Buildings Completed (sq.m)	住宅 Residential Buildings	竣工房屋价值（万元） Value of Buildings Completed (10 000 yuan)	住宅 Residential Buildings
按企业资质等级分组	**By Qualification Criteria of Enterprises**	**6931171**	**2731628**	**1582692**	**323062**	**188137**
施工总承包	General Contractors	6737610	2626527	1550129	314894.1	185342
特级	Special Grade	284985				
一级	First Grade	1065979	304976	245774	36749	23665
二级	Second Grade	3925548	1384507	818480	184918	102933
三级及以下	Third Grade and below	1461098	937044	485875	93228	58745
专业承包	Professional Contractors	193561	105101	32563	8168	2794
一级	First Grade					
二级	Second Grade	179626	105101	32563	8168	2794
三级及以下	Third Grade and below	13935				

13−11 分地区建筑业企业主要经济指标(2010年)

Basic Statistics of Construction Enterprises Production by Region(2010)

地 区	Region	企业数(个) Number of Enterprises (unit)	有工作量的 Having Workload	签订合同额 Total Value of Contracts (10 000 yuan)	建筑业总产值 Total Gross Output Value (10 000 yuan)	竣工产值 Output Value of Completed (10 000 yuan)	房屋建筑施工面积(平方米) Floor Space of Buildings Under Construction (sq.m)	房屋建筑竣工面积(平方米) Floor Space of Buildings Completed (sq.m)
总计	**Total**	**439**	**369**	**5052622**	**2796060**	**920233**	**6931171**	**2731628**
国有及国有控股企业	State-owned and State-holding Enterprises	73	66	3634523	1906938	407951	1154973	256117
西宁市	Xining City	326	274	4291051	2256366	557032	4526320	1699942
海东地区	Haidong Prefecture	37	34	257739	137851	120123	1154007	348663
海北州	Haibei Zang A.P	11	9	28650	21197	9945	121170	60971
黄南州	Huangnan Zang A.P	10	9	40282	26623	15529	266584	89545
海南州	Hainan Zang A.P	9	8	74989	38987	23053	304938	149978
果洛州	Golog Zang A.P	5	5	48888	38364	38364	68519	68519
玉树州	Yushu Zang A.P	4						
海西州	Haixi Mongolian & Zang A.P	37	30	311023	276672	156187	489633	314010

13−11 续表 1 Continued

单位：万元 (10 000 yuan)

地 区	Region	资产总计 Total Assets	无形及递延资产小计 Intangible and Deferred Assets	负债合计 Total Liabilities	流动负债合计 Total Liquid Liabilities	长期负债合计 Total Long-term Liabilities	所有者权益合计 Total Owners' Equity
总计	**Total**	2277054	74641	1436249	1274275	161973	840806
国有及国有控股企业	State-owned and State-holding Enterprises	1166958.5	29904	875980	755981	120000	290978
西宁市	Xining City	1817537.5	70070	1158623	1013674	144949	658915
海东地区	Haidong Prefecture	120539	2937	62429	59241	3188	58110
海北州	Haibei Zang A.P	21351	28	11317	10133	1184	10034
黄南州	Huangnan Zang A.P	29065	27	19493	9942	9551	9571
海南州	Hainan Zang A.P	22297	475	7292	7069	223	15006
果洛州	Golog Zang A.P	17589	49	11121	10959	163	6468
玉树州	Yushu Zang A.P						
海西州	Haixi Mongolian & Zang A.P	248677	1055	165974	163258	2716	82703

13-11 续表 2 Continued

单位：万元 (10 000 yuan)

地 区	Region	实收资本 Paid-in Capitals	工程结算收入 Revenue of Project Settlement Accounts	工程结算税金及附加 Taxes and Extra Charges on Project Settlement Accounts	工程结算利润 Profits of Project Settlement Accounts	其他业务收入 Revenue from Other Businesses	营业利润 Business Profits
总计	**Total**	**668955**	**2752273**	**89407**	**134857**	**38412**	**60900**
国有及国有控股企业	State-owned and State-holding Enterprises	211974	1857500	58810	66066	32731	28670
西宁市	Xining City	537333	2221886	73713	91597	30212	35922
海东地区	Haidong Prefecture	48812	143765	4651	20037	225	15446
海北州	Haibei Zang A.P	9782	20989	663	2975	42	2351
黄南州	Huangnan Zang A.P	8617	26829	1086	954	15	230
海南州	Hainan Zang A.P	12735	39674	1414	2316	6	815
果洛州	Golog Zang A.P	2280	19045	1674	597	31	310
玉树州	Yushu Zang A.P						
海西州	Haixi Mongolian & Zang A.P	49397	280086	6208	16381	7880	5827

13-11 续表 3 Continued

单位：万元 (10 000 yuan)

地 区	Region	管理费用 Management Expenses	税金 Taxes	利润总额 Total Profits	劳动、失业保险费 Labor, Unemployment Insurance	应付工资总额 Total Wages Payable	应付福利费总额 Total Welfare Expenses Payable
总计	**Total**	**73945**	**2946**	**61719**	**19495**	**289504**	**18071**
国有及国有控股企业	State-owned and State-holding Enterprises	37881	1173	28742	18161	160754	11677
西宁市	Xining City	57396	2143	37550	18305	224863	12163
海东地区	Haidong Prefecture	4243	508	15194	133	28129	1986
海北州	Haibei Zang A.P	643	111	2351	7	3614	337
黄南州	Huangnan Zang A.P	719	26	229	38	5378	376
海南州	Hainan Zang A.P	1493	24	794		4231	256
果洛州	Golog Zang A.P	234	20	310	124	3689	122
玉树州	Yushu Zang A.P						
海西州	Haixi Mongolian & Zang A.P	9216	115	5293	890	19600	2831

13-11 续表 4 Continued

地　区	Region	应　收工程款 Receivable Project Funds (10 000 yuan)	住　房公积金 Housing Provident Funds (10 000 yuan)	本　年折　旧 Depreciation of Fixed Assets (10 000 yuan)	自有施工机械设备年末净值 Net Value of Machinery and Equipment Owned (10 000 yuan)	自有施工机械设备年末总台数(台) Number of Machinery and Equipment Owned (set)	自有施工机械设备年末总功率(千瓦) Total Power of Machinery and Equipment Owned (10 000 KW)
总计	**Total**	**434624**	**9233**	**45843**	**206988**	**1082108**	**680652**
国有及国有控股企业	State-owned and State-holding Enterprises	272037	7815	22414	113641	1059526	306759
西宁市	Xining City	275771	7421	36944	167789	1074683	457504
海东地区	Haidong Prefecture	56910	126	1588	10818	3606	61176
海北州	Haibei Zang A.P	626	6	364	1560	702	7950
黄南州	Huangnan Zang A.P	3235	85	248	2622	393	7406
海南州	Hainan Zang A.P		11	726	5863	280	12567
果洛州	Golog Zang A.P	523	59	1143	1666	275	13510
玉树州	Yushu Zang A.P						
海西州	Haixi Mongolian & Zang A.P	97559	1527	4830	16671	2169	120539

13-11 续表 5 Continued

地　区	Region	主要建筑材料消耗量 Main Construction Materials Consumption					
		钢　材(吨) Rolled Steel (tons)	木　材(立方米) Timber (cu.m)	水　泥(吨) Cement (tons)	玻　璃(重量箱) Plain Glass (weight cases)	玻　璃(平方米) Plain Glass (sq.m)	铝　材(吨) Rolled Aluminum (tons)
总计	**Total**	**1320376**	**198432**	**5852766**	**135350**	**1801666**	**25281**
国有及国有控股企业	State-owned and State-holding Enterprises	715705	46159	3135048	12882	58542	6919
西宁市	Xining City	1062437	128165	5040966	109866	482260	10447
海东地区	Haidong Prefecture	35567	22694	263814	3310	69683	2722
海北州	Haibei Zang A.P	5676	2870	47718	5048	39151	8120
黄南州	Huangnan Zang A.P	5973	1186	24329	7786	39720	2626
海南州	Hainan Zang A.P	19987	33929	106471	391	1065563	280
果洛州	Golog Zang A.P	4333	2524	39905	1313	64780	159
玉树州	Yushu Zang A.P						
海西州	Haixi Mongolian & Zang A.P	186403	7064	329563	7636	40509	927

主要统计指标解释

建筑业统计单位 指从事房屋、构筑物建造和设备安装活动的法人企业。建筑业法人企业应具有建筑业资质并能够独立核算，同时其应具备以下条件：①依法成立，有自己的名称、组织机构和场所，能够承担民事责任；②独立拥有和使用资产，承担负债，有权与其他单位签订合同；③独立核算盈亏，能够编制资产负债表。

建筑业总产值 是以货币形式表现的建筑业企业在一定时期内生产的建筑业产品和提供的服务的总和。建筑业总产值包括：

(1)建筑工程产值：指列入建筑工程预算内的各种工程价值。

(2)安装工程产值：指设备安装工程价值，不包括被安装设备本身的价值。

(3)其他产值：建筑业总产值中除建筑工程、安装工程以外的产值。包括房屋构筑物修理产值、非标准设备制造产值、总包企业向分包企业收取的管理费以及不能明确划分的施工活动所完成的产值。

a. 房屋构筑物修理产值：指房屋和构筑物修理所完成的产值，但不包括被修理房屋、构筑物本身价值和生产设备的修理产值。

b. 非标准设备制造产值：指加工制造没有定型的非标准生产设备的加工费和原材料价值（如化工厂、炼油厂用的各种罐、槽，矿井生产统一使用的各种漏斗、三角槽、阀门等）以及附属加工厂为本企业承建工程制作的非标准设备的价值。

建筑业增加值 指建筑业企业在报告期内以货币形式表现的建筑业生产经营活动的最终成果。

从2004年第一次全国经济普查开始，建筑业现价增加值按生产法和分配法（收入法）两种方法计算，以收入法的计算结果为准，即从收入的角度出发，根据生产要素在生产过程中应得的收入份额计算。具体计算方法：经济普查年度建筑业增加值按照《经济普查年度GDP核算方案》计算，非经济普查年度建筑业增加值按照《非经济普查年度GDP核算方案》计算。

房屋建筑施工面积 指在报告期内施过工的全部房屋建筑面积，包括本期新开工的房屋面积、上期施工跨入本期继续施工的房屋面积、上期停缓建在本期恢复施工的房屋面积、本期竣工的房屋面积及本期施工后又停缓建的房屋面积。

房屋建筑竣工面积 指在报告期内房屋建筑按照设计要求全部完工，达到了使用条件，经验收鉴定合格，正式移交使用单位的房屋建筑面积。

Explanatory Notes on Main Statistical Indicators

Statistical Unit in the Construction Industry refers to a corporate enterprise engaged in the construction of buildings and structures and in the installation of equipment. A corporate construction enterprise should have qualification certificates with independent accounting system, and should meet the following 3 requirements: a) being set up in line with relevant legal basis, having its full name, organization and location, and capable of taking civil liabilities; b) independently possessing and using its assets and assuming its liabilities, and entitled to sign contracts with other institutions; and c) making independent accounts of its profits and losses, and capable of compiling its own balance sheet.

Gross Output Value of Construction refers to total of construction products and services, expressed in money terms, produced or rendered by construction and installation enterprises during a given period of time. It includes:

(1) Output value of construction projects: the value of projects covered by the project budgets;

(2) Output value of installation projects: the value of the installation of equipment, (excluding the value of the equipment to be installed);

(3) Other output values: the output value of construction industry apart from that of construction projects and installation projects. It includes: output value of repair of buildings and structures; output value of non – standard equipment manufacturing; overhead expenses received by contracted enterprises from the sub – contracted enterprises and the completed output value of construction activities for which there is no clear definition.

a. Output value of repair of buildings and structures: the value created through the repairs of buildings or structures. It does not include the value of buildings or structures being repaired and the value of the repair of production equipment;

b. Output value of manufactured non – standard equipment: the value of non – standard production equipment, including raw materials and manufacturing cost, made for the construction project (i. e. , chemical plant; kettles or tanks used by refineries; various fillers, triangle tanks, valves used by mines). It also includes the output value of equipment manufactured by subsidiary workshops.

Value – added of Construction refers to the final result of the activities of production and operation of enterprises of the construction industry in monetary terms during the reference period.

Starting from the 2004 economic census, value – added of construction is calculated by both production approach and income approach, with the figures from the income approach as the final figures. , Under the income approach, , calculation starts from the perspective of income and is based on the share of income derived from the production process by the relevant factors of production. . Specifically, value – added of construction for the Census years is calculated in accordance with the Programme of Compilation of GDP and National Accounts for the Year of Economic Census, and value – added of construction for other years is calculated in accordance with the Programme of Compilation of GDP and National Accounts for the Non Economic Census Years.

Floor Space of Buildings Under Construction refers to floor space of buildings under construction during the reference period, including the floor space of buildings for which construction has newly started; buildings for which construction has started earlier and is continuing during the reference period; and buildings for which construction has been suspended earlier but has restarted during the reference period; buildings completed during the reference period; and buildings under construction but construction has subsequently been during the reference period.

Floor Space of Buildings Completed refers to the floor space of buildings that are completed in the reference period in accordance with the requirements of the design, up to the standard for being put into use, and having been checked and accepted by departments concerned as qualified ones.

交通运输和邮电通信

Transortation,Postal and Telecommunication Services

第14篇

CHAPTER 14

货物周转量（亿吨公里）

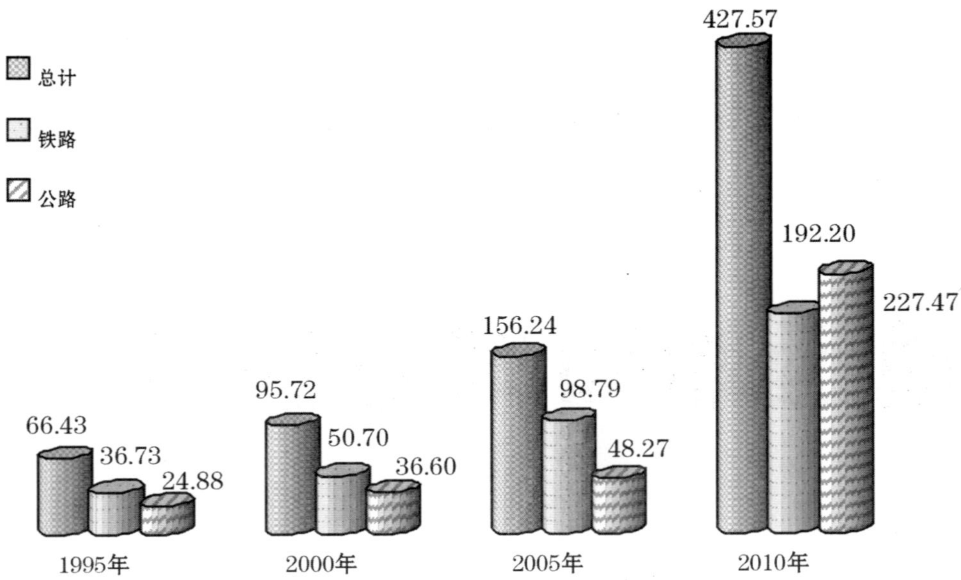

旅客周转量（亿人公里）

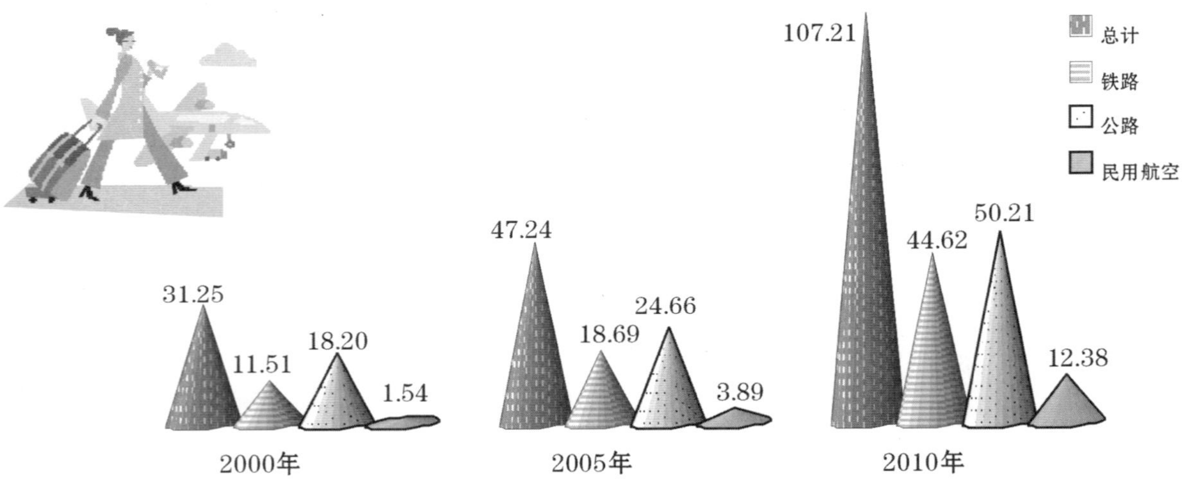

移动、固定电话年末用户（万户）

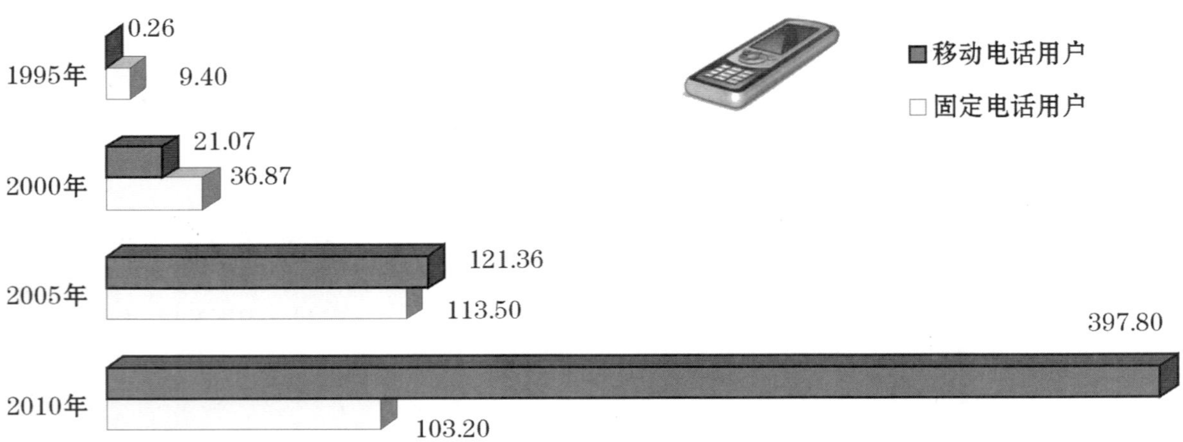

14−1　主要年份交通运输业基本情况
Basic Conditions of Transport in Main Years

指　标	tem	2000	2005	2006	2007	2008	2009	2010
客运量总计　(万人)	**Total Passenger Traffic (10 000 persons)**	**3612**	**4920**	**5310**	**5655**	**9447**	**10101**	**10997**
铁路	Railways	352	368	411	393	404	430	474
公路	Highways	3250	4525	4861	5218	8996	9603	10439
民用航空	Civil Aviation	10	27	38	44	47	68	85
旅客周转量总计　(万人公里)	**Total Passenger-Kilometers (10 000 passenger-km)**	**312497**	**472389**	**598831**	**744085**	**826430**	**955376**	**1072054**
铁路	Railways	115090	186922	283518	386640	332583	398742	446155
公路	Highways	182000	246556	262333	293940	424611	455610	502093
民用航空	Civil Aviation	15407	38911	52980	63505	69236	101024	123806
货运量总计　(万吨)	**Total Freight Traffic (10 000 tons)**	**5076**	**7152**	**7641**	**8260**	**9318**	**10057**	**11426**
铁路	Railways	833	1453	1572	1772	2310	2702	3286
公路	Highways	4050	5491	5864	6280	6805	7173	7962
民用航空	Civil Aviation	…	…	1	1	1	1	0.5
管道	Petroleum and Gas Pipelines	193	208	205	207	202	182	178
货物周转量总计　(万吨公里)	**Total Freight Ton-kilometers (10 000 ton-km)**	**957168**	**1562445**	**1549176**	**1851758**	**3433354**	**3722543**	**4275704**
铁路	Railways	507030	987866	944456	1207432	1485024	1654897	1922024
公路	Highways	356000	482660	514149	552563	1866003	1986737	2274730
民用航空	Civil Aviation	140	563	743	811	1016	1090	645
管道	Petroleum and Gas Pipelines	93998	91356	89828	90952	81311	79819	78304
民用汽车拥有量　(辆)	**Possession of Civil Motor Vehicles (units)**	**87121**	**125824**	**244035**	**270287**	**225645**	**268988**	**336958**
载客汽车	Passenger Vehicles	45344	70750	81833	99444	135364	164911	214518
载货汽车	Trucks	39324	48468	48278	52462	61467	74183	89928
普通载货汽车	Ordinary Trucks	38171	33435	37101	40258	46411	53412	63036
#私人汽车	Private Vehicles	27166	56266	79318	98225	130467	167974	226003

注：1.从2007年起铁路为境内统计数，2006年之前为铁路部门管理辖区数。
2.2008年公路及车辆管理部门进行了部门普查，故公路运输和车辆数据使用了部门普查数。以下各表同。
a)Data about railway are cisborder since 2007, 2006 and before they are data of management popedom of railway department.
b)2008 Highway and vehicle management department conducted a census, so data on road transport and vehicles are census data of departments. The same applies to the tables following.

14-2 主要年份客运量
Passenger Traffic in Main Years

单位：万人、万人公里 (10 000 persons,10 000 passenger-km)

年份 Year	客运量 合计 Total Passenger Traffic	铁路 Railways	公路 Highways	民用航空 Civil Aviation	旅客周转量 合计 Total Passener-Kilometers	铁路 Railways	公路 Highways	民用航空 Civil Aviation
1952	5		5		381		381	
1978	328	170	158		103241	85259	17982	
1985	1288	295	993		127647	73123	54524	
1986	1633	289	1344	0.2	147911	76260	71414	237
1987	1749	296	1453	0.2	161244	79430	81552	262
1988	1844	323	1521		182477	93796	88422	259
1989	1864	275	1589		169501	82658	86696	147
1990	1843	209	1634		153736	61220	92411	105
1991	1899	196	1703		154238	55314	98817	107
1992	2010	197	1812	1	161839	54785	105760	1294
1993	2227	208	2017	2	186261	59608	123432	3221
1994	2292	217	2073	2	193057	62980	126527	3550
1995	2388	220	2165	3	198391	64027	129270	5094
1996	2690	185	2500	5	205356	53923	144088	7345
1997	2885	200	2680	5	220469	59275	153000	8194
1998	3157	261	2889	7	245574	73025	161569	10980
1999	3359	297	3055	7	275227	93634	171219	10374
2000	3612	352	3250	10	312497	115090	182000	15407
2001	3832	392	3428	12	347706	133605	195930	18171
2002	4007	436	3556	15	372837	150444	200720	21673
2003	4324	408	3900	16	407362	163987	220000	23375
2004	4601	386	4193	22	451229	186281	232035	32913
2005	4920	368	4525	27	472389	186922	246556	38911
2006	5310	411	4861	38	598831	283518	262333	52980
2007	5655	393	5218	44	744085	386640	293940	63505
2008	9447	404	8996	47	826430	332583	424611	69236
2009	10101	430	9603	68	955376	398742	455610	101024
2010	10997	474	10439	85	1072054	446155	502093	123806

14-3 主要年份货运量

Freight Traffic in Main Years

单位：万吨、万吨公里 (10 000 tons,10 000 ton-km)

年 份 Year	货运量 合 计 Total Freight Traffic	铁 路 Railways	公 路 Highways	民用航空 Civil Aviation	管道输油(气)量 Petroleum and Gas Pipelines	货 物 周转量 合 计 Total Freight Ton-Kilometers	铁 路 Railways	公 路 Highways	民用航空 Civil Aviation	管道输油(气)量 Petroleum and Gas Pipelines
1952	3		3			553		553		
1978	1326	546	780			321164	274437	46727		
1985	2033	334	1699			244198	141109	103089		
1986	1823	337	1486			299403	208001	91400	2	
1987	2234	390	1844			348903	229900	119000	3	
1988	2072	411	1661			400524	259532	140989	3	
1989	2254	427	1837			468089	293183	174904	2	
1990	2434	454	1957		23	498544	298810	187665	3	10066
1991	2998	502	2413	..	83	565197	329657	199435	2	36103
1992	3071	518	2471	..	82	559774	317891	205994	15	35670
1993	3127	550	2533	..	89	578134	327642	211633	35	38824
1994	3328	538	2694	..	96	613271	335860	235274	41	42096
1995	3529	532	2887	..	110	664296	367320	248815	57	48104
1996	3909	535	3247	..	127	702042	357686	289646	86	54624
1997	4180	585	3450	...	145	760636	390821	306500	99	63216
1998	4502	590	3743	...	169	816028	409500	333172	101	73255
1999	4654	607	3865	...	182	883310	459448	344629	93	79140
2000	5076	833	4050	...	193	957168	507030	366000	140	83998
2001	5456	957	4305	...	194	1067872	598885	384419	178	84390
2002	5652	1000	4450	0.10	202	1120184	694370	397538	189	88087
2003	6189	1092	4890	0.15	207	1337595	814313	433000	237	90045
2004	6656	1308	5136	0.23	212	1394733	848590	453129	385	92629
2005	7152	1453	5491	0.33	208	1562445	987866	482660	563	91356
2006	7641	1572	5864	0.50	205	1549176	944456	514149	743	89828
2007	8260	1772	6280	0.50	207	1851758	1207432	552563	811	90952
2008	9318	2310	6805	0.60	202	3433354	1485024	1866003	1016	81311
2009	10057	2702	7173	0.64	182	3722543	1654897	1986737	1090	79819
2010	11426	3286	7962	0.47	178	4275704	1922024	2274730	645	78304

14-4 2008-2010年民用车拥有量
Possession of Civil Vehicles(2008-2010)

单位：辆 (units)

指标	Item	2008	新注册 New Registrations	私人 Private	2009	新注册 New Registrations	私人 Private	2010	新注册 New Registrations	私人 Private
民用汽车合计	**Total**	**225645**	**36224**	**107934**	**268988**	**54970**	**167974**	**336958**	**72876**	**226003**
载客汽车	Passenger Vehicles	135364	24337	75047	164911	36857	100793	214518	50864	143723
# 大型	Large	5329	494	346	5699	632	320	6152	945	275
中型	Medium	5956	166	1732	6083	500	1594	6395	561	1675
小型	Small	117137	23403	67840	146860	35265	94235	195629	48769	136929
微型	Minicar	6942	274	5129	6269	460	4644	6342	589	4844
# 轿车	Car	71008	16406	45599	94297	25511	66369	126183	31900	94538
载货汽车	Trucks	61467	8509	32242	74183	13782	41685	89928	18568	54771
# 重型	Heavy	13457	1750	5220	17203	1991	6362	21030	3860	8056
中型	Medium	12986	623	7015	13263	1295	7517	13658	1630	8297
轻型	Light	32842	6008	18765	42112	10439	26869	54257	13041	37790
微型	Mini	2182	128	1242	1605	57	937	983	37	628
# 普通载货	Ordinary Trucks	46411	5738	25734	53412	9861	32352	63036	12219	41545
其他汽车	Others	28814	3378	23178	29894	4331	25496	32512	3444	27509
摩托车	**Motorcycle**	**96933**	**8028**	**94481**	**97081**	**7394**	**94805**	**100835**	**9485**	**98650**
普通	General	95058	7924	92633	95418	7275	93162	99357	9362	97191
轻便	Light	1875	104	1848	1663	119	1643	1478	123	1459
农用运输车	**Farm Vehicles**	**28814**	**3378**	**23178**	**29894**	**4331**	**25496**	**32512**	**3444**	**27509**
三轮	Three Wheels	6766	1392	6733	8425	2615	8400	9922	1730	9892
四轮	Four Wheels	16400	978	15800	17034	1111	16484	17168	691	16644
拖拉机	**Tractors**	**250030**	**9100**	**250030**	**264534**	**14983**	**264534**	**277010**	**12910**	**277010**
# 大中型	Large and Medium	4473	268	4473	8292	3819	8292	8180	280	8180
小型	Small	11865	1356	11865	13828	2442	13828	14530	730	14530
挂车	**Trailers**	**1845**	**355**	**207**	**2050**	**224**	**321**	**2542**	**493**	**487**
其他类型车	**Other Vehicles**	**42**			**43**	**1**		**45**	**2**	

补充资料：2000年机动车驾驶员345333人，其中汽车驾驶员210635人。
2007年机动车驾驶员526326人，其中汽车驾驶员350399人。
2008年机动车驾驶员720254人，其中汽车驾驶员525956人。
2009年机动车驾驶员741382人，其中汽车驾驶员574003人。
2010年机动车驾驶员817706人，其中汽车驾驶员626372人。

a)345 333 Motor Vehicle drivers in 2000, of whom 210 635 were Automobile drivers.
b)526 326 Motor Vehicle drivers in 2007, of whom 350 399 were Automobile drivers.
c)720 254 Motor Vehicle drivers in 2008, of whom 525 956 were Automobile drivers.
d)741 382 Motor Vehicle drivers in 2009, of whom 574 003 were Automobile drivers.
e)817 706 Motor Vehicle drivers in 2010, of whom 626 372 were Automobile drivers.

14-5 主要年份铁路、公路、民航里程年末达到数

Total Length of Railway, Highway, Civil Aviation at Year-end in Main Years

单位：公里、公里/万平方公里 (km,km/10000 sq.km)

年份 Year	铁路 Railway		公路 Highway								民用航空航线里程 Total Civil Aviation Routes
	营业里程 Length of Railways in Operation	线路密度 Railway Density	通车里程 Total Length of Highways	线路密度 Highway Density	有路面里程 Length of Railways with Road Surface	高、次高级 High and Senior Hihgways	等级路合计 Expressway and Class I to IV Highways	高速 Express way	一、二级 First and Second Class	等外路 Highways Below Class IV	
1952			1346	18.69	547						
1957			8259	114.71	4426						188
1965	198	2.75	11981	166.40	6643	182					1949
1970	409	5.68	12584	174.78	7244	367					1949
1975	497	6.90	12979	180.26	9141	1268					4893
1978	503	6.99	13675	189.93	9837	1958					4893
1980	505	7.01	15497	215.24	11624	2105					4251
1985	1095	15.21	15933	221.29	12252	2939					4972
1990	1095	15.21	16732	232.39	14212	3408	11974		1156	4758	4972
1991	1095	15.21	16769	232.90	14249	3435	12026		1156	4743	4748
1992	1100	15.28	16854	234.08	14334	3617	12151		1202	4703	4892
1993	1097	15.24	16963	235.60	14491	3640	12354		1202	4609	5942
1994	1097	15.24	17089	237.35	14646	3911	12509		1202	4552	5942
1995	1100	15.28	17223	239.21	14887	4028	12734		1202	4462	8869
1996	1100	15.28	17383	241.43	15047	4284	13056		1202	7327	11442
1997	1100	15.28	17640	245.00	15451	4494	13485		1236	4155	14700
1998	1100	15.28	17936	249.11	15866	4818	14024		1306	3912	14700
1999	1100	15.28	18268	253.72	16252	5191	14549		1412	3719	14700
2000	1100	15.28	18679	259.43	16713	5313	15178		1837	3501	16490
2001	1100	15.28	23328	315.24	19849	6452	17424	26	2544	5904	27636
2002	1100	15.28	24003	333.38	20868	7910	18484	35	3084	5519	31413
2003	1097	15.24	24377	338.57	21278	8745	21568	118	3449	2809	23423
2004	1097	15.24	28059	389.70	25032	10420	25322	171	3697	2737	20855
2005	1097	15.24	29719	412.76	26692	11787	26811	171	4146	2737	21458
2006	1651	22.92	47726	662.59	13371	13371	24638	171	4180	23088	23996
2007	1651	22.92	52525	730.60	16019	16019	30636	215	5045	21990	33264
2008	1651	22.92	56542	783.88	17331	17331	32649	215	5190	23994	32149
2009	1651	22.92	60136	835.22	18961	18961	39727	217	5410	20409	31562
2010	1651	22.92	62185	862.24	19594	19594	47604	235	5560	14582	32602

注：2006年交通部门对公路进行了普查，将乡村公路列入了等外公路。

a) Department of Transportation carried out a general survey on the highway in 2006, rural roads were included in below Class IV.

14–6 1985–2010年邮电业务情况

年 份 Year	邮电业务总量(万元) Business Volume of Postal and Telecommunication Services (10 000 yuan)	邮政业务总量 Business Volume of Postal Services	电信业务总量 Business Volume of Telecommunication Services	函 件(万件) Number of Letters (10 000 pcs)	特快专递(万件) Pieces of Express Mail Services (10 000 pcs)	报刊期发数(万份) Issue of Newspapers and Magazines (10 000 copies)	集邮业务(万枚) Stamps for Collection (10 000 pcs)	长途电话(万次) Long-distance Calls (10 000 times)
1985				2344		154		168
1986	1866			2607		151		200
1987	2023			2829		150		207
1988	2480			3222		147		226
1989	3020			3221		81		271
1990	3457			2778		70		315
1991	6223			2074		69		378
1992	7510			2186		74		567
1993	9541			2864		79		834
1994	11592			3389		114		1203
1995	15595			3354		262		1987
1996	23901			3156		80		3408
1997	32718			2664		75		4582
1998	47018			2966		74		6110
1999	67672	5212	32608	2108	12	52	1741	5731
2000	49181	6206	42974	2762	17	47	2361	7854
2001	64792	14078	50714	2961	31	45		9577
2002	199104	14728	184376	3580	40	44		8759
2003	229811	15343	214468	3800	48	67		8948
2004	339801	16262	323539	2836	48	75	599	17689
2005	314330	17710	296620	1886	49	51	490	14090
2006	396898	20229	376669	981	55	49	591	13901
2007	537416	20956	516460	627	65	42	592	10555
2008	699514	22514	677000	566	78	47	720	11200
2009	916651	26651	890000	440	101	37	740	
2010	1221325	23325	1198000	472	112	47	720	

注：电信业务总量1985–1989年按1980年不变价格计算，1990–2000年的业务总量按1990年不变价格计算，2001年后的业务量按2000年不变价格计算。2002–2004年数据中含铁通、网通业务量。

Basic Conditions of Postal and Telecommunication Services(1985－2010)

移动电话年末用户(万户) Number of Mobile Telephone Subscribers at Year-end (10 000 subscribers)	固定电话年末用户(万户) Number of Subscribers of Fixed Telephone at Year-end (10 000 subscribers)	城市电话 用户 Number of Urban Fixed Telephone Subscribers	城市电话 住宅电话 Household Fixed Telephone Subscribers	乡村电话 用户 Rural Fixed Telephone Subscribers	乡村电话 住宅电话 Household Fixed Telephone Subscribers	公用电话(万户) Public Telephone (10 000 subscribers)	邮政局所(处) Number of Postal Offices (unit)	信筒信箱(个) Number of Post Boxes (unit)	邮路总长度(公里) Length of Postal Routes (km)	农村投递线路(公里) Rural Delivery Routes (km)
	2.22	1.50		0.72		0.01				
	2.50	1.66		0.84						
	2.83	1.86		0.97						
	3.15	2.04	0.03	1.10		0.02				
	2.43	2.19	0.10	0.24		0.02				
	2.74	2.49	0.12	0.25		0.02				
	2.91	2.73	0.35	0.17		0.03				
	3.45	3.29	0.57	0.16		0.03				
	4.31	4.13	1.38	0.18	0.02	0.04				
0.16	5.38	5.39	2.31	0.22		0.05				
0.26	9.40	9.12	5.61	0.28	0.08	0.15				
0.65	13.84	13.43	9.18	0.41	0.17	0.24	521	717	22431	11601
1.41	17.57	17.10	12.55	0.47	0.25	0.49	217		21994	
3.53	21.56	20.80	16.03	0.77	0.57	0.61	292	705	20683	12619
6.59	27.55	26.14	20.08	1.41	1.03	0.83	208	663	25488	11596
21.07	36.87	34.35	27.68	2.51	2.13	1.09	201	574	26978	11563
42.10	46.81	42.52	34.72	4.29	3.75	1.33	198	576	28090	12081
77.14	57.92	50.21	38.52	7.67	7.[illegible]2	1.53	220	598	35351	12737
100.36	76.42	64.91	51.87	11.51	10.94	3.23	210	600	24107	12728
117.73	94.35	77.66	56.91	16.69	15.16	5.60	211	601	24101	13138
121.36	113.50	92.90	65.70	20.60	18.50	6.80	219	571	23721	14278
172.20	126.30	99.50	68.40	25.90	23.70	7.60	233	584	20680	14207
222.00	123.00	96.00	65.00	27.00	25.00	7.60	245	593	24587	12526
247.20	119.40	92.50	62.40	27.00	24.50	7.30	288	457	24508	12740
310.70	109.30	84.10	50.10	25.20	22.20	6.75	185	426	33586	11981
397.80	103.20	80.80	48.80	22.40	19.90	6.19	185	360	43484	10451

a)The business volume of postal and telecommunication services in 1985-1989 was calculated at 1990 constant prices and that since 2001 was calculated at 2000 constant prices.Data in2002-2004 contain business volume of China Tietong and China Netcom.

14-7 主要年份邮电业务通信水平

Communication Level of Postal and Telecommunication Services in Main Years

指　　标	Item	2000	2005	2006	2007	2008	2009	2010
邮政通信水平	**Postal Services Available**							
平均每一邮政局所服务面积（平方公里）	Average Area Served by Every Postal Office (sq.km)	3570	3276	3090	2844	2420	3767	3767
平均每一邮政局所服务人口（万人）	Average People Served by Every Postal Office (10 000 persons)	2.57	2.48	2.35	2.24	2.26	3.06	3.11
平均每人每年发函件数（件）	Annual Average Number of Letters Mail per Capita (piece)	5.35	3.47	1.80	1.14	1.03	0.78	1.01
平均每百人每年订报刊数（份）	Annual Average Number of Newspaper and Magazine Subscribed per 100 Persons (piece)	9.10	9.45	9.00	9.86	8.54	6.51	8.72
设有邮政局、所的乡(镇)比重	Percentage of Townships with Postal Offices (%)	23.00	39.00	33.76	35.79	35.90	28.42	28.42
已通邮的行政村比重	Percentage of Administrative Village with Posts (%)		59.76	59.99	64.75	65.68	73.75	73.76
电信通信水平	**Telecommunication Services Available**							
电话普及率(包括移动电话)（部/百人）	Popularization Rate of Telephone (Include Mobile Telephone) (scts/100 persons)		46.00	54.68	62.53	66.50	75.80	89.9
农村固定电话普及率（部/百人）	Popularization Rate of Telephone of Rural Area (scts/100 persons)		6.26	7.78	4.33	8.24	7.78	3.98
移动电话普及率（部/百人）	Popularization Rate of Mobile Telephone (scts/100 persons)		24.00	31.44	40.19	44.90	56.10	70.7
每千人拥有公用电话数（部）	Public Telephone owned Per 1 000 Person (scts)		12.53	13.87	13.78	13.17	12.12	11.00
已通电话的行政村比重（%）	Percentage of Administrative Village with Telephone (%)	24.0	86.0	93.4	100.0	100.0	100.0	100.0

14-8 各地区邮政业务基本情况(2010年)
Basic Conditions of Postal Services by Region(2010)

地区	Region	邮政业务量(万元) Business Volume of Postal Services (10 000 yuan)	国内 Domestic	国际 Internatonal
总计	**Total**	**23333.20**	**23277.44**	**55.76**
西宁市	Xining City	11772.95	11724.11	48.84
海东地区	Haidong Prefecture	3409.54	3409.41	0.13
海北州	Haibei Zang A.P	790.76	790.74	0.02
黄南州	Huangnan Zang A.P	591.77	590.10	1.67
海南州	Hainan Zang A.P	891.00	890.61	0.39
果洛州	Golog Zang A.P	571.67	571.65	0.02
玉树州	Yushu Zang A.P	961.28	959.84	1.44
海西州	Haixi Mongolian & Zang A.P	4344.24	4341.03	3.21

14-9 全省公路运输能源消费调查基本情况(2010年)
Basic Conditions of Total Provincial Road Transport Energy Consumption Survey(2010)

指标		Item	营运车辆总数(辆) Total Number of Vehicles Operating (unit)	调查车辆数(辆) Total Number of vehicles Surveyed (unit)	燃油消费总量(万吨(ston)) Fuel Consumption (10 000 tons)
载客汽车 Passenger Car	汽油 Gasoline	7座(seat)＜X≤15座(seat)	3443	37	1.75
		X＞15座(seat)	457	14	0.42
	柴油 Diesel Fuel	7座(seat)＜X≤15座(seat)	121	25	0.10
		15座(seat)＜X≤30座(seat)	1113	46	1.30
		X＞30座(seat)	806	38	2.08
载货汽车 Truck	汽油 Gasoline	X≤2吨(ston)	17626	78	3.49
		X＞2吨(ston)	2503	69	1.26
	柴油 Diesel Fuel	X≤2吨(ston)	14122	78	6.08
		2吨(ston)＜X≤4吨(ston)	4497	86	3.03
		4吨(ston)＜X≤8吨(ston)	7234	96	6.62
		8吨(ston)＜X≤20吨(ston)	8185	91	13.30
		X＞20吨(ston)	2642	59	5.61
汽油车		Gasoline Automobile	24028	198	6.92
柴油车		Diesel Vehicle	38718	519	38.13

注：“X”代表载客汽车中的座位和载货汽车中的吨位。
a)"X" stands for seats of passenger car and tonnage of truck.

主要统计指标解释

铁路营业里程 又称营业长度(包括正式营业和临时营业里程),指办理客货运输业务的铁路正线总长度。凡是全线或部分建成双线及以上的线路,以第一线的实际长度计算;复线、站线、段管线、岔线和特殊用途线以及不计算运费的联络线都不计算营业里程。该指标可以反映铁路运输业基础设施的发展水平,也是计算客货周转量、运输密度和机车车辆运用效率等指标的基础资料。

公路里程 指在一定时期内实际达到《公路工程[WT-BZ]技术标准 JTJ01-88》规定的等级公路,并经公路主管部门正式验收交付使用的公路里程数。包括大中城市的郊区公路以及通过小城镇街道部分的公路里程和桥梁、渡口的长度,不包括大中城市的街道、厂矿、林区生产用道和农业生产用道的里程。两条或多条公路共同经由同一路段,只计算一次,不得重复计算里程长度。该指标可以反映公路建设的发展规模,也是计算运输网密度等指标的基础资料。

民用航空航线里程 指统计期间内全部民用航空航线的航线总长度。航线长度指民用航空航线的计费距离。计算航线里程可按重复和不重复两种方法,前者是指各航线长度相加的总和;后者则要扣除各航线之间相同航段重复计算的部分。

货(客)运量 指在一定时期内,各种运输工具实际运送的货物(旅客)数量。该指标是反映运输业为国民经济和人民生活服务的数量指标,也是制定和检查运输生产计划、研究运输发展规模和速度的重要指标。货运按吨计算,客运按人计算。货物不论运输距离长短、货物类别,均按实际重量统计。旅客不论行程远近或票价多少,均按一人一次客运量统计;半价票、小孩票也按一人统计。

货物(旅客)周转量 指在一定时期内,由各种运输工具运送的货物(旅客)数量与其相应运输距离的乘积之总和。该指标可以反映运输业生产的总成果,也是编制和检查运输生产计划,计算运输效率、劳动生产率以及核算运输单位成本的主要基础资料。计算货物周转量通常按发出站与到达站之间的最短距离,也就是计费距离计算。计算公式为:

货物(旅客)周转量 = ∑(货物(旅客)运输量 × 运输距离)

民用汽车拥有量 指报告期末,在公安交通管理部门按照《机动车注册登记工作规范》,已注册登记领有民用车辆牌照的全部汽车数量。汽车拥有量统计的主要分类:根据汽车结构分为载客汽车、载货汽车及其他汽车;根据汽车所有者不同分为个人(私人)汽车、单位汽车;根据汽车的使用性质分为营运汽车、非营运汽车;根据汽车大小规格不同载客汽车分为大型、中型、小型和微型,载货汽车分为重型、中型、轻型和微型。

邮电业务总量 指以货币形式表示的邮电企业为社会提供各类邮电服务的总数量,是用于观察邮电业务发展变化总趋势的综合性总量指标。分别按邮政业务总量和电信业务总量统计。邮电业务总量是以各类业务的实物量分别乘以相应的不变单价,得出各类业务的货币量再加总求得。

移动电话用户 指在电信运营企业营业网点办理开户登记手续,通过移动电话交换机进入移动电话网,占用移动电话号码的各类电话用户。包括 GSM 数字移动电话用户、CDMA 数字移动电话用户和电信运营企业发行的报告期末已激活充值的能异地漫游的各种智能卡用户。

互联网上网人数 指平均每周使用互联网至少 1 小时的 6 周岁以上中国公民人数。

固定电话用户 指在电信运营企业营业网点办理开户登记手续并已接入固定电话网上的全部电话用户。包括普通电话用户、公用电话用户、窄带综合业务数字网(N-ISDN)用户、智能网专用接入终端用户等。按行政区划分为城市电话用户和农村电话用户。

城市电话用户 指直辖市、省辖市、地级市、县级市的市区、市郊区及县城范围内接入局用交换机的电话用户。包括分布在农村地区县团级以上建制的独立工矿区、林区、驻军等电话用户。

农村电话用户 指县城关区以下的集镇和农村接入局用交换机的电话用户。

住宅电话用户 指安装在居民住宅或农民家里并按照住宅电话用户登记注册和收费的各类电话用户。包括私人付费、单位付费和按规定免费安装的住宅电话用户。

Explanatory Notes on Main Statistical Indicators

Length of Railways in Operation refers to the total length of the trunk line for passenger and freight transportation (including both full operation and temporary operation). The calculation is based on the actual length of the first line if this line has a full or partial double (or more). Not included are double tracks, station sidings, tracks under the charge of stations, branch lines, special - purpose lines and non - payable connecting lines. The length of railways in operation is an important indicator to show the development of the infrastructure of railway transport. It is also essential data to calculate volume of passenger freight transport, traffic density and utilization efficiency of locomotives and carriages.

Length of Highways refers to the length of highways which are built in conformity with the grades specified by the highway engineering standard [Highways WTBZ - Technical Standard JTJ01 - 88] formulated by the Ministry of Transport, and have been formally checked and accepted by the departments of highways and put into use. The length of highways includes that of the suburb highways at large and medium - sized cities, highways passing through streets at small cities and towns, and also the length of bridges and ferry piers. It does not include the length of streets in big and medium - sized cities and highways built for the production purpose at factories, mines, forest areas and agricultural areas. If two or more highways go the same section of the way, the length of the section is only calculated for once and no duplication is allowed. The length of highways is an indicator to show the development of the scale of highway construction and to provide essential information to calculate the transport network density.

Length of Civil Aviation Routes refers to the length of all routes for civil aviation flights, which is used to account the freight, during the period of statistics.. There are usually two ways to calculate the route length: duplicated calculation and non - duplicated calculateion, the former is the sum of length of all civil aviation routes, and the latter should deduct the duplication length of same route among all routes.

Freight (Passenger) Traffic refers to the volume of freight (passenger) transported with various means within a specific period of time. This indicator reflects the service of the transport industry towards the national economy and people's living conditions, as well as an important indicator used in formulating and monitoring transport production plans and research into the scale and pace of transport development. Freight transport is calculated in tons and passenger traffic is calculated in terms of number of persons. Freight transport is calculated in terms of the actual weight of the goods and takes no account of the type of freight and distance of travel. Passenger traffic is calculated by the principle that one person can be counted only once in one trip and takes no account of the travelling distance and ticket price. The passengers who travel with a half price ticket or a child's ticket is also calculated as one person.

Freight (passenger) traffic density reflects how busy freight (passenger) traffic is on transportation routes. It provides an important basis for balancing transport capability and throughput capability, planning construction and upgrading of transport routes, installing technical facilities and studying the distribution of transport networks.

Freight Ton - kilometres (Passenger - kilometres) refers to the sum of the product of the volume of transported cargo (passengers) multiplied by the transport distance. It is an important indicator to reflect the achievement of the transportation industry. This is an important indicator to show the total results of the transport industry; to prepare and examine the transport plan; and to serve as the main basic data for calculating the efficiency, labour productivity and unit cost of transport. Normally, the shortest distance between the departure station and the destination station (i. e., the payable distance) is the basis in calculating the freight ton - kilometres. The formula is as follows:

$$\frac{\text{Freight to n - kilometres}}{\text{(passenger - kilometres)}} = \Sigma \frac{\text{freight}}{\text{(passenger) traffic}} \times \frac{\text{distance of}}{\text{transport ation}}$$

Possession of Civil Motor Vehicles refer to the total numbers of vehicles that are registered and received vehicles license tags according to the Work Standard for Motor Vehicles Registration formulated by the Transport Management Office under the department of public security at the end of the reference period. They are divided into categories. According to the structure of motor vehicles, they are divided into passenger vehicles, trucks and others; according to ownership into private vehicles and vehicles for the unit's use; according to kind of usage into working vehicles and non - working vehicles; and according to size of vehicles into large passenger vehicles, medium - sized passenger vehicles, small passenger vehicles and mini passenger vehicles, heavy trucks, light - heavy trucks, light trucks and mini - trucks.

Business Volume of Post and Telecommunications refers to the total amount of postal and telecommunication services, expressed in value terms, provided by the post and telecommunications departments for society. This indicator reflects the overall results of development of postal and telecommunication services. It can be classificated as postal services and and telecommunication services. Business volume of post and telecommunications is the sum of all services in kind multiplying with the unit price (constant price) to get the total business value.

Mobile Telephone Subscribers refer to persons who have

gone through registration procedures in the operation points of enterprises engaged in telecommunications and are hence connected with the mobile telephone communication network through the mobile telephone switchboards and occupy mobile phone numbers. Included are GSM digital mobile phone subscribers, CDMA digital mobile phone subscribers and subscribers to intelligent phone cards with roaming facility issued by telecommunications enterprises and which have been subscribed to and activated at the end of the reference period.

Internet Users refer to the number of Chinese citizens aged 6 and over who use the Internet at least for one hour each week.

Local Telephone Subscribers refer to all subscribers who have gone through registration procedures in the operation points of enterprises engaged in telecommunications and are hence connected to the local telecommunications service provider through fixed line network. Included are general subscribers, public telephones subscribers, N – ISDN subscribers and intelligent network terminal subscribers. They are also classified in terms of administrative districts as urban telephone subscribers and rural telephone subscribers according to location.

Urban Telephone Subscribers refer to the number of telephone subscribers, located at the different administrative districts of municipalities directly under the Central Government, cities under the jurisdiction of province, cities at prefecture level, downtown and suburb of city at county level town and county towns, that are connected to the public line telephone network, including rural mineral area, forest area, military area.

Rural Telephone Subscribers refer to telephone subscribers, located at the towns below the level of county town and villages, that are connected to the public line telephone network.

Household Telephone Subscribers refer to telephone sets installed in the dwelling units of urban or rural residents, and registered as residence subscribers for payment, including three types of payment for the service: private payment, public payment and free service in accordance with relevant regulations.

国内贸易

Domestic Trade

第15篇

CHAPTER 15

社会消费品零售总额（亿元）

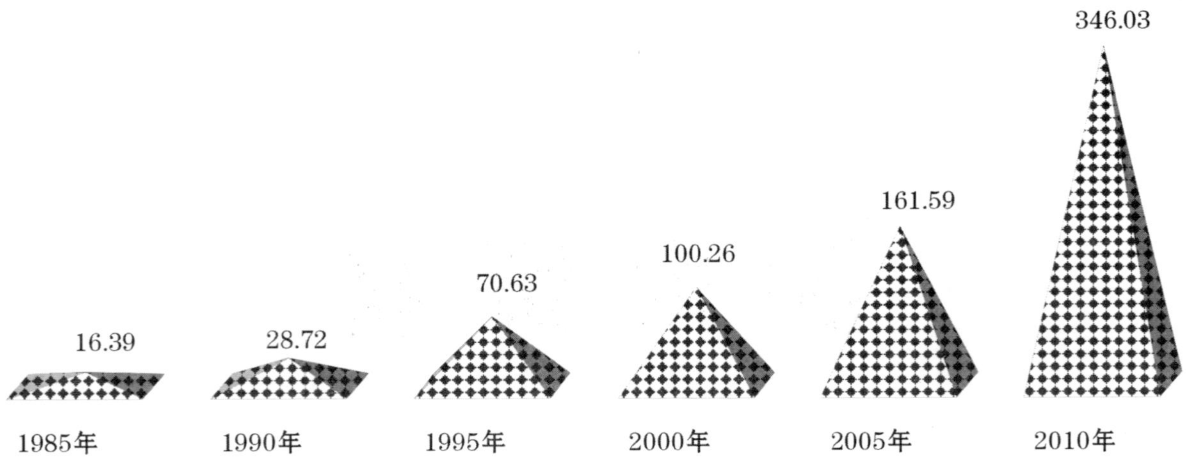

社会消费品零售总额按行业分构成（%）

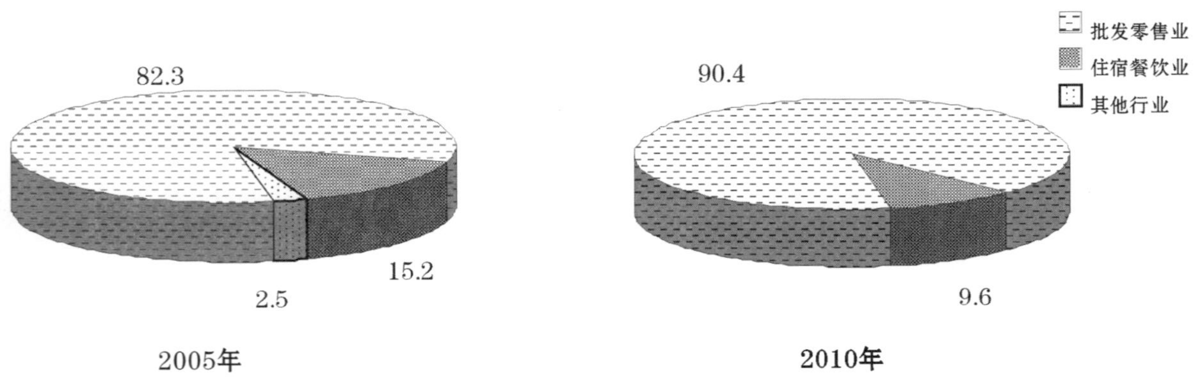

社会消费品零售总额
按销售单位所在地分（亿元）

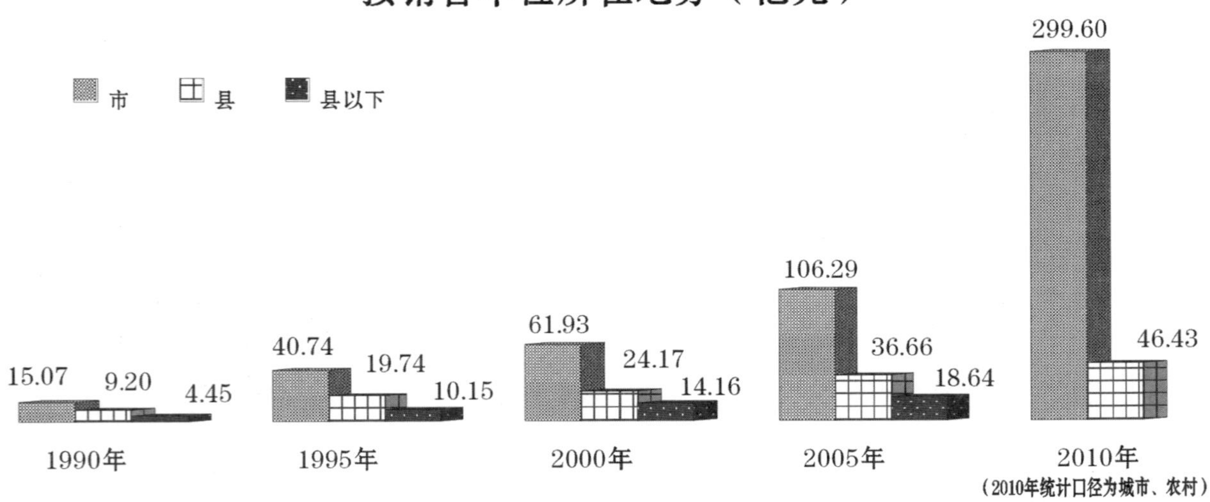

15-1 2005-2010年国内贸易基本情况
Basic Conditions of Domestic Trade(2005-2010)

指 标	Item	2005	2006	2007	2008	2009	2010
法人机构	**Number of Corporation Enterprises**	**217**	**216**	**232**	**386**	**247**	**267**
（个）	**(unit)**						
批发零售贸易业	Wholesale and Retail Trades	140	136	127	277	160	177
住宿餐饮业	Hotels and Catering Services	77	80	105	109	87	90
从业人员 （万人）	**Engaged Persons (10 000 persons)**	**2.13**	**2.45**	**2.50**	**3.29**	**2.82**	**3**
批发零售贸易业	Wholesale and Retail Trades	1.38	1.59	1.19	2.06	1.75	1.71
住宿餐饮业	Hotels and Catering Services	0.75	0.86	1.01	1.23	1.07	1.09
批发零售贸易业	**Wholesale and Retail Trades**						
（亿元）	**(100 million yuan)**						
商品购进总额	Total Purchases		107.78	147.19	329.81	191.21	315.14
商品销售总额	Total Sales	129.47	166.40	167.65	368.79	244.00	409.87
商品库存总额	Total Stock	9.79	16.44	18.86	35.61	18.40	40.78
社会消费品零售总额	**Total Retail Sales of Consumer Goods**	**161.59**	**182.60**	**212.54**	**259.73**	**300.47**	**346.03**
（亿元）	**(100 million yuan)**						
按销售单位所在地分	By Location of Establishments						
城镇	City						299.59
其中：城区	County						224.46
乡村	Under County Level						46.43
按行业分	By Sector						
批发零售贸易业	Wholesale and Retail Trades	133.03	147.98	173.83	213.22	249.37	312.68
住宿餐饮业	Hotels and Catering Services	24.57	30.71	34.81	42.12	47.02	33.35
其他行业	Others	3.99	3.91	3.91	4.38	4.07	

注：2010年按销售地分口径改变，所以以前年份没有同口径数据.
a) The caliber of data by location of establishments In 2010 is changed, so there is not the same caliber data in previous years.

15-2 主要年份社会消费品零售总额

Retail Sale of Consumer Goods in Main Years

单位：万元 (10 000 yuan)

年 份 地 区	Year Region	社会消费品零售总额 Total Retail Sales of Consumer Goods	按销售单位所在地分 By Location			按行业分 By Sector		
			城镇 City	其中：城区 County	乡村 Under County Level	批发零售贸易业 Wholesale and Retail Trade	住宿餐饮业 Hotels and Catering Services	其他行业 Others
1985		163903				141625	7032	15246
1986		190154				162635	9349	18170
1987		213758				185218	9856	18684
1988		267965				231763	11997	24205
1989		268978				239737	8669	20572
1990		287193				254247	13842	19104
1991		319869				283174	15417	21278
1992		352897				312414	17009	23474
1993		490480				434213	22419	33848
1994		595815				442557	44416	108842
1995		706331				523013	51055	132263
1996		763068				540763	57605	164699
1997		814859				561462	81846	171550
1998		862361				576974	109815	175573
1999		917987				618881	127177	171929
2000		1002576				694802	137913	169862
2001		1103644				769924	155745	177975
2002		1233703				866629	180013	187063
2003		1253967				1018371	200825	34771
2004		1411984				1153985	221388	36611
2005		1615902				1330335	245660	39906
2006		1825969				1479793	307114	39063
2007		2125428				1738256	348086	39085
2008		2597274				2132235	421249	43789
2009		3004652				2493721	470210	40721
2010		3460259	2995952	2244585	464308	3126782	333477	
西宁市	Xining City	2302649	2121766	2121766	180883	2217115	645191	
海东地区	Haidong Prefecture	399049	244579		154470	333962	65087	
海北州	Haibei Zang A.P	95026	81666		13360	79297	15729	
黄南州	Huangnan Zang A.P	43702	31750		11952	31571	12132	
海南州	Hainan Zang A.P	143669	90463		53206	114595	29074	
果洛州	Golog Zang A.P	26814	23086		3728	22782	4032	
玉树州	Yushu Zang A.P	34055	21399		12655	27160	6895	
海西州	Haixi Mongolian &Zang A.P	431696	397208	96641	34488	306100	125596	

注：1993年以后数据为经济普查衔接数，2010年按销售地分口径改变，所以以前年份没有同口径数据.

a) Since 1993, Data cohere with economic census data. The caliber of data by location of establishments In 2010 is changed, so there is not the same caliber data in previous years.

15—3 限额以上批发零售贸易业商品销售总额(2010年)
Total Sales of Enterprises above Designated Size in Wholesale and Retail Trades(2010)

指 标	Item	法人企业数(个) Number of Corporation Enterprises (unit)	从业人员(人) Engaged Persons (person)	销售总额(万元) Total Sales Value (10 000 yuan)	批发 Wholesale Value	零售 Retail Value
总 计	**Total**	**177**	**17141**	**4098704**	**3043507**	**1055197**
批发业	**Wholesale Trade**	**82**	**7283**	**3202244**	**3028094**	**174150**
按登记注册类型分组	**By Status of Registration**					
内资企业	Domestic Funded Enterprises	81	6740	3141778	2991628	150150
国有企业	State-owned Enterprises	16	2813	1266601	1136117	130484
集体企业	Collective-owned Enterprises	2	80	13940	10054	3886
股份合作企业	Cooperative Enterprises	1	6	1372	1372	
有限责任公司	Limited Liability Corporations	43	2330	932757	923745	9012
国有独资公司	State Sole Funded Corporations	2	718	34322	25416	8905
其他有限责任公司	Other Limited Liability Corporations	41	1612	898435	898329	107
股份有限公司	Share-holding Corporations Ltd.	5	1023	791156	785298	5858
私营企业	Private Enterprises	14	488	135952	135042	910
私营独资企业	Private-funded Enterprises	4	80	35464	34554	910
私营有限责任公司	Private Limited Liability Corporations	8	371	93472	93472	
私营股份有限公司	Private Share-holding Corporations Ltd.	2	37	7016	7016	
外商投资企业	Foreign Funded Enterprises	1	543	60466	36466	24000
外资企业	Enterprises with Sole Fund	1	543	60466	36466	24000
按国民经济行业分组	**Grouped by Sector**					
食品、饮料及烟草制品批发	Wholesale of Food,Beverages and Tobaccos	11	1287	654429	650230	4200
纺织、服装及日用品批发	Wholesale of Textiles, Garments and Daily Consumer Articles	3	74	126336	126336	
文化、体育用品及器材批发	Wholesale of Culture,Sports Appliances and Equipments	1	692	12052	9828	2224
医药及医疗器材批发	Wholesale of Medicines and Medical Appliances	10	348	47938	47831	107
矿产品、建材及化工产品批发	Wholesale of Mineral Products, Building Materials and Chemical Products	48	4224	2125331	1957712	167619
机械设备、五金交电及电子产品批发	Wholesale of Machinery, Hardware and Electronic Equipment	9	658	236158	236158	

15-3 续表 Continued

指 标	Item	法人企业数(个) Number of Corporation Enterprises (unit)	从业人员(人) Engaged Persons (person)	销售总额(万元) Total Sales Value (10 000 yuan)	批发 Wholesale Value	零售 Retail Value
零售业	**Retail Trade**	**95**	**9858**	**896461**	**15414**	**881047**
按登记注册类型分组	**By Status of Registration**					
内资企业	Domestic Funded Enterprises	94	9803	891409	10362	881047
国有企业	State-owned Enterprises	5	961	100473	284	100189
股份合作企业	Cooperative Enterprises	2	757	18855		18855
联营企业	Joint Ownership Enterprises					
国有联营企业	State Joint Ownership Enterprises					
有限责任公司	Limited Liability Corporations	40	4563	532957	7329	525629
其他有限责任公司	Other Limited Liability Corporations	39	4549	532276	7329	524947
股份有限公司	Share-holding Corporations Ltd.	9	1470	73954		73954
私营企业	Private Enterprises	36	1886	143948	2749	141199
私营独资企业	Private-funded Enterprises	4	182	13329		13329
私营合伙企业	Private Partnership Enterprises	1	73	1008	0	1007
私营有限责任公司	Private Limited Liability Corporations	27	1569	119681	2749	116932
私营股份有限公司	Private Share-holding Corporations Ltd.	4	62	9930		9930
其他企业	Other Enterprises	1	6	853		853
外商投资企业	Enterprises With Foreign Investment	1	55	5052	5052	
中外合作经营企业	Joint-venture Enterprises	1	55	5052	5052	
按国民经济行业分组	**Grouped by Sector**					
综合零售业	Integrated Retail	14	3896	221246	284	220963
食品、饮料及烟草制品专门零售业	Retail of Food, Beverages and Tobaccos	1	15	1853	371	1483
纺织、服装及日用品专门零售业	Special Retail of Textiles, Garments and Daily Consumer Articles	5	1445	24439		24439
文化、体育用品及器材专门零售业	Retail of Culture, Sports Appliances and Equipments	2	166	2678		2678
医药及医疗器材专门零售业	Retail of Medicines and Medical Appliances	13	1305	48479	1381	47098
汽车、摩托车、燃料及零配件专门零售业	Retail of Motor Vehicles, Motorcycles, Fuel and Parts	42	2148	437009	11660	425349
家用电器及电子产品专门零售业	Special Retail of Household Electric Appliances and Electronic Products	10	623	74831	436	74395
无店铺及其他零售业	Non-shop and Other Retails	7	258	39461	1282	38178

15－4 限额以上批发零售贸易企业商品销售类值(2010年)
Total Sales of Enterprises above Designated Size in Wholesale and Retail Trades by Category of Commodities(2010)

单位：万元　　(10 000 yuan)

项　目	Item	批发业 Wholesale		零售业 Retail	
		销售额 Sales Value	零售额 Retail Value	销售额 Sales Value	零售额 Retail Value
合　计	**Total**	**2267820**	**243267**	**748156**	**724798**
食品、饮料、烟酒类	Food, Beverages, Tobacco and Liquor	612972	313	102938	99971
服装、鞋帽、针纺织品类	Clothing, Shoes, Hats and Textiles	4500		78332	78332
化妆品类	Cosmetics			14550	14550
金银珠宝类	Gold, Silver and Jewellery			13050	13050
日用品类	Articles for Daily Use	2389		28183	28138
五金、电料类	Hardware and Electrical Materials	2329	2329	1101	1100
体育、娱乐用品类	Sports and Recreation Articles			3412	3412
书报杂志类	Newspapers and Magazines	11436	2033	2654	2654
电子出版物及音像制品类	E-journals and Video Products	165	165	59	59
家用电器和音像器材类	Household Appliances and Video Appliances			63771	63171
中西药品类	Traditional Chinese and Western Medicines	45887	23	46151	44839
文化办公用品类	Cultural and Offices Appliances	41	41	23463	22289
家具类	Furniture			45	45
通讯器材类	Communication Appliances			434	434
煤炭及制品类	Coal and Related Products	64122		16045	16045
木材及制品类	Wood and Wooden Products				
石油及制品类	Petroleum and Related Products	797767	235701	57018	43912
化工材料及制品类	Chemical Materials and Related Products	100279			
金属材料类	Metal Materials	476764			
建筑及装潢材料类	Building and Decoration Materials				
机电产品及设备类	Mechanical and Electrical Products	68884		523	523
汽车类	Automobiles	78383	2663	293354	289199
种子饲料类	Seeds and Feedstuff				
棉麻类	Cotton, Hemp				
其他类	Others	1904		3076	3076

15−5 限额以上批发零售贸易业财务状况(2010年)

单位：万元

指　标	Item	企业个数(个) Number of Enterprises (unit)	流动资产合　计 Working Capitals
总　计	**Total**	**177**	**1024497.3**
批发业	**Wholesale Trade**	**82**	**749320.6**
按登记注册类型分组	**By Status of Registration**		
内资企业	Domestic Funded Enterprises	81	706220.7
国有企业	State-owned Enterprises	16	282335.0
集体企业	Collective-owned Enterprises	2	6111.5
股份合作企业	Cooperative Enterprises	1	1003.9
有限责任公司	Limited Liability Corporations	43	263018.3
国有独资公司	State Sole Funded Corporations	2	12638.9
其他有限责任公司	Other Limited Liability Corporations	41	250379.4
股份有限公司	Share-holding Corporations Ltd.	5	102819.4
私营企业	Private Enterprises	14	50932.6
私营独资企业	Private-funded Enterprises	4	18732.4
私营有限责任公司	Private Limited Liability Corporations	8	28797.9
私营股份有限公司	Private Share-holding Corporations Ltd.	2	3402.3
外商投资企业	Foreign Funded Enterprises	1	43099.9
外资企业	Enterprises with Sole Funds	1	43099.9
按国民经济行业分组	**Grouped by Sector**		
食品、饮料及烟草制品批发	Wholesale of Food, Beverages and Tobaccos	11	179752.4
纺织、服装及日用品批发	Wholesale of Textiles, Garments and Daily Consumer Articles	3	30333.5
文化、体育用品及器材批发	Wholesale of Culture,Sports Appliances and Equipments	1	12391.6
医药及医疗器材批发	Wholesale of Medicines and Medical Appliances	10	29293.6
矿产品、建材及化工产品批发	Wholesale of Mineral Products, Building Materials and Chemical Products	48	394662.1
机械设备、五金交电及电子产品批发	Wholesale of Machinery, Hardware and Electronic Equipment	9	102887.4

Main Financial Indicators of Enterprises above Designated Size in Wholesale and Retail Trades(2010)

(10 000 yuan)

固定资产原价 Original Value of Fixed Assets	累计折旧 Depreciation of Fixed Assets	资产总计 Total Assets	负债合计 Total Liabilities	实收资本 Paid-in Capitals	主营业务收入 Revenue from Principal Business
380528.9	**106640.4**	**1570791.7**	**881114.0**	**272688.5**	**3529740.6**
276693.1	**74163.6**	**1174005.9**	**627451.4**	**183156.9**	**2711966.8**
239043.3	65185.7	1094591.8	570081.2	176569.5	2621501.2
179103.0	46795.8	507971.7	224251.0	33412.2	1156261.9
1358.4	529.0	6941.6	5309.5	1656.2	13940.4
6.8	0.4	1313.6	1221.4	86.1	2002.0
24540.5	7906.4	358576.9	220764.7	80265.5	948365.3
8842.5	3520.2	19397.6	13723.5	3220.0	34321.7
15698.0	4386.2	339179.3	207041.2	77045.5	914043.6
25946.8	8305.2	151816.2	70357.3	43192.0	364980.0
3087.8	1648.9	68071.8	48177.3	17957.5	135951.6
5202.3	450.3	31316.1	21472.7	9368.0	35464.1
2675.5	1132.4	33209.6	24200.1	7521.5	93471.6
210.0	66.2	3546.1	2504.5	1068.0	7015.9
37649.8	8977.9	79314.1	57370.2	6587.4	90465.6
37649.8	8977.9	79314.1	57370.2	6587.4	90465.6
33292.2	13060.3	222865.1	29437.5	15114.7	568121.4
1350.2	342.3	77941.8	27947.9	2688.5	128554.0
8745.1	3476.6	17799.1	13480.7	3070.0	12052.2
1716.1	563.0	30822.8	23325.8	5126.9	48058.1
227328.5	55407.2	715906.3	449184.9	149187.4	1715425.4
4261.0	1314.2	108670.8	84074.6	7969.4	239755.7

15-5 续表 1

单位：万元

指　标	Item	主营业务成　本 Cost of Principal Business	主营业务利　润 Profits from Principal Business
总　计	**Total**	**3254932**	**253116**
批发业	**Wholesale Trade**	**2472199**	**165789**
按登记注册类型分组	**By Status of Registration**		
内资企业	Domestic Funded Enterprises	2389198	159085
国有企业	State-owned Enterprises	1028499	80878
集体企业	Collective-owned Enterprises	13257	547
股份合作企业	Cooperative Enterprises	1220	60
有限责任公司	Limited Liability Corporations	872405	50329
国有独资公司	State Sole Funded Corporations	31667	3692
其他有限责任公司	Other Limited Liability Corporations	840739	46637
股份有限公司	Share-holding Corporations Ltd.	344071	22153
私营企业	Private Enterprises	129746	5118
私营独资企业	Private-funded Enterprises	35154	-104
私营有限责任公司	Private Limited Liability Corporations	88024	4778
私营股份有限公司	Private Share-holding Corporations Ltd.	6569	444
外商投资企业	Foreign Funded Enterprises	83001	6704
外资企业	Enterprises with Sole Fund	83001	6704
按国民经济行业分组	**Grouped by Sector**		
食品、饮料及烟草制品批发	Wholesale of Food,Beverages and Tobaccos	487014	66298
纺织、服装及日用品批发	Wholesale of Textiles, Garments and Daily Consumer Articles	126262	2290
文化、体育用品及器材批发	Wholesale of Culture,Sports Appliances and Equipments	8308	3687
医药及医疗器材批发	Wholesale of Medicines and Medical Appliances	41293	7287
矿产品、建材及化工产品批发	Wholesale of Mineral Products, Building Materials and Chemical Products	1596654	68266
机械设备、五金交电及电子产品批发	Wholesale of Machinery,Hardware and Electronic Equipment	212668	17961

continued

(10 000 yuan)

营业费用 Operating Expenses	管理费用 Overhead	营业利润 Business Profit	利润总额 Total Profits	应交所得税 Income Tax Payable	全部从业人员年平均人数(人) Annual Average Employed Persons (person)
81533	**65902**	**117531**	**185187**	**18805**	**16862**
47271	**38615**	**85671**	**161501**	**15684**	**7228**
46523	37482	80622	156512	14936	6685
18671	20631	44178	112170	10475	2751
102	374	38	164	3	74
31	4	-25	0		6
17456	10130	27281	28369	3066	2329
2112	2241	110	234	21	718
15344	7890	27171	28134	3045	1611
8487	4151	8538	14133	1358	1040
1777	2193	612	1678	35	485
101	363	-365	-365	6	80
1479	1634	930	1997	17	368
198	196	46	46	12	37
748	1133	5050	4989	748	543
748	1133	5050	4989	748	543
5419	17927	36767	35821	10460	1285
157	537	2047	5176	1264	85
2065	2209	104	229	21	692
2457	1545	3224	3593	628	342
30979	14094	33120	105568	2985	4178
6194	2303	10409	11114	327	646

15−5 续表 2

单位：万元

指　标	Item	企业个数（个）Number of Enterprises (unit)	流动资产合　计 Working Capitals
零售业	**Retail Trade**	**95**	**275177**
按登记注册类型分组	**By Status of Registration**		
内资企业	**Domestic Funded Enterprises**	**94**	**271699**
国有企业	**State-owned Enterprises**	**5**	**14018**
集体企业	**Collective-owned Enterprises**	**1**	**9153**
股份合作企业	**Joint Ownership Enterprises**	**2**	**9316**
有限责任公司	**State Joint Ownership Enterprises**	**40**	**159306**
国有独资公司	**Limited Liability Corporations**	**1**	**393**
其他有限责任公司	**Other Limited Liability Corporations**	**39**	**158913**
股份有限公司	**Share-holding Corporations Ltd.**	**9**	**34704**
私营企业	**Private Enterprises**	**36**	**44968**
私营独资企业	**Private-funded Enterprises**	**4**	**9940**
私营合伙企业	**Private Partnership Enterprises**	**1**	**1361**
私营有限责任公司	**Private Limited Liability Corporations**	**27**	**31084**
私营股份有限公司	**Private Share-holding Corporations Ltd.**	**4**	**2583**
其他企业	**Other Enterprises**	**1**	**234**
外商投资企业	**Foreign Funded Enterprises**	**1**	**3477**
中外合作经营企业	**Joint-venture Enterprises**	**1**	**3477**
按国民经济行业分组	**Grouped by Sector**		
综合零售	Integrated Retail	14	80529
食品、饮料及烟草制品专门零售	Retail of Food, Beverages and Tobaccos	1	232
纺织、服装及日用品专门零售	Special Retail of Textiles, Garments and Daily Consumer Articles	5	10731
文化、体育用品及器材专门零售	Retail of Culture, Sports Appliances and Equipments	2	2902
医药及医疗器材专门零售	Retail of Medicines and Medical Appliances	13	38379
汽车、摩托车、燃料及零配件专门零售	Retail of Motor Vehicles, Motorcycles, Fuel and Parts	42	94467
家用电器及电子产品专门零售	Special Retail of Household Electric Appliances Retail of Household Electric	10	20051
五金、家具及室内装修材料专门零售	Special Retail of Hardware, Furniture and Decoration Materials	1	12484
无店铺及其他零售	Non-shop and Other Retails	7	15402

Continued

(10 000 yuan)

固定资产原价 Original Value of Fixed Assets	累计折旧 Depreciation of Fixed Assets	资产总计 Total Assets	负债合计 Total Liabilities	实收资本 Paid-in Capitals	主营业务收入 Revenue from Principal Business
103836	**32477**	**396786**	**253663**	**89532**	**817774**
99698	**31512**	**389888**	**250834**	**88752**	**811170**
5735	**2442**	**18456**	**16368**	**4000**	**47431**
764	**228**	**10748**	**8419**	**1200**	**22134**
6028	**1780**	**15965**	**9854**	**4050**	**18285**
56820	**19255**	**231635**	**144303**	**34074**	**506613**
423	**126**	**690**	**526**	**56**	**681**
56397	**19129**	**230946**	**143778**	**34017**	**505931**
17133	**4698**	**50379**	**37817**	**13103**	**69264**
13219	**3109**	**62471**	**33995**	**32315**	**146591**
4989	**919**	**16287**	**5098**	**2515**	**13329**
219	**89**	**1578**	**1258**	**62**	**1007**
7933	**2070**	**41921**	**25433**	**28658**	**121917**
78	**32**	**2685**	**2207**	**1080**	**10338**
		234	**80**	**10**	**853**
4137	**965**	**6898**	**2829**	**780**	**6604**
4137	**965**	**6898**	**2829**	**780**	**6604**
51589	18759	118503	87788	23349	211102
91	36	287	133	100	1853
12650	1713	24611	20638	25120	21654
4074	2603	5027	3669	1156	2678
3931	1297	44483	24469	8282	45247
20651	5139	135176	84336	20548	381020
3678	715	29480	17146	5654	70548
41	13	12511	3993	500	46465
7132	2202	26707	11491	4822	37207

15-5 续表 3

单位：万元

指　标	Item	主营业务成　本 Cost of Principal Business	主营业务利　润 Profits from Principal Business
零售业	**Retail Trade**	**782733**	**87327**
按登记注册类型分组	**By Status of Registration**		
内资企业	Domestic Funded Enterprises	778505	85008
国有企业	**State-owned Enterprises**	**43693**	**3606**
集体企业	**Cooperative Enterprises**	**20390**	**2260**
股份合作企业	Joint Ownership Enterprises	15114	1594
有限责任公司	**State Joint Ownership Enterprises**	**442114**	**59695**
国有独资公司	**Limited Liability Corporations**	**536**	**86**
其他有限责任公司	Other Limited Liability Corporations	441577	59609
股份有限公司	**Share-holding Corporations Ltd.**	**123370**	**4633**
私营企业	**Private Enterprises**	**132973**	**13090**
私营独资企业	Private-funded Enterprises	10860	4136
私营合伙企业	**Private Partnership Enterprises**	**810**	**195**
私营有限责任公司	**Private Limited Liability Corporations**	**111710**	**8229**
私营股份有限公司	Private Share-holding Corporations Ltd.	9593	530
其他企业	**Other Enterprises**	**853**	**130**
外商投资企业	**Foreign Funded Enterprises**	**4228**	**2320**
中外合作经营企业	Joint-venture Enterprises	4228	2320
按国民经济行业分组	**Grouped by Sector**		
综合零售	Integrated Retail	177694	30780
食品、饮料及烟草制品专门零售	Retail of Food, Beverages and Tobaccos	1607	150
纺织、服装及日用品专门零售	Special Retail of Textiles, Garments and Daily Consumer Articles	18161	3373
文化、体育用品及器材专门零售	Retail of Culture, Sports Appliances and Equipments	2058	533
医药及医疗器材专门零售	Retail of Medicines and Medical Appliances	38837	5922
汽车、摩托车、燃料及零配件专门零售	Retail of Motor Vehicles, Motorcycles, Fuel and Parts	346870	32176
家用电器及　电子产品专门零售	Special Retail of Household Electric Appliances Retail of Household Electric	122032	8031
五金、家具及室内装修材料专门零售		45689	691
无店铺及其他零售	Non-shop and Other Retails	29786	5671

continued

(10 000 yuan)

营业费用 Operating Expenses	管理费用 Overhead	营业利润 Business Profit	利润总额 Total Profits	应交所得税 Income Tax Payable	全部从业人员年平均人数(人) Annual Average Employed Persons (person)
34262	**27288**	**31860**	**23686**	**3121**	**9634**
33989	26957	30169	22000	2654	9579
3506	**2251**	**-439**	**-276**	**55**	**697**
770	**454**	**849**	**609**	**240**	**160**
1524	1373	564	555	33	896
17836	**14480**	**25920**	**18091**	**1209**	**4517**
111	**78**		**58**	**1**	**14**
17725	14401	25920	18033	1209	4503
5855	**4939**	**-2120**	**-2102**	**605**	**1471**
4448	**3457**	**5264**	**5102**	**511**	**1832**
769	550	2840	2739	1	182
176	**37**	**-1**	**-19**		**73**
3122	**2771**	**2394**	**2350**	**502**	**1515**
381	100	32	31	7	62
51	**4**	**130**	**22**		**6**
273	**330**	**1691**	**1686**	**468**	**55**
273	330	1691	1686	468	55
14829	11282	16727	5890	834	4059
94	143	8	8	0	19
2083	3970	-1230	-1227	33	1373
334	312	285	339	57	168
2599	1990	1266	4174	539	1310
7843	6701	9773	9525	1538	1813
4541	1658	1727	1748	20	632
7	184	500	486	76	2
1931	1049	2804	2744	25	258

15-6 2009-2010年限额以上住宿餐饮业销售情况

Business of Hotels and Catering Services above Designated Size (2009-2010)

项 目	Item	法人企业数(个) Number of Corporation Enterprises (unit)		营业总收入(万元) Number of Revenue (10 000 yuan)	
		2009	2010	2009	2010
总 计	**Total**	**87**	**90**	**8005**	**89731**
住宿业	**Hotels**	**58**	**56**	**5357**	**54012**
按登记注册类型分组	**By Status of Registration**				
内资企业	Domestic Funded Enterprises	55	51	4773	50039
国有企业	State-owned Enterprises	13	11	1607	16390
集体企业	Collective-owned Enterprises	6	4	490	4115
股份合作企业	Cooperative Enterprises	1	2	201	2249
有限责任公司	Limited Liability Corporations	5	7	641	7084
其他有限责任公司	Other Limited Liability Corporations	5	7	641	7084
股份有限公司	Share-holding Corporations Ltd.		1		393
私营企业	Private Enterprises	29	24	1691	18001
私营独资企业	Private-funded Enterprises	8	6	231	1492
私营合伙企业	Private Partnership Enterprises	1		52	
私营有限责任公司	Private Limited Liability Corporations	16	14	1276	14986
私营股份有限公司	Private Share-holding Corporations Ltd.	4	4	132	1523
外商投资企业	Enterprises With Foreign Investment	2	2	314	3396
中外合资经营	Joint-venture Enterprises	1	1	60	506
按国民经济行业分组	**Grouped by Sector**				
旅游饭店	Tourist Hotel	49	39	4903	47626
一般旅馆	Ordinary Hotel	7	9	376	2948
其他住宿服务	others	2	5	79	2861
餐饮业	**Catering Services**	**29**	**34**	**2648**	**35719**
按登记注册类型分组	**By Status of Registration**				
内资企业	Domestic Funded Enterprises	28	32	2592	32044
国有企业	State-owned Enterprises	2	4	228	4124
股份合作企业	Cooperative Enterprises				
有限责任公司	Limited Liability Corporations	4	5	243	5895
其他有限责任公司	Other Limited Liability Corporations	4	5	243	5895
私营企业	Private Enterprises	21	22	1727	17667
私营独资企业	Private-funded Enterprises	7	3	349	1573
私营有限责任公司	Private Limited Liability Corporations	11	12	1178	11728
其他企业	Other Enterprises	1	1	395	4357
按国民经济行业分组	**Grouped by Sector**				
正餐服务业	Dinner	28	34	2626	35719

15-7 城乡个体工商业基本情况(2010年)

Basic Statistics of Individual Industry and Commerce in Urban and Rural Areas(2010)

项目	Item	户数（个）Number of Stores (unit)	从业人员（人）Engaged Persons (person)	销售总额或营业收入（万元）Total Sales Value and Revenue (10 000 yuan)	城镇 Urban	社会消费品零售总额（万元）Total Retail Sales of Consumer Goods (10 000 yuan)	城镇 Urban
合　计	**Total**	**121238**	**261505**	**2017721**	**1803513**	**1154455**	**1010326**
农、林、牧、渔业	Agriculture, Forestry, Animal Husbandry and Fishery	281	1050	9091	1857	1755	1127
采矿业	Mining	195	1422	3209	1227	11060	3956
制造业	Manufacturing	7548	19565	7412	2347	49178	40723
建筑业	Construction	52	459	617	14	1448	1276
交通运输、仓储和邮政业	Transport, Storage and Post	7737	12279	42177	38030	20006	16352
批发和零售业	Wholesale and Retail Trades	71021	137524	1144543	1042064	612933	550997
住宿餐饮业	Hotels and Catering Services	15610	47923	313582	28125	207382	186634
居民服务和其他服务业	Services to Households and Other Services	12122	26138	174437	160370	46227	41089
其他行业	Others	3961	8970	139442	135101	112524	109760

15-8 城乡私营企业基本情况(2010年)

Basic Statistics of Private Enterprises in Urban and Rural Areas(2010)

单位：个、万元 (unit, 10 000 yuan)

项目	Item	合计 Total		#独资 Funded		#城镇 Urban	
		单位数 Number of Enterprises	注册资金 Registered Capital	单位数 Number of Enterprises	注册资金 Registered Capital	单位数 Number of Enterprises	注册资金 Registered Capital
合　计	**Total**	**14886**	**3978181**	**2090**	**118638**	**11597**	**2981859**
农、林、牧、渔业	Agriculture, Forestry, Animal Husbandry and Fishery	771	127085	165	12877	319	70335
采矿业	Mining	468	235683	135	9999	263	185091
制造业	Manufacturing	2015	822924	460	30901	1155	489036
建筑业	Construction	869	392119	29	835	764	363562
交通运输、仓储和邮政业	Transport, Storage and Post	275	35992	21	687	226	28627
批发和零售业	Wholesale and Retail Trades	5670	1166276	380	17157	4774	871422
住宿餐饮业	Hotels and Catering Services	730	85897	163	15628	664	83213
居民服务和其他服务业	Services to Households and Other Services	908	68412	150	7083	730	51559
其他行业	Others	826	183325	128	3347	724	158385

15-9 零售业和餐饮业连锁经营情况综合表(2010年)
Statistics on Chain Business of Retail Trade and Catering Services(2010)

单位：个、人、万元　　　　(unit，person，10 000 yuan)

指标	Item	连锁总店数 Number of General Chain Stores	门店数 Number of Branch Stores	年末从业人员数 Engaged Persons	连锁门店商品购进总额 Total Purchases Value of Branch Stores	统一配送商品购进额 Centralized Purchase and Delivery	连锁门店商品销售额(营业额) Sales of Commodities of Branch Stores (Turnover)
总　计	**Total**	**15**	**106**	**5051**	**113104**	**84506**	**147758**
零售业	**Retail Trade**	**11**	**94**	**4308**	**110253**	**84506**	**142064**
按零售行业小类分组	**By Subdivision Sector**						
综合零售	Integrated Retail	5	43	3071	75570	51966	103238
纺织、服装及日用品专门零售	Special Retail of Textiles, Garments and Daily Consumer Articles	2	10	727	3002	3002	4311
医药及医疗器材专门零售	Retail of Medicines and Medical Appliances	3	37	328	8089	5945	8901
家用电器及电子产品专门零售	Retail of Motor Vehicles, Motorcycles,	1	4	182	23593	23593	25614
按登记注册类型分组	**By Status of Registration**						
内资企业	Domestic Funded Enterprises	11	94	4308	110253	84506	142064
股份合作企业	Cooperative Enterprises	1	32	886	18506	18506	17484
有限责任公司	Limited Liability Corporations	7	50	2247	69943	44195	88563
其他有限责任公司	Other Limited Liability Corporations						
股份有限公司	Share-holding Corporations Ltd.	1	2	448	18803	18803	31706
私营企业	Private Enterprises	2	10	727	3002	3002	4311
私营有限责任公司	Private Limited Liability Corporations	2	10	727	3002	3002	4311
按控股情况分组	**By Share Holding Condition**						
集体控股	Controlling Share by Collective	1	3	908	24188	584	32850
私人控股	Private Holding	3	13	1100	11880	9736	12110
其他	Others	7	78	2300	74186	74186	97104
按零售业态分组	**By Retail Trade Business Categories**						
便利店	Convenience Store	1	32	886	18506	18506	17484
超市	Supermarket						
大型超市	Hypermarket	2	4	735	25014	25014	44668
百货商店	Department Store	1	3	908	24188	584	32850
专业店	Specialty Store	6	50	1689	40402	40402	45096
专卖店	Franchised Store	1	5	90	2144		1967
餐饮业	**Catering Services**	**4**	**12**	**743**	**2850**		**5694**
按餐饮行业中类分组	**By Sector**						
正餐服务	Restaurant Services	4	12	743	2850		5694
快餐服务	Fast Food Services						
按登记注册类型分组	**By Status of Registration**						
内资企业	Domestic Funded Enterprises	4	12	743	2850		5694
私营企业	Private Enterprises	4	12	743	2850		5694
私营有限责任公司	Private Limited Liability Corporations	3	7	671	2765		5508
私营股份有限公司	Private Share-holding Corporations Ltd.	1	5	72	85		186
按控股情况分组	**By Share Holding Condition**						
私人控股	Private Holding	4	12	743	2850		5694
按餐饮活动分组	**By Catering Activity**						
正餐	Restaurant	4	12	743	2850		5694
快餐	Fast Food						

15−10 商品交易市场情况(2010年)
Statistics on Commodity Exchange Markets(2010)

单位：个、平方米、万元 (unit，sq.m，10 000 yuan)

指标	Item	市场数 Number of Markets	总摊位数 Number of Booths	营业面积 Operating Area	成交额 Turnover
总 计	**Total**	**11**	**7512**	**455253**	**315771**
按市场类别分组	**By Markets Category**				
综合市场	**Integrated Markets**	**2**	**852**	**237853**	**68310**
生产资料综合市场	Production Comprehensive Market	1	335	116203	50526
其他综合市场	Other Comprehensive Markets	1	517	121650	17784
专业市场	**Special Markets**	**9**	**6660**	**217400**	**247461**
生产资料市场	Production Markets	1	22	1000	2463
金属材料市场	Metal Materials Markets	1	22	1000	2463
农产品市场	Farm Produce Markets	2	2528	139200	137750
粮油市场	Grain and Oil Markets	1	528	39200	69660
蔬菜市场		1	2000	100000	68090
食品、饮料及烟酒市场		1	223	6149	18000
其他食品饮料及烟酒市场		1	223	6149	18000
纺织、服装、鞋帽市场	Textiles, Clothing, Shoes and Hats Markets	2	2998	22813	51589
其他纺织服装鞋帽市场	Others	2	2998	22813	51589
家具、五金及装饰材料市场	Furniture, Hardware and Decoration Materials Markets	1	568	25000	21159
装饰材料市场	Decoration Materials Markets	1	568	25000	21159
汽车、摩托车及零配件市场	Cars, Motorcycles and Spare Parts Markets	2	321	23238	16500
汽车市场	Cars Markets	2	321	23238	16500
按营业状态分组	**By Operating Status**				
常年营业	Perennial Operation	10	5182	440253	279611
其他	Others	1	2330	15000	36160
按经营方式分组	**By Operation Mode**				
以批发为主	Wholesale as the Main Mode	8	6151	316552	278058
以零售为主	Retail as the Main Mode	3	1361	138701	37713
按经营环境分组	**By Business Environment**				
露天式	Open Air	3	2357	217203	121079
封闭式	Closed	7	4587	213050	173533
其他	Others	1	568	25000	21159

主要统计指标解释

社会消费品零售总额 指批发和零售业、餐饮业、新闻出版业、邮政业和其他服务业等,售予城乡居民用于生活消费的商品和社会集团用于公共消费的商品之总量。社会消费品零售总额包括:

一、批发和零售业企业(单位)售予城乡居民用于生活消费和社会集团用于公共消费的商品。包括:

1. 售予城乡居民的各种生活消费品;

2. 售予入境旅游的外国人、华侨、港澳台同胞的各类商品;

3. 售予行政事业单位、社会团体、军队和武警等机构的商品,以及以零售方式售予各类企业的商品。具体包括:用于非生产和社会交往的办公用品,如通讯设备、计算器具和设备、电讯网络设备、文印设备、音像视听器材和设备、纸张、本册、文具及装订文印材料、家具、日用电器、针纺织品、清洁卫生用品、文体用品、奖品、纪念品、礼品等;供内部人员乘坐的交通工具和燃料;用于办公设施修缮的各类配件、材料、工具等;用于取暖和防暑降温的设备、燃料、材料及食品等;专用于教学的用品和设备;非营利医疗机构的中、西药品、中药材和医疗设备器材;非专用的劳动保护用品;不对外营业的内部食堂用的餐具、炊具、设备、清洁卫生工具和食品、燃料等;军队、武警用于其人员生活的衣着品和个人用品;其他各类非生产性设备和用品。

二、餐饮业出售的主食、菜肴、烟酒饮料和其他商品。

三、新闻出版业、邮政业售予城乡居民、企事业单位、军队和武警等机构的书报杂志、音像制品、邮品等。

四、其他服务业出售的食品、烟酒饮料、服装鞋帽、日常生活用品、医药保健用品、艺术品、工艺美术品、玩具、殡葬用品以及其他消费品。

批发和零售业商品购进、销售、库存总额 指各种登记注册类型的批发和零售业企业(单位)以本企业(单位)为总体的,从国内、国外市场购进的商品总量,销售和出口的商品总量、库存的商品总量等情况。该指标可以反映商品流转过程中商品的购进、销售、库存之间的比例关系和存在的问题。

购进总额 指从本企业(单位)以外的单位和个人购进(包括从境外直接进口)作为转卖或加工后转卖的商品总额。它反映批发和零售业从国内、国外市场上购进商品的总量。商品购进包括:(1)从工农业生产者购进的商品;(2)从出版社、报社的出版发行部门购进的图书、杂志和报纸;(3)从各种登记注册类型的批发和零售业企业(单位)购进的商品;(4)从其他单位购进的商品,如从机关、团体、企业等单位购进的剩余物资,从住宿和餐饮业、其他服务业购进的商品,从海关、市场管理部门购进的缉私和没收的商品,从居民手中收购的废旧商品等;(5)从国(境)外直接进口的商品。不包括企业(单位)为自身经营用和未通过买卖行为而收入的商品以及销售退回、商品升溢等。

销售总额 指对本企业(单位)以外的单位和个人出售(包括对境外直接出口)的商品总额。它反映批发和零售业在国内市场上销售商品以及出口商品的总量。商品销售包括:(1)售给城乡居民和社会集团消费用的商品;(2)售给工业、农业、建筑业、运输邮电业、批发和零售业、住宿和餐饮业、其他服务业等作为生产、经营使用的商品;(3)售给批发和零售业作为转卖或加工后转卖的商品;(4)对国(境)外直接出口的商品。不包括出售本企业(单位)自用的废旧包装用品,未通过买卖行为付出的商品,经本单位介绍、由买卖双方直接结算、本单位只收取手续费的业务,购货退出的商品以及商品损耗和损失等。

库存总额 指报告期末各种登记注册类型的批发和零售业企业(单位)已取得所有权的商品。它反映批发和零售业企业(单位)的商品库存情况和对市场商品供应的保证程度。商品库存包括:(1)存放在批发和零售业经营单位(如门市部、批发站、经营处)仓库、货场、货柜和货架中的商品;(2)挑选、整理、包装中的商品;(3)已记入购进而尚未运到本单位的商品,即发货单或银行承兑凭证已到而货未到的商品;(4)寄放他处的商品,如因购货方拒绝承付而暂时存放在购货方的商品和已办完加工成品收回手续而未提回的商品;(5)委托其他单位代销(未作销售或调出)尚未售出的商品;(6)代其他单位购进尚未交付的商品。不包括所有权不属于本单位的商品、委托外单位加工生产尚未收回成品的商品、外贸企业代理其他单位从国外进口尚未付给订货单位的商品、代国家物资储备部门保管的商品等。

住宿和餐饮业营业额 指住宿和餐饮业法人企业(单位)在经营活动中因提供服务或销售商品等取得的收入。包括:客房收入、餐费收入、商品销售额和其他收入。客房收入指住宿和餐饮业法人企业(单位)在经营活动中因提供住宿服务取得的收入。餐费收入指住宿和餐饮业法人企业、(单位)因为顾客提供就餐服务取得的收入,包括经烹饪、调制加工后出售的各种食品,如主食、炒菜、凉拌菜等的收入。商品销售额指住宿和餐饮业法人企业(单位)伴随服务而出售商品所取得的收入(含增值税)。其他收入指营业收入中除客房收入、餐费收入、商品销售额以外的其他收入,包括娱乐、健身和商务服务等。

Explanatory Notes on Main Statistical Indicators

Total Retail Sales of Consumer Goods refer to the sum of retail sales of commodities sold by wholesale and retail trades, catering services, publishing, post and telecommunications and other service industries to urban and rural households for household consumption and to social institutions for public consumption. Retail sales of consumer goods include:

1) Sales sold by wholesale and retail trades to urban and rural households for household consumption and to social institutions for public consumption.

a) of commodities to urban and rural households;

b) of commodities to foreigners, overseas Chinese and Chinese compatriots from Hong Kong, Macao and Taiwan visiting China;

c) of commodities to government agencies, institutions, social organizations, military and armed police units, and commodities to enterprises in the form of retail sales. More specifically, they include: office facilities and articles for non – production purposes such as communications equipment, computing equipment and instruments, TV and network equipment, printing and copying equipment, audio – visual equipment and instruments, paper, notebooks, stationeries, furniture, electric appliances, knitwear, sanitation and cleaning articles, cultural and sport articles, articles for prizes, souvenirs, etc.; transport vehicles and fuels for employees; materials, spare parts and tools for the maintenance of office facilities; equipment, fuels, materials and food for winter heating or summer cooling purposes; articles and equipment for teaching purpose; Chinese and western medicines and medical equipment and facilities purchased by non profit – making medical institutes; non – specialized work safety articles; cooking utensils, tableware, equipment, cleaning articles, food and fuels purchased by in – house cafeterias; clothes and personal articles purchased by military or armed police units for their officials and soldiers; and other equipment and articles for non – production purposes.

2) Sales of stable food, cooked dishes, beverages, tobaccos and other articles by catering units.

3) Sales of books, newspapers, magazines, audio – visual products and post products by publishing, post and telecommunications departments to urban and rural households and to enterprises, institutions, military and armed police units.

4) Sales of food, beverages, tobaccos, clothing, hats, footwear, articles for daily use, medicines, medical and health articles, work of art, handicrafts, toys, funeral articles and other articles by other service industries.

Purchase, Sales and Stock of Commodities by Wholesale and Retail Trades refer to the total volume of commodities purchased, total volume of sales and exports, and the stock of commodities by wholesale and retail enterprises (establishments) of different status of registration from domestic and overseas markets. This indicator reflects the relationship among purchase, sales and stock of commodities in the circulation of goods and reveals the existing problems.

Total Purchases of Commodities refer to the total value of purchases of commodities by enterprises (establishments) from other establishments or individuals (including direct import from abroad) for the purpose of re – selling, either with or without further processing of the commodities purchased. This indicator is used to show the total value of purchases of commodities by wholesale and retail establishments from domestic and overseas markets. The purchases include: (1) agricultural and industrial products purchased from producers; (2) books, magazines and newspapers purchased from distribution departments of the publishers; (3) commodities purchased from wholesale and retail establishments of different status of registration; (4) commodities purchased from other units, such as surplus materials purchased from government agencies, enterprises or institutions, commodities purchased from hotels and catering services establishments, confiscated goods purchased from customs authorities or market management agencies, second – hand goods and wastes purchased from residents; and (5) commodities directly imported from abroad. Excluded are commodities purchased by enterprises (establishments) for use in their own business operation, commodities obtained without buying or selling procedures, rejected commodities, etc.

Total Sales of Commodities refer to value of commodities sold by the establishments to other establishments and individuals (including direct export to abroad). This indicator is used to show the total value of sales of commodities at domestic markets and export. The sales include: (1) commodities sold to urban and rural residents and social groups for their consumption; (2) commodities sold to establishments in industry, agriculture, construction, transportation, post and telecommunications, wholesale and retail trades, hotels and catering services, and public utility for their production and operation; (3) commodities sold to wholesale and retail establishments for re – selling, with or without further processing; and (4) commodities for direct export to abroad. Excluded are selling of waste packaging materials used by the establishments (units) themselves, commodities transferred without buying or selling procedures, commission income from brokerage in transactions for which settlement is directly handled by buyers and sellers, rejected commodities in the purchase, loss in commodities, etc.

Total Stock of Commodities refers to total commodities possessed by wholesale and retail enterprises (units) of various types of registration status at the end of the reference period, reflecting the commodity stock level of various wholesale and retail enterprises and the potential for market supply. It includes: (1) commodities located in storage, garages, counters, and shelves of operating units (such as sale stores, wholesale centres, and operating offices) of wholesale and retail enterprises; (2) commodities in the process of being selected, sorted, and packed; (3) commodities not arrived but recorded as purchase in the account, i. e. commodities not arrived but payment receipts for the commodities from the sellers or the banks arrived; (4) commodities deposited in other places rather than places mentioned above, for instance: commodities in the hold of purchasers temporarily due to the refusal of payment and commodities not taken back after going through the formalities; (5) commodities entrusted to other units to sell but not sold yet; (6) commodities purchased for other units but not delivered yet. Commodities not included as stock are those not owned by the enterprises (units), commodities on commission for processing but not yet delivered, imported commodities of agency of foreign trade enterprise but not yet delivered to ordering units and finally those put in stock on behalf of the state material reserves units.

Business Revenue of Hotels and Catering Services refers to revenue received from providing services or selling commodities by corporate enterprises and establishments engaged in hotels and catering services, including income from hotels, from catering services, from selling of commodities and from other services. Income from hotels refers to income of corporate enterprises and establishments engaged in hotels and catering services by providing lodging services. Income from catering services refers to income of corporate enterprises and establishments engaged in hotels and catering services by providing catering services, including selling of cooked or prepared foods such as staple food, cooked dishes or cold dishes. Income from selling of commodities refers to income of corporate enterprises and establishments engaged in hotels and catering services by selling commodities (including value – added tax) that accompany the services they provide. Income from other activities refers to income received other than income from hotels, catering services or selling of commodities, such as income from providing recreation, fitness or business services.

对外经济贸易和旅游

Foreign Trade , Economic Cooperation and Tourism

第16篇

CHAPTER 16

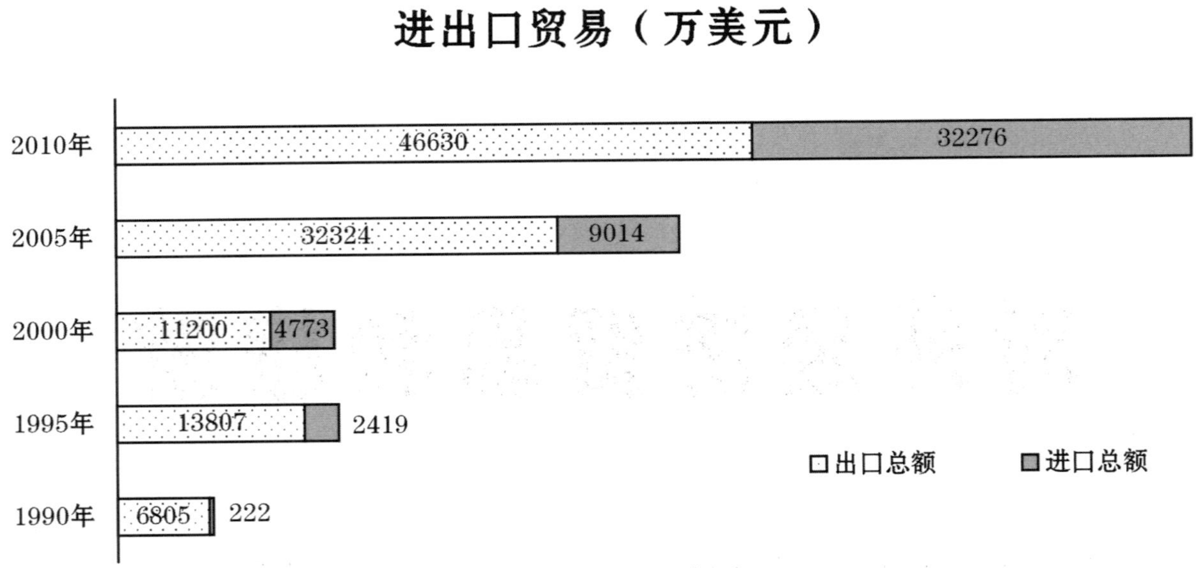
进出口贸易（万美元）
2010年
46630
32276
2005年
32324
9014
2000年
11200
4773
1995年
13807
2419
1990年
6805
222
出口总额
进口总额

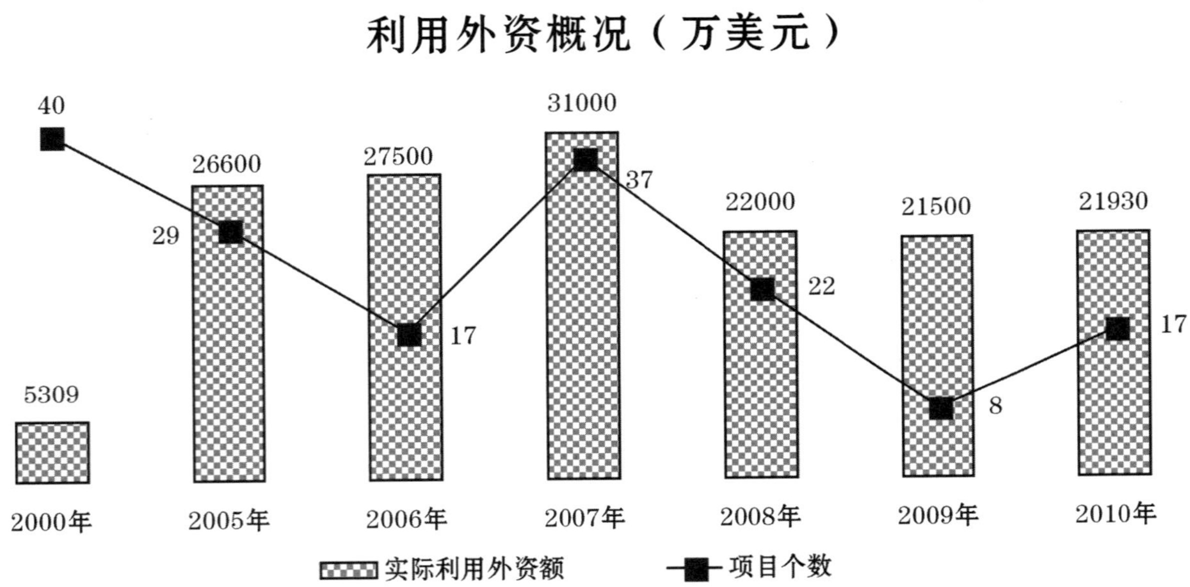
利用外资概况（万美元）
40
5309
2000年
26600
29
2005年
27500
17
2006年
31000
37
2007年
22000
22
2008年
21500
8
2009年
21930
17
2010年
实际利用外资额
项目个数

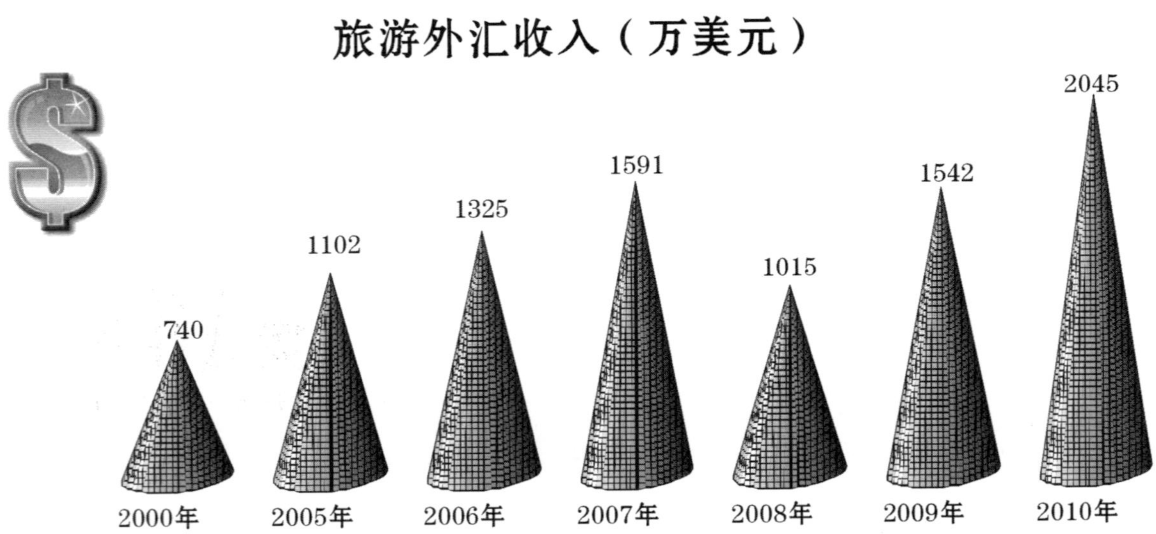
旅游外汇收入（万美元）
740
2000年
1102
2005年
1325
2006年
1591
2007年
1015
2008年
1542
2009年
2045
2010年

16-1 主要年份进出口贸易总额
Total Value of Imports and Exports in Main Years

单位：万美元 (USD 10 000)

年份 Year	进出口总额 Total Value of Imports and Exports	进口总额 Total Exports	出口总额 Total Imports
1985	3411	1288	2123
1986	4320	1677	2643
1987	5142	1127	4015
1988	5384	826	4558
1989	6488	639	5849
1990	7027	222	6805
1991	7791	240	7552
1992	10399	1356	9043
1993	12442	2268	10174
1994	14331	1981	12350
1995	16226	2419	13807
1996	22497	9017	13480
1997	16476	4036	12440
1998	11405	974	10431
1999	10785	2099	8686
2000	15973	4773	11200
2001	20490	5577	14913
2002	19671	4562	15109
2003	33913	6526	27387
2004	57551	12075	45476
2005	41338	9014	32324
2006	65175	11752	53422
2007	61207	22616	38591
2008	68847	26972	41875
2009	58590	33491	25099
2010	78906	32276	46630

16–2 2009－2010年海关进口主要商品量值表

Total Amount and Value of Major Import Commodities by Customs(2009－2010)

金额单位：万美元 (USD 10 000)

商品名称	Item	2009 数量 Volume	2009 金额 Value	2010 数量 Volume	2010 金额 Value
天然橡胶(包括乳胶) (吨)	Natural Rubber (including Latex) (ton)	146	16		
氧化铝 (吨)	Aluminum Oxide (ton)	648955	17768	418260	13521
液泵及液体提升机 (台)	Liquid Pump and Liquid Elevator (set)	28	176	46	204
机械提升搬运装卸设备及零件	Mechanical Handling Equipment and Parts	3	5	10004	149
建筑及采矿用机械及零件	Construction and Mining Machinery and Parts	20			
纺织机械及零件	Textile Machinery	122	421	139	1930
金属加工机床 (台)	Machine Tools (set)	5	661	28	2621
阀门 (套)	Valves (set)	132	280	292	405
自动数据处理设备及其部件 (台)	Automatic Data Processing Machines and Components (set)			2	118
发电机组及旋转式变流机 (台)	Electrical Generators and Circles Converters(set)			2	1047
通断及保护电路装置 (个)	Electrical Apparatus for Switching or Protecting Electrical Circuits (unit)	301	180	1801	126
二极管、晶体管及类似半导体 (个)	Diode and Semi Conductors (unit)				
汽车及汽车地盘 (辆)	Motor Vehicles and Chassis (unit)			1	71
医疗仪器及器械	Medical Instruments and Appliances			69	4
计量监测分析自控仪器及器具	Measurement of Self-control Monitoring and Analysis Instruments and Apparatus	521	322	159	162
冷冻机和制冷设备 (台)	Compressors for Refrigerating Equipment (set)	1	1		
制造纸及纸制品用机械	Paper and Paper Products Manufacturing Machinery				
金属冶炼铸造设备及零件	Metal Smelting Foundry Equipment and Parts	5525	687	24043	844
数字式自动数据处理设备 (台)	Digital Automatic Data Processing Equipment(set)			2	118.0
电动机及发电机 (台)	Electric Motors and Generators (set)	6			

注：表中无计量单位的商品，原因是计量单位不统一，数量值为参考值。

a) Some goods without unit of measurement in this table are due to nonuniform unit of measurement, the number value is reference value.

16-3 2009-2010年海关出口主要商品量值表

Total Amount and Value of Major Export Commodities by Customs(2009 – 2010)

金额单位：万美元 (USD 10 000)

商品名称	Item	2009 数量 Volume	2009 金额 Value	2010 数量 Volume	2010 金额 Value
硅 (吨)	Silicon (ton)	2556	440	5012	1135
硅铁 (吨)	Ferro-silicon (ton)	73666	8426	148150	20655
活牛 (头)	Live Beef (head)	51670	14	62100	17
氯化镁 (吨)	Magnesia (ton)	2610	21	4374	30
镁 (吨)	Magnesium (ton)	369	90	461	120
干豆 (吨)	Dried Beans (ton)	964	69	1986	162
未锻造的铝及铝材 (吨)	Unwrought Aluminum and Rolled Aluminum (ton)			141	40
地毯 (万平方米)	Carpets (10 000 sq.m)	401	2525	621	3753
钢材 (吨)	Rolled Steel (ton)	549	98	2265	225
人造花 (吨)	Artificial Flowers (ton)	5	5	6	2
汽车零件	Parts of Motor Vehicles	1772635	449	3611362	848
绵羊肠衣 (吨)	Sheep Casings (ton)	46	161	14	61
铅 (吨)	Lead (ton)				
山羊绒 (吨)	Cashmere (ton)	58	454	110	999
碳化硅 (吨)	Carborundum (ton)	5855	393	8185	943
铣床 (台)	Milling Machine (set)				
鞋 (万双)	Shoes (10 000 pairs)	1	8		
针织或钩编的服装 (万件)	Garments, Knitted or Crocheted (10 000 unit)	669	4347	129	1086
织物制服装 (万件)	Clothing Made by Fabric (10 000 unit)	756	4769	624	5751
药材 (吨)	Medical Materials (ton)	12	55	76	738
纺织纱线、织物及制品	Textile Yarn, Fabrics and Related Products	15872873	4875	21858095	7423
玻璃制品	Glass Products	2050524	231	2574568	256
皮革手套 (万双)	Leather Gloves (10 000 pairs)	223	112	248	127
塑料制品 (吨)	Plastic Articles (ton)	41	23	82	29

16-4　2009－2010年海关按国别(地区)分出口总值

Total Value of Export by State and Region From the Customs (2009－2010)

单位：万美元　　　　(USD 10 000)

国　家(地区)	Country (Region)	2009	2010
亚　洲	**Asia**		
孟加拉国	Bangladesh	25.94	9.61
中国香港	Hong Kong, China	3148.80	3322.43
印　度	India	97.88	157.01
印度尼西亚	Indonesia	129.28	63.21
伊　朗	Iran	158.54	197.29
以色列	Israel	194.47	225.68
日　本	Japan	7399.81	16348.76
约　旦	Jordan	9.42	56.94
科威特	Kuwait	2.03	52.67
老　挝	Laos	28.03	66.40
黎巴嫩	Lebanon	2.94	6.71
马来西亚	Malaysia	501.52	425.06
阿　曼	Oman	19.73	1.70
巴基斯坦	Pakistan	2177.02	3334.41
菲律宾	Philippines	16.54	58.91
沙特阿拉伯	Saudi Arabia	1281.31	1214.46
新加坡	Singapore	577.30	199.42
韩　国	Korea Rep.	1446.57	4867.99
斯里兰卡	Sri Lanka	16.40	13.99
泰　国	Thailand	327.99	1093.81
土耳其	Turkey	196.87	438.48
阿联酋	United Arab Emirates	387.69	721.78
也门共和国	Republic of Yemen	58.63	
越　南	Vietnam		88.60
中国台湾	Taiwan, China	498.65	674.07
非　洲	**Africa**		
阿尔及利亚	Algeria	6.04	11.80
埃　及	Egypt	91.72	226.84
尼日利亚	Nigeria	12.48	34.25
南非(阿扎尼亚)	South Africa	76.49	300.13
欧　洲	**Europe**		
比利时	Belgium	150.68	168.02
丹　麦	Denmark		41.25
英　国	United Kingdom	929.99	934.42
德　国	Germany	839.76	1997.05
法　国	France	180.64	187.07
意大利	Italy	256.14	683.89
荷　兰	Netherlands	557.86	405.87
希　腊	Greece	29.36	189.17
葡萄牙	Portugal		23.63
西班牙	Spain	211.98	385.94
奥地利	Austria		8.50
芬　兰	Finland	12.72	18.06
挪　威	Norway		24.44
波　兰	Poland	21.52	53.51
罗马尼亚	Romania	5.90	5.70
瑞　典	Sweden	13.71	30.83
瑞　士	Switzerland	4.59	13.32
俄罗斯	Russia	76.38	485.00
乌克兰	Ukraine	21.59	94.68
斯洛文尼亚	Slovenia	62.94	20.92
捷　克	Czech	2.84	34.46
拉丁美洲	**Latin America**		
阿根廷	Argentina	43.42	83.81
巴　西	Brazil	39.64	118.68
智　利	Chile	66.17	85.96
哥伦比亚	Colombia	16.68	
古　巴	Cuba		9.31
多米尼加共和国	Dominica Rep.		
厄瓜多尔	Ecuador		10.06
委内瑞拉	Venezuela		8.47
危地马拉	Guatemala	3.45	4.73
墨西哥	Mexico	162.71	284.98
巴拿马	Panama	83.96	593.83
秘　鲁	Peru	190.86	164.75
波多黎各	Puerto Rico		
萨尔瓦多	El Salvador	2.03	16.00
北美洲	**North America**		
加拿大	Canada	80.76	280.02
美　国	United States	1534.57	3118.51
大洋洲及太平洋岛屿	**Oceanic and Pacific Islands**		
澳大利亚	Australia	315.16	253.29
新西兰	New Zealand	82.43	112.27

16–5 主要年份利用外资概况

Utilization of Foreign Capital in Main Years

单位：万美元 (USD 10 000)

年 份 Year	外商直接投资 Foreign Direct Investment 项 目(个) Number of Projects (unit)	合同利用外资额 Total Amount of Contracted Foreign Investment	实际利用外资额 Total Amount of Foreign Investment Actually Utilized
1985	4	318.0	108.3
1991	2	19.0	13.0
1992	11	399.0	191.1
1993	54	4300.0	899.8
1994	19	2143.5	964.5
1995	28	5447.0	1064.0
1996	18	2799.0	1113.6
1997	22	7284.0	2179.0
1998	24	12583.0	5065.7
1999	15	2821.0	2670.5
2000	40	15312.0	5309.0
2001	47	15961.0	5586.0
2002	32	21268.4	11380.4
2003	44	35767.0	19167.0
2004	52	35330.0	22500.0
2005	29	35562.0	26600.0
2006	17	40608.3	27500.0
2007	37	41601.3	31000.0
2008	22	30898.6	22000.0
2009	8	30835.4	21500.0
2010	17	31658.0	21930.0

16–6　2007－2010年按行业分外商直接投资合同外资额

Foreign Direct Investment by Sector(2007－2010)

行　业	Sector	项　目(个) Number of Projects (unit)				金　额(万美元) Value (USD 10 000)			
		2007	2008	2009	2010	2007	2008	2009	2010
总计	**Total**	**37**	**22**	**8**	**17**	**41601**	**30899**	**30835**	**31658**
农、林、牧、渔业	Agriculture, Forestry, Animal Husbandry and Fishery	2	4	2	1	3807	1513	1113	57
采掘业	Mining	1	1	1	1	5187	44	500	439
制造业	Manufacturing	17	6	1	4	16665	4952	12	587
电力、煤气及水的生产和供应业	Production and Supply of Electricity, Gas and Water	2	2	1	4	7549	290	900	804
建筑业	Construction		1				2999		
交通运输、仓储和邮政业	Transport, Storage and Post								
住宿和餐饮业	Hotels and Catering Services	3	3	1	3	30	1472	4	7
房地产业	Real Estate	2				2639			
租赁和商务服务业	Leasing and Business Services				1				3
科学研究、技术服务和地质勘查业	Scientific Research, Technical Service and Geologic Prospecting		1	2	1		9	25799	804
水利、环境和公共设施管理业	Management of Water Conservancy, Environment and Public Facilities	1	1			112	3500		
居民服务和其他服务业	Services to Households and Other Services	9	3		1	5612	2911		17383
卫生体育和社会福利业	Health, Social Security and Social Welfare				2				366
其　　他	Others						13209	2507	11211

注：其他是上年项目续建金额。

a) Others Means the Amount of Continued Construction Projects of the Previous Year.

16-7 2007－2010年利用外资额(按方式和国别分)
Utilization of Foreign Capital (by Method and Country) (2007－2010)

单位：万美元 (USD 10 000)

指　标	Item	合同数(个) Number of Projects (unit)				外方直接投资合同金额 Contracted Value of Foreign Direct Investment			
		2007	2008	2009	2010	2007	2008	2009	2010
总计	**Total**	**37**	**22**	**8**	**17**	**41601**	**30899**	**30835**	**31658**
按投资方式分组	**By Form**								
合资经营企业	Equity Joint Venture	21	11	3	9	14891	19282	26859	2130
合作经营企业	Contractual Joint Venture	4	1	1		2644	747	63	1076
外资企业	Wholly Foreign-owned Enterprise	12	10	4	8	19158	10870	1406	28452
股份制	FDI Shareholding Inc.					4908			
其　它	Others							2507	
按投资国别(地区)分组	**By Country or Region**								
亚　洲	**Asia**	**26**	**17**	**5**	**9**	**24855**	**17325**	**27422**	**19975**
中国香港	Hong Kong, China	20	13	5	8	24643	12376	27422	19918
印度尼西亚	Indonesia								
马来西亚	Malaysia	1				2			
韩　国	Republic of Korea	1	1			10	10		
日　本	Japan		1		1		44		57
新加坡	Singapore		2				4895		
泰　国	Thailand								
欧　洲	**Europe**	**6**	**1**	**1**	**4**	**1574**	**72**	**4**	**406**
德　国	Germany	1			1	2			73
荷　兰	Netherlands		1				1		
英　国	United Kingdom	3		1		1560	61	4	
法　国	France						10		
瑞　士	Switzerland	1			1	12			3
美　洲	**North America**	**6**	**1**	**2**	**4**	**15172**	**13002**	**902**	**66**
加拿大	Canada	1				391	501		
美　国	United States	2	1	1	3	7922	3021	2	7
维尔京群岛	Virgin Islands	3		1	1	6859	9480	900	59
大洋洲及太平洋诸岛	**Oceanic and Pacific Islands**		**1**				**1**		
澳大利亚	Australia								
新西兰	New Zealand		1				1		
其他(外商投资企业再投资)	**Others**		**2**				**499**	**2507**	**11211**

16-8 2006-2010年旅游事业发展情况
Development of Tourism (2006-2010)

指 标	Item	2006	2007	2008	2009	2010
年末旅行社数 （个）	**Number of Travel Agencies (unit)**	**155**	**183**	**198**	**198**	**188**
国际旅行社	International Travel Agencies	17	18	20	20	7
国内旅行社	Domestic Travel Agencies	138	165	178	178	181
年末旅行社从业人员 （人）	**Engaged Persons of Travel Agencies (person)**	**1730**	**1880**	**1900**	**1940**	**1551**
国际旅行社	International Travel Agencies	440	465	469	484	200
国内旅行社	Domestic Travel Agencies	1290	1415	1431	1456	1351
星级饭店总数 （个）	**Number of Star-rated Hotel (unit)**	**96**	**106**	**117**	**119**	**122**
旅游人次合计 （万人次）	**Number of Tourists (10 000 persons-time)**	**815**	**1002**	**905**	**1109**	**1226**
国际旅游者	Number of Overseas Visitor Arrivals	4	5	3	4	5
外国人	Foreigners	3	4	2	3	3
港、澳、台湾同胞	Chinese Compatriots From Hong Kong、Macao and Taiwan	1	1	1	1	2
国内旅游者	Number of Domestic Visitors	810	997	902	1105	1221
旅游总收入 （亿元）	**Total Tourism Earnings (100 million yuan)**	**36**	**47**	**48**	**60**	**71**
国内旅游收入 （亿元）	Earnings from Domestic Tourism (100 million yuan)	35	46	47	59	70
国内旅游者人均花费 （元）	Per Capita Expenditure from Domestic Tourism (yuan)	427	461	517	535	573
国际旅游外汇收入（万美元）	Foreign Exchange Earnings from International Tourism (10 000 USD)	1325	1591	1015	1542	2045
国际旅游人均花费 （美元）	Per Capita Expenditure from International Tourism (USD)	314	318	338	427	409

注：2010年旅行社及从业人员数统计口径调整，与往年不可比。
a) The statistical caliber of travel agencies and engaged persons in 2010 were adjusted, so data are not comparable with previous years.

16–9 2007–2010年接待外国旅游人数(按国别分)

Number of Oversea Visitor Arrivals by Country(2007–2010)

单位：人次 (person-time)

国家(地区)	Country(Region)	2007	2008	2009	2010
总 计	**Total**	**36226**	**20591**	**24699**	**33925**
亚洲小计	**Total Asia**	**23638**	**8728**	**10828**	**15382**
日 本	Japan	16338	3889	3611	6720
韩 国	Republic of Korea	3969	2201	1802	2467
蒙 古	Mongolia	20	189	52	
印度尼西亚	Indonesia	25	42	384	
马来西亚	Malaysia	498	479	1281	1341
菲律宾	Philippines	76	99	278	
新加坡	Singapore	2177	577	1340	2774
泰 国	Thailand	322	406	441	
印 度	India	35	43	237	
缅 甸	Myanmar		131	25	
越 南	Viet Nam	12	62	129	
朝 鲜	Korea DPR	63	120	31	
巴基斯坦	Pakistan	31	43	443	
其 他	Others	72	447	774	
欧洲小计	**Total Europe**	**5755**	**6256**	**7318**	**10255**
英 国	United Kingdom	1729	1324	1465	2169
法 国	France	1389	1216	1380	1758
德 国	Germany	961	1810	2621	3687
意大利	Italy	489	322	460	
瑞 典	Sweden	139	148	59	
瑞 士	Switzerland	294	543	348	
荷 兰	Netherlands				
俄罗斯	Russia	237	316	333	
西班牙	Spain	55	205	123	
其 它	Others	453	372	529	
美洲小计	**Total America**	**5611**	**3905**	**3867**	**5811**
美 国	United States	4840	3161	3001	4529
加拿大	Canada	683	702	731	1140
其 它	Others	88	42	135	
大洋洲小计	**Total Oceanic**	**737**	**1238**	**1739**	**1374**
澳大利亚	Australia	484	1174	1247	1017
新西兰	New Zealand	145	55	420	
其 它	Others	108	9	72	
非洲小计	**Total Africa**	**29**	**230**	**179**	**204**
其 它	**Others**	**456**	**234**	**768**	**899**

16-10 进入青海省自驾车量及排名(2010年)
Volume and Rank of Cars of Self-driving Tourists (2010)

车源地	Car Source	自驾车数量（辆）Volume (unit)	同比增减（±%）Increase or Decrease in the Same Period Last Year (±%)	排名 Rank
合计	**Total**	**279468**	**9.60**	
甘肃	Gansu	71813	-19.50	1
陕西	Shaanxi	25501	3.40	2
宁夏	Ningxia	22246	-8.90	3
四川	Sichuan	21259	14.50	4
北京	Beijing	14742	33.90	5
河南	Henan	14119	32.70	6
内蒙古	Inner Mongolia	13909	24.70	7
新疆	Xinjiang	10633	25.10	8
西藏	Tibet	10542	24.10	9
山西	Shanxi	8397	32.30	10
重庆	Chongqing	6321	25.80	11
其他	Others	60004	62.20	

16-11 星级饭店基本信息(2010年)
Basic Conditions of Star-rated Hotel (2010)

指标	Item	星级饭店（个）Number of Star-rated Hotel (unit)	客房数（间）Number of Rooms (unit)	床位数（张）Number of Beds (unit)	从业人数（人）Employed Persons (person)
合计	**Total**	**122**	**11294**	**21415**	**10423**
五星级	Five-star Hotel	2	766	1226	906
四星级	Four-star Hotel	13	1788	3208	2926
三星级	Three-star Hotel	50	5581	10677	4294
二星级	Two-star Hotel	51	2791	5544	2122
一星级	One-star Hotel	6	368	760	175

16–12 青海省A级旅游景区名录
Catalogue of State Class Scenic Spots of Qinghai

景区名称	Scenic Spot Name	地　址
4A级景区	**AAAA State Class Scenic Spots**	
青海省博物馆	Qinghai Museum	西宁市西关大街新宁广场
塔尔寺景区	Ta'er Lamasery	湟中县鲁沙尔镇
格尔木昆仑文化旅游区	Golmud Kunlun Culture Area	青海省格尔木市八一中路
互助土族故土园旅游区	Huzhu Tu Nationality Customs Theme Park	互助县威远镇北大街
青海湖景区	Qinghai Lake	青海湖管理与保护局
循化撒拉族绿色家园	Xuhua Sala Nationality Gardens	循化县积石镇
马步芳公馆景区	Mabufang Residence	西宁市为民巷
金银滩景区	Jinyintan Pasture	海北州西海镇
青海省藏医药博物馆	Qinghai Tibetan Medicine and Culture Museum	西宁市生物园区
百里油菜花海景区	Hundred Miles of Rapeseeds Flower Field	门源县东街
祁连风光旅游景区	Qilian Mountains	祁连县祁连广场
热贡国家级历史文化名城旅游区	Tongren-State Historical and Cultural City	同仁县热贡宾馆
久治年宝玉则景区	Jiuzhi Nianbaoyuze Mountain	久治县智青松多镇
玉树称多拉布民俗村	Yushu Chengduo Labu Folk Customs Village	玉树州称多拉布村
大通老爷山风景名胜区	Datong Laoyeshan Mountain	大通县桥头镇
湟源丹噶尔古城	the Ancient city of Dan Gar in Huangyuan County	湟源县
贵德高原养生休闲度假区	Guide Highland Health and Leisure Resort	贵德县
3A级景区	**AAA State Class Scenic Spots**	
青海赛纳德滑(草)雪场	Qinghai Sainade Skiing (grass) Ground	西宁市经济开发区
西宁市人民公园	Xining People's Park	西宁市胜利路
平安峡夏群寺景区	Ping'an Xiaqun Lamasery	平安县国有林场
西宁市东关清真大寺	Xining Dongguan the Great Mosque	西宁市东关大街
西宁市南山旅游风景区	Xining South Hill	西宁市南山公园
北山土楼观旅游景区	Beichan Temple	西宁市祁连路
西宁市麒麟湾	Xining Kirin Bay	西宁市黄河路29号
浦宁之珠(高原明珠)	Pearl Puning (plateau Pearl)	西宁市西山一巷
青海赞普林卡旅游景区	Qinghai Zanpulinka Palace	西宁市湟源县县城入口处
青海日月山旅游景区	Qinghai Riyue Mountain	西宁市湟源县
青海省藏毯展览中心	Qinghai Tibet Blankets Exhibition Center	西宁市城南新区
贵德黄河奇石苑	Guide the Yellow River Rare Stones Garden	贵德县河西镇
龙羊峡旅游景区	Longyangxia Reservoir	共和县龙羊峡库区
青海茶卡盐湖旅游景区	Qinghai Chaka Salt Lake	乌兰县茶卡镇
可鲁克湖—托素湖高原生态旅游景区	Twin-sister Lakes Plateau Ecological Area	德令哈市
玛多黄河源旅游区	Maduo the Yellow River Origin	玛多县
玉树新寨嘉那嘛呢景区	Yushu Xinzhai Jiana Mini Stones City	玉树州玉树县结古镇
勒巴沟—文成公主庙景区	Lebagou Valley Stone Drawing-the Temple of Princess Wencheng	玉树州玉树县结古镇
玉树当卡寺旅游景区	Yushu Dangka Lamasery	玉树州玉树县结古镇
玉树结古寺旅游景区	Yushu Jiegu Lamasery	玉树州玉树县结古镇
民和桃花园乡村休闲度假区	Minghe Peach Blossom Garden	民和县马场垣高速公路口
民和七里寺药泉山旅游景区	Minghe Medical Spring	民和县古鄯镇七里寺
民和金三川民俗风情游览区	Minghe Jin Sanchuan Folk Customs Tourist Area	民和县官亭镇
民和本康滩自然风景区	Minghe Benkang Shoal Senic Area	民和县官亭镇
乐都柳湾彩陶旅游景区	Ledu Liuwan Pottery Tourist Attractions	乐都县高庙镇柳湾村
化隆夏琼寺景区	Hualong Xiaqiong Temple	化隆县查普乡
乌兰金子海风景区	Wulan Jinzihai Senic Area	海西州乌兰县
都兰国际狩猎旅游景区	Dulan International Hunting Tourism Area	海西州都兰县
囊谦尕尔寺大峡谷生态旅游景区	Nangqian Gaer Temple Grand Canyon Ecotourism	玉树州囊谦县
囊谦达那河谷生态旅游景区	Nangqian Dana Valley Ecotourism	玉树州囊谦县
称多尕朵觉悟神山旅游景区	Chengduo Gaduojuewu Mountain	玉树州称多县
玉树隆宝滩旅游景区	Yushu Longbao Shoal Senic Area	玉树州玉树县
玛柯河原始森林生态旅游景区	Make River Virgin Forest Ecotourism	果洛州班玛县
玉树治多贡萨寺文化旅游区	Yushu Zhiduo Gongsa Lamasery	玉树州治多县
湟中县塔尔寺青海藏文化馆	Qinghai Tibetan Cultural Center of Ta'er Lamasery in Huangzhong C	湟中县鲁沙尔镇
天峻县神湖之源旅游风景区	the Source of God Lake Scenic Area in Tianjun County	海西州天峻县
狮龙宫殿旅游景区	Lion Dragon Palace Scenic Area	果洛州达日县
格萨尔林卡旅游景区	Gesar Linka Scenic Area	果洛州达日县
查郎寺旅游景区	Chalang Temple Scenic Area	果洛州达日县
星星海生态旅游景区	Sea Star Zoology Scenic Area	果洛州玛多县
东格措纳湖生态旅游区	Donggecuona Lake Zoology Scenic Area	果洛州玛多县
白扎寺旅游景区	Baizha Temple Scenic Area	果洛州班玛县
多尕麻格萨尔王莲花圣殿旅游景区	Duogama Lotus Temple of King Gesar Scenic Area	果洛州班玛县
官仓峡旅游景区	Guancang Gorge Scenic Area	果洛州甘德县
龙恩寺德尔文格萨尔文化史诗村旅游	Long'en Temple De'erwen Gesar Epic Village Scenic Area	果洛州甘德县
阿尼玛卿雪山旅游景区	Animaqing Snow Mountain Scenic Area	果洛州玛沁县
拉加寺旅游景区	Lajia Temple Scenic Area	果洛州玛沁县
2A级景区	**AA State Class Scenic Spots**	
玉树称多赛巴寺旅游景区	Yushu Chengduo Saiba Lamasery	玉树州称多拉布村
兴海赛宗寺文化旅游区	Xinghai Saizong Lamasery	兴海县南38公里处赛宗寺
同德石藏文化旅游区	Tongde Tibetan Stone Carving and Embroidery	同德县河北乡
乐都瞿昙寺旅游景区	Ledu Qutan Temple	乐都县瞿昙镇
民和天井峡–松山原始森林风景区	Minghe Parvis Gorge Songshan Virgin Forest	民和县官亭镇

主要统计指标解释

进出口总额　指实际进出我国国境的货物总金额。包括对外贸易实际进出口货物,来料加工装配进出口货物,国家间、联合国及国际组织无偿援助物资和赠送品,华侨、港澳台同胞和外籍华人捐赠品,租赁期满归承租人所有的租赁货物,进料加工进出口货物,边境地方贸易及边境地区小额贸易进出口货物(边民互市贸易除外),中外合资企业、中外合作经营企业、外商独资经营企业进出口货物和公用物品,到、离岸价格在规定限额以上的进出口货样和广告品(无商业价值、无使用价值和免费提供出口的除外),从保税仓库提取在中国境内销售的进口货物,以及其他进出口货物。该指标可以观察一个国家在对外贸易方面的总规模。我国规定出口货物按离岸价格统计,进口货物按到岸价格统计。

商品经营单位所在地进、出口额　指在所在地海关注册登记的有进出口经营权的企业实际进、出口额。

商品目的地进口额和商品货源地出口额　目的地进口额指进口货物的消费、使用或最终抵运地的实际进口额;货源地出口额指出口货物的产地或原始发货地的实际出口额。

利用外资　指我国各级政府、部门、企业和其他经济组织通过对外借款、吸收外商直接投资以及用其他方式筹措的境外现汇、设备、技术等。

对外借款　指通过对外正式签订借款协议,从境外筹措的资金,包括外国政府贷款、国际金融组织贷款、外国银行商业贷款、出口信贷以及对外发行债券等。1996 年及以前还包括对外发行股票。该指标是我国利用外资的重要部分。

外商直接投资　指外国企业和经济组织或个人(包括华侨、港澳台胞以及我国在境外注册的企业)按我国有关政策、法规,用现汇、实物、技术等在我国境内开办外商独资企业、与我国境内的企业或经济组织共同举办中外合资经营企业、合作经营企业或合作开发资源的投资(包括外商投资收益的再投资),以及经政府有关部门批准的项目投资总额内企业从境外借入的资金。

外商其他投资　指除对外借款和外商直接投资以外的各种利用外资的形式。包括企业在境内外股票市场公开发行的以外币计价的股票(目前主要是在香港证券市场发行的 H 股和在境内证券市场发行的 B 股)发行价总额,国际租赁进口设备的应付款,补偿贸易中外商提供的进口设备、技术、物料的价款,加工装配贸易中外商提供的进口设备、物料的价款。

旅游人数

(1)入境旅游人数:指报告期内来我国观光、度假、探亲访友、就医疗养、购物、参加会议或从事经济、文化、体育、宗教活动的外国人、港澳台同胞等入境游客。统计时,外国人、港澳台同胞每入境一次统计 1 人次。

(2)出境人数:指中国(大陆)居民因公或因私出境前往其他国家、中国香港特别行政区、澳门特别行政区和台湾省观光、度假、探亲访友、就医疗养、购物、参加会议或从事经济、文化、体育、宗教活动的人数,即出境游客。统计时,按每出境一次统计 1 人次。

(3)国内旅游人数:指在报告期内在中国(大陆)观光游览、度假、探亲访友、就医疗养、购物、参加会议或从事经济、文化、体育、宗教活动的中国(大陆)居民人数,其出游的目的不是通过所从事的活动谋取报酬。统计时,国内游客按每出游一次统计 1 人次。

国际旅游(外汇)收入　指入境游客在中国(大陆)境内旅行、游览过程中用于交通、参观游览、住宿、餐饮、购物、娱乐等全部花费。

国内旅游收入　又称旅游总花费指国内游客在国内旅行、游览过程中用于交通、参观游览、住宿、餐饮、购物、娱乐等全部花费。

国际旅行社　指经营业务范围包括入境旅游业务、出境旅游业务和国内旅游业务的旅行社。

国内旅行社　指经营范围仅限于国内旅游业务的旅行社。

星级饭店　指设备、设施、服务符合《旅游饭店星级的划分与评定》(GB/T14308－2003),通过相关旅游管理部门评定,并取得星级饭店称号的饭店(含预备星级饭店)。

Explanatory Notes on Main Statistical Indicators

Total Imports and Exports at Customs refer to the real value of commodities imported and exported across the border of China. They include the actual imports and exports through foreign trade, imported and exported goods under the processing and assembling trades and materials, supplies and gifts as aid given gratis between governments and by the United Nations and other international organizations, and contributions donated by overseas Chinese, compatriots in Hong Kong and Macao and Chinese with foreign citizenship, leasing commodities owned by tenant at the expiration of leasing period, the imported and exported commodities processed with imported materials, commodities trading in border areas (excluding mutual exchange goods), the imported and exported commodities and articles for public use of the Sino – foreign joint ventures, cooperative enterprises and ventures with sole foreign investment. Also included is import or export of samples and advertising goods for which CIF or FOB value are beyond the permitted ceiling (excluding goods of no trading or use value and free commodities for export), imported goods sold in China from bonded warehouses and other imported or exported goods. The indicator of the total imports and exports at customs can be used to observe the total size of external trade in a country. In accordance with the stipulation of the Chinese government, imports are calculated at CIF, while exports are calculated at FOB.

Import Export Value by Location of China's Foreign Trade Managing Units refers to actual value of imports and exports carried out by corporations which have been registered by the local Customs house and are vested with right to run import export business.

Import Value of Commodities by Place of Destination and Export Value of Commodities by Place of Origin in China The former indicator refers to the value of import commodities of the places of their consumption, utilization or the places of their final destination. The latter indicator refers to the value of export commodities of the places of their origin or the places of the commodities dispatched.

Utilization of Foreign Capitals refers to remittance, equipment and technology financed from abroad, by loans, foreign direct investment and other forms undertaken by the Chinese governments at all levels, by various departments, enterprises and other economic units.

Foreign Borrowings refer to funds borrowed from abroad through formal signing of borrowing agreements with foreign institutions, including loans of foreign governments, loans of international financial institutions, commercial loans of foreign banks, export credit, and funds raised by Chinese bonds (and shares before 1996) issued abroad. It is an important part of China's utilization of foreign capitals.

Foreign Direct Investment refers to the investments inside China by foreign enterprises and economic organizations or individuals (including overseas Chinese, compatriots from Hong Kong, Macao and Taiwan, and Chinese enterprises registered abroad), following the relevant policies and laws of China, for the establishment of ventures exclusively with foreign own investment, Sino – foreign joint ventures and cooperative enterprises or for co – operative exploration of resources with enterprises or economic organizations in China. It includes the re – investment of the foreign entrepreneurs with the profits gained from the investment and the funds that enterprises borrow from abroad in the total investment of projects which are approved by the relevant department of the government.

Other Foreign Investment refers to all forms of utilization of foreign capitals other than foreign borrowings and foreign direct investment. It includes the total value of stock shares in foreign currencies issued by enterprises at domestic or foreign stock exchanges (now mainly consisting of H shares issued at Hong Kong Security Market and B shares issued at domestic security markets), rent payable for the imported equipment through international leasing arrangement, cost of imported equipment, technology and materials provided by foreign counterparts in compensation trade and processing and assembly trade.

Number of Tourists

(1) Visitor arrivals refer to the number of foreigners, Chinese compatriots from Hong Kong, Macao and Taiwan Chinese (mainland) who come to China (mainland) for sight – seeing, vacation, visiting relatives, medical treatment, shopping, attending conference, or to engage in economic, cultural, sports and religious activities. In compiling statistics, each time of entering China is counted as one person – time.

(2) Number of Chinese residents going abroad refer to the number of Chinese (mainland) residents going to other countries, Hong Kong Special Administrative region, Macao Special Administrative region and Taiwan for on official or private purposes, for sight – seeing, vacation, visiting relatives, medical treatment, shopping, attending conference, or to engage in economic, cultural, sports and religious activities. In compiling statistics, each time of leaving is counted as one person – time.

(3) Number of domestic tourists refers to the number of Chinese (mainland) residents who travel within China (mainland) for sight – seeing, vacation, visiting relatives, medical treatment, shopping, attending conference, or to engage in economic, cultural, sports and religious activities. In compiling statistics, each time of travelling is counted as one person – time.

Foreign Exchange Earnings from International Tourism

refer to the total expenditure of foreigners, overseas Chinese, Chinese compatriots from Hong Kong, Macao and Taiwan during their stay in the mainland of China on transportation, sighting, accommodation, food, shopping and entertainment.

Income from Domestic Tourism refer to expenditure of domestic tourists on transportation, sighting, accommodation, food, shopping and entertainment while they travel.

International Travel Agencies refer to travel agencies engaged in tourism entering China, Chinese residents going abroad and domestic tourism.

Domestic Travel Agencies refer to travel agencies only engaged in domestic tourism.

Star - rated Hotels refer to hotels rated with stars as assessed by the relevant tourism authorities according to GB/T14308 - 2003 standard with reference to their infrastructure, facilities and service levels.

科 技

Science and Technology

第17篇
CHAPTER 17

国家级星火计划项目

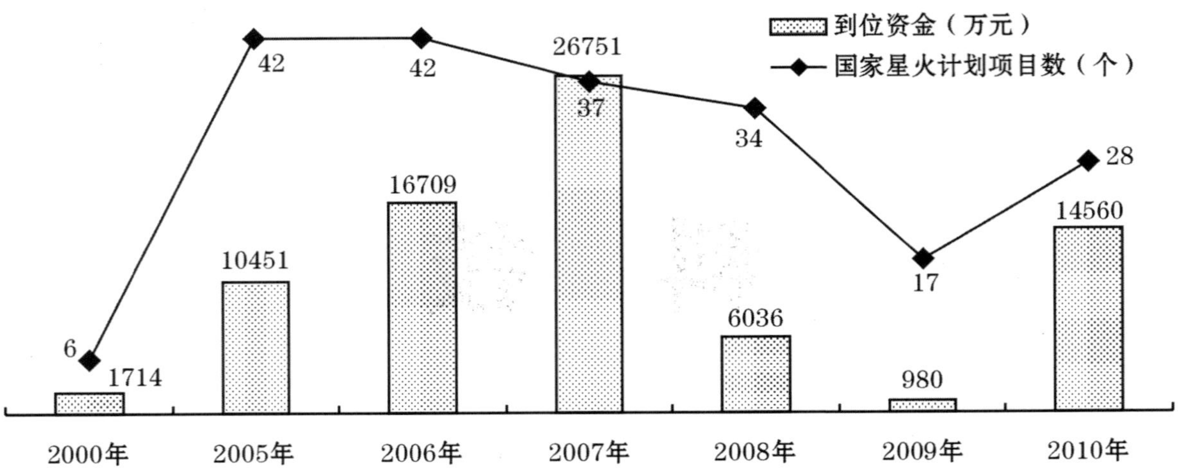

各类技术合同成交额（万元）

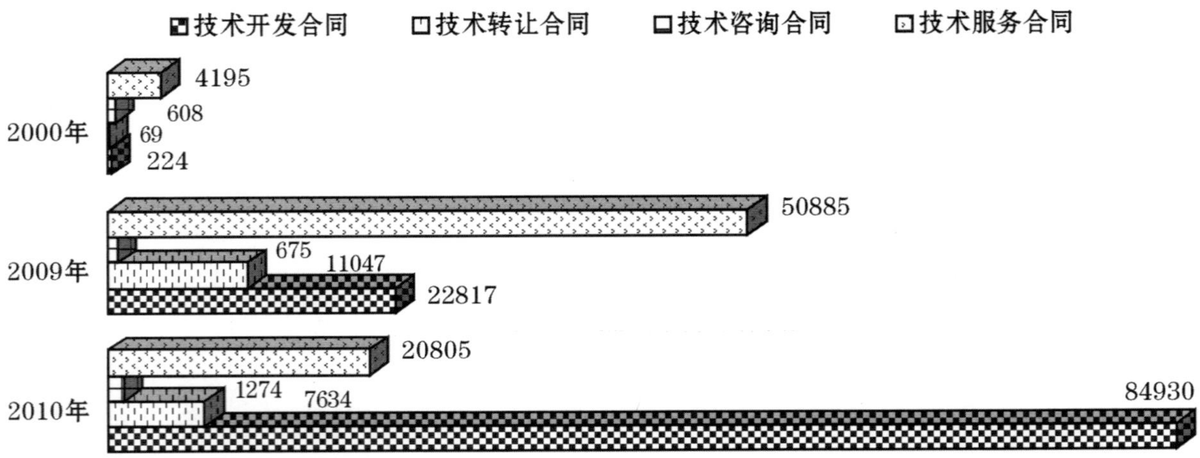

县以上研究与开发机构基本情况

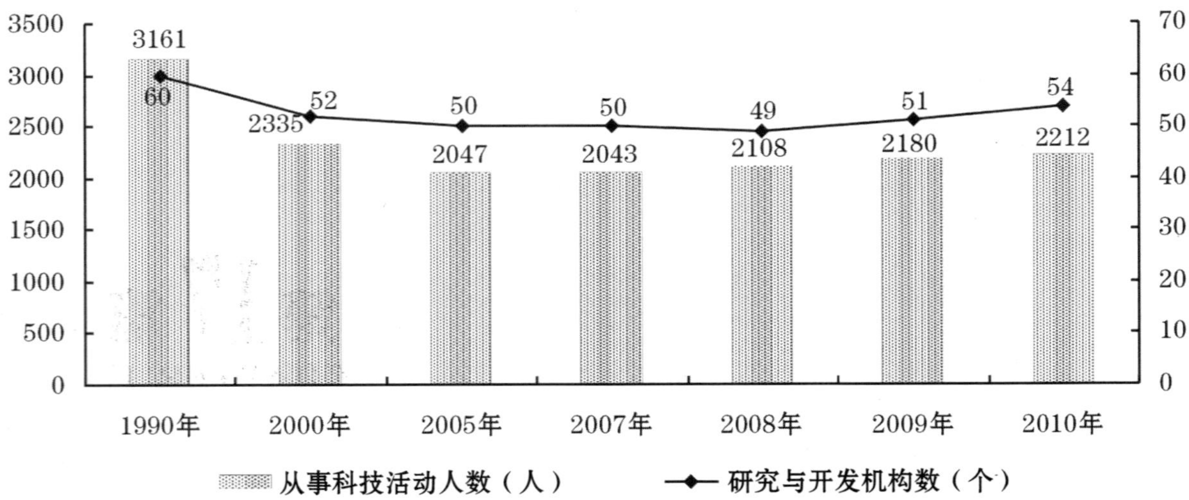

17-1 主要年份县以上研究与开发机构科技活动情况

Basic Statistics on Scientific and Technological Activities of Scientific Research and Development Institutions at County Level and Above in Main Years

指 标	Item	1990	2000	2005	2007	2008	2009	2010
研究与开发机构数 (个)	Scientific Research and Development Institutions (unit)	60	52	50	50	49	51	54
从事科技活动人数 (人)	Personnel Engaged in S&T Activities (person)	3161	2335	2047	2043	2108	2180	2212
科技管理人员	Science and Technology Managerial Personnel	640	451	376	391	410	440	375
课题活动人员	Personnel in Research and Experiment	1771	1346	1324	1242	1297	1235	1347
科技服务人员	Personnel in Science and Technology Service	750	538	347	410	401	505	490
研究与开发经费收入(万元)	Income of Scientific Research and Development (10 000 yuan)	4846	14027	22391	37395	41623	42070	94984
研究与开发经费支出(万元)	Expenditure on Scientific Research and Development (10 000 yuan)	4703	13142	20652	30266	34920	35893	83323
研究与开发课题 (项)	Tasks on Scientific Research and Development (item)	391	323	335	414	421	481	520
基础研究	Basic Research	37	49	53	59	76	84	100
应用研究	Applied Research	55	44	83	86	64	120	121
试验发展	Experimental Development	46	75	36	71	88	118	97

注：2005年县以上政府部门属研究与开发机构增加了情报领域中的机构数据。

a) Scientific research and development institutions directly under government departments above the county level included the data of intelligence agencies in 2005.

17-2 2005-2010年国有事业、企业单位各类专业技术人员情况

Scientific and Technical Personnel in State-owned Institutions and Enterprises(2005-2010)

单位：人 (person)

指 标	Item	2005	2006	2007	2008	2009	2010
总计	**Total**	**109589**	**114396**	**115120**	**115649**	**116397**	**117652**
市(地、州)	City (Region、Prefecture)	12726	13414	12932	13792	14877	15524
县(市、区)	County (City、District)	50722	46394	46316	45830	46137	47117
乡(镇)	Villages (Towns)	22221	27096	26908	26666	26463	25517
高级职务	Senior technical position	7528	9232	11389	13765	14374	15344
正高级职务	Senior Technical Position	619	763	871	1013	1108	19
中级职务	Intermediate Technical Position	39222	44124	46394	49018	48355	48018
初级职务	Elementary Technical Position	56760	55399	52806	48237	48637	53222

注:2010年正高级职务指标口径为企业单位。

a) The calibre of senior technical position personnel in 2010 is enterprise units.

17-3 国有企、事业单位分行业专业技术人员情况(2010年)
Professional and Technical Personnel in State-owned Institutions and Enterprises by Sector(2010)

单位：人

行业	Sector	合计 Total	
		事业 Institutions	企业 Enterprises
总计	**Total**	**105307**	**12345**
农、林、牧、渔业	Farming, Forestry, Animal Husbandry and Fishery	10515	441
采矿业	Mining	6	2222
制造业	Manufacturing		5492
电力、蒸汽及水的生产、供应业	Production and Distribution of Electricity, Gas and Water	3	674
建筑业	Construction	376	1258
交通运输仓储邮政业	Transport, Storage and Post	1693	252
信息传输计算机服务和软件业	Information Transmission, Computer Service and Software	179	252
批发和零售业	Wholesale and Retail Trades	2	198
住宿和餐饮业	Hotels and Catering Services	9	9
金融业	Financial Intermediation	95	69
房地产业	Real Estate	197	250
租赁和商务服务业	Leasing and Business Services	9	24
科学研究技术服务地质勘查业	Scientific Research, Technology Service and Geological Prospecting	3516	563
水利环境和公共设施管理业	Water Conservancy, Environment and Public Facility Management	3202	468
居民服务和其他服务业	Services to households and Other Services	548	18
教育	Education	58430	
卫生社会保障和社会福利业	Health, Social Security and Social Welfare	20848	
文化体育和娱乐业	Culture, Sports and Entertainment	4114	152
公共管理和社会组织	Public Management and Social Organizations	1565	3

17-4 县以上研究与开发机构人员按学位、学历及技术职称分类(2010年)

Classification of Personnel in Science Research and Development Institutions at County Level and Above in Accordance with Their Degrees, Educational Background and Academic Titles(2010)

单位：人 (person)

指 标	Item	学 历 Educational Background				职 称 Professional Title		
		博士 Doctor	硕士 Master	大学 University	大专 College	高级 Senior	中级 Middle	其他 Others
总计	**Total**	**99**	**235**	**1136**	**433**	**719**	**727**	**758**
按机构隶属关系分	**Grouped by Administrative Relationship**							
地方部门属	Local Regions	20	149	994	401	562	589	689
省级部门属	Provincial Department	18	127	720	260	442	387	493
地市级部门属	Prefectural Department	2	22	274	141	120	202	196
中央部门属	Central	79	86	142	32	157	138	69
中国科学院	Chinese Academy of Sciences	79	79	126	29	147	120	64
按机构所在地域分	**Grouped by Region**							
西宁市	Xining City	99	234	1056	375	673	655	700
海东地区	Haidong Prefecture			3	3	2	3	1
海北州	Haibei Zang A.P		1	31	13	9	23	15
黄南州	Huangnan Zang A.P			11	13	7	10	14
海南州	Hainan Zang A.P			5	3	4	4	6
果洛州	Golog Zang A.P			5	12	11	8	10
玉树州	Yushu Zang A.P							
海西州	Haixi Mongolian & Zang A.P			25	14	13	24	12

17-5 县以上研究与开发机构人员、经费情况(2010年)

单位：个、人、人年、千元

指 标	Item	机 构 Number of Institutions	从业人员 Number of Employed Persons	从事科技活动人员 Personnel Engaged in S&T Activities
总计	**Total**	**54**	**3734**	**2212**
按机构隶属关系分	**Grouped by Administrative Relationship**			
地方部门属	Local Regions	51	3312	1848
省级部门属	Provincial Departments	31	2613	1308
地市级部门属	Prefectural Departments	20	699	540
中央部门属	Central	3	422	364
中国科学院	Chinese Academy of Sciences	2	388	331
按机构所在地域分	**Grouped by Region**			
西宁市	Xining City	45	3526	2036
海东地区	Haidong Prefecture	1	6	6
海北州	Haibei Zang A.P	2	55	47
黄南州	Huangnan Zang A.P	2	35	31
海南州	Hainan Zang A.P	1	22	14
果洛州	Golog Zang A.P	1	35	29
玉树州	Yushu Zang A.P			
海西州	Haixi Mongolian & Zang A.P	2	55	49
按机构所属行业分	**Grouped by Sector**			
农、林、牧、渔业	Agriculture, Forestry, Animal Husbandry and Fishery	13	712	606
农业	Farming	4	317	278
林业	Forestry	1	37	10
农、林、牧、渔服务业	Services in Support of Agriculture	8	358	318
采矿业	Mining	1	50	7
煤炭开采和洗选业	Mining and Washing of Coal	1	50	7
制造业	Manufacturing	1	100	49
农副食品加工业	Processing of Food from Agricultural Products			
化学原料及化学制品制造业	Manufacture of Chemical Raw Material and	1	100	49
电力、燃气及水的生产和供应业	Production and Supply of Electricity, Gas and Water	1	145	85
电力、热力的生产和供应业	Production and Supply of Electric Power and Heat Power	1	145	85
建筑业	Construction	4	358	48
房屋和土木工程建筑业	Construction of Buildings and Civil Engineering	4	358	48
交通运输、仓储和邮政业	Transport, Storage and Post	1	36	36
道路运输业	Road Transport	1	36	36
信息传输、计算机服务和软件业	Information Transmission, Computer Services and Software	1	25	25
软件业	Software	1	25	25
科学研究、技术服务和地质勘查业	Scientific Research, Technical Service and Geologic Prospecting	20	1146	902
研究与试验发展	Research and Experimental Development	3	412	353
专业技术服务业	Professional Technical Services	13	638	461
科技交流和推广服务业	Services of Science and Technology Exchanges and Promotion	3	47	42
地质勘查业	Geologic Prospecting	1	49	46
水利、环境和公共设施管理业	Management of Water Conservancy, Environment and Public Facilities	2	185	52
水利管理业	Management of Water Conservancy	2	185	52
卫生、社会保障和社会福利业	Health, Social Security and Social Welfare	3	798	254
卫生	Health	3	798	254
文化、体育和娱乐业	Culture, Sports and Entertainment	1	14	12
体育	Sports Activities	1	14	12
社会、人文科学领域	**Social and the Humanities Sciences**	**6**	**165**	**136**

Basic Statistics on Personnel and Funds of Scientific Research and Development Institutions at County Level (2010)

(unit, person, man-year, 1000yuan)

大学本科及以上学历 University Degree or Above	R&D人员折合全时当量 Full-time Equivalent of R&D Personnel	研究人员 Researchers	经费收入总额 Total Funding	政府资金 Government Funds	经费支出总额 Total Expenditures	科技经费支出 Expenditures on S&T Activities
1470	**807**	**441**	**942575.8**	**483799.8**	**826811.6**	**435487.6**
1163	383	122	788544.8	369160.8	682865.6	310160.6
858	325	107	642791	253107	565428.2	223434.2
305	58	15	145753.8	116053.8	117437.4	86726.4
307	424	319	154031	114639	143946	125327
284	400	305	147216	108761	138854	120235
1389	807	441	912020.8	453332.8	795729.6	408456.6
3			306	306	306	306
32			9778	9778	8128	6846
11			4189	4189	4189	3877
5			2554	2466	2554	1737
5			3226	3226	3069	2530
25			10502	10502	12836	11735
396	97	24	140640	128931	117074	92097
198	54	12	75088	71899	60806	49496
8			6910	1964	6910	1966
190	43	12	58642	55068	49358	40635
7			9650	1682	8820	720
7			9650	1682	8820	720
40			18249	2001	15342	2171
40			18249	2001	15342	2171
68	47		58776		60054	60054
68	47		58776		60054	60054
36			139003	13034	120490	8410
36			139003	13034	120490	8410
10	18	9	7620	7620	8000	7800
10	18	9	7620	7620	8000	7800
9			6248	5391	3844	3844
9			6248	5391	3844	3844
649	528	338	318495	221240	256446.9	206857.9
306	422	306	150080	111545	140453	121834
274	65	22	142605	87640	103678.9	75155.9
27			21450	17695	7955	5508
42	41	10	4360	4360	4360	4360
30			24261	4986	23048	21486
30			24261	4986	23048	21486
123	16	10	195313.1	77476.1	190072	12484
123	16	10	195313.1	77476.1	190072	12484
9	9	4	2113	1513	2255	2082
9	9	4	2113	1513	2255	2082
93	**92**	**56**	**22207.7**	**19925.7**	**21365.7**	**17481.7**

17-6 2009-2010年社会、人文科学研究机构人员情况

Basic Statistics on Personnel in Social and Humanities Science Institutions(2009-2010)

单位：人 (person)

名 称	Appellation	全部从业人数 Number of Engaged Persons		从事科技活动人员 Personnel Engaged in S&T Activities		女 性 Female		大学本科及以上学历 Bachelor Degree or Above	
		2009	2010	2009	2010	2009	2010	2009	2010
总计	**Total**	**171**	**165**	**142**	**136**	**54**	**53**	**93**	**93**
青海省文化厅	Qinghai Provincial Department of Culture								
青海省文物考古研究所	Institute of Cultural and Historical Relics and Archaeology, Qinghai Pro.	43	41	43	41	21	20	15	16
青海省艺术研究所	Arts Research Institute, Qinghai Pro.	14	13	12	11	5	5	10	10
青海省委宣传部	Qinghai Provincial Publicity Department								
青海省社会科学院	Qinghai Academy of Social Sciences	87	87	62	62	19	20	50	50
青海省教育厅	Qinghai Education Department								
青海教育科学研究所	Qinghai Education Scientific Research Institute	6	6	6	6	2	2	4	4
青海省文学艺术联合会	Qinghai Federation of Literary and Art Circles								
青海省《格萨尔》史诗研究所	Qinghai Gesar Epic Research Institute	7	7	7	7	3	3	6	6
青海省发展和改革委员会	Qinghai Provincial Development and ReformCommission								
青海省经济研究院	Qinghai Economic Institute	14	11	12	9	4	3	8	7

17-7 全省重大科技成果登记基本情况(2010年)

Basic Statistics of Important Achievements in Scientific Research(2010)

单位：项、万元 (item, 10 000 yuan)

指标	Item	合计 Total	科研机构 Scientific Research Institutes	大专院校 University and Colleges	企业 Enterprises	医疗机构 Medical Treatment Institutes	其他 Others
总计	**Total**	**240**	**78**	**23**	**57**	**41**	**41**
按成果水平分类	**By Scientific Fruits Level**						
国际领先	International Leading	9	1		8		
国际先进	International Advanced	8	2		5	1	
国内领先	Domestic Leading	80	20	8	26	16	10
国内先进	Domestic Advanced	68	22	7	14	15	10
国内一般	Domestic Common	55	29	2	4	4	16
按应用行业分类	**By Applied Sector**						
农、林、牧、渔业	Agriculture, Forestry, Animal Husbandry and Fishery	103	61	5	7		30
采矿业	Mining	7			7		
制造业	Manufacturing	20	3	1	16		
电力燃气及水生产供应业	Production and Supply of Electricity, Gas and Water	9			9		
建筑业	Construction	4	1		3		
交通运输、仓储及邮电通信业	Transport, Storage and Post						
信息传输、计算机	Information Transmission, Computer	2	1		1		
住宿和餐饮业	Hotels and Catering Services						
科学研究、技术服务和地质勘察业	Scientific Research, Technical Services and Geologic Prospecting	7	1		2		4
水利、环境和公共设施管理业	Management of Water Conservancy, Environment and Public Facilities	13	2	2	8		1
居民服务和其他服务业	Services to Households and Other Services	1		1			
卫生、社会保障和社会福利业	Health, Social Security and Social Welfare	51	3	7	4	36	1
公共管理和社会组织	Public Management and Social Organizations	2	2				
教育	Education	1		1			
按应用情况分类	**By Application Instance**						
已应用项目数	Number of Applied Projects	199	65	14	54	33	33
未应用项目数	Number of Not Applied Projects	21	9	3	3	3	3
资金问题	Capital Reason	12	6	2	2		2
技术问题	Technique Reason	1				1	
市场问题	Market Reason	6	2	1	1	1	1
管理问题	Management Reason						
政策因素	Policy Reason	2	1			1	
经济效益的项目数	**Cost-effective Projects**	**23**	**1**	**1**	**18**		**3**
应用后本年度取得的经济效益	**Economic Profits Made after Application This year**						
净利润	Retained Profits	160400	34	300	159606		460
实交税金	Actual Tax Payments	2482			2482		
出口创汇	Earning Foreign Exchange Through Exports	107			107		
节约资金	Saving Capital	10075			10075		

17-8 主要年份国家级星火计划项目执行情况

Performance of State Level Spark Program Projects in Main Years

指 标	Item	2000	2005	2006	2007	2008	2009	2010
国家级星火计划项目数 （项）	**State Level Spark Program Projects (item)**	**6**	**42**	**42**	**37**	**34**	**17**	**28**
参加项目工作的主要人 （人）	**Persons Participated in projects (person)**	**218**	**397**	**595**	**627**	**327**	**171**	**333**
其中:高级职称	Senior Professional Title	6	150	130	138	116	84	118
中级职称	Middle Professional Title	22	229	210	234	126	64	131
本年度资金落实及支出情况(万元)	**Expenditure of Funds This Year (10 000 yuan)**							
到位资金合计	Total Funds Available	1714	10451	16709	26751	6036	980	14560
政府资金	Government Funds	83	661	396	283	680	309	846
#科技部拨款	Appropriating Funds of Ministry Science and Technology Development			105	255	667	252	806
自有资金	Funds Owned						661	8357
企业资金	Self-raising Funds by Enterprises				14112	2831	538	7225
金融机构贷款	Loans From Finance Institutions	363	6540	4873	11743	1650		5330
国外资金	Foreign Funds	1268	2819	11285	12291			
其它资金	Other Funds		24		65	183	10	28
项目支出合计	Total Project Expenditure	1292	6954	6444	20031	4363	530	11696
#研究开发费	Expenditure on R&D	208	1888	1547	1038	935	215	1370
已偿还项目贷款	Repaid Loans	411	820	200	900	372		4360
本年度项目效益及成果	**Effectiveness and Results of This Year's Projects**							
本项目已取得的直接经济效益 (万元)	Direct Economic Benefits (10 000 yuan)							
新增产值	Added Value	2817	9052	12920	8902	3167	2689	20210
净利润额	Retained Profits	60	1415	950	570	1341	1192	51
实交税金总额	Actual Tax Payments	79	503	741	150	132	102	5253
出口额 (万美元)	Exports (USD 10 000)	200	35		700	7	4	918
项目专利申请和授权情况 (项)	Number of Patents Application Acceptance and Granted (item)							
专利申请数	Number of Patents Application Acceptance	1	11	1	1	5	4	8
#发明	Inventions		10		1	2	4	8
国外授权	Foreign							
专利授权数	Number of Patents Application Granted	1	7			1	1	1
#发明	Inventions	1	7			1	1	1
国外授权	Foreign							

17–9 主要年份科协系统科技活动基本情况

Basic Statistics on Scientific and Technological Activities of Science and Technology Associations in Main Years

指　标		Item		2005	2007	2008	2009	2010
学术活动	**（次）**	**Academic Activities**	**(time)**	**40**	**35**	**70**	**98**	**33**
国内学术会议		Domestic Academic Conference		38	32	66	78	33
国内举行的国际会议		International Conference Held in China		2	3			
赴国外参加的国际会议(人次)		International Conference Went Abroad	(person-time)			4	20	
科技培训		**Trainings in Science and Technique**						
办培训班	（次）	Training Courses	(time)	119	668	337	689	669
培训人次	（人次）	Training Person-times	rson-time)	11151	10600	31360	41072	79800
科普活动		**Activity to Popularize Scientific Knowledge**						
科普讲座次数	（次）	lectures	(time)	540	626	211	691	618
参加人次	（人次）	Person-times Participating in	(person-time)	190302	304813	97814	442804	351000
科普展览次数	（次）	Exhibitions	(time)	469	501	1482	2495	627
参观人次	（万人次）	Person-times Visiting	(10 000 person-times)	78.9	75.7	44.9	109.8	83
咨询活动		**Scientific and Technological Consulting Service**						
参加咨询的科技人员数	（人）	Scientists and Engineers Participating in	(person)	3100	481	246		
完成合同数	（项）	Number of Completed Contracts	(item)	170	213	228	627	833
无偿咨询项目数	（项）	Number of Items Free of Charge Consultation	(item)	77	92	204		
出版		**Publishing**						
科技期刊年发行册数	（册）	Number of Books Issued of Scientific and Technical Journals	(volume)	73400	725208	90050	122300	32800
发表学术论文	（篇）	Scientific Papers Issued	(piece)	2254	1612	1931	2735	2400
论文集	（种）	Memoir	(kind)	9	13	7	6	1
发表学术论文	（篇）	Scientific Papers Issued	(piece)	824	516	1067	523	70

17–10 2009–2010年高等院校科技活动基本情况
Basic Statistics on Higher Education for Scientific Techological Activities (2009-2010)

指标	Item	理工农医类 Engineering, Agriculture and Medicine 2009	2010	人文、社科类 Humanities and Social Science 2009	2010
参加科技统计的高校 （所）	**Uuniversities and Colleges Participating in Science and Technology Statistics (unit)**	**8**	**9**	**4**	**4**
从事科技活动人数 （人）	**Number of Personnel Engaged in S&T Activities (person)**	**4204**	**2705**	**1618**	**1663**
教师	Teachers	1951	2347	1591	1488
其他技术人员	Other S&T Personnel	2253	2633	27	175
研究与发展经费收入（万元）	**Revenue on R&D (10 000 yuan)**	**3385**	**4071**	**903**	**1033**
研究与发展经费支出（万元）	**Expenditure on R&D (10 000 yuan)**	**2635**	**5421**	**986**	**932**
研究与发展机构 （个）	**R&D Institutions (unit)**	**17**	**12**	**10**	**9**
科技活动人员 （人）	Personnel Engaged in S&T Activities (person)	507	2705	193	118
研究与发展课题 （项）	**Questions for Discussion Research and Development (item)**	**373**	**264**	**243**	**271**
基础研究	Basic Research	66	185	197	177
应用研究	Applied Research	216	46	41	91
实验发展	Experimental Development	49	9	5	3
研究与发展成果	**Research and Development Achievements**				
出版科学专著 （部）	Monographs of Science Published (unit)	6	16	45	31
发表学术论文 （篇）	Scientific Papers Issued (piece)	1315	185	761	706
鉴定科技成果 （项）	Appraisal of Scientific and Technical Achievement (item)	56	32		
获奖成果数 （项）	Prize Scientific and Technological Achievements (item)	7	4	21	3
科技成果转让 （项）	Transfer of Scientific and Technological Achievements (item)				

17-11 主要年份技术市场基本情况
Basic Statistics of Technical Market in Main Years

单位：项、万元 (item，10 000 yuan)

指 标	Item	1990	1995	2000	2005	2007	2008	2009	2010
合同数	**Number of Contracts**	**219**	**415**	**552**	**318**	**488**	**427**	**433**	**464**
技术开发合同	Technology Development	13	36	39	72	157	105	65	68
技术转让合同	Technology Transfer	32	6	6	66	69	54	52	48
技术咨询合同	Technology Consultation	68	171	111	18	43	35	36	73
技术服务合同	Technology Service	106	202	396	162	219	233	280	275
技术合同成交额	**Transaction Value in Technical Market**	**213.7**	**1054.8**	**5096.0**	**11811.6**	**53446.0**	**77462.9**	**85424.2**	**114643.9**
技术开发合同	Technology Development	24.3	82.0	224.2	6415.2	18404.1	5098.5	22816.8	84930.4
技术转让合同	Technology Transfer	40.8	201.0	68.5	2593.3	3730.6	3074.6	11047.4	7634.1
技术咨询合同	Technology Consultation	74.2	45.8	607.9	355.6	431.3	336.9	674.6	1274.4
技术服务合同	Technology Service	74.4	726.0	4195.4	2447.6	30880.0	68952.9	50885.4	20805.1

17-12 主要年份专利申请受理量及授权量
Number of Patent Applications Accepted and Granted in Main Years

单位：件 (piece)

年 份 Year	受理量 Application Accepted	发 明 Inventions	实用新型 Utility Models	外观设计 Designs	授权量 Application Granted	发 明 Inventions	实用新型 Utility Models	外观设计 Designs
1985	14	8	6					
1990	111	26	82	3	59	4	55	
1995	100	24	66	10	65	2	61	2
2000	174	36	90	48	117	16	67	34
2001	162	44	75	43	101	15	58	28
2002	151	40	56	55	85	14	48	23
2003	173	70	60	43	91	17	36	38
2004	124	49	44	31	70	21	30	19
2005	216	103	83	30	79	24	34	21
2006	325	79	98	148	97	30	45	22
2007	387	91	115	181	222	28	84	110
2008	431	148	120	163	228	23	100	105
2009	499	175	147	177	368	35	89	244
2010	602	193	129	283	264	41	134	89

主要统计指标解释

科技活动 指在自然科学、农业科学、医药科学、工程与技术科学、人文与社会科学领域(简称科学技术领域)中,与科技知识的产生、发展、传播和应用密切相关的有组织的活动。可分为研究与试验发展(R&D)、研究与试验发展成果应用及相关的科技服务三类活动。该定义是联合国教科文组织考虑成员国特别是发展中国家开展科技统计工作的需要,而对科技活动所作的统计界定。

科技活动人员 指直接从事科技活动、以及专门从事科技活动管理和为科技活动提供直接服务,累计的实际工作时间占全年制度工作时间10%及以上的人员。(1)直接从事科技活动的人员包括:在独立核算的科学研究与技术开发机构、高等学校、各类企业及其他事业单位内设的研究室、实验室、技术开发中心及中试车间(基地)等机构中从事科技活动的研究人员、工程技术人员、技术工人及其它人员;虽不在上述机构工作,但编入科技活动项目(课题)组的人员;科技信息与文献机构中的专业技术人员;从事论文设计的研究生等。(2)专门从事科技活动管理和为科技活动提供直接服务的人员,包括:独立核算的科学研究与技术开发机构、科技信息与文献机构、高等学校、各类企业及其他事业单位主管科技工作的负责人,专门从事科技活动的计划、行政、人事、财务、物资供应、设备维护、图书资料管理等工作的各类人员,但不包括保卫、医疗保健人员、司机、食堂人员、茶炉工、水暖工、清洁工等为科技活动提供间接服务的人员。该指标用来反映投入科技活动人力的规模。

研究与试验发展(R&D) 指在科学技术领域,为增加知识总量,以及运用这些知识去创造新的应用进行的系统的创造性的活动,包括基础研究、应用研究、试验发展三类活动。国际上通常采用R&D活动的规模和强度指标反映一国的科技实力和核心竞争力。

基础研究 指为了获得关于现象和可观察事实的基本原理的新知识(揭示客观事物的本质、运动规律,获得新发现、新学说)而进行的实验性或理论性研究,它不以任何专门或特定的应用或使用为目的。其成果以科学论文和科学著作为主要形式。用来反映知识的原始创新能力。

应用研究 指为获得新知识而进行的创造性研究,主要针对某一特定的目的或目标。应用研究是为了确定基础研究成果可能的用途,或是为达到预定的目标探索应采取的新方法(原理性)或新途径。其成果形式以科学论文、专著、原理性模型或发明专利为主。用来反映对基础研究成果应用途径的探索。

试验发展 指利用从基础研究、应用研究和实际经验所获得的现有知识,为产生新的产品、材料和装置,建立新的工艺、系统和服务,以及对已产生和建立的上述各项作实质性的改进而进行的系统性工作。其成果形式主要是专利、专有技术、具有新产品基本特征的产品原型或具有新装置基本特征的原始样机等。在社会科学领域,试验发展是指把通过基础研究、应用研究获得的知识转变成可以实施的计划(包括为进行检验和评估实施示范项目)的过程。人文科学领域没有对应的试验发展活动。主要反映将科研成果转化为技术和产品的能力,是科技推动经济社会发展的物化成果。

研究与试验发展人员 指参与研究与试验发展项目研究、管理和辅助工作的人员,包括项目(课题)组人员,企业科技行政管理人员和直接为项目(课题)活动提供服务的辅助人员。反映投入从事拥有自主知识产权的研究开发活动的人力规模。

专业技术人员 指从事专业技术工作和专业技术管理工作的人员,即企事业单位中已经聘任专业技术职务从事专业技术工作和专业技术管理工作的人员,以及未聘任专业技术职务,现在专业技术岗位上工作的人员。包括工程技术人员,农业技术人员,科学研究人员,卫生技术人员,教学人员,经济人员,会计人员,统计人员,翻译人员,图书资料、档案、文博人员,新闻出版人员,律师、公证人员,广播电视播音人员,工艺美术人员,体育人员,艺术人员及企业政治思想工作人员,共十七个专业技术职务类别。用来反映科技人力资源情况。

科技活动经费筹集 指从各种渠道筹集到的计划用于科技活动的经费,包括政府资金、企业资金、事业单位资金、金融机构贷款、国外资金和其他资金等。反映各社会经济主体对促进科技进步所做的努力。

政府资金 指从各级政府部门获得的计划用于科技活动的经费,包括科学事业费、科技三项费、科研基建费、科学基金、教育等部门事业费中计划用于科技活动的经费以及政府部门预算外资金中计划用于科技活动的经费等。

企业资金 指从自有资金中提取或接受其他企业委托的,科研院所和高校等事业单位接受企业委托获得的,计划用于科研和技术开发的经费。不包括来自政府、金融机构及国外的计划用于科技活动的资金。

金融机构贷款 指从各类金融机构获得的用于科技活动的贷款。

科技活动经费内部支出 指报告年内用于科技活动的实际支出,包括劳务费、科研业务费、科研管理费,非基建投资购建的固定资产、科研基建支出以及其他用于科技活动的支出。不包括生产性活动支出、归还贷款支出及转拨外单位支出。反映科技投入实际完成情况。

劳务费 指以货币或实物形式直接或间接支付给从事科技活动人员的劳动报酬及各种费用。包括各种形式的工资、津贴、奖金、福利、离退休人员费用、人民助学金等。反映改善科技人员待遇情况。

固定资产购建费 指报告年内使用非基建投资购建的固定资产和用于科研基建投资的实际支出额,即固定资产实际支出和科研基建投资实际完成额之和。固定资产是指长期使用而不改变原有实物形态的主要物资设备、图书资料、实验材料和标本以及其他设备和家具、房屋、建筑物。反映用于改善科研条件和科研手段方面的投入情况。

新产品 指采用新技术原理、新设计构思研制、生产的全新产品，或在结构、材质、工艺等某一方面比原有产品有明显改进，从而显著提高了产品性能或扩大了使用功能的产品。既包括政府有关部门认定并在有效期内的新产品，也包括企业自行研制开发，未经政府有关部门认定，从投产之日起一年之内的新产品。用来反映科技产出及对经济增长的直接贡献。

专利 是专利权的简称，是对发明人的发明创造经审查合格后，由专利局依据专利法授予发明人和设计人对该项发明创造享有的专有权。包括发明、实用新型和外观设计。反映拥有自主知识产权的科技和设计成果情况。

发明(专利) 指对产品、方法或者其改进所提出的新的技术方案。是国际通行的反映拥有自主知识产权技术的核心指标。

实用新型(专利) 指对产品的形状、构造或者其结合所提出的适于实用的新的技术方案。反映具有一定技术含量的技术成果情况。

外观设计(专利) 指对产品的形状、图案、色彩或者其结合所作出的富有美感并适于工业上应用的新设计。反映拥有自主知识产权的外观设计成果情况。

Explanatory Notes on Main Statistical Indicators

Scientific and Technological Activities (S&T Activities) refer to organized activities which are closely related with the creation, development, dissemination and application of the scientific and technical knowledge in the fields of natural sciences, agricultural science, medical science, engineering and technological science, humanities and social sciences (referred to as scientific and technological fields). S&T activities can be classified into 3 categories: research and development (R&D) activities, application of R&D results, and related S&T services. This statistical definition is made by UNICHIEF for scientific and technological activities to meet the need of carrying out statistical work in this field for its member countries particularly the developing countries.

Personnel Engaged in S&T Activities refer to personnel directly engaged in S&T activities, in the management of S&T activities, and in providing direct service to S&T activities, with over 10% of the total working hours in a year spent on S&T activities. (1) Personnel directly engaged in S&T activities include researchers, engineers, technicians and other related personnel engaged in S&T activities in independent - accounting R&D institutions, institutions of higher learning, and in research institutes, laboratories, technology development centres and central experiment workshops under enterprises and institutions. Also included are people working in S&T research project teams, professional and technical personnel working in S&T information archiving institutes, and graduate students working on the design of their thesis. (2) Personnel engaged in the management of S&T activities and in providing direct service to S&T activities include senior management people responsible for S&T activities in independent - accounting R&D institutions, S&T information archiving institutes, institutions of higher learning and in enterprises and institutions where S&T activities are undertaken. Also included are people responsible for the planning, administration, personnel management, financial management, logistics supply, equipment maintenance, information and library management that are related with S&T activities. People providing indirect services are excluded, such as security, medical service, drivers, plumbers, cleaners and those providing catering and related service. This indicator reflects the size of personnel engaged in S&T activities.

Research and Development (R&D) refers to systematic and creative activities in the field of science and technology aiming at increasing the knowledge and using the knowledge for new application. R&D includes 3 categories of activities: basic research, applied research and experimentation for development. The scale and intensity of R&D are widely used internationally to reflect the strength of S&T and the core competitiveness of a country in the world.

Basic Research refers to empirical or theoretical research aiming at obtaining new knowledge on the fundamental principles regarding phenomena or observable facts to reveal the intrinsic nature and underlying laws and to acquire new discoveries or new theories. Basic research takes no specific or designated application as the aim of the research. Results of basic research are mainly released or disseminated in the form of scientific papers or monographs. This indicator reflects the innovation capacity for original knowledge.

Applied Research refers to creative research aiming at obtaining new knowledge on a specific objective or target. Purpose of the applied research is to identify the possible uses of results from basic research, or to explore new (fundamental) methods or new approaches. Results of applied research are expressed in the form of scientific papers, monographs, fundamental models or invention patents. This indicator reflects the exploration of ways to apply the results of basic research.

Experiments and Development refer to systematic activities aiming at using the knowledge from basic and applied researches or from practical experience to develop new products, materials and equipment, to establish new production process, systems and services, or to make substantial improvement on the existing products, process or services. Results of experiment and development activities are embodied in patents, exclusive technology, and monotype of new products or equipment. In social sciences, experiment and development activities refer to the process of converting the knowledge from basic or applied researches into feasible programmes (including conduct of demonstration projects for assessment and evaluation). There are no experiment and development activities in the science of humanities. This indicator reflects the capability of transferring the results of S&T into technique and products, and measures the realization of S&T in spearheading the economic and social development.

R & D Personnel refer to persons engaged in research, management and supporting activities of R & D, including persons in the project teams, persons engaged in the management of S&T activities of enterprises and supporting staff providing direct service to the research projects. This indicator reflects the size of personnel engaged in R&D activities with independent intellectual property.

Professional and Technical Personnel refer to persons engaged in professional and technical work or in the management of professional and technical activities, i. e., people with professional or technical positions who are engaged in professional and technical work or in the management of professional and technical activities, and people without professional or technical positions but are working on professional or technical posts. They include professionals and technicians working in 17 categories of technical occupations including engineering, agriculture, scientific researches, medical service, teaching, economic research and application, accounting, statistics, translation, libraries, archives, cultural and museum service, journalism and publication, lawyers, notarization service, radio and television broadcasting, handicraft and fine arts, sports, performing art, and political workers in enterprises. This indicator reflects the condition of human resources in S&T.

Funding for S&T Activities refers to funds obtained from various sources for S&T activities, including government funds, self – raised funds by enterprises, self – raised funds by institutions, loans from financial institutions, foreign funds and other funds. This indicator reflects the efforts made by various social economic entities in promoting the development of S&T.

Government Funds refer to funds obtained from government agencies at all levels to be used for S&T activities, including fund for scientific undertakings, 3 kinds of fund for S&T activities, fund for capital construction for scientific researches, science fund, funds from education expenditures by education departments for S&T activities, and extra – budget fund from government agencies for S&T activities.

Funds of Enterprises refers to funds of enterprises from their own budget; funds from other enterprises; or funds received by universities or research institutions from enterprises for scientific research or technical development projects. Excluded from this category are funds from government agencies, financial institutions or from foreign institutions.

Loans from Financial Institutions refer to loans from various financial institutions for S&T activities.

Internal Expenditure on S&T activities refer to the actual expenditure on S&T activities during the reference year, including service fees, expenditure on research activities, expenditure on research management, purchase or construction of fixed assets not included in the investment for capital construction, expenditure on capital construction for scientific researches, and other expenditure on S&T activities. Not included are expenditure on production activities, repayment of loans and transfer expenditure. This indicator reflects the net investment in S&T more accurately.

Service Fees refer to direct or indirect payment, in cash or in kind, made to personnel engaged in S&T activities as remuneration and other fees. They include, in various forms, salaries, subsidies, bonus, benefits, retirement pension, stipend, etc. This indicator reflects the improvement of the remuneration package for S&T personnel.

Purchase or Construction of Fixed Assets refers to the fixed assets purchased or constructed using funds other than the investment in capital construction, and the actual expenditure on capital construction for scientific researches. In other words, it is the sum of the actual expenditure on fixed assets and the accomplished investment in capital construction for scientific researches. Fixed assets refer to main materials and equipment, literatures and documents in libraries, materials for experiments, specimen, instruments, furniture, buildings and constructions that can be used for a long time without changing the form and shape of those articles or constructions. This indicator reflects the input in improving the condition of S&T and the means of scientific research.

New Products refer to brand new products produced with new technology and new design, or products that represent noticeable improvement in terms of structure, material, or production process for improving significantly the character or function of the older versions. They include new products certified by relevant government agencies within the period of certification, as well as new products designed and produced by enterprises within a year without certification by government agencies. This indicator reflects the direct contribution of S&T output to economic growth.

Patent is an abbreviation for the patent right and refers to the exclusive right of ownership by the inventors or designers for the creation or inventions, given from the patent offices after due process of assessment and approval in accordance with the Patent Law. Patents are granted for inventions, utility models and designs. This indicator reflects the achievements of S&T and design with independent intellectual property.

Patented Inventions refer to new technical proposals to the products or methods or their modifications. This is universal core indicator reflecting the technologies with independent intellectual property.

Patented Utility Models refer to the practical and new technical proposals on the shape and structure of the product or the combination of both. This indicator reflects the condition of technological results with certain technical content.

Designs refer to the aesthetics and industrially applicable new designs for the shape, pattern and colour of the product, or their combinations. This indicator reflects the appearance design achievements with independent intellectual property.

教育和文化

Education and Culture

第18篇

CHAPTER 18

每万人口中在校学生数（人）

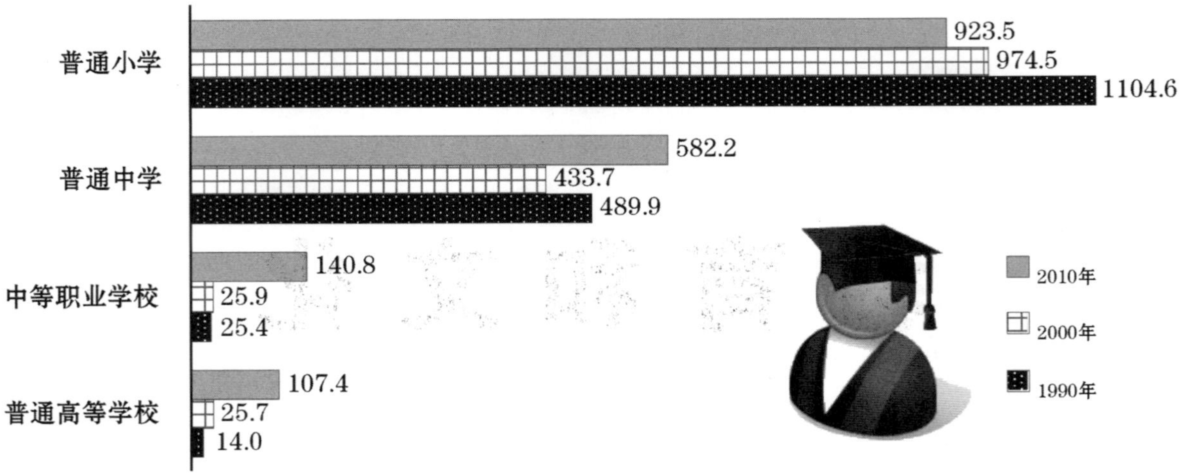

各级各类学校数（所）

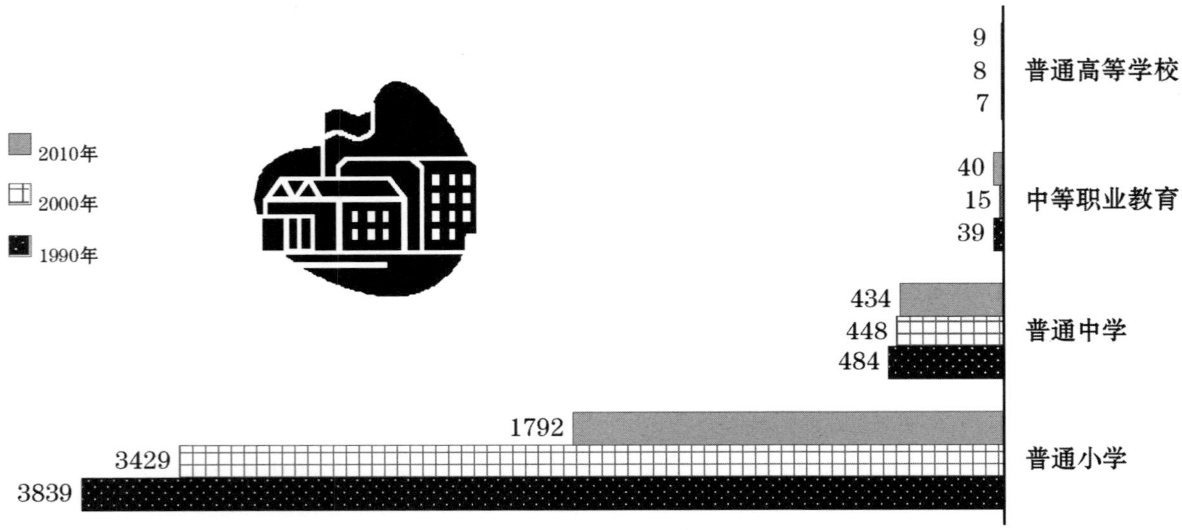

基础教育升学率

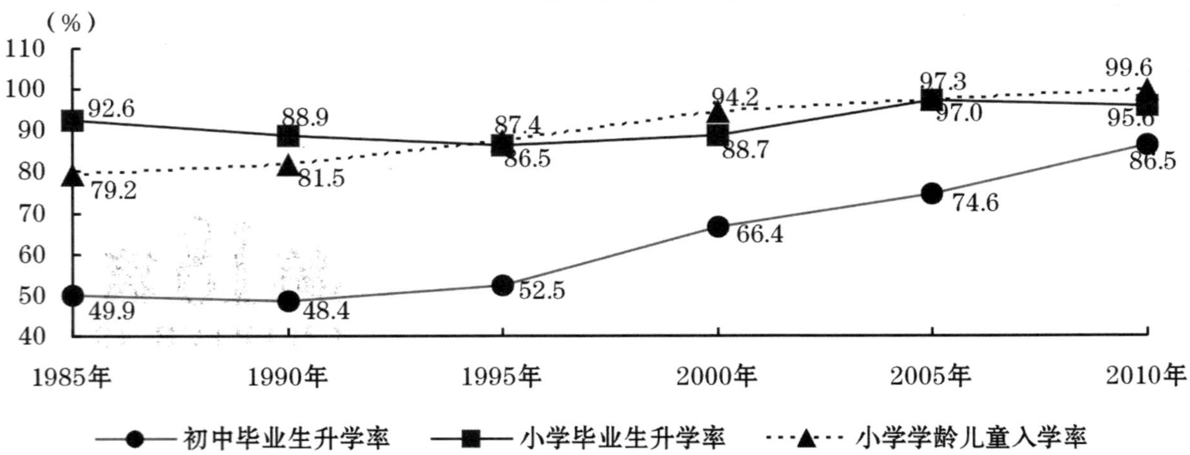

18-1 主要年份各级各类学校数

Number of Schools by Level and Type of School in Main Years

单位：所 (unit)

年 份 地 区	Year Region	普通高等学校 Regular Institutions of Higher Education	中等职业教育 Secondary Vocational Education	普通中学 Regular Secondary Schools	普通小学 Regular Primary Schools
1952			7	4	1065
1957		1	18	14	1441
1965		1	14	30	5847
1970		3	9	49	3097
1975		4	11	540	6531
1978		6	27	818	6577
1980		6	33	582	5207
1985		7	37	435	4256
1990		7	39	484	3839
1995		7	34	471	3437
1996		7	34	467	3451
1997		6	35	459	3473
1998		6	35	449	3465
1999		6	35	448	3448
2000		8	15	448	3429
2001		6	16	486	3159
2002		8	15	444	3120
2003		9	17	504	2998
2004		9	14	507	2995
2005		8	47	511	2898
2006		8	50	498	2841
2007		8	45	495	2727
2008		8	43	491	2556
2009		9	39	449	2047
2010		9	40	434	1792
西宁市	Xining City	9	21	139	334
海东地区	Haidong Prefecture		6	142	808
海北州	Haibei Zang A.P		2	22	130
黄南州	Huangnan Zang A.P		1	224	169
海南州	Hainan Zang A.P		2	21	77
果洛州	Golog Zang A.P		5	10	52
玉树州	Yushu Zang A.P		1	22	151
海西州	Haixi Mongolian & Zang A.P		2	54	71

18-2 主要年份普通高等学校基本情况

Basic Statistics on Regular Institution of Higher Education in Main Years

单位：人 (person)

年份/地区	Year/Region	毕业人数 Graduates	招生人数 New Enrollment	在校学生数 Total Enrollment	教职工人数 Teachers and Staff	专任教师 Full-time Teashers	生师比 Student-Teacher Ratio
1957			102	178	113	55	3.2
1965		297	176	566	634	326	1.7
1970		323	368	616	792	351	1.8
1975		688	861	2709	1350	625	4.3
1978		785	1314	3538	1663	819	4.3
1980		692	1208	4238	1970	999	4.2
1985		1159	2037	6414	2559	1253	5.1
1990		1930	1725	6241	2805	1470	4.2
1995		2133	2339	7332	2965	1410	5.2
1996		2033	2460	7780	2973	1398	5.6
1997		2135	2619	8202	3108	1587	5.2
1998		2241	2787	8691	3399	1678	5.2
1999		2490	3172	7347	3454	1711	5.5
2000		2130	6105	13307	4229	2107	6.3
2001		2561	7032	17918	4669	2094	8.6
2002		2763	7123	22198	5314	2580	8.6
2003		4771	9075	26124	5589	2769	9.9
2004		5802	9452	29483	5820	3079	9.6
2005		8344	12812	34374	5830	3051	11.3
2006		8773	12318	37146	6038	3296	11.3
2007		9842	12493	39066	6127	3156	12.4
2008		13986	20505	55792	6242	3368	16.6
2009		14626	18375	58229	6418	3757	15.5
2010		15000	18676	60384	6682	3731	14.4
西宁市	Xining City	15000	18676	60384	6682	3731	14.4

注：2008年、2009年普通高校毕业生数、招生数、在校生数含成人本专科生。

a) Graduates, new enrollment and total enrollment of regular institution of higher education in 2008 and 2009 include adult undergraduates and adult college students.

18—3　主要年份中等职业教育基本情况

Basic Statistics on Secondary Vocational Schools in Main Years

单位：人　　(person)

年份 地区	Year Region	毕业人数 Graduates	招生人数 New Enrollment	在校学生数 Total Enrollment	教职工人数 Teachers and Staff	专任教师 Full-time Teashers	生师比 Student-Teacher Ratio
1952		134	499	1602	236	88	18.2
1957		465	1486	5856	862	330	17.8
1965		510	1644	3825	753	313	12.2
1970		970	1677	2210	578	261	8.5
1975		1502	2006	5703	989	436	13.1
1978		1778	3459	7966	1374	657	12.1
1980		2484	2922	9615	1917	955	10.5
1985		2872	4512	12159	2555	1283	9.5
1990		4216	3378	11286	3102	1670	6.8
1995		3280	4217	13643	3048	1691	8.1
1996		4296	4136	13479	3062	1701	7.9
1997		4121	3857	13215	3048	1719	7.7
1998		4215	4019	12925	3079	1758	7.4
1999		4252	4050	12600	3072	1777	7.1
2000		4093	4781	13406	2398	1363	9.8
2001		3477	3006	12296	2252	1307	9.4
2002		3266	2881	11382	1159	713	16.0
2003		4204	1829	8107	773	470	10.2
2004		2401	1466	5028	546	342	14.7
2005		5836	13216	24656	2227	1588	15.5
2006		7939	21173	36886	2408	1723	21.4
2007		9175	30861	54566	2569	1906	28.6
2008		13798	30968	67917	3100	2379	28.5
2009		19356	31892	76375	3140	2480	30.8
2010		19773	30713	79105	3157	2444	32.4
西宁市	Xining City	11909	16882	45616	1864	1445	31.6
海东地区	Haidong Prefecture	4956	7915	18947	481	443	42.8
海北州	Haibei Zang A.P	563	709	2638	190	133	19.8
黄南州	Huangnan Zang A.P	1002	508	2263	33	22	102.9
海南州	Hainan Zang A.P	720	1595	3476	86	62	56.1
果洛州	Golog Zang A.P	138	681	1196	142	53	22.6
玉树州	Yushu Zang A.P	235	640	1598	183	150	10.7
海西州	Haixi Mongolian & Zang A.P	250	1782	3371	178	136	24.8

18-4 主要年份普通中学基本情况

Basic Statistics on Regular Secondary Schools in Main Years

单位：人 (person)

年份 地区	Year Region	毕业人数 Graduates	招生人数 New Enrollment	在校学生数 Total Enrollment	教职工人数 Teachers and Staff	专任教师 Full-time Teashers	生师比 Student-Teacher Ratio
1952		193	454	1221	137	60	8.9
1957		1026	4111	9382	539	400	17.4
1965		2182	4403	11978	1122	767	10.7
1970		8096	14374	38913	1700	1375	22.9
1975		26410	53092	120724	7528	5857	16.0
1978		49600	78600	209100	11512	9791	18.2
1980		58600	70597	199200	14058	10779	18.5
1985		58200	76200	230700	16599	12917	17.9
1990		67074	76269	217470	20161	16023	13.6
1995		57835	69755	193862	19190	15691	12.4
1996		55389	67599	192854	19046	15638	12.3
1997		58488	70944	194628	19440	16089	12.1
1998		58703	72987	195037	18884	16009	12.2
1999		56712	78901	207214	19090	16260	12.7
2000		57812	86540	224660	19378	16645	13.5
2001		61357	93034	244629	19835	16857	14.5
2002		56820	85181	220921	16670	14801	14.9
2003		75421	110325	294400	21257	18613	15.8
2004		83727	111830	315284	21853	19402	16.3
2005		93478	116340	327502	22370	20050	16.3
2006		100558	111044	328027	23047	20765	15.8
2007		101883	112097	327039	23357	21038	15.5
2008		106574	106538	315371	23429	21194	14.9
2009		100108	114485	322666	23587	21308	15.1
2010		100291	115028	327178	23923	21875	14.96
西宁市	Xining City	37464	42740	119619	9739	9064	13.2
海东地区	Haidong Prefecture	31834	32256	93068	7139	6723	13.8
海北州	Haibei Zang A.P	3758	5659	16787	1074	910	18.5
黄南州	Huangnan Zang A.P	5336	5823	16690	900	783	21.3
海南州	Hainan Zang A.P	6896	9152	27369	1871	1665	16.4
果洛州	Golog Zang A.P	3050	4027	9355	403	322	29.1
玉树州	Yushu Zang A.P	4447	5800	17517	568	491	35.7
海西州	Haixi Mongolian & Zang A.P	7506	9571	26773	2229	1917	14.0

18-5 主要年份小学基本情况

Basic Statistics on Primary Schools in Main Years

单位：万人、人 (10 000 persons,person)

年份 地区	Year Region	毕业人数 Graduates	招生人数 New	在校学生数 Total	教职工人数 Teachers and Staff	专任教师 Full-time Teashers	生师比 Student-Teacher Ratio
1952		0.6	0.9	8.8	2542	2375	
1957		2.3	4.1	15.4	4661	4401	34.9
1965		1.7	14.8	31.0	11148	10812	28.6
1970		2.3	3.4	23.1	10196	10057	23.0
1975		4.8	18.3	54.1	20512	19485	27.7
1978		6.5	13.4	59.9	24933	23918	25.0
1980		6.3	11.5	57.5	27049	25162	22.8
1985		6.1	9.6	54.2	26818	24649	22.0
1990		6.5	7.7	49.0	28582	26515	18.5
1995		5.9	8.3	44.8	28810	26881	16.7
1996		5.9	8.7	46.0	29298	27350	16.8
1997		6.1	8.9	47.1	29490	27611	17.1
1998		6.3	9.1	48.7	29433	27702	17.6
1999		6.9	9.6	50.1	29130	27452	18.2
2000		7.6	9.4	50.5	29371	27706	18.2
2001		7.9	9.5	50.2	29377	27870	18.0
2002		8.1	10.3	50.7	29546	28215	18.0
2003		8.2	9.5	50.7	29692	28496	17.8
2004		8.1	9.9	51.3	28926	27832	18.4
2005		8.1	8.9	50.7	28551	27478	18.4
2006		7.6	10.2	52.2	29209	28124	18.6
2007		7.1	10.1	53.1	28393	27303	19.4
2008		6.9	9.3	53.8	28115	27318	19.7
2009		7.8	8.7	53.3	27814	26794	19.9
2010		8.2	8.1	51.9	27516	26584	19.5
西宁市	Xining City	2.8	2.5	16.0	7890	7799	20.6
海东地区	Haidong Prefecture	2.3	2.2	13.7	7745	7719	17.7
海北州	Haibei Zang A.P	0.5	0.5	3.0	1664	1658	19.0
黄南州	Huangnan Zang A.P	0.6	0.5	3.2	1907	1892	17.0
海南州	Hainan Zang A.P	0.7	0.7	4.7	2976	2783	17.0
果洛州	Golog Zang A.P	0.3	0.4	2.2	1151	953	22.9
玉树州	Yushu Zang A.P	0.4	0.7	4.9	1805	1663	29.7
海西州	Haixi Mongolian & Zang A.P	0.7	0.7	4.2	2378	2217	18.8

18-6 主要年份幼儿教育事业基本情况
Basic Statistics on Kindergartens in Main Years

单位：人 (person)

年份 地区	Year Region	幼儿园数(所) Kindergartens (unit)	在园幼儿数 Total Enrollment	教职工人数 Teachers and Staff	幼师 Full-time Teashers	生师比 Student-Teacher Ratio
1952		3	560	46	25	22.4
1957		4	882	121	40	22.1
1965		13	2007	212	65	30.9
1980		46	15561	1053	408	38.1
1985		219	29140	1417	843	34.6
1990		203	44320	1820	1275	34.8
1995		203	72030	2694	1719	41.9
1996		192	70467	2443	1690	41.7
1997		185	73735	2947	2141	34.4
1998		192	70908	2643	1883	37.7
1999		189	66795	2784	1999	33.4
2000		201	63711	2721	2115	30.1
2001		183	67387	2646	1491	45.2
2002		215	69402	3079	1704	40.7
2003		220	74075	3243	1825	40.6
2004		240	77512	3518	1955	39.6
2005		284	82558	3978	2211	37.3
2006		317	88006	4265	2386	36.9
2007		318	88985	4384	2484	35.8
2008		374	94274	4701	2676	35.2
2009		466	101425	5356	3143	32.3
2010		599	111950	6202	3544	31.6
西宁市	Xining City	296	56402	4017	2312	24.4
海东地区	Haidong Prefecture	82	23227	753	439	52.9
海北州	Haibei Zang A.P	10	5535	154	109	50.8
黄南州	Huangnan Zang A.P	14	3903	92	70	55.8
海南州	Hainan Zang A.P	149	11618	529	285	40.8
果洛州	Golog Zang A.P	5	552	39	32	17.3
玉树州	Yushu Zang A.P	4	582	45	38	15.3
海西州	Haixi Mongolian & Zang A.P	39	10136	573	259	39.1

18—7 主要年份基础教育基本情况

Basic Statistics on Basic Education in Main Years

单位：%　　(%)

年 份 地 区	Year Region	初中毕业生升学率 Promotion Rate from Junior Secondary Schools to Senior Seconday Schools	小学毕业生升学率 Promotion Rate from Primary Schools to Junior Secondary Schools	小学学龄儿童入学率 Net Enrollment Ratio of Primany Schools
1952		82.1	45.1	
1957		113.0	58.1	
1965		93.7	106.7	73.1
1970		46.8	53.4	51.4
1975		63.0	89.5	89.8
1978		58.8	92.1	85.5
1980		40.2	86.9	82.4
1985		49.9	92.6	79.2
1990		48.4	88.9	81.5
1995		52.5	86.5	87.4
1996		66.5	87.9	89.6
1997		67.9	87.4	90.4
1998		60.1	91.1	92.1
1999		60.5	90.5	92.7
2000		66.4	88.7	94.2
2001		63.1	89.6	95.4
2002		65.5	92.0	95.4
2003		62.5	95.2	96.1
2004		66.5	96.9	96.6
2005		74.6	97.3	97.0
2006		75.1	97.3	97.1
2007		89.3	100.1	98.6
2008		85.0	97.5	99.4
2009		85.9	99.9	99.5
2010		86.5	95.6	99.6
西宁市	Xining City	108.9	99.7	100.0
海东地区	Haidong Prefecture	85.1	93.8	99.7
海北州	Haibei Zang A.P	80.7	86.3	99.5
黄南州	Huangnan Zang A.P	54.1	75.4	99.1
海南州	Hainan Zang A.P	82.8	86.4	99.5
果洛州	Golog Zang A.P	31.9	133.4	99.6
玉树州	Yushu Zang A.P	42.2	108.2	98.5
海西州	Haixi Mongolian & Zang A.P	77.0	94.5	99.7

18-8 主要年份全省每万人口中在校学生数

Students Enrollment per 10 Thousand People in Main Years

单位：人 (person)

年 份 Year	普通高等学校 Regular Institutions of Higher Education	中等职业学校 Secondary Vocational Schools	普通中专 Regular Specialzed Secondary Schools	普 通 中 学 Regular Secondary Schools	普 通 小 学 Primary Schools
1952		10.0	10.0	8.0	547.0
1957	0.9	30.0	30.0	46.0	749.0
1965	3.0	16.0	16.0	52.0	1343.0
1970	2.0	8.0	8.0	138.0	818.0
1975	8.0	17.0	17.0	358.0	1602.0
1978	10.0	22.0	22.0	573.0	1642.0
1980	11.0	25.0	25.0	529.0	1525.0
1985	15.9	30.3	30.3	556.4	1350.6
1990	14.0	25.4	25.4	489.9	1104.6
1995	15.4	28.6	28.6	406.0	938.2
1996	15.9	27.6	27.6	421.6	941.1
1997	16.5	26.7	26.7	392.7	951.2
1998	17.3	25.7	25.7	387.9	967.9
1999	18.3	24.7	24.7	406.5	982.1
2000	25.7	25.9	25.9	433.7	974.5
2001	34.2	23.5	23.5	467.6	959.2
2002	42.0	21.5	21.5	499.8	958.4
2003	48.9	19.7	15.2	551.5	949.6
2004	54.7	34.9	9.3	585.4	951.7
2005	63.3	45.4	13.6	602.9	933.1
2006	92.7	67.3	16.5	598.9	953.1
2007	92.4	98.9	21.9	592.9	963.1
2008	100.7	122.5	21.9	569.0	970.9
2009	104.5	137.0	25.3	578.9	956.9
2010	107.4	140.8	32.5	582.2	923.5

18-9 2007-2010年各级学校女学生和女教师数

Number of Female Students and Teachers in All Schools(2007-2010)

单位：人 (person)

指 标	Iten	普通高等学校 Regular Institutions of Higher Education 2007	2008	2009	2010	中等职业学校 Secondary Vocational Schools 2007	2008	2009	2010
毕业生数	**Graduates**	**9455**	**13986**	**14626**	**15000**	**9175**	**13798**	**19356**	**19773**
女性	Females	4648	7250	7063	7449	4320	6087	8113	7931
招生数	**New Enrollment**	**11955**	**20505**	**18375**	**18676**	**30861**	**30968**	**31892**	**30713**
女性	Females	6029	10065	9491	9626	13702	14019	13183	13042
在校生数	**Total Enrollment**	**37654**	**55792**	**58229**	**60384**	**54566**	**67917**	**76375**	**79105**
女性	Females	17854	27310	28541	30175	24384	30898	34228	36522
教职工数	**Teachers and Staff**	**6127**	**6862**	**6418**	**6682**	**2569**	**3100**	**3140**	**3157**
女性	Females	2726	3047	2948	3039	1123	1344	1389	1391
专任教师	**Full-time Teachers**	**3156**	**3769**	**3757**	**3731**	**1906**	**2379**	**2480**	**2444**
女性	Females	1549	1861	1886	1881	857	1085	1143	1132

注：2008年、2009年普通高校毕业生数、招生数、在校生数含成人本专科生。

a) Graduates, new enrollment and total enrollment of regular institution of higher education in 2008 and 2009 include adult undergraduates and adult college students.

18-10 各级学校基本情况(2010年)

Basic Statistics of General Education Schools at All Levels (2010)

单位：人 (person)

项 目	Item	学校数(所) Number of Schools (unit)	毕业生人数 Graduates	招生人数 New Enrollment	在校学生数 Total Enrollment	教职工人数 Teachers and Staff	专任教师 Full-time Teashers
总计	**Total**	**2887**	**273678**	**323638**	**1101830**	**67918**	**58477**
高等学校	**Higher Education**	**11**	**15533**	**19692**	**62100**	**6946**	**3893**
普通高校	Regular Institutions of Higher Education	9	15000	18676	60384	6682	3731
研究生	Postgraduates		430	764	1893		
普通本专科	Regular Undergradustes and College Students		11207	13440	44994		
本科	Enrolled in Full Undergraduate Courses		5784	7609	28119		
成人本专科	Adult Undergradustes and College Students		3363	4472	13497		
本科	Enrolled in Full Undergraduate Courses		2204	2911	9217		
成人高校	Adult Institutions of Higher Education	2	553	1016	1716	264	162
中等职业教育	**Secondary Vocational Education**	**40**	**19773**	**30713**	**79105**	**3157**	**2444**
调整后中职学校	Secondary Vocational School After Adjusted	24	12240	20404	53557	2090	1665
中专学校	Regular Specialized Secondary Schools	9	5008	7487	18271	758	543
成人中专	Adult Specialized Secondary Schools	2	466	429	1949	223	166
职业高中	Vocational Senior Secondary Schools	5	2059	2393	5328	86	70
普通中学	**Regular Secondary Schools**	**434**	**100291**	**115028**	**327178**	**23923**	**21875**
高 中	Senior Secondary Schools	119	34080	36153	107715		7550
初 中	Junior Secondary Schools	315	66211	78815	219463		14325
普通小学	**Primary Schools**	**1792**	**82467**	**81464**	**518992**	**27516**	**26584**
特殊教育学校	**Special Schools**	**11**	**167**	**255**	**2505**	**174**	**137**
幼儿园	**Kindergartens**	**599**	**55447**	**76486**	**111950**	**6202**	**3544**

18－11 技工学校学生情况统计表(2010年)

Basic Statistics on Students of Technical Schools(2010)

单位：人 (person)

项 目	Item	总 计 Total	地方劳动保障部门办校 Run by Department of Local Labor and Social Security	企业办校 Run by Enterpises	行业办校 Run by Sector	民办 Run by Private Institutions	国务院部委办 Run by Ministries under the State Council
学校数	**Number of Schools (unit)**	**18**	**1**	**2**	**10**	**4**	**1**
招生学校数	Number of Schools of Having New Enrollment students	15	1	2	9	2	1
教职工人数	**Testhers and Staff**	**2331**	**90**	**205**	**1623**	**112**	**301**
女性	Female	1144	42	74	769	50	209
文化技术理论课教师	Classroom Teachers	1213	78	57	941	64	73
高级讲师	Senior Prelector	361	28	18	294	6	15
讲师	Prelector	389	35	15	306	15	18
助理讲师	Assistant Prelector	316	14	20	238	4	40
大学本科以上	Above Undergraduate	1225	55	52	1035	55	28
招生数	**New Enrollment**	**9883**	**1423**	**1761**	**5499**	**983**	**217**
高级班学生	Senior Students	944		267	677		
农业户口学生	Students of Agricultural Registered Permanent Residence	7844	1329	1299	4364	852	
在校生数	**Total Enrollment**	**33530**	**3857**	**4945**	**22607**	**1904**	**217**
女生	Female	11329	1472	528	8369	903	57
高级班学生	Senior Students	4127		950	3177		
农业户口学生	Students of Agricultural Registered Permanent Residence	24985	3581	3735	16037	1632	
毕业生数	**Gradustes**	**6881**	**704**	**2580**	**3597**		
高级班学生	Senior Students	671		297	374		
获得中级职业资格	Access to Intermediate Professional Qualification	6050	704	2221	3125		
获得高级职业资格	Access to Senior Professional Qualification	663		297	366		
培训社会人员人次数	**Number of Training Community Staff**	**27205**	**2186**	**3603**	**15845**	**2883**	**2688**
女性	Female	7694	288	795	4627	1178	806
培训社会人员结业人数	**Number of Completed Course of Training Community Staff**	**26764**	**2186**	**3162**	**15845**	**2883**	**2688**
按培训对象分组	**Grouped by Training Object**						
失业人员	Unemployed Persons	782		50	612	120	
劳动预备制学员	Persons of Work Preparation Training	2592		1968	367		257
在职职工	Staff and Workers	18570	1898	1397	12761	83	2431
农村劳动者	Rural Labor	4068	288	120	1010	2650	
大学毕业生	Graduate	1193		68	1095	30	
按获取证书分组	**Grouped by Certificate Obtained**						
初级职业资格	Primary Professional Qualification	4484		1042	2224	1218	
中级职业资格	Intermediate Professional Qualification	2259		216	1661	382	
高级职业资格	Senior Professional Qualification	1134		533	527	74	
就业人数	**Number of Employed Persons**	**6806**	**680**	**2561**	**3565**		

18−12 2009−2010年教育事业办学条件
Education Conditions for Running Schools(2009-2010)

项 目	Item	2009	2010
学校校舍面积 （万平方米）	**Schoolhouse Area (10 000 square meter)**	**744.86**	**506.52**
高等学校产权校舍面积	Schoolhouse Area of Institutions of Higher Education	149.36	154.75
危房	Danger Schoolhouse	0.50	1.94
普通高校	Regular Institutions of Higher Education	143.73	151.51
成人高校	Adult Institutions of Higher Education	5.63	3.25
中等职业教育校舍面积	Schoolhouse Area of Secondary Vocational Education	50.99	64.78
危房	Danger Schoolhouse	6.67	9.33
普通中学校舍面积	Schoolhouse Area of Regular Secondary Schools	272.36	286.99
危房	Danger Schoolhouse	59.64	60.31
小学校舍面积	Schoolhouse Area of Regular Primary Schools	272.15	
危房	Danger Schoolhouse	93.50	90.00
学校固定资产 （万元）	**Fixed Assets of Schools (10 000 yuan)**	**600965.20**	**667785.78**
高等学校固定资产	Institutions of Higher Education	128891.75	136509.83
中等职业教育固定资产	Secondary Vocational Education	46231.26	56535.45
普通中学固定资产	Regular Secondary Schools	221918.16	257774.40
小学固定资产	Regular Primary Schools	203924.03	216966.10
学校图书藏量 （万册）	**School Book Reserves (10 000 volume)**	**1580.13**	**1757.87**
高等学校图书	Institutions of Higher Education	422.57	447.75
中等职业教育图书	Secondary Vocational Education	86.80	82.96
普通中学图书	Regular Secondary Schools	492.42	585.87
小学图书	Regular Primary Schools	578.34	641.29

18-13 2009-2010年文化事业机构、人员情况

Basic Statistics of Cultural Institutions and Personnel(2009-2010)

类 别	Category	机构数(个) Number of Institutions (unit)		从业人员(人) Number of Employed Persons (person)	
		2009	2010	2009	2010
总计	**Total**	**395**	**524**	**2591**	**2708**
艺术事业	**Arts**	**13**	**14**	**907**	**932**
艺术表演团体	Arts Performance Troupes	13	14	907	932
话剧团	Drama Troupe				
歌剧、舞剧、歌舞剧团	Opera, Ballet and Dance Troupe	1	1	180	180
歌舞团、轻音乐团	Song and Dance Troupe, Light Music Troupe	8	8	431	435
文工团、文宣队、乌兰牧骑	Cultural and Performance Troupes and Ulanmuchi (equestrian art troupes)	2	2	45	45
戏曲剧团	Local Opera Troupes	2	2	251	257
京剧团	Beijing Opera Troupes				
艺术表演场所	Arts Performance Places		16		74
图书馆事业	**Public Libraries**	**44**	**44**	**391**	**398**
文物事业	**Cultural Relics**	**44**	**43**	**322**	**358**
文物机构	Historical Relics Agencies	26	25	142	123
文物保护机构	Agencies of Historical Relics Preservation	25	24	109	82
博物馆	Museums	18	18	180	168
文物商店	Cultural Relics Shops				
群众文化事业	**Mass Culture**	**282**	**412**	**745**	**797**
群众艺术馆	Mass Art Centers	8	9	155	165
文化馆	Cultural Centers	44	42	357	340
文化站	Cultural Stations	230	361	233	292
艺术教育事业	**Culture and Education**	**1**	**1**	**81**	**80**
中等专业学校	Specialized Secondary Schools	1	1	81	80
其他文化事业	**Other Cultural Units**	**11**	**10**	**145**	**143**
艺术科研机构	Art Research Institutions	1	1	14	13
其他	Others	10	9	131	130

18－14 主要年份报刊、杂志、图书出版情况

Basic Statistics of Newspapers, Magazines, Books Published in Main Years

年份 Year	报纸 Newspapers Published		杂志 Magazines Published		图书 Books Published	
	种数（种）Number of Publication (kind)	总印数（万份）Total Printed Copies (10 000 Copies)	种数（种）Number of Publication (kind)	总印数（万册）Total Printed Copies (10 000 Copies)	种数（种）Number of Publication (kind)	总印数（万册）Total Printed Copies (10 000 Copies)
1957		565.4			23	15.1
1970					80	312.0
1975	2	2991.1			196	1167.9
1978	2	2966.0	1	6.0	204	1051.5
1980	3	3160.0	1	64.7	586	2231.4
1985	10	4312.8	17	111.1	339	960.7
1990	12	3894.4	17	51.9	527	1081.9
1992	15	4773.5	25	63.1	624	1128.3
1993	15	4335.0	27	67.5	628	864.7
1994	15	4316.9	37	78.9	764	1024.8
1995	16	5677.0	39	78.5	735	1226.7
1996	16	4254.0	39	70.3	667	1025.3
1997	16	4054.0	40	81.1	479	1081.9
1998	14	3792.0	39	85.3	501	1295.2
1999	17	4002.0	45	88.0	450	1126.9
2000	21	4800.2	50	91.2	195	586.2
2001	19	4235.8	31	280.8	148	507.0
2002	20	4494.2	43	59.2	142	397.5
2003	20	4752.0	41	73.8	156	827.7
2004	21	4384.0	49	220.0	377	504.0
2005	19	4486.0	40	204.0	390	840.4
2006	27	4400.0	52	108.0	392	1077.0
2007	25	9757.0	52	196.0	576	1143.0
2008	26	8859.0	52	281.0	656	987.0
2009	26	9172.0	53	353.0	680	843.0
2010	27	9769.7	53	322.5	652	1002.9

18−15　广播播出公共节目时间(2010年)

Public Program Time of Propaganda on Broadcast(2010)

单位：时:分 (hour:minute)

地　区	Region	合　计 Total	新闻资讯类 News	专题服务类 Special Subject	综 艺 类 General Entertainment	广播剧类 Radio Drama	广 告 类 Advertising	其 他 类 Others
合计	**Total**	**56102:50**	**9179:15**	**10264:15**	**17938:30**	**3629:00**	**3950:00**	**11141:50**
省级	Provincial	27413:00	4021:00	6437:00	3602:00	582:00	3258:00	9513:00
青海广播电台	Qinghai Broadcasting Station	27413:00	4021:00	6437:00	3602:00	582:00	3258:00	9513:00
地市级	Regional	28689:50	5158:15	3827:15	14336:30	3047:00	692:00	1628:50
西宁市	Xining City	22447:00	3402:00	2901:00	11050:00	3047:00	692:00	1355:00
玉树州	Yushu Zang A.P	2075:50	456:15	456:15	889:30			273:50
海西州	Haixi Mongolian & Zang A.P	4167:00	1300:00	470:00	2397:00			

18−16　2009−2010年有线电视基本情况

Basic Statistics on Cable Television(2009−2010)

地　区	Region	总户数(万户) Total Households (10 000 households)		总用户数(万户) Number of Users of CATV (10 000 households)		有线电视入户率(%) CATV Coverage of Household (%)	
		2009	2010	2009	2010	2009	2010
合计	**Total**	**143.43**	**146.38**	**37.30**	**39.76**	**26.00**	**27.16**
西宁市	Xining City	56.80	56.95	33.02	35.69	58.13	62.68
海东地区	Haidong Prefecture	38.55	40.73				
海北州	Haibei Zang A.P	7.45	7.60	0.57	0.61	7.65	8.03
黄南州	Huangnan Zang A.P	5.83	5.98	0.32	0.10	5.49	1.67
海南州	Hainan Zang A.P	11.30	11.40	0.18	0.18	1.59	1.58
果洛州	Golog Zang A.P	4.40	4.60	0.36	0.43	8.18	9.35
玉树州	Yushu Zang A.P	7.70	7.66	0.69	0.75	8.96	9.79
海西州	Haixi Mongolian & Zang A.P	11.40	11.45	2.16	2.00	18.95	17.47

18-17 主要年份广播、电视事业发展和普及情况
Basic Statistics on Development and Popularization of Radio and Television in Main Years

年份 Year	广播电台数（座）Number of Broadcasting Stations (set)	中播发射台和转播台（座）Broadcast Transmission Stations and Relaying Stations (set)	广播节目套数（套）Number of Broadcast Programs (set)	广播人口覆盖率（%）Radio Coverage of Population (%)	电视台数（座）Number of Television Stations (set)	电视转播发射台（座）Television Transmission Stations and Relaying Stations (set)	电视节目套数（套）Number of Television Programs (set)	电视人口覆盖率（%）TV Coverage of Population (%)
1952	1	1	1					
1965	1	1	2					
1978	1	5	2	25.0	1	10	1	20.0
1980	1	5	3	25.0	1	17	1	22.0
1985	3	7	6	48.0	1	120	1	46.0
1990	4	7	7	50.0	4	186	5	72.0
1992	4	8	7	50.0	4	235	5	73.0
1993	4	8	7	58.0	5	260	6	75.0
1994	4	8	7	58.0	5	273	6	75.0
1995	4	8	7	59.0	5	323	6	76.0
1996	4	8	7	59.0	5	335	6	76.0
1997	4	8	7	58.5	5	392	6	78.4
1998	4	8	7	59.3	5	410	6	78.8
1999	4	8	8	60.1	5	832	6	82.3
2000	4	7	8	63.0	5	1274	6	86.0
2001	4	8	8	80.5	6	1206	11	87.8
2002	4	8	8	84.4	8	1208	12	88.9
2003	4	8	8	84.5	9	1415	13	90.4
2004	4	8	8	86.4	9	1393	13	92.0
2005	4	8	8	86.5	8	1495	13	92.5
2006	4	8	8	87.5	8	1480	13	93.0
2007	4	8	8	88.0	8	1440	13	93.5
2008	4	8	9	88.5	8	1584	13	94.0
2009	4	8	9	88.9	8	1449	13	94.3
2010	4	9	9	90.0	8	1194	13	95.02

18-18 2010年分行业文化产业情况
Conditions of Cultural Industries by Sector (2010)

行 业	Sector	单位数（个）Number of Units (unit)	年末从业人员（人）Employed Persons at Year-end (Person)	增加值（万元）Added Value	占全部增加值的比重（%）The Proportion of the Total Added Value (%)	资产总计（万元）Total Assets (10 000 yuan)	全年营业收入（万元）Annual Business Revenue (10 000 yuan)
合 计	Total	7233	97017	223834	—	836855	692395
核心层小计	Core Layer Subtotal	958	11566	56113	25.07	200971	143229
新闻服务	News Service	1	54	54	0.02	1868	1991
出版发行和版权服务	Publishing and Copyright Services	701	7947	25206	11.26	101785	89471
广播、电视电影服务	Radio, Television, Film Service	115	3090	27901	12.47	88355	46148
文化艺术服务	Arts and Cultural Services	141	475	2952	1.32	8963	5619
外围层小计	Outer Layer Subtotal	4095	33195	108854	48.63	440368	317927
网络文化服务	Internet Culture Services	4	659	31989	14.29	35127	30546
文化休闲娱乐服务	Culture and Leisure Services	2725	10690	26565	11.87	122034	104991
其他文化服务	Other Cultural Services	1366	21846	50300	22.47	283207	182390
相关层小计	Relevant Layer Subtotal	2180	52256	58867	26.30	195516	231238
文化用品、设备及相关文化产品的生产	Production of Stationery, Equipment and Related Cultural Products	90	16226	29268	13.08	162038	195650
文化用品、设备及相关文化产品的销售	Sell of Stationery, Equipment and Related Cultural Products	2090	36030	29599	13.22	33478	35588

主要统计指标解释

普通高等学校 指按国家规定的设置标准和审批程序批准举办的，通过全国普通高等学校统一招生考试，招收高中毕业生为主要培养对象，实施高等学历教育的全日制大学、独立设置的学院和高等专科学校、高等职业学校及其他机构（独立学院和分校、大专班）。

大学、独立设置的学院主要实施本科层次以上教育。高等专科学校、高等职业学校实施专科层次教育。其他机构是承担国家普通招生计划任务不计校数的机构，包括独立学院、普通高等学校分校、大专班和批准筹建的普通高等学校等。独立学院指由普通本科高校按新机制、新模式举办的本科层次的二级学院，一些普通本科高校按公办机制和模式建立的二级学院，“分校”或其他类似的二级办学机构不属此范畴。

成人高等学校 指按照国家规定的设置标准和审批程序批准举办的，通过全国成人高等教育统一招生考试，招收具有高中毕业或同等学历的人员为主要培养对象，利用函授、业余、脱产等多种形式对其实施高等学历教育的学校。包括职工高等学校、农民高等学校、管理干部学院、教育学院、独立函授学院、广播电视大学、其他机构等。其他机构是承担国家成人招生计划任务不计校数的机构。

小学学龄儿童净入学率 指调查范围内已入小学学习的学龄儿童占校内外学龄儿童总数（包括弱智儿童，不包括盲聋哑儿童）的比重。

艺术表演团体 由文化部门主办或实行行业管理（经文化市场行政部门审批或已申报登记并领取相关许可证），专门从事表演艺术等活动的各类专业艺术表演团体，含民间职业剧团。如话剧团、方言话剧团、滑稽剧团、儿童剧团、歌剧团、木偶团、皮影团等以及由若干剧种组成的综合性专业艺术表演团体。不包括半工半艺、半农半艺的剧团。

艺术表演场馆 指由文化部门主办或实行行业管理（经文化市场行政部门审批或已申报登记并领取相关许可证），有观众席、舞台、灯光设备，公开售票、专供文艺团体演出的文化活动场所。包括剧院（场）、音乐厅、歌剧院（场）、舞剧院（场）、话剧院（场）、戏院、马戏场、影剧院等进行文艺表演的场所。不包括电影院、礼堂、体育场馆、美术馆及绘画、雕塑等艺术馆。

文化市场经营机构 经文化市场行政部门审批或已申报登记并领取相关许可证的、从事文化经营和文化服务活动的机构。

广播节目综合人口覆盖率 指根据国家广电总局制定的《广播电视人口覆盖率统计技术标准和方法》进行统计调查的，在对象区内采用无线、有线、卫星等技术手段能够收听到包括中央、省、地市、县广播节目其中任意一套的人口数占全国总人口数的百分比。

电视节目综合人口覆盖率 指根据国家广电总局制定的《广播电视人口覆盖率统计技术标准和方法》进行统计调查的，在对象区内采用无线、有线、卫星等技术手段能够收看到包括中央、省、地市、县级电视节目中任意一套的人口数占全国总人口数的百分比。

有线电视入户率 通过广播电视有线传输网收看电视节目的用户数占全国总户数的百分比。

国家综合档案馆 归口中央或地方各级档案行政管理部门直接管理的，按行政区划或历史时期设置的，收集和管理所辖范围内多种门类档案的档案馆。

Explanatory Notes on Main Statistical Indicators

Regular Institutions of Higher Education refer to educational establishments set up according to the government evaluation and approval procedures, recruiting graduates from senior secondary schools as the main target by National Matriculation TEST. They include full – time universities, colleges, institutions of higher professional education, institutions of higher vocational education, institutions of higher vocational education and others (non – university tertiary, branch schools and undergraduate classes).

Universities and colleges primarily provide undergraduate courses; institutions of higher professional education and institutions of higher vocational education primarily provide professional trainings; and others refer to educational establishments, which are responsible for enrolling higher education students under the State Plan but not enumerated in the total number of schools, including: branch schools of universities and colleges, and universities and colleges that have been approved and under plan for construction. Non – university tertiary refers to the regular undergraduate branch college which is running in new mechanism and mode, excluding the branch schools and other similar branches of educational institutions.

Institutions of Higher Education for Adults refer to educational establishments, set up in line with relevant rules approved by the government, enrolling staff and workers with senior secondary school or equivalent education, and providing higher education courses in many forms of correspondence, spare time, or full time for adults. Professionals thus trained receive a qualification equivalent to graduates studying regular courses at regular universities, colleges and professional colleges. Institutions of higher learning for adults include schools of higher education for staff and workers, schools of higher education for peasants, colleges for management cadres, pedagogical colleges, independent correspondence colleges, Radio and TV universities and other educational establishments. Other educational establishments have undertakings to enrol adult students but not enumerated in the schools under the State Plan.

Net Enrolment Ratio of Primary Schools refers to the proportion of school age children enrolled at schools to the total number of school age children both in and outside schools (including retarded children, but excluding blind, deaf and mute children).

Arts Performance Troupes refer to the various professional performing arts groups, which sponsored by the cultural sectors or guided by the cultural society (approved by the cultural market administration, or registered and permitted with the relative certificate), including non – governmental troupes, such as drama troupes, dialect troupes, comedy troupes, children troupes, Opera troupes, puppetry troupes, Shadowgraph troupes, etc., comprehensive professional arts performance troupes. The semi – working and semi – farming arts troupes are not included.

Arts Performance Places refer to the various sites for cultural activities, which sponsored by the cultural sectors or guided by the cultural society (approved by the cultural market administration, or registered and permitted with the relative certificate), with the facility of auditorium, stage, and lighting, and selling tickets in public, specially performed by arts troupes, including theatre, concert halls, opera halls, dance halls, drama halls, cinemas, circus fields, and other showplaces for the performing arts. The cinemas, auditoriums, stadiums, and arts museums, such as art galleries, painting houses, sculpture houses, are not included.

Cultural Market Operating Units refer to the units dealing in culture and cultural services, which registered and permitted with the relative certificate by cultural market administration.

Radio Coverage of Population refers to the percentage of population, which can listen to one of central, provincial, city, prefecture, and county radio programs by wireless, cable, satellite and other technical means, in the surveying area, to national total population, according to Statistical Standard and Method on Television and Radio Coverage of Population established by the State Administration of Broadcasting, Film and Television.

Television Coverage of Population refers to the percentage of population, which can watch one of central, provincial, city, prefecture, and county television programs by wireless, cable, satellite and other technical means, in the surveying area, to national total population, according to Statistical Standard and Method on Television and Radio Coverage of Population established by the State Administration of Broadcasting, Film and Television.

Cable Television Coverage of Household refers to the percentage of household, which can watch television by cable of radio and television network, to national total household.

National Comprehensive Archives refer to all archives institution, which are directly conducted by the central and local levels archives administration, collecting and keeping various documents and materials by administrative regions or historical periods

卫生和体育

Public Health and Sports

第19篇

CHAPTER 19

卫生机构（个）

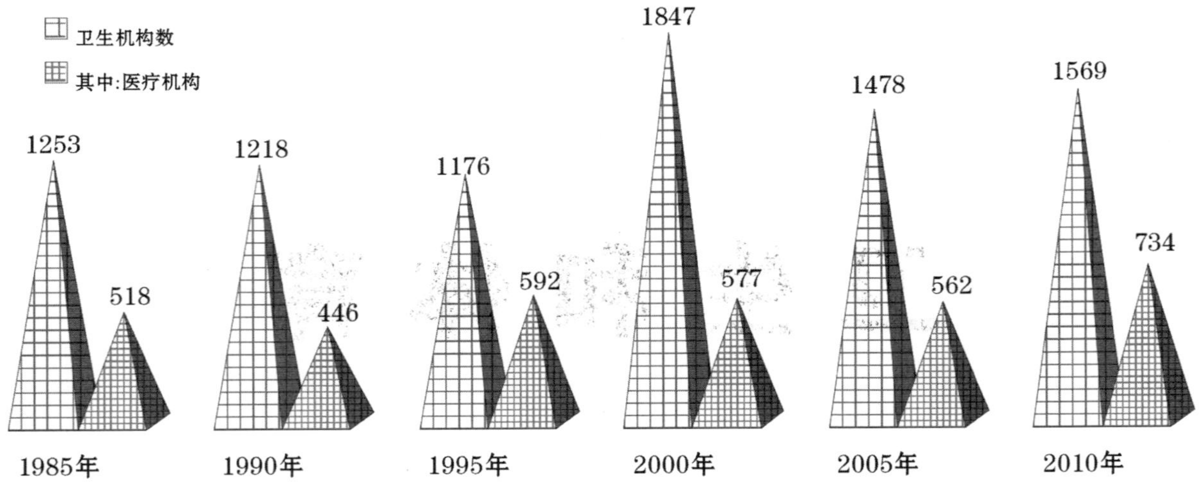

病床及卫生技术人员数

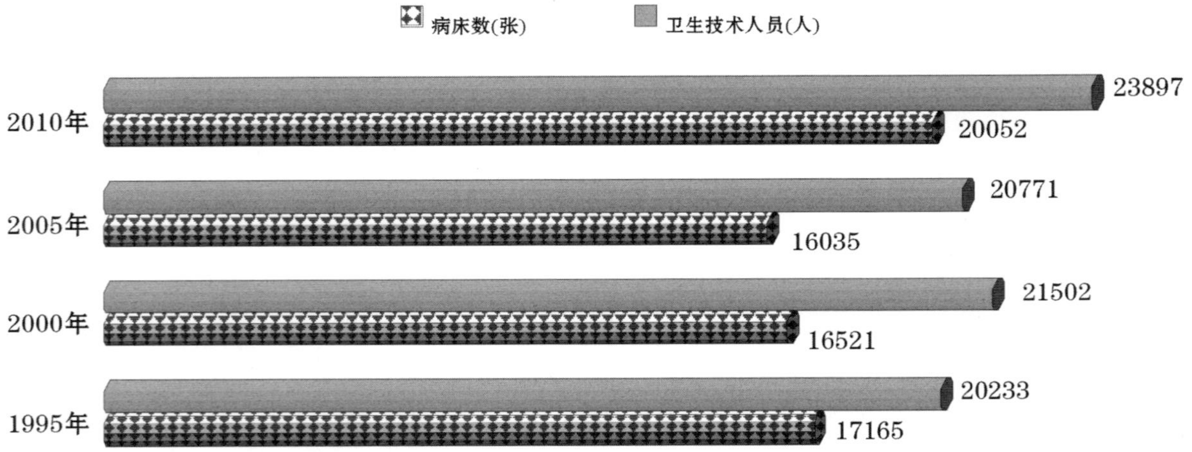

青少年业余体校在校学生数（人）

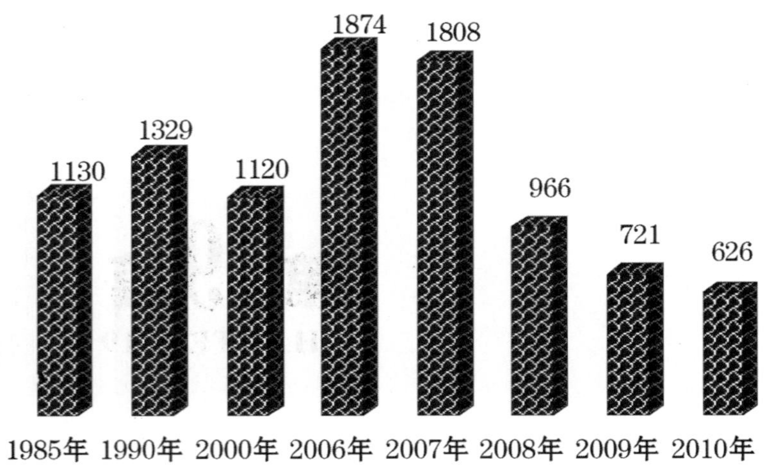

19-1 主要年份卫生事业机构、床位、人员数
Number of Health Care Institutions, Beds and Medical Technical Personnel in Main Years

年份 Year	卫生机构数 (个) Health Care Institutions (unit)	医疗机构 Medical Institutions	病床数 (张) Beds (unit)	卫生技术人员 (人) Medical Technical Personnel (person)
1952	67	28	529	513
1957	215	45	2115	2605
1965	822	63	6634	6114
1970	818	80	8212	8217
1975	920	499	10222	11390
1978	1032	507	10951	13090
1980	1047	511	11941	15115
1985	1253	518	13743	18031
1986	1282	454	14417	18906
1987	1302	433	15119	19759
1988	1276	445	15093	19780
1989	1226	436	15511	20103
1990	1218	446	15698	19893
1992	1187	510	16828	20239
1993	1172	494	16684	19891
1994	1177	592	16896	20116
1995	1176	592	17165	20233
1996	1201	590	17461	20216
1997	1201	592	17176	21418
1998	1263	591	17096	21159
1999	1259	586	16862	21825
2000	1847	577	16521	21502
2001	1437	564	16464	20119
2002	1411	549	16127	19294
2003	1408	536	16652	23036
2004	1434	535	16461	20002
2005	1478	562	16035	20771
2006	1613	687	16273	20119
2007	1640	688	16383	20347
2008	1643	713	17861	21973
2009	1598	734	19119	23440
2010	1569	734	20052	23897

注：2000—2009年卫生机构数据按统一口径进行了调整。

a) Health care institutions in the year 2000 to 2009 have been adjusted according to the same calibre.

19−2 医疗机构、床位及人员数(2010年)

Number of Medical Institutions, Beds and Medical Technical Personnel(2010)

医疗机构	Medical Institutions	机构数(个) Number of Institutions (unit)	床位数(张) Beds (unit)	卫生技术人员(人) Medical Technical Personnel (person)						
				小计 Total	执业医师 Licensed Doctors	助理医师 Assistant Doctors	注册护士 Registered Nurses	药剂人员 Pharmacist	检验人员 Laboratory Technician	其他 Others
总计	**Total**	**734**	**20052**	**20383**	**7003**	**1204**	**7610**	**1338**	**778**	**2450**
医院	**Hospital**	128	15823	15226	5370	583	6269	984	598	1422
#综合医院	General Hospital	78	11911	11441	3963	428	4855	639	428	1128
中医医院	Hospital Specialized in Traditional Chinese Medicine	13	1549	1497	566	42	541	179	57	112
中西医结合医院	Hospitals Combining Chinese and Western Medicine	1	30	39	15	3	10	6	2	3
蒙藏民族医院	Mongolian and Tibetan Nationalities Hospital	26	1068	826	375	67	210	75	29	70
专科医院	Specialized Hospital	10	1265	1423	451	43	653	85	82	109
专科疾病防治院(所、站)	Specialized Disease Prevention & Treatment Institution	1	35	26	11		10	3	2	
社区卫生服务中心(站)	Community Health Service Centers(Stations)	165	1052	1257	448	78	454	144	30	103
#社区卫生服务中心	Community Health Service Centers	14	342	396	112	29	131	40	20	64
社区卫生服务站	Community Health Service Stations	151	710	861	336	49	323	104	10	39
卫生院	Health Care Centers	406	2961	3247	927	506	701	177	74	862
#中心卫生院	Central Health Centers	90	1184	1135	286	167	234	71	35	342
采供血机构	Blood Collection and Supply Agencies	9		114	20	4	36	1	44	9
门诊部	Clinics	4		40	13		14	6	4	3
妇幼保健院(所、站)	Women and Children Care Agencies (Station)	21	181	473	214	33	126	23	26	51

注：医疗机构不包括诊所、卫生所、医务室和村卫生室。

a) Medical institutions don't include dispensary, health-center, infirmary and village health clinic.

19—3 分地区卫生机构、人员(2010年)

Health Care Institutions, Medical Technical Personnel by Region(2010)

单位：个、人 (unit、person)

地区 / 项目	Region / Item	全省总计 Total	西宁市 Xining City	海东地区 Haidong Prefecture	海北州 Haibei Zang A.P	黄南州 Huangnan Zang A.P	海南州 Hainan Zang A.P	果洛州 Golog Zang A.P	玉树州 Yushu Zang A.P	海西州 Haixi Mongolian & Zang A.P
卫生机构数总计	**Total Health Care Institutions**	**1569**	**538**	**395**	**95**	**65**	**133**	**89**	**111**	**143**
医院	Hospital	128	46	13	9	8	12	11	12	17
#综合医院	General Hospital	78	28	7	6	4	7	6	7	13
中医医院	Hospital Specialized in Traditional Chinese Medicine	13	5	5	1		1	1		
中西医结合医院	Hospitals Combining Chinese and Western Medicine	1	1							
蒙藏民族医院	Mongolian and Tibetan Nationalities Hospital	26	2	1	2	4	4	4	5	4
专科医院	Specialized Hospital	10	10							
专科疾病防治院(所、站)	Specialized Disease Prevention & Treatment Institution	1				1				
社区卫生服务中心(站)	Community Health Service Centers(Stations)	165	112	7	1			1	1	43
#社区卫生服务站	Community Health Service Stations	14	9							5
卫生院	Health Care Centers	406	58	109	35	36	40	45	47	36
#中心卫生院	Central Health Centers	90	17	23	9	10	13	10	4	4
门诊部	Clinics	4	4							
采供血机构	Blood Collection Agencies	9	1	1	1	1	1	1	1	2
妇幼保健院(所、站)	Women and Children Care Agencies(station)	21	9	6	1				4	1
疾病预防控制中心(防疫站)	Centers for Disease Control and Prevention(Epidemic Prevention Station)	56	10	7	5	5	6	7	7	9
卫生监督所	Health Supervision Stations	55	10	7	5	5	6	7	6	9
诊所、卫生所、医务室、护理站	Dispensary, Health-center, Infirmary and Nurse Station	717	286	245	34	9	68	16	33	26
其他卫生机构	Others	7	2		4			1		
卫生人员总计	**Total Employed Personnel**	**28184**	**16677**	**3287**	**1163**	**988**	**1612**	**875**	**1079**	**2503**
卫生技术人员	Medical Technical Personnel	23897	13766	2973	1032	887	1446	758	926	2109
执业医师	Licensed Doctors	8307	4849	1008	379	277	510	235	318	731
执业助理医师	Licensed Assistant Doctors	1433	430	228	105	125	127	90	149	179
注册护士	Registered Nurse	8199	5324	775	275	227	379	277	248	694
药剂人员	Pharmacist	1432	829	230	69	60	51	23	22	148
技师(士)	Technician	1542	910	185	70	48	86	43	46	154
其他	Others	2984	1424	547	134	150	293	90	143	203
其他技术人员	Other Technical Personnel	1257	913	105	10	11	41	45	37	95
管理人员	Managerial Personnel	1001	674	44	39	21	40	27	53	103
工勤技能人员	Ground Skilled Staff	2029	1324	165	82	69	85	45	63	196
床位数总计	**Total Beds**	**20052**	**11352**	**2799**	**886**	**734**	**1510**	**501**	**654**	**1616**

注：卫生机构、人员数不含村卫生室。

a) Health care institutions and medical technical personnel don't include village health clinic.

19−4 诊所、卫生所、医务室基本情况(2010年)

Basic Statistics of Dispensary,Health-ceneer,Infirmary(2010)

项 目	Item	机构数(个) Number of Institutions (unit)	卫生技术人员(人) Medical Technical Personnel (person)						
			小计 Total	执业医师 Licensed Doctors	执业助理医师 Assistant Doctors	注册护士 Registered Nurses	药剂师(士) Pharmacist	技师(士) Laboratory Technician	其他 Others
总计	**Total**	**717**	**1511**	**633**	**107**	**361**	**57**	**5**	**348**
按管理类别分	**By Management Category**								
非营利性	Non-profit	244	659	186	57	132	13		271
营利性	Profit	473	852	447	50	229	44	5	77
按经济类型分	**By Economic Type**								
国有	State-owned	78	227	105	18	86	4		14
集体办	Collective-owned	33	255	37	9	21	6		182
股份制	Cooperative	1	1						1
私营	Private	551	892	420	74	199	43	5	151
其他	Others	54	136	71	6	55	4		
按诊所类别分	**By Clinic Type**								
普通	General	325	543	220	52	139	29	2	101
中医	Traditional Chinese Medicine	90	147	91	12	28	10	1	5
中西医结合	Integrate Traditional Chinese Therapeutics withWestern Therapeutics in Practice	49	113	56	4	33	8	2	10
民族医	Ethnologic Medicine	50	83	56	3	21	1		2
口腔	Stomatology	38	46	27		4			15
其他	Others	165	579	183	36	136	9		215

19−5 分地区村卫生室机构数(2010年)

Number of Health Institutions at Village Level by Region(2010)

单位：个 (unit)

地 区	Region	总 计 Total	按设置／主办单位分 By setting / host unit					按行医方式分 By Way to Practice Medicine		
			村 办 Village Run	乡卫生院设点 Under the Township Hospital	联合办 Jointly Run	私人办 Privately Run	其 他 Others	西医为主 Western Medicine-oriented	中医为主 Traditional Chinese Medicine-oriented	中西医 Traditional Chinese and Western Medicine
机构数	**Number of Infirmary**	**4243**	**1995**	**408**	**712**	**998**	**130**	**1843**	**168**	**2232**
西宁市	Xining City	925	311	153	39	420	2	350	4	571
海东地区	Haidong Prefecture	1571	1021	2	176	356	16	761	28	782
海北州	Haibei Zang A.P	267	67	42	3	138	17	117	9	141
黄南州	Huangnan Zang A.P	265	39	1	161	61	3	106	11	148
海南州	Hainan Zang A.P	416	254	5	131	16	10	222	17	177
果洛州	Golog Zang A.P	188	90		62		36	39		149
玉树州	Yushu Zang A.P	284	205	78	1			119	79	86
海西州	Haixi Mongolian & Zang A.P	327	8	127	139	7	46	129	20	178

19–6　医疗机构门诊服务情况(2010年)
Out-Patient Service Conditions of Medical Institutions(2010)

单位：万人　　　　(10 000 person)

项目	Item	诊疗人次数总计 Total Patients Treated	门、急诊人次数合计 Total Number of Out-Patients and Emergency Treatment	门诊人次数 Number of Out-Patients	急诊人次数 Number of Emergency Treatment	家庭卫生服务人次数 Number of Familly Health Care Service	观察室收容人数 Number of Patients Accepted to Observe	健康检查人数 Number of Health Check
医院	**Hospital**	**756**	**735**	**689**	**46**	**5**	**14**	**2**
综合医院	General Hospital	584	567	531	36	5	9	18
中医医院	Hospital Specialized in Traditional Chinese Medicine	65	65	63	2	0.02	2	1
中西医结合医院	Hospitals Combining Chinese and Western Medicine	2	2	2	0.07			
民族医院	Mongolian and Tibetan Nationalities Hospital	58	56	55	0.84	0.05	1	1
专科医院	Specialized Hospital	47	46	39	7		2	4
社区卫生服务中心(站)	**Community Hdalth Service Centers(Stations)**	**158**	**144**	**140**	**4**	**7**	**24**	**22**
社区卫生服务中心	Community Health Service Centers	45	42	41	1	2	4	6
社区卫生服务站	Community Health Service Stations	113	102	99	5	5	20	16
卫生院	**Health Care Centers**	**262**	**252**	**247**	**5**	**4**	**7**	**34**
中心卫生院	Certral Health Centers	100	95	94	2	1	3	12
乡卫生院	Public Health Center in Township	161	156	153	3	3	5	22
门诊部	**Clinics**	**4**	**4**	**4**	**0.28**			**0.67**
诊所、卫生所、医务室	**Dispensary, Health-center and Infirmary**	**148**	**134**	**134**				
诊所	Dispensary	115	101	101				
卫生所、医务室	Health-center and Infirmary	33	32	32				
妇幼保健院(所、站)	**Women and Children Care Agencies(station)**	**15**	**15**	**14**	**0.41**	**0.16**	**0.23**	**3**
妇幼保健院	Women and Children Care Agencies	9	9	9	0.39	0.08	0.17	1
妇幼保健站	Women and Children Care station	6	6	6	0.02	0.08	0.05	2

19-7 分地区医疗机构住院服务情况(2010年)

In-Patient Service Conditions of Medical Institutions by Region(2010)

单位：人 (person)

地区	Region	入院人数 Inpatients	出院人数总计 Patients Dischar-ged from Hospitals	治愈 Recovery	好转 Be Better	未愈 Not Cured	死亡 Death	其他 Others	住院病人手术人次 Number of Operations of Inpatients	住院危重病人抢救人次 Salvages of Patients in Critical Situations	抢救成功 Success in Salvage
医院	**Hospital**	**403612**	**399280**	**232567**	**141463**	**9936**	**2829**	**12485**	**93651**	**67416**	**65053**
综合医院	General Hospital	301995	300192	174116	104515	8233	2447	10881	80289	49567	47585
中医医院	Hospital Specialized in Traditional Chinese Medicine	41978	40867	26587	12727	928	163	462	8416	1545	1390
中西医结合医院	Hospitals Combining Chinese and Western Medicine	380	380	65	315				70		
民族医院	Mongolian and Tibetan Nationalities Hospital	23898	23565	12726	10451	372	16		201	99	99
专科医院	Specialized Hospital	35361	34276	19073	13455	403	203	1142	4675	16205	15979
社区卫生服务中心(站)	**Community Health Service Centers(Stations)**	**10224**	**15296**	**12569**	**2498**	**104**	**25**	**100**			
社区卫生服务中心	Community Health Service Centers	5449	5445	3469	1794	57	25	100			
社区卫生服务站	Community Health Service Stations	4775	9851	9100	704	47					
卫生院	**Health Care Centers**	**116463**	**117691**	**99010**	**16701**	**1804**	**18**	**158**			
中心卫生院	Central Health Centers	44009	45617	39120	5973	508	5	11			
乡卫生院	Public Health Center in Township	72454	72074	59890	10728	1296	13	147			
妇幼保健院(所、站)	**Women and Children Care Agencies(station)**	**4893**	**4908**	**4612**	**255**	**33**		**8**	**804**	**73**	**73**
妇幼保健院	Women and Children Care Agencies	3600	3615	3329	245	33		8	686	53	53
妇幼保健站	Women and Children Care station	1293	1293	1283	10				118	20	20

19-8 分地区医疗机构床位利用情况(2010年)

Usage Conditions of Hospital Beds of Medical Institutions by Region(2010)

单位：张、%　　(unit,%)

地　区	Region	实有床位 Actual Beds	实际开放总床日数 Actual Number of Days of Beds Opening	平均开放病床 Average Number of Days of Beds Opening	实际占用总床日数 Actual Number of Days of Beds Occupying	出院者占用总床日数 Number of Days of Beds Occupying by Patients Leaving Hospital	病床使用率 Utilization Rate
总计	**Total**	**20052**	**7002070**	**19184**	**5215238**	**4642599**	**74.48**
西宁市	Xining City	11352	3951928	10827	3485943	3083270	49.78
海东地区	Haidong Prefecture	2799	976577	2676	701334	674332	10.02
海北州	Haibei Zang A.P	886	317404	870	172647	161334	2.47
黄南州	Huangnan Zang A.P	734	290929	797	164940	116916	2.36
海南州	Hainan Zang A.P	1510	546856	1498	319274	291521	4.56
果洛州	Golog Zang A.P	501	176260	483	69473	66117	0.99
玉树州	Yushu Zang A.P	654	209255	573	95740	93406	1.37
海西州	Haixi Mongolian & Zang A.P	1616	532861	1460	205887	155703	2.94

19-9 主要年份青少年业余体校

Juvenile Amateur Sports Schools in Main Years

年份 Year	学校数（所）Number of Schools (unit)	在校学生（人）Total Enrollment (person)	教练员（人）Full-time Coaches (person)	重点业余学校 Amateur Sports Schools	
				学校数（所）Number of Schools (unit)	在校学生（人）Total Enrollment (person)
1963	3	116		1	103
1978	2	546	15	1	86
1980	9			1	
1985	15	1130	116	1	81
1990	18	1329	113	3	352
1992	20	1409	124	1	90
1993	20	1352	114	1	156
1994	20	1374	110	3	664
1995	20	1274	109	3	670
1996	21	1351	105	1	70
1997	21	1248	114	1	95
1998	21	1157	125	1	117
1999	21	1211	201	1	39
2000	20	1120	109	1	49
2001	20	1783	112	1	98
2002	23	4059	138	15	2099
2003	22	2175	133	15	
2004	20	2647	128	20	2647
2005	19	2452	125	19	2452
2006	20	1874	133	20	1874
2007	17	1808	123	17	1808
2008	15	966	115	15	966
2009	18	721	99	18	721
2010	16	626	226	16	626

19-10 优秀运动队机构、人员(2010年)
Excellent Exercise Brigades and Personnel(2010)

单位：人 (person)

项目	Item	机构数(个) Number of Institutions (unit)	运动员 Athletes	在队 In Brigage	待分配 Waiting to Be Allocated	教练员 Full-time Coaches	科研人员 Scientific Technical Personnel	医务人员 Medical personnel	管理人员 Administrative Personnel	其他人员 Others
总计	**Total**	**3**	**295**	**35**	**260**	**57**		**5**	**48**	**9**
省体委直属	Directly Under Provincial Sports Commission	2	295	35	260	51		5	57	14
西宁市	Xining City	1				6				1

19-11 分项目在队优秀运动员达到等级运动员人数(2010年)
Number of Certified Athletes in Brigades by Sports Item(2010)

单位：人 (person)

项目	Item	合计 Total	女 Female	国际级健将 International Master	女 Female	国家级运动健将 National Master	女 Female	一级 First Grade Athletes	女 Female	二级 Second Grade Athletes	女 Female
总计	**Total**	**40**	**22**			**6**	**3**	**24**	**14**	**9**	**5**
田径	Track and Field	18	8			3	1	12	6	3	1
国际式摔跤		6	3			1		4	3		
中国式摔跤	Wrestling	9	7			2	2	3	3	4	2
自行车		2						2			
现代五项		2	2							2	2
跆拳道	Tae Kwon Do	1	1					1	1		
射击	Archery	2	1					2	1		

19-12 各地区举办体育业务(2010年)
Physical Exercise Operational Situation by Region(2010)

单位：人、次 (person，time)

地区	Region	群众体育现代体育项目活动情况 Modern Sports Activities of Mass Sports: 次数 Number of Times	人数 Person-times	群众体育民间传统体育活动情况 Traditional Sports Activities of Mass Sports: 次数 Number of Times	平均人次 Average Person-times	人数 Person-Times	体育国际交流情况 Sport International Exchange: 出访起次 Number of Visit Times	出访人数 Number of Visit Persons
合计	**Total**	**291**	**222160**	**214**	**12523**	**169982**		
省直属小计	Directly Under Province							
地区小计	Region Total	291	222160	214	12523	169982		
西宁市	Xining City	81	28550	83	2355	93000		
海东地区	Haidong Prefecture	115	127100	34	361	12300		
海北州	Haibei Zang A.P	4	3000	12	225	2700		
黄南州	Huangnan Zang A.P	13	3600	23	595	6500		
海南州	Hainan Zang A.P	13	8800	18	866	15600		
果洛州	Golog Zang A.P	24	10010	18	2732	20850		
玉树州	Yushu Zang A.P	2	600	9	1357	7000		
海西州	Haixi Mongolian & Zang A.P	39	40500	17	4032	12032		

19-13 各地区体育俱乐部情况(2010年)
Instance of Sports Clubs by Region(2010)

单位：个、人 (unit, person)

地区	Region	级次 Grade 省级 Provincial	地级 Regional	县级 County	数量 Number	教练员数 Number of Coaches	会员数 Number of Member	年培训数 Number about Trainin 次数 Number of Times	人数 Persons-Times	年组织活动 Activities 次数 Number of Times	人数 Persons-Times
合计	Total			10	10	21	320	24	3220	40	6770
省直属小计	Directly Under Province										
地区小计	Region Total			10	10	21	320	24	3220	40	6770
西宁市	Xining City			2	2	4	80	12	700	7	460
海东地区	Haidong Prefecture			6	6	6	240	5	480	15	3300
黄南州	Huangnan Zang A.P										
海南州	Hainan Zang A.P							6	2000		
海西州	Haixi Mongolian & Zang A.P			2	2	11		1	40	18	3010

19-14 各地区国民体质监测站点基本情况(2010年)
Basic Situation of National Physique Monitoring Sites by Region (2010)

单位：人 (person)

地区	Region	站点数(个) Number of Sites (Unit)	组建测试队(支) Test Teams Organizing (Branch)	测试工作人员数 Number of test staff	累计受测人员数 Accumulative Total Number of Tested Persons	本年度受测人员数 Number of Tested Persons This Year	本年度测试达标人数 Number of Persons Within The Standard This Year	本年度测试达标率(%) Attainment Rate (%)
合计	**Total**	**185**	**22**	**298**	**41114**	**30714**	**21697**	**70.64**
省直属小计	**Directly Under Province**	**151**	**10**	**162**	**12000**	**12000**	**9042**	**75.35**
地区小计	**Region Total**	**34**	**12**	**136**	**29114**	**18714**	**12655**	**67.62**
西宁市	Xining City	24	3	44	16600	9800	7330	74.8
海东地区	Haidong Prefecture	5	3	43	7824	4224	2830	67
果洛州	Guoluon Zang A.P	2	3	17	1600	1600	1010	63.13
海西州	Haixi Mongolian & Zang A.P	3	3	32	3090	3090	1485	48.06

主要统计指标解释

卫生机构 指从卫生行政部门取得《医疗机构执业许可证》,或从民政、工商行政、机构编制管理部门取得法人单位登记证书,为社会提供医疗保健、疾病控制、卫生监督服务或从事医学科研和教育等工作的单位。卫生机构包括医院、疗养院、社区卫生服务中心(站)、卫生院、门诊部、诊所(卫生所、医务室)、急救中心(站)、采供血机构、妇幼保健院(所、站)、专科疾病防治院(所、站)、疾病预防控制中心(防疫站)、卫生监督所、卫生监督检验(监测、检测)机构、医学科研机构、医学在职培训机构、健康教育所(站)等其他卫生机构。

医疗机构 指从卫生行政部门取得《医疗机构执业许可证》的机构,包括医院、疗养院、社区卫生服务中心(站)、卫生院、门诊部、诊所(卫生所、医务室)、妇幼保健院(所、站)、专科疾病防治院(所、站)、急救中心(站)和临床检验中心。

社区卫生服务中心(站) 指为本社区居民提供预防、医疗、保健、康复、健康教育、计划生育技术服务等的基层卫生机构。包括社区卫生服务中心和社区卫生服务站。

卫生人员 指在医疗、预防保健、医学科研和在职教育等卫生机构工作的职工,包括卫生技术人员、其他技术人员、管理人员和工勤人员。

执业医师 指具有《医师执业证》及其"级别"为"执业医师"且实际从事医疗、预防保健工作的人员,不包括实际从事管理工作的执业医师。执业医师类别分为临床、中医、口腔和公共卫生。

Explanatory Notes on Main Statistical Indicators

Health Care Institutions refer to the units which have been qualified the Certification of Health Care Institution by the administration of public health, or qualified the Certification of Corporate Unit by the civil affairs, administration for industry and commerce, commission office for public sector reform, and engaging in medical care, disease prevention and control, health supervision and inspection, medicine research and health education, etc., including: hospitals, sanatoriums, community health service centers (stations), health centers, clinics (health stations and infirmaries), first - aid centres (stations), blood gathering and supplying institutions, women and children care agencies (centres and stations), special disease prevention and curing agencies (centres and stations), disease prevention and control centres (epidemic prevention stations), health supervision and inspection agencies, sanitary inspection institutions, medicinal scientific research and on - job training institutions, health education centres and so on.

Medical Organizations refer to the institutions which have been qualified the Certification of Health Care Institution by the administration of public health, including: hospitals, sanatoriums, community health service centers (stations), health centers, clinics (health stations and infirmaries), women and children care agencies (centres and stations), special disease prevention and curing agencies (centres and stations), first - aid centres (stations) and clinic inspection centers.

Community Health Service Centres (stations) refer to the primary units that provide the health care for community residents, such as disease prevention and control, medical treatment, health care, rehabilitation, health education, family planning technical services, including community health service centres and community health service stations.

Health Care Employee refer to all employee engaged in the health care institutions, such as medical organizations, disease prevention and control centres, health care agencies, medicinal scientific research and on - job training institutions, including medical technical personnel, other technical personnel, manager and labour.

Licensed Doctors refer to the medical workers who have obtained the licenses of qualified doctors and are employed in medical treatment, disease prevention or healthcare institutions, excluding the licensed doctors engaged in management job. The classification of licensed doctors is clinician, Chinese medicine, dentist and public health.

其他社会活动

Other Social Activities

第20篇

CHAPTER 20

中国共产党与共青团员人数（万人）

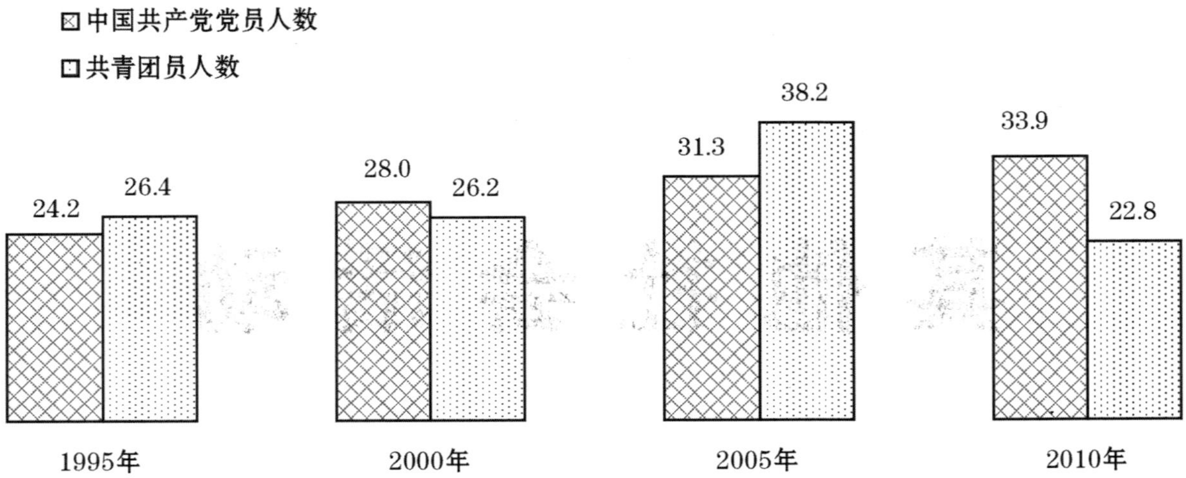

民主党派人数（人）

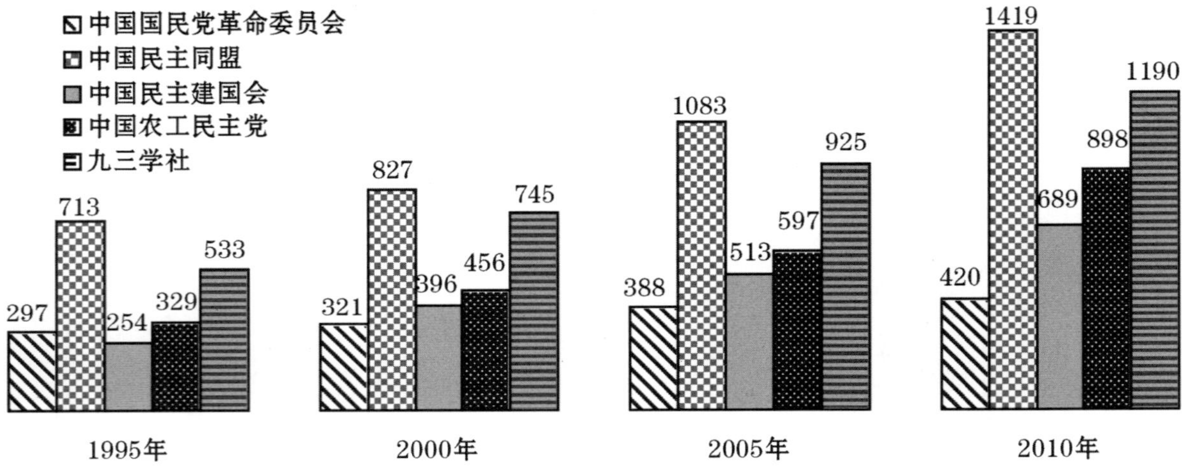

律师工作者与公证人员（人）

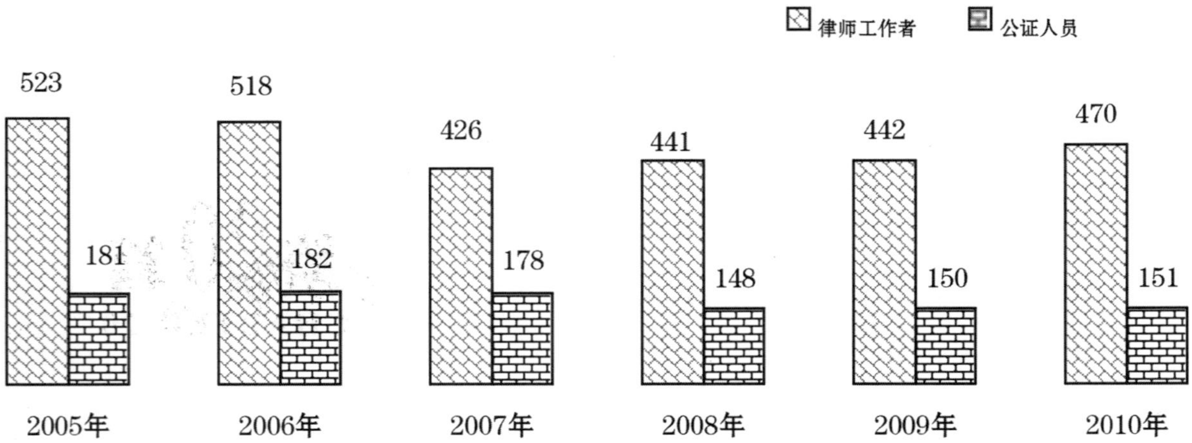

20-1 主要年份各党派党员(成员)数

Number of Members of All Parties in Main Years

单位：人 (person)

名 称	Name	1995	2000	2005	2006	2007	2008	2009	2010
中国共产党 (万人)	Communist Party of China (10 000 persons)	24.2	28.0	31.3	31.8	32.0	32.4	32.9	33.9
中国国民党革命委员会	Revolutionary Committee of Chinese Kuomintang	297	321	388	396	400	401	411	420
中国民主同盟	China Democratic League	713	827	1083	1155	1241	1266	1334	1419
中国民主建国会	China Democratic National Construction Association	254	396	513	551	581	600	640	689
中国农工民主党	Peasants and Workers Democratic Party	329	456	597	642	684	787	839	898
九三学社	Jiu San Society	533	745	925	969	1005	1067	1134	1190

20-2 历届青海省人民代表大会的代表人数

Number of Deputies to All the Previous People's Congresses of Qinghai Province

单位：人、% (person,%)

届别	Congress	年份 Year	代表总数 Total Number of Deputies	女代表 Female Deputies	少数民族代表 Ethnic Minority Deputies	占代表总数的比重 As Percentage to Total Deputies: 女代表 Female Deputies	少数民族代表 Ethnic Minority Deputies
一届	First Congress	1954	300	21	152	7.0	50.7
二届	Second Congress	1958	303				
三届	Third Congress	1963	355	48	127	13.5	35.8
五届	Fifth Congress	1977	715	157	277	22.0	38.8
六届	Sixth Congress	1983	450	97	182	21.6	40.4
七届	Seventh Congress	1988	381	71	148	18.6	38.4
八届	Eighth Congress	1993	376	71	169	18.9	45.0
九届	Ninth Congress	1998	392	77	174	19.6	44.4
十届	Tenth Congress	2003	391	75	157	19.2	40.2
十一届	Eleventh Congress	2008	394	77	167	19.5	42.4

20-3 历届青海省政治协商会议的委员人数

Number of Deputies to All the Previous People's Political Consultative Conferences of Qinghai Province

单位：人、% (person，%)

届别	Congress	年份 Year	委员总数 Total Number of Deputies	女委员 Female Deputies	少数民族委员 Ethnic Minority Deputies	占委员总数的比重 As Percentage to Total Deputies: 女委员 Female Deputies	少数民族委员 Ethnic Minority Deputies
一届	First Congress	1949	77		30		39.0
二届	Second Congress	1954	64		32		50.0
三届	Third Congress	1959	139		70		50.4
四届	Fourth Congress	1979	177				
五届	Fifth Congress	1983	275		134		48.7
六届	Sixth Congress	1988	275	30	138	10.9	50.2
七届	Seventh Congress	1993	289	30	136	10.4	47.1
八届	Eighth Congress	1998	289	39	116	13.5	40.1
九届	Ninth Congress	2003	344	57	139	16.6	40.4
十届	Tenth Congress	2008	390	82	158	21.0	40.5

20-4 2009-2010年妇联工作情况

Statistics for Work of Women's Federation(2009－2010)

单位：人、亩、个 (person，acre，unit)

项 目	Item	2009	2010
双学双比活动	**Learning and Competing Campaign Activities**		
科技培训	Training of Science and Technology		
接受技术培训的妇女人数	Number of Technical Training	314178	286160
获绿色证书的妇女人数	Number of Persons Obtained Green Certificates	1486	1230
妇代会主任是农民技术员职称人数	Number of Director of Women's Congress	98	82
农村妇女学校数	Number of Schools for Rural Women	94	105
农村妇女劳动力转移	Transfer of Rural Women Labor Force		
接受劳动力转移培训的妇女人数	Number of Women Who Accepted the Labor Force Training	92652	124287
培训后实现转移就业的妇女人数	Number of Women Who Achieved Employment Though Transfer	51234	30625
建立农业科技指导合作组织	Establishment of Agricultural Science and Technology	38	30
妇联自(联)办农业基地	Agricultural Bases Organized by Women's Federation	8	6
三八绿色工程	March 8th Green Projects		
基地个数	Number of Bases	35	14
基地亩数	Area of Bases	4528	1227
扶贫工作	**Women's Poverty Relief**		
扶贫项目数	Poverty Relief Projects	27	29
扶特妇女人数	Number of Schools for Rural Women	14096	3902
脱贫户数	Households Out of Poverty	2716	1181
"巾帼建功" 表彰	**Activities of Making Great Achievements of Women**		
巾帼建功标兵数	Number of Persons Dubbed Pacesetters	86	235
"巾帼文明" 岗数	Number of Civilization Model Stations	73	149
巾帼建功先进工作者数	Number of Persons Dubbed Advanced Workers	25	52

20－5　2008－2010年妇联干部情况

Basic Statistics on Cadres of the Women's Federations(2008－2010)

单位：人　　　　(person)

项　目	Item	2008	2009	2010
干部总数	**Total Number of Cadres**	**645**	**657**	**774**
其中：少数民族干部	Number of Ethnic Minority Cadres	332	338	423
按行政级别分	By Administration Level			
司局级	Department/Bureau Level	6	7	6
县处级	County Level	36	38	36
科以下	Section Chief and Below	603	612	566
按干部年龄分	By Age Group			
35岁以下	35 and Below	302	300	367
36－45岁	36-45	250	254	301
46－55岁	46-55	90	97	100
56岁以上	56 and Over	3	6	6
按干部政治面貌分	By Political Status			
共产党员	Chinese Communist Party	481	451	558
共青团员	Communist Youth League	65	59	49
民主党派	Democratic Parties		1	
群众	Mass	99	146	167
按干部文化程度分	By Education Attainments			
博士生	Doctorate Degree			
研究生	Master Degree	12	15	20
大学本科	University	272	302	371
大专或同等学历	College	274	261	319
高中、中专及以下	Senior Middle School and Below	87	79	64
按行政编制分	By Organization Types			
行政编制	Administration	514	478	559
事业编制	Institution	77	94	115
招聘干部	Recruitment	54	85	100
干部参加学历教育情况	**Cadres Attending the Formal Education**			
博士生	Doctorate Degree			
研究生	Master Degree	9	8	5
大学本科	University	32	25	43
大专及同等学历	College	6	8	31
干部参加非学历教育情况	**Cadres Attending the Non-formal Education**			
党校培训	Training at Party School	181	291	205
参照公务员管理培训	Training for Civil Servant	150	118	113
岗位培训	Vocational Training	204	293	275
干部流动	**Movement of Cadres**			
调入	In	45	50	69
调出	Out	40	45	75

20-6 主要年份各级在职女领导干部情况

Basic Statistics on Women Leaders at All Levels in Main Years

单位：人、%　　(person，%)

年份 Year	总数 Total	省级 Provincial Level		厅局级 Department/Bureau Level		县(处)级 County Level		科级 Section Level	
		女干部数 Female Cadre	占同级数的比重 As Percentage to the Same Level Total	女干部数 Female Cadre	占同级数的比重 As Percentage to the Same Level Total	女干部数 Female Cadre	占同级数的比重 As Percentage to the Same Level Total	女干部数 Female Cadre	占同级数的比重 As Percentage to the Same Level Total
1998	4537	3	5.8	48	7.9	540	11.9	3946	21.3
1999	4909	3	7.5	46	9.3	595	16.6	4265	42.8
2000	4927	3	7.1	50	10.0	554	12.5	4320	21.8
2001	5293	3	7.1	63	10.5	611	13.2	4616	22.4
2002	5260	2	5.4	63	9.9	632	13.9	4563	23.6
2003	5415	3	7.3	69	10.4	673	14.1	4670	23.9
2004	5971	4	9.1	67	9.8	730	14.4	5170	24.9
2005	6446	3	6.5	68	9.7	786	14.8	5589	25.5
2006	6908	3	6.5	82	10.7	832	14.9	5991	25.9
2007	7236	3	6.9	78	10.8	898	15.8	6257	26.2
2008	8524	4	8.6	76	10.7	1038	16.4	7406	28.5
2009	9272	3	7.5	75	10.4	1130	17.1	8064	28.0
2010	9254	3	7.5	75	10.4	1112	16.9	8064	28.0

20-7 主要年份共青团组织情况

Basic Statistics on the Communist Youth League in Main Years

年份 Year	共青团基层组织个数(个) Number of Grassroot Organizations (unit)	青年人数(万人) Number of Youth (10 000 person)	团员人数(万人) Number of Communist Youth League (10 000 person)	女团员 Female	专职团干部(人) Full-time Cadres of Communist Youth League (person)
1991	1004	109.2	26.9	10.3	1266
1992	1020	107.6	27.2	10.2	1323
1993	1013	103.8	25.1	9.7	1197
1994	1038	108.5	26.0	9.8	1109
1995	1118	103.0	26.4	9.3	1098
1996	1059	107.4	27.2	10.1	1181
1997	1134	107.3	28.3	10.0	1231
1998	1016	111.0	28.9	10.4	1231
1999	816	100.6	25.3	10.2	596
2000	1010	134.8	26.2	9.9	540
2001	875	135.9	27.0	10.7	480
2002	1882	146.2	36.7	17.4	667
2003	1894	146.1	37.1	17.3	566
2004	1994	206.3	37.6	17.3	700
2005	8824	210.3	38.2	17.6	700
2006	8824	212.4	42.8	18.1	930
2007	8824	163.1	40.9	17.7	904
2008	8816	200.9	37.1	16.9	770
2009	9272	116.5	19.0	8.1	432
2010	9291	90.4	22.8		432

注：2009年数据按新口径统计。
a) Data in 2009 were on new calibers.

20-8 2008-2010年律师、公证、调解工作基本情况

Basic Statistics on Lawyers, Notarization and Mediation(2008-2010)

项目		Item		2008	2009	2010
律师工作		**Lawyers**				
律师事务所	(个)	Number of Law Offices	(unit)	68	67	66
律师工作者	(人)	Lawyers	(person)	441	442	470
专职律师		Full-time Lawyers		349	341	373
兼职律师		Part-time Lawyers		72	83	80
公职律师		Government Lawyers		4	4	6
法律援助律师		Legal Aid Lawyers		16	14	11
聘请担任常年法律顾问的单位	(处)	Number of Units With Permanent Legal Advisors	(unit)	592	600	665
刑事诉讼辩护及代理	(件)	Defender of Criminal Cases	(case)	1783	1371	1626
民事案件诉讼代理	(件)	Agent of Civil Cases	(case)	3339	3594	4141
经济案件诉讼代理	(件)	Agent of Economic Cases	(case)			
行政案件诉讼代理	(件)	Agent of Administrative Action	(case)	165	173	127
非诉讼法律事务	(件)	Agent of Non-Litigious Legal Affairs	(case)	361	494	305
代写法律事务文书	(件)	Agent of Legal Documents Written on Behalf of Clients	(case)	19264	25533	5313
解答法律咨询	(人次)	Agent of Legal Advisory Services	(person-time)			
公证工作		**Notarization**				
公证处	(个)	Number of Notary Offices	(unit)	31	36	44
办理涉外的公证处	(个)	Number of Foreign Notary Offices	(unit)	2	2	
公证人员	(人)	Notarial Personnel	(person)	148	150	151
公证员	(人)	Notaries	(person)	105	90	90
办理国内公证	(件)	Domestic Notarization	(case)	25840	30886	33427
办理涉外公证	(件)	Foreign-related Notarization	(case)	1797	2454	1810
办理涉港、澳、台公证	(件)	Hong Kong, Macao, Taiwan-related Notarization	(case)	58	76	45
接待来访	(人次)	Receipted Visits	(person-time)	20036	63954	4301
处理来信	(件)	Handled Letters	(case)	12	40	27
外地公证处委托	(件)	Notarization Entrusted Outside	(case)	5	18	19
公证费收入	(万元)	Notary Fees	(10 000 yuan)	345.4	328.3	431
国内公证收费		Domestic Notarization		330.9	303.8	404.7
涉外公证收费		Foreign-related Notarization		14.4	24.5	26.03
人民调解工作		**Number of People's Mediation**				
人民调解委员会	(个)	Number of People's Mediation Committees	(unit)	5675	5720	5763
调解人员	(人)	Number of Mediators	(person)	24539	25885	25778
调解民间纠纷	(件)	Number of Civil Disputes Mediated	(case)	28310	30720	30234
调解成功		Successful Mediation		27524	30035	29538
已配司法助理员	(人)	Number of Full-time Judicial Assistants	(person)		308	451

20-9 2008－2010年国内公证文书分类
Classification of Domestic Notarial Documents(2008－2010)

项 目	Item	办证件数(件) Number of Notarial Documents Issued(pieces)		
		2008	2009	2010
总计	**Total**	**25848**	**30886**	
经济公证	**Notarized Documents on Economic Affairs**	**14938**	**18259**	**21258**
购销合同	Purchases and Sales of Products		7	141
联营合同	Joint Business			
拍卖	Auctions	3	1	25
贷款合同	Loans	11492	11516	17896
担保书	Guarantees	1406	2403	462
招标、投标	Bidding	69	240	221
科技协作	Scientific and Technological Contracts	20		
供用电合同	Supply and Use of Electric Power			
劳务合同	Labour Contracts	54		52
建筑工程承包	Construction Project Contracts	25	4	13
工商服务业承包	Industrial and Commercial Service Contracts	52	1	
农林牧副渔业承包	Agriculture, Forestry, Animal Husbandry, Sideline Production and Fishery Contracts	7	8	6
乡镇企业承包	Township Enterprise Contracts	1	3	1
财产租赁	Property Leases	3	2	3
企业租赁	Leases of Enterprise		83	
资产经营责任制	Asset Business Contracts			
还款协议	Payment Contracts	288	95	43
土地使用权出让转让	Selling or Transfer of Right of Land Utilization	19	12	402
其他经济合同	Other Business Contracts	237	66	238
法人(代表)资格	Artificial Person (agent) Identification	1		972
法人委托书	Trust Deeds of Artificial Person	288	1192	82
公司章程	Corporation Constitutions			
执行许可证明	Operating Permits			
提存	Drawing	4	1	4
抵押登记	Mortgage Registration	152	1925	
公司会议记录	Minutes of Corporation Meetings	1		
其他	Others	816	700	697
民事公证	**Notarized Documents on Civil Legal Relations**	**10902**	**12627**	**12118**
收养	Child Adoption	3	4	15
解除收养	Adoption Renouncements			
继承权	Rights of Inheritance	947	1395	1027
遗嘱	Testaments	140	139	80
产权	Property Rights			
亲属关系	Kinship Confirmation	14	191	66
死亡	Death Certificates	5	2	
房屋买卖	Purchases and Sales of Houses	66	112	167
房屋租赁	House Leases	122	132	80
留学协议	Foreign Study Contracts	4		1
遗赠扶养协议	Donations and Family Fostering	2	13	3
委托书	Trust Deeds	1931	2981	3953
赠与书	Presentation Documents			1024
声明书	Declarations	283	919	2541
现场监督	Field Supervision	1007	2299	11
签名印鉴属实	Confirmation of Signatures and Seals	16	19	24
文本相符	Confirmation of Copies and Photo-offset Copies	88	69	40
	to Originals	715	297	
宅基地使用权	Rights to Housing Site	6	2	
证据保全	Evidence Preservation	31	48	35
拆迁协议	Housing Demolition Agreements	10	40	120
计划生育	Family Planning	2536	1434	861
其他合同	Other Contracts	950		
赡养协议	Agreements on Supporting Parents	302	53	
合伙协议	Partnership Agreements	1	146	72
夫妻财产协议	Property Agreements Between Spouses	17	57	24
其他民事协议	Other Civil Agreements	896	1440	860
其他	Others	810	835	11140

20—10 2008－2010年社会福利事业、企业单位基本情况及其他
Basic Statistics and Others on Social Welfare Institution and Enterprises (2008-2010)

项 目		Item		2008	2009	2010
社会福利事业		**Social Welfare Services**				
收养类单位数	(个)	Residential Institutions	(unit)	136	142	144
年末职工人数	(人)	Number of Staff at Year-end	(person)	541	712	721
床位数	(张)	Beds	(unit)	3751	5220	5911
年末在院人数	(人)	Number of Persons in Residential Institutions	(person)	3140	3596	3711
老人		Elders		1921	2837	2861
社会福利院数	(个)	Number of Social Welfare Homes	(unit)	6	6	6
职工人数	(人)	Number of Staff	(person)	130	146	144
床位数	(张)	Beds	(unit)	517	720	1299
年在院总人天数	(人天)	Total Number of Person-day	(person-day)	110985	113605	80230
年末在院人数	(人)	Number of Persons in Residential Institutions	(person)	435	357	370
老人		Elders		293	281	221
青壮年		Young Adults		131	73	146
少年儿童		Children		11	3	3
福利企业单位数	(个)	Number of Welfare Enterprises	(unit)	18	17	17
职工数	(人)	Number of Staff	(person)	1432	1425	1425
残疾职工		Handicapped Persons		312	407	409
销售(营业)收入	(万元)	Sales (Business) Income	(10 000 yuan)	3333	7010	7100
其他福利单位数	(个)	Other Social Welfare Units	(unit)	14	13	13
职工人数	(人)	Number of Staff	(person)	1347	1340	1340
残疾职工		Handicapped Persons		312	407	409
销售(营业)收入	(万元)	Sales (Business) Income	(10 000 yuan)	3333	7010	7100
民政发离退休退职金人员数(人)		**Number of Persons Receiving Retirement Payments from Civil Administration**	**(person)**	**1383**	**1325**	**1484**
军队干部		Army Cadres		458	513	564
离休		Retired		85	85	90
退休		Retirement		373	428	
军队无军籍职工		Army Staff without Military Service		922	795	913
烈士纪念建筑物管理单位	**(个)**	**Martyrs Memorial Building Management Unit**	**(unit)**	**5**	**5**	**5**
职工人数	(人)	Number of Staff	(person)	15	16	16
救助类单位	**(个)**	**Salvation Institutions**	**(unit)**	**10**	**10**	**10**
职工人数	(人)	Number of Staff	(person)	59	58	57
本年救助人次数	(人)	Number of Persons Receiving Salvation This Year	(person)	16708	17513	8253
殡葬服务单位	**(个)**	**Funeral service Units**	**(unit)**	**20**	**21**	**21**
职工人数	(人)	Number of Staff	(person)	130	134	152

20–11 2008–2010年残疾人事业基本情况
Basic Information of People with Disabilities(2008-2010)

指 标		Item		2008	2009	2010
康复		**Rehabilitation**				
视力残疾康复		Rehabilitation of Persons with Sight Disability				
白内障复明手术	(例)	Sight-restoring Cataract Surgeries	(Cases)	2791	2897	3547
贫困白内障患者免费手术	(例)	Free Surgeries for Poor Cataract Patients	(Cases)	2791	2897	3504
低视力者配用助视器	(人)	Vision-aids Provided for Individuals with Low-vision	(person)	977	700	893
培训儿童家长	(人)	Parents Trained	(person)	120	377	160
盲人定向行走训练数	(人)	Blindman Trained with Direction Walking	(person)	98	137	117
聋儿康复		Rehabilitation of Children with Hearing Disability				
年收训聋儿	(人)	Hearing and Speech Training	(person)	45	98	113
培训家长	(人)	Parents Trained	(person)	165	118	123
机构数	(个)	Number of Institutions	(person)	4	4	5
在岗专业人员教师		Employed Special Personnel Teachers	(person)	9	8	12
资助贫困聋儿		Children with Hearing Disability Remained in Poverty Supporte	(person)	25	40	40
精神病防治康复		Prevention and Treatment of Psychiatric Diseases				
开展精神病防治康复工作市县数	(个)	Counties Carried on the Works of Prevention and Treatment of Psychiatric Diseases	(unit)	9	13	19
综合防治康复精神病人数	(人)	Prevention and Treatment Provided for Patients with Severe Psychiatric Diseases	(person)	3926	3624	3922
孤独症儿童训练数	(人)	Number of autism children trained	(person)	14	13	13
肢体残疾康复	(人)	Rehabilitation of Persons with Physical Disability	(person)			
肢体残疾人社区康复训练数		Persons Rehabilitated at Community		772	1417	1263
肢体残疾儿童机构康复训练数		Children Rehabilitated at Institutions		98	200	135
智力残疾康复	(人)	Rehabilitation of Persons with Intellectual Disability	(person)			
智残儿童康复培训数		Children Rehabilitated		123	161	182
智残儿童家长培训数		Parents Trained		105	138	183
用品用具供应服务		Supplies Equipment Supply Services				
发放辅助用具	(件)	Assistant Devices Provided	(piece)	19000	16500	17211
普及型小腿假肢装配总例数	(例)	Assemblage Universal-type Leg Prosthetics	(case)	74	**95**	96
普及型大腿假肢装配总例数	(例)	Assemblage Universal-type Thigh Prosthetics	(case)	92	72	87
教育		**Education**				
未入学适龄残疾儿童少年	(人)	School-age Disabled Children without Schooling	(person)	2754	2008	1516
职业教育与培训机构数	(个)	Vocational Education and Training Facilities	(unit)	2	**5**	8
教育与培训人数	(人)	Number of Educated and Trained	(person)	4021	4848	4580
就业		**Employment**				
城镇残疾人就业状况	(人)	Employment of Urban Handicapped	(person)			
当年安排就业		Persons Employed in the Year		985	1257	1548
按比例就业		Employed by Quota Scheme		104	85	304
集中就业		Employed at Welfare Enterprises		471	426	551
个体就业		Self-employed		410	746	693
未安排就业		Unemployed		4042	3776	2976
农村残疾人就业状况	(人)	Employment of Rural Handicapped	(person)			
就 业		Employed		63154	63857	61538
未就业		Unemployed		19406	**16011**	14986
残疾人就业服务机构	(个)	Employment Placement Service Facilities for		55	57	55
省		Provinces		1	1	1
地		Prefectures		7	7	7
市(含县级市)		Cities(inc.Cities at County Level)		3	6	3
县		County		40	39	40
市辖区		Districts under the Jurisdiction of Cities		4	4	4
盲人医疗按摩员培训	(人)	Keep-fit Massager with Visual Disability Training	(person)	20	51	51
扶贫		**Poverty Alleviation**				
农村实际脱贫人数	(人)	Actual Number of Persons out of Poverty in Rural Areas	(person)		5283	4325
农村贫困残疾人	(人)	Rural Poor Disabled Persons	(person)		61425	62112
农村贫困残疾人危房改造	(户)	Dangerous House Transformation of Rural Poor Persons with Disabilities	usehold)		2930	5753
当地低收入残疾人	(人)	Disabled Persons at the Local Low-income Level	(person)	19238	28466	24396
残疾人工作者数	(人)	Workers for Handicapped	(person)	818	1191	1144

20－12 2008－2010年优抚、城镇、农村低保情况

Basic Conditions of Social Pension and Receiving Minimum Living Allowance in Urban and Rural Areas (2008-2010)

单位：人、户 (person，household)

项 目	Item	2008	2009	2010
抚恤、补助优抚对象总人数	**Total Number of Persons Receiving Compensation, Allo-wance and Social Pension**	**12358**	**12148**	**11328**
享受定期抚恤年末人数	Number of Persons Receiving Periodic Compensation at Year-end	1231	1240	1173
烈士家属	Families of Martyrs	626	637	581
享受定期补助人数	Number of Persons Receiving Periodic Allowance	7575	7368	6716
在乡复员军人	Demobilized Soldiers in Hometown	4341	3859	3165
在乡退伍军人	Veterans in Hometown	1113	1075	
在乡红军老战士等	Red Army Veterans and Other in Hometown			
优待优抚对象户数	Number of Households Receiving Preferential Treatment	1251	1712	723
优待军属户数	Dependents of Armyman	1227	650	526
优待总金额 (万元)	Total Amount of Preferential Treatment (10 000 yuan)	220.9	563.8	270.3
优待军属金额 (万元)	Dependents of Armyman (10 000 yuan)	193	109.5	169.7
城乡社会救助	**Social Relief in Urban and Rural Area**			
城镇居民最低生活保障人数	Number of Persons Receiving Minimum Living Allowance in Urban Areas	220153	220595	224470
城镇居民最低生活保障家庭数	Number of Households Receiving Minimum Living Allowance in Urban Areas	97175	98517	101684
农村居民最低生活保障人数	Number of Persons Receiving Minimum Living Allowance in Rural Areas	345000	380000	380000
农村居民最低生活保障家庭数	Number of Households Receiving Minimum Living Allowance in Rural Areas	112390	129276	134448
农村临时救济人次数	Number of Poor Persons Receiving Temporary Relief in Rural Areas	2527	907	634
农村医疗救助总人次数	Total Number of Persons Receiving Medical Assistance in Rural Areas	722658	803049	531878
社会捐赠情况	**Community Donations**			
直接捐赠数额 (万元)	Amount of Direct Donations (10 000 yuan)	6262.9	585.2	64982
受益人次数	Number of Beneficiaries	92937	26033	130781

20-13 分地区城镇农村低保情况(2010年)
Basic Conditions of Receiving Minimum Living Allowance in Urban and Rural Areas by Region (2010)

单位：人、户 (person，household)

指 标	Item	合计 Total	西宁市 Xining City	海东地区 Haidong Prefecture	海北州 Haibei Zang A.P	黄南州 Huangnan Zang A.P	海南州 Hainan Zang A.P	果洛州 Golog Zang A.P	玉树州 Yushu Zang A.P	海西州 Haixi Mongolian & Zang A.P
城镇居民最低生活保障人数	Number of Persons Receiving Minimum Living Allowance in Urban Areas	224470	73817	43310	16298	11595	30135	8881	11221	29213
城镇居民最低生活保障家庭数	Number of Persons Receiving Minimum Living Allowance in Urban Areas	101684	33322	17776	7698	6921	13259	2988	6580	13140
农村居民最低生活保障人数	Number of Persons Receiving Minimum Living Allowance in Rural Areas	380000	91960	135850	19800	26830	33000	18300	40180	14080
农村居民最低生活保障家庭数	Number of Persons Receiving Minimum Living Allowance in Rural Areas	134448	31238	38206	7623	8410	11325	6487	26375	4784
农村集中五保供养户数	Number of Households Receiving Livelihood Guaranteed in Five Aspects in Rural Areas	2254	103	101	131	87	173	667	930	62
农村集中五保供养人数	Number of Persons Receiving Livelihood Guaranteed in Five Aspects in Rural Areas	2368	117	113	134	95	174	667	1005	63
城市医疗救助总人次数	Total Number of Persons Receiving Medical Assistance in Urban Areas	315587	140860	44740	18345	4006	64297	9447	4489	29403
农村医疗救助总人次数	Total Number of Persons Receiving Medical Assistance in Rural Areas	531878	206271	170101	23134	10454	81668	22016	2343	15891

20–14 婚姻登记情况(2010年)

Basic Statistics on Marriage Registration(2010)

地 区	Region	登记结婚人数(人) Total Number of Registered Marriages (person)	按婚前状况分类 Classified by Marital Status 初 婚(人) First Marriages (person)	再 婚(人) Re-marriages (person)	女性 Female	恢复结婚 Restoration of Marriage	登记离婚(对) Quantity of Registered Divorces (couple)
合计	**Province Total**	**59226**	**54379**	**4847**	**2448**	**140**	**4006**
厅本级	Departments Themselves	50	38	12			1
西宁市	Xining City	21286	18371	2915	1462		2282
海东地区	Haidong Prefecture	17900	17560	340	173	26	484
海北州	Haibei Zang A.P	4386	4223	163	123	19	336
黄南州	Huangnan Zang A.P	668	648	20	11	3	74
海南州	Hainan Zang A.P	6454	6371	83	43	2	139
果洛州	Golog Zang A.P	908	906	2	1		79
玉树州	Yushu Zang A.P	636	624	12	6		
海西州	Haixi Mongolian & Zang A.P	6938	5638	1300	629	90	611

20–15 2008–2010年调解民间纠纷分类

Classification of Medicated Civil Disputers(2008–2010)

项 目	Item	调解纠纷(件) Civil Disputes (case) 2008	2009	2010	各类纠纷所占比重(%) Percentage (%) 2008	2009	2010
合计	**Province Total**	**28310**	**30720**	**30234**	**100**	**100**	**100**
婚姻家庭	Family Disputes	9110	9322	9001	32.18	30.34	29.8
劳动	Labour	1006	1362	791	3.55	4.43	2.6
合同	Contracts	967	1736	1154	3.42	5.65	3.8
房屋宅基地	Housing and Housing Sites	292	1338	1117	1.03	4.36	3.7
土地承包	Land	457	862	873	1.61	2.81	2.9
征地拆迁	Requisitioned Land Demclition	354	834	1157	1.25	2.71	3.8
邻里	Neighbor Disputes	9012	8092	7176	31.83	26.34	23.7
损害赔偿	Compensation for Damages	1168	1733	1675	4.13	5.64	5.5
计划生育	Family Planning	72	125	69	0.25	0.41	0.22
施工扰民	Construction Noise	141	240	51	0.49	0.78	0.17
村务管理纠纷	Village-affair Management	182	532	353	0.64	1.73	1.17
其他	Others	6549	4544	6817	23.13	14.79	22.6

20−16 档案行政管理部门(2010年)

Department Archives(2010)

项 目 Item	单 位 (个) Units (unit)	人 员 (人) Personnel (person)	文化程度 Educational Level			档案专业程度 Professional Level on Archives			事业费 (万元) Expenditure (10000 yuan)
			大 学 University	大 专 College	中专以下 Vocational Secondary School and Below	大 学 University	大 专 College	在职培训 Training in active service	
合计 Total	**55**	**213**	**80**	**95**	**38**		**33**	**71**	**417.81**
省级部门 Provincial Level	1	23	16	6	1		13	10	142.28
地级部门 Regional Level	8	37	12	16	9		5	21	147.01
县级部门 County Level	46	153	52	73	28		15	40	128.52

20−17 各级各类档案馆(2010年)

Different Kinds and Levels of Archives(2010)

项 目	Item	数 量 (个) Institution (unit)	人 员 (人) Personnel (person)	馆藏档案 Number of Archives		案卷排架长度 (米) Length of Shelfs Placed Files (meter)	馆 藏 资 料 (册) Information Stored in Room (volume)	档案资料利用 (卷册) Volumes Utilized Archives (volume)	馆 库 面 积 (平方米) Area of Archives and Storages (sq.m)	事业费 (万元) Expenditure (10 000 yuan)
				建国前 (卷) Before the Founding of PRC (volume)	建国后 (卷) After the Founding of PRC (volume)					
省级国家综合档案馆	National Comprehensive Archives of Provincial	1	23	45956	154712	4014	37795	3089/24	4196	142142.3
地级国家综合档案馆	National Comprehensive Archives of Municipality	8	37	18038	462771	17426	59202	8249/346	14993	147.0
县级国家综合档案馆	National Comprehensive Archives of County level	46	153	1844	1021079	68549	195915	9727/4426	28442	128.5
国家专门档案馆	National Special Archives	1	9		70371	2111	2251	1236/20	1484	
部门档案馆	Department Archives	5	23	570	45750	1754	14249	5591/2391	2161	
企业档案馆	Enterprise Archives	1	10	2	36525	2093	1429	13643	4032	

20-18 各类档案室(2010年)

Archives(2010)

项目	Item	档案室数量(个) Number of Institution (unit)	专职人员(人) Full-time Personnel (person)	兼职人员(人) Personnel (person)	室藏档案(卷) Archives Stored in Room (volume)	案卷排架(米) Files Placed in Shelf (m)	室藏资料(册) Information Stored in Room (volume)	档案资料利用(卷、册) Utilized (volume)
总计	**Total**	**226**	**315**	**830**	**1223483**	**45645**	**146083**	**122209**
省直机关	Departments Directly under Province	108			271355	12975	45507	13127
大中型企业	Large Enterprises	110			877243	30523	94415	103723
省部属文化事业单位	Cultural Institutions of Provincial Level	8			49931	557	5174	2755
地师级科技事业单位	Scientific and Technical Institions of Regional Level	5			20667	1480	750	3001
县团级科技事业单位	Scientific and Technical Institions of County Level	4			4287	110	237	38

20-19 2009－2010年各类事故

Accidents(2009－2010)

类别	Type	2009				2010			
		事故起数(起) Number of Accidents (case)	死亡人数(人) Number of Deaths (person)	重伤人数(人) Number of Serious Injuries (person)	直接经济损失(万元) Losses Converted into Cash (10 000 yuan)	事故起数(起) Number of Accidents (case)	死亡人数(人) Number of Deaths (person)	重伤人数(人) Number of Serious Injuries (person)	直接经济损失(万元) Losses Converted into Cash (10 000 yuan)
合计	**Total**	**589**	**677**	**378**	**3329.05**	**843**	**675**	**420**	**2891.56**
工矿商贸事业工伤事故	Work Accidents of Industry, Traffic and Construction Enterprise	64	77	7	1167.25	62	77	4	1566.50
交通事故	Traffic Accidents	441	578	358	392.83	656	576	396	387.86
农机肇事	Farm Machinery Accidents	12	11	10	5.35	21	11	20	3.70
铁路路外事故	Rail-road Accidents	14	11	3	7.80	12	7		7.10
火灾事故	Fire Accidents	58			155.22	92	4		926.40

注：工交建企事业工伤事故包括县以下集体企业和私营企业伤亡情况。

a) Work accidents of industry, traffic and construction enterprise include casualties of collective-owned enterprises and private enterprises below county.

20-20 交通事故(2010年)
Traffic Accidents(2010)

项目	Item	合计 Total	西宁市 Xining City	海东地区 Haidong Prefecture	海北州 Haibei Zang A.P	黄南州 Huangnan Zang A.P	海南州 Hainan Zang A.P	果洛州 Golog Zang A.P	玉树州 Yushu Zang A.P	海西州 Haixi Mongolian & Zang A.P	高速支队 Highway Detachment
交通事故次数(次)	Number of Traffic Accidents (case)	1206	417	374	40	18	57	19	16	193	72
比上年增减(次)	Increase or Decrease over Previous Year (case)	27	-22	-2	3	-4	6	3	6	28	9
增减百分比 (%)	Percentage of Increase or Decrease (%)	2029.0	-5.0	-0.5	8.1	-18.2	11.8	18.8	60.0	16.9	14.3
死亡人数 (人)	Number of Deaths (person)	576	125	131	36	11	56	19	19	130	49
比上年增减(人)	Increase or Decrease over Previous Year (person)	-15	-4	-1	-4		-3	2	4	-2	-7
增减百分比 (%)	Percentage of Increase or Decrease (%)	-2.54	-3.10	-0.76	-10.00		-5.08	11.76	26.67	-1.52	-12.50
受伤人数 (人)	Number of Injuries (person)	1494	470	402	59	17	80	26	18	312	110
比上年增减(人)	Increase or Decrease over Previous Year (person)	124	-13	-12	7	-7	2	4	3	115	15
增减百分比 (%)	Percentage of Increase or Decrease (%)	9.1	-2.7	-2.9	13.5	-29.7	17.7	18.2	20.0	58.4	15.8
经济损失 (万元)	Losses Coverted Into Cash (10 000 yuan)	390.4	57.2	80.4	5.3	4.3	28.6	26.1	4.3	81.8	102.4
比上年增减(万元)	Increase or Decrease over Previous Year (10 000 yuan)	-6.5	14.6	8.3	-2.3	1.7	8.3	14.3	3.3	3.1	-11.9
增减百分比 (%)	Percentage of Increase or Decrease (%)	-1.6	-20.4	11.5	-30.4	66.4	-22.6	120.9	325.7	4.0	-10.4

20-21 工、矿、商、贸企业工伤事故及事故类别情况(2010年)
Basic Statistics on Industrial Injury Accidents and Accident Classification(2010)

单位：人 (person)

类别	Type	死亡 Deaths	重伤 Serious Injuries	类别	Type	死亡 Deaths	重伤 Serious Injuries
总计	**Total**	**73**	**4**			4	
物体打击	Hit by Object	2		冒顶片邦	Tunnel Edge Fall and Roof Fall	3	
车辆伤害	Vehicle Damage	2		透水	Permeability		
机械伤害	Mechanical Injury	9		放炮	Shooting		
起重伤害	Lifting Injury	5	1	瓦斯煤尘爆炸	Gas and Coal Dust Explosion		
触电	Electric Shock	9	1	容器爆炸	Container Explosion		
淹溺	Drowned	1		其他爆炸	Other Explosion		
灼烫	Burned or Scalded	4		煤与瓦斯突出	Coal and Gas Outburst		
高空坠落	High-altitude Fall	16	2	中毒和窒息	Poisoning and Suffocation	1	
坍塌	Collapse	21		锅炉容器爆炸	Boiler Vessel Explosion		

20–22 火灾事故(2010年)
Fire Accidents(2010)

类 别	Type	全省合计 Province Total	西宁市 Xining City	海东地区 Haidong Prefecture	海北州 Haibei Zang A.P	黄南州 Huangnan Zang A.P	海南州 Hainan Zang A.P	果洛州 Golog Zang A.P	玉树州 Yushu Zang A.P	海西州 Haixi Mong-olian & Zang A.P
火灾起数(起)	Number of Fires (case)	1623	925	414	31	55	38	9	8	143
死亡人数(人)	Number of Deaths(person)	12	10	1						1
受伤人数(人)	Number of Injuries(person)	13	8	1						4
损失折款 (万元)	Losses Converted Into Cash (10 000 yuan)	926	353	251	36.9	10	54.8	14.8	13.1	192.1
火灾原因(起)	Fire Reason (case)	1623	925	414	31	55	38	9	8	143
放 火	Incendi-arism	29	9	19						1
电器设备原因	Electrical Appara-tus	233	161	30	3	8	4	1	2	24
生产作业	Production	93	58	12	1	1	6			15
用火不慎	Carelessness in Fire Use	446	257	117	7	10	10	5	3	37
吸烟	Smoking	217	171	36	1	1				8
玩火	Fire Playing	351	205	79	7	23	11	1	2	23
自燃	Spontaneous Combustion	18	10	4	3					1
不明	Unknown	114	25	69	3	9	3	1		4
其他	Others	120	27	48	6	3	4	1	1	30

主要统计指标解释

公证人员 指在公证处工作的人员总称,包括公证处主任、副主任、公证员、公证员助理(助理公证员)和其他从事辅助性工作的人员。

公证文书 指公证处根据当事人申请,依照事实和法律,按照法定程序制作的,具有法律效力的司法证明文书。

特大交通事故 指一次造成死亡3人以上,或者重伤11人以上,或者死亡1人,同时重伤8人以上,或者死亡2人,同时重伤5人以上,或者财产损失6万元以上的交通事故。

重大交通事故 指一次造成死亡1至2人,或者重伤3人以上10人以下,或者财产损失3万元以上不足6万元的交通事故。

特大火灾 指造成30人以上死亡,或者100人以上重伤,或者1亿元以上直接财产损失的火灾。

重大火灾 指造成10人以上30人以下死亡,或者50人以上100人以下重伤,或者5000万元以上1亿元以下直接财产损失的火灾。

较大火灾 指造成3人以上10人以下死亡,或者10人以上50人以下重伤,或者1000万元以上5000万元以下直接财产损失的火灾。

一般火灾 指造成3人以下死亡,或者10人以下重伤,或者1000万元以下直接财产损失的火灾。

城镇居民最低生活保障人数 指在报告期末家庭平均收入在当地规定的最低生活保障线以下的城镇居民数。包括"三无"对象,失业人员和在职、下岗、退休人员等。

农村居民最低生活保障人数 指报告期末在建立农村最低生活保障制度的地区,得到当地政府或集体给予最低生活保障的农业人口家庭人数。

五保户 指无法定抚养义务人,或者虽有法定抚养义务人,但是抚养人无抚养能力的;无劳动能力的;无生活来源的老年人、残疾人和未成年人。

社会福利企业 指以集中安置有一定劳动能力的残疾人员就业为目(残疾职工占生产人员10%以上)、带有社会福利性质的企业总称。主要包括福利工厂、假肢厂和其他福利企业。

Explanatory Notes on Main Statistical Indicators

Notary Personnel refers to people working for notary offices including: directors, deputy directors, notaries, assistant notaries and other people providing assistance.

Notary Documents refer to the judicial notary documents drawn up at the request of the interested party and are in accordance with facts and the law and following certain legal proceedings.

Extraordinarily Serious Traffic Accident refers to an accident which has caused three or more deaths; or over 11 serious injuries; or one death and over 8 serious injuries; or two deaths and over 5 serious injuries; or a loss over 60 thousand yuan.

Serious Traffic Accident refers to an accident which has caused one or two deaths; or three to ten serious injuries; or a loss over 30 thousand yuan to 60 thousand yuan.

Extraordinarily Serious Fire Case refers to a case which has caused over 30 deaths; or over 100 serious injuries; or a direct property loss over 100 million yuan.

Serious Fire Case refers to a case which has caused over 10 to 30 deaths; or over 50 to 100 serious injuries; or a direct property loss over 50 million to 100 million yuan.

Comparatively Serious Fire Case refers to a case which has caused over three to ten deaths; or over 10 to 50 serious injuries; or a direct property loss over 10 million to 50 million yuan.

Ordinary Fire Case refers to a case which has caused less than three deaths; or less than 10 serious injuries; or a direct property loss less than 10 million yuan.

Number of Urban Residents Entitled to Minimum Living Allowances refers to the number of those whose average family income is below a minimum local standard by the end of the reporting period, including both the employed and unemployed, laid off and retired, and those jobless people without stable residence or valid IDs.

Number of Rural Residents Entitled to Minimum Living Allowances refers to the number of those receiving the minimum living allowances from the local government or community in the rural areas where this allowances system is in place as of the end of the reporting period.

Households Enjoying Five Guarantees refers to those senior citizens, handicapped or under – aged who, without labour ability, can not make a living by themselves and whose statutory providers are unable to support them or who have no statutory providers at all. **Social Welfare Enterprises** refers to those welfare – oriented enterprises employing a significant number of handicapped people with certain labour ability (handicapped employees shall exceed 10% of the production staff), including welfare factories, artificial limb plants as well as other welfare enterprises.

城市概况

General Survey of Cities

第21篇

CHAPTER 21

21-1 城市公用事业基本情况(2010年)

Basic Statistics on Urban Public Utilities(2010)

指 标		Item		全 省 Province Total	西宁市 Xining City	格尔木市 Geermu City	德令哈市 Delingha City
人口密度	(人/平方公里)	Population Density of City Districts	(persons/sq.km)	2320	2640	2018	871
拥有城市维护建设资金	(元)	Fund Expenditures on Urban Maintenance Construction	(yuan)	154783	120571	25236	8976
人均生活用水量	(升/日)	Per Capita Water Consumption for Residential Use	(liter/day)	179.03	175.81	196.74	195.88
用水普及率	(%)	Coverage Rate of Urban Population with Access to Tap Water	(%)	99.87	99.85	100	100
使用天然气普及率	(%)	Percentage of Population with Access to	(%)	90.79	93.71	96.18	32.85
人均拥有道路面积	(平方米)	Per Capita Area of Paved Roads	(sq.m)	11.47	7.35	27.65	45.07
排水管道密度	(公里/平方公里)	Density of City Sewage Pipes	(km/sq.km)	8.9	9.27	5.83	13.08
人均公共绿地面积	(平方米)	Per Capita Park Green Area	(sq.m)	8.53	8.94	6.09	6.76
建成区绿地率	(%)	Percentage of Developed Green Areas	(%)	29.11	34.54	17.4	28.81
建成区绿化覆盖率	(%)	Green Coverage Rate in Completed Area	(%)	29.38	35.12	17.63	27.91
道路长度	(公里)	Length of Paved Roads	(km)	710.8	433	163.8	114
道路面积	(万平方米)	Area of Paved Roads	(10 000 sq.m)	1357.3	737	340	279.9
人行道面积	(万平方米)	Area of Sidewalks	(10 000 sq.m)	375	163	120	92
桥梁数	(座)	Number of Bridges	(unit)	68	53		15
立交桥	(座)	Number of Bridge Flyover	(unit)	4	4		
路灯数	(盏)	Number of Street Light	(unit)	68800	60079	5393	3328
排水管道长度	(公里)	Length of City Sewage Pipes	(km)	1014	619	178	217
污水年排放量	(万立方米)	Non-industrial of Waste Water Discharge	(10 000 cu.m)	12889	7799	2868	2222
防洪堤长度	(公里)	Length of Dyke for Control of Flood	(km)	47	40		7
自来水日综合生产能力	(万立方米)	Production Capacity of Tap Water Supply	10 000 cu.m/day)	26.09	11.89	9	5.2
供水管道长度	(公里)	Length of Water Supply Pipelines	(km)	1249.3	829.29	202.46	217.55
供水总量	(万立方米)	Annual Volume of Tap Water Supply	(10 000 cu.m)	18572.33	12401.73	3094.6	2865
用水人口	(万人)	Number of Residents with Access to Tap Water	(10 000 persons)	111.59	95.3	10.34	5.95
绿化覆盖面积	(公顷)	Green Covered Area of Completed Area	(hectare)	3409	2345	601	463
园林绿地面积	(公顷)	Area of Parks and Green land	(hectare)	3387	2315	594	478
公园绿地面积	(公顷)	Public Green Areas	(hectare)	1014	897	75	42
公园个数	(个)	Number of Parks and Zoos	(unit)	22	18	3	1
公园面积	(公顷)	Area of Parks	(hectare)	478	428	33	17

21–2 城市基本情况(2010年)
Basic Statistics on Cities (2010)

指 标	Item	市区不包括市辖县 Cities Not Included Counties	西宁市 Xining City	格尔木市 Geermu City	德令哈市 Delingha City
行政区划、人口、劳动力及土地资源	**Administrative Divisions Population, Labor Force and Land Source**				
行政区划	**Administrative Divisions**				
所辖行政区数(个)	Number of Districts(unit)		4		
所辖行政县(旗)数(个)	Number of Counties(unit)		3		
所辖行政县级市数(个)	Number of Cities(at County Level)(unit)				
人口	**Population**				
年末总人口(万人)	Population at year-end (10 000 persons)	130.22	101.37	21.52	7.33
年平均人口(万人)	Annual Average Population (10 000 persons)	142.72	113.97	21.50	7.25
常住人口(万人)	Resident Population (10 000 persons)	134.02	114.38	12.31	7.33
暂住人口(一个月以上)(万人)	People Stayed Temporarily (10 000 persons)				
年出生人口(人)	Annual Birth Population(person)	9213	6978	1479	756
年死亡人口(人)	Annual Death Population(person)	4695	3802	512	381
年末总户数(万户)	Total Households at the(10 000 households)	40.23	32.92	4.73	2.58
从业人员	**Employed Persons**				
年末单位从业人员数(城镇)(万人)	Employed Persons in Various Units at year-end (Urban Area) (10 000 persons)	34.55	27.56	5.91	1.08
第一产业(农、林、牧、渔业)	Primary Industry	0.19	0.05	0.08	0.06
第二产业	Secondary Industry	10.62	7.13	2.31	1.18
采矿业	Mining	0.32	0.24	0.08	
制造业	Manufacturing	6.48	4.48	1.87	0.13
电力、燃气及水的生产和供应业	Production and Distribution of Electricity, Gas and Water	0.43	0.32	0.09	0.02
建筑业	Construction	2.38	2.08	0.27	0.03
第三产业	Tertiary Industry	18.08	13.72	3.52	0.84
交通运输、仓储及邮政业	Traffic, Transport, Storage and Post	2.36	1.89	0.31	0.16
信息传输、计算机服务和软件业	Information transmission, Computer Services and Software	0.61	0.47	0.11	0.03
批发和零售业	Wholesale and Retail Trades	2.48	1.12	1.33	0.03
住宿、餐饮业	Hotels and Catering Services	1.03	0.31	0.70	0.02
金融业	Financial Intermediation	1.21	1.01	0.14	0.06
房地产业	Real Estate	0.45	0.45		
租赁和商业服务业	Leasing and Business Services	0.46	0.39	0.07	
科学研究、技术服务和地质勘查业	Scientific Research, Technical Service and Geologic Prospecting	1.23	1.14	0.06	0.03
水利、环境和公共设施管理业	Management of Water Conservancy, Environment and Public Facilities	0.57	0.53	0.02	0.02
居民服务和其他服务业	Services to Households and Other Services	0.18	0.05	0.13	
教育	Education	2.69	2.36	0.22	0.11
卫生、社会保障和社会福利业	Health, Social Security and Social Welfare	1.59	1.42	0.12	0.05
文化、体育和娱乐业	Culture, Sports and Entertainment	0.42	0.35	0.05	0.02
公共管理和社会组织	Public Management and Social Organization	2.81	2.25	0.26	0.3
国际组织	International Organization				
城镇私营和个体从业人员(人)	Self-employed Individuals in Urban Areas(person)	107588	66610	30682	10296
年末城镇登记失业人员数(人)	Number of Registered Unemployed Persons in Urban Areas(person)	24096	21504	2026	566
土地面积及水资源	Land Area and Water Source				
行政区域土地面积(平方公里)	Land Area of Administrative Divisions(sq.km)	147014	360	118954	27700
建成区面积	Developed Area	114.07	66.77	31.00	16.3
城市建设用地面积	Urban Construction Land Areas	113.64	66.77	31.00	15.87
居住用地面积	Land Areas of Living	43.54	30.44	10.00	3.10
公共设施用地面积	Land Areas of Public Facilities	6.12	1.62	3.00	1.50
工业用地面积	Land Areas of Industry	17.40	11.39	3.00	3.01
水资源总量(万立方米)	Water Resources(10 000 cu.m)				
综合经济	**Total Economy**				
地区生产总值(当年价格)(万元)	**Gross Domestic Product(at Current Prices)** (10 000 yuan)	**6732972**	**4404121**	**2000645**	**328206**

21-2 续表 1 Continued

指 标	Item	市区不包括市辖县 Cities Not Included Counties	西宁市 Xining City	格尔木市 Geermu City	德令哈市 Delingha City
第一产业增加值	Primary Industry	61709	26581	17330	17798
第二产业增加值	Secondary Industry	3538827	1823626	1543748	171453
采矿业	Mining	428476	33386	378123	16967
制造业	Manufacturing	2341686	1330000	1006822	4864
电力、燃气及水的生产和供应业	Production and Distribution of Electricity, Gas and Water	223347	157128	16573	49646
建筑业	Construction	584297	303112	142230	138955
第三产业增加值	Tertiary Industry	3025140	2553914	439567	31659
交通运输仓储及邮政业	Traffic,Transport,Storage and Post	428399	244742	168017	15640
信息传输、计算机服务和软件业	Information transmission,Computer Services and Software	282708	245816	25944	10948
金融业	Financial Intermediation	462324	414119	44743	3462
房地产业	Real Estate	167313	141459	21201	4653
科学研究、综合技术服务和地质勘查业	Scientific Research,Technical Service and Geologic Prospecting	428805	103988	16256	308561
地区生产总值(2005年价格)	Gross Domestic Product (price=2005)	5178829	3732735	1401337	44757
人均地区生产总值(元)	Per Capita GDP (yuan)	176609	38891	92961	44757
地区生产总值增长率(%)	Growth Pate of GDP (%)	54.87	17.20	18.17	19.50
财政	**Public Finance**				
地方财政一般预算收入(万元)	Local Budgetary Revenue (10 000 yuan)	231386	115724	103396	12266
各项税收	Taxes	212854	110967	91593	10294
企业所得税	Company Income Tax	42126	24611	10976	6539
个人所得税	Personal Income Tax	20397	17791	2301	305
地方财政一般预算支出(万元)	Local Budgetary Expenditure (10 000 yuan)	1342293	1086976	165869	89448
一般公共服务支出	Expenditure for General Public Services	103829	77304	20880	5645
科学技术支出	Expenditure for Science and Technology	5841	4351	1449	41
教育支出	Expenditure for Education	263373	223346	25959	14068
文化体育与传媒支出	Expenditure for Culture, Sport and Media	20486	15658	3149	1679
医疗卫生支出	Expenditure for Medical and Health Care	88168	74938	10325	2905
环境保护支出	Expenditure for Environment Protection	74857	59546	9760	5551
城乡社区事务支出	Expenditure for Urban and Rural Community Affairs	123582	86452	26413	10717
交通运输支出	Expenditure for Transportation	17101	13917	2481	703
社会保障和就业支出	Expenditure for Social Safety Net and Employment Effort	169306	137915	18786	12605
社会保险基金支出	Expenditure of Social Insurance Funds	10983	42	10941	
金融	**Banking**				
年末金融机构存款余额(万元)	Total Deposits (10 000 yuan)	17102345	15111928	1417513	572904
城乡居民储蓄年末余额	Savings Deposits of Urban and Rural Areas	5926484	5083719	675769	166996
年末金融机构贷款余额(万元)	Total Loans (10 000 yuan)	16253534	14632314	1219308	401912
工业	**Industry**				
规模以上工业法人企业	Industrial Business Corporation above Designated Size				
工业企业数(个)	Number of Industrial Business (unit)	200	145	45	10
内资企业	Domestic Funded	185	132	43	10
国有企业	State-owned Enterprises	24	18	3	3
私营企业	Private Enterprises	51	22	22	7
私营独资企业	Private-funded Enterprises	6	1	5	
私营股份有限公司	Private Share-holding Corporations Lt d	15	6	2	7
港、澳、台商投资企业	Enterprises with Funds from Hong Kong, Macao and Taiwan	5	3	2	
外商投资企业	Foreign Funded Enterprises		10		
工业总产值(当年价)(万元)	Gross Industrial Output Value (at current price) (10 000 yuan)	5729072.1	4070300.0	1457121.0	201651.1
内资企业	Domestic Funded	5469262.1	3820300.0	1447311.0	201651.1

21-2 续表 2 Continued

指标	Item	市区不包括市辖县 Cities Not Included Counties	西宁市 Xining City	格尔木市 Geermu City	德令哈市 Delingha City
国有企业	State-owned Enterprises	2530005	2289354	61286	179365.1
私营企业	Private Enterprises	961294	403603	409331	148360
私营独资企业	Private-funded Enterprises	41647	1394	40253	
私营股份有限公司	Private Share-holding Corporations Ltd.	95491	74730	20761	
港、澳、台商投资企业	Enterprises with Funds from Hong Kong, Macao and Taiwan	29010	19200	9810	
外商投资企业	Foreign Funded Enterprises	230900	230900		
企业财务	Financial Affairs of Enterprises				
从业人员年平均人数(万人)	Annual Average Number of Employed Persons(10 000 persons)	7.72	5.50	1.86	0.36
流动资产合计(万元)	Total Value of Working Capitals(10 000 yuan)	3894869	1737700	1981937	175232
固定资产合计(万元)	Total Value of Fixed Assets(10 000 yuan)	5047524	2463400	2130591	453533
主营业务收入(万元)	Revenue from Principal Business(10 000 yuan)	5343279	3989500	1188750	165029
主营业务成本(万元)	Cost of Principal Business(10 001 yuan)	4191856	3477034	592080	122742
主营业务税金及附加(万元)	Taxes and Other Charges on Principal Business(10 000 yuan)	194339	116300	77855	184
本年应交增值税(万元)	Value Added Tax Payable(10 000 yuan)	231094	125300	100363	5431
利润总额(万元)	Total Profits(10 000 yuan)	508576	144100	374549	-10073
交通运输、邮电通信、能源电力	**Traffic and Transport, Post and Telecommunication, Energy and Power**				
交通运输	Traffic and Transport				
铁路旅客运量(万人)	Railways Passenger Traffic(10 000 persons)	457.54	372.11	65.91	19.52
铁路货物运量(万吨)	Railways Freight Traffic(10 000 tons)	2379	512.4	1253	613.6
民用汽车拥有量(辆)	Possession of Civil Motor Vehicles(unit)	206187	165903	34408	5876
私人汽车拥有量(辆)	Private Vehicles(unit)	124646	107653	12705	4288
公路客运量(全社会)(万人)	Highways Passenger Traffic(10 000 persons)	5025.23	4417.27	18.66	589.30
公路货运量(全社会)(万吨)	Highways Freight Traffic(10 000 tons)	3989.38	2465.68	328.70	1195.00
境内等级公路里程(公里)	Length of Territory Class Ⅰ to Ⅳ Highways(km)	10047.75	5845.00	1959.00	2243.75
境内高速公路里程(公里)	Length of Territory Expressways(km)	460	346		114
民用航空货邮运量(吨)	Freight Traffic of Civil Aviation(ton)	4709	4600	109	
民用航空客运量(人)	Passenger Traffic of Civil Aviation(person)	827500	785500	42000	
邮电通信	Post and Telecommunication				
年末邮政局(所)数(处)	Number of Post and Telecommunication at Year-end(unit)	71	59	5	7
邮政业务收入(万元)	Business Income of Post(10 000 yuan)	14451.11	11573.00	2090.00	788.11
电信业务收入(万元)	Business Income of Telecommunication Services(10 000 yuan)	517086	492054	22735	2297
年末固定电话用户数(万户)	Number of Local Telephone Subscribers at Year-end(10 000 subscribers)	60.06	53.52	5.11	1.43
年末移动电话用户数(万户)	Number of Mobile Telephone Subscribers at Year-end(10 000 subscribers)	200.09	169.62	25.20	5.27
国际互联网用户数(万户)	Number of Internet Users(10 000 subscriber)	230250	202541	21633	6076
能源电力	Energy and Power				
综合能源消费量(万吨/标准煤)	Total Energy Consumption (10 000 tons of SCE)		629.30		
全社会用电量(万千瓦时)	Demand for Electricity thought the Year(10 000 kwh)	790023	640184	124247	25591.78
工业用电	Industry Electricity	587284	463297	105305	18682
城乡居民生活用电	Living Electricity for Resident	89421	77600	4911	6910
贸易、外经、旅游	**Domestic and Foreign Trade, Foreign Economic Cooperation, Tourism**				
贸易	Domestic Trade				
限额以上批发零售贸易业商品销售总额(万元)	Total Sales of Goods of Wholesale and Retail Trades Above Designated Size(10 000 yuan)	3658550	3146658	329466	182426
社会消费品零售总额(万元)	Total Retail Sales of Consumer Goods(10 000 yuan)	2470980	2134461	284881	51638.3
限额以上批发零售企业数(法人数)(个)	Number of Enterprises of Wholesale and Retail Trades Above Designated Size(unit)	174	128	39	7

21-2 续表 3 Continued

指 标	Item	市区不包括市辖县 Cities Not Included Counties	西宁市 Xining City	格尔木市 Geermu City	德令哈市 Delingha City
零售业	Retail Trades(unit)	92	75	13	4
限额以上批发零售贸易企业财务	Financial Affairs of Wholesale and Retail Trades Above Designated Size				
从业人员年平均人数(万人)	Annual Average Number of Emplcyed Persons(10 000 persons)	1.79	1.62	0.10	0.07
流动资产合计(万元)	Total Value of Working Capitals(10 000 yuan)	968938	852548	106337	10053
固定资产合计(万元)	Total Value of Fixed Assets(10 000 yuan)	1019667	173842	831068	14757
主营业务收入(万元)	Revenue from Principal Business(10 000 yuan)	3270860	2833224	245812	191824
主营业务成本(万元)	Cost of Principal Business(10 001 yuan)	3041313	2634224	231093	175996
主营业务税金及附加(万元)	Taxes and Other Charges on Principal Business(10 000 yuan)	53116	49974	1702	1440
本年应交增值税(万元)	Value Added Tax Payable(10 000 yuan)	40720	36158	2290	2272
利润总额(万元)	Total Profits(10 000 yuan)	180029	97508	4819	77702
外贸、外经	Foreign Trade, Foreign Economic Cooperation				
货物进口额(万美元)	Total Value of Imports(USD 10 000)				
货物出口额(万美元)	Total Value of Exports(USD 10 000)				
外商直接投资:	Foreign Direct Investments				
当年新签项目(合同)数(个)	Number of New-signed Projects (Contracts) at Current Year(unit)	11	11		
当年实际使用外资金额(万美元)	Foreign Capitals Actually Utilized at Current Year(USD 10 000)	980	980		
固定资产投资	**Investment in Fixed Assets**				
全社会固定资产投资总额(万元)	Total Investment in Fixed Assets in the Whole Country(10 000 yuan)	4368391	3056816	1008720	302855
城镇固定资产投资额	Urban Investment in Fixed Assets	3987977	2759624	977549	250804
房地产开发投资额	Investment in Reel Estate Development	948728	944444		4284
住宅	Residential Buildings	688103	633506		54597
全年新增固定资产	Newly Increased Fixed Assets thought the Year	1099674	404118	625898	69658
房地产	Real Estate				
商品房屋销售面积(万平方米)	Floor Space of Selling House(10 000 sq.m)	215.11	215.11		
住宅	Residential Buildings	204.8	204.8		
高档别墅公寓	Villadom and High-grade Apartments	0.3	0.3		
商品房屋销售额(万元)	Total Sale of Commercial Buildings (10 000 yuan)	717164	717164		
住宅	Residential Buildings	655728	655728		
高档别墅公寓	Villadom and High-grade Apartments	1736	1736		
商品房屋空置面积(万平方米)	Floor Space of Vacancy House(10 000 sq.m)	67.16	65.93		1.24
保障性住房建设	Low-income Housing Construction				
本年完成投资(万元)	Investment at Current Year (10 000 yuan)	49943	30113	19108	722
廉租房	Low-rent Houses	22955	4852	18103	
施工面积(万平方米)	Floor Space under Construction (10 000 sq.m)	41.04	36.13	4.80	0.11
廉租房	Low-rent Houses	9.65	5.25	4.40	
竣工面积(万平方米)	Floor Space Completed (10 000 sq.m)	30.23	25.41	4.80	0.02
廉租房	Low-rent Houses	9.59	5.19	4.40	
教育、科技、文化、卫生	**Education, Science and Technology, Culture and Public Health**				
教育	Education				
学校数(所)	Number of Schools(unit)				
普通高等学校	Regular Institutions of Higher Education	9	9		
中等职业教育学校	Vocational Secondary Education	11	9	1	1
普通中学	Regular High School	72	44	20	8
小学	Primary Schcols	77	49	13	15
专任教师数(人)	Full-time Teachers(person)				
普通高等学校	Regular Institutions of Higher Education	3731	3731		
中等职业教育学校	Vocational Secondary Education	851	717	30	104
普通中学	Regular High School	5367	4068	945	354

21−2 续表 4 Continued

指 标	Item	市区不包括市辖县 Cities Not Included Counties	西宁市 Xining City	格尔木市 Geermu City	德令哈市 Delingha City
小学	Primary Schools	4839	3362	1061	416
在校学生数(人)	Number of Students (person)				
普通高等学校	Regular Institutions of Higher Education	60384	60384		
成人高等学校	Adult Higher Education	856	856		
高中阶段在校学生	Students in Senior Secondary Education	27269	22136	3703	1430
中等职业教育学校	Vocational Secondary Education	25020	23456	765	799
普通中学(万人)	Regular High School(10 000 persons)	7.22	5.77	1.12	0.33
小学(万人)	Primary Schools(10 000 persons)	8.74	6.15	1.94	0.65
初中毕业生升学率(%)	Promotion Rate from Junior Secondary Schools to Senior Secondary Schools(%)	297.8	100.0	100.0	97.8
科技	Science and Technology				
从事科技活动人员数(人)	Personnel Engaged in S&T Activities(person)	1284	1031	139	114
R&D内部经费支出(万元)	Interior Expenditure on R&D				
专利申请受理量(项)	Total Patent Applications Examined(item)				
专利申请授权量(项)	Total Patent Applications Certified(item)				
发明	Inventions				
体育	Sports				
体育场馆数(个)	Number of Stadiums and Gymnasiums(unit)	9	7	1	1
文化	Culture				
剧场、影剧院数(个)	Number of Cinemas, Theaters and Music Halls(unit)	8	2	5	1
公共图书馆图书总藏量(千册、件)	Collection of Books of Public Libraries(1 000 copies)	1573	1443	60	70
卫生	Public Health				
医院、卫生院数(个)	Number of Hospitals and Health Centers(unit)	54	38	9	7
医院、卫生院床位数(张)	Number of Beds of Hospitals and Health Centers(unit)	9673	8680	759	234
医生数(执业医师+执业助理医师)(人)	Number of Doctors (Licensed Doctors and Assistant Doctors) (person)	4775	4340	267	168
注册护士(人)	Number of Registered Nurses	5059	4597	343	119
人民生活、社会保障	**People's Livelihood, Social Security**				
在岗职工平均人数(万人)	Average Number of Fully Employed Staff and Workers(10 000 persons)	24.3	20.5	2.8	1.0
在岗职工工资总额(万元)	Total Wages Bill of Fully Employed Staff and Workers(10 000 yuan)	860701	687722	133760	39219
居民收支	Income and Expenditure of Inhabitants				
城镇居民人均可支配收入(元)	Annual Per Capita Disposable Income of Urban Households(yuan)		14085.0	16852.0	16581.1
最低20%户	Lowest Income Households(quintile group)		5027.0	6141.0	4901.8
最高20%户	Highest Income Households(quintile group)		31758.0	33364.0	32899.2
城镇居民人均消费支出(元)	Annual Per Capita Consumption Expenditure of Urban Households(yuan)		9421.0	13376.0	13761.6
食品	Food		3863.0	4742.0	4436.6
衣着	Clothing		1077.0	1792.0	178.8
居住	Household Appliances and Service		850.0	1277.0	1885.2
家庭设备用品及服务	Health Care and Medical Services		592.0	843.0	698.2
医疗保健	Transport and Communications		809.0	559.0	792.6
交通和通信	Education, Cultural and Recreation Services		1063.0	1938.0	1794.7
教育文化娱乐服务	Residence		843.0	1497.0	1613.6
居民生活	People's Livelihood				
每百户居民家庭拥有	Number of Major Durable Consumer Goods Owned Per 100 Urban Households				
家用汽车(辆)	Automobile(unit)	32.9	5.0	5.9	22.0
家用电脑(台)	Computer(set)	156	38	75	42
固定电话(部)	Fixed Telephone	260	82	88	90
移动电话(部)	Mobile Telephone	373	149	72	152
互联网用户(户)	Internet User (household)	165	108	7	50
人均住房建筑面积(平方米)	Per Capita Building Space (sq.m)	79.0	25.7	26.3	27.0

21-2 续表 5 Continued

指 标	Item	市区不包括市辖县 Cities Not Included Counties	西宁市 Xining City	格尔木市 Geermu City	德令哈市 Delingha City
居民消费价格指数(上年为100)(%)	Consumer Price Indices (%)	211.5	104.5	107.0	
社会保障	Social Security				
城镇基本养老保险参保人数(人)	Population Covered Basic Pension Insurance in Urban Area (person)	283596	246388	25655	11553
基本医疗保险参保人数(人)	Population Covered Basic Medical Insurance(person)	238471	163588	56296	18587
失业保险参保人数(人)	Population Covered Unemployment Insurance(person)	161082	142218	13550	5314
社会福利院数(个)	Number of Social Welfare Homes(unit)	16	13	2	1
社会福利院床位数(张)	Number of Beds of Social Welfare Homes(unit)	2354	2232	50	72
社区服务设施数(个)	Number of Community Service Facilities(unit)	137	57	69	11
城镇居民最低生活保障人数(人)	Number of Persons Receiving Lowest Cost-of-living(person)	61214	42129	9081	10004
交通、社会治安	**Traffic, Security of Society**				
交通	Traffic				
交通事故死亡人数(人)	Number of Deaths of Traffic Accident(person)	96	65	19	12
交通事故损失额(万元)	Losses Converted into Cash of Traffic Accident(10 000 yuan)	134.5	38.5	10.0	86.0
火灾事故死亡人数(人)	Number of Deaths of Fires(person)	11	10	1	
火灾事故损失额(万元)	Losses Converted into Cash of Fires(10 000 yuan)	579.78	413.78	86.00	80.00
社会治安	Security of Society				
刑事案件立案数(件)	Number of Criminal Cases Registered	6305	4845	1060	400
犯罪人数(人)	Number of Perpetrators(person)	2175	1633	413	129
青少年人数(年龄16-25周岁)	Number of Adolescents (age of 16 to 25)	1020	1014		6
市政公用事业	**City Public Utilities**				
基础设施	Infrastructure				
城市维护建设资金支出(万元)	Funds Expenditure for Urban Construction and Maintenance(10 000 yuan)	132437	106901	25236	300
年末实有城市道路面积(万平方米)	Area of Paved Road at Year-end(10 000 sq m)	1350.4	737.0	334.0	279.4
排水管道长度(公里)	Length of Sewage Pipes(km)	921	526	178	217
供水综合生产能力(万平方米/日)	Production Capacity of Tap Water Supply(10 000 cu.m/day)	80.6	41.0	24.4	15.2
供水总量(万吨)	Total Volume of Water Supply(10 000 tons)	17672	11502	3305	2865
售水量(万吨)	Sold Volume of Water (10 000 tons)	15505	9511	3305	2689
居民生活用水量	Consumption of Tap Water for Residential Use	5783	4584	884	315
	Number of Residents with Access to Tap Water(10 000 persons)	98.21	79.69	12.31	6.21
供气	Gas Supply				
供气总量(人工、天然气)(万立方米)	Volume of Gas Supply (Manpower and Natural Gas)(10 000 cu.m)	162570	54255	106529	1786
家庭用量	Consumption of Gas for Residential Use	9037	4869	4130	38
用气人口(人)	Number of Residents with Access to Gas(person)	889800	810000	70800	9000
液化石油气供气量(吨)	Volume of Liquefied Petroleum gas Supply(ton)	6382.4	4386.0	1764.0	232.4
家庭用量	Consumption of Gas for Residential Use	5994	4380	1394	220
用液化气人口(人)	Number of Residents with Access to Liquefied Petroleum Gas(person)	144000	85000	47600	11400
公共交通	Public Traffic				
年末实有公共汽(电)车营运车辆数(辆)	Number of Public Vehicles under Operation at Year-end(unit)	2340	1932	114	294
全年公共汽(电)车客运总量(万人次)	Number of Passengers Carried of Public Vehicles(10 000 person-times)	41515.6	38594.0	640.6	2281.0
年末出租汽车数(辆)	Number of Taxis at Year-end(unit)	7159	5516	1189.00	454
绿地	Green Areas				
绿地面积(公顷)	Green Areas(hectare)	3745	2673	594	478
公园绿地面积(公顷)	Area of Parks	878	761	75	42
建成区绿化覆盖面积(公顷)	Greening Coverage of the Current Urban Areas(hectare)	3739	2745	531	463

21-3 主要年份西宁市公共交通客运情况
Basic Statistics on Urban Public Traffic in Xining in Main Years

年 份 Year	年底车辆总数（辆） Number of Public Vehicles for Business Transportation (unit)	小公共线路车 Minibus	年底营运线路网长度（线路/公里） Length of Business Transportation Routes (route/km)	总行驶里程（万车公里） Total Mileage (10 000 vehicle-km)	客运总量（万人次） Number of Passengers Carried of Bus, Trolley Bus (10 000 person-times)	从业人数（人） Employed Persons (person)	社会出租汽车（辆） Number of Taxis (unit)	社会小公共汽车（辆/线路） Social Minibus (unit/route)
1980	171		17/466	599	6942	1298		
1982	190		17/466	685	8812	1633		
1983	192		17/467	787	10162	1690		
1984	211		17/467	831	11930	1810		
1985	230		17/467	937	14832	2036		
1986	219		17/481	966	16710	2065		
1987	222		21/498	1020	16876	2332		
1988	250		21/481	1076	17759	2382		
1989	252		21/481	1044	15216	2590		
1990	266	23	21/481	1128	15612	2567	371	30
1991	268	27	21/482	1196	16430	2807	458	53
1992	282	42	21/510	1243	17641	2785	784	116
1993	403	53	21/316	1307	17345	2833	1282	259
1994	385	85	21/320	1384	17833	2760	1836	313
1995	386	87	21/259	1744	18054	3159	3354	403
1996	372	70	25/259	1725	18218	3412	4160	432
1997	410	118	28/255	1956	17616	3323	4236	432
1998	575	168	32/258	2023	17808	3212	4275	435
1999	659	197	34/274	2634	19566	3328	4412	455
2000	667	207	37/291	3047	15369	3289	5785	628
2001	1020	354	38/307	4621	20748	4139	5144	322
2002	1086	130	307		20857	4194	5116	130
2003	1142	75	307		23760	4352	5116	75
2004	1277	131	437		25111	5139	5116	131
2005	1605	299	437		36098	6548	5116	131
2006	1927		415		41355		5644	
2007	1888		415		55739		5694	
2008	1712		379		58761		5116	
2009	1712	283	39/1176	7279.73	27696	4171	5116	536/22
2010	1932	283	63/982	11417	42094	7206	5116	536/22

21－4 主要年份西宁市自来水供水情况

Basic Statistics on Tap Water Supply in Xining in Main Years

年 份 Year	年底自来水管道总长度(公里) Length of Water Supply Piplines (km)	供 水 总 量(万立方米) Total Annual Volume of Water Supply (10 000 cu.m)	售 水 总 量(万立方米) Total Annual Volume of Water Market (10 000 cu.m)	生 产 用 水 For Productive Use	综合生产能 力(万立方米/日) Production Capacity of Tap Water Supply (10 000cu.m /day)	用 水 总人数(万人) Number of Residents with Access to Tap Water (10 000 persons)	用 水 普及率(%) Coverage Rate of Urban Population with Access to Tap Water (%)
1980	240	3740	3541	1979	14.5	42.0	92.4
1982	246	4649	4295	2598	14.5	43.4	94.6
1983	251	5222	4817	3121	34.5	43.5	94.0
1984	259	5526	5098	3161	35.5	48.0	92.0
1985	255	5577	5145	3190	36.4	348.0	95.0
1986	255	5863	5583	3461	26.4	49.0	99.0
1987	285	6308	6008	3604	36.6	53.0	96.4
1988	297	7111	6755	4062	34.4	53.5	98.0
1989	300	7824	7200	4464	34.4	53.9	98.0
1990	300	7934	7301	4527	34.4	54.7	98.0
1991	300	8279	7619	4785	34.4	55.7	98.0
1992	301	8359	7692	4769	34.4	56.1	98.8
1993	305	8605	7918	4909	39.0	56.2	99.1
1994	306	12961	12273	8339	39.0	66.1	99.3
1995	307	13251	12540	8176	39.0	66.9	98.0
1996	311	13036	12342	7460	38.4	67.7	97.0
1997	419	13036	12238	6200	38.0	67.8	96.0
1998	433	11966	11516	6939	37.0	70.9	97.4
1999	444	12561	11904	6893	49.0	70.8	97.0
2000	596	12610	14325	6734	48.9	71.4	97.2
2001	433	12452	6910	5833	44.9	74.8	99.3
2002	450	11403	5912	4693	44.9	76.6	100.0
2003	476	11559	10188	3470	44.9	78.9	100.0
2004	505	12175	10176	3481	44.9	80.1	100.0
2005	541	11192	9142	3546	44.9	80.9	100.0
2006	965	12010	10548	3861	50.1	90.3	99.6
2007	974	11542	10228	3743	54.3	102.3	99.7
2008	772	12098		3853	47.9	88.0	100.0
2009	790	12168	10125	3917	47.9	94.0	99.4
2010	829.29	12401.73	10398.73	3795.31	50.39	100.16	99.85

21-5 主要年份西宁市道路、排水、养护情况

Basic Statistics on Paved Roads, Drainage and Maintenance in Xining in Main Years

年份 Year	年末实有铺装道路长度（公里） Length of Paved Roads (year-end) (km)	铺装道路面积（万平方米） Area of Paved Roads (10 000 sq.m)	人行道面积（万平方米） Area of Sidewalks (10 000 sq.m)	年底实有下水道长度（公里） Length of Sewer Pipelines (year-end) (km)	养护下水道长度（公里） Length of Sewer Pipelines for Conserve (km)	"两项"维护建设资金支出(万元) Two Special Program of Maintenance Expenses (10 000 yuan)
1980	157	159		67	67	959
1982	163	161		74	74	558
1983	169	166		78	78	552
1984	169	166		78	78	742
1985	175	176		85	85	721
1986	175	176	31	86	86	378
1987	177	177	31	86	86	1509
1988	177	189	39	87	87	1761
1989	179	195	41	90	90	2509
1990	179	219	49	117	117	2185
1991	180	220	50	117	117	4603
1992	181	223	53	118	118	4663
1993	203	225	53	123	123	3851
1994	208	228	53	123	123	2800
1995	263	263	97	139	139	6760
1996	268	262	97	144	144	4659
1997	284	270	98	146	151	9583
1998	288	291	99	161	155	34747
1999	298	317	99	161	140	91758
2000	310	405	62	208	143	78120
2001	288	408	64	209	148	98638
2002	324	408	64	400	194	58473
2003	346	490	103	400	120	51249
2004	359	521	106	420	140	63979
2005	370	551	109	424	214	83087
2006	489	682	149	532	307	76573
2007	496	700	196	571	319	79116
2008	403	638	159	557	320	77881
2009	417	687	161	590	320	82057
2010	433	737	163	619	351	74166

21–6 主要年份西宁市集中供热情况
Basic Statistics on Heating in Xining in Main Years

指　标	Item	1990	1995	2000	2005	2006	2007	2008	2009	2010
供热能力–热气（MW/小时）	Heating Capacity-Hot Water (1 billion kw/hour)	13.5	28.0	31.0	43.0	45.0	103.0			
供热总量（万吉焦）	Quantity of Heating Supplied (10 000 gigajoules)	13.5	14.8	31.0	236.0	236.0	236.0	236.0	236.0	58
集中供热面积（万平方米）	Area of Centralized Heating (10 000 sq.m)	12.0	18.0	27.0	27.5	33.3	38.5	31.0	32.0	34.1
住宅	Residential Buildings			24.0	13.0	24.9	25.8	22.2	22.8	24.6
供热管道总长度（公里）	Length of Heating Pipelines (km)	5.0	5.0	5.0	7.0	9.0	10.0	7.0	7.0	7.0

21–7 主要年份西宁市环境卫生基本情况
Basic Statistics on Sanitation in Xining in Main Years

指　标	Item	1990	1995	2000	2005	2006	2007	2008	2009	2010
当年完成工作量（万吨）	Completed Workload the Same Year(10 000 tons)									
清运生活垃圾	Volum of Garbage Disposal	23.60	39.30	80.70	48.00	63.8	67.3	76.89	77.65	74.21
清运粪便	Volum of Excrement and Urine Disposal	2.00	2.60	6.54	28.00	34.3	1.76	1.35	1.25	1.15
实际清扫面积(万平方米)	Area under Cleaning Program (10 000 sq.m)	166	233	281	878	955	1047	1062	1167	1272
环境卫生专用车辆（辆）	Environmental Special Purpose Vehicle Equipment (unit)	85	121	85	154	175	216	242	270	262
公共厕所	Number of Public Lavatories (unit)	158	221	290	364	484	486	455	470	483
水冲式	Wash out Water		66	227	364	484	486	455	470	483

21–8 主要年份西宁市城市建设用地情况

Basic Statistics on Utilization of Land for City Construction of Xining in Main Years

单位：平方公里　　　　(sq.km)

指　标	Item	1990	1995	2000	2005	2006	2007	2008	2009	2010
市区人口(万人)	Total Populatian of Urban District	65.00	68.70	94.14	80.88	82.43	107.17	112.21	114.13	119.83
市区面积	Total Areas of Urban District	350	350	350	350	350	448.68	380	380	380
建成区面积	Developed Areas	51.50	52.80	57.17	63.73	86.62	87.7	64.92	65.57	66.77
城市建设用地面积	Urban Construction Land Areas	51.50	52.70	57.17	63.73	85.68	86.89	64.92	65.57	66.77
工业用地	Land Areas of Industry	10.50	10.70	11.00	11.34	15.25	15.3	11.39	11.37	11.39
仓储用地	Land Areas of Storage	2.60	2.70	3.00	3.20	4.4	4.42	3.22	3.25	3.28
对外交通用地	Land Areas of Transport Facilities	5.80	6.40	6.00	7.56	9.22	9.22	7.56	7.56	7.56
生活居住用地	Land Areas of Living	21.80	22.20	24.17	28.70	34.62	34.76	28.96	29.48	30.44
其他城建用地	Other	10.70	10.80	13.00	12.93	22.19	23.19	13.79	13.91	14.1
本年征用土地面积	Land Put in Requisition for Construction Projects this Year	0.10	0.07	3.00	0.44	0.1	1.4		0.04	

21–9 主要年份西宁市园林绿化情况

Basic Statistics on Landscaping in Xining in Main Years

指　标	Item	1990	1995	2000	2005	2006	2007	2008	2009	2010
建成区内绿化覆盖面积(公顷)	Green Covered Area of Completed Area(hectare)	511	665	1068	1920	3101	3192	2280	2282	2345
年底园林绿地面积　(公顷)	Area of Parks and Green land at Year-end(hectare)	471	653	1034	1785	2304	2674	2258	2262	2315
公共绿地	Public Green Aress(hectare)	78	173	246	498	871	888	814	816	897
建成区内绿化覆盖率　(%)	Green Covrage Rate in Completed Areas (%)	10.2	12.4	18.7	30.1	32.34	32.9	35.1	34.8	35.1
人均公共绿地面积　(平方米)	Per Capita Park Green Area (sq.m)	1.40	3.00	3.67	6.16	8.7		9.25	8.62	8.94
公园个数　(个)	Number of Parks and Zoos(unit)	2	8	10	11	25	26	16	16	18
公园面积　(公顷)	Area of Parks (hectare)	46	142	203	226	496	518	424	424	428

主要统计指标解释

水综合生产能力 指按供水设施取水、净化、送水、出厂输水干管等环节设计能力计算的综合生产能力。包括在原设计能力的基础上，经挖、革、改增加的生产能力。计算时，以四个环节中最薄弱的环节为主确定能力。

年末供水管道长度 指从送水泵至用户水表之间所有管道的长度。不包括新安装尚未使用、水厂内以及用户建筑物内的管道。

全年供水总量 指报告期供水企业（单位）供出的全部水量。包括有效供水量和漏损水量。

生活用水量 包括公共服务用水和居民家庭用水。公共服务用水指为城市社会公共生活服务的用水。包括行政事业单位、部队营区和公共设施服务、社会服务业、批发零售贸易业、旅馆饮食业以及其他公共服务业等单位的用水。居民家庭用水指城市范围内所有居民家庭的日常生活用水。包括城市居民、农民家庭、公共供水站用水。

用水普及率 指城市用水人口数与城市人口总数的比率。计算公式：

$$用水普及率=\frac{城市用水人口数}{城市人口总数}\times 100\%$$

人工煤气生产能力 指报告期末人工煤气生产厂制气、净化、输送等环节的综合生产能力，不包括备用设备能力。一般按设计能力计算，如果实际生产能力大于设计能力时，应按实际测定的生产能力计算。测定时应以制气、净化、输送三个环节中最薄弱的环节为主。

供气管道长度 指报告期末从气源厂压缩机的出口或门站出口至各类用户引入管之间的全部已经通气投入使用的管道长度。不包括煤气生产厂、输配站、液化气储存站、灌瓶站、储配站、气化站、混气站、供应站等厂（站）内的管道。

全年供气总量 指全年燃气企业（单位）向用户供应的燃气数量。包括销售量和损失量。

燃气普及率 指报告期末使用燃气的城市人口数与城市人口总数的比率。计算公式为：

$$燃气普及率=\frac{城市用气人口数}{城市人口总数}\times 100\%$$

城市供热能力 指供热企业（单位）向城市热用户输送热能的设计能力。

城市供热总量 指在报告期供热企业（单位）向城市热用户输送全部蒸汽和热水的总热量。

城市供热管道长度 指从各类热源到热用户建筑物接入口之间的全部蒸汽和热水的管道长度。不包括各类热源厂内部的管道长度。

年末道路长度 指年末道路长度和与道路相通的桥梁、隧道的长度，按车行道中心线计算。在统计时只统计路面宽度在3.5米（含3.5米）以上的各种铺装道路，包括开放型工业区和住宅区道路在内。

城市桥梁 指为跨越天然或人工障碍物而修建的构筑物。包括跨河桥、立交桥、人行天桥以及人行地下通道等。按使用年限分为永久性桥和半永久性桥。

城市排水管道长度 指所有排水总管、干管、支管、检查井及连接井进出口等长度之和。

城市污水日处理能力 指污水处理厂（或污水处理装置）每昼夜处理污水量的设计能力。

年末运营车数 指年末城市用于公共交通运营业务的全部车辆数。新购、新制和调入的运营车辆，自投入之日起开始计算；调出、报废和调作他用的运营车辆，自上级主管机关批准之日起不再计入。

城市绿地面积 指报告期末用作园林和绿化的各种绿地面积。包括公园绿地、生产绿地、防护绿地、附属绿地和其他绿地的面积。

公园绿地 城市中向公众开放的以游憩为主要功能，有一定的游憩设施和服务设施，同时兼有健全生态、美化景观，防灾减灾等综合作用的绿化用地。包括综合公园、社区公园、专类公园、带状公园和街旁绿地。其中综合公园、专类公园和带状公园面积之和为公园面积。

清扫保洁面积 指报告期末对城市道路和公共场所（主要包括城市行车道、人行道、车行隧道、人行过街地下通道、道路附属绿地、地铁站、高架路、人行过街天桥、立交桥、广场、停车场及其他设施等）进行清扫保洁的面积。一天清扫多次的，按清扫保洁面积最大的一次计算。

市容环卫专用车辆 指用于环境卫生作业、监察的专用车辆和设备，包括用于道路清扫、冲洗、洒水、除雪、垃圾粪便清运、市容监察以及与其配套使用的车辆和设备。

每万人拥有公共交通车辆 指报告期末城区内每万人平均拥有的公共交通车辆标台数。计算公式：

$$每万人拥有公共交通车辆=\frac{公共交通运营车标台数}{城市人口总数}$$

Explanatory Notes on Main Statistical Indicators

Production Capacity of Water Supply refers to the designed overall production capacity of water facilities, covering the four segments of water collection, purification, conveyance, and outflow through trunk pipelines. Increased capacity through transformation and innovation projects is included as well. The capacity is determined mainly on the weakest of the above – mentioned four segments.

Length of Water Supply Pipelines at Year – end refers to the total length of all the pipelines between the water pumps and the user water meters, excluding pipelines newly installed but not used yet, pipeline in the water factory, and pipeline in the user's buildings.

Annual Volume of Water Supply refers to the total volume of water supplied by water – works (units) during the reference period, including both the effective water supply and loss during the water supply.

Consumption of Water for Residential Use refers to water consumption of households for daily life and water consumption of public service facilities. The latter refers to water consumption for urban public services, including the consumption of government agencies and public institutions, military barracks, public facilities, wholesale and retail outlets, restaurants, hotels, and other units providing public services. Household water consumption refers to consumption of water for daily life of all households within the boundary of cities, including households of urban residents and farmers, and public water supply stations.

Coverage Rate of Urban Population with Access to Tap Water refers to the ratio of the urban population with access to tap water to the total urban population. The formula is:

$$\text{Coverage of urban population with access to tap water} = \frac{\text{Urban population with access to tap water}}{\text{Urban population}} \times 100\%$$

Production Capacity of Gaswork Gas refers to the overall production capacity of the urban gasworks in gas generation, purification and delivery at the end of the reference period, excluding capacity of the reserved facilities. In general, it is determined by the designed capacity, and when actual production capacity is larger than the designed capacity, the capacity is determined by the actual measurement on the weakest segment in the production, purification and delivery.

Length of Gas Pipelines refers to the total length of pipelines in use between the outlet of the compressor of gas – work or outlet of gas stations and the leading pipe of users, excluding pipelines within gasworks, delivery stations, LPG storage stations, refilling stations, gas – mixing stations and supply stations.

Volume of Gas Supply refers to the total volume of gas provided to users by gas – producing enterprises (units) in a year, including the volume sold and the volume lost.

Coverage Rate of Urban Population with Access to Gas refers to the ratio of the urban population with access to gas to the total urban population at the end of the reference period. The formula is:

$$\text{Coverage rate of urban population with access to gas} = \frac{\text{Urban population with access to gas}}{\text{Urban population}} \times 100\%$$

Heating Capacity in Urban Areas refers to the designed capacity of heating enterprises (units) in supplying heating energy to urban users during the reference period.

Quantity of Heat Supplied in Urban Areas refers to the total quantity of heat from steam and hot water supplied to urban users by heating enterprises (units) during the reference period.

Length of Urban Heating Pipelines refers to the total length of steam or hot water pipelines for sources of heat to the leading pipelines of the buildings of the users, excluding internal pipelines in heat generating enterprises.

Length of Paved Roads at Year – end refers to the length of roads with paved surface including bridges and tunnels connected with roads by the end of the year. Length of the roads is measured by the central lines for vehicles for paved roads with a width of 3.5 meters and over, including roads in open – ended factory compounds and residential quarters.

Urban Bridges refer to bridges built to cross over natural or man – made barriers, including bridges over rivers, overpasses for traffic and for pedestrians, underpasses for pedestrians, etc. Both permanent and semi – permanent bridges are included.

Length of Urban Sewage Pipes refers to the total length of general drainage, trunks, branch and inspection wells, connection wells, inlets and outlets, etc.

Daily Disposal Capacity of Urban Sewage refers to the designed 24 – hour capacity of sewage disposal by the sewage treatment works or facilities.

Number of Vehicles under Operation at Year – end refers to the total number of vehicles under operation by public transport enterprises (units) at the end of the year, based on the records of operational vehicles by the enterprises (units).

Area of Urban Green Areas refers to the total area occupied for green projects at the end of the reference period, including park green land, production green land, protection green land, green land attached to institutions, and other green areas.

Park Green Area refers to green areas open to the public for amusement and rest with the facilities of amusement, rest and services. Its function includes perfecting ecology, beautifying landscape, and preventing and reducing disaster. Park green areas include comprehensive park, community park, topic park, belt – shaped park and green area nearby street. Total areas of comprehensive park, topic park and belt – shaped is the area of park.

Area Cleaned refers to the area which are regularly cleaned, as at the end of the reference period, at urban roads and public places (mainly including urban roadways, pedestrian walkways, vehicular tunnels, pedestrian underpasses, underground railway stations, lifted roads, pedestrians walk bridges, overpasses, plazas, carparks and other facilities). If there are several times of cleaning in a day at a location, the area of that time of cleaning with the largest area cleaned will be taken.

Vehicles Dedicated to Urban Cleanliness and Environmental Sanitation refer to vehicles and facilities dedicated for use in the operation, management and monitoring of environmental hygiene work. They include vehicles for road cleaning, washing, showering, ice removal, disposal of garbage and human wastes, cleanliness monitoring and related activities.

Public Transportation Vehicles per 10000 Population refers to the number of public transportation vehicles, at the end of the reference period, per 10000 population in the city district. The formula for calculation is:

$$\text{Public Transportation Vehicles per 10000Population} = \frac{\text{Number of Public Transportation Vehicles}}{\text{City District Population}}$$

企业资料

Records of Enterprises

第22篇

CHAPTER 22

22-1 2004－2010年全省规模以下工业抽样调查主要经济指标

Main Indicators of Sample Investigation of Industry Under Designated Size(2004－2010)

单位：个、人、万元 (unit，person，10 000 yuan)

指 标	Item	2004	2005	2006	2007	2008	2009	2010
规模以下工业总体	**Total of Industry Under**							
企业单位数	Number of Enterprises	22263	22600	20346	20670	21678	19991	14477
从业人员年末数	Employed Persons at Year-end	102172	92800	69535	72503	71618	60998	47407
工业总产值	Gross Industrial Output Value	619620	697500	748958	833874	862705	871256	884854
工资及福利	Due Wage						55882	69455
资产总计	Total Assets		504600	506004	618431	606374	538818	649835
工业增加值	Designated Size Value-added of Industry	208500	235100	262300	287500	290921	302325	310200
企业子总体	**Enterprises Collectivity**							
企业数	Number of Enterprises	1325	1300	1156	1289	1201	1326	1657
从业人员年末数	Employed Persons at Year-end	49713	42800	30973	35238	33571	28252	23712
工业总产值	Gross Industrial Output Value	326078	378100	408019	443277	458600	477036	483049
主营业务收入	Sales Revenue of products	310909	361900	373408	412096	426341	418398	454198
税金总额	Due Tax	14371	15700	13550	10404	9624	11121	10020
所得税	Due Income Tax	1569	2300	1077	661	580	1604	820
营业利润	Business Profit	1452	4100	15266	15124	13520	19901	11531
工资及福利	Due Wage	25496	38500	41339	32467	37585	33028	33383
本年折旧	Depreciation in the Year	36996	36700	21428	19746	20576	16194	23935
资产总计	Total Assets		416300	417553	522768	512450	495704	594191
固定资产原价	Original Value of Fixed Assets		266600	180929	311635	310356	257704	311848
固定资产净值	Net Value of Fixed Assets		188300	147284	241158	235312	172510	250785
个体经营单位子总体	**Individual Business Units Collectivity**							
单位数	Number of Units	20938	21300	19190	19381	20477	18665	12820
从业人员年末数	Employed Persons at Year-end	52459	50000	38562	37265	38047	32746	23695
营业收入	Business Income	293542	319400	340939	390597	404105	394220	401805
工资及福利	Due Wage						22854	36072
资产总计	Total Assets		88300	88451	95663	93924	43114	55644

22-2 2009－2010年企业景气调查企业宏观经营景气指数

Macroscopic Economic Climate Indices of Enterprise Climate Investigation(2009-2010)

指 标	Item	2009				2010			
		一季度 First Quarter	二季度 Second Quarter	三季度 Third Quarter	四季度 Fourth Quarter	一季度 First Quarter	二季度 Second Quarter	三季度 Third Quarter	四季度 Fourth Quarter
全省情况	**Basic Condition of Province**	**118.0**	**121.0**	**129.0**	**123.3**	**137.1**	**138.9**	**131.6**	**135.1**
按经济类型分	Grouped by Status of Registration								
国有经济	State-owned Enterprises	111.0	111.0	128.0	115.1	122.9	128.9	123.7	125.7
集体经济	Collective-owned Enterprises	130.0	100.0	110.0	110.0	130.0	144.4	150.0	155.6
私营经济	Private Enterprises	135.7	128.6	128.6	115.4	121.4	121.4	128.6	135.7
个体经济	Individual Enterprises								
股份合作企业	Cooperative Enterprises	125.0	118.8	131.3	118.8	123.1	107.7	115.4	115.4
联营经济	Joint Ownership Enterprises	100.0	100.0	100.0	100.0	100.0	100.0	100.0	100.0
有限责任公司	Limited-Liability Corporations	104.9	113.9	117.0	118.8	132.3	129.8	127.7	136.5
股份有限公司	Share-holding Corporations Ltd.	97.7	98.1	125.4	125.4	140.7	152.4	138.2	146.1
外商及港、澳、台投资经济	Enterprises with Funds from Foreigner, Hong Kong, Macao and Taiwan	100.0	80.0	100.0	120.0	150.0	200.0	200.0	150.0
按行业门类分	**Grouped by Sector**								
工业	Industry	107.2	110.1	121.2	119.7	128.0	128.2	126.2	140.6
采掘业	Mining	112.5	36.8	75.3	113.5	174.5	149.5	103.8	146.9
制造业	Manufacturing	105.4	118.0	124.8	120.8	125.8	128.9	129.0	141.9
电力、煤气及水的生产供应业	Production and Distribution of Electricity, Gas and Water	109.8	103.5	125.0	118.8	113.6	107.7	123.5	129.4
建筑业	Construction	109.5	119.1	123.8	109.5	115.4	120.2	120.2	115.4
交通运输、仓储及邮电通信业	Transportation, Storage, Post and Communication Industry	129.9	124.1	124.1	129.4	147.1	147.1	135.3	135.3
邮政业	Post	100.0	100.0	100.0	100.0	100.0	100.0	100.0	200.0
批发和零售业	Wholesale and Retail Trades	108.4	108.9	116.9	117.5	124.5	135.8	143.2	131.5
房地产业	Real Estate	121.4	121.4	135.7	135.7	157.1	153.9	138.5	146.2
社会服务业	Social Services	100.0	85.7	106.3	127.7	142.9	142.9	128.6	128.6
信息传输、计算机服务和软件业	Information Transmission, Computer Service and Software Industries	160.0	160.0	140.0	140.0	167.8	167.8	129.8	167.8
住宿和餐饮业	Hotels and Catering Services	107.1	138.5	164.3	107.1	114.3	115.4	130.8	115.4
按企业规模分	**Grouped by Size of Enterprises**								
特大型	Particularly Large	100.0	100.0	100.0	100.0				
大 型	Large	77.0	71.8	114.9	115.1	153.0	154.1	125.8	141.6
中 型	Medium-sized	109.3	113.1	123.5	124.1	138.5	136.3	140.5	137.1
小 型	Small	116.3	118.2	123.1	115.7	120.3	122.8	120.2	130.6
国家重点联系企业	State Emphatically Contacted Enterprises	100.0	100.0	100.0	100.0	100.0	100.0	100.0	100.0
试点企业集团	Pioneer Enterprises	100.0	100.0	100.0	100.0	100.0	100.0	100.0	100.0
乡镇企业	Township Enterprises	109.1	118.2	118.2	109.1				
上市公司	Quoted Companies	109.5	78.7	124.0	124.0	154.3	170.1	130.0	154.3
国有控股企业	State-owned and State-holding Enterprises	109.7	108.1	123.6	119.9	134.9	135.6	130.5	134.1

22-3 2009-2010年企业景气调查企业综合经营景气指数

Comprehensive Economic Climate Indices of Enterprise of Enterprise Climate Investigation(2009-2010)

指 标	Item	2009				2010			
		一季度 First Quarter	二季度 Second Quarter	三季度 Third Quarter	四季度 Fourth Quarter	一季度 First Quarter	二季度 Second Quarter	三季度 Third Quarter	四季度 Fourth Quarter
全省情况	**Basic Condition of Province**	**107.1**	**119.3**	**123.7**	**120.2**	**118.7**	**127.4**	**132.1**	**119.6**
按经济类型分	**Grouped by Status of Registration**								
国有经济	State-owned Enterprises	103.3	115.8	120.5	110.9	110.3	122.8	127.6	113.7
集体经济	Collective-owned Enterprises	80	100	130	110	120	111.1	120	133.3
私营经济	Private Enterprises	85.7	121.4	135.7	138.5	142.9	135.7	135.7	135.7
个体经济	Individual Enterprises								
股份合作企业	Cooperative Enterprises	75	100	137.5	137.5	100	92.3	100	92.3
联营经济	Joint Ownership Enterprises	100	100	100	100	100	100	100	100
有限责任公司	Limited-Liability Corporations	104.6	119.5	118.5	122.8	114.1	125.5	126.3	119.3
股份有限公司	Share-holding Corporations Ltd.	94.7	112.2	134.3	122.5	130.1	149	137.4	132.4
外商及港、澳、台投资经济	Enterprises with Funds from Foreigner, Hong Kong, Macao and Taiwan	120	40	80	80	100	150	150	100
按行业门类分	**Grouped by Sector**								
工业	Industry	92.1	112.2	124.9	119.7	117.9	128.7	124.4	124
采掘业	Mining	99.4	62.5	63.1	112.8	173.3	149	149	146.9
制造业	Manufacturing	90.1	117.6	131.6	120	115.6	131.2	121.5	126.6
电力、煤气及水的生产供应业	Production and Distribution of Electricity, Gas and Water	94.6	107.1	125	122.3	101.8	101.8	129.4	100
建筑业	Construction	95.2	114.3	133.3	123.8	100	124.9	129.7	120.2
交通运输、仓储及邮电通信业	Transportation, Storage, Post and Communication Industry	129.4	128.9	105.9	117.7	129.4	141.2	141.2	141.2
邮政业	Post	200	200	200	200	200	200	200	200
批发和零售业	Wholesale and Retail Trades	108.9	107.7	113	124.7	125.8	116.7	123.4	124.1
房地产业	Real Estate	85.7	107.1	107.1	114.3	128.6	115.4	123.1	115.4
社会服务业	Social Services	92.9	85.7	107.1	114.3	107.1	121.4	121.4	100
信息传输、计算机服务和软件业	Information Transmission, Computer Service and Software Industries	160	160	120	140	147.8	147.8	147.8	147.8
住宿和餐饮业	Hotels and Catering Services	92.9	138.5	178.6	107.1	92.9	123.1	146.2	84.6
按企业规模分	**Grouped by Size of Enterprises**								
特大型	Particularly Large	100	100	100	100				
大 型	Large	80.8	103.2	129.2	115	156.7	162.3	148.3	147.2
中 型	Medium-sized	101.2	119.1	125.9	136.1	138.5	128.6	134.8	130.3
小 型	Small	97.6	110.7	119.8	107.4	93.2	116.7	115.8	106.3
国家重点联系企业	**State Emphatically Contacted Enterprises**	**100**	**100**	**100**	**100**	**100**	**100**	**100**	**100**
试点企业集团	Pioneer Enterprises	100	100	100	100	100	100	100	100
乡镇企业	Township Enterprises	90.9	100	127.3	100				
上市公司	Quoted Companies	99.8	130.7	126.1	130.7	154.3	170.1	156.9	167.5
国有控股企业	State-owned and State-holding Enterprises	107.4	116.4	119.9	118.4	123.3	129.6	133.7	125.2

22-4 2009－2010年企业景气调查产品订货景气指数

Climate Indices of Production Orders of Enterprise Climate Investigation(2009－2010)

指 标	Item	2009				2010			
		一季度 First Quarter	二季度 Second Quarter	三季度 Third Quarter	四季度 Fourth Quarter	一季度 First Quarter	二季度 Second Quarter	三季度 Third Quarter	四季度 Fourth Quarter
全省情况	**Basic Condition of Province**	**94.1**	**109.7**	**104.9**	**88.4**	**96.9**	**123.7**	**127.5**	**95.6**
按经济类型分	Grouped by Status of Registration								
国有经济	State-owned Enterprises	97.1	117.5	106.9	100.9	81.9	121.4	126.9	89.4
集体经济	Collective-owned Enterprises	100	70	100	80	110	88.9	110	122.2
私营经济	Private Enterprises	107.1	100	85.7	107.7	85.7	135.7	114.3	107.7
个体经济	Individual Enterprises								
股份合作企业	Cooperative Enterprises	68.8	100	112.5	56.3	92.3	100	123.1	69.2
联营经济	Joint Ownership Enterprises	100	100	100	100	100	100	100	100
有限责任公司	Limited-Liability Corporations	87.6	97.9	102.4	92.6	98.8	116.7	122.7	101.5
股份有限公司	Share-holding Corporations Ltd.	69.3	87.8	94.8	102.6	95.9	131.7	107.8	96
外商及港、澳、台投资经济	Enterprises with Funds from Foreigner, Hong Kong, Macao and Taiwan	120	60	80	100	150	100	100	100
按行业门类分	**Grouped by Sector**								
工业	Industry	82	97.1	99.9	98.1	100	118.2	117.2	108.4
采掘业	Mining	86.5	49	49.6	163.5	182.1	146.7	140.8	76.2
制造业	Manufacturing	76.9	103.2	105	92.8	95	119.3	114.2	113.4
电力、煤气及水的生产供应业	Production and Distribution of Electricity, Gas and Water	106.3	87.5	100	87.5	87.5	96	116.8	100
建筑业	Construction	95.2	133.3	119.1	57.1	58.3	119.1	114.3	59.7
交通运输、仓储及邮电通信业	Transportation, Storage, Post and Communication Industry	111.8	70.6	105.4	81.8	94.1	147.1	141.2	94.1
邮政业	Post	100	200	100	100	100	200	200	200
批发和零售业	Wholesale and Retail Trades	101.5	91	73.3	113.8	79.5	81	107.7	116.2
房地产业	Real Estate	57.1	85.7	100	121.4	121.4	100	115.4	107.7
社会服务业	Social Services	65.2	121.4	92	106.3	114.3	135.7	107.1	57.1
信息传输、计算机服务和软件业	Information Transmission, Computer Service and Software Industries	140	140	100	100	122	150.3	147.8	167.8
住宿和餐饮业	Hotels and Catering Services	100	138.5	150	28.6	85.7	138.5	169.2	53.9
按企业规模分	**Grouped by Size of Enterprises**								
特大型	Particularly Large	100	100	100	100				
大 型	Large	68.1	76.8	76.5	120.3	126.7	148.2	128.1	121.5
中 型	Medium-sized	95.4	98.8	105.9	101.2	106.6	119.8	123.9	104.5
小 型	Small	84.6	104.1	102.5	81.8	82.2	110.5	114	85.5
国家重点联系企业	State Emphatically Contacted Enterprises	100	100	100	100	100	100	100	100
试点企业集团	Pioneer Enterprises	100	100	100	100	100	100	100	100
乡镇企业	Township Enterprises	90.9	100	109.1	90.9				
上市公司	Quoted Companies	81.2	54.7	67	116.4	150.8	179.2	84.4	114.1
国有控股企业	State-owned and State-holding Enterprises	89.7	99.9	101.1	99.2	99.6	124.6	122.2	93.8

22-5 2009－2010年企业景气调查企业生产景气指数

Climate Indices of Production of Enterprise Climate Investigation(2009－2010)

指 标	Item	2009				2010			
		一季度 First Quarter	二季度 Second Quarter	三季度 Third Quarter	四季度 Fourth Quarter	一季度 First Quarter	二季度 Second Quarter	三季度 Third Quarter	四季度 Fourth Quarter
全省情况	**Basic Condition of Province**	**95**	**121.1**	**128.8**	**94**	**99.9**	**132**	**130.5**	**99.2**
按经济类型分	**Grouped by Status of Registration**								
国有经济	State-owned Enterprises	95.3	125.1	125	102.8	93.6	134.9	137.5	98.5
集体经济	Collective-owned Enterprises	120	140	140	120	120	166.7	100	133.3
私营经济	Private Enterprises	78.6	135.7	128.6	100	107.1	114.3	135.7	107.1
个体经济	Individual Enterprises								
股份合作企业	Cooperative Enterprises	68.8	93.8	143.8	75	92.3	92.3	130.8	107.7
联营经济	Joint Ownership Enterprises	100	100	100	100	100	100	100	100
有限责任公司	Limited-Liability Corporations	86	122.2	131.2	91.1	97.5	126.3	126.2	103
股份有限公司	Share-holding Corporations Ltd.	61.4	137	140	113.3	113	154.4	115.4	96.1
外商及港、澳、台投资经济	Enterprises with Funds from Foreigner, Hong Kong, Macao and Taiwan	100	100	140	20	100		150	100
按行业门类分	**Grouped by Sector**								
工业	Industry	79	134.8	135.5	99.7	103.5	130.8	123.9	110
采掘业	Mining	75.3	135.2	115.1	77.3	95.7	181.3	124.5	59.4
制造业	Manufacturing	79.9	138.8	140.4	106	105.1	130.4	119.9	118.2
电力、煤气及水的生产供应业	Production and Distribution of Electricity, Gas and Water	84.8	116	134	74.2	97.8	105.9	135.3	86
建筑业	Construction	61.9	133.3	147.6	66.7	44	142.9	138.1	97.8
交通运输、仓储及邮电通信业	Transportation, Storage, Post and Communication Industry	123.5	82.4	128.4	93.6	105.9	135.3	147.1	105.9
邮政业	Post	200	200	200	200		200	200	200
批发和零售业	Wholesale and Retail Trades	68.6	81.8	105.7	123.1	118.3	109.4	115.6	127.9
房地产业	Real Estate	107.1	142.9	150	128.6	92.9	115.4	107.7	100
社会服务业	Social Services	86.6	107.1	99.1	92	107.1	128.6	114.3	50
信息传输、计算机服务和软件业	Information Transmission, Computer Service and Software Industries	140	140	100	120	127.8	140	127.8	147.8
住宿和餐饮业	Hotels and Catering Services	92.9	146.2	164.3	28.6	100	153.9	169.2	53.9
按企业规模分	**Grouped by Size of Enterprises**								
特大型	Particularly Large	100	100	100	100				
大 型	Large	33.8	121.8	143.8	126	130.8	178	139.4	110.6
中 型	Medium-sized	95.4	123.8	137.7	101.2	109.9	130.8	134.8	103.4
小 型	Small	85.4	123.1	124.8	86	87.3	119.3	116.7	99.1
国家重点联系企业	State Emphatically Contacted Enterprises	100	100	100	100	100	100	100	100
试点企业集团	Pioneer Enterprises	100	100	100	100	100	100	100	100
乡镇企业	Township Enterprises	81.8	136.4	136.4	54.6				
上市公司	Quoted Companies	95.6	124.1	140.6	147.3	150.8	180.9	101.1	100.2
国有控股企业	State-owned and State-holding Enterprises	92.5	129.6	130.3	98	98.4	141.5	131	94.7

22-6 2009－2010年企业景气调查产品销售景气指数

Climate Indices of Production Sales of Enterprise Climate Investigation(2009－2010)

指 标	Item	2009				2010			
		一季度 First Quarter	二季度 Second Quarter	三季度 Third Quarter	四季度 Fourth Quarter	一季度 First Quarter	二季度 Second Quarter	三季度 Third Quarter	四季度 Fourth Quarter
全省情况	**Basic Condition of Province**	**79.6**	**117.5**	**107.2**	**100.2**	**100.9**	**128.3**	**124.9**	**106.8**
按经济类型分	**Grouped by Status of Registration**								
国有经济	State-owned Enterprises	56.3	137.2	105.7	106	87.3	99.8	131.3	112
集体经济	Collective-owned Enterprises	100	66.7	133.3	116.7	116.7	160	83.3	100
私营经济	Private Enterprises	70	100	130	111.1	80	110	140	110
个体经济	Individual Enterprises								
股份合作企业	Cooperative Enterprises	128.6	128.6	114.3	85.7	40	40	140	60
联营经济	Joint Ownership Enterprises	100	100	100	100	100	100	100	100
有限责任公司	Limited-Liability Corporations	79	115.7	101.6	85	93.3	138.1	128.2	108.9
股份有限公司	Share-holding Corporations Ltd.	76.8	123.2	122.1	138.4	121.5	149.9	115.1	114.7
外商及港、澳、	Enterprises with Funds from Foreigner,	150	125	50	75				
台投资经济	Hong Kong, Macao and Taiwan					100		200	100
按行业门类分	**Grouped by Sector**								
工业	Industry								
采掘业	Mining	75.6	109.8	13.8	163.8	182.1	147.2	116.8	62
制造业	Manufacturing	84	118.5	119.2	94.9	96.8	130.2	123.9	114.3
电力、煤气及水的生产供应业	Production and Distribution of Electricity, Gas and Water	66	118.8	102.7	93	86	105.9	123.5	86
建筑业	Construction								
交通运输、仓储及邮电通信业	Transportation, Storage, Post and Communication Industry								
邮政业	Post								
批发和零售业	Wholesale and Retail Trades								
房地产业	Real Estate								
社会服务业	Social Services								
信息传输、计算机服务和软件业	Information Transmission, Computer Service and Software Industries								
住宿和餐饮业	Hotels and Catering Services								
按企业规模分	**Grouped by Size of Enterprises**								
特大型	Particularly Large	40.5	105.3	96.2	132.7	154.6	182.5	116.5	105.8
大 型	Large	82.7	125.5	102	112	111.1	131.5	146.2	125
中 型	Medium-sized	85.7	113	114.8	81.5	77.8	111.5	105.8	87.8
小 型	Small	100	100	100	100	100	100	100	100
国家重点联系企业	State Emphatically Contacted Enterprises	100	100	100	100	100	100	100	100
试点企业集团	Pioneer Enterprises	70	130	120	80				
乡镇企业	Township Enterprises	95.6	90.3	81.5	130.8	165.1	193.5	112.9	126.1
上市公司	Quoted Companies	80.8	120.5	93.3	104.4	109.9	129.5	119.4	99.8
国有控股企业	State-owned and State-holding Enterprises	98.5	156.4	142.6	63.8	80.8	120.5	93.3	104.4

22–7 2009–2010年企业景气调查资金情况景气指数

Climate Indices of Finance Situation of Enterprise Climate Investigation(2009–2010)

指标	Item	2009 一季度 First Quarter	2009 二季度 Second Quarter	2009 三季度 Third Quarter	2009 四季度 Fourth Quarter	2010 一季度 First Quarter	2010 二季度 Second Quarter	2010 三季度 Third Quarter	2010 四季度 Fourth Quarter
全省情况	**Basic Condition of Province**	**78.6**	**78.1**	**73.1**	**79.1**	**82.9**	**85.4**	**84.2**	**85.3**
按经济类型分	**Grouped by Status of Registration**								
国有经济	State-owned Enterprises	86.6	78.9	87.5	81.5	80.2	90.4	84.1	87.5
集体经济	Collective-owned Enterprises	70	60	50	80	100	88.9	70	88.9
私营经济	Private Enterprises	114.3	71.4	57.1	92.3	135.7	100	85.7	85.7
个体经济	Individual Enterprises								
股份合作企业	Cooperative Enterprises	43.8	43.8	62.5	68.8	53.9	53.9	53.9	69.2
联营经济	Joint Ownership Enterprises	100	100	100	100	100	100	100	100
有限责任公司	Limited-Liability Corporations	60	74.7	61.1	63.3	62.8	71.4	70.6	76
股份有限公司	Share-holding Corporations Ltd.	52.9	73.9	81.6	73.4	70.4	77.6	98.7	87.1
外商及港、澳、台投资经济	Enterprises with Funds from Foreigner, Hong Kong, Macao and Taiwan	60	80	80	20	100	100	100	50
按行业门类分	**Grouped by Sector**								
工业	Industry	58.4	69.9	68.7	59.4	64.6	75.1	76.9	78.8
采掘业	Mining	60.9	61.5	49	23.7	2.6	2.6	94.1	94.1
制造业	Manufacturing	55.6	69.8	71.2	63.5	73.2	81.7	76	75.1
电力、煤气及水的生产供应业	Production and Distribution of Electricity, Gas and Water	71.5	68.8	59	56.3	47.1	76.5	70.6	88.2
建筑业	Construction	76.2	71.4	42.9	81	79.9	51.3	42.9	75.1
交通运输、仓储及邮电通信业	Transportation, Storage, Post and Communication Industry	75.4	81.3	81.8	76	52.9	76.5	52.9	64.7
邮政业	Post	100	200	100		100	100		100
批发和零售业	Wholesale and Retail Trades	97.6	94.5	89.7	100.9	104.8	105.5	101.8	105.6
房地产业	Real Estate	50	57.1	57.1	78.6	92.9	92.3	100	76.9
社会服务业	Social Services	79.4	64.3	71.4	100	78.6	85.7	71.4	100
信息传输、计算机服务和软件业	Information Transmission, Computer Service and Software Industries	120	140	80	80	118	127.8	127.8	127.8
住宿和餐饮业	Hotels and Catering Services	71.4	46.2	92.9	57.1	71.4	69.2	100	53.9
按企业规模分	**Grouped by Size of Enterprises**								
特大型	Particularly Large	100	100	100	100				
大型	Large	69	98.2	96.8	87.5	94.9	101.9	126.7	124.9
中型	Medium-sized	69.8	75	72.9	73.5	84.6	78	77.5	85.4
小型	Small	65	65.3	62.8	63.6	57.6	71.1	65.8	65.8
国家重点联系企业	State Emphatically Contacted Enterprises	100	100	100	100	100	100	100	100
试点企业集团	Pioneer Enterprises	100	100	100	100	100	100	100	100
乡镇企业	Township Enterprises	27.3	63.6	27.3	72.7				
上市公司	Quoted Companies	40.4	71.3	85.7	40.4	45.7	59.8	141	125.8
国有控股企业	State-owned and State-holding Enterprises	69.2	72.7	75.5	66.6	66.6	77	80.5	81.2

22-8 2009－2010年企业景气调查劳动力景气指数

Climate Indices of Labour Force of Enterprise Climate Investigation(2009－2010)

指标	Item	2009 一季度 First Quarter	2009 二季度 Second Quarter	2009 三季度 Third Quarter	2009 四季度 Fourth Quarter	2010 一季度 First Quarter	2010 二季度 Second Quarter	2010 三季度 Third Quarter	2010 四季度 Fourth Quarter
全省情况	**Basic Condition of Province**	**102**	**114.9**	**110.3**	**91.1**	**100.1**	**112**	**122.8**	**86.2**
按经济类型分	**Grouped by Status of Registration**								
国有经济	State-owned Enterprises	96.2	117.1	109.9	82.9	90.1	113.6	121.9	105.4
集体经济	Collective-owned Enterprises	100	120	120	100	140	88.9	100	122.2
私营经济	Private Enterprises	100	121.4	100	92.3	107.1	114.3	121.4	92.9
个体经济	Individual Enterprises								
股份合作企业	Cooperative Enterprises	93.8	106.3	106.3	100	100	92.3	123.1	76.9
联营经济	Joint Ownership Enterprises	100	100	100	100	100	100	100	100
有限责任公司	Limited-Liability Corporations	100.5	110.1	107.7	91.6	100.3	112.3	119.1	94.1
股份有限公司	Share-holding Corporations Ltd.	67.5	103.6	118	100.3	92.7	114.8	104.2	101.9
外商及港、澳、	Enterprises with Funds from Foreigner,	120	40	100	60				
台投资经济	Hong Kong, Macao and Taiwan					150	100	50	100
按行业门类分	**Grouped by Sector**								
工业	Industry	85.8	102.5	102.4	89.8	97.6	108.6	107.9	108.4
采掘业	Mining	89.8	75.6	112.5	63.1	63.7	138.7	115.1	99.3
制造业	Manufacturing	85.5	106.7	103.5	90.3	99.5	108.3	106	110
电力、煤气及水的生产供应业	Production and Distribution of Electricity, Gas and Water	81.3	90.2	90.2	100	96	94.1	107.7	101.8
建筑业	Construction	100	152.4	133.3	66.7	57.1	152.4	146.5	69.2
交通运输、仓储及邮电通信业	Transportation, Storage, Post and Communication Industry	124.1	94.1	117.7	111.8	111.8	100	111.8	111.8
邮政业	Post	200	100	200	100	200		100	200
批发和零售业	Wholesale and Retail Trades	97.3	103.7	92.6	104.4	123.4	92.1	122.7	116
房地产业	Real Estate	100	92.9	100	100	135.7	107.7	92.3	76.9
社会服务业	Social Services	108.9	107.1	92	92	107.1	107.1	121.4	50
信息传输、计算机服务和软件业	Information Transmission, Computer Service and Software Industries	100	120	80	100	89.8	89.8	118	80
住宿和餐饮业	Hotels and Catering Services	100	146.2	164.3	64.3	78.6	138.5	161.5	76.9
按企业规模分	**Grouped by Size of Enterprises**								
特大型	Particularly Large	100	100	100	100				
大 型	Large	63.2	111.5	115.6	105.3	95.3	107.7	119.4	128.6
中 型	Medium-sized	100	104.8	107.1	92.8	101.1	116.5	124.7	96.6
小 型	Small	95.9	112.4	108.3	86.8	98.3	107.9	109.7	93.7
国家重点联系企业	State Emphatically Contacted Enterprises	100	100	100	100	100	100	100	100
试点企业集团	Pioneer Enterprises	100	100	100	100	100	100	100	100
乡镇企业	Township Enterprises	100	127.3	118.2	100				
上市公司	Quoted Companies	85.5	100	100	100	100	100	100	114.8
国有控股企业	State-owned and State-holding Enterprises	91.6	106.8	106.5	85.7	89.9	109.6	113.9	106.4

22-9 2009－2010年企业景气调查投资情况景气指数

Climate Indices of Investment of Enterprise Climate Investigation(2009－2010)

指标	Item	2009				2010			
		一季度 First Quarter	二季度 Second Quarter	三季度 Third Quarter	四季度 Fourth Quarter	一季度 First Quarter	二季度 Second Quarter	三季度 Third Quarter	四季度 Fourth Quarter
全省情况	**Basic Condition of Province**	**93.5**	**112.9**	**117.3**	**98.3**	**85.6**	**110.9**	**118.0**	**106.6**
按经济类型分	**Grouped by Status of Registration**								
国有经济	State-owned Enterprises	89.0	111.4	120.7	99.2	96.1	103.3	114.9	104.2
集体经济	Collective-owned Enterprises	80.0	70.0	100.0	100.0	80.0	122.2	90.0	111.1
私营经济	Private Enterprises	100.0	107.1	121.4	115.4	100.0	128.6	135.7	128.6
个体经济	Individual Enterprises								
股份合作企业	Cooperative Enterprises	81.3	131.3	125.0	112.5	92.3	115.4	115.4	107.7
联营经济	Joint Ownership Enterprises	100.0	100.0	100.0	100.0	100.0	100.0	100.0	100.0
有限责任公司	Limited-Liability Corporations	95.4	114.3	104.0	95.5	94.3	118.0	112.2	101.5
股份有限公司	Share-holding Corporations Ltd.	68.0	119.5	120.2	93.2	82.8	115.2	119.5	92.5
外商及港、澳、台投资经济	Enterprises with Funds from Foreigner, Hong Kong, Macao and Taiwan	60.0	80.0	80.0	100.0	100.0	150.0	50.0	100.0
按行业门类分	**Grouped by Sector**								
工业	Industry	86.3	114.0	112.3	104.5	98.4	112.3	114.9	111.9
采掘业	Mining	76.0	135.2	122.7	122.4	98.6	116.3	172.2	101.4
制造业	Manufacturing	87.0	111.0	108.8	100.7	95.7	112.6	108.5	115.1
电力、煤气及水的生产供应业	Production and Distribution of Electricity, Gas and Water	87.5	112.5	118.0	105.5	109.6	114.0	121.7	105.9
建筑业	Construction	81.0	123.8	114.3	66.7	76.2	142.9	108.4	57.1
交通运输、仓储及邮电通信业	Transportation, Storage, Post and Communication Industry	124.1	93.6	128.9	94.1	111.8	111.8	141.2	135.3
邮政业	Post	200.0	100.0	200.0	100.0	200.0	100.0	100.0	200.0
批发和零售业	Wholesale and Retail Trades	77.0	116.2	99.9	87.9	74.5	118.6	119.1	96.3
房地产业	Real Estate	85.7	85.7	100.0	92.9	92.9	100.0	92.3	84.6
社会服务业	Social Services	107.1	114.3	114.3	99.1	107.1	107.1	100.0	107.1
信息传输、计算机服务和软件业	Information Transmission, Computer Service and Software Industries	80.0	140.0	140.0	120.0	52.2	71.7	160.0	160.0
住宿和餐饮业	Hotels and Catering Services	107.1	115.4	128.6	121.4	71.4	123.1	107.7	100.0
按企业规模分	**Grouped by Size of Enterprises**								
特大型	Particularly Large	100.0	100.0	100.0	100.0				
大型	Large	44.8	147.0	123.6	96.9	83.7	128.1	125.1	86.2
中型	Medium-sized	93.0	114.3	121.2	107.2	100.0	113.2	116.9	106.7
小型	Small	95.1	102.5	105.0	94.2	90.7	113.2	108.8	105.4
国家重点联系企业	State Emphatically Contacted Enterprises	100.0	100.0	100.0	100.0	100.0	100.0	100.0	100.0
试点企业集团	Pioneer Enterprises	100.0	100.0	100.0	100.0	100.0	100.0	100.0	100.0
乡镇企业	Township Enterprises	90.9	100.0	109.1	90.9				
上市公司	Quoted Companies	87.7	95.3	87.7	85.5	100.0	114.1	126.9	87.5
国有控股企业	State-owned and State-holding Enterprises	86.5	111.3	116.0	96.2	90.5	109.4	116.0	104.5

22-10 2009－2010年企业景气调查产成品库存景气指数

Climate Indices of Production Repertory of Enterprise Climate Investigation(2009－2010)

指 标	Item	2009				2010			
		一季度 First Quarter	二季度 Second Quarter	三季度 Third Quarter	四季度 Fourth Quarter	一季度 First Quarter	二季度 Second Quarter	三季度 Third Quarter	四季度 Fourth Quarter
全省情况	**Basic Condition of Province**	**102.9**	**102.6**	**100.9**	**97.1**	**104.8**	**116.2**	**112.3**	**114.9**
按经济类型分	**Grouped by Status of Registration**								
国有经济	State-owned Enterprises	69.2	72.7	80	77.8	81.8	80	80	60
集体经济	Collective-owned Enterprises	116.7	83.3	100	100	150	120	83.3	120
私营经济	Private Enterprises	110	120	140	122.2	120	140	120	120
个体经济	Individual Enterprises								
股份合作企业	Cooperative Enterprises	100	114.3	100	100	120	120	140	140
联营经济	Joint Ownership Enterprises	100	100	100	100	100	100	100	100
有限责任公司	Limited-Liability Corporations	102.7	107.3	100	100	104.7	114.3	118.8	118.8
股份有限公司	Share-holding Corporations Ltd.	111.5	93.7	100.4	104.5	111.6	129	122.4	112.1
外商及港、澳、台投资经济	Enterprises with Funds from Foreigner, Hong Kong, Macao and Taiwan	150	100	75	50		200	200	200
按行业门类分	**Grouped by Sector**								
工业	Industry								
采掘业	Mining	99.4	75.3	62.8	63.1	50.7	75.7	63.2	138.2
制造业	Manufacturing	102.6	103.9	102.7	99.9	109.7	121	117.3	114.4
电力、煤气及水的生产供应业	Production and Distribution of Electricity, Gas and Water	111.1	120	120	100	100	100	100	100
建筑业	Construction								
交通运输、仓储及邮电通信业	Transportation, Storage, Post and Communication Industry								
邮政业	Post								
批发和零售业	Wholesale and Retail Trades								
房地产业	Real Estate								
社会服务业	Social Services								
信息传输、计算机服务和软件业	Information Transmission, Computer Service and Software Industries								
住宿和餐饮业	Hotels and Catering Services								
按企业规模分	**Grouped by Size of Enterprises**								
特大型	Particularly Large	102.9	97.9	90.9	100.1	103.2	130.7	106.4	130.8
大 型	Large	104	89.8	91.7	93.6	104	108	114.6	114.3
中 型	Medium-sized	101.9	117	112.5	100	106	121.7	111.4	111.6
小 型	Small	100	100	100	100	100	100	100	100
国家重点联系企业	State Emphatically Contacted Enterprises	100	100	100	100	100	100	100	100
试点企业集团	Pioneer Enterprises	80	88.9	100	77.8				
乡镇企业	Township Enterprises					96.5	124.1	113	131.8
上市公司	Quoted Companies	126.3	85.5	75.8	85.5	90.9	129.8	103.1	115.6
国有控股企业	State-owned and State-holding Enterprises	98	87.4	88	89.4	97.9	111.1	107.6	115

22-11 2009－2010年企业景气调查税后利润景气指数

Climate Indices of Profit after Tax of Enterprise Climate Investigation(2009－2010)

指 标	Item	2009				2010			
		一季度 First Quarter	二季度 Second Quarter	三季度 Third Quarter	四季度 Fourth Quarter	一季度 First Quarter	二季度 Second Quarter	三季度 Third Quarter	四季度 Fourth Quarter
全省情况	**Basic Condition of Province**	**76.7**	**105.6**	**107.5**	**88.5**	**92.3**	**109.8**	**119.1**	**99**
按经济类型分	**Grouped by Status of Registration**								
国有经济	State-owned Enterprises	97.3	118.5	112.6	85.6	85.5	119.5	126.6	105.6
集体经济	Collective-owned Enterprises	100	100	140	130	120	100	130	144.4
私营经济	Private Enterprises	71.4	128.6	114.3	115.4	121.4	114.3	114.3	128.6
个体经济	Individual Enterprises								
股份合作企业	Cooperative Enterprises	75	81.3	100	56.3	61.5	61.5	130.8	61.5
联营经济	Joint Ownership Enterprises	100	100	100	100	100	100	100	100
有限责任公司	Limited-Liability Corporations	76.2	107	108.4	100.1	102.2	118.3	123.4	110.4
股份有限公司	Share-holding Corporations Ltd.	62.1	99.2	114.7	70.3	128.2	111	113.9	125.8
外商及港、澳、台投资经济	Enterprises with Funds from Foreigner, Hong Kong, Macao and Taiwan	120	60	60	100	100	100	150	150
按行业门类分	**Grouped by Sector**								
工业	Industry	84.1	106.4	108.4	91.2	111.3	114.2	123.9	124.9
采掘业	Mining	50	48.3	1.3	64.1	147.9	45.1	103.3	146.9
制造业	Manufacturing	87	108.8	122.3	96.1	108.7	122.2	124.4	125.8
电力、煤气及水的生产供应业	Production and Distribution of Electricity, Gas and Water	93.8	119.6	106.3	91	107.7	100	123.5	113.6
建筑业	Construction	52.4	119.1	109.5	104.8	66.7	119.1	114.3	123.8
交通运输、仓储及邮电通信业	Transportation, Storage, Post and Communication Industry	76	87.7	111.3	87.7	82.4	111.8	117.7	100
邮政业	Post	200	200	200		100	200	100	
批发和零售业	Wholesale and Retail Trades	98.8	116.2	127.3	94.1	121.7	108.5	123.4	106.3
房地产业	Real Estate	64.3	135.7	107.1	135.7	121.4	123.1	138.5	115.4
社会服务业	Social Services	79.4	100	113.4	78.6	85.7	114.3	107.1	85.7
信息传输、计算机服务和软件业	Information Transmission, Computer Service and Software Industries	80	80	40	80	70.3	80	89.8	89.8
住宿和餐饮业	Hotels and Catering Services	78.6	100	142.9	35.7	78.6	107.7	138.5	46.2
按企业规模分	**Grouped by Size of Enterprises**								
特大型	Particularly Large	100	100	100	100				
大 型	Large	45.8	100	96.3	63.2	148.2	123.8	141.4	144.6
中 型	Medium-sized	84.9	106	105.9	112.1	111	122	123.6	121.4
小 型	Small	83.7	107.4	115.7	80.2	86.4	102.6	116.7	97.3
国家重点联系企业	State Emphatically Contacted Enterprises	100	100	100	100	100	100	100	100
试点企业集团	Pioneer Enterprises	100	100	100	100	100	100	100	100
乡镇企业	Township Enterprises	72.7	109.1	127.3	63.6				
上市公司	Quoted Companies	81.5	42.6	95.5	54.7	165.1	99.1	112.8	167.5
国有控股企业	State-owned and State-holding Enterprises	89.1	105	105	84.3	104.8	114.8	122.1	118.5

22-12 2009－2010年企业景气调查企业融资景气指数

Financing Climate Indices of Enterprise Climate Investigation(2009－2010)

指　标	Item	2009 一季度 First Quarter	2009 二季度 Second Quarter	2009 三季度 Third Quarter	2009 四季度 Fourth Quarter	2010 一季度 First Quarter	2010 二季度 Second Quarter	2010 三季度 Third Quarter	2010 四季度 Fourth Quarter
全省情况	**Basic Condition of Province**	**74.1**	**71.7**	**66.2**	**67**	**71.5**	**79.8**	**76.2**	**71.7**
按经济类型分	**Grouped by Status of Registration**								
国有经济	State-owned Enterprises	81.6	84.5	86.4	76.5	85.3	91.3	93.3	79.3
集体经济	Collective-owned Enterprises	50	60	50	60	60	77.8	70	88.9
私营经济	Private Enterprises	92.9	85.7	64.3	84.6	92.9	92.9	85.7	78.6
个体经济	Individual Enterprises								
股份合作企业	Cooperative Enterprises	37.5	25	37.5	43.8	46.2	41.7	53.9	46.2
联营经济	Joint Ownership Enterprises	100	100	100	100	100	100	100	100
有限责任公司	Limited-Liability Corporations	57.3	57	54.7	51.6	59.6	58.9	60.5	58.1
股份有限公司	Share-holding Corporations Ltd.	76.1	59	62	65.7	52.8	59.3	78.3	79.7
外商及港、澳、台投资经济	Enterprises with Funds from Foreigner, Hong Kong, Macao and Taiwan	80	80	60	60	100	100	100	100
按行业门类分	**Grouped by Sector**								
工业	Industry	60.2	59.7	57.9	53.4	62.6	60.1	68.4	68.4
采掘业	Mining	99	48.4	35.9	49.4	40.1	15.1	60.8	60.8
制造业	Manufacturing	57.3	59.1	57.4	53.8	63.7	66.1	70.6	70.6
电力、煤气及水的生产供应业	Production and Distribution of Electricity, Gas and Water	56.3	68.8	68.8	43.8	64.7	47.1	58.8	58.8
建筑业	Construction	61.9	47.6	38.1	52.4	56	65.6	65.6	65.6
交通运输、仓储及邮电通信业	Transportation, Storage, Post and Communication Industry	81.3	70.1	76.5	76	82.4	70.6	70.6	64.7
邮政业	Post	100	200	100	100	100	100	100	
批发和零售业	Wholesale and Retail Trades	82.3	82.3	89.7	80.1	69.7	77.1	69.7	81.6
房地产业	Real Estate	64.3	64.3	57.1	57.1	71.4	76.9	76.9	76.9
社会服务业	Social Services	57.1	65.2	57.1	78.6	71.4	85.7	78.6	64.3
信息传输、计算机服务和软件业	Information Transmission, Computer Service and Software Industries	100	100	60	60	80	118	80	98
住宿和餐饮业	Hotels and Catering Services	85.7	84.6	92.9	78.6	78.6	84.6	100	53.9
按企业规模分	**Grouped by Size of Enterprises**								
特大型	Particularly Large	100	100	100	100				
大　型	Large	104.2	72.6	65.9	77.9	64.9	68.2	93.1	102.7
中　型	Medium-sized	69.8	64.3	64.7	66.3	69.2	67	71.9	69.7
小　型	Small	56.1	61.2	58.7	53.7	63.6	67.3	66.7	58.6
国家重点联系企业	State Emphatically Contacted Enterprises	100	100	100	100	100	100	100	100
试点企业集团	Pioneer Enterprises	100	100	100	100	100	100	100	100
乡镇企业	Township Enterprises	18.2	36.4	36.4	27.3				
上市公司	Quoted Companies	97.6	40.4	40.4	61.5	32.5	46.6	86.6	85.7
国有控股企业	State-owned and State-holding Enterprises	70.2	68.3	67.1	59.8	72.2	68.8	79.4	73

主要统计指标解释

登记注册类型 是指在工商行政管理机关登记注册的具有法人资格的各类企业。包括国有企业、国有独资公司、其他有限责任公司、股份有限公司、中外合资企业、港澳台合资企业、其它。

国有企业 是指企业全部资产归国家所有,并按《中华人民共和国企业法人登记管理条例》规定登记注册的非公司制的经济组织。不包括有限责任公司中的国有独资公司。

国有独资公司 是指国家授权的投资机构或者国家授权的部门单独投资设立的有限责任公司。

其他有限责任公司 是指根据《中华人民共和国公司登记管理条例》规定登记注册,由两个以上,五十个以下的股东共同出资,每个股东以其所认缴的出资额对公司承担有限责任,公司以其全部资产对其债务承担责任的经济组织。其他有限责任公司不包括国有独资公司。

股份有限公司 是指根据《中华人民共和国公司登记管理条例》规定登记注册,其全部注册资本由等额股份构成并通过发行股票筹集资本,股东以其认购的股份对公司承担有限责任,公司以其全部资产对其债务承担责任的经济组织。

中外合资企业 是指外国企业或外国人与中国内地企业依照《中华人民共和国中外合资经营企业法》及有关法律的规定,按合同规定的比例投资设立,分享利润和分担风险的企业。

港澳台合资企业 是指港澳台地区投资者与内地企业依照《中华人民共和国中外合资经营企业法》及有关法律的规定,按规定的比例投资设立,分享利润和分担风险的企业。

主营业务收入 指企业集团从事某种主要生产、经营活动所取得的营业收入。本项指标在各行业会计制度中的名称叫法不同,但一律按各行业会计制度或报表定义的口径进行填报。农业企业是指"主营业务收入";工业企业是指"产品销售收入";交通运输企业指"主营业务收入";建筑企业指"工程结算收入";批发零售贸易企业指"商品销售收入";房地产企业指"房地产经营收入";其他企业指"经营(营业)收入"。

从业人员 指在企业集团(包括母公司和子公司)工作并领取工资或其他形式的劳动报酬的全部人员数,包括在岗职工、再就业的离退休人员以及在企业集团中工作的外方人员和港澳台方人员、兼职人员、借用的外单位人员和第二职业者。不包括离开本企业集团仍保留劳动关系的职工。

企业景气调查 是通过对部分企业家定期进行问卷调查,并根据企业家对企业经营状况及宏观经济形势的判断和预期来编制景气指数,从而对现实经济运行状况及其发展趋势进行分析和预测的一种统计调查方法。

景气指数 又称为景气度,它是对企业景气调查中的定性指标通过定量方法加工汇总,综合反映某一特定调查群体或某一社会经济现象所处的状态或发展趋势的一种指标。通过其上升和下降的动态变化,反映经济发展状态及其变化过程。景气指数取值于0－－200之间,100为景气指数的临界值;当景气指数大于100时,表明经济状况趋于上升或改善,处于景气状态;当景气指数小于100时,表明经济状况趋于下降或恶化,处于不景气状态。

企业家信心指数 也称宏观经济景气指数,是根据企业家对企业外部市场经济环境与宏观政策的认识、看法、判断与预期而编制的指数,用以综合反映企业家对宏观经济环境的感受与信心。

企业景气指数 也称企业综合生产经营景气指数,是根据企业家对本企业综合生产经营情况的判断与预期而编制的指数,用以反映企业的综合生产经营状况。

Explanatory Notes on Main Statistical Indicators

Registration Status of Enterprises refer to different enterprises, which have registered in industrial and commercial administration agencies. Include state – owned enterprises, Sole State – Funded enterprises, other limited liability corporation, share – holding corporation Ltd. Joint – venture enterprises with foreign investment, Joint – venture enterprises with funds from Hong Kong, Macao and Taiwan, and Others.

State – owned Enterprises refer to non – corporation economic units where the entire assets are owned by the state and which have registered in accordance with the Regulation of the People's Republic of China on the Management of Registration of Corporation Enterprises. Excluded from this category are sole state – funded corporation in the limited liability corporations.

Exclusive State – Funded Company refer to limited liability corporations established with exclusive investment from investment institutions or departments authorized by the state.

Other Limited Liability Corporations refer to economic units established with investment from 2 – 50 investors and registered in accordance with the Regulation of the People's Republic of China on the Management of Registration of Corporations, each investor bearing limited liability to the corporation depending on its share of investment, and the corporation bearing liability to its debt to the maximum of its total assets. Excluded from this category are exclusive state – funded corporations.

Share – holding Corporations Ltd. Refer to economic units registered in accordance with the Regulation of the People's Republic of China on the Management of Registration of Corporations, with total registered capitals divided into equal shares and raised through issuing stocks. Each investor bears limited liability to the corporation depending on the holding shares, and the corporation bears liability to its debt to the maximum of its total assets.

Joint – venture Enterprises with Foreign Investment refer to enterprises jointly established by foreign enterprises or foreigners with enterprises in the mainland of China in accordance with the Low of the People's Republic of China on Sino – foreign Joint Venture Enterprises and other relevant lows, where the share of investment, profits and risks is stipulated in the contract.

Joint – venture Enterprises with Funds from Hong Kong, Macao and Taiwan refer to enterprises jointly established by investor from Hong Kong, Macao and Taiwan with enterprises in the mainland of China in accordance with the Low of the People's Republic of China on Sino – foreign Joint Venture Enterprises and other relevant lows, where the share of investment, profits and risks is stipulated in the contract.

Major Business Revenue refer to the revenue earned from certain major action of production and management by enterprises group. This indicator has different account name in various sectors, but it must be filled and submitted in accordance with account system of various sector, or the concepts, definitions and coverage of report schedule. It refers to major business revenue in agriculture enterprises; It refers to production sales revenue in industry enterprises; It refers to major business revenue in transport enterprises; It refers to revenue of project settle accounts in construction; It refers to commodity sales revenue in wholesale and retail Trades enterprises; It refers to real estate operation revenue in real estate Trades enterprises; In other enterprises it refers to business revenue.

Employed Persons refer to all persons who work in , and receive wages or other remuneration payment from enterprises group(include parent company and subsidiary company), they include fully employed staff and workers, re – employed retirees, foreigners and Chinese compatriots from Hong Kong, Macao and Taiwan part – time employees, employees of other units working temporarily at current posts, and employees holding the second job, but exclude staff and workers who have left their work units while keeping their labour contract (employment relation) unchanged.

Enterprises Climate Survey It is a statistics survey, which compile the climate index by regular paper survey to a section of entrepreneurs, based on entrepreneur's judgement and forecast to the production situation of their own enterprises and the macro – economy situation, and thus we can analyse and predict the current situation and future trend of the economic performance.

Business climate index It is the quantitative disposition and compilation of the qualitative economic indicators of the business climate survey, which can improve a comprehensive description of the real situation or the future trend of a special survey group or a social and economic phenomenon. The business climate index is ranging from 0 to 200. 100 is the critical value, when the climate index is larger than 100, it shows that the economic performance is picking up or improving. When it is lower than 100, it shows that the economic performance is declining or worsening.

Entrepreneur confidence index also called as the macro – economy climate index. It is a index based on entrepreneur's recognition, opinion, judgement and forecast to the market circumstances and macro – policies, It is a comprehensive description of the entrepreneur's impression and confidents of the macro – economy circumstances .

Business climate index also called as the comprehensive production and management climate index of enterprises. It is compiled basing on entrepreneur's judgement on production situation of their own expectation for the future performance. It is the description of the comprehensive production and management situation of the enterprises.

月度资料

Monthly Data

第23篇

CHAPTER 23

23-1 各月主要经济统计指标(2010年)

Monthly Main Economic Indicators (2010)

指 标	Item	1月	2月	3月
生产总值(亿元)	**Gross Product(100 million yuan)**			**239.76**
第一产业	Primary Industry			8.12
第二产业	Secondary Industry			125.47
第三产业	Tertoary Industry			106.17
生产总值增长速度(%)	**Rate of Gross Product(%)**			**13.5**
第一产业	Primary Industry			4.3
第二产业	Secondary Industry			17.6
第三产业	Tertoary Industry			10.6
工业(规模以上)	**Industry**			
工业增加值(当年价)(亿元)	Value Added to Gross Industrial Output(100 million yuan)	29.65	34.89	46.38
#轻工业	Light industry	4.08	3.33	5.21
重工业	Heavy industry	25.57	31.56	41.17
#国有企业	State -owned Enterprises	1.68	2.82	3.85
集体企业	Collective-owned Enterprises	0.03	0.02	0.03
股份制企业	Joint-stock Enterprises	26.58	29.85	39.34
外商及港澳台投资	Enterprises with Funds from Hong kong, Macao,Taiwan and Foreign	1.20	1.87	2.68
#国有控股企业	State-holding Enterprises	16.03	17.91	25.91
工业增加值增长速度(%)	Rate of Value-added of Indusrry	17.6	18.0	19.7
#轻工业	Light industry	34.0	14.8	72.2
重工业	Heavy industry	15.0	18.4	15.1
#国有企业	State -owned Enterprises	22.5	28.5	68.6
集体企业	Collective-owned Enterprises	41.0	-49.2	-47.2
股份制企业	Joint-stock Enterprises	13.0	18.6	8.6
外商及港澳台投资	Enterprises with Funds from Hong kong, Macao,Taiwan and Foreign	48.0	41.0	146.1
#国有控股企业	State-holding Enterprises	20.6	28.0	23.2
工业经济效益(累计数)	Industrial Efficiency(accumulative total)			
企业单位数(户)	Number of Enterprises(household)		566	566
#亏损企业户数(户)	Number of Loss-making Enterprises(household)		158	219
亏损面(%)	Loss Surface(%)		27.90	38.7
主营业务收入(亿元)	Revenue from Principal Business(100 million yuan)		163.59	299.25
利润总额(亿元)	Total Profits(100 million yuan)		14.57	38.04
亏损企业亏损额(亿元)	Losses of Loss-making Enterprises(100 million yuan)		1.86	3.18
产成品库存(亿元)	Finished Goods Inventory(100 million yuan)		63.54	67.25
全部从业人员(万人)	All Employees(10 000 persons)		14.70	17.01
工业产销率(%)(累计数)	Rate of Industrial Production and Sales (%)(accumulative total)	98.40	96.65	101.52
#轻工业	Light industry	99.01	100.25	98.71
重工业	Heavy industry	98.33	96.28	101.81
#国有企业	State -owned Enterprises	99.91	97.27	99.01
集体企业	Collective-owned Enterprises	102.12	91.13	93.24
股份制企业	Joint-stock Enterprises	98.32	96.63	102.38
外商及港澳台投资	Enterprises with Funds from Hong kong Macao,Taiwan and Foreign	95.23	95.63	97.00
国有控股企业	State-holding Enterprises	101.18	98.05	103.91

23-1 续表 1 continued

指 标	Item	1月	2月	3月
主要产品产量	**Main Output of Products**			
发电量(亿千瓦小时)	Electricity(100 million kmh)	30.94	26.83	32.13
#水电	Hydropower	19.53	15.82	20.35
天然原油(万吨)	Crude Petroleum Oil(10 000 tons)	15.91	14.34	15.90
原油加工量(万吨)	Volume of Crude Oil Processed(10 000 tons)	8.56	10.94	11.99
天然气(亿立方米)	Natural Gas(100 million cu.m)	6.11	5.42	5.48
原盐(万吨)	Salt(10 000 tons)	2.07	3.57	1.56
原煤(万吨)	Coal(10 000 tons)	23.90	135.12	61.50
钾肥(实物量)(万吨)	Potash Fertilizer(10 000 tons)	0.31	0.54	35.43
粗钢(万吨)	Crude Stssl(10 000 tons)	12.06	10.73	11.78
钢材(万吨)	Rolled Steel(10 000 tons)	11.01	9.87	12.06
生铁(万吨)	Pig Iron(10 000 tons)	10.16	9.36	9.49
原铝(电解铝)(万吨)	Electrolyzed Aluminum(10 000 tons)	9.41	14.63	15.15
水泥(万吨)	Cement(10 000 tons)	18.29	23.54	49.43
碳酸钠(纯碱)(万吨)	Soda Ash(10 000 tons)	10.92	10.21	9.80
乳制品(吨)	Dairy(ton)	6119	6138	7189
中成药(吨)	Proprietary Chinese Medicines(ton)	15	20	87
金属切削机床(台)	Metal Cutting Machine Tool(unit)	47	70	89
固定资产投资	**Investment in Fixed Assets**			
(累计数)(亿元)	**(accumulative total)(100 million yuan)**			
全社会固定资产投资	Total Fixed Asset Investment	3.34	13.63	54.19
#地方投入	Local Input	0.99	9.88	45.42
按登记注册类型分	According to the Type of Sub-register			
国有投资	State-owned Investment	1.63	8.69	23.95
私营个体投资	Private and Self-employed Individual Investment		0.70	4.18
集体投资	Collective Investment			
有限责任公司投资	Limited Liability Corporations			
股份经济投资	Shares of Economic	1.71	0.03	3.38
港澳台投资	Investment in Hong Kong, Macao and Taiwan			0.02
外商投资	Foreign Investment		0.11	0.59
其他投资	Other Investment		0.003	0.31
按投资类型分	According to the Investment Type			
国有及国有控股投资	State-owned and State-controlled Investment	3.34	10.79	30.99
民间投资	Private Investment		2.84	22.64
港澳台及外商投资	Investment in Hong Kong, Macao and foreign			0.55
按产业分	According to Industry			
第一产业	Primary Industry		0.10	1.87
第二产业	Secondary Industry	2.53	8.85	31.47
工业	Industry	2.53	8.84	30.97
第三产业	Tertiary Industry	0.80	4.68	20.85
社会消费品(亿元)	**Social Consumer Goods(100 million yuan)**			
社会消费品零售额	Retail Sales of Social Consumer Goods	25.98	25.77	23.91
#城镇零售额	City's retail sales	21.94	22.21	20.74
乡村零售额	County's Retail Sales of the Following	4.03	3.56	3.17
#批发业	Wholesale Trade	3.68	3.93	3.99
零售业	Retail	19.94	19.47	17.47
住宿业	Accommodation Industry	0.48	0.57	0.53
餐饮业	Catering Industry	1.87	1.81	1.92

23-1 续表 2 continued

指 标	Item	1月	2月	3月
进出口(万美元)	**The Import and Export(USD 10 000)**			
海关进出口总额	Customs Import and Export Volume	5316	5345	5608
出口总额	Total Imports	2571	2394	2855
进口总额	Total Export	2745	2951	2753
财政(累计数)(亿元)	**The Financial(accumulative total)(100 million yuan)**			
财政收入	Financial Income			
一般预算收入	General Budget Revenue	19.57	34.54	52.42
#地方一般预算收入	Local General Budget Revenue	9.88	18.43	28.25
#增值税	Valued Added Tax	1.93	3.26	4.50
营业税	Business Tax	3.60	5.72	8.71
企业所得税	Corporate Income Tax	1.10	1.60	2.50
个人所得税	Individual Tax	0.59	0.86	1.29
资源税	Resource Tax	0.81	1.27	1.92
中央一般预算收入	Central General Budget Revenue	9.69	16.11	24.17
财政支出	Financial Expenditure			
一般预算支出	General Budget Expenditure	23.13	49.20	88.71
#一般公共服务	Expenditure for General Public Services	2.72	4.55	9.64
公共安全	Expenditure for Public Security	1.18	1.95	3.30
教育	Expenditure for Education	3.77	5.65	9.96
科学技术	Expenditure for Science and Technology	0.09	0.12	0.17
社会保障与就业	Expenditure for Social Safety Net and Employment Effort	5.46	13.12	21.04
医疗卫生	Expenditure for Medical and Health Case	1.01	1.64	4.43
环境保护	Expenditure for Environment Protection	0.28	0.80	3.39
城乡社区事务	Expenditure for Urban and Rural Community Affairs	0.31	0.72	2.54
农林水事务	Expenditure for Agriculture,Forestry and Water Conservancy	1.03	2.61	4.89
交通运输	Expenditure for Transportation	0.42	3.12	3.50
金融(亿元)	**Financial(100 million yuan)**			
各项存款余额	Total Deposits Balance		1823.03	1829.94
企业存款	Deposits by Enterprises		529.92	530.58
储蓄存款	Deposits by Savings		738.91	742.52
各项贷款余额	Total Loans Balances		1458.94	1495.71
短期贷款	Short-term Loans		382.43	382.24
中长期贷款	Medium & Long-term Loans		1028.52	1057.90
交通运输邮电(累计数)	**Transport, Posts and Telecommunications(accumulative total)**			
货物运输量(万吨)	Freight traffic(10 000 tons)		1790.83	2654.89
铁路	Railways		460.70	690.10
公路	Highways		1302.00	1922.00
民航	Civil Aviation		0.04	0.07
货物周转量(亿吨公里)	Total Freight Ton-kilometers(100 milliom ton-km)		65.29	97.63
铁路	Railways		29.03	44.37
公路	Highways		35.02	51.37
民航	Civil Aviation		0.07	0.01

23-1 续表 3 continued

指 标	Item	1月	2月	3月
客运量(万人)	Passenger Traffic(10 000 persons)		1809.13	2637.62
铁路	Railways		73.40	107.20
公路	Highways		1727.00	2517.00
民航	Civil Aviation		8.73	13.42
客运周转量(亿人公里)	Passenger Ton-kilometers(100 million passenger-km)		16.82	23.32
铁路	Railways		7.59	9.69
公路	Highways		7.96	11.71
民航	Civil Aviation		1.27	1.93
邮电(累计数)	**Posts and Telecommunications(accumulative total)**			
电信业务量(亿元)	Business Volume of Postal and Telecommunication(100 million yuan)		15.20	24.40
移动电话用户(万户)	Mobile Phone Subscribers(10 000 subscribers)		303.50	315.80
固定电话用户(万户)	Fixed Telephone Subscribers(10 000 subscribers)		108.10	107.90
邮政业务量(万元)	The Volume of Postal Services(10 000 yuan)		0.36	0.54
建筑业	**Construction**			
建筑企业个数(个)	The Number of Construction Enterprises(unit)			439
建筑业总产值(亿元)	Gross Output Value of Construction(100 million yuan)			25.04
竣工产值(亿元)	Ontput of Completion (100 million yuan)			0.86
房屋建筑施工面积(万平米)	Floor Space of Buildings under Construction(10 000 sq.m)			137.31
房屋建筑竣工面积(万平米)	Floor Space of Buildings Completed(10 000 sq.m)			3.43
人民生活(元)	**People's Lives(yuan)**			
城镇居民人均可支配收入	Annual Per Capita Disposable Income of Urban Households			3373.63
城镇居民人均消费性支出	Annual Per Capita Living Expenditure of Rural			2542.92
农村住户人均现金收入	Annual Per Capita Net Income of Rural Households			973.76
农村住户人均现金支出	Annual Per Capita Cash Expenditure of Rural			793.59
物价指数(上年=100)(%)	**Price Indices(preceding year=100)(%)**			
居民消费价格指数	Price Indices of Consumer	102.9	103.6	103.9
#城市	City	103.5	104.1	104.2
农村	Rural	101.8	102.8	103.4
#食品	Food	103.1	105.4	104.3
烟酒及用品	Alcohol, Tobacco and Supplies	100.8	101.0	100.7
衣着	Clothing	109.9	105.5	110.0
家庭设备用品及维修服务	Household Appliances and Maintenance Services	99.3	100.1	101.3
医疗保健和个人用品	Health Care and Personal Products	102.1	102.4	103.4
交通和通讯	Transport and Communications	102.0	103.5	102.9
娱乐教育文化用品及服务	Recreation, Education and Culture and Services	102.1	103.8	104.2
居住	Living	100.9	101.2	101.1
农业生产资料价格指数	Price indices of Agricultural Means of Production	100.0	102.8	102.8
商品零售价格指数	The Retail Price Indices	102.0	102.8	102.9
工业品出厂价格指数	Producer Price Indices	115.1	118.6	113.6
轻工业	Light Industry	103.6	104.7	103.0
重工业	Heavy Indusrry	116.7	120.6	115.2
原材料燃料动力购进价格指数	Driving Force for the Purchase of Raw Materials, Fuel Price Index	104.1	108.7	108.7

23-1 续表 4 continued

指　标	Item	4月	5月	6月
生产总值(亿元)	**Gross Product(100 million yuan)**			**566.65**
第一产业	Primary Industry			20.14
第二产业	Secondary Industry			337.28
第三产业	Tertoary Industry			209.23
生产总值增长速度(%)	**Rate of Gross Product(%)**			**14.3**
第一产业	Primary Industry			3.9
第二产业	Secondary Industry			18.8
第三产业	Tertoary Industry			9.4
工业(规模以上)	**Industry**			
工业增加值(当年价)(亿元)	Value Added to Gross Industrial Output(100 million yuan)	46.73	54.33	49.05
#轻工业	Light industry	4.05	3.37	3.13
重工业	Heavy industry	42.68	50.96	45.92
#国有企业	State -owned Enterprises	3.67	4.42	4.49
集体企业	Collective-owned Enterprises	0.39	0.32	0.29
股份制企业	Joint-stock Enterprises	39.51	45.67	41.99
外商及港澳台投资	Enterprises with Funds from Hong kong, Macao,Taiwan and Foreign	1.53	2.45	1.41
#国有控股企业	State-holding Enterprises	30.32	32.20	30.97
工业增加值增长速度(%)	Rate of Value-added of Indusrry	21.6	20.4	19.4
#轻工业	Light industry	73.2	19.8	4.5
重工业	Heavy industry	18.1	20.4	20.5
#国有企业	State -owned Enterprises	69.6	86.9	60.4
集体企业	Collective-owned Enterprises	53.8	1.1	-6.4
股份制企业	Joint-stock Enterprises	15.5	20.4	21.4
外商及港澳台投资	Enterprises with Funds from Hong kong, Macao,Taiwan and Foreign	65.1	-13.0	-21.0
#国有控股企业	State-holding Enterprises	26.1	19.5	24.1
工业经济效益(累计数)	Industrial Efficiency(accumulative total)			
企业单位数(户)	Number of Enterprises(household)	566	574	574
#亏损企业户数(户)	Number of Loss-making Enterprises(household)	202	194	200
亏损面(%)	Loss Surface(%)	35.70	33.80	34.8
主营业务收入(亿元)	Revenue from Principal Business(100 million yuan)	412.71	540.39	656.63
利润总额(亿元)	Total Profits(100 million yuan)	49.34	70.09	86.07
亏损企业亏损额(亿元)	Losses of Loss-making Enterprises(100 million yuan)	3.81	4.43	5.58
产成品库存(亿元)	Finished Goods Inventory(100 million yuan)	91.10	69.73	90.39
全部从业人员(万人)	All Employees(10 000 persons)	17.66	17.41	17.62
工业产销率(%)(累计数)	Rate of Industrial Production and Sales (%)	100.30	100.01	99.24
#轻工业	Light industry	99.05	98.70	98.88
重工业	Heavy industry	100.42	100.14	99.27
#国有企业	State -owned Enterprises	98.48	99.24	100.08
集体企业	Collective-owned Enterprises	64.48	94.76	98.71
股份制企业	Joint-stock Enterprises	101.03	100.35	99.06
外商及港澳台投资	Enterprises with Funds from Hong kong, Macao,Taiwan and Foreign	96.00	95.94	98.16
国有控股企业	State-holding Enterprises	102.06	101.56	101.04

23-1 续表 5 continued

指 标	Item	4月	5月	6月
主要产品产量	**Main Output of Products**			
发电量(亿千瓦小时)	Electricity(100 million kmh)	41.43	42.79	41.05
#水电	Hydropower	32.77	36.20	35.18
天然原油(万吨)	Crude Petroleum Oil(10 000 tons)	15.50	16.05	15.78
原油加工量(万吨)	Volume of Crude Oil Processed(10 000 tons)	11.79	13.09	7.10
天然气(亿立方米)	Natural Gas(100 million cu.m)	4.58	3.89	3.83
原盐(万吨)	Salt(10 000 tons)	1.70	11.81	14.11
原煤(万吨)	Coal(10 000 tons)	121.29	167.71	140.68
钾肥(实物量)(万吨)	Potash Fertilizer(10 000 tons)	49.99	54.77	65.48
粗钢(万吨)	Crude Stssl(10 000 tons)	11.78	11.77	11.34
钢材(万吨)	Rolled Steel(10 000 tons)	12.27	12.49	11.42
生铁(万吨)	Pig Iron(10 000 tons)	9.76	9.74	8.93
原铝(电解铝)(万吨)	Electrolyzed Aluminum(10 000 tons)	13.55	13.68	14.33
水泥(万吨)	Cement(10 000 tons)	71.98	90.04	92.00
碳酸钠(纯碱)(万吨)	Soda Ash(10 000 tons)	10.47	11.33	10.83
乳制品(吨)	Dairy(ton)	13886	16284	8921
中成药(吨)	Proprietary Chinese Medicines(ton)	116	111	155
金属切削机床(台)	Metal Cutting Machine Tool(unit)	88	89	121
固定资产投资	**Investment in Fixed Assets**			
(累计数)(亿元)	**(accumulative total)(100 million yuan)**			
全社会固定资产投资	Total Fixed Asset Investment	153.66	266.09	401.83
#地方投入	Local Input	121.71	223.65	348.18
按登记注册类型分	According to the Type of Sub-register			
国有投资	State-owned Investment	73.39	125.58	186.96
私营个体投资	Private and Self-employed Individual Investment	15.72	26.52	53.73
集体投资	Collective Investment	2.31	3.91	5.02
有限责任公司投资	Limited Liability Corporations	47.50	77.82	109.20
股份经济投资	Shares of Economic	10.50	21.93	31.51
港澳台投资	Investment in Hong Kong, Macao and Taiwan	0.46	0.44	0.44
外商投资	Foreign Investment	2.40	7.65	10.00
其他投资	Other Investment	1.27	2.15	4.85
按投资类型分	According to the Investment Type			
国有及国有控股投资	State-owned and State-controlled Investment	93.37	161.54	237.01
民间投资	Private Investment	57.44	96.61	154.73
港澳台及外商投资	Investment in Hong Kong, Macao and foreign	2.85	7.94	10.09
按产业分	According to Industry			
第一产业	Primary Industry	7.36	15.22	27.56
第二产业	Secondary Industry	81.66	135.27	191.97
工业	Industry	79.75	132.25	186.58
第三产业	Tertiary Industry	64.64	115.60	182.30
社会消费品(亿元)	**Social Consumer Goods(100 million yuan)**			
社会消费品零售额	Retail Sales of Social Consumer Goods	25.05	28.64	28.95
#城镇零售额	City's retail sales	22.07	25.26	25.36
乡村零售额	County's Retail Sales of the Following	2.97	3.38	3.60
#批发业	Wholesale Trade	3.79	4.30	4.35
零售业	Retail	18.72	21.43	21.65
住宿业	Accommodation and Catering Industry	0.60	0.72	0.74
餐饮业		1.94	2.20	2.20

23—1 续表 6 continued

指 标	Item	4月	5月	6月
进出口(万美元)	**The Import and Export(USD 10 000)**			
海关进出口总额	Customs Import and Export Volume	5815	9443	6752
出口总额	Total Imports	3060	4762	4696
进口总额	Total Export	2755	4681	2056
财政(累计数)(亿元)	**The Financial(accumulative total)(100 million yuan)**			
财政收入	Financial Income			
一般预算收入	General Budget Revenue	69.21	85.85	105.96
#地方一般预算收入	Local General Budget Revenue	38.21	45.91	56.82
#增值税	Valued Added Tax	5.71	6.77	9.10
营业税	Business Tax	11.91	13.99	16.94
企业所得税	Corporate Income Tax	4.17	5.58	6.80
个人所得税	Individual Tax	1.60	1.80	2.06
资源税	Resource Tax	2.39	3.17	3.94
中央一般预算收入	Central General Budget Revenue	31.00	39.94	49.14
财政支出	Financial Expenditure			
一般预算支出	General Budget Expenditure	129.17	162.03	223.51
#一般公共服务	Expenditure for General Public Services	14.69	22.67	20.16
公共安全	Expenditure for Public Security	5.21	6.44	8.17
教育	Expenditure for Education	14.34	19.17	24.67
科学技术	Expenditure for Science and Technology	0.34	0.61	0.76
社会保障与就业	Expenditure for Social Safety Net and Employment Effort	27.63	34.71	43.02
医疗卫生	Expenditure for Medical and Health Case	7.71	8.98	11.20
环境保护	Expenditure for Environment Protection	4.57	5.67	7.22
城乡社区事务	Expenditure for Urban and Rural Community Affairs	3.38	4.87	8.96
农林水事务	Expenditure for Agriculture,Forestry and Water Conservancy	10.79	14.39	21.25
交通运输	Expenditure for Transportation	4.37	5.26	19.29
金融(亿元)	**Financial(100 million yuan)**			
各项存款余额	Total Deposits Balance	1904.32	1966.56	2055.29
企业存款	Deposits by Enterprises	564.79	583.43	581.21
储蓄存款	Deposits by Savings	744.19	750.41	763.25
各项贷款余额	Total Loans Balances	1519.19	1547.04	1600.45
短期贷款	Short-term Loans	382.25	362.47	347.13
中长期贷款	Medium & Long-term Loans	1075.69	1120.96	1179.00
交通运输邮电(累计数)	**Transport, Posts and Telecommunications(accumulative total)**			
货物运输量(万吨)	Freight traffic(10 000 tons)	3606.30	4583.67	5601.52
铁路	Railways	940.00	1223.60	1515.00
公路	Highways	2606.00	3287.00	3997.00
民航	Civil Aviation	0.24	0.27	0.29
货物周转量(亿吨公里)	Total Freight Ton-kilometers(100 milliom ton-km)	138.88	177.34	219.91
铁路	Railways	61.01	78.60	96.25
公路	Highways	75.34	95.52	119.70
民航	Civil Aviation	0.03	0.03	0.04

23-1 续表 7 continued

指 标	Item	4月	5月	6月
客运量(万人)	Passenger Traffic(10 000 persons)	3574.53	4471.76	5375.63
铁路	Railways	139.90	172.50	208.70
公路	Highways	3414.00	4272.00	5132.00
民航	Civil Aviation	20.63	27.26	34.93
客运周转量(亿人公里)	Passenger Ton-kilometers(100 million passenger-km)	31.90	40.10	49.36
铁路	Railways	12.67	15.79	19.74
公路	Highways	16.28	20.40	24.61
民航	Civil Aviation	2.95	3.91	5.00
邮电(累计数)	**Posts and Telecommunications(accumulative total)**			
电信业务量(亿元)	Business Volume of Postal and Telecommunication(100 million yuan)	33.80	43.70	53.90
移动电话用户(万户)	Mobile Phone Subscribers(10 000 subscribers)	316.70	331.00	342.70
固定电话用户(万户)	Fixed Telephone Subscribers(10 000 subscribers)	105.40	105.00	104.50
邮政业务量(亿元)	The Volume of Postal Services(10 000 yuan)	0.74	0.94	1.14
建筑业(累计数)	**Construction(accumulative total)**			
建筑企业个数(个)	The Number of Construction Enterprises(unit)			439
建筑业总产值(亿元)	Gross Output Value of Construction(100 million yuan)			97.92
竣工产值(亿元)	Ontput of Completion (100 million yuan)			10.32
房屋建筑施工面积(万平米)	Floor Space of Buildings under Construction(10 000 sq.m)			429.45
房屋建筑竣工面积(万平米)	Floor Space of Buildings Completed(10 000 sq.m)			36.50
人民生活(元)	**People's Lives(yuan)**			
城镇居民人均可支配收入	Annual Per Capita Disposable Income of Urban Households			6470.61
城镇居民人均消费性支出	Annual Per Capita Living Expenditure of Rural			4699.37
农牧民人均现金收入	Annual Per Capita Net Income of Rural Households			1760.39
农牧民人均现金支出	Annual Per Capita Cash Expenditure of Rural			1481.11
物价指数(上年=100)(%)	**Price Indices(preceding year=100)(%)**			
居民消费价格指数	Price Indices of Consumer	104.4	104.5	104.1
#城市	City	104.5	104.4	103.8
农村	Rural	104.3	104.6	104.8
#食品	Food	105.8	106.2	105.5
烟酒及用品	Alcohol, Tobacco and Supplies	101.0	101.3	101.4
衣着	Clothing	106.6	105.4	103.9
家庭设备用品及维修服务	Household Appliances and Maintenance Services	101.1	101.2	101.5
医疗保健和个人用品	Health Care and Personal Products	105.0	105.3	105.7
交通和通讯	Transport and Communications	103.8	104.1	104.0
娱乐教育文化用品及服务	Recreation, Education and Culture and Services	104.4	103.5	104.0
居住	Living	101.4	102.3	101.6
农业生产资料价格指数	Price indices of Agricultural Means of Production	101.8	102.5	102.5
商品零售价格指数	The Retail Price Indices	103.6	104.1	103.6
工业品出厂价格指数	Producer Price Indices	112.2	110.3	106.5
轻工业	Light Industry	104.1	104.5	103.8
重工业	Heavy Indusrry	113.4	111.2	107.0
原材料燃料动力购进价格指数	Driving Force for the Purchase of Raw Materials, Fuel Price Index	108.5	109.3	110.8

23-1 续表 8 continued

指 标	Item	7月	8月	9月
生产总值(亿元)	**Gross Product(100 million yuan)**			**929.30**
第一产业	Primary Industry			73.71
第二产业	Secondary Industry			523.21
第三产业	Tertoary Industry			332.38
生产总值增长速度(%)	**Rate of Gross Product(%)**			**15.3**
第一产业	Primary Industry			4.7
第二产业	Secondary Industry			18.5
第三产业	Tertoary Industry			13.0
工业(规模以上)	**Industry**			
工业增加值(当年价)(亿元)	Value Added to Gross Industrial Output(100 million yuan)	44.80	48.87	51.15
#轻工业	Light industry	3.46	3.37	3.54
重工业	Heavy industry	41.34	45.50	47.60
#国有企业	State -owned Enterprises	4.04	4.61	4.60
集体企业	Collective-owned Enterprises	0.32	0.09	0.27
股份制企业	Joint-stock Enterprises	38.31	42.16	43.80
外商及港澳台投资	Enterprises with Funds from Hong kong Macao,Taiwan and Foreign	1.22	0.92	1.38
#国有控股企业	State-holding Enterprises	27.68	31.22	33.10
工业增加值增长速度(%)	Rate of Value-added of Indusrry	18.6	20.7	23.0
#轻工业	Light industry	11.2	15.4	-5.6
重工业	Heavy industry	19.3	21.1	25.8
#国有企业	State -owned Enterprises	18.9	39.8	9.2
集体企业	Collective-owned Enterprises	4.4	-72.2	1.1
股份制企业	Joint-stock Enterprises	18.5	22.3	20.1
外商及港澳台投资	Enterprises with Funds from Hong kong Macao,Taiwan and Foreign	30.9	5.8	16.3
#国有控股企业	State-holding Enterprises	10.5	21.1	24.2
工业经济效益(累计数)	Industrial Efficiency(accumulative total)			
企业单位数(户)	Number of Enterprises(household)	574	576	576
#亏损企业户数(户)	Number of Loss-making Enterprises(household)	185	163	163
亏损面(%)	Loss Surface(%)	32.20	28.30	28.3
主营业务收入(亿元)	Revenue from Principal Business(100 million yuan)	793.16	926.60	1059.32
利润总额(亿元)	Total Profits(100 million yuan)	96.65	116.62	131.49
亏损企业亏损额(亿元)	Losses of Loss-making Enterprises(100 million yuan)	6.39	6.48	8.11
产成品库存(亿元)	Finished Goods Inventory(100 million yuan)	95.28	98.87	92.87
全部从业人员(万人)	All Employees(10 000 persons)	17.68	17.94	17.94
工业产销率(%)(累计数)	Rate of Industrial Production and Sales (%)(accumulative total)	98.06	98.62	97.96
#轻工业	Light industry	98.13	98.55	98.30
重工业	Heavy industry	98.05	98.62	97.93
#国有企业	State -owned Enterprises	99.23	99.78	99.66
集体企业	Collective-owned Enterprises	98.34	98.86	93.31
股份制企业	Joint-stock Enterprises	97.69	98.25	97.50
外商及港澳台投资	Enterprises with Funds from Hong kong Macao,Taiwan and Foreign	97.89	98.56	98.35
国有控股企业	State-holding Enterprises	99.13	99.37	98.74

23-1　续表 9　continued

指　标	Item	7月	8月	9月
主要产品产量	**Main Output of Products**			
发电量(亿千瓦小时)	Electricity(100 million kmh)	47.52	48.62	39.73
#水电	Hydropower	40.41	45.03	33.35
天然原油(万吨)	Crude Petroleum Oil(10 000 tons)	15.94	15.95	15.44
原油加工量(万吨)	Volume of Crude Oil Processed(10 000 tons)		11.42	13.59
天然气(亿立方米)	Natural Gas(100 million cu.m)	3.56	4.23	3.85
原盐(万吨)	Salt(10 000 tons)	14.48	18.16	18.02
原煤(万吨)	Coal(10 000 tons)	151.18	165.33	184.23
钾肥(实物量)(万吨)	Potash Fertilizer(10 000 tons)	59.72	50.11	61.15
粗钢(万吨)	Crude Stssl(10 000 tons)	10.33	11.91	11.75
钢材(万吨)	Rolled Steel(10 000 tons)	10.59	12.35	12.12
生铁(万吨)	Pig Iron(10 000 tons)	7.79	8.66	8.75
原铝(电解铝)(万吨)	Electrolyzed Aluminum(10 000 tons)	13.75	12.00	11.47
水泥(万吨)	Cement(10 000 tons)	90.16	95.00	94.08
碳酸钠(纯碱)(万吨)	Soda Ash(10 000 tons)	11.20		
乳制品(吨)	Dairy(ton)	10225	10073	10020
中成药(吨)	Proprietary Chinese Medicines(ton)	115	112	113
金属切削机床(台)	Metal Cutting Machine Tool(unit)	88	110	92
固定资产投资	**Investment in Fixed Assets**			
(累计数)(亿元)	**(accumulative total)(100 million yuan)**			
全社会固定资产投资	Total Fixed Asset Investment	530.98	672.96	816.31
#地方投入	Local Input	461.83	569.51	689.39
按登记注册类型分	According to the Type of Sub-register			
国有投资	State-owned Investment	249.12	323.74	388.91
私营个体投资	Private and Self-employed Individual Investment	65.30	97.07	104.75
集体投资	Collective Investment	6.74	10.56	13.24
有限责任公司投资	Limited Liability Corporations	146.12	177.49	206.51
股份经济投资	Shares of Economic	45.68	57.13	73.28
港澳台投资	Investment in Hong Kong, Macao and Taiwan	0.66	0.72	0.82
外商投资	Foreign Investment	10.57	15.54	17.97
其他投资	Other Investment	6.64	8.53	10.63
按投资类型分	According to the Investment Type			
国有及国有控股投资	State-owned and State-controlled Investment	312.94	401.82	486.67
民间投资	Private Investment	205.78	256.52	312.52
港澳台及外商投资	Investment in Hong Kong, Macao and foreign	12.25	14.62	17.12
按产业分	According to Industry			
第一产业	Primary Industry	37.15	47.45	58.08
第二产业	Secondary Industry	252.57	304.30	360.80
工业	Industry	243.92	292.75	345.92
第三产业	Tertiary Industry	241.25	321.21	397.44
社会消费品(亿元)	**Social Consumer Goods(100 million yuan)**			
社会消费品零售额	Retail Sales of Social Consumer Goods	30.85	31.31	30.73
#城镇零售额	City's retail sales	26.93	27.19	26.29
乡村零售额	County's Retail Sales of the Following	3.92	4.12	4.44
#批发业	Wholesale Trade	4.65	4.74	4.66
零售业	Retail	23.23	23.44	23.34
住宿业	Accommodation and Catering Industry	0.73	0.79	0.69
餐饮业		2.24	2.33	2.06

23-1 续表 10 continued

指　标	Item	7月	8月	9月
进出口（万美元）	**The Import and Export(USD 10 000)**			
海关进出口总额	Customs Import and Export Volume	6203	5652	4897
出口总额	Total Imports	4065	2718	4425
进口总额	Total Export	2138	2934	472
财政（累计数）（亿元）	**The Financial(accumulative total)(100 million yuan)**			
财政收入	Financial Income			
一般预算收入	General Budget Revenue	122.08	136.48	152.96
#地方一般预算收入	Local General Budget Revenue	65.21	72.78	81.92
#增值税	Valued Added Tax	10.43	11.59	13.18
营业税	Business Tax	20.25	22.88	25.25
企业所得税	Corporate Income Tax	7.64	8.16	9.02
个人所得税	Individual Tax	2.28	2.49	2.72
资源税	Resource Tax	4.79	6.02	7.27
中央一般预算收入	Central General Budget Revenue	56.87	63.70	71.04
财政支出	Financial Expenditure			
一般预算支出	General Budget Expenditure	277.27	354.13	447.22
#一般公共服务	Expenditure for General Public Services	24.35	28.36	33.80
公共安全	Expenditure for Public Security	9.62	11.22	15.09
教育	Expenditure for Education	28.73	33.22	40.32
科学技术	Expenditure for Science and Technology	1.16	1.51	2.16
社会保障与就业	Expenditure for Social Safety Net and Employment Effort	54.42	93.45	122.38
医疗卫生	Expenditure for Medical and Health Case	13.92	17.68	21.65
环境保护	Expenditure for Environment Protection	14.54	17.30	21.56
城乡社区事务	Expenditure for Urban and Rural Community Affairs	10.83	12.47	15.19
农林水事务	Expenditure for Agriculture,Forestry and Water Conservancy	26.97	33.86	45.47
交通运输	Expenditure for Transportation	23.01	24.12	38.32
金融（亿元）	**Financial(100 million yuan)**			
各项存款余额	Total Deposits Balance	2077.67	2245.30	2270.68
企业存款	Deposits by Enterprises	604.13	678.18	584.16
储蓄存款	Deposits by Savings	773.28	783.12	810.62
各项贷款余额	Total Loans Balances	1622.01	1664.67	1681.25
短期贷款	Short-term Loans	346.75	353.93	357.78
中长期贷款	Medium & Long-term Loans	1210.91	1250.56	1258.13
交通运输邮电（累计数）	**Transport, Posts and Telecommunications(accumulative total)**			
货物运输量(万吨)	Freight traffic(10 000 tons)	6593.17	7511.63	8567.84
铁路	Railways	1800.90	2096.20	2384.30
公路	Highways	4689.00	5299.00	6050.00
民航	Civil Aviation	0.33	0.36	0.39
货物周转量(亿吨公里)	Total Freight Ton-kilometers(100 milliom ton-km)	257.71	292.95	326.53
铁路	Railways	113.69	129.91	144.92
公路	Highways	139.46	157.90	175.71
民航	Civil Aviation	0.04	0.05	0.05

23-1 续表 11 continued

指 标	Item	7月	8月	9月
客运量(万人)	Passenger Traffic(10 000 persons)	6364.78	7364.30	8311.45
铁路	Railways	261.60	318.90	361.40
公路	Highways	6058.00	6988.00	7884.00
民航	Civil Aviation	45.18	57.40	66.05
客运周转量(亿人公里)	Passenger Ton-kilometers(100 million passenger-km)	61.04	72.77	82.56
铁路	Railways	25.28	30.63	34.72
公路	Highways	29.22	33.77	38.15
民航	Civil Aviation	6.54	8.37	9.68
邮电(累计数)	**Posts and Telecommunications(accumulative total)**			
电信业务量(亿元)	Business Volume of Postal and Telecommunication(100 million yuan)	64.80	75.70	86.90
移动电话用户(万户)	Mobile Phone Subscribers(10 000 subscribers)	354.60	366.50	378.00
固定电话用户(万户)	Fixed Telephone Subscribers(10 000 subscribers)	104.30	104.20	104.20
邮政业务量(亿元)	The Volume of Postal Services(100 million yuan)	1.32	1.52	1.73
建筑业	**Construction**			
建筑企业个数(个)	The Number of Construction Enterprises(unit)			439
建筑业总产值(亿元)	Gross Output Value of Construction(100 million yuan)			169.70
竣工产值(亿元)	Ontput of Completion (100 million yuan)			27.52
房屋建筑施工面积(万平米)	Floor Space of Buildings under Construction(10 000 sq.m)			546.17
房屋建筑竣工面积(万平米)	Floor Space of Buildings Completed(10 000 sq.m)			79.36
人民生活(元)	**People's Lives(yuan)**			
城镇居民人均可支配收入	Annual Per Capita Disposable Income of Urban Households			9627.57
城镇居民人均消费性支出	Annual Per Capita Living Expenditure of Rural			7029.80
农村住户人均现金收入	Annual Per Capita Net Income of Rural Households			2985.90
农村住户人均现金支出	Annual Per Capita Cash Expenditure of Rural			2267.79
物价指数(上年=100)(%)	**Price Indices(preceding year=100)(%)**			
居民消费价格指数	Price Indices of Consumer	105.7	106.4	106.1
#城市	City	105.1	106.0	105.4
农村	Rural	106.8	107.2	107.4
#食品	Food	108.2	109.6	110.5
烟酒及用品	Alcohol, Tobacco and Supplies	101.4	101.4	101.3
衣着	Clothing	105.2	110.1	105.5
家庭设备用品及维修服务	Household Appliances and Maintenance Services	102.0	102.4	102.3
医疗保健和个人用品	Health Care and Personal Products	106.1	106.1	106.4
交通和通讯	Transport and Communications	104.5	104.8	101.4
娱乐教育文化用品及服务	Recreation, Education and Culture and Services	106.2	103.5	105.2
居住	Living	102.8	103.0	103.4
农业生产资料价格指数	Price indices of Agricultural Means of Production	102.0	103.2	104.7
商品零售价格指数	The Retail Price Indices	104.2	105.0	104.9
工业品出厂价格指数	Producer Price Indices	106.8	105.6	104.2
轻工业	Light Industry	103.1	103.0	104.7
重工业	Heavy Indusrry	107.3	106.0	104.2
原材料燃料动力购进价格指数	Driving Force for the Purchase of Raw Materials, Fuel Price Index	109.4	108.6	108.1

23-1 续表 12 continued

指 标	Item	10月	11月	12月
生产总值(亿元)	**Gross Product(100 million yuan)**			**1350.43**
第一产业	Primary Industry			134.92
第二产业	Secondary Industry			744.63
第三产业	Tertoary Industry			470.88
生产总值增长速度(%)	**Rate of Gross Product(%)**			**15.3**
第一产业	Primary Industry			5.9
第二产业	Secondary Industry			19.3
第三产业	Tertoary Industry			12.1
工业(规模以上)	**Industry**			
工业增加值(当年价)(亿元)	Value Added to Gross Industrial Output(100 million yuan)	55.46	56.63	52.19
#轻工业	Light industry	4.67	4.81	4.49
重工业	Heavy industry	50.79	51.81	47.70
#国有企业	State -owned Enterprises	4.15	4.26	3.62
集体企业	Collective-owned Enterprises	0.30	0.32	0.13
股份制企业	Joint-stock Enterprises	48.17	49.31	46.25
外商及港澳台投资	Enterprises with Funds from Hong kong, Macao,Taiwan and Foreign	1.59	1.56	1.38
#国有控股企业	State-holding Enterprises	31.93	32.87	31.76
工业增加值增长速度(%)	Rate of Value-added of Indusrry	23.3	23.4	25.5
#轻工业	Light industry	20.1	26.3	26.0
重工业	Heavy industry	23.5	22.7	25.5
#国有企业	State -owned Enterprises	67.0	35.9	4.8
集体企业	Collective-owned Enterprises	-0.1	31.9	-2.9
股份制企业	Joint-stock Enterprises	24.5	26.8	28.3
外商及港澳台投资	Enterprises with Funds from Hong kong, Macao,Taiwan and Foreign	-6.1	-25.9	62.6
#国有控股企业	State-holding Enterprises	23.8	21.0	12.0
工业经济效益(累计数)	Industrial Efficiency(accumulative total)			
企业单位数(户)	Number of Enterprises(household)	576	584	584
#亏损企业户数(户)	Number of Loss-making Enterprises(household)	154	152	137
亏损面(%)	Loss Surface(%)	26.70	26.00	23.5
主营业务收入(亿元)	Revenue from Principal Business(100 million yuan)	1206.64	1359.32	1527.22
利润总额(亿元)	Total Profits(100 million yuan)	151.02	165.67	180.69
亏损企业亏损额(亿元)	Losses of Loss-making Enterprises(100 million yuan)	9.16	10.28	11.16
产成品库存(亿元)	Finished Goods Inventory(100 million yuan)	93.15	105.93	91.28
全部从业人员(万人)	All Employees(10 000 persons)	18.01	18.73	19.06
工业产销率(%)(累计数)	Rate of Industrial Production and Sales (%)(accumulative total)	97.82	97.66	97.78
#轻工业	Light industry	97.55	97.30	96.49
重工业	Heavy industry	97.84	97.69	97.90
#国有企业	State -owned Enterprises	99.49	99.42	99.56
集体企业	Collective-owned Enterprises	88.97	90.71	90.80
股份制企业	Joint-stock Enterprises	97.46	97.28	97.31
外商及港澳台投资	Enterprises with Funds from Hong kong Macao,Taiwan and Foreign	97.50	97.49	99.68
国有控股企业	State-holding Enterprises	99.15	99.80	99.84

23-1 续表 13 continued

指 标	Item	10月	11月	12月
主要产品产量	**Main Output of Products**			
发电量(亿千瓦小时)	Electricity(100 million kmh)	35.59	34.04	35.16
#水电	Hydropower	27.16	25.90	26.99
天然原油(万吨)	Crude Petroleum Oil(10 000 tons)	15.58	15.01	14.73
原油加工量(万吨)	Volume of Crude Oil Processed(10 000 tons)	12.98	12.05	13.01
天然气(亿立方米)	Natural Gas(100 million cu.m)	4.84	5.52	4.80
原盐(万吨)	Salt(10 000 tons)	19.25	15.01	0.39
原煤(万吨)	Coal(10 000 tons)	251.74	219.96	208.56
钾肥(实物量)(万吨)	Potash Fertilizer(10 000 tons)	75.31	51.93	28.71
粗钢(万吨)	Crude Stssl(10 000 tons)	11.70	11.73	10.45
钢材(万吨)	Rolled Steel(10 000 tons)	11.60	11.11	11.02
生铁(万吨)	Pig Iron(10 000 tons)	9.93	9.54	9.59
原铝(电解铝)(万吨)	Electrolyzed Aluminum(10 000 tons)	9.78	9.78	9.41
水泥(万吨)	Cement(10 000 tons)	81.60	67.76	37.21
碳酸钠(纯碱)(万吨)	Soda Ash(10 000 tons)			
乳制品(吨)	Dairy(ton)	9938	10104	10053
中成药(吨)	Proprietary Chinese Medicines(ton)	115	113	116
金属切削机床(台)	Metal Cutting Machine Tool(unit)	90	48	72
固定资产投资	**Investment in Fixed Assets**			
(累计数)(亿元)	**(accumulative total)(100 million yuan)**			
全社会固定资产投资	Total Fixed Asset Investment	941.38	1010.24	1068.73
#地方投入	Local Input	788.46	849.10	888.89
按登记注册类型分	According to the Type of Sub-register			
国有投资	State-owned Investment	466.22	501.33	515.92
私营个体投资	Private and Self-employed Individual Investment	112.79	121.58	147.83
集体投资	Collective Investment	14.61	15.85	16.01
有限责任公司投资	Limited Liability Corporations	230.48	241.62	249.04
股份经济投资	Shares of Economic	83.29	92.03	100.21
港澳台投资	Investment in Hong Kong, Macao and Taiwan	0.85	1.26	1.30
外商投资	Foreign Investment	20.53	21.90	21.96
其他投资	Other Investment	12.07	14.14	15.92
按投资类型分	According to the Investment Type			
国有及国有控股投资	State-owned and State-controlled Investment	573.99	617.77	644.87
民间投资	Private Investment	347.74	371.05	402.34
港澳台及外商投资	Investment in Hong Kong, Macao and foreign	19.65	21.42	21.52
按产业分	According to Industry			
第一产业	Primary Industry	66.45	74.21	77.62
第二产业	Secondary Industry	415.20	446.57	465.00
工业	Industry	396.75	426.43	444.77
第三产业	Tertiary Industry	459.73	489.47	526.11
社会消费品(亿元)	**Social Consumer Goods(100 million yuan)**			
社会消费品零售额	Retail Sales of Social Consumer Goods	32.03	31.03	31.77
#城镇零售额	City's retail sales	27.65	26.75	27.35
乡村零售额	County's Retail Sales of the Following	4.38	4.27	4.52
#批发业	Wholesale Trade	4.73	4.19	4.12
零售业	Retail	24.47	23.57	24.92
住宿业	Accommodation and Catering Industry	0.59	0.66	0.53
餐饮业		2.24	2.60	2.30

23-1 续表 14 continued

指标	Item	10月	11月	12月
进出口(万美元)	**The Import and Export(USD 10 000)**			
海关进出口总额	Customs Import and Export Volume	8698	7657	7512
出口总额	Total Imports	4828	5139	5108
进口总额	Total Export	3870	2518	2404
财政(累计数)(亿元)	**The Financial(accumulative total)(100 million yuan)**			
财政收入	Financial Income			
一般预算收入	General Budget Revenue	172.00	189.17	204.97
#地方一般预算收入	Local General Budget Revenue	91.31	101.26	110.21
#增值税	Valued Added Tax	14.85	16.37	17.52
营业税	Business Tax	28.88	32.15	34.44
企业所得税	Corporate Income Tax	9.97	10.62	10.98
个人所得税	Individual Tax	3.01	3.28	3.46
资源税	Resource Tax	8.22	8.97	9.58
中央一般预算收入	Central General Budget Revenue	80.70	87.91	94.75
财政支出	Financial Expenditure			
一般预算支出	General Budget Expenditure	527.99	623.08	743.40
#一般公共服务	Expenditure for General Public Services	37.24	43.28	55.20
公共安全	Expenditure for Public Security	18.83	24.52	35.55
教育	Expenditure for Education	46.40	55.96	82.39
科学技术	Expenditure for Science and Technology	2.55	2.88	4.09
社会保障与就业	Expenditure for Social Safety Net and Employment Effort	161.84	179.36	189.71
医疗卫生	Expenditure for Medical and Health Case	25.50	30.15	38.86
环境保护	Expenditure for Environment Protection	25.60	31.56	36.44
城乡社区事务	Expenditure for Urban and Rural Community Affairs	16.72	23.45	30.29
农林水事务	Expenditure for Agriculture,Forestry and Water Conservancy	52.13	59.27	69.55
交通运输	Expenditure for Transportation	38.68	42.55	46.71
金融(亿元)	**Financial(100 million yuan)**			
各项存款余额	Total Deposits Balance	2298.67	2327.33	2319.64
企业存款	Deposits by Enterprises	626.62	644.13	644.54
储蓄存款	Deposits by Savings	810.61	832.74	868.22
各项贷款余额	Total Loans Balances	1702.18	1774.52	1822.65
短期贷款	Short-term Loans	354.83	369.77	397.06
中长期贷款	Medium & Long-term Loans	1276.20	1318.07	1344.38
交通运输邮电(累计数)	**Transport, Posts and Telecommunications(accumulative total)**			
货物运输量(万吨)	Freight traffic(10 000 tons)	9565.85	10462.86	11426.37
铁路	Railways	2707.34	2988.89	3285.53
公路	Highways	6710.00	7311.00	7962.00
民航	Civil Aviation	0.42	0.44	0.47
货物周转量(亿吨公里)	Total Freight Ton-kilometers(100 milliom ton-km)	361.69	394.52	427.57
铁路	Railways	161.68	176.77	192.20
公路	Highways	193.46	210.56	227.47
民航	Civil Aviation	0.05	0.06	0.06

23-1 续表 15 continued

指　标	Item	10月	11月	12月
客运量(万人)	Passenger Traffic(10 000 persons)	9286.41	10128.11	10997.49
铁路	Railways	399.61	435.82	473.59
公路	Highways	8807.00	9613.00	10439.00
民航	Civil Aviation	79.80	79.29	84.90
客运周转量(亿人公里)	Passenger Ton-kilometers(100 million passenger-km)	91.69	99.36	107.21
铁路	Railways	38.12	41.15	44.62
公路	Highways	42.67	46.59	50.21
民航	Civil Aviation	10.90	11.62	12.38
邮电(累计数)	**Posts and Telecommunications(accumulative total)**			
电信业务量(亿元)	Business Volume of Postal and Telecommunication(100 million yuan)	98.10	109.00	119.80
移动电话用户(万户)	Mobile Phone Subscribers(10 000 subscribers)	384.50	389.60	397.80
固定电话用户(万户)	Fixed Telephone Subscribers(10 000 subscribers)	103.80	103.30	103.20
邮政业务量(亿元)	The Volume of Postal Services(100 million yuan)	1.93	2.14	2.33
建筑业	**Construction**			
建筑企业个数(个)	The Number of Construction Enterprises(unit)			439
建筑业总产值(亿元)	Gross Output Value of Construction(100 million yuan)			273.86
竣工产值(亿元)	Ontput of Completion (100 million yuan)			72.43
房屋建筑施工面积(万平米)	Floor Space of Buildings under Construction(10 000 sq.m)			695.22
房屋建筑竣工面积(万平米)	Floor Space of Buildings Completed(10 000 sq.m)			263.14
人民生活(元)	**People's Lives(yuan)**			
城镇居民人均可支配收入	Annual Per Capita Disposable Income of Urban Households			13854.99
城镇居民人均消费性支出	Annual Per Capita Living Expenditure of Rural			9613.79
农牧民人均纯收入	Annual Per Capita Net Income of Rural Households			3862.68
农牧民人均现金支出	Annual Per Capita Cash Expenditure of Rural			3858.50
物价指数(上年=100)(%)	**Price Indices(preceding year=100)(%)**			
居民消费价格指数	Price Indices of Consumer	106.6	108.1	107.8
#城市	City	105.9	107.2	107.3
农村	Rural	108.0	109.6	108.7
#食品	Food	112.3	115.5	113.3
烟酒及用品	Alcohol, Tobacco and Supplies	100.7	100.8	101.3
衣着	Clothing	103.4	105.7	109.5
家庭设备用品及维修服务	Household Appliances and Maintenance Services	101.7	102.5	102.8
医疗保健和个人用品	Health Care and Personal Products	105.7	105.3	105.3
交通和通讯	Transport and Communications	101.6	101.7	101.6
娱乐教育文化用品及服务	Recreation, Education and Culture and Services	106.2	106.5	106.3
居住	Living	104.7	105.8	105.4
农业生产资料价格指数	Price indices of Agricultural Means of Production	105.7	106.5	106.7
商品零售价格指数	The Retail Price Indices	105.5	106.7	106.3
工业品出厂价格指数	Producer Price Indices	105.95	106.65	106.72
轻工业	Light Industry	105.00	104.48	104.35
重工业	Heavy Indusrry	106.08	106.96	107.07
原材料燃料动力购进价格指数	Driving Force for the Purchase of Raw Materials, Fuel Price Index	108.30	109.03	109.46

全国各地区主要经济指标及排序

Main Economy Indices and Order of the Different Parts of the Country

第24篇

CHAPTER 24

24－1 全国各地区生产总值和增长率及排序(2010年)

Growth Rate of Gross Domestic Product and Its Order by City of the Whole Country(2010)

单位：亿元、%　　　　(100 million yuan, %)

省(市、区)	Region	生产总值 Region Gross Production				第一产业增加值 Value Added of the Primary Industry			
		数量 Number	位次 Rank	增长率 Increase Rate	位次 Rank	数量 Number	位次 Rank	增长率 Increase Rate	位次 Rank
全国	**National Total**	**397983.3**		**10.3**		**40497.0**		**4.3**	
北京	Beijing	13777.9	13	10.2	30	124.4	29	-1.6	30
天津	Tianjin	9108.8	20	17.4	1	149.5	27	3.3	26
河北	Hebei	20197.1	6	12.2	24	2562.8	3	3.5	24
山西	Shanxi	9088.1	21	13.9	14	563.5	24	6.1	4
内蒙古	Inner Mongolia	11655.0	15	14.9	6	1101.4	17	5.8	7
辽宁	Liaoning	18278.3	7	14.1	12	1631.1	11	5.8	7
吉林	Jilin	8577.1	22	13.7	16	1050.2	19	3.5	24
黑龙江	Heilongjiang	10235.0	16	12.6	19	1302.3	14	6.2	3
上海	Shanghai	16872.4	9	9.9	31	114.2	30	-6.6	31
江苏	Jiangsu	40903.3	2	12.6	19	2539.6	4	4.1	20
浙江	Zhejiang	27226.8	4	11.8	27	1360.7	13	3.2	28
安徽	Anhui	12263.4	14	14.5	8	1729.0	9	4.5	14
福建	Fujian	14357.1	12	13.8	15	1363.7	12	3.3	26
江西	Jiangxi	9435.0	19	14.0	13	1205.9	15	4.0	21
山东	Shandong	39416.2	3	12.5	21	3588.3	1	3.6	23
河南	Henan	22942.7	5	12.2	24	3263.2	2	4.5	14
湖北	Hubei	15806.1	11	14.8	7	2147.0	8	4.6	12
湖南	Hunan	15902.1	10	14.5	8	2339.4	6	4.3	19
广东	Guangdong	45472.8	1	12.2	26	2286.9	7	4.4	17
广西	Guangxi	9502.4	18	14.2	11	1670.4	10	4.6	12
海南	Hainan	2052.1	28	15.8	3	539.3	25	6.3	2
重庆	Chongqing	7894.2	23	17.1	2	685.4	21	6.1	4
四川	Sichuan	16898.6	8	15.1	5	2483.0	5	4.4	17
贵州	Guizhou	4594.0	26	12.8	18	630.3	22	4.7	11
云南	Yunnan	7220.1	24	12.3	22	1105.8	16	4.0	21
西藏	Tibet	507.5	31	12.3	22	68.1	31	3.1	29
陕西	Shaanxi	10021.5	17	14.5	8	988.5	20	5.8	7
甘肃	Gansu	4119.5	27	11.7	28	599.0	23	5.5	10
青海	**Qinghai**	**1350.4**	**30**	**15.3**	**4**	**134.9**	**28**	**5.9**	**6**
宁夏	Ningxia	1643.4	29	13.4	17	160.3	26	7.0	1
新疆	Xinjiang	5418.8	25	10.6	29	1078.6	18	4.5	14

24–2 全国各地区第二、三产业增加值和增长率及排序(2010年)

Value-added of Secondary and Tertiary Industry and Their Growth Rate Orders by Region of the Whole Country (2010)

单位：亿元、% (100 million yuan，%)

省(市、区)	Region	第二产业增加值 Value Added of the Secondary Industry				第三产业增加值 Value Added of the Tertiary Industry			
		数量 Number	位次 Rank	增长率 Increase Rate	位次 Rank	数量 Number	位次 Rank	增长率 Increase Rate	位次 Rank
全国	**National Total**	**186480.9**		**12.2**		**171005.4**		**9.5**	
北京	Beijing	3323.1	23	13.6	26	10330.5	5	9.1	29
天津	Tianjin	4837.6	19	20.2	6	4121.8	16	14.2	2
河北	Hebei	10705.7	6	13.4	27	6928.6	7	13.1	4
山西	Shanxi	5161.2	17	18.6	11	3363.4	19	9.1	29
内蒙古	Inner Mongolia	6365.8	14	18.2	14	4187.8	14	12.1	9
辽宁	Liaoning	9872.3	7	16.7	17	6774.9	8	12.2	8
吉林	Jilin	4417.4	21	18.9	10	3109.5	21	10.4	22
黑龙江	Heilongjiang	5100.1	18	14.4	24	3832.6	17	11.6	14
上海	Shanghai	7140.0	12	16.8	16	9618.3	6	5.0	31
江苏	Jiangsu	21753.9	2	13.0	29	16609.8	2	13.1	4
浙江	Zhejiang	14121.3	4	12.3	31	11744.8	4	12.1	9
安徽	Anhui	6391.0	13	20.7	4	4143.3	15	10.0	25
福建	Fujian	7365.5	10	18.5	12	5628.0	13	9.7	28
江西	Jiangxi	5194.7	16	18.3	13	3034.4	22	10.8	20
山东	Shandong	21398.9	3	13.4	27	14429.0	3	13.0	6
河南	Henan	13226.8	5	14.8	22	6452.6	9	10.5	21
湖北	Hubei	7764.7	9	21.1	3	5894.4	11	10.1	23
湖南	Hunan	7313.6	11	20.2	6	6249.1	10	11.5	16
广东	Guangdong	22918.1	1	14.5	23	20267.9	1	10.1	23
广西	Guangxi	4510.8	20	20.5	5	3321.2	20	11.1	18
海南	Hainan	566.6	30	19.2	9	946.3	28	19.6	1
重庆	Chongqing	4356.4	22	22.7	1	2852.4	24	12.4	7
四川	Sichuan	8565.2	8	22.0	2	5850.4	12	10.0	25
贵州	Guizhou	1800.1	27	16.6	18	2163.6	25	12.1	9
云南	Yunnan	3223.9	24	15.8	20	2890.4	23	11.5	16
西藏	Tibet	163.9	31	14.1	25	275.4	31	13.7	3
陕西	Shaanxi	5403.5	15	18.0	15	3629.6	18	11.7	13
甘肃	Gansu	1985.0	26	15.3	21	1535.5	27	9.8	27
青海	**Qinghai**	**744.6**	**29**	**19.3**	**8**	**470.9**	**30**	**12.1**	**9**
宁夏	Ningxia	833.2	28	16.0	19	650.0	29	11.6	14
新疆	Xinjiang	2533.7	25	12.6	30	1806.5	26	10.9	19

24−3 第六次全国人口普查主要数据

Major Data of the Sixth National Population Census

单位：万人、%　　(10 000 persons，%)

省(市、区)	Region	常住人口 Total Population		男 Male	比重 %	女 Female	比重 %	性别比(女=100) Sex Ratio Female=100
		数量 Number	位次 Rank					
全　国	**National Average or Total**	**133972.5**		**68685.3**	**51.27**	**65287.2**	**48.73**	**105.20**
北　京	Beijing	1961.2	26	1012.6	51.60	948.6	48.40	106.80
天　津	Tianjin	1293.8	27	690.7	53.38	603.1	46.62	114.53
河　北	Hebei	7185.4	6	3643.0	50.70	3542.4	49.30	102.84
山　西	Shanxi	3571.2	18	1833.9	51.35	1737.3	48.65	105.56
内蒙古	Inner Mongolia	2470.6	23	1283.2	51.94	1187.4	48.06	108.05
辽　宁	Liaoning	4374.6	14	2214.8	50.63	2159.9	49.37	102.54
吉　林	Jilin	2746.2	21	1391.2	50.66	1355.0	49.34	102.67
黑龙江	Heilongjiang	3831.2	15	1946.0	50.79	1885.2	49.21	103.22
上　海	Shanghai	2301.9	24	1185.5	51.50	1116.4	48.50	106.18
江　苏	Jiangsu	7866.0	5	3964.5	50.40	3901.5	49.60	101.61
浙　江	Zhejiang	5442.7	10	2796.6	51.38	2646.1	48.62	105.69
安　徽	Anhui	5950.1	8	3024.6	50.83	2925.5	49.17	103.39
福　建	Fujian	3689.4	17	1898.1	51.45	1791.3	48.55	105.96
江　西	Jiangxi	4456.7	13	2308.5	51.80	2148.3	48.20	107.46
山　东	Shandong	9579.3	2	4844.7	50.57	4734.6	49.43	102.33
河　南	Henan	9402.4	3	4749.0	50.51	4653.4	49.49	102.06
湖　北	Hubei	5723.8	9	2939.3	51.35	2784.5	48.65	105.56
湖　南	Hunan	6568.4	7	3376.8	51.41	3191.5	48.59	105.81
广　东	Guangdong	10430.3	1	5439.7	52.15	4990.6	47.85	109.00
广　西	Guangxi	4602.7	11	2392.6	51.98	2210.1	48.02	108.26
海　南	Hainan	867.2	28	456.0	52.59	411.2	47.41	110.90
重　庆	Chongqing	2884.6	20	1459.6	50.60	1425.0	49.40	102.43
四　川	Sichuan	8041.8	4	4083.1	50.77	3958.7	49.23	103.14
贵　州	Guizhou	3474.6	19	1795.1	51.66	1679.5	48.34	106.89
云　南	Yunnan	4596.6	12	2385.0	51.89	2211.6	48.11	107.84
西　藏	Tibet	300.2	31	154.3	51.38	146.0	48.62	105.69
陕　西	Shaanxi	3732.7	16	1928.7	51.67	1804.0	48.33	106.92
甘　肃	Gansu	2557.5	22	1306.4	51.08	1251.1	48.92	104.42
青　海	**Qinghai**	**562.7**	**30**	**291.4**	**51.78**	**271.3**	**48.22**	**107.40**
宁　夏	Ningxia	630.1	29	322.9	51.24	307.2	48.76	105.09
新　疆	Xinjiang	2181.3	25	1119.0	51.30	1062.3	48.70	105.34

注：1. 全国总人口数据包括中国人民解放军现役军人数，不包括香港、澳门特别行政区和台湾地区数据；分省数据中未包括中国人民解放军现役军人数。

2. 本表数据为第六次人口普查时点数据。

a) Nationa Total Population includeds the number of the Chinese People's Liberation Army veterans, and don't include the population of Hong Kong and Macao Special Administrative Region and Taiwan. Provincial population don't include the Number of the Chinese People's Liberation Army veterans.

b) Data in this table are time points of the Sixth National Population Census in 2010.

24-4 全国各地区农业总产值和增长率及排序(2010年)

Gross Agricultural Value and Its Growth Rate and Order by Region of the Whole Country (2010)

单位：亿元、%　　　　(100 million yuan, %)

省(市、区)	Region	农林牧渔业总产值 Gross Output Value of Farming,Forestry, Animal Husbandry and Fishery				农业产值 Farming		牧业产值 Animal Husbandry	
		数量 Number	位次 Rank	增长率 Increase Rate	位次 Rank	数量 Number	位次 Rank	数量 Number	位次 Rank
全国	**National Total**	**69319.8**		**4.4**		**36941.1**		**20825.7**	
北京	Beijing	328.0	26	-1.7	30	154.2	29	139.6	26
天津	Tianjin	317.3	27	3.5	25	168.3	27	87.5	28
河北	Hebei	4309.4	3	3.5	25	2470.1	3	1443.8	4
山西	Shanxi	1047.8	22	6.2	3	669.0	22	250.8	23
内蒙古	Inner Mongolia	1843.6	18	6.2	3	900.4	18	822.4	14
辽宁	Liaoning	3106.5	9	5.8	7	1140.3	13	1270.6	5
吉林	Jilin	1850.3	16	3.6	23	866.9	19	831.5	13
黑龙江	Heilongjiang	2536.3	12	5.8	7	1369.2	11	965.8	7
上海	Shanghai	287.0	29	-5.1	31	155.3	28	62.9	30
江苏	Jiangsu	4297.1	4	4.4	19	2269.6	4	923.3	10
浙江	Zhejiang	2172.9	14	2.9	29	1041.3	15	448.4	17
安徽	Anhui	2955.4	10	4.5	16	1544.4	9	865.0	12
福建	Fujian	2307.1	13	3.5	25	976.6	16	380.3	19
江西	Jiangxi	1900.6	15	4.0	22	801.4	20	584.1	16
山东	Shandong	6650.9	1	3.6	23	3670.1	1	1774.5	2
河南	Henan	5734.2	2	4.6	15	3540.8	2	1805.9	1
湖北	Hubei	3502.0	8	4.5	16	1921.7	7	925.0	9
湖南	Hunan	3787.5	6	4.3	20	2059.6	6	1118.2	6
广东	Guangdong	3754.9	7	4.3	20	1760.2	8	947.2	8
广西	Guangxi	2721.0	11	4.7	13	1339.6	12	870.7	11
海南	Hainan	821.3	25	6.1	5	341.7	25	158.6	25
重庆	Chongqing	1021.1	23	5.9	6	623.3	23	326.6	21
四川	Sichuan	4081.8	5	4.5	16	2069.3	5	1705.2	3
贵州	Guizhou	997.8	24	5.2	11	587.3	24	304.2	22
云南	Yunnan	1810.5	19	4.7	13	925.6	17	588.8	15
西藏	Tibet	100.8	31	3.5	25	46.1	31	48.9	31
陕西	Shaanxi	1666.1	20	5.8	7	1107.2	14	435.0	18
甘肃	Gansu	1057.0	21	5.7	10	757.6	21	181.8	24
青海	**Qinghai**	**201.3**	**30**	**6.7**	**2**	**92.1**	**30**	**101.5**	**27**
宁夏	Ningxia	305.9	28	7.8	1	195.1	26	82.1	29
新疆	Xinjiang	1846.2	17	4.9	12	1376.9	10	375.8	20

注：本表绝对数按当年价格计算，增长速度按可比价格计算。

a) Level in this table are calculated at current prices, while growth are calculated at constant prices.

24–5 全国各地区主要农产品产量及排序(2010年)
Output of Main Agricultural Products and Its Order by Region of the Whole Country (2010)

单位：万吨 (10 000 tons)

省(市、区)	Region	粮食产量 Output Grain 数量 Number	粮食产量 位次 Rank	油料产量 Output of Oil-bearing Crops 数量 Number	油料产量 位次 Rank	肉类产量 Output of Meat 数量 Number	肉类产量 位次 Rank	奶类产量 Output of Milk 数量 Number	奶类产量 位次 Rank
全　国	**National Total**	**54647.7**		**3230.1**		**7925.8**		**3748.0**	
北　京	Beijing	115.7	29	1.6	30	46.3	26	64.1	13
天　津	Tianjin	159.7	27	0.6	31	42.6	27	69.3	12
河　北	Hebei	2975.9	7	140.3	8	416.7	6	449.1	3
山　西	Shanxi	1085.1	21	17.6	26	72.4	24	74.9	10
内蒙古	Inner Mongolia	2158.2	11	128.1	9	238.7	15	945.7	1
辽　宁	Liaoning	1765.4	13	99.6	11	406.7	7	126.7	8
吉　林	Jilin	2842.5	9	70.4	13	238.9	14	44.6	16
黑龙江	Heilongjiang	5012.8	2	27.5	23	197.9	16	558.8	2
上　海	Shanghai	118.4	28	2.3	29	26.2	29	24.7	21
江　苏	Jiangsu	3235.1	4	152.0	7	365.8	11	57.3	14
浙　江	Zhejiang	770.7	23	39.5	20	175.1	20	20.3	23
安　徽	Anhui	3080.5	6	227.6	5	376.9	10	20.5	22
福　建	Fujian	661.9	24	26.6	24	180.2	18	15.7	24
江　西	Jiangxi	1954.7	12	107.6	10	289.9	13	11.9	26
山　东	Shandong	4335.7	3	342.2	2	704.4	1	271.6	5
河　南	Henan	5437.1	1	540.7	1	638.4	3	307.9	4
湖　北	Hubei	2315.8	10	311.8	3	379.3	9	30.4	18
湖　南	Hunan	2847.5	8	195.3	6	494.8	4	7.8	29
广　东	Guangdong	1316.5	16	88.2	12	441.1	5	14.5	25
广　西	Guangxi	1412.3	15	45.8	18	387.8	8	8.2	27
海　南	Hainan	180.4	26	9.5	27	68.5	25	0.2	31
重　庆	Chongqing	1156.1	19	44.4	19	192.5	17	8.0	28
四　川	Sichuan	3222.9	5	268.5	4	656.6	2	70.3	11
贵　州	Guizhou	1112.3	20	60.3	16	179.1	19	4.6	30
云　南	Yunnan	1531.0	14	34.2	22	321.4	12	54.1	15
西　藏	Tibet	91.2	31	5.9	28	25.0	31	29.4	19
陕　西	Shaanxi	1164.9	18	56.1	17	102.6	22	177.6	6
甘　肃	Gansu	958.3	22	64.1	15	84.4	23	36.3	17
青　海	**Qinghai**	**102.0**	**30**	**34.4**	**21**	**28.3**	**28**	**26.3**	**20**
宁　夏	Ningxia	356.5	25	20.8	25	25.7	30	84.5	9
新　疆	Xinjiang	1170.7	17	66.6	14	121.7	21	132.8	7

24–6 全国各地区工业企业主要产品产量及排序(2010年)
Output of Major Industrial Products and Its Order by Region of the Whole Country (2010)

省(市、区) Region	农用化肥(万吨) Chemical Fertilizers (10 000 tons)		发电量(亿千瓦小时) Electricity (100 million km·h)		粗钢(万吨) Crude Steel (10 000 tons)		水泥(万吨) Cement (10 000 tons)	
	数量 Number	位次 Rank	数量 Number	位次 Rank	数量 Number	位次 Rank	数量 Number	位次 Rank
全国 National Total	**6740.6**		**42065.4**		**62695.9**		**188000.0**	
北京 Beijing	0.2	30	269.0	29	427.5	26	1049.0	27
天津 Tianjin	1.5	29	589.1	25	2162.1	9	809.7	29
河北 Hebei	174.4	14	1993.2	9	14458.8	1	12594.3	4
山西 Shanxi	331.8	8	2151.0	7	3048.7	5	3297.7	22
内蒙古 Inner Mongolia	180.1	13	2483.9	5	1232.8	16	5370.3	16
辽宁 Liaoning	71.5	21	1295.1	15	5202.4	4	4777.1	17
吉林 Jilin	27.3	27	604.6	24	827.2	20	3974.6	19
黑龙江 Heilongjiang	64.9	23	776.7	21	652.7	23	3507.2	21
上海 Shanghai	2.5	28	876.2	19	2214.3	8	670.8	30
江苏 Jiangsu	242.0	11	3359.2	1	6242.8	2	15647.5	1
浙江 Zhejiang	32.7	26	2567.8	4	1228.5	17	11275.3	7
安徽 Anhui	255.5	10	1443.9	11	1853.8	10	7873.7	10
福建 Fujian	57.9	25	1356.3	14	1086.9	19	5793.2	13
江西 Jiangxi	113.4	16	664.4	23	1834.0	11	6220.5	12
山东 Shandong	976.9	1	3042.7	3	5256.1	3	14749.2	2
河南 Henan	415.6	4	2191.9	6	2327.4	7	11479.7	6
湖北 Hubei	891.8	2	2043.0	8	2498.7	6	8982.9	8
湖南 Hunan	355.9	7	1226.2	16	1766.5	12	8701.2	9
广东 Guangdong	62.2	24	3237.0	2	1239.3	15	11536.7	5
广西 Guangxi	85.6	18	1031.8	18	1201.2	18	7455.5	11
海南 Hainan	66.6	22	152.6	30			1264.1	26
重庆 Chongqing	180.2	12	504.3	27	456.1	25	4598.0	18
四川 Sichuan	510.2	3	1799.4	10	1581.0	13	13227.6	3
贵州 Guizhou	384.9	5	1385.6	12	360.5	27	3694.8	20
云南 Yunnan	362.1	6	1364.8	13	1293.8	14	5605.4	14
西藏 Tibet			21.0	31			219.1	31
陕西 Shaanxi	82.7	19	1112.3	17	604.8	24	5463.8	15
甘肃 Gansu	80.9	20	791.5	20	662.3	22	2414.1	23
青海 Qinghai	**312.6**	**9**	**468.2**	**28**	**137.3**	**28**	**811.1**	**28**
宁夏 Ningxia	95.1	17	587.1	26			1357.5	25
新疆 Xinjiang	158.3	15	675.7	22	807.9	21	2374.1	24

24-7 全国各地区工业增加值、利润总额、总资产贡献率及排序(2010年)

Value-added, Total Profits and General Capital Contribution of Industry and Their Orders by Region of the Whole Country (2010)

单位：亿元 (100 million yuan)

省(市、区)	Region	工业增加值 Value-added of Industry		利润总额 Total Profits		总资产贡献率 Ration of Total Assets to Industrial Output Value	
		数量 Number	位次 Rank	数量 Number	位次 Rank	(%) (%)	位次 Rank
全国	**National Total**	**160030.0**		**38827.9**		**14.9**	
北京	Beijing	2701.6	23	881.3	16	7.9	30
天津	Tianjin	4410.7	18	1035.0	14	13.7	15
河北	Hebei	9554.0	6	1538.8	7	13.6	16
山西	Shanxi	4586.4	15	756.0	18	11.1	27
内蒙古	Inner Mongolia	5618.4	13	1074.3	12	16.1	9
辽宁	Liaoning	8684.7	7	1271.8	8	11.7	26
吉林	Jilin	3833.5	21	743.3	19	16.1	9
黑龙江	Heilongjiang	4505.0	17	983.7	15	22.2	2
上海	Shanghai	6456.8	10	2033.8	6	14.3	13
江苏	Jiangsu	19265.9	2	4727.4	2	15.1	12
浙江	Zhejiang	12483.6	4	2596.6	5	12.2	23
安徽	Anhui	5364.5	14	693.8	22	12.1	24
福建	Fujian	6242.3	12	1054.7	13	13.9	14
江西	Jiangxi	4359.2	19	702.8	21	19.0	7
山东	Shandong	19026.1	3	5389.4	1	21.2	3
河南	Henan	11950.8	5	2748.2	4	23.5	1
湖北	Hubei	6726.5	9	1077.7	11	13.2	18
湖南	Hunan	6275.1	11	761.2	17	19.3	6
广东	Guangdong	21374.8	1	3713.7	3	13.0	21
广西	Guangxi	3860.5	20	394.0	23	13.1	20
海南	Hainan	380.8	30	117.3	29	19.6	5
重庆	Chongqing	3697.8	22	392.4	24	12.1	24
四川	Sichuan	7326.4	8	1181.2	9	13.5	17
贵州	Guizhou	1516.9	27	229.8	26	12.8	22
云南	Yunnan	2606.0	24	378.0	25	15.9	11
西藏	Tibet	39.7	31	9.4	31	6.1	31
陕西	Shaanxi	4516.4	16	1145.9	10	17.7	8
甘肃	Gansu	1602.9	26	193.4	27	10.5	28
青海	**Qinghai**	**613.7**	**29**	**165.7**	**28**	**13.2**	**18**
宁夏	Ningxia	648.5	28	102.8	30	9.0	29
新疆	Xinjiang	2105.0	25	734.7	20	20.2	4

注：1、工业增加值为全部工业企业，其余指标口径为规模以上工业企业。
2、本表中利润总额与总资产贡献率为2010年1—11月快报数据。

a)The caliber of indicator Value-added of Industry statatistics is total of all industrial enterprises, it of other indicators is total of industrial enterprises above designated size.

b)Total Profits and Ration of Total Assets to Industrial Output Value in this table are fast report from January to November 2010.

24–8 全国各地区工业资产负债率、周转次数、产销率及排序(2010年)
Debt-to-asset Ratio, Turnover and Product Sales Ratio and Their Orders by Region of the Whole Country (2010)

省(市、区)	Region	资产负债率 Assets-Liability Ratio		流动资产周转次数 Number of Annual of Turnover Working Capitals		产品销售率 Proportion of Products Sold	
		(%) (%)	位次 Rank	(次) (times)	位次 Rank	(%) (%)	位次 Rank
全国	**National Average**	**58.75**		**2.73**		**97.69**	
北京	Beijing	52.43	28	1.74	27	98.78	3
天津	Tianjin	64.01	5	2.51	17	98.16	9
河北	Hebei	62.06	8	3.26	6	97.44	16
山西	Shanxi	66.33	1	1.68	30	95.62	26
内蒙古	Inner Mongolia	61.85	10	2.84	8	96.86	21
辽宁	Liaoning	59.76	16	2.94	7	97.54	15
吉林	Jilin	51.90	29	3.45	5	98.19	8
黑龙江	Heilongjiang	57.01	20	2.35	18	95.84	25
上海	Shanghai	52.68	27	2.20	21	98.99	1
江苏	Jiangsu	58.26	19	2.78	11	98.38	6
浙江	Zhejiang	61.15	13	1.93	23	97.37	17
安徽	Anhui	61.31	12	2.84	8	97.37	17
福建	Fujian	53.70	26	2.84	8	97.63	12
江西	Jiangxi	56.07	23	4.37	1	98.92	2
山东	Shandong	55.46	25	4.08	2	98.47	5
河南	Henan	56.45	21	3.92	4	98.21	7
湖北	Hubei	59.62	17	2.62	15	97.32	19
湖南	Hunan	60.85	14	4.01	3	98.54	4
广东	Guangdong	59.77	15	2.66	13	96.88	20
广西	Guangxi	63.49	6	2.70	12	96.08	24
海南	Hainan	55.70	24	2.34	19	97.57	14
重庆	Chongqing	61.82	11	2.58	16	97.77	10
四川	Sichuan	61.91	9	2.66	13	97.60	13
贵州	Guizhou	65.96	3	1.82	25	95.15	28
云南	Yunnan	59.45	18	1.70	28	94.47	30
西藏	Tibet	30.43	31	0.78	31	93.30	31
陕西	Shaanxi	56.23	22	1.80	26	96.57	23
甘肃	Gansu	62.27	7	2.16	22	94.99	29
青海	**Qinghai**	**64.12**	**4**	**1.89**	**24**	**97.66**	**11**
宁夏	Ningxia	66.02	2	1.70	28	95.62	26
新疆	Xinjiang	51.81	30	2.31	20	96.65	22

注：本表为2010年1—11月快报数据。
a) Data in this table are fast report from January to November 2010.

24–9 全国各地区固定资产投资和增长率及排序(2010年)

Investment in Fixed Assets and Its Growth Rate and Order by Region of the Whole Country (2010)

单位：亿元、%　　(100 million yuan, %)

省(市、区)	Region	全社会固定资产投资 Total Investment in Fixed Assets in the Whole Country 数量 Number	位次 Rank	增长率 Increase Rate	位次 Rank	城镇固定资产投资 Urban Area 数量 Number	位次 Rank	农村固定资产投资 Rural Area 数量 Number	位次 Rank
全　国	**National Total**	**278139.8**		**23.8**		**241414.9**		**36724.9**	
北　京	Beijing	5403.0	23	17.0	28	4916.5	23	486.4	19
天　津	Tianjin	6278.6	20	32.5	6	5896.5	20	382.1	24
河　北	Hebei	15082.5	6	22.9	18	12921.8	5	2160.7	6
山　西	Shanxi	6063.2	21	22.7	20	5526.6	21	536.6	15
内蒙古	Inner Mongolia	8929.9	12	21.7	25	8699.2	10	230.7	27
辽　宁	Liaoning	16043.0	4	30.5	9	15106.3	3	936.7	10
吉　林	Jilin	7870.4	16	22.8	19	7395.2	15	475.2	22
黑龙江	Heilongjiang	6812.6	18	35.5	1	6292.7	18	519.9	17
上　海	Shanghai	5108.9	24	1.3	31	4630.5	24	478.4	20
江　苏	Jiangsu	23186.8	2	22.4	22	17418.9	2	5767.8	1
浙　江	Zhejiang	12488.1	8	16.3	29	8525.4	12	3962.6	3
安　徽	Anhui	11543.4	9	28.4	12	10281.8	8	1261.7	8
福　建	Fujian	8198.5	14	31.6	8	7385.2	16	813.3	13
江　西	Jiangxi	8775.5	13	32.1	7	7856.7	13	918.8	11
山　东	Shandong	23282.9	1	22.3	23	18846.8	1	4436.1	2
河　南	Henan	16585.9	3	21.0	26	13934.8	4	2651.0	5
湖　北	Hubei	10262.7	10	30.5	9	9405.6	9	857.1	12
湖　南	Hunan	9663.8	11	25.4	16	8618.2	11	1045.6	9
广　东	Guangdong	15624.0	5	20.8	27	12599.7	6	3024.4	4
广　西	Guangxi	7057.6	17	34.8	2	6383.3	17	674.3	14
海　南	Hainan	1317.0	29	33.3	5	1257.5	29	59.5	30
重　庆	Chongqing	6692.4	19	28.3	13	6170.6	19	521.8	16
四　川	Sichuan	13119.5	7	15.4	30	11062.2	7	2057.3	7
贵　州	Guizhou	3104.9	27	28.7	11	2609.4	27	495.6	18
云　南	Yunnan	5528.7	22	22.1	24	5052.6	22	476.1	21
西　藏	Tibet	463.3	31	22.5	21	405.4	31	57.8	31
陕　西	Shaanxi	7964.4	15	27.5	15	7570.7	14	393.8	23
甘　肃	Gansu	3158.3	26	33.7	4	2808.6	26	349.8	26
青　海	**Qinghai**	**1018.7**	**30**	**27.6**	**14**	**840.0**	**30**	**178.7**	**28**
宁　夏	Ningxia	1444.2	28	34.2	3	1292.8	28	151.4	29
新　疆	Xinjiang	3392.7	25	24.5	17	3028.9	25	363.8	25

24−10 全国各地区建筑业产值和面积及排序(2010年)

Output Value and Area of Construction and Its Order by Region of the Whole Country (2010)

单位：亿元、万平方米 (100 million yuan, 10 000 sq.m)

省(市、区) Region	建筑业总产值 Gross Output Value		施工面积 Floor Space of Buildings Under Construction		竣工面积 Floor Space of Buildings Completed	
	数量 Number	位次 Rank	数量 Number	位次 Rank	数量 Number	位次 Rank
全国 National Total	**95205.8**		**700572.4**		**259978.7**	
北京 Beijing	5196.0	4	29440.4	5	5933.2	16
天津 Tianjin	2473.3	17	7420.1	20	2166.3	25
河北 Hebei	3210.8	11	23320.2	13	8345.7	11
山西 Shanxi	2083.3	18	6949.3	22	2204.5	24
内蒙古 Inner Mongolia	1098.1	24	7270.1	21	3192.5	21
辽宁 Liaoning	4693.3	5	26833.4	9	10720.1	7
吉林 Jilin	1348.8	22	5673.4	26	3710.2	19
黑龙江 Heilongjiang	1767.2	19	6896.1	23	3137.3	22
上海 Shanghai	4298.1	8	22092.7	14	6026.0	15
江苏 Jiangsu	12323.6	1	118534.3	2	45929.3	1
浙江 Zhejiang	11860.0	2	123838.6	1	44298.8	2
安徽 Anhui	2871.1	14	23376.9	12	9879.4	9
福建 Fujian	2852.0	15	26441.2	10	7825.4	12
江西 Jiangxi	1677.0	20	13438.9	16	6345.5	14
山东 Shandong	5495.1	3	44970.3	3	17813.4	3
河南 Henan	4399.8	7	28538.2	7	12179.2	5
湖北 Hubei	4231.7	9	24587.7	11	12790.1	4
湖南 Hunan	3135.0	12	27503.0	8	9984.4	8
广东 Guangdong	4500.6	6	32137.6	4	9051.8	10
广西 Guangxi	1212.5	23	10508.3	18	3921.0	18
海南 Hainan	198.4	30	1413.3	29	488.4	29
重庆 Chongqing	2498.4	16	19084.8	15	7598.6	13
四川 Sichuan	4147.7	10	29086.0	6	11492.4	6
贵州 Guizhou	618.1	27	5727.1	25	1349.5	27
云南 Yunnan	1496.4	21	8788.7	19	4186.9	17
西藏 Tibet	108.1	31	277.2	31	52.0	31
陕西 Shaanxi	3126.1	13	11760.6	17	3569.3	20
甘肃 Gansu	730.3	26	4825.2	27	1795.9	26
青海 Qinghai	**273.9**	**29**	**695.2**	**30**	**263.1**	**30**
宁夏 Ningxia	342.7	28	2596.9	28	1047.7	28
新疆 Xinjiang	938.5	25	6546.8	24	2681.1	23

24-11 全国各地区消费品零售额和进出口总额及排序(2010年)

Retail Sale of Consumer Goods, Total Value of Imports and Exports and Their Orders by Region of the Whole Country (2010)

单位：亿元、亿美元、% (100 million yuan，USD 100 million，%)

省(市、区)	Region	社会消费品零售总额 Total Retail Sales of Consumer Goods				海关进出口贸易总额 Total Imports and Exports			
		数量 Number	位次 Rank	增长率 Increase Rate	位次 Rank	数量 Number	位次 Rank	增长率 Increase Rate	位次 Rank
全　国	**National Total**	**156998.4**		**18.3**		**29727.6**		**34.7**	
北　京	Beijing	6229.3	10	17.3	27	3014.8	4	40.4	16
天　津	Tianjin	2902.6	23	19.4	2	822.0	8	28.8	26
河　北	Hebei	6821.8	8	18.3	20	419.3	10	41.5	15
山　西	Shanxi	3318.2	18	18.1	25	125.8	22	46.8	11
内蒙古	Inner Mongolia	3384.0	17	18.5	13	87.2	25	28.7	27
辽　宁	Liaoning	6887.6	7	18.5	13	806.7	9	28.2	29
吉　林	Jilin	3504.9	16	18.5	13	168.5	19	43.5	14
黑龙江	Heilongjiang	4039.2	15	18.7	10	255.0	13	57.1	8
上　海	Shanghai	6070.5	11	17.3	27	3688.9	3	32.8	24
江　苏	Jiangsu	13606.8	3	18.5	13	4657.9	2	37.5	17
浙　江	Zhejiang	10245.4	4	18.8	8	2534.7	5	35.0	22
安　徽	Anhui	4197.7	14	19.0	3	242.8	14	54.8	9
福　建	Fujian	5310.0	13	18.5	13	1087.8	7	36.6	18
江　西	Jiangxi	2956.2	21	19.0	3	214.7	15	68.0	4
山　东	Shandong	14620.3	2	18.3	20	1889.5	6	35.9	20
河　南	Henan	8004.2	5	18.6	12	177.9	16	32.0	25
湖　北	Hubei	7013.9	6	18.3	20	259.1	12	50.2	10
湖　南	Hunan	5839.5	12	18.8	8	146.7	20	44.5	12
广　东	Guangdong	17458.4	1	17.2	29	7846.6	1	28.4	28
广　西	Guangxi	3312.0	19	18.7	10	177.0	17	24.2	30
海　南	Hainan	639.3	28	18.9	6	86.3	26	76.9	3
重　庆	Chongqing	2938.6	22	18.5	13	124.3	23	61.1	7
四　川	Sichuan	6810.1	9	18.3	20	327.8	11	35.6	21
贵　州	Guizhou	1482.7	25	18.9	6	31.4	28	36.3	19
云　南	Yunnan	2500.1	24	21.9	1	133.7	21	66.1	5
西　藏	Tibet	185.3	31	18.3	20	8.4	30	107.9	1
陕　西	Shaanxi	3195.7	20	18.4	19	120.8	24	43.7	13
甘　肃	Gansu	1394.5	26	17.9	26	73.3	27	89.6	2
青　海	**Qinghai**	**350.8**	**30**	**16.8**	**30**	**7.9**	**31**	**34.5**	**23**
宁　夏	Ningxia	403.6	29	19.0	3	19.6	29	63.1	6
新　疆	Xinjiang	1375.1	27	16.8	30	171.3	18	22.8	31

24–12 全国各地区全社会客货运量和周转量及排序(2010年)
Freight and Passenger Traffic and Their Turnovers and Orders by Region of the Whole Country (2010)

省(市、区) Region	货运量(万吨) Total Freight Traffic (10 000 tons)		货物周转量(亿吨公里) Total Freight Ton-kilometers (100 million ton-km)		客运量(万人) Total Passenger Traffic (10 000 persons)		旅客周转量(亿人公里) Total Passenger-Kilometers (10 million passenger-km)	
	数 量 Number	位 次 Rank	数 量 Number	位 次 Rank	数 量 Number	位 次 Rank	数 量 Number	位 次 Rank
全 国 National Total	**3241807**		**141838**		**3269508**		**27894**	
北 京 Beijing	21762	29	877	28	135045	9	391	23
天 津 Tianjin	40014	24	10065	3	24525	26	269	26
河 北 Hebei	156596	8	8071	5	90847	14	1173	8
山 西 Shanxi	124367	12	2840	16	38423	24	372	25
内蒙古 Inner Mongolia	137231	10	4713	11	24043	27	389	24
辽 宁 Liaoning	158485	7	9029	4	101525	12	905	11
吉 林 Jilin	40728	23	1282	24	64486	19	477	18
黑龙江 Heilongjiang	59314	20	1826	20	46895	21	503	16
上 海 Shanghai	87256	17	18918	1	10233	30	180	27
江 苏 Jiangsu	179013	5	5589	10	226073	5	1550	4
浙 江 Zhejiang	171037	6	7117	8	226945	4	1251	7
安 徽 Anhui	228104	2	7153	7	159388	7	1478	5
福 建 Fujian	66083	19	2977	13	75798	16	487	17
江 西 Jiangxi	100635	15	2720	17	76447	15	896	12
山 东 Shandong	301313	1	11833	2	249358	2	1658	3
河 南 Henan	202962	3	7202	6	167223	6	1798	2
湖 北 Hubei	93422	16	3097	12	103268	11	1065	10
湖 南 Hunan	149540	9	2927	14	156404	8	1403	6
广 东 Guangdong	192344	4	5711	9	456138	1	2203	1
广 西 Guangxi	115475	13	2927	15	75751	17	879	13
海 南 Hainan	22455	28	995	26	44209	22	155	28
重 庆 Chongqing	81377	18	2016	19	126066	10	461	20
四 川 Sichuan	134306	11	1808	21	241868	3	1066	9
贵 州 Guizhou	39735	25	1006	25	70819	18	475	19
云 南 Yunnan	51564	21	947	27	39407	23	440	21
西 藏 Tibet	982	31	39	31	8165	31	33	31
陕 西 Shaanxi	104414	14	2465	18	93171	13	747	14
甘 肃 Gansu	30270	27	1764	22	53771	20	539	15
青 海 Qinghai	**11057**	**30**	**420**	**30**	**10951**	**29**	**95**	**30**
宁 夏 Ningxia	32325	26	819	29	13560	28	99	29
新 疆 Xinjiang	48459	22	1359	23	31937	25	421	22
不分地区 Not Classified by Region	59181		11327		26769		4039	

注：1.货运不分地区合计中包括铁路行包运输、管道运输企业、民航运输企业及中远集团海外公司完成数。
2.客运不分地区数据为民航完成数。

a)The freight traffic not classified by region refers to railway baggage freight, civil aviation, pipelines and that completed by companies abroad under the China Ocean Shipping (Group) Company.

b)The total passenger traffic not classified by region refers to that completed by civil aviation.

24—13 全国各地区居民消费价格指数及排序(2010年)

Consumer Price Indices and Its order by Region of the Whole Country (2010)

(上年=100) (preceding year=100)

省(市、区) Resion	居民消费价格指数 Consumer Price Indices	位次 Rank	#食品 Food 指数 Indices	位次 Rank	#居住 Residence 指数 Indices	位次 Rank
全国 National Average	**103.3**		**107.2**		**104.5**	
北京 Beijing	102.4	30	105.5	29	105.0	10
天津 Tianjin	103.5	12	108.0	12	102.3	30
河北 Hebei	103.1	18	107.8	15	104.1	15
山西 Shanxi	103.0	23	108.5	5	103.8	18
内蒙古 Inner Mongolia	103.2	14	109.5	2	102.2	31
辽宁 Liaoning	103.0	23	107.9	13	103.4	21
吉林 Jilin	103.7	10	109.2	4	102.4	28
黑龙江 Heilongjiang	103.9	7	108.1	11	105.6	5
上海 Shanghai	103.1	18	107.7	17	103.5	20
江苏 Jiangsu	103.8	8	107.4	20	105.0	10
浙江 Zhejiang	103.8	8	107.3	21	106.0	3
安徽 Anhui	103.1	18	106.6	23	105.5	6
福建 Fujian	103.2	14	107.8	15	105.4	7
江西 Jiangxi	103.0	23	105.6	28	106.9	2
山东 Shandong	102.9	27	108.3	8	103.6	19
河南 Henan	103.5	12	107.9	13	104.3	14
湖北 Hubei	102.9	27	105.8	27	103.4	21
湖南 Hunan	103.1	18	105.4	30	105.1	9
广东 Guangdong	103.1	18	105.9	26	104.8	12
广西 Guangxi	103.0	23	107.1	22	105.7	4
海南 Hainan	104.8	2	107.6	19	109.7	1
重庆 Chongqing	103.2	14	106.5	24	105.4	7
四川 Sichuan	103.2	14	106.1	25	103.1	24
贵州 Guizhou	102.9	27	107.7	17	102.4	28
云南 Yunnan	103.7	10	108.4	7	104.6	13
西藏 Tibet	102.2	31	104.5	31	102.8	25
陕西 Shaanxi	104.0	6	108.5	5	104.0	17
甘肃 Gansu	104.1	4	109.4	3	104.1	15
青海 Qinghai	**105.4**	**1**	**108.3**	**8**	**102.8**	**25**
宁夏 Ningxia	104.1	4	108.3	8	103.4	21
新疆 Xinjiang	104.3	3	110.7	1	102.7	27

24－14　各地区城镇居民人均收支、恩格尔系数及排序(2010年)
Per Capita Annual Income, Expenditure and Engle Coefficient of Urban Households and Their Orders by Region of the Whole Country (2010)

单位：元、%　　(yuan, %)

省(市、区)	Region	可支配收入 Per Capita Annual Disposable Income				消费性支出 Per Capita Annual Consumption Expenditure		恩格尔系数 Engel's Coefficient	
		数量 Number	位次 Rank	增长率 Increase Rate	位次 Rank	数量 Number	位次 Rank	系数 Coefficient	位次 Rank
全　国	**National Average**	**19109.4**		**7.8**		**13471.5**		**35.7**	
北　京	Beijing	29072.9	2	6.2	28	19934.5	2	32.1	28
天　津	Tianjin	24292.6	4	9.6	1	16561.8	5	35.9	19
河　北	Hebei	16263.4	14	7.5	14	10318.3	25	32.3	26
山　西	Shanxi	15647.7	20	8.4	8	9792.7	29	31.2	30
内蒙古	Inner Mongolia	17698.2	10	8.5	6	13994.6	8	30.1	31
辽　宁	Liaoning	17712.6	9	9.3	2	13280.0	10	35.1	21
吉　林	Jilin	15411.5	24	6.4	27	11679.0	15	32.3	26
黑龙江	Heilongjiang	13856.5	28	6.5	25	10683.9	23	35.4	20
上　海	Shanghai	31838.1	1	7.1	21	23200.4	1	33.5	23
江　苏	Jiangsu	22944.3	6	7.7	13	14357.5	7	36.5	15
浙　江	Zhejiang	27359.0	3	6.9	23	17858.2	4	34.3	22
安　徽	Anhui	15788.2	18	8.8	4	11512.6	16	38.0	11
福　建	Fujian	21781.3	7	7.9	11	14750.0	6	39.3	8
江　西	Jiangxi	15481.1	22	7.3	17	10618.7	24	39.5	5
山　东	Shandong	19945.8	8	9.2	3	13118.2	11	32.1	28
河　南	Henan	15930.3	17	7.2	19	10838.5	22	33.0	25
湖　北	Hubei	16058.4	16	8.8	4	11451.0	18	38.7	9
湖　南	Hunan	16565.7	13	6.5	25	11825.3	13	36.5	15
广　东	Guangdong	23897.8	5	7.5	14	18489.5	3	36.5	15
广　西	Guangxi	17063.9	12	7.3	17	11490.1	17	38.1	10
海　南	Hainan	15581.1	21	8.5	6	10926.7	21	44.8	2
重　庆	Chongqing	17532.4	11	7.8	12	13335.0	9	37.6	12
四　川	Sichuan	15461.2	23	8.1	10	12105.1	12	39.5	5
贵　州	Guizhou	14142.7	27	6.6	24	10058.3	27	39.9	4
云　南	Yunnan	16064.5	15	7.2	19	11074.1	20	41.5	3
西　藏	Tibet	14980.5	26	8.2	9	9685.5	30	50.0	1
陕　西	Shaanxi	15695.2	19	7.1	21	11821.9	14	37.1	14
甘　肃	Gansu	13188.6	31	5.9	29	9895.4	28	37.4	13
青　海	**Qinghai**	**13855.0**	**29**	**3.8**	**31**	**9613.8**	**31**	**39.4**	**7**
宁　夏	Ningxia	15344.5	25	5.5	30	11334.4	19	33.2	24
新　疆	Xinjiang	13643.8	30	7.4	16	10197.1	26	36.2	18

注：本表绝对数按当年价格计算，增长速度按可比价格计算。
a) Level in this table are calculated at current prices, while growth are calculated at constant prices.

24—15 全国各地区农村居民人均收支、恩格尔系数及排序(2010年)

Per Capita Annual Income, Expenditure and Engle Coefficient of Rural Households and Their Orders by Region of the Whole Country (2010)

单位：元、%　　(yuan，%)

省(市、区)	Region	纯收入 Per Capita Annual Net Income		生活消费性支出 Per Capita Annual Living Expenditure		现金支出 Cash Expenditure		恩格尔系数 Engel's Coefficient	
		数量 Number	位次 Rank	数量 Number	位次 Rank	数量 Number	位次 Rank	系数 Coefficient	位次 Rank
全国	**National Average**	**5919.0**		**4381.8**		**6307.4**		**41.1**	
北京	Beijing	13262.3	2	9254.8	2	11753.2	3	32.4	31
天津	Tianjin	10074.9	4	4936.7	7	8211.2	8	41.7	14
河北	Hebei	5958.0	12	3844.9	19	6011.1	15	35.1	27
山西	Shanxi	4736.3	22	3663.9	23	5170.0	22	37.5	21
内蒙古	Inner Mongolia	5529.6	16	4460.8	10	8093.0	9	37.5	21
辽宁	Liaoning	6907.9	9	4489.5	9	8937.5	5	38.2	18
吉林	Jilin	6237.4	10	4147.4	13	8646.2	6	36.7	26
黑龙江	Heilongjiang	6210.7	11	4391.2	11	10535.6	4	33.8	30
上海	Shanghai	13978.0	1	10210.5	1	11799.1	2	37.3	24
江苏	Jiangsu	9118.2	5	6542.9	4	8587.3	7	38.1	20
浙江	Zhejiang	11302.6	3	8928.9	3	13374.7	1	34.2	28
安徽	Anhui	5285.2	18	4013.3	15	5377.4	18	40.7	15
福建	Fujian	7426.9	7	5498.3	6	6868.0	12	46.1	11
江西	Jiangxi	5788.6	14	3911.6	17	5219.1	21	46.3	9
山东	Shandong	6990.3	8	4807.2	8	7589.5	10	37.5	21
河南	Henan	5523.7	17	3682.2	22	5326.9	19	37.2	25
湖北	Hubei	5832.3	13	4090.8	14	5294.4	20	43.1	13
湖南	Hunan	5622.0	15	4310.4	12	5567.8	16	48.4	4
广东	Guangdong	7890.3	6	5515.6	5	6530.9	13	47.7	7
广西	Guangxi	4543.4	25	3455.3	26	4475.6	24	48.5	3
海南	Hainan	5275.4	20	3446.2	27	4369.0	25	50.0	1
重庆	Chongqing	5276.7	19	3624.6	24	4313.9	27	48.3	5
四川	Sichuan	5086.9	21	3897.5	18	5003.4	23	48.3	5
贵州	Guizhou	3471.9	30	2852.5	30	3339.5	30	46.3	9
云南	Yunnan	3952.0	28	3398.3	28	4293.2	28	47.2	8
西藏	Tibet	4138.7	26	2666.9	31	2622.4	31	49.7	2
陕西	Shaanxi	4105.0	27	3793.8	20	5562.3	17	34.2	28
甘肃	Gansu	3424.7	31	2942.0	29	3734.5	29	44.7	12
青海	**Qinghai**	**3862.7**	**29**	**3774.5**	**21**	**4333.1**	**26**	**38.2**	18
宁夏	Ningxia	4674.9	23	4013.2	16	6129.5	14	38.4	17
新疆	Xinjiang	4642.7	24	3457.9	25	7464.2	11	40.3	16

24–16　全国各地区旅游情况及排序(2010年)

Basic Statistics on Tourism and Its Order by Region of the Whole Country (2010)

省(市、区)	Region	入境旅游人数(万人次) Number of Overseas Visitor Arrivals (10 000 person-times)		#外国人(万人次) Foreigners (10 000 person-times)		国际旅游创汇总额(亿美元) Foreign Exchange Earnings form International Tourism (100 million USD)	
		数量 Number	位次 Rank	数量 Number	位次 Rank	数量 Number	位次 Rank
全　国	**National Average**	**13376.2**		**2612.7**		**458.1**	
北　京	Beijing	490.1	5	421.6	5	50.45	3
天　津	Tianjin	166.1	16	153.0	11	14.20	9
河　北	Hebei	97.7	23	85.3	20	3.51	22
山　西	Shanxi	130.3	20	82.1	21	4.65	20
内蒙古	Inner Mongolia	142.8	18	140.0	13	6.02	18
辽　宁	Liaoning	361.8	8	307.0	6	22.59	7
吉　林	Jilin	82.0	24	72.2	23	3.05	25
黑龙江	Heilongjiang	172.4	15	164.8	9	7.63	14
上　海	Shanghai	733.7	2	593.1	2	63.41	2
江　苏	Jiangsu	653.5	4	473.5	3	47.83	4
浙　江	Zhejiang	684.7	3	447.4	4	39.30	5
安　徽	Anhui	198.4	12	117.4	15	7.09	16
福　建	Fujian	368.1	6	115.3	16	29.78	6
江　西	Jiangxi	114.0	21	39.9	26	3.46	23
山　东	Shandong	366.8	7	277.9	7	21.55	8
河　南	Henan	146.8	17	96.1	19	4.99	19
湖　北	Hubei	181.7	14	138.5	14	7.51	15
湖　南	Hunan	189.9	13	103.3	18	9.06	12
广　东	Guangdong	3140.9	1	733.3	1	123.83	1
广　西	Guangxi	250.2	10	141.4	12	8.06	13
海　南	Hainan	66.3	25	47.4	24	3.22	24
重　庆	Chongqing	137.0	19	104.0	17	7.03	17
四　川	Sichuan	104.9	22	75.0	22	3.54	21
贵　州	Guizhou	50.0	27	18.6	28	1.30	27
云　南	Yunnan	329.2	9	231.2	8	13.24	10
西　藏	Tibet	22.8	28	21.4	27	1.04	28
陕　西	Shaanxi	212.2	11	155.2	10	10.16	11
甘　肃	Gansu	7.0	29	5.0	29	0.15	30
青　海	**Qinghai**	**4.7**	**30**	**3.4**	**30**	**0.20**	**29**
宁　夏	Ningxia	1.8	31	1.3	31	0.06	31
新　疆	Xinjiang	50.9	26	45.4	25	1.85	26

民族自治地区主要经济指标

Main Economy Indicators in Autonomous Regions

第25篇
CHAPTER 25

25-1 民族自治地区主要经济指标(2010年)
Main Economic Indicators in Autonomous Regions (2010)

指 标	Item	全省总计 Total Province	自治州县合计 Total Autonomous Prefectures and Counties	藏区合计 Total Tibetan-inhabited Areas
人 口(户籍)(万人)	**Population(household registration)(10 000 persons)**			
年末人口	Population at Year-end	549.97	358.84	192.18
#少数民族人口	Population by Ethnic Minorities	268.55	232.08	139.46
#藏族人口	Tibetan Population	135.02	125.26	110.1
农业人口	Agricultural Population	384.49	283.85	138.19
非农业人口	Non-Agricultural Population	165.48	74.99	53.99
生产总值（亿元）	**Gross Regional Product(100 million yuan)**			
生产总值(当年价格)	Gross Regional Product(current prices)	1350.43	775.30	585.88
第一产业	Primary Industry	134.92	108.56	74.62
第二产业	Secondary Industry	744.63	485.76	380.74
工业	Industry	613.65	407.26	318.10
第三产业	Tertiary Industry	470.88	180.98	130.52
生产总值增长速度 (%)	Increment Speed of Gross Regional Product(%)	15.3	16.6	17.1
第一产业	Primary Industry	5.9	6.0	5.5
第二产业	Secondary Industry	19.3	21.5	21.9
第三产业	Tertiary Industry	12.1	9.9	10.5
人均生产总值(元)	Per Capita GDP(yuan)	24115	21544	29653
人均生产总值增长速度(%)	Increment Speed of Per Capita GDP(%)	14.5	14.3	13.5
农村、农业	**Rural and Agriculture**			
乡镇数(个)	Number of Township and Town Governments (unit)	365	308	219
村委会数(个)	Number of Villagers' Committees(unit)	4163	3056	1645
乡村人口（万人）	Number of Rural population(10 000 persons)	378.20	277.97	136.65
乡村从业人员（万人）	Number of Rural Laborers (10 000 persons)	198.34	141.63	67.66
按行业分	By National Economic Sectors			
农林牧渔业	Agriculture, Forestry, Animal Husbandry & Fishery	121.00	94.90	55.20
工业	Industry	13.00	7.89	1.50
建筑业	Construction	25.20	15.12	4.12
交通仓储邮电通讯业	Transport, Storage and Post	7.00	3.92	1.20
信息传输、计算机服务和软件业	Information transmission, Computer services and software industry	0.30	0.19	0.02
批发与零售业	Wholesale and Retail Trades	7.90	4.74	1.38
住宿与餐饮业	Hotels and Catering Services	9.40	6.30	1.27
其他行业	Others	14.50	8.57	2.97
通公路行政村数量(个)	Number of Accessible Village by Highway (unit)	3956	2849	1465
通公路行政村比重(%)	Proportion of Accessible Village by Highway (%)	95.1	99.1	89.1
通电行政村数量(个)	Number of Accessible Village by Electricity (unit)	3662	2553	1142
通电行政村比重(%)	Proportion of Accessible Village by Electricity (%)	88.0	88.8	69.4
通电话行政村数量(个)	Number of Accessible Village by Calls (unit)	3540	2446	1089
通电话行政村比重(%)	Proportion of Accessible Village by Calls (%)	85.0	85.1	66.2
农用机械总动力合计(万千瓦)	Total Agricultural Machinery Power(10 000 kw)	421.30	296.96	141.47
化肥施用量(实物量)(吨)	Consumption of Chemical Fertilizers(ton)	217853	139857	57971
农村用电量(万千瓦时)	Electricity Consumed in Rural Areas (10 000 kwh)	38342	26807	12502

25-1 续表 1 Continued

指 标	Item	全省总计 Total Province	自治州县合计 Total Autonomous Prefectures and Counties	藏区合计 Total Tibetan-inhabited Areas
农作物播种面积(千公顷)	Total Sown Area(1000 hectare)	516.32	402.90	195.57
粮食作物	Grain Crops	274.51	197.63	87.12
油料作物	Oil-bearing Crops	175.05	148.24	72.94
当年造林面积(公顷)	Planting Area in the Current Year(hectare)	33720		
当年出栏牲畜头数(万头只)	Slaughtered Fattened Animals(10 000 heads)			
大牲畜	Large Animals		153.89	132.09
羊	Sheep and Goats		673.20	595.09
猪	Hogs		79.32	14.40
年末牲畜存栏头数	Amount of Livestock on Hand at Year-end			
大牲畜	Large Animals		475.86	429.90
羊	Sheep and Goats		1401.35	1263.64
猪	Hogs		62.73	9.84
主要产品产量(吨)	Output of Farm Products(ton)			
粮 食	Grain		801530	303180
油 料	Oil-bearing Crops		276265	105578
水 果	Fruits	14387	11018	4549
水产品	Aquatic Products	1600	1330	1200
猪 肉	Pork		59088	10942
牛 肉	Beef		125247	101240
羊 肉	Mutton		110409	96907
禽 肉	Poultry	5386	3462	290
奶 类	Milk		319504	243263
山羊毛	Goat Wool		1038	820
绵羊毛	Sheep Wool		15300	13157
山羊绒	Goat Cashmere	417	413	374
禽 蛋	Poultry Eggs		7271	682
农林牧渔业总产值(万元)	Gross Output Value of Agriculture(10 000 yuan)	2013173	1562280	981249
农业增加值	Value-added	1349161	1085627	746218
工业、能源消耗	**Industry and Energy Consumption**			
规模以上工业企业	Number of Industrial Enterprises above			
单位数总计(个)	Designated Size(unit)	555	314	209
按经济类型分类	By Status of Registration			
国有经济及国有控股企业	State-owned Enterprises	135	91	72
中央企业	Central	10	6	2
地方企业	Local	540	85	

注：本表中农作物播种面积、牲畜存栏出栏头数和主要产品产量指标全省总计为抽样调查数，自治州县及藏区使用全面统计数。

a) In this table, indicators such as sown area, slaughtered fattened animals, amount of livestock on hand, output of farm and livestock products, data of total province come from sampling survey, and data of total tibetan-inhabited areas come from complete statistical survey.

25-1 续表2 Continued

指 标	Item	全省总计 Total Province	自治州县合计 Total Autonomous Prefectures and Counties	藏区合计 Total Tibetan-inhabited Areas
集体经济	Collective-owned Enterprises	6	4	2
按轻重工业分	Grouped by Light & Heavy Industries			
轻工业	Light Industry	154	62	38
重工业	Heavy Industry	401	252	171
按规模分	Grouped by Size of Enterprises			
大型企业	Large Enterprises	12	5	2
中型企业	Medium-sized Enterprises	106	52	32
小型企业	Small Enterprises	437	257	175
规模以上工业总产值(万元)	Gross Industrial Output Value(10 000 yuan)	14819893	7165298	5137742
按经济类型分类	By Status of Registration			
国有经济及国有控股企业	State-owned Enterprises	8613605	4449412	3166527
中央企业	Central	3255252	2439728	1744604
地方企业	Local	5358353	2009684	1421923
集体经济	Collective-owned Enterprises	89672	35378	27308
按轻重工业分	Grouped by Light & Heavy Industries			
轻工业	Light Industry	1176739	216439	92150
重工业	Heavy Industry	13643154	6948859	5045592
按规模分	Grouped by Size of Enterprises			
大型企业	Large Enterprises	7602190	3368970	2340458
中型企业	Medium-sized Enterprises	4479514	2413725	1849947
小型企业	Small Enterprises	2738189	1382602	947338
规上工业企业主要经济指标	Industrial Enterprises with Annual Revenue from Principal Business Over 5 Million yuan			
企业单位数(个)	Number of Enterprises (unit)	555	314	209
亏损企业	Loss-making Enterprises	133	80	47
工业总产值(当年价)(万元)	Gross Industrial Output Value (Current Prices)(10 000 yuan)	14819893	7165298	5137742
工业增加值(当年价)(万元)	Value Added of Industry (Current Prices)(10 000 yuan)	5870160	3565452	2916696
工业销售产值(当年价)(万元)	Output Value of Industrial Sales (Current Prices)(10 000 yuan)	14558879	6991161	4970068
年平均从业人数(人)	Average Annual Number of Employed Persons (person)	200893	107020	68747
资产总计(万元)	Total Assets(10 000 yuan)	30536134	14776438	11875546
流动资产合计(万元)	Annual Average Value of Working Capitals(10 000 yuan)	9324211	5452090	4425307
固定资产原值总计(万元)	Original Value of Fixed Assets(10 000 yuan)	20260979	8671181	6553606
固定资产净值(万元)	Annual Average of Net Value of Fixed Assets (10 000 yuan)	14486692	5736053	4437256
主营业务收入(万元)	Revenue from Principal Business(10 000 yuan)	15250844	6489982	4478243
营业利润(万元)	Operating Profit(10 000 yuan)	2116958	1382016	1215677
利润总额	Total Profits(10 000 yuan)	1820167	1415604	1287670
亏损企业亏损额(万元)	Total Loss of Loss-making Enterprises(10 000 yuan)	109248	94917	70732

注：工业增加值为年报数。
a) Value Added of Industry comes from annual report.

25-1 续表3 Continued

指 标	Item	全省总计 Total Province	自治州县合计 Total Autonomous Prefectures and Counties	藏区合计 Total Tibetan-inhabited Areas
应交所得税(万元)	Taxes Payable(10 000 yuan)	185585	140104	117424
主要工业产品产量	Output of Major Industrial Products			
原 煤(万吨)	Coal(10 000 tons)	1863	1863	1263
原 油(万吨)	Crude Oil(10 000 tons)	186	186	186
天然气(万立方米)	Natural Gas(10 000 cu. m)	561017	561017	561017
原 盐(万吨)	Salt(10 000 tons)	124	124	124
水 泥(万吨)	Cement(10 000 tons)	811	625	76
钢(万吨)	Steel(10 000 tons)	137	137	
发电量(万千瓦小时)	Electricity(10 000 kwh)	4571329	4571329	3657064
钾肥(实物量)(吨)	Agricultural Fertilizer of Nitrogen, Phosphorus and Potassium(ton)	5334344	5334344	5334344
规模以上工业综合能源消费量(万吨标准煤)	Comprehensive Energy Consumption of Industrial Enterprises above Designated Size(10 000 ton standard coal)	1253.63	820.96	375.11
规模以上工业综合能源消费量比上年增长(%)	Growth Rate of Comprehensive Energy Consumption of Industrial Enterprises above Designated Size(%)	6.31	-1.99	-3.47
规模以上工业单位增加值能耗(吨标准煤/万元)	Energy Consumption per 10 000 yuan Value Added of Industry (ton standard coal/10 000 yuan)	2.5885		1.8199
规模以上工业单位增加值能耗比上年增长(%)	Growth Rate of Energy Consumption per 10 000 yuan Value Added of Industry(%)	-11.85		-20.29
固定资产投资	Investment in Fixed Assets			
全社会固定资产投资完成额(万元)	Total Investment in Fixed Assets in the Whole Country(10 000 yuan)	10187268	4299038	3422133
按资金来源分	Grouped by Sources of Funds			
#国家预算内资金	State Budget	1414998	1088265	869468
国内贷款	Domestic Loans	2367417	573725	457877
债券	Bond	725	725	725
利用外资	Foreign Investment	52134	5301	5166
自筹资金	Self-raising Funds	5825095	2215608	1566089
其他资金来源	Others	2137614	855452	700932
按区域划分的投资完成情况	Grouped by Area			
城镇固定资产投资	Urban Investment in Fixed Assets	8400123	3236488	2774619
房地产开发投资	Investment in Real Estate Development	1081887	84338	37159
住宅	Residential Buildings	752005	71487	30302
农村固定资产投资	Rural Investment in Fixed Assets	1787145	1062550	647514
城镇新增固定资产	Urban New Increased Investment in Fixed Assets	4151875	1549969	1312984
贸易、旅游	**Trade and Tourism**			
社会消费品零售总额(万元)	Total Retail Sales of Consumer Goods (10 000 yuan)	3460259	1115104	774962
城镇	City	2996952	845333	645572
其中：城区	County	2244585	96641	96641
乡村	Under County Level	464308	269770	129389

25-1 续表4 Continued

指　标	Item	全省总计 Total Province	自治州县合计 Total Autonomous Prefectures and Counties	藏区合计 Total Tibetan-inhabited Areas
#批发、零售贸易业	Wholesale and Retail Trades	3126782.3	436223.2	151954.8
餐饮业	Catering Services	333477	249331.6	193457.7
旅游人数(人)	Number of Tourists(person)	1226.17	897.27	457.84
旅游总收入(亿元)	Total Tourism Earnings(100 million yuan)	71.02	20.71	15.08
星级饭店个数(个)	Number of Star-rated Hotel(unit)	122	75	62
星级饭店客房总数(间)	Number of Rooms of Star-rated Hotels(unit)	11294	5272	4633
名胜风景区和文物保护区个数(个)	Number of Scenic Spots and Heritage Preservation District(unit)	69	45	36
劳动就业、社会保障	**Employment**			
城镇单位就业人员年末人数合计(万人)	Number of Employed Persons at Year-end (10 000 persons)	52.6	25.75	17.65
国有经济单位	State-owned Units	37.94	19.49	14.99
城镇集体经济单位	Urban Collective-owned Units	1.71	0.66	0.24
其他各种经济类型单位	Others	12.95	5.60	2.42
单位就业人员年平均人数合计(万人)	Annual Average Number of Empolyed Persons(10 000 persons)	52.49	25.61	17.57
国有经济单位	State-owned Units	37.53	19.31	14.84
城镇集体经济单位	Urban Collective-owned Units	1.70	0.65	0.24
其他各种经济类型单位	Others	13.26	5.65	2.49
单位就业人员劳动报酬合计(万元)	Total Earning of Employed Persons(10 000 yuan)	1896016.6	985666.4	732066.7
国有经济单位	State-owned Units	1554173.2	835526.2	662029.2
城镇集体经济单位	Urban Collective-owned Units	34566.3	14311.0	7079.7
其他各种经济类型单位	Others	307277.1	135829.2	62957.8
农村居民最低生活保障人数(人)	Nmuber of Security Object to Minimum Living Allowance in Rural Areas(person)	380000	291060	152190
城镇居民最低生活保障人数(人)	Nmuber of Security Object to Minimum Living Allowance in Urban Areas(person)	224470	149550	107343
城镇职工医疗保险参保人数(人)	Number of Urban Staff and Workers Contributors(person)	787277		195782
农村新型合作医疗参合人数(人)	Number of New Type of Rural Cooperative Medical Care(person)	3407510	2503873	1235796
财政、金融(万元)	**Government Finance and Financial Intermediation(10 000 yuan)**			
财政总收入	Government Revenue	8622451	3542382	2916075
其中：转移性收入	Transfer Income	2780148	903813	676945
地方财政一般预算收入	General Budget Revenue of Local Government	1102153	487513	426255
财政总支出	Government Expenditure	7737395	3518443	2897479
一般预算支出	General Budget Expenditure	7434033	3518443	2897479
#农业支出	Expenditure for Agriculture	695047	417733	294680
教育支出	Expenditure for Education	824664	468398	322708
金融机构各项存款	Total Deposits of Financial Institutions	23196433	1731407	5320715
金融机构各项贷款	Total Loans of Financial Institutions	18226541	858717	2269833
城乡储蓄存款年末余额	Balance of Urban and Rural Household Savings Deposits at Year-end	8682177	911330	1975943

25–1 续表 5 Continued

指 标	Item	全省总计 Total Province	自治州县合计 Total Autonomous Prefectures and Counties	藏区合计 Total Tibetan-inhabited Areas
城乡居民收入(元)	**Income of Urban and Rural Household(yuan)**			
城镇居民人均可支配收入	Annual Per Capita Disposable Income of Urban Households	13854.99	15425.89	15425.89
城镇居民人均消费性支出	Annual Per Capita Consumption Expenditure of Urban Households	9613.79	11360.67	11360.67
食品支出	Expenditure of Food	3784.81	4657.87	4657.87
农牧民人均纯收入	Annual Per Capita Disposable Income of Rural Households	3862.68	4442.92	4061.92
农牧民人均消费性支出	Annual Per Capita Consumption Expenditure of Rural Households	3858.50	3843.78	3236.71
食品支出	Expenditure of Food	1526.89	1597.39	1600.61
教育、文化、卫生	**Education, Culture and Public Health**			
普通中学数(个)	Number of Regular Secondary Schools(unit)	434		153
小学数(个)	Number of Primary Schools(unit)	1792		650
普通中学专任教师数(人)	Full-time Teachers of Regular Secondary Schools(person)	21875		6088
小学专任教师数(人)	Full-time Teachers of Primary Schools(person)	26584		11066
普通中学在校学生数(人)	Total Enrollment of Regular Secondary Schools(person)	327178		114491
小学在校学生数(人)	Total Enrollment of Primary Schools(person)	518992		221571
学龄儿童入学率(%)	Net Enrollment Ratio of Primary Schools(%)	99.58		99.13
初中毕业生升学率(%)	Promotion Rate from Junior Secondary Schools to Senior Seconday Schools(%)	86.5		63.12
双语教育在校生数(人)	Total Enrollment of Bilingual Education(person)	196467		186280
体育场馆数(个)	Number of Stadium and Gymnasium(unit)	9		2
剧场、影剧院数(个)	Number of Theater(unit)	19		17
公共图书馆图书总藏书量(万册)	Collect Books of Public Libraries(10 000 volume)	357.8		134.2
电视节目人口综合覆盖率(%)	TV Coverage of Population(%)	95.02		88.41
广播节目人口综合覆盖率(%)	Radio Coverage of Population(%)	90.03		82.61
医院、卫生院数(个)	Number of Hospital and Health Center(unit)	534		307
医院、卫生院床位数(张)	Beds of Hospital and Health Center(unit)	18784		5575
医院、卫生院卫生技术人员数(人)	Medical Technical Personnels of Hospital and Health Center(person)	18473		5241
其中：医生	Doctor	7386		2348
卫生防疫人员数(人)	Number of Anti-epidemic Person(person)	1465		851
5岁以下儿童死亡率(‰)	Mortality Rate of Children under Five Years(‰)	20.24		22.98
婴儿死亡率(‰)	Infant Mortality Rate(‰)	16.07		15.81
市政公用事业	**Urban Public Utilities**			
市政道路长度(公里)	Length of Paved Roads(km)	1484.7		719.5
人均拥有道路面积(平方米)	Per Capita Area of Paved Roads(sq.m)	10.87		17.85
城市园林绿地面积(平方米)	Area of Parks and Green Land(hectare)	5270		1699
人均公共绿地面积(公顷)	Per Capita Park Green Areas(ha.)	6.49		3.7

各县主要经济指标

Major Economic Indicators of Counties

第26篇

CHAPTER 26

26-1 各县主要经济指标(2010年)
Major Eoonomic Indicators of Counties(2010)

指 标	Item	城东区 Cheng dong District	城中区 Cheng zhong District	城西区 Cheng xi District	城北区 Cheng bei District
乡村基本情况	**Basic Conditions of Township**				
乡(镇)个数 (个)	Number of Township and Town Governments(unit)	2	1	1	2
建制镇个数	Number of Town Governments	2	1	1	2
镇区占地面积 (公顷)	Area of Township(hectare)	541	156	4590	209
镇区总人口 (人)	Population of Township(person)	330227	145386	82899	275960
村民委员会个数 (个)	Number of Villagers'Committees(unit)	20	32	13	38
自来水受益村	Number of Township Benefits From Tap Water	20	32	13	38
通电话的村	Number of Township Uses Telephone	20	32	12	38
通有线电视的村	Number of Township Has Cable Television	20	24	6	34
人口与就业	**Population and Employment**				
年末总人口 (万人)	Total Population(year—end)(10000 persons)	24.87	23.08	21.00	21.34
#女	Population of Female	12.39	11.69	10.72	10.59
当年出生人口 (人)	Newborn Population(person)	1574	1994	1609	1897
当年死亡人口 (人)	Dead Population(person)	1451	1480	1065	1426
常住人口 (万人)	Permanent Population(10000 persons)				
乡村人口 (万人)	Rural Population(10000 persons)	0.48	1.34	0.05	2.62
年末总户数 (户)	Number of Households(year—end)(household)	89212	87291	74683	78165
#乡村户数	Number of Rural Households	8697	9706	4753	15523
年末单位从业人员数 (人)	Number of Employed Persons in Units at Year-end(person)	79815	45671	102785	54293
#女	Number of Female Employed Persons at Year-end	28675	21039	37097	18586
#第二产业	Number of Employed Persons of Secondary Industry	14652	11338	13521	28352
第三产业	Number of Employed Persons of Tertiary Industry	61771	32951	88138	20677
乡村从业人员数 (人)	Number of Employed Persons in Rural Areas(person)	16529	19940	9159	33941
#农林牧渔业	Number of Employed Persons of Agriculture, Forestry, Animal Husbandry and Fishery in Rural Areas	1358	7146	590	10314
城镇登记失业人员数 (人)	Number of Registered Employed Persons in Urban Area by Region(person)	5521	5587	5152	5259
综合经济	**Economy of Integration**				
地区生产总值 (万元)	**Area total output value(10 000 yuan)**	**1062566**	**904794**	**1134012**	**1302749**
第一产业增加值	Value-added of the Primary Industry	982	8056	1346	16197
农业	Agriculture	268	3287	45	11332
林业	Forestry	4	193	455	115
牧业	Animal Husbandry	710	4103	846	3962
渔业	Fishery		3		
农林牧渔服务业	Services in Support of Agriculture		470		788
第二产业增加值	Value-added of the Secondary Industry	582180	210813	119436	911197
#工业	Industry	507768	155668	29752	853180
第三产业增加值	Value-added of the Tertiary Industry	478404	685925	1013230	375355
财政、金融 (万元)	**Finances and Economy(10 000 yuan)**				
财政总收入	Total Government Revenue	81668	26668	444148	50986
#地方财政一般预算收入	General Budgetary Financial Revenue in Local	23311	23133	43962	25323
	Financial Revenue	21934	21573	42893	23673
各项税收	Taxation	53694	46502	57988	52302
地方财政一般预算支出	General Budgetary Financial Expenditures in Local	1060	1954	2709	4123
	Financial Expenditures	207	65	144	140
#农林水事务支出	Expenditures for Agriculture Forestry and Water Conservancy	289	3287	2721	3621
科学技术支出	Expenditures for Science and Technology	11872	9427	12109	10697
医疗卫生支出	Expenditures for Medical and Health Care				
教育支出	Expenditures for Education				
年末金融机构各项存款余额	Deposits of all the Financial Institutes				
#城乡居民储蓄存款余额	Urban and Rural Household Savings Deposits				
年末金融机构各项贷款余额	Loans of all the Financial Institutes				
#农业贷款	Loans to Agriculture Sector				
农业	**Agriculture**				
生产条件	Condition for Agricultural Production				
农业机械总动力 (万千瓦特)	Total Power of Agriculture Machinery(10000 KW)	1	2	2	5
化肥使用量(折纯量) (吨)	Consumption of Chemical Fertilizers(ton)	41	645	18	790
农药使用量 (吨)	Consumption of Agricultural Chemical(ton)	1	3		10
地膜使用量 (吨)	Consumption of Plastic Film(ton)		4		4
有效灌溉面积 (公顷)	Effective Irrigated Area(10000 hectares)	204	111	72	2966

26−1 续表 1 Continued

指　标	Item	城东区 Cheng dong District	城中区 Cheng zhong District	城西区 Cheng xi District	城北区 Cheng bei District
农作物总播种面积　(公顷)	Total Sown Areas of Farm Crops(hectare)	210	2106	69	2730
粮食作物播种面积	Total Sown Areas of Grain Crops(hectare)	78	1153	25	464
#稻谷	Rice				
小麦	Wheat	78	701	25	420
玉米	Corn				
大豆	Soja		186		44
油料播种面积	Oil-bearing Crops	61	598	24	704
棉花播种面积	Cotton				
糖料播种面积	Sugar-bearing				
蔬菜播种面积	Vegetables	71	260		1358
粮食总产量　(吨)	Yield of Crain(ton)	396	5644	120	2136
#稻谷	Rice				
小麦	Wheat	396	2609	120	1952
玉米	Corn				
大豆	Soja		555		184
油料产量	Oil-bearing Crops	172	1692	73	1537
棉花产量	Cotton				
糖料产量	Sugar-bearing				
水果产量	Fruits				1712
肉类总产量	Output of Meat	413	1305	525	2870
奶类产量	Output of Milk	231	4720	146	3300
禽蛋产量	Output of Poultry Eggs	25	105	310	748
蔬菜产量	Output of Vegetables	1621	14022		45723
水产品产量	Output of Aquatic Products		3		
工业及建筑业	**Industry and Construction**				
规模以上工业企业	Industrial Enterprises above Designated Size				
工业企业数　(个)	Number of Industrial Enterprises(unit)	57	16	7	64
工业总产值(现价)　(万元)	Gross Industrial Output Value(current prices)(10 000 yuan)	1137400	359300	29300	2544400
内资企业	Domestic Funded	1000200	359300	29300	2431500
港、澳、台商投资企业	Funded from Hong Kong,Macao and Taiwan	19200			
外商投资企业	Foreign Funded	118000			112900
从业人员年平均数　(人)	Number of Employed Persons(person)	10200	11300	2000	31500
流动资产年平均余额	Annual Average Balance of Working Capitals	539900	232700	20300	944800
固定资产净值年平均余额	Annual Average Balance of Net Value of Fixed Assets	435900	90400	47300	1889800
产品销售收入	Product Sales Revenue	1082300	352300	24100	2530800
#产品销售税金及附加	Taxes and Other Charges on Product Saling	14600	8400	300	93000
本年应交增值税	Value-added Tax Payable	11800	6200	1300	106000
利润总额	Total Profits	58200	15200	1300	69400
建筑业	Construction				
建筑业企业个数　(个)	Number of ConstructionEnterprises(unit)	55	73	148	62
期末从业人员数　(人)	Number of Staff & Workers at Year-end(person)	16337	5597	27159	11181
建筑业总产值　(万元)	Gross Output Value of Construction(10 000 yuan)	1144982	117066	691392	254465
交通运输、邮电通讯、能源	**Transportation，Postal，telecommunication and Energy**				
境内公路里程　(公里)	Length of Highways(km)	186	134	156	182
#高等级公路	Expressway				
境内铁路营业里程　(公里)	Length of Railways in Operation(km)	15			27
境内火车站个数　(个)	Number of Railway Station(unit)	2			4
民用汽车拥有量　(辆)	Possession of Civil Vehicles(unit)	19863	32351	43632	34840
#个人汽车	Possession of Private Vehicles	19378	20454	28313	21531
邮政业务总量　(万元)	Business Volume of Postal Services(10 000 yuan)	2083	2257	2500	2430
电信业务总量	Business Volume of Telecommunication Services	88570	95951	129410	103331
年末本地电话用户　(户)	Number of Subscribers of Fixed Telephone at Year-end(subscriber)	113603	123069	165986	132536
年末住宅电话用户　(户)	Household Fixed Telephone Subscribers at Year-end(subscriber)	82980	89895	121243	96810
#乡村电话用户	Rural Fixed Telephone Subscribers	7069	7658	10329	8247
移动电话用户数　(户)	Number of Mobile Telephone Subscribers(subscriber)	360051	390055	526075	420060
国际互联网用户　(户)	Number of Internet Users(subscriber)	42992	46574	62816	50157

26-1 续表 2 Continued

指　标	Item	城东区 Cheng dong District	城中区 Cheng zhong District	城西区 Cheng xi District	城北区 Cheng bei District
全年用电量(万千瓦时)	Electricity Consumption(10 thousand kwh)	34843	5253	2228	167451
工业用电量	Industrial Electricity Consumption				
农村用电量	Agricultural Electricity Consumption				
贸易、外经、旅游	**Domestic Trade，Foreign Trade and Economic Cooperation and Tourism**				
社会销售品零售总额(万元)	Total Retail Sales of Consumer Goods (10 000 yuan)	454341	649379	621403	409913
限额以上批发零售贸易业商品销售总额(万元)	Total Sales of Enterprises above Designated Size of Wholesale and Retail Trades(10 000 yuan)	663720	946875	904531	603742
出口总额(万美元)	Total Exports(USD 10 000)				
当年合同外资金额	Contracted Value				
当年实际使用外资金额	Actually Utilized Value				
境内外来资本实际投资额(万元)	Foreign Investment Actually Utilized Value(10 000 yuan)				
星级饭店个数(个)	Number of Star-rated Hotels(unit)	17	8	13	6
星级饭店客房总数(间)	Number of Rooms in Star-rated Hotels(unit)	2052	1164	2166	493
名胜风景区和文物保护区个数(个)	Number of Places of Interest and Historical Reservations(unit)	2	6	8	3
固定资产投资(万元)	**Investment in Fixed Assets(10 000 yuan)**				
城镇固定资产投资完成额	Investment in Fixed Assets in Urban Area	932002	343755	909186	574681
城镇新增固定资产	Newly Increased afaixed Assets in Urban Area	237586	219976	505143	252627
城镇固定资产投资项目数(个)	Number of Projects of Investment in Fixed Assets in Urban Area(unit)	93	57	118	111
房地产开发投资完成额	Investment Completed of Enterprises for Real Estate Development	179014	104762	630161	30507
#住宅	Residential Buildings	107078	70814	433065	22549
教育、科技、文化、卫生	**Education，Science and Technology，Culture，Sports and Public Health**				
普通中学数(所)	Number of Regular Secondary Schools(unit)	23	1	20	3
小学数(所)	Number of Primary Schools(unit)	21	16	13	15
普通中学专任教师数(人)	Number of Full-time Teachers in Regular Secondary Schools(person)	1997	41	1737	261
小学专任教师数(人)	Number of Full-time Teachers in Primary Schools(person)	1032	744	774	705
普通中学在校学生数(人)	Number of Students Enrollment in Regular Secondary Schools(person)		553		1342
#女生	Female Students Enrollment in Regular Secondary Schools		282		580
小学在校学生数(人)	Number of Students Enrollment in Primary Schools(person)	20359	17042	15212	12223
#女生	Female Students Enrollment in Primary Schools	9712	8212	7272	5764
学龄儿童入学率(%)	Net Enrollment Rate of School-Age Children(%)	100	100	100	100
#女童入学率	Net Enrollment Rate of School-Age Female Children	100	100	100	100
初中升学率(%)	Primary School Graduates Entering into Junior Secondary Schools(%)	100	100	100	100
高中升学率(%)	Junior Secondary School Graduates Entering into Senior Secondary Schools(%)	88	86	83	83
高技术产业企业个数(个)	Number of Hi-Tech Industry Enterprises(unit)				
高技术产业总产值(当年价格)(万元)	Total Output Value of Hi-Tech Industry (current prices)(10 000 yuan)				
专业技术人员数(人)	Number of Scientific and Technical Personnel(person)	1235	1151	4531	1048
#农业技术人员	Agriculture	73	68	269	62
农业科技与服务单位个数(个)	Number of Agricultural Scientific and Service Units (unit)	8	16	8	8
全年专利申请数(件)	Number of Patents Application(unit)				
体育场馆数(个)	Number of Stadiums and Gymnasiums(unit)	4			2
剧场、影剧院数(个)	Number of Theaters and Cinemas(unit)		1	1	
公共图书馆图书总藏量(千册)	Total Collections of Public Libraries(1000 volumes)		468	1722	
医院、卫生所数(所)	Number of Hospitals and Health Centers(unit)	14	11	12	4
医院、卫生院床位数(张)	Number of Beds in Hospitals and Health Centers(unit)	3277	3245	1920	1064
医院、卫生院卫生技术人员数(人)	Number of Medical Technical Personnel in Hospitals and Health Centers(person)	4466	3287	2863	1103
#医生	Number of Certified Doctors	1210	1057	900	230
卫生防疫人员数(人)	Number of epidemic prevention personnel(person)	311	29	6	12
5岁以下儿童死亡率(‰)	Death Rate of Children under 5 (‰)	23	14	10	12
婴儿死亡率(‰)	Death Rate of Infant (‰)	21	14	9	12
产妇住院分娩比例(%)	Proportion of Lying-in Woman Labors in Hospital(%)	100	100	100	100

26−1 续表 3 Continued

指 标	Item	城东区 Cheng dong District	城中区 Cheng zhong District	城西区 Cheng xi District	城北区 Cheng bei District
人民生活	**People's Living Conditions**				
城镇在岗职工年平均人数(人)	Number of Staff and Workers in Urban and Rural Areas(person)	58810	34745	72687	36222
城镇在岗职工工资总额(万元)	Total Earning of Staff and Workers in Urban and Rural Areas(10 000 yuan)	208221	102940	251314	113957
农村居民人均纯收入(元)	Per Capita Net Income of Rural Households(yuan)	9087.70	5750.70	9536.85	9040.28
农民人均住房面积(平方米)	Per Capita Floor Space of Houses(sq.m)	95.25	52.19	49.04	84.27
农民文化娱乐消费比重(%)	Proportion of Cultural and Recreation Consumption	9.36	6.51	18.01	13.89
农村彩电普及率(%)	Popularizing rate of Color TV Set in Rural Areas(%)	137.5	142.5	100.0	120.0
农村电脑普及率(%)	Popularizing rate of Computer in Rural Areas(%)	57.5	25.0	52.5	17.5
农村恩格尔系数(%)	Engle Coefficient of Rural Households(%)	29.26	41.08	25.53	34.13
成人文盲率(%)	Illiteracy rate of adult(%)				
人均预期寿命(岁)	Population Life Expectancy(year old)				
农村贫困人口(万人)	Population below the poverty line in Rural Areas(person)				
社会保障(人)	**Social security(person)**				
各种社会福利收养性单位数(个)	Number of Social Welfare and Salvation Institutions(unit)	1	4		
各种社会福利收养性单位床位数(张)	Number of Beds of Social Welfare and Salvation Institutions(unit)	55	716		
参加基本养老保险的职工数	Number of Staff and Workers Participated in Basic Pension Insurance	63872	67994	57929	56593
参加基本医疗保险的职工数	Number of Staff and Workers Participated in Basic Medical Care Insurance	46255	43507	37050	36776
参加失业保险人数	Number of Staff and Workers Participated in Unemployment Insurance	25023	38143	38692	40360
城镇居民最低生活保障人数	Number of Persons Receiving Minimum Living Allowance in Rural Areas	14392	12904	5528	9306
农村居民最低生活保障人数	Number of Persons Receiving Minimum Living Allowance in Urban Areas	1575	2133	776	1965
农村五保供养人数	Number of Persons Receiving Livelihood Guaranteed in Five Aspects in Rural Areas				
参加农村新型合作医疗的人数	Rural Cooperative Medical Service Contributors	31296	37428	17545	56333
参加农村社会养老保险的人数	Rural Basic Social Pension Insurance Contributors				
社会治安	**Public Order**				
交通事故件数(件)	Number of Traffic Accides(unit)	85	88	57	77
刑事案件立案数(件)	Number of Criminal Case Registered(case)	1683	1009	1223	930
犯罪人数(人)	Number of offenders(person)	378	429	424	402
民事案件发案数(件)	Number of civil cases(case)	1014	1031	993	1384
资源、环境与可持续发展	**Resources, Environment and Sustainable Development**				
行政区域土地面积(平方公里)	Area of Administrative Regions(sq.km)	115	20	83	138
建成区面积	Area of Built Up Regions(sq.km)	14	2	10	17
建成区绿化覆盖面积	Area of Green Coverage in Built Up Regions(sq.km)	55	55	55	55
森林面积(公顷)	Area of Forest(hectare)	4805	3958	6956	1210
当年造林面积(公顷)	Area of Afforestation(hectare)		6668		
退耕造林面积	Area of Grain for Green(hectare)				
年末耕地总资源(公顷)	Area of Arable Land(hectare)	407	198	550	3868
常用耕地面积	Area of Arable Landin Common Usage(hectare)				
#水浇地	Area of Irrigable Land(hectare)				
年内减少耕地面积	Reduction in Area of Cultivated Land(hectare)	328	111	428	3430
#基建占地	Areas of Land for Construction(hectare)	94	2	75	42
退耕还林还草占地	Area of Grain for Green(hectare)				
自然保护区个数(个)	Number of Nature Reserves(unit)				
自然保护区面积(公顷)	Area of Nature Reserves (hectare)				
环境污染治理本年完成投资总额(万元)	Investment Completed in the Treatment of Environmental Pollution(10 thousand yuan)				4481
工业二氧化硫排放量(吨)	Volume of Sulphur Dioxide Emission(ton)	194	86	4	9596
工业废水排放量达标率(%)	Volume of Waste Water up to the Discharge Standards(ton)	44	26	100	44
工业烟尘排放量达标率(%)	Volume of Industrial Soot up to the Discharge Standards(ton)	95	92	100	93
城镇生活污水处理率(%)	Disposal Rate of Waste Water in Urban Areas(%)			21.7	
污水处理厂数(座)	Number of Sewage Treatment Works (unit)				
垃圾处理站数(个)	Number of Biohazard Waste (unit)	1	1	1	

26-1 续表 4 Continued

指 标	Item	大通县 Da tong County	湟中县 Huang zhong County	湟源县 Huang yuan County	平安县 Ping an County
乡村基本情况	**Basic Conditions of Township**				
乡(镇)个数 (个)	Number of Township and Town Governments(unit)	20	15	9	8
建制镇个数	Number of Town Governments	9	10	2	3
镇区占地面积 (公顷)	Area of Township(hectare)	2323	916	1127	1460
镇区总人口 (人)	Population of Township(person)	361614	424378	112584	12792
村民委员会个数 (个)	Number of Villagers'Committees(unit)	289	393	146	111
自来水受益村	Number of Township Benefits From Tap Water	263	385	146	111
通电话的村	Number of Township Uses Telephone	289	393	142	111
通有线电视的村	Number of Township Has Cable Television	36	81	95	9
人口与就业	**Population and Employment**				
年末总人口 (万人)	Total Population(year-end)(10000 persons)	45.30	46.74	13.68	12.18
#女	Population of Female	22.00	22.65	6.67	6.03
当年出生人口 (人)	Newborn Population(person)	8276	8205	1479	2118
当年死亡人口 (人)	Dead Population(person)	3824	3563	1059	912
常住人口 (万人)	Permanent Population(10000 persons)				
乡村人口 (万人)	Rural Population(10000 persons)	29.15	36.40	10.14	7.90
年末总户数 (户)	Number of Households(year-end)(household)	140722	153329	50069	39512
#乡村户数	Number of Rural Households	83688	99074	25810	19051
年末单位从业人员数 (人)	Number of Employed Persons in Units at Year-end(person)	52741	29498	9677	11046
#女	Number of Female Employed Persons at Year-end	15722	8721	2996	3917
#第二产业	Number of Employed Persons of Secondary Industry	30218	9088	2043	3678
第三产业	Number of Employed Persons of Tertiary Industry	18423	18132	7418	6860
乡村从业人员数 (人)	Number of Employed Persons in Rural Areas(person)	208860	254456	58442	45652
#农林牧渔业	Number of Employed Persons of Agriculture, Forestry, Animal Husbandry and Fishery in Rural Areas	90472	110697	47116	21655
城镇登记失业人员数 (人)	Number of Registered Employed Persons in Urban Area by Region(person)	2208	1236	636	3301
综合经济	**Economy of Integration**				
地区生产总值 (万元)	**Area total output value(10 000 yuan)**	**807691**	**900235**	**170752**	**257013**
第一产业增加值	Value-added of the Primary Industry	85122	102844	30100	28228
农业	Agriculture	38734	67323	12837	20406
林业	Forestry	747	763	386	661
牧业	Animal Husbandry	44531	34283	16461	6828
渔业	Fishery			9	27
农林牧渔服务业	Services in Support of Agriculture	1110	475	407	306
第二产业增加值	Value-added of the Secondary Industry	614685	678733	90575	104485
#工业	Industry	547293	584097	76261	73085
第三产业增加值	Value-added of the Tertiary Industry	107884	118658	50077	124300
财政、金融 (万元)	**Finances and Economy(10 000 yuan)**				
财政总收入	Total Government Revenue	166255	7500	7183	17881
#地方财政一般预算收入	General Budgetary Financial Revenue in Local Financial Revenue	30076	7500	7183	6074
各项税收	Taxation	25216	6025	4558	5744
地方财政一般预算支出	General Budgetary Financial Expenditures in Local Financial Expenditures	162912	153142	81072	109363
#农林水事务支出	Expenditures for Agriculture Forestry and Water Conservancy	31038	30443	17829	17181
科学技术支出	Expenditures for Science and Technology	575	267	157	187
医疗卫生支出	Expenditures for Medical and Health Care	15574	15759	6421	5824
教育支出	Expenditures for Education	41455	46395	15235	15204
年末金融机构各项存款余额	Deposits of all the Financial Institutes	586289	344589	189298	349001
其中:城乡居民储蓄存款余额	Urban and Rural Household Savings Deposits	339606	222702	115077	178036
年末金融机构各项贷款余额	Loans of all the Financial Institutes	514165	206295	68066	184427
#农业贷款	Loans to Agriculture Sector	488291	63355		40098
农业	**Agriculture**				
生产条件	Condition for Agricultural Production				
农业机械总动力 (万千瓦特)	Total Power of Agriculture Machinery(10000 KW)	44	70	17	7
化肥使用量(折纯量) (吨)	Consumption of Chemical Fertilizers(ton)	9550	12234	2728	2825
农药使用量 (吨)	Consumption of Agricultural Chemical(ton)	461	382	49	52
地膜使用量 (吨)	Consumption of Plastic Film(ton)	79	82	26	157
有效灌溉面积 (公顷)	Effective Irrigated Area(10000 hectares)	10959	14700	5448	4350

26−1 续表 5 Continued

指 标	Item	大通县 Da tong County	湟中县 Huang zhong County	湟源县 Huang yuan County	平安县 Ping an County
农作物总播种面积 (公顷)	Total Sown Areas of Farm Crops(hectare)	48536	55257	15227	20742
粮食作物播种面积	Total Sown Areas of Grain Crops(hectare)	20857	30551	8200	12424
#稻谷	Rice				
小麦	Wheat	12650	12668	1533	6128
玉米	Corn				
大豆	Soja	1690	7819	3000	
油料播种面积	Oil-bearing Crops	19699	15123	3333	5271
棉花播种面积	Cotton				
糖料播种面积	Sugar-bearing				
蔬菜播种面积	Vegetables	6757	8022	2947	1568
粮食总产量 (吨)	Yield of Crain(ton)	78171	134720	22363	50756
#稻谷	Rice				
小麦	Wheat	45152	48265	5724	21965
玉米	Corn				
大豆	Soja	5343	31044	7752	
油料产量	Oil-bearing Crops	50204	40101	5446	11809
棉花产量	Cotton				
糖料产量	Sugar-bearing				
水果产量	Fruits		6		108
肉类总产量	Output of Meat	30721	22004	9741	6549
奶类产量	Output of Milk	40464	55745	8469	5220
禽蛋产量	Output of Poultry Eggs	1916	1783	511	785
蔬菜产量	Output of Vegetables	250543	270485	105000	59479
水产品产量	Output of Aquatic Products			7	44
工业及建筑业	**Industry and Construction**				
规模以上工业企业	Industrial Enterprises above Designated Size				
工业企业数 (个)	Number of Industrial Enterprises(unit)	41	38	16	20
工业总产值(现价) (万元)	Gross Industrial Output Value(current prices)(10 000 yuan)	1458900	1815500	167400	237160
内资企业	Domestic Funded	1005000	1815500	167400	237160
港、澳、台商投资企业	Funded from Hong Kong,Macao and Taiwan	9900			
外商投资企业	Foreign Funded	444000			
从业人员年平均数 (人)	Number of Employed Persons(person)	28300	14600	4100	1682
流动资产年平均余额	Annual Average Balance of Working Capitals	782700	673100	79700	3435.8
固定资产净值年平均余额	Annual Average Balance of Net Value of Fixed Assets	1078400	1303100	46500	63500
产品销售收入	Product Sales Revenue	1496000	1820300	187100	7208.4
#产品销售税金及附加	Taxes and Other Charges on Product Saling	79000	19100	18200	24.5
本年应交增值税	Value-added Tax Payable	66600	51100	3600	97.7
利润总额	Total Profits	55900	65400	12200	275.5
建筑业	Construction				
建筑业企业个数 (个)	Number of ConstructionEnterprises(unit)	10.0	8.0	5.0	9.0
期末从业人员数 (人)	Number of Staff & Workers at Year-end(person)	1115	1746	715	2432
建筑业总产值 (万元)	Gross Output Value of Construction(10 000 yuan)	21523	22851	11132	24101
交通运输、邮电通讯、能源	**Transportation，Postal，telecommunication and Energy**				
境内公路里程 (公里)	Length of Highways(km)	3622	1126	439	745.9
#高等级公路	Expressway	30	26	49	40.2
境内铁路营业里程 (公里)	Length of Railways in Operation(km)	36	23	60	14
境内火车站个数 (个)	Number of Railway Station(unit)	3	2	4	1
民用汽车拥有量 (辆)	Possession of Civil Vehicles(unit)	10950	8793	5475	7572
#个人汽车	Possession of Private Vehicles	11842	5706	431	6062
邮政业务总量 (万元)	Business Volume of Postal Services(10 000 yuan)	1308	613	382	754
电信业务总量	Business Volume of Telecommunication Services	32476	26079	16238	1997
年末本地电话用户 (户)	Number of Subscribers of Fixed Telephone at Year-end(subscriber)	41654	33450	20827	16779
年末住宅电话用户 (户)	Household Fixed Telephone Subscribers at Year-end(subscriber)	30426	24433	15213	15619
#乡村电话用户	Rural Fixed Telephone Subscribers	2592	2081	1296	6262
移动电话用户数 (户)	Number of Mobile Telephone Subscribers(subscriber)	132018	106015	66009	134609
国际互联网用户 (户)	Number of Internet Users(subscriber)	15763	12658	7881	4356

26-1 续表 6 Continued

指 标	Item	大通县 Da tong County	湟中县 Huang zhong County	湟源县 Huang yuan County	平安县 Ping an County
全年用电量(万千瓦时)	Electricity Consumption(10 thousand kw·h)	1132094	1568200	153799	74734
工业用电量	Industrial Electricity Consumption	1119342	1557340	149082	66445
农村用电量	Agricultural Electricity Consumption	3243.6	3839.6	797.5	1254.9
贸易、外经、旅游	**Domestic Trade，Foreign Trade and Economic Cooperation and Tourism**				
社会销售品零售总额(万元)	Total Retail Sales of Consumer Goods (10 000 yuan)	89707.0	62286.0	30620.0	68307.5
限额以上批发零售贸易业商品销售总额(万元)	Total Sales of Enterprises above Designated Size of Wholesale and Retail Trades(10 000 yuan)	130275.0	91513.0	45888.0	63534.7
出口总额(万美元)	Total Exports(USD 10 000)				
当年合同外资金额	Contracted Value				56.50
当年实际使用外资金额	Actually Utilized Value				
境内外来资本实际投资额(万元)	Foreign Investment Actually Utilized Value(10 000 yuan)				
星级饭店个数(个)	Number of Star-rated Hotels(unit)	3	1	1	1
星级饭店客房总数(间)	Number of Rooms in Star-rated Hotels(unit)	124	45	27	74
名胜风景区和文物保护区个数(个)	Number of Places of Interest and Historical Reservations(unit)	4	4	3	
固定资产投资(万元)	**Investment in Fixed Assets(10 000 yuan)**				
城镇固定资产投资完成额	Investment in Fixed Assets in Urban Area	246066	545414	102310	168735
城镇新增固定资产	Newly Increased afaixed Assets in Urban Area	13248	110807	47422	10807
城镇固定资产投资项目数(个)	Number of Projects of Investment in Fixed Assets in Urban Area(unit)	48	45	56	34
房地产开发投资完成额	Investment Completed of Enterprises for Real Estate Development	9604			23716
#住宅	Residential Buildings	7586			21048
教育、科技、文化、卫生	**Education，Science and Technology，Culture，Sports and Public Health**				
普通中学数(所)	Number of Regular Secondary Schools(unit)	36	44	12	12
小学数(所)	Number of Primary Schools(unit)	101	130	38	34
普通中学专任教师数(人)	Number of Full-time Teachers in Regular Secondary Schools(person)	2228	2185	615	594
小学专任教师数(人)	Number of Full-time Teachers in Primary Schools(person)	2023	1858	663	731
普通中学在校学生数(人)	Number of Students Enrollment in Regular Secondary Schools(person)	24647	28653	7774	7904
#女生	Female Students Enrollment in Regular Secondary Schools	12200	13657	4067	3844
小学在校学生数(人)	Number of Students Enrollment in Primary Schools(person)	40458	38653	9981	9060
#女生	Female Students Enrollment in Primary Schools	19583	18308	1494	4390
学龄儿童入学率(%)	Net Enrollment Rate of School-Age Children(%)	100.00	100.00	100.00	100.00
#女童入学率	Net Enrollment Rate of School-Age Female Children	100	100	100	100
初中升学率(%)	Primary School Graduates Entering into Junior Secondary Schools(%)	100	100	100	85
高中升学率(%)	Junior Secondary School Graduates Entering into Senior Secondary Schools(%)	85.0	78.0	88.0	98.1
高技术产业企业个数(个)	Number of Hi-Tech Industry Enterprises(unit)				
高技术产业总产值(当年价格)(万元)	Total Output Value of Hi-Tech Industry (current prices)(10 000 yuan)				
专业技术人员数(人)	Number of Scientific and Technical Personnel(person)	7345	7090	3304	4205
#农业技术人员	Agriculture	437	421	196	865
农业科技与服务单位个数(个)	Number of Agricultural Scientific and Service Units (unit)	8	8	8	19
全年专利申请数(件)	Number of Patents Application(unit)				
体育场馆数(个)	Number of Stadiums and Gymnasiums(unit)	3			
剧场、影剧院数(个)	Number of Theaters and Cinemas(unit)				1
公共图书馆图书总藏量(千册)	Total Collections of Public Libraries(1000 volumes)	178	96	60	31
医院、卫生所数(所)	Number of Hospitals and Health Centers(unit)	34	18	12	11
医院、卫生院床位数(张)	Number of Beds in Hospitals and Health Centers(unit)	1150	681	418	309
医院、卫生院卫生技术人员数(人)	Number of Medical Technical Personnel in Hospitals and Health Centers(person)	1319	800	414	460
#医生	Number of Certified Doctors	411	260	172	334
卫生防疫人员数(人)	Number of epidemic prevention personnel(person)	36	27	21	36
5岁以下儿童死亡率(‰)	Death Rate of Children under 5 (‰)	20	18	21	12.1
婴儿死亡率(‰)	Death Rate of Infant (‰)	18	15	20	6
产妇住院分娩比例(%)	Proportion of Lying-in Woman Labors in Hospital(%)	100	100	100	99.7

26-1 续表 7 Continued

指 标	Item	大通县 Da tong County	湟中县 Huang zhong County	湟源县 Huang yuan County	平安县 Ping an County
人民生活	**People's Living Conditions**				
城镇在岗职工年平均人数(人)	Number of Staff and Workers in Urban and Rural Areas(person)	39529	26037	5703	9173
城镇在岗职工工资总额(万元)	Total Earning of Staff and Workers in Urban and Rural Areas(10 000 yuan)	103238	83776	18406	38848
农村居民人均纯收入(元)	Per Capita Net Income of Rural Households(yuan)	5547.43	4781.46	4541.44	4696.04
农民人均住房面积(平方米)	Per Capita Floor Space of Houses(sq.m)	26.53	29.00	25.23	23.11
农民文化娱乐消费比重(%)	Proportion of Cultural and Recreation Consumption	4.31	4.33	4.80	2.54
农村彩电普及率(%)	Popularizing rate of Color TV Set in Rural Areas(%)	110	110	118	80
农村电脑普及率(%)	Popularizing rate of Computer in Rural Areas(%)	7.50	2.50		
农村恩格尔系数(%)	Engle Coefficient of Rural Households(%)	32.17	27.42	29.85	36.30
成人文盲率(%)	Illiteracy rate of adult(%)				
人均预期寿命(岁)	Population Life Expectancy(year old)				
农村贫困人口(万人)	Population below the poverty line in Rural Areas(person)				
社会保障(人)	**Social security(person)**				
各种社会福利收养性单位数(个)	Number of Social Welfare and Salvation Institutions(unit)	1	1	1	1
各种社会福利收养性单位床位数(张)	Number of Beds of Social Welfare and Salvation Institutions(unit)	187	90	34	39
参加基本养老保险的职工数	Number of Staff and Workers Participated in Basic Pension Insurance	16950	9818	8643	8379
参加基本医疗保险的职工数	Number of Staff and Workers Participated in Basic Medical Care Insurance	20251	18139	9970	10717
参加失业保险人数	Number of Staff and Workers Participated in Unemployment Insurance	1697	9788	2377	5864
城镇居民最低生活保障人数	Number of Persons Receiving Minimum Living Allowance in Rural Areas	15928	8464	7296	6243
农村居民最低生活保障人数	Number of Persons Receiving Minimum Living Allowance in Urban Areas	33220	41511	10780	5900
农村五保供养人数	Number of Persons Receiving Livelihood Guaranteed in Five Aspects in Rural Areas				297
参加农村新型合作医疗的人数	Rural Cooperative Medical Service Contributors	329108	387112	99215	71583
参加农村社会养老保险的人数	Rural Basic Social Pension Insurance Contributors				41511
社会治安	**Public Order**				
交通事故件数(件)	Number of Traffic Accides(unit)	62	30	16	71
刑事案件立案数(件)	Number of Criminal Case Registered(case)	355	547	205	403
犯罪人数(人)	Number of offenders(person)	334	248	131	134
民事案件发案数(件)	Number of civil cases(case)	1963	1335	592	732
资源、环境与可持续发展	**Resources, Environment and Sustainable Development**				
行政区域土地面积(平方公里)	Area of Administrative Regions(sq.km)	3090	2700	1509	750
建成区面积	Area of Built Up Regions(sq.km)	9	6	8	8
建成区绿化覆盖面积	Area of Green Coverage in Built Up Regions(sq.km)	18	28	9	
森林面积(公顷)	Area of Forest(hectare)	153927	69845	135820	38589
当年造林面积(公顷)	Area of Afforestation(hectare)	4648	2528	2253	2641
退耕造林面积	Area of Grain for Green(hectare)				
年末耕地总资源(公顷)	Area of Arable Land(hectare)	56826	64804	19133	20835
常用耕地面积	Area of Arable Landin Common Usage(hectare)				20835
#水浇地	Area of Irrigable Land(hectare)	10959	14700	5448	4350
年内减少耕地面积	Reduction in Area of Cultivated Land(hectare)	38	290	6	64
#基建占地	Areas of Land for Construction(hectare)				64
退耕还林还草占地	Area of Grain for Green(hectare)				
自然保护区个数(个)	Number of Nature Reserves(unit)	1			
自然保护区面积(公顷)	Area of Nature Reserves (hectare)	198300			
环境污染治理本年完成投资总额(万元)	Investment Completed in the Treatment of Environmental Pollution(10 thousand yuan)	1951	195		
工业二氧化硫排放量(吨)	Volume of Sulphur Dioxide Emission(ton)	46126	16407	517	2138
工业废水排放量达标率(%)	Volume of Waste Water up to the Discharge Standards(ton)	91	94	25	
工业烟尘排放量达标率(%)	Volume of Industrial Soot up to the Discharge Standards(ton)	46	92	75	
城镇生活污水处理率(%)	Disposal Rate of Waste Water in Urban Areas(%)				60
污水处理厂数(座)	Number of Sewage Treatment Works (unit)				1
垃圾处理站数(个)	Number of Biohazard Waste (unit)	1	1	1	1

26-1 续表 8 Continued

指标		Item	民和县 Minhe County	乐都县 Ledu County	互助县 Huzhu County	化隆县 Hualong County
乡村基本情况		**Basic Conditions of Township**				
乡(镇)个数	(个)	Number of Township and Town Governments(unit)	22	19	19	19
建制镇个数		Number of Town Governments	8	7	8	6
镇区占地面积	(公顷)	Area of Township(hectare)	8907	272	1702	1138
镇区总人口	(人)	Population of Township(person)	73556	14533	63890	16705
村民委员会个数	(个)	Number of Villagers'Committees(unit)	312	354	294	362
自来水受益村		Number of Township Benefits From Tap Water	238	344	227	243
通电话的村		Number of Township Uses Telephone	312	347	267	353
通有线电视的村		Number of Township Has Cable Television	14	56	76	28
人口与就业		**Population and Employment**				
年末总人口	(万人)	Total Population(year-end)(10000 persons)	41.40	28.24	38.27	27.60
#女		Population of Female	20.04	13.75	18.20	13.71
当年出生人口	(人)	Newborn Population(person)	9251	3362	6033	10532
当年死亡人口	(人)	Dead Population(person)	2785	6826	5629	1941
常住人口	(万人)	Permanent Population(10000 persons)				
乡村人口	(万人)	Rural Population(10000 persons)	36.4	24.1	34.8	23.0
年末总户数	(户)	Number of Households(year-end)(household)	104497	88975	104936	58026
#乡村户数		Number of Rural Households	74283	59420	82450	48016
年末单位从业人员数	(人)	Number of Employed Persons in Units at Year-end(person)	12992	9528	16002	6020
#女		Number of Female Employed Persons at Year-end	4342	3826	4563	2285
#第二产业		Number of Employed Persons of Secondary Industry	2489	169	4436	35
第三产业		Number of Employed Persons of Tertiary Industry	10089	9000	10729	2203
乡村从业人员数	(人)	Number of Employed Persons in Rural Areas(person)	177365	128999	182036	117028
#农林牧渔业		Number of Employed Persons of Agriculture, Forestry, Animal Husbandry and Fishery in Rural Areas	95219	62024	108905	77305
城镇登记失业人员数	(人)	Number of Registered Employed Persons in Urban Area by Region(person)	2841	832	2439	2042
综合经济		**Economy of Integration**				
地区生产总值	**(万元)**	**Area total output value(10 000 yuan)**	**288485**	**353126**	**461610**	**224136**
第一产业增加值		Value-added of the Primary Industry	66592	75800	119343	40268
农业		Agriculture	43541	49374	59475	22119
林业		Forestry	1744	935	2402	953
牧业		Animal Husbandry	19615	24087	54415	16087
渔业		Fishery		72		112
农林牧渔服务业		Services in Support of Agriculture	1692	1332	3051	996
第二产业增加值		Value-added of the Secondary Industry	100140	119222	171701	130871
#工业		Industry	70966	88040	137731	113494
第三产业增加值		Value-added of the Tertiary Industry	121753	158104	170566	52997
财政、金融	**(万元)**	**Finances and Economy(10 000 yuan)**				
财政总收入		Total Government Revenue	145980	17744	37212	14231
#地方财政一般预算收入		General Budgetary Financial Revenue in Local Financial Revenue	10614	7348	11000	6004
各项税收		Taxation	8503	6324	9273	5214
地方财政一般预算支出		General Budgetary Financial Expenditures in Local Financial Expenditures	143166	132790	145069	97942
#农林水事务支出		Expenditures for Agriculture Forestry and Water Conservancy	28036	28964	29115	20039
科学技术支出		Expenditures for Science and Technology	202	778	685	137
医疗卫生支出		Expenditures for Medical and Health Care	13183	9858	12052	8323
教育支出		Expenditures for Education	35575	34556	32383	22600
年末金融机构各项存款余额		Deposits of all the Financial Institutes	290360	349606	325078	159846
#城乡居民储蓄存款余额		Urban and Rural Household Savings Deposits	179214	226316	181096	81202
年末金融机构各项贷款余额		Loans of all the Financial Institutes	69795	70539	99858	68250
#农业贷款		Loans to Agriculture Sector	46888	62073	81908	66516
农业		**Agriculture**				
生产条件		Condition for Agricultural Production				
农业机械总动力	(万千瓦特)	Total Power of Agriculture Machinery(10000 KW)	35.9	21.4	41.6	25.3
化肥使用量(折纯量)	(吨)	Consumption of Chemical Fertilizers(ton)	6704	5749	8791	3580
农药使用量	(吨)	Consumption of Agricultural Chemical(ton)	136.3	78.0	309.6	49.5
地膜使用量	(吨)	Consumption of Plastic Film(ton)	1140	642	26	171
有效灌溉面积	(公顷)	Effective Irrigated Area(10000 hectares)	11808.7	7193.0	10858.7	5800.0

26-1 续表 9 Continued

指 标	Item	民和县 Min he County	乐都县 Le du County	互助县 Hu zhu County	化隆县 Hua long County
农作物总播种面积 (公顷)	Total Sown Areas of Farm Crops(hectare)	45507.2	28984.0	60139.9	37101.0
粮食作物播种面积	Total Sown Areas of Grain Crops(hectare)	31851.3	16021.0	32164.9	18016.0
#稻谷	Rice				
小麦	Wheat	6366.9	1820	8667.90	6700
玉米	Corn	12146.3	55		
大豆	Soja		40		
油料播种面积	Oil-bearing Crops	9636.1	3339	24460.10	16817
棉花播种面积	Cotton				
糖料播种面积	Sugar-bearing				
蔬菜播种面积	Vegetables	2585.2	8999	3113.90	803
粮食总产量 (吨)	Yield of Crain(ton)	184423	70383	134078	69713
#稻谷	Rice				
小麦	Wheat	30357	6165	31904	31971
玉米	Corn	106031	309		
大豆	Soja		161		
油料产量	Oil-bearing Crops	23485	6721	64208	25916
棉花产量	Cotton				
糖料产量	Sugar-bearing				
水果产量	Fruits	3621	884	530	1046
肉类总产量	Output of Meat	13834	24982	31404	10968
奶类产量	Output of Milk	15045	5135	7282	5215
禽蛋产量	Output of Poultry Eggs	1720	4880	2710	143
蔬菜产量	Output of Vegetables	89508	253468	119844	23650
水产品产量	Output of Aquatic Products		127		22
工业及建筑业	**Industry and Construction**				
规模以上工业企业	Industrial Enterprises above Designated Size				
工业企业数 (个)	Number of Industrial Enterprises(unit)	27	18	29	11
工业总产值(现价) (万元)	Gross Industrial Output Value(current prices)(10 000 yuan)	108739.9	323386	376529	270199
内资企业	Domestic Funded	108739.9	323386	288122	270199
港、澳、台商投资企业	Funded from Hong Kong,Macao and Taiwan			3260	
外商投资企业	Foreign Funded			3936	
从业人员年平均数 (人)	Number of Employed Persons(person)	2310	5378	4940	1581
流动资产年平均余额	Annual Average Balance of Working Capitals	54900	123883	143553	40113.1
固定资产净值年平均余额	Annual Average Balance of Net Value of Fixed Assets	79100	160055	86934	96792.2
产品销售收入	Product Sales Revenue	98178.20	226042	285553	107384.5
#产品销售税金及附加	Taxes and Other Charges on Product Saling	377.70	23428	12973	1231.0
本年应交增值税	Value-added Tax Payable	3354	7864	13943	5036.5
利润总额	Total Profits	8880.3	7451	48957	5903.2
建筑业	Construction				
建筑业企业个数 (个)	Number of ConstructionEnterprises(unit)	6	13	6	1
期末从业人员数 (人)	Number of Staff & Workers at Year-end(person)	4321	5809	1316	200
建筑业总产值 (万元)	Gross Output Value of Construction(10 000 yuan)	40430	24893	44792.6	1050
交通运输、邮电通讯、能源	**Transportation，Postal，telecommunication and Energy**				
境内公路里程 (公里)	Length of Highways(km)	1688	1326.70	1659.2	1500
#高等级公路	Expressway	25	52.40	61.2	10.4
境内铁路营业里程 (公里)	Length of Railways in Operation(km)	16	76.00	31.5	
境内火车站个数 (个)	Number of Railway Station(unit)	1	4	1	
民用汽车拥有量 (辆)	Possession of Civil Vehicles(unit)	8358	7855	8255	5970
#个人汽车	Possession of Private Vehicles	6103	6540	7060	4300
邮政业务总量 (万元)	Business Volume of Postal Services(10 000 yuan)	575	632	378	530
电信业务总量	Business Volume of Telecommunication Services	1746	2019	1433	1160
年末本地电话用户 (户)	Number of Subscribers of Fixed Telephone at Year-end(subscriber)	23370	31999	20526	12709
年末住宅电话用户 (户)	Household Fixed Telephone Subscribers at Year-end(subscriber)	22052	29512	19406	12018
#乡村电话用户	Rural Fixed Telephone Subscribers	15842	17880	12341	9019
移动电话用户数 (户)	Number of Mobile Telephone Subscribers(subscriber)	180000	157578	185785	95190
国际互联网用户 (户)	Number of Internet Users(subscriber)	4144	5936	3942	2039

26-1 续表 10 Continued

指 标	Item	民和县 Min he County	乐都县 Le du County	互助县 Hu zhu County	化隆县 Hua long County
全年用电量(万千瓦时)	Electricity Consumption(10 thousand kw·h)	97532.4	253438.3	148463	106795
工业用电量	Industrial Electricity Consumption	85045.0	244159.2	140581	101987
农村用电量	Agricultural Electricity Consumption	2472.57	1519.99	1916	1308
贸易、外经、旅游	**Domestic Trade, Foreign Trade and Economic Cooperation and Tourism**				
社会销售品零售总额(万元)	Total Retail Sales of Consumer Goods (10 000 yuan)	104084	80305.70	72385	36931
限额以上批发零售贸易业商品销售总额(万元)	Total Sales of Enterprises above Designated Size of Wholesale and Retail Trades(10 000 yuan)	18727	15631	14939	6193
出口总额(万美元)	Total Exports(USD 10 000)				
当年合同外资金额	Contracted Value				
当年实际使用外资金额	Actually Utilized Value				
境内外来资本实际投资额(万元)	Foreign Investment Actually Utilized Value(10 000 yuan)				
星级饭店个数(个)	Number of Star-rated Hotels(unit)	3			
星级饭店客房总数(间)	Number of Rooms in Star-rated Hotels(unit)	49			
名胜风景区和文物保护区个数(个)	Number of Places of Interest and Historical Reservations(unit)				
固定资产投资(万元)	**Investment in Fixed Assets(10 000 yuan)**				
城镇固定资产投资完成额	Investment in Fixed Assets in Urban Area	54704	189954	135676	7180
城镇新增固定资产	Newly Increased afaixed Assets in Urban Area	35011	150446	81838	800
城镇固定资产投资项目数(个)	Number of Projects of Investment in Fixed Assets in Urban Area(unit)	40	147	89	9
房地产开发投资完成额	Investment Completed of Enterprises for Real Estate Development	17122	29389	20453	
#住宅	Residential Buildings	15602	25964	17997	
教育、科技、文化、卫生	**Education, Science and Technology, Culture, Sports and Public Health**				
普通中学数(所)	Number of Regular Secondary Schools(unit)	39	39	26	16
小学数(所)	Number of Primary Schools(unit)	245	73	188	203
普通中学专任教师数(人)	Number of Full-time Teachers in Regular Secondary Schools(person)	1836	1613	1711	695
小学专任教师数(人)	Number of Full-time Teachers in Primary Schools(person)	1877	1403	1871	1137
普通中学在校学生数(人)	Number of Students Enrollment in Regular Secondary Schools(person)	27522	18941	21682	10040
#女生	Female Students Enrollment in Regular Secondary Schools	13163	9233	10394	4437
小学在校学生数(人)	Number of Students Enrollment in Primary Schools(person)	41793	18307	29102	24205
#女生	Female Students Enrollment in Primary Schools	20038	8874	13547	11662
学龄儿童入学率(%)	Net Enrollment Rate of School-Age Children(%)	99.9	100	100	94.1
#女童入学率	Net Enrollment Rate of School-Age Female Children	99.9	100	100	94.1
初中升学率(%)	Primary School Graduates Entering into Junior Secondary Schools(%)	100	100	80	72
高中升学率(%)	Junior Secondary School Graduates Entering into Senior Secondary Schools(%)	78.2	87	70	66
高技术产业企业个数(个)	Number of Hi-Tech Industry Enterprises(unit)				
高技术产业总产值(当年价格)(万元)	Total Output Value of Hi-Tech Industry (current prices)(10 000 yuan)				
专业技术人员数(人)	Number of Scientific and Technical Personnel(person)	5163	4915	6091	2627
#农业技术人员	Agriculture	420	580	658	184
农业科技与服务单位个数(个)	Number of Agricultural Scientific and Service Units (unit)	50	20	13	39
全年专利申请数(件)	Number of Patents Application(unit)				
体育场馆数(个)	Number of Stadiums and Gymnasiums(unit)		1		
剧场、影剧院数(个)	Number of Theaters and Cinemas(unit)	1			
公共图书馆图书总藏量(千册)	Total Collections of Public Libraries(1000 volumes)	50	98	77	76
医院、卫生所数(所)	Number of Hospitals and Health Centers(unit)	34	24	23	22
医院、卫生院床位数(张)	Number of Beds in Hospitals and Health Centers(unit)	752	443	628	322
医院、卫生院卫生技术人员数(人)	Number of Medical Technical Personnel in Hospitals and Health Centers(person)	660	510	725	330
#医生	Number of Certified Doctors	444	380	539	160
卫生防疫人员数(人)	Number of epidemic prevention personnel(person)	31	22	53	20
5岁以下儿童死亡率(‰)	Death Rate of Children under 5 (‰)	20.6	15.2	23.8	19.1
婴儿死亡率(‰)	Death Rate of Infant (‰)	17.7	12.8	20.0	16.9
产妇住院分娩比例(%)	Proportion of Lying-in Woman Labors in Hospital(%)	95.4	99.8	99.8	93.7

26—1 续表 11 Continued

指 标	Item	民和县 Min he County	乐都县 Le du County	互助县 Hu zhu County	化隆县 Hua long County
人民生活	**People's Living Conditions**				
城镇在岗职工年平均人数(人)	Number of Staff and Workers in Urban and Rural Areas(person)	10048	9298	14921	5327
城镇在岗职工工资总额(万元)	Total Earning of Staff and Workers in Urban and Rural Areas(10 000 yuan)	38439	43953	57806	27114
农村居民人均纯收入(元)	Per Capita Net Income of Rural Households(yuan)	4458.82	4581.53	4864.12	4229.24
农民人均住房面积(平方米)	Per Capita Floor Space of Houses(sq.m)	19.36	28.58	29.33	22.04
农民文化娱乐消费比重(%)	Proportion of Cultural and Recreation Consumption	5.69	8.43	4.90	0.88
农村彩电普及率(%)	Popularizing rate of Color TV Set in Rural Areas(%)	115.0	105.0	107.5	95.0
农村电脑普及率(%)	Popularizing rate of Computer in Rural Areas(%)	2.5	7.5		2.5
农村恩格尔系数(%)	Engle Coefficient of Rural Households(%)	44.49	41.84	38.58	28.44
成人文盲率(%)	Illiteracy rate of adult(%)				
人均预期寿命(岁)	Population Life Expectancy(year old)				
农村贫困人口(万人)	Population below the poverty line in Rural Areas(person)				
社会保障(人)	**Social security(person)**				
各种社会福利收养性单位数(个)	Number of Social Welfare and Salvation Institutions(unit)		1	2	1
各种社会福利收养性单位床位数(张)	Number of Beds of Social Welfare and Salvation Institutions(unit)			295	5
参加基本养老保险的职工数	Number of Staff and Workers Participated in Basic Pension Insurance	11747	17668	10543	6015
参加基本医疗保险的职工数	Number of Staff and Workers Participated in Basic Medical Care Insurance	13616	15234	16692	8782
参加失业保险人数	Number of Staff and Workers Participated in Unemployment Insurance	7690	10172	10050	4648
城镇居民最低生活保障人数	Number of Persons Receiving Minimum Living Allowance in Rural Areas	10068	10997	4192	7438
农村居民最低生活保障人数	Number of Persons Receiving Minimum Living Allowance in Urban Areas	37100	24300	34800	25200
农村五保供养人数	Number of Persons Receiving Livelihood Guaranteed in Five Aspects in Rural Areas	1591	983	1861	1134
参加农村新型合作医疗的人数	Rural Cooperative Medical Service Contributors	307908	210286	331237	190882
参加农村社会养老保险的人数	Rural Basic Social Pension Insurance Contributors	33301	11241	1299	4308
社会治安	**Public Order**				
交通事故件数(件)	Number of Traffic Accides(unit)	75	61	129	26
刑事案件立案数(件)	Number of Criminal Case Registered(case)	741	355	530	157
犯罪人数(人)	Number of offenders(person)	80	144	98	52
民事案件发案数(件)	Number of civil cases(case)	1127	975	1220	320
资源、环境与可持续发展	**Resources，Environment and Sustainable Development**				
行政区域土地面积(平方公里)	Area of Administrative Regions(sq.km)	1780	3050	3321	1749
建成区面积	Area of Built Up Regions(sq.km)	7.5	8.0	7.6	3.3
建成区绿化覆盖面积	Area of Green Coverage in Built Up Regions(sq.km)				
森林面积(公顷)	Area of Forest(hectare)	67804	66136	70262	61502
当年造林面积(公顷)	Area of Afforestation(hectare)	1515	2847	3391	2372
退耕造林面积	Area of Grain for Green(hectare)				
年末耕地总资源(公顷)	Area of Arable Land(hectare)	42332.2	24533	72765	35968
常用耕地面积	Area of Arable Landin Common Usage(hectare)	42332.2	24533	72765	35968
#水浇地	Area of Irrigable Land(hectare)	11808.7	7179	10858.7	5800
年内减少耕地面积	Reduction in Area of Cultivated Land(hectare)	305.5		441.7	
#基建占地	Areas of Land for Construction(hectare)	284		439.4	
退耕还林还草占地	Area of Grain for Green(hectare)				
自然保护区个数(个)	Number of Nature Reserves(unit)		1		
自然保护区面积(公顷)	Area of Nature Reserves (hectare)				
环境污染治理本年完成投资总额(万元)	Investment Completed in the Treatment of Environmental Pollution(10 thousand yuan)	2296		460	
工业二氧化硫排放量(吨)	Volume of Sulphur Dioxide Emission(ton)	2727.4	2943	6764	1052.7
工业废水排放量达标率(%)	Volume of Waste Water up to the Discharge Standards(ton)	15.4		9.8	
工业烟尘排放量达标率(%)	Volume of Industrial Soot up to the Discharge Standards(ton)				
城镇生活污水处理率(%)	Disposal Rate of Waste Water in Urban Areas(%)	60	60	60	
污水处理厂数(座)	Number of Sewage Treatment Works (unit)	1	1	1	
垃圾处理站数(个)	Number of Biohazard Waste (unit)	1	1	1	1

26-1 续表 12 Continued

指标		Item	循化县 Xunhua County	门源县 Menyuan County	祁连县 Qilian County	海晏县 Haiyan County
乡村基本情况		**Basic Conditions of Township**				
乡(镇)个数	(个)	Number of Township and Town Governments(unit)	9	12	7	6
建制镇个数		Number of Town Governments	3	4	3	1
镇区占地面积	(公顷)	Area of Township(hectare)	299	829	873	316
镇区总人口	(人)	Population of Township(person)	7526	11458	9423	4200
村民委员会个数	(个)	Number of Villagers'Committees(unit)	154	109	45	29
自来水受益村		Number of Township Benefits From Tap Water	140	88	31	24
通电话的村		Number of Township Uses Telephone	136	103	43	29
通有线电视的村		Number of Township Has Cable Television	11	4	29	1
人口与就业		**Population and Employment**				
年末总人口	(万人)	Total Population(year-end)(10000 persons)	14.09	15.52	4.92	3.50
#女		Population of Female	7.03	7.57	2.48	1.72
当年出生人口	(人)	Newborn Population(person)	4961	4344	1114	421
当年死亡人口	(人)	Dead Population(person)	1036	3030	640	324
常住人口	(万人)	Permanent Population(10000 persons)				
乡村人口	(万人)	Rural Population(10000 persons)	11.30	13.10	3.90	2.20
年末总户数	(户)	Number of Households(year-end)(household)	35574	38970	15578	11538
#乡村户数		Number of Rural Households	23412	29859	9439	5281
年末单位从业人员数	(人)	Number of Employed Persons in Units at Year-end(person)	6060	8058	3613	11427
#女		Number of Female Employed Persons at Year-end	1687	3343	1444	4185
#第二产业		Number of Employed Persons of Secondary Industry	212	605	383	4502
第三产业		Number of Employed Persons of Tertiary Industry	5526	6213	2840	6789
乡村从业人员数	(人)	Number of Employed Persons in Rural Areas(person)	53750	71390	20533	13823
#农林牧渔业		Number of Employed Persons of Agriculture, Forestry, Animal Husbandry and Fishery in Rural Areas	24889	43840	15176	8532
城镇登记失业人员数	(人)	Number of Registered Employed Persons in Urban Area by Region(person)	1619	611	295	647
综合经济		**Economy of Integration**				
地区生产总值	**(万元)**	**Area total output value(10 000 yuan)**	**112267**	**160509**	**100143**	**212602**
第一产业增加值		Value-added of the Primary Industry	28086	44335	26029	10032
农业		Agriculture	16381	20142	1747	1184
林业		Forestry	656	106	507	27
牧业		Animal Husbandry	10820	22932	23332	8582
渔业		Fishery				
农林牧渔服务业		Services in Support of Agriculture	228	1155	443	239
第二产业增加值		Value-added of the Secondary Industry	32714	53477	46499	155048
#工业		Industry	22135	21677	18975	131393
第三产业增加值		Value-added of the Tertiary Industry	51467	62697	27615	47522
财政、金融	**(万元)**	**Finances and Economy(10 000 yuan)**				
财政总收入		Total Government Revenue	72546	5885	3353	34673
#地方财政一般预算收入		General Budgetary Financial Revenue in Local Financial Revenue	3564	4925	3007	10040
各项税收		Taxation	3252	4733	2334	9140
地方财政一般预算支出		General Budgetary Financial Expenditures in Local Financial Expenditures	71875	79069	43971	102300
#农林水事务支出		Expenditures for Agriculture Forestry and Water Conservancy	14826	9784	9455	11942
科学技术支出		Expenditures for Science and Technology	146	193	96	628
医疗卫生支出		Expenditures for Medical and Health Care	5741	7409	3999	10093
教育支出		Expenditures for Education	13677	25383	3634	18517
年末金融机构各项存款余额		Deposits of all the Financial Institutes	169723	147848	73968	36568
#城乡居民储蓄存款余额		Urban and Rural Household Savings Deposits	99265	69121	38667	15375
年末金融机构各项贷款余额		Loans of all the Financial Institutes	42997	52330	17820	20556
#农业贷款		Loans to Agriculture Sector	42799			
农业		**Agriculture**				
生产条件		Condition for Agricultural Production				
农业机械总动力	(万千瓦特)	Total Power of Agriculture Machinery(10000 KW)	8.6	29.9	4.6	4.0
化肥使用量(折纯量)	(吨)	Consumption of Chemical Fertilizers(ton)	2907	5940	249	174
农药使用量	(吨)	Consumption of Agricultural Chemical(ton)	103.2	145.0	7.6	0.8
地膜使用量	(吨)	Consumption of Plastic Film(ton)	214.0	5.4		0.8
有效灌溉面积	(公顷)	Effective Irrigated Area(10000 hectares)	5277	1656	793	675

26-1 续表 13 Continued

指　标	Item	循化县 Xun hua County	门源县 Men yuan County	祁连县 Qi lian County	海晏县 Hai yan County
农作物总播种面积　(公顷)	Total Sown Areas of Farm Crops(hectare)	16029	40325	2375	2648
粮食作物播种面积	Total Sown Areas of Grain Crops(hectare)	7619	9292	1063	1570
#稻谷	Rice				
小麦	Wheat	4413	685.2	174.8	420.0
玉米	Corn				
大豆	Soja		115	44	158
油料播种面积	Oil-bearing Crops	4692	21337	822	765
棉花播种面积	Cotton				
糖料播种面积	Sugar-bearing				
蔬菜播种面积	Vegetables	3666	449	12.3	
粮食总产量　(吨)	Yield of Crain(ton)	25680	33438	2892	4105
#稻谷	Rice				
小麦	Wheat	23549	3273	642	1267
玉米	Corn				
大豆	Soja		365	103	498
油料产量	Oil-bearing Crops	6874	30400	1047	860
棉花产量	Cotton				
糖料产量	Sugar-bearing				
水果产量	Fruits	609			
肉类总产量	Output of Meat	5653	10955	12737	4933
奶类产量	Output of Milk	8431	10676	11890	3908
禽蛋产量	Output of Poultry Eggs	120	330	30	4
蔬菜产量	Output of Vegetables	83583	4480	108	
水产品产量	Output of Aquatic Products				
工业及建筑业	**Industry and Construction**				
规模以上工业企业	Industrial Enterprises above Designated Size				
工业企业数　(个)	Number of Industrial Enterprises(unit)	7	22	21	16
工业总产值(现价)　(万元)	Gross Industrial Output Value(current prices)(10 000 yuan)	37729	53759	34095	327231
内资企业	Domestic Funded	37729	53759	34095	300876
港、澳、台商投资企业	Funded from Hong Kong,Macao and Taiwan				
外商投资企业	Foreign Funded				26355
从业人员年平均数　(人)	Number of Employed Persons(person)	1752	1381	678	3703
流动资产年平均余额	Annual Average Balance of Working Capitals	16853	25017	16137.9	250765
固定资产净值年平均余额	Annual Average Balance of Net Value of Fixed Assets	16024.40	96298	37620	293226
产品销售收入	Product Sales Revenue	31878	53184	33955.8	319874
#产品销售税金及附加	Taxes and Other Charges on Product Saling	12.2	250	660	3478
本年应交增值税	Value-added Tax Payable	478.5	580	835.7	18945
利润总额	Total Profits	4598.2	8042	821	21279
建筑业	Construction				
建筑业企业个数　(个)	Number of ConstructionEnterprises(unit)	5	4	2	4
期末从业人员数　(人)	Number of Staff & Workers at Year-end(person)	542	706	105	665
建筑业总产值　(万元)	Gross Output Value of Construction(10 000 yuan)	3450	8448.9	638.4	8568.9
交通运输、邮电通讯、能源	**Transportation，Postal，telecommunication and Energy**				
境内公路里程　(公里)	Length of Highways(km)	829.5	1443	1360	777
#高等级公路	Expressway				
境内铁路营业里程　(公里)	Length of Railways in Operation(km)				111
境内火车站个数　(个)	Number of Railway Station(unit)				2
民用汽车拥有量　(辆)	Possession of Civil Vehicles(unit)	7426	1113	406	935
#个人汽车	Possession of Private Vehicles	4510	1007	314	552
邮政业务总量　(万元)	Business Volume of Postal Services(10 000 yuan)	473	265	170	327
电信业务总量	Business Volume of Telecommunication Services	935	4598	2614	4401
年末本地电话用户　(户)	Number of Subscribers of Fixed Telephone at Year-end(subscriber)	10722	89772	37722	44542
年末住宅电话用户　(户)	Household Fixed Telephone Subscribers at Year-end(subscriber)	10038	10051	4020	5679
#乡村电话用户	Rural Fixed Telephone Subscribers	6817	6199	952	1164
移动电话用户数　(户)	Number of Mobile Telephone Subscribers(subscriber)	67568	79721	33702	38863
国际互联网用户　(户)	Number of Internet Users(subscriber)	1927	2600	1851	3026

26—1 续表 14 Continued

指 示	Item	循化县 Xunhua County	门源县 Menyuan County	祁连县 Qilian County	海晏县 Haiyan County
全年用电量(万千瓦时)	Electricity Consumption(10 thousand kw·h)	14836	8710.23	4913.1	91140.15
工业用电量	Industrial Electricity Consumption	11445	3408.48	3400.11	88558.49
农村用电量	Agricultural Electricity Consumption	894	550.69	158.89	42.35
贸易、外经、旅游	**Domestic Trade, Foreign Trade and Economic Cooperation and Tourism**				
社会销售品零售总额(万元)	Total Retail Sales of Consumer Goods (10 000 yuan)	37035	41341	20654	16418
限额以上批发零售贸易业商品销售总额(万元)	Total Sales of Enterprises above Designated Size of Wholesale and Retail Trades(10 000 yuan)	5690	9717	2767	3621.7
出口总额(万美元)	Total Exports(USD 10 000)				
当年合同外资金额	Contracted Value				
当年实际使用外资金额	Actually Utilized Value				
境内外来资本实际投资额(万元)	Foreign Investment Actually Utilized Value(10 000 yuan)				
星级饭店个数(个)	Number of Star-rated Hotels(unit)	8	3	4	
星级饭店客房总数(间)	Number of Rooms in Star-rated Hotels(unit)	671	193	197	
名胜风景区和文物保护区个数(个)	Number of Places of Interest and Historical Reservations(unit)		10	13	3
固定资产投资(万元)	**Investment in Fixed Assets(10 000 yuan)**				
城镇固定资产投资完成额	Investment in Fixed Assets in Urban Area	65810	61524	77786	94465
城镇新增固定资产	Newly Increased afaixed Assets in Urban Area	55395	58261	51125	51527
城镇固定资产投资项目数(个)	Number of Projects of Investment in Fixed Assets in Urban Area(unit)	121	60	66	66
房地产开发投资完成额	Investment Completed of Enterprises for Real Estate Development		1489	1698	1030
#住宅	Residential Buildings		1436	968	790
教育、科技、文化、卫生	**Education, Science and Technology, Culture, Sports and Public Health**				
普通中学数(所)	Number of Regular Secondary Schools(unit)	10	12	4	3
小学数(所)	Number of Primary Schools(unit)	72	89	15	20
普通中学专任教师数(人)	Number of Full-time Teachers in Regular Secondary Schools(person)	419	482	153	174
小学专任教师数(人)	Number of Full-time Teachers in Primary Schools(person)	700	720	300	271
普通中学在校学生数(人)	Number of Students Enrollment in Regular Secondary Schools(person)	6979	9026	3074	2880
#女生	Female Students Enrollment in Regular Secondary Schools	3415	4181	1493	1408
小学在校学生数(人)	Number of Students Enrollment in Primary Schools(person)	14459	15920	5243	4459
#女生	Female Students Enrollment in Primary Schools	7064	7880	2595	2640
学龄儿童入学率(%)	Net Enrollment Rate of School-Age Children(%)	99.8	99.8	99.9	100
#女童入学率	Net Enrollment Rate of School-Age Female Children	99.7	99.5	99.3	100
初中升学率(%)	Primary School Graduates Entering into Junior Secondary Schools(%)	93	92.8	83	93
高中升学率(%)	Junior Secondary School Graduates Entering into Senior Secondary Schools(%)	85	69.8	90.5	62.9
高技术产业企业个数(个)	Number of Hi-Tech Industry Enterprises(unit)				
高技术产业总产值(当年价格)(万元)	Total Output Value of Hi-Tech Industry (current prices)(10 000 yuan)				
专业技术人员数(人)	Number of Scientific and Technical Personnel(person)	3271	2179	861	1365
#农业技术人员	Agriculture	536	245	150	195
农业科技与服务单位个数(个)	Number of Agricultural Scientific and Service Units (unit)	7	9	7	12
全年专利申请数(件)	Number of Patents Application(unit)				
体育场馆数(个)	Number of Stadiums and Gymnasiums(unit)			1	1
剧场、影剧院数(个)	Number of Theaters and Cinemas(unit)		1	1	1
公共图书馆图书总藏量(千册)	Total Collections of Public Libraries(1000 volumes)	63	3.8	1.7	12.6
医院、卫生所数(所)	Number of Hospitals and Health Centers(unit)	10	15	11	10
医院、卫生院床位数(张)	Number of Beds in Hospitals and Health Centers(unit)	189	176	113	429
医院、卫生院卫生技术人员数(人)	Number of Medical Technical Personnel in Hospitals and Health Centers(person)	219	340	172	409
#医生	Number of Certified Doctors	95	106	67	218
卫生防疫人员数(人)	Number of epidemic prevention personnel(person)	16	32	29	75
5岁以下儿童死亡率(‰)	Death Rate of Children under 5 (‰)	13	22	33.1	36.9
婴儿死亡率(‰)	Death Rate of Infant (‰)	11.7	19.1	22.1	36.9
产妇住院分娩比例(%)	Proportion of Lying-in Woman Labors in Hospital(%)	95.1	99.3	96.3	99

26-1 续表 15 Continued

指 标	Item	循化县 Xunhua County	门源县 Menyuan County	祁连县 Qilian County	海晏县 Haiyan County
人民生活	**People's Living Conditions**				
城镇在岗职工年平均人数(人)	Number of Staff and Workers in Urban and Rural Areas(person)	4302	8058	3604	11427
城镇在岗职工工资总额(万元)	Total Earning of Staff and Workers in Urban and Rural Areas(10 000 yuan)	18793	27442	12382	37656
农村居民人均纯收入(元)	Per Capita Net Income of Rural Households(yuan)	4650.53	4312.53	5466.55	4754.76
农民人均住房面积(平方米)	Per Capita Floor Space of Houses(sq.m)	18.38	23.32	18.68	18.59
农民文化娱乐消费比重(%)	Proportion of Cultural and Recreation Consumption	22.12	0.04	0.02	0.03
农村彩电普及率(%)	Popularizing rate of Color TV Set in Rural Areas(%)	70	74.86	97.55	105.74
农村电脑普及率(%)	Popularizing rate of Computer in Rural Areas(%)	2.50	2.07		
农村恩格尔系数(%)	Engle Coefficient of Rural Households(%)	35.89	50.72	53.76	57.5
成人文盲率(%)	Illiteracy rate of adult(%)				
人均预期寿命(岁)	Population Life Expectancy(year old)				
农村贫困人口(万人)	Population below the poverty line in Rural Areas(person)				
社会保障(人)	**Social security(person)**				
各种社会福利收养性单位数(个)	Number of Social Welfare and Salvation Institutions(unit)	4	1	3	1
各种社会福利收养性单位床位数(张)	Number of Beds of Social Welfare and Salvation Institutions(unit)	133	60	64	35
参加基本养老保险的职工数	Number of Staff and Workers Participated in Basic Pension Insurance	2988	3438	2819	7101
参加基本医疗保险的职工数	Number of Staff and Workers Participated in Basic Medical Care Insurance	5472	5343	3541	9556
参加失业保险人数	Number of Staff and Workers Participated in Unemployment Insurance	3180	3232	1996	4727
城镇居民最低生活保障人数	Number of Persons Receiving Minimum Living Allowance in Rural Areas	4372	5815	2837	4748
农村居民最低生活保障人数	Number of Persons Receiving Minimum Living Allowance in Urban Areas	8550	11493	3733	1895
农村五保供养人数	Number of Persons Receiving Livelihood Guaranteed in Five Aspects in Rural Areas	757	514	215	88
参加农村新型合作医疗的人数	Rural Cooperative Medical Service Contributors	101781	120565	35054	18970
参加农村社会养老保险的人数	Rural Basic Social Pension Insurance Contributors	11864	75380	15867	9421
社会治安	**Public Order**				
交通事故件数(件)	Number of Traffic Accides(unit)	9	15	7	13
刑事案件立案数(件)	Number of Criminal Case Registered(case)	203	146	93	91
犯罪人数(人)	Number of offenders(person)	1	107	54	53
民事案件发案数(件)	Number of civil cases(case)	163	269	219	172
资源、环境与可持续发展	**Resources, Environment and Sustainable Development**				
行政区域土地面积(平方公里)	Area of Administrative Regions(sq.km)	2740.0	6902.3	14681.4	4443.0
建成区面积	Area of Built Up Regions(sq.km)	3.8	5.4	4.3	
建成区绿化覆盖面积	Area of Green Coverage in Built Up Regions(sq.km)				
森林面积(公顷)	Area of Forest(hectare)	52003	496	167	56272
当年造林面积(公顷)	Area of Afforestation(hectare)	2263	450	35	
退耕造林面积	Area of Grain for Green(hectare)				
年末耕地总资源(公顷)	Area of Arable Land(hectare)	13138	39900	2538	2648
常用耕地面积	Area of Arable Landin Common Usage(hectare)	13138	39900	2538	2648
#水浇地	Area of Irrigable Land(hectare)	5280	11288	793	675
年内减少耕地面积	Reduction in Area of Cultivated Land(hectare)	16		31	
#基建占地	Areas of Land for Construction(hectare)	16			
退耕还林还草占地	Area of Grain for Green(hectare)			31	
自然保护区个数(个)	Number of Nature Reserves(unit)	1		4	
自然保护区面积(公顷)	Area of Nature Reserves (hectare)	17290		834700	
环境污染治理本年完成投资总额(万元)	Investment Completed in the Treatment of Environmental Pollution(10 thousand yuan)				100
工业二氧化硫排放量(吨)	Volume of Sulphur Dioxide Emission(ton)	344	240.4	1149.00	
工业废水排放量达标率(%)	Volume of Waste Water up to the Discharge Standards(ton)		80		100
工业烟尘排放量达标率(%)	Volume of Industrial Soot up to the Discharge Standards(ton)		96	100	100
城镇生活污水处理率(%)	Disposal Rate of Waste Water in Urban Areas(%)				64
污水处理厂数(座)	Number of Sewage Treatment Works (unit)				1
垃圾处理站数(个)	Number of Biohazard Waste (unit)	1	1	1	1

26-1 续表 16 Continued

指 标		Item	刚察县 Gangcha County	同仁县 Tongren County	尖扎县 Jianzha County	泽库县 Zeku County
乡村基本情况		**Basic Conditions of Township**				
乡(镇)个数	(个)	Number of Township and Town Governments(unit)	5	11	9	7
建制镇个数		Number of Town Governments	2	2	3	2
镇区占地面积	(公顷)	Area of Township(hectare)	309	1066	19	60
镇区总人口	(人)	Population of Township(person)	16212	10111	7783	22547
村民委员会个数	(个)	Number of Villagers'Committees(unit)	31	72	81	64
自来水受益村		Number of Township Benefits From Tap Water	26	53	52	27
通电话的村		Number of Township Uses Telephone	31	42	81	34
通有线电视的村		Number of Township Has Cable Television	5	25	10	10
人口与就业		**Population and Employment**				
年末总人口	(万人)	Total Population(year-end)(10000 persons)	4.38	9.26	5.53	6.94
#女		Population of Female	2.15	4.55	2.86	3.45
当年出生人口	(人)	Newborn Population(person)	1141	3869	1512	2782
当年死亡人口	(人)	Dead Population(person)	659	934	475	913
常住人口	(万人)	Permanent Population(10000 persons)				
乡村人口	(万人)	Rural Population(10000 persons)	2.90	6.38	3.92	5.93
年末总户数	(户)	Number of Households(year-end)(household)	14241	28477	18781	19929
#乡村户数		Number of Rural Households	6743	12811	9211	13802
年末单位从业人员数	(人)	Number of Employed Persons in Units at Year-end(person)	3976	8463	5743	2098
#女		Number of Female Employed Persons at Year-end	1241	3162	2007	675
#第二产业		Number of Employed Persons of Secondary Industry	10	1278	2050	
第三产业		Number of Employed Persons of Tertiary Industry	2314	6977	3427	2032
乡村从业人员数	(人)	Number of Employed Persons in Rural Areas(person)	13724	35878	21890	29350
#农林牧渔业		Number of Employed Persons of Agriculture，Forestry，Animal Husbandry and Fishery in Rural Areas	10664	28176	15171	26781
城镇登记失业人员数	(人)	Number of Registered Employed Persons in Urban Area by Region(person)	264	565	415	240
综合经济		**Economy of Integration**				
地区生产总值	**(万元)**	**Area total output value(10 000 yuan)**	**72037**	**119949**	**178955**	**72308**
第一产业增加值		Value-added of the Primary Industry	23777	28070	13690	45295
农业		Agriculture	3135	14217	4216	6808
林业		Forestry	471	186	117	6
牧业		Animal Husbandry	19742	12845	8637	37341
渔业		Fishery				
农林牧渔服务业		Services in Support of Agriculture	429	822	720	1140
第二产业增加值		Value-added of the Secondary Industry	19905	13964	143570	9104
#工业		Industry	10376	4627	135754	1238
第三产业增加值		Value-added of the Tertiary Industry	28355	77915	21695	17909
财政、金融	**(万元)**	**Finances and Economy(10 000 yuan)**				
财政总收入		Total Government Revenue	5127	64201	13976	651
#地方财政一般预算收入		General Budgetary Financial Revenue in Local Financial Revenue	4101	2339	4338	651
各项税收		Taxation	3541	1674	3806	553
地方财政一般预算支出		General Budgetary Financial Expenditures in Local Financial Expenditures	66279	65410	45468	51439
#农林水事务支出		Expenditures for Agriculture Forestry and Water Conservancy	14503	9787	7993	5716
科学技术支出		Expenditures for Science and Technology	205	325	10	
医疗卫生支出		Expenditures for Medical and Health Care	3559	4374	2975	3372
教育支出		Expenditures for Education	14682	12603	7275	10249
年末金融机构各项存款余额		Deposits of all the Financial Institutes	83519	178600	83567	43853
#城乡居民储蓄存款余额		Urban and Rural Household Savings Deposits	24633	77503	53726	12316
年末金融机构各项贷款余额		Loans of all the Financial Institutes	21704	39517	43430	17436
#农业贷款		Loans to Agriculture Sector				
农业		**Agriculture**				
生产条件		Condition for Agricultural Production				
农业机械总动力	(万千瓦特)	Total Power of Agriculture Machinery(10000 KW)	2.1	5.2	6.5	1.1
化肥使用量(折纯量)	(吨)	Consumption of Chemical Fertilizers(ton)	976	766.6	355	93.4
农药使用量	(吨)	Consumption of Agricultural Chemical(ton)	0.8	7.3	2.30	
地膜使用量	(吨)	Consumption of Plastic Film(ton)			1	
有效灌溉面积	(公顷)	Effective Irrigated Area(10000 hectares)	6467	1763	1895	

26-1 续表 17 Continued

指　标	Item	刚察县 Gang cha County	同仁县 Tong ren County	尖扎县 Jian zha County	泽库县 Ze ku County
农作物总播种面积　(公顷)	Total Sown Areas of Farm Crops(hectare)	7270	7243	4255	5876.5
粮食作物播种面积	Total Sown Areas of Grain Crops(hectare)	377	4295	3397	
#稻谷	Rice				
小麦	Wheat		2269	2384	
玉米	Corn				
大豆	Soja				
油料播种面积	Oil-bearing Crops	5381	1663	442	2540
棉花播种面积	Cotton				
糖料播种面积	Sugar-bearing				
蔬菜播种面积	Vegetables		27	250	
粮食总产量　(吨)	Yield of Crain(ton)	1087	14332	14798	
#稻谷	Rice				
小麦	Wheat		6922	11459	
玉米	Corn				
大豆	Soja				
油料产量	Oil-bearing Crops	7173	4443	794	1920
棉花产量	Cotton				
糖料产量	Sugar-bearing				
水果产量	Fruits		288	952	
肉类总产量	Output of Meat	11224	3199	3010	14627
奶类产量	Output of Milk	13917	5674	3213	10505
禽蛋产量	Output of Poultry Eggs				
蔬菜产量	Output of Vegetables		3384	6591	
水产品产量	Output of Aquatic Products				
工业及建筑业	**Industry and Construction**				
规模以上工业企业	Industrial Enterprises above Designated Size				
工业企业数　(个)	Number of Industrial Enterprises(unit)	4	1	7	
工业总产值(现价)　(万元)	Gross Industrial Output Value(current prices)(10 000 yuan)	21373	1596.7	237695	
内资企业	Domestic Funded	21373			
港、澳、台商投资企业	Funded from Hong Kong,Macao and Taiwan				
外商投资企业	Foreign Funded				
从业人员年平均数　(人)	Number of Employed Persons(person)	333	125	205	
流动资产年平均余额	Annual Average Balance of Working Capitals	13353.1	2463	356.8	
固定资产净值年平均余额	Annual Average Balance of Net Value of Fixed Assets	3417.2	5499	-2852.8	
产品销售收入	Product Sales Revenue	19960.4	1653		
#产品销售税金及附加	Taxes and Other Charges on Product Saling	47.6	100		
本年应交增值税	Value-added Tax Payable	599.9	100		
利润总额	Total Profits	8173	142		
建筑业	Construction				
建筑业企业个数　(个)	Number of ConstructionEnterprises(unit)	1	7	3	
期末从业人员数　(人)	Number of Staff & Workers at Year-end(person)	481	1443	298	
建筑业总产值　(万元)	Gross Output Value of Construction(10 000 yuan)	3540.8	18754.7	7868.1	
交通运输、邮电通讯、能源	**Transportation, Postal, telecommunication and Energy**				
境内公路里程　(公里)	Length of Highways(km)	1481	304	612	1410
#高等级公路	Expressway				
境内铁路营业里程　(公里)	Length of Railways in Operation(km)	145			
境内火车站个数　(个)	Number of Railway Station(unit)	6			
民用汽车拥有量　(辆)	Possession of Civil Vehicles(unit)	523	938		230
#个人汽车	Possession of Private Vehicles	380	169		
邮政业务总量　(万元)	Business Volume of Postal Services(10 000 yuan)	127	471	193	46
电信业务总量	Business Volume of Telecommunication Services	2339	1544	499	158
年末本地电话用户　(户)	Number of Subscribers of Fixed Telephone at Year-end(subscriber)	30489	10205	5361	1096
年末住宅电话用户　(户)	Household Fixed Telephone Subscribers at Year-end(subscriber)	2081	7616	3975	703
#乡村电话用户	Rural Fixed Telephone Subscribers	528	1242	1006	
移动电话用户数　(户)	Number of Mobile Telephone Subscribers(subscriber)	28408	9429	3677	2374
国际互联网用户　(户)	Number of Internet Users(subscriber)	1219	3422	1864	417

26−1 续表 18 Continued

指　标	Item	刚察县 Gangcha County	同仁县 Tongren County	尖扎县 Jianzha County	泽库县 Zeku County
全年用电量(万千瓦时)	Electricity Consumption(10 thousand kw·h)	7946.55	2435	39646.36	611
工业用电量	Industrial Electricity Consumption	2662.28	965	37577.36	82
农村用电量	Agricultural Electricity Consumption	173.64	398	390	75
贸易、外经、旅游	**Domestic Trade，Foreign Trade and Economic Cooperation and Tourism**				
社会销售品零售总额(万元)	Total Retail Sales of Consumer Goods (10 000 yuan)	16613	14702	7812	7858
限额以上批发零售贸易业商品销售总额(万元)	Total Sales of Enterprises above Designated Size of Wholesale and Retail Trades(10 000 yuan)	2565			
出口总额(万美元)	Total Exports(USD 10 000)				
当年合同外资金额	Contracted Value				
当年实际使用外资金额	Actually Utilized Value				
境内外来资本实际投资额(万元)	Foreign Investment Actually Utilized Value(10 000 yuan)				
星级饭店个数(个)	Number of Star-rated Hotels(unit)				
星级饭店客房总数(间)	Number of Rooms in Star-rated Hotels(unit)				
名胜风景区和文物保护区个数(个)	Number of Places of Interest and Historical Reservations(unit)	1			
固定资产投资(万元)	**Investment in Fixed Assets(10 000 yuan)**				
城镇固定资产投资完成额	Investment in Fixed Assets in Urban Area	30309	36077	45482	24201
城镇新增固定资产	Newly Increased afaixed Assets in Urban Area	27574	12324	42922	18069
城镇固定资产投资项目数(个)	Number of Projects of Investment in Fixed Assets in Urban Area(unit)	32	57	64	27
房地产开发投资完成额	Investment Completed of Enterprises for Real Estate Development	906			
#住宅	Residential Buildings	756			
教育、科技、文化、卫生	**Education，Science and Technology，Culture，Sports and Public Health**				
普通中学数(所)	Number of Regular Secondary Schools(unit)	3	11	5	5
小学数(所)	Number of Primary Schools(unit)	16	82	58	30
普通中学专任教师数(人)	Number of Full-time Teachers in Regular Secondary Schools(person)	101	363	250	152
小学专任教师数(人)	Number of Full-time Teachers in Primary Schools(person)	267	708	464	508
普通中学在校学生数(人)	Number of Students Enrollment in Regular Secondary Schools(person)	1807	7039	4366	4088
#女生	Female Students Enrollment in Regular Secondary Schools	838	3419	2059	2014
小学在校学生数(人)	Number of Students Enrollment in Primary Schools(person)	3945	11468	6600	9706
#女生	Female Students Enrollment in Primary Schools	1815	5468	3085	4657
学龄儿童入学率(%)	Net Enrollment Rate of School-Age Children(%)	99.6	99.9	99.5	97.8
#女童入学率	Net Enrollment Rate of School-Age Female Children	99.1	99.9	99.5	98
初中升学率(%)	Primary School Graduates Entering into Junior Secondary Schools(%)	74	1	100	67.5
高中升学率(%)	Junior Secondary School Graduates Entering into Senior Secondary Schools(%)	60		60	
高技术产业企业个数(个)	Number of Hi-Tech Industry Enterprises(unit)				
高技术产业总产值(当年价格)(万元)	Total Output Value of Hi-Tech Industry (current prices)(10 000 yuan)				
专业技术人员数(人)	Number of Scientific and Technical Personnel(person)	708		1276	910
#农业技术人员	Agriculture	110		136	50
农业科技与服务单位个数(个)	Number of Agricultural Scientific and Service Units (unit)	7		5	5
全年专利申请数(件)	Number of Patents Application(unit)				
体育场馆数(个)	Number of Stadiums and Gymnasiums(unit)		1	1	
剧场、影剧院数(个)	Number of Theaters and Cinemas(unit)				1
公共图书馆图书总藏量(千册)	Total Collections of Public Libraries(1000 volumes)	1.90		1.50	17
医院、卫生所数(所)	Number of Hospitals and Health Centers(unit)	11	13	12	12
医院、卫生院床位数(张)	Number of Beds in Hospitals and Health Centers(unit)	120	50	255	96
医院、卫生院卫生技术人员数(人)	Number of Medical Technical Personnel in Hospitals and Health Centers(person)	147	129	202	104
#医生	Number of Certified Doctors	98	61	100	42
卫生防疫人员数(人)	Number of epidemic prevention personnel(person)	17	57	28	18
5岁以下儿童死亡率(‰)	Death Rate of Children under 5 (‰)	38.5	24.5	25.5	7.7
婴儿死亡率(‰)	Death Rate of Infant (‰)	34.0	20.4	13.5	3.7
产妇住院分娩比例(%)	Proportion of Lying-in Woman Labors in Hospital(%)	92.9	75.0	76.1	84.0

26-1 续表 19 Continued

指 标	Item	刚察县 Gang cha County	同仁县 Tong ren County	尖扎县 Jian zha County	泽库县 Ze ku County
人民生活	**People's Living Conditions**				
城镇在岗职工年平均人数(人)	Number of Staff and Workers in Urban and Rural Areas(person)	3871	8480	5744	2046
城镇在岗职工工资总额(万元)	Total Earning of Staff and Workers in Urban and Rural Areas(10 000 yuan)	13124	319265	182057	96138
农村居民人均纯收入(元)	Per Capita Net Income of Rural Households(yuan)	6252.09	3495.22	2717.02	2317.41
农民人均住房面积(平方米)	Per Capita Floor Space of Houses(sq.m)	12.55	21.99	14.11	7.38
农民文化娱乐消费比重(%)	Proportion of Cultural and Recreation Consumption	0.03	5.77	4.34	0.04
农村彩电普及率(%)	Popularizing rate of Color TV Set in Rural Areas(%)	14.31	130	85	2.50
农村电脑普及率(%)	Popularizing rate of Computer in Rural Areas(%)		2.50		
农村恩格尔系数(%)	Engle Coefficient of Rural Households(%)	53.82	24.21	34.13	75.81
成人文盲率(%)	Illiteracy rate of adult(%)				
人均预期寿命(岁)	Population Life Expectancy(year old)				
农村贫困人口(万人)	Population below the poverty line in Rural Areas(person)		0.9	0.7	5.7
社会保障(人)	**Social security(person)**				
各种社会福利收养性单位数(个)	Number of Social Welfare and Salvation Institutions(unit)	1	1	2	1
各种社会福利收养性单位床位数(张)	Number of Beds of Social Welfare and Salvation Institutions(unit)	50	180	335	
参加基本养老保险的职工数	Number of Staff and Workers Participated in Basic Pension Insurance	1527	2465	2230	1034
参加基本医疗保险的职工数	Number of Staff and Workers Participated in Basic Medical Care Insurance	2520	4715	2409	2095
参加失业保险人数	Number of Staff and Workers Participated in Unemployment Insurance	1723	2460	2124	1369
城镇居民最低生活保障人数	Number of Persons Receiving Minimum Living Allowance in Rural Areas	2859	6910	1635	1845
农村居民最低生活保障人数	Number of Persons Receiving Minimum Living Allowance in Urban Areas	2679	8270	6600	8100
农村五保供养人数	Number of Persons Receiving Livelihood Guaranteed in Five Aspects in Rural Areas	150	278	484	501
参加农村新型合作医疗的人数	Rural Cooperative Medical Service Contributors	28726	59582	41862	57560
参加农村社会养老保险的人数	Rural Basic Social Pension Insurance Contributors	15579	17051	15794	20953
社会治安	**Public Order**				
交通事故件数(件)	Number of Traffic Accides(unit)	13	9	8	5
刑事案件立案数(件)	Number of Criminal Case Registered(case)	34	98	13	33
犯罪人数(人)	Number of offenders(person)	44	157	14	41
民事案件发案数(件)	Number of civil cases(case)	177	89	184	67
资源、环境与可持续发展	**Resources, Environment and Sustainable Development**				
行政区域土地面积(平方公里)	Area of Administrative Regions(sq.km)	8138	7257	2174.3	6658.06
建成区面积	Area of Built Up Regions(sq.km)				0.96
建成区绿化覆盖面积	Area of Green Coverage in Built Up Regions(sq.km)				
森林面积(公顷)	Area of Forest(hectare)		16900		22733
当年造林面积(公顷)	Area of Afforestation(hectare)	430	210	200	667
退耕造林面积	Area of Grain for Green(hectare)				667
年末耕地总资源(公顷)	Area of Arable Land(hectare)	7381.7	7508	4087	
常用耕地面积	Area of Arable Landin Common Usage(hectare)	7381.7	7508	4087	
#水浇地	Area of Irrigable Land(hectare)	6467.7	1763	2086	
年内减少耕地面积	Reduction in Area of Cultivated Land(hectare)		27	10	333
#基建占地	Areas of Land for Construction(hectare)		27		333
退耕还林还草占地	Area of Grain for Green(hectare)				
自然保护区个数(个)	Number of Nature Reserves(unit)				
自然保护区面积(公顷)	Area of Nature Reserves (hectare)				268433
环境污染治理本年完成投资总额(万元)	Investment Completed in the Treatment of Environmental Pollution(10 thousand yuan)			50	100
工业二氧化硫排放量(吨)	Volume of Sulphur Dioxide Emission(ton)	199.7		325	71.6
工业废水排放量达标率(%)	Volume of Waste Water up to the Discharge Standards(ton)			100	
工业烟尘排放量达标率(%)	Volume of Industrial Soot up to the Discharge Standards(ton)	97.2			
城镇生活污水处理率(%)	Disposal Rate of Waste Water in Urban Areas(%)				
污水处理厂数(座)	Number of Sewage Treatment Works (unit)				
垃圾处理站数(个)	Number of Biohazard Waste (unit)	1	2	1	1

26-1 续表 20 Continued

指 标		Item	河南县 He nan County	共和县 Gong he County	同德县 Tong de County	贵德县 Gui de County
乡村基本情况		**Basic Conditions of Township**				
乡(镇)个数	(个)	Number of Township and Town Governments(unit)	5	11	5	7
建制镇个数		Number of Town Governments	1	4	2	4
镇区占地面积	(公顷)	Area of Township(hectare)	20	1683	800	961
镇区总人口	(人)	Population of Township(person)	5909	56031	12039	27367
村民委员会个数	(个)	Number of Villagers'Committees(unit)	39	100	73	119
自来水受益村		Number of Township Benefits From Tap Water	10	84	54	113
通电话的村		Number of Township Uses Telephone		96	40	106
通有线电视的村		Number of Township Has Cable Television		28		46
人口与就业		**Population and Employment**				
年末总人口	(万人)	Total Population(year-end)(10000 persons)	3.94	13.06	5.86	10.88
#女		Population of Female	1.83	6.47	2.91	5.41
当年出生人口	(人)	Newborn Population(person)	1554	2262	1684	3826
当年死亡人口	(人)	Dead Population(person)	563	1164	515	2084
常住人口	(万人)	Permanent Population(10000 persons)				
乡村人口	(万人)	Rural Population(10000 persons)	2.85	8.8	4.8	8.5
年末总户数	(户)	Number of Households(year-end)(household)	10571	42216	14723	31907
#乡村户数		Number of Rural Households	6500	19511	10655	20551
年末单位从业人员数	(人)	Number of Employed Persons in Units at Year-end(person)	2237	13276	3447	3598
#女		Number of Female Employed Persons at Year-end	822	4774	1521	1588
#第二产业		Number of Employed Persons of Secondary Industry	8	2168	30	59
第三产业		Number of Employed Persons of Tertiary Industry	2229	10367	2285	3281
乡村从业人员数	(人)	Number of Employed Persons in Rural Areas(person)	16073	45344	25675	46538
#农林牧渔业		Number of Employed Persons of Agriculture, Forestry, Animal Husbandry and Fishery in Rural Areas	15175	35919	21988	20943
城镇登记失业人员数	(人)	Number of Registered Employed Persons in Urban Area by Region(person)	139	970	791	346
综合经济		**Economy of Integration**				
地区生产总值	**(万元)**	**Area total output value(10 000 yuan)**	**65615**	**243815**	**74503**	**170838**
第一产业增加值		Value-added of the Primary Industry	41038	44131	40743	18411
农业		Agriculture	4083	6087	7297	9921
林业		Forestry		998	158	649
牧业		Animal Husbandry	36347	35505	32778	7228
渔业		Fishery		132		61
农林牧渔服务业		Services in Support of Agriculture	608	1410	510	552
第二产业增加值		Value-added of the Secondary Industry	9584	111915	15873	113956
#工业		Industry	2782	75321	1290	89474
第三产业增加值		Value-added of the Tertiary Industry	14993	87769	17887	38471
财政、金融	**(万元)**	**Finances and Economy(10 000 yuan)**				
财政总收入		Total Government Revenue	1345	80838	1770	13933
#地方财政一般预算收入		General Budgetary Financial Revenue in Local Financial Revenue	858	6414	1437	7520
各项税收		Taxation	629		1155	5959
地方财政一般预算支出		General Budgetary Financial Expenditures in Local Financial Expenditures	42037	83370	53441	67825
#农林水事务支出		Expenditures for Agriculture Forestry and Water Conservancy	4650	15121	7242	11415
科学技术支出		Expenditures for Science and Technology	190	79	28.3	84
医疗卫生支出		Expenditures for Medical and Health Care	3208	6714	4176	4876
教育支出		Expenditures for Education	7276	15415	12769	11598
年末金融机构各项存款余额		Deposits of all the Financial Institutes	49448	254500	60815	150064
#城乡居民储蓄存款余额		Urban and Rural Household Savings Deposits	13231	228700	19950	72225
年末金融机构各项贷款余额		Loans of all the Financial Institutes	11321	82900	17103	28122
#农业贷款		Loans to Agriculture Sector			15340	19134
农业		**Agriculture**				
生产条件		Condition for Agricultural Production				
农业机械总动力	(万千瓦特)	Total Power of Agriculture Machinery(10000 KW)		12.50	3.60	9.03
化肥使用量(折纯量)	(吨)	Consumption of Chemical Fertilizers(ton)		3084	1349	1750
农药使用量	(吨)	Consumption of Agricultural Chemical(ton)		62.2	10.0	25.0
地膜使用量	(吨)	Consumption of Plastic Film(ton)		3.9	0.6	9.0
有效灌溉面积	(公顷)	Effective Irrigated Area(10000 hectares)		13864	2182	7279

26-1 续表 21 Continued

指 标	Item	河南县 He nan County	共和县 Gong he County	同德县 Tong de County	贵德县 Gui de County
农作物总播种面积 (公顷)	Total Sown Areas of Farm Crops(hectare)		29131.2	8922	13839
粮食作物播种面积	Total Sown Areas of Grain Crops(hectare)		14391.5	3090	6956
#稻谷	Rice				
小麦	Wheat		3289.4	1168	5929
玉米	Corn		13.7		104
大豆	Soja				
油料播种面积	Oil-bearing Crops		11135	2981	3543
棉花播种面积	Cotton				
糖料播种面积	Sugar-bearing				
蔬菜播种面积	Vegetables		113.8		1375
粮食总产量 (吨)	Yield of Crain(ton)		35104	9336	29998
#稻谷	Rice				
小麦	Wheat		9855	5905	24768
玉米	Corn		79		822
大豆	Soja				
油料产量	Oil-bearing Crops		12650	3611	7765
棉花产量	Cotton				
糖料产量	Sugar-bearing				
水果产量	Fruits		238	20	2643
肉类总产量	Output of Meat	12814	16924	9332	4066
奶类产量	Output of Milk	20059	10030	14000	2153
禽蛋产量	Output of Poultry Eggs		10		204
蔬菜产量	Output of Vegetables		3045	783	31329
水产品产量	Output of Aquatic Products		245		69
工业及建筑业	**Industry and Construction**				
规模以上工业企业	Industrial Enterprises above Designated Size				
工业企业数 (个)	Number of Industrial Enterprises(unit)		15	2	4
工业总产值(现价) (万元)	Gross Industrial Output Value(current prices)(10 000 yuan)		185097.2	407.1	183448
内资企业	Domestic Funded		185097.2	407.1	183448
港、澳、台商投资企业	Funded from Hong Kong,Macao and Taiwan				
外商投资企业	Foreign Funded				
从业人员年平均数 (人)	Number of Employed Persons(person)		1566	66	232
流动资产年平均余额	Annual Average Balance of Working Capitals		45418	509.9	3908.3
固定资产净值年平均余额	Annual Average Balance of Net Value of Fixed Assets		24326	1320.4	103345
产品销售收入	Product Sales Revenue		50076	367.7	17058.8
#产品销售税金及附加	Taxes and Other Charges on Product Saling		99	1	263.5
本年应交增值税	Value-added Tax Payable		1131	22.1	2590.1
利润总额	Total Profits		3834	-19.8	4411.3
建筑业	Construction				
建筑业企业个数 (个)	Number of ConstructionEnterprises(unit)		8		2
期末从业人员数 (人)	Number of Staff & Workers at Year-end(person)		896		90
建筑业总产值 (万元)	Gross Output Value of Construction(10 000 yuan)		38979		718
交通运输、邮电通讯、能源	**Transportation，Postal，telecommunication and Energy**				
境内公路里程 (公里)	Length of Highways(km)	1018	1133	1294.2	1104.7
#高等级公路	Expressway		30		
境内铁路营业里程 (公里)	Length of Railways in Operation(km)				
境内火车站个数 (个)	Number of Railway Station(unit)				
民用汽车拥有量 (辆)	Possession of Civil Vehicles(unit)	350	2370	1300	4991
#个人汽车	Possession of Private Vehicles	280	950	460	3742
邮政业务总量 (万元)	Business Volume of Postal Services(10 000 yuan)	61	587	120.1	204.9
电信业务总量	Business Volume of Telecommunication Services	193	4339	1367.6	2421.6
年末本地电话用户 (户)	Number of Subscribers of Fixed Telephone at Year-end(subscriber)	2236	15400	3200	11500
年末住宅电话用户 (户)	Household Fixed Telephone Subscribers at Year-end(subscriber)	906	14443	3144	11477
#乡村电话用户	Rural Fixed Telephone Subscribers		6500	1450	6400
移动电话用户数 (户)	Number of Mobile Telephone Subscribers(subscriber)	1982	93147	36104	62480
国际互联网用户 (户)	Number of Internet Users(subscriber)	842	4796	1088	2465

26-1 续表 22 Continued

指 标	Item	河南县 He nan County	共和县 Gong he County	同德县 Tong de County	贵德县 Gui de County
全年用电量(万千瓦时)	Electricity Consumption(10 thousand kw·h)	980.3	62308.9	2776.2	9025.2
工业用电量	Industrial Electricity Consumption	181.0	55587.6	444.4	92.7
农村用电量	Agricultural Electricity Consumption	70.5	519.8	229.5	997.7
贸易、外经、旅游	**Domestic Trade，Foreign Trade and Economic Cooperation and Tourism**				
社会销售品零售总额(万元)	Total Retail Sales of Consumer Goods (10 000 yuan)		71254	12503	26570
限额以上批发零售贸易业商品销售总额(万元)	Total Sales of Enterprises above Designated Size of Wholesale and Retail Trades(10 000 yuan)		13632		1362
出口总额(万美元)	Total Exports(USD 10 000)				
当年合同外资金额	Contracted Value				
当年实际使用外资金额	Actually Utilized Value				
境内外来资本实际投资额(万元)	Foreign Investment Actually Utilized Value(10 000 yuan)				
星级饭店个数(个)	Number of Star-rated Hotels(unit)		2		2
星级饭店客房总数(间)	Number of Rooms in Star-rated Hotels(unit)		235		172
名胜风景区和文物保护区个数(个)	Number of Places of Interest and Historical Reservations(unit)		2	4	72
固定资产投资(万元)	**Investment in Fixed Assets(10 000 yuan)**				
城镇固定资产投资完成额	Investment in Fixed Assets in Urban Area	40669	71036	25168	56904
城镇新增固定资产	Newly Increased afaixed Assets in Urban Area	24080	14677	10887	37964
城镇固定资产投资项目数(个)	Number of Projects of Investment in Fixed Assets in Urban Area(unit)	49	53	25	84
房地产开发投资完成额	Investment Completed of Enterprises for Real Estate Development		5119	6800	413
#住宅	Residential Buildings		4481	6800	413
教育、科技、文化、卫生	**Education，Science and Technology，Culture，Sports and Public Health**				
普通中学数(所)	Number of Regular Secondary Schools(unit)	3	4	5	8
小学数(所)	Number of Primary Schools(unit)	10	18	9	26
普通中学专任教师数(人)	Number of Full-time Teachers in Regular Secondary Schools(person)	89	602	216	468
小学专任教师数(人)	Number of Full-time Teachers in Primary Schools(person)	235	796	488	556
普通中学在校学生数(人)	Number of Students Enrollment in Regular Secondary Schools(person)	1399	9665	3555	6917
#女生	Female Students Enrollment in Regular Secondary Schools	617	4163	1702	3260
小学在校学生数(人)	Number of Students Enrollment in Primary Schools(person)	4307	13392	8390	9213
#女生	Female Students Enrollment in Primary Schools	2075	6457	4390	4442
学龄儿童入学率(%)	Net Enrollment Rate of School-Age Children(%)	99.5	99.8	99.7	99.0
#女童入学率	Net Enrollment Rate of School-Age Female Children	99.70	99.67	98.54	98.56
初中升学率(%)	Primary School Graduates Entering into Junior Secondary Schools(%)	100.0	98.2	99.2	82.5
高中升学率(%)	Junior Secondary School Graduates Entering into Senior Secondary Schools(%)	40.2	92.1	89.3	90.4
高技术产业企业个数(个)	Number of Hi-Tech Industry Enterprises(unit)				
高技术产业总产值(当年价格)(万元)	Total Output Value of Hi-Tech Industry (current prices)(10 000 yuan)				
专业技术人员数(人)	Number of Scientific and Technical Personnel(person)	738	1687	1282	1863
#农业技术人员	Agriculture	239	157	92	273
农业科技与服务单位个数(个)	Number of Agricultural Scientific and Service Units (unit)	14	39	13	17
全年专利申请数(件)	Number of Patents Application(unit)				
体育场馆数(个)	Number of Stadiums and Gymnasiums(unit)	1	1		1
剧场、影剧院数(个)	Number of Theaters and Cinemas(unit)	1	1	1	1
公共图书馆图书总藏量(千册)	Total Collections of Public Libraries(1000 volumes)	21.0	68.0	74.4	36.2
医院、卫生院数(所)	Number of Hospitals and Health Centers(unit)	8	17	10	11
医院、卫生院床位数(张)	Number of Beds in Hospitals and Health Centers(unit)	143	608	207	261
医院、卫生院卫生技术人员数(人)	Number of Medical Technical Personnel in Hospitals and Health Centers(person)	197	489	186	189
#医生	Number of Certified Doctors	183	291	138	85
卫生防疫人员数(人)	Number of epidemic prevention personnel(person)	30	48	15	23
5岁以下儿童死亡率(‰)	Death Rate of Children under 5 (‰)	34.0	9.9	6.0	18.3
婴儿死亡率(‰)	Death Rate of Infant (‰)	28.9	4.9	4.0	15.4
产妇住院分娩比例(%)	Proportion of Lying-in Woman Labors in Hospital(%)	75.7	88.3	95.0	100.0

26-1 续表 23 Continued

指 标	Item	河南县 He nan County	共和县 Gong he County	同德县 Tong de County	贵德县 Gui de County
人民生活	**People's Living Conditions**				
城镇在岗职工年平均人数(人)	Number of Staff and Workers in Urban and Rural Areas(person)	2135	14139	3435	3592
城镇在岗职工工资总额(万元)	Total Earning of Staff and Workers in Urban and Rural Areas(10 000 yuan)	77804.0	50707.5	11463.0	14550.0
农村居民人均纯收入(元)	Per Capita Net Income of Rural Households(yuan)	4012.03	4786.66	4744.47	4071.49
农民人均住房面积(平方米)	Per Capita Floor Space of Houses(sq.m)	10.15	17.03	15.11	21.23
农民文化娱乐消费比重(%)	Proportion of Cultural and Recreation Consumption	3.38	4.45	3.95	8.49
农村彩电普及率(%)	Popularizing rate of Color TV Set in Rural Areas(%)	77.5	80.0	80.0	92.5
农村电脑普及率(%)	Popularizing rate of Computer in Rural Areas(%)				
农村恩格尔系数(%)	Engle Coefficient of Rural Households(%)	34.74	40.95	49.60	48.69
成人文盲率(%)	Illiteracy rate of adult(%)				
人均预期寿命(岁)	Population Life Expectancy(year old)				
农村贫困人口(万人)	Population below the poverty line in Rural Areas(person)				
社会保障(人)	**Social security(person)**				
各种社会福利收养性单位数(个)	Number of Social Welfare and Salvation Institutions(unit)	1	3		1
各种社会福利收养性单位床位数(张)	Number of Beds of Social Welfare and Salvation Institutions(unit)	30	182		61
参加基本养老保险的职工数	Number of Staff and Workers Participated in Basic Pension Insurance	762	2329	1395	2329
参加基本医疗保险的职工数	Number of Staff and Workers Participated in Basic Medical Care Insurance	1932	5236	2981	5176
参加失业保险人数	Number of Staff and Workers Participated in Unemployment Insurance	1115	3719	1918	2619
城镇居民最低生活保障人数	Number of Persons Receiving Minimum Living Allowance in Rural Areas	1218	10379	2960	5068
农村居民最低生活保障人数	Number of Persons Receiving Minimum Living Allowance in Urban Areas	3860	7900	5100	8400
农村五保供养人数	Number of Persons Receiving Livelihood Guaranteed in Five Aspects in Rural Areas	243	479	256	372
参加农村新型合作医疗的人数	Rural Cooperative Medical Service Contributors	29360	77604	43954	75693
参加农村社会养老保险的人数	Rural Basic Social Pension Insurance Contributors	14310	32889	10819	43195
社会治安	**Public Order**				
交通事故件数(件)	Number of Traffic Accides(unit)	94	20	3	5
刑事案件立案数(件)	Number of Criminal Case Registered(case)	23	188	21	133
犯罪人数(人)	Number of offenders(person)	18	82	49	66
民事案件发案数(件)	Number of civil cases(case)	38	409	118	138
资源、环境与可持续发展	**Resources，Environment and Sustainable Development**				
行政区域土地面积(平方公里)	Area of Administrative Regions(sq.km)	6997.4	17209	5001	3504
建成区面积	Area of Built Up Regions(sq.km)	6.5	7	2	5.9
建成区绿化覆盖面积	Area of Green Coverage in Built Up Regions(sq.km)		3		0.7
森林面积(公顷)	Area of Forest(hectare)	19845.8	71726	4643.5	32713.3
当年造林面积(公顷)	Area of Afforestation(hectare)		4143	53	381
退耕造林面积	Area of Grain for Green(hectare)				
年末耕地总资源(公顷)	Area of Arable Land(hectare)		30565	11382	12874
常用耕地面积	Area of Arable Landin Common Usage(hectare)		30565	11382	12874
#水浇地	Area of Irrigable Land(hectare)		13864	2182	7279.2
年内减少耕地面积	Reduction in Area of Cultivated Land(hectare)		1.2		48.8
#基建占地	Areas of Land for Construction(hectare)		1.2		48.8
退耕还林还草占地	Area of Grain for Green(hectare)				
自然保护区个数(个)	Number of Nature Reserves(unit)	1			
自然保护区面积(公顷)	Area of Nature Reserves (hectare)	24860			
环境污染治理本年完成投资总额(万元)	Investment Completed in the Treatment of Environmental Pollution(10 thousand yuan)	260	3530	23	100
工业二氧化硫排放量(吨)	Volume of Sulphur Dioxide Emission(ton)	13.4	598.2	74.1	75.9
工业废水排放量达标率(%)	Volume of Waste Water up to the Discharge Standards(ton)		100	100	100
工业烟尘排放量达标率(%)	Volume of Industrial Soot up to the Discharge Standards(ton)		100	100	86
城镇生活污水处理率(%)	Disposal Rate of Waste Water in Urban Areas(%)		100	100	100
污水处理厂数(座)	Number of Sewage Treatment Works (unit)		1	1	1
垃圾处理站数(个)	Number of Biohazard Waste (unit)		1	1	1

26-1 续表 24 Continued

指 标	Item	兴海县 Xinghai County	贵南县 Guinan County	玛沁县 Maqin County	班玛县 Banma County
乡村基本情况	**Basic Conditions of Township**				
乡(镇)个数 (个)	Number of Township and Town Governments(unit)	7	6	8	9
建制镇个数	Number of Town Governments	3	2	2	1
镇区占地面积 (公顷)	Area of Township(hectare)	735	2990	440	200
镇区总人口 (人)	Population of Township(person)	13621	10380	1301	112
村民委员会个数 (个)	Number of Villagers'Committees(unit)	57	75	35	32
自来水受益村	Number of Township Benefits From Tap Water	29	75	1	10
通电话的村	Number of Township Uses Telephone	25	75		14
通有线电视的村	Number of Township Has Cable Television	2	32	2	2
人口与就业	**Population and Employment**				
年末总人口 (万人)	Total Population(year—end)(10000 persons)	7.31	7.58	4.65	2.61
#女	Population of Female	3.56	3.79	2.29	1.28
当年出生人口 (人)	Newborn Population(person)	3704	2045	1379	826
当年死亡人口 (人)	Dead Population(person)	618	1205	267	156
常住人口 (万人)	Permanent Population(10000 persons)				
乡村人口 (万人)	Rural Population(10000 persons)	6.1	5.6	2.9	2.1
年末总户数 (户)	Number of Households(year—end)(household)	18606	20990	14756	7022
#乡村户数	Number of Rural Households	13499	10547	7109	5064
年末单位从业人员数 (人)	Number of Employed Persons in Units at Year-end(person)	3852	5495	6372	1216
#女	Number of Female Employed Persons at Year-end	1270	1907	2102	461
#第二产业	Number of Employed Persons of Secondary Industry	899	47	939	53
第三产业	Number of Employed Persons of Tertiary Industry	2616	2377	4922	1036
乡村从业人员数 (人)	Number of Employed Persons in Rural Areas(person)	26284	25138	14984	9478
#农林牧渔业	Number of Employed Persons of Agriculture, Forestry, Animal Husbandry and Fishery in Rural Areas	24326	21346	13985	8984
城镇登记失业人员数 (人)	Number of Registered Employed Persons in Urban Area by Region(person)	230	998	234	78
综合经济	**Economy of Integration**				
地区生产总值 (万元)	**Area total output value(10 000 yuan)**	**122685**	**87082**	**114363**	**16981**
第一产业增加值	Value-added of the Primary Industry	40192	43872	13648	7303
农业	Agriculture	10916	15540	2211	1492
林业	Forestry	789	564	142	53
牧业	Animal Husbandry	28064	27332	10977	5519
渔业	Fishery		12		
农林牧渔服务业	Services in Support of Agriculture	423	420	318	239
第二产业增加值	Value-added of the Secondary Industry	50628	16225	67333	3717
其中:工业	Industry	16809	2366	61820	341
第三产业增加值	Value-added of the Tertiary Industry	31865	26985	33382	5961
财政、金融 (万元)	**Finances and Economy(10 000 yuan)**				
财政总收入	Total Government Revenue	51205	1663	39417	32351
#地方财政一般预算收入	General Budgetary Financial Revenue in Local Financial Revenue	5018	1663	1906	526
各项税收	Taxation	3864	1439	1369	381
地方财政一般预算支出	General Budgetary Financial Expenditures in Local Financial Expenditures	51703	58470	36197	27662
#农林水事务支出	Expenditures for Agriculture Forestry and Water Conservancy	6888	9694	4784	3589
科学技术支出	Expenditures for Science and Technology	22	94	13	
医疗卫生支出	Expenditures for Medical and Health Care	4258	4040	2279	1866
教育支出	Expenditures for Education	6550	13168	5494	3763
年末金融机构各项存款余额	Deposits of all the Financial Institutes	56547	11980	84354	19748
#城乡居民储蓄存款余额	Urban and Rural Household Savings Deposits	9932	9637	5832	4468
年末金融机构各项贷款余额	Loans of all the Financial Institutes	14277	70412	1499	307
#农业贷款	Loans to Agriculture Sector	13615	32332	55	307
农业	**Agriculture**				
生产条件	Condition for Agricultural Production				
农业机械总动力 (万千瓦特)	Total Power of Agriculture Machinery(10000 KW)	3.03	8.40	0.50	1.17
化肥使用量(折纯量) (吨)	Consumption of Chemical Fertilizers(ton)	987	2703	6	
农药使用量 (吨)	Consumption of Agricultural Chemical(ton)	21.0	22.8		
地膜使用量 (吨)	Consumption of Plastic Film(ton)				
有效灌溉面积 (公顷)	Effective Irrigated Area(10000 hectares)	1678.4	2247		

26–1 续表 25 Continued

指　标	Item	兴海县 Xing hai County	贵南县 Gui nan County	玛沁县 Ma qin County	班玛县 Ban ma County
农作物总播种面积（公顷）	Total Sown Areas of Farm Crops(hectare)	8848.6	26464.7	99	499
粮食作物播种面积	Total Sown Areas of Grain Crops(hectare)	3308.5	8731.7	44	455
#稻谷	Rice				
小麦	Wheat	1039	1256	5	50
玉米	Corn		6.7		
大豆	Soja				
油料播种面积	Oil-bearing Crops	4808.9	14489.9	31	45
棉花播种面积	Cotton				
糖料播种面积	Sugar-bearing				
蔬菜播种面积	Vegetables	9.8	4.7	5	
粮食总产量（吨）	Yield of Crain(ton)	11961	26644	145	1320
#稻谷	Rice				
小麦	Wheat	5658	7268	15	140
玉米	Corn		46		
大豆	Soja				
油料产量	Oil-bearing Crops	5459	15436	79	65
棉花产量	Cotton				
糖料产量	Sugar-bearing				
水果产量	Fruits	262	20		
肉类总产量	Output of Meat	12272	10156	5497	5220
奶类产量	Output of Milk	10600	6247	8120	8193
禽蛋产量	Output of Poultry Eggs	6	27		
蔬菜产量	Output of Vegetables	238	170	65	
水产品产量	Output of Aquatic Products				
工业及建筑业	**Industry and Construction**				
规模以上工业企业	Industrial Enterprises above Designated Size				
工业企业数（个）	Number of Industrial Enterprises(unit)	5	1	4	2
工业总产值(现价)（万元）	Gross Industrial Output Value(current prices)(10 000 yuan)	41565	69.3	119140	271
内资企业	Domestic Funded	41565	69.3	119140	271
港、澳、台商投资企业	Funded from Hong Kong,Macao and Taiwan				
外商投资企业	Foreign Funded				
从业人员年平均数（人）	Number of Employed Persons(person)	996	22	841	44
流动资产年平均余额	Annual Average Balance of Working Capitals	34832	16.9		
固定资产净值年平均余额	Annual Average Balance of Net Value of Fixed Assets	68827.8	40.4		
产品销售收入	Product Sales Revenue	31559.8	59.5	127297	251
#产品销售税金及附加	Taxes and Other Charges on Product Saling	66	0.3	2504	13
本年应交增值税	Value-added Tax Payable	2786	4.7	17630	14
利润总额	Total Profits	11363.2	0.2	78132	-57
建筑业	Construction				
建筑业企业个数（个）	Number of ConstructionEnterprises(unit)			4	1
期末从业人员数（人）	Number of Staff & Workers at Year-end(person)			2187	70
建筑业总产值（万元）	Gross Output Value of Construction(10 000 yuan)			37463	900
交通运输、邮电通讯、能源	**Transportation，Postal，telecommunication and Energy**				
境内公路里程（公里）	Length of Highways(km)	1592	1100	1509	1036
#高等级公路	Expressway				
境内铁路营业里程（公里）	Length of Railways in Operation(km)				
境内火车站个数（个）	Number of Railway Station(unit)				
民用汽车拥有量（辆）	Possession of Civil Vehicles(unit)	378	562	3568	598
#个人汽车	Possession of Private Vehicles	387	521	2855	502
邮政业务总量（万元）	Business Volume of Postal Services(10 000 yuan)	99.9	108.7	160	143
电信业务总量	Business Volume of Telecommunication Services	1525	1463.5	1500	235
年末本地电话用户（户）	Number of Subscribers of Fixed Telephone at Year-end(subscriber)	4300	3700	9512	1881
年末住宅电话用户（户）	Household Fixed Telephone Subscribers at Year-end(subscriber)	4216	3517	4554	1036
#乡村电话用户	Rural Fixed Telephone Subscribers	2100	1900	513	100
移动电话用户数（户）	Number of Mobile Telephone Subscribers(subscriber)	39681	39578	26600	5800
国际互联网用户（户）	Number of Internet Users(subscriber)	1198	1150		

26-1 续表 26 Continued

指 标	Item	兴海县 Xing hai County	贵南县 Gui nan County	玛沁县 Ma qin County	班玛县 Ban ma County
全年用电量(万千瓦时)	Electricity Consumption(10 thousand kw·h)	6791.2	2069.5	15839.1	2.4
工业用电量	Industrial Electricity Consumption	5005.8	446.9	13792.3	2.4
农村用电量	Agricultural Electricity Consumption	194.3	295.7	128.2	
贸易、外经、旅游	**Domestic Trade, Foreign Trade and Economic Cooperation and Tourism**				
社会销售品零售总额(万元)	Total Retail Sales of Consumer Goods (10 000 yuan)	14167	19175	11761	2642
限额以上批发零售贸易业商品销售总额(万元)	Total Sales of Enterprises above Designated Size of Wholesale and Retail Trades(10 000 yuan)				
出口总额(万美元)	Total Exports(USD 10 000)				
当年合同外资金额	Contracted Value				
当年实际使用外资金额	Actually Utilized Value				
境内外来资本实际投资额(万元)	Foreign Investment Actually Utilized Value(10 000 yuan)				
星级饭店个数(个)	Number of Star-rated Hotels(unit)				
星级饭店客房总数(间)	Number of Rooms in Star-rated Hotels(unit)				
名胜风景区和文物保护区个数(个)	Number of Places of Interest and Historical Reservations(unit)	1	1		
固定资产投资(万元)	**Investment in Fixed Assets(10 000 yuan)**				
城镇固定资产投资完成额	Investment in Fixed Assets in Urban Area	65677	53525	46185	27904
城镇新增固定资产	Newly Increased afaixed Assets in Urban Area	57132	15936	23072	18261
城镇固定资产投资项目数(个)	Number of Projects of Investment in Fixed Assets in Urban Area(unit)	44	52	68	39
房地产开发投资完成额	Investment Completed of Enterprises for Real Estate Development				
#住宅	Residential Buildings				
教育、科技、文化、卫生	**Education, Science and Technology, Culture, Sports and Public Health**				
普通中学数(所)	Number of Regular Secondary Schools(unit)	2	3	4	1
小学数(所)	Number of Primary Schools(unit)	9	20	11	13
普通中学专任教师数(人)	Number of Full-time Teachers in Regular Secondary Schools(person)	105	274	138	46
小学专任教师数(人)	Number of Full-time Teachers in Primary Schools(person)	411	532	250	167
普通中学在校学生数(人)	Number of Students Enrollment in Regular Secondary Schools(person)	3285	3947	2462	1367
#女生	Female Students Enrollment in Regular Secondary Schools	1501	1986	972	654
小学在校学生数(人)	Number of Students Enrollment in Primary Schools(person)	8253	7701	6487	3344
#女生	Female Students Enrollment in Primary Schools	3846	3507	3268	1585
学龄儿童入学率(%)	Net Enrollment Rate of School-Age Children(%)	99.3	99.7	99.3	99.93
#女童入学率	Net Enrollment Rate of School-Age Female Children	99.52	99.68	99.2	99.5
初中升学率(%)	Primary School Graduates Entering into Junior Secondary Schools(%)	95.30	99.02	100	96
高中升学率(%)	Junior Secondary School Graduates Entering into Senior Secondary Schools(%)	95.02	92.10	100	
高技术产业企业个数(个)	Number of Hi-Tech Industry Enterprises(unit)				
高技术产业总产值(当年价格)(万元)	Total Output Value of Hi-Tech Industry (current prices)(10 000 yuan)				
专业技术人员数(人)	Number of Scientific and Technical Personnel(person)	887	2032	242	330
#农业技术人员	Agriculture	72	31	26	40
农业科技与服务单位个数(个)	Number of Agricultural Scientific and Service Units (unit)	13	10	3	15
全年专利申请数(件)	Number of Patents Application(unit)				
体育场馆数(个)	Number of Stadiums and Gymnasiums(unit)				1
剧场、影剧院数(个)	Number of Theaters and Cinemas(unit)		1		1
公共图书馆图书总藏量(千册)	Total Collections of Public Libraries(1000 volumes)	18.3	19.6		20.0
医院、卫生所数(所)	Number of Hospitals and Health Centers(unit)	9	10	9	14
医院、卫生院床位数(张)	Number of Beds in Hospitals and Health Centers(unit)	115	299	72	52
医院、卫生院卫生技术人员数(人)	Number of Medical Technical Personnel in Hospitals and Health Centers(person)	127	136	136	101
#医生	Number of Certified Doctors	93	112	87	31
卫生防疫人员数(人)	Number of epidemic prevention personnel(person)	25	15	21	14
5岁以下儿童死亡率(‰)	Death Rate of Children under 5 (‰)	18.1	13.5	18.12	17.15
婴儿死亡率(‰)	Death Rate of Infant (‰)	15.6	13.0	8.23	12.20
产妇住院分娩比例(%)	Proportion of Lying-in Woman Labors in Hospital(%)	82.2	93.4	80.0	87.0

26-1 续表 27 Continued

指 标	Item	兴海县 Xing hai County	贵南县 Gui nan County	玛沁县 Ma qin County	班玛县 Ban ma County
人民生活	**People's Living Conditions**				
城镇在岗职工年平均人数(人)	Number of Staff and Workers in Urban and Rural Areas(person)	3852	5412	6478	1320
城镇在岗职工工资总额(万元)	Total Earning of Staff and Workers in Urban and Rural Areas(10 000 yuan)	14058.9	13139.3	29577.9	45571.0
农村居民人均纯收入(元)	Per Capita Net Income of Rural Households(yuan)	4796.44	4110.39	4200.84	2424.71
农民人均住房面积(平方米)	Per Capita Floor Space of Houses(sq.m)	23.77	16.02	16.62	14.62
农民文化娱乐消费比重(%)	Proportion of Cultural and Recreation Consumption	1.50	4.16	0.19	9.33
农村彩电普及率(%)	Popularizing rate of Color TV Set in Rural Areas(%)	95.00	112.50	50.00	12.50
农村电脑普及率(%)	Popularizing rate of Computer in Rural Areas(%)		2.50	5.00	
农村恩格尔系数(%)	Engle Coefficient of Rural Households(%)	48.70	49.07	58.11	56.95
成人文盲率(%)	Illiteracy rate of adult(%)				
人均预期寿命(岁)	Population Life Expectancy(year old)				
农村贫困人口(万人)	Population below the poverty line in Rural Areas(person)				
社会保障(人)	**Social security(person)**				
各种社会福利收养性单位数(个)	Number of Social Welfare and Salvation Institutions(unit)	2	2	6	7
各种社会福利收养性单位床位数(张)	Number of Beds of Social Welfare and Salvation Institutions(unit)	130	40	157	66
参加基本养老保险的职工数	Number of Staff and Workers Participated in Basic Pension Insurance	1326	1405	2977	673
参加基本医疗保险的职工数	Number of Staff and Workers Participated in Basic Medical Care Insurance	3412	2913	6457	1580
参加失业保险人数	Number of Staff and Workers Participated in Unemployment Insurance	1854	2027	2538	826
城镇居民最低生活保障人数	Number of Persons Receiving Minimum Living Allowance in Rural Areas	3409	7944	5360	956
农村居民最低生活保障人数	Number of Persons Receiving Minimum Living Allowance in Urban Areas	5800	5800	3450	2900
农村五保供养人数	Number of Persons Receiving Livelihood Guaranteed in Five Aspects in Rural Areas	3409	251	370	676
参加农村新型合作医疗的人数	Rural Cooperative Medical Service Contributors	49851	55554	28012	20312
参加农村社会养老保险的人数	Rural Basic Social Pension Insurance Contributors	15039	31287	12779	673
社会治安	**Public Order**				
交通事故件数(件)	Number of Traffic Accides(unit)	6	4	231	
刑事案件立案数(件)	Number of Criminal Case Registered(case)	29	30	15	11
犯罪人数(人)	Number of offenders(person)	26	45	17	7
民事案件发案数(件)	Number of civil cases(case)	182	160	224	12
资源、环境与可持续发展	**Resources，Environment and Sustainable Development**				
行政区域土地面积(平方公里)	Area of Administrative Regions(sq.km)	12182	6650	13307.04	6138.66
建成区面积	Area of Built Up Regions(sq.km)	2	2		0.16
建成区绿化覆盖面积	Area of Green Coverage in Built Up Regions(sq.km)	1.8	0.3		30.0
森林面积(公顷)	Area of Forest(hectare)	15415.7	94500		596.43
当年造林面积(公顷)	Area of Afforestation(hectare)	300.0	1104		
退耕造林面积	Area of Grain for Green(hectare)				
年末耕地总资源(公顷)	Area of Arable Land(hectare)	9428.1	29193	10.8	981.0
常用耕地面积	Area of Arable Landin Common Usage(hectare)	9428.1	29193	10.8	981.0
#水浇地	Area of Irrigable Land(hectare)	1678.4	2247		
年内减少耕地面积	Reduction in Area of Cultivated Land(hectare)		15		
#基建占地	Areas of Land for Construction(hectare)		15		
退耕还林还草占地	Area of Grain for Green(hectare)				
自然保护区个数(个)	Number of Nature Reserves(unit)			2	
自然保护区面积(公顷)	Area of Nature Reserves (hectare)			18	
环境污染治理本年完成投资总额(万元)	Investment Completed in the Treatment of Environmental Pollution(10 thousand yuan)	400	22		
工业二氧化硫排放量(吨)	Volume of Sulphur Dioxide Emission(ton)	51.04	48.16		
工业废水排放量达标率(%)	Volume of Waste Water up to the Discharge Standards(ton)	100	100		
工业烟尘排放量达标率(%)	Volume of Industrial Soot up to the Discharge Standards(ton)	100	100		100
城镇生活污水处理率(%)	Disposal Rate of Waste Water in Urban Areas(%)	100	100		100
污水处理厂数(座)	Number of Sewage Treatment Works (unit)	1	1		
垃圾处理站数(个)	Number of Biohazard Waste (unit)	1	1	3	1

26-1 续表 28 Continued

指 标		Item	甘德县 Gande County	达日县 Dari County	久治县 Jiuzhi County	玛多县 Maduo County
乡村基本情况		**Basic Conditions of Township**				
乡(镇)个数	(个)	Number of Township and Town Governments(unit)	7	10	6	4
建制镇个数		Number of Town Governments	1	1	1	2
镇区占地面积	(公顷)	Area of Township(hectare)	415	276	200	35
镇区总人口	(人)	Population of Township(person)	40	56	76	664
村民委员会个数	(个)	Number of Villagers'Committees(unit)	36	33	22	30
自来水受益村		Number of Township Benefits From Tap Water	12		9	1
通电话的村		Number of Township Uses Telephone	12		6	30
通有线电视的村		Number of Township Has Cable Television	2		1	2
人口与就业		**Population and Employment**				
年末总人口	(万人)	Total Population(year-end)(10000 persons)	3.29	3.10	2.34	1.36
#女		Population of Female	1.61	1.54	1.17	0.66
当年出生人口	(人)	Newborn Population(person)	742	1390	1087	400
当年死亡人口	(人)	Dead Population(person)	594	1353	497	189
常住人口	(万人)	Permanent Population(10000 persons)				
乡村人口	(万人)	Rural Population(10000 persons)	2.60	2.30	1.90	1.10
年末总户数	(户)	Number of Households(year-end)(household)	7815	10560	5265	4931
#乡村户数		Number of Rural Households	6342	5810	4565	3412
年末单位从业人员数	(人)	Number of Employed Persons in Units at Year-end(person)	1152	1190	1228	1179
#女		Number of Female Employed Persons at Year-end	395	438	389	276
#第二产业		Number of Employed Persons of Secondary Industry	27	5	34	59
第三产业		Number of Employed Persons of Tertiary Industry	1000	1125	1122	1035
乡村从业人员数	(人)	Number of Employed Persons in Rural Areas(person)	12707	10244	8102	5919
#农林牧渔业		Number of Employed Persons of Agriculture, Forestry, Animal Husbandry and Fishery in Rural Areas	12300	9927	7659	5919
城镇登记失业人员数	(人)	Number of Registered Employed Persons in Urban Area by Region(person)	93	84	85	76
综合经济		**Economy of Integration**				
地区生产总值	**(万元)**	**Area total output value(10 000 yuan)**	**12849**	**15654**	**16738**	**11240**
第一产业增加值		Value-added of the Primary Industry	5948	5843	7160	4110
农业		Agriculture	678	1600	1488	
林业		Forestry				
牧业		Animal Husbandry	5179	3953	5421	3855
渔业		Fishery				
农林牧渔服务业		Services in Support of Agriculture	91	290	252	255
第二产业增加值		Value-added of the Secondary Industry	2491	4889	3178	2134
#工业		Industry	255	1065	340	236
第三产业增加值		Value-added of the Tertiary Industry	4410	4922	6399	4996
财政、金融	**(万元)**	**Finances and Economy(10 000 yuan)**				
财政总收入		Total Government Revenue	28082	31203	29037	25242
#地方财政一般预算收入		General Budgetary Financial Revenue in Local Financial Revenue	447	614	469	325
各项税收		Taxation	251	389	333	198
地方财政一般预算支出		General Budgetary Financial Expenditures in Local Financial Expenditures	27616	32069	28169	24978
#农林水事务支出		Expenditures for Agriculture Forestry and Water Conservancy	2743	3413	2639	1480
科学技术支出		Expenditures for Science and Technology				
医疗卫生支出		Expenditures for Medical and Health Care	3050	2676	1588	1139
教育支出		Expenditures for Education	4624	5550	4413	1528
年末金融机构各项存款余额		Deposits of all the Financial Institutes	17267	26540	23871	18514
#城乡居民储蓄存款余额		Urban and Rural Household Savings Deposits	2663	5230	5812	2557
年末金融机构各项贷款余额		Loans of all the Financial Institutes	161	410	338	185
#农业贷款		Loans to Agriculture Sector			114	45
农业		**Agriculture**				
生产条件		Condition for Agricultural Production				
农业机械总动力	(万千瓦特)	Total Power of Agriculture Machinery(10000 KW)	0.42	0.31	0.40	0.69
化肥使用量(折纯量)	(吨)	Consumption of Chemical Fertilizers(ton)				
农药使用量	(吨)	Consumption of Agricultural Chemical(ton)				
地膜使用量	(吨)	Consumption of Plastic Film(ton)				
有效灌溉面积	(公顷)	Effective Irrigated Area(10000 hectares)				

26-1 续表 29 Continued

指 标	Item	甘德县 Gande County	达日县 Dari County	久治县 Jiuzhi County	玛多县 Maduo County
农作物总播种面积 (公顷)	Total Sown Areas of Farm Crops(hectare)				
粮食作物播种面积	Total Sown Areas of Grain Crops				
#稻谷	Rice				
小麦	Wheat				
玉米	Corn				
大豆	Soja				
油料播种面积	Oil-bearing Crops				
棉花播种面积	Cotton				
糖料播种面积	Sugar-bearing				
蔬菜播种面积	Vegetables				
粮食总产量 (吨)	Yield of Crain(ton)				
#稻谷	Rice				
小麦	Wheat				
玉米	Corn				
大豆	Soja				
油料产量	Oil-bearing Crops				
棉花产量	Cotton				
糖料产量	Sugar-bearing				
水果产量	Fruits				
肉类总产量	Output of Meat	4500	3586	4535	1502
奶类产量	Output of Milk	4220	4767	5657	4111
禽蛋产量	Output of Poultry Eggs				
蔬菜产量	Output of Vegetables				
水产品产量	Output of Aquatic Products				
工业及建筑业	**Industry and Construction**				
规模以上工业企业	Industrial Enterprises above Designated Size				
工业企业数 (个)	Number of Industrial Enterprises(unit)	1	1	2	3
工业总产值(现价) (万元)	Gross Industrial Output Value(current prices)(10 000 yuan)	88	81	101	172
内资企业	Domestic Funded	88	81	101	172
港、澳、台商投资企业	Funded from Hong Kong,Macao and Taiwan				
外商投资企业	Foreign Funded				
从业人员年平均数 (人)	Number of Employed Persons(person)	18	5	34	53
流动资产年平均余额	Annual Average Balance of Working Capitals				
固定资产净值年平均余额	Annual Average Balance of Net Value of Fixed Assets				
产品销售收入	Product Sales Revenue	214	81	55	172
#产品销售税金及附加	Taxes and Other Charges on Product Saling		7	1	
本年应交增值税	Value-added Tax Payable	10	2	3	
利润总额	Total Profits	-11	20	-26	53
建筑业	Construction				
建筑业企业个数 (个)	Number of ConstructionEnterprises(unit)				
期末从业人员数 (人)	Number of Staff & Workers at Year-end(person)				
建筑业总产值 (万元)	Gross Output Value of Construction(10 000 yuan)				
交通运输、邮电通讯、能源	**Transportation，Postal，telecommunication and Energy**				
境内公路里程 (公里)	Length of Highways(km)	982	1251	931	1379
#高等级公路	Expressway				
境内铁路营业里程 (公里)	Length of Railways in Operation(km)				
境内火车站个数 (个)	Number of Railway Station(unit)				
民用汽车拥有量 (辆)	Possession of Civil Vehicles(unit)	1230	1101	725	408
#个人汽车	Possession of Private Vehicles	1107	985	601	373
邮政业务总量 (万元)	Business Volume of Postal Services(10 000 yuan)	52	113	74	30
电信业务总量	Business Volume of Telecommunication Services	166	277	246	176
年末本地电话用户 (户)	Number of Subscribers of Fixed Telephone at Year-end(subscriber)	1550	2150	2396	1313
年末住宅电话用户 (户)	Household Fixed Telephone Subscribers at Year-end(subscriber)	876	1082	1215	732
#乡村电话用户	Rural Fixed Telephone Subscribers			5	1
移动电话用户数 (户)	Number of Mobile Telephone Subscribers(subscriber)	4900	9600	5500	3600
国际互联网用户 (户)	Number of Internet Users(subscriber)				

26—1 续表 30 Continued

指 标	Item	甘德县 Gan de County	达日县 Da ri County	久治县 Jiu zhi County	玛多县 Ma duo County
全年用电量(万千瓦时)	Electricity Consumption(10 thousand kw·h)	5.75	12.99	0.63	22.50
工业用电量	Industrial Electricity Consumption	5.75	12.99	0.63	22.50
农村用电量	Agricultural Electricity Consumption				
贸易、外经、旅游	**Domestic Trade，Foreign Trade and Economic Cooperation and Tourism**				
社会销售品零售总额(万元)	Total Retail Sales of Consumer Goods (10 000 yuan)	2549	2779	4064	3019
限额以上批发零售贸易业商品销售总额(万元)	Total Sales of Enterprises above Designated Size of Wholesale and Retail Trades(10 000 yuan)				
出口总额(万美元)	Total Exports(USD 10 000)				
当年合同外资金额	Contracted Value				
当年实际使用外资金额	Actually Utilized Value				
境内外来资本实际投资额(万元)	Foreign Investment Actually Utilized Value(10 000 yuan)				
星级饭店个数(个)	Number of Star-rated Hotels(unit)				
星级饭店客房总数(间)	Number of Rooms in Star-rated Hotels(unit)				
名胜风景区和文物保护区个数(个)	Number of Places of Interest and Historical Reservations(unit)			2	9
固定资产投资(万元)	**Investment in Fixed Assets(10 000 yuan)**				
城镇固定资产投资完成额	Investment in Fixed Assets in Urban Area	16468	27113	22523	29137
城镇新增固定资产	Newly Increased afaixed Assets in Urban Area	14114	18548	17435	27997
城镇固定资产投资项目数(个)	Number of Projects of Investment in Fixed Assets in Urban Area(unit)	36	38	44	53
房地产开发投资完成额	Investment Completed of Enterprises for Real Estate Development				
#住宅	Residential Buildings				
教育、科技、文化、卫生	**Education，Science and Technology，Culture，Sports and Public Health**				
普通中学数(所)	Number of Regular Secondary Schools(unit)	2	2	2	1
小学数(所)	Number of Primary Schools(unit)	6	11	7	4
普通中学专任教师数(人)	Number of Full-time Teachers in Regular Secondary Schools(person)	114	100	58	26
小学专任教师数(人)	Number of Full-time Teachers in Primary Schools(person)	238	243	140	76
普通中学在校学生数(人)	Number of Students Enrollment in Regular Secondary Schools(person)	1500	1504	1004	517
#女生	Female Students Enrollment in Regular Secondary Schools	760	692	626	242
小学在校学生数(人)	Number of Students Enrollment in Primary Schools(person)	3333	3256	3064	1171
#女生	Female Students Enrollment in Primary Schools	1704	1547	1329	574
学龄儿童入学率(%)	Net Enrollment Rate of School-Age Children(%)	99.81	99.84	99.69	100.00
#女童入学率	Net Enrollment Rate of School-Age Female Children	99.72	99.87	99.67	99.72
初中升学率(%)	Primary School Graduates Entering into Junior Secondary Schools(%)	96.78	97.70	100.00	98.47
高中升学率(%)	Junior Secondary School Graduates Entering into Senior Secondary Schools(%)				
高技术产业企业个数(个)	Number of Hi-Tech Industry Enterprises(unit)				
高技术产业总产值(当年价格)(万元)	Total Output Value of Hi-Tech Industry (current prices)(10 000 yuan)				
专业技术人员数(人)	Number of Scientific and Technical Personnel(person)	359	429	626	248
#农业技术人员	Agriculture	48	67	87	26
农业科技与服务单位个数(个)	Number of Agricultural Scientific and Service Units (unit)	1	2	17	3
全年专利申请数(件)	Number of Patents Application(unit)				
体育场馆数(个)	Number of Stadiums and Gymnasiums(unit)			1	
剧场、影剧院数(个)	Number of Theaters and Cinemas(unit)	1			1
公共图书馆图书总藏量(千册)	Total Collections of Public Libraries(1000 volumes)	1400	6	270	10
医院、卫生所数(所)	Number of Hospitals and Health Centers(unit)	9	12	7	8
医院、卫生院床位数(张)	Number of Beds in Hospitals and Health Centers(unit)	80	52	84	44
医院、卫生院卫生技术人员数(人)	Number of Medical Technical Personnel in Hospitals and Health Centers(person)	88	59	96	75
#医生	Number of Certified Doctors	30	23	73	39
卫生防疫人员数(人)	Number of epidemic prevention personnel(person)	9	10	12	13
5岁以下儿童死亡率(‰)	Death Rate of Children under 5 (‰)	12.69	36.60	73.04	15.81
婴儿死亡率(‰)	Death Rate of Infant (‰)	15.56	228.50	32.74	18.26
产妇住院分娩比例(%)	Proportion of Lying-in Woman Labors in Hospital(%)	70.00	82.40	69.70	91.78

26-1 续表 31 Continued

指 标	Item	甘德县 Gande County	达日县 Dari County	久治县 Jiuzhi County	玛多县 Maduo County
人民生活	**People's Living Conditions**				
城镇在岗职工年平均人数(人)	Number of Staff and Workers in Urban and Rural Areas(person)	1207	1209	1207	1086
城镇在岗职工工资总额(万元)	Total Earning of Staff and Workers in Urban and Rural Areas(10 000 yuan)	46160	48287	39554	46899
农村居民人均纯收入(元)	Per Capita Net Income of Rural Households(yuan)	2027.50	1860.51	2363.60	2560.88
农民人均住房面积(平方米)	Per Capita Floor Space of Houses(sq.m)	9.03	11.32	11.06	8.98
农民文化娱乐消费比重(%)	Proportion of Cultural and Recreation Consumption	3.76	6.89	9.41	7.75
农村彩电普及率(%)	Popularizing rate of Color TV Set in Rural Areas(%)	57.5			7.5
农村电脑普及率(%)	Popularizing rate of Computer in Rural Areas(%)				
农村恩格尔系数(%)	Engle Coefficient of Rural Households(%)	55.10	55.23	57.22	58.77
成人文盲率(%)	Illiteracy rate of adult(%)				
人均预期寿命(岁)	Population Life Expectancy(year old)				
农村贫困人口(万人)	Population below the poverty line in Rural Areas(person)				
社会保障(人)	**Social security(person)**				
各种社会福利收养性单位数(个)	Number of Social Welfare and Salvation Institutions(unit)	7	13	3	
各种社会福利收养性单位床位数(张)	Number of Beds of Social Welfare and Salvation Institutions(unit)	104	141	160	
参加基本养老保险的职工数	Number of Staff and Workers Participated in Basic Pension Insurance	598	503	552	669
参加基本医疗保险的职工数	Number of Staff and Workers Participated in Basic Medical Care Insurance	1263	1526	1242	1282
参加失业保险人数	Number of Staff and Workers Participated in Unemployment Insurance	634	385	529	510
城镇居民最低生活保障人数	Number of Persons Receiving Minimum Living Allowance in Rural Areas	545	774	589	657
农村居民最低生活保障人数	Number of Persons Receiving Minimum Living Allowance in Urban Areas	3350	3350	3000	2250
农村五保供养人数	Number of Persons Receiving Livelihood Guaranteed in Five Aspects in Rural Areas	384	459	396	142
参加农村新型合作医疗的人数	Rural Cooperative Medical Service Contributors	26166	23649	21493	10490
参加农村社会养老保险的人数	Rural Basic Social Pension Insurance Contributors	598	503	552	669
社会治安	**Public Order**				
交通事故件数(件)	Number of Traffic Accides(unit)	10	34	7	83
刑事案件立案数(件)	Number of Criminal Case Registered(case)	12	16	11	3
犯罪人数(人)	Number of offenders(person)	17	14	18	2
民事案件发案数(件)	Number of civil cases(case)		50	5	4
资源、环境与可持续发展	**Resources，Environment and Sustainable Development**				
行政区域土地面积(平方公里)	Area of Administrative Regions(sq.km)	7046	14629.7	8708.2	26541.0
建成区面积	Area of Built Up Regions(sq.km)				
建成区绿化覆盖面积	Area of Green Coverage in Built Up Regions(sq.km)			4.6	
森林面积(公顷)	Area of Forest(hectare)				
当年造林面积(公顷)	Area of Afforestation(hectare)				
退耕造林面积	Area of Grain for Green(hectare)				
年末耕地总资源(公顷)	Area of Arable Land(hectare)				
常用耕地面积	Area of Arable Landin Common Usage(hectare)				
#水浇地	Area of Irrigable Land(hectare)				
年内减少耕地面积	Reduction in Area of Cultivated Land(hectare)				
#基建占地	Areas of Land for Construction(hectare)				
退耕还林还草占地	Area of Grain for Green(hectare)				
自然保护区个数(个)	Number of Nature Reserves(unit)			1	
自然保护区面积(公顷)	Area of Nature Reserves (hectare)			233800	
环境污染治理本年完成投资总额(万元)	Investment Completed in the Treatment of Environmental Pollution(10 thousand yuan)				
工业二氧化硫排放量(吨)	Volume of Sulphur Dioxide Emission(ton)				
工业废水排放量达标率(%)	Volume of Waste Water up to the Discharge Standards(ton)				
工业烟尘排放量达标率(%)	Volume of Industrial Soot up to the Discharge Standards(ton)				
城镇生活污水处理率(%)	Disposal Rate of Waste Water in Urban Areas(%)				
污水处理厂数(座)	Number of Sewage Treatment Works (unit)				
垃圾处理站数(个)	Number of Biohazard Waste (unit)	1	1	2	1

26-1 续表 32 Continued

指　标		Item	玉树县 Yu shu County	杂多县 Za duo County	称多县 Cheng duo County	治多县 Zhi duo County
乡村基本情况		**Basic Conditions of Township**				
乡(镇)个数	(个)	Number of Township and Town Governments(unit)	9	8	7	6
建制镇个数		Number of Town Governments	3	1	4	1
镇区占地面积	(公顷)	Area of Township(hectare)	3601	12	38	26
镇区总人口	(人)	Population of Township(person)	4098	401	7986	2826
村民委员会个数	(个)	Number of Villagers'Committees(unit)	62	31	57	20
自来水受益村		Number of Township Benefits From Tap Water	7		7	
通电话的村		Number of Township Uses Telephone	45		7	2
通有线电视的村		Number of Township Has Cable Television	7		3	
人口与就业		**Population and Employment**				
年末总人口	(万人)	Total Population(year-end)(10000 persons)	9.97	5.73	5.62	3.14
#女		Population of Female	5.00	2.85	2.52	1.56
当年出生人口	(人)	Newborn Population(person)	5715	5181	2010	588
当年死亡人口	(人)	Dead Population(person)	1580	1063	4467	200
常住人口	(万人)	Permanent Population(10000 persons)				
乡村人口	(万人)	Rural Population(10000 persons)	7.94	4.91	5.14	2.60
年末总户数	(户)	Number of Households(year-end)(household)	27580	13466	17768	10453
#乡村户数		Number of Rural Households	19627	11603	13867	7393
年末单位从业人员数	(人)	Number of Employed Persons in Units at Year-end(person)	6682	1612	2092	1890
#女		Number of Female Employed Persons at Year-end	2697	463	712	839
#第二产业		Number of Employed Persons of Secondary Industry	248	39	64	70
第三产业		Number of Employed Persons of Tertiary Industry	6138	57	1334	1820
乡村从业人员数	(人)	Number of Employed Persons in Rural Areas(person)	38038	25379	24488	10946
#农林牧渔业		Number of Employed Persons of Agriculture, Forestry, Animal Husbandry and Fishery in Rural Areas	35805	25322	23377	
城镇登记失业人员数	(人)	Number of Registered Employed Persons in Urban Area by Region(person)				
综合经济		**Economy of Integration**				
地区生产总值	**(万元)**	**Area total output value(10 000 yuan)**	**47821**	**57699**	**32006**	**29374**
第一产业增加值		Value-added of the Primary Industry	36753.12	43256.91	17213.30	27368.91
农业		Agriculture	3195.80	21350.03	1680.16	2614.13
林业		Forestry			11.44	
牧业		Animal Husbandry	33283.19	21609.03	5226.70	24511.32
渔业		Fishery				
农林牧渔服务业		Services in Support of Agriculture	274.13	297.85	295	243.46
第二产业增加值		Value-added of the Secondary Industry	7658	6478	11471	3822
#工业		Industry	2308	180	200	159
第三产业增加值		Value-added of the Tertiary Industry	8055	4519	6102	4973
财政、金融	**(万元)**	**Finances and Economy(10 000 yuan)**				
财政总收入		Total Government Revenue	37303	511	53969	38171
#地方财政一般预算收入		General Budgetary Financial Revenue in Local Financial Revenue	3137	511	502	619
各项税收		Taxation	2311	477	502	
地方财政一般预算支出		General Budgetary Financial Expenditures in Local Financial Expenditures	96925	33745	53969	38168
#农林水事务支出		Expenditures for Agriculture Forestry and Water Conservancy	5097	2998	8964	4065
科学技术支出		Expenditures for Science and Technology	99		83	
医疗卫生支出		Expenditures for Medical and Health Care	1711	636	2097	
教育支出		Expenditures for Education	7855	8006	5449	
年末金融机构各项存款余额		Deposits of all the Financial Institutes			102425	45258
#城乡居民储蓄存款余额		Urban and Rural Household Savings Deposits			9819	6165
年末金融机构各项贷款余额		Loans of all the Financial Institutes			5377	1196
#农业贷款		Loans to Agriculture Sector			2564	
农业		**Agriculture**				
生产条件		Condition for Agricultural Production				
农业机械总动力	(万千瓦特)	Total Power of Agriculture Machinery(10000 KW)	3.11	0.34	3.07	0.43
化肥使用量(折纯量)	(吨)	Consumption of Chemical Fertilizers(ton)	83		17.5	
农药使用量	(吨)	Consumption of Agricultural Chemical(ton)	1.52			
地膜使用量	(吨)	Consumption of Plastic Film(ton)				
有效灌溉面积	(公顷)	Effective Irrigated Area(10000 hectares)	570			

26-1 续表 33 Continued

指 标	Item	玉树县 Yu shu County	杂多县 Za duo County	称多县 Cheng duo County	治多县 Zhi duo County
农作物总播种面积 (公顷)	Total Sown Areas of Farm Crops(hectare)	2776.13		2137	
粮食作物播种面积	Total Sown Areas of Grain Crops(hectare)	2302.80		1686	
#稻谷	Rice				
小麦	Wheat			41	
玉米	Corn				
大豆	Soja				
油料播种面积	Oil-bearing Crops	53.30		92	
棉花播种面积	Cotton				
糖料播种面积	Sugar-bearing				
蔬菜播种面积	Vegetables	46.67		64	
粮食总产量 (吨)	Yield of Crain(ton)	4291		3180	
#稻谷	Rice				
小麦	Wheat			80	
玉米	Corn				
大豆	Soja				
油料产量	Oil-bearing Crops	55		100	
棉花产量	Cotton				
糖料产量	Sugar-bearing				
水果产量	Fruits				
肉类总产量	Output of Meat	8117	4548.15	3675	6240
奶类产量	Output of Milk	16278	17891	9487	10547
禽蛋产量	Output of Poultry Eggs				
蔬菜产量	Output of Vegetables	282		385	
水产品产量	Output of Aquatic Products				
工业及建筑业	**Industry and Construction**				
规模以上工业企业	Industrial Enterprises above Designated Size				
工业企业数 (个)	Number of Industrial Enterprises(unit)				1
工业总产值(现价) (万元)	Gross Industrial Output Value(current prices)(10 000 yuan)				55
内资企业	Domestic Funded				55
港、澳、台商投资企业	Funded from Hong Kong,Macao and Taiwan				
外商投资企业	Foreign Funded				
从业人员年平均数 (人)	Number of Employed Persons(person)				28
流动资产年平均余额	Annual Average Balance of Working Capitals				3160
固定资产净值年平均余额	Annual Average Balance of Net Value of Fixed Assets				
产品销售收入	Product Sales Revenue				
#产品销售税金及附加	Taxes and Other Charges on Product Saling				
本年应交增值税	Value-added Tax Payable				
利润总额	Total Profits				
建筑业	Construction				
建筑业企业个数 (个)	Number of ConstructionEnterprises(unit)	4			
期末从业人员数 (人)	Number of Staff & Workers at Year-end(person)	100			
建筑业总产值 (万元)	Gross Output Value of Construction(10 000 yuan)				
交通运输、邮电通讯、能源	**Transportation，Postal，telecommunication and Energy**				
境内公路里程 (公里)	Length of Highways(km)	339	339	339	
#高等级公路	Expressway				
境内铁路营业里程 (公里)	Length of Railways in Operation(km)				
境内火车站个数 (个)	Number of Railway Station(unit)				
民用汽车拥有量 (辆)	Possession of Civil Vehicles(unit)	3500	73	1200	3100
#个人汽车	Possession of Private Vehicles	1500	73	800	1100
邮政业务总量 (万元)	Business Volume of Postal Services(10 000 yuan)		15.90	160.00	87.99
电信业务总量	Business Volume of Telecommunication Services			300	300
年末本地电话用户 (户)	Number of Subscribers of Fixed Telephone at Year-end(subscriber)	2500	2060	2000	1600
年末住宅电话用户 (户)	Household Fixed Telephone Subscribers at Year-end(subscriber)		1560	1800	1370
#乡村电话用户	Rural Fixed Telephone Subscribers				30
移动电话用户数 (户)	Number of Mobile Telephone Subscribers(subscriber)	13500	8600	8000	620
国际互联网用户 (户)	Number of Internet Users(subscriber)				360

26-1 续表 34 Continued

指 标	Item	玉树县 Yushu County	杂多县 Zaduo County	称多县 Chengduo County	治多县 Zhiduo County
全年用电量(万千瓦时)	Electricity Consumption(10 thousand kw·h)	92	13	927	
工业用电量	Industrial Electricity Consumption		9		
农村用电量	Agricultural Electricity Consumption	92		324	
贸易、外经、旅游	**Domestic Trade, Foreign Trade and Economic Cooperation and Tourism**				
社会销售品零售总额(万元)	Total Retail Sales of Consumer Goods (10 000 yuan)	13993	3450	3782	4233
限额以上批发零售贸易业商品销售总额(万元)	Total Sales of Enterprises above Designated Size of Wholesale and Retail Trades(10 000 yuan)				
出口总额(万美元)	Total Exports(USD 10 000)				
当年合同外资金额	Contracted Value				
当年实际使用外资金额	Actually Utilized Value				
境内外来资本实际投资额(万元)	Foreign Investment Actually Utilized Value(10 000 yuan)				
星级饭店个数(个)	Number of Star-rated Hotels(unit)				
星级饭店客房总数(间)	Number of Rooms in Star-rated Hotels(unit)				
名胜风景区和文物保护区个数(个)	Number of Places of Interest and Historical Reservations(unit)				
固定资产投资(万元)	**Investment in Fixed Assets(10 000 yuan)**				
城镇固定资产投资完成额	Investment in Fixed Assets in Urban Area	193997	35974	62315	20695
城镇新增固定资产	Newly Increased afaixed Assets in Urban Area	88544	45571	29329	15455
城镇固定资产投资项目数(个)	Number of Projects of Investment in Fixed Assets in Urban Area(unit)	122	67	32	29
房地产开发投资完成额	Investment Completed of Enterprises for Real Estate Development				
#住宅	Residential Buildings				
教育、科技、文化、卫生	**Education, Science and Technology, Culture, Sports and Public Health**				
普通中学数(所)	Number of Regular Secondary Schools(unit)	7	2	6	1
小学数(所)	Number of Primary Schools(unit)	50	17	30	9
普通中学专任教师数(人)	Number of Full-time Teachers in Regular Secondary Schools(person)	308	73	123	23
小学专任教师数(人)	Number of Full-time Teachers in Primary Schools(person)	630	146	380	141
普通中学在校学生数(人)	Number of Students Enrollment in Regular Secondary Schools(person)	3159	2780	2659	1804
#女生	Female Students Enrollment in Regular Secondary Schools	1548	1251	1307	952
小学在校学生数(人)	Number of Students Enrollment in Primary Schools(person)	16622	6667	6742	4063
#女生	Female Students Enrollment in Primary Schools	7995	3066	3281	2376
学龄儿童入学率(%)	Net Enrollment Rate of School-Age Children(%)	99	99.4	99.73	99.08
#女童入学率	Net Enrollment Rate of School-Age Female Children	99	99.6	99.85	99.12
初中升学率(%)	Primary School Graduates Entering into Junior Secondary Schools(%)	100	98.9	85.50	81.00
高中升学率(%)	Junior Secondary School Graduates Entering into Senior Secondary Schools(%)	80			
高技术产业企业个数(个)	Number of Hi-Tech Industry Enterprises(unit)				
高技术产业总产值(当年价格)(万元)	Total Output Value of Hi-Tech Industry (current prices)(10 000 yuan)				
专业技术人员数(人)	Number of Scientific and Technical Personnel(person)				
#农业技术人员	Agriculture				
农业科技与服务单位个数(个)	Number of Agricultural Scientific and Service Units (unit)				
全年专利申请数(件)	Number of Patents Application(unit)				
体育场馆数(个)	Number of Stadiums and Gymnasiums(unit)				
剧场、影剧院数(个)	Number of Theaters and Cinemas(unit)			1	
公共图书馆图书总藏量(千册)	Total Collections of Public Libraries(1000 volumes)				
医院、卫生所数(所)	Number of Hospitals and Health Centers(unit)	11	11	12	9
医院、卫生院床位数(张)	Number of Beds in Hospitals and Health Centers(unit)	111	125	165	60
医院、卫生院卫生技术人员数(人)	Number of Medical Technical Personnel in Hospitals and Health Centers(person)	107	78	250	133
#医生	Number of Certified Doctors	43	46	113	108
卫生防疫人员数(人)	Number of epidemic prevention personnel(person)	17	13	18	16
5岁以下儿童死亡率(‰)	Death Rate of Children under 5 (‰)	3.6	0.3		3.0
婴儿死亡率(‰)	Death Rate of Infant (‰)	10.10	5.50	1.10	1.16
产妇住院分娩比例(%)	Proportion of Lying-in Woman Labors in Hospital(%)	75.90	30.00	80.00	90.00

26-1 续表 35 Continued

指　标	Item	玉树县 Yu shu County	杂多县 Za duo County	称多县 Cheng duo County	治多县 Zhi duo County
人民生活	**People's Living Conditions**				
城镇在岗职工年平均人数(人)	Number of Staff and Workers in Urban and Rural Areas(person)	6518	1580	2092	1882
城镇在岗职工工资总额(万元)	Total Earning of Staff and Workers in Urban and Rural Areas(10 000 yuan)	29275	6416	5485	7842
农村居民人均纯收入(元)	Per Capita Net Income of Rural Households(yuan)	5652.42	2921.57	3892.74	3590.58
农民人均住房面积(平方米)	Per Capita Floor Space of Houses(sq.m)	3.16	18.27	7.77	7.93
农民文化娱乐消费比重(%)	Proportion of Cultural and Recreation Consumption		1.32	1.81	0.50
农村彩电普及率(%)	Popularizing rate of Color TV Set in Rural Areas(%)	10.0	22.5	22.5	85.0
农村电脑普及率(%)	Popularizing rate of Computer in Rural Areas(%)				
农村恩格尔系数(%)	Engle Coefficient of Rural Households(%)	51.73	88.81	84.18	85.01
成人文盲率(%)	Illiteracy rate of adult(%)				
人均预期寿命(岁)	Population Life Expectancy(year old)				
农村贫困人口(万人)	Population below the poverty line in Rural Areas(person)				
社会保障(人)	**Social security(person)**				
各种社会福利收养性单位数(个)	Number of Social Welfare and Salvation Institutions(unit)	1			4
各种社会福利收养性单位床位数(张)	Number of Beds of Social Welfare and Salvation Institutions(unit)	23			
参加基本养老保险的职工数	Number of Staff and Workers Participated in Basic Pension Insurance	2000	366	775	642
参加基本医疗保险的职工数	Number of Staff and Workers Participated in Basic Medical Care Insurance	8487	1451	2149	1343
参加失业保险人数	Number of Staff and Workers Participated in Unemployment Insurance	3334	465	1343	724
城镇居民最低生活保障人数	Number of Persons Receiving Minimum Living Allowance in Rural Areas	4576	1297	1385	1080
农村居民最低生活保障人数	Number of Persons Receiving Minimum Living Allowance in Urban Areas	8827	6050	6661	4453
农村五保供养人数	Number of Persons Receiving Livelihood Guaranteed in Five Aspects in Rural Areas				
参加农村新型合作医疗的人数	Rural Cooperative Medical Service Contributors	78157	49075	38149	24798
参加农村社会养老保险的人数	Rural Basic Social Pension Insurance Contributors	44495		949	
社会治安	**Public Order**				
交通事故件数(件)	Number of Traffic Accides(unit)	116	89	5	
刑事案件立案数(件)	Number of Criminal Case Registered(case)	180	7	7	
犯罪人数(人)	Number of offenders(person)	280	11	7	
民事案件发案数(件)	Number of civil cases(case)	310	131	87	138
资源、环境与可持续发展	**Resources, Environment and Sustainable Development**				
行政区域土地面积(平方公里)	Area of Administrative Regions(sq.km)	17595.7	34170.8	14744	93000
建成区面积	Area of Built Up Regions(sq.km)				
建成区绿化覆盖面积	Area of Green Coverage in Built Up Regions(sq.km)				
森林面积(公顷)	Area of Forest(hectare)				
当年造林面积(公顷)	Area of Afforestation(hectare)	645			
退耕造林面积	Area of Grain for Green(hectare)				
年末耕地总资源(公顷)	Area of Arable Land(hectare)	3663	3	2085	
常用耕地面积	Area of Arable Landin Common Usage(hectare)	3663	3	2085	
#水浇地	Area of Irrigable Land(hectare)	574			
年内减少耕地面积	Reduction in Area of Cultivated Land(hectare)				
#基建占地	Areas of Land for Construction(hectare)				
退耕还林还草占地	Area of Grain for Green(hectare)				
自然保护区个数(个)	Number of Nature Reserves(unit)	1			2
自然保护区面积(千公顷)	Area of Nature Reserves (1 000 hectares)	10000			4500000
环境污染治理本年完成投资总额(万元)	Investment Completed in the Treatment of Environmental Pollution(10 thousand yuan)				
工业二氧化硫排放量(吨)	Volume of Sulphur Dioxide Emission(ton)				
工业废水排放量达标率(%)	Volume of Waste Water up to the Discharge Standards(ton)				
工业烟尘排放量达标率(%)	Volume of Industrial Soot up to the Discharge Standards(ton)				
城镇生活污水处理率(%)	Disposal Rate of Waste Water in Urban Areas(%)				
污水处理厂数(座)	Number of Sewage Treatment Works (unit)				
垃圾处理站数(个)	Number of Biohazard Waste (unit)	1		1	

26−1 续表 36 Continued

指 标		Item	囊谦县 Nangqian County	曲麻莱县 Qumalai County	格尔木市 Geermu City
乡村基本情况		**Basic Conditions of Township**			
乡(镇)个数	(个)	Number of Township and Town Governments(unit)	10	6	4
建制镇个数		Number of Town Governments	1	1	2
镇区占地面积	(公顷)	Area of Township(hectare)	506	8	150
镇区总人口	(人)	Population of Township(person)	2115	259	28996
村民委员会个数	(个)	Number of Villagers'Committees(unit)	69	19	42
自来水受益村		Number of Township Benefits From Tap Water	29		21
通电话的村		Number of Township Uses Telephone	58		34
通有线电视的村		Number of Township Has Cable Television	1		18
人口与就业		**Population and Employment**			
年末总人口	(万人)	Total Population(year-end)(10000 persons)	9.83	3.05	12.31
#女		Population of Female	4.93	1.52	5.96
当年出生人口	(人)	Newborn Population(person)	19877	1398	1479
当年死亡人口	(人)	Dead Population(person)	914	448	512
常住人口	(万人)	Permanent Population(10000 persons)			
乡村人口	(万人)	Rural Population(10000 persons)	7.93	2.53	3.40
年末总户数	(户)	Number of Households(year-end)(household)	21685	8860	47332
#乡村户数		Number of Rural Households	14130	6631	8050
年末单位从业人员数	(人)	Number of Employed Persons in Units at Year-end(person)	2631	1851	25349
#女		Number of Female Employed Persons at Year-end	705	493	9856
第二产业		Number of Employed Persons of Secondary Industry	54	46	15467
第三产业		Number of Employed Persons of Tertiary Industry	2496	1726	9473
乡村从业人员数	(人)	Number of Employed Persons in Rural Areas(person)	32881	12154	17781
#农林牧渔业		Number of Employed Persons of Agriculture, Forestry, Animal Husbandry and Fishery in Rural Areas	32532	9915	12750
城镇登记失业人员数	(人)	Number of Registered Employed Persons in Urban Area by Region(person)		26	2026
综合经济		**Economy of Integration**			
地区生产总值	**(万元)**	**Area total output value(10 000 yuan)**	**40947**	**38551**	**2000645**
第一产业增加值		Value-added of the Primary Industry	30259.46	24907.65	17330
农业		Agriculture	5808.12	5807.85	11864
林业		Forestry	31.29		506
牧业		Animal Husbandry	24188.74	18778.2	4704
渔业		Fishery			83
农林牧渔服务业		Services in Support of Agriculture	231.31	321.6	173
第二产业增加值		Value-added of the Secondary Industry	6610	6239	1543748
#工业		Industry	472	283	1401518
第三产业增加值		Value-added of the Tertiary Industry	6970	7326	439567
财政、金融	**(万元)**	**Finances and Economy(10 000 yuan)**			
财政总收入		Total Government Revenue	59242	39590	530941
#地方财政一般预算收入		General Budgetary Financial Revenue in Local Financial Revenue	687	507	103396
各项税收		Taxation	687	329	91593
地方财政一般预算支出		General Budgetary Financial Expenditures in Local Financial Expenditures	59601	38980	165869
#农林水事务支出		Expenditures for Agriculture Forestry and Water Conservancy	9999	3599	17637
科学技术支出		Expenditures for Science and Technology		23	1449
医疗卫生支出		Expenditures for Medical and Health Care	1861	1446	10325
教育支出		Expenditures for Education	9789	5829	25959
年末金融机构各项存款余额		Deposits of all the Financial Institutes	49166	42737	1417513
其中:城乡居民储蓄存款余额		Urban and Rural Household Savings Deposits	10547	7667	675769
年末金融机构各项贷款余额		Loans of all the Financial Institutes	1705	3523	1219308
#农业贷款		Loans to Agriculture Sector	1298	2026.5	
农业		**Agriculture**			
生产条件		Condition for Agricultural Production			
农业机械总动力	(万千瓦特)	Total Power of Agriculture Machinery(10000 KW)	3.53	0.33	10.6
化肥使用量(折纯量)	(吨)	Consumption of Chemical Fertilizers(ton)	245.0		2.0
农药使用量	(吨)	Consumption of Agricultural Chemical(ton)	3.0		18.7
地膜使用量	(吨)	Consumption of Plastic Film(ton)			2.3
有效灌溉面积	(公顷)	Effective Irrigated Area(10000 hectares)	1431.4		6030.2

26-1 续表 37 Continued

指 标	Item	囊谦县 Nangqian County	曲麻莱县 Qumalai County	格尔木市 Geermu City
农作物总播种面积 (公顷)	Total Sown Areas of Farm Crops(hectare)	6533.3		5214.1
粮食作物播种面积	Total Sown Areas of Grain Crops(hectare)	5333.3		2414.3
#稻谷	Rice			
小麦	Wheat	66.7		890.7
玉米	Corn			
大豆	Soja			
油料播种面积	Oil-bearing Crops	243.3		175.9
棉花播种面积	Cotton			
糖料播种面积	Sugar-bearing			
蔬菜播种面积	Vegetables	133.3		588.7
粮食总产量 (吨)	Yield of Crain(ton)	9782.4		14995
#稻谷	Rice			
小麦	Wheat	94.0		5227
玉米	Corn			
大豆	Soja			
油料产量	Oil-bearing Crops	326.4		519
棉花产量	Cotton			
糖料产量	Sugar-bearing			
水果产量	Fruits			95
肉类总产量	Output of Meat	7437	4884	2967
奶类产量	Output of Milk	4772	9150	1653
禽蛋产量	Output of Poultry Eggs			
蔬菜产量	Output of Vegetables	1059.8		37905
水产品产量	Output of Aquatic Products			58
工业及建筑业	**Industry and Construction**			
规模以上工业企业	Industrial Enterprises above Designated Size			
工业企业数 (个)	Number of Industrial Enterprises(unit)	2		46
工业总产值(现价) (万元)	Gross Industrial Output Value(current prices)(10 000 yuan)	325	1	1519249
内资企业	Domestic Funded	325	43	1510103
港、澳、台商投资企业	Funded from Hong Kong,Macao and Taiwan			9146
外商投资企业	Foreign Funded			
从业人员年平均数 (人)	Number of Employed Persons(person)	62	43	20168
流动资产年平均余额	Annual Average Balance of Working Capitals	5634	40412	2039714
固定资产净值年平均余额	Annual Average Balance of Net Value of Fixed Assets			
产品销售收入	Product Sales Revenue			1185843
#产品销售税金及附加	Taxes and Other Charges on Product Saling			75659
本年应交增值税	Value-added Tax Payable			89858
利润总额	Total Profits			349048
建筑业	Construction			
建筑业企业个数 (个)	Number of ConstructionEnterprises(unit)			
期末从业人员数 (人)	Number of Staff & Workers at Year-end(person)			
建筑业总产值 (万元)	Gross Output Value of Construction(10 000 yuan)			
交通运输、邮电通讯、能源	**Transportation，Postal，telecommunication and Energy**			
境内公路里程 (公里)	Length of Highways(km)	339	358	1959
#高等级公路	Expressway			
境内铁路营业里程 (公里)	Length of Railways in Operation(km)			847
境内火车站个数 (个)	Number of Railway Station(unit)			21
民用汽车拥有量 (辆)	Possession of Civil Vehicles(unit)	1021	321	34408
#个人汽车	Possession of Private Vehicles	321	175	12705
邮政业务总量 (万元)	Business Volume of Postal Services(10 000 yuan)		449.50	2090
电信业务总量	Business Volume of Telecommunication Services		251	22735
年末本地电话用户 (户)	Number of Subscribers of Fixed Telephone at Year-end(subscriber)	1980	947	54918
年末住宅电话用户 (户)	Household Fixed Telephone Subscribers at Year-end(subscriber)	1480	804	51118
#乡村电话用户	Rural Fixed Telephone Subscribers	268		4239
移动电话用户数 (户)	Number of Mobile Telephone Subscribers(subscriber)	6900	3215	251989
国际互联网用户 (户)	Number of Internet Users(subscriber)		319	21633

26-1 续表 38 Continued

指 标	Item	囊谦县 Nangqian County	曲麻莱县 Qumalai County	格尔木市 Geermu City
全年用电量(万千瓦时)	Electricity Consumption(10 thousand kw-h)	500	724	142302.63
工业用电量	Industrial Electricity Consumption			123361.2
农村用电量	Agricultural Electricity Consumption	35	56	677.5
贸易、外经、旅游	**Domestic Trade, Foreign Trade and Economic Cooperation and Tourism**			
社会销售品零售总额(万元)	Total Retail Sales of Consumer Goods (10 000 yuan)	3602	4995	284880.6
限额以上批发零售贸易业商品销售总额(万元)	Total Sales of Enterprises above Designated Size of Wholesale and Retail Trades(10 000 yuan)			329465.7
出口总额(万美元)	Total Exports(USD 10 000)			
当年合同外资金额	Contracted Value			
当年实际使用外资金额	Actually Utilized Value			
境内外来资本实际投资额(万元)	Foreign Investment Actually Utilized Value(10 000 yuan)			
星级饭店个数(个)	Number of Star-rated Hotels(unit)			19
星级饭店客房总数(间)	Number of Rooms in Star-rated Hotels(unit)			1668
名胜风景区和文物保护区个数(个)	Number of Places of Interest and Historical Reservations(unit)			1
固定资产投资(万元)	**Investment in Fixed Assets(10 000 yuan)**			
城镇固定资产投资完成额	Investment in Fixed Assets in Urban Area	30210	33382	642749
城镇新增固定资产	Newly Increased afaixed Assets in Urban Area	42823	35382	263467
城镇固定资产投资项目数(个)	Number of Projects of Investment in Fixed Assets in Urban Area(unit)	39	54	106
房地产开发投资完成额	Investment Completed of Enterprises for Real Estate Development			5200
#住宅	Residential Buildings			5200
教育、科技、文化、卫生	**Education, Science and Technology, Culture, Sports and Public Health**			
普通中学数(所)	Number of Regular Secondary Schools(unit)	2	1	20
小学数(所)	Number of Primary Schools(unit)	54	14	15
普通中学专任教师数(人)	Number of Full-time Teachers in Regular Secondary Schools(person)	67	36	894
小学专任教师数(人)	Number of Full-time Teachers in Primary Schools(person)	757	162	1061
普通中学在校学生数(人)	Number of Students Enrollment in Regular Secondary Schools(person)	4757	1125	11923
#女生	Female Students Enrollment in Regular Secondary Schools	2259	471	5631
小学在校学生数(人)	Number of Students Enrollment in Primary Schools(person)	10758	3823	19446
#女生	Female Students Enrollment in Primary Schools	5110	1121	9165
学龄儿童入学率(%)	Net Enrollment Rate of School-Age Children(%)	100	99.2	100
#女童入学率	Net Enrollment Rate of School-Age Female Children	100	98.9	100
初中升学率(%)	Primary School Graduates Entering into Junior Secondary Schools(%)	81	94.6	100
高中升学率(%)	Junior Secondary School Graduates Entering into Senior Secondary Schools(%)		60.6	97.8
高技术产业企业个数(个)	Number of Hi-Tech Industry Enterprises(unit)			
高技术产业总产值(当年价格)(万元)	Total Output Value of Hi-Tech Industry (current prices)(10 000 yuan)			
专业技术人员数(人)	Number of Scientific and Technical Personnel(person)		503	2678
#农业技术人员	Agriculture		97	177
农业科技与服务单位个数(个)	Number of Agricultural Scientific and Service Units (unit)		4	1
全年专利申请数(件)	Number of Patents Application(unit)			3
体育场馆数(个)	Number of Stadiums and Gymnasiums(unit)	1		1
剧场、影剧院数(个)	Number of Theaters and Cinemas(unit)	1		5
公共图书馆图书总藏量(千册)	Total Collections of Public Libraries(1000 volumes)	61		60
医院、卫生所数(所)	Number of Hospitals and Health Centers(unit)	13	29	9
医院、卫生院床位数(张)	Number of Beds in Hospitals and Health Centers(unit)	105	70	759
医院、卫生院卫生技术人员数(人)	Number of Medical Technical Personnel in Hospitals and Health Centers(person)	132	137	1189
#医生	Number of Certified Doctors	99	90	619
卫生防疫人员数(人)	Number of epidemic prevention personnel(person)	22	22	41
5岁以下儿童死亡率(‰)	Death Rate of Children under 5 (‰)		5.2	10.2
婴儿死亡率(‰)	Death Rate of Infant (‰)		7.8	9.2
产妇住院分娩比例(%)	Proportion of Lying-in Woman Labors in Hospital(%)	0.2	12.5	99.0

26-1 续表 39 Continued

指　标	Item	囊谦县 Nangqian County	曲麻莱县 Qumalai County	格尔木市 Geermu City
人民生活	**People's Living Conditions**			
城镇在岗职工年平均人数(人)	Number of Staff and Workers in Urban and Rural Areas(person)	2629	1606	21747
城镇在岗职工工资总额(万元)	Total Earning of Staff and Workers in Urban and Rural Areas(10 000 yuan)	8957	6229	99681.4
农村居民人均纯收入(元)	Per Capita Net Income of Rural Households(yuan)	2171.72	3138.63	7000.62
农民人均住房面积(平方米)	Per Capita Floor Space of Houses(sq.m)	18.16	15.77	35.86
农民文化娱乐消费比重(%)	Proportion of Cultural and Recreation Consumption		2.53	3.46
农村彩电普及率(%)	Popularizing rate of Color TV Set in Rural Areas(%)	30.0		104.44
农村电脑普及率(%)	Popularizing rate of Computer in Rural Areas(%)			4.44
农村恩格尔系数(%)	Engle Coefficient of Rural Households(%)	87.9	62.3	46.86
成人文盲率(%)	Illiteracy rate of adult(%)			
人均预期寿命(岁)	Population Life Expectancy(year old)			
农村贫困人口(万人)	Population below the poverty line in Rural Areas(person)			
社会保障(人)	**Social security(person)**			
各种社会福利收养性单位数(个)	Number of Social Welfare and Salvation Institutions(unit)		3	2
各种社会福利收养性单位床位数(张)	Number of Beds of Social Welfare and Salvation Institutions(unit)		136	50
参加基本养老保险的职工数	Number of Staff and Workers Participated in Basic Pension Insurance	585	399	25655
参加基本医疗保险的职工数	Number of Staff and Workers Participated in Basic Medical Care Insurance	2684	1678	31512
参加失业保险人数	Number of Staff and Workers Participated in Unemployment Insurance	890	593	13550
城镇居民最低生活保障人数	Number of Persons Receiving Minimum Living Allowance in Rural Areas	1737	1169	9081
农村居民最低生活保障人数	Number of Persons Receiving Minimum Living Allowance in Urban Areas	9825	4410	2427
农村五保供养人数	Number of Persons Receiving Livelihood Guaranteed in Five Aspects in Rural Areas			76
参加农村新型合作医疗的人数	Rural Cooperative Medical Service Contributors	73983	24061	30708
参加农村社会养老保险的人数	Rural Basic Social Pension Insurance Contributors			9846
社会治安	**Public Order**			
交通事故件数(件)	Number of Traffic Accides(unit)	16	11	78
刑事案件立案数(件)	Number of Criminal Case Registered(case)	13	3	1060
犯罪人数(人)	Number of offenders(person)	28	7	413
民事案件发案数(件)	Number of civil cases(case)	25	29	1199
资源、环境与可持续发展	**Resources, Environment and Sustainable Development**			
行政区域土地面积(平方公里)	Area of Administrative Regions(sq.km)	12741	47516	119174
建成区面积	Area of Built Up Regions(sq.km)	506	8	42.6
建成区绿化覆盖面积	Area of Green Coverage in Built Up Regions(sq.km)	0.1		11.6
森林面积(公顷)	Area of Forest(hectare)	52850.6		327341.7
当年造林面积(公顷)	Area of Afforestation(hectare)	33.33		977
退耕造林面积	Area of Grain for Green(hectare)			
年末耕地总资源(公顷)	Area of Arable Land(hectare)	7973		6030
常用耕地面积	Area of Arable Landin Common Usage(hectare)	7973		6030
#水浇地	Area of Irrigable Land(hectare)	2356		6030
年内减少耕地面积	Reduction in Area of Cultivated Land(hectare)			
#基建占地	Areas of Land for Construction(hectare)			
退耕还林还草占地	Area of Grain for Green(hectare)			
自然保护区个数(个)	Number of Nature Reserves(unit)			1
自然保护区面积(公顷)	Area of Nature Reserves (hectare)			4200
环境污染治理本年完成投资总额(万元)	Investment Completed in the Treatment of Environmental Pollution(10 thousand yuan)	12.6		
工业二氧化硫排放量(吨)	Volume of Sulphur Dioxide Emission(ton)	28.7		
工业废水排放量达标率(%)	Volume of Waste Water up to the Discharge Standards(ton)			100
工业烟尘排放量达标率(%)	Volume of Industrial Soot up to the Discharge Standards(ton)			100
城镇生活污水处理率(%)	Disposal Rate of Waste Water in Urban Areas(%)			100
污水处理厂数(座)	Number of Sewage Treatment Works (unit)			1
垃圾处理站数(个)	Number of Biohazard Waste (unit)	1		1

26-1 续表 40 Continued

指　标	Item	德令哈市 Delinha City	乌兰县 Wulan County	都兰县 Dulan County	天峻县 Tianjun County
乡村基本情况	**Basic Conditions of Township**				
乡(镇)个数 (个)	Number of Township and Town Governments(unit)	4	4	8	10
建制镇个数	Number of Town Governments	3	4	4	3
镇区占地面积 (公顷)	Area of Township(hectare)	11549.53	7979	5775.7	110
镇区总人口 (人)	Population of Township(person)	36876	17937	11414	4193
村民委员会个数 (个)	Number of Villagers'Committees(unit)	51	38	107	62
自来水受益村	Number of Township Benefits From Tap Water	38	26	73	
通电话的村	Number of Township Uses Telephone	46	36	85	
通有线电视的村	Number of Township Has Cable Television	28	21	34	5
人口与就业	**Population and Employment**				
年末总人口 (万人)	Total Population(year-end)(10000 persons)	7.33	3.66	7.16	2.07
#女	Population of Female	3.56	1.78	3.49	1.04
当年出生人口 (人)	Newborn Population(person)	755	482	1092	474
当年死亡人口 (人)	Dead Population(person)	381	423	752	170
常住人口 (万人)	Permanent Population(10000 persons)				
乡村人口 (万人)	Rural Population(10000 persons)	3.5	2.3	5.7	1.5
年末总户数 (户)	Number of Households(year-end)(household)	25839	13216	22793	6854
#乡村户数	Number of Rural Households	8556	5519	14129	3156
年末单位从业人员数 (人)	Number of Employed Persons in Units at Year-end(person)	10381	3775	4039	2903
#女	Number of Female Employed Persons at Year-end	3879	1518	1435	849
#第二产业	Number of Employed Persons of Secondary Industry	1554	1879	861	765
第三产业	Number of Employed Persons of Tertiary Industry	8812	1562	2431	1965
乡村从业人员数 (人)	Number of Employed Persons in Rural Areas(person)	18440	14510	32549	7960
#农林牧渔业	Number of Employed Persons of Agriculture, Forestry, Animal Husbandry and Fishery in Rural Areas	14378	10414	28677	7700
城镇登记失业人员数 (人)	Number of Registered Employed Persons in Urban Area by Region(person)	1882		633	361
综合经济	**Economy of Integration**				
地区生产总值 (万元)	**Area total output value(10 000 yuan)**	**328206**	**152265**	**114313**	**311699**
第一产业增加值	Value-added of the Primary Industry	17798	13543	34374	17695
农业	Agriculture	5354	2864	17828	340
林业	Forestry	3012	423	1525	
牧业	Animal Husbandry	7432	9896	14589	17035
渔业	Fishery	314			
农林牧渔服务业	Services in Support of Agriculture	1686	360	432	320
第二产业增加值	Value-added of the Secondary Industry	171453	118150	44820	265955
#工业	Industry	121807	113550	38320	254455
第三产业增加值	Value-added of the Tertiary Industry	138955	20572	35119	28049
财政、金融 (万元)	**Finances and Economy(10 000 yuan)**				
财政总收入	Total Government Revenue	89448	50382	22836	158182
#地方财政一般预算收入	General Budgetary Financial Revenue in Local Financial Revenue	12266	6764	8077	43870
各项税收	Taxation	10294	5147	5384	43870
地方财政一般预算支出	General Budgetary Financial Expenditures in Local Financial Expenditures	89448	50332	61183	77577
#农林水事务支出	Expenditures for Agriculture Forestry and Water Conservancy	20360	11945	14815	12482
科学技术支出	Expenditures for Science and Technology	41	88	23	215
医疗卫生支出	Expenditures for Medical and Health Care	2905	3236	4579	3720
教育支出	Expenditures for Education	14068	6178	8997	6823
年末金融机构各项存款余额	Deposits of all the Financial Institutes	572904	85005	120798	73372
#城乡居民储蓄存款余额	Urban and Rural Household Savings Deposits	166996	44569	64911	49032
年末金融机构各项贷款余额	Loans of all the Financial Institutes	401912	46296	33360	29074
#农业贷款	Loans to Agriculture Sector	5654	4639	27341	17444
农业	**Agriculture**				
生产条件	Condition for Agricultural Production				
农业机械总动力 (万千瓦特)	Total Power of Agriculture Machinery(10000 KW)	7.2	4.8	13.1	1.1
化肥使用量(折纯量) (吨)	Consumption of Chemical Fertilizers(ton)	1.3	0.7	3.0	
农药使用量 (吨)	Consumption of Agricultural Chemical(ton)	21.5	14.3	65.4	
地膜使用量 (吨)	Consumption of Plastic Film(ton)	1.8	8.9		
有效灌溉面积 (公顷)	Effective Irrigated Area(10000 hectares)	10105.7	4368.4	18919.1	

26-1 续表 41 Continued

指 标	Item	德令哈市 Delinha City	乌兰县 Wulan County	都兰县 Dulan County	天峻县 Tianjun County
农作物总播种面积 (公顷)	Total Sown Areas of Farm Crops(hectare)	9332	3612	17953	
粮食作物播种面积	Total Sown Areas of Grain Crops(hectare)	4936	1918	7899	
#稻谷	Rice				
小麦	Wheat	2969	1149	2189	
玉米	Corn				
大豆	Soja				
油料播种面积	Oil-bearing Crops	1362.0	749.8	3778.2	
棉花播种面积	Cotton				
糖料播种面积	Sugar-bearing				
蔬菜播种面积	Vegetables	243.7	49.0	121.9	
粮食总产量 (吨)	Yield of Crain(ton)	27101	9622	49011	
#稻谷	Rice				
小麦	Wheat	16255	5984	13077	
玉米	Corn				
大豆	Soja				
油料产量	Oil-bearing Crops	2860	1587	8216	
棉花产量	Cotton				
糖料产量	Sugar-bearing				
水果产量	Fruits				
肉类总产量	Output of Meat	3222	4264	5387	6349
奶类产量	Output of Milk	1946	2487	3866	5300
禽蛋产量	Output of Poultry Eggs	7	40	24	
蔬菜产量	Output of Vegetables	6879	1013	3850	
水产品产量	Output of Aquatic Products	267			
工业及建筑业	**Industry and Construction**				
规模以上工业企业	Industrial Enterprises above Designated Size				
工业企业数 (个)	Number of Industrial Enterprises(unit)	10	5	9	6
工业总产值(现价) (万元)	Gross Industrial Output Value(current prices)(10 000 yuan)	201651	236927.6	38519.5	573155.9
内资企业	Domestic Funded	201651	236927.6	24714.0	573155.9
港、澳、台商投资企业	Funded from Hong Kong,Macao and Taiwan				
外商投资企业	Foreign Funded			13805.5	
从业人员年平均数 (人)	Number of Employed Persons(person)	3239	3021	666	3137
流动资产年平均余额	Annual Average Balance of Working Capitals	175232	135483.7	34240.7	688872.9
固定资产净值年平均余额	Annual Average Balance of Net Value of Fixed Assets				
产品销售收入	Product Sales Revenue	165029	193936.5	46105.2	617162.5
#产品销售税金及附加	Taxes and Other Charges on Product Saling	184	1969.6	859.0	16942.1
本年应交增值税	Value-added Tax Payable	5431	13329.7	5192.8	101320.6
利润总额	Total Profits	-10073	40096.6	8827.4	273630.2
建筑业	Construction				
建筑业企业个数 (个)	Number of ConstructionEnterprises(unit)			2.0	
期末从业人员数 (人)	Number of Staff & Workers at Year-end(person)			19	
建筑业总产值 (万元)	Gross Output Value of Construction(10 000 yuan)				
交通运输、邮电通讯、能源	**Transportation，Postal，telecommunication and Energy**				
境内公路里程 (公里)	Length of Highways(km)	2243.8	296.0	1547.0	720.0
#高等级公路	Expressway	114.0			
境内铁路营业里程 (公里)	Length of Railways in Operation(km)	313.0	171.0		95.0
境内火车站个数 (个)	Number of Railway Station(unit)	5	3		7
民用汽车拥有量 (辆)	Possession of Civil Vehicles(unit)	5876	1068	500	400
#个人汽车	Possession of Private Vehicles	4288	513	405	400
邮政业务总量 (万元)	Business Volume of Postal Services(10 000 yuan)	788.1	327.9	500.0	395.0
电信业务总量	Business Volume of Telecommunication Services	2294.0	2036.0	2928.0	2642.0
年末本地电话用户 (户)	Number of Subscribers of Fixed Telephone at Year-end(subscriber)	14300	6000	6745	3020
年末住宅电话用户 (户)	Household Fixed Telephone Subscribers at Year-end(subscriber)	11015	6000	6800	1600
#乡村电话用户	Rural Fixed Telephone Subscribers	3050	3600	2589	50
移动电话用户数 (户)	Number of Mobile Telephone Subscribers(subscriber)	52736	20480	26800	28555
国际互联网用户 (户)	Number of Internet Users(subscriber)	6076	2300	2100	1002

26—1 续表 42 Continued

指 标	Item	德令哈市 Delinha City	乌兰县 Wulan County	都兰县 Dulan County	天峻县 Tianjun County
全年用电量(万千瓦时)	Electricity Consumption(10 thousand kw·h)	36288.5	16726.9	7856.5	2067.0
工业用电量	Industrial Electricity Consumption	30495.6	8105.9	5634.4	709.7
农村用电量	Agricultural Electricity Consumption	290.9	203.2	463.4	38.8
贸易、外经、旅游	**Domestic Trade，Foreign Trade and Economic Cooperation and Tourism**				
社会销售品零售总额(万元)	Total Retail Sales of Consumer Goods (10 000 yuan)	51638.3	13952.0	25396.5	28552.0
限额以上批发零售贸易业商品销售总额(万元)	Total Sales of Enterprises above Designated Size of Wholesale and Retail Trades(10 000 yuan)	9124.3			
出口总额(万美元)	Total Exports(USD 10 000)				
当年合同外资金额	Contracted Value				
当年实际使用外资金额	Actually Utilized Value				
境内外来资本实际投资额(万元)	Foreign Investment Actually Utilized Value(10 000 yuan)				
星级饭店个数(个)	Number of Star-rated Hotels(unit)	3		1	
星级饭店客房总数(间)	Number of Rooms in Star-rated Hotels(unit)	520			
名胜风景区和文物保护区个数(个)	Number of Places of Interest and Historical Reservations(unit)		4	13	
固定资产投资(万元)	**Investment in Fixed Assets(10 000 yuan)**				
城镇固定资产投资完成额	Investment in Fixed Assets in Urban Area	250804	53761	27774	49158
城镇新增固定资产	Newly Increased afaixed Assets in Urban Area	69658	53761	2502	48638
城镇固定资产投资项目数(个)	Number of Projects of Investment in Fixed Assets in Urban Area(unit)	67	20	21	45
房地产开发投资完成额	Investment Completed of Enterprises for Real Estate Development	4284			520
#住宅	Residential Buildings	4284			520
教育、科技、文化、卫生	**Education，Science and Technology，Culture，Sports and Public Health**				
普通中学数(所)	Number of Regular Secondary Schools(unit)	8	6	10	3
小学数(所)	Number of Primary Schools(unit)	17	10	32	8
普通中学专任教师数(人)	Number of Full-time Teachers in Regular Secondary Schools(person)	354	183	297	47
小学专任教师数(人)	Number of Full-time Teachers in Primary Schools(person)	416	260	429	139
普通中学在校学生数(人)	Number of Students Enrollment in Regular Secondary Schools(person)	3288	1926	3965	982
#女生	Female Students Enrollment in Regular Secondary Schools	1655	1194	1964	536
小学在校学生数(人)	Number of Students Enrollment in Primary Schools(person)	6468	2864	7016	2481
#女生	Female Students Enrollment in Primary Schools	3092	1375	3423	1201
学龄儿童入学率(%)	Net Enrollment Rate of School-Age Children(%)	99.9	99.8	99.7	99.8
#女童入学率	Net Enrollment Rate of School-Age Female Children	99.9	99.8	99.7	99.9
初中升学率(%)	Primary School Graduates Entering into Junior Secondary Schools(%)	67.5	89.5	61.3	
高中升学率(%)	Junior Secondary School Graduates Entering into Senior Secondary Schools(%)	82.0	95.7	68.9	
高技术产业企业个数(个)	Number of Hi-Tech Industry Enterprises(unit)				
高技术产业总产值(当年价格)(万元)	Total Output Value of Hi-Tech Industry (current prices)(10 000 yuan)				
专业技术人员数(人)	Number of Scientific and Technical Personnel(person)	1287	1084	1103	93
#农业技术人员	Agriculture	61	170	63	7
农业科技与服务单位个数(个)	Number of Agricultural Scientific and Service Units (unit)	4	20	4	2
全年专利申请数(件)	Number of Patents Application(unit)			3	
体育场馆数(个)	Number of Stadiums and Gymnasiums(unit)	1	1		1
剧场、影剧院数(个)	Number of Theaters and Cinemas(unit)	1	1	1	1
公共图书馆图书总藏量(千册)	Total Collections of Public Libraries(1000 volumes)	70	22	94	1
医院、卫生所数(所)	Number of Hospitals and Health Centers(unit)	5	10	15	14
医院、卫生院床位数(张)	Number of Beds in Hospitals and Health Centers(unit)	234	178	119	24
医院、卫生院卫生技术人员数(人)	Number of Medical Technical Personnel in Hospitals and Health Centers(person)	250	208	185	147
#医生	Number of Certified Doctors	170	198	85	
卫生防疫人员数(人)	Number of epidemic prevention personnel(person)		20	27	20
5岁以下儿童死亡率(‰)	Death Rate of Children under 5 (‰)	10.0	27.1	24.6	2.0
婴儿死亡率(‰)	Death Rate of Infant (‰)	10.0	20.7	20.2	2.0
产妇住院分娩比例(%)	Proportion of Lying-in Woman Labors in Hospital(%)	98.3	95.9	99.1	89.0

26−1 续表 43 Continued

指标	Item	德令哈市 Delin ha City	乌兰县 Wu lan County	都兰县 Du lan County	天峻县 Tian jun County
人民生活	**People's Living Conditions**				
城镇在岗职工年平均人数(人)	Number of Staff and Workers in Urban and Rural Areas(person)	9563	3755	3857	2826
城镇在岗职工工资总额(万元)	Total Earning of Staff and Workers in Urban and Rural Areas(10 000 yuan)	37503.2	13488.2	14580.7	10599.9
农村居民人均纯收入(元)	Per Capita Net Income of Rural Households(yuan)	5191.6	4735.33	5099.99	6449.56
农民人均住房面积(平方米)	Per Capita Floor Space of Houses(sq.m)	24.37	26.32	23.55	17.11
农民文化娱乐消费比重(%)	Proportion of Cultural and Recreation Consumption	5.20	3.52	5.45	0.76
农村彩电普及率(%)	Popularizing rate of Color TV Set in Rural Areas(%)	110	126	95	20
农村电脑普及率(%)	Popularizing rate of Computer in Rural Areas(%)	8.33	2	5	
农村恩格尔系数(%)	Engle Coefficient of Rural Households(%)	40.77	42.81	39.55	48.86
成人文盲率(%)	Illiteracy rate of adult(%)				
人均预期寿命(岁)	Population Life Expectancy(year old)				
农村贫困人口(万人)	Population below the poverty line in Rural Areas(person)				
社会保障(人)	**Social security(person)**				
各种社会福利收养性单位数(个)	Number of Social Welfare and Salvation Institutions(unit)	1	1	1	2
各种社会福利收养性单位床位数(张)	Number of Beds of Social Welfare and Salvation Institutions(unit)	72	41	6	55
参加基本养老保险的职工数	Number of Staff and Workers Participated in Basic Pension Insurance	2651	5165	2685	1476
参加基本医疗保险的职工数	Number of Staff and Workers Participated in Basic Medical Care Insurance	3736	5761	3649	2940
参加失业保险人数	Number of Staff and Workers Participated in Unemployment Insurance	5013	3859	2263	1273
城镇居民最低生活保障人数	Number of Persons Receiving Minimum Living Allowance in Rural Areas	9664	2476	3958	1520
农村居民最低生活保障人数	Number of Persons Receiving Minimum Living Allowance in Urban Areas	2849	2032	5104	1598
农村五保供养人数	Number of Persons Receiving Livelihood Guaranteed in Five Aspects in Rural Areas	70		205	53
参加农村新型合作医疗的人数	Rural Cooperative Medical Service Contributors	22693	21137	50846	14211
参加农村社会养老保险的人数	Rural Basic Social Pension Insurance Contributors	835	8813	21296	8555
社会治安	**Public Order**				
交通事故件数(件)	Number of Traffic Accides(unit)	782	37	18	561
刑事案件立案数(件)	Number of Criminal Case Registered(case)	318	105	59	53
犯罪人数(人)	Number of offenders(person)	213	112	74	53
民事案件发案数(件)	Number of civil cases(case)	397	204	438	144
资源、环境与可持续发展	**Resources，Environment and Sustainable Development**				
行政区域土地面积(平方公里)	Area of Administrative Regions(sq.km)	27358	12971.3	45270	25000
建成区面积	Area of Built Up Regions(sq.km)	15.2	103.5	311	
建成区绿化覆盖面积	Area of Green Coverage in Built Up Regions(sq.km)				
森林面积(公顷)	Area of Forest(hectare)	11882	18980	120927	80
当年造林面积(公顷)	Area of Afforestation(hectare)	4690	1247	2927	80
退耕造林面积	Area of Grain for Green(hectare)				
年末耕地总资源(公顷)	Area of Arable Land(hectare)	10105.7	4368.4	18919.1	
常用耕地面积	Area of Arable Landin Common Usage(hectare)	10105.7	4368.4	18919.1	
#水浇地	Area of Irrigable Land(hectare)	10105.7	4368.4	18919.1	
年内减少耕地面积	Reduction in Area of Cultivated Land(hectare)				
#基建占地	Areas of Land for Construction(hectare)				
退耕还林还草占地	Area of Grain for Green(hectare)				
自然保护区个数(个)	Number of Nature Reserves(unit)	2		1	
自然保护区面积(千公顷)	Area of Nature Reserves (1 000 hectare)	351620		118000	
环境污染治理本年完成投资总额(万元)	Investment Completed in the Treatment of Environmental Pollution(10 thousand yuan)				
工业二氧化硫排放量(吨)	Volume of Sulphur Dioxide Emission(ton)			523	
工业废水排放量达标率(%)	Volume of Waste Water up to the Discharge Standards(ton)			100	
工业烟尘排放量达标率(%)	Volume of Industrial Soot up to the Discharge Standards(ton)			100	
城镇生活污水处理率(%)	Disposal Rate of Waste Water in Urban Areas(%)				
污水处理厂数(座)	Number of Sewage Treatment Works (unit)				
垃圾处理站数(个)	Number of Biohazard Waste (unit)	1	1	2	1

26-1 续表 44 Continued

指 标		Item	茫 崖 Mangya Executive Council	大柴旦 Dachaidan Executive Council	冷 湖 Lenhu Executive Council
乡村基本情况		**Basic Conditions of Township**			
乡(镇)个数	(个)	Number of Township and Town Governments(unit)	1	1	
建制镇个数		Number of Town Governments	1	1	
镇区占地面积	(公顷)	Area of Township(hectare)	810.0	156.7	
镇区总人口	(人)	Population of Township(person)	24907	10564	
村民委员会个数	(个)	Number of Villagers'Committees(unit)	3	2	
自来水受益村		Number of Township Benefits From Tap Water	3	2	
通电话的村		Number of Township Uses Telephone	3	2	
通有线电视的村		Number of Township Has Cable Television	3	2	
人口与就业		**Population and Employment**			
年末总人口	(万人)	Total Population(year-end)(10000 persons)	1.06	2.20	3.28
#女		Population of Female	0.50	1.13	1.56
当年出生人口	(人)	Newborn Population(person)	72	108	308
当年死亡人口	(人)	Dead Population(person)	66	155	87
常住人口	(万人)	Permanent Population(10000 persons)			
乡村人口	(万人)	Rural Population(10000 persons)		0.10	
年末总户数	(户)	Number of Households(year-end)(household)	12641	4456	9991
#乡村户数		Number of Rural Households	75	310	
年末单位从业人员数	(人)	Number of Employed Persons in Units at Year-end(person)	2804	4027	19005
#女		Number of Female Employed Persons at Year-end	936	998	6308
#第二产业		Number of Employed Persons of Secondary Industry	2033	2767	6910
第三产业		Number of Employed Persons of Tertiary Industry	642	650	12095
乡村从业人员数	(人)	Number of Employed Persons in Rural Areas(person)	129	610	
#农林牧渔业		Number of Employed Persons of Agriculture, Forestry, Animal Husbandry and Fishery in Rural Areas	129	507	
城镇登记失业人员数	(人)	Number of Registered Employed Persons in Urban Area by Region(person)	181	976	55
综合经济		**Economy of Integration**			
地区生产总值	**(万元)**	**Area total output value(10 000 yuan)**	**172544**	**78820**	**613756**
第一产业增加值		Value-added of the Primary Industry	1478		610
农业		Agriculture			
林业		Forestry			
牧业		Animal Husbandry	1476		610
渔业		Fishery			
农林牧渔服务业		Services in Support of Agriculture	2		
第二产业增加值		Value-added of the Secondary Industry	147117	74388	593957
#工业		Industry	132697	67892	584248
第三产业增加值		Value-added of the Tertiary Industry	23949	4432	19189
财政、金融	**(万元)**	**Finances and Economy(10 000 yuan)**			
财政总收入		Total Government Revenue	99887	11750	23878
#地方财政一般预算收入		General Budgetary Financial Revenue in Local Financial Revenue	20410	2850	9075
各项税收		Taxation	79175	2630	
地方财政一般预算支出		General Budgetary Financial Expenditures in Local Financial Expenditures	30451	7819	16468
#农林水事务支出		Expenditures for Agriculture Forestry and Water Conservancy	4441		638
科学技术支出		Expenditures for Science and Technology	84		15
医疗卫生支出		Expenditures for Medical and Health Care	1010	230	876
教育支出		Expenditures for Education	1245	438	1352
年末金融机构各项存款余额		Deposits of all the Financial Institutes	89888	52003	55387
#城乡居民储蓄存款余额		Urban and Rural Household Savings Deposits	28177	4599	37122
年末金融机构各项贷款余额		Loans of all the Financial Institutes	26692		1600
#农业贷款		Loans to Agriculture Sector			
农业		**Agriculture**			
生产条件		Condition for Agricultural Production			
农业机械总动力	(万千瓦特)	Total Power of Agriculture Machinery(10000 KW)	0.1	0.1	
化肥使用量(折纯量)	(吨)	Consumption of Chemical Fertilizers(ton)			
农药使用量	(吨)	Consumption of Agricultural Chemical(ton)			
地膜使用量	(吨)	Consumption of Plastic Film(ton)			
有效灌溉面积	(公顷)	Effective Irrigated Area(10000 hectares)		295.1	

26-1 续表 45 Continued

指　标	Item	茫　崖 Mangya Executive Council	大柴旦 Dachaidan Executive Council	冷　湖 Lenhu Executive Council
农作物总播种面积　(公顷)	Total Sown Areas of Farm Crops(hectare)		124.7	
粮食作物播种面积	Total Sown Areas of Grain Crops(hectare)		6.2	
#稻谷	Rice			
小麦	Wheat		6.2	
玉米	Corn			
大豆	Soja			
油料播种面积	Oil-bearing Crops		118.5	
棉花播种面积	Cotton			
糖料播种面积	Sugar-bearing			
蔬菜播种面积	Vegetables			
粮食总产量　(吨)	Yield of Crain(ton)		28	
#稻谷	Rice			
小麦	Wheat		28	
玉米	Corn			
大豆	Soja			
油料产量	Oil-bearing Crops		213	
棉花产量	Cotton			
糖料产量	Sugar-bearing			
水果产量	Fruits			
肉类总产量	Output of Meat	332	531	
奶类产量	Output of Milk	60	7	
禽蛋产量	Output of Poultry Eggs			
蔬菜产量	Output of Vegetables			
水产品产量	Output of Aquatic Products			
工业及建筑业	**Industry and Construction**			
规模以上工业企业	Industrial Enterprises above Designated Size			
工业企业数　(个)	Number of Industrial Enterprises(unit)	5	13	6
工业总产值(现价)　(万元)	Gross Industrial Output Value(current prices)(10 000 yuan)	1800508	289816	111331
内资企业	Domestic Funded	1800508	204313	111331
港、澳、台商投资企业	Funded from Hong Kong,Macao and Taiwan			
外商投资企业	Foreign Funded		85503	
从业人员年平均数　(人)	Number of Employed Persons(person)	19138	2843	1139
流动资产年平均余额	Annual Average Balance of Working Capitals	677752	165690	128718.2
固定资产净值年平均余额	Annual Average Balance of Net Value of Fixed Assets			
产品销售收入	Product Sales Revenue	1436378	129094	38530.6
#产品销售税金及附加	Taxes and Other Charges on Product Saling	155258	2619	3286.8
本年应交增值税	Value-added Tax Payable	134378	4646	1345.2
利润总额	Total Profits	435423	32988	-809
建筑业	Construction			
建筑业企业个数　(个)	Number of ConstructionEnterprises(unit)		2	
期末从业人员数　(人)	Number of Staff & Workers at Year-end(person)		168	
建筑业总产值　(万元)	Gross Output Value of Construction(10 000 yuan)		26885	
交通运输、邮电通讯、能源	**Transportation，Postal，telecommunication and Energy**			
境内公路里程　(公里)	Length of Highways(km)	840	958	230
#高等级公路	Expressway		547	
境内铁路营业里程　(公里)	Length of Railways in Operation(km)		142.7	
境内火车站个数　(个)	Number of Railway Station(unit)		2	
民用汽车拥有量　(辆)	Possession of Civil Vehicles(unit)	500	242	5209
#个人汽车	Possession of Private Vehicles	260	116	
邮政业务总量　(万元)	Business Volume of Postal Services(10 000 yuan)	771	187	27.20
电信业务总量	Business Volume of Telecommunication Services	1345	760	150
年末本地电话用户　(户)	Number of Subscribers of Fixed Telephone at Year-end(subscriber)	12796	3455	510
年末住宅电话用户　(户)	Household Fixed Telephone Subscribers at Year-end(subscriber)	3682	2204	207
#乡村电话用户	Rural Fixed Telephone Subscribers		24	
移动电话用户数　(户)	Number of Mobile Telephone Subscribers(subscriber)	9700	16894	1479
国际互联网用户　(户)	Number of Internet Users(subscriber)	2678	1690	104

26-1 续表 46 Continued

指　标	Item	茫　崖 Mangya Executive Council	大柴旦 Dachaidan Executive Council	冷　湖 Lenhu Executive Council
全年用电量(万千瓦时)	Electricity Consumption(10 thousand kw·h)	25659.66	20291	30378
工业用电量	Industrial Electricity Consumption	23926.48	20253	26760
农村用电量	Agricultural Electricity Consumption	8.03	38	
贸易、外经、旅游	**Domestic Trade，Foreign Trade and Economic Cooperation and Tourism**			
社会销售品零售总额(万元)	Total Retail Sales of Consumer Goods (10 000 yuan)	8120	15825	3331
限额以上批发零售贸易业商品销售总额(万元)	Total Sales of Enterprises above Designated Size of Wholesale and Retail Trades(10 000 yuan)			
出口总额(万美元)	Total Exports(USD 10 000)			
当年合同外资金额	Contracted Value			
当年实际使用外资金额	Actually Utilized Value			
境内外来资本实际投资额(万元)	Foreign Investment Actually Utilized Value(10 000 yuan)			
星级饭店个数(个)	Number of Star-rated Hotels(unit)		1	
星级饭店客房总数(间)	Number of Rooms in Star-rated Hotels(unit)			
名胜风景区和文物保护区个数(个)	Number of Places of Interest and Historical Reservations(unit)			
固定资产投资(万元)	**Investment in Fixed Assets(10 000 yuan)**			
城镇固定资产投资完成额	Investment in Fixed Assets in Urban Area	56134	119494	43313
城镇新增固定资产	Newly Increased afaixed Assets in Urban Area	16709	29037	43104
城镇固定资产投资项目数(个)	Number of Projects of Investment in Fixed Assets in Urban Area(unit)	16	31	8
房地产开发投资完成额	Investment Completed of Enterprises for Real Estate Development			
#住宅	Residential Buildings			
教育、科技、文化、卫生	**Education，Science and Technology，Culture，Sports and Public Health**			
普通中学数(所)	Number of Regular Secondary Schools(unit)	1	1	1
小学数(所)	Number of Primary Schools(unit)	1	2	
普通中学专任教师数(人)	Number of Full-time Teachers in Regular Secondary Schools(person)	17	19	12
小学专任教师数(人)	Number of Full-time Teachers in Primary Schools(person)	26	31	14
普通中学在校学生数(人)	Number of Students Enrollment in Regular Secondary Schools(person)	673	261	33
#女生	Female Students Enrollment in Regular Secondary Schools	209	126	14
小学在校学生数(人)	Number of Students Enrollment in Primary Schools(person)	432	517	54
#女生	Female Students Enrollment in Primary Schools	279	250	19
学龄儿童入学率(%)	Net Enrollment Rate of School-Age Children(%)	100	100	100
#女童入学率	Net Enrollment Rate of School-Age Female Children	100	100	100
初中升学率(%)	Primary School Graduates Entering into Junior Secondary Schools(%)	100	100	100
高中升学率(%)	Junior Secondary School Graduates Entering into Senior Secondary Schools(%)	100	99	100
高技术产业企业个数(个)	Number of Hi-Tech Industry Enterprises(unit)			
高技术产业总产值(当年价格)(万元)	Total Output Value of Hi-Tech Industry (current prices)(10 000 yuan)			
专业技术人员数(人)	Number of Scientific and Technical Personnel(person)	85		26
#农业技术人员	Agriculture			
农业科技与服务单位个数(个)	Number of Agricultural Scientific and Service Units (unit)			
全年专利申请数(件)	Number of Patents Application(unit)			
体育场馆数(个)	Number of Stadiums and Gymnasiums(unit)		1	
剧场、影剧院数(个)	Number of Theaters and Cinemas(unit)		1	
公共图书馆图书总藏量(千册)	Total Collections of Public Libraries(1000 volumes)		2	
医院、卫生所数(所)	Number of Hospitals and Health Centers(unit)	2	1	1
医院、卫生院床位数(张)	Number of Beds in Hospitals and Health Centers(unit)	114	41	10
医院、卫生院卫生技术人员数(人)	Number of Medical Technical Personnel in Hospitals and Health Centers(person)	92	34	16
#医生	Number of Certified Doctors	26	12	8
卫生防疫人员数(人)	Number of epidemic prevention personnel(person)	11	4	4
5岁以下儿童死亡率(‰)	Death Rate of Children under 5 (‰)			
婴儿死亡率(‰)	Death Rate of Infant (‰)			
产妇住院分娩比例(%)	Proportion of Lying-in Woman Labors in Hospital(%)	100	90	

26-1 续表 47 Continued

指 标	Item	茫 崖 Mangya Executive Council	大柴旦 Dachaidan Executive Council	冷 湖 Lenhu Executive Council
人民生活	**People's Living Conditions**			
城镇在岗职工年平均人数(人)	Number of Staff and Workers in Urban and Rural Areas(person)	2522	2743	18702
城镇在岗职工工资总额(万元)	Total Earning of Staff and Workers in Urban and Rural Areas(10 000 yuan)	8015.5	11010.0	145753.2
农村居民人均纯收入(元)	Per Capita Net Income of Rural Households(yuan)			
农民人均住房面积(平方米)	Per Capita Floor Space of Houses(sq.m)			
农民文化娱乐消费比重(%)	Proportion of Cultural and Recreation Consumption			
农村彩电普及率(%)	Popularizing rate of Color TV Set in Rural Areas(%)			
农村电脑普及率(%)	Popularizing rate of Computer in Rural Areas(%)			
农村恩格尔系数(%)	Engle Coefficient of Rural Households(%)			
成人文盲率(%)	Illiteracy rate of adult(%)			
人均预期寿命(岁)	Population Life Expectancy(year old)			
农村贫困人口(万人)	Population below the poverty line in Rural Areas(person)			
社会保障(人)	**Social security(person)**			
各种社会福利收养性单位数(个)	Number of Social Welfare and Salvation Institutions(unit)	50		
各种社会福利收养性单位床位数(张)	Number of Beds of Social Welfare and Salvation Institutions(unit)	22		
参加基本养老保险的职工数	Number of Staff and Workers Participated in Basic Pension Insurance	4419	3745	1350
参加基本医疗保险的职工数	Number of Staff and Workers Participated in Basic Medical Care Insurance	1197	2034	1124
参加失业保险人数	Number of Staff and Workers Participated in Unemployment Insurance	2315	1779	669
城镇居民最低生活保障人数	Number of Persons Receiving Minimum Living Allowance in Rural Areas	418	665	106
农村居民最低生活保障人数	Number of Persons Receiving Minimum Living Allowance in Urban Areas	12	58	
农村五保供养人数	Number of Persons Receiving Livelihood Guaranteed in Five Aspects in Rural Areas	2	6	
参加农村新型合作医疗的人数	Rural Cooperative Medical Service Contributors	226	745	
参加农村社会养老保险的人数	Rural Basic Social Pension Insurance Contributors	126	471	
社会治安	**Public Order**			
交通事故件数(件)	Number of Traffic Accides(unit)	4	115	4
刑事案件立案数(件)	Number of Criminal Case Registered(case)	21	21	5
犯罪人数(人)	Number of offenders(person)	33	37	5
民事案件发案数(件)	Number of civil cases(case)	26	37	51
资源、环境与可持续发展	**Resources，Environment and Sustainable Development**			
行政区域土地面积(平方公里)	Area of Administrative Regions(sq.km)	32173	21000	19000
建成区面积	Area of Built Up Regions(sq.km)	290		1.5
建成区绿化覆盖面积	Area of Green Coverage in Built Up Regions(sq.km)			
森林面积(公顷)	Area of Forest(hectare)	32667	37642.2	
当年造林面积(公顷)	Area of Afforestation(hectare)			
退耕造林面积	Area of Grain for Green(hectare)			
年末耕地总资源(公顷)	Area of Arable Land(hectare)		295	
常用耕地面积	Area of Arable Landin Common Usage(hectare)		295	
#水浇地	Area of Irrigable Land(hectare)		295	
年内减少耕地面积	Reduction in Area of Cultivated Land(hectare)			
#基建占地	Areas of Land for Construction(hectare)			
退耕还林还草占地	Area of Grain for Green(hectare)			
自然保护区个数(个)	Number of Nature Reserves(unit)			
自然保护区面积(公顷)	Area of Nature Reserves (hectare)			
环境污染治理本年完成投资总额(万元)	Investment Completed in the Treatment of Environmental Pollution(10 thousand yuan)		3100	
工业二氧化硫排放量(吨)	Volume of Sulphur Dioxide Emission(ton)		1282	
工业废水排放量达标率(%)	Volume of Waste Water up to the Discharge Standards(ton)		100	
工业烟尘排放量达标率(%)	Volume of Industrial Soot up to the Discharge Standards(ton)		100	
城镇生活污水处理率(%)	Disposal Rate of Waste Water in Urban Areas(%)			
污水处理厂数(座)	Number of Sewage Treatment Works (unit)			
垃圾处理站数(个)	Number of Biohazard Waste (unit)	1	1	

中国统计出版社最新图书简目

（仅供参考，以最后出书为准）

统计资料

中国统计年鉴－2011
中国统计摘要－2011
国际统计年鉴－2011
2011中国发展报告
中国第三产业统计年鉴－2011
中国区域经济统计年鉴－2011
中国劳动统计年鉴－2011
中国社会统计年鉴－2011
中国城市统计年鉴－2009
中国建筑业统计年鉴－2011
中国人口和就业统计年鉴－2011
中国工业经济统计年鉴－2011
中国商品交易市场统计年鉴－2011
中国房地产统计年鉴－2011
中国能源统计年鉴－2011
中国民政统计年鉴－2011
中国贸易外经统计年鉴－2011
2011中国地区经济监测报告
中国科技统计年鉴－2011
中国农村统计年鉴－2011
中国农产品价格调查年鉴－2011
中国高技术产业统计年鉴－2011
中国教育经费统计年鉴－2010
中国农村贫困监测报告－2011
全国农产品成本收益资料汇编－2011
中国科学技术协会统计年鉴－2011
工业企业科技活动资料－2011
大中型批发零售和住宿餐饮企业统计年鉴－2011
中国城市（镇）生活与价格年鉴－2011
中国县（市）社会经济统计年鉴－2011
中国农村住户调查年鉴－2011（中、英文）
中国农村全面建设小康监测报告－2011
第二次全国R&D资源清查资料汇编－综合卷
第二次全国R&D资源清查资料汇编－工业企业卷
中国零售和餐饮连锁企业统计年鉴－2011
2010年中国第六次人口普查公报

2011年省级综合统计年鉴系列

北京　天津　河北　山西　内蒙古　辽宁　吉林　黑龙江　上海　江苏　浙江　安徽　福建　江西　山东
河南　湖北　湖南　广东　广西　海南　重庆　四川　贵州　云南　西藏　陕西　甘肃　青海　宁夏
新疆　新疆生产建设兵团

2011年市（县）级综合统计年鉴系列

天津滨海新区　石家庄　唐山　邯郸　太原　大同　长治　阳泉　晋城　朔州　晋中
运城　忻州　临汾　呼和浩特　包头　沈阳　大连　长春　吉林市　四平　哈尔滨　黑龙江垦区
上海浦东新区　苏州　无锡　常州　徐州　南通　盐城　镇江　江阴　丹阳
杭州　宁波　绍兴　台州　温州　金华　嘉兴　衢州　福州　福州经济技术开发区
厦门经济特区　南昌　上饶　济南　青岛　潍坊　郑州　洛阳　三门峡　南阳　武汉　宜昌
十堰　荆州　咸宁　长沙　广州　东莞　惠州　深圳　桂林　南宁　柳州　来宾　河池　海口　成都　绵阳
贵阳　昆明　庆阳　西安　兰州　银川　乌鲁木齐

“十一五”规划教材

非参数统计　医学统计学　概率论与数理统计　统计学　现代金融投资统计分析
多元统计分析　经济计量学教程　应用时间序列分析　统计指数理论及应用
统计数据处理概论　质量管理统计方法　社会统计学　多元统计分析实验
企业经营管理统计　市场调查与预测　统计学原理（非统计专业使用）
统计学：从数据到结论　国民经济核算教程（国民经济统计学）　概率论与数理统计（经济、管理类专业使用）

重点图书

挑大学选专业2011—高考志愿填报指南　挑大学选专业2011—考研择校指南